Alsace

ENTRE TRADITION ET MODERNITÉ

T

mière fois (

y a fort à pa

Allier la tradition et la modernité est sans nul doute la vraie maxime de l'Alsace. Les visiteurs férus d'œnologie arpenteront la mythique route des vins avec un plaisir non dissimulé, les gastronomes s'attableront dans les nombreuses winstubs au charme délicat ou chez les étoilés les plus réputés, les randonneurs chevronnés comme les promeneurs du dimanche se délecteront de nombreux paysages vallonnés et verdoyants, de villages coquets tout droit sortis d'un conte des frères Grimm, de marchés de Noël féeriques. En toute saison, l'Alsace se découvre en voiture, à pied et à vélo via ses nombreuses pistes cyclables. On y découvre un patrimoine architectural riche et varié. Grâce à ce guide du *Petit Futé*, nous vous proposons aujourd'hui nos meilleurs plans pour découvrir l'une des 10 plus belles régions du monde, de celles qu'il faut absolument visiter ! L'occasion pour nous de vous présenter une rigoureuse sélection de bons plans incontournables (restaurants, gîtes, musées, balades...) mais également des meilleurs artisans locaux. Vous voilà donc équipé pour vous laisser happer et surprendre par la magie des mille et une richesses qu'offre l'Alsace, terre de tous les possibles...

Retrouvez cette offre en page 76

SOMMAIRE

6 INSPIRER
Cette rubrique porte bien son nom, avec des propositions de périodes où visiter l'Alsace, des bonnes raisons de le faire, des idées séjour et des mots clés.

6 : Quand y aller ?
10 : Les bonnes raisons d'y aller
13 : Les 12 mots-clés
15 : Interview audio / vidéo
22 : Idées de séjour

27 DÉCOUVRIR
C'est ici que vous pourrez en apprendre plus sur cette belle région, son histoire, sa géographie, son architecture, son art, sa gastronomie et bien plus encore !

28 : Noël en Alsace
31 : L'industrie textile
33 : Géographie
37 : Nature
39 : Histoire
44 : Architecture
49 : Beaux-arts
52 : Musiques et scènes
55 : Littérature
59 : Que rapporter ?
61 : Sports et loisirs
66 : Gastronomie
70 : Agenda

79 BAS-RHIN
Proche de la frontière allemande, le Bas-Rhin offre une culture et une architecture mêlant influences latine et germanique. Strasbourg est la capitale de Noël !

85 : STRASBOURG
121 : Autour de Strasbourg
140 : Le Kochersberg et Truchtersheim
144 : La région de Haguenau et le Ried du Nord
161 : Le Pays Rhénan
173 : L'Outre-Forêt
180 : Lembach et la région Sauer Pechelbronn
193 : Pays de Hanau et Val de Moder
198 : L'Alsace bossue et le Pays de la Petite-Pierre
207 : La région de Saverne et de Mossig et Vignoble
219 : La vallée de la Bruche
228 : La Route des vins de Marlenheim à Obernai
246 : La Route des Vins de Barr à Orschwiller
264 : Le Val de Villé
271 : La plaine bas-rhinoise : Grand Ried et région de Sélestat

289 HAUT-RHIN
Proche des Vosges, le Haut-Rhin est une destination merveilleuse pour profiter des joies de la nature et de la montagne, réputée pour ses musées prestigieux.

295 : Le Val d'Argent
300 : La Route des Vins
341 : La vallée de Kaysersberg
352 : Le Pays Welche
362 : Vallée de Munster
375 : COLMAR
406 : Grand Pays de Colmar
408 : Pays Rhin-Vignoble-Grand Ballon
430 : Pays Rhin-Brisach
436 : Pays Thur & Doller
451 : MULHOUSE
482 : Pays de la région Mulhousienne
486 : Pays du Sundgau

509 ORGANISER SON SÉJOUR
La plus pratique des rubriques, elle vous permettra de tout planifier pour un séjour serein et détaché de toutes les contraintes, vous n'aurez plus qu'à profiter.

510 : S'y rendre
511 : Séjours et circuits
512 : Se loger
513 : Se déplacer
514 : S'informer
520 : Rester
523 : Index

Vignoble dans les environs de Baroville.

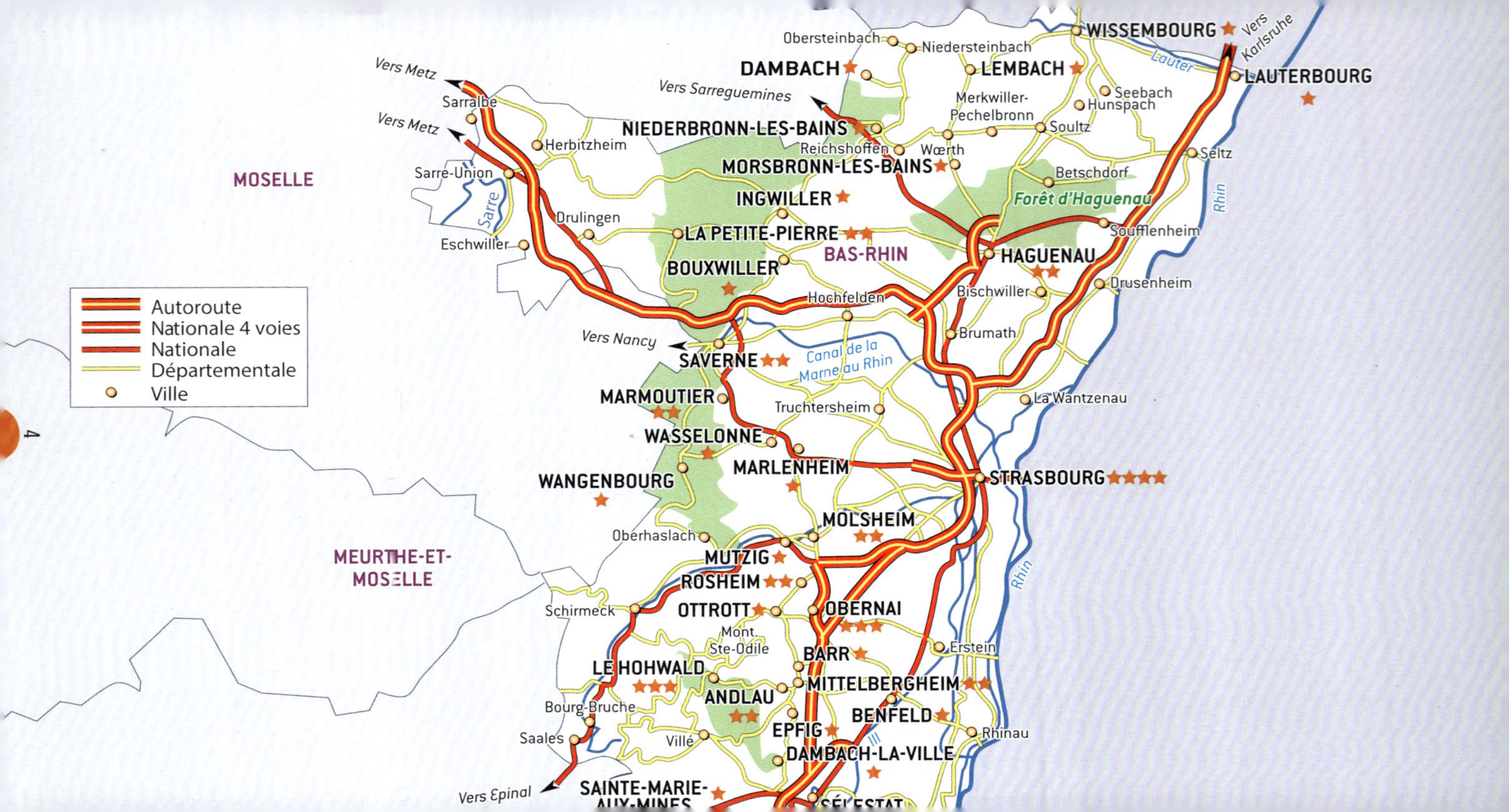

WISSEMBOURG
Vers Karlsruhe
LAUTERBOURG
Lauter
Obersteinbach
Niedersteinbach
DAMBACH
LEMBACH
Seebach
Hunspach
Merkwiller-Pechelbronn
Soultz
Vers Metz
Sarralbe
Vers Sarreguemines
NIEDERBRONN-LES-BAINS
Reichshoffen
Wœrth
Seltz
Vers Metz
Herbitzheim
MORSBRONN-LES-BAINS
Betschdorf
MOSELLE
Sarre-Union
Sarre
INGWILLER
Forêt d'Haguenau
Rhin
Drulingen
LA PETITE-PIERRE
Soufflenheim
Eschwiller
BAS-RHIN
HAGUENAU
BOUXWILLER
Drusenheim
Bischwiller
Hochfelden
Brumath
Vers Nancy
Canal de la Marne au Rhin
SAVERNE
MARMOUTIER
La Wantzenau
Truchtersheim
WASSELONNE
MARLENHEIM
STRASBOURG
WANGENBOURG
MOLSHEIM
Oberhaslach
MUTZIG
Rhin
MEURTHE-ET-MOSELLE
ROSHEIM
Schirmeck
OTTROTT
OBERNAI
Mont Ste-Odile
Erstein
BARR
LE HOHWALD
MITTELBERGHEIM
ANDLAU
Bourg-Bruche
BENFELD
EPFIG
Saales
Villé
Rhinau
Ill
DAMBACH-LA-VILLE
Vers Epinal
SAINTE-MARIE-AUX-MINES
SÉLESTAT
Autoroute
Nationale 4 voies
Nationale
Départementale
Ville

ALLEMAGNE
VOSGES
HAUTE-SAÔNE
SUISSE
HAUT-RHIN
Alsace
20 KM
RIQUEWIHR
ZELLENBERG
Marckolsheim
LAPOUTROIE
KAYSERSBERG
ORBEY
AMMERSCHWIHR
COLMAR
TURCKHEIM
EGUISHEIM
NEUF-BRISACH
Vers Fribourg
Vers Gérardmer
MUNSTER
SOULTZMATT
ROUFFACH
GUEBWILLER
FESSENHEIM
Grand Canal d'Alsace
le Markstein
SOULTZ
Forêt de la Harth
Vers Epinal
St-Amarin
ENSISHEIM
Chalampé
HUSSEREN-WESSERLING
THANN
CERNAY
Vers Fribourg
Ottmarsheim
BOURBACH-LE-HAUT
Vers Fribourg
Masevaux
Habsheim
MULHOUSE
KEMBS
Sierentz
Vers Belfort
Dannemarie
ALTKIRCH
ST-LOUIS
Basel
HIRTZBACH
Hirsingue
Vers Zürich
FERRETTE
BETTLACH
LUCELLE
KIFFIS

QUAND Y ALLER

JANVIER

STRASBOURG

-2° / 5°

MULHOUSE

-1° / 5°

FÉVRIER

STRASBOURG

-1° / 7°

MULHOUSE

-1° / 6°

CARNAVAL DE MULHOUSE

(MULHOUSE)

© VILLE DE MULHOUSE

Le Carnaval de Mulhouse réveille la ville engourdie au cœur de l'hiver dans différents quartiers de la ville.

STRASBOURG MON AMOUR

(STRASBOURG)

Durant dix jours, Strasbourg est la ville la plus romantique de France, offrant rencontres emblématiques et moments d'exception.

MARS

STRASBOURG

2° / 12°

MULHOUSE

2° / 12°

L'Alsace se visite au rythme des saisons. Été comme hiver, on trouve toujours quelque chose d'intéressant à faire ou à découvrir. Nous vous proposons ici quelques inspirations pour planifier vos voyages avec des périodes où des événements marquants, de grande envergure, sont proposés habituellement aux locaux comme aux touristes. Bien sûr, ils sont bien plus nombreux que ceux-là. Faites votre choix, il y en a pour tous, petits et grands, pour tous les goûts et pour tous les budgets !

AVRIL

STRASBOURG

5° / 16°

MULHOUSE

5° / 16°

LE MARCHÉ AUX PLANTES

(MULHOUSE)

En avril, les amoureux des jardins et des plantes se retrouvent au parc zoologique pour le grand marché aux plantes annuel.

OSTERPUTZ - MARCHÉ DE PÂQUES

(MULHOUSE)

Décors printaniers, chocolats, animaux de la ferme, mais aussi randonnées pédestres patrimoniales dans les quartiers mulhousiens..

FORUM DU LIVRE DE SAINT-LOUIS

(SAINT-LOUIS)

Le rendez-vous des bibliophiles ! La ville de Saint-Louis accueille une des plus importantes foires littéraires du Grand Est.

$ $

MAI

STRASBOURG

9° / 20°

MULHOUSE

9° / 21°

NUIT DES MUSÉES

(STRASBOURG)

© SERGEY KELIN – SHUTTERSTOCK.COM

La nuit des musées est l'occasion de découvrir ces lieux autrement grâce à de nombreuses animations et ouvertures exceptionnelles.

MUNSTER JAZZ FESTIVAL

(MUNSTER)

Chaque année, lors de la semaine de l'ascension, le jazz s'invite à Munster pour des programmations éclectiques et intergénérationnelles !

$

JUIN

STRASBOURG

13° / 23°

MULHOUSE

12° / 24°

SLOWUP ALSACE

(SÉLESTAT)

Par une belle journée de juin, le SlowUp réserve aux vélos, rollers et piétons un tronçon festif de 38 km sur la route des vins.

$ $

QUAND Y ALLER

JUILLET

STRASBOURG

14° / 26°

MULHOUSE

14° / 26°

LA FOIRE AUX VINS D'ALSACE DE COLMAR
(COLMAR)
La Foire aux Vins d'Alsace de Colmar (la FAV pour les initiés), c'est vraiment l'événement incontournable de l'été pour les vins !

SCÈNES DE RUE
(MULHOUSE)
Plus de trente compagnies investissent toute la ville : théâtre de rue, danse, cirque, musique, prouesses et performances...

AOÛT

STRASBOURG

14° / 26°

MULHOUSE

14° / 26°

BIBLIOTHÈQUES IDÉALES
(STRASBOURG)
Les Bibliothèques idéales, festival dédié aux livres, à la littérature, aux auteurs, ainsi qu'à la pensée est un immanquable !

MÉTÉO – MULHOUSE MUSIC FESTIVAL
(MULHOUSE)
Pendant une semaine, solos et grands rassemblements musicaux d'importance se succéderont dans une dizaine de lieux de la ville.

AU GRÈS DU JAZZ
(LA PETITE-PIERRE)
Plongé dans un écrin de verdure, le festival Au grès du Jazz est un moment exceptionnel de rencontres au cœur des Vosges du nord.

SEPTEMBRE

STRASBOURG

11° / 21°

MULHOUSE

WILLKUEMMA IM DORF
(MULHOUSE)
Vignerons et producteurs font la fête un week-end au son des orchestres alsaciens pour mettre à l'honneur les meilleurs produits.

FOIRE EUROPÉENNE
(STRASBOURG)
Produits du terroir, gastronomie, vêtements innovants, stands institutionnels... On trouve tout à la foire européenne.

FESTIVAL DE JAZZ
(COLMAR)
Aucun style n'est privilégié, la programmation est de plus en plus éclectique, avec des master class et sessions live gratuites.

OCTOBRE	NOVEMBRE	DÉCEMBRE
STRASBOURG 7° / 15°	STRASBOURG 3° / 9°	STRASBOURG 0° / 5°
MULHOUSE 6° / 16°	MULHOUSE 2° / 9°	MULHOUSE 0° / 6°

OCTOBRE

JOURNÉES D'OCTOBRE
(MULHOUSE)
Une fête où les 6 traditionnels villages présentent les savoir-faire des créateurs régionaux, des animations, des innovations...

FOLIE'FLORE
(MULHOUSE)
Ce sont 10 000 m² de jardins éphémères qui prennent vie au rythme des jeux d'eau et de lumière pour 10 jours de spectacle.

LA FÊTE DES PLANTES DE SCHOPPENWIHR
(BENNWIHR)
Un rendez-vous botanique incontournable pour petits et grands jardiniers, en mai et en octobre. Plantes rares et ferronnerie.

$

NOVEMBRE

SALON DU TOURISME ET DES VOYAGES DE COLMAR
(COLMAR)
Dans le Top 5 des plus grands salons français, cette manifestation dévoile les plus belles curiosités touristiques du monde.

MARCHÉ DE NOËL
(MULHOUSE)
En novembre et décembre, la ville déploie les chalets de son marché de Noël sur sa mythique place de la Réunion. Toujours une réussite !

CHEMIN DES CRÈCHES DE BERGHEIM
(BERGHEIM)
Un parcours original composé de plus de 80 crèches artisanales fabriquées par les différentes associations de Bergheim et ses habitants.

NOËL AU JARDIN
(HUSSEREN-WESSERLING)
Le Parc de Wesserling - Écomusée Textile vous invite à découvrir son Noël à travers un conte, au cœur de ses jardins illuminés.

$

DÉCEMBRE

LES FÊTES DE NOËL
(TURCKHEIM)

© MARINAD_37-SHUTTERSTOCK.COM

Turckheim s'illumine rituellement en décembre et propose plusieurs rendez-vous qui vous transporteront à travers la magie de Noël.

MARCHÉ DE NOËL DES MUSÉES ET DES CRÉATEURS
(OTTMARSHEIM)
Ottmarsheim célèbre chaque année le Noël du patrimoine. Son marché, authentique et convivial, est situé au pied de l'abbatiale romane.

MARCHÉ DE NOËL MÉDIÉVAL
(RIBEAUVILLÉ)
Découvrez l'authenticité de ses décors et plongez-vous déguisé dans l'ambiance médiévale et festive de la cité des ménétriers.

$ $ $

LES BONNES RAISONS D'Y ALLER

© PHILIPPE MONTEMBAUT - STOCK.ADOBE.COM

LES 3 MASSIFS

Vosges, Jura alsacien, Forêt-Noire, ces massifs rivalisent avec les plus grandes stations.

© LOTHARINGIA - STOCK.ADOBE.COM

L'ÉCOMUSÉE D'ALSACE

Pour tout découvrir du patrimoine et des arts et traditions populaires alsaciens.

© DRSANTANA - SHUTTERSTOCK.COM

ROUTE DE LA CARPE FRITE

Un incontournable cheminement culinaire pour tout gourmet avide de découvertes.

© MUSÉE ÉLECTROPOLIS

LES MUSÉES DE MULHOUSE

Histoire, technique, industrie, art, tradition et mémoire alsacienne, ils sont nombreux !

© FRANCIS GOOSSENS - FOTOLIA

L'AUTOMOBILE

Entre Bugatti, le Musée automobile de Mulhouse et la Grange à Bécanes, soyez conquis.

© SHUTTERSTOCK.COM - GUGU MANNSCHATZ

HUNSPACH

Après Eguisheim et Kaysersberg, Hunspach 3e village élu Village préféré des Français.

© PKAZMIERCZAK - STOCK.ADOBE.COM

LA VÉLOROUTE DU VIGNOBLE

La plus ancienne route des vins, longue de 170 km, de Marlenheim à Thann.

LES BONNES RAISONS D'Y ALLER

LES CHÂTEAUX FORTS

Ils sont plus de 500 en Alsace dont 80 visitables en toutes saisons !

© JIMPIX PRIAUX - STOCK.ADOBE.COM

© SHUTTERSTOCK.COM - ANTOINE POUILLARD

LA GRANDE TRAVERSÉE

L'un des plus grands chemins de randonnée balisé de France et d'Europe !

© GDMPRO S.R.O - STOCK.ADOBE.COM

NEUF-BRISACH

Fortifiée par Vauban et inscrite au Patrimoine mondial de l'Unesco.

LES 12 MOTS-CLÉS

ART CONTEMPORAIN

En Alsace, plus d'une soixantaine de lieux dédiés aux arts (musées, lieux d'exposition, salons...) font la part belle à la création artistique contemporaine et à l'art urbain. Parmi eux, on trouve Versant Est, une association qui fédère des acteurs des arts visuels contemporains en Alsace et le Centre européen d'actions artistiques contemporaines.

BRETZELS

Le bretzel, avec sa forme caractéristique, est LE véritable emblème de l'Alsace gourmande ! Vous le trouverez ici dans chaque boulangerie en version classique, mais vous pourrez aussi pousser plus loin grâce à différentes recettes : à l'instar du bretzel gratiné, au chèvre ou dans sa version flammekueche (à passer au four quelques instants !).

© SHUTTERSTOCK.COM - NEYDTSTOCK

CATHÉDRALE

Avec sa flèche unique culminant à 142 mètres, la cathédrale et sa robe en dentelle de grès rose dominent toute la plaine d'Alsace. Laissez-vous envoûter par ce chef-d'œuvre d'art gothique, symbole par excellence de Strasbourg. Il aura fallu près de 3 siècles de travail pour achever ce « prodige du gigantesque et du délicat » (Victor Hugo).

© DMYTRO SURKOV - STOCK.ADOBE.COM

CUEILLETTES

Découvrir l'Alsace, c'est aussi découvrir ses producteurs et ce qu'ils cultivent. Et quoi de mieux que d'aller directement à leur rencontre ? Sur tout le territoire, ils sont très nombreux à vous proposer de venir faire votre propre cueillette dans leurs champs afin de vous offrir, entre amis ou en famille, une expérience ludique et éducative !

ESPACE RHÉNAN

L'Europe rhénane, ou espace rhénan, est l'ensemble des régions à forte densité de population, de la Suisse aux Pays-Bas, parcourues par un vaste réseau de voies de communication, montrant un ensemble de villes de toutes tailles liées au Rhin et à ses affluents. La population de l'espace rhénan est nombreuse, généralement riche et bien formée.

© SHUTTERSTOCK.COM - LEONID ANDRONOV

GASTRONOMIE

Dans cette région, les plats sont gargantuesques, copieux, riches mais aussi goûteux et très variés. Traditionnellement un Alsacien a besoin de beaucoup d'énergie pour faire face au rude climat continental d'hiver et pour pouvoir réaliser les travaux de la vigne, des champs ou encore de la forêt… Le labeur a changé mais la cuisine est restée.

RANDONNÉES

Admirez les plus beaux panoramas alsaciens sur plus de 17 000 km de sentiers balisés. Randonneurs aguerris ou promeneurs du dimanche, inventez votre parcours au gré de vos envies ou laissez-vous guider par un accompagnateur ! Sentiers pédestres racineux, chemins forestiers, dénivelé, traversée du Gazon du Faing, lac Noir... Il y en a pour tous !

TEXTILE

L'Alsace a vu naître au cours du XVIIIe siècle les premières manufactures royales et a bâti sa notoriété textile sur des impressions indiennes. Cette région a su développer au XIXe siècle un véritable empire industriel primé aux Expositions universelles. Aujourd'hui, c'est notamment 250 entreprises, 8 500 emplois, 250 brevets en 3 ans...

TOURISME VERT

L'écotourisme, qui consiste à privilégier la découverte de la nature dans le respect des ressources environnementales et des populations locales, est de plus en plus développé en Alsace avec de nombreux moyens de transport doux, des labels environnementaux pour l'hébergement et la restauration, des espaces naturels, des visites atypiques...

TRADITION

Ici, la tradition est un réel maître mot, à chaque coin de rue et dans chaque action de ses habitants. Que l'on parle d'architecture, de gastronomie, d'art de vivre et de recevoir ou encore de langage, l'Alsace et ses habitants ont su préserver leurs spécificités, envers et contre tout, malgré les influences françaises et allemandes alternatives.

VÉLO

2 500 km de véloroutes et voies vertes : petites et grandes boucles se conjuguent en Alsace pour le plaisir de tous. L'Alsace est à la croisée de trois EuroVélo routes et de parcours transfrontaliers. Aménagées le long de canaux, de voies ferrées entretenues et revêtues, les véloroutes d'Alsace offrent un grand confort et plus de sécurité.

VINS D'ALSACE

Grâce à une excellente situation géographique, le vignoble alsacien produit des vins aux arômes internationalement reconnus. La nature exubérante, le climat privilégié et les terroirs d'une exceptionnelle diversité offrent un choix de vins incomparables. Les Appellations d'Origine Contrôlée sont nombreuses et les vignerons attachés à la nature.

VOUS ÊTES D'ICI, SI...

- Vous êtes fier de vos deux jours fériés en plus par an, que le reste de la France « de l'Intérieur » vous envie, même si vous vous savez que Strasbourg est en France et non pas en Allemagne.
- Vous dites de quelqu'un qu'il a du *schpeck*, vous mangez des *kneppfles*, du *baeckeoffe* et de la choucroute, vous prenez un *stück* et non pas un morceau ou que vous buvez un *schlouck* de *schnaps* et non pas une gorgée d'eau-de-vie.
- Vos amis s'appellent Muller ou Schmitt et que vous savez prononcer le nom de villages pleins de consonnes et finissant par heim.
- Vous avez suivi à l'école des cours de religion et que saint Nicolas vous rendait visite.
- Vous comprenez les petites guerres entre Haut-Rhinois et Bas-Rhinois, entre autres sur la manière de prononcer *manalA* et *bredelA*.
- Cela vous énerve lorsqu'un Alsacien est interviewé à la télévision et que les reporters font exprès de choisir celui qui a le pire accent du village mais qu'eux-mêmes n'arrivent pas à prononcer le nom de là où il vient.

INTERVIEW

© D.R.

MON ALSACE

AVEC THIERRY DESAULES, AUTEUR.

Pouvez-vous vous présenter à nos lecteurs ?

J'ai 47 ans, je suis un amoureux de bonnes tables et je suis écrivain de profession. Après plusieurs biographies autorisées d'artistes (Indochine, The Cure et Placebo), j'ai publié plusieurs romans contemporains et des thrillers. Je travaille aujourd'hui sur mon dixième ouvrage.

Qu'est-ce qui vous a mené en Alsace, et plus particulièrement à Strasbourg ?

Je suis un vrai Strasbourgeois puisque je suis né ici. J'y ai toutes mes attaches, familiales, professionnelles et amicales. Je n'ai quitté l'Alsace que quelques mois dans les années 90 pour vivre quelques temps à Londres.

Alors, aujourd'hui ?

J'y suis pleinement chez moi. En tant qu'écrivain, j'y ai même désormais mon éditeur ce qui facilite grandement les choses. Je vis essentiellement à Strasbourg mais je passe une semaine par mois au Hohwald, dans la maison de campagne de ma moitié ! A Strasbourg, j'écris pour la presse et le Petit Futé ; au Hohwald, j'écris mes livres, sans connexion Internet… au calme !

© D.R.

Quels sont vos endroits préférés en Alsace ?

J'aime le foisonnement culturel et festif qui règne à Strasbourg et les nombreux bars et restaurants qu'on y trouve. Au Hohwald, j'aime le contact avec les habitants loin de toute agitation et le calme de la montagne : croiser un cerf me met toujours en joie ! Lorsque vient le temps de me ressourcer, j'aime passer du temps au Mont Saint Odile : on y ressent une réelle spiritualité et un sentiment de paix intérieure total. Partout en Alsace, j'aime découvrir les petites auberges de campagne, où l'on dîne merveilleusement et à petits prix.

© D.R.

TOP 10

SE RESTAURER

Découvrir une région, c'est aussi découvrir sa gastronomie. Dans ce top, qui met en valeur les chefs autant que le service, vous découvrirez les restaurants qui offrent les plats les plus typiques et les recettes traditionnelles, les plus inventifs et les plus respectueux du produit. Nous avons ainsi mis un accent tout particulier sur ceux qui utilisent des ingrédients biologiques, frais et de saison, issus des productions locales avoisinantes pour établir cette liste de nos recommandations préférées. N'ayez crainte, nous avons pensé à faire figurer des établissements pour tous les budgets !

À LA TRUITE

Illhaeusern
La meilleure matelote de poissons d'eau douce d'Alsace et un marbré de sandre et saumon en gelée de crustacés médaille d'or !

IL CORTILE

Mulhouse
Cet étoilé propose une cuisine méditerranéenne d'une belle créativité. Le cadre sublime et contemporain est un vrai plus !

LES SALES GOSSES

Strasbourg
Toutes les six semaines de nouvelles recettes accompagnées de vins originaux pour découvrir chaque fois de nouveaux pays.

LA CASSEROLE

Strasbourg
Un cadre intimiste et élégant pour profiter au mieux de mets subtils et délicats grâce à une incroyable capacité d'invention.

EN PHOTO

505 LE YAM

Saint-Louis
Un bel établissement dédié à une cuisine thaï de haut vol dans un espace hybride et multiple. À découvrir de toute urgence !

103 HÔTEL LES HARAS

Strasbourg
Un cadre sublime et historique, où goûter à la gastronomie alsacienne mais aussi à ses vins les plus renommés et primés.

448 RESTAURANT DE LA GARE

Guéwenheim
Cette institution en place depuis 1874 délivre une cuisine de brasserie particulièrement goûteuse et une carte des vins réputée !

298 L'ATELIER DE GUILLAUME

Sainte-Marie-aux-Mines
Restaurant insolite qui offre une superbe carte des vins et bel espace de vente d'épicerie fine à Sainte-Marie-aux-Mines

109 AU BOEUF ROUGE - FRANÇOIS GOLLA

Niederschaeffolsheim
Toute la quintessence d'un grand gastronomique dans un esprit winstub à la belle convivialité. Le talent du chef Golla : un must !

268 AUBERGE CHEZ GUTH

Steige
Adresse à Steige servant des plats inventifs et raffinés issus de produits locaux et saisonniers

© LUCAS-MULLER (LUKAM)

TOP 10

SE LOGER

Lorsque l'on parle d'hôtels et chambres d'hôtes, on pense forcément aux moments où l'on est en déplacement. Mais avec ce top, nous avons souhaité vous proposer aussi des idées, à vous qui habitez tout près, pour changer un peu d'air et déconnecter loin de l'agitation. Les établissements que nous avons choisis ici misent tout sur votre confort, par des équipements d'exception comme des espaces bien-être ou par des originalités de situation ou d'idéologies.

HÔTEL-RESTAURANT & SPA AU TILLEUL

Labaroche
Un bel hôtel spa 3 étoiles doté d'un restaurant avec terrasse offrant de délicieuses spécialités. Pour un beau moment de détente !

FERME-AUBERGE LES BUISSONNETS

Bourbach-le-Haut
Profitez de la petite maison à la montagne, loin de tout mais au plus proche de la nature et des bons produits à déguster.

LE MARÉCHAL****

Colmar
Au bord de la Lauch, ce superbe hôtel haut de gamme plein de surprises se déploie au sein d'une vénérable demeure du XVIe siècle.

HÔTEL & SPA ARNOLD***

Itterswiller
Adresse offrant le must de l'hébergement en Alsace pour ses chambres, suites et duplex avec balcons, son spa à l'esprit zen.

98 **HÔTEL LES HARAS******
Strasbourg
Aux portes de la Petite France, les Haras de Strasbourg ouvrent un dialogue entre le calme, le confort et l'innovation !

339 **HÔTEL SPA HUSSEREN COLLECTIONS******
Husseren-les-Châteaux
Cet établissement 4 étoiles propose un réel moment d'authenticité et de bien-être au cœur de la belle Alsace. À découvrir !

184 **HÔTEL-RESTAURANT MULLER**
Niederbronn-les-Bains
Dormir dans une suite façon loft au cœur de la nature, profiter d'un espace spa et d'une cuisine de maître restaurateur.

464 **PEONIA AT HOME**
Mulhouse
Dans le quartier du Rebberg, une bâtisse chargée de charme et d'histoire pour un week-end romantique et plein d'authenticité…

463 **BRISTOL******
Mulhouse
Un bel hôtel de charme, central, qui vous permet d'être à un saut de puce de tout ce que la ville de Mulhouse a à offrir…

131 **CHÂTEAU DE L'ÎLE*******
Ostwald
Hôtellerie de luxe dans un ancien manoir proposant des chambres, suites, restaurant gastronomique, winstub, spa, piscine

TOP 10

ACTIVITÉS

Les activités sont pléthoriques en Alsace et presque chaque commune a la sienne. Dans ce top, nous avons choisi d'en proposer une à retenir pour chaque domaine, que l'on aime l'escalade, le golf, le VTT ou encore les sports d'hiver, ou que l'on préfère découvrir le patrimoine minier en s'amusant. Il y a aussi des idées sorties plus douces pour les moins téméraires et des choses pour les plus petits. Les fans d'animaux ne sont pas non plus oubliés, tout comme ceux qui aiment les activités aquatiques, particulièrement agréables durant nos étés alsaciens à la chaleur parfois étouffante.

© SOLODOVNIKOVA ELENA / ADOBE STOCK

462

ABBATIALE D'OTTMARSHEIM

Ottmarsheim
Un joyau d'architecture romane à découvrir pour un beau moment d'histoire et de spiritualité. Laissez-vous imprégner par les lieux.

© EVA BOCEK - SHUTTERSTOCK.COM

259

CIGOLAND

Kintzheim
Dans ce parc de loisirs et animalier, profitez en famille des nombreuses activités. Quand le ludique s'associe au grand air…

BARRAGE DE MICHELBACH

Aspach-Michelbach
Une sortie idéale et instructive à faire en famille pour découvrir cet étonnant barrage artificiel ainsi que la faune et flore…

© MDGARDSON - STOCK.ADOBE.COM

444

© MAISON DU FROMAGE

367

LA MAISON DU FROMAGE

Gunsbach
Dans la vallée de Munster, une occasion unique de goûter et découvrir de façon ludique tout l'univers marcaire. Original !

MUSÉE NATIONAL DE L'AUTOMOBILE

Mulhouse
Pour le plaisir des petits et des grands, la grande histoire de l'automobile vous attend pour un voyage temporel inoubliable.

© ALEXIS TOUREAU

456

© EMMANUELLE SUAREZ

507

PARC DES EAUX VIVES

Huningue
Ce lieu permet à tous de pratiquer en milieu urbain les sports d'eaux vives : rafting, canoë-kayak, hydrospeed, stand-up paddle.

© NATUROPARC

317

NATUROPARC

Hunawihr
Un parc animalier incroyable, à la découverte des emblèmes de la région : la cigogne blanche et le grand hamster d'Alsace.

TELLURE MINE D'ARGENT

Sainte-Marie-aux-Mines
Une occasion unique de découvrir l'univers de la mine de Saint-Jean Engelsbourg de manière ludique quel que soit son âge.

© CLAUDE SCHOTT - FOTOLIA

94

PARC DE L'ORANGERIE

Strasbourg
Le plus ancien parc de la ville, avec des jeux pour enfants, un espace d'exposition, un petit zoo et un restaurant gastronomique.

© OLIVIER PÉPIN

296

© TOTAL JUMP

178

TOTAL JUMP

Lauterbourg
Passez la journée à Total Jump ! Sur l'AquaPark, grimpez, sautez, plongez, glissez... grâce à des modules gonflables géants.

IDÉES DE SÉJOUR

Au-delà de ce que vous proposent les tour-opérateurs avec leurs formules toutes prêtes et leurs itinéraires très touristiques et souvent noirs de monde, il y a bien d'autres façons de découvrir l'Alsace ! On peut ainsi mettre l'accent sur une découverte écologique du Sud du territoire à vélo, sur le patrimoine architectural et historique qui s'offre à nous à chaque coin de rue ou de forêt, ou bien sûr, après avoir fait du vélo ou de la marche pendant une semaine, sur une escapade gourmande à la découverte de la gastronomie régionale. C'est ce que nous vous proposons avec trois idées séjour originales et peu connues. Nous les avons choisies courtes, réalisables sur un long week-end si l'on en choisit des portions, pour que chacun puisse en profiter. Bien sûr, il ne s'agit là que de pistes à explorer et vous êtes libres de vous en inspirer pour créer vos propres parcours et organiser votre séjour !

CYCLOTOURISME DANS LE SUNDGAU AU DÉPART DE MULHOUSE

La pratique du cyclotourisme est assez aisée en Alsace. Beaucoup de pistes cyclables sont proposées et la plupart proposent des niveaux de difficulté très raisonnables. Nous avons choisi de vous présenter ici une balade dans le Sundgau au départ de **Mulhouse** ★★★ (p.451).

› Jour 1

De **Mulhouse** ★★★ (p.451) à Seppois-le-Bas, la première étape est facile au départ. Elle fait 38 kilomètres. En gare de Mulhouse, on rejoint l'Eurovélo 6. Le long du canal, on passe par le port de plaisance de Wolfersdorf avant de bifurquer pour rejoindre à terme la Maison de la Nature du Sundgau à laquelle on peut faire une pause sympathique. On reprend ensuite la piste cyclable pour rejoindre Seppois-le-Bas. Ici, le camping Les Lupins est idéal pour s'arrêter et offre à petit budget un repos bien mérité.

› Jour 2

La seconde étape propose de rejoindre **Altkirch** ★ (p.486). 28 kilomètres pour aujourd'hui. Les boucles proposées dans le Sundgau se suivent à sens unique et ne passent pas toujours par des pistes cyclables, prudence donc. Entre Seppois-le-Bas et Altkirch, il faut suivre la boucle 3 de couleur orange ou la boucle 5 de couleur verte. Beaucoup de villages typiques sont traversés, mais les montées sont très raides. Arrivés à **Hirtzbach** ★ (p.493), on peut faire une petite pause déjeuner et déguster la carpe frite, par exemple au Restaurant de la Gare. À Altkirch, on peut dormir au camping Les Acacias.

› Jour 3

À **Altkirch** ★ (p.486), la boucle 4 « les deux vallées » propose un itinéraire de 28 kilomètres. On passe par Hundsbach et son moulin (visite sur rendez-vous), par Grentzingen et par Henflingen avant de revenir à Altkirch où l'on pourra profiter, si l'on n'est pas épuisé par cette boucle très dénivelée, du CRAC et du street art local.

Eurovelo 6 le long du canal du Rhône au Rhin, entre Belfort et Mulhouse.

› Jour 4

Le retour à **Mulhouse** ★★★ [p.451] se fait en prenant la boucle 4 violette jusqu'à Emlingen puis l'itinéraire des 3 pays. La pause peut se faire à Illfurth où l'on visite le cimetière militaire allemand et la chapelle. Si l'on veut aller plus loin, l'itinéraire des 3 pays passe par la Suisse et l'Allemagne et l'on peut donc allonger à loisir selon les envies et la motivation cette idée de séjour cyclo-touristique dans le Sundgau.

LA ROUTE DES CHÂTEAUX ET CITÉES FORTIFIÉES D'ALSACE

L'Alsace est connue pour ses nombreux châteaux forts. On peut démarrer le circuit de la Route des châteaux et citées fortifiées d'Alsace à **Wissembourg** ★ [p.173]. Elle se prolonge jusque dans le **Haut-Rhin** ★★★★ [p.289] mais, selon le temps dont vous disposez, vous pouvez n'en emprunter que des portions. Redescendus dans les villages, vous rejoindrez votre point de départ en train aisément si besoin.

› Jour 1 - Découverte de Wissembourg

À **Wissembourg** ★ [p.173], vous découvrez la première ville fortifiée de l'itinéraire avec ses remparts. La ville est d'ailleurs l'une des étapes d'une autre route, la route Romane. Après votre visite de Wissembourg, mettez-vous en marche pour le premier château de cet itinéraire. En remontant dans les forêts des Vosges du Nord, prenez donc la direction du château fort de Fleckenstein, du XIIe siècle. Sur votre trajet, vous pourrez faire une halte pour la nuit à Climbach.

› Jour 2 - En route pour le château de Fleckenstein

Après votre nuit, reprenez la route vers le château de Fleckenstein. Sur votre trajet, vous pourrez aussi suivre l'itinéraire du circuit des 4 châteaux. Vous pourrez ainsi découvrir, sans grande difficulté, en plus du Fleckenstein, le Loewenstein, le Hohenbourg et le Wegelnburg. Ces quatre châteaux en ruine vous offriront un magnifique panorama sur les Vosges. L'aire de jeux médiévale du Gimbelhof est aussi à découvrir. Après votre journée de marche, faites donc halte à **Lembach** ★ [p.180].

Château de Wangenbourg.

› Jour 3 - Les châteaux du Wasigenstein et de Schœneck

Votre périple continue à la découverte des châteaux de Wasigenstein et de Schœneck, construits tout deux au XIIIe siècle. À 600 mètres de Schœneck, vous pourrez aussi voir les ruines du château de Wineck, sur une crête. Puis direction **Niederbronn-les-Bains** ★ [p.183] pour une pause bien méritée.

› Jour 4 - Du château de Lichtenberg à La Petite-Pierre

De Niederbronn, on rejoint le château de Lichtenberg, du XIIIe siècle et fortifié au XVIe siècle, premier à utiliser le canon. Votre chemin se poursuit ensuite vers la cité fortifiée de **La Petite-Pierre** ★★ [p.201] et son château du XIIe siècle qui est aujourd'hui le siège du Parc naturel régional des Vosges du Nord. Vous y verrez aussi le musée du Sceau alsacien et celui des Arts et Traditions populaires.

› Jour 5 - Vers le château du Haut-Barr

Objectif de cette journée, rejoindre Saverne et son château du Haut-Barr. Sur le trajet depuis La Petite-Pierre, vous pourrez faire un stop pour aller voir les maisons des roches de Graufthal, à Eschbourg, avant de rejoindre **Saverne** ★★ [p.207]. Puis poussez jusqu'au château du Haut-Barr [à 1h30 de Saverne], appelé aussi « l'œil de l'Alsace ». Depuis son promontoire, vous aurez une superbe vue sur la région. Retour à Saverne.

Si vous souhaitez prolonger votre périple, vous attendent encore Wangen, Westhoffen, Wangenbourg, le Nideck, Obernai, Dambach-la-Ville, Bernstein, Châtenois, Ortenbourg, Kintzheim et le Haut-Koenigsbourg. Ce dernier est l'un des monuments les plus visités de France ! Les offices de tourisme vous renseigneront au mieux à l'aide de brochure sur l'ensemble de cette belle route des châteaux forts d'Alsace.

FOOD ET WINE TOUR EN ALSACE

Parce que la gastronomie et la viticulture sont des incontournables en Alsace, il est possible de réaliser des parcours gastronomiques complets pour en profiter. Le spécialiste de cela, c'est L'Alsaciette ! Vous aurez plusieurs possibilités, et même l'occasion de réaliser des parcours sur mesure en minibus 9 places.

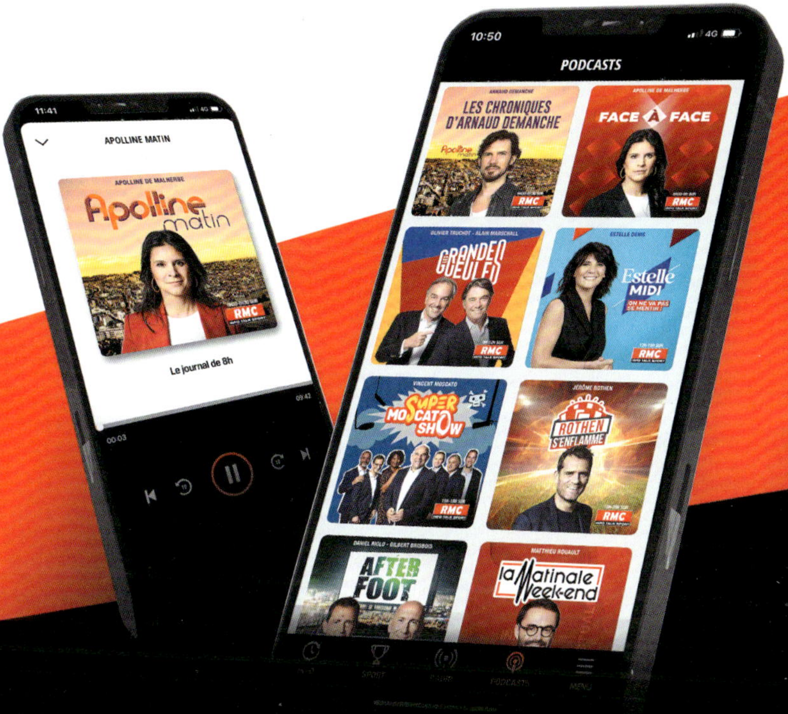
APOLLINE MATIN
Apolline matin
Le journal de 8h
PODCASTS
LES CHRONIQUES D'ARNAUD DEMANCHE
FACE A FACE
GRANDES GUEULES
Estelle MIDI
SUPER MOSCATO SHOW
ROTHEN S'ENFLAMME
AFTER FOOT
la Matinale Week-end

IDÉES DE SÉJOUR

› Jour 1 - Entre montagnes et vignes

À **Colmar** ★★★★ (p.375), on prend un petit déjeuner traditionnel, avec par exemple, une viennoiserie typiquement alsacienne, le croissant ou le pain au chocolat nappé de sucre. On part ensuite pour la vallée de **Munster** ★ (p.362) pour y découvrir la Maison du Fromage qui propose un musée et des dégustations autour de cet incontournable. On monte ensuite à midi jusqu'à la Ferme aux Rennes, où l'on déjeune très bien et où l'on côtoie les fidèles amis du Père Noël. Enfin, en redescendant, on s'arrête dans des petites caves avant de passer par **Eguisheim** ★★ (p.333), élu plus beau village de France.

› Jour 2 - Entre vignes et châteaux

Tout débute au château du Haut-Koenigsbourg, dont on profite lors d'une visite, libre ou guidée. Pour se mettre en appétit, on fait une petite halte à **Saint-Hippolyte** ★ (p.310) chez un caviste avant d'aller déjeuner dans l'un des nombreux restaurants typiques de la Route des Vins. La petite marche digestive se fait à Ribeauvillé avec une visite de ses trois châteaux. Entre **Ribeauvillé** ★★★ (p.300) et **Kaysersberg** ★ (p.341), lui aussi élu village préféré des français, on peut s'arrêter dans une cave ou attendre d'avoir rejoint **Colmar** ★★★★ (p.375) pour un goûter autour d'une pâtisserie avec vue sur la Petite Venise.

› Jour 3 - Suivre la route des vins

La Route des Vins d'Alsace est la plus ancienne de France ! On y visite des villages pittoresques, des paysages magnifiques et des cités viticoles incroyables tout en rencontrant des vignerons passionnés. **Marlenheim** ★ (p.228) est la porte de cette route des vins. Si vous le pouvez, privilégiez l'automne car le paysage est incroyable avec ses feuilles de vignes dorées. Si vous souhaitez profiter au mieux des viticulteurs, restez prudents et ne conduisez pas après plusieurs dégustations. D'ailleurs, nous vous conseillons de visiter les caves et vignerons le matin, quand il y a moins de monde, et de vous limiter à quatre. En effet, en plus de la nécessaire modération de la consommation d'alcool, les vins sont si riches en arômes qu'on ne saurait les apprécier pleinement en en ayant trop goûté.

Pour profiter de la route des vins à vélo, prenez la Véloroute du Vignoble d'Alsace qui passe par des châteaux, villages typiques et vignes de différents cépages avec de nombreux panneaux explicatifs. Complet, cet itinéraire mesure 131,5 kilomètres et rejoint un tronçon de l'EuroVélo5. Il emprunte d'anciennes voies ferrées et des portions de l'ancienne route romaine, loin de la circulation et en pleine nature.

De nombreux offices de tourisme de la région vous proposeront des escapades écotouristiques dans le vignoble. Certains vignerons proposent de partir à la découverte des animaux qui habitent leurs terres, de profiter d'un dîner insolite sur le domaine, de faire des jeux et des apprentissages ludiques du métier, ou même de méditer et de développer vos 5 sens ! Les parenthèses vigneronnes de la Route des Vins proposent ces activités combinées à des dégustations de fromages, de vins ou de repas traditionnels et l'on peut même s'offrir un parcours dans les vignes en bus cabriolet, les cheveux au vent !

Place du village, Ribeauvillé.

DÉCOUVRIR

L'Alsace, c'est une grande diversité de territoires, de panoramas, mais aussi une histoire et des traditions séculaires. Au fil de ces pages, vous découvrirez tout ce qui fait l'Alsace, de sa géographie à sa nature, en passant par son architecture et ses repères historiques. Vous découvrirez aussi des traditions, dans les domaines du textile, de la danse, de ses beaux-arts ou de la littérature par exemple. Vous trouverez aussi dans cette rubrique les incontournables de la gastronomie locale, et des bons plans pour pratiquer tous vos sports et loisirs et enfin pour rapporter plein de bonnes choses de votre voyage. Vous serez bientôt incollables sur tout ce qui fait l'Alsace et, avec cette présentation, vous aurez certainement envie de découvrir les autres pages de ce guide pour en savoir plus sur les établissements que nous avons sélectionnés et pour lire nos interviews exclusives et zooms sur des thématiques particulières.

NOËL EN ALSACE

Chaque année, des touristes toujours plus nombreux se rendent en Alsace pour vivre la « magie de Noël ». Les plaquettes touristiques du monde entier le disent avec force : l'Alsace est LE pays de Noël... et cette réputation n'est vraiment pas usurpée. Il suffit d'observer les visiteurs ravis qui arpentent les allées des différents marchés de Noël d'Alsace, découpés en sept pays chacun avec sa spécificité. Dès le premier dimanche de l'Avent, villes et villages accueillent leur *Christkindelsmärik*, marché de Noël émaillé de petits chalets éclatants de lumière qui présentent boules, santons, décorations variées, mais aussi produits du terroir, friandises. Sans oublier les échoppes où mijote le vin chaud ! Le plus ancien et le plus célèbre marché de Noël est celui de Strasbourg qui existe depuis 1570. Le *Christkindelsmärik*, littéralement marché de l'Enfant-Jésus, se tient place Broglie, mais les marchés fleurissent partout en ville.

Père Noël, saint Nicolas et Hans Trapp

Le Père Noël n'a pas toujours été celui que l'on connaît aujourd'hui. Saint Nicolas serait, selon la légende, en grande partie son ancêtre. C'est seulement après la Seconde Guerre mondiale que le vieil homme vêtu de rouge est adopté en Europe, mais en Alsace, il n'a jamais remplacé saint Nicolas, et les enfants alsaciens ont donc le double de cadeaux !

À l'origine de la célébration de Noël, il y a, avant même la naissance de Jésus, la célébration païenne du solstice d'hiver. Déjà à cette époque, les maisons sont décorées, en partie avec des branches de sapin, et mets de fête et cadeaux s'échangent. C'est en 354 que le pape Libère décide de casser ces traditions païennes et fixe la date de la naissance de Jésus au 25 décembre, faisant ainsi du solstice une fête religieuse.

Quelque sept cents ans plus tard, saint Nicolas fait son apparition. Cet évêque ayant vécu au IIIe siècle en Turquie est célèbre dans l'Europe germanique et on lui attribue de nombreuses qualités, dont une extrême générosité et une légende selon laquelle il aurait réalisé le miracle de ressusciter des enfants : perdus, ils avaient cru trouver refuge chez un gentil boucher, mais celui-ci, qui ne l'était pas du tout, les a découpés en petits morceaux et a mis le tout dans un saloir. Bien des années plus tard, saint Nicolas passa par là et après un signe de croix sur les tonneaux, les enfants se réveillèrent... Sa mort est datée du 6 décembre et c'est pourquoi on le fête à cette date en distribuant des cadeaux aux enfants sages pour rendre hommage à sa générosité. Dans plusieurs pays, il arrive dans la nuit avec son âne et passe par les cheminées pour distribuer ses cadeaux tandis que son compagnon profite des carottes et pommes que les enfants laissent en remerciement.

Mais attention, dans la tradition alsacienne, saint Nicolas est souvent accompagné d'un personnage, le Hans Trapp qui est parfois appelé *Rüpelz* car il est le plus souvent représenté couvert de peaux de bêtes. Hans Trapp est en quelque sorte le contre-point négatif de saint Nicolas : il apparaît pour châtier les enfants qui n'ont pas été sages comme des images et possède même un sac pour les enlever ! À la fin du Moyen Âge, Johann von Drodt était un chevalier brigand du château de Berwartstein situé à 15 km de Wissembourg. Il semait tant la terreur que les habitants en ont fait le personnage de Hans Trapp dans leur légende locale...

Mais comment saint Nicolas a-t-il donné le Père Noël ? Au XIXe siècle, les Hollandais qui s'expatrient aux États-Unis emportent cette tradition avec eux. Ils appellent alors cela *Sinterclaes* et cela se transformera petit à petit en Santa Claus. En 1823, *The Night before Christmas* est publié aux États-Unis et raconte la légende de saint Nicolas avec quelques modifications : c'est maintenant un gentil lutin avec un embonpoint qui descend du ciel en traîneau tiré par huit rennes et qui distribue ses cadeaux dans la nuit du 24 au 25 décembre. Progressivement, la légende se modifie selon l'imagination des romanciers et des illustrateurs. En 1885, nouvelle modification d'importance : Santa Claus ne vient plus du ciel mais du Pôle Nord et possède une usine de jouets (on sent ici l'influence de l'ère industrielle). En 1931, Coca-Cola invente, avec son publiciste Haddon Sundblom, la version que l'on connaît du Père Noël, un vieil homme rouge et blanc, aux couleurs de la marque. Ce n'est qu'en 1945 que cette image du Père Noël arrive en Alsace, alors encore très fidèle à saint Nicolas. Refusant de délaisser le premier venu, les Alsaciens fêtent donc les deux sur un pied d'égalité.

La couronne de l'Avent

À l'origine, cela pourrait être une tradition païenne puisque dans l'Empire romain, juste

avant le solstice d'hiver, on tressait des couronnes de buis qui symbolisaient la vie, la renaissance végétale après l'hiver. Au XVIe siècle, l'Église aurait intégré cette pratique. Une autre légende raconte que la couronne de l'Avent serait une invention d'un pasteur luthérien Johann Hinrich Wichern, qui s'occupait d'enfants nécessiteux qui lui demandaient toujours quand Noël allait venir et il aurait donc fabriqué cela en guise de décompte.
Aujourd'hui, les couronnes de l'Avent sont faites de branches de sapin parmi lesquelles on place quatre bougies. La période de l'Avent commence quatre semaines avant Noël (date de la naissance de l'Enfant Jésus pour les chrétiens) et, chaque dimanche, on allume une nouvelle bougie en plus des précédentes. La symbolique est encore forte : le monde et ses quatre points cardinaux, l'éternité, la vie, la lumière qui éclaire le monde la nuit de Noël, le pardon, la foi, la joie et la paix.

Le Pays des Mystères

Entre Haguenau, Wissembourg et Betschorf, ce pays de Noël est celui des plus belles maisons traditionnelles (Seebach, Hoffen et Hunspach sont classés parmi les plus beaux villages de France). Le Pays des Mystères est celui du Hans Trapp. Le quatrième dimanche de l'Avent, tous les marchés de ce secteur, en particulier celui de Wissembourg, sont nimbés d'un halo de mystère à l'occasion du cortège du Hans Trapp... Le Pays des Mystères est aussi celui des potiers et les marchés dédiés à ces productions traditionnelles ou aux crèches artisanales sont nombreux. De l'Avent à l'Épiphanie, prenez part à de captivantes chasses aux trésors et plongez de manière originale dans l'ambiance des villes et villages participants. Une activité idéale pour compléter une visite sur un marché de Noël !

Le Pays des Lumières

Ce Pays de Noël blotti entre collines et montagnes autour de Saverne englobe également Wasselonne, La Petite Pierre, Marmoutier et Wangenbourg-Engenthal. Il est traversé par le Parc naturel régional des Vosges du Nord. Ici, on fête surtout la légende de Christkindel (l'enfant Jésus personnifié par une jeune fille toute de blanc vêtue et coiffée d'un voile qui apparaît le soir de Noël), symbole de lumière ! Dès la fin du mois de novembre, villes et villages brillent de mille feux. De l'éclat des verreries de Wingen-sur-Moder aux fenêtres illuminées de Wangenbourg-Engenthal, c'est ici que vous trouverez les meilleures décorations, car particuliers, entreprises ou encore associations réinventent chaque année avec une implication rare les décors féeriques des rues. Le marché de Noël de Bouxwiller est le plus grand du Pays des Lumières. Il a lieu durant un seul week-end de décembre et la foule y vient nombreuse. Passez aussi voir le musée des Arts et Traditions populaires de La Petite Pierre, entièrement dédié aux *springerle*, biscuits traditionnels alsaciens à l'anis, décorés d'un motif en relief et pouvant être mangés mais aussi servir de décorations pour le sapin de Noël.

Le célèbre sapin de Noël de Strasbourg, dominant la place Kléber.

Marché de Noël de Colmar.

Le Pays des Étoiles

C'est le plus étendu des sept « Pays de Noël », puisqu'il regroupe Colmar, Kaysersberg, Éguisheim, Turckheim, Munster, Riquewihr, Ribeauvillé, Neuf-Brisach, Rouffach... Munster met en avant le thème des bredalas (petits gâteaux de Noël) et une soupe au munster est également distribuée par la Confrérie Saint-Grégoire ; Turckheim transforme les volets de ses maisons en calendrier de l'Avent géant et un volet du calendrier est ouvert chaque soir. Ne manquez pas non plus la ronde du Veilleur de nuit à 22h à Éguisheim.

À Rouffach, c'est l'artisanat traditionnel qui est mis en avant, tout comme à Kaysersberg. À Ribeauvillé, le marché de Noël joue à fond la carte médiévale et à Neuf-Brisach, c'est Vauban que l'on met à l'honneur, avec personnages costumés à la mode du XVIIe siècle. Le label « Villes et villages de Noël » distingue les villes et villages tels que Colmar, Éguisheim, Kaysersberg, Munster, Ribeauvillé et Riquewihr qui proposent des animations d'envergure et de qualité durant toute la période de l'Avent.

Le Pays des Saveurs

Il s'agit de Strasbourg et de sa région qui revendique le titre de « capitale de Noël ». Le *Christkindelsmärik* y a été fondé en 1570 pour remplacer le marché de la Saint-Nicolas. Vous admirerez à Strasbourg l'incroyable sapin de la place Kléber qui fait la fierté des habitants. Dominant le centre-ville du haut de ses quelque 30 mètres, c'est, avec ses 7,5 tonnes (en moyenne), l'un des plus imposants sapins naturels décorés en Europe. Chaque année, la ville organise le lancement des illuminations avec un grand événement qui fait venir des artistes internationaux !

Le Pays des chants et des étoffes

Il regroupe la zone des « Ballons », Mulhouse, Thann, Saint-Louis, Altkirch et le Sundgau. Emblème de son passé industriel, l'étoffe se décline ici sur les différents marchés de Noël, les façades de la cathédrale de Mulhouse, au musée de l'Impression sur étoffes... Mais le Pays des étoffes est aussi celui des chants : chorales, ensembles musicaux, instrumentaux, concerts de l'Avent et chants participatifs vous feront revivre la tradition de Noël en Alsace. Le marché de Noël d'Altkirch, dit aussi « la capitale des légendes du Sundgau », vous étonnera avec sa forêt enchantée et sa grotte aux lucioles.

Le Pays des sapins

Au travers de promenades autour de Sélestat, Obernai, Barr, Gertwiller, Rosheim, Molsheim et Grendelbruch, vous pourrez découvrir différentes manières, parfois originales, de parer votre sapin ! C'est à Sélestat qu'on trouve les premières mentions écrites en 1521 (le texte original est conservé à la très réputée Bibliothèque humaniste sélestadienne) de la première vente de sapin de Noël, les décorations (rubans, friandises, pommes...) viendront par la suite.

Le Pays des veillées

C'est un peu le jardin secret de la région... implanté à l'Écomusée d'Ungersheim. Plus de soixante-dix bâtiments traditionnels (maisons, échoppes ou ateliers) se côtoient ici dans un espace de 25 hectares aménagé de manière traditionnelle (champs, rues...). Pendant les quatre semaines de l'Avent, l'Écomusée propose diverses activités et animations autour de l'esprit de Noël : fabrication de petits objets (en bois, en acier ou en terre), confection de Winachsbredala, exposition de sapins de Noël, contes et veillées villageoises...

L'INDUSTRIE TEXTILE

L'impression sur étoffes est très importante en Alsace, dans le Haut-Rhin en particulier puisqu'à Mulhouse, un musée entier y est consacré, comme à Wesserling où l'Écomusée textile raconte, par une approche vivante et artistique, la fabuleuse épopée de cette ancienne « Manufacture Royale du Textile » qui a marqué l'histoire de toute la vallée de Saint-Amarin. Dans *Le Rouge et le Noir*, Madame de Rénal ne porte-t-elle pas des robes faites de tissus de Mulhouse ? Malgré de nombreuses péripéties historiques, l'Alsace n'a jamais délaissé l'impression sur étoffes ou la production textile et cet art alsacien est encore vivace aujourd'hui grâce à de grandes maisons qui font perdurer la tradition. La nappe alsacienne en est d'ailleurs l'un des éléments les plus marquants. Qu'elle soit imprimée de motifs floraux, ornée de dessins conçus par Hansi ou encore simplement en kelsch, elle représente une part non négligeable du patrimoine régional.

Historique

Après la guerre de Trente Ans, toute l'Alsace est française... sauf Mulhouse qui a connu un destin particulier. Mulhouse fait d'abord partie de la Décapole, l'alliance de dix villes libres d'Empire alsaciennes au sein du Saint-Empire romain germanique en une ligue fondée en 1354 et dissoute en 1679. Lorsque la ville décide de la quitter, cela se fait au profit d'une nouvelle alliance avec des cantons suisses après la guerre des Six Deniers de 1466 jusqu'à obtenir le statut de « canton allié » à la Confédération helvétique en 1515. À la suite des traités de Westphalie de 1648, Mulhouse devient finalement une république indépendante. Les raisons de ces changements sont doubles : politiques et économiques, la ville de Mulhouse choisissant ses alliances successives en fonction des avantages que cela peut lui apporter.

En 1746, Samuel Koechlin, Jean-Jacques Schmalzer, Jean-Henri Dollfus et Jean-Jacques Feer (quatre jeunes notables mulhousiens) s'associent pour fonder la première manufacture d'impressions sur tissus. Ils ont l'idée de lancer cette activité en profitant du statut particulier de l'Alsace, qui échappe aux mesures d'interdiction d'achat et de vente d'indiennes en France (arrêté de Louis XIV du 26 octobre 1686, à cause de la concurrence avec les fabrications de laine et de soie), et du statut de Mulhouse. C'est lors d'un séjour à Bar-le-Duc que Schmalzer découvrit l'importance du trafic clandestin de toiles peintes étrangères vers la France, et qu'il eut l'idée de créer une manufacture à Mulhouse, sentant l'appât du gain. « Koechlin,Schmaltzer,Dolffus & Cie » produira ainsi 30 000 pièces d'étoffes en 1756.

On appelle alors « indiennes » les tissus de coton fabriqués en France par la Compagnie des Indes orientales et concurrentes d'articles importés du continent indien. Elles sont réalisées à partir d'étoffes de coton écrues, imprimées à la main et enluminées au pinceau en camaïeu ou en deux couleurs, les couleurs étant fixées à l'aide de mordants.

En 1762 débute la fabrication des premières indiennes dans le château de Wesserling, profitant là encore du statut à part de l'Alsace. 40 ans plus tard la ville compte 26 fabriques. Si Mulhouse souhaite vendre ses productions textiles en France, elle subit de lourds droits de douane et cette situation entraine contrebande, blocus, contrôles incessants…

Le 4 janvier 1798, Mulhouse demande donc son rattachement à la France en partie pour cette raison... La situation économique est devenue insupportable pour cette ville qui a fait de l'industrie textile son fleuron et qui souhaite continuer à en vivre et à se développer, chose impossible sans pouvoir exporter ses indiennes vers la France. La même année, les idées de la Révolution française font leur chemin parmi la bourgeoisie mulhousienne, ce qui ajoute encore à cette volonté. Le jour de la Réunion (rattachement à la jeune République française le 15 mars 1798) est ainsi un jour marquant pour la ville ! À compter de cette date, Mulhouse peut continuer d'accroître sa production et de la vendre sereinement, sans pour autant se laisser influencer dans le style ou les motifs.

Au début du XIXe siècle, la première entreprise textile d'Alsace se trouve à Wesserling. Les activités textiles comprennent la filature, le tissage et l'impression. Les tissus sont distribués sous la marque « Gros-Roman et Cie ». Les familles Gros et Roman sont alors visionnaires et se lancent dans l'aventure de la mécanisation faisant de leur manufacture l'une des plus célèbres au monde avant la Première Guerre mondiale. Ils employaient alors 5 000 ouvriers, faisant partie de plusieurs générations de travailleurs attachés à cette industrie.

© ISTOCKPHOTO.COM - PIXAVRIL

Tarte aux quetsches posée sur une nappe alsacienne en kelsch.

Durant l'entre-deux-guerres, l'entreprise, qui compte trois filières, filature, tissage et impression, est rachetée par Marcel Boussac. Il n'hésite pas à remplacer la planche de bois traditionnelle par le cadre plat pour fabriquer ses imprimés fleuris et colorés en 1946 et l'année suivante l'un de ses imprimés habille la boutique Dior à Paris. Les années 1990 marquent l'arrivée de nouveaux motifs parmi les plus connus. En 2004, c'est Pierre Frey qui rachète l'entreprise. Le Musée textile de Husseren-Wesserling retrace cette histoire.

Un autre musée est dédié à l'histoire textile en Alsace, le musée de l'Impression sur étoffes (p.460) à Mulhouse. En 1833, les industriels mulhousiens rassemblés au sein de la Société industrielle de Mulhouse décident de conserver leurs créations. Mieux, ils s'efforcent de compléter ces archives en collectionnant les productions d'autres pays et d'autres temps. Créé en 1955, le musée conserve 6 millions d'échantillons, près de 50 000 documents textiles : métrages, dessus-de-lit, foulards, châles, etc. du XVIIIe siècle à nos jours.

Le kelsch

Le kelsch est un incontournable alsacien, fabriqué essentiellement dans la région du Grand Ried; l'un des derniers artisans tisserands est à Muttersholtz. L'étoffe est tricolore (bleu, blanc et rouge), rayée ou composée de carreaux. Elle est colorée à l'aide de pigments d'origine végétale : le pastel à l'origine puis l'indigo pour le bleu et la garance pour le rouge. Sur des tissus de lin ou de chanvre, les lignes et les carreaux s'entrecroisent et composent d'infinies variétés de motifs géométriques : carreaux bleus et lignes blanches, carreaux rouges et lignes blanches, carreaux blancs et lignes bleues, etc. Ce tissu, dont les pièces anciennes sont les plus recherchées, se décline en nappes, serviettes, et linge de literie, très appréciés en raison de leur solidité et de leur caractère esthétique indéniable.

Le quilt amish ou patchwork

À la fin du XVIIe siècle, quelques familles d'anabaptistes suisses persécutées dans leur pays viennent s'établir dans la vallée de Sainte-Marie-aux-Mines et conduiront en 1693 à la création de la communauté amish. Avec leur vie simple, avec de la récupération et du réemploi, loin des autres hommes, les Amish ont exploité le quilt, un art fondé sur la récupération des étoffes jugées inutiles et habituellement jetées. Quilt vient du terme anglo-saxon signifiant « piquer ». Les femmes qui fabriquent le quilt assemblent de tissus piqués ou surpiqués. Petit à petit, on passe de l'utilitaire à une forme artistique et on utilise ces pièces comme couverture ou dessus de lit. Le quilt présente des teintes austères propres aux Amish, les tissus imprimés et colorés étant jugés frivoles, et des assemblages géométriques de figures, carrés ou losanges, d'une grande beauté. On peut admirer de très belles pièces chaque année au Carrefour européen du patchwork de Sainte-Marie-aux-Mines. Si beaucoup croient aujourd'hui que la pratique est née ici et a été exportée ensuite aux États-Unis pas les Amish, il n'en est rien car ils n'emportaient aucun quilt, mais des sacs de plume, à la manière allemande et ce n'est que 150 ans après leurs premières migrations que les Amish se sont inspirés de leurs cousins européens pour assembler leurs étoffes de laine.

GÉOGRAPHIE

L'Alsace offre des paysages extrêmement variés. Entre plaines et montagnes, une multitude de reliefs sont observables. L'eau est aussi très présente sur ce territoire, qu'il s'agisse des plaines inondables que l'on appelle rieds, des nombreux cours d'eau, du Rhin ou encore des canaux. Avec cette multitude d'avantages naturels, il est possible de réaliser du nord au sud de la région de nombreuses activités sportives de plein air : escalade, spéléologie, sports d'hiver, randonnées et autres. N'hésitez donc pas, lors de votre visite, à profiter de tous ces atouts et à vous essayer à plusieurs sports parfois même extrêmes. Selon la saison, vous aurez également l'occasion de profiter de paysages surprenants et enchanteurs, qui ravissent les amoureux de nature et les photographes amateurs comme professionnels, prenant de la hauteur sur des sommets naturels ou historiques tels que les châteaux forts.

Le ried : des forêts uniques en France !

Le ried est une région naturelle bordée à l'ouest par l'Ill et à l'est par le Rhin. Cette zone fut modelée par les divagations du Rhin dans sa zone d'épandage avant sa canalisation et par les variations de niveau de nappes phréatiques. Ried provient de l'alémanique *Reith* qui signifie jonc, roseau. À Rhinau, on peut observer le dernier exemple de forêt galerie tempérée d'Europe occidentale. À Erstein, le polder pour réguler les crues du Rhin est classé réserve naturelle et permet de se rendre compte de la diversité biologique des rieds quand le Rhin n'était pas maîtrisé.

Le Petit Ried se situe au nord de Strasbourg et le Grand Ried au sud. On y découvre la Weichholzauenwald, « forêt alluviale à bois tendre », et la Hartholzauenwald, « forêt alluviale à bois dur », dont il ne reste presque plus rien par rapport aux étendues qu'elles occupaient il y a quelques siècles alors qu'elle méritait encore le surnom de jungle rhénane. L'Illwald, forêt de Sélestat, est au centre du ried, de manière générale, qui couvrait autrefois 250 km². Elle est aujourd'hui la plus grande réserve naturelle régionale française avec ses 2 000 ha de prairies de fauche, de roselières, de forêts et de rivières. La flore et la faune spécifiques à cette zone humide y sont extrêmement fragiles. Parmi cette faune, les oiseaux tiennent une place importante car le ried se situe sur un couloir migratoire important et abrite le courlis cendré qu'il a pris pour emblème alors que la diminution drastique de ses effectifs faisait rage. Grâce à des efforts importants, certaines espèces sont de retour : busard des roseaux, hibou des marais, butor étoilé, castor, iris de Sibérie…

Le Sundgau : pays des carpes !

Au sud de Mulhouse, jusqu'à la frontière suisse, s'étend le Sundgau, fait de collines douces adossées au Jura alsacien. Sundgau signifie « comté du Sud » en alémanique en référence à sa position de limite sud de l'Alsace.

DÉCOUVRIR

Brume hivernale dans la région du Ried.

Ce territoire particulier abrite des espèces végétales rares telles la gentiane printanière et la carline acaule. Les espèces animales ne sont pas en reste et c'est dans le Sundgau que les amateurs de photographie animalière trouvent leur bonheur, entre autres auprès des nombreux oiseaux rares d'espèces migratoires qui s'arrêtent ici à l'aller ou au retour.

Les Sundgau présente plusieurs milieux distincts : hêtraies, espaces cultivés et villages où serpentent les rivières de l'Ill et de la Largue. L'incontournable du Sundgau, ce sont les étangs. Ils y sont extrêmement nombreux et la pêche y est élevée au rang de sport local. Ce n'est pas pour rien que la carpe frite ne se déguste qu'ici !

Fleuves et rivières, promenades au fil de l'eau

Les cours d'eau alsaciens forment trois grands réseaux : celui de l'Ill qui est le plus important, l'ensemble Moder-Zorn, et le réseau de la Sauer. Tous trois se raccordent au Rhin en aval de Strasbourg. Le Rhin forme une frontière naturelle entre l'Alsace et le Bade-Wurtenberg (Baden-Württemberg en allemand).

Le Rhin est un fleuve d'Europe centrale et de l'Ouest, long de 1 233 km. Son bassin versant, de 198 000 km^2, comprend le Liechtenstein, la majeure partie de la Suisse et du Grand-Duché de Luxembourg, une partie de l'Autriche, de l'Italie et de la Belgique, de grandes parties de l'Allemagne et des Pays-Bas et une partie de la France. Il s'agit du plus long fleuve se déversant dans la mer du Nord et de l'une des voies navigables les plus fréquentées du monde.

L'Ill est une rivière qui baigne la plaine d'Alsace. Important affluent gauche du Rhin et principale rivière d'Alsace avec ses 216,7 km, elle prend sa source dans les contreforts nordiques du Jura et coule dans les départements du Haut-Rhin et du Bas-Rhin, traversant le centre-ville de Strasbourg. L'Ill bifurque vers le nord et se jette dans le Rhin à Offendorf, en aval de Strasbourg, après le barrage hydro-électrique de Gambsheim. Avant les travaux de rectification du Rhin, l'Ill se jetait dans le Rhin à la hauteur de la Wantzenau.

La Moder, également appelée Motter ou Mottern, tire son nom de *Matrae* (déesse gauloise des rivières). La Moder prend sa source dans les Vosges du Nord à Zittersheim au lieu dit « Moderfeld ». Elle rejoint le Rhin en rive gauche, au sud de Beinheim, après avoir parcouru 82,1 km. La Zorn quant à elle est un affluent droit de la Moder et sous-affluent du Rhin long de 96,8 km. Enfin, la Sauer, appelée Saarbach en Allemagne dans son cours supérieur, est longue de 70 km.

Autre voie d'eau d'importance, le canal de la Marne au Rhin, long de 314 km et 178 écluses à l'origine, relie la Marne (à Vitry-le-François) au Rhin (à Strasbourg). Par le canal latéral de la Marne, il est connecté au réseau navigable de la Seine vers l'Île-de-France et la Normandie. Commencé en 1838, le canal fut mis en service en 1853. Le canal franchit les Vosges par la trouée du col de Saverne. Sur toute sa longueur, de nombreuses autres voies navigables sont connectées. L'ouvrage le plus remarquable est le plan incliné de Saint-Louis-Arzviller mis en service en 1969. Il double et remplace 17 écluses rapprochées. Le canal comporte aussi trois tunnels et plusieurs ponts-canaux dont le pont-canal de La Madeleine. En 2007, les communes du pays de Phalsbourg ont créé la « vallée des éclusiers », un projet de cyclotourisme et randonnée pédestre destiné à rappeler l'importance économique et logistique de la trouée de Saverne, et en particulier les prouesses techniques réalisées au XIXe siècle.

Les plaines, paradis de l'agriculture

Entre le Piémont sous-vosgien et le Rhin, la plaine d'Alsace, intensément urbanisée, conserve encore quelques milieux de nature : de beaux massifs forestiers au nord (forêt de Haguenau) et au sud (Hardt et Nonnenbruch), les Ried, et le Jura alsacien. Les plaines d'Alsace présentent différentes natures, souvent riches, et ont ainsi permis aux agriculteurs d'y diversifier leurs productions : blé, maïs, choux, betteraves sucrières, houblon, asperges ou encore tabac sont cultivés sur des terres portées soit par des apports alluviaux anciens, soit par des placages de limon ou de loess, sédiments fins et jaunâtres très fertiles déposés par les vents. C'est le cas à l'Ouest de Strasbourg, dans la plaine du Kochersberg surnommée le « grenier de l'Alsace » en raison de sa fertilité exceptionnelle. Les grandes étendues cultivées y sont rythmées par de rondes collines. À partir d'Osthoffen-Dahlenheim, elles cèdent le pas à la vigne qui s'étire sur les coteaux de la Mossig, sur les flancs du mont Scharrach.

Montagnes et sommets, rêve des randonneurs

Le contact entre la montagne et la plaine se fait par un piémont en pente douce, appelé « collines sous-vosgiennes », mises en place lors de l'effondrement de la plaine d'Alsace. Il s'agit d'une mosaïque de gradins plus ou moins soulevés et bien individualisés par le cours des nombreuses rivières descendant des Vosges pour aller rejoindre l'Ill ou le Rhin. La Zorn, la Bruche, la Fecht ou la Thur en sont des exemples parmi tant d'autres. Les versants de ces collines bien exposées au soleil du matin et souvent constituées de sols calcaires secs, ont été le lieu d'implantation idéal des vignes. Le piémont est l'un des secteurs les plus chauds et secs de la région alsacienne. Grâce à ces caractéristiques climatiques, le site accueille une faune et une flore spécifiques, proches des milieux méditerranéens.

Le lac Blanc dans les Vosges.

Vignes dans la région de Colmar.

On peut par exemple citer les groupements végétaux variés (chênaie, chênaie-charmaie, bétulaie, châtaigneraie, pineraies, pelouses), la mycoflore riche, et la présence du pin sylvestre, l'arbre des sols pauvres. Lui seul pouvait recoloniser ces landes à bruyère sur les versants les plus ensoleillés, presque sur la roche nue.

La chaîne des Vosges est recouverte dans les régions supérieures de forêts de conifères (pin, sapin, épicéa, mélèze) et de forêts de hêtres, de chênes, de charmes et de châtaigniers dans ses parties inférieures. Au-delà de 1 200 m, les sommets ne produisent plus que du gazon formant de vastes et beaux pâturages. Les céréales sont cultivées encore à une altitude de 900 m. Il faut distinguer, dans les Vosges, deux chaînes de montagnes distinctes : celle du Sud, de beaucoup la plus élevée, composée de roches cristallines ; celle du Nord formée de grès.

Les montagnes cristallines du Sud sont composées de montagnes à roches granitiques ou à roches métamorphiques. Les premières s'étendent depuis le Ballon d'Alsace (1 250 m) jusqu'à la vallée de Sainte-Marie-aux-Mines en formant le Gresson (1 249 m), la Tête du Drumont (1 223 m), le Grand-Ventron (1 204 m), le Rainkopf (1 304 m), le Hohneck (1 362 m, la cime la plus élevée des montagnes granitiques), le Gazon du Faing et le Rocher Belmont (1 303 m et 1 272 m), qui surplombent le lac Noir (960 m) et le lac Blanc (1 054 m), le col du Bonhomme (949 m) et enfin le Brézouard (1 228 m). Plus au nord, une dernière montagne granitique, le massif du Champ du Feu (1 095 m), forme un système à part.

Les Vosges septentrionales, formées du grès forment une vaste bande partant de Phalsbourg, passant par Épinal et s'étendant jusqu'à Luxeuil, Lure et Belfort. Ses principales montagnes sont le Donon (1 009 m), le Hengst (890 m), le Hohneck (1 362 m), Hohkoenigsbourg (807), le Climont (974 m) le plateau de la Bloss avec le Moennelstein (819 m) et Sainte-Odile (764 m).

Forêts et bois, l'endroit où se ressourcer

L'Alsace est la 5e région forestière française. Les forêts couvrent les cônes de déjection des rivières descendant des Vosges. Elles sont constituées d'un mélange d'essences variées. En plus des forêts spécifiques aux Rieds, que nous avons déjà évoquées, on trouve les forêts rhénanes très riches sur le plan écologique avec plus de 40 essences d'arbres et d'arbustes et qui bénéficient d'un plan de protection spécifique ; les forêts de colline qui sont très visitées par exemple autour du vignoble et des châteaux forts, les forêts de plaine dont deux comptent parmi les 10 plus grandes forêts publiques françaises et les forêts de montagne boisées à plus de 80 %, qui constituent un patrimoine naturel économique et écologique important.

La plus grande des forêts alsaciennes est celle de Haguenau. Dans la partie Sud on trouve celle de la Hardt, la forêt du Nonnenbruch et celle qui recouvre en partie le Sundgau. Deux parcs naturels régionaux couvrent ces zones.

Le parc naturel régional des Ballons des Vosges du Nord a été créé en juin 1989 à l'initiative de trois anciennes régions : l'Alsace, la Lorraine et la Franche-Comté. Il est à cheval sur quatre départements et ses 3 000 km^2 en font l'un des plus vastes de France et l'un des plus peuplés. Le Parc naturel régional des Vosges du Nord a été créé en décembre 1975. Contrairement à ce que son nom pourrait laisser croire, ce parc n'est pas situé dans le département des Vosges et n'est pas non plus centré sur le massif vosgien. Le parc fait partie de la réserve de biosphère transfrontalière des Vosges du Nord-Pfälzerwald.

NATURE

La nature est très présente en Alsace. Lorsque l'on sort un peu des grandes agglomérations, elle est littéralement partout ! La biodiversité alsacienne est très riche et diversifiée, grâce notamment à des espaces géographiques très variés ayant bénéficié très tôt d'efforts de conservation considérables. La faune et la flore alsacienne regorgent d'espèces parfois très rares que l'on observe à loisir dans les parcs naturels régionaux, les réserves naturelles, mais aussi dans les parcs et jardins ou simplement en se promenant un peu sur les sentiers de randonnée. Pour aller encore plus loin, de nombreuses associations qui maillent le territoire proposent des découvertes et des conférences et des parcs animaliers dédiés à la découverte et à la protection de la faune locale comme le Naturoparc à Hunawihr offrent une vision globale de ce qu'a à offrir le territoire alsacien en termes de biodiversité.

Mammifères

Le plus connu des mammifères alsaciens est sans doute le grand hamster d'Alsace, que l'on appelait aussi autrefois « marmotte de Strasbourg ». Vous aurez malheureusement peu de chances de l'observer, hormis au Naturoparc. Il a en effet presque disparu à cause de l'agriculture intensive mais de nombreuses associations œuvrent à sa réintroduction. Vous aurez certainement plus de chances de voir biches, cerfs, chevreuils, sangliers et renards le long des sentiers. Avec un petit effort, en montant sur certains sommets, vous pourrez aller à la rencontre des chamois, qui avaient été introduits mais qui sont aujourd'hui bien acclimatés. Enfin, les plus chanceux croiseront peut-être la route des deux espèces de carnivores discrets et protégés que sont le loup et le lynx.

Reptiles et amphibiens

Quatre espèces de reptiles sont recensées en Alsace : la couleuvre collier (on la trouve dans la plaine d'Alsace et jusqu'à 800 mètres d'altitude), la coronelle lisse (localisée sur le piémont vosgien et en Alsace Bossue), la vipère aspic (présente sur les pelouses sèches des collines sous-vosgiennes dans les régions de Ribeauvillé et de Rouffach) et la vipère péliade (présente dans une tourbière de la région de Lapoutroie). Pas de panique, les serpents ont plus peur de vous que vous n'avez peur d'eux ! Avec ses nombreuses zones humides, l'Alsace est aussi un paradis pour de nombreux amphibiens rares comme la salamandre tachetée, qui a inspiré blasons médiévaux et légendes.

Oiseaux

Les oiseaux sont très présents sur tout le territoire. Les rieds sont le lieu de prédilection pour le repos des espèces migratrices et pour l'établissement des courlis cendrés. Dans les Vosges du Nord, vous apercevrez peut-être près des falaises le hibou grand-duc, le faucon pèlerin, les petites chouettes Tengmalm et chevêchette ou bien le grand corbeau. Dans les forêts, vivent les pics (dont le plus grand pic noir), mésanges, roitelets et sittelles et certaines montagnes abritent le grand tétras, que l'on entend plus que l'on ne voit.

Mais bien sûr on ne saurait parler d'oiseaux alsaciens sans penser à la cigogne ! Dans les années 1970, elles n'étaient même plus une cinquantaine. Aujourd'hui, grâce à de nombreux programmes de protection, la cigogne est partout et même en ville ! Au printemps, ses claquements de bec caractéristiques annoncent l'arrivée prochaine de bébés, pour elles mais aussi pour vous peut-être ? En effet en Alsace, les enfants ne viennent ni des choux ni des roses, mais sont parachutés par les cigognes ! Ces dernières ont aussi le pouvoir d'annoncer les mariages. Si vous êtes une femme non mariée et que l'une d'elles s'approche de vous au sol, c'est pour bientôt !

Un chamois dans les Vosges.

DÉCOUVRIR

© SHUTTERSTOCK.COM - SAVVAPANF PHOTO

Deux cigognes près de Strasbourg.

Parcs naturels

L'Alsace compte deux parcs naturels. Leur mission est de protéger durablement les patrimoines par une gestion adaptée des milieux naturels et des paysages tout en contribuant au développement économique, social et culturel.

À cheval sur l'Alsace et la Lorraine, le Parc naturel régional des Vosges du Nord a été créé en 1975. Il couvre plus de 1 300 km² dont plus de la moitié couverts par la forêt. Son point culminant est le Grand Wintersberg à 581 mètres d'altitude. Il compte 2 600 kilomètres d'itinéraires pédestres, équestres, VTT et cyclotouristes dont 1 700 kilomètres de sentiers balisés par le Club vosgien. La présence de plus de trente châteaux forts en ruines est aussi l'une des caractéristiques de ce territoire.

Le territoire du Parc naturel régional des Ballons des Vosges créé en 1989 couvre près de la moitié sud du massif, sur quatre départements (Haut-Rhin, Haute-Saône, Vosges, Territoire de Belfort) : soit 3 000 km². Près des trois quarts de son territoire sont occupés par la forêt. Il compte 400 tourbières et 4 réserves naturelles. Son point culminant est aussi celui des Vosges : le Grand Ballon qui culmine à 1 424 mètres d'altitude. Le siège du Parc des Ballons se trouve à Munster et propose un espace d'exposition régulièrement renouvelé ainsi que des informations sur le massif des Hautes-Vosges, faune, flore, hébergements, etc.

Réserves naturelles

Le Rhin forme une frontière naturelle entre l'Alsace et le Bade-Wurtemberg. Cinq réserves naturelles jalonnent le fleuve et présentent des milieux très variés. Bras d'eau, mares et vasières, prairies humides et pelouses sèches, gravières et forêts alluviales hébergent une faune et une flore riches en biodiversité. Des recherches scientifiques y sont régulièrement menées sur les différentes espèces d'oiseaux, les amphibiens et reptiles, les insectes, etc., ainsi que sur la flore et la fonge (champignons).

Constituée de saulaies, de vasières, de roselières ou encore de cariçaies, la réserve naturelle du Delta de la Sauer nous offre un dépaysement assuré. Ce sont 486 ha qui composent ce site remarquable d'un point de vue ornithologique, botanique, mais également paysager ou encore hydrologique, c'est un des derniers secteurs où les eaux du Rhin viennent s'épancher en cas de crues.

Située sur un ancien banc de graviers rhénans, la réserve naturelle de la forêt d'Offendorf protège 60 hectares de forêt alluviale. Dans les zones ouvertes s'épanouissent les inules britanniques, les violettes élevées, les euphorbes palustres et les séneçons des marais. De nombreuses espèces de papillons envahissent lisières, clairières et sous-bois : sylvain azuré, grand mars changeant, carte géographique, machaon, aurore, citron, etc. Dans les amphibiens, on compte les grenouilles agile, verte et rousse, les tritons crêtés, alpestre ou ponctué.

D'une superficie de 309 hectares, la réserve naturelle de l'île du Rohrschollen est composée de 157 hectares de forêt, 25 hectares de prairie, le reste étant constitué par le domaine fluvial à seulement 10 km de Strasbourg.

La réserve naturelle de la forêt d'Erstein est presque exclusivement de nature forestière. Le site de 180 ha est parcouru par un dense réseau d'anciens bras actifs du fleuve, les Giessen.

L'île de Rhinau et la réserve voisine du Taubergiessen, en Allemagne, sont réputées pour leur grand intérêt vis-à-vis de la protection des oiseaux qui viennent y passer l'hiver. La réserve naturelle de l'île de Rhinau fait 311 ha et couvre les deux tiers sud de l'île. Elle est gérée par le Conservatoire des sites alsaciens qui propose des sorties guidées.

Enfin, la Petite Camargue alsacienne, première classée, offre reliques et témoins de la jungle rhénane.

HISTOIRE

L'histoire de l'Alsace fut mouvementée et en particulier, on s'en souvient encore beaucoup ici, durant les deux guerres mondiales. C'est sans doute son histoire si particulière qui lui a donné aujourd'hui tant de particularités. Les héritages multiples se dessinent encore dans chacune des actions quotidiennes des Alsaciens, à la culture si spécifique. Outre des traces historiques dans la culture, on découvre également en Alsace de nombreuses traces de toutes les périodes depuis la préhistoire jusqu'à nos jours en passant par l'Antiquité sur de nombreux sites de fouilles. Ils sont nombreux autour des châteaux ou dans les champs et les nombreux musées historiques comme ceux de Strasbourg, Haguenau, Saverne, Colmar ou Mulhouse présentent ce patrimoine retrouvé. Sachez aussi que les Alsaciens sont très impliqués dans la préservation de leur histoire, par du bénévolat ou par le biais des nombreuses associations historiques.

4000 AVANT J.-C

Mésolithique

La riche couverture en loess de l'Alsace a attiré des peuples des régions danubiennes, porteurs des techniques de céramique dites rubanées et poinçonnées.

2200-1600 AV. J.-C

Chalcolithique et bronze ancien

Des centaines de sépultures sous tumulus du bronze moyen (1500-1200 av. J.-C.) ont été découvertes dans la région de Haguenau. L'Alsace fut ensuite colonisée par les peuples des Champs d'Urnes qui incinéraient leurs morts.

750-550 AV. J.-C

Premier âge du fer

Les tertres funéraires du Hallstattien final (550-480 av. J.-C.) et leurs restes prouvent l'importance des échanges économiques et culturels avec le monde grec.

Antiquité

58 AVANT J.-C

César chasse Arioviste de la région, intéressante économiquement et géographiquement pour son empire. La grande bataille d'Alsace qui oppose les deux chefs de guerre se déroule à l'ouest de Mulhouse. L'Alsace entre dans le district de Germanie supérieure. À cette époque, la romanisation culturelle s'opère facilement et pacifiquement.

IIIe SIÈCLE

Le limes romain n'arrive pas à empêcher l'incursion fréquente d'Alamans, qui pillent et détruisent tout. À l'aube du Ve siècle, l'Alsace tombe finalement aux mains de ceux-ci.

L'héritage carolingien

IXe-XIe SIÈCLES

Charlemagne se rend en Alsace à plusieurs reprises dans la seconde moitié du VIIIe siècle. Lorsqu'il est couronné empereur en 800, la région occupe une place centrale dans cet Empire d'Occident. Les abbayes alsaciennes connaissent alors un âge d'or en obtenant plus de droits, des avantages financiers, une justice indépendante et un important agrandissement de leurs domaines.

962 Le Saint Empire germanique est créé par Othon Ier : ses limites vont perdurer jusqu'au XVIIe siècle.

XIIe-XVe SIÈCLES

L'Alsace est au cœur de la civilisation rhénane

Les ducs de Souabe et d'Alsace dominent l'Empire. On retrouve de nombreuses traces de cette lignée un peu partout dans la région. L'Empire est divisé en plusieurs territoires appelés landgraviats qui sont aux mains de grands seigneurs au service de l'Empereur. Les comtes d'Eguisheim et les Habsbourg font partie de ces grandes familles qui ont régné sur ces territoires avant que l'évêque de Strasbourg ne mette la main sur presque toute la région au XIVe siècle. L'une des particularités de l'Alsace dès le Moyen Âge est l'importance des villes, entités à part entière qui prennent de plus en plus de pouvoir.

XVe SIÈCLE

L'humanisme

En Alsace naissent plusieurs grandes figures de ce mouvement de pensée : Jean Geiler de Kaysersberg, Jacob Wimpfeling, Sebastian Brant et son chef-d'œuvre, *la Nef des fous*, Thomas Murner ou encore l'imprimeur Jean Mentel. Avec son école latine au rayonnement intellectuel international, Sélestat est incontournable pour l'humanisme rhénan.

XVIe SIÈCLE

L'ère de la réforme

À Strasbourg s'impose la très forte personnalité de Martin Bucer (ancien dominicain converti) : la ville devient officiellement protestante en 1529, et la cathédrale prend alors le statut de temple.

1525

La guerre des paysans

Les frustrations latentes, l'explosion du prix des céréales, l'ingérence et les exactions des seigneurs, conduisent au regroupement en bandes de 30 à 40 000 indignés sur toute l'Alsace, réclamant plus de droits et de justice. Malgré la sympathie des populations locales, la répression très violente est menée par le duc de Lorraine. Un Alsacien sur dix est tué et l'on surnomme cet épisode « la boucherie de l'Alsace ».

XVIIe SIÈCLE

La guerre de Trente Ans

L'Alsace sort effondrée de ces trois décennies de guerre quasi constante : la moitié de la population rurale de la région a disparu, ravagée par la famine et la peste. 1648 marque l'arrêt des hostilités avec les traités de Westphalie et le changement de main de la région qui passe du côté français.

1648

Mulhouse indépendante

Mulhouse s'allie à des cantons suisses après la guerre des Six Deniers de 1466 jusqu'à obtenir le statut de « canton allié » à la Confédération helvétique en 1515 et devient complètement réformée dès 1529. La révolte des Fininger met la ville à feu et à sang entre 1580 et 1590 mais elle est peu touchée par la guerre de Trente Ans. À la suite des traités de Westphalie de 1648, la ville devient une république indépendante avant de demander, le 4 janvier 1798, son rattachement à la France.

La Révolution française et le Premier Empire

1789 - 1815

C'est l'intégration complète de la province à la nation française. En 1790, la généralité d'Alsace est divisée en deux départements : Bas-Rhin au nord (chef-lieu Strasbourg) et Haut-Rhin au sud (chef-lieu Colmar). En 1815, suite à l'intervention du tsar Alexandre Ier au congrès de Vienne, et malgré les revendications de nombreux nationalistes allemands, l'Alsace est laissée à la France.

La première révolution industrielle

1815 - 1870

La grande industrie textile mécanisée va se développer dans les vallées vosgiennes et dans la plaine de Mulhouse. Toutes les villes de ces vallées possèdent leurs filatures ou leurs tissages et de petites industries villageoises apparaissent. Strasbourg, carrefour de routes depuis l'époque romaine, n'est encore qu'un centre d'industries alimentaires, une ville de garnison et un lieu de transbordement de marchandises.

Guerre et annexion

1870-1871

Les dirigeants français du Second Empire déclarent la guerre à la Prusse en juillet 1870. Mal préparées et mal conduites par les Français, les opérations aboutissent à la capitulation de Napoléon III à Sedan et à la défaite au bout de six mois. L'armistice est signé à Versailles le 18 janvier 1871. La France perd l'Alsace.

L'Alsace, terre impériale

1911

En 1911, les revendications de l'autonomisme alsacien semblent satisfaites par une constitution qui accorde au Reichsland un Parlement provincial à deux chambres siégeant à Strasbourg. Le mécontentement persiste et conduit à l'émeute à Saverne en 1913. Pendant cette période, l'Alsace participe à la très forte croissance économique de l'Allemagne. Dès le début du XXe siècle, l'un des plus grands gisements de potasse au monde est découvert et exploité près de Mulhouse. Strasbourg, bombardée en 1870 est reconstruite dans un style monumental et classique.

La Première Guerre mondiale

1914 - 1918

L'Allemagne de Guillaume II déclare la guerre à la France le 3 août 1914. Le conflit voit l'Alsace exposée en première ligne. Ce n'est qu'en novembre 1918, après l'armistice, que les troupes françaises pourront pénétrer en Alsace et à Strasbourg. Par le traité de Versailles de 1919, l'Alsace redevient officiellement française dans les limites de ses deux départements d'avant 1871.

Signature du Traité de Versailles à la Galerie des Glaces, 1919.

DÉCOUVRIR

1939 – 1945

La Seconde Guerre mondiale

Le 3 septembre 1939, la France et le Royaume-Uni déclarent la guerre à l'Allemagne. Dès la défaite française de juin 1940, l'Allemagne annexe de nouveau l'Alsace jusqu'en novembre 1944. L'Alsace est définitivement libérée en mars 1945.

1986

Reconnaissance des « malgré-nous »

Une loi d'amnistie sera votée pour les Alsaciens ayant revêtu l'uniforme allemand pendant la guerre et en 1986, l'Allemagne accepte de dédommager les familles concernées. L'Alsace dans la paix est devenue le symbole de la réconciliation franco-allemande.

1993

Naissance de la Communauté européenne.

2007

Naissance de l'Union européenne

Le cœur politique de l'Union européenne (l'assemblée parlementaire, puis le Parlement) est basé à Strasbourg.

Le Parlement européen à Strasbourg.

2021

Collectivité européenne d'Alsace

En 2016, le Grand Est marque la réunion des régions Alsace, Lorraine et Champagne-Ardenne à la suite de la réforme des régions françaises de 2015. En 2021, l'Alsace devient la Collectivité européenne d'Alsace, plus indépendante.

TOP 10

PERSONNALITÉS LOCALES

L'Alsace a vu naître de nombreuses personnalités, connues au niveau national ou international. Nées, ayant vécu en Alsace, ayant eu un chemin de vie remarquable, nous vous en présentons ici 10, issues de différents domaines de la vie : sciences, arts, architecture ou politique.

HANSI

Illustrateur, caricaturiste et aquarelliste, ambassadeur des traditions populaires alsaciennes.

ALFRED DREYFUS

Officier français d'origine alsacienne et de confession juive victime d'une machination judiciaire.

GUTENBERG

Imprimeur dont l'invention des caractères métalliques mobiles a révolutionné l'imprimerie européenne.

AUGUSTE BARTHOLDI

Sculpteur et peintre connu entre autres pour avoir été l'auteur de la *Statue de la Liberté*.

MÉLANIE DE POURTALÈS

Familière de la cour de Napoléon III, elle préconise l'abandon des robes à traîne pour des robes courtes.

DR SCHWEITZER

Médecin, pasteur et théologien protestant, philosophe et musicien alsacien, créateur d'hôpital.

MARTIN SCHONGAUER

Au Moyen Âge, graveur le plus illustre de son temps, sa renommée s'étend jusqu'en Italie et aux Pays-Bas.

HÉLÈNE BURGER

Infirmière bénévole de la Croix-Rouge qui sauva des enfants juifs pendant la Seconde Guerre mondiale.

WILLIAM WYLER

Réalisateur connu pour avoir réalisé *Vacances romaines* ainsi que *Ben-Hur*, récompensé par onze Oscars.

TOMI UNGERER

Peintre, dessinateur, illustrateur et auteur alsacien traitant aussi bien de l'enfance que de l'érotisme.

ARCHITECTURE

L'architecture alsacienne est marquée par de nombreuses particularités, influencée notamment par les Allemands et par les conflits très nombreux qui ont fait de cette région l'une des plus disputées lors des affrontements guerriers jusqu'à aujourd'hui. Si ce qui vient en premier à l'esprit est la célèbre et traditionnelle maison à colombages, il n'y a pourtant pas que cela. Outre ces habitations quotidiennes, des ouvrages à l'architecture bien plus surprenante jalonnent routes et chemins, entre édifices religieux d'importance mondiale, châteaux forts surprenants et incontournables et éléments de militaria démesurés. Partez donc à la découverte de cette facette méconnue de l'Alsace qui mérite pourtant que l'on s'y attarde longuement tant elle recèle de découvertes et de trésors. De nombreux musées et guides touristiques vous apprendront tout ce qu'il y a à savoir sur les différentes périodes.

Les maisons à colombages

La maison à colombages est l'un des éléments emblématiques du patrimoine alsacien. Si en France elle fait figure de particularité par rapport aux autres régions, elle est néanmoins tout aussi répandue le long du Rhin, en Europe centrale, aux Pays-Bas ou en Lorraine.

Il n'est pas étonnant que la maison alsacienne utilise le bois comme matière première : cet élément se trouve partout dans les forêts alentour et permet de résister à l'affaissement tout en isolant bien. Traditionnellement, ces maisons sont construites par des charpentiers. Chaque élément de la structure s'emboîte dans un « équilibre architectonique ». L'ossature en bois, solide, fait appel à des chevilles de bois. Entre les poutres, les mirs sont composés de mortier de boue et de paille que l'on appelle *wickelbodde*. Ce torchis est appliqué avec des palançons et est recouvert ensuite de chaux blanche ou aux couleurs très vives. Le toit est incliné à 60° afin de permettre à la neige de ne pas se stabiliser dessus et la toiture est composée de tuiles en forme de queue de castor : *biberschwanz*.

Chaque maison exprime une symbolique selon les motifs de ses poutres de bois. Le Mann est par exemple caractéristique : deux K opposés l'un à l'autre évoquent la silhouette d'un homme et renvoie à la virilité ou à la force physique. Dans la région de Sélestat, on trouve plusieurs Manns qui évoquent le coq (une tête avec un œil) car cet animal du soleil éloignerait les mauvais sorts des sorcières. Parmi les autres motifs symboliques, la croix de Saint-André évoque la fécondité ou l'union maritale, le losange qui renvoie à la maternité, le siège curule qui indique l'importance sociale du propriétaire, l'arbre de vie (plus présent dans le Sundgau) qui permet de différencier le bien et le mal, les poteaux d'angle décorés…

La plupart des maisons alsaciennes anciennes étaient depuis les années 1970 détruites ou laissées à l'abandon. Cela motiva la création de l'association Maisons paysannes d'Alsace ou de l'association pour la Sauvergarde de la Maison alsacienne qui démontent chaque pièce de l'ossature des maisons vouées à la destruction pour les remonter sur le site de l'Écomusée d'Ungersheim. Plus de soixante-dix bâtiments traditionnels (maisons, échoppes ou ateliers) se côtoient dans un espace de 25 hectares aménagé de manière traditionnelle (champs, rues…).

La plus ancienne maison alsacienne encore sur son lieu d'origine se situe à Rosheim. Elle fut construite en 1154 et est nommée « Maison Païenne ». D'autres maisons très anciennes méritent d'être visitées : la maison Katz (1605) à Saverne, la Cour des Chaines (1592) à Mulhouse, la Maison des Tanneurs, la Maison Kammerzell et la Cour du Corbeau, toutes trois à Strasbourg et datant du début du XVIe siècle.

La Neustadt

Après la défaite de 1870, Strasbourg doit se reconstruire après de très nombreux dégâts. C'est ainsi que naît la Neustadt (nouvelle ville), aujourd'hui classée au Patrimoine mondial de l'Unesco.

La reconstruction de la ville à proprement parler ne prendra que 5 ans mais son extension est l'un des points importants de la nouvelle politique allemande. Le milieu des affaires souhaite des infrastructures performantes (gare, port, circulation, etc.) tandis que les autorités politiques veulent, pour le « Reichsland d'Alsace-Lorraine », une capitale exemplaire, grandiose, toute à la gloire de l'Empire et de la germanité. En 1880 est décidé le nouveau plan de la ville qui prévoit l'ajout de 386 hectares aux 230 anciens. J.-G. Conrath, architecte municipal depuis 1849, prévoit un secteur de prestige réservé aux bâtiments officiels (palais impérial, ministères, siège de l'assemblée régionale, bibliothèque et université). En 1900, tout sera déjà terminé

© SHUTTERSTOCK.COM - MARINAD_37

Maisons à colombages, Strasbourg.

DÉCOUVRIR

et les secteurs d'habitat se construiront, eux, jusqu'en 1920. La Neustadt est le seul exemple de cette architecture allemande si particulière, les autres quartiers similaires d'autres villes ayant été détruits pendant la Seconde Guerre mondiale.

En visitant ce quartier post-haussmannien, vous découvrirez certaines extravagances architecturales, mêlant la néo-Renaissance italienne, le néogothique et l'Art nouveau. La place de la République est construite autour d'un parc. C'est un ensemble monumental remarquable. Il comprend le Palais du Rhin, bâti dans l'objectif de servir de résidence à l'empereur mais qui servira plus tard d'hôpital militaire et depuis 1920 de résidence de la Commission centrale pour la navigation du Rhin ; la Bibliothèque nationale et universitaire ; le Théâtre National de Strasbourg, ancien Landtag, palais de la diète d'Alsace-Lorraine. Ne manquez pas l'avenue de la Liberté, entre le Palais du Rhin et le Palais universitaire de style Renaissance italienne, conçue comme des Champs-Elysées strasbourgeois avec ses hôtels particuliers et son Hôtel des Postes, de style néo-gothique. Passez aussi devant les Bains municipaux, inscrit aux Monuments historiques et construit entre 1904 et 1911, dans un style néo-classique et néo-baroque. L'Art nouveau n'est pas en reste dans la Neustadt et l'exemple le plus marquant en est sans doute la maison égyptienne, mélange d'Art nouveau et d'orientalisme.

Châteaux forts

L'Alsace est le pays des châteaux ! Ils sont plus de 500 en tout dont plus de 80 visitables ! Construits sur les contreforts des Vosges, ils ont été progressivement abandonnés et bon nombre ne sont plus que des ruines. Grâce au chemin des châteaux forts d'Alsace, vous pourrez en découvrir beaucoup. Le tracé passe par plus de 80 châteaux, sur une longueur d'environ 450 km, de Wissembourg à Thann, complété par le circuit des 3 châteaux du Jura alsacien.

Les plus connus des châteaux pouvant être visités (entrée payante et musées intégrés) sont : le Haut-Koenigsbourg, le Hohlandsbourg, le Fleckenstein, le Lichtenberg, le Château des comtes d'Eguisheim, les Trois Châteaux de Ribeauvillé ou du Haut-Eguisheim. De plus, de nombreux villages alsaciens ont conservé leurs fortifications et donnent un aperçu intéressant de la vie et de l'architecture régionales au Moyen Âge.

Architecture religieuse

Le patrimoine architectural religieux est varié en Alsace. Les églises construites aux XIe et XIIe siècles présentent toutes les spécificités de l'art roman : le plan en croix latine, les parois épaisses, le décor réduit au maximum... L'église Saints-Pierre-et-Paul de Rosheim, l'église Saint-Ulrich de Wissembourg, l'abbatiale de Marmoutier ou encore l'église Saints-Pierre-et-Paul à Sigolsheim comptent parmi les incontournables de cette période stylistique et sont intégrées dans une route des églises romanes d'Alsace qui rejoint 19 édifices importants.

Au XIIIe siècle, l'architecture gothique remplace peu à peu la romane. En 1230 est ainsi construit sur ce mode le croisillon Sud de la cathédrale de Strasbourg. La lumière entre plus, les décorations se font plus variées et colorées. La flamme de la cathédrale de Strasbourg, la collégiale Saint-Thiébaud de Thann, la basilique Saint-Georges de Sélestat, l'abbatiale de Wissembourg, Notre-Dame-de-l'Assomption de Rouffach ou encore la collégiale Saint-Martin à Colmar en sont de parfaits exemples.

Château du Haut-Koenigsbourg.

© SHUTTERSTOCK.COM - ALEXANDER SOROKOPUD

L'abbatiale d'Ebersmunster.

L'Alsace offre aussi des curiosités. Le clocher vrillé de Niedermorschwihr en est un exemple frappant et il fait partie de la centaine seulement de clochers de ce genre en Europe. Mais pourquoi est-il vrillé ? Parce que le diable y avait enroulé sa queue ! L'abbatiale d'Ebersmunster, près de Sélestat, est elle aussi très particulière car elle est d'architecture baroque du XVIIIe siècle, style très rare en France.

Certains édifices religieux témoignent de la diversité religieuse en Alsace : un tiers des protestants français sont alsaciens ou d'origine alsacienne. Certaines églises, utilisées successivement ou sous la forme du simultaneum par les deux cultes, en ont été très marquées.

Les juifs d'Alsace ont représenté plus de la moitié du judaïsme français au XVIIIe siècle mais ils ont dû attendre 1791 pour avoir le droit de revenir dans les villes qui leur avaient été interdites. On peut aujourd'hui observer des cimetières, bains rituels et synagogues dans les campagnes même si la majorité des 90 synagogues alsaciennes ont disparu. Synagogues restaurées et musées aménagés forment aujourd'hui un parcours juif passionnant et unique en son genre.

Architecture militaire

L'architecture militaire en Alsace laisse des traces depuis 2 000 ans. L'évolution des fortifications à travers les différentes époques n'a eu de cesse de modeler le paysage. Inscrits dans l'histoire, ces différents ouvrages permettent de mieux comprendre le paysage urbain local, le rôle politique de certains sites comme le fort de Mutzig, la Ligne Maginot ou le Struthof, l'évolution des techniques de défense et des matériaux (apparition de la poudre, crise de l'obus torpille...). Sur les premiers témoins, les châteaux forts, on trouve souvent des meurtrières à niches, parmi les plus anciennes connues en France.

En 1893, les Allemands construisent le fort cuirassé de Mutzig. Cet édifice est alors le premier à présenter les caractéristiques des fortifications du XXe siècle, un essai en quelque sorte. Il est l'un des premiers à se composer essentiellement de béton et à utiliser l'électricité, tout en étant relié en souterrain à d'autres ouvrages spécialisés du même type : c'est la naissance de la fortification éclatée. On en voit surtout dépasser les tourelles d'observation et d'artillerie mais, alors que le fort est à ce moment-là plus puissante fortification d'Europe, personne ne se doute de visu de son importance souterraine.

Après la Première Guerre mondiale, l'architecture militaire en Alsace est essentiellement issue de la Ligne Maginot (André Maginot était ministre de la Guerre), la « grande muraille de France » comme on la surnommait. Avec tout ce qu'avait vécu l'Alsace, son but était de bloquer tout le nord du territoire, en prévision d'une autre vague guerrière éventuelle... Prémonitoire puisqu'elle sera utilisée ! Entre 1930 et 1935, le Four à Chaux, le Schoenenbourg et la casemate Hesch entre autres sont construits, parmi tant d'autres. Aujourd'hui ils se visitent avec des intérieurs reconstitués.

LES BAINS MUNICIPAUX

UNE RÉNOVATION RÉUSSIE

Très fréquentés par les Strasbourgeois, les Bains municipaux viennent de rouvrir en grande pompe, après une rénovation impressionnante et historique. L'occasion pour tout un chacun de replonger dans cet établissement chargé d'histoire et dont l'architecture a retrouvé tout son éclat d'antan. Pour le plaisir des petits et des grands...

Histoire d'eau...

Conçus en 1908 par l'architecte Fritz Beblo, alors que la ville était encore allemande, les bains municipaux se sont vus inscrits en 2017 au titre des Monuments historiques, le plus important niveau de protection patrimonial, en faisant par là même un enjeu de préservation nationale.

Bien au-delà du décorum exceptionnel et de la prouesse architecturale que ce fut à l'époque, les Bains municipaux ont également séduit grâce à des prouesses techniques déjà très modernes : l'utilisation du chauffage par le sol, l'utilisation du béton armé... Une infrastructure qu'il était alors impossible de trouver ailleurs dans l'Hexagone. Il est également à noter que les habitants d'Outre-Rhin ont amené en ces lieux une véritable et importante culture des bains, de l'hygiène et de l'exercice physique jusqu'alors peu connus en France. En effet, à l'époque, seuls 4 % des Strasbourgeois bénéficiaient d'un point d'eau. Une véritable innovation, donc. Les habitants de la ville se sont très vite mis au fait des quarante-huit cabines avec baignoire (et trois classes tarifaires) et des soixante bains aux vertus thérapeutiques. Dès lors, près de 300 000 visites étaient enregistrées chaque année, avec un véritable boom dans les années soixante.

À chaque visiteur, son bassin, sa cabine favorite. Des générations d'Alsaciens y ont appris à nager et d'autres activités natatoires et cela s'inscrit inévitablement dans la mémoire collective. Un joyau, au cœur de la Neustadt qui a beaucoup manqué durant ces deux longues années de rénovation. Un lieu de sociabilisation, de bien-être, de sport et de santé ouvert à tous les publics sans distinction.

Conserver un héritage

Toute la question a été justement de se poser les bonnes questions, lors de cette rénovation titanesque. Comment respecter et sublimer un héritage aussi fort pour la ville et ses habitants tout en l'adaptant aux normes de notre époque ? Comment fait revivre dans la modernité cette magnifique robinetterie en laiton, cette structure centrale du rez-de-chaussée, le merveilleux bassin circulaire des bains romains, ce nuancier vert-bleu tellement iconique des lieux ? Ainsi, à l'issue de nombreuses discussions et négociations entre les services techniques de la communauté urbaine de Strasbourg, les associations de protection du patrimoine, les associations de quartier et les architectes, les travaux ont pu démarrer pour le plus grand plaisir de tous.

Lancés en 2019, les travaux ont mobilisé de nombreux professionnels et d'artisans au savoir-faire d'exception. Tous ont fait preuve d'inventivité, de génie créatif, de détermination, de réflexion profonde et de respect pour la mémoire des murs.

Les Bains version 2023

Désormais gérés par la société Equalia, les nouveaux Bains municipaux ont su maintenir un véritable dialogue entre histoire et modernité. Ainsi, on peut y venir quelle que soit sa catégorie socio-professionnelle, en famille ou entre amis. Et un seul objectif : la mixité sociale et le sport santé. Une vraie gageure pour l'avenir, absolument nécessaire si l'on souhaite garder l'esprit de l'établissement tout en le faisant évoluer. Pour nager dans les deux bassins intérieurs, il en coûte 5 euros comme dans toutes les autres piscines de l'Eurométropole. Il est également possible de s'inscrire à des cours de natation, d'aquagym et d'aquabike. Une prestation haut de gamme pour un tarif plus qu'accessible : on ne peut rêver mieux !

Ainsi, les plus petits, les ados, les scolaires, les adultes, les seniors et les femmes enceintes peuvent à nouveau exercer leurs activités natatoires dans ce luxueux décor de cinéma.

Plus encore, certains pôles se sont diversifiés avec un espace fitness, un espace bien-être et des ateliers sur l'alimentation.

Construits il y a plus d'un siècle, les Bains municipaux ont retrouvé leur lustre d'antan tout en s'adaptant aux nouveaux besoins de son éclectique clientèle. Un, deux, trois... Plongez !

EUROPA PARK®
RESORT
Accès direct en
TGV INOUI
2 Parcs
1 Resort
RÉSERVEZ DÈS
MAINTENANT !
LÂCHEZ
PRISE !
tickets.europapark.fr
Informations : Bureau en
France au 03 88 22 68 07
© Mack

BEAUX-ARTS

Les beaux-arts en Alsace ont connu de longues évolutions, sous les influences successives de la France et de l'Allemagne notamment. Qu'il s'agisse de peinture, de sculpture, d'imagerie, de gravure, de marqueterie, de faïence, de mobilier ou plus récemment de street art, le territoire alsacien est un terreau fertile pour les artistes et a créé des personnages à la renommée internationale dont les œuvres émerveillent des millions de personnes à travers le monde. Les musées dédiés aux arts sont nombreux et la formation artistique est aussi unique en Alsace grâce notamment à la Haute École des arts du Rhin (HEAR) née en janvier 2011 de la fusion de l'École supérieure des arts décoratifs de Strasbourg (ESADS) et de l'École supérieure d'art de Mulhouse (Le Quai) et des enseignements supérieurs de la musique du conservatoire de Strasbourg, en un seul et même établissement d'enseignement supérieur artistique.

Peinture

La peinture alsacienne regorge d'artistes reconnus, tantôt pour leurs productions académiques et bourgeoises, tantôt pour celles plus folkloriques voire purement esthétiques. Même si l'art populaire local reste imprégné par une esthétique germanique, l'assimilation des arts décoratifs français trouve un écho dans les grandes villes.

L'art en Alsace a beaucoup pris sa source dans le secteur industriel, qui a été déterminant. Au XVIIIe siècle le néo-classicisme était à la mode. Une école de peinture de fleurs est d'ailleurs née et a prospéré pendant le XIXe siècle. Durant ce même siècle, le romantisme a été un courant d'art majeur auprès de nombreux artistes locaux. Ce mouvement a particulièrement duré jusqu'à la guerre franco-prussienne. La peinture pompier, académique, réaliste ou d'histoire, typique du Second Empire, s'est avant tout exprimée chez les artistes alsaciens de Paris ! Cette école alsacienne de peinture regroupant, Auguste Bartholdi, Gustave Brion, Théodore Deck, Jean-Jacques Henner, Gustave Jundt, Théodore Lix, Camille-Alfred Pabst, Théophile Schuler, Alfred Schutzenberger… était bien placée auprès du comte Émilien de Nieuwerkerke. Les artistes locaux ont constitué aussi dès le milieu du XIXe siècle une iconographie régionale, qui fera sa renommée et deviendra son image de marque dès 1900, avec pour beaucoup l'imagerie de Jean-Jacques Waltz, alias Hansi ou Oncle Hansi. La période du Reichsland d'Alsace-Lorraine (1871-1918) a freiné dans un premier temps le développement artistique. Pourtant, très rapidement une nouvelle génération allait émerger, vers 1900, autour de Charles Spindler et Gustave Stoskopf. C'est ici encore l'industrie qui incite les artistes locaux à se développer. Petit à petit, la peinture impressionniste a trouvé dans la région une école autour de l'artiste Lothar von Seebach. L'Art nouveau a également pu s'exprimer par des artistes comme Anton Seder ou Charles Spindler. Plus tardivement, l'expressionnisme allemand, la nouvelle objectivité (Neue Sachlichkeit), avaient trouvé auprès de quelques artistes un fort intérêt.

Sculpture

La statuaire du XIIIe siècle provenant de la cathédrale de Strasbourg constitue l'un des ensembles les plus prestigieux du musée de l'Œuvre Notre-Dame. Les sculptures furent pour la plupart déposées au moment de la Révolution, où un édit imposa la destruction et l'enlèvement de la cathédrale de toute marque extérieure du culte. Elles furent parfois réimplantées sur l'édifice, puis à nouveau déposées au tout début du XXe siècle pour les garantir contre les intempéries et la pollution. Elles sont depuis pour la plupart remplacées sur le monument par des copies.

Auguste Bartholdi.

Lazare de Schwendi, par Auguste Bartholdi à Colmar.

À cette collection originelle s'ajoute celle de la Société pour la conservation des monuments historiques d'Alsace, qui réunit entre autres un ensemble lapidaire très important depuis l'Antiquité jusqu'aux temps modernes. Provenant d'églises de toute l'Alsace, la série de reliefs, de chapiteaux et de colonnes de la section romane retrace l'épanouissement de la statuaire au XIIe siècle.

La sculpture alsacienne connaîtra son âge d'or au XVe siècle autour d'une figure brillante : Nicolas de Leyde, à découvrir au travers de son sublime *Buste d'homme accoudé*. Si son influence sur la sculpture strasbourgeoise est décisive, d'autres courants de cette même époque sont cependant observables, en particulier dans les reliefs des retables.

Parmi les sculpteurs célèbres alsaciens, on trouve 4 figures internationalement connues : Gustave Doré (1832-1883), Auguste Bartholdi (1834-1904) créateur de la statue de la Liberté, Hans Peter Wilhelm Arp dit Jean Arp (1886-1966), cofondateur du mouvement dada et proche du surréalisme, Marie Tussaud (1761-1850) créatrice du musée de cire Madame Tussauds à Londres.

Marqueterie

La marqueterie fait partie intégrante du patrimoine alsacien. La marqueterie alsacienne apparaît dès la Renaissance mais son histoire est surtout liée au renouveau culturel de la fin du XIXe siècle et à un homme : Charles Spindler. Grâce à l'Art nouveau et au champ de création initié par Gallé et Majorelle au sein de l'École de Nancy, Charles Spindler a redécouvert la marqueterie quelque peu délaissée à la fin du XIXe siècle et a renouvelé cette pratique en en faisant un art de chevalet. L'artiste n'est pas ébéniste, mais peintre de formation. Sa grande originalité est de concevoir la marqueterie en tableau de bois et de réinventer sa palette en s'inspirant des thèmes de sa région, l'Alsace. Cette mode du tableau est devenue ensuite une « spécialité alsacienne » prolongée et renouvelée par Paul et Jean-Charles Spindler.

Meubles polychromes

Les meubles peints sont traditionnels en Europe centrale depuis le XVIIe siècle. En France, c'est en Alsace que cet art s'est le plus développé. Souvent en bois de sapin, les meubles alsaciens sont ornés de panneaux colorés agrémentés de motifs réalisés au pochoir avec un fond veiné de brun à l'aide d'un peigne ou d'un tampon. Les meubles tiennent une place d'importance dans l'art populaire régional. On pense par exemple aux armoires en bois polychrome du début du XIXe siècle que l'on nomme « Olmer » et que l'on plaçait généralement dans le vestibule de la maison alsacienne ou dans le « Stub » ; à la chaise alsacienne si typique avec ses pieds droits divergents, son assise en bois plein mais surtout par son dossier vertical sculpté et souvent à contours chantournés ; ou encore à ces coffres anciens qui constituaient avec le simple lit bâti de planches, le seul mobilier des paysans.

Faïence de Strasbourg

Le terme faïence de Strasbourg se réfère aux faïences produites par les faïenceries de Strasbourg et de Haguenau à Strasbourg au cours du XVIIIe siècle. Trois générations de la famille Hannong ont fondé et dirigé au cours du XVIIIe siècle (entre 1721 et 1784) les manufactures de faïence de Strasbourg et Haguenau en Alsace, et la manufacture de porcelaine de Frankenthal dans le Palatinat.

Plusieurs types de production, toujours d'une plus grande technicité, peuvent être distingués : les faïences de grand feu bleues, de 1721 à 1730, puis polychromes de 1730 à 1745. L'apparition d'une « technique mixte » de cuisson entre 1735 et 1745 permet de nouveaux décors. Entre 1745 et 1781, les faïences de petit feu décorées au pourpre de Cassius seront enseignées à l'école de peinture de la manufacture. Entre 1765 et 1775 apparaîtront des décors au chinois et des pièces de forme décorative, trompe-l'œil, surtout de table, flambeaux, statuettes. Les Hannong auront fabriqué de la porcelaine dure entre 1752 et 1755 puis de 1774 à 1779.

Street art

Il s'agit de l'ensemble des œuvres (fresques, installations, sculptures...) présentes dans le paysage urbain et public. On le voit souvent comme illégal mais, à Mulhouse ou à Strasbourg, la ville a su travailler main dans la main avec différents artistes. Elle leur a laissé carte blanche pour décorer ses rues, dédie un budget annuel à l'acquisition d'œuvres et encourage les associations et artistes à prendre possession du paysage urbain. À Mulhouse, on découvre quelques-uns des 200 panneaux de signalisation décorés par les stickers de Clet, les boîtes aux lettres investies par C215, les dessins de Zer, les graffitis humoristiques d'Oak Oak, les sculptures en matériaux de récup' d'Yves Carrey, la licorne colorée de Livia de Poli, les tricots du gang des tricoteuses… À Strasbourg, c'est Dan23 qui est le plus présent. Après 10 ans à peindre illégalement, le premier festival de street art est organisé en 2015 sous l'impulsion de l'hôtel Graffalgar, la Pop Artiserie, les peintres locaux et la mairie du quartier Gare. Dan23 peint alors tous les coffrets Sirac.

Le street art en Alsace est si tendance qu'il a même aujourd'hui un musée : le Mausa (p.430), musée des Arts urbains et de Street Art à Neuf-Brisach. Ouvert depuis le 7 juillet 2018 en mode progressif dans les remparts Unesco de la forteresse historique de Neuf-Brisach construite par Vauban entre 1698 et 1704, il propose sur 1 200 m² à des artistes urbains de renommée internationale de se succéder pour peindre les murs devant les visiteurs.

Affiches et imagerie

Au cours des XVIIIe et XIXe siècles, c'est certainement en Alsace que l'imagerie populaire fut la plus développée. Partout, des peintres-imagiers travaillaient à la demande des habitants qui voulaient conserver le souvenir d'événements importants, gais ou tristes. Qu'elles soient sur vélin ou papier, au dos d'une plaque de verre ou sur un objet, ces représentations de la vie quotidienne nous en apprennent plus sur ceux qui nous ont précédés que bien des livres d'histoire. Découvrez le musée de l'Image populaire à Pfaffenhoffen. Il propose un discours sobre dans un écrin d'une grande qualité muséographique et offre au visiteur un parcours plein de charme où, au-delà de leur valeur esthétique et de leur charge émotionnelle, ces images nous parlent avec poésie de l'Alsace d'hier et de son goût pour le décorum.

Visitez aussi sur Internet le corpus « Affiches et images d'Alsace » qui rassemble plus de 35 000 images. Cette collection rend accessible une grande part du fonds iconographique alsatique de la Bibliothèque nationale et universitaire, de 1870 à après la Seconde Guerre mondiale. La BNU, en partenariat avec le Cabinet des Estampes et des Dessins de la ville de Strasbourg, la Bibliothèque municipale de Mulhouse, le Musée historique de Mulhouse et la Bibliothèque municipale de Colmar, est à l'origine de ce projet.

L'imagerie alsacienne a aussi été influencée par celle, célèbre, d'Épinal. L'Imagerie d'Épinal est à l'origine une imprimerie fondée en 1796 par Jean-Charles Pellerin et où furent gravées les premières images d'Épinal en série (estampes aux sujets populaires et aux couleurs vives). Vous pourrez aujourd'hui visiter le site qui propose une collection de 1 344 bois gravés faisant l'objet d'un classement au titre des monuments historiques, un très important fonds iconographique de plusieurs centaines de milliers d'images et un peu plus de 6 000 pierres lithographiques des XIXe et XXe siècles.

Détail de la fresque peinte par INTI dans le centre de Mulhouse.

MUSIQUES ET SCÈNES

La musique et les scènes alsaciennes, qu'il s'agisse de théâtre ou de danse, offrent des particularités significatives qui en font des exceptions françaises. Imprimées de leurs traditions passées, elles ont su s'ouvrir sur le monde et sur les évolutions actuelles en ne reniant pas pour autant leur côté traditionnel et leurs origines. Si aujourd'hui les opéras, théâtres et orchestres (dont l'Orchestre universitaire ou le Philarmonique de Strasbourg) connaissent une renommée internationale, la tradition alsacienne c'est aussi le folklore et les occasions de vous le prouver ne manquent pas, des grands festivals de musique actuelle ou du monde aux présentations de villages. Annie Cordy n'avait-elle pas fait un tabac avec Frida Oum Papa qu'elle nous avait emprunté en se moquant gentiment ? Avec ce chapitre, nous vous invitons à découvrir les arts vivants alsaciens, leurs histoires et leurs spécificités.

Musique alsacienne

La musique traditionnelle alsacienne est essentiellement orchestrale, proche de la musique allemande, autrichienne, suisse et tchèque. On pourrait la croire disparue mais elle est pourtant encore bien présente dans chaque fête de village. La plupart des chansons traditionnelles proposent des paroles en dialecte alsacien mais elles sont de plusieurs types.

La *Bloosmusik* ou *Blôsmusik*, c'est-à-dire, musique « à souffler », produite par un orchestre d'instruments à vent, proche d'un *brass band*, avec quinze à trente musiciens (essentiellement cuivres, bois, accordéons et percussions) est la plus connue. Alors que, depuis la dernière guerre, la musique de chambre urbaine a disparu, ce sont les fanfares et les harmonies villageoises qui ont pris le relais, accompagnant souvent les danses folkloriques alsaciennes. Les musiciens sont en général vêtus de gilets rouges, chemises blanches et pantalons noirs typiques. Très populaires, les interprétations sont souvent entrecoupées d'apartés ou de cocasseries dialectales.

Chaque brasseur alsacien (Kronenbourg, Fischer, Meteor, Perle, Ancre, Adelshoffen, etc.) avait il n'y a pas si longtemps encore, son orchestre dédié de *Stubenmusik* (« musique de taverne »). On trouve aussi la *Guggenmusik* (fanfares qui font de la musique avec des déguisements) qui intervient notamment dans les carnavals de la région rhénane.

Dès les années 1970, les compositeurs se mettent de plus en plus à composer des chansons en dialecte pour le faire vivre et le rendre plus populaire auprès des jeunes générations. Aujourd'hui, c'est le rock alsacien qui a le vent en poupe et qui rencontre un succès croissant. Parmi les grands chanteurs de variété alsaciens, on peut citer Alain Bashung, Rodolphe Burger, Pierre Dac, Cookie Dingler, Pierre Fresnay, Jacques Higelin, Herbert Léonard, Le Mime Marceau, The Marx Brothers, Jean-Pierre Melville, Matt Pokora...

Les orgues

Les Silbermann sont assurément les plus connus des facteurs d'orgues alsaciens. En 80 ans (1703-1783) d'activité à Strasbourg, cette famille a réalisé 91 instruments, d'une qualité bien supérieure aux standards de leurs contemporains. Matériaux de choix, étain « anglais », étude approfondie de la facture, des édifices, de l'acoustique, mais aussi étude sociale de leurs commanditaires : les Silbermann ont assurément su se donner les moyens de produire une œuvre destinée à traverser les siècles. On peut aujourd'hui admirer ces superbes orgues dans de très nombreuses églises alsaciennes mais aussi bien au-delà de nos frontières et les entendre sonner procure un sentiment enchanteur.

Albert Schweitzer, philosophe, médecin, mais aussi musicien, musicologue et organiste, a très tôt été baigné dans la musique d'orgue et s'est concentré sur l'héritage de Jean-Sébastien Bach, tant du point de vue de l'interprétation que de l'analyse (il lui a consacré une monographie). On lui doit aussi la conception d'un système d'orgue nouveau, dont quelques exemplaires sont encore implantés en Alsace. Il donna de très nombreux concerts dans différentes églises et est à ce titre important pour la culture musicale alsacienne.

Danse

Il existe des dizaines de danses traditionnelles alsaciennes, une pour chaque village ou presque. Dans la société rurale alsacienne d'avant 1930, les grands travaux agricoles tels que la moisson ou le battage du blé se terminaient toujours par de grands rassemblements populaires.

À cette occasion, les communautés villageoises festoyaient autour d'un repas tout en pratiquant diverses danses collectives. Ces danses trouvent leur origine dans les églises où la plupart des fêtes, repas et offices se tenaient. Les rondes étaient alors de rigueur. Les fidèles marquaient le rythme en frappant des mains et des pieds tout en accompagnant par la voix. Ces pratiques sont la survivance de rites païens très anciens. Par la suite, l'Église a interdit progressivement cette habitude.

Au XIVe siècle, les musiciens se développent et la ronde médiévale se transforme en bransle. Cette danse plus complexe mêle déplacements latéraux en cercle et figures (sauts, croisés, tours, piqués, etc.). Chaque contrée avait son bransle, par exemple le bransle gai alsacien « geh mer net ». Progressivement, ces danses s'invitent dans la noblesse dès le XVIe siècle et les cours intègrent des rythmes baroques : l'allemande, la courante, la sarabande, la gigue, le menuet, etc. Les bals des villages s'enrichissent eux aussi et plus encore dès le XIXe siècle : quadrille (anciennement contredanse), polka, mazurka, scottish, valses, expriment la joie du peuple et rythment leur vie.

Les danses traditionnelles régionales ne sont pas oubliées pour autant et l'Alsace dispose aujourd'hui d'un riche répertoire. Citons la champêtre sur un air de mazurka, la valse des roses « Rosenwalzer » connue pour ces changements de partenaires, la ronde des cigognes « Rheinländer » et bien d'autres. Les groupes folkloriques, vêtus en costumes traditionnels, continuent de présenter ces danses alsaciennes à chaque fois que l'occasion se présente !

Théâtre

Le théâtre populaire alsacien est une des plus intéressantes et des plus créatives formes d'expression de l'alsacien et de la culture alsacienne. Influencé bien sûr par le théâtre français aussi bien que le théâtre allemand, il a pourtant ses propres racines culturelles, qui sont profondes, avec ses références propres, son langage, ses expressions et aussi sa forme d'humour si particulière.

Le théâtre alsacien récent a largement été influencé par Germain Muller et Roger Siffer. En 1946, Germain Muller fonde un cabaret satirique bilingue alsacien, « De Barabli ». Pendant la Première Guerre mondiale, les prisonniers alsaciens ou allemands n'avaient pas le même statut. Pour les distinguer, le chanoine Émile Wetterlé, ardent patriote, avait mis au point un test à sa façon. Il brandissait un parapluie en demandant : « Wass esch dess ? » (« Qu'est-ce que c'est ? »), et les Alsaciens répondaient « s'isch a Barabli » comme on dit en alsacien, alors que les Allemands disaient « ein Regenschirm ». C'est ainsi que le Barabli est devenu l'emblème de l'authenticité alsacienne. Dans la troupe du Barabli des débuts, on comptait Jacques Martin…

Roger Siffer est quant à lui un ancien élève de Germain Muller et fut directeur du restaurant-cabaret et salle de spectacle La Choucrouterie. Haut lieu emblématique du renouveau du cabaret alsacien de la fin des années 1980, La Chouc' fut un incontournable lieu de spectacles satiriques en français et en alsacien, il fut aussi celui d'une émission radiophonique régulièrement retransmise en direct sur la station locale de France Bleu Alsace.

Parmi les compagnies actuelles qui ont le vent en poupe, on trouve « Le Kafteur théâtre d'humour », spécialisée dans les formes humoristiques, créé en 1993. Plus de 40 créations différentes dans des registres très variés ont permis au Kafteur de marquer le paysage culturel de la région : comédie, pièce visuelle burlesque, théâtre musical, drame contemporain, one man show, music-hall, jeune public… Citons aussi Les Improvisateurs, fondée en 2000, qui propose des spectacles pour le public dans toute l'Alsace, mais aussi une école où tout improvisateur du débutant à l'expert pourra trouver sa place en fonction de ses souhaits d'évolution et de perfectionnement. Forte de ses 400 000 spectateurs depuis sa création et de son école qui compte plus de 200 élèves, la compagnie les Improvisateurs est l'une des plus importantes du Grand Est.

Grandes scènes actuelles

Les grandes scènes actuelles en Alsace sont nombreuses. On y trouve bien sûr les classiques comme l'Opéra national du Rhin ou le Théâtre national de Strasbourg, mais aussi des lieux ouverts à de nombreuses disciplines autant que sur le monde. L'Alsace, si elle est attachée à ses traditions, est aussi une terre ouverte sur l'actualité et de nombreuses grandes salles ou scènes font régulièrement venir des artistes à la renommée internationale.

La Filature de Mulhouse est un lieu pluridisciplinaire ouvert à la création contemporaine française et internationale. Sa programmation est composée de théâtre, d'opéra, de danse, de musique, de nouveau cirque, de performances, de ciné-concerts, mais aussi de spectacles jeune public. On peut aussi citer à Mulhouse le Noumatrouff, labellisé Scène de musiques actuelles depuis 1998, doté de deux salles de concert de 600 et 300 places, lieu de diffusion mais aussi structure d'accompagnement des pratiques musicales, via ses 6 locaux de répétition équipés et son Centre de ressources. Mentionnons aussi le Squ'art, association pour la promotion des musiques actuelles qui offre un lieu de création mais aussi un lieu d'échange de savoir et d'expérience.

LITTÉRATURE

La littérature alsacienne a connu les influences de quatre langues au fil des époques : latin, allemand, dialecte et français. Son histoire a été très mouvementée mais a connu de nombreux personnages d'importance mondiale et les traces de cette histoire se découvre dans des musées dédiés, Bibliothèque humaniste de Sélestat, Bibliothèque nationale universitaire de Strasbourg ou Bibliothèque alsatique du Crédit Mutuel. Aujourd'hui, la littérature est célébrée de multiples façons avec le festival des Bibliothèques idéales à Strasbourg qui a l'exclusivité de beaucoup d'auteurs, le Salon du livre de Saint-Louis ou encore celui de Colmar. Elle ne renie pourtant pas son passé avec de nombreux événements autours des alsatiques et des bibliothèques spécialisées. Un alsatique est un écrit portant sur l'Alsace (livre d'histoire, de géographie, recueil de photographie, revue, etc.). Ils sont écrits en français, allemand ou alsacien.

Moyen Âge et Renaissance

Au Moyen Âge, le latin est la langue la plus utilisée dans les écrits. On note déjà une spécificité dans l'*Hortus deliciarum* (*Le Jardin des délices*), composé et illustré entre 1169 et 1175 par l'abbesse Herrade de Landsberg, à l'attention des novices et moniales de son abbaye, et qui est la première encyclopédie écrite par une femme. Entre le IXe et le XIIIe siècle, c'est plutôt l'allemand qui sera pourtant utilisé pour la diffusion de textes.

À la Renaissance, la situation particulière de l'Alsace sur la vallée du Rhin qui fait circuler tant de marchands influe grandement sur ses écrits. Mais c'est aussi à cette période que Gutenberg imagine à Strasbourg en 1440 la typographie d'imprimerie à caractères mobiles. Johannes Mentelin, strasbourgeois, est quant à lui le premier à imprimer une bible allemande en 1466. Petit à petit, les ouvrages se font plus engagés et politiques, en fonction des guerres et conflits.

Humanisme

L'humanisme est une autre grande période de la littérature alsacienne. Aujourd'hui, on peut d'ailleurs encore visiter la Bibliothèque humaniste à Sélestat qui vous invite à un voyage entre manuscrits médiévaux et imprimés des XVe et XVIe siècles dans un bâtiment imaginé par l'architecte Rudy Ricciotti. Vous y suivrez les traces du célèbre humaniste Beatus Rhenanus grâce au témoignage précieux laissé par sa bibliothèque inscrite au Registre Mémoire du monde de l'Unesco. Dans le même esprit humaniste, la Haute École est fondée à Strasbourg en 1538 et confiée au pédagogue et réformateur Jean Sturm (Johannes Sturm).

Si les humanistes écrivent surtout en latin, la littérature de langue allemande n'en fleurit pas moins à la Renaissance, popularisée par l'imprimerie. À cette époque œuvrent Sebastian Brant connu pour *La Nef des fous* notamment ; Geiler de Kaysersberg dont les sermons furent populaires à l'extrême ; Thomas Murner pour ses pamphlets contre Luther ; Johann Fischart appelé le Rabelais allemand… L'essor de l'imprimerie provoque l'émergence en Alsace d'une littérature romanesque destinée au peuple instruit qu'on appelle les livres populaires (*Volksbücher*).

Au XVIIe siècle, la littérature alsacienne connaît le creux de la vague après la guerre de Trente Ans. Si quelques écrits qu'elle a inspirés connurent ensuite un peu de succès, coupée politiquement de l'Allemagne, la littérature allemande d'Alsace tend à se réduire à la dimension régionale, l'allemand demeurant néanmoins la langue littéraire et culturelle.

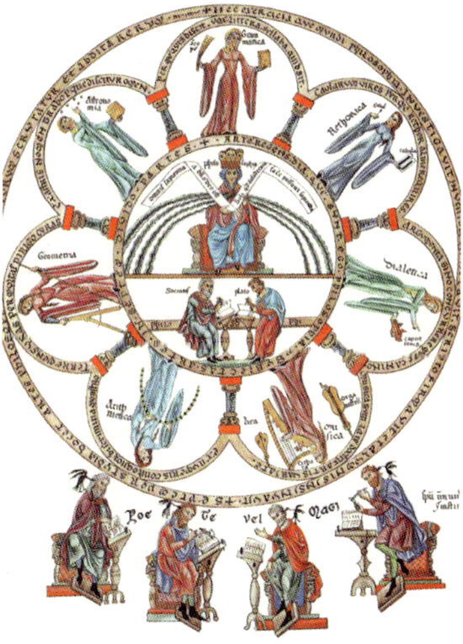

Extrait de l'Hortus deliciarum, Herrade de Landsberg, ca. 1170.

Bibliothèque humaniste de Sélestat.

Les Lumières

Au XVIIIe siècle, au contraire des autres régions de France et d'Allemagne, l'Alsace ne produit pas de philosophes des Lumières sauf peut-être l'auteur bilingue et éducateur Théophile Conrad (ou Gottlieb Konrad) Pfeffel (1736-1809), mais produit en revanche un auteur prolifique considéré comme le père du piétisme, Philipp Jacob (ou Philippe Jacques) Spener (1635-1705). C'est surtout le *Sturm und Drang* qui marque l'histoire littéraire alsacienne au XVIIIe siècle, principalement en raison du séjour à Strasbourg du jeune Goethe en 1770-1771, date importante puisqu'elle marque précisément le début de ce « printemps du lyrisme allemand ». C'est là qu'il rencontre Herder, promoteur du *Volkslied*, qu'il va recueillir dans la campagne alsacienne les vieilles chansons populaires et compose ses premières poésies. C'est là qu'il eut dans la cathédrale de Strasbourg la révélation d'un art qu'il croyait révélateur du génie germanique, c'est là aussi qu'il tomba éperdument amoureux de Frédérique Brion, la fille du pasteur de Sessenheim.

Dialecte et changements successifs de langue

Au XIXe siècle, le dialecte revient en force dans les écrits et notamment chez les poètes. Ehrenfried Stoeber officie à cette époque et est considéré comme l'un des créateurs du théâtre alsacien. Auguste Stoeber, inspiré par les frères Grimm, parcourt l'Alsace et publie en 1852 son recueil *Sagen des Elsasses*, une véritable encyclopédie des légendes et traditions populaires alsaciennes qui restera la principale source des nombreuses publications ultérieures de légendes d'Alsace.

En Alsace, on parle l'alsacien et on en est fier ! Ce dialecte se pratique encore beaucoup au quotidien, mais sait aussi s'écrire dans des productions de plus en plus nombreuses qui lui sont dédiées ou qui l'utilisent.

D'origine germanique, le dialecte est mouvant. On devrait en réalité plutôt parler des dialectes alsaciens car entre le Nord et le Sud de la région, d'un village à l'autre, les mots et expressions, les écritures et prononciations varient. On pense par exemple à « bredele » ou « bredala » et à et « mannele » ou « mannala » qui sont au cœur des querelles de clocher (amicales) entre Bas-Rhinois et Haut-Rhinois. Plusieurs orthographes sont en fait tolérées et l'essence de l'alsacien est plus dans l'oralité.

Depuis la Révolution, l'alsacien était associé à la langue de l'ennemi à cause de sa forte imprégnation allemande. Les changements successifs de nationalité du territoire et de langue officielle ont chaque fois influencé le dialecte qui est même parfois devenu un véritable biais politique. En 1848, le philosophe allemand Johann Gottfried Herder considérait que l'alsacien était l'expression vivante de l'esprit d'un peuple, ce qui eut pour conséquence de faire naître la crainte d'une nouvelle revendication d'annexion de l'Alsace par l'Allemagne, entraînant alors sous le Second Empire une politique d'enseignement en français dès le primaire. Entre 1870 et 1918, le français est totalement interdit et le dialecte permet de résister.

Après 1918, c'est le français qui redevient obligatoire et les Alsaciens commencent, suite à la volonté d'introduction des lois laïques françaises dans la région, à vouloir être autonomes. Ils intègrent donc à l'école l'allemand et le français académiques, dans un bilinguisme qui perdure encore, mais qui sera supprimé sous le régime nazi. Le dialecte a donc toujours servi de tampon, de moyen d'adaptation et de résistance face à des changements de langue importants.

Après la Seconde Guerre mondiale cependant, il disparaît car il est jugé trop proche de l'allemand, langue nazie. On voulait oublier ce passé et parler français est valorisé. Savoir parler français est alors un acte citoyen et de contrition. Le bilinguisme restait toléré, était présent dans les formulaires administratifs, sur les affiches et dans la presse. À l'école, on parlait français. Aujourd'hui, avec un peu de recul, on enseigne en deux langues, et parfois même en dialecte mais ne dites jamais que l'alsacien est de l'allemand : l'alsacien, c'est de l'alsacien !

La poésie alsacienne

La poésie alsacienne comprend des poèmes bien sûr, mais aussi des fables en vers et de nombreuses chansons. Parmi les grands auteurs on trouve Conrad Pfeffel (1736-1809), Auguste Lamey (1772-1861) et ses chants révolutionnaires, ou encore les frères Matthis qui s'inscrivent parfaitement dans cette « d'alsacianité de l'esprit » définie par René Schickele comme un rôle de passerelle de la culture alsacienne entre France et Allemagne. La poésie alsacienne rend évidemment souvent hommage à son histoire mouvementée, mais comte aussi bon nombre de textes plus légers ou de production carrément grivoises. Souvent, les œuvres poétiques alsaciennes sont accompagnées d'illustrations de Spindler, Kamm ou Braunagel, artistes importants pour la Belle Époque locale, dans des éditions tout à fait incroyables.

Contes et légendes

Les contes et légendes alsaciens sont nombreux, inspirés par les châteaux forts, la cathédrale, les forêts profondes, les montagnes vosgiennes, le vignoble ou encore le Rhin. Ces récits continuent de se transmettre et connaissent encore beaucoup de succès. Auguste Stoeber (1808-1884) a été l'un des folkloristes alsaciens qui a recensé les contes et légendes de la région en utilisant le modèle des frères Grimm. Parmi les plus connus, la livraison des bébés par les cigognes, le vent soufflant autour de la cathédrale de Strasbourg, la légende de sainte Odile, saint Nicolas, Hans Trapp et Christkindel, les Indiens d'Alsace, les nains de la Goge aux loups, la légende de la carpe d'or, le moulin du diable ou les sorcières du Bastberg. Chaque château a lui aussi sa légende, a accueilli l'amour ou le diable, seigneurs et brigands, bêtes fantastiques et chevaliers, magie et fantômes…

Une mise en avant incroyable de la littérature

S'agissant de la littérature alsacienne contemporaine, qu'elle soit en français, en allemand ou en dialecte, tout est fait pour la mettre en avant. Les festivals sont extrêmement nombreux et les maisons d'édition locales très vivantes.

La bibliothèque idéale est une liste de documents publiés ayant vocation à représenter l'ensemble d'une discipline. C'est aussi le nom que s'est donné l'un des plus grands festivals littéraires de France, à Strasbourg. Chaque année en septembre, ce sont des milliers de personnes qui se pressent pour rencontrer des invités prestigieux. La Librairie Kléber met ainsi en avant des auteurs internationalement reconnus comme des locaux durant cette incroyable occasion d'échange avec les auteurs. Le Forum du livre de Saint-Louis ou le Festival du Livre de Colmar sont deux autres événements d'importance à ne pas manquer pour les amoureux de littérature.

Nous l'avons vu, l'alsacien est encore bien présent dans la culture populaire et beaucoup d'habitants de cette région s'intéressent aux alsatiques, ouvrages sur l'Alsace. Le plus grand salon de ce genre se tient à Marlenheim en avril et draine chaque année passionnés et collectionneurs. Il y a peu d'équivalents de cette pratique et de cet amour pour la littérature régionale ailleurs en France.

Enfin, la littérature alsacienne sait se faire aussi résolument contemporaine et concerne tous les styles. Strassbulles, le festival européen de la bande dessinée est par exemple un incontournable pour les amoureux de ce neuvième art. Le genre du polar est lui aussi très en vogue et l'on trouve en Alsace une maison d'édition spécialisée, les Éditions du Bastberg, qui offre aux jeunes talents de la région la possibilité d'exprimer toute l'étendue de leur imagination et aux lecteurs des polars surprenants ancrés dans le territoire.

QUE RAPPORTER ?

Lorsque l'on visite un territoire que l'on a apprécié, on a toujours envie d'en rapporter un petit bout chez soi en souvenir. En Alsace, vous n'aurez que l'embarras du choix ! Bien sûr, il y aura dans vos bagages un tissu traditionnel, le kelsch, une poterie des villages potiers de Betschdorf ou Soufflenheim qui durera toute votre vie et avec laquelle vous pourrez cuisiner les recettes apprises auprès des locaux, mais aussi pourquoi pas un peu des vins qui sont si nombreux et si délicieux ou quelques gadgets amusants en jouant sans complexe le kitsch et les motifs cigognes et Hansi. Quel que soit votre choix, vous trouverez forcément quelque chose pour faire plaisir ou vous faire plaisir car les boutiques mais surtout les artisans et créateurs sont légion et ils seront ravis, dans tous les villages d'Alsace, de vous faire découvrir leurs univers et techniques en partageant un moment avec vous !

Un tissu traditionnel : le kelsch

Vous ne pourriez pas revenir d'Alsace sans rapporter un tissu en kelsch, par exemple une nappe tricolore (bleu, blanc et rouge), rayée ou composée de carreaux, colorée à l'aide de pigments d'origine végétale : le pastel à l'origine puis l'indigo pour le bleu et la garance pour le rouge. Sur des tissus de lin ou de chanvre, les lignes et les carreaux s'entrecroisent et composent d'infinies variétés de motifs géométriques : carreaux bleus et lignes blanches, carreaux rouges et lignes blanches, carreaux blancs et lignes bleues, etc. Le kelsch se décline aussi en serviettes et linge de literie.

Vous en trouverez entre autres de la marque Beauvillé, depuis plus de deux siècles à Ribeauvillé. Dans les plus grandes ambassades, les meilleurs restaurants et chez tous les amateurs de belles matières, Beauvillé signe des tissus haut de gamme à la qualité irréprochable.

En période de Noël, pensez à l'étoffe de Mulhouse. Avec des motifs et des couleurs spécialement créés chaque année par la styliste Marie-Jo Gebel, elles sont un hommage à la créativité artistique et à l'innovation technique des manufactures mulhousiennes de la fin du XIXe siècle. La créatrice puise son inspiration dans des étoffes, venant des archives du musée de l'Impression sur étoffes, et datant des années 1887 et 1888.

Des poteries

De nombreux éléments de vaisselle traditionnelle sont confectionnés dans deux villages du nord de la région : Betschdorf et Soufflenheim.

À Betschdorf, les pièces sont composées de différentes argiles façonnées au tour puis séchées et décorées. Gravées au stylet elles sont peintes une fois sèches à l'aide d'un enduit principalement composé de bleu de cobalt. Le tout est cuit à plus de 1 200 °C et l'aspect vernissé des poteries est obtenu grâce à une réaction chimique qui résulte de la projection de gros sel durant la cuisson.

À Soufflenheim, la teinte traditionnelle est l'ocre. Ces poteries sont fabriquées à partir d'une argile provenant de la forêt de Haguenau, selon une tradition datant du XIIe siècle. La différence avec celles de Betschdorf réside dans la pellicule d'argile colorée appliquée sur la poterie séchée puis décorée à l'aide d'un barolet, un récipient muni à son extrémité d'une plume d'oie d'où s'écoule l'engobe colorée. La poterie est émaillée par aspersion ou trempage avant d'être cuite à 1 020 °C. Ce processus de fabrication confère à aux poteries de Soufflenheim un aspect souvent lisse et satiné.

À Kaysersberg, Philippe Thomann, artisan potier depuis 1984, réalise des moules culinaires, à kougelhopf, baeckaoffa, moules à tartes, à gâteaux…

Un moule à kougelhopf

Vous en trouverez partout, chez les artisans de Betschdorf et Soufflenheim bien sûr, mais aussi dans toutes les boutiques alsaciennes. Les moules à kougelhopf récents sont aujourd'hui améliorés pour passer au four, au lave-vaisselle, et même au micro-ondes ! Mais si vous souhaitez pousser la tradition plus loin pour la confection de ce gâteau, vous trouverez des moules anciens chez presque tous les antiquaires et sur les étals des brocanteurs, parfois même en cuivre.

De la verrerie d'art

Jusqu'en 1858, il était coutume d'accrocher des pommes au sapin de Noël. Mais cette année-là, une grande sécheresse priva la région de pommes. C'est alors qu'un artisan verrier alsacien créa les fameuses boules de Noël ! Le site verrier de Meisenthal est composé de 3 structures : le Centre international d'Art verrier, le musée du Verre et la Halle Verrière. Chaque année, la verrerie sort une nouvelle boule à collectionner !

© ISTOCKPHOTO.COM - AUDAXL

Moule à kougelhopf.

La verrerie d'art de Kaysersberg propose, de son côté, toute une gamme d'articles en verre : lampes, vases, coupes, animaux, bougeoirs... pour la décoration et l'ambiance d'intérieur. Vous pourrez aussi profiter des pièces exceptionnelles de chez Lalique à Wingen-sur-Moder mais attention, les budgets sont plus conséquents.

Un T-shirt Bretzel Airlines

C'est la marque de vêtements humoristiques par excellence. Vous trouverez dans les boutiques alsaciennes un large choix de T-shirts aux visuels créatifs et humoristiques et des souvenirs décalés. Des logos sont détournés et c'est particulièrement original. Avec ces créations novatrices et pleines d'humour, qui sont sans cesse renouvelées, vous afficherez votre fierté d'être alsacien de façon décalée et remarquée.

À manger

Du vin d'Alsace, bien sûr ! C'est le cadeau le plus facile à trouver avec les eaux-de-vie et liqueurs d'Alsace à base de fruits. Emportez aussi une bonne choucroute garnie emballée sous vide pour un transport facile, des bredalas et le pain d'épices de Gertwiller, un pot de confiture d'églantine faite avec les fruits de l'églantier sauvage, un bon munster fermier sous vide et un kougelhopf et vous aurez un magnifique panier garni ! De nombreux commerçants vous proposeront même de rejoindre les afficionados qui se font ensuite envoyer les produits gourmands car on devient vite accro ! Pensez aussi aux livres de recettes !

Quelques autres petits cadeaux

Les verres à vin blanc Suzel avec leurs pieds verts caractéristiques sont incontournables, ce sont les meilleurs verres pour déguster son vin blanc d'Alsace. Ils présentent bien certes, mais sont aussi mieux conçus pour profiter de tous les arômes des vins alsaciens. Pour les amateurs de bières, n'hésitez pas à prendre dans vos bagages une chope, en verre ou en grès à couvercle en étain. En alsacien, *schoppe* signifie « grand verre à bière ». Pendant longtemps, la coutume voulait que l'on offre à un soldat finissant son temps de service actif une chope ornée de différents motifs rappelant son engagement.

Pensez aussi à prendre une peluche de cigogne pour les enfants (et les plus grands) ou des gadgets aux motifs Hansi ou aux couleurs du drapeau européen si cher à Strasbourg. Certes, les locaux riront sûrement surtout si vous adoptez la cigogne en chapeau, mais autant jouer la découverte à fond !

Les décorations de Noël traditionnelles, vendues aux marchés de Noël (boules, petits sujets en bois, couronnes de l'Avent, guirlandes, décoration de table, bougies, etc.), sauront vous conquérir. Toute l'année, on en trouve chez Magie de Noël à Riquewihr ou chez Un Noël en Alsace à Strasbourg.

Les cœurs en Alsace symbolisent l'espoir, un bon présage, et sont souvent représenté sur les volets, les portes, les colombages, etc., mais également en éléments décoratifs à suspendre ou à accrocher, en tissus, en bois ou en métal. C'est un classique !

Envoyez des cartes postales à vos proches. Avec des monuments incontournables, des cigognes ou des personnages Hansi, vous leur ferez un petit clin d'œil sympathique avant même d'être rentrés.

SPORTS ET LOISIRS

Nous l'avons vu en abordant la géographie et la nature, l'Alsace est une terre riche de paysages et de reliefs variés, entre montagnes et eaux de plaines. Vous trouverez donc ici une multitude de sports à pratiquer, selon vos goûts, envies, et niveaux en toutes saisons ! Les clubs sont nombreux et les équipements ne manquent pas avec, en petit plus, beaucoup de gratuits même dans les sports d'hiver. Les offices de tourisme vous donneront le nécessaire pour évoluer en solitaire ou vous conseilleront des guides et accompagnateurs ou moniteurs expérimentés et diplômés. Profitez des nombreux sentiers de randonnée, à pied, à vélo ou à cheval, laissez-vous tenter par une baignade ou du sport aquatique, cherchez les sensations fortes avec l'escalade, l'accrobranche ou le parapente, foncez en hiver sur les différentes stations et remettez-vous de toutes ces pratiques sportives par un moment détente dans les eaux thermales.

Randonnée

Admirez les plus beaux paysages alsaciens sur plus de 17 000 kilomètres de sentiers balisés. Randonneurs aguerris ou amateurs de promenades, inventez votre parcours au gré de vos envies ou laissez-vous guider par un accompagnateur ! C'est le Club vosgien qui a lancé la mode de la marche en Alsace. Depuis 1872, ses membres bénévoles balisent les sentiers et les entretiennent, mettent à jour les cartes disponibles aux offices de tourisme. Chaque randonnée proposée, sur une journée, 3 à 5 jours ou même jusqu'à deux semaines, permet de découvrir le territoire alsacien autrement, en prenant son temps. Les refuges et abris, tout comme la signalisation homogène et très claire, permettent de profiter sans encombre. La randonnée en Alsace peut aussi se faire sur deux itinéraires européens : l'E5 et le GR5. Le Chemin de Saint-Jacques-de-Compostelle passe lui aussi par la région, de Wissembourg à Belfort, et propose aux pèlerins comme aux promeneurs un itinéraire à travers forêts et patrimoine jacquaire qui se transforme en véritable aventure humaine.

Balades à cheval

Les Vosges du Nord, la Suisse d'Alsace, le vignoble d'Alsace du Nord au Sud, le circuit des Cigognes, celui des Vosges centrales, ceux des Lignes bleues du Sundgau aux Crêtes vosgiennes, ou encore la route équestre des Châteaux forts sont autant de possibilités de balades à cheval proposées par le Comité régional de tourisme équestre d'Alsace. En complément, le comité propose un répertoire des gîtes équestres, des pensions, des adresses des maréchaux-ferrants, etc.

Vélo

Plus de 2 500 kilomètres de pistes cyclables sont disponibles en Alsace, dont 400 kilomètres balisés dans les Vosges. On trouve parmi les itinéraires proposés la Véloroute du Vignoble d'Alsace, idéale pour allier plaisirs de la bouche et pratique sportive. Une autre piste non négligeable est celle qui longe le canal de la Marne au Rhin, celui de la Bruche ou du Rhône au Rhin. Elles sont plates et agréables même pour les moins sportifs. Si vous vous rendez en offices de tourisme, vous découvrirez d'autres itinéraires, transfrontaliers ou spécifiques pour les VTT et parfois spécialement conçus pour découvrir le patrimoine communal. La plupart de ces offices proposent aussi la location de vélos et bien sûr des cartes.

Petite curiosité, la station du lac Blanc dans la vallée de Kaysersberg a mis en place le seul Bike Park du Grand Est à travers les forêts du domaine, sur une quinzaine de kilomètres avec modules aménagés, dont une piste handisport et 300 mètres de dénivelé. Le télésiège permet aux cyclistes de rejoindre le sommet sans effort, de mai à octobre. Si besoin, une location de vélos et de matériel de protection est proposée sur place.

Skieurs alpins dans les Vosges.

Baignade

Plusieurs lacs de montagne permettent de se baigner et de profiter de plages aménagées. Les lacs de barrages ont toutefois une réglementation spécifique. Dans la vallée de Saint-Amarin, les berges du barrage de Kruth-Wildenstein sont aménagées pour accueillir les baigneurs et on peut même y faire du bateau à pédales. C'est l'un des sites les plus courus mais les lacs de montagne offrent tous un côté sauvage et la qualité de leur eau est incomparable. Dans la vallée de Munster, le lac du Schiessrothried ou le lac des Truites, sur les hauteurs de Soultzeren, sont des endroits propices à l'amusement. Ceux qui ne craignent pas l'eau froide apprécieront un plongeon dans le lac d'Alfeld, dans la vallée de la Doller après Masevaux : dans un cadre de rochers, de cascades et de sombres forêts, ce lac accueille les baigneurs, les pêcheurs et les adeptes de la plongée.

Parcours dans les arbres

Plusieurs parcs vous permettent la pratique de l'accrobranche en Alsace : Ostwald, Breitenbach, Oberhaslach, Kruth, Lac Blanc-Orbey... Selon les parcs, il existe des parcours pour les tout-petits à quelques dizaines de centimètres du sol seulement, des aires de jeux, des courses d'orientation et diverses activités de plein air qui font de ces lieux LA sortie familiale par excellence ! Bien sûr, quel que soit le parc de votre choix, vous serez encadrés par des professionnels compétents qui vous expliqueront les règles essentielles de sécurité et qui vérifient le matériel très régulièrement.

Escalade

Le Martinswand, façade granitique offrant une vue imprenable sur le Hohneck et la réserve naturelle du Frankenthal, attire des amateurs de toute l'Europe car son granit est comparable à celui des Hautes-Alpes, par sa dureté et sa texture. Le site historique de la Martinswand est l'une des plus hautes falaises du Grand Est (une centaine de mètres) parfaitement équipée et entretenue. Il y en a pour tous les niveaux : du rocher-école aux voies type montagne avec le gaz qui accompagne le grimpeur. Vous aurez besoin ici d'une corde de rappel de 90 mètres. Le Gueberschwihr et ses deux sites d'escalade, le Windstein, le Sandkopf et le Waldeck, ou encore le site d'Obersteinbach comptent aussi parmi les incontournables des passionnés d'escalade.

Golf

Avec une douzaine de golfs, goûtez au plaisir de parties mémorables lors d'une échappée sportive et vivifiante sur les greens alsaciens ! Entre le Haut-Rhin et le Bas-Rhin les parcours sont très diversifiés, entre parcours de golf actuels de plaine ou vallonnés. Ils sont presque tous affiliés à l'association Golfs in Alsace et à la Ligue d'Alsace (et de France) de golf. Citons en exemple le Golf du Kempferhof à Plobsheim classé parmi les 15 plus beaux golfs d'Europe, le Golf Club de Strasbourg et ses 27 trous offrant une grande diversité de jeu et des fairways posés sur un lit de sable, ou le Golf de la Largue, à la frontière suisse, dont l'environnement et la qualité de l'entretien vous enchanteront à coup sûr.

Parapente

Le parapente en Alsace n'a rien à envier aux autres sites français peut-être plus connus. Même les experts auront ici des sensations fortes, sur les sites du Treh-Markstein près de Fellering (l'un des plus beaux sites de vol libre en Europe), de Drumont, du Stockenberg, du Siebach ou du Gustiberg dans la vallée de la Thur, mais également de Breitenbach, de l'Altenberg, ou du Schnepfenried-Sondernach...

Ski et raquettes

Le ski alpin, le ski de fond, la randonnée à raquettes, et, accessoirement, les balades en chiens de traîneaux, les possibilités de sports d'hiver ne manquent pas ! On pense moins souvent à cette région qu'aux Alpes ou aux Pyrénées mais l'Alsace a pourtant beaucoup à offrir dans ce domaine.

La Bresse-Hohneck est le plus important domaine skiable du Nord-Est de la France avec 32 pistes et près de 300 canons à neige. C'est aussi la station la plus familiale du massif des Vosges. Le Champ-du-Feu est l'un des rares sites du Bas-Rhin où l'on puisse pratiquer le ski alpin à une soixantaine de kilomètres de Strasbourg. Il englobe 3 domaines. Il n'y a pas de pistes noires, mais c'est un endroit idéal pour le ski en famille et beaucoup d'Alsaciens ont appris à skier sur la piste de la Serva ! Le Champ-du-Feu est surtout prisé par les skieurs de fond : les itinéraires couvrent 100 kilomètres de pistes tracées et damées (skating et alternatif) tout niveau. Les Bagenelles est une station qui comporte deux remontées mécaniques, 3 pistes de ski alpin, 46kilomètres de pistes de ski de fond ainsi que 4 circuits balisés pour la raquette à neige. Le Lac Blanc 900 et 1200 est un domaine skiable tous niveaux qui va de 850 mètres à 1 230 mètres d'altitude. On peut y pratiquer le ski alpin, le snowboard, le snowscoot et le ski de fond. Elle est la station la plus attractive d'Alsace avec son télésiège débrayable de 6 places, son boardercross et son airbag freestyle. Les pistes de ski de fond sont très variées et permettent la pratique du skating sur certains tracés. Le Tanet est une petite station située sur les hauteurs de Soultzeren, très appréciée par les skieurs confirmés. Elle offre en effet une piste noire, courte mais raide, ainsi qu'une combe où le hors-piste est possible. Elle est aussi appréciée pour son aspect naturel et préservé.

Parapente dans les Vosges.

© SHUTTERSTOCK.COM - AERIALFLIGHTS

Visite de Strasbourg en kayak.

Le Schnepfenried présente des dénivelés plutôt doux. Elle est équipée en neige de culture et est destinée à une clientèle plutôt familiale. Là encore les amateurs de glisse apprécient le panorama autant que les pistes. Il est possible de faire du ski en nocturne ainsi que du snowboard sur un parc dédié. Le ski de fond se pratique sur une piste nordique gratuite tracée sur la route des Crêtes vers le Breitfirst et le Markstein. Les Trois-Fours offrent une petite palette de pistes de ski de fond fort agréables et gratuites. Le Grand Ballon, point culminant du massif des Vosges, situé à 1 424 mètres d'altitude, et le Markstein, situé à 1 200 mètres d'altitude, sont deux sites renommés qui offrent tous les plaisirs de la montagne. En toute saison on profite ici des bienfaits de la montagne. Les randonnées en raquettes sont proposées sur l'ensemble des stations alsaciennes.

Canoë et kayak

Ces activités ludiques et originales sont proposées sous forme de parcours variés, sur bon nombre de cours d'eau alsaciens. Avec ou sans guide, vous pourrez profiter de tous les plaisirs du sport aquatique. Les parcours sont sécurisés et amateurs comme aguerris pourront trouver leur bonheur. Souvent, une location de matériel vous sera proposée : le canoë canadien, qui peut accueillir 2 personnes (plus un enfant), le kayak « sit-on-top » (de gros kayaks ouverts, très stables et auto-videurs) et enfin le kayak habituel, est réservé aux personnes ayant déjà fait du kayak mais les autres embarcations sont accessibles à tous.

Il est même possible de faire du canoë-kayak en plein cœur de Strasbourg ! L'association Strasbourg Eaux Vives, propose des randonnées en canoë-kayak à Strasbourg et autour de la ville. Différents circuits sont proposés : le centre-ville de Strasbourg, le tour de l'Aar, le Rhin Tortu, la Wantzenau… Mais attention, le canoë n'est pas toujours simple : courants, écluses, barrages, croisement des bateaux… Si vous n'êtes pas expert, faites-vous accompagner !

Thermalisme

Il existe en Alsace deux stations thermales situées toutes deux dans le Nord du Bas-Rhin : Niederbronn-les-Bains, au pied du Parc naturel régional des Vosges du Nord, et Morsbronn-les-Bains. Leurs eaux particulières permettent la détente aussi bien que le soin.

Niederbronn propose une source minérale, mieux connue sous le nom de Source Romaine, déjà utilisée par les Romains en leur temps. Depuis l'Antiquité, cette eau minérale de type chlorurée, sodique et carbo-gazeuse est particulièrement indiquée en cure de balnéation pour les atteintes rhumatismales ou traumatiques. L'établissement de cure thermale, place des Thermes, est ouvert à tous, pour des cures prescrites par le médecin ou des soins de détente et de remise en forme, de courte comme de longue durée.

Les eaux de Morsbronn proviennent de deux sources différentes : les Cuirassiers à 38,9 °C puisée à 400 m de profondeur, et Saint-Arbogast, à 41,9 °C, puisée à 670 m. Plusieurs cures sont proposées allant de celle dédiée à l'arthrose des mains ou bien celle spécifique aux femmes ayant souffert du cancer du sein. Une cure santé de 6 ou 12 jours est également disponible.

EUROPA-PARK ET RULANTICA

DEUX PARCS, UN RESORT

Installé au sein d'un parc arboré de 95 ha, Europa-Park offre la possibilité de découvrir la diversité architecturale, culturelle et gastronomique de l'Europe au travers de 16 quartiers thématiques. 13 grands huit parsèment le parc pour le plus grand bonheur des amateurs de sensations fortes ! Europa-Park compte également de nombreuses attractions pour les moins héroïques et les plus jeunes. Un grand nombre d'artistes offrent au public une grande diversité de spectacles. Situé en Allemagne (à Rust) à 30 min de Strasbourg, Europa-Park est un parc francophone où une partie des 4 500 employés sont français.

Une véritable histoire familiale qui a vu le jour en 1975. À l'origine, vitrine grandeur nature de l'unité de production MACK Rides, Europa-Park, s'affirme aujourd'hui comme un savant mélange de divertissement, de culture et d'attractions innovantes.

En 2023, une promenade idyllique « Josefina et son voyage magique » permettant d'admirer les bateaux. Les visiteurs découvriront l'histoire de Josefina et des Yomis au Cinéma de la Forêt Enchantée. Le nouveau film à 360° du « Dôme des Rêves » fait voyager petits et grands en Croatie.

Manifestations et divertissement tout au long de l'année

Le parc propose un concept de différents univers adaptés aux saisons. Au printemps, il intensifie son offre avec de nombreuses nouveautés tandis que l'été, attractions aquatiques et soirées festives jouent les stars. Halloween est le rendez-vous incontournable de l'épouvante ! En journée, ombres sinistres, sorcières et revenants s'installent dans un univers ensorcelant composé de 180 000 citrouilles tandis que lors des soirées de l´horreur « Traumatica » transforment le parc en un univers lugubre. La saison « HALLOWinter » offre le mélange parfait avec l'ambiance automnale d'Halloween. Puis le parc revêt son manteau blanc et se pare de mille feux pour offrir aux visiteurs l'authenticité des traditions de Noël.

Rulantica

L'univers aquatique d'Europa-Park vous emmène vers le cap au nord, direction la Scandinavie : sur une superficie de 37 200 m², petits et grands aventuriers profitent toute l'année de 14 espaces thématisés et 52 attractions aquatiques uniques dont 38 toboggans, une grande piscine à vagues, une rivière sauvage, un espace toboggans en extérieur et 3 saunas. Situé à deux pas d'Europa-Park, le parc aquatique Rulantica est ouvert toute l'année, tous les jours de 10h à 22h. Les billets d'entrée devront être achetés, au préalable, via la billetterie en ligne.

À deux pas de Rulantica, petits et grands peuvent découvrir encore plus d'aventures en plongeant dans des mondes virtuels avec l'expérience de réalité virtuelle YULLBE.

Europa-Park et son restaurant étoilé !

Une expérience gastronomique futuriste et sensorielle

Eatrenalin attend les amateurs de haute cuisine en quête d'une découverte hors norme. Dès que l'expérience démarre, les convives sont littéralement plongés dans des univers très divers, à la fois de par les arômes et les saveurs, mais aussi d'un point de vue visuel, acoustique et haptique. Ce « restaurant du futur » est un véritable feu d'artifice pour tous les sens grâce à une interaction impressionnante entre des contenus multimédia, une performance gastronomique de pointe.

▸ Horaires : du mercredi au samedi dès 19h. Dimanche de 12h à 14h et dès 19h. Parking gratuit.

Des nuits pleines de rêves

Que ce soit pour un séjour en famille ou un week-end romantique en amoureux, les hôtels 4 étoiles El Andaluz et Castillo Alcazar ainsi que les hôtels 4 étoiles supérieur Colosseo, Santa Isabel, Bell Rock et Krønasår permettent de satisfaire toutes les envies, L'ambiance et les décors sont harmonieux et thématisés. Les visiteurs peuvent découvrir l'atmosphère sereine d'un monastère portugais, l'Espagne et son tempérament endiablé, la douceur de vivre italienne, le charme chic de la Nouvelle-Angleterre ou encore l´ambiance scandinave.

Pour les fans d'aventure et de liberté, Europa-Park offre un hébergement plus atypique au Camp Resort comprenant des tipis, des maisons en rondins, des roulottes et 220 emplacements de camping et camping-car. Les fans de golf sont les bienvenus à « Europa-Park Golfclub Breisgau e.V » qui offre une vue imprenable sur le vignoble avec deux parcours de 9 et 18 trous.

Europa-Park Resort avec TGV INOUI

Le nouvel arrêt TGV INOUI en gare de Ringsheim/Europa-Park à destination des voyageurs venant des régions Île-de-France et Grand Est ou de villes comme Bordeaux et Poitiers, des navettes routières pour Europa-Park Resort (trajet : 10 min environ).

▸ **Renseignements :** Ouvert tous les jours du 26 mars 2022 au 8 janvier 2023. Bureau en France : ✆ 03 88 22 68 07

www.europapark.com

GASTRONOMIE

Visiter l'Alsace ce n'est pas seulement profiter de paysages naturels rayonnants et de villes et villages à l'ambiance chaleureuse et accueillante. En effet, votre séjour dans cette belle région sera aussi l'occasion de vous essayer à la généreuse et délicieuse gastronomie alsacienne. L'Alsace c'est, en somme, un régal pour les pupilles autant que pour les papilles et se régaler est une nécessité ! La tarte flambée et les bretzels à toute heure, la choucroute garnie ou le jarret braisé au déjeuner, pourquoi pas si vous avez encore faim un baeckehoffe le soir... le choix est vaste ! Rendez-vous dans les winstubs, bar-restaurant à vin traditionnel spécifique de l'Alsace. La winstub, peu chère et plutôt populaire, fréquentée par des habitués, est coquettement rustique, d'atmosphère chaleureuse. Véritable institution alsacienne, on y sert malgré son nom plutôt de la bière mais rien ne vous empêchera de goûter aux vins du coin !

Plats traditionnels et emblématiques

Le premier des plats traditionnels alsaciens est le baeckehoffe. Mais qu'est-ce donc ? C'est en fait une potée, traditionnellement avec trois viandes (bœuf, porc et agneau) marinées dans du vin blanc puis mijotées avec des légumes. Attention pas de baeckehoffe réussi sans plat du même nom ! Cette terrine est idéale pour le préparer et tient son nom, tout comme le plat, de sa préparation originelle. Baeckehoffe se traduit par « four du boulanger ». Si de nos jours on le cuit pendant 24h de façon classique, c'est autrefois les femmes qui le faisaient et qui le déposaient les jours de lessive dans le four du boulanger, le seul du village. Elles le préparaient la veille, le déposaient au matin et le récupéraient en rentrant.

De nos jours, la choucroute est traditionnellement garnie de pommes de terre à la vapeur et de charcuteries : saucisse de Strasbourg, knack, saucisse fumée, poitrine salée, palette, jambon... La charcuterie alsacienne est variée et les plus connues sont les knacks, schiffala, gendarmes fumés, cervelas ou encore presskopf. Mais si lorsque l'on parle de choucroute on pense à cela, il n'en est en fait rien. La choucroute (« Sürkrüt » en alsacien, de « Sür », aigre, et « Krüt », herbe), au sens strict, est le légume préparé, obtenu par fermentation lactique de feuilles de choux préalablement découpées en lanières, et mises en cuves de fermentation, en y ajoutant le sel nécessaire à la conservation du produit. Ce légume fermenté est diététique, seul, et plein de vitamines et d'éléments utiles au microbiote intestinal. L'Alsace produit environ 60 000 tonnes de choux à choucroute sur 500 hectares, soit environ 70 % de la production française.

Kugelhof.

La tarte flambée, ou flammekueche, est une pâte extra-fine nappée de crème épaisse, parsemée d'oignons et de lardons, cuite quelques minutes par les flammes d'un four à bois... Elle est rectangulaire, servie sur une planche de bois posée au milieu de la table, pour être partagée par les convives. Elle se déguste presque à toute heure, comme le bretzel, un petit pain qui date du XIIe siècle dont la croûte est garnie de gros sel. Sa forme est symbolique car on y voit 3 fois le soleil.

La matelote au Riesling est un mélange de plusieurs poissons d'eau douce (anguille, brochet, sandre, carpe, truite...) mitonnés avec des légumes et une sauce au Riesling, le tout servi avec des pâtes alsaciennes. Dans le Sundgau, la spécialité de poisson est la carpe frite. Les carpes panées sont plongées dans une friture, puis accompagnées de frites, de mayonnaise et de salade.

Fromages

Le munster géromé bénéficie d'une appellation AOP (Appellation d'Origine Protégée) depuis 1996. Ses origines remonteraient au VIIe siècle ; période de l'implantation des moines du « Monasterium Confluentes » dans la vallée de Saint Gérôme devenue aujourd'hui la fameuse vallée de Munster. Ces moines italiens auraient inventé le « Munster Kaes » (fromage du monastère). Sous sa croûte orangée odorante, ce fromage cache une pâte molle plutôt crémeuse au goût plus doux que ce à quoi on pourrait s'attendre mais particulièrement long en bouche, avec des saveurs franches de lait et des arômes de foin, de fruits et d'épices. Si le munster est le plus connu des fromages alsaciens, d'autres sont à signaler : le bargkass, aussi appelé barikass, est un fromage à pâte pressée non cuite au lait cru de vaches originaires des Vosges ; le bibeleskaes, fromage blanc alsacien, était autrefois élaboré à partir du caillé du munster frais et non salé, son nom se traduit par « fromage des poussins » et on le consomme avec des pommes de terre et de la charcuterie.

Fruits et légumes

A chaque saison son légume ou son fruit en Alsace ! Au printemps, ce sont les asperges qui ouvrent le bal et notamment à Hoerdt, qui se revendique capitale de ce légume. 250 producteurs y cultivent 400 hectares dédiés et l'écoulent chez les restaurateurs qui lui dédient des recettes. En juin, la saison des asperges se termine et on profite des fruits, dont la cerise. Elle est noire à Westhoffen et géante à Hedelfingen. Peu après viennent les mirabelles et quetsches, appelées aussi « l'or bleu » de l'Alsace. Septembre marque la récolte des choux, des céréales et du houblon, que l'on consommera tout l'hiver.

Les pâtes

Le tout premier livre de cuisine publié en Alsace en 1507 mentionnait déjà les « Wasser Striebele ». Les pâtes d'Alsace sont anciennes, et à part car elles remplacent l'eau des pâtes italiennes par 7 œufs frais au kilo. Deux familles de pâtes s'opposent : les Wasser Striebele et les Nüdle. Les Wasser Striebele sont issues d'une pâte liquide dont on fait tomber des fragments plus ou moins épais dans de l'eau bouillante, comme pour les Spätzle et Knepfle, alors que les Nüdle sont des lanières détaillées dans une pâte étalée au rouleau, comme pour les nids.

Les condiments

N'est pas Alsacien qui ne fait pas sa vinaigrette au Melfor et ne remplace pas sa moutarde par du raifort ! Le Melfor est produit depuis 1922 à Mulhouse et on ne le trouve qu'en Alsace. Vinaigre, plantes et miel sont mélangés pour un produit doux. Le raifort est lui une racine râpée, piquante mais dont l'effet ne dure pas en bouche ni ne vient supplanter les autres goûts. Il est de la même famille que le wasabi.

Douceurs sucrées

Les bredele, ou bredalas, sont des petits gâteaux secs de noël dont les familles se transmettent les recettes de génération en génération. Glacés au sucre ou au citron, à la confiture, à la cannelle, au pain d'épices, aux noisettes et aux amandes... il en existe presque autant de recettes que de familles et ils sont incontournables ici, presque autant que le kugelhof ! Préparé toute l'année, la forme de celui-ci est inspirée du couvre-chef de l'un des trois Rois Mages, un turban serti de diamants en forme d'amande. La reine Marie-Antoinette l'aurait introduit en Alsace lors de son séjour au Palais des Rohan à Strasbourg. C'est en fait une brioche. Sucré, le kugelhof contient des raisins secs, des amandes entières et est saupoudré de sucre glace ; salé, il intègre des noix ou des lardons grillés.

Fabriqué en Alsace depuis le Haut Moyen Âge, le pain d'épices est très répandu dans la culture alsacienne, surtout à l'approche de noël. La capitale alsacienne du pain d'épices est Gertwiller, village bas-rhinois où l'on peut visiter le Musée du Pain d'Épices et de l'Art Populaire Alsacien. Et que serait un pain d'épices sans miel ? On compte plus de 35 000 ruches réparties entre plus de 3 000 apiculteurs en Alsace. Une Indication Géographique Protégée a d'ailleurs été attribuée au miel de sapin d'Alsace en 2005.

Pour le goûter aussi l'Alsace propose de bonnes choses, par exemple du chocolat avec la « Route du chocolat et des douceurs d'Alsace ». Si on n'aime pas le chocolat, pourquoi pas une tartine de pain avec de la confiture ? Celles de Christine Ferber, du Climont, sont depuis longtemps très médiatisées et, en bonnes alsaciennes, elles sont éventuellement parfumées au marc de gewurtz, au schnaps, ou au kirsch.

Eaux d'Alsace

Depuis plus de 150 ans, les Sources de Soultzmatt embouteillent l'eau minérale Nessel et l'eau de source Lisbeth issue des montagnes vosgiennes à déguster Nature, Légère ou Pétillante. L'entreprise propose également une large gamme de boissons dont des eaux aromatisées, des limonades, l'Elsass Cola, le T'Glacé de Lisbeth, ou encore Pom' de Lisbeth, le schörle alsacien.

Wattwiller propose une eau très peu salée et garantie zéro nitrate, particulièrement adaptée aux nourrissons. Elle se décline également en version plate, légère ou pétillante. Elle a été adoptée par tous les restaurants gastronomiques, de France au Japon en passant par les USA.

Celtic est une eau minérale des Vosges du Nord, conditionnée à Niederbronn-les-Bains : très pauvre en sodium et en uranium, elle est parfaitement adaptée à la préparation des biberons.
La dernière eau alsacienne est Carola. Dans les restaurants, lorsque vous en demandez une, on vous répondra : bleue, verte ou rouge ? C'est un peu perturbant mais la couleur correspond simplement à plate, moyennement pétillante ou très pétillante.

Alcools et vins

De l'apéritif au dessert, en Alsace on déguste toujours de bons vins et de bons alcools.
Pour commencer le repas, ou après une journée de travail avant de rentrer, rien de tel qu'une bonne bière désaltérante ! Au XIIIe siècle, le premier brasseur professionnel s'établit en Alsace. Auparavant, les femmes brassaient artisanalement la bière à domicile. En 1789, on dénombre 33 brasseurs à Strasbourg, majoritairement protestants tandis que les vins sont plutôt réservés aux catholiques. La bière se consomme alors dans les brasseries et en-dehors des repas. Au XIXe siècle, la brasserie devient une véritable activité source de grands revenus pour la région. Les découvertes scientifiques de Pasteur sur la fermentation ainsi que de l'avènement du chemin de fer qui va permettre d'expédier des trains de bière de Strasbourg à Paris permettent pour beaucoup l'intensification de la production de bière alsacienne. Encore de nos jours, le Bas-Rhin est le premier producteur de houblon de France (97 %), et les houblonnières sont caractéristiques des paysages alsaciens.
Voilà donc pour la bière. Vient alors le moment de manger et cela ne peut se faire sans ouvrir une bonne bouteille de vin ! En Alsace, c'est le cépage, et non le terroir, qui donne son nom aux vins mis en bouteille obligatoirement dans cette région dans des flûtes allongées à la forme très caractéristique. Les vins d'Alsace, à déguster entre 6 et 8°C, proviennent de sept cépages : sylvaner, pinot blanc, riesling, muscat, pinot gris, gewurztraminer et pinot noir.
Le vignoble alsacien s'étend de Strasbourg à Mulhouse et couvre plus de 15 000 hectares de vignes plantées en coteaux. La région est la plus grosse productrice de vins blancs française. Grâce à une situation géographique très favorable et à des sols très différents, les vins alsaciens sont très variés et bon nombre d'entre eux sont des Appellations d'Origine Contrôlée. Parmi ces vins, on trouve les Vendanges Tardives, les Sélections de Grains Nobles et les Crémants d'Alsace qui valent pour certains un Champagne. L'Alsace compte 51 Grands Crus en Riesling, Muscat, Pinot Gris et Gewurztraminer. Les vins d'Alsace sont si variés qu'on peut toujours en trouver un pour l'accorder à n'importe quel met, des fruits de mer aux viandes en passant par les fromages et desserts et même par la cuisine du monde.
Si l'on a dégusté bières et vins avec assez de modération, on se laisse tenter au dessert par les « schnaps » et eaux-de-vie d'Alsace pour bien digérer ! Traditionnellement, ils sont élaborés à base de mirabelle, de cerise (Kirsch), de framboise, de poire Williams ou encore de fraises des bois. Les distillateurs actuels tentent cependant de plus en plus de saveurs : cumin, marc de pinot noir, bourgeon de sapin, gingembre, fleur de tilleul, prunelle sauvage... De nombreuses distilleries locales et familiales ouvrent leur porte aux visiteurs pour leur faire découvrir cet univers particulier.

Tarte flambée et vin alsacien.

TOP 10

GASTRONOMIE LOCALE

La gastronomie alsacienne est riche et variée, faite d'incontournables. De l'entrée au dessert, en passant par l'apéritif, le fromage et les boissons, chacun y trouve quelque chose à son goût. Voici quelques incontournables du coin à déguster à toute heure de la journée.

BIÈRE

L'Alsace est le pays de la bière et on la déguste en toute saison. Ici, la version normale est le bock de 50 cl.

CARPE FRITE

Incontournable du pays du Sundgau, tout est dans le nom de ce plat à qui l'on a même dédié une route.

TARTE FLAMBÉE

Cuite au feu de bois, classique aux lardons et oignons sur de la crème, on la déguste à toute heure.

TORCHE

La torche aux marrons est l'un des incontournables dans les pâtisseries alsaciennes dès que la saison arrive.

BRETZEL

Connu dans toute la France avec sa version miniature pour l'apéritif, en Alsace le bretzel est autre chose !

FOIE GRAS

Les foies gras d'Alsace n'ont rien à envier à ceux du Sud-Ouest et sont tout aussi délicieux ici !

BREDELE

Ce sont les petits gâteaux secs incontournables de Noël avec autant de recettes que d'Alsaciens.

CHOUCROUTE

Incontournable, la choucroute est un chou macéré que l'on sert garni de charcuteries ou de poissons.

BACKEHOFFE

À base de pommes de terre, de légumes, et d'assortiment de viandes d'agneau, de bœuf et de porc.

MUNSTER

Le fromage emblématique de la région, que l'on déguste sur un plateau ou fondu sur des plats.

AGENDA

L'Alsace est un territoire qui sait vivre et s'amuser. Il n'est donc pas étonnant que l'on y retrouve tout au long de l'année une multitude d'événements importants et de renommée grandissante. Il y en a pour tous les goûts : que l'on aime la culture, les carnavals, les plantes, les tatouages, le patrimoine, la littérature, la musique ou encore les festivités de villages (que l'on appelle ici *messti*), chacun y trouve son compte, toujours dans une ambiance très conviviale de partage. N'hésitez pas à suivre les réseaux sociaux des villes et villages pour vous tenir au courant de toutes les nouvelles propositions et dates. Nous vous présentons ici quelques incontournables de chaque mois, parmi tant d'autres. Ces événements sont pour le moment maintenus mais les dates peuvent évoluer en fonction de la crise sanitaire que nous traversons. C'est pourquoi nous vous proposons surtout des mois plutôt que des dates précises.

DÉCOUVRIR

STRASBOURG MON AMOUR

STRASBOURG

✆ 03 88 52 28 28

www.strasbourg-monamour.eu

Aux environs de la mi-février chaque année. Consulter le site Internet.

Chaque année, l'office de tourisme organise tout un programme sur le thème de l'amour. Pendant dix jours, Strasbourg devient la ville la plus romantique de France et offre aux amoureux la possibilité de déclarer leur flamme à travers plusieurs rencontres devenues emblématiques : baignade au clair de lune, slow party, guinguette amoureuse, Pont des Soupirs, apéritif à l'opéra, séances photos, café des amours, concerts insolites... Des moments d'exception pour séduire encore plus votre partenaire ou tout simplement profiter d'une ambiance atypique et romanesque.

MÉTÉO - MULHOUSE MUSIC FESTIVAL

MULHOUSE

✆ 03 89 45 36 67

Du 23 au 26 août 2023.

Une édition qui fait une large place à une jeune génération d'improvisateurs, qui mêle créations et premières, jazz, musiques expérimentales, noise, traditionnelles, improvisées ou électro-acoustiques, et tente de se jouer des contraintes plutôt que de les subir. La partie « campagne » du festival Météo vogue de villages en communes pour y rencontrer le public en proposant, aux oreilles curieuses, une ouverture sur des mondes sonores moins fréquentés. Fin août.

SCÈNES DE RUE

MULHOUSE

www.scenesderue.fr

Juillet 2023. Festival modifié dans son approche.

Le festival sera modifié dans son contenu sur une durée plus courte (2 jours). En 2024, il devrait retrouver son format traditionnel. Ce festival rencontre un problème de financement. A l'heure de l'inflation, c'est bien trop souvent le domaine de la culture qui prend. C'est bien dommage, tant la culture apporte du lien, de l'élévation, de l'attractivité. Scènes de Rue a, de tout temps, été un des temps forts de l'été ! Pendant 4 jours, Mulhouse se métamorphose, explose de vie. Tous les spectacles vivants sont gratuits et accessibles aux familles.

OSTERPUTZ - MARCHÉ DE PÂQUES

Mulhouse

Chaque année début avril. Place de la Réunion. Noel, Pâques, marquent en Occident les grands moments de l'année ! Encore plus, en Europe de l'Est, ou de Prague à Budapest en passant par Vienne, plus près de chez nous au sein de l'Espace Rhénan ! Ce ne sont pas encore de grands événements touristiques à l'image des marchés de Noël, mais ces marchés de printemps rencontrent une adhésion populaire de plus en plus forte. Décors printaniers, chocolats, animaux de la ferme mais aussi randonnées pédestres patrimoniales dans les quartiers mulhousiens..., un vrai programme pour fêter la Renaissance de l'âme et du corps !

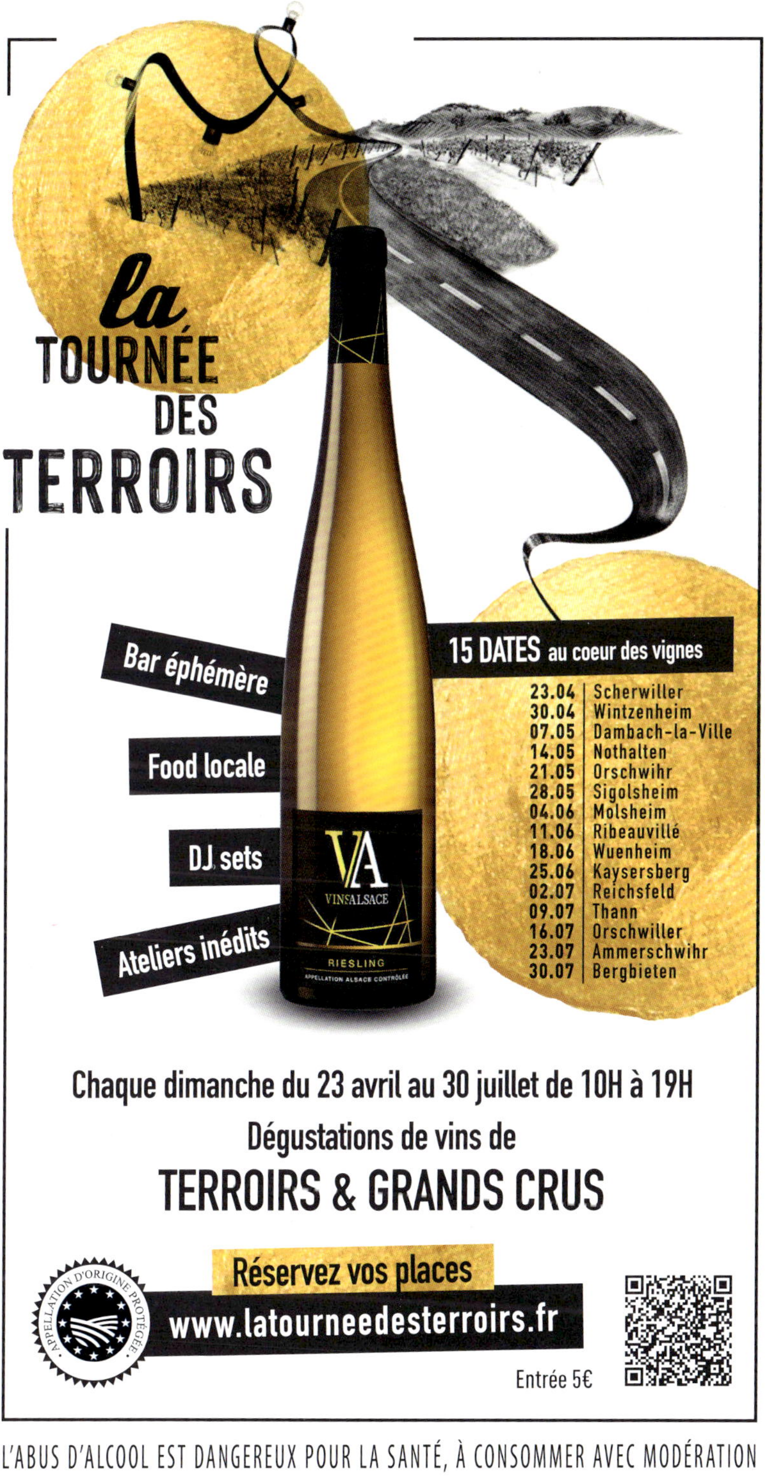
la
TOURNÉE
DES
TERROIRS
Bar éphémère
Food locale
DJ sets
Ateliers inédits
VA
VINS ALSACE
RIESLING
APPELLATION ALSACE CONTRÔLÉE
15 DATES au coeur des vignes
23.04 Scherwiller
30.04 Wintzenheim
07.05 Dambach-la-Ville
14.05 Nothalten
21.05 Orschwihr
28.05 Sigolsheim
04.06 Molsheim
11.06 Ribeauvillé
18.06 Wuenheim
25.06 Kaysersberg
02.07 Reichsfeld
09.07 Thann
16.07 Orschwiller
23.07 Ammerschwihr
30.07 Bergbieten
Chaque dimanche du 23 avril au 30 juillet de 10H à 19H
Dégustations de vins de
TERROIRS & GRANDS CRUS
APPELLATION D'ORIGINE PROTÉGÉE
Réservez vos places
www.latourneedesterroirs.fr
Entrée 5€
L'ABUS D'ALCOOL EST DANGEREUX POUR LA SANTÉ, À CONSOMMER AVEC MODÉRATION

MINERAL & GEM

SAINTE-MARIE-AUX-MINES
✆ 03 89 73 53 52
www.sainte-marie-mineral.com
58e édition du 21 au 25 juin 2023.
Gratuit enfants - 10 ans accompagnés d'un adulte. Adulte : 10 €/jour, 15 €/2 jours.

Comme chaque année durant la dernière semaine de juin, Sainte-Marie-aux-Mines dévoile mille et une merveilles issues des entrailles de la terre, des trésors aussi mystérieux que fascinants. On découvre des minéraux du bout du monde et des pierres précieuses dont la pureté et la rareté peuvent atteindre des sommets. Mineral & Gem hisse Sainte-Marie-aux-Mines à la 2e place mondiale, avec un millier d'exposants issus d'une cinquantaine de pays. Professionnels et amateurs peuvent admirer et acquérir minéraux, fossiles ou encore pierres fines.

FÊTE DE LA TRANSHUMANCE ET DE LA TOURTE

✆ 03 89 77 32 98
www.vallee-munster.eu
Octobre 2023.

Les troupeaux redescendent des prairies vosgiennes où ils ont passé l'été. À Munster, on célèbre toujours dans la bonne humeur ce moment incontournable dans le calendrier paysan. La fête de la transhumance et de la tourte est émaillée de multiples animations : marché paysan, démonstration de fabrication de fromage, danses traditionnelles et concerts de cors des Alpes, défilé de belles vaches vosgiennes dans les rues, expositions et bien sûr, dégustation de savoureuses tourtes !

ST'ART

Parc des Expositions
STRASBOURG
✆ 03 88 37 21 21
www.st-art.com
Fin novembre. Restauration.

St'Art, la foire d'art contemporain de Strasbourg, est devenue au fil des années un événement incontournable pour les galeristes et les collectionneurs. De dimension internationale, ce salon accueille des artistes et des galeries de toute l'Europe. Si les professionnels y font acquisitions et rencontres, les amateurs peuvent déambuler au milieu d'œuvres comme des peintures, sculptures, photographies ou encore des installations du XXe et XXIe siècles. Et pourquoi pas se faire plaisir et craquer pour l'une d'entre elles si le budget le permet ?

LES MARCHÉS DE NOËL DE STRASBOURG

STRASBOURG - www.noel.strasbourg.eu
Inauguration le dernier vendredi de novembre. Ouvert jusqu'au 24 décembre (pour certains quartiers jusqu'au 30).

Les marchés de Noël de Strasbourg sont féeriques ! Ce sont près de 300 chalets en bois qui vous attendent ! Le *Christkindelsmärik*, place Broglie, est historique tout comme celui de la cathédrale, et propose de l'artisanat et des décorations pour votre sapin de Noël. Le marché des Bredeles est situé place d'Austerlitz. Le marché du Carré d'Or réunit des producteurs et pas seulement de la région. Sur la place Kléber, le grand sapin et des stands. Et à la Petite France, vous trouverez des stands de producteurs et d'artisanat. Ce marché incontournable attire les touristes du monde entier. Une sortie magique en famille !

FÊTE DE LA CHOUCROUTE

6, rue du Maire François Nuss
GEISPOLSHEIM
✆ 03 90 29 72 72
www.geispolsheim.fr
En général le dernier dimanche du mois d'août. Entrée libre. Repas choucroute midi et soir : 20 €.

Cette fête traditionnelle démarre dès le petit matin, les stands du vide grenier s'installent dans les rues. Puis les cours des fermes ouvrent leurs portes pour présenter des expositions artistiques, faire des démonstrations de métiers anciens et vous permettre de déguster l'incontournable choucroute. Vers midi c'est l'apéritif-concert. L'après-midi un cortège déambule dans le village. Vous apprécierez le défilé en costume traditionnel, les musiques, les danses folkloriques et l'exposition d'outils anciens. Marché d'art, d'artisanat et de produits du terroir.

JOURNÉES D'OCTOBRE

120, rue Lefèbvre
MULHOUSE
En octobre 2023 au parc des Expositions.

Événement incontournable de l'automne à Mulhouse : les Journées d'Octobre, foire axée sur la gastronomie et l'artisanat local. Une fête populaire où les six traditionnels villages présentent les savoir-faire des créateurs régionaux, des animations variées, des innovations étonnantes... Un véritable temps d'échange et d'émerveillement ! Folie'Flore ravive les couleurs de la manifestation à travers des créations végétalisées originales. Des jardins éphémères ou des installations créées de toutes pièces par des paysagistes d'une vingtaine de communes du département.

JOURNÉES DE L'ARCHITECTURE

MULHOUSE

Mois d'octobre 2023, dans toute l'Alsace, le Bade-Wurtemberg et Bâle.

En 2010, l'association les Journées de l'architecture devient la Maison européenne de l'architecture-Rhin Supérieur Europaïsches Architekturhaus-Oberrhein. Conférences, visites, expositions, concerts, cinéma, les Journées de l'architecture ont lieu conjointement dans tout le Rhin Supérieur. Cette manifestation trouve parfaitement sa place à Mulhouse avec sa très grande diversité architecturale notamment Mittel-Europa ! Conférences et courts-métrages sont aussi au programme.

TOUS AUX CHÂTEAUX

www.chateauxfortsalsace.com

Le 1er mai 2023.

Saviez-vous que l'Alsace est une des régions d'Europe qui compte le plus de châteaux forts sur son territoire ? De nombreuses animations sont prévues pour valoriser les vieilles pierres, de nombreux acteurs touristiques et associations de patrimoine se mobilisent pour organiser la journée « Tous aux châteaux ». Les châteaux et cités fortifiées vont reprendre vie grâce à des bénévoles qui accueilleront le public toute la journée pour des visites guidées ou costumées, des expositions, des contes, des jeux, des ateliers, des chasses au trésor, des démonstrations...

LE MARCHÉ AUX PLANTES

Parc zoologique et botanique

MULHOUSE

Week-end du 15 et 16 avril 2023.
Parc Zoologique et Botanique de Mulhouse.

Dans ce bel écrin végétal de 25 hectares classé « Jardin remarquable », une soixantaine de professionnels rencontrent un public toujours plus nombreux, le temps d'un week-end. Des espèces florales rares, des décorations de jardin, un choix incroyable de plantes annuelles et vivaces parmi lesquelles il est parfois bien difficile de choisir. Des animations, expositions, conseils et astuces de jardinage sont aussi au programme. Pour quelques jours, le jardin zoologique et botanique devient le temple du jardin et de la botanique, ce qui lui va plutôt bien !

LE PRINTEMPS DU TANGO

MULHOUSE

✆ 06 81 39 23 04

www.leprintempsdutango-mulhouse.fr

10ème édition du 8 au 11 juin 2023.

Le Printemps du tango, événement majeur dans la région, c'est le rendez-vous pour 4 jours de danse et de soleil en provenance de Buenos Aires ! Que vous soyez spécialiste ou néophyte, vibrez avec les danseurs et danseuses au bal Tango, vivez les concerts à fleur de peau, les ***abrazos*** les yeux fermés ou bien inscrivez-vous à une masterclass de tango. L'émotion et la passion vous attendent dans une quinzaine de lieux volontairement atypiques de la ville. L'idée est de décloisonner le tango et permettre de découvrir la culture argentine.

FORUM DU LIVRE DE SAINT-LOUIS

SAINT-LOUIS

✆ 03 89 69 52 43

forumlivre.fr

Du 12 au 14 mai 2023. Entrée gratuite. Restauration.

Saint-Louis accueille une des plus importantes foires littéraires du Grand Est. Plus de 250 auteurs français et étrangers, des écrivains régionaux et de nombreux éditeurs sont attendus par le public. C'est le rendez-vous incontournable des bibliophiles, un espace où l'on peut flâner au gré de ses envies, découvrir de nouveaux romans, assister à des conférences ou à des débats, récolter de prestigieuses signatures. Plusieurs prix littéraires sont décernés dont le prix du Lys.

FÊTE DE LA SORCIÈRE

ROUFFACH

www.fete-sorciere.com

Le 15 juillet 2023

Tout au long de la journée s'enchaînent de nombreux spectacles et animations pour petits et grands ! Le top départ est donné par un cortège. La fête est divisée en 4 zones : le campement médiéval, la grande scène, l'animation enfant et le sentier de l'étrange. La fête se finit par un grand spectacle de feu. Organisée par l'association fête de la Sorcière Rouffach, cette fête est totalement réalisée par des bénévoles. L'objectif est de proposer une fête authentique, de donner du plaisir, du frisson ludique et de nombreuses émotions fortes.

FOCUS

TROIS SALONS EN VAL D'ARGENT

MINÉRALOGIE, GEMMOLOGIE, PATCHWORK ET MODE

Mineral & Gem - *Du 24 au 25 juin 2023 (journée grand public)*
Sainte-Marie-aux-Mines fête le début de l'été en accueillant le 2e plus grand salon mondial dédié à la minéralogie, à la gemmologie et à tout ce qui gravite autour. Bijoux, joaillerie, météorites et fossiles… Venez découvrir la thématique 2023, La Passion ! Une exposition de prestige et inédite est organisée en collaboration avec plusieurs muséums et des collectionneurs privés. Des trésors aussi mystérieux que fascinants : minéraux du bout du monde, pierres précieuses dont la pureté et la rareté peuvent atteindre des sommets !

Carrefour européen du Patchwork - *Du 14 au 17 septembre 2023*
Cet événement original attire des milliers de fans d'une tradition textile pratiquée depuis 1755 dans le Val d'Argent. C'est à Sainte-Marie-aux-Mines qu'est né le fameux mouvement amish. La 28e édition du Carrefour européen du Patchwork valorise l'art textile issu des pays afro-américains au fil d'expositions, conférences, séminaires et concours destiné à mettre en lumière la créativité et l'inventivité des participants. Des navettes assurent l'accès aux galeries d'art et aux sites d'exposition dans le Val d'Argent. Un événement à ne manquer sous aucun prétexte !

Mode et Tissus - *Du 21 au 24 mars 2024*
Fabricants de tissus européens, créateurs de mode et stylistes, mais aussi accessoires, matériel *Do It Yourself*, mercerie… Le salon Mode et Tissus à Sainte-Marie-aux-Mines donne rendez-vous aux fans de couture et de mode. Cette 51e édition rassemble près de 60 exposants promouvant le *Made in France* et le savoir-faire local. Depuis 1973, la tradition textile du Val d'Argent sert d'inspiration pour un événement fashion unique dans le Grand Est. Qualité et innovation, professionnels alsaciens du textile et acteurs européens, ateliers et défilés de mode : joli programme en perspective !

MINERAL & GEM

SAINTE-MARIE-AUX-MINES
✆ 03 89 73 53 52
www.sainte-marie-mineral.com
www.patchwork-europe.eu
https://modetissus.fr

© SPL EVA

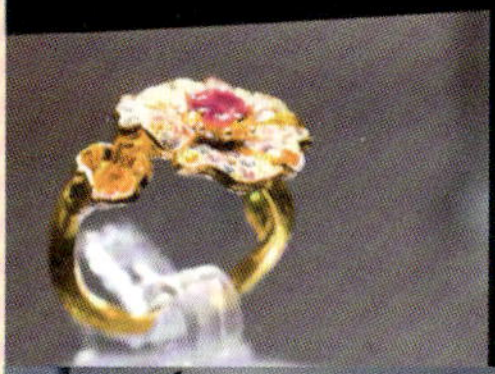

© CARREFOUR EUROPÉEN DU PATCHWORK

© SPL EVA

petit futé
2023
Alsace
VERSION NUMÉRIQUE OFFERTE

LE PRINTEMPS DES CIGOGNES

MUNSTER
✆ 03 89 77 31 80
www.vallee-munster.eu
Du 7 avril au 8 mai 2023.

La vallée de Munster célèbre les fêtes de Pâques et l'arrivée du printemps avec son événement « Le Printemps des Cigognes ». De nombreuses animations sont programmées à Munster et dans toute la vallée : chasse aux œufs, marché printanier et de créateurs, rencontre avec les animaux, ateliers culinaires et créatifs, expositions, concerts... Vous aurez ainsi l'occasion d'en savoir plus sur cet oiseau emblématique et de découvrir les richesses de la très attrayante vallée de Munster.

NOËL AU JARDIN

Rue du Parc
HUSSEREN-WESSERLING
✆ 03 89 38 28 08
www.parc-wesserling.fr
18 soirées d'exception autour de Noël.

Chaque année, le Parc de Wesserling – Écomusée Textile vous invite à découvrir son Noël authentique à travers un conte en plein cœur de ses jardins illuminés et une ouverture du musée étendue jusqu'à 21h ! Tout le long du mois de décembre, le Parc de Wesserling propose des représentations de sa balade contée spécialement pour les fêtes de Noël : le Noël au Jardin. Rencontrez d'étonnants personnages et laissez-vous séduire par la douceur des lumières, des contes et des traditions de Noël ! 18 soirées exceptionnelles pour qui veut être séduit par la féerie de Noël !

BIENNALE D'ART CONTEMPORAIN

Rue Wencker
STRASBOURG
https://biennale-strasbourg.eu

Avec la vocation de s'adresser à l'ensemble des citoyens, sensibles ou non à l'art contemporain, la Biennale de Strasbourg propose des expositions accessibles accompagnées d'ateliers, de conférences et de débats, qui nous interrogent sur notre vie à l'heure de la révolution numérique. Plusieurs dizaines d'œuvres, et tout autant d'artistes, sont installées dans un lieu emblématique de Strasbourg. Toutes les créations artistiques exposées sont liées par une thématique commune.

CARREFOUR EUROPÉEN DU PATCHWORK

5, rue Krœber Imlin
SAINTE-MARIE-AUX-MINES
✆ 03 89 73 53 52
www.patchwork-europe.eu
Du 14 au 17 septembre 2023 (programmation 2023 : Les pays afro-américains).
Entrée : 16 € (réduction de 2€ pour les personnes handicapées et étudiantes sur présentation de justificatifs). Jeudi, vendredi, samedi, dimanche de 9h30 à 18h00. Gratuit pour les moins de 14 ans et pour les personnes handicapées. Pass 1 jour 16 €, 2 jours 28 €, 4 jours 45 €.

Depuis 29 ans, le Carrefour Européen du Patchwork attire des milliers de fans de cette tradition textile pratiquée depuis 1755 dans le Val d'Argent. C'est aussi à Sainte-Marie-aux-Mines qu'est né, en 1693, le fameux mouvement amish. Cette superbe manifestation permet de découvrir de multiples créateurs renommés au fil d'expositions, conférences, séminaires et visites guidées. Elle se déroule à Sainte-Marie-aux-Mines, Sainte-Croix-aux-Mines, Rombach-le-Franc et Lièpvre. Des navettes permettent d'accéder aux différents sites d'exposition. Un concours fort couru est organisé autour d'un thème qui évolue au fil des années, mettant en lumière à merveille la créativité et l'inventivité des participants. Un événement à ne manquer sous aucun prétexte !

SALON MODE ET TISSUS

5, rue Kroeber Imlin - **SAINTE-MARIE-AUX-MINES**
✆ 03 89 73 53 52
https://modetissus.fr
Du 21 au 24 mars 2024. Du jeudi au samedi : 9h30-18h, dimanche : 10h-18h.
6 €/jour, 9 €/4 jours. Billetterie en ligne.

Ce salon fête ses 51 ans et met en vedette des fabricants de textiles haut de gamme qui proposent un excellent choix de tissus à des prix fort intéressants. Soie, laine, lin, coton, tweed, jacquard, mousseline, satin : il y en a pour tous les goûts ! On trouve aussi des tissus d'ameublement, des articles de mercerie, des machines à coudre, ainsi que des conseils avisés en matière de tricot, crochet, broderie ou tissage. En bonus : défilés de mode et Espace Créateurs. Voici de quoi dénicher des vêtements, des accessoires et des bijoux éthiques !

BAS-RHIN

Proche de la frontière avec l'Allemagne, le Bas-Rhin arbore une culture et une architecture mêlant les influences latine et germanique. Strasbourg est la capitale de Noël ! Vous pourrez visiter l'emblème de la ville, la somptueuse cathédrale gothique Notre-Dame, au décor ciselé comme un ouvrage de dentelle, qui propose des animations quotidiennes autour de son horloge astronomique. Le Bas-Rhin offre une sublime palette de découvertes, tant au niveau architectural, historique et religieux qu'au niveau gastronomique et traditions séculaires : la route romane, le patrimoine brassicole, les villages typiquement alsaciens, les châteaux forts comme le château du Haut-Koenigsbourg, la célèbre route des Vins, les forêts des Vosges du Nord. Vous pouvez aussi visiter de part et d'autre du Rhin, le vignoble alsacien, la montagne et les lacs, des villes et des villages de charme en profitant de paysages d'une grande diversité.

Herbitzheim
MOSELLE
DEHLINGEN
Keskastel
VŒLLERDINGEN
DOMFESSEL
ALTWILLER
SARRE-UNION
Diemeringen
LICHTENBE
WINGEN-SUR-MODER
DIEDENDORF
STRUTH
LA PETITE-PIERRE
NEUWILLER-LÈS-SAVERNE
BOUXWILLE
GRAUFTHAL
DOSSENHEIM-SUR-ZINSEL
MONSWILLER
SAVERNE
HAEGEN
MARMOUTIER
WILLGOTTHEIN
WANGENBOURG-ENGENTHAL
WASSELONNE
MOSELLE
MARLENHEI
WANGEN
WESTHOFFEN
TRAENHEIM
SOULTZ-LES-BAINS
AVOLSHEIM
OBERHASLACH
MOLSHEIM
MUTZIG
GRESSWILLER
MUHLBACH-SUR-BRUCHE
MOLLKIRCH
DORLISH
GRANDFONTAINE
GRENDELBRUCH
ROSHEIM
SCHIRMECK
KLINGENTHAL
BOERS
LA BROQUE
OTTROTT
NATZWILLER
HEILIGENSTE
FOUDAY
MITTELBERGHEIM
WALDERSBACH
BELMONT
BARR
COLROY-LA-ROCHE
LE HOHWALD
ANDLAU
BREITENBACH
RANRUPT
ITTERSWILLER
STEIGE
ALBÉ
EP
BOURG-BRUCHE
TRIEMBACH-AU-VAL
BLIENSCHWILLER
VILLÉ
SAINT-PIERRE-BO
URBEIS
BREITENAU
DAMBACH-LA-VILL
DIEFFENBACH-AU-VAL
SCHERWILLER
LA VANCELLE
Lièpvre
CHÂTENOIS
SÉLESTAT
KINTZHEIM
SAINTE-MARIE-AUX-MINES
ORSCHWILLER
VOSGES
BERGHEIM
RIQUEWIHR

OBERSTEINBACH
NIEDERSTEINBACH
LEMBACH
WISSEMBOURG
ALLEMAGNE
WINDSTEIN
BREMMELBACH
EDERBRONN-LES-BAINS
HUNSPACH
Lauterbourg
WOERTH
MERKWILLER-PECHELBRONN
EICHSHOFFEN
MORSBRONN-LES-BAINS
OFFWILLER
NDERSHOFFEN
BETSCHDORF
HATTEN
Mertzwiller
Beinheim
OBERMODERN
SOUFFLENHEIM
ROPPENHEIM
ZUTZENDORF
HAGUENAU
ROESCHWOOG
RRWILLER
SESSENHEIM
Schirrhein
FORT-LOUIS
MARIENTHAL
DRUSENHEIM
CHFELDEN
BISCHWILLER
Mommenheim
HERRLISHEIM
BRUMATH
KILSTETT
OFFENDORF
HOERDT
GAMBSHEIM
TRUCHTERSHEIM
LA WANTZENAU
REICHSTETT
Mundolsheim
Bas-Rhin
IRCHHEIM
OBERHAUSBERGEN
SCHILTIGHEIM
BREUSCHWICKERSHEIM
OSTHOFFEN
STRASBOURG
ACHSTEIN
OSTWALD
NTZHEIM
GEISPOLSHEIM
ILLKIRCH-GRAFFENSTADEN
BLAESHEIM
FEGERSHEIM
LIPSHEIM
PLOBSHEIM
LIMERSHEIM
ALLEMAGNE
ERNAI
NORDHOUSE
ERSTEIN
ERTWILLER
OSTHOUSE
BENFELD
HUTTENHEIM
BOOFZHEIM
RHINAU
RSHEIM
TTERSHOLTZ
WITTISHEIM
CKENHEIM
RCKOLSHEIM
10 KM

PAGES

85 ●● STRASBOURG

121 ●● AUTOUR DE STRASBOURG

121 BLAESHEIM
121 BREUSCHWICKERSHEIM
122 ENTZHEIM
123 ESCHAU
124 FEGERSHEIM
125 GEISPOLSHEIM
126 ILLKIRCH-GRAFFENSTADEN
129 LIPSHEIM
129 OBERHAUSBERGEN
130 OSTHOFFEN
130 OSTWALD
132 PLOBSHEIM
133 REICHSTETT
134 SCHILTIGHEIM
138 LA WANTZENAU
139 WOLFISHEIM

140 ●● LE KOCHERSBERG ET TRUCHTERSHEIM

140 TRUCHTERSHEIM
143 WILLGOTTHEIM

144 ●● LA RÉGION DE HAGUENAU ET LE RIED DU NORD

144 HAGUENAU ★★
150 BISCHWILLER
151 MARIENTHAL
152 BETSCHDORF
154 HATTEN
155 BRUMATH
159 GAMBSHEIM
159 HOERDT

161 ●● LE PAYS RHÉNAN

GAMBSHEIM
161 OFFENDORF
162 HERRLISHEIM
163 DRUSENHEIM
165 SESSENHEIM
166 FORT-LOUIS
167 SOUFFLENHEIM
169 ROESCHWOOG
170 ROPPENHEIM
172 KILSTETT

173 ●● L'OUTRE-FORÊT

173 WISSEMBOURG ★
177 CLEEBOURG-BREMMELBACH
178 HUNSPACH

180 ●● LEMBACH ET LA RÉGION SAUER PECHELBRONN

180 LEMBACH ★
182 MORSBRONN-LES-BAINS ★
183 WOERTH
183 NIEDERBRONN-LES-BAINS ★
186 GUNDERSHOFFEN
187 OFFWILLER

BAS-RHIN

PAGES

188 REICHSHOFFEN
189 WINDSTEIN
190 OBERSTEINBACH
191 NIEDERSTEINBACH
192 MERKWILLER-PECHELBRONN

193 ●● PAYS DE HANAU ET VAL DE MODER

193 BOUXWILLER ★
195 DOSSENHEIM-SUR-ZINSEL
196 KIRRWILLER
196 NEUWILLER-LÈS-SAVERNE
197 OBERMODERN-ZUTZENDORF

198 ●● L'ALSACE BOSSUE ET LE PAYS DE LA PETITE-PIERRE

198 SARRE-UNION
200 ALTWILLER
200 DEHLINGEN
201 DIEDENDORF
201 DOMFESSEL
201 LA PETITE-PIERRE ★★
204 GRAUFTHAL
205 LICHTENBERG
205 STRUTH
206 WINGEN-SUR-MODER

207 ●● LA RÉGION DE SAVERNE ET DE MOSSIG ET VIGNOBLE

207 SAVERNE ★★
211 HAEGEN
212 HOCHFELDEN
213 MONSWILLER
214 VOELLERDINGEN
214 WANGENBOURG-ENGENTHAL ★
215 GRENDELBRUCH
216 OBERHASLACH
217 WASSELONNE ★
218 MARMOUTIER ★★

219 ●● LA VALLÉE DE LA BRUCHE

219 MUTZIG ★
221 DINSHEIM-SUR-BRUCHE
221 SCHIRMECK
222 MOLLKIRCH
223 BELMONT
223 LA BROQUE
223 MUHLBACH-SUR-BRUCHE
224 FOUDAY
224 GRANDFONTAINE
225 NATZWILLER
225 WALDERSBACH
226 BOURG-BRUCHE
226 COLROY-LA-ROCHE
227 RANRUPT

228 ●● LA ROUTE DES VINS DE MARLENHEIM À OBERNAI

228 MARLENHEIM ★
230 BALBRONN
231 KIRCHHEIM
231 TRAENHEIM
232 WANGEN
232 WESTHOFFEN
233 MOLSHEIM ★★
235 AVOLSHEIM
235 DACHSTEIN
236 DORLISHEIM

PAGES

236 GRESSWILLER
237 ROSHEIM ★★
238 SOULTZ-LES-BAINS
239 OBERNAI ★★★
242 BOERSCH
242 KLINGENTHAL
243 KRAUTERGERSHEIM
243 OTTROTT ★

246 ●● LA ROUTE DES VINS DE BARR À ORSCHWILLER

246 BARR ★
247 ANDLAU ★★
249 EPFIG ★
250 GERTWILLER
250 HEILIGENSTEIN
251 LE HOHWALD ★★★
251 MITTELBERGHEIM ★★
252 DAMBACH-LA-VILLE ★
254 ITTERSWILLER ★
257 BLIENSCHWILLER
257 SCHERWILLER
258 KINTZHEIM
260 CHÂTENOIS
262 ORSCHWILLER

264 ●● LE VAL DE VILLÉ

264 VILLÉ
265 ALBÉ
266 BREITENAU
266 BREITENBACH
267 DIEFFENBACH-AU-VAL
267 SAINT-PIERRE-BOIS
267 TRIEMBACH-AU-VAL
268 STEIGE
269 URBEIS

271 ●● LA PLAINE BAS-RHINOISE : GRAND RIED ET RÉGION DE SÉLESTAT

271 ERSTEIN
272 LIMERSHEIM
273 NORDHOUSE
273 OSTHOUSE
274 BENFELD ★
276 BOOFZHEIM
277 HUTTENHEIM
277 RHINAU
278 SÉLESTAT ★★
286 MACKENHEIM
286 MARCKOLSHEIM
287 MUTTERSHOLTZ
287 WITTISHEIM
288 LA VANCELLE

STRASBOURG

© MELLOWTO

Proche de la frontière avec l'Allemagne, siège du Parlement européen, capitale de Noël, de l'Alsace, Strasbourg arbore une culture et une architecture mêlant les influences latine et germanique. Emblème de la ville, la somptueuse cathédrale gothique Notre-Dame de Strasbourg, au décor ciselé comme un ouvrage de dentelle, propose des animations quotidiennes autour de son horloge astronomique. En grimpant à mi-hauteur de son clocher, de 140 m de haut, vous jouissez d'un beau panorama sur le Rhin et l'une des plus belles villes européennes. Strasbourg, 2 000 ans d'histoire, a vu l'ensemble de son centre-ville classé au patrimoine mondial de l'humanité par l'Unesco dès 1988. On y vient pour découvrir son histoire et son patrimoine, et jouir de son art de vivre et sa gastronomie. Nourrie de traditions séculaires, la cuisine strasbourgeoise se renouvelle sans cesse sous l'influence de chefs inspirés et audacieux.

SE REPÉRER SE DÉPLACER

Strasbourg est vaste, d'autant plus lorsque l'on considère l'intégralité de l'Eurométropole. Partout sur le territoire, il y a de belles choses à voir et l'on ne saurait se contenter, pour une visite représentative de la richesse culturelle régionale, de la Grande Île de la capitale alsacienne. Il faut oser bouger, se déplacer partout, de communes en communes, de villages en villages. Certes, leurs noms sont parfois compliqués à prononcer pour un non-initié au dialecte alsacien mais pas de panique, de nombreux points d'informations, plans, applications, visites guidées seront là pour vous aider. Avec de nombreux services de transports en commun ou de location de vélos, trottinettes et autres engins atypiques à moteur ou non, vous pourrez accéder partout sans vous fatiguer et à moindre coût grâce à des tarifs avantageux. Laissez donc la voiture au parking et profitez de l'ambiance si chaleureuse et accueillante de l'Alsace !

STRASBOURG

AÉROPORT INTERNATIONAL DE STRASBOURG-ENTZHEIM

Bâtiment Louis Blériot - **ENTZHEIM**

✆ 03 88 64 67 67

www.strasbourg.aeroport.fr

L'aéroport est desservi jusqu'à quatre fois par heure par une navette train et une navette bus CTS.

L'aéroport international de Strasbourg accueille plusieurs compagnies aériennes, et propose plus de 50 destinations régulières. Il est relié aux principaux hubs européens Paris CDG, Amsterdam, Bruxelles, Madrid et Prague permettant ainsi de voyager partout dans le monde. Dans la salle d'embarquement : de nombreuses boutiques, des restaurants et des cafés, des espaces détente avec wifi gratuit, un distributeur permettant le retrait d'argent et des agences de voyage.

GARE CENTRALE DE STRASBOURG

20, place de la Gare

✆ 36 35

www.voyages-sncf.com

Ouvert du lundi au vendredi de 4h45 à 1h ; le week-end de 5h à 1h. Chèque Vacances.

La célèbre gare de Strasbourg permet aux voyageurs de se rendre facilement en train dans de grandes villes comme Paris, Aéroport CDG2 TGV ou Marseille. L'aéroport d'Entzheim y est aussi relié régulièrement directement. Elle permet aussi grâce à son réseau TER de rayonner facilement dans toute l'Alsace. Les services proposés y sont nombreux et ce lieu historique est en outre un formidable bâtiment que l'on peut visiter et découvrir grâce à des applications.

CITIZ - AUTOPARTAGE

5, rue Saint Michel

✆ 03 88 23 73 47

www.alsace.citiz.coop

Ouvert du lundi au vendredi de 10h à 12h et de 14h à 18h ; le samedi de 10h à 12h et de 14h à 17h.

Profitez des avantages de la voiture sans ses inconvénients ! Les voitures blanches du réseau CITIZ sont disponibles dans les 58 stations de la métropole strasbourgeoise et dans le reste de l'Alsace. Pour bénéficier des services d'autopartage, il suffit d'effectuer votre réservation via le site ou l'application mobile, après inscription dans une agence ou via le site web. Les tarifs dépendent de la distance parcourue et de la durée de la location. L'assurance, l'assistance, l'entretien de la voiture et l'essence sont compris dans le prix de la location.

VELHOP

Gare de Strasbourg

✆ 03 67 70 70 74

velhop.strasbourg.eu

5 € la journée en boutique. 1 €/heure sans abonnement en station automatique.

Avec 600 km de pistes cyclables, il est très agréable de visiter Strasbourg à vélo. S'il est désormais nécessaire de s'inscrire sur une liste d'attente pour la location longue durée (entre 1 et 12 mois), succès oblige, il est toujours possible de louer un vélo pour quelques heures ou une journée en se rendant en boutique, ou bien directement aux bornes libre-service, disséminées un peu partout dans la ville. Velhop s'occupe de tout et pour l'entretien et les petits soucis du quotidien sur la route vous n'aurez rien à gérer. Plusieurs types de vélos sont proposés.

À VOIR / À FAIRE

Salons, festivals, animations festives, illuminations... Il y a tant à voir et à faire, dans l'offre de la ville qui est une véritable invitation à danser, à s'ouvrir sur l'art et le patrimoine, à échanger et faire des rencontres. Vous trouverez ici tous les lieux emblématiques, mémoire du passé comme ouverture vers de nouvelles connaissances ! Il n'y a plus qu'à choisir : musées insolites, sites historiques, découvertes ludiques... Envie d'une balade ? Des jardins remarquables, des parcs qui invitent parfois à la rencontre de sympathiques animaux, dont les incontournables cigognes, vous attendent. Il y en aura pour tous les goûts et chaque saison sera l'occasion de redécouvrir avec un œil neuf Strasbourg, que l'on apprécie autant en été qu'en hiver, qui s'anime et se réinvente sans cesse, pour le plaisir toujours plus grand de ses habitants d'y vivre et de ses touristes d'y flâner en complète sérénité.

PARLEMENT EUROPÉEN ★★

Allée du Printemps
visiting.europarl.europa.eu
Visite de groupes : du lundi au vendredi midi ; visite individuelle : du lundi au samedi (sans inscription). Gratuit.

Après Bruxelles, Strasbourg possède son propre Parlamentarium qui fait partie intégrante des visites du Parlement européen. La structure est équipée d'un cinéma à 360° qui permet à chacun de découvrir et d'observer comment travaillent les députés européens. D'autres infrastructures ont été conçues pour permettre aux visiteurs de comprendre le fonctionnement de l'Union européenne et l'importance du Parlement européen. Vous pourrez visionner des films et vous informer grâce aux bornes interactives. Une immersion ludique et interactive pour tous les publics.

ALSACE DESTINATION TOURISME

1, place du Qur Blanc
www.alsace-destination-tourisme.com

Alsace Destination Tourisme offre une multitude d'informations et de bons plans pour préparer son séjour le temps d'un weekend, voire plus, entre amis ou en famille. N'hésitez pas jeter un œil sur le site Internet dans la rubrique « Alsace à vélo », vous y trouverez de nombreux circuits à vélo et à VTT pour tous les niveaux, avec des fiches détaillées à télecharger en ligne. Le département offre plus de 650 km de pistes cyclables et de routes pour la randonnée cyclotouristique.

L'HÉMICYCLE DU PARL. EUROPÉEN ★★

Avenue de l'Europe
✆ 03 88 41 20 00
www.coe.int
Fermé les jours fériés. Ouvert du lundi au vendredi. Visites uniquement sur réservation.

Conçu par l'architecte français Henry Bernard, le Palais de L'Europe, inauguré en 1977 et d'une surface totale de 64 000 m², abrite le Conseil de l'Europe. L'hémicycle de l'Assemblée Parlementaire rassemble les représentants de 46 pays. La visite guidée comprend une présentation du Conseil de l'Europe, la projection d'un film sur le fonctionnement et les réalisations de l'organisation et une visite de l'hémicycle. Une pièce d'identité vous sera demandée à l'entrée.

PARLEMENT EUROPÉEN

Une visite de la salle plénière c'est l'occasion de s'imprégner de l'ambiance unique de l'autre Parlement européen. L'hémicycle est utilisé pour les débats les plus importants et a servi de cadre à de nombreux votes historiques.

Toutes les visites du Parlement européen à Strasbourg comprennent le Parlamentarium Simone Veil. Les expos dynamiques et interactives permettent aux citoyens de tous les âges de se familiariser concrètement avec le rôle du Parlement européen, ses groupes politiques et le travail des députés. La visite dure 60 minutes environ.

MARIN D'EAU DOUCE

5, quai du Woerthel
✆ 03 88 22 64 97
www.marindeaudouce.fr
De mars à la fin des vacances de la Toussaint 7j/7 – de 9h30 à 22h en été. Pour 1h de 40 à 80 €. Tarif dégressif.

Découvrez le charme de Strasbourg sur l'eau, au rythme des flots. La base est située au centre-ville, près des Ponts Couverts et de la Petite France. Après une courte prise en main d'un quart d'heure, vous pourrez sillonner sur les flots selon plusieurs itinéraires : historiques (monuments de Strasbourg), nature ou La Petite France. Durant une à six heures (en fonction de l'option choisie) vous découvrirez une autre facette de la ville. Accueil charmant. Installez-vous sur leur terrasse pour déguster un apéritif, un café ou une boisson fraîche à emporter.

PARLAMENTARIUM

Allée du Printemps
✆ 03 88 17 40 01
www.europarl.europa.eu/strasbourg/fr
Jours et horaires variables.
Consulter le site Internet.

Le Parlamentarium Simone Veil fait partie de toutes les visites et permet aux visiteurs, petits et grands, de mieux comprendre l'histoire de l'Europe, son fonctionnement et le travail des députés. Au cours de cette visite libre, disponible dans 24 langues, on profite des tables à écran tactile et de la salle de cinéma à 360° pour prendre connaissance des étapes de l'intégration européenne, de l'élaboration des lois, des votes et des conséquences des politiques européennes sur la vie des citoyens du continent. Ce lieu pédagogique est ouvert du lundi au samedi.

LE PASSEPORT GOURMAND

2, Rue d'Oslo
✆ 03 88 60 70 13
passeport-gourmand-alsace.com

Jean-Luc Holz, à la tête des Éditions Hovenco, a publié la première édition du Passeport Gourmand Strasbourg le 8 décembre 1988. Ce premier « petit » guide de 36 pages, entièrement noir et blanc, contenait une vingtaine de restaurants regroupés essentiellement dans la Communauté Urbaine de Strasbourg. Ce fut le début d'une belle aventure qui dure depuis plus de 33 ans... Aujourd'hui grâce au Passeport Gourmand, ce sont plus de 160 restaurants en Alsace qui vous invitent à prix d'ami et plus de 150 activités de loisir avec avantages et réductions pendant un an.

SEGWAY ONE CITY TOURS

5, petite rue du Vieux Marché
✆ 09 84 46 39 24
www.onecity-tours.com/colmar
Jours et horaires variables.
Consulter le site Internet.

Pourquoi ne pas penser à pimenter sa visite de la ville sur un Segway ? Il existe plusieurs formules de balade en Segway en fonction de vos envies, des quartiers que vous souhaitez découvrir et du temps dont vous disposez. En famille ou entre amis, que l'on soit touriste ou résident, c'est une belle idée pour voir la ville avec un œil neuf, des institutions européennes au quartier de la Petite France. Avec un encadrement et de bons conseils de pilotage, vous voilà prêts à passer un excellent moment fait de découvertes et de sensations fortes.

LE 5E LIEU ★

5, place du Château
5elieu.strasbourg.eu
Jours et horaires variables.
Consulter le site Internet.

Strasbourg possède désormais son centre d'interprétation de l'architecture et du patrimoine. Il offre une découverte de l'urbanisme et du patrimoine à travers un parcours pédagogique et interactif développé sur 600 m². Après une introduction historique, le parcours présente la ville sous différentes approches : urbaine, architecturale et humaine. Une salle permet des ateliers éducatifs et une programmation riche et variée propose des expositions temporaires tout au long de l'année pour voir la ville avec un regard neuf, en invitation à la déambulation.

BARRAGE VAUBAN ★

Place du Quartier Blanc
✆ 03 88 52 28 28
www.otstrasbourg.fr
Ouvert en basse saison : tous les jours et les jours fériés de 8h30 à 16h. Haute saison : de 8h à 19h. Gratuit.

© LAMAX - SHUTTERSTOCK.COM

Près des Ponts Couverts, cet édifice construit vers 1690 par Tarade, permettait d'inonder tout le front Sud de la ville pour faire face à un éventuel assaut ennemi. Vers 1880 les autorités allemandes firent surélever d'un étage l'édifice pour le recouvrir de terre et de gazon. Enjambant l'Ill, ce monument historique est aujourd'hui un lieu de flânerie, apprécié pour sa terrasse panoramique aménagée par la ville de Strasbourg en 1966 au sommet du bâtiment. Elle offre une vue incroyable et imprenable sur le quartier de la Petite France et ses canaux.

CAVE HISTORIQUE DES HOSPICES DE STRASBOURG

1, place de l'Hôpital
✆ 03 88 11 64 50
www.vins-des-hospices-de-strasbourg.fr
Ouvert du lundi au vendredi de 8h30 à 12h et de 13h30 à 17h30 ; le samedi de 9h à 12h30. Gratuit. Visite guidée.

La Cave historique des Hospices de Strasbourg existe depuis 1395 et servait déjà au Moyen Âge à la garde des vins, du grain et d'autres denrées périssables. 600 ans plus tard, elle retrouve sa fonction d'autrefois. La somptueuse cave voûtée exalte la charpente et les arômes des vins conservés dans une cinquantaine de pièces de chêne restaurées et trois foudres historiques datés de 1472, 1519 et 1525. Le plus ancien contient le plus vieux vin en tonneau du monde !

CHÂTEAU MUSÉE VODOU

4, rue de Koenigshoffen
✆ 03 88 36 15 03
www.chateau-vodou.com
Ouvert du lundi au dimanche de 14h à 18h. Adulte : 14 €. Tarif enfant 6 à 12 ans, amis du musée : 8 €. Atout Voir 4 €

Le Musée Vodou offre la possibilité de découvrir une philosophie de vie pratiquée par des millions de personnes dans le monde. Dans un ancien château d'eau datant de 1883, plus de 1 000 pièces constituent une collection unique en Europe : fétiches, amulettes et masques utilisés en culte des ancêtres, divination, sorcellerie et autres événements liés aux grandes étapes de la vie. Visites thématiques avec un guide ou en toute autonomie avec un audiophone. Le musée est adapté pour tous les publics. Vous avez aussi la possibilité de le privatiser.

JARDINET GOTHIQUE DU MUSÉE DE L'ŒUVRE NOTRE-DAME

3, place du Château
✆ 03 88 52 50 00
Jours et horaires variables.
Consulter le site Internet.

Conçu pour évoquer les *Paradiesgärtlein* médiévaux, le Jardin gothique du musée de l'Œuvre Notre-Dame fut élaboré en 1937 par Hans Haug, fondateur du musée éponyme. Ce jardin s'inspire des préceptes de l'époque médiévale. Situé à l'emplacement d'une ancienne cour, le jardin présente neuf modules rectangulaires regroupant plusieurs types de plantes : plantes médicinales, condimentaires et ornementales. Sur le côté sud, des dalles funéraires sont exposées.

LA MAISON KAMMERZELL ★★

16, place de la Cathédrale
✆ 03 88 32 42 14
www.maison-kammerzell.com
Ouvert toute l'année. Hôtel Resturant.

Les fondations gothiques datent de 1427 et cette magnifique maison à colombages compte trois étages de bois sculpté, d'innombrables fenêtres aux vitraux en cul-de-bouteilles et des sculptures sacrées ou profanes ornant poutres et colombages. La maison Kammerzell attire des visiteurs du monde entier. Sur la façade vous trouverez Judas, César, Charlemagne, Hector et Godefroy de Bouillon… Au XIXe siècle, la maison devient un restaurant, ce qui fait d'elle l'un des plus vieux édifices encore exploités de la ville. Vous pourrez donc y manger, mais aussi y séjourner.

MUSÉE D'ART MODERNE ET CONTEMPORAIN ★★★

1, place Hans-Jean-Arp ✆ 03 68 98 51 55
www.musees.strasbourg.eu
Jours et horaires variables. Consulter le site Internet. Label Tourisme & Handicap.

Sur 5 000 m², les collections du MAMCS couvrent la période de 1870 à nos jours avec plus de 18 000 œuvres entreposées entre ses murs. L'impressionnisme, l'art nouveau, le primitivisme, le cubisme ou encore le surréalisme comptent parmi les différents courants artistiques représentés. On s'arrête plus spécialement sur les toiles de Picasso, Kandinsky, Monet, Dali ou encore Max Ernst. Les amateurs de gravure se régaleront de la salle consacrée à l'œuvre du grand Gustave Doré. Grâce aux différents espaces, le promeneur accède ainsi à une importante collection picturale d'art moderne et contemporain, mais également à des espaces dédiés aux arts graphiques et à la photographie. Le MAMCS garde également un œil particulièrement aiguisé sur une jeune génération d'artistes venus des quatre coins du monde et propose un programme annuel d'expositions, ainsi qu'une véritable politique d'acquisition d'œuvres récentes. Au-delà de l'aspect purement esthétique, le lieu invite à la réflexion, à s'interroger, se laisser même déranger, bousculer dans ses convictions, que ce soit d'une façon ludique ou plus profonde autour des scénographies proposées.

Un auditorium, une bibliothèque pléthorique, une librairie boutique parfaitement agencée complètent le lieu. Pour une pause détente, on file avec bonheur à l'Art Café, qui offre une vue imprenable sur Strasbourg, le temps d'un verre ou d'un déjeuner. Ce dernier espace propose quelquefois des show-cases d'artistes reconnus.

MUSÉE DES BEAUX-ARTS DE STRASBOURG ★

2, place du Château
✆ 03 68 98 51 60
www.musees.strasbourg.eu
Jours et horaires variables.
Consulter le site Internet.

Le musée des Beaux-Arts vous invite à la découverte de la peinture en Europe de la fin du Moyen Âge jusqu'à 1870. Les époques sont faciles à discerner avec un code couleur pour chaque époque historique. Les noms les plus fameux se côtoient : Botticelli, Raphaël, Rubens ou encore Goya. Ne manquez pas *La Belle Strasbourgeoise* de Largillière, sans doute l'une des œuvres les plus appréciées. À noter : les premiers samedis du mois, les réserves du musée sont ouvertes à tous.

MUSÉE HISTORIQUE ★★

2, rue du Vieux-Marché-aux-Poissons
✆ 03 68 98 51 60
www.musees.strasbourg.eu
Jours et horaires variables.
Consulter le site Internet.

Logé dans l'ancienne grande boucherie de 1587, le Musée historique retrace l'histoire urbaine de Strasbourg depuis le Moyen Âge jusqu'à la création des institutions européennes. Sur 1 700 m², des œuvres d'art et autres objets : figurines, drapeaux, maquettes... Le musée vous propose un parcours à la fois chronologique et thématique : du Saint-Empire à la Réforme, en passant par la période royale et révolutionnaire. Point fort de la visite : un plan en relief datant de 1727 d'une surface de 70 m² qui reproduit la ville et ses alentours au 1/600e.

PALAIS ROHAN ★

2, place du Château
✆ 03 68 98 51 60
www.musees.strasbourg.eu
Jours et horaires variables.
Consulter le site Internet.

Bâti entre 1732 et 1742 par Robert de Cotte, cet édifice de style classique était la résidence des princes-évêques de Strasbourg. Véritable témoignage de l'art de vivre du XVIIIe siècle, le Palais Rohan est construit d'après les plans des grands hôtels parisiens de l'époque qui distinguent alors un côté cour et un côté jardin. Les bâtiments s'organisent autour d'une cour d'honneur. Par leur décor et leur mobilier d'apparat, les appartements reflètent les fastes et l'art de vivre princier de l'époque. Le Palais Rohan abrite trois musées.

CATHÉDRALE NOTRE-DAME ★★★★

Place de la Cathédrale
www.cathedrale-strasbourg.fr
Jours et horaires variables. Consulter le site internet.

Construite à l'emplacement d'une ancienne basilique rhénane de 1015 détruite par un incendie dont on peut voir les vestiges dans la crypte, la réalisation de Notre-Dame s'étala sur trois siècles entre 1176 et 1439. La cathédrale de Strasbourg est assurément un des chefs-d'œuvre de l'architecture médiévale, mêlant le style roman de son abside et de son transept au style gothique de sa nef et de sa façade.

Sa haute flèche, qui culmine à 143 mètres, a été longtemps le monument le plus haut de la chrétienté. Elle donne toute sa beauté et sa cohérence à ce chef-d'œuvre de grès rose dont Victor Hugo dira : « J'ai vu Chartres, j'ai vu Anvers. Il me fallait Strasbourg, prodige du gigantesque et du délicat. »

Impossible de détailler ici toutes ses richesses mais citons tout de même la rosace, les tympans, les vitraux de la nef dont les plus anciens datent du XIIIe siècle, le pilier des anges, la chaire de style gothique tardif et le buffet d'orgue orné de curieux personnages.

L'horloge astronomique (1547) mérite que l'on s'y attarde. Elle présente un phénomène étrange découvert en 1974 : à chaque équinoxe et à heure précise, si le temps le permet, un rayon de soleil traverse un vitrail et illumine en vert le Christ ornant la chaire.

Autant les édifices romans séduisent par la pureté de leurs lignes autant le gothique, caractérisé ici de « flamboyant », impressionne par sa complexité architecturale et l'impression de verticalité accrue.

On peut accéder à la plate-forme qui constitue la base des six étages de tourelles ajourées qui offre un point de vue exceptionnel à 66 m de hauteur. On y monte via 332 marches.

Avec environ plus de 4 millions de visiteurs par an, la cathédrale de Strasbourg est la deuxième cathédrale la plus visitée de France après Notre-Dame de Paris et ses 12 millions de visiteurs, bien avant Reims et Chartres.

Église-mère du diocèse de Strasbourg, abritant le siège – la cathèdre – de l'évêque, la cathédrale appartient depuis la Révolution à l'État. Cependant, selon une tradition qui remonte au XIIIe siècle, la ville de Strasbourg prend part à son entretien à travers la Fondation de l'Œuvre Notre-Dame (OND).

Siège d'un chapitre de chanoines et d'une paroisse conduite par un archiprêtre, la cathédrale accueille de nombreux fidèles lors des offices du dimanche et de la semaine. Une douzaine de prédicateurs s'y relaient lors des messes dominicales mais elle s'ouvre aussi à des concerts et à d'autres manifestations culturelles, dans le respect de son affectation cultuelle et de son rayonnement spirituel.

JARDIN DE LA PLACE DE LA RÉPUBLIQUE

Tram arrêt République

Ouvert toute l'année. Gratuit.

Endroit très fréquenté dès que le soleil est là, les promeneurs s'allongent sous les ginkgos biloba centenaires qui ont été offerts par un empereur japonais vers 1880, ou sous les magnolias fleuris au printemps. C'est en 1919 que le jardin est nommé Place de la République. Le monument aux morts, placé au centre, fut quant à lui érigé en 1936. La ville de Strasbourg est symbolisée par une femme qui serre dans ses bras ses deux enfants agonisant, l'un français et l'autre allemand.

JARDIN DU PALAIS DU RHIN

2, place de la République

✆ 03 88 52 28 28

Gratuit.

Derrière les hautes grilles, les courbes des chemins dessinent les parterres au sein desquels s'élèvent des arbres centenaires. Le Jardin du Palais du Rhin existe depuis 1890. Il abrite une vingtaine de sarcophages et des éléments de monuments antiques provenant de la nécropole romaine de Strasbourg. Côté Nord, on admire une sculpture de l'alsacien René Hetzel et, côté Sud, l'échelle céleste en granit blanc d'Annie Greiner qui rend hommage au philosophe Jan Patoch. Sur la clôture à l'angle du quai Sturm se trouve un médaillon qui indique l'altitude du lieu.

MAISON DE CAGLIOSTRO

12, rue de la Râpe

Giuseppe Balsamo est né à Palerme en 1743 et il est plus connu sous le nom d'Alessandro comte de Cagliostro. Il occupa les lieux entre 1780 à 1783 et intrigua dans l'affaire du collier de la Reine, compromettant le Cardinal de Rohan. Cette maison de 1747 est particulière avec les nombreuses fenêtres présentes sur ses trois façades. On remarque aussi le balcon du premier étage sur lequel se pavanaient les invitées de l'aventurier italien, la porte de style rococo surmontée d'un beau fronton armorié et la Vierge au Lys nichée à l'angle de la rue des Écrivains.

MUSÉE DE MINÉRALOGIE

1, rue Blessig

✆ 03 68 85 04 52

http://musee-mineralogie.unistra.fr

En visite libre (donc sans réservation au préalable) le mercredi après-midi de 13h30 à 18h.

Le musée de Minéralogie a beau n'être constitué que de deux salles, il est non seulement l'un des plus anciens musées de Strasbourg mais surtout l'un des mieux dotés en minéraux en France, le deuxième après Paris, avec près de 30 000 échantillons. Créé en 1890, il se compose de près de 7 500 objets : 3 936 plaques photographiques, 2 773 modèles cristallographiques en bois, 582 cartes déroulantes, 150 instruments scientifiques... D'autant plus que le conservateur, Denis Leypold se fait une joie d'animer les visites et de répondre à toutes les questions.

MUSÉE DU BARREAU

3, rue du Général-Frère

✆ 03 88 37 12 66

Visite guidée sur rendez-vous au 03 88 37 12 66. Gratuit.

Ce musée retrace l'histoire des avocats et du barreau de la ville. Il a été créé en 1823 avec des objets collectés au fil du temps. Lors de la visite guidée vous découvrirez de grands noms comme Alphonse Ratisbonne ou encore Jacques Kablé, dont l'impact sur Strasbourg est attesté par de nombreux documents. Ce lieu dédié à l'histoire des avocats abrite des manuscrits, gravures et objets rares. Inédit, il donne un autre regard sur la profession. Ce musée mérite une visite, pour la particularité du thème, le type d'objets exposés et la qualité des explications.

PALAIS DU RHIN

Place de la République

✆ 03 88 52 28 28

www.strasbourg.eu

Ouvert du lundi au vendredi de 9h à 17h. Horaires de la Direction régionale des Affaires culturelles d'Alsace. Gratuit.

Autrefois nommé *Kaiserpalast*, « palais impérial », il fut construit par Hermann Eggert entre 1883 et 1888 à la demande de l'empereur Guillaume Ier. Il matérialise l'implantation définitive du IIe Reich. Classé Monument Historique depuis 1993, il abrite le siège de la Direction Régionale des Affaires Culturelles du Grand Est et la Commission centrale pour la navigation du Rhin. Son parc abrite quelques sculptures et une allée de sarcophages provenant de la nécropole de Strasbourg. Pour ceux qui souhaitent en savoir plus, une brochure est en vente à l'accueil.

LA PETITE FRANCE ★★★

Vieille ville

Au cœur du Strasbourg classé Patrimoine mondial de l'Unesco, La Petite France est le quartier le plus pittoresque de la vieille ville. Elle est un condensé de l'Alsace avec ses maisons à colombages des XVIe et XVIIe siècles, avec ses canaux et ses ruelles étroites. C'est l'un des quartiers les plus anciens de Strasbourg bâti au fil de l'Ill, omniprésente, ce qui lui vaut parfois d'être comparée à une petite Venise. Là où le quartier se dessine, la rivière forme un étonnant delta composé de cinq bras. Vus du ciel, ceux-ci ressemblent étrangement aux doigts d'une main cherchant à saisir la cité tout entière. À la fois paisible et impétueuse, l'Ill irrigue le quartier de tout son charme. Laissez-vous aller à une balade sur ses quais, et admirez les reflets des façades colorées des vieilles maisons.

Les pêcheurs, les meuniers et les tanneurs vivaient et travaillaient autrefois dans ce quartier : les noms des rues en témoignent, tandis que les maisons ont gardé les toits pentus en escaliers qui abritaient les greniers où l'on faisait sécher les peaux. Arrêtez-vous devant la très belle bâtisse des Tanneurs de 1572, transformée en restaurant en 1949. La Petite France doit son nom au « mal français », autrement dit « la petite vérole » ou « syphilis » que les soldats de François Ier venaient soigner dans l'hôpital du quartier au XVIe siècle.

Continuez la visite jusqu'au musée d'Art moderne et contemporain : depuis sa terrasse panoramique, vous aurez une vue d'ensemble exceptionnelle sur les ponts couverts et avec trois hautes tours de garde austères et massives, vestiges de la muraille moyenâgeuse, et le barrage Vauban construit en 1690. Ce dernier vient renforcer le rideau défensif de la ville, en son temps totalement ceinte. Il compte treize arches. Pour l'histoire, le barrage, toutes vannes fermées, interdisait à l'Ill de suivre son cours, inondant ainsi toutes les terres situées au sud de Strasbourg. Les armées ennemies s'y embourbaient.

Situé au sortir de la rue du Bain-aux-Plantes, vous découvrirez le pont du Faisan, aussi appelé localement « le Pont Tournant ». Petit et discret, ce pont piétonnier dicte sa volonté à tous les passants. Il vous faudra peut-être en effet patienter pour le traverser, car il aura pivoté pour autoriser son franchissement à un bateau-promenade. Une attraction sans pareil. Le pont Saint-Martin, pont de pierre aux deux arches et à l'unique pile, en est tout proche. De là, ne manquez pas la vue sur les moulins, barrages et écluses mais aussi sur une pittoresque petite terrasse sur l'eau.

© JLOLAB - STOCK.ADOBE.COM

MUSÉE TOMI UNGERER - CENTRE ILLUSTRATION ★★

2, avenue de la Marseillaise
✆ 03 68 98 51 53
www.musees.strasbourg.eu
Label Tourisme & Handicap.
Jours et horaires variables.
Consulter le site Internet.

Affichiste, dessinateur, illustrateur, auteur, collectionneur ou encore inventeur d'objets né en 1931, Tomi Ungerer a été jusqu'en 2019, date de son décès, le seul dessinateur alsacien ayant eu de son vivant un musée dédié. Une icône alsacienne reconnue à travers le monde pour ses ouvrages pour enfants (*Les Trois Brigands*, *Jean de la Lune*...) son trait humoristique, parfois satyrique (on lui doit de nombreuses illustrations dénonçant les dérives d'une certaine société américaine, principalement pour le célèbre journal *New-Yorker*) et souvent même émouvant... Certaines illustrations, érotiques, ne sont pourtant pas à mettre entre toutes les mains ! Après avoir parcouru le monde et s'être engagé pour de nombreuses causes, à l'instar de la guerre du Vietnam et les affres de la ségrégation raciale aux États-Unis, cet artiste protéiforme s'est installé définitivement en 1976 à Cork, en Irlande, patrie de son épouse et où ses trois enfants verront le jour. La Villa Greiner expose 300 œuvres originales de l'artiste, renouvelées tous les 4 mois. Parmi elles, des dessins et des sculptures et bien d'autres encore issues de différents registres, y compris enfantin. En parallèle, le musée accueille avec un roulement régulier des expositions temporaires d'illustrateurs français et étrangers principalement issus des XXe et XXIe siècle. Les fans de Tomi ont ici accès à 14 000 œuvres du maître et 1 500 jouets. Il y a une boutique de vente de livres et de reproductions.

PALAIS UNIVERSITAIRE

9, place de l'Université
✆ 03 88 13 41 32
www.unistra.fr
Ouvert du lundi au vendredi de 8h à 19h. Gratuit.

Bâti durant l'annexion allemande par Otto Warth, le Palais Universitaire est inspiré de la Renaissance italienne. Il a été inauguré par l'empereur Guillaume Ier en 1884. Le hall est une aula carrée, couverte d'une verrière fermée sur les côtés par deux étages d'arcades. La première session du Conseil de l'Europe s'y déroula en 1949. Le bâtiment abrite les facultés d'histoire, d'histoire de l'art, d'archéologie, d'arts plastiques et de théologie catholique et protestante. Le « Palais U » abrite également de riches collections, dont celles du musée des Moulages.

PARC DE L'ORANGERIE

Avenue de l'Europe
67000 Strasbourg (France)
✆ 03 88 52 28 28
www.visitstrasbourg.fr
info@otstrasbourg.fr

L'endroit rêvé pour se promener en famille, flâner au gré des saisons, ou faire son jogging. Il abrite un petit zoo où des singes, mammifères et oiseaux sont visibles, une mini ferme, des aires de jeux et un circuit de vieilles voitures pour les enfants. Le pavillon Joséphine, au centre du parc, accueille des expositions temporaires. Le Buerehiesel, jolie maison à colombages, abrite un restaurant gastronomique. Un bowling également. Dans le parc, on peut faire du vélo, du skate ou canoter sur le lac. Sous la neige, les lieux s'avèrent véritablement féeriques !

RÉPUBLIQUE

Quartier République

Le quartier République fait la liaison entre l'ancienne ville et la nouvelle, appelée aussi Neustadt. Sa place circulaire verdoyante accueille d'imposants bâtiments comme le théâtre national de Strasbourg, le palais du Rhin (ancien palais impérial allemand), la préfecture, ou encore la bibliothèque nationale universitaire. Ce quartier au style néogothique construit sous l'annexion allemande est entré récemment au patrimoine de l'Unesco. Une fierté supplémentaire pour les Strasbourgeois et une belle découverte pour les amoureux d'architecture.

SYNAGOGUE DE LA PAIX

1 A, rue René-Hirschler
Jours et horaires variables.
Consulter le site Internet.

La Synagogue de la Paix a été inaugurée le 23 mars 1958, remplaçant l'ancien lieu de culte du quai Kléber détruit en 1941 par les nazis. Conçue par l'architecte Claude Meyer-Lévy d'après un plan basilical, la synagogue, en béton, est de style contemporain. La façade extérieure avant est recouverte de nombreuses étoiles de David. La voûte de la nef principale est portée par douze colonnes de béton, représentant les douze tribus d'Israël. Actuellement, le Centre Communautaire abrite deux écoles, Radio Judaïca et plusieurs associations. N'hésitez pas à la visiter.

BALADE DE LA CEINTURE VERTE DE STRASBOURG ★

17, place de la Cathédrale
✆ 03 88 52 28 28
www.otstrasbourg.fr
En accès libre. Gratuit.

Au départ des ponts reliant les places de l'Étoile et de la Bourse, ce parcours de 17 kilomètres vous permettra de partir à la découverte des différents espaces verts de la ville. Longeant les cours d'eau qui irriguent Strasbourg, vous découvrirez des édifices chargés d'histoire. Depuis le centre ville, en passant par différents quartiers, vous longerez les berges et flânerez dans le parc de l'Orangerie, entre autres. Une manière originale et écologique de découvrir Strasbourg.

CAPTAIN BRETZEL

Quai du Bassin Dusuzeau
✆ 06 28 69 83 25
www.captainbretzel.eu
Jours et horaires variables.
Consulter le site Internet. Pour 1h de 35 € à 65 € selon la taille du bateau.

Venez faire une balade sur l'eau, sur les bateaux mis à votre disposition en location d'une à plusieurs heure, voire une journée. Après une rapide prise en main et la transmission des consignes de sécurité, vous pourrez voguer et apprécier les magnifiques paysages. Différents itinéraires vous seront proposés. Pas besoin de permis, les bateaux sont faciles à manier. Emportez l'un des paniers proposés : *Apéro boat* avec bretzel et bière, *coffee boat* avec muffin, fruit et boisson chaude, *birthday boat* pour votre anniversaire, ou *Love boat* avec bouteille de crémant.

JARDIN DES DEUX RIVES

3, rue des Cavaliers
✆ 03 88 52 28 28
Ouvert toute l'année. Tous les jours de 7h à 24h. Gratuit. Animations.

© EXODIA - FOTOLIA

Symbole de l'amitié franco-allemande, le Jardin des Deux-Rives est l'un des lieux culturels incontournables de Strasbourg et Kehl. Au milieu, le Pont de l'Europe est une invitation à la découverte et à la traversée de la frontière. Vous pouvez profiter de cet havre de paix, théâtre de concours, d'espaces éphémères, de spectacles, sans oublier les nombreux promeneurs et cyclistes qui sillonnent le fameux pont alliant les deux villes. Événement annuel : l'orchestre philharmonique de Strasbourg y donne un concert en plein air le dernier week-end du mois de juin.

LA GRAVIÈRE NATURISTE

Route du Glaserwoerth
✆ 03 88 84 03 19
www.blauelsand.blogspot.fr
Ouvert toute l'année. Gratuit.

L'accès se fait par le quai Jacoutot, en direction du Port aux Pétroles puis toujours tout droit sur la route EDF entre le Grand Canal d'Alsace et la forêt. Au panneau rouge « Blauelsand », troisième entrée possible, se trouve un grand parking gratuit. Petit snack, toilettes, douches, tables de pique-nique, ping-pong et terrains de pétanque sont à disposition et vous avez la possibilité d'aller plus loin à d'autres gravières fréquentées plus particulièrement par un public naturiste gay et lesbien. L'avantage : un esprit naturiste non imposé qui est respecté.

PARC DE LA CITADELLE

Rue de Boston
✆ 03 68 98 50 00
Ouvert toute l'année. Gratuit.
Accueil enfants (jeux). Animations.

La Citadelle, loin de l'actuel parc accueillant de 13 hectares, est à l'origine une création militaire hexagonale de Vauban de 1681 constituant la garde la plus probante du pont du Rhin. Les douves qui longent le sentier sont agréables, plantées d'iris, de nénuphars et peuplées de nombreux animaux. Vous trouverez des bancs au calme, terrains de basket et de pétanque, agrès de sport ainsi que des aires de jeux pour enfants. Lieu de pique-nique idéal, l'été des vendeurs de glaces et de boissons fraîches et des manifestations culturelles et musicales sont proposés.

SE LOGER

Où dormir à Strasbourg ? Pour une ou plusieurs nuits, de nombreuses possibilités s'offrent à vous ! Grandes chaînes hôtelières, hôtels de charme, appart'hôtels, meublés, chambres d'hôtes, campings ou auberges de jeunesse... Tout est là pour répondre à vos attentes et pour tous les budgets ! Il y a 12 sessions du Parlement européen par an, qui se déroulent du lundi au jeudi, et la période de Noël est particulièrement chargée. À ces périodes-là, il est donc très difficile de se loger en ville. Pensez à réserver votre hôtel longtemps à l'avance ! Sans oublier que les prix des chambres triplent. À toute autre période, n'hésitez pas à vous renseigner sur les tarifs auprès de l'hôtel de votre choix ou sur le site de l'office de tourisme. Hors saison, de nombreux hébergements proposent des offres alléchantes, n'hésitez pas pour en profiter à entrer en relation directement avec eux plutôt que de passer par des centrales de réservation.

HÔTEL BEAUCOUR**** €€

5, rue des Bouchers ✆ 03 88 76 72 00
www.hotel-beaucour.com
49 chambres. Chambre simple dès 134 €, suite dès 197 €. Petit déjeuner : 13,50 €. Gratuits pour les -12 ans.

En 1895, le bâtiment abritait une usine de cannes et de parapluies, aujourd'hui, c'est un charmant hôtel en plein centre de Strasbourg qui se réinvente régulièrement. Vous profiterez de quarante-neuf chambres suréquipées : télévision LCD 32 pouces avec plus de 50 chaînes disponibles, minibar, climatisation... Elles possèdent presque toutes des baignoires balnéo pour encore plus de détente ! Trois suites sont également proposées avec toujours plus de confort. L'hôtel Beaucour propose souvent des offres spéciales sur son site, n'hésitez pas, bons plans à la clé !

HÔTEL BOMA €€

7, rue du 22-Novembre
✆ 03 90 00 00 10
www.boma-hotel.com
103 chambres. Chambre double de 87 € à 369 €.

En Afrique, une *boma* est une enceinte qui protège les habitants et le cheptel des animaux sauvages. Espace convivial, on s'y retrouve autour du feu pour manger, danser, échanger et partager avec autrui. C'est cette ambiance que cet hôtel tente de retranscrire à Strasbourg. Plus qu'un hôtel, Boma est un véritable lieu de vie avec de belles et grandes chambres confortables à la déco ethnique et chic. Avec son offre de distractions très variée, vous passerez ici un agréable moment où vous ressourcer, vous cultiver et échanger. Le bar est particulièrement prisé.

HÔTEL CATHÉDRALE*** €€

12-13, place de la Cathédrale
✆ 03 88 22 12 12
www.hotel-cathedrale.fr
Chambres de 105 € à 290 €. Une vue d'exception sur la cathédrale.

Quel bonheur que de pouvoir se réveiller et ouvrir les yeux sur la cathédrale ! Les chambres sont cosy, romantiques, entièrement rénovées, décorées de peintures originales, aux meubles en bois lasurés, équipées de salles de bains tout confort, connectées au réseau wifi gratuit. Les lits sont immenses et si douillets que l'on a du mal à en sortir... Pour les familles, des chambres ont été optimisées. Au bar, à l'atmosphère *club* et décontractée, vous pourrez déguster une coupe de champagne ou un cappuccino, surfer sur Internet, ou simplement parcourir la presse.

HÔTEL CLAPCLAP STRASBOURG €€€

24-26, Rue du Faubourg-National
✆ 03 88 32 14 54
clapclap-strasbourg.com
88 chambres. Chambre double à partir de 80 €. Demi-pension.

Voici un hôtel design qui mélange les styles aussi bien que les publics. Ici, on aime la culture et le divertissement, qui sont mis en avant grâce à de nombreuses animations. Les chambres sont tout confort et très bien décorées, mais on apprécie aussi particulièrement le restaurant qui est ouvert à tous et propose une cuisine inspirée des différentes cultures, simple et sans chichis. Clam Clap est le lieu idéal pour qui aime la convivialité et le partage dans un hôtel.

HÔTEL GUTENBERG**** €€

31, rue des Serruriers ✆ 03 88 32 17 15
www.hotel-gutenberg.com

Accueil 24h/24. 42 chambres (dont 1 chambre communicante). Chambre double de 89 € à 240 €. Petit déjeuner buffet : 14 €.

L'hôtel Gutenberg est idéal pour une escapade romantique ou familiale au cœur de la capitale européenne. Cet établissement dispose de chambres contemporaines, lumineuses et confortables, aux nombreux petits plus agréables pour le client : peignoir et chaussons, mini bar, grande télévision, machine à expresso et produits d'hygiène de bonne facture. Les attentions d'un grand hôtel sont associées à la chaleur et aux valeurs d'une maison de famille. N'hésitez pas à demander les chambres sous les toits qui offrent une vue imprenable sur la ville.

HÔTEL KAMMERZELL*** €€

16, place de la Cathédrale
✆ 03 88 32 42 14
www.maison-kammerzell.com

Chambre simple de 110 € à 140 € ; chambre double de 150 € à 210 €. Petit déjeuner : 10 €. Restauration.

Face à la cathédrale, la Maison Kammerzell est l'un des plus beaux et des plus anciens édifices de la ville. Depuis 1427, elle offre un charme fou ! Elle fût même citée dans le livre des 100 lieux qu'il faut avoir vu dans sa vie ! Chacune de ses neuf chambres est climatisée et équipée d'une télévision à écran LCD, d'un minibar, d'un bureau ainsi que d'une connexion gratuite au réseau Wifi. Grâce à son emplacement stratégique au cœur du centre-ville de Strasbourg, vous aurez tout le loisir de visiter les lieux touristiques les plus prisés durant votre séjour.

HÔTEL LE GRAFFALGAR €€

17, rue Déserte
✆ 03 88 24 98 40
www.graffalgar-hotel-strasbourg.com

Chambre simple à partir de 70 € ; chambre double à partir de 100 €. Animaux non autorisés.

C'est l'un des hôtels les plus décalés de Strasbourg. Ici, c'est simple : 38 chambres = 38 artistes ! Chacune propose donc un univers qui lui est propre, selon la carte blanche donnée aux artistes urbains de la région lors de la création. Mais toutes proposent bien sûr des équipements et services de grande qualité pour un excellent séjour. Le Graffalgar est aussi un lieu d'exposition et d'évènements en tous genres où la culture est mise à l'honneur sous toutes ses formes. Dans certaines chambres, des services tels que coiffeurs ou maquilleurs sont proposés.

HÔTEL LE KLÉBER** €€

29, place Kleber
✆ 03 88 32 09 53
www.hotel-kleber.com

Chambre simple de 55 € à 65 € ; chambre double de 60 € à 70 € ; chambre triple à partir de 80 €.

Dans cet hôtel central, chaque étage possède son univers propre : harmonie des « épices et saveurs », ambiance fruitée avec les « fruits du verger », atmosphère gourmande avec les « idées sucrées ». Chaque chambre a une décoration en phase avec son nom : cardamone, amande, miel, pistache, noisette. Ce sont autant de petits nids douillets, soigneusement décorés où vous vous sentirez bien. Vous êtes un peu *heimlich*, « chez vous », comme aiment le dire les Alsaciens. Vous prendrez votre petit déjeuner dans un espace chaleureux, convivial avec vue sur la place Kléber.

OKKO HOTEL**** €€

46, rue du Bassin-d'Austerlitz
✆ 03 88 39 80 80
www.okkohotels.com

Chambre double de 89 € à 249 €. Animaux acceptés. Restauration.

Les dirigeants d'Okko Hotel ont bousculé les codes habituels de l'hôtellerie afin de concevoir un espace fonctionnel et design, pour un véritable séjour cocooning qui répond aux besoins des voyageurs d'aujourd'hui. La liberté que vous offre cet hôtel est très différente de ses concurrents, puisque votre carte magnétique vous donne accès à de nombreux services comme l'espace remise en forme, le salon et l'espace snacking, jour et nuit, sans modération ni supplément. Le professionnalisme et la gentillesse de l'équipe renforcent cette sensation de *comme chez soi*.

VILLA COSY €€€

3, rue des chênes
MUNDOLSHEIM
✆ +33 7 71 17 12 13
https://villacosystrasbourg.com

Suites et chambres d'hôte à Strasbourg.

À une dizaine de minutes de Strasbourg, ce superbe hôtel particulier alsacien vous propose 5 chambres, suites et appartements tout confort à l'écart de l'agitation urbaine. Que vous soyez ici en déplacement pour vos affaires ou simplement pour un week-end en famille, vous serez accueilli dans un espace aux lignes pures et chaleureuses. Vous pourrez également vous détendre dans un très beau spa, véritable bulle de bien-être, ou profiter du jardin verdoyant et très agréable. Il également possible de privatiser l'établissement pour des séminaires ou événements privés.

HILTON**** €€€

1, avenue Herrenschmidt
✆ 03 88 37 10 10
www.strasbourg.hilton.com
De 95 € à 560 €. Petit déjeuner buffet : 25 € (continental : 15 €. Formule express du lundi au vendredi : 9 €).

Le Hilton Strasbourg vous offre l'accès à l'une des plus grandes chaînes de l'hôtellerie de luxe. L'ambiance est feutrée, comme il se doit. Les chambres sont spacieuses, lumineuses, très confortables quoiqu'un peu froides. Elles donnent toutes soit sur le Parlement européen, soit sur la cathédrale. Vous aurez accès gratuitement à la salle de sport et au sauna dans le centre de bien-être. La connexion Wi-Fi est gratuite. Vous serez également très bien reçus si vous souhaitez organiser un séminaire ou une réunion dans l'un des nombreux salons optimisés.

HÔTEL LES HARAS**** €€€

23, rue des Glacières
✆ 03 90 20 50 00
www.les-haras-hotel.com
Chambre double de 149 € à 490 € ; suite de 229 € à 605 €. Parking fermé : 30 €.

Aux portes de la Petite France, les Haras de Strasbourg ouvrent un dialogue harmonieux entre le calme, le confort et l'innovation sur plus d'un hectare. Construit au milieu du XVIIIe siècle, l'ancien Haras national de Strasbourg constitue un ensemble remarquable classé au titre des Monuments historiques. Une offre de room-service pour les petits déjeuners et repas, un somptueux Spa de 400 m², 3 salles de séminaires et 60 chambres on été ajoutés récemment ! L'hôtel dispose de 115 chambres au total avec les catégories Classique, Supérieure, Deluxe et Suite.

HÔTEL VOCO STRASBOURG-CENTRE THE GARDEN**** €€€

9, rue des magasins
✆ 03 88 10 10 47
Ouvert toute l'année. Tarifs détaillés voir site web. Spa wellness, fitness, piscine intérieure. Parking fermé.

Situé à équidistance de la gare et du centre-ville, cet hôtel est idéal pour un séjour d'affaires, en famille ou en amoureux. Avec ces chambres épurées et ses nombreux équipements, vous vivrez un séjour en toute tranquillité. Vous pourrez également faire un tour dans le joli jardin qui borde l'établissement, dîner au restaurant ou simplement boire un cocktail au bar. Un très beau spa wellness est également à votre disposition pour un supplément tarifaire.

LE LÉONOR**** €€€

11, rue de la Nuée-Bleue
✆ 03 67 29 29 29
leonor-hotel.com
Chambre double à partir de 150 € la nuit pour la classique. Nombreuses formules disponibles.

Le Léonor, c'est le nouvel hôtel quatre étoiles de la ville, dans un cadre surprenant et magnifique. Passé les portes, on découvre déjà la magnifique façade classée aux Monuments historiques. Ici tout est sublime sans pour autant que l'on s'y sente mal à l'aise. On y vit et on prend plaisir à en découvrir les recoins. Les chambres et suites sont toutes magnifiques, avec des références au passé du lieu délicieusement mises en avant dans des intérieurs modernes où le maître mot est la qualité, s'ouvrant sur des vues incroyables de la ville.

MAISON ROUGE STRASBOURG HOTEL & SPA, AUTOGRAPH COLLECTION***** €€€

4, rue des Francs-Bourgeois
✆ 03 88 32 08 60 – www.maison-rouge.com
Chambre simple à partir de 153 € la nuit, la nuit ; chambre double de 187 € à 217 € ; chambre triple à partir de 264 €.

Véritable institution nichée en plein cœur de la ville, Maison Rouge Hotel & Spa vous promet une évasion hors du temps. Ambiance feutrée, raffinée, vous serez séduits par l'élégance du décor où codes et traditions alsaciens se mêlent aux touches d'Art déco. Les chambres et suites, spacieuses, élégantes et confortables, sont dotées d'équipements et d'une literie haut de gamme, en plus d'un design travaillé. Un établissement où luxe et authenticité se mêlent, pour une expérience unique.

RÉGENT PETITE FRANCE & SPA***** €€€

5, rue des Moulins
✆ 03 88 76 43 43
www.regent-petite-france.com
Chambre double de 199 € à 535 € ; suite de 329 € à 870 €.

Luxueux et discret établissement dont le livre d'or recèle des commentaires de Mary Higgins Clark, Jean Reno ou encore Catherine Deneuve, le Régent Petite France est une institution ! Toutes les chambres et suites offrent une vue sur le quartier pittoresque de la Petite France, sur l'Ill et sur les maisons à colombages. Grâce à l'architecture du bâtiment, les 75 chambres ont chacune un caractère unique, de beaux volumes, une décoration raffinée avec une marqueterie exclusive.

SE RÉGALER

Séjourner en Alsace, ce n'est pas seulement jouir de paysages naturels verdoyants et de villes et villages à l'atmosphère chaleureuse et accueillante. En effet, votre séjour dans cette belle région sera aussi l'occasion de vous ouvrir à la généreuse et savoureuse gastronomie alsacienne. L'Alsace c'est, en somme, un régal pour les pupilles autant que pour les papilles et se régaler est un maître-mot ! La tarte flambée et les bretzels à toute heure, la choucroute garnie ou le jarret braisé au déjeuner, pourquoi pas, si vous avez encore faim un baeckehoffe le soir... le choix est pléthorique ! Prenez place dans les winstubs, bar-restaurant à vin traditionnel spécifique à l'Alsace. La winstub, peu chère et plutôt populaire, fréquentée par des habitués, est coquettement rustique et l'ambiance chaleureuse. Véritable institution régionale, on y sert malgré son nom plutôt de la bière mais rien ne vous empêchera de goûter aux vins du terroir!

La tarte flambée est une des spécialités gastronomiques de la région.

AUX 12 APÔTRES €€

7, rue Mercière
✆ 03 88 32 08 24
www.aux12apotres.com
Cuisine en continu.

On connaît les 12 Apôtres pour son vaste choix de bières mais ce que l'on sait moins, c'est que l'on peut aussi s'y restaurer et même très bien ! La cuisine ici est authentique, travaillée mais sans prétention, loin des attrape-touristes du quartier. Les produits utilisés sont frais et locaux, et les bons petits plats se partagent toute la journée dans une grande convivialité. Des classiques aux innovations, on trouvera toujours quelque chose pour ravir les papilles. Le bar complète le restaurant, toujours avec un vrai panel de bières minutieusement sélectionnées.

1741 €€€

22, quai des Bateliers
✆ 03 88 35 50 50
www.1741.fr
Ouvert du jeudi au lundi de 12h à 15h et de 19h à 23h. Menu de 45 à 155 €.

Face au palais Rohan, chef-d'œuvre du classicisme achevé en 1741, cette table cultive un esprit boudoir aussi intime qu'élégant, à travers une décoration façon baroque chic, à l'éclairage tamisé. Aux fourneaux, Jérémy Page, fort d'une expérience de quinze ans dans le groupe de Joël Robuchon, entre Paris et Londres. Il signe une cuisine fine et précise, riche de clins d'œil à l'Alsace. Son inspiration trouve pleinement sa mesure dans les sauces et jus, à l'image de cette bisque de roche avec ses rougets juste raidis : un délice !

À L'ABATTOIR €€

16, place de l'Abattoir
✆ 03 88 26 29 60
Ouvert du lundi au vendredi le midi de 12h à 13h et le soir de 19h à 21h30. Carte : 26 € environ. Chèque Restaurant.

Reconnu comme l'un des meilleurs restaurants de viande de Strasbourg depuis 1969, À l'Abattoir propose une large variété de viandes françaises mises en valeur par un charmant couple de restaurateurs. Claude en cuisine et Sabine en salle se chargeront de vous régaler avec leurs délicieuses pièces de bœuf ou de porc de qualité. Les amateurs de foies, de têtes et de langues de veau seront également satisfaits. Côté déco, un style traditionnel avec boiseries et nappes. Une belle terrasse est disponible en été. Tout est réuni pour réjouir les vrais viandards.

AEDAEN PLACE €€

4-6, rue des Aveugles
✆ 03 90 00 90 01
www.aedaen-place.com
Ouvert du mardi au vendredi de 11h à 1h30 ; le week-end de 10h à 1h30. Carte : 20 € environ. Terrasse.

L'Aedaen, acronyme de « Art Every Day and Every Night », est à la fois une brasserie, une pizzeria, un café littéraire et un bar. C'est un lieu branché agencé en plusieurs espaces et ambiances, où fusionnent gastronomie et culture. La carte propose chaque midi deux entrées, deux plats et deux desserts. Les choix sont plus variés le soir avec un vif intérêt pour les saveurs orientales ou asiatiques. Côté pizzeria, vous retrouvez une ambiance digne de Brooklyn. En journée, l'Aedaen se transforme en café proposant des animations. Un endroit atypique à découvrir !

L'ANCIENNE DOUANE €€

6, rue de la Douane ✆ 03 88 15 78 78
www.anciennedouane.fr
Tous les jours de 12h à 22h (avril-décembre). Menu unique à 23,50 € (entrée + plat + dessert). Menu enfant : 9,90 €.

Dans un cadre traditionnel et rustique avec son mobilier, ses nappes et ses boiseries (ne pas manquer le lustre en verres à vin), ce restaurant quelque peu bruyant, aux multiples salles et grandes tablées, dont la jolie terrasse surplombe l'Ill, sert avant tout des spécialités régionales : presskopf, escargots, choucroute garnie ou encore jarret gratiné au munster. Des plats riches et roboratifs préparés dans la cuisine du chef Frédéric Kurtz, qui raviront les grands appétits. En journée, l'Ancienne Douane se mue en winstub et propose des petits plats en continu.

ARGENTORATUM €€

14, rue du Bain aux Plantes
✆ 03 88 10 21 21
Cuisine traditionnelle alsacienne, tartes flambées.

À l'entrée de la Petite France, ce bel établissement, quelque peu à l'écart de la foule, vous accueille avec chaleur et un brin d'humour dans un cadre intimiste et contemporain. Outre les délicieuses tartes flambées, vous dégusterez sans complexe une cuisine alsacienne à la fois traditionnelle et modernisée. On fond sans complexe pour les fleichkiechles à la crème et aux champignons, la choucroute aux six garnitures ou encore la bouchée à la reine d'une finesse absolue. À noter : leur fraisier proposé en saison est tout simplement le meilleur de la ville !

LA CASSEROLE €€€

24, rue des Juifs
✆ 03 88 36 49 68
www.restaurantlacasserole.fr

Ouvert du mardi au samedi le midi et le soir.
Menus à découvrir de 44 € à 116 €.
A la carte : environ 80 €.

Située à l'ombre de la cathédrale Notre-Dame de Strasbourg, La Casserole se veut comme un écrin, une parenthèse à la fois gastronomique et esthétique. Entre les mains de Cédric Kuster depuis l'été 2015, cette adresse se distingue par sa créativité, son exigence et sa volonté de proposer une cuisine raffinée dans une ambiance décomplexée. La carte, évoluant au fil des saisons, est signée par le chef Jean Roc. Entre créativité, jeux de textures et de saveurs et sublimation de produits frais, il invite à des moments délicieusement gourmands...

© ANNE LIENART

AUX ARMES DE STRASBOURG €€

9, place Gutenberg ✆ 03 88 32 85 62
www.auxarmesdestrasbourg.com
Ouvert tous les jours de 9h30 à 00h.
Réservation recommandée. Carte : 19 € environ. Plat du jour : 9,90 €. Terrasse.

Presque au pied de la cathédrale, ce restaurant alsacien est le point de chute privilégié des groupes de touristes. À la carte, des spécialités locales, avec des assiettes copieuses et gourmandes. On retrouve les saveurs d'une bonne choucroute, d'une bouchée à la reine, d'un baeckeoffe, d'une paire de knacks ou d'un jambonneau braisé à la bière. Des plats plus classiques sont également proposés pour ceux qui préfèrent des plats de brasserie traditionnels. Lorsque le temps le permet, la vaste terrasse est très agréable et l'on prend plaisir à s'y attabler.

BRASSERIE K €€

3, place de la gare
✆ 03 88 62 62 29
https://brasserie-k.com
Brasserie traditionnelle, cuisine bourgeoise

Installée judicieusement en face de la superbe gare de Strasbourg, La Brasserie K accueille les voyageurs comme les actifs et les habitants du coin. Dans un vaste espace lumineux et apaisant, on y délivre des plats de brasserie de belle facture comme l'œuf parfait façon meurette, la joue de lotte rôtie aux agrumes ou le cheeseburger à la compotée de chou rouge, tout comme de véritables spécialités alsaciennes, à l'instar des tartes flambées ou de la truite du Heimbach confite. Le service est quelque peu pressé, mais souriant et à l'écoute.

BISTROT DES TANNEURS €€

36, rue du Fossé-des-Tanneurs
✆ 03 90 23 19 79
bistrotdestanneurs.fr
Ouvert du mercredi au dimanche de 12h à 14h30 et de 19h à 22h.

Ce restaurant propose une cuisine inscrite dans la tradition alsacienne avec des plats emblématiques comme la choucroute, la tarte flambée, le baeckeoffe, les spaetzele mais aussi des plats issus de la cuisine bourgeoise française. Vous pouvez également déguster de délicieux burgers faits maison ou profiter d'un apéro convivial en happy hour. Ce restaurant s'inscrit dans une démarche écologique en faisant fi des bouteilles plastique, en utilisant un système de compostage et en privilégiant l'usage du papier et du verre. Une belle démarche qui mérite d'être saluée.

CAFÉ RAVEN €

5, place du Corbeau
✆ 03 88 36 49 35
Ouvert du dimanche au jeudi de 7h à 1h30 ; le vendredi et le samedi de 7h à 3h.
Menu unique à 14,90 €.

Voilà un café-restaurant *hype*, cosy et *lounge* ! Le cadre est composé de tables, tabourets et banquettes de style scandinave agrémentés de coussins dodus, de vastes baies vitrées, de murs de briques et d'œuvres d'art contemporain à l'effigie de corbeaux – patronyme du lieu oblige. Vous pouvez y prendre votre petit déjeuner dès 7h du matin. En soirée, le Raven propose également une carte faite de petits plats, de *finger food* et de planchettes à partager entre amis. Beaucoup de choix parmi les cocktails : des basiques comme le *Cosmopolitan*... aux plus... créatifs !

LE BOCCACCIO €€

14, rue Finkwiller
✆ 03 88 37 11 51
Fermé mardi, samedi midi et dimanche.
Plat du jour entrée + plat ou plat + dessert 19 €. Entrée + plat + dessert 25 €.

Le Boccaccio, c'est le restaurant italien et aux saveurs méditerranéennes qui monte en puissance. Dans ce petit espace convivial et décoré avec goût ou sur la terrasse, l'ambiance est tout de suite agréable notamment grâce au charmant serveur Vincent. À la carte, on trouve quelques pizzas mais les incontournables ce sont les plats de Thierry, le jeune chef, qu'il réalise à partir de produits en provenance directe d'Italie auprès des meilleurs producteurs locaux. Les fruits et légumes viennent de son jardin. Ne manquez pas les divines suggestions du midi.

LA CASSEROLE €€€

24, rue des Juifs
✆ 03 88 36 49 68
www.restaurantlacasserole.fr
Ouvert du mardi au samedi le midi et le soir.
Menus à découvrir de 44 € à 116 €.
A la carte : environ 80 €.

Située à l'ombre de la cathédrale Notre-Dame de Strasbourg, La Casserole se veut comme un écrin, une parenthèse à la fois gastronomique et esthétique. Entre les mains de Cédric Kuster depuis l'été 2015, cette adresse se distingue par sa créativité, son exigence et sa volonté de proposer une cuisine raffinée dans une ambiance décomplexée. La carte, évoluant au fil des saisons, est signée par le chef Jean Roc. Entre créativité, jeux de textures et de saveurs et sublimation de produits frais, il invite à des moments délicieusement gourmands...

AU CÈDRE €€

1, rue Saint-Gothard ✆ 03 88 25 14 69
www.au-cedre.com

Ouvert du lundi au vendredi le midi et le soir (dernier service à 23h) ; le week-end le soir (dernier service à 23h).

Un cadre feutré et sobre, un service poli et professionnel, une carte traditionnelle qui se compose d'une multitude de mezze chauds et froids, de grillades et de quelques desserts… Tout y est ! Les quantités sont plus que généreuses sans faire fi des belles associations de saveurs. Tout est délicieux et parfaitement exécuté. Optez pour l'une des formules Initiation pour vous faire une idée du talent de ceux qui officient derrière les fourneaux. Les assiettes à partager nous assurent un moment de convivialité, un voyage teinté d'épices douces comme on les aime.

HÔTEL LES HARAS €€

23, rue des Glacières
✆ 03 90 20 50 00 – www.les-haras-hotel.com

Tous les jours le midi et le soir.
Formule du midi (entrée ; plat ; dessert) : 33 € en semaine ; 38 € le week-end.

Cet ancien édifice qui abritait jadis les haras de la ville, est de nos jours une adresse incontournable et fréquentée par de nombreux gastronomes. L'accès à l'établissement s'effectue de prime abord par un porche puis par une magnifique cour où boire un verre en été se révèle fort agréable. Une fois à l'intérieur, vous pourrez vous installer dans une grande salle aux boiseries apparentes. La carte met ses vins à l'honneur et mise sur les valeurs sûres qui font la renommée de la viticulture alsacienne. Une belle sélection de vins au verre est au programme.

AU DAUPHIN €€

13, place de la Cathédrale
✆ 03 88 21 01 46
www.restaurant-dauphin-strasbourg.fr

Ouvert tous les jours de 12h à 14h et de 18h30 à 22h. Menu du Dauphin : 38 €. Carte : 30 €.
Menu enfant : 9,50 €.

Au Dauphin, on s'attable avec plaisir dans la belle salle rétro, ou en terrasse à la belle saison, sous les feuillages et les lumières. Côté carte, vous retrouverez tous les plats incontournables et typiques d'Alsace, dont quelques-uns, comme les tartes flambées, vous seront proposés de façon revisitée. C'est aussi ici que vous pourrez déguster toute l'année des plateaux de fruits de mer, bien fournis et bien présentés. La carte des vins pour accompagner tout cela est elle aussi bien fournie et locale. Au dessert, laissez-vous tenter car ils sont succulents.

PIZZÉRIA TORRICELLI €€

3, place Meuniers
✆ 03 88 32 60 18

Ouvert du lundi au samedi de 12h à 14h30 et de 19h à 22h30 ; le dimanche de 18h à 22h30.

À la pizzeria Torricelli, on déguste de très honorables pizzas et autres spécialités italiennes bien servies et pour un prix défiant toute concurrence. Ce restaurant convient parfaitement aux petits budgets sans pour autant trop rogner sur la qualité des mets. À l'intérieur, on aime le cadre intimiste aux lumières tamisées et bordé de vieux livres... Le service est lui aussi très bon, agréable, patient et souriant, même si certains soirs d'été et le week-end, la terrasse est souvent bondée et le temps d'attente nécessairement un peu plus long.

HONESTY RESTAURANT €€

2, quai Finkwiller
✆ 03 90 40 37 16
www.honesty-restaurant-strasbourg.com

Ouvert du mardi au samedi de 12h à 14h et de 19h à 21h30. Menus de 18 € à 60 €.

Chez Honesty, il y a l'amour de la cuisine et des bons produits qui transparait partout. Les plats utilisent chaque produit en totalité et la carte change avec les saisons pour plus de fraîcheur. L'accueil et le lieu sont très chaleureux, on s'y sent tout de suite à l'aise. Le midi, les tarifs sont plus réduits tandis que le soir la carte est plus variée et plus chère. Chacun compose son menu en piochant dans les entrées, plats et desserts proposés ce qui lui plaît. Des mets aux saveurs originales comme en dessert le baba au limoncello et myrtilles.

AU PONT DU CORBEAU €€

21, quai Saint-Nicolas
✆ 03 88 35 60 68

Ouvert du lundi au vendredi le midi et le soir ; le dimanche soir. Carte : 25 € environ.
Formule du midi : 13,50 €.

Cette winstub a su garder sa belle rusticité : fenêtres en cul-de-bouteille, chaises en bois sculpté et nappes à carreaux. La cuisine est à l'avenant : tarte à l'oignon moelleuse, crudités comme dans toute bonne maison alsacienne, choucroute d'anthologie, tartes aux fruits de saison gourmandes. Le patron est un connaisseur hors pair des bons crus de la région, et l'on peut découvrir la production de la nouvelle génération de la viticulture alsacienne, comme les viticulteurs plus renommés. Une adresse sympathique et fort courue : il est préférable de réserver.

LE SCHNOCKELOCH €€

1, quai Saint-Jean
✆ 03 88 13 45 04
www.schnockeloch.fr

Ouvert tous les jours de 12h à 14h30 et de 18h à 22h30. Sur réservation.

Le Schnockeloch, littéralement « le trou à moustiques », est typiquement alsacien : palette fumée sur choucroute, jambonneau gratiné au munster, blanquette de volaille, choucroute... Les portions sont roboratives, à l'image de l'équipe accueillante, toujours bienveillante et rarement débordée. Pour ceux qui sont plus amènes à grignoter en buvant un verre, il y a aussi de quoi faire avec de nombreuses tartes flambées et l'incontournable et mythique paire de knacks. Le Schnockeloch est donc une adresse idéale pour découvrir la gastronomie et la culture locale.

LE TIRE-BOUCHON €€

5, rue des Tailleurs-de-Pierre
✆ 03 88 22 16 32
www.letirebouchon.fr

Maître Restaurateur. Ouvert toute l'année de 11h30 à 15h et de 18h à 00h. Réservation recommandée. Carte : 20 € environ.

L'authenticité ! Voilà le maître mot de ce winstub 100 % alsacien. Situé à quelques pas de la cathédrale, le Tire-Bouchon offre un cadre très chaleureux notamment grâce à ses fresques d'André Bricka et ses marqueteries de Spindler. L'ambiance est conviviale ; mais si vous souhaitez plus de confidentialité, quatre salons privatifs et raffinés vous accueillent à l'étage. À table, le Chef Malcolm Henry nous régale ! Salade de pot-au-feu, escargots, tête de veau vinaigrette, joues de porc braisées au pinot noir, pavé de saumon aux lentilles…

TAPAS CAFÉ €

16, rue du Bain-Finkwiller
✆ 03 88 24 57 30
www.tapas-cafe.fr

Ouvert du lundi au samedi à partir de 9h et jusqu´à 1h30. Carte : 20 € environ. Vin au verre.

Depuis 1997, le Tapas Café décline ses amuse-gueules très *caliente* ! Dans un cadre de taverne ibérique souvent comble les amateurs de bonne ambiance et de grandes tablées conviviales de tous âges viennent boire une bonne sangria ou un pichet de mojito maison à partager tout en picorant dans un assortiment de tapas salés et sucrés. Vous en trouverez ici pour tous les goûts et il est impossible que chacun n'y trouve pas son compte. Attention cependant, le lieu est souvent bondé et ne prend pas de réservations pour moins de quatre personnes.

TONY'S KITCHEN €€

4, Petite rue d'Austerlitz
✆ 03 88 36 50 49
restaurant-tonyskitchen-strasbourg.fr

Le lundi et le mardi midi. Les mercredi, jeudi et vendredi midi et soir. Le samedi soir.

Tony's Kitchen, c'est d'abord un restaurant à la décoration sur l'univers des motos, plus particulièrement des Harley, et du custom. Il est l'un des quartiers généraux des motards dans la région mais accueille tout le monde même les non-initiés ! En famille ou entre amis, on y vient pour profiter d'une ambiance conviviale et déguster des plats de pâtes, des pizzas ou des burgers. Une formule tartes flambées à volonté est également proposée. Accompagnez votre repas d'une bière, vous pourrez ainsi observer la tireuse en guidon de moto en action !

THE PEOPLE BAR €

7, rue de la Krutenau
✆ 09 78 36 20 29

Ouvert le dimanche et le lundi de 11h à 0h ; du mardi au samedi de 11h à 1h30. Bar.

Le bar restaurant de la Manu'T, vous propose un large éventail de plats traditionnels alsaciens bio, pour le déjeuner et le dîner, des snackings tout au long de la journée, différentes bières issues de brasseries locales et des cocktails avec et sans alcools élaborés avec soin. Que l'on soit flexitarien ou végétarien, il y a de quoi se faire plaisir : burger au pain bretzel ou salade veggie bowl... De nombreux événements sont organisés dans cet établissement convivial et il y en a pour tous les goûts ! On pourra en profiter pour dormir au People Hostel.

LE TROQUET DES KNECKES €

112, Grand-Rue ✆ 03 88 22 57 45
www.troquet-kneckes.alsace

Ouvert du lundi au vendredi de 11h à 1h30 ; le week-end de 10h à 1h30. Sans réservation. Carte : 12 € environ.

Le Troquet des Kneckes (garnements en alsacien) est un café-restaurant pleinement dédié à l'Alsace et à son dialecte. Aux murs sont placardées des expressions alsaciennes et leurs traductions (les plus grivoises sont aux toilettes !). À la carte, en plus du menu du jour, on twiste les traditions gastronomiques de la région – tarte flambées au saumon et miel, pot-au-feu vietnamien, *fish and kneckes* – en les mariant avec une spécialité d'ailleurs. Le dimanche on y brunche dès 10h, le mardi soir on y apprend l'alsacien gratuitement avec un professeur dédié. Hop là !

CHEZ 2 AMIS €€

183, route du Polygone
✆ 03 67 97 56 79
https://chez2amis.eatbu.com
Cuisine traditionnelle et pizzas. Possibilité de privatisation et accueil de groupes sur réservation.

Ne vous fiez pas à la devanture ! À l'intérieur, cet établissement vous accueille dans un écrin de pub contemporain avec le charme discret des restaurants de quartier. On s'y régale autour d'une large carte de pizzas délicieuses et d'un éventail de plats traditionnels, du terroir, aux saveurs justement dosées et maîtrisées. Bavette Black Angus, Cordon bleu de veau maison savoureux, rognons de veau déglacés au cognac... Les jeunes actifs de Neudorf s'y précipitent déjà. On a aimé le service sympathique et l'accueil d'une belle convivialité. Une jolie adresse !

L'AMUSE-BOUCHE €€€

3a, rue de Turenne ✆ 03 88 35 72 82
www.lamuse-bouche.fr
Mardi et mercredi 12h-13h30 ; du jeudi au samedi 12h-13h30 et 19h-21h. Menus de 44 € à 150 €. Formule du midi : 16 €.

Stella, en cuisine, n'a pas son pareil pour régaler tout son petit monde dont de nombreux habitués qui viennent notamment pour le déjeuner et sa formule. Mais ce qui vaut le plus le détour, c'est le menu découverte servi en 5 plats dégustation, mitonnés au gré des inspirations du moment. A la carte par exemple : noix de Saint-Jacques rôties, lard fumé, bouillon de parmesan et risotto au potimarron ; fruits tropicaux, en gelée et crémeux, mousseux au chocolat blanc, ananas confit et sorbet piña colada. Un bon moment en perspective sublimé par des vins de qualité !

L'ARCHIPEL €€€

4, Bd de Dresde
✆ 03 67 70 72 80
Ouvert tous les jours de 12h à 14h et de 19h à 21h30. Menu unique à 34 € (menu uniquement à midi).

Au dernier étage du tout nouvel hôtel AC Marriott, le restaurant L'Archipel vous accueille dans un vaste écrin lumineux avec une somptueuse vue panoramique sur la ville. Le chef Garry Baud et son équipe y déclinent une cuisine gastronomique et raffinée. Des produits simples, nobles et de saison sont revisités pour le plus grand bonheur des convives. Au programme des réjouissances : un risotto carnaroli aux cèpes et émulsion de cresson alénois, un filet de dorade royale au beurre blanc ou des poireaux braisés. Un moment suspendu avec une vue à couper le souffle !

BESAME MUCHO €

10, Rue Fritz Kiener
✆ 09 73 89 20 42
www.besamemucho.fr
Ouvert du mardi au samedi de 12h à 14h et de 19h à 22h30. Vin au verre.

Besame Mucho, c'est un nouveau petit restaurant mexicain plein de charme, où l'on déguste une cuisine mexicaine raffinée, traditionnelle mais avec une touche de modernité. Le chef arrive directement du Mexique et en fait venir les meilleurs produits afin de vous offrir une véritable découverte culinaire. Des classiques tacos aux plats plus surprenants, chacun trouve ici son compte dans une ambiance décontractée et agréable. Irma, en salle, est d'une gentillesse incroyable et se fera un plaisir de vous conseiller lors de votre voyage papillaire.

BIG FERNAND €€

4, rue du Parchemin
✆ 01 23 45 67 89
www.bigfernand.com
Ouvert tous les jours de 12h à 22h30.

Envie de déguster des burgers faits maison dans un espace agréable et convivial ? Ici le hamburger s'avère de très haut niveau. Les recettes sont particulièrement créatives. Les portions peuvent paraître un peu légères pour certains mais tous les produits sont frais et 100 % français pour le plus grand plaisir des papilles. La décoration est moderne et mélange styles industriel et rustique. Le personnel est disponible à chaque instant et vous accueillera comme des rois. Il veillera également à ce que vous soyez parfaitement à l'aise tout au long de votre repas.

BLACK AND WHITE BURGER €€

12, Rue de la Mésange
bnwburger.com
Tous les jours de 11h à 23h.

Black & White Burger c'est le phénomène burger imaginé et créé par Ibrahim Tsetchoev, plus connu sous le nom de Ibra TV et son partenaire Djam, les célèbres youtubeurs au plus de 4.5M d'abonnés ! Créer des burgers uniques, faire vivre une expérience gustative et visuelle aux amateurs de burgers, telle est la volonté des fondateurs ! Et on peut dire que le pari est réussi ! Déjà visuellement, les burgers de l'enseigne se démarquent, notamment avec leur couleur noire, mais c'est aussi le goût qui surprend : viande de qualité, ingrédients sélectionnés, sauces maison...

STRASBOURG

CAFÉ DE L'OPÉRA €€

19, place Broglie
✆ 03 88 22 98 51
cafedelopera.fr
Restaurant. Bar. Brunch. Événements

Véritable institution à Strasbourg, le Café de l'Opéra vous accueille au sein du mythique Opéra du Rhin, dans un écrin contemporain et épuré. Si le lieu s'avère très fréquenté par l'intelligentsia strasbourgeoise et les acteurs du milieu culturel, ne soyez pas timide : la maîtresse des lieux vous accueillera avec chaleur et veillera à ce que vous passiez un bon moment. Une carte axée terroir version chic pour le déjeuner et le dîner, des plats du jour et un brunch dominical qui rallie tous les suffrages. La terrasse avec vue sur la place Broglie est un atout !

DARNESS €€

14, Rue du Faubourg-de-Saverne
✆ 03 88 55 55 58
www.darness.fr
Ouvert du lundi au jeudi de 11h30 à 22h ; le vendredi et le samedi de 11h30 à 22h30.

Darnes, qui signifie « la maison du peuple », c'est la toute nouvelle cantine marocaine de Strasbourg ! Son but est simple : vous faire découvrir les saveurs marocaines comme si vous y étiez. Vous y trouverez de nombreux plats traditionnels tels que les couscous, tajines et kazdals accompagnés d'un vaste choix de boissons et le tout fait maison. On apprécie particulièrement les larges horaires d'ouverture qui permettent de se restaurer à toute heure de la journée et les petits déjeuners marocains proposés chaque matin à prix très abordable.

COME A ROMA €

1, rue Stimmer
✆ 03 92 01 76 29
https://comearoma.com/
Pizza de tradition romaine, vendue à la coupe.

Il y a 17 ans, Federico était le premier à proposer de la pizza à la coupe ! Et aujourd'hui, c'est dans son sympathique établissement de la rue Stimmer qu'on s'offre une expérience pleinement inscrite dans la tradition romaine : ici, on paie sa part de pizza à la coupe et au poids. Vous y dégusterez sans chichis les recettes traditionnelles comme la Margarita mais également des mélanges plus étonnants et ce, sur place ou à emporter. Federico et toute sa petite équipe accueilleront les plus pressés comme ceux qui souhaitent prendre le temps de savourer.

FLOW FOOD FAMILY €

11, Place du Temple Neuf
✆ 09 84 59 51 41
www.flowfoodfamily.com
Ouvert du lundi au samedi de 10h à 19h et le dimanche de 10h à 17h.

Sur la très jolie place du Temple Neuf, ce nouvel établissement ravira les jeunes actifs et les étudiants comme les touristes pressés. Sur place ou à emporter, Flow Food Family vous propose de déguster des petits plats de bonne facture, concoctés avec des produits frais et qualitatifs. Il en va de même pour les sandwiches savoureux et les plaisirs sucrés qui combleront petites et grandes faims ! Un lieu fort sympathique, créé par Maxime et Xavier, deux copains férus de bonne bouffe et de musique hip hop. On les suit volontiers... sur le pouce !

AU CRUCHON €€

11, rue des Pucelles ✆ 03 88 35 78 82
www.aucruchon.fr
Ouvert du mardi au samedi de 12h à 14h et de 18h30 à 22h. Réservation recommandée. Carte : 20 € environ

Ce restaurant délivre une cuisine de tradition, du fait-maison axé sur des produits frais. Les mets sont savoureux et impeccablement dressés. Parmi les suggestions proposées, vous pouvez vous régaler avec un os à moelle et ses toasts, une soupe à l'oignon, un cordon de volaille au munster ou le fameux jarret de porc sur son lit de choucroute. Et pour conclure ces agapes, laissez-vous tenter par une portion de munster fermier ou une gourmandise sucrée : un kougelhopf glacé au gewurztraminer. L'accueil est vraiment sympathique et l'ambiance typiquement alsacienne.

FLOW FOOD FAMILY €

11, Place du Temple Neuf
✆ 09 84 59 51 41
www.flowfoodfamily.com
Du lundi au samedi de 10h à 19h.

Xavier et Maxime sont deux amis d'enfance qui partagent les passions de la bonne cuisine et de la musique hip hop. Ayant chacun réalisé un beau parcours professionnel, ils ont décidé de s'associer pour créer la flow food family, afin de créer un nouveau lieu où se restaurer et se ressourcer dans une ambiance très détendue au centre-ville de Strasbourg. Vous trouverez ici des petits plats de qualité réalisés à base de produits frais et de saison, pour une restauration rapide qui fait du bien à la santé mais aussi aux papilles !

LES FUNAMBULES €€

17, rue Geiler ✆ 03 88 61 65 41
www.restaurantlesfunambules.com
Ouvert le mardi et du jeudi au samedi le midi et le soir ; le mercredi midi. Le midi, entrée/plat/dessert : 24 €.

Cette adresse est impeccablement gérée par trois amis qui, à la sortie du lycée hôtelier, se rêvaient en *funambules des fourneaux*. Chloé, Guillaume et Jean-Baptiste concrétisent aujourd'hui leurs désirs de cuisine authentique, savoureuse et bio, au fil de mets élaborés selon les saisons dans la cuisine de leur restaurant où tout 100% fait maison à partir de produits frais et locaux. Un engagement auquel le Guide Michelin est particulièrement sensible, au point de décerner une 1re étoile amplement méritée aux Funambules en janvier 2019 et renouvelée depuis !

H ! BRASSERIE €€

1, avenue Herrenschmidt
✆ 03 88 37 41 10
www.h-eat-drink.fr
Ouvert du lundi au samedi de 12h à 14h et de 19h à 22h ; le dimanche de 11h à 14h et de 19h à 22h. Menu Express 24 €.

La H ! Brasserie vous reçoit dans un espace cosy et contemporain, idéal pour des repas d'affaires ou entre amis. Le Chef Eric Bonnamant délivre une cuisine de saison et pleine de fraicheur et la cave du Hilton comptant près d'une centaine de bouteilles de vin garantit un choix pléthorique, avec une offre de vin au verre changeant au gré des saisons. La grande terrasse est parfaite pour profiter du soleil les jours d'été et du calme des environs de l'hôtel. Si vous souhaitez prolonger la soirée, le H ! Bar vous accueille juste à côté jusqu'à une heure avancée...

HARMONIE BOWL & JUICE €

5, rue Saint-Etienne
✆ 03 88 22 78 22
www.harmoniebowlandjuice.com
Ouvert du lundi au jeudi et le samedi de 8h30 à 18h ; le vendredi de 8h30 à 22h. Carte : 10 € environ. A emporter.

Harmonie Bowl & Juice s'inscrit dans le bio, végan et sans gluten. Ses deux gérants, un cuisinier passionné et son épouse naturopathe, sont parvenus à relier les recettes de la cuisine traditionnelle asiatique aux modes de consommation d'aujourd'hui. Des bols de riz vous seront servis accompagnés de sésame et de légumes en sauce. Vous pouvez également consommer des smoothies réalisés à l'extracteur, du café bio et plusieurs jus différents. L'établissement est ouvert tout au long de la journée. Du petit déjeuner au dîner : une cuisine saine et savoureuse !

L'ATELIER €€

31, avenue des Vosges ✆ 03 88 35 71 18
www.latelier-restaurant-strasbourg.fr
Ouvert du lundi au vendredi de 12h à 14h et de 19h à 22h. Réservation recommandée. Vin au verre.

Evelyne, en salle, vous accueille avec bienveillance dans une ambiance familiale. En cuisine, Philippe, maître restaurateur, mitonne avec l'amour des bons produits et on ne peut que le ressentir lorsque l'on goûte aux assiettes. L'ardoise suggère au gré des marchés et des saisons des plats savoureux : entrecôtes à la fondue d'oignons caramélisés, côtes de bœuf, terrines de foie gras et son chutney, presskopfs vinaigrette, cordons bleus de veau au comté, viandes de chevreau, nems de boudins aux pommes ou encore currys de poissons aux légumes.

CHEZ MON EX €

47, boulevard de la Victoire
✆ 03 88 37 31 74
www.restaurant-chezmonex.fr
Ouvert du lundi au samedi de 11h à 1h (dernier service à 00h). Réservation recommandée. Carte : 15 € environ.

Murs noirs ornés de tags et croquis blancs, recouverts d'azulejos, mobilier vintage, grandes baies vitrées, un petit coin canapé-bibliothèque où livres et jeux de société sont mis à disposition, Chez mon Ex mise énormément sur la décoration ludique des lieux. Vous trouvez ici midi et soir une cuisine simple et sans chichis mais bien exécutée, idéale pour déjeuner vite avec un rapport qualité-prix correct : burger, cordon bleu, cœur d'entrecôte, filet de cabillaud..., mais aussi planchettes de charcuteries, croque-monsieur, salades, panna cotta, crème brûlée...

LES SALES GOSSES €€

56, boulevard Clemenceau
✆ 03 88 25 55 44
www.restaurantlessalesgosses.com
Du lundi au vendredi de 12h à 13h45 et de 19h à 21h30 ; le samedi de 19h à 21h30. Formule du midi : 17,80 €.

Toutes les six semaines, une nouvelle destination est mise en assiette, avec de nouvelles recettes, toujours issues de produits frais et accompagnées des meilleurs vins. Il n'y a donc pas de carte mais Arnaud passera à votre table vous raconter les plats du moment. Toujours des plats inventifs et hauts en couleur pour un voyage visuel et gustatif. Pour le déjeuner, la formule propose de choisir entre deux entrées et deux plats sans se ruiner et toujours un poisson ou une viande. Gage de qualité, le restaurant dispose du titre de Maître Restaurateur depuis 2014.

SÉOUL STATION €€

24, rue des Frères
✆ 03 88 51 55 38
www.seoulstation-coreen.com
Ouvert du lundi au samedi de 11h45 à 14h et de 18h45 à 21h30.

Cette échoppe typiquement coréenne avec son mur de soju (l'alcool national), ses guirlandes lumineuses et ses barbecues traditionnels insérés dans les tables vous offriront un dépaysement total le temps d'un déjeuner ou d'un dîner. Au menu : une cuisine fine et savoureuse dans un esprit *street*. Les amoureux de kimchi (plat national à base de chou saumuré) ou autre japchae (nouilles sautées au bœuf) seront comblés. Le lieu permet aussi d'organiser son propre barbecue à table, à la coréenne. Pour les plus pressés : on peut emporter son *dosirak* (le bento coréen) !

LA VIE €€

3, Rue des Planches
✆ 06 81 54 64 99
Ouvert du lundi au vendredi de 12h à 14h et à partir de 19h ; le samedi de 17h à 23h. Vin au verre.

La vie, c'est quoi ? Se sentir bien, boire du bon vin et bien manger pardi ! C'est ce que l'on trouve à La Vie, le bar à vin qui ne délaisse pas la bonne cuisine. Ici vous trouverez des centaines de références de vins bien sûr, mais vous pourrez les accompagner de vrais petits plats aux accents délicieusement italiens. Se laissant guider, on fait son chemin dans les accords mets et vins, on grignote, on partage mais surtout, on profite du moment présent. Lieu épicurien par excellence, La Vie comblera les plus exigeants des amateurs.

SNACK MICHEL €

20, avenue de la Marseillaise ✆ 03 88 35 45 40
www.cafe-brasserie-michel.com
Ouvert du lundi au vendredi de 6h à 21h ; le samedi de 6h à 19h. Carte : 13 € environ. Vente à emporter.

Cette brasserie historique fait le plein depuis plus de 40 ans avec une clientèle de tous les âges. Il faut dire que l'ambiance est sympathique, le cadre chaleureux et la cuisine d'un bon rapport qualité-prix. Prenez votre café du matin accompagné de viennoiseries. Des plats simples et gourmands vous attendent pour la pause déjeuner. Retournez-y à l'heure du goûter, le café gourmand et les tartes sont délicieux. Des cafés philo, histoire ou politique sont aussi régulièrement organisés. Une institution strasbourgeoise très prisée à l'heure du petit déjeuner ! !

LA VIGNETTE €€€

78, route des Romains
✆ 03 88 28 99 52
www.lavignette.fr
Ouvert du mardi au samedi le midi et le soir ; le dimanche midi. Menus de 39 € à 75 €. Formule du midi : 16,50 €.

À la table de La Vignette, on déguste une cuisine qui respecte sa terre et ceux qui la travaillent, franche, délicate et parfaitement assaisonnée. Le travail des herbes aromatiques est d'ailleurs l'une des spécialités du Chef Valentin Jozeleau, qui excelle à les utiliser pour souligner ses créations. Privilégiant les circuits courts et les entreprises familiales, l'équipe a tissé de solides liens avec des producteurs passionnés qui alimentent les cuisines en produits naturels. Plusieurs centaines de vins sont disponibles dans la cave et Florian vous conseillera.

LA TABLE DE CHRISTOPHE €€

28, rue des Juifs
✆ 03 88 24 63 27
www.tabledechristophe.com
Menu Bouche à Oreilles : 34 €. Menu sur commande à partir de 10 personnes. Formule entrée + plat : 14,50 €.

C'est une cuisine du marché inventive et ciselée au gré des saisons que vous propose la Table de Christophe. L'endroit est à la fois chaleureux et cosy. Angèle, serviable et très attentionnée, prend le temps de vous raconter l'origine de ses plats les plus appétissants. Christophe Ischia, le chef, réalise une cuisine de terroir délicieuse et généreuse en goût. La carte change régulièrement et le chef marie les saveurs avec subtilité pour toujours vous satisfaire. La salle est grande et les plats sont bien présentés. On n'a qu'une seule envie : y revenir !

CHEZ YVONNE €€€

10, rue du Sanglier
✆ 03 88 32 84 15
www.restaurant-chez-yvonne.net
Ouvert tous les jours à midi et le soir. Carte : environ 25 €. Vin au verre. Accueil des groupes. Boutique.

Ouvert depuis 1873, l'établissement est une véritable institution. Chez Yvonne propose des plats régionaux, majoritairement faits maison avec des produits frais issus de producteurs locaux. Le chef Serge Cutillo propose des plats traditionnels mais revisités, comme son tartare au couteau en été ou sa tarte au citron meringuée déstructurée en hiver, le tout servi par la pétillante Maria, figure emblématique de ce lieu. Dans la salle principale, ou dans l'un des salons, vous apprécierez la décoration typique. Le restaurant est situé à deux pas de la cathédrale.

RESTAURANT EMMAÜS MUNDO €

14, rue de l'Atome
BISCHHEIM
✆ 06 11 35 74 38
https://emmausmundo.com
Restaurant solidaire, uniquement au déjeuner sur réservation.

Avec son nouveau concept particulièrement bien agencé, Emmaüs Mundolsheim s'est fait fort de créer un petit restaurant en son sein, uniquement accessible sur réservation. Ne vous attendez pas à un réel service de restaurant classique avec tout son tralala. Ici, un seul menu par jour (au tarif imbattable), parfaitement exécuté, simple et sans fioriture. Le week-end, un buffet chaud et froid à volonté est proposé pour quelques euros. Avant de jouer les chineurs, prenez le temps de vous attabler dans ce restaurant solidaire au service agréable et chaleureux.

LE RELAIS DE LA POSTE €€

21, Rue du Général de Gaulle
LA WANTZENAU
✆ 03 88 59 24 80
Ouvert le mardi soir ; du mercredi au samedi le midi et le soir.

Sous la direction du Chef Thomas Koebel, récompensé de 3 fourchettes Michelin et de 2 toques Gault & Millau, une brigade passionnée et créative œuvre au quotidien pour offrir la plus belle des expériences gastronomiques. Une cuisine précise, des dressage clairs, une sélection de produits exigeante et bien sûr locale, des assiettes créatives et gourmandes. Intimement convaincu que la qualité des plats réside dans le choix des ingrédients, le Chef s'attache à travailler exclusivement des produits frais et de saison, en faisant la part belle au terroir alsacien.

À LA GARE « CHEZ JOËL » €€

30, rue de la Gare - **LINGOLSHEIM**
✆ 03 88 78 00 45
www.resto-gare-lingo.fr
Ouvert le dimanche et le lundi midi ; du mardi au vendredi midi et soir. Formule du midi : 10,50 € (entrée/plat).

Le chef, Joël Vix a fait ses classes dans de nombreux établissements, avant d'ouvrir ce restaurant fréquenté par une foule d'habitués. Un retour aux sources, car comme il aime à le souligner, il est natif du village ! En salle, sa femme Sophie l'épaule avec conviction. Ici la qualité du service et l'accueil sont un élément primordial et les plats régionaux sont faits maison. En saison, des spécialités sont servies : gibiers bien sûr, mais aussi carpes frites, selon la recette traditionnelle transmise par sa mère – filets de carpe panés dans la semoule.

TOUT EST BON DANS LE CAMION €

18, rue de Graffenstaden - **LINGOLSHEIM**
✆ 06 65 77 83 65
www.toutestbondanslecamion.com
Ouvert le mardi et le jeudi le soir. Le mercredi midi. Présent sur d'autres sites. Chèque Restaurant.

Avec un CAP de pâtissier, chocolatier et cuisinier en poche, et une expérience en restauration, Gaël Schwach a créé son Food Truck il y a déjà plusieurs années. Au menu vous trouverez des pâtes et bien sûr toute la gamme des hamburgers. Ceux-ci se déclinent en 5 variantes : classique, césar, du chef, suisse ou encore basque. Tous les jours, un plat cuisiné (viande mijoté et accompagnement) est proposé en suggestion. Les desserts apporteront la note sucrée pour terminer votre en-cas.

AU BOEUF ROUGE - FRANÇOIS GOLLA €€€

39, rue du général de Gaulle
NIEDERSCHAEFFOLSHEIM
✆ 03 88 73 81 00
https://francois-golla.com
Hôtel-restaurant gastronomique.

Si l'univers de la gastronomie vous effraie, Au Bœuf Rouge-François Golla est fait pour vous ! Au cœur de cet hôtel-restaurant de haute volée, vous dégusterez une cuisine gastronomique merveilleuse dans un cadre élégant et intimiste et bénéficierez d'un accueil aussi chaleureux que dans une winstub familiale. On craque sans réserve pour l'omble chevalier des Vosges du Nord et ses variations d'herbes potagères. Ne passez pas à côté de la déclinaison de chocolat guanaja. Un must !

AU BUREAU €€

Boulevard des Enseignes - **REICHSTETT**
✆ 03 68 69 94 00
www.aubureau.fr
Du dimanche au jeudi de 11h30 à 23h30.
Vendredi et samedi de 11h30 à 00h30.

Dans un décor inspiré des pubs anglais, avec ses banquettes Chesterfield, ses petits canapés en cuir noir, son bois sombre et une moto exposée au beau milieu du bar ! Au menu : crispy chicken, beignets d'avocat épicés, poutine, cheddar sticks, planchettes de charcuteries, tortillas, camembert rôti, fish and chips, welsh, mijoté d'agneau à la Leffe, burgers, entrecôtes, bavette, confit de canard, brochette tandoori, flammekueches et croque-monsieur. Au dessert, crumble ! Pour accompagner cela, on profite d'un vaste éventail de bières belges et de cocktails variés.

LE CONFIDENTIEL €€

13, rue de la Haye
SCHILTIGHEIM
✆ 03 90 22 60 36
www.le-confidentiel.fr
Plats bio et sans gluten. Ouvert du lundi au vendredi : midi et soir. Menu de 30 € à 39 €. Terasse.

Restaurant d'affaires atypique : les plats sont bio, sans gluten et sans laitage ! Les produits sont frais et tout est 100 % fait maison. Le chef Johann Gonzales œuvrait précédemment Au Cerf à Marlenheim. Les plats sont élaborés en collaboration avec une naturopathe. Les recettes sont élaborées à base de racines, herbes, algues, fruits et légumes... L'établissement vous accueille aussi pour des petits déjeuners et des after works. L'établissement dispose de trois salles à l'étage où vous pouvez déjeuner en toute confidentialité.

AMADEUS €€

20, Rue de Rhinau
✆ 09 80 36 16 84
Bistronomie revisitée et raffinée.

Au cœur du quartier de Neudorf, à l'écart du centre-ville, ce charmant petit restaurant aux lignes claires et à la décoration épurée vous propose une cuisine raffinée issue des gastronomies françaises et autrichiennes, en accord avec les origines du couple à la tête de l'établissement. On y vient se poser avec plaisir pour déguster de superbes schnitzels, des goulashs, des spaetzles aux légumes ou encore la célèbre escalope viennoise. La carte change avec régularité et il y a régulièrement de nouvelles propositions savoureuses.

HIBIKI €€

6, Rue de la Mairie
SCHILTIGHEIM
✆ 03 67 99 70 38
Véritable cuisine japonaise, tapas et végé.

Nouvellement installé à Schiltigheim, HiBiKi vous propose une délicieuse et délicate cuisine japonaise traditionnelle à l'instar du saumon grillé au miso, du poulet teryaki, du bœuf mitonné à la japonaise, du millefeuille de rouget à la prune salée ou du tataki de bœuf dans les fameux bentos. Il est également possible de déguster des plats végétariens. Les dressages sont parfaitement réalisés dans les règles de l'art. Pour accompagner ces délices, des vins nature et biodynamiques vous sont proposés. Côté dessert, on ne fera pas l'impasse sur les célèbres mochis.

THE SMOKEY MONKEY €

49, Presqu'île André-Malraux
✆ 03 69 48 43 92
www.smokey-monkey.com
Ouvert du lundi au samedi de 11h à 1h30 ; le dimanche de 11h à 15h30.

Voici le lieu idéal pour passer une bonne soirée entre amis. Côté bar, on retrouve une ambiance très conviviale, de nombreux cocktails, des bières et bien sûr tous les classiques. Et quand vient le petit creux, on est surpris par la qualité de la carte ! Vous avez le choix entre les petites finger food à partager et les plats plus conséquents. Laissez-vous tenter par les viandes et poissons fumés sur place, c'est divin ! Les amateurs de fish and chips trouveront ici l'un des meilleurs de la ville. Au dessert, ne manquez pas le gâteau à la Guinness !

AU WACKEN €

1, rue des Contades
SCHILTIGHEIM
✆ 03 88 36 67 62
www.auwacken.fr
Ouvert tous les jours midi et soir, sauf le samedi midi. Carte 20 € environ. Tartes flambées le soir.

Dans une bâtisse ancienne ou sur la terrasse à l'écart de l'agitation, ce restaurant est des plus chaleureux. Une carte courte mais des plats suffisamment variés pour que chacun y trouve son bonheur. Le soir, l'incontournable demeure la tarte flambée, qui se décline sous de nombreuses variations. Les amateurs de viande apprécieront la qualité des entrecôtes. Un grand choix de vins de qualité au verre est disponible. En salle, le personnel a été renouvelé, et apporte un sentiment de nouveauté. Voici donc un lieu très agréable pour vos évènements.

LA TABLE DE VENDENHEIM €€

2, rue des Artisans
VENDENHEIM
✆ 03 88 81 80 44
https://latabledevendenheim.fr/
Ouvert du lundi au samedi de 11h45 à 14h et de 18h45 à 22h. Pizza à partir de 10 €.

À la lisière de la zone artisanale, dans un édifice chaleureux et boisé, Marc, Aslan et leur équipe proposent une belle cuisine méditerranéenne : penne à la sicilienne, tartare à l'italienne, carpaccio de bœuf à volonté, risotto aux noix de Saint-Jacques. Les pizzas sont cuites au feu de bois pour une cuisson optimale. La Table de Vendenheim est une maison parfaite pour les déjeuners d'affaires. En soirée, des animations sont souvent proposées, attirant de nombreux habitués lors de spectacles (concerts de vieux rock américain, dîner à l'aveugle...).

STRASBOURG

FAIRE UNE PAUSE

Pour faire une petite pause à Strasbourg, le choix est vaste et des plus divers ! La ville regorge de bars et bistrots bien sûr, mais elle réserve aussi de belles surprises avec de nombreuses pâtisseries à la renommée inégalée et aux spécialités alléchantes, des salons de thés cosy où l'on prend le temps, des terrasses et bars cachés en retrait du tumulte des rues touristiques, des lieux aux concepts détonants comme les bars à chats ou spécialisés dans un type de boisson, des glaciers célèbres dans le monde entier aux coupes gigantesques et créatives... Pour l'apéritif, l'offre est vaste et l'on se rue sur les bières accompagnées de planchettes composées de fromages et charcuteries locaux. Sachez en outre qu'à chaque saison correspond une nouvelle bière dont la sortie, notamment pour celles de printemps et de Noël, est un véritable évènement attendu de tous que l'on ne manque pas de fêter dignement !

L'ALLÉGORIE

17, rue d'Austerlitz
✆ 03 88 66 89 59
www.lallegorie.com
Tous les jours de 7h à 19h30.

L'Allégorie est le lieu de la créativité et de l'expression de la passion de Sébastien qui depuis deux ans propose ses talents de boulanger aux Strasbourgeois. Tout est ici 100 % fait maison, avec des blés 100 % bio et du levain naturel et français pour les pains et une gamme traiteur très vaste, chaude ou froide. Du côté des pâtisseries, Sébastien propose des classiques revisités. Les deux compères n'ont de cesse de créer, de réinventer les choses, et l'on ne se lasse ainsi jamais de venir déguster à toute heure une petite douceur.

BARAKA JEUX

6, place de l'Homme de Fer
✆ 03 90 23 18 16
www.barakajeuxstrasbourg.fr
Du lundi au vendredi de 17h à 1h et le week-end à partir de 14h.

Dans un décor à la Jumanji, vous vous amuserez en dégustant des bières belges à la pression, des cocktails ou des rhums arrangés par exemple. Et pour combler vos petites faims, planchettes de charcuteries et fromages espagnols en provenance de l'Epicerie Iberica ou tartinades maison vous attendent. Tous les mois, ne manquez pas les blindtests et tournois de billard. Vous pourrez ainsi défier vos amis ou vous mesurer à de parfaits inconnus dans une ambiance agréable et bon enfant. L'établissement n'est pas accessible aux personnes à mobilité réduite.

LA BÄCKERSTUB

2, place Clément
✆ 09 83 64 01 34
www.labackerstub.fr
Du mardi au samedi 7h-19h.
Ateliers culinaires : 60 €. Brunch : 25 €.
Lieu de distribution d'AMAP.

C'est dans un décor chaleureux, tout en boiseries, que Jonathan Miquel et Edith Maurer vous accueillent à quelques pas de la place des Halles. L'ambiance est conviviale et les grandes tablées donnent envie de se laisser aller à goûter quelques douceurs salées ou sucrées bio. La structure s'inscrit dans un projet d'économie solidaire et sociale. Les produits utilisés sont issus du commerce équitable et Jonathan travaille avec des producteurs bio locaux. Pour les personnes concernées, on vous proposera des productions sans allergènes tels que le gluten.

BULLES GOURMANDES

4, rue de la Mairie
SCHILTIGHEIM
✆ 03 88 49 82 31
www.bullesgourmandes.fr
Ouvert du mardi au vendredi de 8h à 18h30 ; le samedi de 9h à 12h30.

Jessica Kruth est une véritable passionnée qui vous reçoit toujours avec le sourire dans sa belle boutique. Si les pâtisseries sont ici belles et excellentes, elles sont aussi le reflet des valeurs de la pâtissière : produits régionaux ou AOP, fruits du marché, pâtisserie à manger sur le pouce mais de grande qualité, tout maison avec amour et passion... Bulles Gourmandes, c'est aussi une pâtisserie responsable qui œuvre en partenariat avec de petits producteurs locaux. Chaque nouvelle saison est l'occasion de goûter à des créations uniques.

CANAPÉ QUEER

20, rue des Couples
✆ 06 13 26 56 05
Du lundi au mercredi de 17h à 1h30.
jeudi au samedi de 17h à 4h.

Canapé Queer est, comme son nom l'indique, le lieu inclusif de la ville qui fait le buzz. On vous accueille ici, qui que vous soyez, et si vous êtes « différent » alors tant mieux ! La décoration est pleine de références au milieu LGBT avec de nombreux vinyles de collection au mur et même une bibliothèque thématique en libre accès. De nombreux événements sont organisés, des spectacles aux concerts en passant par les expositions d'artistes. À la carte, très amusante d'ailleurs, on trouve de nombreux cocktails et des bières dont les brasseurs sont engagés.

LE LÉOBAR

36, Rue du Fossé-des-Tanneurs
✆ 03 88 88 70 51
Bar à cocktail proposant une petite carte de restauration

Avec son superbe décorum d'inspiration « jungle », le tout nouveau Léobar vous invite à vous détendre autour d'un cocktail maison (Sazerac, Negroni, Mai Tai, si cher à Armistead Maupin), d'un verre de vin, de spiritueux, de bière, de soft ou... quelque chose de plus fort ! Histoire de profiter du décor et de l'ambiance plus longuement, l'établissement permet également de se restaurer via ses léo'stumpi. Kesako ? Des fingerfoods adaptées, tels un trio de macarons au foie gras, un tartare de bœuf croustillant ou encore un gravelax de saumon sauce soja et wasabi !

AU FOND DU JARDIN

6, rue de la Râpe
✆ 03 88 24 50 06
www.aufonddujardin.fr
Du mercredi au vendredi 9h30-13h, et 14h30-18h30. Samedi et dimanche 9h30-16h et 16h30-18h. Boutique.

Au Fond du Jardin est un salon de thé de style anglais, où les roses anciennes sont à l'honneur. La spécialité affichée est la Madeleine de voyage aux confitures élaborées avec soin. Vous pourrez les déguster avec une sélection de thés raffinés. Laurent Renaud la décline en plus de 80 versions, sur place ou via la boutique en ligne. N'en oubliez pas pour autant les autres pâtisseries qui sont tout aussi délicieuses. Vous pourrez aussi profiter du brunch ou du petit déjeuner mais attention, l'établissement est très régulièrement victime de son succès.

L'ORÉE 85

32, Impasse de l'Ecluse

L'Orée 85, c'est un lieu de vie, de partage et d'émulation, dans un cadre naturel et singulier, au bord d'une écluse. Vous y trouverez un espace de restauration, pour toutes les bourses et tous les estomacs, avec des aliments et des boissons locales, fournis par des producteurs comme l'îlot de la Meinau pour les légumes, Perle et Meteor pour les bières. Dehors, une ferme pédagogique, avec un potager en permaculture, des ruches et un poulailler. Et une programmation culturelle avec des ateliers, des concerts, des dj-sets, des vide-dressing, des projections...

L'OURS MAL LÉCHÉ

62, Route de Mittelhausbergen
✆ 03 88 12 54 73
Bar de quartier proposant une petite restauration sur place ou à emporter.

Sur la très passante route de Mittelhausbergen, ce nouveau bar de quartier au décor contemporain propose une vaste sélection de bières, de spiritueux et de vins biologiques. Pour les petits creux, une petite restauration est au programme : tartes flambées, saucissons variés, tapenade et quelques plaisirs sucrés. L'établissement organise de nombreuses soirées régulièrement, à l'instar de blind tests, de soirées salsa, de concerts, de quiz et autres réjouissances... Des expositions sont également mises en place pour le plus grand plaisir des clients.

PAIN D'ÉPICES - MIREILLE OSTER

14, rue des Dentelles
✆ 03 88 32 33 34
www.mireilleoster.com
Ouvert tous les jours de 9h à 19h.
Cours de cuisine sur réservation.

On ne présente plus Mireille Oster et ses pains d'épices généreux dont les recettes lui ont été dictées par ses voyages, son amour des épices et la transmission d'un savoir familial depuis 1933. Découvrez ses produits traditionnels de Noël dont les saveurs vous entraînent sur les routes du Sud, de l'Orient ou encore dans la forêt voisine ! Mireille Oster vous propose également de réaliser vous-même vos propres pains d'épices grâce à ses livres et dispose d'une boutique en ligne.

PÉTRIN - BISTROT DU BOULANGER

12, Rue de l'Elbe
✆ 06 13 75 40 31
Du lundi au vendredi de 6h à 22h.
Le week-end de 6h30 à 23h.

Bien plus qu'une boulangerie-pâtisserie, Pétrin est un véritable lieu de vie au cœur de l'éco-quartier Danube ! Ici chaque matin on se régale de délicieux croissants au beurre ou d'autres viennoiseries, et on repart avec son bon pain frais et croustillant et ses petits gâteaux pour le dessert. À midi, on peut venir manger un petit quelque chose sur le pouce. Le soir enfin, on se détend en dégustant de délicieuses tartes flambées traditionnelles cuites au feu de bois.

PÂTISSERIE JAUNE CITRON

17, Rue de l'ail
patisserie-jaunecitron.fr
De 9h à 18h30 du mardi au samedi.

Passionnée de pâtisserie depuis de longues années, Laura Schneider vous accueille et vous propose des pâtisseries aux designs élégants et raffinés, essentiellement élaborées à partir de produits locaux et bio. Pour le chocolat, c'est l'excellence de Valrhona et de Cacao Barry qui a été choisie. Côté farines, la maîtresse de lieux se fournit chez Hurtigheim et Peterschmitt. Les purées de fruits utilisées (très peu sucrées) sont fournies par Boiron et Ponthier. Avec une belle envie de transmettre, Laura propose à ses aficionados gourmands des ateliers de pâtisserie.

LA PLANQUE

22b, Rue des Balayeurs
✆ 03 88 75 94 46
Du mardi au jeudi de 16h à minuit, vendredi et samedi de 17h à 1h30.

La Planque, c'est LE lieu idéal pour passer un bon moment de détente entre amis… ou même seul pour venir jouer des connaissances ! On peut y boire un verre, y profiter de bons petits plats faits maison, mais aussi y admirer des expositions d'artistes locaux ou encore y participer à des karaokés. En fait, c'est un lieu hybride et décontracté dans lequel on ne voit pas le temps passer tant l'ambiance est agréable. Afin de profiter au mieux de toutes les animations et de ne pas en manquer une seule, suivez La Planque sur les réseaux sociaux.

PÂTISSERIE RISS

35, rue du 22-Novembre
✆ 03 88 32 29 33
www.patisserie-riss.fr
Ouvert du mardi au samedi de 8h à 18h45.
Ouvert le lundi en hiver de 13h30 à 18h30.

Il ne fait aucun doute que c'est là l'une des meilleures adresses de la ville : il y a bien entendu les gâteaux, du sur mesure pour les anniversaires, mariages et autres grands événements, ils sont colorés et rigolos pour les enfants, élégants et recherchés pour les adultes. Les chocolats sont rois dans cette boutique, à déguster sans modération. Découvrez aussi la gamme Riss de tartes, cupcakes, mousses et autres biscuits, de véritables œuvres d'art à croquer. Et puis bien sûr, il y a les macarons, les petits fours, les kouglofs et les petites bouchées salées.

LE THÉ DES MUSES

19, rue Sainte-Barbe
✆ 03 88 37 13 77
www.thedesmuses.com
Ouvert le lundi de 14h à 19h ; du mardi au samedi de 10h à 19h.

Le Thé des Muses, c'est plus qu'un salon de thé, c'est une « maison du thé » où l'on peut à la fois en acheter et en déguster confortablement installé dans un canapé. À la carte et à la vente au poids, ce sont plus de 300 références de thé de toutes les couleurs et de toutes les origines, majestueusement exposées dans cet espace calme et reposant. Une très bonne adresse pour le goûter en hiver, pour déjeuner d'un sandwich et se rafraichir avec un thé glacé en été, pour faire cadeau ou tout simplement obtenir des conseils de préparation de ce breuvage millénaire.

(SE) FAIRE PLAISIR

Se faire plaisir, c'est bien essentiel lorsque l'on visite une ville. Pour rapporter à la famille ou aux amis, ou pour en profiter soi-même égoïstement car c'est aussi permis, les boutiques strasbourgeoises vous proposeront tout un tas de belles et bonnes choses. Il y a d'abord bien sûr les vins, bières et autres spécialités gastronomiques que l'on trouvera chez bien des marchands. À Noël, ne manquez pas de rapporter des bredele, petits gâteaux secs incontournables. Vous trouverez également à Strasbourg de nombreux magasins de souvenirs, avec leurs cartes postales et petits objets flanqués de personnages de Hansi ou de cigognes. Vêtements, bijoux et accessoires sont aussi très représentés, avec des boutiques spécialisées dans la vente de créations locales et écoresponsables notamment, qui raviront petits et grands. Enfin, rendez visite aux artisans qui se feront un plaisir de vous faire découvrir leur travail !

BRETZEL AIRLINES

2, rue du Parchemin ✆ 03 88 36 57 68
www.bretzelairlines.com
Ouvert du mardi au samedi de 10h à 12h30 et de 13h30 à 19h. Boutique en ligne. Ouvert le dimanche (en décembre).

Dans cette boutique, vous trouverez de bonnes idées cadeaux pour les alsaciens de souche ou des souvenirs à ramener dans votre contrée. Un large choix de t-shirts aux visuels créatifs et humoristiques sont sur les présentoirs. Des souvenirs décalés mais toutefois pratique vous attendent sur les étagères (mugs, tabliers, chopes à bière...) ! Des logos sont détournés et c'est particulièrement original. Avec ces créations novatrices et pleines d'humour, qui sont sans cesse renouvelées, vous afficherez votre fierté d'être alsacien de façon décalée et remarquée.

CURIEUX ? CONCEPT STORE STRASBOURGEOIS

6a, quai Kellermann
✆ 09 84 48 33 62
www.curieux-store.com
Ouvert le lundi de 14h à 19h30 ; du mardi au samedi de 11h à 19h30.

Ce bel espace regroupe mode, design et art. La culture est également à l'honneur grâce aux expos renouvelées chaque mois. Ici, les produits proposés sont originaux et constituent souvent des pièces uniques, des vêtements et des chaussures vintage, des articles de papeterie, des parfums, et bien d'autres accessoires ou gadgets branchés. Un bar à thé proposant de nombreux mélanges de thés bio des Jardins de Gaïa est disponible. Bon à savoir : le loft peut être loué pour des événements.

MAISON ROSE ET ROUGE

11, Boulevard de la Dordogne
✆ 03 88 25 51 95
maisonroseetrouge.com
Fleuviste : fleurs et vins

Cette belle boutique est née d'un double amour, d'une double passion : celle du vin et des fleurs. Une réelle première ! L'établissement vous propose donc une belle sélection de vins mais également de belles créations florales. Un large éventail de petite décoration est également proposée... Idéal avant de vous rendre à un dîner : ici, vous aurez tout sous la main. « Maison rose et rouge » vous propose également des ateliers et peut aisément s'occuper de vos évènements privés ou professionnels. N'hésitez pas à vous rendre sur le site pour toute doléance.

UNE BIÈRE ET HOP !

34, Rue des Tuileries
SOUFFELWEYERSHEIM
unebiereethop.com
Ouvert du mardi au samedi de 10h à 19h.

Une bière et hop !... vraiment ? On a du mal à le croire ! Le choix ici est si vaste qu'il est difficile de se limiter ! Des classiques blondes, blanches et brunes aux bières vieillies en fûts de différents cépages en passant par les IPA et même les sans alcool, il y en a vraiment pour tous les goûts. Amateur éclairé ou néophyte, chacun trouvera le conseil adapté à ses envies et besoins et pourra même créer un véritable coffret sur mesure. Pour aller plus loin, l'établissement propose des soirées accord mets et bières ou dégustation.

LE BIO CHEZ SOI

6, rue du Birkenfels
✆ 33 9 54 34 67 55
www.lebiochezsoi.fr
Lundi 15h-18h ; mardi 9h-12h30 et 15h-19h ; mercredi, jeudi et vendredi 9h-12h et 15-19h ; samedi 9h-12h30 et 15h-18h.

Le Bio Chez Soi ce sont plus de 1 200 références biologiques et écologiques en tous genres : des produits alimentaires, cosmétiques, d'entretien ménager, des compléments alimentaires, de l'aromathérapie, de la phytothérapie, des accessoires bien-être, du CBD thérapeutique et la grande nouveauté 2023 : des jeux et jouets à partir de 2 ans ! Tous les produits sont choisis par rapport à leur engagement pour la planète, avec des emballages réduits au maximum et le plus possible en provenance de producteurs locaux, régionaux et français.

CAFÉS DU MONDE

116, Grand Rue
✆ 07 67 29 21 55
https://cafes-du-monde.fr
Speciality Coffee.

Cette jolie boutique, située au cœur de la mythique et très commerçante Grand-Rue, vous propose un éventail de cafés du monde absolument pléthorique. La maison s'articule autour de cinq axes, cinq valeurs d'importance : une torréfaction 100 % locale à la demande, un lien direct avec les producteurs, des produits biologiques, une réelle expertise et des capsules réutilisables. De vraies valeurs qui s'inscrivent dans une logique écoresponsable. Les fans du petit noir ou du café d'exception trouveront à coup sûr leur bonheur corsé.

CAVE HISTORIQUE DES HOSPICES DE STRASBOURG

1, place de l'Hôpital ✆ 03 88 11 64 50
www.vins-des-hospices-de-strasbourg.fr
Ouvert du lundi au vendredi : 8h30-12h, 13h30-17h30. Samedi : 9h-12h30.
Visite libre et gratuite. Audioguide : 3 €.

Créé en 1395 pour l'autosuffisance alimentaire de l'institution, ce lieu exceptionnel à l'entrée des Hospices civils nous rappelle l'époque où l'on considérait le vin comme un remède. On peut visiter le lieu et y voir le plus vieux vin du monde en tonneau mais aussi y acheter des vins de vignerons partenaires alsaciens qui donnent une partie de leur récolte pour continuer à faire fonctionner cette institution qui reverse ses bénéfices à l'hôpital universitaire de Strasbourg.

CHEZ CHRISTIAN

10, rue Mercière
✆ 03 88 22 12 70
www.christian.fr
Ouvert du lundi au samedi de 7h30 à 18h.
Terrasse de mars à octobre.

Depuis 1960, travail et passion sont deux atouts majeurs de cette chocolaterie exceptionnelle où les meilleurs crus du terroir se retrouvent parmi une gamme de produits originale. Chocolat d'origine vénézuélienne Del Lago, malgache Sanbirano, au maltitol (sans sucre) : les produits sont uniques et sauront satisfaire la curiosité des passionnés de chocolat. Les pâtisseries de Chez Christian sont elles aussi très célèbres, goûteuses et réalisées à la main. Elles varient avec les saisons : classiques, galettes, bûches, tartes aux fruits...

COMPTOIR DES VIGNERONS ALSACIENS

10, Place Gutenberg
✆ 03 88 88 10 11
www.comptoirdesvignerons.com
Ouvert du lundi au samedi de 10h à 19h.

En plein cœur de Strasbourg, depuis le printemps 2023, 75 vignerons présentent plus de 350 références de vins d'Alsace dans un cadre prestigieux. Dans ce très beau lieu de vente et d'expérience de dégustation, des ateliers « mets et vins » sont également organisés. Espace collectif superbement mis en scène, ce Comptoir des Vignerons Alsaciens est appelé à devenir une adresse incontournable pour parfaire sa connaissance des vins d'Alsace, enrichir sa cave ou trouver le cadeau idéal !

CONTRE-PIED

22, Rue de la Nuée-Bleue
✆ 06 26 40 22 49
Caviste engagé.

Dans un bel espace chaleureux et ceint de bois clair, le caviste Contre-Pied saura vous conseiller pour toutes les occasions et être judicieux sur les accords mets et vins. Ici, vous pourrez acquérir en toute sérénité des vins pour l'apéritif, pour vos repas d'affaires ou de famille, ou simplement pour offrir. Côté bières, le choix est vaste avec une belle sélection issue des meilleures microbrasseries de l'Hexagone. Enfin, les amateurs de spiritueux en tous genres ne seront pas en reste : les gins, whiskys, armagnacs et grands cognacs sont pléthoriques.

LUPANAR

33, rue du Fossé-des-Tanneurs
✆ 03 90 29 08 39
Ouvert le lundi de 15h à 19h ; du mardi au samedi de 10h à 19h.

Cette charmante petite échoppe située rue du Fossé-des-Tanneurs ravira les amateurs de breuvages alcoolisés en tous genres. Des vins fins venus de tout l'Hexagone mais également de l'étranger, une importante palette de bières artisanales venues également des quatre coins de la planète, mais aussi des spiritueux de toutes sortes, des plus connus aux plus étonnants. Ici, on se targue de vous procurer ce que vous ne trouverez pas ailleurs et on vous conseillera parfaitement ! Une belle occasion de surprendre vos hôtes ou vos invités avec un bel accord mets et vins...

LESLIE BARON

91c, Route des Romains
✆ 06 49 64 65 85
lesliebaron.fr
Mardi et mercredi de 10h à 18h.
Jeudi et vendredi de 10h à 12h.

Envie d'un bijou unique, qui vous correspond et même fait rien que pour vous ? Leslie Baron est là pour vous aider, que vous alliez piocher dans ses propres inspirations en argent ou en or mais toujours en toutes petites séries ou que vous lui parliez de vos envies les plus folles pour une création sur mesure. Cette créatrice de talent a plus d'un tour dans son sac et s'adapte aux envies de chacune, mais aussi de chacun, pour faire plaisir ou se faire plaisir, le tout à des tarifs très abordables au vu de la qualité des prestations proposées.

MARMI FRATELLI

29, rue Saint-Aloise
✆ 03 88 55 03 72
Lundi de 14h à 20h. Du mardi au vendredi de 10h30 à 20h. Samedi de 9h à 19h.

Marmi Fratelli, c'est une épicerie italienne oui, mais une épicerie à part. Bien loin de se contenter de vous proposer des classiques vus et revus, ici toute l'équipe cherche en permanence des pépites de petits producteurs de toutes les régions italiennes et des produits tous plus qualitatifs les uns que les autres. Saviez-vous par exemple que les bières italiennes sont nombreuses ? Non ? Vous le découvrirez ici parmi bien d'autres choses. Quand on a à boire, il faut à manger et il y a de quoi faire ! De l'entrée au dessert, composez vos menus complets.

ARTS ET COLLECTIONS D'ALSACE

4, place du Marché aux Poissons
✆ 03 88 14 03 77
www.arts-collections-alsace.com
Ouvert le lundi de 14h à 19h ; du mardi au vendredi de 10h à 19h ; le samedi de 9h à 19h.

Ici, tout est estampillé « fabriqué en Alsace » : nappes, serviettes et torchons en tissu traditionnel Kelsch, chemins de table, housses de coussins en lin brodé ou en coton. Vous trouverez également de nombreuses poteries de Soufflenheim et de Betschdorf. Meubles polychromes, chaises traditionnelles, tabourets, guéridons... Authenticité et qualité ne sont ici pas de vains mots. La boutique est fort charmante, elle donne sur la place qui mène à la terrasse du Palais Rohan.

CHAPELLERIE CLERFF-FRAIKIN

40, Grand'Rue
✆ 03 69 32 78 26
www.clerff-fraikin-strasbourg.com
Ouvert le lundi de 14h à 18h.
Du mardi au samedi de 10h à 19h.

Depuis 1872, la chapellerie Clerff-Fraikin propose ses chapeaux dans sa belle boutique de la Grand'Rue. Femmes et hommes peuvent ici trouver leur bonheur parmi le large choix de chapeaux, casquettes, foulards et ceintures sur mesure et customisables grâce au talent et à la passion professionnelle de la charmante Sabine. Bérets basques Laulhère de fabrication française et européenne, panama, chapeaux de cérémonie, parapluies, accessoires de mode, maroquinerie...

GALERIE JP RITSCH FISCH

6, Rue des Charpentiers
✆ 03 88 23 60 74
ritschfisch.com
Le lundi et le samedi de 14h à 18h.
Du mardi au vendredi de 11h à 18h.

Après un parcours de collectionneur entamé au début des années 1970 avec la Figuration narrative, Jean-Pierre Ritsch-Fisch a fondé en 1996 La Galerie, spécialisée dans l'art brut et l'outsider art. La galerie participe depuis 1999 aux grandes foires internationales et conseille depuis de nombreux collectionneurs français et étrangers. En 2022, Richard Solti est devenu le nouveau propriétaire de la galerie, tout en souhaitant conserver la ligne et le nom de la galerie. Il continue à exposer de nombreux artistes de renommée internationale.

GALERIE WALTZING

5, Rue des charpentiers
✆ 07 87 63 44 75
Mardi, jeudi et samedi de 14h à 19h ou sur rendez-vous.

Découvrez dans cette galerie des pièces exceptionnelles de l'art africain et asiatique. Bien plus que de simples décorations, nous sommes ici face à des masques et statues puissants, aussi beaux qu'envoûtants, parfois très anciens et toujours de très grande qualité. Les objets présentés ont été soigneusement sélectionnés par le galeriste qui se fera un plaisir de vous conter leurs histoires. Régulièrement, des nouveautés prennent leurs quartiers dans ce lieu si accueillant où qui aime l'art tribal trouvera forcément son compte.

LA MAISON DE HANSSEN ET GRETEL

7, rue du Chaudron
✆ 03 88 38 31 62
hanssenetgretel.com
Ouvert du mardi au samedi de 10h à 12h et de 14h à 18h30.

Dans cette jolie boutique vous trouverez de très beaux objets alsaciens. Utiles ou décoratifs, vous serez sûr de ramener des souvenirs de la région qui plairont par leurs couleurs et motifs, dont certains ont été revisités, pour donner un coup de jeune à la tradition. Sur deux étages, vous évoluerez entre les rayonnages, à la découverte de linge de maison, coussins, vaisselle, poteries de Soufflenheim... De plus les articles sont fabriqués localement : une garantie d'authenticité.

LES HERBES FOLLES

44, rue du Jeu-Des-Enfants
✆ 03 69 57 29 50
Ouvert du mardi au samedi de 10h30 à 19h.

Située à seulement quelques pas de la place de l'Homme de Fer, Les Herbes Folles est l'une des incontournables boutiques de créateurs du centre-ville de Strasbourg. Fany Moraitis, à l'origine de sa création, a eu pour volonté de promouvoir l'art du fait-main alsacien. Vous découvrirez dans cette enseigne pas moins d'une vingtaine de créateurs locaux. Des bijoux, des pierres naturelles, de l'illustration, de la petite enfance, et plein d'autres petits trésors. Tous les objets y sont faits main et vous racontent une histoire !

CLUB CROQUETTE

45, rue du Fossé-des-Tanneurs
✆ 09 73 22 82 73
www.clubcroquette.fr
Du mardi au samedi de 10h à 19h.

Club Croquette est bien plus qu'une simple animalerie : c'est une philosophie. Cette petite boutique indépendante propose des produits naturels et respectueux des besoins de votre animal ainsi que de l'environnement. Issus de circuits courts de fabrication, les articles mettent en avant le « made in France » ainsi que l'utilisation de matières premières biologiques grâce au savoir-faire de jeunes créateurs tous passionnés par les animaux. Que ce soit pour votre chien ou pour votre chat, il y a tout pour faire plaisir, et vous serez parfaitement conseillés !

LALIQUE

25, rue du Dôme
✆ 03 88 75 55 52
www.lalique.com
Ouvert le lundi de 13h45 à 18h45 ; du mardi au samedi de 10h15 à 12h et de 13h45 à 19h.

Lalique, l'un des plus prestigieux noms du cristal français. Les créations sont réalisées par des maîtres-verriers, de véritables sculpteurs de lumière, en Alsace à l'usine de Wingen-sur-Moder où un magnifique musée retrace la vie et l'œuvre de René Lalique. Vous y admirez ses vases Art déco, vases Bacchantes, ses figurines de cristal et des bijoux d'art qui marient joaillerie et bijouterie. Une collection nouvelle naît chaque année, dont certaines pièces exceptionnelles sont en tirage limité très collectionnés dans le monde entier.

UNDERGROUND INK FAMILY

12, rue Sainte-Hélène
✆ 03 88 22 34 89
Lundi de 14 à 18h.
Du mardi au samedi de 11h à 18h.

Chez Underground Ink Family, vous trouverez tatoueurs et perceurs prêts à répondre à toutes vos exigences ! Vous accompagnant pour réaliser tous vos projets, cette équipe de professionnels vous orientera et vous conseillera au mieux pour que les modifications corporelles choisies soient parfaitement en phase avec vos attentes ! Ici on ne plaisante pas avec l'hygiène, ni avec le suivi car le perceur vous revoit régulièrement tout au long de la cicatrisation, chose plutôt rare. S'il fallait ajouter un dernier point, c'est l'extrême sympathie de l'équipe !

BOUGER & BULLER

Strasbourg est une ville particulièrement active ! Mais attention, on sait aussi s'amuser et se détendre, il y en a pour tous les goûts ! Dans les parcs publics, vous trouverez de très nombreux agrès sportifs en libre accès, mais aussi en ville de nombreux cours et clubs pour s'entraîner. Pour ceux qui ont envie de bouger de façon plus ludique qu'en salle de sport, l'offre est aussi énorme avec des activités de plein air sur les plans d'eau, dans les airs sur les parcours d'accrobranche, ou en salle avec de l'insolite comme le lancer de haches, les escape games, les aires de jeux et piscines à balles réservées aux adultes ou les parcours de ninja par exemple. Pour se remettre de ces émotions, rendez-vous à la belle saison aux gravières pour bronzer au bord de l'eau. Ces plans d'eau sont incontournables chez les Strasbourgeois en été. La ville offre aussi de belles possibilités de spas, de massages, de soins. La clé du bonheur ?

AÉRODROME DU POLYGONE

80, rue de la Musau
✆ 03 88 84 51 15
www.polygone67.com
Ouvert toute l'année. Voyages en interne organisés.

Le terrain du Polygone vit défiler les armées du Kaiser, les prestigieuses unités de chasse les Cigognes ou encore le célèbre écrivain-aviateur Antoine de Saint-Exupéry. Aujourd'hui, l'Aéro-club d'Alsace accueille de nombreuses activités de loisirs comme les vols moteur et à voile ou encore du parachutisme. Débutant, vous pouvez réaliser votre baptême de l'air et les plus jeunes pourront passer leur brevet d'initiation aéronautique. Enfin, si vous souhaitez devenir pilote, votre rêve est tout à fait réalisable. N'hésitez pas à vous rendre sur le site Internet.

BLOC EN STOCK

1, Rue la Fayette
✆ 07 67 54 26 63
bloc-en-stock.fr
Lundi, mardi, jeudi et vendredi de 12h à 23h, mercredi de 14h à 23h, samedi de 14h à 20h, dimanche de 10h à 20h.

Bloc en stock, c'est la toute nouvelle salle d'escalade de bloc à la Meinau. Mais qu'est-ce donc ? Eh bien c'est l'escalade en toute liberté, sans corde ni baudrier ! Et il y a de quoi faire ici avec des voies pour tous les niveaux sur plus de 3 000 mètres carrés. Vous aurez le choix entre plusieurs formules, abonnements, cours et animations autour de l'escalade et partirez ensuite à la conquête des blocs. Jamais on ne s'en lasse grâce à des changements régulièrement apportés. Et après l'effort vient le réconfort avec boissons et petite restauration.

DREAMAWAY

1, rue des charpentiers
✆ 03 74 47 14 23
www.dreamaway.fr
Le spécialiste de la réalité virtuelle.
Entrée : de 10 à 30 € selon l'âge et l'horaire. Consultez le site Internet.

Les aficionados de la réalité virtuelle en feront vite leur terrain de jeu, puisque Dreamaway vous propose d'accéder pour une somme relativement modique à toute une série d'aventures ludiques ou éducatives. En famille, entre amis ou entre collègues, faites l'expérience de ces univers immersifs qui raviront petits et grands. Il est possible de vivre l'aventure jusqu'à 18 joueurs simultanément. Si vous faites partie d'une entreprise, cet espace étonnant est idéal pour se réunir au cours d'un *team-building* atypique. Les aventures sont à découvrir sur le site.

ÉCOLE DE VOILE DE STRASBOURG

Route du Plan d'Eau
PLOBSHEIM
✆ 03 88 98 70 77
Stages pendant les vacances. Initiation et perfectionnement dès 7 ans. Tarif à la semaine variable selon formule.

Envie de découvrir les sports de voile ou de voguer sur l'eau ? L'école de voile de Strasbourg, installée à la base nautique de Plobsheim, vous propose différentes formules : découverte, perfectionnement ou villégiature. Des stages sont organisés pendant l'été. Les plus jeunes (7 à 12 ans), s'essayeront à l'optimist, tandis que les aînés embarqueront sur les planches à voile, catamarans et dériveurs. L'encadrement est assuré par des moniteurs diplômés.

L'AQUARIVE

1, rue Georges Cuvier - **LA WANTZENAU**
✆ 03 88 59 53 20
www.aquarive.com
Ouvert du lundi au vendredi de 9h30 à 22h30 et du samedi au dimanche de 9h à 19h. Forfait journée 16 €, annuel 398,50 €.

Ce centre de remise en forme propose un vaste choix de prestations. Un espace musculation et fitness (climatisé), pour faire du cardio-training et des cours de gym collectifs ou de la salsa. Des terrains de squash, une piscine (pour faire quelques brasses, de l'aquabiking et de l'aquagym). Le centre dispose aussi un espace bien-être : saunas, hammam, bains à remous, cabine à UV, cabine collagène et une terrasse extérieure. Des sandwichs, des salades et des petits plats sont servis en continu. Vous pouvez aussi siroter un verre au bar, histoire de vous récompenser.

LES BULLES À FLOTTER STRASBOURG CENTRE - CENTRE DE FLOTTAISON EN ISOLATION SENSORIELLE

9, Place de l'Hopital ✆ 09 81 46 70 40
lesbullesaflotter.fr
Tous les jours sauf le samedi de 9h30 à 22h30.

L'isolation sensorielle par flottaison est une technique de relaxation qui consiste à mettre au repos un maximum de sens. Pour ce faire, vous êtes placés dans une bulle sans bruit, sans lumière, pour flotter dans une eau saturée en sel d'Epsom à température idéale. Libéré de toute contrainte, votre corps se détend et votre esprit se laisse aller à la rêverie. Grâce à cette technique, utilisée tant pour se soigner que pour se détendre, plus aucun souci ne vous atteindra !

LA COUR DE HONAU

Allée de Honau - **LA WANTZENAU**
✆ 03 88 96 33 44
www.cour-de-honau.fr
Ouvert du lundi au jeudi de 9h à 23h. Du vendredi au dimanche et jours fériés de 9h à 21h.

Ce centre de remise en forme propose de nombreuses activités : cours de tennis, séances de cardio-fitness, de musculation, endurance sur vélo, zumba, body karaté, bodypump, aquabiking, gym (chinoise, aérogym, stretching)... Et bien sûr l'utilisation à votre rythme de machines de musculation et de fitness dernier cri. Les services d'un coach sont proposés. Mais vous pouvez aussi venir pour profiter de l'espace détente : piscine, spa, bain bouillonnant, sauna, hammam et solarium. Le restaurant sert des repas au déjeuner, et le bar est accessible en permanence.

HAVRE DE BEAUTÉ

12, rue du Renard-Prêchant
✆ 03 88 35 73 42
www.havredebeaute.fr
Ouvert le mardi et le vendredi de 10h à 19h ; le mercredi de 9h à 17h ; le samedi de 9h à 13h.

Le Havre de Beauté est un lieu d'ancrage qui vous permet de vous retrouver, de vous recentrer, de rééquilibrer vos chakras et d'éliminer vos toxines. Ici on s'occupe du corps mais aussi de l'esprit et les effets n'en sont que plus durables, dans la détente et le ressourcement que cela procure. Profitez des massages divers (méthode traditionnelle chinoise, massage ayurvédique, soin Reiki, massage indien...), des soins esthétiques du visage, des mains et des pieds, de l'épilation, de soins énergétiques traditionnels chinois holistiques ou encore d'offres spéciales.

KRAEMER CONTADES BY NATHALIE ALBRES

19A, avenue de la Paix
✆ 03 88 32 94 32
groupekraemer.com
Du mardi au samedi de 9h à 19h.

Nathalie est la spécialiste des extensions (Hairdreams et Great Lengths). Dans un espace dédié au bien-être et cocooning, elle est avec son équipe à votre entière disposition pour vous offrir une parenthèse beauté et prendre soin de vous. Ici on respecte votre cuir chevelu en travaillant avec des produits naturels. Un événement exceptionnel ? L'envie d'une coiffure éphémère ? En exclusivité à Strasbourg, découvrez seulement ici le « chignon express » !

TAAKA BEER SPA

6, rue Marbach
✆ 06 29 20 46 47
www.taakabeerspa.com

Le tout premier spa à la bière de la région ne désemplit pas ! Le parcours se fait en trois étapes : 15 minutes de sauna permettent de se détendre et de préparer son corps à recevoir les bénéfices du bain de bière ; plongez dans des baignoires pendant 30 min et bénéficiez d'un soin tout en dégustant des produits locaux ; 15 minutes de relaxation pour infuser les bénéfices du bain de bière. Ici vous aurez donc tous les bienfaits du houblon, à l'intérieur comme à l'extérieur et vous passerez un moment convivial, tout en détente atypique.

SORTIR

One man show, soirée cabaret, spectacle humoristique ou burlesque, jeux en groupe, rencontres littéraires ou vernissages artistiques... À Strasbourg et dans les communes avoisinantes, de nombreuses animations sont proposées tout au long de l'année. Et ça tombe bien ! Si vous avez décidé de sortir pour vous changer les idées, en feuilletant le guide, vous vous rendrez compte que vous n'avez que l'embarras du choix. La pièce de théâtre, le film d'art et d'essai ou le concert de l'orchestre philharmonique, rien ne vous échappera. Guinguettes, discothèques et soirées thématiques sont aussi au rendez-vous. En été, les animations de rue sont nombreuses et en hiver on ne se lasse pas d'arpenter les rues animées à la recherche des illuminations. Avec une offre très diversifiée, Strasbourg est une ville vivante où chacun pourra trouver, tous les jours de la semaine, une soirée à son goût, plutôt calme et culturelle ou pour danser toute la nuit !

LA CAVE AUX PIAFS

Plusieurs dates par mois, voir réseaux sociaux.

La Cave aux Piafs est le lieu de l'expression de la passionnante folie de la compagnie la Cage aux Piafs. Plusieurs fois par mois, sur réservation, on se retrouve à une trentaine de personnes dans une cave dont on nous communique l'adresse exacte qu'au dernier moment… Pas de panique, ces Piafs exubérants ne sont pas là pour vous nuire mais bien au contraire pour vous divertir en chantant et en agitant leurs plumes durant un apéro de grande qualité. Une expérience insolite qui ravira chacun : on en sort des étoiles plein les yeux !

ORCHESTRE PHILHARMONIQUE

Place de Bordeaux
✆ 03 68 98 68 15
https://philharmonique.strasbourg.eu
De 6 € à 66 €. Différentes réductions possibles. Abonnements.

La programmation de l'Orchestre philharmonique est plurielle et s'adresse à tous : musique de chambre, concerts symphoniques, ciné-concert jeune public, opéras et même ateliers divers ! Lauréat des Victoires de la Musique et de nombreux prix, l'Orchestre philharmonique de Strasbourg est aussi le plus ancien orchestre philharmonique de France. Le jeune chef prodige Aziz Shokhakimov en a pris la direction musicale et artistique en septembre 2021, pour une programme de haute volée, aux côtés des plus grands solistes de notre époque.

JAM SESSIONS

Place André-Malraux - **GEISPOLSHEIM**
✆ 03 0 29 72 72
www.geispolsheim.fr
Le 3e vendredi du mois, la commune de Geispolsheim organise une soirée concert. Entrée libre. Bar, petite restauration.

Envie d'aller voir un spectacle et de passer une soirée entre amis, sans se ruiner ? Rendez-vous à l'Espace Malraux. Vous pourrez découvrir des artistes peut-être encore méconnus, mais prometteurs. Au programme : World music, jazz manouche, poetic post-pop, rock and blues ou rock alsacien, trio vocal... L'offre est diversifiée et de nombreux groupes locaux se produisent sur scène. Vous pouvez boire un verre et manger un morceau (petite restauration). Un RDV prisé par les habitants du secteur et les habitués. Programme disponible sur le site de la mairie.

FUNGAMES

21, rue du Chemin de Fer
LAMPERTHEIM
✆ 06 28 54 70 68
www.fungamesnet.fr
Ouvert du lundi au samedi de 10h à 19h.

Quel que soit votre âge, quels que soient vos goûts ou vos envies, vous serez sûrs de trouver quelque chose d'amusant pour la famille, les amis, les enfants ou même juste pour vous sans casser votre budget ! Besoin de conseils ou bien de vous offrir les dernières nouveautés et les grands classiques ? Fungames s'occupe de tout et vous déniche toutes vos envies, même si elles ne sont pas en stock malgré 5 000 références ! Le magasin propose également des animations, des anniversaires, des découvertes de jeux et des tournois tous les mercredis et samedis.

BLAESHEIM

Blaesheim, situé au sud de l'Eurométropole de Strasbourg, culmine à 198 mètres d'altitude, au flan d'une colline. À son sommet, se trouve la Tour du Gloekelsberg, haut lieu du paganisme romain au moment de la christianisation de la région (construction estimée au XIIe siècle). Aujourd'hui, il ne subsiste que le linteau de l'entrée de cette église romane. L'arc en plein cintre est orné de deux personnages primitifs. En 1977 et 1981, les chefs d'État Valéry Giscard d'Estaing et Helmut Schmitt ont déjeuné au restaurant Au Bœuf. Promenez-vous dans les rues de ce charmant village, pour admirer les belles maisons à colombages, typiques de l'Alsace.

HOTEL AU BŒUF*** €€

32, rue du Maréchal-Foch
✆ 03 88 68 68 99
www.hotel-au-boeuf.com
3 étoiles. Logis 3 cheminées. Qualité Tourisme. 22 chambres (2 pour PMR). Chambre de 89 € à 119 €. Restaurant. Animaux.

Niché dans le charmant village de Blaesheim, au cœur du vignoble alsacien, l'hôtel Au Bœuf a été entièrement rénové en 2020. Les nouvelles chambres sont climatisées, avec de nouvelles literies king size haut de gamme, écran plat TV 150 cm 4K, mini bar, coffre-fort, machine Nespresso, bouteille d'eau offerte... En parallèle l'établissement propose 5 salles de séminaire, adaptables à tout type de manifestation. Les produits régionaux de qualité au restaurant et au buffet du petit déjeuner. Une belle prestation, avec de nombreuses petites attentions.

LA GRANGE DU GLOECKELSBERG €€

21, rue du Maréchal Foch
✆ 03 88 68 93 31
www.gloeckelsberg.fr
Ouvert du lundi au dimanche, midi et soir. Plat du jour : 8,50 €.

Ce bel édifice alsacien a les allures d'une vieille ferme traditionnelle. La décoration a été préservée pour maintenir ce charme si spécifique à la région. Pour les joies de votre palais, l'équipe, dynamique et chaleureuse, vous conseillera avec justesse. À la carte, vous trouverez : preskopf maison, jarret cuit au feu de bois, lewerknepfle, cordon bleu au munster. Et naturellement les incontournables tartes flambées, la plus originale demeurant celle garnie de choucroute !

BREUSCHWICKERSHEIM

Ce petit village a un patrimoine historique et traditionnel qui lui confère l'attrait d'une visite culturelle. Dans la rue Principale, vous découvrirez des bâtiments remarquables, et notamment un ancien séchoir à lin et à garance du XIXe siècle (au n° 24), plusieurs fermes datant des années 1800 et toujours habitées. Et bien sûr le château féodal, magnifique avec ses tourelles et son fossé apparent par endroits... Pour maintenir une tradition ancestrale, l'avant-dernier week-end du mois d'août se tient l'incontournable Messti du village durant lequel on peut admirer costumes d'antan et pratiques agricoles ou quotidiennes ancestrales.

FERME MARTZLOFF €€

51, rue Principale
✆ 03 88 96 02 89
www.fermemartzloff.com
5 chambres. Chambre double de 57 € à 82 €. Petit déjeuner inclus. 2 gîtes à partir de 350 €/sem.

Cette ancienne ferme familiale du XVIIIe siècle a été rénovée avec goût par Christiane et Pascal Weimer. L'établissement abrite deux gîtes et cinq chambres équipées. Les pièces sont lumineuses et disposent d'une salle de bains et d'une kitchenette. Au petit déjeuner, vous vous régalerez des confitures faites maison, accompagnées de pain et viennoiseries variées. L'hiver, le feu de cheminée flambe dans la salle à manger, offrant une ambiance cosy. Appréciez la vue sur le jardin et le château du XIIe siècles. Le jardin dispose de nombreux aménagements.

À LA CHARRUE €€

59, rue Principale
✆ 03 88 96 00 04
www.restaurantlacharrue.fr
Ouvert tous les jours sauf lundi, mardi et le samedi midi. Plusieurs formules de menus. Menu du midi à 13,50 €

Une ferme à colombages avec beaucoup de charme et généreusement fleurie, une terrasse agréablement paysagée, des serveuses professionnelles, une cuisine savoureuse et créative, avec une addition raisonnable ! À midi, le plat du jour est une vraie aubaine avec des plats traditionnels et régionaux. À la carte, on trouve par exemple un rouleau de tee de veau, un waedele, un munster frit. Et des desserts qui vous feront pâlir d'envie. Une salle à manger privatisable est disponible. Le restaurant est accessible à vélo à partir de Strasbourg, pour les plus téméraires !

AU LION €€

33, rue Principale
✆ 03 88 96 64 10
Fermé lundi soir et mercredi. Carte et menu. Environ 50 couverts.

Vous fonderez pour la salle avec sa dominante bois, joliment agencée dans un style alsacien. À la carte, un large choix de plats régionaux, mais aussi quelques basiques en viandes et poissons. Avec en plus, un buffet d'entrée fort bien fourni. Le soir, diverses tartes flambées sont au menu. Le chef organise régulièrement des week-ends à thème (pot-au-feu, baeckeofe). Les vins proviennent de domaines régionaux, et sont proposés au verre. Dans la cour, un aménagement très judicieux permet d'augmenter la capacité du restaurant et de recevoir de vastes tablées.

LA CASA DES KNECKES €€

4, Rue du 14 Juillet
HANGENBIETEN
✆ 03 92 01 28 53
lacasadeskneckes.com
Ouvert du mardi au dimanche de 18h à 22h ; du mercredi au vendredi de 11h30 à 13h30.

Sandy et Cédric, frére et sœur originaires du village, ont décidé d'y ouvrir leur pizzeria. Ils ont suivi une formation avec un maître pizzaïolo afin de vous proposer de délicieuses pizzas avec une pâte fraîche, fine et croustillante préparée par leurs soins. Les produits frais et desserts faits maison sont leur marque de fabrique ! Suivez ce petit parfum d'Italie et retrouvez-les dans la cour derrière la mairie. Ils vous accueilleront dans la joie et la bonne humeur afin de satisfaire vos papilles, sur place ou à emporter dans leur petit restaurant familial.

ENTZHEIM

Entzheim est connu pour son aéroport, mais a aussi un passé historique : l'existence d'Entzheim est déjà mentionnée en 736, sous le règne de Pépin le Bref ! Parmi son patrimoine subsistent toujours l'église dont la base du clocher date du XIIe siècle, la nef de 1810, et les orgues Stiehr de 1811. L'ancien relais de poste, créé par acte du 15 juillet 1774, abrite actuellement un restaurant. Il était la première halte que trouvait les usagers sur la route qui menait de Strasbourg à Belfort, en passant par Sélestat et Colmar. Concurrencé par le chemin de fer, le relais de poste d'Entzheim cessa progressivement ses activités postales à partir de 1854.

LE 1774 - LES JAMBONS DE MARINETTE €€

28, route de Strasbourg ✆ 03 88 25 72 52
www.lesjambonsdemarinette.fr
Ouvert le lundi midi ; du mardi au vendredi et le dimanche le midi et le soir ; le samedi soir. Terrasse.

Ancien Relais de poste aux chevaux, le charme rétro de cet établissement est demeuré joliment désuet. A la carte, vous savourerez des salades, et surtout de goûteuses spécialités alsaciennes. Comme par exemple des waedele (jambonneau), agrémentés de différentes manières, des bouchées à la reine et des rognons de veau sublimés. Laissez-vous tenter par les caquelons de spätzles... Côté dessert, goûtez au Brownie de Marinette, il est fondant à souhait. Un endroit où il fait bon se poser.

HÔTEL LE PÈRE BENOÎT*** €€

34, route de Strasbourg ✆ 03 88 68 98 00
www.hotel-perebenoit.com
Hôtel 3 étoiles. 60 chambres de 79 € à 129 €. Dispose de chambres familiales et adaptées aux PMR. PDJ buffet 9,90 €.

L'Hôtel Père Benoît, ce sont 60 chambres modernes et bien équipées, dont certaines sont des chambres familiales et adaptées aux PMR. Installées dans un authentique corps de ferme alsacienne à colombages, les chambres sont calmes et donnent sur la cour et les jardins de l'hôtel. Un véritable écrin de verdure, avec ses balcons fleuris en été par de magnifiques géraniums. Vous pourrez également manger dans le restaurant Steinkeller situé dans l'établissement, avec une cuisine traditionnelle et régionale. Les petits déjeuners sont savoureux et gourmands.

L'ATELIER GOURMAND €€

Route de l'Aéroport
✆ 03 88 64 50 06
www.strasbourg.aeroport.fr
Ouvert en continu, tous les jours.

Cet établissement propose une carte plutôt brève mais parfaitement régionale. Les recettes locales sont parfaitement élaborées et exécutées par le chef Hervé Gilgenmann. Le jambon Forêt Noire, le munster, bretzel gratiné et bien d'autres produits locaux sont au cœur des recettes. Côté douceur : kougelopf et streussel raviront les papilles des gourmands et permettront aux néophytes de découvrir la gastronomie locale. La décoration est simplissime, le service efficace. Si vous venez d'atterrir à Strasbourg, vous pourrez y faire une halte gourmande de qualité.

LE BUEREHOF €€

51, route de Strasbourg
✆ 03 88 68 92 97
http://buerehof.fr
Ouvert du lundi au dimanche à partir de 12h et de 19h. Fermé le samedi midi.
Chèques vacances acceptés.

Ce restaurant traditionnel est à un saut de puce de l'aéroport de Strasbourg. Vous apprécierez le cadre traditionnel avec ses poutres apparentes, ses nappes rouges, ses poteries et décorations en kelsch. L'ancien corps de ferme du XIXe siècle dispose de 2 salles climatisées à l'étage, d'une salle privative au RDC et d'une terrasse particulièrement prisée en été. La carte est complétée par des suggestions : filet de sandre, rognons de veau flambés au cognac, et l'assiette de Juliette composée de 7 petits desserts. La formule tartes flambées à volonté est idéale !

LA DILIGENCE €€€

7, rue Maréchal-Foch - **LINGOLSHEIM**
✆ 03 88 78 32 24
www.ladiligence.net
Tous les jours midi et soir sauf samedi midi et mercredi soir. Formule du jour 15,50 €. Plat seul 9,50 €.

Le changement de propriétaire apporte un vent de nouveauté à ce restaurant. La Diligence dispose de deux salles avec des ambiances différentes. L'une est de style jardin d'hiver et l'autre salle offre une ambiance feutrée. À la carte, vous trouverez des plats alsaciens réalisés à base de produits frais, locaux et de saison. Petit plus, vous trouverez ici des tartes flambées salées et sucrées, classiques ou plus originales, même le midi ! Pour compléter, vous trouverez des burgers, des plats végétariens et végan. Le tour fumé est fait maison sur place !

FLIGHT ADVENTURES

Aéroport International de Strasbourg
✆ 09 72 30 07 77
www.flightadventures.fr
Prestations sur réservation de 10h à 18h.
Tarif de 99 € à 429 € selon la prestation.

Le centre de simulation de vol Flight Adventures est situé dans l'aéroport d'Entzheim. Ici vous avez la possibilité de prendre les manettes de commande, pour une simulation de vol. Aux commandes d'un avion de ligne ou de chasse : le simulateur reproduit à l'identique le cockpit d'un avion et les sensations sont garanties ! Grâce à un instructeur vous maîtriserez rapidement les bases. Décollage, procédures, maintien de l'altitude et de l'atterrissage, tout est au plus près de la réalité. Des stages sont proposés pour vaincre la peur de prendre l'avion.

ESCHAU

Eschau fut pendant sept siècles (de 770 à 1525) une communauté de bénédictines fondée par l'évêque de Strasbourg : Remigius. Durant tout le Moyen Âge, l'abbaye d'Eschau, situé sur la Route romaine, fut le lieu d'un pèlerinage dédié à sainte Sophie et à ses filles : leurs reliques sont toujours conservées dans l'abbatiale Saint-Trophime. Ce pèlerinage important au XIIe siècle, entraîna la fondation en 1143 d'un hôpital pour pèlerins, qui étaient soignés grâce aux plantes du jardin monastique. Très fleuri, Eschau est récompensé par le label « trois fleurs ». La construction récente du pont Pierre-Pflimlin permet de se rendre rapidement en Allemagne.

ABBATIALE SAINT TROPHIME

Rue de la 1ère-Division-Blindée
✆ 03 88 64 20 74
Ouverte en journée.
Visites gratuites : premier et dernier dimanche du mois de juin à septembre à 14h, sur inscription

Eschau abrita pendant 750 ans (770-1525) une communauté de bénédictines. Sur cette « Route Romaine », un hôpital pour pèlerins fut fondé en 1143. Cette abbatiale romane est l'un des plus beaux exemples en Europe de la basilique à transept bas de l'époque carolingienne-ottonienne. Un sarcophage en grès renferme les reliques de sainte Sophie. Admirez les statues de saints, certaines datent de 1500. Des dalles funéraires et des vitraux datant du XIXe siècle sont également visibles. Des fiches d'information sur l'histoire de cet édifice vous seront proposées.

COUR DU CHARBONNIER

2, rue du 27-Novembre
✆ 03 88 64 01 52
Ouvert sur RDV uniquement. Gratuit.

Ce musée privé, conçu et géré par un particulier, est aménagé dans la grange de son habitation. Grâce aux objets exposés, vous découvrirez l'histoire des vieux métiers, qui avaient cours au siècle dernier : des objets qui éveilleront des souvenirs ou de la curiosité. Ici, vous trouverez de tout : de la batteuse des années 1950, à la pompe à bras utilisée au XIXe siècle par les pompiers, en passant par une ruche en osier... Et Pierre Schaeffer, charbonnier à la retraite, saura vous expliquer avec passion, leur utilisation et vous raconter de nombreuses anecdotes.

JARDIN MONASTIQUE

Rue de la 1ère-Division-Blindée
✆ 03 88 64 20 74
http://jardinmonastique-eschau.alsace
Ouvert de la mi-mai à fin septembre, samedi et dimanche de 14h30 à 18h. Visite guidée dimanche à 15h. Gratuit, plateau.

Classé Jardin remarquable, il a été réaménagé sur sa base originelle : un jardin monastique dont les plantes étaient usitées par les abbesses, afin de soigner les pèlerins de passage. Situé face à l'abbatiale romane, l'espace de 10 ares est conçu en damiers. Vous découvrirez près de 400 plantes répertoriées dans les domaines de la pharmacopée, d'origine médiévale ou actuelle. Le Comité de l'Institut des Arts et traditions populaires d'Alsace a décerné un Bretzel d'or pour la mise en valeur de ce site. La visite guidée fourmille d'enseignements et d'anecdotes.

HÔTEL-RESTAURANT AU CYGNE** €€

38, rue de la 1ère-Division-Blindée
✆ 03 88 64 04 79
cygne-eschau.com
24 chambres. Chambre de 80 € à 155 €. PMR. Parking. Animaux accepté. Restaurant spécialités alsaciennes.

L'hôtel-restaurant Au Cygne est un charmant établissement, situé à dix minutes de Strasbourg, et proche de différents golfs. Thierry et Frédérique Bouyoud vous accueillent avec professionnalisme. Récemment rénové, l'hôtel-restaurant offre un décor et un confort appréciable, avec des chambres spacieuses et lumineuses. Vous pouvez déjeuner et diner dans la salle à la décoration magnifique ou sur la terrasse ombragée. Les plats proposés sont traditionnels et savoureux. Espace lounge.

AUBERGE D'ESCHAU €€

30, rue des Fusilllés-Marins
✆ 03 88 64 22 33
Ouvert tous les jours midi et soir, sauf mercredi soir et lundi. Formule du midi : 9,90 €. Terrasse.

Dans son cadre à la belle rusticité, cet établissement propose des plats traditionnels mitonnés à l'ancienne. Foie gras de canard mi-cuit, pièce de bœuf au poivre vert, chaussons de veau farcis et frites maison. La viande de bœuf est particulièrement tendre et la cuisson des plats s'avère maîtrisée ! Les fromages frits sont croustillants à souhait ! La salle est spacieuse et la terrasse attenante au verger est véritablement paisible. Le restaurant est ouvert le dimanche, parfait pour un repas en famille ou pour faire une pause lors d'une visite dans le secteur.

FEGERSHEIM

Marqué par un cœur ancien et une architecture alsacienne remplie d'histoire, la commune affiche une forte volonté de préservation de ses richesses patrimoniales. Particulièrement dynamique, Fegersheim propose une programmation culturelle éclectique (concerts, spectacles jeune public, conférences). La nature et l'agriculture, encore très présentes, rythment aussi la vie du village. De nombreuses exploitations agricoles sont toujours en activité, et vous avez la possibilité d'acheter directement chez le producteur les fruits, légumes et surtout les fameuses asperges d'Alsace. Fegersheim a su allier, patrimoine, culture, et activités commerciales.

LA CROISÉE DES CHEMINS €€

43, rue de Lyon
✆ 03 88 68 53 54
www.restaurantlacroiseedeschemins.com
Fermé lundi, mardi, mercredi soir. Et samedi midi. Menus de 29 € à 39 €. Formule du midi : 19 € à 23 €. PMR. Terrasse.

Le cadre est typique : maison à colombage, salle voutée et décorée avec goût. La terrasse vous accueille dès l'arrivée de la belle saison. La cuisine délivre des plats à base de poissons frais ou de viandes. Le chef propose des créations décalées et savoureuses. Son savoir-faire se révèle dans ses plats, faits maison et souvent à la minute ! Vous aurez le choix entre le parmentier de canard au foie gras poêlé, l'assiette du pêcheur au riz crémeux, plats du terroir, et gibier en saison. Les conseils pour les accords mets/vin au verre sont d'une parfaite justesse.

FERME RIEFFEL

61-63, rue du Général-de-Gaulle
✆ 03 88 64 06 49
fermerieffel.wordpress.com
Ouvert le vendredi de 15h à 18h ; le samedi de 8h à 12h.

Asperges, pommes de terre, tomates, carottes, radis, salades, petits pois, haricots verts, oignons, échalotes... Chez les Rieffel, agriculteurs de père en fils, les fruits et légumes passent du champ à votre panier sans aucun intermédiaire. Le produit phare ici, c'est bien sûr l'asperge blanche, cultivée sur 4 hectares, dans une terre particulièrement riche. Pour le reste, fraîcheur et qualité sont au programme au petit rayon charcuterie (jambon fumé et lard de la ferme), et les œufs sont issus du poulailler familial. Vous craquerez pour l'ambiance typique !

KART INDOOR CHRONO

Rue du Colonel Lilly
✆ 03 88 59 03 40
www.kartindoorchrono.fr
Du mardi au jeudi et le dimanche de 14h à 22h ; vendredi et samedi de 14h à 00h. Une session 18 €. 10 sessions 160 €.

Ce complexe de loisirs de 4 000 m² offre plusieurs activités. Vous avez la possibilité de faire du karting, de jouer à l'espace game et d'aller dans la salle de réalité virtuelle. La piste de karting est en bioéthanol, avec une piste spéciale pour les enfants, pour plus de sécurité. Tentez une aventure escape game, en jouant le rôle de l'inspecteur Scope pour mener une enquête. La salle d'arcade de réalité virtuelle propose un laser game virtuel. Pour reprendre des forces et vous reposer un peu, un espace de détente avec un bar est également accessible.

LE CAVEAU

27, rue de Lyon
✆ 03 88 59 04 59
Le programme des spectacles et animations est consultable sur le site de la mairie de Fegersheim. Tarifs variables.

Le Caveau est une salle municipale réhabilitée en 2011 qui accueille une grande variété de performances artistiques. La programmation est particulièrement iconoclaste et permet à des artistes professionnels et amateurs de monter sur scène. Musiques du monde, chanson française, jazz, concerts, pièces de théâtre, contes, conférences, projections, etc. L'objectif est aussi de permettre à des artistes locaux de se produire. La salle voûtée en pierre est idéale pour une acoustique parfaite. Le Caveau étant petit, il vaut mieux réserver auprès de la mairie.

GEISPOLSHEIM

Le village de Geispolsheim était déjà cité dès 871, dans un document mentionnant des terres appartenant à l'évêque de Strasbourg. Au sud du village, dans la forêt du Bruch de l'Andlau, se trouve encore la chapelle de Hattisheim (du XIVᵉ siècle), dédiée à Notre Dame des Sept Douleurs : dernier témoin d'un village disparu et devenu aujourd'hui lieu de pèlerinage. Ce village était particulièrement florissant au siècle dernier : on peut encore admirer les magnifiques maisons alsaciennes, tout le long de la route principale. Un village qui allie la tradition avec ses fêtes folkloriques, et le dynamisme urbain et culturel avec notamment les Jam sessions.

MUSÉE DU CHOCOLAT

Rue du Pont-du-Péage
✆ 03 88 55 04 90
www.musee-du-chocolat.com
Jours et horaires variables. Consulter le guide Internet.

Le musée des « Secrets du Chocolat » est un lieu unique en Alsace. Un lieu idéal pour tout connaître sur le chocolat : l'origine, sa fabrication, sa déclinaison de saveurs… La visite est commentée. Des ateliers chocolat sont proposés. Vous pouvez également boire une bonne boisson chaude au salon de thé (sans forcément avoir visité le musée avant) ; chocolat chaud bien sûr, mais aussi thé ou bière au chocolat, que vous pourrez accompagner d'une pâtisserie maison. Allez faire un tour à la boutique souvenir, il y a de belle créations à prix attractif !

AYUTTHAYA €€

1, petite rue de l'Industrie
✆ 03 88 79 46 82
restaurant-ayutthaya.fr
Cuisine fusion thaï sur place, à emporter ou en livraison.

Ne vous fiez pas à l'adresse peu engageante, au cœur de la zone industrielle de Geispolsheim. Ayutthaya réussit le pari de vous accueillir dans un espace contemporain et intimiste. La carte s'articule autour d'une cuisine thaï flirtant joliment avec la fusion. Bo bùn, pad thaï, nems croustillants à souhait, et wok à composer soi-même… En effet, presque toute les recettes de l'établissement sont personnalisables selon vos goûts, avec un peu de témérité. Côté service, la bienveillance et l'efficacité asiatiques sont de mise. Un joli moment à prix attractif !

AUBERGE DE LA CHAPELLE €€€

Rue de la Chapelle
✆ 03 88 68 83 67
www.auberge-chapelle.fr
Ouvert lundi et mardi midi. Du jeudi au dimanche le midi et le soir. Menu à 33 €. Terrasse. Chèque restaurant.

Vous apprécierez le cadre verdoyant et boisé de cet endroit chargé d'Histoire ! Dans la salle de l'Auberge, le mur principal est orné d'une grande fresque représentant la chapelle d'Hattisheim du XIVᵉ siècle, dernier témoin d'un village disparu et devenu aujourd'hui lieu de pèlerinage. Les chefs Jean-Claude Schmit et Jérémy Weber concoctent des plats traditionnels joliment revisités. Goûtez leurs spécialités : le foie gras maison, et surtout les bouchées à la reine au poulet fermier (récompensées par une médaille d'argent). Profitez du site pour faire une balade.

NOS SAVEURS DE FRANCE

15, Rue du Général de Gaulle
MUNDOLSHEIM
✆ 06 27 40 64 33
nos-saveurs-de-france.fr

Nos Saveurs de France, c'est un tout nouveau service qui va vous permettre d'acheter le meilleur de tous les petits producteurs de la région sans bouger de chez vous ! Avant tout, c'est la passion du bon produit et du terroir qui anime l'équipe, toujours à la recherche de nouvelles pépites. Au fur et à mesure des rencontres, l'offre se diversifie et vous permet de vous créer des paniers sur mesure à vous faire livrer, que vous ayez envie de fruits et légumes, de produits frais, d'épicerie fine, de gourmandises, de plats cuisinés, de boissons ou même de cadeaux !

ILLKIRCH-GRAFFENSTADEN

Illkirch est bien desservie par les transports en commun. Une piste cyclable longe le canal du Rhône au Rhin et permet de rejoindre Strasbourg en toute sécurité. De nombreux magasins animent le centre-ville. Côté loisirs, vous pourrez profiter gratuitement d'une gravière pour vous baigner. Des animations sont proposées tout au long de l'année, dont le festival Le Printemps des Bretelles (apprécié par les amateurs d'accordéon) et un marché de Noël. La marque de l'histoire est encore présente, avec la winstub La Tankstell, dont le nom vient des pompes à essence qui étaient installées le long du trottoir avant la Seconde Guerre mondiale.

PARC ANIMALIER FRIEDEL

Rue du Girlenhirsch
✆ 03 88 66 80 80
www.illkirch-graffenstaden.fr
Haute saison ouvert tous les jours de 14h à 19h. Basse saison mercredi et week-end de 14h à 18h. Gratuit.

Dans le quartier du Girlenhirsch, le parc animalier Friedel est un site de balade qui accueille de nombreux animaux, dont certains se promènent en toute liberté sur les sentiers. Sur deux hectares, à l'ombre des arbres ou au bord de la mare, des chèvres, boucs, alpagas gambadent parmi les visiteurs. Dans leurs enclos, les vaches, poneys, lapins et poules... Les cigognes sont perchées dans leurs nids et les paons saluent les visiteurs avec leur cri si caractéristique. Une promenade idéale à faire en famille pour se sentir au plus proche de la nature !

PARC DU FORT UHRICH

4, route du Fort-Ulrich
✆ 03 88 66 80 80
www.illkirch.eu
Ouvert du 1er mai au 31 octobre, tous les jours de 8h à 20h. Gratuit. Fermeture automatique du portail à 20h.

Cette place forte est l'un des 14 forts construits par les prussiens autour de Strasbourg entre 1872 et 1882, afin de protéger la ville en cas de guerre. Le site est accessible, à pied ou à vélo, par la piste des Forts. Vous pourrez faire le tour du Fort (non visitable) en empruntant les sentiers tout autour. Les douves historiques, qui ceinturaient autrefois l'édifice, ont été réhabilitées pour mettre en valeur ses abords naturels. Le parcours aménagé permet aux visiteurs de découvrir ce patrimoine. Des panneaux informatifs retracent l'historique du fort.

L'ÉCHAPPÉE BIÈRE

550, boulevard Sébastien Brant
✆ 06 42 05 15 45
Visite insolite de Strasbourg 26 €. Organisation sur rendez-vous, des visites, challenges et dégustations.

L'Échappée bière vous propose de découvrir le monde de la bière alsacienne d'une manière ludique, par le biais de challenges, visites insolites et dégustations. Accompagnés d'un guide-biérologue passionné, vous irez dans les meilleurs spots de Strasbourg où l'on sert des bières artisanales. Durant la balade à travers les rues de Strasbourg, vous ferez deux pauses dégustation. Cette visite est le moyen idéal pour découvrir le savoir-faire brassicole. Organisation possible de jeux de piste, de rallyes urbains et d'animations sur mesure, sur le thème de la bière.

HÔTEL LE DOMINO** €

1, rue du Rempart ✆ 03 88 79 12 88
www.hoteldomino.fr
Hôtel 2 étoiles. Chambre double 55 € à 88 €. Petit déjeuner 9 €. Week-end 59 € PDJ offert. Animaux acceptés. Parking.

Ce délicat petit établissement familial est à quelques minutes de Strasbourg. Au calme, dans un cadre verdoyant. Les chambres lumineuses sont spacieuses et bien agencées, avec une décoration différente pour chacune d'elles. Celles orientées vers le canal du Rhône au Rhin disposent d'une terrasse, particulièrement appréciable en été. Les petits déjeuners sont goûteux. Que ce soit pour un voyage d'affaires ou une virée touristique, vous bénéficierez de tous les agréments et d'une prestation personnalisée. Station tram à 15 minutes à pied, pour rejoindre Strasbourg.

HÔTEL RESTAURANT DU CHASSEUR €

70, route de Lyon ✆ 03 88 66 77 69
www.hotellechasseur.fr

Hôtel 1 étoile. Chambres de 50 € à 68 €. Soirée étape à 75 €. Restaurant traditionnel. Terrasse. PMR.

Bienvenue chez Christian et Sabine Recht, à la tête de cet hôtel-restaurant familial, situé au cœur d'Illkirch ! Cette auberge du XVIIIe siècle fut autrefois une boulangerie. Neuf chambres cosy (simples ou doubles dont certaines communicantes pour les familles) sont proposées. Chacune est unique en son genre, accueillante, sobre et agencée de façon contemporaine. L'accueil est charmant. Possibilité de déjeuner et dîner au restaurant de l'établissement (cuisine traditionnelle).

HÔTEL D'ALSACE*** €€

187, route de Lyon
✆ 03 90 40 35 00
www.hotelalsace.com

Hôtel 3 étoiles. De 59 € à 71 €. Studio de 125 € à 180 €. PMR. Animaux acceptés. Hammam, sauna. Restaurant. Terrasse

Les chambres et les appartements de cet hôtel sont modernes et confortables. Très pratiques, les six salles modulables peuvent accueillir des séminaires. On peut également se retrouver au bar relooké au mobilier design ouvert tous les jours de 8h à 22h30 pour un RDV. Le restaurant de l'hôtel propose des menus et des plats du jour, avec une cuisine du terroir et traditionnelle. Un espace de remise en forme est accessible pour tous les clients (salle de fitness et espace bien-être). Arrêt de tram « Illiade » est en face de l'hôtel, pour un accès direct à Strasbourg.

ESTAMINET À L'AGNEAU €€

185, route de Lyon
✆ 03 88 66 06 58
www.agneau-illkirch.com

Déjeuner du mardi au vendredi de 12h à 13h30. Dîner vendredi et samedi uniquement de 19h à 21h. Terrasse.

Le chef Guillaume Kern a épuré sa carte et s'est approprié les tendances culinaires du moment. Guillaume twiste les plats de jadis, ce qui amène de succulentes saveurs qui nous rappellent avec bonheur les déjeuners de nos grands-mères. C'est un esprit bistrot parisien où l'on commande à l'ardoise. Des plats iconiques de brasserie, tous concoctés maison ! Anecdote amusante, vous (re) découvrirez ici le vin à la ficelle, une méthode pour calculer d'un coup d'œil la quantité consommée. Vous avez la possibilité d'acheter des plats en bocaux, à emporter.

AU FOYER DES PÊCHEURS €€

Chemin du Routoir
✆ 03 88 66 14 85

Déjeuner de 12h à 13h30 (sauf le samedi). Dîner du mercredi au dimanche de 19h à 21h30. Carte : 30 €. Terrasse.

Situé dans la forêt d'Illkirch, ce restaurant vous accueille dans un écrin lumineux et contemporain. On aime la grande terrasse bucolique, et le feu de cheminée aux premiers frimas. Les plats sont copieux et de qualité : filet de loup sauce aux tomates cerises, carré de veau aux girolles fraîches... Côté sucré, la soupe d'orange et pamplemousse aux pignons de pin est désaltérante. Et en soirée uniquement, les tartes flambées cuites au feu de bois se déclinent : traditionnelle, gratinée, forestière, au munster, tomme et jambon cru, et la sucrée pomme/cannelle.

SAVEURS & SAISONS €€

239, route de Lyon
✆ 03 88 38 80 78
www.saveurssaisons.fr

Ouvert à midi sauf le samedi. Le soir sauf le lundi et dimanche. Menu midi : 10 € ou 15 €. Terrasse.

Après une expérience au restaurant La Ruelle des saveurs à Strasbourg-Krutenau, Lionel, le chef de cuisine, a ouvert cet établissement en banlieue de la capitale alsacienne. Les plats sont élaborés avec des produits de qualité – le chef sait faire preuve de créativité – et se renouvellent au fil des saisons. Quelques exemples pour se mettre l'eau à la bouche : sanglier au jus de cidre (en automne) ou risotto de riz, carotte confite à l'orange. Les poissons sont aussi proposés. Maxime, responsable de salle et sommelier, saura vous conseiller judicieusement.

LA TANKSTELL €€

81, avenue de Strasbourg
✆ 03 88 65 09 74
www.latankstell.fr

Tous les jours de 11h30 à 14h et de 18h30 à 22h. Menu 39 €. Plat du jour 9 €. Terrasse. Chèque restaurant.

Cette winstub alsacienne est historique à Illkirch. D'ailleurs, le nom « Tankstell » vient des pompes à essence qui étaient installées le long du trottoir avant la Seconde Guerre mondiale. Le propriétaire de l'époque servait habilement à la fois à boire et du carburant aux Illkirchois et gens de passage. L'établissement a entièrement été rénové. À la carte et à l'ardoise, vous trouverez les plats incontournables de la région : choucroute, tartes flambées ou waedele gratiné au munster... Le restaurant est à proximité d'un arrêt de tram, reliant Strasbourg.

AUX TROIS FLEURS €€

19, route de Lyon
✆ 03 88 66 53 54

Ouvert du mardi au vendredi et dimanche le midi. Du mardi au samedi le soir. Plat du jour 10,50 €. Terrasse.

Le cadre de cette auberge, à la décoration traditionnelle et chaleureuse, vous plonge dans la belle ambiance désuète des winstubs. Le superbe comptoir d'époque, les boiseries blondes et le nappage en lin s'harmonisent ave goût. Gage de qualité, la carte du restaurant est succincte : le chef Hervé Stoebener privilégie la qualité à la quantité ! Ici, tout est fait maison et avec une passion bien réelle. Grillade, poisson, viande et desserts... Les plats sont parfaitement dressés et cela met l'eau à la bouche. Une ambiance douce se dégage de cet établissement.

LAC ACHARD

Centre nautique de la Hardt
✆ 03 88 66 41 63
www.illkirch.eu

Baignade surveillée de mi-juin à fin août de 10h à 19h. Accès libre. Label Handiplage.

À l'arrivée des premiers rayons du soleil, le lac Achard (qui est une ancienne gravière) est prisé par les estivants en quête de baignade et de loisirs en plein air. Vous aurez le choix entre plage de sable et grande pelouse pour poser votre serviette et vous dorer la pilule. Et pour ceux qui préfèrent se défouler, des terrains sont aménagés pour le volley, le foot ou la pétanque. Si le mauvais temps s'invite, vous pouvez vous réfugier à la piscine de la Hardt toute proche. Contrôle régulier de la qualité de l'eau et surveillance de la baignade en été.

L'ATELIER DE SANDRA KAST

237, route de Lyon
✆ 06 81 44 02 89
www.sandrakast.fr

Mardi et jeudi : 15h à 19h ; mercredi : 9h à 12h ; vendredi : 14h à 16h ; samedi : 10h à 12h. Label Made in Alsace.

Sandra Kast a des doigts de fée ! Elle réalise de merveilleuses créations en céramique. Diplômée en histoire de l'art, elle a aussi été formée au modelage et la céramique. Le modelage, la cuisson et l'émaillage n'ont plus de secret pour elle. Dans la boutique, vous trouverez des cadeaux personnalisés, des cœurs, des bijoux, des photophores, des décorations intérieures et extérieures résistantes au gel, des Fontaines, des tableaux... Sandra peut aussi réaliser des créations sur mesure sorties de votre imagination. Vous pouvez suivre ses cours hebdomadaires.

EVA STRASBOURG

21, rue de l'Industrie
✆ 03 88 31 28 64
www.eva.gg

Ouvert du lundi au samedi de 14h à 23h ; le dimanche de 14h à 20h.

Le concept est ludique : à l'aide d'un casque de réalité virtuelle et d'une arme connectée, vous évoluez sur différentes cartes et affrontez vos amis. Escape games et jeux immersifs en réalité virtuelle complètent l'offre. Ce qui surprend vraiment, c'est la qualité des mondes virtuels dans lesquels vous êtes totalement happés. Ils ont en effet été pensés pour une expérience complète et très surprenante qui séduira même les plus sceptiques. Vous pouvez venir seul et jouer contre des inconnus ou en équipes déjà formées. Profitez aussi d'un espace bar et snacking.

GOLF DU FORT

Route du Fort-Uhrich
✆ 03 90 40 06 70
www.golfdufort.com

Du lundi au dimanche de 9h à 19h. Green-fee pour un parcours week-ends et jours fériés 25 €. Boutique. Restauration.

Le Golf du Fort est un espace optimisé pour pratiquer cette discipline en toute quiétude. Quel que soit votre handicap, ou votre envie de jouer, il y a la formule qui vous convient ! Et nul besoin d'être membre : l'entrée est libre ! Avec un parcours homologué de 9 Trous, un practice de 45 postes dont 15 couverts, un putting green et 2 chippings greens, ce golf est un excellent centre de formation. Au club-house, des petits plats sont servis à midi, avec une terrasse, ouvert aussi aux non-adhérents du club. Une boutique est également à votre disposition.

L'ILLIADE

11, allée François Mitterrand
✆ 03 88 65 31 06
www.illiade.com

Billetterie sur place et en ligne. Programmation et tarif visible sur le site. Pique-nique musical en été (gratuit).

L'Illiade est le centre culturel de la ville d'Illkirch-Graffenstaden dont la programmation n'a rien à envier à celle des grandes villes. Dans cette salle, spacieuse et bien équipée, les spectateurs peuvent apprécier des pièces de théâtre, des spectacles humoristiques ou musicaux, mais aussi du cabaret et des expositions. Le cirque Plume présente également son spectacle. La programmation propose un large panel de ce que peut offrir le spectacle vivant, avec même de l'opéra en partenariat avec l'Opéra national du Rhin. Possibilité d'achat de bons cadeaux.

LIPSHEIM

Historiquement (en 1800), la plupart des habitants de Lipsheim étaient tisserands : chaque maison avait un rouet, et les femmes réalisaient leur propre linge. D'ailleurs l'ensemble du village était entouré d'un fossé continu, qui se prolongeait entre les rues principales, permettant le lavage du chanvre, cette étape étant préalable au tissage. Aujourd'hui, le village a gardé son charme et sa douceur de vivre, avec ses maisons alsaciennes typiques, décorées selon la saison, et ses petites rues. Vous donnant ainsi l'occasion de vous balader dans un village représentatif de l'Alsace, avant de vous attabler chez de l'un des deux restaurants du village.

RESTAURANT À L'ANGE €€

30, rue Jeanne-d'Arc
✆ 03 88 64 07 78
www.fr.restaurantalange.com

Maître Restaurateur. Ouvert lundi et samedi soir. Du mardi au vendredi midi et soir. Terrasse. Chèque resto et vacances.

Au cœur de cette winstub au charme délicat, vous apprécierez le service professionnel et la qualité de la cuisine, qui privilégie le terroir. La famille Feger vous propose, à la carte, une large palette de choucroutes qui se déclinent avec différents accompagnements, et des plats plus bourgeois de viande ou de poisson. Des suggestions dévoilent le talent fort imaginatif du chef. À la belle saison, les portes s'ouvrent sur une belle terrasse. Dans cet ancien corps de ferme à colombages, vous apprécierez les décorations traditionnelles, surtout en période de fêtes.

HÔTEL LES ALIZÉS*** €€

9, rue des Vosges
✆ 03 88 59 02 00
www.hotel-les-alizes.com

Chambres de 99 € à 119 €. Suite 162 €. Forfait escapade. Label Tourisme & Handicap. 2 restaurants. Espace détente SPA.

À l'hôtel Les Alizés, l'authenticité d'un bel édifice alsacien, avec en prime, tout le confort moderne. L' espace détente SPA offre un accès à la piscine intérieure, un bain bouillonnant, un hammam, un laconium et des saunas, le tout avec vue sur la forêt environnante. Dans les chambres, vous trouverez le confort ergonomique et fonctionnel optimal. De votre arrivée à votre départ, l'équipe hôtelière est aux petits soins pour sa clientèle. Deux restaurants pour déjeuner ou dîner : la winstub A l'Ange et la table gourmande Au Chalet de l'Hôtel.

LE CHALET DE L'HÔTEL €€€

9A, rue des Vosges
✆ 03 88 64 89 64
www.chaletdelhotel.com

Ouvert le lundi et mercredi midi, le mardi, jeudi et vendredi midi et soir, le samedi soir. Terrasse. Parking.

Jérémy et Oriane ont concrétisé leur rêve en créant cet établissement : une ambiance douce, des menus gourmands, une cuisine savoureuse et qualitative. En salle, Oriane vous accueille avec bienveillance. Elle vous conseillera et vous guidera dans le choix des plats et l'accord des vins. L'inspiration du Chef Jérémy Feger ? La revisite d'une cuisine de terroir, sublimée par des découvertes liées à ses nombreux voyages. Il maîtrise les cuissons traditionnelles et innovantes, et a enrichi sa cuisine de nouvelles saveurs, d'épices et d'assaisonnements. Un must !

AU TULIPIER DU RIED €€

3, Rue de l'Il
HIPSHEIM
✆ 03 88 64 97 72
www.autulipierduried.com

Devis selon la demande.

Le gîte est dans une authentique ferme alsacienne. L'ancienne écurie a été entièrement rénovée pour accueillir ce gîte de 4 chambres pour 10 personnes. Il est de plain-pied, accessible pour les personnes à mobilité réduite depuis le parking. Ses atouts sont nombreux : terrasse, cour fermée, barbecue, salon de jardin, place de parking, cuisine équipée et buanderie, jeux pour enfants… C'est donc un endroit idéal pour venir entre amis ou en famille et vivre en toute indépendance le temps de visiter cette belle région (vous êtes idéalement situés).

OBERHAUSBERGEN

Oberhausbergen est réputée pour sa colline, très fréquentée par les promeneurs. Le Fort Ulrich est l'un des sites le mieux conservés d'Europe, datant de la fin du XIXe siècle (ouvrage de la ceinture fortifiée allemande de Strasbourg, construit en 1872). En effet, dès 1871, les ingénieurs prussiens projettent de construire une ceinture comprenant 14 forts détachés, sur une longueur d'environ 33 kilomètres, distants entre 4 et 8 kilomètres des murs de l'enceinte urbaine et espacés entre eux de 1 500 à 4 400 mètres. Le fort est accessible uniquement dans le cadre des visites guidées. Une ceinture verte est préservée à l'ouest, idéale pour se promener.

FORT FRÈRE

Chemin des Coteaux
✆ 06 98 23 30 14
www.fort-frere.eu
Jours et horaires variables.
Consulter le site Internet.

Restauré avec le talent et le goût de la grande Histoire par une association de bénévoles passionnés et ouvert au public depuis plus de vingt ans, ce site constitue le fort de type Biehler le mieux conservé d'Europe ! Ce superbe monument (architecture militaire européenne de la fin du XIXᵉ siècle) est un ouvrage de la ceinture fortifiée allemande de Strasbourg, construit en 1872. Vous visiterez la place d'armes de gorge, la caserne, les locaux d'artillerie, le rempart et son armement, le fossé et ses défenses, le glacis et les alentours du fort.

JUS DE LA VIGNE

✆ 03 69 32 00 77
https://jusdelavigne.fr
Ouvert jeudi, vendredi, samedi et dimanche : 10h à 12h et de 14h à 19h30. Commander sur Internet et prendre au magasin.

Palais férus de vins naturels, Aurélie et Adrien Boi ont créé le Jus de la Vigne et proposent une approche originale en matière d'achat en ligne. Ces jeunes Strasbourgeois vous proposent, sur abonnement, de découvrir tous les deux mois en vidéo deux vignerons bio et éthiques. En outre, vous recevrez chaque mois un coffret composé de deux vins naturels (issus de raisins certifiés en bio ou en biodynamie), fournis par les vignerons sélectionnés. Vous pourrez acheter en ligne du vin, des charcuteries et des fromages bio, majoritairement locaux, sans aucun abonnement.

OSTHOFFEN

Premier village de la Couronne d'Or aux portes de Strasbourg, Osthoffen signifie « domaine à l'est ». L'origine d'Osthoffen tient d'un camp romain qui s'installa à l'emplacement actuel du château. Celui-ci faisait partie des postes d'observation le long de la route romaine du Piémont des Vosges. Le château d'Osthoffen, mélange de styles hérités des différentes constructions et rénovations a beaucoup de charme. Vous pourrez passer la nuit dans les chambres du château et combiner votre séjour avec sa visite guidée incluant le parc. Et pour découvrir les produits de qualité de la région, allez à l'ancienne laiterie, y déguster un brunch.

OSTWALD

Ostwald est délimitée par l'Ill sur le flan Est, et par l'axe autoroutier au sud. Ce village s'est construit de manière hétérogène autour d'un centre-ville historique et de deux quartiers d'habitation. Ostwald possède 38 hectares de forêts qui se répartissent entre la forêt du Niederwald au nord et la forêt de la Nachtweid à l'est. Une partie de cette dernière est aménagée et propose un parcours de santé, un sentier botanique et un parc acrobatique. La salle culturelle du Point d'Eau propose un programme d'animations et de spectacles diversifié. Ostwald se caractérise aussi par plusieurs gravières, qui sont toujours en exploitation.

LE CHÂTEAU D'OSTHOFFEN €€€

1, rue du Château
✆ 03 88 96 00 23
www.chateau-dosthoffen.com
7 chambres. Simple 100 €. Double à partir de 140 € (selon la saison). Petit déjeuner inclus. Parking.

Passer une nuit dans ce cadre d'exception est réellement une expérience particulière à vivre. Transformé plusieurs fois, ce château médiéval du XIIᵉ a subi d'importants travaux, effectués au XIXᵉ siècle par les généraux de Grouvel, dont les descendants occupent toujours les lieux. Le château est entouré d'un beau parc à l'anglaise. Les chambres fastueuses portent les noms des membres de la famille. Dans chaque chambres des objets et portraits rappellent les épisodes de la vie de ceux qui y ont vécu. Un lieu parfait pour oublier les tracas du monde contemporain.

HÔTEL MISTER BED €€

12, rue Ferdinand Braun
✆ 03 88 66 77 74
www.misterbed.fr
Hotel F1. 76 chambres. Wifi.

Cet hôtel pour budgets serrés est idéalement situé, à équidistance de Strasbourg et de l'Allemagne. Certes, les chambres ne sont pas très grandes, mais elles sont parfaitement agencées. Quant au mobilier il est sommaire, sobre et fonctionnel. L'établissement ne dispose pas de restaurant, mais une prestation de petit déjeuner est proposée. Accessible 24H/24, et 7 jours sur 7, grâce à la borne automatique. Il correspond à ce que l'on attend d'un hôtel petit budget, avec un certain confort. De plus, votre animal de compagnie est accepté ici. Wifi et parking gratuits.

CHÂTEAU DE L'ÎLE***** €€€

4, quai Heydt
✆ 03 88 66 85 00

Chambre double à partir de 155 € ; suite à partir de 660 €. Demi-pension. Petit déjeuner : 24 €.

Au cœur d'une véritable île de verdure à seulement 5 km de Strasbourg, ce château du XIXe siècle offre un cadre authentique et paisible. Le Château de l'Île dispose de 62 chambres s'inspirant de l'ambiance des maisons bourgeoises du XIXe siècle. Elles sont situées dans la partie historique du château ou dans la partie typiquement alsacienne et offrent des vues très agréables. Détendez-vous dans le spa en admirant la nature environnante. Lâchez prise, relaxez-vous… et pourquoi ne pas vous laisser tenter par un soin relaxant? Quiétude et détente garanties !

LE PERCHERON €€

22, rue du Général-Leclerc ✆ 03 88 66 14 58
www.le-percheron-ostwald.com

Ouvert du mardi au samedi le midi et le soir. Menu unique à 35 €. Formule du midi : 12 €. Vente à emporter. Parking.

Le chef vient de Normandie, et de fait il aime mettre à l'honneur les produits de la mer. Fruits de mer et poissons sont très largement représentés, accommodés de mille manières délicieuses : cordon bleu de lieu, poêlée de calamars... Goûtez la spécialité de la maison : *la cotriade normande*, une marmite de poissons et de coquillages, pommes de terre mijotés dans une fine soupe de poisson. Les carnivores trouveront quand même eux aussi de quoi se régaler avec un mignon de veau aux girolles par exemple. La livraison des plats à la carte est proposée dans le secteur.

BISTROT RÉGENT €

9, rue Pierre et Marie Curie
✆ 03 88 79 32 40
www.bistro-regent.fr

Ouvert tous les jours le midi et le soir. Formule : 13,90 € (le plat au choix avec frites). Vin au verre. Terrasse.

Une cuisine goûteuse au sein d'une ambiance décontractée. À l'origine, un bistro constituait le lieu privilégié des classes populaires qui venaient s'y détendre après une journée de travail. C'est encore le cas aujourd'hui. Le service est rapide et efficace, l'accueil agréable, et les plats proposés à la carte sont simples et maîtrisés. La cuisson s'avère juste, les proportions sont correctes, et l'accompagnement (des frites à volonté) est cohérent. Tous les plats sont au même prix – c'est le principe de la formule –, et les dessert à prix abordable. Pratique !

RESTAURANT LE 15 €€

15, rue Pierre et Marie Curie
✆ 09 51 69 65 94
www.restaurantle15.com

Ouvert du mardi au samedi, midi et soir.

Le chef Jaimes Madeira œuvre en cuisine avec talent tandis que Maun Altisen, fort de près de trente ans d'expérience, gère impeccablement la salle. Le duo fonctionne au diapason ! L'ambiance sereine et chaleureuse est un vrai bonheur. L'accueil est professionnel et attentionné. Ici, vos souhaits sont anticipés et les suggestions pertinentes. Les plats sont originaux et cuisinés avec passion, avec une harmonie de saveurs, une cuisson maîtrisée, et un dressage rigoureux. Un menu prestige est proposé autour de la philosophie des lieux : une gastronomie décomplexée !

AUBERGE DE LA NACHTWEID €€

Chemin de la Nachtweid
✆ 03 88 66 58 88
www.auberge-nachtweid.fr

Ouvert dimanche, lundi, jeudi et vendredi : midi et soir. Et samedi soir. Plat du jour 9,50 €. PMR. Terrasse.

À l'auberge de la Nachtweid, vous pouvez opter pour une soirée tartes flambées entre amis ou pour une pause gourmande dans un environnement bucolique au bord de l'Ill. Le cadre apaisant vous permettra de déconnecter de la vie trépidante de la ville : il est propice à la détente et au ressourcement. Côté carte, vous aurez le choix entre plats bourgeois et spécialités alsaciennes, sans oublier les tartes flambées cuites au bois de hêtre. Les habitués ne se lassent pas de la cuisine et de l'ambiance conviviale de cette auberge à quelques encablures de Strasbourg.

LES TERRASSES DU BOHRIE €€

74, rue de Lingolsheim ✆ 03 88 30 83 70

Ouvert le lundi, le mardi, le jeudi et le vendredi de 12h à 14h et de 19h à 22h ; le week-end de 19h à 22h.

Ce restaurant jouxtant le terrain de tennis est un véritable havre de paix. Dans un cadre chaleureux et agréable, en intérieur comme sur la belle et immense terrasse au bord de l'étang du Bohrie, on profite des talents de deux chefs particulièrement doués dans leurs domaines. Le premier propose des pizzas préparées de façon traditionnelle avec une pâte au levain réalisée à la main, qu'il laisse maturer parfois jusqu'à six jours. Parfaite ! D'ailleurs, ici, la meilleure preuve de la qualité de cette pâte est que personne ne laisse sa croûte de pizza !

V AND B STRASBOURG LA VIGIE

3, rue Ferdinand Braun
vandb.fr
Du lundi au mercredi 14h30-20h ; mardi et mercredi 10h-13h ; jeudi et vendredi 10h-21h ; samedi 10h-20h.

V And B est un concept associant cave à vins et bar. Vous pourrez déguster plus de 1 000 références de bières, des centaines de vins et de nombreux spiritueux du monde entier, parfois rares. Pour vous y retrouver, l'équipe vous avise selon vos goûts, désirs et idées d'associations. Côté bar, on fait aussi de belles découvertes avec de très nombreuses bières pression, à prendre pourquoi pas sur l'immense terrasse agréable et ensoleillée. Des animations sont régulièrement proposées.

NATURAPARC

35, rue de la Nachtweid
✆ 03 88 58 78 92
www.naturaparc.com
Ouvert tous les jours en été.
Mercredi, samedi et dimanche les autres mois.
De 14 € à 24 € selon le forfait choisi.

Découvrez la nature autrement en profitant en famille ou entre amis des joies de l'accrobranche ou encore du quickjump ! Cela se passe au parc de loisirs Naturapac où l'on profite des parcours aménagés avec beaucoup de soin dans la forêt. Vous pourrez essayer l'accrobranche, la tyrolienne, le pont de singe, la corde de Tarzan ou encore le saut pendulaire (un sacré saut dans le vide). Si vous n'avez pas le vertige, optez pour les structures élevées à 20 mètres. Les moniteurs qualifiés vous accompagnent pour rassurer les néophytes.

LE POINT D'EAU

17, allée René-Cassin
✆ 03 88 30 17 17
www.lepointdeau.com
Programmation et horaires des spectacles consultable sur le site. Tarif en fonction du type de spectacle.

Le Point d'eau d'Ostwald se veut un lieu multiculturel ! La programmation de spectacles et concerts pour tous publics est vaste et particulièrement diversifiée : concerts, danses, mais aussi des pièces de théâtre sont présentés tout au long de l'année. L'espace culturel possède deux salles : celle de 250 places avec une petite scène, tandis que la salle de 580 places est adaptée au grand show possibilité d'acheter les billets en ligne. Le Point d'eau propose également des ateliers théâtre (pour jeunes et adultes), et des cours de danse pour tout âge.

PLOBSHEIM

Plobsheim est un ancien village de pêcheurs professionnels, qui fournissaient les habitants du secteur, jusqu'à Strasbourg. Rien d'étonnant à cela : cette commune est traversée par plusieurs cours d'eau. Le plan d'eau, zone naturelle et protégée, accueille de nombreux oiseaux migrateurs durant l'hiver, et offre un beau cadre de balade. À proximité, le centre nautique accueille des bateaux à voile et propose des sports divers. Le golf (avec sa très belle chapelle privée), la balade en calèche et en barque à fond plat, tout comme la visite de chapelle Notre-Dame-du-Chêne (qui accueille toujours des pèlerinages) offrent une belle parenthèse culturelle.

LE GÎTE LA COUR ANGLAISE €€

2, rue du Verger
✆ 03 88 98 70 28
www.gitelacouranglaise.fr
Gîte de France de 70 m² (4 épis) pour 2 personnes. 7 nuits 490 €. Linge maison fourni.

Décor raffiné et romantique pour ce spacieux gîte, idéalement situé à proximité de Strasbourg. La cuisine est ouverte sur le séjour-salle à manger et offre une belle vue sur la terrasse. L'ensemble est parfaitement agencé et confortable. Vous profiterez d'une vue imprenable sur le jardin verdoyant, auquel vous aurez librement accès. Car le gîte est situé dans le Jardin de Marguerite, un espace de verdure harmonieusement aménagé sur 5 000 m², où se côtoient essences rares et nombreux rosiers. Idéal pour passer un séjour en amoureux, ou retrouver sa zénitude.

L'AUBERGE DU MOULIN €€

24, rue du Général-Leclerc ✆ 03 88 11 45 11
www.restaurant-auberge-du-moulin.fr
Ouvert tous les jours de 11h45 à 14h et de 18h45 à 22h. Deux grandes salles sur deux étages. Spacieuse terrasse abritée.

L'identité traditionnelle a été préservée dans cette magnifique auberge alsacienne. Sa façade pimpante, la décoration typique et soignée, l'accueil chaleureux... Tout est agencé pour vous offrir un moment de convivialité. Le chef privilégie le produits locaux et tous les plats sont faits maison ! Les tartes flambées de la Confrérie du Véritable Flammekueche d'Alsace sont cuites au feu de bois, et les spécialités alsaciennes sont d'une absolue maîtrise. Nous vous recommandons les rognons de veau en cocotte, flambés au cognac, sauce moutarde et le tiramisu maison.

ÉCOLE DE VOILE DE STRASBOURG

Route du Plan d'Eau
✆ 03 88 98 70 77
Stages pendant les vacances. Initiation et perfectionnement dès 7 ans. Tarif à la semaine variable selon formule.

Envie de découvrir les sports de voile ou de voguer sur l'eau ? L'école de voile de Strasbourg, installée à la base nautique de Plobsheim, vous propose différentes formules : découverte, perfectionnement ou villégiature. Des stages sont organisés pendant l'été. Les plus jeunes (7 à 12 ans), s'essayeront à l'optimist, tandis que les aînés embarqueront sur les planches à voile, catamarans et dériveurs. L'encadrement est assuré par des moniteurs diplômés.

GOLF CLUB LE KEMPFERHOF

351, route du Moulin ✆ 03 88 98 72 72
www.kempferhof.fr
Ouvert toute l'année, ce golf propose 3 parcours de 3 à 18 trous. Tarif de 31 € à 95 €. Complexe hôtel et restaurant.

Le Kempferhof offre plusieurs parcours dessinés par l'architecte américain Bob von Hagge dans le Top 15 des 150 meilleurs parcours et parmi les 5 meilleurs golfs répertoriés en France, selon le guide *Rolex*. Il s'étend sur 85 ha de nature sauvegardée autour d'une vaste demeure seigneuriale du XVIIe siècle. Il offre une zone d'entraînement de 3 trous, d'un parcours 9 et 18 trous Le golf fait partie d'un complexe plein de charme et d'élégance, avec un hôtel aménagé dans un magnifique château, datant de 1865, d'une chapelle privée et d'un restaurant bistronomique.

REICHSTETT

Reichstett est entourée d'une ceinture verte et bordée du très agréable plan d'eau ouvert à la baignade durant l'été. Le site est très apprécié par les promeneurs originaires de l'agglomération strasbourgeoise, à la recherche d'un coin de nature proche de la ville. Le Fort Rapp, inscrit sur la liste complémentaire des Monuments historiques, est un ouvrage avancé de la ceinture des forts de Strasbourg, construit en 1872. Propriété de la Commune, il est restauré grâce à des associations de bénévoles et au soutien des collectivités locales. Des visites y sont organisées régulièrement. Enfin, de bons restaurants vous proposent des spécialités locales.

FORT RAPP

Rue du Fort
✆ 06 52 16 43 04
www.fort-rapp-moltke.fr
Jours et horaires variables.
Consulter le site Internet.

Le Fort Rapp-Moltke de Reichstett a été restauré par des passionnés par l'histoire de la ceinture fortifiée de Strasbourg et de la conservation du patrimoine local. Ces bénévoles férus de *militaria* restaurent et entretiennent depuis plusieurs années le Fort de Reichstett. Plusieurs salles ont été remises en état, ainsi que des éléments tels que le pont à bascule... Le site abrite deux musées : le musée de la Coloniale et le musée de l'École. Les bénévoles vous font visiter ces différentes salles et vous enseignent leur savoir sur ces objets chargés d'histoire.

PARC DE LA MAISON ALSACIENNE

Rue du Terrain ✆ 03 88 20 59 90
www.maisonalsacienne.fr
Ouvert du 1er septembre a mi-octobre : jeudi de 10h à 17h, dimanche pairs de 14h à 18h. 2,50 €. Visite guidée possible.

Dans ce parc, d'anciennes bâtisses alsaciennes traditionnelles démontées dans différents villages ont été reconstruites. Aménagées, elles nous content l'histoire de la vie en Alsace. Vous pourrez visiter une maison de 1698 issue de Herrlisheim, évoquant la vie paysanne sous Louis XIV. Celle de Blaesheim, raconte la vie au temps de la Révolution. Une grange de 1807, démontée à Plobsheim, abrite du matériel agricole. Un atelier de tonnellerie du XIXe siècle est également recréé.

HÔTEL AIGLE D'OR*** €€

5, route de la Wantzenau
✆ 03 88 20 07 87
www.aigledor.com
Hotel 3 étoiles. 17 chambres (dont une suite). Chambre double de 94 € à 210 € (suite). PMR. animaux acceptés. Parking.

L'hôtel familial 3 étoiles de l'Aigle d'Or propose de charmantes chambres de taille variable, sobres, raffinées et confortables. Les fenêtres de la suite donnent sur un nid de cigognes, que l'on observe couver durant la nidification. Couleurs chaudes, espaces lumineux, décoration de bon ton. Pour le petit déjeuner buffet, des viennoiseries alsaciennes sont proposées accompagnées de confitures maison. L'accueil est fort sympathique : Marie-Hélène vous reçoit toujours avec bienveillance. Pour vos escapades, on vous propose un service lunch box. Restaurant sur place.

AUX 3 SAVEURS €€

28, rue de la Wantzenau
www.aux3saveurs.fr
Ouvert tous les jours à midi et le soir.
Fermé le samedi et dimanche midi.
Carte : 15 € environ.

Cet établissement atypique et melting-pot propose trois spécialités. En cuisine, le chef se plie en trois : le choix des mets est pléthorique. Le cuisinier, d'origine indienne, maîtrise parfaitement ces plats typiques et vous pourrez commander les spécialités sans être désappointé. Pour les plus traditionnalistes : pizzas, pâtes, salades, bouchées à la reine, cordon bleu ou autres viandes et poissons sont également au programme. En résumé, un bel éventail de saveurs françaises, italiennes et indiennes pour un rapide tour du globe. D'où le nom de l'établissement !

A L'ETRIER €€

19, rue du Général de Gaulle
✆ 03 88 18 43 20
www.hotel-restaurant-a-l-etrier.fr
Ouvert du lundi au samedi : midi et soir.
Menu unique à 18 € (menu étape).
Plat du jour 9,50 €. Hôtel 2 étoiles.

Dans cette jolie maison bleue qu'aurait pu chanter Maxime Leforestier, l'accueil est convivial et les plats copieux. A la carte, des plats traditionnels valorisent le terroir de la région. Jarret de porc à la dorelei, camembert frit aux truffes, baeckeoffe et galettes de pommes de terre... Côté salades, elles sont gourmandes : mixte ou aux foies de volailles... N'hésitez pas à tenter la cassolette d'escargots aux girolles ou encore les déclinaisons de cordon bleu ! Des tartes flambées sont au menu en soirée. L'établissement est également un hôtel.

SILLON

Boulevard des Enseignes
✆ 03 67 10 38 77
https://sillon.alsace
Du lundi au samedi de 9h à 19h.

Imaginez une trentaine de producteurs locaux réunis en un même lieu, qui ont à cœur de vous offrir le meilleur : des exploitations familiales souvent, des structures solidaires parfois, l'amour de leur métier et du terroir toujours. De leur premier Sillon à leur rencontre avec vous, les producteurs ont un seul objectif : vous convertir au bon, au local et à leur passion. Sillon vous propose dans un même espace convivial les meilleurs produits dans son marché paysan, une vente à la rue, un restaurant bistronomique, un lieu de vie et d'animations.

PLAN D'EAU DE REICHSTETT

✆ 03 88 20 02 26
www.reichstett.fr
Ouvert tous les jours de 10h à 19h.
Baignade surveillée. Gratuit.

Ce site est incontournable pour la baignade en milieu naturel. En saison estivale, la surveillance est assurée par un maître-nageur diplômé. En famille, entre amis ou en solo, vous profiterez d'une plage aménagée autour du plan d'eau. Et si vous avez envie de vous amuser un peu, un aménagement sportif est à votre disposition pour pratiquer le volley, le basket ou le ping-pong. C'est un endroit agréable pour passer une journée dans la nature et profiter du beau temps à moindre coût. Une buvette permet l'essentiel pour vous désaltérer et manger un morceau.

ZENARIUM CENTRE DE FLOTTAISON

5, Rue de Picardie
✆ 06 73 69 79 37
zenarium.fr
Tous les jours de 10h à 21h.
Jusqu'à 23h30 le week-end.

Le Zenarium est le lieu idéal pour qui a envie de prendre soin de soi et de se relaxer. Grâce à de nombreux équipements et services, on prend le temps de se recentrer et de profiter. Bulles de flottaison, sauna à infrarouges, cours collectifs et ateliers, sophrologie, eau Kangen…, chacun trouvera de quoi se concocter un programme adapté à ses envies et besoins. Le Zenarium est également parfait pour les sportifs ou les personnes sous pression au travail.

SCHILTIGHEIM

Schiltigheim a été une ville brassicole en 1850. Les nombreuses brasseries implantées fournissaient les clients de Strasbourg et de ses banlieues, avant de se développer à l'exportation. Aujourd'hui encore, l'histoire brassicole est présente dans cette ville, par le biais de ses bierstubs et winstubs qui proposent boissons houblonnées artisanales et tartes flambées, et sa fête de la bière. La culture populaire est omniprésente, grâce à ses nombreux spectacles, dont l'incontournable Revue Scout. La ville a réussi sa mutation économique grâce à la création de l'Espace Européen de l'Entreprise, dédié à l'innovation et aux technologies de pointe.

PARC DE LA ROSERAIE

Parc de la Roseraie
✆ 06 81 58 89 04
www.ville-schiltigheim.fr
Ouvert du 01/06 à fin septembre : du lundi au jeudi 13h30-16h. Samedi, dimanche et jours fériés 14h-18h. Gratuit.

Créé en 1926, ce jardin abrite près de 390 variétés de roses et 4 000 rosiers (buissons, tiges, arbustes, grimpants, miniatures...). Placée sous la protection de l'Association des Amis des Roses, la Roseraie s'étend sur 30 ares. Elle est entretenue par des bénévoles, amoureux de ces fleurs. Vous rencontrez toujours un jardinier dans les allées pour répondre à vos questions. Au mois de juin, à l'occasion de la Fête de la rose, la roseraie ouvre ses portes et s'anime avec un apéritif concert, et vous propose un moment convivial autour de grillades et tartes flambées.

KYRIAD STRASBOURG NORD PALAIS DES CONGRÈS*** €€

6, avenue Pierre-Mendès-France
✆ 03 88 81 24 44
www.kyriad-strasbourg-nord.fr
Hôtel 3 étoiles. 4 chambres adaptées pour PMR. Snacking 24h/24. A partir de 55 €. Animaux acceptés. Parking.

L'hôtel allie avec esthétisme métal, terre, feu et bois. Les peintures murales sont à base de pigments naturels, les parquets des chambres sont en bois brut, la literie haut de gamme, les serviettes en fibres de bambou. Les chambres sont d'un confort absolu. Au rez-de-chaussée, une salle de fitness est accessible à toute heure. Le petit déjeuner buffet propose de nombreux produits régionaux (munster, kougelhopf...). Le restaurant Les 5 Éléments délivre une carte traditionnelle.

AU MERLENCHANTEUR €€

10, rue Principale
✆ 06 20 74 28 31
2 chambres et 2 suites de 23 à 46 m². De 80 € à 125 €, petit déjeuner inclus. Jardin et terrasse. Animaux non acceptés.

Les appartements sont composés de deux pièces avec kitchenette. Confortables et soigneusement décorés : lit à baldaquin, objets chinés aux quatre coins du monde... Les salles de bains sont bien agencées, avec baignoire ou douche à l'italienne. Les petits déjeuners sont servis dans la stub, la pièce centrale de la cette belle maison du XVIIe siècle, très typique. Dans la bibliothèque, des alsatiques et des brochures régionales sont à votre disposition pour préparer vos visites. Et vous avez la possibilité de louer des vélos en vue de belles balades.

CHEZ BENOIT €

48, Rue Principale
✆ 03 88 33 13 14
Ouvert du lundi au vendredi de 11h à 14h30. Vin au verre.

Chez Benoît, on vient en amis déguster de délicieuses foccacias maison garnies d'excellents produits frais et de saison. La formule est simple : on choisit sa soupe de saison, sa foccacia et son dessert et le tour est joué ! L'ambiance ici est des plus conviviales et les tarifs très abordables, c'est le lieu idéal pour une pause déjeuner rapide entre collègues. On peut emporter le tout mais aussi s'installer dans la jolie petite salle à la décoration délicieusement rétro, faite de bric et de broc. Suivez Benoît sur ses réseaux, vous y découvrirez ses nouveautés.

L'ASSIETTE DU VIN €€

154, route de Bischwiller
✆ 03 90 46 54 19
www.assietteduvin.fr
Ouvert du lundi au samedi le midi et le soir. Plateau dégustation 15 €. Chèque Restaurant. Caviste à côté du restaurant.

L'Assiette du Vin est un bistro à vin qui vous propose une carte originale où les produits frais sont à l'honneur. A la carte : tapas terre et mer pour grignoter avec un bon verre de nectar vinicole. Les suggestions à l'ardoise changent au fil des saisons et du marché. Le chef Michaël vous conseille avec professionnalisme et bienveillance. Vous pourrez profiter des conseils, déguster des vins délicats au tarif caviste. L'espace cave est ouvert toute la journée : il propose une vingtaine de vins au verre et des plateaux apéritifs conviviaux, et ce dès 18h.

LA BOCA LOCA €€

8a, rue Principale
✆ 03 88 33 40 30
Ouvert du lundi au vendredi à midi et le soir et le samedi soir. Carte : 22 € environ. Chèque Restaurant.

Niché au fond d'une ruelle, ce petit restaurant accueillant vous attend. Les plats argentins proposés sont succulents. Lorsque la carte arrive, on ne sait que choisir. En entrée, les *empanadas* aux légumes ou à la viande. Les viandes, importées d'Argentine, sont fondantes et savoureuses. Des plats traditionnels sont également servis. Pour une note sucrée, laissez-vous tenter par le *dulce de leche*, confiture de lait, partie intégrante du patrimoine gastronomique national. On vous recommande la bière argentine Quilmes et le vin Malbec d'Argentine.

LE BOUCANIER €€

1, place de la Liberté
✆ 03 88 33 43 77
www.le-boucanier.fr

Ouvert tous les jours de 12h à 22h30. Le soir, du lundi au jeudi : tarte flambée, pizza, carpaccio à volonté. Terrasse.

Le restaurant est judicieusement situé au cœur du vieux Schilik. En été, vous apprécierez particulièrement la grande terrasse édifiée au calme sur la place. La spécialité du restaurant ? Les tartes flambées et la fameuse pizza du boucanier. Bien sûr, à la carte, le choix est vaste : plusieurs variantes de plats de pâtes, et quelques suggestions de poissons. Mais surtout un grand choix de plats de viande de bœuf et de veau, cuisinés de différentes manières (grillés ou en sauce). Convivialité et simplicité pour ce restaurant incontournable à Schiltigheim.

BRASSERIE DE L'AAR €€

19, rue de la Glacière
✆ 03 88 48 31 02
www.brasseriedelaar.fr

Ouvert du lundi au samedi de 11h à 1h30 (en continu). Carte et formule à volonté. Plat du jour : 10 €.

Ce restaurant bistronomique est ouvert en continu. La terrasse a l'avantage d'être située dans une rue peu passante. Les plats sont faits maison, avec des produits frais. La cuisson des viandes est d'une jolie justesse, les plats sont savoureux, et le dressage *ad hoc*. Salades, tartes flambées, magret de canard braisé au thym avec fruits rôtis, risotto végétarien aux champignons, et un plat de poisson selon arrivage sont proposés à la carte. Des formules « à volonté » sont disponibles pour les tartes flambées, le carpaccio de bœuf, et les moules-frites.

LE CONFIDENTIEL €€

13, rue de la Haye
✆ 03 90 22 60 36
www.le-confidentiel.fr

Plats bio et sans gluten. Ouvert du lundi au vendredi : midi et soir. Menu de 30 € à 39 €. Terasse.

Restaurant d'affaires atypique : les plats sont bio, sans gluten et sans laitage ! Les produits sont frais et tout est 100 % fait maison. Le chef Johann Gonzales œuvrait précédemment Au Cerf à Marlenheim. Les plats sont élaborés en collaboration avec une naturopathe. Les recettes sont élaborées à base de racines, herbes, algues, fruits et légumes... L'établissement vous accueille aussi pour des petits déjeuners et des after works. L'établissement dispose de trois salles à l'étage où vous pouvez déjeuner en toute confidentialité.

FISCHERSTUB €€

5, route de Bischwiller
✆ 03 88 18 19 19
www.fischerstub.fr

Du dimanche au vendredi à midi. Du lundi au dimanche en soirée. Maître restaurateur.

La Fischerstub créée en 1905, est une véritable institution. Elle a conservé son atmosphère d'antan, avec ses boiseries et sa décoration riche en clins d'œil à la Brasserie Fischer et à la région. On pourra y déguster toutes les incontournables spécialités régionales : choucroute, presskopf, camembert frit, sandre, rosbif, cervelas, jambonneau... En saison vous trouverez également du gibier au menu. Ici les proportions sont gargantuesques et roboratives. Le service est agréable et les doux vins régionaux au verre ou en carafe accompagneront vos mets avec fierté !

LA HOUBLONNIERE €€

42, rue Principale
✆ 03 88 81 43 00

Ouvert du lundi au samedi de 9h à 22h30. Formule du midi. Tarte flambée. Terrasse.

Vous voilà tenté par une bonne tarte flambée ou un véritable repas alsacien ? Ça tombe à pic, car la houblonnière propose une belle sélection d'assiettes régionales : cordon-bleu au munster et plats mitonnés, bretzel burger... Ou simplement un plateau apéritif pour un afterwork décontracté. La décoration est sobre. La grande salle est accueillante et au cours de la belle saison, vous apprécierez particulièrement la véranda et l'accueillante terrasse. Ponctuellement, la bierstub organise des brunchs avec buffet à volonté (sucré et salé), varié et copieux.

LES MARMITONS €€

9, rue de la Glacière
✆ 03 88 33 64 65
www.lesmarmitons.fr

Ouvert tous les jours à midi, fermé le soir. Plat du jour 9 €. Carte et suggestions.

Sabrine et Stéphane Zerr ont ouvert leur nouveau restaurant Les Marmitons en 2019, après avoir vécu différentes expériences culinaires pendant 20 ans. Dans leur marmite, ils concoctent de bons petits plats pleins de saveurs, bourgeois ou régionaux. À la carte, vous trouverez des pièces de bœuf, des rognons de veau à la moutarde, une choucroute aux trois poissons, et pour les végétariens : le Marmiton de légumes de saison. Mais aussi un poisson à la façon du chef, et des desserts maison. Un plat du jour et des suggestions quotidiennes sont au menu.

AUX QUATRE VENTS €€

15, rue de la Mairie
✆ 03 88 33 16 00
Ouvert midi et soir le lundi, mercredi, jeudi et vendredi. Le mardi midi et le samedi soir. Plat du jour.

On apprécie idéalement l'ambiance familiale de ce restaurant. En cuisine, c'est la maman qui concocte des plats exquis et fort bien servis. Ces derniers changent au fil des saisons. Une cuisine simple et goûteuse ! Le service est chaleureux : vous vous sentez ici comme à la maison. La décoration typique y contribue particulièrement : napperons en dentelles, lustres de style ancien... Un cadre qui rappelle l'ambiance des repas familiaux préparés par grand-maman. Vous pourrez déguster un foie gras maison, un civet de biche et une bonne tarte aux fruits de saison.

LES PLAISIRS GOURMANDS €€€

35, route du Général de Gaulle ✆ 03 88 83 55 55
https://les-plaisirs-gourmands.com
1 Étoile au Guide Michelin. Ouvert du mercredi au samedi à midi et le soir. Mardi uniquement le soir.

Le Chef Guillaume Scheer avait déjà décroché une Étoile Michelin lorsqu'il était aux fourneaux du restaurant 1741. Sans surprise, il a obtenu ce macaron pour Les Plaisirs Gourmands, établissement qu'il a ouvert en 2018. Avec sa femme Charlotte, qui gère la salle avec une réelle virtuosité, le duo réalise ainsi une belle prestation. Le chef excelle dans la maîtrise des saveurs et propose une cuisine moderne et créative. Ce qui le démarque ? Des sauces aux notes d'agrumes et d'herbes fraîches ! Des menus en 4 ou 5 temps, des plats à la carte raviront vos palais.

CÔTÉ LAC €€€

2, place de Paris
✆ 03 88 83 82 81
www.cote-lac.com
Ouvert du lundi au dimanche le midi. Du mardi au samedi le soir. Carte et menu. PMR. Terrasse.

Ce restaurant gastronomique est niché au bord d'un petit lac. Depuis la terrasse ou de la salle du restaurant, vous pouvez contempler la beauté du lac. Le service est précis et à attentif. Restaurant contemporain, Côté Lac vous propose un moment culinaire d'exception où les plats sont présentés de manière délicate et graphique. Yoann Gonzalez, chef talentueux, réalise une cuisine à partir de produits du marché. La carte évolue régulièrement. Leur boutique en ligne vous permet d'acheter des coffrets de vins, spiritueux ou épices, dans des tubes dégustation.

BULLES GOURMANDES

4, rue de la Mairie
✆ 03 88 49 82 31
www.bullesgourmandes.fr
Ouvert du mardi au vendredi de 8h à 18h30 ; le samedi de 9h à 12h30.

Jessica Kruth est une véritable passionnée qui vous reçoit toujours avec le sourire dans sa belle boutique. Si les pâtisseries sont ici belles et excellentes, elles sont aussi le reflet des valeurs de la pâtissière : produits régionaux ou AOP, fruits du marché, pâtisserie à manger sur le pouce mais de grande qualité, tout maison avec amour et passion... Bulles Gourmandes, c'est aussi une pâtisserie responsable qui œuvre en partenariat avec de petits producteurs locaux. Chaque nouvelle saison est l'occasion de goûter à des créations uniques.

L'IMAGINAIRE €€€

18, rue Principale
✆ 03 88 62 43 38
www.limaginaire.fr
Du mardi au samedi midi et soir.
Menu unique à 52 €. Terrasse. Climatisation.

Dans une ambiance cosy, vous dégusterez un repas sur la terrasse ou à l'intérieur. La cuisine est raffinée et inventive, les produits sont qualitatifs et les plats faits maison. Laissez-vous tenter par le dampfnudle farci à la queue de bœuf braisée accompagné de son velouté de cèpes des Vosges et truffe de Bourgogne, ou par un ris de veau laqué... L'originalité et la créativité sont au rendez-vous ! Le dressage des mets est remarquable et offre une belle mise en valeur des plats. Couleur, délicatesse, harmonie... Voilà ce qui caractérise les créations du chef.

BRASSERIE MICHEL DEBUS

85, route de Bischwiller
✆ 03 88 62 13 56
www.brasserie-michel-debus.fr
Brasserie, restaurant et bar.
Ouvert tous les jours de 11h45 à 15h et de 18h45 à 1h30. Formule du midi.

Le restaurant est situé au cœur de la brasserie artisanale et l'établissement est entièrement dédié à la petite et grande mousse ! Les fûts de bière entreposés, la prédominance du cuivre et du bois dans la déco et la brasserie artisanale à l'entrée vous plonge dans cet univers si particulier. Prenez place à l'espace bar ou sur l'une des deux terrasses, pour déguster une viande maturée ou la cocotte de noix de joue de porc. À l'arrière, un *Biergarten* vous permet de siroter une bière artisanale accompagnée d'une tarte flambée cuite au feu de bois.

LES HALLES DU SCILT

17, rue Principale
✆ 03 88 83 84 96
www.hallesduscilt.fr
Ouvert du mardi au samedi de 9h à 19h.
Dimanche de 9h à 13h.

Ici, c'est avant tout un lieu de vie et de rencontre au-delà d'un marché : allez-y pour vous imprégner de cette ambiance tradi. Vous trouverez de nombreux produits alimentaires si vous voulez faire des emplettes. Vous pourrez également profiter des pléthoriques expositions et animations orchestrées, ainsi que du restaurant qui se fournit sur place. Les commerçants présents varient au gré des saisons et il y a toujours des nouveautés à découvrir : poissons, viandes, légumes, produits artisanaux... Au mois de septembre, un Festival de la gastronomie est organisé.

LE CHEVAL BLANC

25, rue Principale
✆ 03 88 81 53 20
Salle de spectacle et winstub.
Ouvert jeudi, vendredi et dimanche à midi.
Du jeudi au dimanche en soirée. Plat du jour.

Aménagée dans une ancienne ferme du XVIIIe siècle, Le Cheval Blanc est l'une des principales salles culturelles de la ville de Schiltigheim. Sa salle peut accueillir 170 spectateurs, sa régie son et lumière garantit une bonne qualité de prestation. Tout au long de l'année pièces de théâtre, spectacles, concerts, projections cinématographiques sont organisés. Vous pouvez boire un verre, déguster une tarte flambée ou un plat du jour dans la winstub. Tous les détails de la programmation, ainsi que les tarifs, sont consultables sur le site Internet.

MM PARK FRANCE

4, rue Gutenberg
✆ 03 88 59 25 43
www.mmpark.fr
Jours et horaires variables.
Consulter le site Internet.

Ce musée privé est dédié aux équipements militaires et à la Seconde Guerre mondiale : plus de 120 véhicules, des uniformes, armes, insignes, photos, cartes postales, témoignages... Vous pourrez voir de près de nombreux engins de guerre de tous types. Il y a aussi un avion, une vedette allemande dans un bassin et surtout la collection du plan Sussex 1944... L'une des plus importantes collections européennes sur 7 000 m². Espace animation : parcours D-Day, accrobranche, stand de tir, simulateur, bar-restauration. Les amateurs de *militaria* seront ravis.

AU PONT DE L'ILL €€

2, rue du Général-Leclerc ✆ 03 88 96 29 44
www.aupontdelill.com
Maître Restaurateur. Label Tourisme & Handicap.
Ouvert tous les jours midi et soir.
Menus de 25 € à 43 €. Terrasse.

Depuis près de quarante ans, Pierre Daull et sa femme officient dans ce bucolique restaurant au bord de l'eau. Sa spécialité ? Les poissons de mer ou de rivière : à la plancha, pochés ou encore rôtis, cuisinés avec la rigueur et amour du produit. Vous pourrez également choisir de déguster une bouillabaisse (sur commande, à partir de 2 personnes), un foie gras maison, des viandes savoureuses ou des salades. Les incontournables fruits de mer préparés avec dextérité par l'écailler dans sa guérite vitrée, peuvent être vendus en service traiteur, ou dégustés sur place.

LA WANTZENAU

Au cœur de l'Alsace, sur les bords de l'Ill, La Wantzenau allie charme et quiétude. Un vrai village, qui entend le rester, tout en offrant une belle palette de services. Ses rues pittoresques, ses maisons à colombages, ses espaces verts, sa forêt, les berges de l'Ill, son parc animalier, son musée militaire offrent un cadre de vie appréciable. La Wantzenau est d'ailleurs classée « Village fleuri » (3 étoiles). Dans cette commune, dont l'histoire agricole est prégnante, la gastronomie est véritable institution. Volailles, foies gras, poissons d'eau douce sont quelques exemples des spécialités culinaires proposées dans les restaurants locaux.

LE JARDIN SECRET €€€

32, rue de la Gare ✆ 03 88 96 63 44
www.restaurant-jardinsecret.fr
Ouvert du mardi au samedi le soir ;
du mercredi au vendredi et le dimanche le midi.
Menus 54 € à 63 €. Terrasse.

Le Jardin Secret vous accueille dans l'espace feutré et élégant d'une salle à manger aux tons crème et taupe. En été vous pourrez vous installer sur la terrasse installée à l'arrière de l'établissement. À la tête de cette maison, Gilles Leininger est le jeune chef, enthousiaste, perfectionniste et très inspiré. Lauréat du trophée Masse 2018 du foie gras, il a aussi relevé le défi du concours le Bocuse d'Or France. Chaque quinzaine, le menu est repensé en fonction des produits dénichés au marché. On se régale de plats mijotés (paleron de bœuf en cuisson longue).

ZIMMER €€€

23, rue des Héros
✆ 03 88 96 62 08
www.restaurant-zimmer.fr

Ouvert du mardi au samedi à midi et soir, et dimanche midi. Menus de 28 € à 65 €. Terrasse.

Dans un cadre agréable et chaleureux, Paula et Dominique Nadeau savent mettre en valeur leur savoir-faire. Un mélange entre cuisine inventive et saveurs du terroir. La carte est sélective, avec des produits frais et de qualité issus des marchés locaux. On apprécie la présentation imaginative, raffinée et colorée. Le chef s'est formé auprès des meilleurs chefs étoilés, dont notamment Joël Robuchon. Pendant les beaux jours, profitez de la terrasse fleurie. Nous vous recommandons le Menu découverte idéal pour avoir un bel aperçu de la prestation culinaire.

LA COUR DE HONAU

Allée de Honau
✆ 03 88 96 33 44
www.cour-de-honau.fr

Ouvert du lundi au jeudi de 9h à 23h. Du vendredi au dimanche et jours fériés de 9h à 21h.

Ce centre de remise en forme propose de nombreuses activités : cours de tennis, séances de cardio-fitness, de musculation, endurance sur vélo, zumba, body karaté, bodypump, aquabiking, gym (chinoise, aérogym, stretching)... Et bien sûr l'utilisation à votre rythme de machines de musculation et de fitness dernier cri. Les services d'un coach sont proposés. Mais vous pouvez aussi venir pour profiter de l'espace détente : piscine, spa, bain bouillonnant, sauna, hammam et solarium. Le restaurant sert des repas au déjeuner, et le bar est accessible en permanence.

GOLF DE LA WANTZENAU

✆ 03 88 96 37 73
www.golf-wantzenau.fr

Haute saison : de 8h à 19h. Tarifs semaine (green-fee : 65 €), week-end (green-fee : 85 €).

Un cadre exceptionnel, des fairways impeccables, des bunkers traîtres desquels vous ne pouvez sortir que d'un brillant coup de sand-wedge… Bienvenue au golf de la Wantzenau. Cet espace d'entraînement ouvert au public réunit un compact 12 trous, un practice couvert, un practice sur herbe et deux putting greens. Pour l'agrément, club-house, restaurant, bar… Pour accéder aux parcours, il faut posséder la licence-assurance et être titulaire au minimum de la carte verte. Des initiations gratuites ont lieu le dimanche d'avril à octobre sans inscription préalable.

WOLFISHEIM

Aux portes de Strasbourg, en bordure de la Bruche, la commune de Wolfisheim appartient aux plus anciens villages d'Alsace. Celtes, Romains, Francs, Alamans et Gaulois marquent Wolfisheim de leur empreinte. La population païenne deviendra chrétienne à partir du VIe siècle. En longeant le chemin de halage du canal de la Bruche, le promeneur passe à proximité du château, du moulin et de l'église. Ces anciens édifices sont très représentatifs du passé de ce village. La nature est omniprésente, avec le circuit des forts (praticable à pied et à vélo), et le parc animalier. Ces lieux, accessibles en horaires libres, sont une invitation à la balade.

BASSE-COUR DU FORT KLEBER

13, rue du Fort-Kléber
✆ 06 12 76 17 14
www.bassecourdufortkleber.over-blog.fr

Ouvert le samedi de 9h à 12h et de 17h30 à 19h. Tous les autres jours de la semaine de 17h30 à 19h. Gratuit.

Cette ferme pédagogique vous permet de découvrir une multitude d'animaux de basse-cour. Tout au long de l'année, des événements sont organisés : chasse aux œufs à Pâques, fête de la basse-cour, exposition avicole ou encore marché de Noël. Le soir, vous pourrez aider les bénévoles en nourrissant les animaux ou en nettoyant les enclos. Idéal pour profiter d'un moment de tendresse avec les charmants pensionnaires de la basse-cour, et saluer la mascotte du centre : le petit cochon nain.

ITINÉRAIRE POUR LES FORTS À VÉLO

En accès libre toute l'année. Gratuit.

La piste des forts est un itinéraire balisé, d'une longueur de 85 km, qui permet de faire le tour des forts, à pied ou à vélo. La piste forme une boucle autour de l'agglomération, et passe sur la rive allemande. Vous passerez dans les communes d'Oberhausbergen, Mittelhausbergen et Niederhausbergen, Mundolsheim, Lampertheim et Souffelweyersheim. Pour accéder aux forts Kléber, Frère, Ducrot, Rapp et Ney, Blumenthal, Bose et Kirchbach, Hoche et Ulrich. Vous pouvez visiter ces forts.

TRUCHTERSHEIM

À 20 minutes au nord de Strasbourg, aux portes du Kochersberg, Truchtersheim offre le confort de services d'une petite ville moderne mais avec le charme d'un village traditionnel. L'EsKapade (l'office de tourisme), vous renseignera sur les nombreux chemins de randonnée sillonnant la campagne environnante à parcourir à pieds, à vélo ou... à cheval, grâce au centre équestre. Le parcours de santé éco-pédagogique, le long de la rivière, ponctué d'agrès et de silhouettes décoratives, est à la fois familial et sportif. Enfin, dans ce Beau Jardin, vous trouverez dans les fermes alentour fromages, viandes, fruits, légumes, miel et confitures.

L'ESKAPADE

4, place du Marché

✆ 03 88 21 46 90

www.eskapade.alsace

Ouvert toute l'année.

Le roi Louis XIV se serait exclamé, en apercevant le Kochersberg du haut de Saverne : « Quel beau jardin ! » De petits producteurs vendent directement leurs fruits, légumes, produits laitiers, viande, escargots ou foie gras. À l'office de tourisme l'Eskapade, vous trouverez des guides de promenades pour petits et grands, les adresses des bonnes tables, des fermes ou des artisans pour trouver de jolis souvenirs. L'Eskapade cohabite avec la Maison-Musée du Kochersberg, un atelier d'artiste visible sur rendez-vous ainsi qu'un restaurant italien.

ÉGLISE D'OLWISHEIM

3, place du Tilleul

OLWISHEIM

www.olwisheim.fr/category/eglise

Accès libre, parking à proximité.

Cet édifice roman, construit au XIIe siècle et dédié à saint Pierre et à saint Paul, a été modifié jusqu'au XVIIIe siècle. Quand le roi français Louis XIV impose aux Alsaciens le *simultaneum*, l'obligation de partager un même lieu de culte par les catholiques et les protestants, les deux communautés s'en disputent l'usage. Depuis, les relations se sont apaisées. Nichée au cœur du vieux village, entourée de maisons à pans de bois et de verdure, l'église accueille parfois, outre les cultes et les offices, des concerts ou lectures poétiques.

FERME DU BRUEHL

8, rue Albert Schweitzer

ECKWERSHEIM

✆ 03 88 59 45 38

www.bienvenue-a-la-ferme.com

Sur réservation. Adulte 12 €, enfant 10 €.

Dans le cadre d'une animation d'une demi-journée, Jeannine Bauer propose de découvrir sa ferme laitière. Les petits sont ravis ! Vous pourrez ainsi participer aux soins des animaux, à une traite, admirer les machines agricoles... Mais aussi découvrir la vie de la vache, grâce aux explications et aux jeux : son alimentation, sa carte d'identité, l'évolution du veau à la vache... Une boutique ouverte de 16h à 18h permet également d'acquérir de délicieux produits laitiers, des œufs, des caissettes de viande ou encore des pommes de terre.

ÉGLISE SAINT PIERRE ET PAUL D'HOHATZENHEIM

Rue Notre-Dame

WINGERSHEIM LES QUATRE BANS

L'église Saint-Pierre-et-Paul d'Hohatzenheim est un lieu de pèlerinage marial et un joli but de promenade.

Élevée sur le site d'un ancien sanctuaire romain, l'église de style roman a été construite au XIIe siècle et classée Monument historique au XIXe siècle. On y accède par la route ou en longeant les champs au départ de Wingersheim-les-Quatre-Bans. L'église contient une Piéta dorée à la feuille d'or, de nombreux ex-votos ainsi que des décors peints dans le goût du XIXe siècle. Dans le cimetière, une inscription rappelle les méfaits d'Euloge Schneider pendant la Révolution française.

SENTIER DE DÉCOUVERTE DU HOUBLON

1, rue de la Première Armée

WINGERSHEIM LES QUATRE BANS

✆ 03 88 21 46 90

Balade sur sentier balisé (gratuit).

Visite guidée de mai à septembre sur réservation et sur rendez-vous (payant).

Le houblon apporte à la bière conservation et saveur. Cheminant autour des plants dont les lianes poussent sur des perches, les marcheurs suivent le sentier indiqué depuis la rue des Acacias. Sur moins de cinq kilomètres, il dévoile de belles vues sur les vallons environnants. Des visites guidées en petit train touristique sont également possibles. Elles sont suivies d'un film présentant la culture du houblon et parfois de la découverte d'une exploitation.

LA MAISON MUSÉE DU KOCHERSBERG

4, place du Marché ✆ 03 88 21 46 91
www.kochersberg.fr
Gratuit : moins de 16 ans, étudiants, Amis de la Maison du Kochersberg et détenteurs du Pass Musées.

Le rez-de-chaussée accueille une collection de jouets anciens, une pièce à vivre (la *Stub*), une cuisine et un atelier de cordonnier équipés tels qu'au XIXe siècle. Quelques vestiges romains sont disposés près de l'écurie disparue. À l'étage, des expositions temporaires historiques, patrimoniales ou d'art contemporain alternent. Animations, ateliers et conférences y sont régulièrement organisés. La maison-musée abrite aussi l'office de tourisme et un restaurant.

HÔTEL-RESTAURANT-SPA À L'ÉTOILE*** €€

21, rue de la Hey
WINGERSHEIM LES QUATRE BANS
✆ 03 88 51 28 44 - www.hotel-etoile.eu/fr
3 étoiles. 31 chambres dont 2 pour PMR. De 78 € à 130 €. Demi-pension. Animaux acceptés. Restaurant, bar, jardin, SPA.

Les Bruckmann perpétuent, dans cette imposante demeure du XIXe siècle, une longue tradition d'accueil et d'hébergement, alliant traditionnel et contemporain. Trois formules de chambres participent d'un repos bienvenu, après un moment de détente au spa avec pourquoi pas l'un des différents soins du corps proposés. La cuisine de Serge Buchi au sein de l'Hotel Restaurant Spa l'Étoile est un condensé d'Alsace, réalisée avec des produits du terroir et ceux du jardin en saison.

LES GÎTES DES HOUBLONNIÈRES €

40, rue des Vignes - **WINGERSHEIM LES QUATRE BANS**
✆ 03 88 51 48 41
www.gites-des-houblonnieres.fr
1 chambre 1 lit 2 personnes, 1 chambre 2 lits 1 personne. Location à partir de 400 €/semaine. Terrasse et jardin.

Sébastien et Salomé Holtzmann vous accueillent dans leur gîte au cœur d'une houblonnière. Les chambres sont confortables et décorées avec goût. Vous vous reposerez à la belle saison dans un paysage de houblon vert, de champs de blés blonds et de tournesols jaune éclatant. C'est un point de départ idéal pour partir à la découverte de la région et s'adonner à de multiples activités de loisirs à proximité : tennis, équitation, pêche, baignade, sentiers pédestres et randonnées à vélo.

MAISON D'HÔTES LA VALLÉE €€

21, rue de la Vallée - **KUTTOLSHEIM**
✆ 03 88 33 17 05 - www.21-lavallee.com
3 duplex, 4 chambres de 1 à 4 personnes ; de 95 € à 170 €, selon le nombre de personnes. Petit déjeuner inclus. Jardin.

Patrick l'Alsacien et Caroline l'Anglo-Suisse ont réalisé ici un petit paradis. Chaque logement dispose d'une entrée et d'une terrasse séparées ouvertes sur des intérieurs blancs, poétiques. Dans la cour, les sculptures de Caroline ajoutent une touche encore plus personnelle au décor. Où que le regard se pose, tout est joli. La nature immédiatement environnante permet de s'échapper dans le bois proche et de faire quelques marches alentour. Au petit déjeuner, on commence bien la journée avec des céréales, des fruits frais, des jus, des laitages, des viennoiseries.

CHEZ HANSEL ET GRETEL €€

1, rue de la Forge - **WINGERSHEIM LES QUATRE BANS** ✆ 06 17 09 24 12
www.gitelanoix.com
2 chambres 100 €/nuit. 1 gîte dès 540 €/semaine. Tarifs dégressifs. Linge fournis. Ménage 40 €. Taxe de séjour 0,80 €/j.

Les amoureux des vieilles demeures succomberont à ce gîte de charme installé dans une ravissante maison à colombages, typique des habitations alsaciennes du XIXe siècle. Liliane Lanoix l'a décorée d'objets anciens chinés dans les brocantes. Vous prendrez votre petit déjeuner dans la « Stub » s'il fait froid ou dans le jardin si le temps est clément. Ce dernier est une merveille d'art paysager. Plantes grimpantes, arbustes et fleurs odorantes s'y épanouissent autour d'une pelouse parfaitement entretenue. Ça et là des figurines et autres poteries complètent le décor.

METZGER CHARLES €€

21, rue 1ère Armée - **WINGERSHEIM LES QUATRE BANS** ✆ 03 88 51 20 83
Gîte pour 4-5 personnes. 5 lits adultes. Lit bébé sur demande. Animaux acceptés. Entre 390 € et 420 € la semaine.

Chez les Metzger, vous logerez dans une ancienne et coquette maison alsacienne. Le gîte est conçu pour 6 personnes. À l'étage, il est doté de 2 chambres confortables et d'une salle d'eau avec WC. Au rez-de-chaussée, vous disposez d'une cuisine équipée en enfilade avec 2 chambres, d'un séjour, d'une salle de bains avec WC. À la demande, vous obtiendrez un lit enfant. À l'extérieur, profitez des 2 cours fermées, d'un mobilier de jardin et d'un parking. Aux beaux jours, votre hôtesse pare sa demeure des fleurs les plus emblématiques de la région : les géraniums.

A LA VIGNETTE €

1, route de Saverne
SCHNERSHEIM
✆ 03 88 69 77 85
www.alavignette-heimburger.fr

Ouvert tous les jours, midi et soir. Terrasse. Plat du jour 10 € (avec entrée et dessert 15 €).

La brasserie-restaurant familiale séduit les visiteurs depuis 1903. Une durée qui atteste de son succès car ici, tout est fait maison. On trouve ici une carte simple, somme toute assez classique pour la région, mais les propositions sont parfaitement exécutées et servies en portions très généreuses. Le menu à emporter est renouvelé chaque semaine. Il est même possible de commander le 23 décembre pour Noël. Quant aux cochonnailles, victimes de leur succès, il faut les réserver longtemps à l'avance (jusqu'à 4 mois) pour avoir une place.

LE BURESTUBEL €€

8, rue de Lampertheim - PFULGRIESHEIM
✆ 03 88 20 01 92
www.burestubel.fr

Ouvert du mardi au samedi midi et soir. Menus de 45 € à 58 €. Carte : 45 € environ. Vin au verre.

Située aux portes du Kochersberg, cette ferme de 300 ans renferme les secrets culinaires de nos grand-mères. Sous les plafonds polychromes ou installé dans la grande cour intérieure, vous y découvrirez des plats mitonnés avec finesse et raffinement. Tout est fait maison mais si on veut ne rien manquer du talent du chef Pierre Meyer, on essaiera son jarret de cochon de lait braisé ou son boudin noir accompagné de sa purée pur beurre. Depuis le début, ces mets signent la patte du chef. La carte des vins offre une sélection parmi les meilleurs crus de la région.

AU COQ D'OR €€

20, route de Strasbourg
FURDENHEIM
✆ 03 88 69 02 82
www.restaurantaucoqdor.com

Large choix à la carte. Tarte flambée du vendredi au lundi en soirée. Fermé les mardis et mercredis.

Situé en bord de route, impossible de manquer le restaurant à la façade animée de stores rouge vif. Bernadette et Christophe Siegwald y déclinent le filet de sandre, tout comme la choucroute aux trois poissons, les rognons, les filets de bœuf, les cordons bleus de veau ou les tartes maison. La grande spécialité de la maison, ce sont les cuisses de grenouille accommodées de diverses façons. Plats du jour et plats à thème offrent une belle possibilité de restauration pour pas trop cher le midi, tout comme les tartes flambées cuites au feu de bois le soir.

LE CORDON ROUGE €€

15, route de Strasbourg - FURDENHEIM
✆ 03 88 68 37 68
www.lecordonrouge.fr

Ouvert du lundi au jeudi à midi, vendredi à midi et le soir, samedi et dimanche uniquement le soir. Terrasse.

Un cadre magnifique et un menu délicieux. Voilà ce qui peut résumer le Cordon Rouge à Furdenheim. Il s'agit d'un très bel endroit à la décoration contemporaine tant dans la grande salle que dehors, sur la belle terrasse. À la carte, vous trouvez bon nombre de classiques de la région mais aussi des plats de saison, faits maison à base de produits frais. Les spécialités ici, se sont les tartares, qui se déclinent de multiples façons. Le tout est très bien présenté, très copieux, à un bon rapport qualité-prix et la qualité du service est irréprochable.

HÔTEL-RESTAURANT LA FERME DE MARIE-HÉLÈNE €€

11, rue de l'Église - NEUGARTHEIM-ITTLENHEIM
✆ 03 88 04 29 29
www.fermehelene.com

Du mardi au vendredi midi et soir, samedi soir, dimanche midi. Terrasse. Mariage, fêtes de famille, séminaires. PMR

Un ancien corps de ferme à colombages et une extension contemporaine abritent hôtel et restaurant. Ils closent un jardin enchanteur qui invite à s'attarder. Le restaurant vous propose une cuisine raffinée privilégiant les produits frais de terroir, tout en se permettant quelques clins d'œil aux saveurs d'ailleurs, souvenirs d'enfance et de voyages. Les propositions varient assez régulièrement et elles sont toutes accompagnées d'une suggestion de vin.

L'AIGLE €€

22, rue Principale - PFULGRIESHEIM
✆ 03 88 20 17 80
www.alaigle.fr

Ouvert du mardi au samedi, le soir uniquement. Accueil des groupes de 15 personnes. Terrasse. Parking.

Installés depuis les années 1960 dans l'ancien café du village, André et Marthe Roth y mitonnent une cuisine alsacienne traditionnelle. Dans les années 2000, Lydia prend le relais, faisant honneur à la réputation acquise par ses parents, épaulée par une équipe fidèle qui vous réservera un accueil chaleureux. Dans la décoration, dans l'art de recevoir comme dans les assiettes, on a conservé aujourd'hui encore le standing d'antan. Sans doute le plus remarquable à la carte, ce sont les tartes flambées pour lesquelles les Strasbourgeois font le détour !

LE FIL AMANT

21, route de Saverne
STUTZHEIM-OFFENHEIM
✆ 06 50 86 66 60

Cours de couture, vente de machines à coudre et de mercerie, brocante.

Aussi inattendu que rare, le Fil Amant dispose de tout ce qu'il faut pour apprendre l'art de la couture : des machines aux tissus en passant par la mercerie et tous les petits outils utiles. Par groupe de quatre à cinq personnes, sur réservation, Marie Fabbro vous enseigne, vous guide, vous conseille pour réussir vos créations. Vous n'êtes pas encore équipé ? Un bar à couture est à votre disposition ! Et si vous n'aimez pas la couture mais adorez chiner, vous trouverez peut-être ici de quoi dénicher la perle rare dans le coin brocante de la boutique.

WILLGOTTHEIM

Dès l'Antiquité, le long de la voie consulaire romaine reliant Argentoratum (Strasbourg) à Tres Tabernae (Saverne) s'établissent quelques communautés. Willgottheim est mentionnée pour la première fois au XIIe siècle. Elle se développe en bénéficiant de cet axe de circulation. Au XVIIe siècle, elle est un centre administratif, financier et juridique. Son importance est telle que la fille du roi de Pologne, en route pour Nancy, y fait étape dans un relais. Au XIXe siècle, on l'appelle fièrement *S'klene Paris*, le petit Paris. Aujourd'hui la commune œuvre pour la préservation de son patrimoine architectural, rural et naturel (orchidées sauvages).

LA COUR DE LISE €€€

26, rue Principale
✆ 07 84 11 04 44
www.lacourdelise.fr

5 chambres et 2 suites à partir de 130 €/nuit pour 2 personnes. 1 gîte 6 personnes 600 € à 800 €/semaine. Piscine et spa.

Les chambres sont élégantes et romantiques, le cadre enchanteur. Ici on prend le temps de profiter de la vie et de ses plaisirs, pourquoi pas dans la nouvelle piscine. La table d'hôte est ouverte en soirée. On peut bruncher deux dimanches matin par mois ou assister à la soirée à thème mensuelle. Les festivités de mariage, jusqu'à 25 personnes au maximum, y trouvent un cadre idéal. Les assiettes sont généreuses, gourmandes à souhait, exigeantes en qualité avec des menus qui vous invitent au sein d'un terroir revisité par le chef Maître cuisinier de France.

AU PETIT KOCHERSBERG €€

39, rue Principale
✆ 03 88 64 70 79
www.aupetitkochersberg.fr

Du mardi au jeudi le midi ; du vendredi au dimanche le midi et le soir. Réservation recommandée. Formule du midi 16 €.

À une vingtaine de kilomètres au nord-ouest de Strasbourg, le Petit Kochersberg est une institution. Sébastien aux fourneaux concocte une cuisine traditionnelle avec sa touche de modernité. Le point fort : l'adaptation. La carte fait également la part belle aux traditionnelles tartes flambées et pizzas à petits prix. On y aime tout particulièrement cette ambiance de village le dimanche soir où les tables se saluent. Un bon point pour l'accueil avec le sourire et la joie de vivre de la patronne. Venir au Petit Kochersberg, c'est s'assurer de passer un bon moment !

L'OIE GOURMANDE €€

51, rue Principale
✆ 03 88 69 90 65
www.oiegourmande.fr

Une petite et une grande salle, terrasse. Cochonnailles en hiver. Vente de bredele, petits gâteaux de Noël en saison.

Ici, la petite salle du restaurant est une *stub*, pièce à vivre agencée à la mode alsacienne d'autrefois : meubles anciens polychromes, terres cuites artisanales locales, chaises en bois sculpté composent le décor. Sur la terrasse, une quinzaine de tables. Olivier compose sa carte avec ses spécialités de canard, ses petits plats alsaciens ainsi que sa tarte flambée, servis tous les soirs par Sandrine. À partir de novembre, on fête ici les célèbres cochonnailles avec orchestre, traditions si chères au cœur des paysans, et servies en costumes alsaciens.

LE GAVEUR DU KOCHERSBERG

14, route du Hochfelden ✆ 03 88 69 90 77
www.gaveur-kochersberg.fr

Ouvert du lundi au vendredi de 8h30 à 12h et de 13h à 19h (18h le lundi). Samedi de 8h30 à 12h et de 13h à 17h.

La ferme Nonnenmacher de Woellenheim élève des canards et cultive les céréales pour les nourrir. Elle se visite au début du mois d'octobre ou sur rendez-vous. Ses produits, transformés sur place, sont issus d'une agriculture raisonnée. En saison, elle cultive aussi des asperges. La ferme dispose d'une salle de réception pour 50 personnes et d'un service traiteur. Elle propose des plateaux-repas, des légumes, un large choix de viandes dont une large déclinaison à base canard : rillettes, terrines, saucisson, paupiettes et plusieurs spécialités à base de foie gras.

BAS-RHIN

HAGUENAU ★★

Ville impériale au XIIe siècle, Haguenau traverse l'Histoire dont elle conserve quelques vestiges remarquables. Dans l'église Saint-Georges, la chaire sculptée d'un bas-relief du XVIe siècle montre le saint terrassant le dragon. Plusieurs façades du centre sont Renaissance. Le tabac, la garance et le houblon feront la fortune de quelques habitants au XIXe siècle. La Halle aux Houblons rappelle cette période. À l'aube du XXe siècle, le Millionviertel, quartier des millionnaires, accueille les riches demeures d'Haguenoviens fortunés et de hauts gradés allemands établis dans la région.

La ville aujourd'hui

À deux pas de Strasbourg (vingt minutes en train ou trente minutes en voiture), le Pays de Haguenau est une étape incontournable pour partir à la découverte du nord de l'Alsace. Centre-ville dynamique, nombreux événements et festivals tout au long de l'année, forêt labellisée « Forêt d'exception® »…, sont autant de raisons de découvrir le Pays de Haguenau.

Dans cette « petite grande ville » conviviale et attractive, visitez les trois superbes musées (Musée alsacien, Musée historique et musée du Bagage) puis en vous promenant imprégnez-vous de l'incroyable patrimoine, si diversifié et étonnant, grâce aux deux circuits touristiques pédestres audio-guidés disponibles à l'office de tourisme situé en cœur de ville.

En saison estivale, participez au riche programme de visites guidées. Tout au long de l'année, des festivals et des manifestations animent la ville et pendant le temps de l'Avent, vivez la magie de Noël qui métamorphose le centre-ville avec son marché de Noël, ses illuminations et ses animations.

Pour profiter d'un cadre plus bucolique, rendez-vous en Forêt d'exception® de Haguenau, située à dix minutes en voiture du centre-ville. Sixième plus grand massif forestier de France, la forêt de Haguenau offre des randonnées (200 km de sentiers balisés), des circuits dédiés au vélo en site propre, plusieurs aires de pique-nique, une aire de jeux, une auberge renommé dans toute l'Alsace ainsi que de nombreuses activités nature telles que la sylvothérapie ou encore l'observation des animaux, oiseaux ou batraciens, commentées par des bénévoles venus d'associations spécialisées. Véritable poumon vert de la ville, c'est un environnement à préserver.

N'hésitez pas à vous rendre à l'office de tourisme en centre-ville dans le bâtiment du Musée alsacien pour vous faire conseiller !

ÉGLISE SAINT-GEORGES ✝ ★

5, rue du Presbytère ✆ 03 88 93 90 03

www.stgeorgeshaguenau.fr

Ouvert tous les jours jusqu'à 18h.

À voir : fontaine aux Abeilles, étalons de mesures, chaire de prêche, retable.

Devant l'église Saint-Georges, au centre de la fontaine venant de l'abbaye de Neubourg, les enfants sont comparés aux « abeilles » : ils s'activent dans la ruche de l'église. L'imposant édifice roman et gothique a conservé de sa superbe malgré les nombreux remaniements. Endommagée par les bombardements de la Seconde Guerre mondiale, l'église fut restaurée à la fin des années 1950. On lui retire la quasi-totalité des mobilier et peintures néogothiques qui la recouvraient depuis le XIXe siècle. À voir, la custode des saints sacrements, si délicatement ouvragée.

La tour des chevaliers, Haguenau.

BAS-RHIN

ÉGLISE SAINT-NICOLAS ★

206, Grand-Rue

✆ 03 88 73 19 92

Église ouverte tous les jours jusqu'à 18h. Visite guidée : renseignements à l'office de tourisme.

L'empereur germanique Frédéric Barberousse offre, au XIIe siècle, un refuge aux indigents et aux malades. De style gothique, cet hôpital est confié à une communauté de prêtres, des chanoines, qui suivent la règle de l'ordre récemment créé des Prémontrés. Le lieu devient un sanctuaire dont les bâtiments, affectés par les conflits au cours de l'histoire, sont régulièrement reconstruits. L'église actuelle conserve les superbes stalles en bois de style gothique de l'abbaye disparue de Neubourg, sauvées de la destruction pendant la Révolution française.

MUSÉE ALSACIEN ★★

1, place Joseph-Thierry

✆ 03 88 06 59 99

www.ville-haguenau.fr

Ouvert du mercredi au dimanche. En juillet et septembre de 10h à 12h30 et 13h30 à 17h30. Octobre à juin de 14h à 17h30.

Ici, à l'ancienne chancellerie, du temps de l'empereur Frédéric Barberousse, on scellait les missives et les décrets impériaux. Ce lieu central abritait également les documents administratifs et le trésor de la ville. On y découvre désormais une collection d'objets alsaciens anciens : meubles polychromes, poteries, textiles, costumes traditionnels, *kacheloffe* (chauffage à bois recouvert de carreaux de céramique). De magnifiques boiseries d'alcôve servent de décor aux mannequins. Ici, le temps s'est figé au XIXe siècle, donnant corps à la vie d'autrefois.

MUSÉE DU BAGAGE

5, rue Saint-Georges

✆ 03 88 63 44 43

www.museedubagage.com

Ouvert samedi et dimanche de 14h à 17h30. Visite guidée tous les dimanches à 15h. Entrée 4 €, tarif réduit 2 €.

Deux passionnés, Marie et Jean-Philippe Rolland, ont collectionné et restauré avec talent 200 malles et bagages du XVIIe siècle au milieu du XXe siècle au point que leur savoir-faire d'excellence est labellisé Entreprise du Patrimoine Vivant. Leur collection occupe l'ancienne Banque de France. En cheminant à travers ces objets, on se prend à imaginer voyages et voyageurs. Les bagages anciens pesaient lourds et étaient parfois nombreux. Ils étaient aussi astucieusement conçus et assemblés : des ouvrages d'art à venir admirer !

MUSÉE HISTORIQUE ★

9, rue du Maréchal-Foch

✆ 03 88 90 29 39

www.ville-haguenau.fr

Du mercredi au dimanche : 16/09 au 30/06 de 14h à 17h30, 15/07 au 15/09 de 10h à 12h30 et 13h30 à 18h. Tarif 4 €.

Qui se souvient de *La Comparution de Richard Cœur de Lion devant Henri IV ?* Au musée, un vitrail dessiné par Léo Schnug en 1903 commémore le procès du célèbre personnage qui a eu lieu à Haguenau en 1193. Les collections commencent au sous-sol avec les vestiges archéologiques. Au rez-de chaussée sont présentés la fondation de la ville de 1115 et son rayonnement jusqu'au XVIe siècle. Au premier étage, la narration continue, couvrant le XVIIe siècle jusqu'à l'ère contemporaine. De nombreux objets précieux illustrent ces époques.

OFFICE DE TOURISME DU PAYS DE HAGUENAU

1, place Joseph-Thierry

✆ 03 88 06 59 99

www.tourisme-haguenau-potiers.com

Du lundi au vendredi de 9h30 à 12h et 13h30 à 17h30. Samedi et dimanche de 14h à 17h30.

L'office de tourisme se trouve, comme le Musée alsacien, dans le bâtiment de la Chancellerie, construit en 1489 et restauré il y a peu. On en admirera la façade Renaissance avant d'entrer dans le bâtiment. Sur celle-ci un cadran-astrolabe a été installé, copie exacte de celui construit en 1581 pour l'hôtel de ville d'Ulm. L'équipe vous indiquera les monuments d'Haguenau, comment vous rendre dans sa forêt labellisée « Forêt d'exception » et les points d'intérêt des villages alentour.

GÎTE À L'AIGLE €

40, rue du Général de Gaulle - **NIEDERSCHAEFFOLSHEIM** ✆ 03 88 93 02 77

www.gitealaigle.com

5 chambres et un appartement pour 5 personnes. De 80 € à 150 € la nuit. Jardin, climatisation, réfrigérateur, four, tv.

Astride Winling vous accueille pour faire une pause conviviale loin du stress ! Le temps d'un week-end ou d'un court séjour, cet hébergement est une solution idéale pour les couples, les familles ou les professionnels en déplacement. Vous vous sentirez chez vous dès votre arrivée : les chambres d'hôtes en duplex sont dans un espace privé, tout équipé, bénéficiant d'une entrée indépendante. Un petit déjeuner copieux vous sera servi sur la terrasse. Vous pourrez vous détendre dans le salon ou encore vous relaxer avec un agréable bain moussant....

BAS-RHIN

EUROPE HÔTEL** €€

15, avenue du Professeur René Leriche
✆ 03 88 93 58 11
www.europehotel.fr
Hôtel 2 étoiles. Jardin, piscine intérieure, spa, soins du corps. Restaurant, demi-pension possible. Animaux admis.

Cet établissement contemporain dispose de chambres lumineuses et confortables, d'une salle de séminaire et d'une grande salle de restauration ainsi que d'un restaurant, Chez Ernest. La formule entrée-plat-dessert au choix, la planchette, ainsi que le menu enfant évoluent au gré du marché et des saisons. Par beau temps, la terrasse et la véranda sont ouvertes pour profiter de l'extérieur. Dans un bâtiment indépendant, piscine intérieure, transats, sauna, hammam et soins du corps vous attendent pour un moment de zénitude et de bien-être.

HÔTEL- RESTAURANT À L'ÉTOILE D'OR*** €€

55, rue Principale - **BATZENDORF**
✆ 03 88 73 87 07 - www.etoile-dor.eu
Hôtel 3 étoiles. Réseaux Logis. 17 chambres. Soirée étape. Fitness, piscine et sauna. Restaurant. Animaux acceptés.

Au calme, au pays du houblon, l'Étoile d'or est une halte apaisante. Les chambres y sont spacieuses. L'hôtel est équipé d'une piscine intérieure et d'un sauna. Possibilité d'assister à un cours de fitness. Le restaurant sert, à emporter ou en livraison, tartes flambées et pizzas, un plat du jour du mardi au vendredi et un plat unique le dimanche à commander directement par téléphone le jour même entre 9h et 10h ou par Facebook et Messenger. Il y a sept menus au choix pour les banquets.

HÔTEL-RESTAURANT LES PINS €€

112, route de Strasbourg
✆ 33 03 88 93 68 40
www.hotelrestaurantlespinshaguenau.com
23 chambres. De 56 € à 90 €. PMR. Parking. Restaurant. Demi-pension possible. Soirée étape.

Cet hôtel-restaurant, ceint d'arbres et de verdure, s'inscrit dans le style alsacien pour sa salle de restaurant : boiseries, chaises rustiques sculptées... tandis que la véranda, plus contemporaine et close de larges baies en hiver, s'ouvre sur la nature environnante par temps clément. Les chambres sont modernes et tout confort. Le buffet du petit déjeuner est copieux. À la carte du restaurant, par exemple, suprême de pintade farci aux marrons sauce morilles et knepfle de potimarron.

GOLLA - HÔTEL - RESTAURANT AU BŒUF ROUGE €€€

39, rue du Général-de-Gaulle
NIEDERSCHAEFFOLSHEIM ✆ 03 88 73 81 00
Label Logis. Restaurant fermé dimanche soir, lundi la journée et mardi midi. PMR. Jardin. Parking. Espace afterwork.

Depuis le XIXe siècle, cinq générations de Golla se sont succédé dans cet établissement, se transmettant un véritable savoir-faire. Les suites rendent hommage à d'illustres Alsaciens : Albert Schweitzer, Tomi Ungerer, Germain Muller, Biréli Lagrène, Marcel Marceau, Charles Munch. Dans le restaurant, on déguste omble chevalier des Vosges, suprême de sandre, truite de Sparsbach, canard, pigeonneau, chevreuil et lièvre. Au dessert, les pommes de Kriegsheim au Streussel vous régaleront.

LE BINÔME €

13, rue Meyer
✆ 03 88 93 30 90
Ouvert lundi, mardi, jeudi, vendredi et samedi midi et soir. Terrasse. Animaux acceptés.

Jouxtant le théâtre de Haguenau, dans une maison à colombages bleus, Le Binôme s'est installé dans un cadre à l'esprit résolument contemporain, tout comme la cuisine. Vous voyagerez aux quatre coins du monde sans quitter votre siège en découvrant des assiettes baptisées avec humour comme le « tartarthaï » coupé au couteau, cacahuètes, sauce soja, huile de sésame, coriandre et oignons. Idem pour les desserts comme le « Paris-Brest en un éclair » une mousse pralinée et sa glace pralin avec noisettes et coulis chocolat. Vous pouvez réserver pour un banquet.

LE CAQUELON €

10, rue Georges-Clemenceau
✆ 03 88 93 04 04
Ouvert toute la semaine. Terrasse.

Au Caquelon, qui porte bien son nom, on vient avant tout pour les raclettes et fondues, bourguignonne ou savoyarde ! Il y a aussi le fameux vacherin mont-d'or avec ses pommes de terre et sa charcuterie. On y trouve également des burgers, des poêlées de roestis variées, des salades et de belles pièces de viande dont un tartare traditionnel au charolais coupé au couteau. En somme : au Caquelon, vous mangez bien et vous mangez beaucoup ! Le tout est servi par un personnel accueillant, attentionné et chaleureux dans un décor fait de boiseries et nappes vichy.

L'ANCIENNE DOUANE €€

16, place d'Armes
✆ 03 88 72 60 45
www.lanciennedouane-haguenau.fr
Ouvert tous les jours. Service de 11h30 à 23h. Terrasse. PMR.

Ouvert 7 jours sur 7, le restaurant s'adresse à un large public de gourmands. Le décor reprend les codes traditionnels de la région en les modernisant. L'endroit est spacieux et bien agencé ; il donne envie d'entrer et de s'attarder. Petits ou grands appétits, la carte donne l'embarras du choix : tartes flambées, planchettes, salades, cordon bleu de dinde en quatre déclinaisons, entrecôte, rognons, jarret, hamburger... À noter, un « régal » du végétarien. La carte des vins propose plusieurs crus régionaux. S'y ajoutent le plat du jour et son buffet d'entrées.

CLEM'S €€

6, rue Georges Clemenceau
✆ 03 88 93 23 20
Ouvert du lundi au samedi midi et soir. Terrasse.

Le Clem's s'inscrit dans la lignée des bistrots d'autrefois, nonobstant une décoration contemporaine. On a une agréable sensation de « dedans-dehors » quand les baies vitrées s'ouvrent sur la terrasse. Le dressage sur assiette est particulièrement soigné et les portions sont généreuses. Ici on prépare du crabe en rillettes avec guacamole d'avocat, coriandre et citron vert, un wok de légumes accompagné de queues de crevettes snackées déglacées au sukiyaki ou, au dessert, un nougat glacé pistache coulis griotte et griottines. Le Clem's prépare des menus à emporter.

LE JARDIN DE BACCHUS €€

112, route de Strasbourg
✆ 03 88 93 68 40
www.hotelrestaurantlespinshaguenau.com
Ouvert le lundi et le samedi le soir ; du mardi au jeudi le midi et le soir ; le dimanche midi.

Niché au cœur de l'hôtel Les Pins, le restaurant Le Jardin de Bacchus vous accueille dans trois salles. Les boiseries du décor créent une atmosphère chaleureuse. La lumineuse véranda s'ouvre sur la forêt par de larges baies vitrées. À la carte, bœuf picanha mariné, tartare de céleri et pommes, siphon à la fourme d'Amber, ou bar en ballottine aux herbes, risotto à la butternut sauce homardine. Au dessert, le mille-feuille praliné et tartare de mangue ou la pomme de pin en trompe-l'œil au chocolat au lait, insert orange-cannelle et sorbet orange font mouche.

L' ESSENTIEL €€

2, place du Marché aux Bestiaux
✆ 03 88 73 39 47
www.lessentiel-haguenau.fr
Ouvert du mardi au vendredi de 12h à 13h et de 19h à 20h30 ; le samedi de 19h à 20h30. PMR. Terrasse.

Banquettes rouges et miroirs plantent le décor d'un authentique bistrot d'autrefois. Les ardoises traditionnelles déclinent les suggestions du jour composées au gré des saison et du marché. La carte raconte des plats savoureux, raffinés et copieux : crevettes black tiger et grondin en bisque de crustacés et rattes du Touquet, black angus américain, ravioles aux champignons et jus aux girolles et figues rôties au crémeux pistache et sorbet citron... La terrasse se déploie aux beaux jours. Le chef compose également des menus spéciaux pour les fêtes.

AU REPÈRE DES SORCIÈRES €€

79, route de Bischwiller
✆ 03 88 63 88 23
www.repere-des-sorcieres.fr
Ouvert lundi, mardi, jeudi, vendredi à midi et le soir. Samedi et dimanche uniquement le soir. Terrasse. Parking.

Tremblez... ou réjouissez-vous, c'est selon si vous aimez les sorcières ou pas : elles sont partout, au cœur du décorum. Cependant ici, point de bave de crapaud, ni d'œil d'araignée, mais plutôt du cordon bleu de veau au munster, du pavé de bœuf grillé à la mignonnette, de la salade au chèvre chaud de la chèvrerie d'Obersteinbach, des burgers ou des tartes flambées... Les seuls ingrédients magiques sont les produits de saison et le talent du chef. Leurs trois salles comptent respectivement 20, 30 et 45 couverts et 70 sur la terrasse en été.

RESTAURANT AU CERF €€

2, rue Principale - **OBERHOFFEN-SUR-MODER**
✆ 03 88 63 22 64
www.restaurant-cerf.fr
Ouvert mardi, vendredi et samedi midi et soir. Mercredi, jeudi et dimanche midi uniquement. Terrasse.

Francis Dorn officie au Cerf depuis de nombreuses décades. Il y signe une cuisine gastronomique, à base de produits frais et de saison comme les asperges ou les gibiers. On la déguste dans une salle chaleureuse, rustique, cosy et chic. Inscrite dans la droite ligne d'une cuisine traditionnelle, les plats sont savoureux : burger, carpaccio, tartare, blanc de turbot en écailles de pomme de terre, sandre marmite du pêcheur, foie gras tiède. La clientèle y revient avec plaisir, parfois même des années après, retrouvant le Cerf tel qu'en leurs souvenirs.

RESTAURANT AUX POTS CASSÉS €€

2a, route de Haguenau - **WINTERSHOUSE**
✆ 03 88 90 76 63
www.auxpotscasses.fr
Ouvert du mardi au vendredi et le dimanche midi et soir ; et samedi soir uniquement. Jardin et terrasse.

Impossible de ne pas trouver son bonheur à cette adresse où les offres sont pléthoriques. Il y les plats du jour à consommer sur place ou à emporter (pizzas, tartes flambées, filets de bœuf ou rognons de veau...). À la carte, des classiques : cordon bleu ou escalope de veau à la crème, et cassolette de Saint-Jacques. En week-end, couscous royal, tête de veau, pot-au-feu et estomac de porc farci. L'accueil sincère et chaleureux de l'équipe contribue à faire salle comble.

RESTAURANT CHEZ ERNEST €€

15, avenue du Professeur René Leriche
✆ 03 90 59 01 75
www.europehotel.fr
Ouvert du lundi au vendredi à midi et le soir, samedi soir, et dimanche midi. Terrasse. PMR.

Le restaurant Chez Ernest délivre une cuisine bistronomique. Elle a pour cadre plusieurs alcôves et une véranda vitrée dont les larges baies s'ouvrent sur la terrasse. Sur les planchettes, des charcuteries de Monsieur Janes à Marmoutier et des fromages affinés par Monsieur Steinmetz à Schirrein. Le reste de la carte, confectionnée à base de produits régionaux est à l'avenant : suprême de pintade farci au foie gras de canard, duxelle, légumes et knepfle au fromage, forêt-noire destructurée, mousse au chocolat, griotte et chantilly...

GRAINS DE SEL €€€

113, Grand'Rue
✆ 03 88 90 83 82
www.restaurant-grainsdesel.fr
Ouvert du mardi au samedi le midi et le soir. Menus de 23 € à 50 €. Carte : 29 € environ. Menu enfant : 10 €.

Gilles Schnoering a fait ses gammes comme second de cuisine dans le restaurant gastronomique réputé le Cheval Blanc à Lembach. Aux Grains de sel, l'élégance sobre de la salle s'inscrit dans la ligne des tables raffinées. Dans l'assiette, le chef réinvente les saisons. L'œuf parfait et la sphère de meringue indiquent une véritable maîtrise de la cuisine moléculaire. On revient pour le carpaccio de Saint-Jacques sur lit de tourteaux, vinaigrette, gel au kalamansi et râpé de combawas ou la noisette de biche aux légumes oubliés et pain d'épice maison.

LE JARDIN €€€

16, rue de la Redoute
✆ 03 88 93 29 39
www.lejardinhaguenau.fr
Ouvert du jeudi au lundi, midi et soir. Terrasse. parking.

Une façade richement ornée distingue le restaurant de son environnement immédiat. À l'intérieur, le décor est à l'avenant : tons chauds, boiseries peintes ou marquetées au plafond évoquent Arcimboldo. Formé au contact des plus grands chefs étoilés de la région, Romain Meyer a rejoint son père Damien en cuisine. On y déguste, par exemple, un foie gras de canard en terrine accompagné d'une fine marmelade gélifiée de myrtilles sauvages et son pain brioché au romarin, ou un poulpe grillé au boudin noir, pomme, pesto basilic et jus réduit de viande au cidre.

LE RELAIS DU FORT €€€

12, rue de Saint-Louis - **FORT-LOUIS**
✆ 09 70 51 03 28
https://le-relais-du-fort.eatbu.com
Ouvert samedi soir ; dimanche, lundi, jeudi, vendredi midi et soir. PMR. Terrasse.

Au Relais du Fort, Nathalie vous reçoit avec chaleur. En cuisine, Fabrice dresse de belles assiettes graphiques aux recettes traditionnelles savoureuses, tandis que leur fils Morgan parachève le moment sur une très belle note pâtissière. On apprécie la daurade royale entière en croûte de sel accompagnée de sa poêlée d'épinards, les médaillons de veau aux girolles et spätzle ou le citron en trompe-l'œil. Le restaurant étant proche des vestiges des forts défensifs dessinés par Vauban du temps du Louis XIV, on s'y rendra facilement à pied pour une balade digestive.

LE BOUDOIR

3, place Joseph Thierry
✆ 09 67 24 15 43
Ouvert du mardi au dimanche de 9h à 19. Terrasse.

Le Boudoir est un charmant petit salon de thé, restaurant et bar à cocktail rose bonbon. Cosy comme un petit salon de dame du XIXe siècle, sa chaude ambiance réconforte. Confortablement installé sur d'élégantes chaises tapissées à dossier médaillon, on déguste d'abord avec les yeux. Les pâtisseries et entremets sont graphiques, sobres, élégants, ouvrent l'appétit. On y sert aussi de la petite restauration salée au quotidien et pour les fêtes avec par exemple des kougelopfs aux lardons et noix ou des pains surprise. Le plus délicat reste de se raisonner.

PÂTISSIER MAXIME

25, grand Rue

✆ 03 88 93 94 72

www.patisseriemaxime.fr

Ouvert du lundi au vendredi de 7h30 à 19h, samedi de 7h30 à 18h30.

Du matin jusqu'au soir, ici c'est une farandole de gourmandises qui ponctue chaque moment de la journée. Ça commence avec les viennoiseries et brioches du petit déjeuner. Pour le midi, plats du jour ou salades, sandwiches, quiches, pizzas, burgers et bowls. L'après-midi, les pâtisseries prennent le relais avec des entremets, verrines, tartes, cakes, macarons, glaces et autres gourmandises. Vous pouvez également commander votre pièce montée pour votre mariage ou tout autre dessert personnalisé pour vos événements privés ou professionnels.

À LA FERME ADAM

9, rue Principale

WAHLENHEIM

✆ 03 88 51 02 11

Ouvert du mardi au vendredi de 8h à 12h et de 13h30 à 19h. Samedi de 8h à 18h.

À la tête de cette entreprise familiale, lancée par leur père en 1964, les frères Adam proposent une gamme complète de produits pour tartes flambées : fonds de tartes et préparation pour la garniture sont assurés dans leurs ateliers avec des produits frais. Ils proposent également la location du four ! À la ferme, grâce au lait de leur centaine de vaches, yaourts, crème fraîche, fromage blanc, crèmes glacées et tomme aux fruits sont produits... Ils proposent aussi dans leur boutique des viandes et produits d'épicerie locale.

CHOCOLATERIE DANIEL STOFFEL

50, route de Bitche

✆ 03 88 63 95 95

www.daniel-stoffel.fr

Ouvert du lundi au samedi de 9h à 12h30 et de 13h30 à 18h30. Vente en ligne.

Bienvenue dans la « maison mère » Daniel Stoeffel. C'est à Haguenau que tout a commencé pour ce célèbre chocolatier alsacien. Dans la boutique, une offre étendue adaptée aux saisons : friture en chocolat de Pâques ou moulages de lapins, Pères Noël, cœurs, tubes de rouge à lèvre, cigognes en chocolat... Au nombre des créations permanentes, pâtes à tartiner et tablettes. Et comme ici on se doute bien qu'il est difficile de résister, on vous propose parfois de goûter...

LA CLOCHE À FROMAGES - LA BOUTIQUE

1, Rue de Neubourg

✆ 03 90 59 09 94

Le lundi de 10h à 12h15 et de 15h à 19h. Du mardi au jeudi de 9h à 19h. Vendredi de 8h à 19h. Samedi de 8h à 18h30.

Les sept familles de fromages sont déclinées, selon les saisons, en 250 propositions tout au long de l'année et proviennent de petits producteurs rigoureusement sélectionnés par René Tourette, grand maître des lieux. Après affinage dans les caves de Strasbourg, les fromages sont redistribués dans les différents lieux de vente en Alsace. Vous bénéficierez de nombreux conseils et pourrez, grâce à une cave complémentaire, réaliser des accords pour toutes vos envies fromagères.

MAÎTRE CHOCOLATIER PÂTISSIER HEITZ

62, Grand-Rue

✆ 03 88 93 92 78

www.chocox.com

Ouvert le lundi de 8h à 18h30 ; du mardi au vendredi 8h et à 19h ; samedi de 9h et à 18h30.

La chocolaterie-pâtisserie Heitz est une véritable institution haguenauvienne. Fondée en 1918, quatre générations de maîtres pâtissiers s'y sont succédé. D'un côté, la boutique de chocolat où de nombreuses spécialités occupent les rayonnages. De l'autre côté, la pâtisserie-salon de thé. Les viennoiseries y côtoient de nombreux desserts, une trentaine de glaces artisanales ainsi que les célèbres tartes au fromage blanc ou à la rhubarbe en saison. Un plat du jour est servi le midi.

MARCHÉ BI-HEBDOMADAIRE

115, Grand'rue

www.visithaguenau.alsace

Ouvert le mardi et le vendredi de 8h à 13h.

Dans la belle halle aux houblons, bâtiment immanquable de la ville, se tient tous les mardis et les vendredis un agréable marché. Ce dernier vaut le détour avec ses étalages en tout genre et son ambiance d'antan. On y trouvera de nombreux producteurs locaux avec lesquels on pourra en apprendre plus. Jamais avares de bons conseils, ils vous fourniront avec le sourire astuces et recettes pour travailler au mieux leurs beaux produits frais et ainsi régaler votre famille ou vos amis. De l'artisanat est également proposé, local bien sûr !

BAS-RHIN

LA FABRIQUE D'ANAÏS

42, rue du Préteur
✆ 06 59 77 31 44
www.la-fabrique-danais.com
15 € à 70 €.

Anaïs crée dans un atelier jouxtant sa maison. Établie depuis deux ans, cette autodidacte passionnée réalise des tasses, des bols, des assiettes ou des théières. Elle vous accueillera sur rendez-vous dans son espace de travail. Anaïs propose aussi des cours de modelage d'une durée de trois heures chacun pour fabriquer sa propre vaisselle. Cette durée suffit pour aboutir 2 à 3 pièces en céramique. Les participants disent apprécier autant le travail manuel que l'apaisement qu'il procure : la concentration et le plaisir de modeler la terre est une détente.

LOCKS ADVENTURE-ESCAPE GAME

16, rue du Ried - **SCHWEIGHOUSE-SUR-MODER**
✆ 06 65 33 03 05
www.locksadventure.wixsite.com
Ouvert tous les jours de 10h à 22h.
De 24 € à 32 € par personne. Tarifs dégressif selon le nombre de joueurs.

Sauvez-vous ! À partir de 10 ou 12 ans selon les scénarios, pour 2 à 6 joueurs maximum, résolvez des énigmes et échappez-vous. Trois espaces de jeu vous sont proposés : chez soi, en ville ou en salle. La mission pour la maison, devenir un Mage supérieur en remportant la compétition. Devenez un cambrioleur hors pair dans l'escape game urbain. En salle vous partirez à l'abordage du navire d'un vieux marin ou vous triompherez des pièges du manoir hanté. À vous de jouer !

BOWLING DU MEGAREX

5, rue Georges-Méliès
✆ 03 88 63 99 07
www.megarex.fr
Ouvert du lundi au dimanche de 14h à 19h et jours fériés. Dès 3 € la partie. Restauration. Location de chaussures.

Au sortir d'une projection, pour passer un bon moment entre amis ou en famille, le complexe Mega Rex vous attend. Doté d'un mini bowling et d'un grand de 16 pistes, et d'une salle avec 11 tables de billard, divertissement des petits et grands garanti ! Vous pouvez également y aller à fond les manettes sur les jeux vidéo dernière génération. Une petite restauration est servie sur place. Les groupes d'enfants sont les bienvenus pour y prendre des goûters d'anniversaire. Les chaussures sont proposées à la location. Que le meilleur gagne !

BISCHWILLER

Né de la fondation d'une métairie au XIIe siècle par les évêques de Strasbourg, le bourg évolue à partir du XVIe lorsque les Ducs de Deux-Ponts, résidant au Château de Bischwiller, accueillent une importante population huguenote qui le transforme en centre textile de renom jusqu'au XXIe siècle. Sa variété architecturale témoigne de son histoire : des monuments tels que la Laub, ancienne maison commune aujourd'hui Musée d'histoire locale, et la Pharmacie princière côtoient le moderne des nouveaux quartiers. Le duc Christian II installe le siège des ménétriers d'Alsace à Bischwiller et la Fête des Fifres commémore cet événement tous les deux ans en été.

LA MAISON DES ARTS

19, rue des Charrons ✆ 03 88 53 99 28
www.ville-bischwiller.fr
Ouvert vendredi, samedi et dimanche de 14h à 18h. Tarif 2 €, gratuit pour les moins de 18 ans. Accessible aux PMR.

Dans cette pittoresque demeure alsacienne du XVIIe siècle, annexe du musée de la Laub, vécurent deux artistes originaires de la ville : le marqueteur Henri Baumer et le peintre Philippe Steinmetz. La Maison des Arts abrite le legs d'Odette Pierron, veuve du sculpteur et graveur Daniel Meyer, qui a donné les œuvres de son défunt mari en hommage à Philippe Steinmetz et deux bustes en bronze, dont celui de ce dernier. Les œuvres du peintre Paul Weiss, le « Corot du Ried », ont également intégré la Maison des Arts. À découvrir aussi, des expositions temporaires.

MUSÉE DE LA LAUB

Place de la Mairie
✆ 03 88 53 99 28
Ouvert vendredi, samedi et dimanche de 14h à 18h. Entrée 2 €. Entrée couplée Maison des Arts/Musée de la Laub 3 €. PMR.

Dans cette superbe maison à colombages et à clocheton construite en 1665, les ménétriers (bateleurs et musiciens ambulants) se réunissaient jadis. C'était en quelque sorte un trait d'union entre les protestants allemands et français qui représentaient la majorité de la population mais habitaient des quartiers séparés. Le musée est consacré au patrimoine industriel textile et présente des témoignages de l'histoire locale (de la Préhistoire au XIXe siècle) et aux hommes de lettres ayant des liens avec la commune, dont André Maurois et Claude Vigée.

BAS-RHIN

LE VERGER - HÔTEL RESTAURANT €

29, rue de Haguenau
✆ 03 88 63 08 48
www.verger.fr
Hôtel 3 étoiles. Chambres de 62 € à 95 €. Animaux admis. Restaurant.

De style contemporain, les chambres spacieuses et lumineuses de cet hôtel offrent une literie confortable, des couettes douillettes, un coin bureau, une télévision, et une salle de bains optimisée et fonctionnelle. L'établissement dispose également d'un restaurant. Un menu est réservé aux résidents. Le chef fait la part belle aux produits du potager et du verger et les plats sont cuisinés maison. À la carte, filet de bœuf aux morilles ou crème brûlée à la vanille Bourbon...

CHAMBRES D'HÔTES ET RESTAURANT LE KATIOLO €€

28, route de Strasbourg
✆ 09 52 05 55 97
www.lekatiolo.fr
3 chambres de 75 à 90 € avec petit déjeuner. Appartement 120 €. Piscine extérieure, sauna. Jardin, terrasse. Restaurant.

L'établissement allie chambres d'hôte et restaurant africain. Il propose de nombreux événements (carnaval, thé dansant, soirées africaines...). Les chambres, décorées dans le style africain, se composent d'une pièce à coucher, d'un séjour et d'une somptueuse salle de bains. Lors de votre séjour, vous pourrez profiter du spa et de la piscine extérieure. Pour une immersion complète, déjeunez au restaurant et faites un tour dans la boutique d'artisans du cru.

RESTAURANT AU VIEUX MOULIN €€

2, rue de l'Étang
✆ 03 88 63 55 74
www.restaurant-au-vieux-moulin.fr
Ouvert du jeudi au dimanche midi et soir. Terrasse. A emporter.

Dans cet ancien moulin au charme délicat et suranné, Audrey et Michel proposent une cuisine familiale. En hiver, le feu de cheminée diffuse une ambiance chaleureuse. Au Vieux Moulin, on s'installe pour déguster des spécialités alsaciennes et les fameuses tartes cuites au feu de bois. Pendant les beaux jours, vous pourrez vous installer sur la terrasse face à l'étang, entourée de magnifiques géraniums. À la carte : faux-filet de bœuf, cordon bleu de veau au munster, waedele grillé...

MARIENTHAL

Au XIIIe siècle, le chevalier Albert de Haguenau se retire du monde pour aller dans la forêt, à l'instar de Guillaume de Malvelle, ermite contemplatif fondateur d'un ordre aujourd'hui disparu. Venus de Graefenthal dans la Sarre, des moines guillemites fondent le sanctuaire qui grandit au fil des siècles. Au XVIIIe siècle, Marienthal n'est qu'un hameau de 4 maisons. À cette époque, Stanislas Leszczynski y vient plusieurs fois en pèlerinage en famille. La majorité des dons précieux de sa fille, la très pieuse Marie Leszczynska, épouse du roi Louis XV, disparurent à la Révolution. Au XIXe siècle, le sanctuaire redevient un important lieu de pèlerinage.

BASILIQUE NOTRE-DAME DE MARIENTHAL

1, place de la Basilique ✆ 03 88 93 90 91
www.basiliquemarienthal.fr
Accès libre. Chaque jour, possibilité de déjeuner ou de séjourner à la maison d'accueil : contacter la sœur hôtelière.

Au XIIIe siècle, Albert de Haguenau se retire sur les terres de sa mère et décide de se consacrer entièrement à Dieu. Avec des moines ermites, il bâtit un couvent et une chapelle. Au XVe siècle, Notre-Dame réalise de nombreux miracles et les pèlerins affluent depuis lors. Aujourd'hui, des visites guidées sont organisées en été, ainsi qu'une procession aux flambeaux à l'Assomption et des conférences. Vous pourrez être hébergé pour un temps de retraite, une nuit d'adoration...

MAISON D'ACCUEIL DE MARIENTHAL €

1, place de la Basilique
✆ 03 88 93 90 91
25 chambres avec sanitaires, plus une capacité de 80 lits. Grand jardin. WIFI. Restauration possible.

La maison d'accueil de Marienthal vous reçoit pour déjeuner et pour dormir (seul ou en groupe jusqu'à 400 personnes). L'entrée de la maison d'accueil jouxte la basilique. Vous pénétrez dans une belle cour fleurie pour accéder au hall d'entrée où vous recevrez les informations pratiques : clé de chambre et codes d'accès au jardin, au parking... Le grand couloir de la maison conduit au réfectoire qui rappelle le passage de Marie Leszczynska, reine de France, épouse du roi Louis XV.

BAS-RHIN

LA PETITE AUBERGE €€

2 b, route de Haguenau
✆ 03 88 93 89 90
www.lapetiteauberge-marienthal.com
Ouvert le soir du mercredi au samedi, et le dimanche midi et soir. Terrasse. A emporter.

La Petite Auberge, avec son jardin bucolique, propose des petits plats goûteux, mitonnés au feu de bois : d'excellentes tartes flambées qui se déclinent en diverses variétés. Pour les menus, il faut réserver afin que le chef puisse faire son marché. À la carte, noisettes de canard aux épices et risotto aux cèpes, croustade de gambas sur fondue de poireaux, médaillon de veau mijoté au cidre, ravioles de cabillaud sauce homardine ou foie gras de canard maison en brioche perdue au chutney de poires. Tout est frais et fait maison. Plat du jour à emporter.

RELAIS PRINCESSE MARIA LECZINSKA €€

1, rue de Rothbach
✆ 03 88 93 43 48
www.leczinska.com
Ouvert lundi, mardi, jeudi et vendredi midi et soir. Samedi soir et dimanche midi. PMR.

Le couple Okamoto régale ses clients depuis près de vingt ans. Le chef et son épouse sont d'ardents défenseurs de la cuisine française qu'Akira agrémente subtilement de touches exotiques. Le restaurant se niche dans une petite rue près de la basilique. Dans l'assiette, c'est un enchantement pour les yeux et les papilles. Le nougat de foie gras de canard mariné dans la fleur de bière est l'un des plats signature d'Akira Okamoto. Le plat du jour décline des recettes alsaciennes typiques.

BETSCHDORF

Ancien village de pêcheurs sur la Moder et le Rhin, Betschdorf voit son activité évoluer à l'arrivée de l'Allemand Knoetchen en 1586. Il apporte avec lui un savoir-faire de poterie de grès dont le succès et la tradition perdurent depuis. D'autres artisans arriveront de Rhénanie au XVIIIe siècle, renforçant ce patrimoine local. La vaisselle ainsi façonnée est le plus souvent peinte de motifs bleus sur fond gris. Dans ce délicieux village, les maisons à pans de bois alsaciennes s'alignent au long de la rue Principale. On visitera avec plaisir le petit musée de la Poterie et les quelques artisans du village où les jolis souvenirs sont nombreux.

© S. NICOLAS - ICONOTEC
Poterie de Bestchdorf.

JARDIN-MUSÉE DE L'OUTRE-FORÊT

34, rue des Seigneurs
✆ 06 77 79 86 03
Ouvert du 1er juin au 30 septembre, sur rendez-vous. Visite guidée pour 10 personnes. Animations. Adulte 5 €.

Philippe Obliger ouvre au public son jardin extraordinaire et remarquable, inscrit au patrimoine botanique de France ! Il aime vous parler de sa collection de plantes potagères rares et méconnues et de ses collections de spécimens ethnobotaniques (herbes magiques, médicinales ou encore chamaniques). Dans le musée, plus d'un millier d'objets ethnobotaniques venant des quatre coins de la planète sont visibles : objets de vannerie, masques en fibres, outils de travail...

MAISON RURALE DE L'OUTRE-FORÊT

1, rue de l'Église - **KUTZENHAUSEN**
✆ 03 88 80 53 00
www.maison-rurale.fr
Haute saison, ouvert du mardi au dimanche et jours fériés ; basse saison, mercredi, jeudi, week-end et jours fériés.

Au Centre d'Interprétation du Patrimoine, on découvre la vie rurale d'autrefois en Alsace du Nord ! Grâce à des collections très riches et présentées de manière extrêmement ludique, vous découvrirez les traditions d'antan au travers d'objets et de mises en scène dans une maison typiquement alsacienne. De la vie quotidienne aux métiers d'autrefois, c'est un véritable voyage dans le temps qui vous est proposé. Ne manquez pas les très nombreuses animations et expositions temporaires !

MUSÉE DE LA POTERIE

2, rue de Kuhlendorf
✆ 03 88 54 48 07
Fermé d'octobre à avril. Ouvert du mardi au samedi de 10h à 12h et de 13h à 18h. Dimanche de 14h à 18h. Adulte : 3,50 €.

Ce musée expose des collections de poteries en grès à sel, dont les couleurs dominantes sont le gris et bleu, caractéristiques des productions locales depuis le début du XVIIIe siècle. Aujourd'hui, si les formes et les motifs sont revisitées pour répondre au goût du jour, les artisans de Betschdorf connaissent tous leurs classiques, particulièrement ceux du musée. Un atelier a été reconstitué dans la grange adjacente à la maison. Projections vidéos, expositions temporaires complètent un parcours de visite potentiellement audioguidée.

MUSÉE MÉMORIAL WALBOURG - 2MCLADN

Rue de l'Église - **WALBOURG**
✆ 06 82 70 93 63
2mcladn.fr
Ouvert le mercredi et le dimanche de 14h à 18h. Gratuit jusqu'à 6 ans. Adulte : 8 €.

Mais quel musée incroyable que celui-ci ! Cédric a réuni une collection unique d'objets militaires et historiques et travaille avec des associations locales, des historiens, des étudiants, pour ce musée qui retrace l'histoire de la Seconde Guerre mondiale en Alsace. Fait rare : tous les objets présentés ont un lien avec le territoire et une histoire connue et on regarde ainsi l'histoire autrement. C'est une visite à faire absolument, en questionnant Cédric ou les bénévoles présents !

PARC À CIGOGNES

Rue du Bannholz
En accès libre. Enclos abritant des cigognes.

Ce charmant parc abrite des cigognes, et sa visite est incontournable si vous passez dans le secteur. Ce site vous permettra d'approcher ces oiseaux emblématiques de l'Alsace, sans risque de perturber leur vie. Vous aurez ainsi la possibilité d'admirer le lustre de leurs plumages, leur taille impressionnante, et l'allégresse avec laquelle les cigognes se déplacent. À la belle saison, il y aura sans doute aussi des petits dans les nids. Observez-les. Savez-vous que la cigogne claquette ? Écoutez son cri particulier qui porte loin.

PIZZ' EDDY - DISTRIBUTEUR DE PIZZAS ARTISANALES ET LOCALES €

2, route de Walbourg - **DURRENBACH**
✆ 07 86 75 98 33 - www.pizzeddy.com
14 distributeurs en Alsace du Nord accessibles tous les jours : Woerth, Haguenau, Wissembourg, Surbourg, Betschdorf...

Pizz'Eddy ce sont 14 distributeurs automatiques de pizzas en Alsace du Nord mais attention : ici les pizzas demeurent toutefois artisanales, elles sont l'alliance d'un savoir-faire depuis 1989 et de la technologie ! Dans les distributeurs, on retrouve le goût exact des pizzas que l'on dégustait autrefois au restaurant pour notre plus grand plaisir. Bien mieux que du surgelé, ce sont de véritables pizzas de qualité, fraîches, maison et locales qui sont proposées.

HOSTELLERIE DU CERF BLANC €€

16, place du Général-de-Gaulle - **NEUHAEUSEL**
✆ 03 88 86 41 60
www.cerf-blanc.com
Maître Restaurateur. Ouvert mardi, jeudi, vendredi, dimanche midi et vendredi au dimanche soir. Samedi soir. Terrasse.

Cécile et Bruno Rapp vous accueillent dans leur chaleureuse auberge. La cuisine rend logiquement hommage au terroir : ils sont membres de la Fédération des Chefs d'Alsace. Le soir et le week-end, on y déguste des tartes flambées à partager en famille ou entre amis. À la carte par exemple : cordon bleu de saumon frais et fumé sur lit de légumes et crème de safran, filet de bœuf sauce crème de cognac et girolles, steak de cerf aux cèpes et aux girolles et jus réduit au vin rouge...

RESTAURANT AU CHEVAL NOIR €€

4, rue de la Gare
NIEDERROEDERN
✆ 03 88 86 52 91
Ouvert du vendredi au mardi, midi et soir. Terrasse. Réservation par téléphone.

Dans cette belle maison à colombages à la façade foisonnante de géraniums, 3 salles de restaurant vous attendent. L'accueil est familial et enjoué ; c'est d'ailleurs la même famille qui gère cette auberge depuis 1820. Les plats changent régulièrement et complètent les classiques : filet de canette aux marrons, tournedos aux morilles, civet de biche, noix de Saint-Jacques au safran, filet de sandre au riesling, duo de poissons sur choucroute... Possibilité de plat à emporter.

RESTAURANT AU SOLEIL €€

27, rue du Tilleul
HOFFEN
✆ 03 88 80 40 14

Ouvert lundi midi, du mardi au jeudi midi et soir et vendredi soir.

Ce charmant établissement dispose de deux salles. Des spécialités alsaciennes y sont mitonnées et varient en fonction des saisons, du marché et des désirs du chef : les mercredis hivernaux c'est kesselfleisch (tête de porc cuite) et à la belle saison, c'est tête de veau vinaigrette. Les incontournables tartes flambées et pizzas sont servies le soir. Vous pourrez aussi déguster des dampfnudle (sorte de pain soufflé) accompagnés de compote de fruits : ils font le régal des connaisseurs ! La carte propose aussi une grande variété de viandes, poissons ou pâtes.

AGNICÉRAMIQUE REMMY

8, route de Soufflenheim
✆ 03 88 54 44 16
https://agniceramique.com

Ouvert tous les jours et les jours fériés de 9h à 12h et de 14h à 19h. Créations sur demande. Emplacement camping-car.

Vincent Remmy et son épouse créent de nombreux objets en agnicéramique. Vous serez émerveillés par la diversité des modèles proposés, tant par leur texture que par leur couleur. Cuisson au cuivre pour un aspect mordoré, au feu de bois sur des argiles polies faisant semblables à de l'onyx ou cuisson rapide pour le raku dont les tons rougeâtres sont vraiment atypiques. Les crèches et personnages de Noël, exposés en fin d'année dans l'atelier, sont disponibles à la vente. Vous pourrez également visiter leur atelier-salle d'exposition.

HATTEN

Située sur la ligne de défense Maginot, Hatten est une zone militaire stratégique de la Seconde Guerre mondiale qui détruisit 350 des 365 maisons du village dans les derniers combats de 1945. De cette époque, la commune conserve la casemate Esch et le musée de l'Abri de Hatten qui se visitent l'un et l'autre. Ils retracent la vie des militaires dans ces murs pendant le conflit à l'aide de mannequins et d'objets d'époque mis en scène. On trouve à Hatten un troisième musée plus joyeux, La Cour de Marie, qui présente, sur deux niveaux, une importante collection évoquant la mode et le design des années 1960 et 1970 ainsi que des dizaines de poupées Raynal.

CASEMATE ESCH ★★

Route de Seltz ✆ 03 88 80 96 19
www.lignemaginot.com

De mai à septembre le dimanche de 10h à 12h et de 13h30 à 18h. Entrée : 2 €. Durée : 30 min. Animaux non acceptés.

Cette casemate typique de l'infanterie de la ligne Maginot fut construite en 1931 puis restaurée par les Amis de la Ligne Maginot. Elle a ainsi retrouvé son état originel avec son armement et ses équipements. Ouverte à la visite depuis 1986, elle abrite un musée de matériels, d'équipements, de documents, d'objets du quotidien, d'armes, d'uniformes et de souvenirs. Installé sur une dalle de béton, le char américain Sherman M4 est un témoin privilégié de ce passé. Vous pourrez observer des engins militaires et des reconstitutions de scènes de vie en costume.

LA COUR DE MARIE

49, rue Principale ✆ 03 88 80 13 39
www.lacourdemarie.fr

Ouvert samedi 10h-12h et 13h30-18h ; dimanche et jours fériés 14h-17h30. Accueil groupes. Réservation obligatoire.

Depuis 2010, Natalie et Jean-Claude, aidés d'une trentaine de bénévoles, accueillent le public dans ce musée privé de 1 500 mètres carrés sur deux niveaux. Il retrace la vie au temps des années 1960 et 1970. Des mannequins animent des espaces évoquant l'insouciance de cette époque légère. Au rendez-vous, magasin d'électroménager, salle à manger, chez le coiffeur… et une importante collection de poupées. Après la visite, boissons locales et tarte au fromage blanc vous attendent. En août est proposée une soirée nocturne tarte flambée à ne pas rater.

MUSÉE DE L'ABRI DE HATTEN

Rue de l'Abri ✆ 03 88 80 14 90
www.abrihatten.fr

Ouvert en basse saison du vendredi au dimanche de 10h à 18h. En haute saison : tous les jours de 10h à 18h. Tarif : 7 €.

L'Abri de Hatten est un casernement souterrain édifié en 1930 disposant de tous les équipements nécessaires pour abriter et nourrir une troupe de soldats en temps de guerre : chambres, cuisines, sanitaires, puits, chaufferie, infirmerie, salle des machines… De 1936 à 1940, l'abri fut occupé par les troupes françaises. En 1994 le site devient musée. Du matériel militaire est exposé sur 4,2 hectares. Compter 2 à 3 heures de visite et prévoir des vêtements chauds.

LE PETIT STAMM €€

9, rue de Buhl
03 88 73 74 72
http://lepetitstamm.com
Ouvert du mardi au jeudi midi. Les vendredi et samedi midi et soir. Le samedi après-midi brasserie-glacier.

Karine, Thierry et Loïç vous accueillent dans ce restaurant alsacien. À la carte, vous trouverez un cocktail de crevettes, foie gras ou encore saumon gravlax en entrée. Les plats de consistance se dévoilent avec des bouchées à la reine Grand-Mère et un suprême de pintade rôtie à la sauces morilles. Et pour finir, un cheesecake au sirop d'érable ou un délice chocolat orange... Mention spéciale : les cartes se renouvellent chaque saison. La maison sert des plats du jour et des menus pour les groupes. Passez le samedi après-midi pour une glace ou une douceur.

PIZZERIA LE LAMBRUSCO €€

1, place de la Gare
03 90 55 19 90
Ouvert du vendredi au dimanche le soir. Distributeur de pizzas devant le bâtiment.

Astrid et Jean-Paul vous accueillent dans la grande salle ce restaurant-pizzeria. Un dépaysement bienvenu. Il comblera votre faim par le choix fort étendu de pizzas (une trentaine de propositions), de pâtes, de tartes flambées et salades. Les portions sont généreuses et l'ambiance, très chaleureuse. Et pour pallier les petites fringales imprévues, un distributeur, installé devant l'établissement, vous délivrera différentes sortes de pizzas en quelques minutes. En été la terrasse ombragée par une tonnelle vous bercera au-dehors. Plats à emporter sur commande.

FUN PARC

Rue du Plan d'Eau
03 67 10 39 61
www.fun-parc-brumath.fr
Tarifs selon l'âge et l'activité choisie.

© FUN PARC

Le Fun Parc Brumath vous accueille autour de son plan d'eau avec une multitudes d'activités : Accrobranche, paintball, mini-golf, aquapark, chasse au trésor, course d'orientation, trampolines, tir à l'arc, embarcations nautiques... Et la nouveauté 2022 encore inédite dans la région : un téléski-nautique 5 poulies ! Wakeboard et ski nautique enfin dans le Bas-Rhin ! Profitez également des paillotes au bord du lac, d'un restaurant de plage, de bars avec terrasses en rooftop et sur pilotis, les pieds dans l'eau, idéal pour se détendre sur un sable fin !

BAS-RHIN

BRUMATH

Depuis 5 000 ans, le lieu a été occupé sans interruption. Les Triboques lui donnent son premier nom : Brocomagnus devenue Brumath. La ville connaît son apogée au XIIIe siècle. Elle devient dès lors l'objet de querelles continues et destructrices entre seigneurs. Le dernier château érigé encore visible aujourd'hui date du XVIIIe siècle. Il abrite depuis un temple protestant et le musée archéologique de Brumath. Le plan d'eau accueille plusieurs animations ainsi que le Fun Parc. Alentour, champs et forêts favorisent de nombreuses promenades en terrain plat, à pied ou à vélo. Enfin, l'aéro-club vous permettra de vous balader dans les airs.

ÉGLISE NOTRE-DAME DE STEPHANSFELD

141, avenue de Strasbourg
L'église se trouve dans l'enceinte de l'hôpital de Brumath (EPSAN). En accès libre.

Deux monuments remarquables sont immanquables dans l'enceinte de l'hôpital de Brumath. Le premier est l'église Notre-Dame de Stephansfeld, enregistrée en 1965 aux Monuments Historiques et construite par l'ordre des Hospitaliers entre le XIe et le XIIIe siècle. Le second est l'édifice gnomonique, un ensemble de trois cadrans solaires situés à gauche de l'entrée principale et datant du XVIIIe siècle. Constitués de demi-sphères sculptées dans le grès, ils se distinguent par leur rareté.

ÉGLISE SAINT-MAURICE

14, rue de l'Église
MOMMENHEIM
En accès libre.

L'église d'origine fut construite à l'initiative des moines bénédictins de l'abbaye de Schwarzach. Elle faisait partie des vastes ensembles religieux fleurissant en nombre de chaque côté du Rhin aux XIe et XIIe siècles en réponse à la réforme clunisienne. La tour du clocher est la partie la plus ancienne. Son plafond orné d'une fresque peinte par Peter Sauer, habitant de Haguenau, fut terminé en 1766. L'autel baroque du célèbre peintre Feurstein, qui vécut au XVIIIe siècle, est orné de statuettes de sainte Sophie et de saint Maurice.

L'ESCALIER

10, rue de Pfaffenhoffen
✆ 06 08 69 55 68
www.a-lescalier.com
Jardin ouvert tous les jours sauf le lundi et le mardi de 14h à 18h de début mai à fin septembre. Entrée 5 €.

© L'ESCALIER

Michèle Schneider, la très accueillante propriétaire des lieux vous reçoit dans son jardin secret. Elle est la jardinière, l'inventrice, la sculptrice et l'artiste peintre de ce jardin devenu Jardin remarquable en 2007 où différents artistes s'exposent régulièrement. Les visiteurs peuvent parcourir le jardin et y déguster une cuisine saine et créative basée sur les fruits et légumes biologiques issus du potager… D'incroyables agrumes en pot, un étonnant bonsaï de ficus, des figuiers vous feront imaginer que vous êtes dans une belle maison de thé japonaise.

MAISON ARCHAÏQUE S'KLEENDERFEL

11, rue du Petit Village
WEYERSHEIM
✆ 03 88 51 39 46
http://kleenderfel.free.fr/index.html
Visites lors d'évènements ou sur demande auprès de l'association.

L'Association de Promotion et de Sauvegarde du Patrimoine de Weyersheim assure l'entretien de la Maison Archaïque, la plus ancienne maison rurale du Ried du Nord : la dendrochronologie situe sa construction vers 1621 ! Des fouilles archéologiques attestent d'une présence à cet endroit dès le XVIe siècle. Début XVIIIe, la maison fut occupée par un tisserand dont le métier à tisser est resté sur place. L'association y organise des évènements dans l'année.

MUSÉE ARCHÉOLOGIQUE

Place du Château
✆ 03 88 51 05 15
http://brumath.shabe.free.fr
Gratuit. Prendre RDV avec les bénévoles de la Société d'Histoire et d'Archéologie de Brumath et environs.

Les trésors du musée archéologique sont présentés dans le sous-sol de l'église protestante. Ce bâtiment était autrefois un château, érigé en 1717. Les pièces présentées sont des restes romains : bijoux, fibules, urnes, sarcophage, stèles sculptées, dédicaces votives, statuettes en bronze, poteries… Admirez le vase à engobe gallo-romain du IIe siècle après J.-C. présentant une scène de chasse, un amour sculpté en demi-bosse et provenant d'un mausolée démantelé. La Société d'Histoire et d'Archéologie propose régulièrement des visites guidées.

AU BOUQUET DE HOUBLON €€

29, rue Principale - **BILWISHEIM**
✆ 06 76 71 21 70
1 gîte pour 4 pers : 90 € la nuit. 1 gîte pour 8 pers : 180 € la nuitée. 2 nuitées minimum. Ménage compris.

Ces deux gîtes au charme fou, au cœur de l'Alsace, se trouvent à une vingtaine de kilomètres au nord de Strasbourg, idéalement situé au cœur de la culture du houblon alsacien, et proche de la Route des Vins et des sites touristiques. Les chambres sont spacieuses, et décorées avec goût. Le charme de l'Alsace transparaît, avec des tentures en kelsch et de belles boiseries sombres ! Vous pourrez profiter du sauna, et vous apprécierez l'accueil chaleureux des propriétaires, qui n'hésitent pas à vous faire goûter le fameux kougelhopf accompagné d'un vin blanc *ad hoc*.

BAS-RHIN

LA TÊTE DANS LES ÉTOILES €€

18, rue des Étoiles - **WEYERSHEIM**
✆ 03 88 68 14 94

Gîtes de France. 5 chambres. Chambre simple 65 €. Chambre double 75 €. Petit déjeuner inclus. Wifi. Jardin, parc arboré.

Lucienne et sa famille vous souhaitent la bienvenue dans leur ravissante maison d'hôte, nichée dans la plaine du Ried, au bord de la Zorn. La maison à colombages du XVIIIe siècle, son incroyable parc arboré, les chambres de haut standing avec son joli mobilier en bois...Vous apprécierez le charme de ce lieu, surtout si vous décidez de prendre votre petit déjeuner dans le jardin. Des vélos sont mis gracieusement à votre disposition pour partir en quête de découvertes insolites au long des pistes cyclables... La table d'hôtes est également tout à fait recommandable.

MAD AVEL LA CRÈPERIE €

182 A, avenue de Strasbourg
✆ 03 88 14 04 72

Ouvert le mardi soir.
Du mercredi au dimanche le midi et le soir.

Bienvenue dans le monde des pirates et autres corsaires ! Le décor vous emporte dans les aventures des forbans bretons. Musique de circonstance pour l'ambiance et déguisements à disposition pour les enfants. À la carte, le choix est fort étendu : galettes de noix de Saint-Jacques, au steak haché boucher ou encore à la véritable andouille de Guémené ou crêpes sucrées originales et magnifiquement présentées. Forcément, puisque c'est un véritable maître crêpier qui les réalise. Même la salade est présentée de façon originale, dans une crêpe roulée... À l'abordage !

PAPI UMBERTO - PIZZERIA NAPOLITAINE €€

34, Rue du Général Leclerc - **MOMMENHEIM**
✆ 09 81 12 36 99
papi-umberto.fr

Ouvert de 18h à 20h30, fermé le lundi et le samedi.

Chez Papi Umberto, la pâte est pétrie avec un assemblage de farines fines italiennes et de farines complètes. La longue maturation des pâtons, dans le respect de la tradition, permet d'obtenir une pâte plus digeste, croustillante et fondante. Vous aurez le choix entre 18 pizzas composées avec des ingrédients soigneusement choisis, les meilleurs que le chef puisse trouver, et vous pourrez aussi laisser votre créativité s'exprimer. L'ambiance du restaurant est conviviale et sans chichis.

AUBERGE DU PONT DE LA ZORN €€

2, rue de la République - **WEYERSHEIM**
✆ 03 88 51 36 87

Maître Restaurateur. Ouvert du mercredi au samedi soir et dimanche midi et soir. Terrasse. Grand parking.

Plus de trois cents ans d'histoire familiale se sont écrits dans ce bel édifice à colombages du XVIIIe siècle. Désormais Auberge du Pont de la Zorn, on s'y régale de soupe de cèpes crémée aux noisettes torréfiées, déclinaison de foie gras de canard (au naturel, façon nougat, pain bretzel, chutney), cèpes entiers poêlés avec leur coulis de persil, bibelesskäse au munster, bœuf gros sel au raifort. Et côté douceur, le kougelhopf glacé au kirsch avec son coulis de griottes est enchanteur.

AU BŒUF NOIR €€

2, place Geoffroy-Velten
✆ 03 88 51 12 07
www.auboeufnoir.com

Ouvert lundi midi ; mardi à vendredi et dimanche midi et soir ; samedi soir. Terrasse.

C'est une véritable affaire et belle histoire de famille : le grand-père cultive salades, légumes, fruits et herbes aromatiques. Nicole et Denis Goetz reçoivent les clients avec chaleur et leur fils est en cuisine. Le midi, un buffet d'entrées (crudités du potager, charcuteries locales et poisson) précède le plat du jour. Le vendredi on sert du poisson. Les viandes sont de qualité : bœuf Angus ou Simmenthal. En été, plusieurs salades composées peuvent se déguster sur la belle terrasse ombragée. En dessert, choisissez la salade de fruits ou la tarte du verger.

O'BROCOMAGUS €€

5, rue Jacques-Kablé
✆ 03 88 64 20 93

Ouvert du mardi au vendredi de 9h à 18h.
Samedi jusqu´à 17h. Terrasse. Vente à emporter. Boutique. PMR.

O'Brocomagus (l'appellation antique de Brumath) est un salon de thé, situé en face de la médiathèque sur la place du Château, qui se transforme en restaurant pour le déjeuner. Il est tenu par la famille de boulanger-pâtissier-épicier Bernhard. L'établissement propose, en plus de ses pâtisseries et glaces, une petite restauration : quiches, sandwichs, petits plats du jour (poulet tandoori, paella du chef) et de brasserie (filet de perche, carpaccio, salades). Une jolie terrasse est à la disposition des clients à la belle saison.

RESTAURANT LA PLACE CHEZ CHINO & THIERRY €€

7b, place de la Liberté
✆ 03 88 25 10 90
https://laplace75.wixsite.com
Ouvert tous les jours, sauf dimanche soir, lundi et mardi. Terrasse.

Agréable terrasse, décors modernes, accueil et cuisine auxquels on ne peut rien reprocher. On y dégustera un grümberger (hamburger régional à la viande de bœuf, jambon fumé et sauce bibelskäss), des bouchées à la reine et leurs spaetzle ou de tagliatelles aux girolles. Les amateurs de viandes rouges se délecteront avec une côte de bœuf ou entrecôte sauce béarnaise. Une cuisine issue des produits frais des marchés, des portions généreuses, un service agréable et réactif !

S'BRONNE STUEBEL €€

44, rue Principale - **BERNOLSHEIM**
✆ 03 88 68 49 48
www.sbronnestuebel.fr
Membre de la Confrérie de la Véritable tarte flambée. Ouvert tous les jours à midi sauf samedi. Terrasse. A emporter.

Philippe vous reçoit ici depuis 2008, dans la plus pure tradition alsacienne, avec bienveillance et convivialité. Salades, charcuteries alsaciennes et autres spécialités locales vous attendent au buffet. Parmi les plats on trouve plusieurs classiques : presskopf, salade de pot-au-feu tiède, escalope de foie gras poêlée aux griottes, poêlée de Saint-Jacques et scampis, rognons à la moutarde, magret de canard... Des tartes flambées sont proposées le soir. Traditions toujours au dessert avec le kougelhopf glacé. Des soirées à thème sont régulièrement mises en place.

BOULANGERIE-PÂTISSERIE BERNHARD

3, rue du Général Leclerc - **MOMMENHEIM**
✆ 03 88 51 60 42
www.bernhard.fr
Ouvert du lundi au vendredi de 5h à 19h. Samedi de 5h à 17h. Dimanche de 7h à 12h. Service traiteur. Plats à emporter.

Sportifs dès potron-minet et adeptes du petit déjeuner au lit : la boulangerie-pâtisserie Bernhard sera votre adresse fétiche. Ici, le savoir-faire de plusieurs générations de boulangers-pâtissiers-chocolatiers est à l'œuvre pour vous fournir de délicieux chocolats, des glaces maison, des gâteaux, des pâtes de fruits, des macarons. Côté plaisirs salés : des pâtés en croûte, tarte salée... Installez-vous dans le petit salon. En bonus, un rayon traiteur, une cave à vins et une épicerie.

TOFU HONG

1, Rue des Juifs
SCHWINDRATZHEIM
✆ 03 88 35 37 34
tofuhong.com
Ouvert le samedi de 10h à 12h.

Ce tofu est fabriqué à Schwindratzheim depuis 2017. Les graines de soja avec lesquelles il est fabriqué sont produites par la ferme Richert, également à Schwindratzheim, garanties sans OGM. En plus du tofu nature, vous trouverez ici plusieurs sortes de tofu aromatisé et du lait de soja. Véritable histoire de famille, le fleurissement de cette entreprise familiale qui a débuté avec une boutique de produits asiatiques à Strasbourg, a de quoi laisser admiratif. Vous trouverez sa production sur site, dans de nombreuses boutiques et restaurants asiatiques alsaciens.

ADVENTURE PARAMOTEUR ALSACE

Herrenwald Zone de loisirs de Brumath
✆ 06 20 71 87 00
www.paramoteur67.fr
Se renseigner par téléphone pour les horaires et jours d'ouverture. Baptême de l'air à partir de 120 €/20 minutes.

Le paramoteur est un genre d'ULM plus facile à manier, accessible dès l'âge de 15 ans. Pour le décollage à pied, il suffit de courir quelques mètres avec le moteur harnaché sur le dos, puis d'utiliser la poignée des gaz pour monter. Pierre Fritsch est l'instructeur du club, il vous propose des initiations et l'utilisation d'un simulateur de vol. Il vous faudra environ 20 séances de vol en solo encadrées par le moniteur plus quelques heures de cours théoriques pour voler seul.

BRUMATH PLAGE

Rue du Plan-d'Eau
✆ 03 88 21 09 74
Baignade surveillée de fin juin à début septembre, du lundi au vendredi 10h-19h ; le week-end et jours fériés 10h-20h.

Dès les heures les plus chaudes de l'été, bronzez sur les plages de sable fin ou profitez de la baignade surveillée du plan d'eau. Les plus sportifs profiteront des nombreuses activités nautiques du Parc Aventure. Venez avec votre planche à voile ! Beaucoup d'autres amusements sont possibles : mini-golf, volley-ball ou tennis de table. Une aire de pique-nique aménagée avec des tables et des bancs est à disposition. La buvette snack est ouverte tout l'été et des animations variées et des soirées thématiques sont régulièrement organisées.

BAS-RHIN

FUN PARC

Rue du Plan d'Eau
✆ 03 67 10 39 61
www.fun-parc-brumath.fr
Tarifs selon l'âge et l'activité choisie.

Le Fun Parc Brumath vous accueille autour de son plan d'eau avec une multitudes d'activités : Accrobranche, paintball, mini-golf, aquapark, chasse au trésor, course d'orientation, trampolines, tir à l'arc, embarcations nautiques... Et la nouveauté 2022 encore inédite dans la région : un téléski-nautique 5 poulies ! Wakeboard et ski nautique enfin dans le Bas-Rhin ! Profitez également des paillotes au bord du lac, d'un restaurant de plage, de bars avec terrasses en rooftop et sur pilotis, les pieds dans l'eau, idéal pour se détendre sur un sable fin !

FORÊT DOMANIALE ET SENTIERS FORESTIERS

4, rue Jacques-Kablé
67170 Brumath
✆ 03 88 51 02 04
Renseignements et carte du sentier forestier sur le site de la mairie de Brumath. En accès libre.

Dans la forêt domaniale, des tumuli d'inhumation datés des âges de bronze et de fer (témoins d'une activité humaine très ancienne) ont été découverts sur l'ensemble de la zone boisée. 2 sentiers de randonnée balisés par le Club Vosgien et la piste cyclable longeant le canal de la Marne au Rhin, ainsi que des chemins ouverts aux cavaliers quadrillent le massif. Allez voir aussi l'allée des séquoias géants et son sentier d'interprétation ou le Parc de Stephansfeld et son Arboretum..

LES GÎTES DE L'ESCALIER

10, rue de Pfaffenhoffen
67170 Brumath
✆ 03 88 51 99 14
De 660 € à 900 € la semaine.
Nuitée 2 personnes : 110 € à 150 €.
Table d'hôtes sur réservation. Jardin remarquable.

Ce lieu unique bénéficie en plus des gîtes et chambres d'hôte, d'une galerie d'art, d'un atelier d'artistes (ancienne salle des machines de la menuiserie transformée en boutique de céramiques) et d'un jardin « remarquable ». Les hébergements de la maison, qui date de 1950, ont été soigneusement décorés. Pour être encore plus détendu, faites une promenade dans le jardin et allez au solarium, un pavillon d'inspiration japonaise disposant d'un jardin de thé. Au repas, vous goûterez à une cuisine saine et savoureuse concoctée à partir du jardin.

ANNE MAÏ CRÉATION

129, rue de la République
67720 Weyersheim
✆ 06 80 59 12 94 - 03 88 68 11 75

Anne Maï crée des bijoux uniques et sublimes. Elle imagine et fabrique elle-même chaque modèle qu'elle expose et vend sur son site Internet. Les pierres et les matières utilisées proviennent des quatre coins du monde. La créatrice croit dur comme fer que les bijoux sont porteurs d'une histoire et d'une tradition. Les pièces sont très variées, tantôt pleines de couleurs, tantôt plus sobres et classiques, tantôt ethniques... Bracelets, colliers, boucles d'oreilles, bagues et autres broches peuvent être réalisés sur mesure. Vous pouvez également effectuer des réparations ou participer à des ateliers bijoux. Des expositions et des ventes privées ou itinérantes sont aussi parfois organisées.

HOERDT

Hoerdt conserve de nombreuses maisons anciennes à colombages comme le remarquable ancien relais postal. Plusieurs fermes de la commune produisent, en saison, des asperges réputées et des légumes vendus en direct toute l'année. Riche de plusieurs sentiers dont certains balisés sensibilisant à l'écosystème environnant, la campagne alentour offre une fleur rare : l'œillet superbe. On peut l'observer à l'automne dans quelques prés préservés. Avec le Carnaval, un défilé de chars décorés au milieu d'un public costumé revient chaque année. Les amoureux des chevaux vivront leur passion à l'hippodrome où des rencontres nationales ont lieu régulièrement.

FERME MATHIS

9, rue de Geudertheim
67720 Hoerdt
✆ 03 88 68 11 20 - 06 37 14 15 45
Cueillette libre ouverte de juin à début septembre (hors asperges et pommes de terre).
Paniers de 5 € à 15 €.

À la ferme Mathis, vous trouverez légumes frais, conserves, plats cuisinés (réalisés sur place et vendus dans le magasin de la ferme) et même des produits issus de producteurs environnants. Vous pouvez cueillir dans les champs, ou acheter les produits dans leur magasin. Il est aussi possible de commander son panier légumes et œufs. Lors de la saison des asperges (de mi-avril à juin), la structure propose de nombreux événements comme la visite des aspergeraies, des ateliers de conditionnement et même un restaurant éphémère avec asperges à volonté.

LE PANORAMIQUE €€

Rue du Cheval-Noir

✆ 03 88 51 71 43

Ouvert les jours de course hippique. Réservation impérative.

Le très chic hippodrome de Strasbourg dispose de son propre restaurant panoramique, tout en haut des gradins, avec vue plongeante sur le champ de course et l'entraînement des chevaux. Un superbe point de vue pour un moment gourmand avec une cuisine française bourgeoise ou pour siroter un drink. Ouvert uniquement pendant les jours de courses hippiques, il peut être l'occasion d'une visite en famille où les enfants ne verront pas le temps passer grâce à l'espace jeu qui leur est dédié, tandis que les parents pourront miser quelques euros sur leur cheval favori.

RESTAURANT BORSALINO €€

195, avenue de la République

✆ 03 88 68 19 64

www.le-borsalino.com

Du lundi au mardi et du jeudi au vendredi midi et soir ; samedi et dimanche soir.

Ce ne sont pas moins de vingt-cinq recettes de pizzas et douze de pâtes qui vous attendent au Borsalino. Les végétariens et intolérants au gluten seront ravis d'apprendre que certains plats leur sont dédiés. Des suggestions complètent régulièrement la carte, assorties des vins de petits producteurs soigneusement sélectionnés. Les desserts sont délicieux. Tout ici est extrêmement copieux. Les horaires sont assez larges et quelle que soit l'heure à laquelle on vient on est toujours reçu avec un grand sourire par l'adorable et hilarant Michel !

RESTAURANT LE PIGEONNIER €€

33, rue de la République ✆ 03 90 64 66 28

Ouvert du mercredi au dimanche, midi et soir. Terrasse.

Ce petit établissement vous fera battre le cœur à coup sûr avec sa décoration typiquement alsacienne. Ici, vous êtes invités à déguster des mets traditionnels : fleischnaka, lewerknepfle, grumberekechele, jarret de porc braisé ou encore cordon bleu vosgien… Sur réservation, profitez de la convivialité du barbecue en intérieur avec la brasérade de bœuf. En semaine, plat du jour. Baeckehoffe et choucroute pour 4 personnes à commander quatre jours à l'avance. Tartes flambées pour les groupes de plus de 10 personnes. Possibilité de menu unique pour les banquets.

LE VULCANO €€

20, rue de la République ✆ 03 88 68 10 10

www.levulcano.fr

Maître restaurateur. Ouvert du mardi au vendredi midi et soir et samedi soir. Vente à emporter. Terrasse.

Le maître-restaurateur Elias Saadi transporte avec lui un énorme bagage culinaire qui accrédite tout son talent au Vulcano. Né au Liban, creuset historique mariant cultures orientales et occidentales, Elias s'appuie sur son expérience personnelle et professionnelle pour créer une cuisine atypique. Au Vulcano, les parfums épicés des spécialités libanaises se marient aux saveurs plus familières des tartes flambées chères à notre belle région. Les desserts siciliens feront voyager vos papilles avec bonheur. Des soirées spéciales sont régulièrement organisées.

FERME DOLLINGER

39, rue de la République

✆ 03 88 51 79 20

www.ferme-dollinger.com

Du lundi au vendredi de 9h à 19h. Samedi de 8h30 à 15h. Dimanche de 10h à 12h. Panier de 10 € à 15 € ou fruits 9,50 €.

Chez Dollinger, vous trouverez des fruits et des légumes du jardin, produits par la ferme depuis cinq générations. Ses spécialités sont avant tout l'asperge bien sûr en tant que spécificité de la ville de Hoerdt, mais aussi les pommes de terre, patates douces, artichauts, courges et les fraises avec la possibilité d'acheter des produits locaux provenant d'autres fermes comme du fromage, du miel ou encore de la viande et de la charcuterie. Vous pouvez réserver en ligne votre panier de la semaine et venir le chercher quand cela vous arrange : bon et pratique !

HIPPODROME DE STRASBOURG-HOERDT

97, rue du Cheval-Noir

✆ 03 88 51 32 44

www.hippodrome-strasbourg.fr

Le calendrier des réunions est indiqué sur le site. Entrée : 5 €. Restaurant.

En une quarantaine d'années seulement, le petit hippodrome local est devenu une référence régionale, voire nationale : huit réunions nationales y ont lieu chaque année ; des réunions – trot, galop, obstacles – auxquelles les amateurs de « tiercé-quarté-quinté-quinté+ » peuvent assister dans le but de parier ou simplement d'assister à ces courses équestres, dans une ambiance détendue, conviviale et très familiale des plus agréables. Laissez-vous griser par le suspens d'un pari !

GAMBSHEIM

À Gambsheim, plus de 70 maisons à colombages se dressent, formant quelques jolis îlots. On peut y venir depuis Strasbourg via la piste cyclable longeant le Rhin dès La Wantzenau en appréciant les paysages typiques du Ried. Une balade ludique à destination des enfants de 4 à 12 ans est disponible à l'office de tourisme ou téléchargeable sur le site Internet www.visitpaysrhenan.alsace, près des écluses, pour agrémenter les balades alentour car ici, tout tourne autour de l'eau : turbines hydro-électriques ou activités nautiques au plan d'eau ou sur le Rhin. Une passerelle piétonnière et cyclable de 63 mètres sur le Rhin relie la France et l'Allemagne.

FLEUR DE SUREAU €€

22, rue du Chemin-de-Fer
✆ 03 88 21 85 22
www.fleurdesureau.fr
Gault & Millau. Ouvert jeudi, vendredi, dimanche et lundi midi et soir, samedi soir. Terrasse. PMR.

Louis Ciolfi, propriétaire et cuisinier, a été à bonne école avec ses parents qui tenaient La Fleur de Lys, une institution à Metz. Puis il est passé à la Cadière d'Azur à Bandol, chez René Bouvarel dans le Vercors, à Londres chez Gagnaire et enfin à l'Arnsbourg. Il vous cuisine des produits classiques mais de belle facture, dans des recettes revisitées et créatives. Marie-Laure vous sert en salle avec le sourire et vous conseillera au mieux. À déguster par exemple : effiloché de crabe aux agrumes, filet de canette, tarte au citron version « Louis »...

PASSAGE 309 ★

Ecluse du Rhin
✆ 03 88 96 44 08
www.passage309.eu
Basse saison : dimanche et jours fériés 14h-17h. Haute saison : du mercredi au lundi 11h-13h et 14h-17h. Payant.

Les barrages hydro-électriques entravèrent longtemps la migration des poissons du Rhin. Le Passage 309 à Gambsheim-Rheinau leur permet à nouveau de remonter le fleuve. Cette construction aide à l'observation de la faune aquatique locale et sa protection, ouvrant la route des saumons, truites de mer, lamproies... Le meilleur moment pour y venir est le mois de mai, pic de circulation aquatique. Le Passage 309 offre alors un incroyable spectacle : les visiteurs y voient et entendent les poissons traverser, grâce à des grandes baies vitrées.

LA FERME DU GRAND CHÊNE

3, rue du Grand Chêne
✆ 03 88 96 85 96
www.ferme-grand-chene.fr
Ouvert du lundi au vendredi de 9h à 12h et de 14h à 18h30 ; le samedi de 9h à 16h.

Vous aimez les légumes frais ? Vous êtes un adepte des produits locaux issus des petits producteurs ? Alors faites une virée à la ferme du grand chêne. Vous pourrez choisir à la ferme de beaux produits, mûris à point : tomates, salades, carottes, aubergines, pommes de terre, radis, rhubarbe, courges et potirons... Et bien sûr les fameuses asperges au printemps. Et à Noël, la ferme vend des sapins Nordmann d'origine alsacienne. Lors de votre passage, prenez le temps de rendre visite aux animaux : des poules, des chats, et même un lapin.

BUREAU D'INFORMATION TOURISTIQUE DE GAMBSHEIM

Écluses du Rhin
✆ 03 88 96 44 08
www.visitpaysrhenan.alsace
Détail heures d'ouverture cf Web. Itinéraires randonnées pédestres, pistes cyclables, hébergements, restaurants, etc.

Le bureau d'information touristique de Gambsheim-Rheinau se situe à la frontière, au niveau des plus grandes écluses intérieures de France. Le personnel se fera une joie de vous dévoiler les multiples facettes de ce territoire, des deux côtés des rives du Rhin. Entre balades à pied ou à vélo, jeu de piste numérique et Passe à Poissons, de nombreuses possibilités s'offrent à vous. Laissez-vous guider et profitez de votre escapade en couple, en famille ou entre amis.

OFFENDORF

Offendorf est une petite ville de longue tradition batelière ; un musée-péniche y montre la vie des bateliers au quotidien. Implantée depuis le IXe siècle au bord du Rhin, elle compte quatre bases nautiques et un port de plaisance. Celui-ci dispose d'une capacité de 600 amarrages et d'un restaurant. Tout à côté se trouve la réserve naturelle de l'île du Rossmoerder, 60 hectares de forêt alluviale où vivent plusieurs espèces de tritons ou de grenouilles et bien d'autres animaux. Des sentiers la traversent ; l'occasion d'y observer une nature préservée. Enfin, l'étang de pêche de 75 hectares du Beilenkopf offre un bel espace aux pêcheurs passionnés.

MUSÉE DE LA BATELLERIE

15, quai des Bateliers
✆ 03 88 96 75 14
www.offendorf.fr

Ouvert les samedi, dimanche et jours fériés de 14h à 19h du 01/05 au 30/09. Visites groupées toute l'année sur RV.

Offendorf fut le plus grand village de bateliers de l'Est de la France. En 1987, la municipalité acquiert la péniche Padova, construite en 1931 qui abrite aujourd'hui un musée retraçant l'évolution de la batellerie, de la traction humaine à la motorisation au cours du siècle dernier. Il rend hommage aux bateliers et mariniers d'Offendorf. Le musée-péniche présente aussi une importante collection d'objets, de documents et de maquettes retraçant l'histoire et les techniques de navigation. On y évoque également le fonctionnement des écluses.

LE NAUTIC €€

4, route du Port
✆ 03 88 96 40 87
https://nautic-port.fr

Ouvert de mars à décembre du mercredi au dimanche midi et soir. Terrasse.

Ce qui émerveille de prime abord, c'est la superbe vue que l'on a depuis ce restaurant. On s'attable en effet face au port de plaisance et au fleuve majestueux. Bouchée à la reine en version maritime, fish and chips sauce tartare, cuisses de grenouilles à l'ail, palanquée de moules et frites maison, pluma ibérique, saucisse de sanglier, pizzas, tartes flambées... Ici on mange donc bien, pour pas trop cher, tout en profitant d'un air de vacances. Il est possible d'embarquer sur Le Libellule, bateau à moteur, pour une balade sur l'eau à la découverte du fleuve.

AU BERCEAU DU LOUP AGILE €€

22, route de Gambsheim ✆ 09 53 15 55 16
www.auberceauduloupagile.fr

75 € à 140 €, petit déjeuner inclus. Tarifs dégressifs à partir de 3 nuitées. Table d'hôtes sur réservation.

Brigide, la propriétaire, vous accueille dans une maison spacieuse où le cadre, comme l'accueil, sont chaleureux. Au choix, deux chambres bleue et violette, communicantes, avec deux lits doubles et un lit simple, ou la chambre africaine à l'étage. Bref, vous l'aurez compris, ces chambres d'hôtes sont uniques en leur genre, à chaque pièce son univers. La salle de bains commune qui rend hommage à Marilyn Monroe, incite à prendre le temps de se pomponner. Enfin, pour être impeccable jusqu'au bout des doigts, Brigide propose un service de manucure.

RESTAURANT LA FORÊT DU RHIN €€

2, rue Principale
✆ 03 88 96 54 04
www.foret-du-rhin.com

Ouvert mardi et mercredi midi.
Du jeudi au dimanche midi et soir. Terrasse.

La famille Risser compose une cuisine pleine de fraîcheur et de saveurs qui représente l'Alsace avec talent. Ici, tout est fait maison ! Par exemple à la carte : jarret braisé à la bière, cordon bleu au munster... On trouve aussi de nombreuses suggestions, qui varient en fonction des saisons, et d'avantageuses formules du jour pour le déjeuner. La carte des vins propose de beaux accords et ravira les plus exigeants. Le tout se déguste dans une ambiance conviviale.

LE FLAMMESTUEBEL €€

7, rue Principale
✆ 03 88 96 49 91

Ouvert mardi, mercredi, vendredi, samedi, dimanche midi et soir, vendredi midi. Terrasse.

Le Flammestuebel vous propose de vous attabler dans une charmante salle de restaurant joliment décorée, dans une lumineuse véranda, ou sur une agréable terrasse, dès le retour des beaux jours. Ce restaurant alsacien vous propose des mets de saison pour un très bon rapport qualité/prix. Vous pouvez ainsi déguster des spécialités alsaciennes, des tartes flambées et de la cochonnailles en hiver. Régulièrement, vous profiterez de soirées animées avec thème, tous les jours du plat du jour le midi, et, nouveauté de cette année, de quelques pizzas.

HERRLISHEIM

Herrlisheim se trouve dans la région historique et culturelle d'Alsace, à 18 kilomètres au nord-est de Strasbourg et au sud-est de Haguenau. On trouve pour la première fois la mention du nom de Herrlisheim dans un acte de donation signé en 743 en faveur du couvent de Wissembourg. Le bourg est désigné à cette époque sous le nom de Hariolfesvilla (la ferme de Hariold). Ce sont les landgraves de la Basse-Alsace, les comtes d'Œtingen qui administrent le bourg en 1251. En 1332, le bourg passe aux Lichtenberg puis d'autres seigneurs se rendent propriétaires du lieu. La localité subit de nombreuses destructions au cours de la Libération en février 1945.

EGLISE SAINT-ARBOGAST

Labellisée Architecture Contemporaine Remarquable par le ministère de la Culture.

L'église Saint-Arbogast de Herrlisheim a été édifiée en 1965. Elle est bâtie sur une ancienne église datant du XVIIIe siècle, partiellement classée monument historique en 1932 et gravement endommagée durant la Seconde Guerre mondiale. En rupture complète avec l'architecture religieuse traditionnelle, elle est triangulaire. Les matériaux principaux utilisés sont le béton, le bois et des galets du Rhin. Les murs de la nef font une très large place à des baies de vitraux et le clocher est distinct de l'édifice principal et sa hauteur est remarquable.

HÔTEL AU GOURMET €€

4, route de Herrlisheim
✆ 03 88 53 30 60
www.au-gourmet.fr

8 chambres de 62 € à 105 €. Petit déjeuner 10 €. Animaux acceptés. Parking gratuit. Jardin. Restaurant. Soirée étape.

L'hôtel-restaurant Au Gourmet est un lieu moderne et chaleureux. C'est dans un magnifique coin de verdure que l'équipe du gourmet vous propose de séjourner dans ses chambres confortables. Pour une nuitée en famille ou lors de vos déplacements professionnels, Sandie et Ludovic vous reçoivent dans la convivialité et la bonne humeur. Une halte dans l'hôtel est l'occasion de découvrir le talent du chef qui officie dans la salle de restaurant. Sa cuisine est moderne, créative et de haute volée. Il faut dire qu'il sait choisir ses produits et qu'il a du talent !

AU CHASSEUR €€

4, rue du Général Reibel
✆ 03 88 96 49 23

Ouvert mardi midi et du mercredi au dimanche, midi et soir. PMR.

Ce restaurant à la décoration surprenante et éclectique est spécialisé dans les plats de gibier, notamment le sanglier et le chevreuil, issus de leur chasse locale. L'établissement propose aussi des plats plus traditionnels : rosbif accompagné de spaetzele, pot-au-feu, faux-filet de poulain... Et bien sûr de croustillantes tartes flambées maison. Pas de panique pour ceux qui ne seraient pas fans de ce genre de cuisine : des soirées à thème bien éloignées sont régulièrement organisées. L'ambiance est conviviale et bon enfant, le service efficace.

RESTAURANT BIM BUEWELE €€

38, rue du Gal de Gaulle
✆ 03 88 53 11 50 – https://bimbuewele.com

Ouvert mardi, mercredi, vendredi, dimanche midi et soir ; jeudi midi et samedi soir. Accès PMR. Parking.

On aime le cadre chaleureux avec ses boiseries, poutres apparentes et la décoration typique de ce joli restaurant. La terrasse permet de s'attabler pour profiter de cet espace extérieur verdoyant et calme. Au piano, le chef vous concocte de bons petits plats régionaux dont de fabuleuses büespaetzle accommodées de diverses façons. On pourra aussi pour les amateurs se régaler de belles pièces de viande et le soir partager des tartes flambées. Et pour finir sur une note sucrée, rien ne vaut le crumble aux pommes. Plat du jour avec entrée ou menu complet.

DRUSENHEIM

Drusus, fils de l'impératrice romaine Livie, fait construire au bord du Rhin un camp contre les Germains. Devenu village, positionné sur une zone stratégique, Drusenheim subit à plusieurs reprises les remous de l'Histoire. Au XVIIIe siècle, la cité profite d'une relative accalmie, propice aux premiers travaux majeurs d'endiguement sur le fleuve et au développement de l'industrie. Devenue ville depuis la fin de la Seconde Guerre mondiale, Drusenheim a doublé sa population et accueille plusieurs entreprises. On aime notamment les Jardins de l'Altwasser, les promenades au bord de l'eau, les activités nautiques et traverser le Rhin avec le bac.

RESTAURANT AU GOURMET €€€

4, route de Herrlisheim
✆ 03 88 53 30 60
www.au-gourmet.fr

Ouvert mercredi soir ; du jeudi au samedi, midi et soir ; dimanche midi. Cuisine gastronomique.

Le chef Ludovic Kientz a décroché sa première Étoile au Guide Michelin. Avec sa compagne Sandie, il dirige cet établissement depuis 2018. Avec sa brigade, il s'était déjà fait remarquer par une distinction du guide Gault & Millau dans la catégorie Jeunes Talents 2020. Il faut dire qu'il affiche un beau palmarès, avec notamment un long passage dans la brigade du chef Émile Jung. Le service n'est pas en reste avec une nouvelle récompense : « Trophée jeune talent service en salle 2022 » pour madame Sandie Ling. Voici donc un établissement où venir absolument !

BAS-RHIN

© CYRILLE FLECKINGER

© CÉLINE SCHNELL – UNE FILLE EN ALSACE

OFFICE DE TOURISME DU PAYS RHÉNAN

32, rue du Général de Gaulle ✆ 03 88 86 74 90
www.visitpaysrhenan.alsace

Bureaux d'information à Gambsheim et Soufflenheim. Point Info à Roppenheim The Style Outlet. Horaires : voir site web.

Faire escale au Pays Rhénan, c'est prendre le temps ! Se relâcher et rencontrer des lieux merveilleux et singuliers, partager des expériences avec des personnes authentiques et tournées vers l'avenir. Ici au bord du Rhin, c'est l'Alsace qui fait du bien ! On fait plaisir à ses papilles, à ses yeux et à son corps. À pied, à vélo ou sur l'eau, vivre le Pays Rhénan, c'est faire le plein des richesses de cette terre chérie par les poètes et les grands hommes. Bienvenue en terre rhénane !

© CYRILLE FLECKINGER

© CÉLINE SCHNELL – UNE FILLE EN ALSACE

© CYRILLE FLECKINGER

H2O PASSION

4, rue du Cimetière ✆ 03 88 06 11 38
www.h2opassion.fr

Magasin ouvert du mardi au samedi 10h-12h et 14h-19h. Location canoë : tous les jours du 1er mai au 15 octobre.

La Moder est la rivière idéale pour les randonnées en canoë en famille (enfants à partir de 6 ans). H2O passion propose divers circuits, accompagnés ou non. Le matériel (gilet de sauvetage, pagaies) est mis à disposition. Au cours de votre balade, vous rencontrerez certainement des canards, des ragondins, des cygnes, des oies bernaches et autres martins-pêcheurs. Vous pouvez également apprendre à plonger chez H2O Passion grâce à Frédéric, moniteur titulaire du Brevet d'État. La boutique en ligne propose des articles de sport et de loisirs aquatiques.

SESSENHEIM

Sessenheim s'enorgueillit d'avoir accueilli deux personnalités. Au XVIIIe siècle, l'Allemand Johann Wolfgang Goethe, étudiant en droit à Strasbourg, y vient, avec son ami Friedrich Weyland. Sitôt arrivé, Goethe s'éprend de Frédérique Brion, la fille du pasteur. Cette romance inspire à l'auteur plusieurs écrits. Le chêne de Goethe, vieil arbre centenaire est un joli but de promenade, tout comme le mémorial et le petit musée. Au XIXe siècle, Henri Loux grandit à Sessenheim. Les dessins de ce peintre talentueux sont immortalisés, grâce aux faïenceries de Sarreguemines, sur un service de table complet : « Obernai », très prisé encore aujourd'hui.

Eglise protestante, tilleul et banc napoléonien.

ÉGLISE PROTESTANTE

Place de la Mairie
✆ 03 88 86 97 04

En accès libre en journée. Visite guidée pour groupes sur RV, renseignements en mairie.

L'église fut catholique jusqu'à l'introduction de la Réforme protestante en 1543. Le roi Louis XIV encouragea le catholicisme au XVIIe siècle. Catholiques et protestants se partagèrent l'édifice dès 1688 et jusqu'à sa reconstruction 1912 dans un style néo-Renaissance. Peintures et vitraux apportent de vives et lumineuses couleurs à l'édifice. Quant à l'orgue, il est néo-baroque. Le jeune écrivain Goethe fréquenta l'église le temps de son séjour en Alsace. Il y croisait Frédérique, la fille du pasteur protestant dont il était épris.

LE MÉMORIAL GŒTHE

2, rue Frédérique-Brion
✆ 03 88 86 97 25

Ouvert tous les jours. Haute saison de 8h à 19h. Basse saison, de 8h à 17h. Gratuit. Visite libre.

L'ancien corps de garde de 1820 de style impérial a été transformé en 1961 pour accueillir le souvenir du célèbre poète allemand Goethe. Un moulage du buste réalisé par le sculpteur français David d'Angers rappelle son visage. En 1770, Gœthe, alors jeune homme, se trouve en Alsace. Séduit par la fraîche Frédérique Brion, la fille du pasteur de Sessenheim, il compose les *Sesenheimer Lieder* dont certains comme *Heidenröslein* ont été mis en musique par Franz Schubert. La grange restaurée dans la rue derrière le mémorial est le dernier vestige du presbytère.

HÔTEL LE BOEUF €€

1, rue de l'Église
✆ 03 88 86 97 14
www.auberge-au-boeuf.fr

4 chambres et suites. Nuit à partir de 165 €. Restaurant 1 étoile Michelin. Bain à bulles, sauna. Terrasse.

Claudine et Yannick Germain ont imaginé quatre chambres et suites de charme. De nombreux éléments de confort vous y attendent : superbe terrasse bucolique donnant sur un bassin à carpes Koï, sauna privé extérieur pour 2 personnes, bain bouillonnant privé, climatisation, coin salon, salle de bains, literie haut de gamme, TV, Wi-Fi, machine à expresso et mini bar. Pour se restaurer, on profitera des talents exceptionnels du chef qui, s'il aime l'Alsace et la tradition, sait aussi s'en éloigner pour proposer des plats aux saveurs plus maritimes parfois.

HÔTEL RESTAURANT A LA CROIX D'OR €€

1, rue Goethe
✆ 03 88 86 97 32

Hôtel ouvert tous les jours de la semaine, restaurant ouvert du jeudi au samedi.

Cet hôtel à l'ambiance familiale est situé sur un axe passant. L'accueil est chaleureux et les chambres sont fonctionnelles. L'établissement dispose d'un restaurant, ce qui vous permettra de vous restaurer sans vous déplacer. Ici, c'est à la bonne franquette et l'on y déguste de très bonnes tartes flambées (une recette qui se perpétue de génération en génération), ou des spécialités alsaciennes. Une bonne adresse, surtout au niveau rapport qualité/prix !

AUBERGE AU BŒUF €€

1, rue de l'Église
✆ 03 88 86 97 14
www.auberge-au-boeuf.com

1 étoile Michelin, 2 toques Gault & Millau 2019. Mercredi soir et du jeudi au dimanche, midi et soir. Terrasse. PMR.

Yannick Germain est la 4e génération aux fourneaux dans l'établissement, avec son épouse Claudine. Produits de terroirs rigoureusement sélectionnés, cuissons parfaites, vins triés sur le volet : l'auberge étoilée au Guide Michelin brille ! En piochant dans la carte qui se révèle tout à la fois rigoureuse et créative, vous pourrez déguster des plats mêlant avec merveille les saveurs maritimes bretonnes parfois méconnues ou introuvables en Alsace à la tradition plus régionale, pour un menu nous faisant voyager de terroir en terroir, de région en région.

AUX TROIS CYGNES €€

11, route de Strasbourg
✆ 09 80 59 58 72

Ouvert jeudi midi, du vendredi au dimanche, midi et soir. Terrasse. Animations musicales.

Ici, la cuisine est résolument française, diversifiée et traditionnelle. Les plats typiques de la région ne sont pas en reste. Dans la salle climatisée ou sur la belle terrasse pour profiter du soleil, l'ambiance est agréable et chaleureuse. Il n'y a rien à redire, tout est bon, de l'entrée au dessert en passant par les fromages soigneusement sélectionnés et affinés jusqu'au pain fait maison ! Aux Trois Cygnes est également l'un des spécialistes dans le coin de l'organisation événementielle, que ce soit pour un baptême, pour un mariage ou pour un anniversaire.

SAUTTER POM'OR

13, route de Strasbourg ✆ 03 88 86 97 01
www.sautter-pomor.fr

Ouvert le lundi de 14h à 18h ; du mardi au vendredi de 9h à 12h et de 14h à 18h ; le samedi de 9h à 12h. Visite sur RDV.

Depuis 1888, cette entreprise familiale transforme des fruits en boissons et les embouteille. Elle diversifie sa gamme en 1953 en créant des jus de fruits. Aujourd'hui, c'est plus d'une quarantaine de produits qui est proposée : des purs jus (pomme, raisin, poire, pomme-mangue, pomme-coing…), des jus bio (tomate biologique, betterave, myrtille…), à base de concentré, des nectars, des sirops et du cidre avec des fruits provenant d'Alsace transformés sur place et vendus en boutique. Vous pouvez déposer des pommes et repartir avec jus et cidres, à tarif préférentiel.

FORT-LOUIS

Fort-Louis est un village âgé de 300 ans qui possède un riche passé. Vous vous demanderez sûrement pourquoi ce village ressemble à une forteresse avec des enceintes de protection ! Figurez-vous que Fort-Louis existait pour protéger des ennemis les frontières Est du Royaume ! À Fort-Louis, l'île du Rhin touchait le Margraviat de Bade en territoire allemand. Le roi de France racheta alors le terrain aux seigneurs de Fleckenstein pour y construire une place forte baptisée Fort-Louis en son honneur ! C'est Vauban qui s'occupa de la construction du village et aujourd'hui une végétation luxuriante a envahi remparts et fossés en une émouvante masse.

RHINSTUB €€

7, Route du Rhin
✆ 03 90 55 20 27

Du jeudi au dimanche de 10h à 21h.

Le restaurant Rhinstub vous propose une cuisine de terroir avec un plat piloté par semaine, une pièce du boucher et des suggestions chaque jour, ainsi qu'une carte snacking et bien sûr les tartes flambées le week-end. C'est un endroit sympathique en famille ou entre amis, confortable et moderne, tant dans la salle que sur la terrasse et ce en toutes saisons. L'établissement est très doué dans l'organisation de mariages ou d'évènements privés et accueille les groupes sans problème. Petit plus : ici nos amis les chiens sont véritablement bienvenus.

LE RELAIS DU FORT €€€

12, rue de Saint-Louis
✆ 09 70 51 03 28
https://le-relais-du-fort.eatbu.com
Ouvert samedi soir ; dimanche, lundi, jeudi, vendredi midi et soir. PMR. Terrasse.

Au Relais du Fort, Nathalie vous reçoit avec chaleur. En cuisine, Fabrice dresse de belles assiettes graphiques aux recettes traditionnelles savoureuses, tandis que leur fils Morgan parachève le moment sur une très belle note pâtissière. On apprécie la daurade royale entière en croûte de sel accompagnée de sa poêlée d'épinards, les médaillons de veau aux girolles et spätzle ou le citron en trompe-l'œil. Le restaurant étant proche des vestiges des forts défensifs dessinés par Vauban du temps du Louis XIV, on s'y rendra facilement à pied pour une balade digestive.

FERME LE MEVEL

4, Rue Vauban
✆ 03 88 86 29 04

Venez donc rencontrer Clément, ce sympathique producteur qui vous ouvre les portes de son exploitation pour vous proposer des produits de grande qualité en direct. Ici, pas de chichis pour déguster l'une des deux spécialités de la maison que sont les asperges et la viande charolaise. Tout est en agriculture biologique et cela se ressent. Si on ne trouve les asperges qu'au printemps, on profite le reste de l'année de très belles pièces de viande, en colis selon la quantité et les morceaux voulus. Voilà donc une belle opportunité pour se ravitailler !

SOUFFLENHEIM

Dans la forêt de Haguenau, l'argile de qualité favorise l'activité potière de très longue date. On en trouve les premières traces dès l'âge du bronze. Dans l'Antiquité, la terre sert aux tuiles, à la poterie. La création au XIIe siècle de Haguenau, ville impériale, donne un nouvel essor à cet artisanat. Il en connaîtra d'autres, dynamisé par des mouvements de population, mus par les remous de l'Histoire, fondant des dynasties de potiers. À Soufflenheim, leurs ateliers-boutiques se répartissent de part et d'autre de la Grand Rue. Vous y serez accueillis chaleureusement et les artisans auront plaisir à répondre à toutes vos questions.

La ville aujourd'hui

Depuis la préhistoire, grâce à une terre naturellement argileuse, la poterie fascine et fait vivre bon nombre d'habitants de Soufflenheim, village emblématique du Pays Rhénan. Aujourd'hui encore, plusieurs familles continuent de proposer des poteries traditionnelles et ouvrent régulièrement leurs portes pour que l'on puisse y admirer cet art ancestral. Vous pourrez à cette occasion profiter de visites commentées, découvrir tous les secrets de ce fabuleux métier, et bien sûr repartir avec un authentique moule à kougelhopf ou un plat à baeckehoffe.
Depuis mars 2022, une nouvelle Indication Géographique, les « Poteries d'Alsace Soufflenheim / Betschdorf », est homologuée par l'Institut National de la Propriété Industrielle. Il s'agit de la 13e Indication Géographique homologuée par l'INPI. Cette nouvelle Indication Géographique est la 2e de la région Grand Est et la 2e du domaine des arts de la table. Signe officiel de qualité et d'origine, l'Indication Géographique est une garantie d'authenticité pour les consommateurs et un moyen de valoriser les savoir-faire et les produits des entreprises. C'est une immense satisfaction pour les potiers d'obtenir cette Indication Géographique après plus de 7 ans de démarches sans relâche, et des centaines d'années de pratique, de transmission d'un précieux savoir propre à ce territoire.
Aujourd'hui, une dizaine d'ateliers perpétuent les gestes ancestraux pour produire nos fameux moules à Kougelhopf et autres moules ancrés dans la tradition alsacienne, tout en s'adaptant aux évolutions récentes. Chaque artisan potier cultive sa propre particularité, sa propre originalité, son savoir-faire, que ce soit de la poterie culinaire, décorative, artistique ou horticole. On y retrouve donc des moules, des coloris fidèles aux tendances traditionnelles, mais également des pièces plus modernes et des couleurs parfois vives. Les potiers d'aujourd'hui proposent tout un éventail de nouveaux produits innovants aux formes contemporaines et aux couleurs diverses et variées, certains passant même au lave-vaisselle ! La poterie de Soufflenheim est entrée dans une nouvelle ère tout en gardant son identité alsacienne. Tout en conservant les techniques de base de la poterie traditionnelle, les potiers ont su évoluer au fil du temps et se moderniser. Ils ont parfois réinventé la poterie. Ils regorgent d'imagination, de créativité et d'originalité ! La poterie de Soufflenheim fait partie, avec le vin et la gastronomie, de l'ADN de l'Alsace. Cet artisanat est omniprésent dans la région et reconnu à travers le monde.

BAS-RHIN

BUREAU D'INFORMATION TOURISTIQUE DE SOUFFLENHEIM

20b, Grand Rue ✆ 03 88 86 74 90
www.visitpaysrhenan.alsace
Détail horaires d'ouverture cf site web. Itinéraires randonnées pédestres, pistes cyclables, hébergement, restaurants.

N'hésitez pas à pousser la porte du bureau d'information touristique de Soufflenheim. Les conseillères en séjour vous y accueilleront avec le sourire et vous prodigueront des conseils sur les ateliers potiers du village, mais également sur toute l'offre d'activités touristiques le long du Rhin au Pays Rhénan ou plus généralement dans le nord de l'Alsace. Laissez-vous séduire par la boutique et ses produits locaux et repartez avec un petit bout d'Alsace.

AUBERGE AU VIEUX COUVENT €€

4, rue de Koenigsbruck - **LEUTENHEIM**
✆ 03 88 86 39 86
www.auberge-au-vieux-couvent.fr
Ouvert vendredi et samedi de 12h à 14h et de 18h30 à 21h30 ; le dimanche de 12h à 14h. Terrasse.

Niché dans l'incroyable et légendaire forêt de Koenigsbruck, à l'intérieur d'une belle et enchanteresse maison alsacienne à colombages du XVIIIe siècle, le Vieux Couvent propose une cuisine familiale typique d'un restaurant traditionnel revisité. En été, les tables sont dressées dans le pré adjacent ou sous la terrasse couverte. La carte change très régulièrement. Vous y trouverez par exemple un croustillant de langoustines au fenouil confit, un duo de foie gras de canard poêlé sur tatin aux pommes et en terrine au pain d'épices...

RESTAURANT AU BŒUF €€

48, Grand-Rue
✆ 03 88 86 72 79
www.boeuf-soufflenheim.com
Ouvert du lundi au mercredi midi, du jeudi au dimanche midi et service continu jusqu'au soir. Terrasse.

Cet établissement, géré avec talent par Patrick Jambois, est spécialisé dans les plats de viande de bœuf : faux-filet, entrecôte... qui régaleront les inconditionnels. Mais vous pourrez aussi déguster des spécialités alsaciennes. La grande spécialité, ce sont d'ailleurs les fameuses bouchées à la reine du chef, reconnues par ses pairs comme ses clients. En été, on peut profiter de la grande terrasse fleurie autour d'une fontaine en grès des Vosges. Pendant la mauvaise saison, 3 chalets permettent de savourer viandes grillées et raclette (6 à 22 personnes).

POTERIE FRIEDMANN

3, rue de Haguenau
✆ 03 88 86 61 21
www.poteriefriedmann.fr
Ouvert du lundi au samedi de 10h à 12h et de 14h à 18h30. Dimanche de 14h à 18h30.

La demeure abrite l'atelier de poterie et le magasin. La cour déborde de plantes verdoyantes et de fleurs et l'on est immédiatement séduit par l'humour et l'originalité des créations exposées à la poterie Friedmann. Ces objets sont réalisés avec la terre pure de Soufflenheim, qui résiste à de hautes températures. Les belles daubières rondes supportent le gaz. La décoration se fait au barolet, petit récipient en terre pourvu d'une plume d'oie évidée et contenant les engobes colorés. Vous pouvez visiter l'atelier tous les jours en semaine.

POTERIE MICHEL STREISSEL

25, rue de Haguenau
✆ 03 88 86 64 69
http://poterie-streissel.com
Du lundi au mercredi, vendredi et samedi de 10h à 12h et 14h à 18h. Horaires variables le dimanche et jours fériés.

Michel Streissel est le dernier potier de Soufflenheim à cuire une partie de sa production au four à bois. C'est un événement au village auquel il est possible d'assister. Moule à kougelhopf, plat à baeckeoffe, saladier ou terrine à foie gras..., ici on trouve tout ce qu'une cuisine alsacienne traditionnelle se doit de contenir ! Il y a aussi ses petits personnages, le « Holzschumännele », bonhomme masculin, et la « Holzschuwiwele », petite bonne femme, ou quelques motifs plus contemporains, voire exotiques comme le calaveras mexicain.

POTERIE RICHARD HAUSSWIRTH

1, rue de la Montée
✆ 03 88 86 74 31
www.alsace-poterie.com
Ouvert du lundi au samedi de 9h à 12h et de 13h30 à 18h. Dimanche de 10h à 12h et de 13h30 à 18h. Visite de l'atelier.

Issu d'une longue lignée de potiers, Richard Hausswirth s'est installé à Soufflenheim en 1979. C'est ici que vous trouverez son atelier et sa boutique pleine d'objets en terre cuite émaillée, qui sont réalisés sur place. Originellement créée en1884, cette poterie s'efforce de pérenniser l'esprit 100 % alsacien dans ses créations. Vous trouverez les emblèmes traditionnels d'Alsace (cigognes, cœurs et fleurs) sur la plupart de ses terrines, cruches, moules à kougelhopf.

BAS-RHIN

POTERIE SIEGFRIED-BURGER & FILS

10, rue de la Montagne
✆ 03 88 86 60 55
www.siegfriedburger.fr
Ouvert du lundi au samedi de 8h30 à 12h et de 13h30 à 17h30. Visites de l'atelier. Boutique en ligne.

Cette poterie implantée à Soufflenheim depuis 1842 s'illustre en matière d'innovation : en ce qui concerne les décors et les formes, elle vous en fera voir de toutes les couleurs ! On retrouve ici les traditionnels plats à baeckeoffe ou à kougelhopf, ainsi que les saladiers, cruches et autres plats à tarte ou à gâteaux. Cette poterie familiale vous propose aussi des tirelires cochons, objets pour enfants, assiettes et autres pièces de vaisselle personnalisées.

LA FORÊT DE HAGUENAU EN VTT

20b, Grand-Rue
✆ 03 88 86 74 90
www.ot-soufflenheim.fr
En accès libre. Gratuit.
Durée de la balade environ 1h. Difficulté : facile.

Suivez, au départ du centre de secours du village de Soufflenheim, 3 pistes de VTT balisées qui sillonnent la forêt de Haguenau. Les trois chemins se suivent sur quelques kilomètres, puis la verte, la plus simple, fait une boucle avant les autres. Laissez-vous surprendre, au cours de ces 8 kilomètres, par le calme de cette vaste étendue forestière. Les plus téméraires pourront continuer sur la piste bleue de 14 km, ou sur la piste rouge de 20 km allant jusqu'au Gros Chêne de Haguenau.

GOLF SOUFFLENHEIM BADEN BADEN

Allée du Golf ✆ 03 88 05 77 00
www.golfclub-soufflenheim.com
Ouvert toute l'année. Parcours 18 trous ou 9 trous. Practice et terrain de 6 trous. Tous les jours de 8h à 17h.

Ce golf, pour débutants comme pour confirmés, a été dessiné par Bernhard Langer, golfeur de renommée mondiale. Entouré de forêts et composé de 33 greens et 18 étendues d'eau, il comprend un parcours de championnats 18 trous, un 9 trous, un 6 trous pitch and putt, ainsi qu'un practice de 300 mètres. Le clubhouse offre une vue fantastique sur le terrain de golf. Après quelques balles, le restaurant et sa terrasse ensoleillée invitent à la détente. Des tournois de golf sont organisés.

ROESCHWOOG

Roeschwoog et ses environs ont dû être habités dès l'époque antique, comme l'atteste une coupe de bronze de la période Halstatt (-800 à -400 av. J.-C.) trouvée sur le ban de la commune. Un peu plus tard des éléments archéologiques ont témoigné de la présence romaine, l'Alsace étant occupée par les Romains pendant les premiers siècles de notre ère. Profitez de la zone de loisirs du Staedly, un site niché dans un écrin de verdure de 14 ha, qui offre un cadre propice à la détente, dans une nature préservée. Une balade ludique à destination des enfants de 4 à 12 ans est disponible à l'office de tourisme ou téléchargeable sur le site www.visitpaysrhenan.alsace

AU CERF €€

2, route de Fort-Louis
✆ 03 88 86 26 22
www.au-cerf.com
Label Maître restaurateur. Ouvert lundi, mardi, vendredi et samedi uniquement le soir. Dimanche : midi et soir. Terrasse

Denise et Materne ont un rêve : acheter une certaine maison alsacienne, la rénover et y créer un restaurant. Leur rêve devient réalité. C'était en 1989, l'aventure perdure encore aujourd'hui. Après un tour de France, David, leur fils, rejoint Materne en cuisine. Kelsch et boiseries signent une décoration dans le pur esprit winstub. Dans les assiettes, des déclinaisons de cuisses de grenouilles, des entrecôtes de black angus, du filet de bœuf, des médaillons de veau et des tartes flambées. Le kouglof glacé au dessert parachève le repas. Plat du jour en semaine.

RESTAURANT À LA COURONNE €€

5, Rue de Fort Louis ✆ 03 88 86 41 21
www.lacouronne-roeschwoog.com
Mercredi, jeudi et vendredi de 18h à 22h. Samedi de 17h à 22h. Dimanche de midi à 22h en continu.

Simple, bon et efficace, voilà comment résumer ce restaurant, lieu unique reconnaissable à sa belle façade rose. À l'intérieur, l'ambiance est chaleureuse et l'on aime s'y retrouver. Il faut dire que cela fait deux siècles que la tradition de recevoir à table se perpétue ici. L'authentique est une marque de fabrique, de la décoration à la cuisson de délicieuses tartes flambées au feu de bois. La carte est réduite mais les plats sont parfaitement exécutés : belles pièces de bœuf, escalopes de porc panées, jambonneau ou cuisses de grenouilles.

RESTAURANT AU LION D'OR €€

1, rue de Fort Louis ✆ 03 88 86 41 12
www.auliondor-roeschwoog.com
Ouvert du mercredi au samedi, midi et soir. Dimanche midi. Terrasse. PMR.

Face à la mairie, à l'angle de la rue, l'établissement vous accueille dans une vaste salle, toute en boiseries. Les tables couvertes de nappes en kelsch complètent ce décor rustique et traditionnel. Ici le chef décline des classiques de la cuisine tels que les escalopes de foie de canard poêlées aux pommes, le filet de sandre au pinot noir, les bouchées à la reine, le carré d'agneau au thym et ail confit. La crème brûlée à l'alisier ou le café gourmand terminent le repas en beauté. L'auvent de la terrasse et les arbres ombragent agréablement la terrasse en été.

BREDELE BOUTIQUE

15, rue de la Gare
✆ 03 68 38 67 68
www.bredele.boutique
Ouvert du mardi au vendredi de 10h à 12h et de 14h à 18h et le samedi de 10h à 12h et de 14h à 17h.

Le *bredele*, c'est le petit gâteau de Noël confectionné en Alsace lors des fêtes de fin d'années depuis la nuit des temps ! De plusieurs formes, il prend aussi différentes textures et saveurs selon votre goût ! Ici, vous trouverez tout ce qu'il faut pour réaliser ces délicieux biscuits, comme différents ingrédients ou des moules et bien sûr les emporte-pièces traditionnels aux formes multiples jusqu'aux rouleaux à pâtisserie 100 % alsaciens, décorés de motifs typiques ainsi que des livres de recettes succulentes. Passez le cap !

LES SAVEURS DU POTAGER

58, Rue de la gare
✆ 06 24 27 61 57
Ouvert mardi, jeudi et vendredi de 16h30 à 17h30, mercredi et samedi de 9h à 12h.

Bienvenue chez Ritchie Folmer et Kenan Akkus ! Ils ont ainsi souhaité s'installer pour proposer du bio, du local, mais aussi pour créer des liens sociaux sur ce territoire qu'ils aiment et qu'ils connaissent et pratiquent depuis tout petits. Leur belle boutique est bien fournie : de nombreux fruits et légumes, des œufs, des confitures, des sauces tomate également, mais aussi du foie gras, des farines et autres fromages de chèvre de producteurs des proches environs. N'hésitez pas à les questionner : ils connaissent l'histoire de chacun des produits !

ROPPENHEIM

Dans la rue principale du village de Roppenheim s'aligne une succession de maisons à pans de bois alsaciennes typiques. On peut en admirer en différents endroits, comme l'ancienne grange dîmière. Deux mignonnes petites églises se dressent, proches l'une de l'autre. Dans la protestante, construite au XVIe siècle et dédiée à saint Michel, le clocher percé de meurtrières rappelle un passé agité. D'ailleurs, on pouvait s'y réfugier et s'y verrouiller de l'intérieur. Depuis la construction du village des marques dans la commune, on y vient également pour faire du shopping dans une centaine de boutiques ponctuées d'espaces de restauration.

POINT INFO ROPPENHEIM THE STYLE OUTLETS

1, Route de l'Europe
RD4
✆ 03 88 72 77 17
www.thestyleoutlets.fr

Le bureau d'accueil de Roppenheim est situé à l'entrée du Centre de Marques, à la frontière allemande. Les hôtesses d'accueil vous renseigneront sur les sites touristiques avec le sourire et vous proposeront une information complète sur les lieux immanquables en Alsace du Nord, en français, en allemand ou en anglais. C'est donc l'endroit idéal pour combiner sorties culturelles et shopping, que l'on soit touriste ou alsacien en virée au centre de marques.

HOSTEL-RESTAURANT LA BOHÈME* €€

24, rue Principale
✆ 03 88 53 70 45
www.hostellerie-la-boheme.fr
Hôtel 1 étoile. 8 chambres de 65 € à 115 € selon le nombre de personne. Restaurant. Parking. PMR.

L'Hostellerie La Bohème est une enseigne conviviale, tenue par Nathalie et Andrew. L'environnement est calme et paisible, au cœur du petit village typique de l'Alsace du Nord et entre les rives du Rhin et le delta de la Sauer. Vous serez agréablement surpris par la cadre original et l'ambiance familiale du lieu. Le restaurant, qui accueille 20 couverts dans son cadre vintage, vous fera voyager à travers « les Belles Années », grâce à une ambiance sixties.

HÔTEL RESTAURANT LA COURONNE €€

8, rue Principale
✆ 03 88 86 40 14
www.couronne-roppenheim.com
Hôtel 2 étoiles. 10 chambres à partir de 86 € la nuit. Restaurant prix moyen 22 €. PMR.

Voici un charmant hôtel-restaurant, bien placé pour visiter le nord de l'Alsace et à l'ambiance chaleureuse. Les chambres sont simples, spacieuses et confortables. Les petits déjeuners, très copieux, sont l'occasion de profiter des conseils avisés de vos hôtes pour organiser vos visites, sur la terrasse en été. Une adresse bien sympathique, où le rapport qualité/prix est excellent, y compris au restaurant qui propose de la cuisine française et des spécialités alsaciennes.

LA PART DES ANGES €€€

17, Impasse de la forêt
FORSTFELD
✆ 06 99 77 50 61
lacavedesanges.com
Chambre double à partir de 190 €.
Lit supplémentaire : 45 €. Bain bouillonnant.

Céline et Philippe vous accueillent dans leur chambre d'hôtes « La Part des Anges » à Forstfeld. Situé en bordure de forêt, votre petit nid douillet de 120 m² comporte un spa privatif avec piscine couverte chauffée à 28°, un bain à remous, ainsi que tout le confort nécessaire pour passer un agréable et reposant séjour. Pour le petit déjeuner, vous aurez droit à un assortiment 100 % local en direct des producteurs alentour. Sur demande, profitez de nombreux services complémentaires : raclette, barbecue, champagne, massages et soins détente…

COFFEE SHOP SEGAFREDO ZANETTI €

1, route de l'Europe
✆ 09 81 97 17 59
Ouvert du lundi au samedi de 10h à 19h.

Ce café est installé au cœur du village de marques de Roppenheim. Près d'un petit bassin, il dispose d'une terrasse avec tables, chaises et même fauteuils douillets munis de couvertures chaudes pour l'hiver. L'aire de jeux, juste en face de l'établissement, est idéale pour les plus petits qui pourront se défouler en toute sécurité. Vous pouvez vous y restaurer toute la journée. Petits et gros appétits trouveront satisfaction avec les salades ou les sandwiches.

RUFF'S BURGER €

1, place de l'Europe
✆ 09 67 12 45 84
Ouvert du lundi au samedi de 10h à 19h.

Dans une décoration de style américain, avec ses grosses bouteilles de sauces sur la table, vous prendrez place sur une banquette en cuir. Des pains, en passant par la préparation de la viande hachée, en passant par l'élaboration des sauces : tout est du jour et maison. À la carte, le burger de toutes les façons comme le veggie avec sa galette de légumes, ou le César : beau steak haché, huile de truffe, parmesan et sauce César. Le choix est varié aussi du côté des frites : façon mexicaine, à l'ail ou encore au chili et fromage. Les portions sont généreuses.

KAIMUG €

1, route de l'Europe
✆ 09 67 12 45 84
www.kaimug.de
Ouvert du lundi au vendredi de 10h à 19h.
Le samedi de 10h à 20h. Sur place et à emporter.

Situé dans le village des marques, Kaimug vous dépayse. Tous les plats sont préparés en respectant les recettes thaïlandaises originales et avec des ingrédients frais de qualité. À la carte : propositions végétariennes, nouilles de riz à l'œuf, poitrine de canard avec ses accompagnements. Le petit piment rouge sur la carte signale les plats piquants pour éviter les surprises. En dessert, beignets de banane, un régal ! La décoration est moderne, avec murs rouges, tables en bois et petites bougies. Kaimug partage la salle avec un autre un restaurant : Ruff's Burger.

BOUTIQUE ET CHOCOLATERIE LINDT

1, route de l'Europe
✆ 03 88 80 10 99
www.lindt.fr
Ouvert du lundi au vendredi de 10h à 19h.
Samedi de 9h à 20h.

Amoureux du chocolat ou fans de la marque Lindt, la boutique vous comblera : montagnes de chocolats de toutes sortes, tablettes, coffrets à prix cassés, mais aussi des boissons chaudes (chocolat viennois…), des milkshakes ou des glaces… Vous pourrez savourer votre commande sur la terrasse au soleil, ou alors à l'intérieur sur les quelques tables hautes disponibles. Possibilité de faire des assortiments de chocolats, payables au poids. Quelques exclusivités en boutique.

CHEZ MURIEL - FERME TUSCHERER

25, rue Principale

03 88 86 30 27

Ouvert lundi, jeudi et vendredi de 16h à 19h, samedi de 6h30 à 17h et dimanche de 7h30 à 12h.

Tout à la fois pimpante et ravissante, cette jolie ferme signalée par une végétation luxuriante vous invite à vous approvisionner en œufs frais, pommes de terre, oignons et échalotes. Elle vous ravitaille également en légumes et fruits de saison : cerises, fraises, groseilles, pommes, poires... Mais c'est aussi un charmant salon de thé où l'on peut savourer diverses variétés de thés, cafés, chocolats, pains croustillants et autres viennoiseries et pâtisseries faites maison !

KILSTETT

Le village de Kilstett a été l'une de ces nombreuses petites agglomérations qui, dès l'Antiquité, s'étaient établies entre le Ried et le Rhin sur une bande d'alluvions fertiles, traversées par des routes à sec, en dehors des grandes inondations et crues. D'ailleurs, les vestiges d'origine romaine trouvés dans les gravières environnantes indiquent bien qu'il y eut des agglomérations dans le voisinage dès les premiers siècles de notre ère. Une tombe romaine trouvée sur les lieux et dont les objets sont conservés à la section archéologique du Château Rohan de Strasbourg, prouve l'existence du village avant même l'arrivée des Francs en Gaule.

CASEMATE DE KILSTETT

Dans le lotissement de la Forêt, renseignements auprès de l'association transfrontalière Passage 309.

Cette casemate est un ouvrage de troisième ligne, dite des villages, qui avait pour mission d'interdire le passage sur les chemins de terre reliant Kilstett à la forêt du Rhin. Après avoir franchi une épaisse porte blindée qui conduit dans un sas, on débouche sur le couloir central. Là, un ventilateur impressionnant doublé d'un filtre de neutralisation aspire les gaz. Plus loin, on découvre les dortoirs, les WC, la réserve d'eau potable et le puits d'accès à la cloche de guet. Aux extrémités de l'édifice, des portes étanches donnent accès aux chambres de tir.

CHEMIN DES HOFTNAME

Dépliant du « Chemin des Hoftname » disponible en français, en anglais et en allemand à la mairie de Kilstett.

Les noms des maisons kilstettoises provenant le plus souvent de leurs anciens propriétaires sont encore très souvent utilisés mais leur histoire est méconnue. Afin de les faire connaître à tous et d'éviter leur disparition, la commune a créé des panneaux explicatifs sur le nom de certains Hoftname et leurs origines. Devant chaque maison, un panneau illustré d'une photo ancienne de la propriété, explique les origines du Hoftname. Un QR code présent sur chaque plaque permet d'accéder via un smartphone aux informations des différentes plaques du parcours.

ÉGLISE CATHOLIQUE SAINT JEAN

Rue du Lieut de Bettignies

03 88 96 85 30

C'est en 1760 que furent érigés les premiers murs de l'église de Kilstett. De cette date, on aperçoit encore aujourd'hui au-dessus du porche les armoiries sous le signe du crampon alémanique, l'hameçon à loup. En ces temps-là, l'église n'avait ni chœur, ni sacristie, ni clocher, mais sur la charpente se trouvait vraisemblablement une tourelle avec deux petites cloches. Le chœur datant de 1844-1845 comporte des lambris et des peintures vernies retraçant la vie de Jésus.

RESTAURANT AU CHEVAL NOIR €€

1, rue Sous-Lieutenant-Maussire

03 88 96 22 01

https://restaurant-cheval-noir.com

Du mercredi au samedi le midi de 12h à 14h et le soir de 19h à 22h ; le dimanche midi.
Menus de 35 € à 73 €.

Les cinq salles du restaurant offrent des espaces personnalisés dans des ambiances différentes. Eric et Olivier Ennesser nous proposent l'une des plus belles tables des alentours avec des plats de saison, goûteux et inventifs. Les menus sont l'occasion d'en découvrir toute l'étendue, en une expérience gastronomique des plus agréables. La cave à vin vaut qu'on s'y attarde avec plus de 220 références internationales, les conseils du sommelier sont précieux.

WISSEMBOURG ★

La magnifique abbatiale Saint-Pierre-et-Saint-Paul de Wissembourg conserve le clocher-beffroi de l'église élevée au XIe siècle. Au XVe siècle, la ville connaît une ère de terreur sous la tyrannie de Jean de Dratt entré dans la légende du bon saint Nicolas sous les traits du Hans Trapp, un homme sauvage, barbu et effrayant qui punit les enfants désobéissants. Au XVIIIe siècle, le roi exilé de Pologne, Stanislas Leszczynski y est accueilli en famille. Avec sa fille Marie, future épouse du roi de France Louis XV, ils passent six années à Wissembourg. La ville conserve un centre historique riche de superbes maisons anciennes à pans de bois ou Renaissance.

CHEMIN DES CIMES ALSACE

1, route de la BA 901
DRACHENBRONN-BIRLENBACH ✆ 03 69 50 86 00
www.chemindescimes-alsace.fr

De janvier à mars, novembre et décembre : 9h-16h. Avril et octobre : 9h30-18h. De mai à septembre 9h30-19h.

Avec un sentier d'une hauteur de 5 à 23 mètres, sur une longueur totale de 1 050 mètres, le Chemin des Cimes Alsace offre une expérience unique de la nature. Le point culminant est la tour panoramique de 29 mètres de haut, avec en son centre un toboggan de 75 mètres de long. Petits et grands s'amuseront, observeront le paysage, mais aussi apprendront beaucoup grâce à de nombreux panneaux informatifs et ludiques. Nouveau : sur une immense surface de 14 000 m², plus de 20 stations de jeu et d'apprentissage variées attendent les visiteurs en quête d'aventure.

OFFICE DE TOURISME

2, avenue du Général-Schneider - **SELTZ**
✆ 03 88 05 59 79
www.tourisme-pays-seltz-lauterbourg.fr

Du lun au ven 9h-12h et 13h30-17h30 (de sept à mai). De juin à août : du lun au ven 9h-12h et au Bac de Seltz 13h30-17h30.

On trouvera auprès des bureaux de l'office de tourisme (Lauterbourg - Mothern - Seltz) de nombreuses informations touristiques bienvenues et des cartes gratuites pour des randonnées pédestres et cyclables dans cette très belle partie de la région. Pour franchir le Rhin à Seltz et poursuivre sa promenade sur l'autre rive, un bac à traille permet de traverser gratuitement par un système de câble tendu entre les deux rives en n'utilisant que la force motrice de l'eau. On peut ainsi profiter du plaisir d'une promenade fluviale écologique.

ABBATIALE SAINTS-PIERRE-ET-PAUL ★

14, avenue de la Sous-Préfecture
✆ 03 88 94 10 11

Visite guidée sur réservation auprès de l'office de tourisme de l'Alsace Verte.

Déclaré site du patrimoine mondial de l'Unesco depuis 1930, cette abbaye de style gothique a été construite entre la fin du XIIIe et le début du XIVe siècle. Parmi le mobilier de l'abbaye, figure un lustre, copie d'une célèbre pièce du XIe siècle et une grande fresque du XIVe représentant saint Christophe. On peut y voir aussi une statue du bon roi Dagobert, réputé fondateur de l'abbaye, de belles sculptures ainsi que des peintures murales datant du XIVe siècle.

© PISCES2386 - SHUTTERSTOCK.COM

© PETER DE KIEVITH - SHUTTERSTOCK.COM

BAS-RHIN

HÔTEL-RESTAURANT DE LA COURONNE** €€

12, place de la République ✆ 03 88 94 14 00
www.couronne-wissembourg.com/fr

Hôtel 2 étoiles. 10 chambres, 5 suites à partir de 63 € et 171 €. Demi-pension possible. Restaurant. Parking proche.

Situé au centre de la ville, au cœur du quartier historique, l'hôtel-restaurant est aménagé dans l'ancien relais de la poste de Wissembourg ; il date du XVIIIe siècle. À l'Hôtel La Couronne, l'équipe veille à ce que votre séjour soit un moment de détente et de plaisir. Chambres et suites confortables et spacieuses, décoration et prestations soignées, accès au sauna et au salon de modelages corporels… Tout y est, même un excellent restaurant proposant des spécialités alsaciennes !

HÔTEL WEISS €€

23, avenue de la Gare
✆ 03 88 94 13 67
www.hotel-weiss.biz

17 chambres simples à familiales à partir de 65 € à 100 €. Parking privatif. Garage. Location de bicyclettes : 5 €/jour.

La situation, la qualité de l'accueil et le rapport qualité/prix de cet établissement en font un lieu idéal pour les petits budgets qui ne veulent pas rogner sur la qualité. Les chambres sont grandes et très lumineuses. Aux beaux jours, vous pourrez profiter du jardin. Une multitude d'offres de visites touristiques sont proposées et expliquées par l'hôtelier, qui est également particulièrement attentif à l'accueil des cyclistes, des motards, et même des cavaliers pour lesquels il propose un hébergement en écurie de plusieurs boxes.

MAISON JÜLG €€

116, rue des Églises - **SEEBACH-NIEDERSEEBACH**
✆ 03 88 94 79 98
www.vins-julg.fr

2 chambres d'hôte. Caviste : dégustation de vin au caveau jeudi vendredi après-midi, samedi de 9h à 12h et de 14h à 18h.

Peter et Lydia Jülg, les propriétaires de ce domaine viticole, vous reçoivent au cœur des vignes dans leur sublime maison à colombages. Une première chambre composée d'un lit double, accueille parfaitement un couple pour une virée reposante et romantique au nord de l'Alsace. La deuxième chambre est composée d'une chambre double ainsi que d'une mezzanine à l'étage. Chaque chambre dispose de sa salle de bains individuelle. Le matin, dégustez le copieux petit déjeuner, constitué de confitures maison et d'un excellent pain croustillant du boulanger du coin.

AUBERGE LA VIEILLE GRANGE €

77, rue des Églises
SEEBACH-NIEDERSEEBACH
✆ 03 88 53 18 40
www.lavieillegrangeseebach.com

Ouvert du jeudi au lundi soir. Terrasse.

Dans cette auberge typiquement alsacienne, vous dégusterez des plats régionaux. Goûtez la spécialité de la maison, le « chapeau tartare » composé de trois sortes de viandes marinées à griller ou à cuire dans le bouillon. Ne manquez pas non plus la fameuse tarte flambée au raifort ! La carte des vins offre des nectars de la région et des domaines viticoles proches. Enfin, le tout est servi avec le sourire dans une ambiance ultra conviviale, que demander de plus ?

RESTAURANT À L'AGNEAU €

1, route de Strasbourg - **SELTZ**
✆ 03 88 86 53 11
www.restaurant-agneau.com

Ouvert du lundi au jeudi midi. Vendredi et dimanche midi et soir. Terrasse. Livraison à domicile. Plats à emporter.

Ce petit restaurant invite à faire une pause. Dès votre arrivée, vous serez séduit par la belle terrasse aménagée en en granit brut. Dans la salle le mobilier Louis Philippe offre des chaises très confortables. De quoi se mettre à l'aise pour bien commencer le repas. On peut commencer avec le velouté de butternut et son foie gras poêlé, poursuivre avec le suprême de poulet à la crème et aux champignons et finir avec le soufflé glacé au limoncello, brunoise de fruits exotiques. Le restaurant propose des menus et plats du jour en livraison ou à emporter.

RESTAURANT À L'ARBRE VERT €

13, rue Principale
SELTZ
✆ 09 51 52 21 27

Ouvert du jeudi au samedi soir et dimanche midi et soir.

Dans ce restaurant pavoisé aux couleurs italiennes, on s'attable dans la grande salle pour se régaler au choix d'une des vingt-sept variétés de pizzas, d'une tarte flambée ou d'un plat de la carte bistronomique : escalope, cordon bleu, faux-filet, magret de canard… Les portions sont très généreuses. Pour les régimes spéciaux, on trouve ici un buffet avec plats halal, végétariens, véganes, sans gluten et sans lactose : aucune excuse pour ne rien trouver à vous mettre sous la dent !

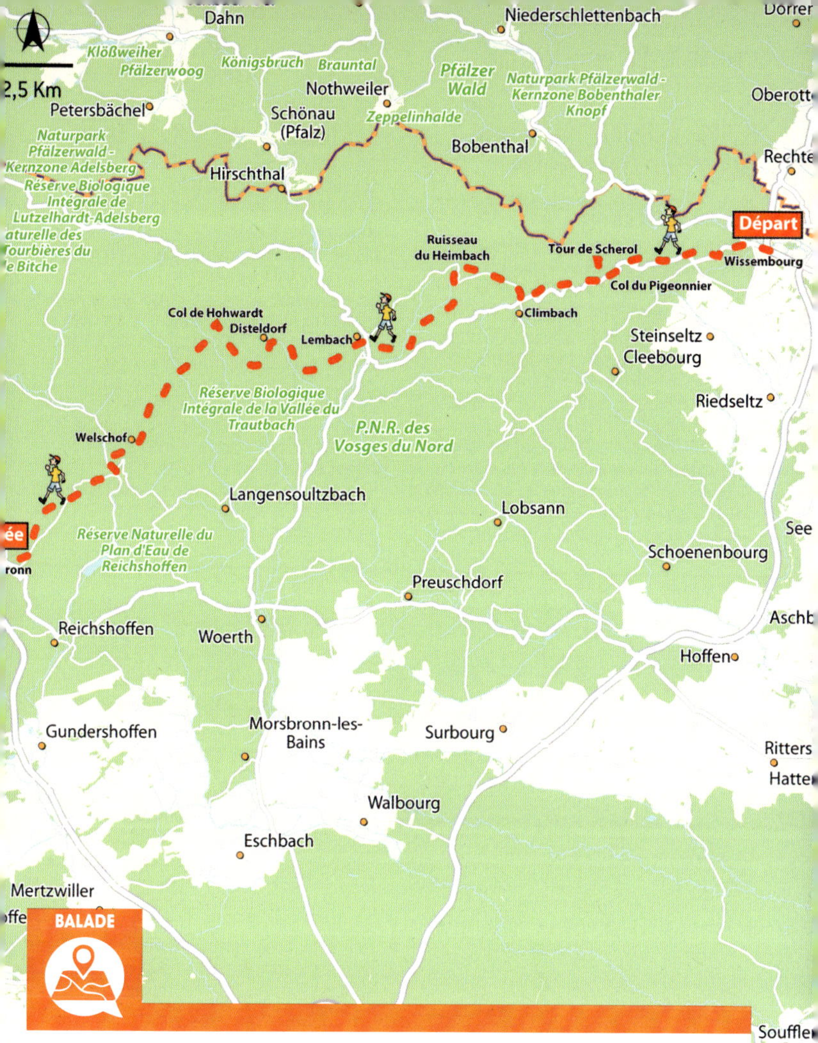

BALADE

MASSIF DES VOSGES

La Grande Traversée Pédestre des Vosges au fil des GR est le premier itinéraire français certifié « Leading Quality Trails – Best of Europe ». Majoritairement en forêt, il propose de marcher une vingtaine de jours sur 430 kilomètres de chemins de terre et sentiers. Cette randonnée est assez difficile pour les enfants, elle convient plutôt à des profils confirmés ou sportifs.

La première étape relie Wissembourg à Jaegerthal. Depuis la gare, on longe les remparts avant de monter vers le col du Pigeonnier en suivant le balisage de rectangles rouges du GR53. On pourra déjà dormir à l'abri de la Tour de Scherol mais il n'a pas de source. Depuis là, on continue sur le GR53 après le col en direction de Climbach. On longe ensuite la route D503 jusqu'à trouver le sentier balisé de croix bleues qui permettra de longer le ruisseau du Heimbach jusqu'à Lembach, qu'on traverse pour rejoindre le GR532 balisé en jaune. On passe ainsi par Disteldorf avant de rejoindre le col de Hohwardt puis le balisage bleu du GR531 après lui. On part ainsi en direction de Jaegerthal et Niederbronn, passant par un abri au bord d'un étang à Welschof où l'on peut passer la nuit.

Arrivé à Niederbronn, on prend une pause bien méritée et on peut remonter en transports à Wissembourg.

FERME AUBERGE DU MOULIN DES 7 FONTAINES €€

Sur la D 77 entre Lobsann et Drachenbronn
DRACHENBRONN-BIRLENBACH
✆ 03 88 94 50 90 - http://7fontaines.fr
Gîtes de France, Bienvenue à la ferme.
Fermé lundi et jeudi. 10 chambres d'hôte.
Table d'hôte soir : 20 €.

Dans une magnifique bâtisse construite au XVIIIe siècle par un serviteur du baron de Fleckenstein, à proximité de deux moulins (l'un à grain, l'autre à huile), une ferme-auberge et dix chambres d'hôtes. À la carte, des plats alsaciens : bäckeoffe, fleischknepfle, pot-au-feu, canard, grumbereknepfle, tartes flambées le samedi soir. Le cadre est agréable. On séjourne et l'on se régale au cœur de l'exploitation. Alentour se dressent les vestiges des autres moulins.

L'HOMME SAUVAGE €€

3, rue de l'Ours
✆ 03 88 54 34 44
Ouvert du mardi midi au dimanche midi et soir. Terrasse.

La décoration est sobre, l'accueil chaleureux. Le lieu est idéal pour passer un moment agréable, en famille ou entre amis à prix raisonnables. Vous vous régalerez de tartes flambées, baeckeofe et autres spécialités alsaciennes dont un estomac de porc farci, de moins en moins facile à trouver au restaurant. Gros point fort : les pâtisseries proposées au dessert sont toutes faites maison mais surtout très bien réalisées. Pour vos fêtes de famille et événements privés, le lieu peut être réservé en intégralité et un menu sur mesure vous sera concocté.

HOSTELLERIE AU CYGNE €€

3, rue du Sel
✆ 03 88 94 00 16
www.hostellerie-cygne.com
Fermé le mardi et mercredi toute la journée ainsi que le dimanche soir. Menus de 38 à 48 €.
Menu enfant 14 €.

Dans cette magnifique bâtisse du XVIIe siècle, le décor est coquet et les belles boiseries offrent un cadre agréable, à la taverne traditionnelle et au restaurant. Vous vous attablerez pour savourer des plats concoctés par le chef Francis Hertrich. Les propositions variées avec les saisons et ses envies mais il est toujours un as des sauces qui accompagnent les plus belles pièces de viande qu'il sélectionne. Pour prolonger le plaisir, réservez une chambre rustique et traditionnelle ou bien une suite cosy ultra équipée pour une escapade romantique à deux.

RESTAURANT À LA ROSE €€

66, rue des Forgerons
SEEBACH-NIEDERSEEBACH
✆ 03 88 94 75 40
www.rose-seebach.fr
Ouvert tous les jours midi et soir, sauf le mardi et lundi soir en période hivernale. Terrasse. PMR.

Le restaurant a pris ses quartiers dans une maison typique de ce charmant village alsacien. La cuisine servie est en majorité issue des traditions alsaciennes, inspirée des goûts et des saveurs d'autrefois, imprégnée des tendances d'aujourd'hui. Mais ne manquez pas les spécialités de Tania : pelminis maison (ravioles à la russe farcies de viande hachée et de fromage blanc) et variéniquis (ravioles russes farcies à la purée de pomme de terre, crème fraîche). En été, on profite avec bonheur d'un repas qui se prolonge sur la belle terrasse ensoleillée.

RESTAURANT LA MIRABELLE €€

3, rue du Général Leclerc
✆ 03 88 54 33 41
Ouvert du mardi au vendredi midi et soir, samedi et dimanche midi.

Dans ce restaurant, vous trouverez des grands classiques : brochette et côtes d'agneau, escalope de veau, mais aussi des plats à base de poissons et de fruits de mer, ainsi que de nombreuses salades composées. Pizzas et tartes flambées complètent l'offre. L'originalité de la carte porte sur les formules : « express » si vous êtes pressés ou au feu de bois... Quelques desserts compléteront votre repas. La spacieuse terrasse est bien agréable aux beaux jours. Le décor est contemporain et sobre. La salle est spacieuse et c'est appréciable.

RESTAURANT AU PONT M €€€

3, rue de la République
✆ 03 88 63 56 68
www.aupontm.com
2 Fourchettes Guide Michelin et 1 Toque Gault & Millau. Ouvert du mercredi midi au dimanche midi. Menu bistrot 25 €.

Dès votre arrivée, Maud Meyer la gérante du restaurant, vous accueille chaleureusement. Ses conseils avisés, tant au niveau des plats que de l'accord mets et vins sont judicieux. À moins que vous n'optiez pour un menu Bistrot ou le menu composé par le chef Philippe, son mari, qui réalise des plats de viandes, de poissons et de crustacés... Il apporte un soin particulier à la présentation des mets. La décoration à l'intérieur est sobre et raffinée et la terrasse, à l'arrière du restaurant, vous ouvre ses bras dès les beaux jours.

PÂTISSERIE REBERT - SALON DE THÉ

7, place du Marché-aux-Choux
✆ 03 88 94 01 66 – https://patisserie-rebert.fr
Ouvert du mardi au vendredi de 7h30 à 18h30, samedi de 7h à 18h, dimanche et jours fériés de 8h à 18h. Terrasse.

Le salon de thé offre trois salles et une terrasse couverte. Vous avez la possibilité de déjeuner sur place ou commander une prestation traiteur. À la carte, des pâtisseries ou des créations salées, comme des pâtés en croûte ou des marbrés au foie gras et à la pistache. Verrines, quiches, petites brioches fourrées complètent la gamme proposée. Par ailleurs, le maître pâtissier réalise des bonbons de chocolats. Enfin, l'établissement propose aussi des cours de pâtisserie.

LA BOÎTE À BISCUITS

40, rue Nationale
✆ 03 88 94 00 50
http://boite-biscuits.com/fr
Ouvert du mardi au samedi de 9h30 à 18h30.

Sur quels critères choisir sa confiture préférée à La Boîte à Biscuits parmi les différentes sortes proposées ? Il y a plusieurs gammes à tartiner, à mettre dans un laitage ou pour accompagner viandes et fromages : sucrées-salées, insolites, fruitées, gourmandes, chocolatées, saisonnières, spéciales fêtes ou les extras. Côté biscuits, il y a aussi du choix : sablés, macarons, truffes, meringues... Cette boutique ne propose que des produits artisanaux, réalisés en famille. Comme la boutique est aussi un salon de thé, venez goûter sur place !

BRETZEL AIRLINES

12, place de la République
✆ 03 88 90 79 44
www.bretzelairlines.com
Ouvert du mardi au vendredi de 10h à 12h15 et de 14h à 18h30, samedi de 10h à 12h30 et de 13h30 à 18h30.

Le concept de Bretzel Airlines ? Surfer sur l'imagerie alsacienne et l'humour. Sur différents types de supports, l'Alsace se décline, avec ses spécificités, ses emblèmes ou ses jeux de mots. La marque évolue régulièrement, déposant les nouveaux motifs sur des mugs, casquettes, sacs et nombreux autres accessoires. Le magasin idéal pour trouver une multitude d'idées cadeaux, souvenirs ou pour dénicher l'article original, qui correspond à votre personnalité. La boutique en ligne permet de choisir, de commander tranquillement et de se faire livrer.

CLEEBOURG-BREMMELBACH

Cleebourg, la ville (Bourg) du trèfle (Klee), s'enorgueillit de son blason reflétant le sens de son nom. Ses coteaux idéalement exposés sont couverts de vignes depuis le VIIIe siècle. La réputation de ses bons vins perdure depuis lors. Une terre très appréciée par ses différents maîtres, comme un temps, les princes de Suède. Le bourg fut entièrement détruit au XVIIe siècle pendant la guerre de Trente Ans, à l'exception du moulin du château. Les jolies demeures visibles aujourd'hui sont donc toutes postérieures à cette époque. On appréciera les nombreux départs de randonnée sur les collines alentour dont les méandres et reliefs séduisent les plus sportifs.

LE SENTIER VITICOLE

Au départ du parking de la Cave Vinicole de Cleebourg
✆ 03 88 94 50 33
Visite libre toute l'année, hors période de vendanges. Gratuit.

Ce sentier de balade est le plus septentrional des sentiers viticoles. Accessible librement, il débute au niveau du lieu-dit du Pfeiffersberg à proximité de la Cave coopérative de Cleebourg pour une balade d'une longueur de 4,6 km. Le sentier marque le début de la Route des Vins d'Alsace. Des panneaux explicatifs jalonnent l'itinéraire accessible aux marcheurs de tous niveaux. Si vous souhaitez plus d'explications sur le site, un dépliant-carte peut être acquis auprès des offices de tourisme de Wissembourg et de Hunspach, ou tout simplement à la Cave de Cleebourg.

GÎTE CHEZ CHRISTINE €€

21, rue Principale
✆ 03 88 94 54 09
www.gitechristine67.fr
Chambre double : 75 € la 1re nuit, 65 € la suivante.
Chambre simple : 65 € la 1re nuit, 58 € la suivante.

Vous serez très bien accueillis dans ce gîte situé dans le charmant village viticole de Cleebourg. Les chambres, confortables et joliment décorées, sont installées dans l'une des ailes de la maison à colombages. Il y a possibilité de cuisiner et de prendre vos repas sur place, dans une cuisine très bien équipée. Christine et Patrice Strasser vous donneront de nombreux conseils avisés pour visiter le coin et manger des plats de qualité. Motards pendant leur loisir, Christine et Patrice vous prêteront leur atelier et outils si votre bécane a besoin d'un tour de vis.

BAS-RHIN

GÎTE VIGNOBLE DE CLEEBOURG**** €€

84, rue Principale
✆ 03 88 94 57 00

Ouvert toute l'année. Gîte (170 m2) pour 10 pers. Tarifs détaillés sur demande. Jardin, terrasse, barbecue, piscine

Conçu pour accueillir 10 personnes, le Gîte du Vignoble de Cleebourg se prête aux réunions familiales ou amicales tout au bout de la Route du Vin dans une authentique propriété alsacienne avec vaste terrasse semi-couverte et sérénité assurée au bord de la piscine privée. Le propriétaire de cette belle adresse est un ancien maître de chai de la Cave de Cleebourg. Vous voici donc à la bonne adresse pour villégiaturer en tout confort avec la certitude de découvrir les bons vins du coin !

HÔTEL-RESTAURANT KEIMBERG*** €€

86, place du Tilleul ✆ 03 88 90 18 29
www.keimberg.fr

13 chambres et suites. Chambre double à partir de 79 €. Restaurant. 2 terrasses. Piscine chauffée. Location de VAE.

Dans une bâtisse du XIXe siècle entièrement rénovée, ce charmant hôtel propose des chambres et suites décorées dans un esprit bohème chic pouvant héberger jusqu'à 6 personnes. Les enfants disposent en outre d'une salle de jeu. Piscine extérieure chauffée sertie dans une vaste terrasse équipée de chaises longues, Weinstub avec bar et cheminée bien agréable dès les premiers frimas. Côté restaurant, on se régale d'un jarret de porc sur lit de choucroute et de tartes flambées (le soir).

CAVE COOPÉRATIVE VINICOLE DE CLEEBOURG

Route du Vin
✆ 03 88 94 50 33
www.cave-cleebourg.com

Lundi au samedi 8h-12h, 13h30-18h. Dimanche, jours fériés 10h-12h, 14h-18h. Œnotourisme cf site web. Boutique en ligne.

La cave vinicole de Cleebourg dispose d'un large panel de vins de qualité : pinot gris, pinot noir, gewurztraminer, riesling, auxerrois... Des vins locaux, vinifiés sur place et issus des vignes qui s'étendent sur les 189 hectares alentour. En complément, le domaine propose, par ailleurs, un parcours découverte des vignes et des vins : visite des installations de la cave vinicole avec une présentation de la vinification des vins et crémants d'Alsace.

HUNSPACH

Laissez-vous séduire par Hunspach, élu village préféré des Français en 2020 et labellisé parmi les Plus Beaux Villages de France. De jolies maisons à pans de bois et colombages, blanchies à la chaux et serrées les unes contre les autres, forment un ensemble adorable. Là, le temps semble s'être figé au début du siècle précédent. De fait, Hunspach abrite de nombreux bâtiments inscrits aux Monuments historiques : église, école, mairie, fermes... à découvrir en déambulant dans les rues du village. Alentour, les vergers et les champs offrent de nombreux sentiers de promenade. Pour ceux qui préfèrent être véhiculés, des balades en calèches sont possibles.

LE FORT DE SCHŒNENBOURG ★★

Rue du Commandant Martial Reynier
✆ 03 88 80 96 19 - www.lignemaginot.com

D'avril à novembre, du lundi au samedi 14h-16h ; le dimanche 9h30-11h et 14h-16h (et l'été). Adulte : 9 €. Enfant : 5 €.

Le fort de Schoenenbourg est le plus important ouvrage d'artillerie de la ligne Maginot visitable en Alsace : près de 3 km de galeries, à une profondeur moyenne de 22 mètres sous la surface du sol reliant 6 blocs dispersés sur plusieurs hectares et comprenant cuisine, usine de production électrique, centrale de filtrage de l'air, caserne, infirmerie, poste de commandement, bloc de combat avec tourelle équipée de canons. La découverte continue à l'extérieur du bâtiment militaire avec un parcours jalonné de pancartes didactiques. Visite guidée accessible aux PMR.

TOTAL JUMP

Plage des Mouettes - **LAUTERBOURG**
✆ 07 89 65 76 29
www.total-jump.fr

Juin à septembre, du lundi au vendredi, 13h-19h ; samedi, dimanche, jours fériés, 10h-19h. 10 € à 22 € la 1re heure.

Rafraîchissez-vous à Total Jump ! Sur l'Aqua-Park, grimpez, sautez, plongez, glissez... grâce à des modules gonflables géants. Sur le Water Jump, ce seront des descentes en bouée, toboggan et tremplin pour se propulser en l'air et atterrir dans l'eau. Les plus motivés pourront se lancer des défis, faire la course, ou simplement s'amuser entre amis ou en famille. Et quand vous vous serez bien défoulés, vous pourrez vous détendre au plan d'eau et vous restaurer sur le site. L'ensemble des activités est sous la surveillance d'un maître-nageur.

BAS-RHIN

OFFICE DE TOURISME DU PAYS DE SELTZ-LAUTERBOURG

21, rue de la Première-Armée
LAUTERBOURG
✆ 03 88 05 59 79
www.tourisme-pays-seltz-lauterbourg.fr
Ouvert du lundi au vendredi de 9h à 12h.

Vous trouverez ici grâce au professionnalisme et à la parfaite connaissance de la région des employés de l'office de tourisme tous ce qu'il faut pour partir sereinement à sa découverte, tous les bons plans, toutes les animations et activités. Vous pourrez également y prendre connaissance des randonnées et autres distractions de plein air et récupérer une multitude de prospectus répertoriant tout ce qu'il y a à faire dans le secteur de ce beau pays verdoyant et pétri d'Histoire.

DANIEL ROTH BALADE EN CALÈCHE

66, rue Principale
✆ 03 88 80 50 91
Visite guidée du village, sur réservation.

Daniel Rott vous conduit pour une balade dans les rues de ce village typiquement alsacien ou dans le vignoble tout proche. Installés sur les bancs de la calèche, vous profiterez d'une escapade de deux heures qui vous laissera tout le temps d'admirer le paysage. Que ce soit dans le cadre d'un mariage, d'un anniversaire, pour le plaisir d'une virée ou pour assurer des défilés, confiez-lui vos attentes et Daniel Rott vous concoctera un parcours sur mesure.

DISTILLERIE ARTISANALE HOEFFLER

17, rue des Jardins - **LOBSANN**
✆ 03 88 80 45 79
www.distillerie-hoeffler.com
Visites guidées de la distillerie et accès à la boutique sur rendez-vous. Visite guidée. Boutique. Animations.

Pour tout comprendre du mode de distillerie, suivez Marc Hoeffler ! Vous apprendrez tout de la double distillation, une technique de distillation ancienne, qui permet d'obtenir des eaux-de-vie parfumées. Les alambics à cloches, datant de plusieurs générations, s'alignent contre le mur. Le charme de l'ancienne tradition plane dans la salle de distillation, avec les paniers en osier et les fûts en chêne... Après cette découverte, faites un tour à la boutique.

MAISON UNGERER**** €€

3, route de Hoffen
✆ 03 88 80 59 39
www.maison-ungerer.com
6 gîtes et 3 chambres d'hôtes (de 2 à 5 pers.). Capacité totale 35 lits. De 335 € à 540 € la semaine. Jardin. Boutique.

Les gîtes de la Maison Ungerer vous accueille le temps d'un week-end ou pour un plus long séjour. L'hébergement a gardé la typicité alsacienne : la grande cour de ferme, les colombages, la décoration, avec un authentique poêle en faïence... Profitez de la quiétude du jardin et du confort des pièces bien aménagées. De plus vous aurez accès aux jeux pour les enfants, à une table de ping-pong, bibliothèque, lingerie et barbecue. A proximité, il y a un court de tennis, l'office de tourisme, une boutique, un centre d'équitation, une piscine, une discothèque...

PÂTISSERIE SALON DE THÉ FISCHER

52, rue Principale
✆ 03 88 80 42 36
Ouvert du lundi au vendredi de 5h à 12h30 et de 15h à 18h30 ; le samedi de 6h à 12h30 et de 14h à 17h.

Quand on fait du tourisme dans la région et que l'on veut déguster des ***bredele*** (les fameux petits gâteaux alsaciens) hors de la période traditionnelle de Noël, on fait un tour à Hunspach. Dans cette pâtisserie, vous en trouverez toute l'année ! Pour faire une pause rafraîchissante ou pour manger un petit quelque chose dans la journée, posez-vous un moment pour déguster une glace artisanale ou une pâtisserie maison. Bretzel géante en brioche, kougelopf, et tartes savoureuses...

BOUTIQUE KELSCH'IDÉE

76, rue Principale
✆ 03 88 80 53 67
Ouvert sur demande : téléphoner avant de passer à la boutique. Simone peut également vous faire visiter le village.

Simone vous invite à entrer dans son univers fait de lampes, de petits cœurs en kelsch (tissu en lin à petits carreaux bleus ou rouges, typique de l'Alsace), mais aussi de poteries, coussins, savons, dentelles, rubans, nappes... Sur les étagères trônent des pots de confiture et des breuvages aux fruits. Certaines créations sont réalisées par Simone, mais elle laisse aussi une place aux artisans du coin, ce qui permet de proposer une gamme complète d'objets décoratifs. La boutique abrite un petit musée d'objets et de vêtements alsaciens.

BAS-RHIN

LEMBACH ★

Classée depuis 2010 Station Verte de vacances, Lembach offre plusieurs prestations liées à l'écotourisme : hébergements, commerces, baignades..., pratiqués et organisés dans le respect du développement durable et des mobilités douces. Le village conserve de très nombreuses maisons à pans de bois et colombages. Sur le ban communal relativement étendu se trouvent les ruines de l'imposant château du Fleckenstein ainsi que l'ouvrage du four à chaux de la Ligne Maginot, système défensif de la Seconde Guerre mondiale. Chaque été revient la Semaine des charbonniers, portée par l'association Les Charbonniers du Fleckenstein : l'occasion de découvrir le métier.

CHÂTEAU FORT DU FROENSBOURG

✆ 03 88 90 77 50
www.chateauxfortsalsace.com

La tour d'habitation sur le rocher Sud appartenait vers la fin du XVe siècle aux Fleckenstein. La porte d'entrée date de 1481. Le grand château recouvrait alors l'ensemble du rocher Nord. Il comportait, au niveau supérieur, un donjon du côté de l'attaque à l'extrémité Nord, avec logis en enfilade vers le Sud. Aux niveaux intermédiaire et inférieur se situaient les communs et dépendances en pan de bois, complétés par des aménagements troglodytiques.

CHÂTEAU DE FLECKENSTEIN ★★★★

Lieu-dit Fleckenstein ✆ 03 88 94 28 52
www.fleckenstein.fr

Ouvert du 26 mars au 6 septembre tous les jours de 10h à 17h30 et jusqu'à 18h en juillet/août.

Au nord de la D662 et de Philippsbourg, émergeant de la dense et verte forêt des Vosges du Nord, se dresse le plus incroyable des châteaux forts bâtis dans la région : le Fleckenstein. Protégés du célèbre et puissant Empereur du Saint Empire germanique Frédéric Barberousse, dont l'une des capitales était Haguenau, les Fleckenstein érigent leur forteresse dès le XIIe siècle, gardienne de l'axe stratégique reliant Bitche à Wissembourg. Fondé sur un imposant rocher de grès rose de 120 m de long et de 20 m de large, le château conserve de son origine quelques salles troglodytes desservies par un escalier de pierre aménagé à l'époque romane. Dès sa construction, un ingénieux système de canalisations distribue les eaux de pluie stockées dans une citerne. Le Fleckenstein connaît plusieurs remaniements. En 1564, il est ravagé par un incendie. Il atteint son apogée au XVIe siècle quand deux branches de la famille y cohabitent dans la « paix castrale ». Au XVIIe siècle, les troupes du roi français Louis XIV le ruinent à coups de canon. La dynastie des Fleckenstein s'éteint en 1720. Passant de mains en mains, le château est finalement acquis par le syndicat d'initiative de Lembach en 1958. Ouvert à la visite, il se gagne à pied, depuis un parking un peu en contrebas. Les familles pourront suivre un parcours ludique composé d'une vingtaine de jeux divertissants durant trois heures environ. Parvenu au sommet de la roche, dont l'éperon semble la proue d'un navire naviguant sur la forêt, vous apprécierez le panorama ouvert sur 360°.

LE FOUR À CHAUX - OUVRAGE DE LA LIGNE MAGINOT ★★

Schmelzer Weiher ✆ 03 88 94 48 62
www.lignemaginot.fr

Horaires de visites variables selon les saisons, consulter le site Internet. Tarif adulte : 8 € ; étudiant : 6 €.

Érigé entre 1930 et 1935, cet ouvrage dont le nom provient d'un ancien four à chaux construit à proximité, est l'un des plus imposants de la ligne Maginot. Les quatre kilomètres de galeries descendent jusqu'à 30 mètres sous la terre. Ils pouvaient accueillir plus de six cents hommes. Les visiteurs se familiariseront peu à peu avec les conditions de vie de ces soldats qui foulèrent le sol avant eux en visitant leurs dortoirs, leurs sanitaires, leurs cuisines ou encore leur infirmerie.

LE MOULIN À HUILE

13, Annexe Pfaffenbronn
✆ 03 88 94 24 23

Accueil et visite sur demande. Visite guidée Boutique.

Le propriétaire de ce moulin construit, comme la ferme, au XIXe siècle, Chrétien Jamin, vous expliquera les étapes de la fabrication de l'huile en vous faisant une démonstration. Passionné et passionnant, Chrétien ponctue sa démonstration avec quelques anecdotes. Mieux encore, si vous en avez, apportez vos cerneaux de noix : vous aurez le plaisir de les voir broyés et transformés sous vos yeux. Laissez-vous chatouiller les narines par la bonne odeur ! Des bouteilles d'huiles de colza et de noix sont commercialisées sur place.

SENTIER TRANSFRONTALIER FRANCO-ALLEMAND « DE CHÂTEAU EN CHÂTEAU »

✆ 03 88 90 77 50

www.tourisme-nordalsace.fr

La vallée de la Sauer relie les Vosges du Nord au Palatinat allemand, sinuant dans un paysage idyllique de forêts où le grès a permis la construction d'édifices perchés sur des éperons rocheux. Ce magnifique circuit transfrontalier vous permettra de découvrir de nombreux châteaux forts : l'occasion de faire une randonnée inoubliable pour tous les amateurs d'histoire et de paysages époustouflants. Renseignez-vous auprès de l'Office de Tourisme pour connaître les différents itinéraires.

OFFICE DE TOURISME SAUER-PECHELBRONN

2, route de Bitche

✆ 03 88 86 71 45

www.tourisme-nordalsace.fr

Horaires variables selon les saisons, appeler ou consulter le site Internet.

Découvrez ici, grâce au professionnalisme et à la connaissance des employés, tous les bons plans de la région pour y séjourner agréablement, profiter au maximum des différentes activités proposées et de l'impressionnant maillage de sentiers balisés parcourant la région. Des sentiers transfrontaliers complètent le réseau et une vaste gamme de forfaits touristiques est proposée que vous soyez mélomane, gourmand, amateur d'artisanat, de nature ou même d'architecture militaire.

CAMPING DU FLECKENSTEIN** €

À 20 km de Wissembourg et à 4 km du centre du village de Lembach. ✆ 03 88 94 40 38

www.lembach.fr/camping

Ouverture de fin mars à début octobre.
Étang de baignade l'été.

Ce camping deux étoiles de deux cents places vous accueillera sur un terrain plat, bordé de grands sapins et de chênes. À 50 mètres, l'étang du Fleckenstein permet de pratiquer la pêche sportive ou de loisir, ou de se baigner. Un des rivages est aménagé pour vous permettre de profiter au maximum des joies de la belle saison. Une buvette avec terrasse vous proposera ses petits plats à déguster les pieds dans l'eau. La forêt toute proche permet de nombreuses escapades nature.

HÔTEL AU HEIMBACH** €€

15, route de Wissembourg

✆ 03 88 94 43 46

www.hotel-au-heimbach.fr

Chambre double de 78 € à 115 €.
Demi-pension possible.

Excellent point de départ pour rayonner à pied, à bicyclette ou en voiture dans cette séduisante partie des Vosges du Nord, l'hôtel Au Heimbach, hôtel familial de charme et de caractère avec ses colombages et ses tourelles, vous accueillera dans ses chambres à l'atmosphère cosy. Elles sont très agréables avec leur mobilier en bois et leurs murs de couleurs claires. Certaines disposent d'un balcon et d'une baignoire. Cet établissement vous permettra de profiter de nombreuses découvertes gastronomiques car il est partenaire du Cheval Blanc tout proche.

AUBERGE DU PFAFFENSCHLICK €€

Col du Pfaffenschlick - **CLIMBACH**

✆ 03 88 54 28 84

www.pfaffenschlick.com

Ouvert du mercredi au dimanche, midi et soir.
Menus de 29,50 € à 37 €. Carte : 25 € environ.

La famille Séraphin est à la tête de cet établissement depuis 1928. Cheminée ouverte et décor de relais forestier donnent une touche chaleureuse lorsque l'on s'attable pour déguster une cuisine traditionnelle alsacienne. Des petits plats sont servis les après-midi en fin de semaine. Pour les fêtes de famille, l'établissement compose des menus sur mesure, selon vos envies. L'établissement propose également un séjour de plusieurs jours dans un appartement de vacances pour 2 ou 3 personnes.

RESTAURANT À L'ARBRE VERT €€

2, route de Wingen

✆ 03 88 94 41 01

Ouverture lundi et mardi midi et du jeudi au dimanche, midi et soir.

Dans une jolie maison à colombages du XVIIe, la famille Gerlinger vous reçoit dans son restaurant traditionnel où l'on peut manger des plats immémoriaux servis avec générosité alors qu'une pendule murale égrène les heures. On vous servira par exemple en automne le faisan aux raisins sur rôties et pendant toute l'année le canard à l'orange, spécialité de Christian, le fils de la maison qui œuvre en cuisine. Les desserts et les glaces sont également faits maison.

BAS-RHIN

AUBERGE DU CHEVAL BLANC €€€

4, rue de Wissembourg ✆ 03 88 94 41 86
www.au-cheval-blanc.fr
Hôtel et restaurant étoilés.
Table ouverte le mercredi soir et du jeudi au dimanche de 12h à 13h30 et de 19h à 21h.

Les chambres incroyables, le spa, le bâtiment historique, le fumoir et ses confortables fauteuils club, la salle de séminaire, l'agréable véranda… Autant de choses qui font de cette auberge l'une des plus renommées d'Alsace. Le Chef propose un menu surprise composé de 7 plats. Pour l'accord avec les vins, le sommelier saura satisfaire les plus exigeants, la cave renfermant plus de 600 références. Pascal Bastian vous propose aussi de passer derrière les fourneaux en participant à ses cours de cuisine : la formule comprend le cours, le repas et une nuit à l'hôtel.

HÔTEL RESTAURANT RITTER HOFT** €€

23, rue Principale
✆ 03 88 54 07 37
www.ritterhoft.com
Chambres de 86 € à 96 € la nuit.
Pension et demi-pension.

Le Ritter Hoft propose 16 chambres de grand confort, baignées de lumière du jour et décorées avec goût, avec salle de bains privative. L'établissement offre des formules à prix réduits pour les séjours en cure thermale. Il dispose d'espaces réservés aux séminaires. La demi-pension comprend : la nuitée en chambre tout confort, un menu à trois plats le soir ou à midi ainsi que le buffet du petit déjeuner. C'est une bonne occasion pour tester ce très bon restaurant !

MORSBRONN-LES-BAINS ★

Comme à Merckwiller-Pechelbronn, c'est par hasard, lors d'un forage pétrolier en 1904, qu'une source thermale, riche en chlorure de sodium et en calcium qui jaillissait à 44 °C, a été découverte. Aujourd'hui, ce sont deux autres sources à 38,9 °C et 41,9 °C qui viennent alimenter la station thermale qui accueille notamment les patients souffrant de fibromyalgie, mais également d'arthrose, de rhumatismes inflammatoires ou de séquelles de traumatismes ostéo-articulaires. Des cures « bien-être » et des soins sont également proposés. Renseignements concernant la commune au syndicat d'initiative, à la mairie de Morsbronn : 03 88 09 30 18.

LA SOURCE DES SENS*** €€€

19, route de Haguenau
✆ 03 88 09 30 53
www.lasourcedessens.fr
Logis de France d'exception. 32 chambres.
Demi-pension. PMR

Luxe, calme et volupté définissent cet endroit d'exception. Chaque chambre dévoile une originalité propre, révèle l'âme d'un lieu pensé dans les moindres détails pour vous offrir le confort d'un cocon intime et précieux. Le passage depuis l'atmosphère feutrée et raffinée de votre chambre à celle apaisante et sensorielle du spa se fait tout naturellement. Sur 2 000 m², vous vous ressourcerez, que ce soit dans la piscine chauffée ou dans un jardin sensoriel et aromatique. Soins et massages complètent la gamme des plaisirs du corps et des sens.

DIDI'LAND

1, route de Gunstett
✆ 03 88 09 46 46
www.didiland.fr
Ouvert tous les jours de 10h à 18h à partir d'avril.
Adulte 21,50 €, enfant 20 €.

Ici il y en a pour tous les goûts : attractions à sensations, pour tous les âges et pour toute la famille ! Et on n'oublie pas les tous petits ! Ces derniers aimeront tout particulièrement l'Arbre Magique. Didi'Land innove avec le cirque ambulant rodéo et l'Apollo side car… On vous laisse découvrir par vous-même. Après toutes ces sensations, il est possible de manger sur place au self-service ou de pique-niquer sur les espaces aménagés. Et pour combler les petits creux vous pourrez aller au snack, à la buvette ou chez le glacier.

VALVITAL MORSBRONN-LES-BAINS

12, route de Haguenau
✆ 03 88 09 84 93 – www.valvital.fr
Ouvert du lundi au samedi de 9h à 12h30 et de 13h30 à 17h. Saison thermale de mars à décembre.

Les eaux thermales de Morsbronn viennent de la source des Cuirassiers à 38,9 °C puisée à 400 m de profondeur, et de celle de Saint-Arbogast, à 41,9 °C, puisée à 670 m. Les cures soignent spécifiquement l'arthrose, la fibromyalgie et le stress post-traumatique ou lié à un cancer du sein. Une cure santé de 6 ou 12 jours est disponible ainsi que des soins du corps spécifiques. Le spa thermal est ouvert à tous, vous pourrez profiter tranquillement de la piscine thermale ou bien du hammam.

WOERTH

La petite ville de Wœrth est assurément bien plus célèbre pour la bataille du 6 août 1870 qui attire encore beaucoup de passionnés en pèlerinage que pour son passé médiéval, pourtant bien présent grâce à son château, entre autres. Il a été édifié au début du XIVe siècle par Wernher de Bolanden, prévôt de Saint-Victor près de Mayence et a été reconstruit au XVIe siècle par la famille des Deux-Ponts-Bitche de Lichtenberg. Vous observerez à l'arrière une belle façade Renaissance avec un grand balcon et un oriel en grès rose sur lequel sont sculptés les profils du comte Jacques Ier et de son épouse Catherine de Honstein avec la date 1555.

MUSÉE DE LA BATAILLE DU 6 AOÛT 1870 ★

2, rue du Moulin
✆ 03 88 09 30 21
www.webmuseo.com/ws/musee-woerth
Ouvert de 14h à 17h du mercredi au vendredi et de 14h à 18h le week-end. Tarif : 5 € ; gratuit pour les jeunes.

Le musée présente chronologiquement la bataille du 6 août 1870 avec des thématiques sur les turcos et les zouaves, l'infanterie, la cavalerie et l'artillerie. Le public peut ainsi mieux comprendre les enjeux de la guerre de 1870 et remonter l'histoire grâce aux armes, uniformes et objets du quotidien du soldat, trouvés pour la plupart sur le lieu de la lutte. Le propos du musée s'achève sur la réconciliation franco-allemande et la construction de l'Europe.

RESTAURANT LA CHAUMIÈRE €€

25, route de Lembach ✆ 03 88 09 30 06
Ouvert du lundi au jeudi le midi, vendredi et dimanche midi et soir ; samedi soir. Menu unique à 19 €.

À la Chaumière, vous découvrirez toute une incroyable palette de saveurs, composée en fonction des produits de saison car tout est local, frais et fait maison. On ne se lasse jamais de goûter à l'incroyable créativité du chef qui réinvente sans cesse sa carte pour que vous puissiez toujours découvrir de nouvelles saveurs et ne jamais vous lasser. À la belle saison, la terrasse accueillante permet de profiter agréablement des rayons chauds du soleil pour se restaurer en profitant de la vue. Le service est tout bonnement excellent !

RESTAURANT LA PÉPINIÈRE €€

11, rue de la Pépinière ✆ 03 88 09 30 79
www.restaurantlapepiniere.fr
Ouvert jeudi 10h-18h, vendredi-samedi 10h-18h et 19h-21h30, dimanche 9h-18h

Dans ce très beau et très bon restaurant, on utilise des produits frais issus de la production personnelle ou des fournisseurs alentour. Les plats varient souvent mais sont toujours très travaillés et inventifs. Bistro chic, table du quotidien et cuisine gastronomique, La Pépinière vous dévoile ses multiples facettes dans un écrin des plus agréables. Olivier Fuchs est un passionné inclassable qui marie les inspirations, les expériences et un zeste de folie. Goûtez sans hésiter à son vacherin glacé, l'une de ses spécialités, il est divin même si on n'a plus faim !

NIEDERBRONN-LES-BAINS ★

La tradition thermale est ancienne et n'a été que brièvement interrompue à Niederbronn : les thermes gallo-romains et l'établissement thermal construit par le comte de Hanau-Lichtenberg en témoignent. Sous l'égide de la famille de Dietrich, Niederbronn devint à partir du XVIIe siècle un important centre métallurgique. De nombreuses empreintes architecturales, que les circuits de visite permettent d'apprécier, illustrent ce passé. L'eau minérale naturelle Celtic, produite localement depuis le pompage à la commercialisation, est l'eau la moins minéralisée de France et Niederbronn est un lieu privilégié pour la remise en forme et les soins du corps.

ABBAYE CISTERCIENNE ✝

11, rue Principale
STURZELBRONN
✆ 03 87 06 20 15
Ouvert toute l'année. Tous les jours. Visite libre de l'extérieur. Visite guidée (sur demande uniquement).

Fondée par saint Bernard de Clairvaux en 1135, l'ancienne abbaye fut le lieu de sépultures de plusieurs ducs de Lorraine. Il en reste aujourd'hui encore le grand portail, le pilori, les armoiries de l'un des 45 abbés, le tympan de l'ancienne église abbatiale, la grotte-cellier et la glacière des moines. Le plus surprenant est le fameux calendrier perpétuel en pierre, unique en France, qui servait à déterminer la date de Pâques. Une statue de saint Bernard de Clairvaux fut érigée en 1935, à l'occasion du 800e anniversaire de la fondation de l'abbaye.

ANCIENNE USINE D'ÉLECTRICITÉ

24, rue à l'Ancienne Gare

L'Elektrizität Werk fut terminée en 1900. Avec son grès et son architecture gothique remarquable, ce bâtiment fait penser au premier abord à un petit château médiéval. Son principal attrait tient à l'application de ce style à un contexte industriel. Après sa rénovation en 1993, l'édifice fut intégré au centre de secours de la ville. Il est classé Monument Historique. Si l'usine a cessé son activité en 1927, vous pourrez aujourd'hui toujours l'admirer, de l'extérieur seulement…

CHÂTEAU DE LA WASENBOURG

Accès à partir de la route départementale 1062, à la sortie de Niederbronn.

De son passé militaire, le château, érigé sur la colline du Riesberg, conserve l'énorme mur bouclier dressé face à la montagne qui faisait office de donjon. Une magnifique baie gothique, composée de neuf lancettes surmontées de rosaces ajourées signale l'habitat du seigneur. Le château de la Wasenbourg, comme ailleurs d'autres châteaux alsaciens, tombera en 1677 au cours de la campagne de « pacification » de Louis XIV. L'écrivain Goethe s'y promena et y admira la vue sur la plaine alsacienne. On doit à l'association Les Amis de la Wasenbourg l'entretien du site.

MAISON DE L'ARCHÉOLOGIE DES VOSGES DU NORD ★

44, avenue Foch ✆ 03 88 80 36 37

www.musee-niederbronn.fr

Ouvert 1/03 au 31/10, mercredi, jeudi, vendredi et le 1er dimanche du mois de 14h à 17h. Fermé les jours fériés.

La Maison de l'Archéologie propose un panorama des recherches archéologiques dans le Nord de l'Alsace, de la Préhistoire à l'ère industrielle. Les objets trouvés sur les anciens sites thermaux où dans un sanctuaire de Mercure attestent de la présence gallo-romaine. Les châteaux forts sont également évoqués par des jeux de société. Les vestiges des forges de Jaegerthal tous proches témoignent de la naissance et du développement important de l'industrie métallurgique dans la région.

COUVENT DES SŒURS DU TRÈS SAINT SAUVEUR €

2, rue Principale - **OBERBRONN**

✆ 03 88 80 84 50

www.maison-accueil-oberbronn.com

57 chambres. Chambre double à partir de 39 €. Pension complète : 64 €. 1/2 pension : 52 €. Petit déjeuner inclus.

Fondé au XIXe siècle, le couvent offre un espace de quiétude propice aux rencontres et aux échanges. Toutes les chambres sont équipées d'une salle de bain privative, avec douche ou baignoire, lavabo et WC. Vous pourrez méditer et vous ressourcer, partir à la découverte de la région, le tout à petit prix. Pour vous restaurer, l'établissement propose déjeuners et dîners, paniers repas et buffets. Le chef proposera également des menus adaptés à toutes les occasions.

HÔTEL-RESTAURANT MULLER €€

16, avenue de la Libération

✆ 03 88 63 38 38 – www.hotelmuller.com

Chambre double à partir de 90 € ; suite à partir de 159 €. Pension complète. Demi-pension. Petit déjeuner buffet : 11 €.

Christine Rauch et Pierre Muller vous accueillent dans des chambres grand confort ou dans des suites façon loft, dans lesquelles vous pourrez vous prélasser dans une baignoire balnéo. Les baies vitrées de la piscine intérieure s'ouvrent en été sur le magnifique parc. L'espace Spa Galéo, ouvert également aux non-résidents, vous propose sur ses 400 m^2 zen de pierre et de bois dédiés au bien-être et à la détente, sauna, hammam, salles de fitness… Des professionnels de l'esthétique proposent des soins du corps et du visage en complément.

JARDINS DE LA FERME BLEUE €€

21, rue Principale - **UTTENHOFFEN**

✆ 03 88 72 84 35

www.jardinsdelafermebleue.com

Gîtes de France (3 épis). 1 chambre double 85 €, petit déjeuner inclus. Visite du Jardin Remarquable, 4 €/adulte.

Les propriétaires Jean-Louis Cura, paysagiste, et Alain Soulier, créateur d'abat-jour, ont fait de ce jardin un havre de paix, classé Jardin Remarquable. Les 17 ares s'ornent à la belle saison de lauriers roses, glycines, rosiers, hortensias, pivoines, nénuphars, buis… Tout ici est enchanteur, y compris la chambre d'hôte sur le thème de la Belle au bois dormant et le salon de thé où l'on peut aussi bruncher les dimanches ou assister à des concerts de mai à septembre sur réservation.

VILLA LE RIESACK €€

Route de Jaegerthal
✆ 03 88 09 18 60
www.leriesack.fr
Prix en fonction de la spécificité de votre attente. Capacité : 30 à 42 personnes avec 17 chambres.

Pour un court ou long séjour, installez-vous dans cette magnifique maison de maître construite en 1912 par la famille de Dietrich, qui a marqué la vie économique alsacienne depuis plus de trois siècles. Dans ce bâtiment chargé d'histoire, les chambres, décorées avec goût, sont équipées de sanitaires individuels. Les pièces à vivre, salles à manger et de buffet, salles de travail et de musique avec piano, ou grande salle de réception, sont modulables... Le parc privé offre un havre de paix dans un écrin de verdure, avec des bancs de grès invitant à la méditation.

RESTAURANT LE CAVEAU DE L'ÉTABLE €€

43, rue du Général-de-Gaulle
✆ 03 88 09 62 02
www.aucaveaudeletable.fr
Maître Restaurateur. Ouvert mardi, mercredi et vendredi midi et soir ; samedi soir et dimanche midi.

Au cœur d'une ancienne ferme remise au goût du jour, contemporaine, de bons petits plats alsaciens sont mitonnés par Hélène Ober, maître restauratrice, qui ne choisit que des produits de saison en provenance des exploitations régionales. Vous trouverez ici tous les classiques de la région en version haut de gamme mais aussi quelques belles suggestions qui évoluent sans cesse. Le midi, le plat du jour est avantageux et presque tout peut se prendre à emporter.

AUBERGE AUX DEUX CLEFS €€

21, route de Bitche - **MERTZWILLER**
✆ 03 88 90 13 20
www.auberge-auxdeuxclefs.fr
Maître Restaurateur. Ouvert du jeudi au lundi le midi et le soir. Menus de 26 € à 38 €. Carte : 22 € environ.

Angela et Loïc Regnier ont rendu ce lieu chaleureux et accueillant, ce ne sont pas les nombreuses récompenses obtenues qui nous contrediront. La carte varie souvent car elle suit les produits frais et les saisons. Ici, vous pourrez goûter à des plats typiquement régionaux mais aussi issus de la tradition française. Chaque jeudi soir, il y a un immanquable : la bouillabaisse, spécialité du chef ! Les recettes sont créatives et suivent le rythme de la nature. Des soirées à thème sont régulièrement proposées et on peut profiter du gîte pour prolonger le plaisir.

RESTAURANT LES AKCIAS €€

35, rue des Acacias
✆ 03 88 09 06 25
www.les-akcias.fr
Menus de 32 € à 63 €. Terrasse. Animations. Ouvert le lundi et du jeudi au dimanche, midi et soir.

Ce restaurant met en avant la cuisine traditionnelle raffinée et généreuse. Inspirés du terroir, du Sud de la France et d'Italie, les plats sont savoureux et magnifiquement présentés. Parfait pour des repas originaux, le kota grill peut être privatisé pour des soirées raclettes, pierrades ou fondue. Le cadre est sobre et agréable, et le service est attentionné. Pour chaque plat vous sera proposé un accord mets et vins très travaillé, vous permettant de découvrir les meilleures bouteilles de la maison. Le dimanche, pensez au brunch, abordable mais très copieux.

RESTAURANT AU RELAIS DU BOIS €€

27, rue du Général-Leclerc - **MERTZWILLER**
✆ 03 88 90 31 31
www.relais-du-bois.fr
Ouvert mardi et dimanche midi ; du mercredi au samedi midi et soir.

Lucien et son fils concoctent de bons petits plats en s'inspirant de la région et en y ajoutant des petites touches secrètes pour les faire sortir de l'ordinaire. Les Labbé ont racheté ce restaurant en 1987 et l'ont changé petit à petit en établissement renommé dans toute la région. Depuis quelque temps, les fils suivent les pas de leur père, de Franck aux fourneaux à Steve au service. À goûter : le filet de poulet en cordon bleu Elsass, munster-jambon sauce crème et champignons.

WINSTUB ZUEM BUERESTUEBEL €€

9, rue de la République
✆ 03 88 80 84 26
www.winstub-zuem-buerestuebel.com
Ouvert mercredi midi et du jeudi au dimanche, midi et soir. Carte 19 €. Plat du jour : 9,50 €.

La Winstub Zuem Buerestubel propose un mélange de cuisine typiquement régionale et de suggestions variées s'ouvrant vers de nouveaux horizons, n'hésitant pas à sortir des sentiers battus. Le décor est très chaleureux. Dès la porte passée, on vous installe confortablement et on vous apporte l'apéritif. Ne manquez pas les fleischnagges maison avec leur sauce à la crème et aux lardons et au dessert le kougelhopf glacé maison au marc de gewürztraminer.

BAS-RHIN

LA CAVE ANWEILLER

10, rue de la République
✆ 03 88 80 39 04
www.vins-anweiller.com
Fermé le lundi toute la journée et mercredi après-midi.

On passe la porte pour entrer dans l'univers d'Anne-Marie : elle vous propose côté vins ses coups de cœur des domaines alsaciens des bières ou des paniers cadeau découverte. Une sélection de cognacs, armagnacs, rhums et whiskys ravira le palais des plus avertis. On trouve du côté de l'épicerie fine de bons produits du terroir : huiles, vinaigres, confits, chocolats, foie gras, tapenades, thés, confitures... Un coin de l'échoppe est réservé à la décoration et aux arts de la table. Ce rayon est source d'inspiration pour vos idées d'embellissement de vos dîners..

GUNDERSHOFFEN

Le site de la commune s'est formé à la suite de l'effondrement du fossé rhénan. Ce phénomène géologique explique la très grande diversité de terrains que Gundershoffen recouvre actuellement. Les pêcheurs trouveront leur bonheur au bord des étangs de la Breitmatt et de la Hardt. Gundershoffen est la seule ville du canton à faire l'accueil à quasiment toutes les confessions religieuses : lieu de prière pour le culte musulman, Salle du royaume pour la secte des Témoins de Jéhovah, ancien oratoire de l'église méthodiste, cimetière juif avec une synagogue, monuments protestants, catholiques et charismatiques...

DOMAINE DES BUFFLONNES

Chemin de la Forêt
UHRWILLER
✆ 07 87 51 32 64
www.domainedesbufflonnes.fr
Ouvert le vendredi de 18h à 19h ; le samedi de 9h à 12h.

En se promenant en lisière de forêt à Uhrwiller on peut croiser de drôles d'animaux... Des buffles ! Oui oui, ce sont bien des buffles, ou plus précisément des bufflonnes, qui vivent là, tranquillement en broutant l'herbe tendre. Ces vaches noires à caractère de cheval comme les qualifie l'éleveuse passent à la traite deux fois par semaine. Si leur lait est bien plus faible en quantité, il est néanmoins plus gras et bien plus protéiné que celui des vaches. Tomme, yaourt, faisselle, mozzarella, brie et glaces sont ainsi produits !

LA FABRIQUE À BRETZELS BOEHLI

14, rue des Genêts
✆ 03 88 07 16 75
www.lafabriqueabretzels.fr
Ouvert du mardi au samedi de 10h à 12h et de 14h à 18h ; dimanche de 14h à 18h. PMR

Partez à la découverte de l'un des plus importants sites de fabrication de bretzels en suivant un parcours ludique et interactif pour petits et grands, sur plus de 500 mètres carrés, vous plongeant dans les secrets de l'invention d'une des méthodes de fabrication du biscuit au siècle dernier. Pour les petits creux après la visite, vous pourrez en déguster sur place. Si vous préférez les manger ailleurs, la boutique propose de nombreux alsatiques et biscuits apéritifs à emporter.

CASINO BARRIÈRE DE NIEDERBRONN

10, place des Thermes
✆ 03 88 80 84 88 – www.lucienbarriere.com
Ouvert toute l'année. Du dimanche au jeudi et les jours fériés de 10h30 à 2h ; le vendredi et le samedi de 10h30 à 4h.

Le casino Barrière met à la disposition des joueurs 125 machines à sous à partir de 1 centime et 12 roulettes anglaises électroniques. La salle des machines à sous est ouverte dès 10h30. À partir de 20h, les amateurs de jeux de tables n'auront que l'embarras du choix : black-jack, Texas Hold'em Poker, roulettes française et anglaise... et même bataille ! Des animations ponctuelles (soirées à thème, dîners spectacle, jeux) sont aussi proposées tout au long de l'année.

CHAMBRES D'HÔTE AUX TEMPS D'AVANT €€

24, Grand-Rue
✆ 03 88 72 88 60
www.aux-temps-d-avant.fr
3 chambres. Chambre double à partir de 90 € ; chambre triple à partir de 120 €. Petit déjeuner inclus.

Christian et Carine Cura vous accueilleront dans leur magnifique ferme bleue du XVIIIe siècle. La décoration combine le charme de l'ancien avec de subtiles touches modernes. Le petit déjeuner est servi à partir de 9h dans l'ancienne étable encore pourvue de sa mangeoire ou sur la terrasse donnant sur le jardin en été. C'est idéalement placé pour visiter les villages aux maisons traditionnelles, les cités potières, verrières ou thermales ainsi que les vestiges militaires.

HÔTEL LE MOULIN €€€

7, rue du Moulin
✆ 03 88 07 33 30
www.hotellemoulin.com
5 chambres doubles de 99 € à 160 €,
6 suites junior de 235 € à 290 €, 1 maison à 360 €.
Petit déjeuner : 25 €.

Au Moulin, le vrai luxe, c'est prendre le temps d'exister, de redécouvrir les richesses de la nature, d'écouter ses envies, et pourquoi pas... juste de ne rien faire ! Le bois, les couleurs chaudes ou les meubles anciens vous environnent du confort douillet d'un hébergement de qualité. Ici, tout est calme et reposant. Le restaurant gastronomique attenant permet de prendre son repas en contemplant la rivière, le poulailler ou l'écurie. De nombreuses formules complètes alléchantes vous seront proposées pour que votre séjour vous comble de joie.

RESTAURANT LES JARDINS DU MOULIN €€€

7, rue du Moulin
✆ 03 88 07 52 70
www.les-jardins-du-moulin.fr
Restaurant ouvert le lundi et du jeudi au dimanche midi et soir.

Les Jardins du Moulin, idéalement situés, invitent à l'évasion et à la détente. Corinne et Arnaud Zinck ont ouvert leur table dans cette jolie demeure alsacienne. Les plats varient au gré des saisons et de l'imagination du chef formé auprès des plus grands comme Antoine Westermann, François Paul ou Joël Robuchon. On a particulièrement apprécié le demi-pigeon des Vosges rôti avec sa cuisse farcie aux cèpes accompagné de Kässknepfles et de chou rouge.

RESTAURANT SALLE DES BOUCHERS €

23, Grand rue
✆ 03 88 72 63 58
www.salledesbouchers.com
Ouvert mercredi midi, jeudi et vendredi midi et soir, samedi et dimanche soir. Plat du jour sur place et à emporter.

La Salle des Bouchers propose une carte très variée : viandes, hamburgers, poisson, servis pour la plupart avec spaetzles ou frites. On y sert aussi des tartes flambées. Les spécialités italiennes sont également bien représentées, pizzas et pâtes, tout comme celles du monde entier grâce à des soirées à thème permettant de constater la virtuosité du chef quel que soit le plat. On profite donc ici de très beaux moments à prix réduits, idéal pour les familles.

OFFWILLER

Ce joli village est reconnu pour célébrer l'équinoxe de printemps, fête solaire païenne, par un lancer de disques enflammés, ou Schieweschlawe. À la tombée de la nuit, les habitants montent au Schiewebarri, un bûcher est allumé et un petit disque en bois percé d'un trou central est fixé sur une baguette souple. Le disque est plongé dans les braises. Le lanceur effectue quelques moulinets, se dirige vers une pierre inclinée vers la vallée, et frappe le disque sur le tremplin, pour que la rondelle de bois se détache et effectue une trajectoire lumineuse dans le ciel nocturne. En lançant haut et loin, on est sûr d'avoir acquis la faveur des dieux.

RESTAURANT AU CYGNE €€

35, Grand' Rue
✆ 03 88 72 96 43
www.aucygne.fr
Ouvert le mardi, le mercredi, le vendredi et le samedi le midi et le soir ; le dimanche midi.
Menus de 35 € à 99 €.

Le Cygne est une table bistronomique. Il s'agit d'un lieu incontournable pour tester des plats généreux, de haute qualité. Ce restaurant bas-rhinois a misé sur une carte gourmande et créative. Jean-François Royer, ancien second du Chef Fabien Mengus de l'Arnsbourg, veille sur une cuisine centrée sur le produit, le partage et le plaisir, avec à ses côtés un service en salle jovial et chaleureux. On a également souhaité ici proposer même aux petits budgets de découvrir la cuisine gastronomique, en proposant de nombreuses formules, pour jeunes ou pour retraités.

MUSÉE D'ART ET TRADITIONS POPULAIRE

42, rue de la Libération
✆ 03 88 89 31 31
www.mairie-offwiller.fr
Tous les dimanches de 14h à 18h durant les mois de juin à septembre. Sur rendez-vous tout le reste de l'année.

Dans une ancienne maison paysanne qui permet de découvrir l'habitat et la vie domestique des ouvriers-paysans du piémont des Vosges au XIXe siècle, on peut observer un mode de vie fait de labeur, de traditions et de fêtes, comme celle du lancer de disques enflammés : le « Schieweschlawe ». Vous y découvrirez une stub traditionnelle, une cuisine, des documents, des costumes traditionnels, des objets de la vie quotidienne ou de fêtes, une cave et une grange.

REICHSHOFFEN

Des tombes romaines attestent l'occupation du lieu depuis l'Antiquité. Le site connaît l'évolution d'un hameau adossé à un château, grossissant jusqu'à devenir une ville. Rasée par les Suédois au XVIIe siècle, elle subit les effets des guerres franco-allemandes de 1870 et mondiales. Reichshoffen connaît son apogée au XIXe siècle avec l'ère industrielle et l'art de la métallurgie dont la famille De Dietrich est la plus noble représentante. Depuis quelques années, à l'été, deux jours durant, la ville organise « Reichshoffen en fête » ressuscitant la vie d'antan avec de nombreux stands artisanaux, de démonstrations et lieux des restauration en plein air.

MUSÉE HISTORIQUE ET INDUSTRIEL, MUSÉE DU FER

9, rue Jeanne-d'Arc

✆ 03 88 80 89 30 – www.reichshoffen.fr

Ouvert du 1er mai au 31 octobre, du mercredi au dimanche de 14h à 18h.

Ce musée offre un parcours chronologique évoquant du Paléolithique à l'âge de Bronze. L'évolution de l'artisanat gallo-romain dans la région, le travail de la céramique, de l'os, du bronze et du fer ainsi que la circulation monétaire, les rites funéraires, la religion et la vie quotidienne de l'époque sont abordés. On pourra aussi découvrir l'histoire de Reichshoffen du Moyen Âge à la Révolution française, les premiers hauts-fourneaux et les forges de l'ère industrielle.

CHÂTEAU DE DIETRICH

16, rue du Château

✆ 06 13 93 03 63

www.chateau-reichshoffen.com

Ouvert du lundi au vendredi de 9h à 18h ; le samedi de 10h à 12h.

Le château de Reichshoffen est un lieu très important pour la ville, théâtre de nombreux évènements marquants de l'histoire locale. C'est une superbe construction entourée d'un magnifique parc et baigné par le Schwarzbach et le Falkensteinerbach. La famille De Dietrich s'y établit au XVIIIe siècle. Aujourd'hui, le château peut se visiter sur réservation, pour les groupes ou les individuels, et il peut être loué aux particuliers comme aux professionnels pour toutes sortes de manifestations. À l'été, son parc accueille l'événement Reichshoffen en fête, immanquable !

LA RENARDIÈRE €€

5, rue des Baigneurs

✆ 06 79 59 82 50

www.larenardiere-alsace.com

2 chambres. Les chambres à 95 € la nuit avec petit déjeuner bio, local, durée minimum 2 nuits.

Evelyne Fuchs vous propose dans une maison alsacienne traditionnelle rénovée ses deux chambres d'hôtes « Suite au bord de l'eau » et « Suite du renard » de 35 m² chacune avec salle de bains privée et vue sur la rivière. Le petit déjeuner composé de confitures maison, viennoiseries, pains traditionnels, beurre, jus de fruits bio, café ou thé bio sera pris dans la Stub ou sur la belle terrasse en été. N'hésitez pas à profiter du week-end découverte pour profiter de tous les atouts gastronomiques, œnologiques, naturels et touristiques du coin.

MÉMORIAL DE LA BATAILLE DE 1870

Au bord de la D28 entre Reichshoffen et Froeschwiller

Ce mémorial est un immense promontoire en escalier. Il commémore ce que l'on a coutume d'appeler « la bataille de Reichshoffen ». Pourtant, dans les archives françaises, on parle de bataille de Froeschwiller, et de celle de Woerth dans les archives allemandes. Le 6 août 1870, c'est le début de la guerre contre la Prusse. Les cuirassiers français ont chargé avec force, entrant ainsi dans l'histoire, mais ils furent vaincus et les Allemands purent ainsi conquérir les routes des Vosges.

RESTAURANT AU SAPIN €

24, rue de Strasbourg

✆ 03 88 09 16 31

Lundi, mardi, mercredi, vendredi de 9h à 15h. Jeudi, samedi et dimanche de 9h à 22h. Plat du jour à midi.

En semaine le midi, chaque jour le plat unique change ; il peut être livré sur commande. Pizzas et tartes flambées sont à emporter. Le week-end la carte est étoffée et on profite de soirées dansantes, karaokés et concerts mensuels. Tous les premiers mardis du mois, c'est joues de porc, les deuxièmes mardis du mois, pot-au-feu et les troisièmes jeudis du mois, c'est couscous. Cette adresse est idéale pour déjeuner sur le pouce, mais reste aussi sympathique pour un dîner entre amis ou en famille sans chichis et sans se ruiner, dans une ambiance très conviviale.

WINDSTEIN

Paysages époustouflants, châteaux forts aux ruines encore impressionnantes, la région est sublime et bien sûr, balisée de nombreux sentiers de randonnée. À pied, à vélo ou à cheval, on ne se lasse pas de fréquenter le coin que l'on redécouvre à chaque saison. Les férus d'escalade adoreront le château du vieux Windstein, site référencé par la Fédération française de la montagne et de l'escalade. Les passionnés d'architecture et d'histoire industrielles visiteront avec intérêt les vestiges de la forge du Jaegerthal fondée en 1602 et l'ancienne usine électrique, emplacement où se trouvait le premier haut fourneau allumé par Jean III de Dietrich en 1685.

CHÂTEAU DU NOUVEAU WINDSTEIN

A partir du restaurant Aux Deux Châteaux, un sentier balisé rectangle rouge/blanc/rouge mène au nouveau Windstein.

En 1339, Guillaume de Windstein fait construire ce château en remplacement de l'ancien. Une dizaine d'années plus tard, le château est divisé en quatre parts mais l'évêque de Spire réussira en 1413 à racheter l'ensemble. Aujourd'hui ruiné, il en reste une grande tour d'habitation défendue par un mur bouclier aveugle du côté de l'attaque, une barbacane percée de nombreuses embrasures de tirs, une grande salle, des fenêtres géminées, une tour d'habitation et un bastion pentagonal.

CHÂTEAU DU VIEUX WINDSTEIN

A partir du restaurant Aux Deux Châteaux, un sentier balisé croix jaune nous mène au vieux château.

Ce château daterait de 1205, construit sous l'impulsion de l'abbé Pierre de Neubourg. Il fallait alors à tout prix protéger la route conduisant à Haguenau. Ce sont les Windstein qui en prirent ensuite possession avant de devenir un lieu de repli pour les brigands de la région. En 1333, les habitants se plaignent de ce mauvais voisinage et le château est assiégé puis détruit. La famille Windstein commence sa reconstruction une décennie plus tard avant de l'abandonner.

CHÈVRERIE DU WINDSTEIN

Route de Nehwiller

Ouvert tous les jours de 16h à 18h.

Envie de câliner de jolis animaux et de faire découvrir à vos enfants la vie à la ferme ? La Chèvrerie du Windstein est idéale pour cela ! Ici, il y a bien sûr des chèvres, mais aussi des vaches Highland Cattle et des porcs gascons. Durant une heure et demie, sur réservation auprès de l'office de tourisme, partez à la découverte de la chèvrerie, des habitants de la ferme dans les prés, et terminez par une petite dégustation des très bons produits que l'on fabrique ici. Un moment proche de la nature et des sources de la gastronomie que l'on appréciera forcément.

HÔTEL-RESTAURANT DU WINDSTEIN €€

8, route d'Obersteinbach

✆ 03 88 09 24 18

www.hotelduwindstein.com

Chambre double de 38 € à 47 € ; triple 69 €. Demi-pension : 50 €. Petit déjeuner buffet : 7,50 €.

Sylvie et Ralf vous reçoivent dans leur hôtel idéalement situé pour les amoureux de grand air, de randonnée et de patrimoine. Vous profiterez agréablement des extérieurs bien aménagés, près de la petite rivière qui borde le lieu. Pour vous restaurer, le restaurant propose des plats issus de produits presque tous cultivés par le couple lui-même. En bonus, ils vous proposent des massages ayurvédiques, des sorties guidées, des cours de cuisine et des soirées barbecue.

FERME MARAÎCHÈRE BIO DU WINDSTEIN

10, rue Grunenthal

✆ 07 68 50 96 48

www.ferme-maraichere-bio-windstein.com

Ouvert vendredi de 16h à 19h.

La maraîchère bio Candy Pfeiffer détonne et surprend ! Depuis son installation, elle propose de très nombreux légumes fort étonnants dont par exemple 27 variétés de tomates. Pour Cindy, la passion des légumes prime et elle aime tout particulièrement les variétés anciennes et délaissées, pas les hybrides sans goût de l'agriculture intensive. Pour les restaurateurs et les particuliers, elle vend ses paniers maraîchers. Pour les jardiniers, elle vend ses plans.

OBERSTEINBACH

On trouve, dans la très pittoresque vallée du Steinbach, les ravissants villages d'Obersteinbach et de Niedersteinbach, sources d'inspiration de femmes peintres allemandes venues nombreuses au XIXe siècle en immortaliser les contours et les paysages. Les treize fontaines et les maisons à colombages d'Obersteinbach, qui se déploient sous le piton gréseux où les vestiges du château du Petit Arnberg font encore belle impression, incitent les touristes à la rêverie et à la promenade. De nombreux sentiers pédestres ou VTT traversent la réserve de biosphère transfrontalière des Vosges du Nord. Ils offrent de jolis points de vue sur la vallée.

CHÂTEAU DU LUTZELHARDT

Construit au milieu du XIIIe siècle pour protéger la seigneurie de Bitche, c'est un château semi-troglodytique comme presque tous ceux de la région. Il en reste les murs du donjon originel, du logis seigneurial, de puits et de citernes. Ses ruines romantiques se dressent au milieu des massifs forestiers. On y accède à la sortie du village en prenant la route de Bitche puis en tournant vers la maison forestière de Lutzelhardt. Vous pourrez vous garer sur le parking et suivre à pied pendant un quart d'heure le sentier balisé par le Club Vosgien en rectangles jaunes.

CHÂTEAU DU PETIT ARNSBERG

Suivre le balisage depuis Obersteinbach.
www.parc-vosges-nord.com

Bâti sur de grandes et hautes roches abruptes, le château semi-troglodytique du Petit Arnsbourg appartenait à l'abbaye de Wissembourg. Cet édifice atypique suit les courbes de la roche et escaliers ou passages s'engouffrent dans le grès rose des Vosges. On peut admirer les ruines du palais seigneurial et d'une grande tour, qui aurait été dotée de canonnières visant à défendre les accès. La basse-cour avait été placée sur l'autre rive de la douve défensive.

FERME ÉLEVAGE DE STEINBACH

6, rue du Langenacker
✆ 03 88 09 50 98

Ouvert toute l'année. Du lundi au samedi de 8h à 12h et de 14h à 18h.

Dans cette exploitation agricole qui compte près de 10 hectares de pâturages, Christine et Christophe Jahn élèvent des chevaux islandais, juments et étalons destinés à la reproduction ou au commerce. Leur exploitation est aussi un gîte qui permet aux cavaliers de se reposer et de passer la nuit avec leurs chevaux accueillis dans des prés, paddocks et box. Si vous souhaitez vous balader, les Jahn vous organiseront des escapades sur les nombreux chemins que comptent les Vosges du Nord.

JARDIN ÉCOLOGIQUE HYMENOPTERA

7, rue Principale
✆ 06 51 82 57 01
http://hymenoptera.fr/

Visite guidée sur RV les deux derniers week-ends de juin et les 3 premiers week-ends de juillet. Conseils en jardinage.

Sur 42 ares et pendant une visite guidée d'environ une heure et demie, en compagnie de Sébastien et Kamila, véritables passionnés, partez à la découverte d'un jardin planté en permaculture, beau et sauvage. Vous découvrirez ainsi toute la faune et la flore qu'il est possible d'accueillir chez soi en Alsace ! Ces spécialistes vous partagent leurs connaissances écologiques. Vous pourrez également lors de ces visites déguster les plantes sauvages comestibles du moment.

LE ZIGEUNERFELS OU ROCHER DES TZIGANES

Le Zigeunerfels, que l'on peut traduire de l'alsacien par « rocher des Tsiganes », est un petit château semi-troglodytique construit au XIVe siècle par une branche de la famille Wasigenstein, poste de défense avancé ou aide au placement des membres de cette famille nombreuse ? Il ne reste aujourd'hui de l'édifice qu'un escalier creusé à même la roche et des traces de vestiges de murs sur la plate-forme. Le château est difficile d'accès, prenez de bonnes chaussures et prudence !

BAS-RHIN

NIEDERSTEINBACH

Niedersteinbach est un tout petit village apprécié pour ses paysages boisés et montagneux. Ancienne dépendance, à la fin du XVIIIe siècle, du comté de Hanau-Lichtenberg, le village de Niedersteinbach rejoint alors le giron de la France. De nouveau propriété du Grand-Duché de Hesse après la chute de Napoléon, il ne redeviendra définitivement français qu'après les deux guerres mondiales au XXe siècle. Pleine de charme, la commune de Niedersteinbach est appréciée aujourd'hui pour ses paysages à découvrir le temps de randonnées balisées, mais également pour son patrimoine historique. Son ban contient en effet de nombreux châteaux et vestiges.

HÔTEL RESTAURANT ANTHON*** €€

40, rue Principale
✆ 03 88 09 55 01
www.restaurant-anthon.fr
Chambre simple à partir de 70 €, double de 90 € à 115 € ; suite à partir de 179 €. Petit déjeuner buffet 14 €.

Les chambres suivent la tradition alsacienne : les lits dans une alcôve. La vue sur la nature est imprenable et les chanceux observeront les animaux sauvages. Du côté du restaurant, ce sont les produits frais et locaux qui sont mis à l'honneur et la qualité prime, même le pain est maison, à l'ancienne. À la carte par exemple : raviole à l'alsacienne, schniderspäetles de truite aux échalotes confites, mille-feuille glacé au chocolat noir et coulis d'oranges amères...

HÔTEL RESTAURANT ALSACE-VILLAGE €

49, rue Principale
✆ 03 88 09 50 59
www.alsacevillage.com
Le vendredi et le samedi le soir. Également sur réservation à partir de 4 personnes. Menus de 20 € à 28 €.

Cette auberge intégrée à son environnement est d'ailleurs labellisée « Hôtel au naturel ». Tout a été pensé dans cet esprit : des randonnées sur demande, des balades dans le Parc naturel des Vosges du Nord et des séjours à thème. On découvre aussi sur place une cuisine savoureuse composée des produits fermiers et des légumes bio issus du potager de la maison. Du côté de l'hôtel, les chambres sont spacieuses avec salle de bains et on peut également louer des studios.

CHÂTEAU DU WASIGENSTEIN

On peut y accéder à partir d'Obersteinbach. La route longe le Gœtzenberg, la Montagne des Païens où l'on a retrouvé des traces du néolithique et notamment un long mur d'enceinte. Les deux ruines du Wasigenstein datent du XIIe siècle. Il existe une chanson de geste du Waltharilied qui raconte un terrible combat, du temps d'Attila, dans la brèche séparant les deux châteaux. Le grand-Wasigenstein conserve un donjon pentagonal, mur-bouclier, logis ; et le petit-Wasigenstein, une tour de 4 étages incluant une citerne à filtration et un mur-bouclier.

BAS-RHIN

CHÈVRERIE DU STEINBACH

6, rue de la Rohrmatt
✆ 03 88 09 57 42
www.fermedusteinbach.fr
Ouvert du mercredi au lundi de 10h à 18h.

Rita et Pierre Sturtzer élèvent avec amour et respect leurs 170 chèvres de race alpine. En visitant la ferme, vous pourrez acquérir quelques-uns de leurs très variés et très bons fromages (aussi disponibles sur de nombreux marchés locaux), assister à leur fabrication, à la traite ou au nourrissage des animaux. Le couple propose également à la location un chalet pour six personnes, le Chalet du Liesthal, dans un cadre verdoyant. Il est composé de3 chambres, cuisine équipée ouverte sur le séjour, 2 salles d'eau, terrasse, piscine, sauna, parking privatif...

HÔTEL AU CHEVAL BLANC*** €€

11, rue Principale
✆ 03 88 09 55 31
www.hotel-cheval-blanc.fr
Roulotte 86 € la nuit. Chambre simple 50 € ; double de 76 € à 92 € ; chambre PMR 96 €. Appartement de 106 € à 170 €.

Les Zinck gèrent depuis 1924 d'une main de maître cet établissement idéalement placé dans le Parc naturel régional des Vosges du Nord. L'hôtel est charmant, ses chambres ont toutes une décoration ultra soignée et l'environnement fait de ce lieu un havre de repos et de calme par excellence ! Sauna, piscine, billards, terrain de pétanque, mini-golf et échiquier géant vous attendent ! Grâce à son inventivité, profitez des forfaits proposés par le couple pour un séjour à thème tout compris en fonction de vos goûts et envies : il y en a pour tout le monde !

MERKWILLER-PÉCHELBRONN

C'est le pétrole qui fit un temps la renommée de ce village situé dans l'ensemble des « Cibéliades » : villes et villages possédant des sources thermales. Connue dès le XVe siècle, une source bitumineuse alimentait les paysans en « graisse mécanique ». Au XVIIIe siècle on fit des recherches sur cette matière qui s'avéra être du pétrole. L'exploitation débute aussitôt pour culminer à une production de 70 000 tonnes/an. Autour de Merkwiller, la course à l'or noir démarra au XIIIe siècle et perdura jusqu'en 1970. On aperçoit encore çà et là quelques pompes à balancier et des terrils de sable. Merkwiller est aussi connue pour ses sources d'eau chaude.

MUSÉE DU PÉTROLE

4, rue de l'École
✆ 03 88 80 91 08
www.musee-du-petrole.com
Ouvert du 1er avril au 31 octobre de 14h30 à 18h. Fermé lundi et samedi en juillet-août.

Le musée retrace l'histoire du pétrole en Alsace de 1498 à la fermeture de la dernière raffinerie en 1970. Ce qui fut pendant 500 ans l'activité principale ici est illustré par des documents, des maquettes et du matériel pétrolier. Des sorties découvertes organisées une fois par mois vous emmèneront sur les anciens sites d'exploitation, à la découverte des terrils, ou bien au château Le Bel qui fut le point de départ de l'exploitation pétrolière à Pechelbronn. Ces sorties sont animées par des spécialistes ou des témoins ayant connu l'époque de l'exploitation.

GÎTE HAUSHALTER €€

12, rue de l'École
✆ 03 88 80 90 87
www.gitehaushalter.com
2 chambres (peuvent être louées en gîte). Chambre double de 60 € à 65 €, petit déjeuner inclus.

Anny Haushalter vous reçoit dans sa superbe maison à colombages, dans une rue paisible près du musée du Pétrole, en formule gîte ou chambres d'hôtes avec petit déjeuner copieux. Les gîtes vous offrent l'indépendance et tout le confort nécessaire pour profiter agréablement de votre séjour ; vous pourrez même vous détendre dans le sauna ! Vous serez idéalement situés pour visiter les nombreux sites touristiques proches des gîtes, et pour goûter à la gastronomie de la région. Pour ce faire, Anny vous conseillera avec sa gentillesse sans pareille.

HÔTEL-RESTAURANT À L'ÉTOILE** €€

1, route de Woerth ✆ 03 88 80 71 80
www.hotel-restaurant-etoile.com
Chambre simple à partir de 59 € ; chambre double à partir de 64 €. Petit déjeuner 7,50 €. Demi-pension 75 €.

L'hôtel-restaurant À l'Étoile offre de nombreuses chambres toutes uniques et adaptées aux budgets et envies de chacun. Spacieuses, elles bénéficient toutes d'équipements de qualité. Le grand jardin fait de ce lieu un endroit calme et apaisant, idéal pour se ressourcer. Depuis son arrivée le chef du restaurant n'a jamais cessé de faire évoluer sa cuisine. Créatif, il surprend chaque jour avec ses nouvelles recettes alliant cuisine traditionnelle et d'inspiration de divers univers.

RÉSIDENCE LES HÉLIONS €€

7 a, route de Lobsann
✆ 06 88 80 53 17
www.baechel-brunn.com
5 chambres. Chambre double 95 € ; suite 4 personnes 170 €. Petit déjeuner buffet + taxe inclus.

Située dans un cadre bucolique, dans un immense parc bordé d'un ruisseau, la résidence dispose de cinq chambres de charme meublées et décorées avec goût. Elles sont toutes différentes mais possèdent chacune tentures et dessus de lit fleuris, jolis luminaires, têtes de lit pour plus de confort... On s'y sent presque comme chez soi. Dès les beaux jours, profitez de l'extérieur pour vous ressourcer. Vous pouvez vous restaurer au Baechel Brunn, c'est toujours une expérience unique ! Et puis, pour parfaire ce séjour détente, le ménage est compris dans votre location !

AUBERGE BAECHEL- BRUNN €€€

3, route de Soultz
✆ 03 88 80 78 61
www.baechel-brunn.com
Ouvert du vendredi au dimanche midi et soir.

Thomas Limmacher, l'affiche fièrement : il fait une « cuisine d'hier au goût d'aujourd'hui ». Sa cuisine du marché est inventive et colorée. L'auberge a été transformée dans un esprit contemporain et cosy. Laissez-vous séduire par une cuisine élaborée en fonction des saisons et du marché : raviole végétale de chair de crabe, gel de bourrache du potager, ketchup de tomates jaunes et sorbet concombre menthe ou suprême farci à l'estragon du potager et cuisse en hamburger de risotto. Quelques chambres d'hôtes sont disponibles sur place.

BOUXWILLER ★

Élevée au rang de cité au XIIIe siècle, Bouxwiller fut la capitale des Hanau-Lichtenberg puis connut une autre période de gloire sous les Hesse-Darmstadt. Il faut suivre le circuit de découverte historique, distribué dans les musées et à l'office de tourisme et se promener dans la petite ville pour admirer les ravissantes maisons à colombages aux oriels gracieusement sculptés, la délicieuse place du Marché-aux-Grains, les vestiges des bâtiments princiers (château, jardins en terrasses, chancellerie...) et les immeubles témoins de la renaissance économique de la cité au XIXe siècle grâce aux mines de lignites utiles à l'industrie des colorants.

LE BASTBERG - SENTIERS DE DÉCOUVERTE ★

Rue du Bastberg ✆ 03 88 00 38 30
www.tourisme-alsace.com
Brochure très complète décrivant les sentiers disponible au point d'information tourisme, place du Château.

Trois sentiers de découverte permettent de partir sur les traces des richesses naturelles et culturelles de ce site. Ils ont été jalonnés de chortens représentatifs des roches de la région. La renommée du Bastberg, colline des sorcières qui organisaient ici leurs sabbats, a nourri bien des légendes ! Gœthe y aurait puisé son inspiration lors de la rédaction du *Faust*. Le Bastberg abrite une grande diversité d'animaux rares, d'arbres et de fleurs protégés dont une petite orchidée.

MUSÉE DU PAYS DE HANAU ★

3, place du Château
✆ 03 88 00 38 39
www.museedupaysdehanau.eu
Horaires variables selon les saisons, consulter le site Internet.

Au rez-de-chaussée est évoquée la vie de cour aux temps des Hesse-Darmstadt. Le premier niveau de la chapelle est réservé au comté de Hanau-Lichtenberg. Le Bastberg, terre d'inspiration pour les poètes et site remarquable pour les scientifiques, est présent au troisième et dernier niveau de la halle. Le monde rural et le monde bourgeois en pays de Hanau, traités sous la forme d'intérieurs reconstitués, servent d'écrin à de magnifiques collections de meubles polychromes, de costumes traditionnels et d'objets usuels alsaciens.

MUSÉE JUDÉO-ALSACIEN

62 A, Grand-Rue ✆ 03 88 70 97 17
http://judaisme.sdv.fr/today/musee
Ouvert du mardi au vendredi, le dimanche et les jours fériés de 10h à 13h et de 14h à 18h ou sur rendez-vous.

Voici un musée passionnant, installé dans l'ancienne synagogue. Les collections sont d'une grande richesse et les explications accessibles. Une muséographie originale vous invite, avec une galerie ascendante, à suivre l'émouvant parcours de la communauté juive « de l'esclavage vers la liberté ». Mannequins en fer, maquettes, poupées costumées et autres vidéos illustrent cette histoire mouvementée. Le vide intérieur de l'édifice (les nazis en avaient fait une usine) a permis de créer un espace sur mesure où l'histoire de la communauté juive locale est racontée.

AU FIL DU TEMPS €€

45, rue de l'École
✆ 03 88 70 23 48
www.aufildutemps67.com
Chambre simple de 90 € à 130 € ; chambre double de 110 € à 140 €. Petit déjeuner inclus.

Maïté et Jacques vous accueillent dans leur très belle maison d'hôtes située à Imbsheim dans une ferme du XVIIIe siècle. En la rénovant avec des matériaux traditionnels, ils se sont attachés à respecter le cachet de la maison. Ici il n'y a que des suites ! Elles sont spacieuses, charmantes, certaines bénéficient d'un balcon. Vous ne pourrez qu'apprécier le charme, le calme et l'authenticité. En séjournant ici, c'est une véritable expérience complète qui vous attend grâce à des hôtes pleins de bons conseils pour vos visites et d'attentions.

HÔTEL-RESTAURANT LA COUR DU TONNELIER*** €€

84a, Grand-Rue
✆ 03 88 70 72 57
www.courdutonnelier.fr
Chambre double de 78 € à 137 €.
Pension complète : 32 €. Demi-pension : 22 €.
Petit déjeuner buffet : 9 €

C'est une adresse de confiance d'un excellent rapport qualité/prix. Les chambres, à la décoration sobre et contemporaine, sont confortables. Elles sont toutes très agréables même lorsque l'on séjourne en famille. Que l'on choisisse l'hôtel, le restaurant ou que l'on combine les deux, on est ici toujours bien accueilli et jamais déçu ! Quand la tradition s'allie à la modernité et à une attention du détail permanente, on ne peut que se sentir très bien.

MAISON D'HÔTES DU MONT €€

5, rue des Chevaux - **MORSCHWILLER**
03 88 72 51 20
www.ecurie-du-mont.com
Chambre double 65 €. Lit supplémentaire : 20 €. En formule gîte à 420 € la semaine ou 60 €/nuit pour 2 personnes.

Voici le lieu incontournable pour tous les amis de la nature et des animaux, et en particulier des chevaux. Si l'Ecurie du Mont est une pension bien connue pour équidés, Agnès et Joseph Kandel accueillent tout le monde même les non-initiés avec autant de gentillesse. En cet endroit vous trouverez la sérénité de la campagne, les bons produits du terroir, le plaisir d'une balade au grand air. Gîtes, chambres et table d'hôtes sauront vous combler quels que soient vos goûts car ici, tout est merveilleusement bien pensé pour vous satisfaire toujours plus.

LE BOIS FLOTTÉ €€

58, rue Principale - **WEINBOURG**
03 88 89 41 15
www.leboisflotte.fr
Ouvert du mardi au jeudi de 12h à 15h ; du vendredi au dimanche de 12h à 00h. 29 € menu du marché.

La cuisine du « Bois Flotté » est tenue par Cédric Brumm. C'est un créatif qui revisite la tradition avec les produits du marché et du terroir. Les saveurs sont toujours travaillées et les plats très bien présentés dans vos assiettes. Les produits locaux et de saison sont privilégiés. La grande spécialité ici, c'est le gibier, sous toutes ses formes, mais la carte réserve d'autres belles surprises comme « l'assiette un peu cochonne » qui propose un assortiment de joues de porc, quenelles et poitrine avec chou rouge dans tous ses états et jus réduit de houblon.

AUX COMTES DE HANAU €€

139, rue du Général-de-Gaulle - **INGWILLER**
03 88 89 42 27
www.aux-comtes-de-hanau.com
Ouvert tous les jours le midi ; le mardi et du jeudi au dimanche le soir. Chambre double de 75 € à 95 €.

La famille Futterer vous reçoit Aux Comtes de Janau depuis une vingtaine d'années. Au restaurant, dont la salle est des plus chaleureuses, vous dégusterez des plats savoureux qui rendent hommage aux produits de la région et du terroir. Louis, le patron et chef, se met derrière les fourneaux pour vous préparer de superbes plats dignes des repas familiaux d'antan. Pour profiter de la belle carte des vins sans risques, vous pourrez également réserver une chambre et séjourner ici. De ce côté aussi le niveau de service est optimal et les services nombreux.

S'BASTBERGER-STUEWEL €€

25, rue Principale
IMBSHEIM
03 88 70 73 85
Du mardi au dimanche le midi de 12h à 14h30 et le soir de 19h à 21h30 ; du mercredi au dimanche le midi de 12h à 14h30.

La décoration de la S'Basterger-Stuewel, qui signifie « le chaudron du Bastberg », combine traditionalisme alsacien et phrases humoristiques. Deux générations de Reixel sont ici présentes pour vous combler : Anny et Pierre au service et Jean-Luc en cuisine. Chacune des 4 salles a sa propre identité mais toutes sont chaleureuses. Lorsque l'on aime la cuisine traditionnelle au bon goût d'autrefois, on est ici comblé ! Chacun y trouve son compte et les plus gourmands seront ravis des nombreuses formules proposées à midi comme le soir... Délicieux !

AU CHARME DU PASSÉ

38, Grand'Rue
03 88 91 57 56
Ouvert du mercredi au dimanche de 11h à 18h. Antiquaire, salon de thé.

Entrer ici, c'est comme ouvrir la malle aux trésors oubliée dans le grenier. Nichée dans une maison alsacienne, la boutique s'étend sur deux niveaux, pour ainsi dire du sol au plafond. Partout, une profusion d'objets anciens se déploie, posés ou suspendus : vaisselle, dînettes, lampes, statues, balances, sacs, bibelots, objets insolites du quotidien, vêtements... Le tout est agencé avec beaucoup de goût. Il est agréable de venir et de revenir dans ce lieu unique pour y dénicher un trésor ou pour passer un bon moment, attablé devant une pâtisserie maison.

TIERS LIEU

59, Grand'Rue
06 88 72 92 45
www.tierslieu59grandrue.com
Ouvert du mercredi au jeudi de 14h à 19h et le samedi de 10h à 17h.

On entre ici attiré par la vitrine, on reste pour la chaleur humaine. Dans cette étonnante boutique, l'important c'est d'abord la rencontre. Ici, on prend un café ou un thé en petit comité, favorisant la conversation, l'échange, la co-création. Des artistes y sont régulièrement exposés, et on profite des ateliers de couture, de confection de bougie, etc., régulièrement proposés sur inscription. On y lit aussi. Enfin, on y succombe au très bon goût de sa propriétaire qui vend ses coups de cœur dans un lieu sans cesse renouvelé et particulièrement bien agencé.

BAS-RHIN

KLEIN WARNER

Rue de la Brasserie
INGWILLER
✆ 03 88 89 18 11

Les sirops Klein & Wanner, un concentré de gourmandise et de savoir-faire alsacien en bouteille. Installée depuis des générations à Ingwiller, la maison Klein & Wanner perpétue l'élaboration de sirops artisanaux de grande qualité, en favorisant un approvisionnement alsacien. Alliant authenticité et savoir-faire, les sirops Klein & Wanner sont autant de recettes gourmandes pour le plaisir des petits et des grands : parfums classiques (grenadine, menthe, fraise, citron, pamplemousse) ou régionaux (mirabelle, quetsche, myrtille, mûre, rhubarbe, griotte).

DOSSENHEIM-SUR-ZINSEL

Dossenheim possède un patrimoine historique très riche. Son Refuge fortifié est un site délimité par une enceinte défensive construite vers le XIIIe siècle autour de l'église paroissiale et de son ancien fossé. Dans une maison de l'enclos ecclésial, occupant l'emprise de cinq celliers, a été installé un lieu d'exposition retraçant le pourquoi d'un tel site. Ne manquez pas non plus le « D' WACHT » du XIXe siècle. Ce corps de garde en pierre de grès rose des Vosges du Nord, avec façade et chaînage d'angle en pierre de taille, abritait le local du garde champêtre, un cachot de prison et la balance publique.

CHÂTEAU DE HUNEBOURG

Le château est situé sur le Chemin des châteaux forts d'Alsace sur l'étape n°8 qui va de La Petite Pierre à Ernolsheim-lès-Saverne.

Accès libre.

Ces ruines nous offrent un magnifique point de vue sur les environs. La construction de ce château daterait du XIIIe siècle mais il fut abandonné au XVe. Restauré par F. Spieser à partir de 1933 en un style néo-régionaliste et néo-roman, une belle tour sera construite. Pendant la Seconde Guerre mondiale, il sera un haut lieu de la propagande nazie avant d'être mis sous séquestre en 1945 puis de devenir lieu de vacances et hôtel. Tout près, ne manquez pas La Grotte d'Amour, aménagée spécialement pour les rencontres romantiques entre amoureux.

MUSÉE DE L'IMAGE POPULAIRE ★

24, rue du Docteur-Albert-Schweitzer
VAL DE MODER ✆ 03 88 07 80 05
www.pfaffenhoffen.org

Ouvert du mercredi au dimanche.
Fermeture annuelle mi-janvier.
Label Tourisme & Handicap. Accueil enfants.

Religieuses ou profanes, les images et les vignettes ont rythmé la vie de nos grands-parents : naissance, baptême ou simples souvenirs, découvrez cette coutume qui était pratiquée jusqu'au début du siècle dernier. Le musée s'étend sur quatre niveaux tous accessibles par ascenseur. Un endroit riche en souvenirs pour se replonger dans des anecdotes pleines de vie d''un lieu haut en couleur. L'ensemble est assez bien adapté aux PMR qui peuvent profiter de toute la visite.

MUSÉE DU REFUGE FORTIFIÉ ★

80, cour de l'Église ✆ 03 88 70 04 45

Ouvert du 12 avril au 25 octobre le dimanche et les jours fériés de 14h à 18h. Juillet et août : tous les jours.

Deux maisons ont été aménagées en centre d'interprétation du site et illustrent la vie dans le refuge à l'époque. Très bien conservé, ce qui est rare, le refuge datant du XIIIe siècle permet de comprendre comment s'organisait la vie dans ces monuments d'architecture défensive. Il était à l'origine pourvu d'un chemin de ronde couvert et garni de créneaux dont il ne subsiste que le mur d'enceinte en moellons de grès utilisé dans la construction des maisonnettes. Leurs sous-sols conservent les traces discrètes des anciennes celleria ou gaden.

LE BALTHAZAR €€

2, montée du Tilleul
✆ 03 68 04 66 14
lebalthazar.fr

Ouvert du mercredi au dimanche le midi ; du jeudi au samedi le soir.

Elisabeth et Thierry Philippe vous reçoivent avec passion et bienveillance dans leur beau restaurant. Ici, on se sent bien, et l'on est toujours bien reçus. L'ambiance de la salle est chaleureuse, tout comme celle du très joli caveau dans lequel sont organisées les réceptions. Les plats sont simples et traditionnels, mais avec un petit quelque chose qui fait la différence : une cuisson à la braise dans la cheminée ! Presque toutes les régions françaises sont représentées car ici ce que l'on aime proposer, c'est avant tout le bon produit frais du terroir.

BAS-RHIN

KIRRWILLER

Les deux églises qui se font face au centre du village sont à l'origine du toponyme « Kirihuilare » de Kirrwiller comme « village église ». Kirrwiller se trouve tout près de la route romaine reliant Brumath à Bouxwiller. Le lieu dit « im Römer » ainsi que les pièces romaines trouvées dans l'ancien puits du village rappellent cette voie. Vers 650, devant l'attrait croissant pour la foi chrétienne, les paysans libres de Kirrwiller et des villages alentour y construisent une première église très certainement à colombages, qui rassemblait les villageois de sept communes ! Kirrwiller est donc sans conteste depuis longtemps la ville des églises !

NEUWILLER-LÈS-SAVERNE

Neuwiller-lès-Saverne compte de très nombreux sites et monuments historiques à découvrir : les remparts, avec la tour de guet et le très ancien cimetière juif dans les lices du XIIIe siècle ; l'église Saints-Pierre-et-Paul, avec sa succession de styles architecturaux du VIIIe au XVIIIe siècles, ses statues du XVe siècle, sa cuve baptismale du XIe siècle ; l'église Saint-Adelphe et la salle du chapitre du XIIe siècle ; les maisons Renaissance, les puits et fontaines, mais aussi les monuments funéraires napoléoniens et le polissoir préhistorique, les ruines de châteaux, les fondations de la chapelle Saint-Nicolas ou encore la source Saint-Adelphe !

L'ÉTÉ EN NOVEMBRE €€

46, rue Principale
✆ 06 10 96 35 63
www.ete-en-novembre.fr
Chambre double de 70 € à 80 €.
Petit déjeuner inclus.

Sandrine a décoré ses chambres, très bien situées pour découvrir la région, d'un subtil mélange chiné : matériaux bruts, récupération industrielle détournée et meubles dépareillés côtoient avec audace les équipements confortables et les touches de couleur apportées par d'atypiques objets mystérieux. Tout ici invite à la rêverie et à la détente ; vos hôtes s'adapteront à vos besoins, en se faisant très discrets ou au contraire en vous conseillant et en partageant des moments de convivialité avec vous si vous le souhaitez. Voici de quoi s'offrir un bon moment.

L'ABBATIALE SAINTS-PIERRE-ET-PAUL ★

5, cour du Chapitre
Fermé du 1er novembre au 1er mars.
Visites guidées sur demande.

En pénétrant dans l'édifice, vous tomberez sur la cuve baptismale romane dont le socle est une sculpture des démons chassés par les sacrements du baptême, sur le tombeau reliquaire de saint Adelphe (XVIIe siècle), le Saint Sépulcre, et quatre statuettes de bois polychrome du XVe siècle. L'église conserve une magnifique tapisserie de la fin du XVe siècle tissée en fils de laine, d'or et de soie qui narre sur plus de 20 mètres la vie de saint Adelphe, évêque de la ville de Metz.

ROYAL PALACE - MUSIC HALL ADAM MEYER

20, rue de Hochfelden
✆ 03 88 70 71 81
www.royal-palace.com
Ouvert mercredi, jeudi et samedi de 12h à 18h ; vendredi et samedi de 19h30 à 2h30 ; dimanche de 12h à 18h.

En 35 ans, le Royal Palace s'est hissé parmi les trois plus grands music-halls français. Pénétrez dans la prestigieuse salle de spectacle de 1 000 auteuils et laissez-vous enivrer par le talent des artistes qui vous feront vibrer. Découvrez *Frénésie*, le nouveau spectacle. Alice, séduisante et puissante, part en quête de la clé d'une chambre des rêves dans laquelle fantaisie et réalité se confondent, une chambre que personne n'a pu ouvrir depuis des siècles.

HÔTEL-RESTAURANT DU HERRENSTEIN** €€

20, rue du Général-Koenig ✆ 03 88 70 00 53
www.herrenstein.fr
Chambre simple 70 €. Chambre double 80 €.
Demi-pension 152 €. Petit déjeuner 10,50 €.
Soirée étape 88 €.

Dans ce bel hôtel-restaurant qui rend hommage tant aux traditions alsaciennes qu'à celles du Sud-Ouest, vous trouverez 13 chambres toutes très confortables et très bien équipées, à la décoration soigneusement élaborée d'éléments contemporains comme plus anciens. Ici on se sent bien et on n'hésite pas à profiter de nombreux services proposés, comme le délicieux petit déjeuner ou la demi-pension : Fabrice propose une cuisine créative du marché, de saison, aux accents du Sud-Ouest.

HÔTEL-RESTAURANT DU HERRENSTEIN €€

20, rue du Général-Koenig
✆ 03 88 70 00 53
www.herrenstein.fr

Logis de France 3 Cocottes et 2 Cheminées. Ouvert du vendredi au mercredi et les jours fériés le midi et le soir.

L'hôtel-restaurant du Herrenstein est situé dans une ancienne demeure du XVIIIe siècle. Fabrice Cazemajor, vous y proposera une cuisine élégante et créative aux accents du Sud-Ouest, faisant la part belle aux produits de saison des producteurs locaux. Quoi que l'on choisisse on ne pourra pas se tromper et le cadre finira de vous convaincre. Le week-end c'est tartes flambées ou soirées à thème : fondues (bourguignonne, savoyarde), fruits de mer ou buffet du monde.

ESPACE DE LA LOCOMOTIVE À VAPEUR

3, chemin du Sable
✆ 03 88 90 18 04
www.tourisme-hanau-moder.fr

Ouvert le mercredi, le jeudi et le dimanche de 14h à 17h. Gratuit jusqu'à 1 ans. Visite guidée.

La première salle de ce musée est dédiée au matériel ferroviaire : outils, casquettes, anciens billets, lanternes et comporte aussi une étonnante maquette à un tiers en coupe de la dernière machine à vapeur ayant parcouru les rails alsaciens. La seconde salle présente d'autres maquettes à l'échelle 1/20e, filant à toute vitesse sur les rails et crachant du feu et de la fumée. Enfin, celle à échelle plus réduite tente de rivaliser avec un poste de conduite de locomotive grandeur nature.

FERME-FROMAGERIE HERRENSTEIN

7, rue de la Gare
✆ 03 88 70 31 07
www.fermeherrenstein.fr

Ouvert du mardi au samedi de 10h à 12h et de 14h à 19h. Fermé le mardi après-midi.

L'activité commence en 1989, dans le sous-sol de la maison d'habitation où est créé le premier fromage : le Randonneur. Suivront : le Herrenstein, le Fleurie, le beurre, les yaourts... Le fils Eddy vient ensuite renforcer l'équipe et en 2006 et une nouvelle page se tourne avec la construction d'une fromagerie. En vous fournissant ici, vous aurez l'assurance de ne trouver que de bons produits et surtout de vous régaler. Qu'y a-t-il de mieux finalement ?

LES LETTRES DE MON MOULIN €€

2, impasse du Moulin
✆ 06 88 17 17 28
www.leslettresdemonmoulin.fr

5 chambres. A partir de 100 € la nuit pour deux personnes. Petit déjeuner inclus.

Dans un ancien moulin qui borde une petite rivière, on passe un agréable moment dans l'une des cinq chambres d'hôtes charmantes, à la décoration voulue comme un cabinet de curiosités : vieux papiers, meubles chinés, objets et livres anciens. Chaque chambre rend hommage à un écrivain, en reconstituant son univers et son époque. Pas étonnant, car ici on aime l'écriture et on propose même des ateliers dédiés, ainsi que des espaces de vie communs lieux de rencontres et de créations.

OBERMODERN-ZUTZENDORF

Avant la Révolution française, Obermodern était rattaché au comté de Hanau Lichtenberg. Depuis le Moyen Âge, c'est un village agricole riche. Son histoire, dont les premiers vestiges remontent à 773, est étroitement liée à La Moder et au fief des seigneurs de Hanau Lichtenberg à partir de 1273. Les trois moulins ancrés le long de La Moder ponctuent l'histoire du village. Propriétés de la seigneurie, ils étaient donnés en cause héréditaire à des emphytéotes moyennant cens et rentes. Le village compte plusieurs maisons à colombages toujours visibles, œuvres des renommés charpentiers Schini, dont les descendants habitent encore ici.

HÔTEL RESTAURANT ERNENWEIN €€

11, rue de la Gare
✆ 03 88 90 80 08
www.ernenwein.com

Ouvert du lundi au mercredi, le vendredi et le samedi le midi et le soir ; le dimanche et les jours fériés le midi.

Le bar ouvre pour la matinée à partir de 10h et l'accueillante salle de restaurant très agréable. Le foie gras, la choucroute, les asperges de Hoerdt, l'assiette autour du gibier en saison, le kougelhopf et la symphonie des desserts tradition : pas de doute, on aime le terroir. Les végétariens trouveront eux aussi de quoi se régaler. On ne s'y trompe d'ailleurs pas en observant les clients : s'il y a des touristes, les habitués sont eux aussi bien présents, gage de qualité.

BAS-RHIN

SARRE-UNION

Le nom étonnant de Sarre-Union lui vient du fait qu'ont été réunies deux communes, l'une appelée Vicus Saravi à l'époque gallo-romaine et l'autre appelée Villeneuve, ou Neu-Saarwerden. À la mort du dernier duc de Lorraine, ses domaines revinrent à la couronne française. Pour ces raisons historiques, le patrimoine religieux est particulièrement riche : chapelle des Jésuites, églises, temple réformé, synagogue... Passez aussi par la belle fontaine dite des Boucs et découvrez la Ville Neuve remarquable par son plan en damier. Les promenades en barque de Sarrewerden à Sarre-Union sont une autre façon de découvrir la Sarre, avec un point de vue original.

SITES GALLO-ROMAINS DE MACKWILLER

Rue de l'École
MACKWILLER
Visite libre toute l'année.

Découvrez les restes d'un mausolée, à l'origine sans doute pourvu de plusieurs étages et construit selon un plan circulaire. Ce type de monument était assez courant au milieu du IIe siècle après J.-C. dans le Nord-Est de la Gaule. Un peu plus loin, les thermes d'une villa (domaine cultivé appartenant à un riche propriétaire foncier) ont été retrouvés, révélés au XIXe siècle par le pasteur Ringel qui a laissé également de nombreux croquis visibles aux musées de Strasbourg et Saverne.

CHAPELLE DU KIRCHBERG

Chemin fléché à partir de la rue principale de Berg
BERG
✆ 03 87 97 86 49
Accès libre au site toute l'année.

Le Kirchberg est l'un des sujets de prédilection pour les peintres amateurs de la région lorsqu'ils s'intéressent au motif. La construction de la tour ronde remonte au XIIe siècle, le chœur gothique date des XIVe et XVe siècles. Les dommages subis au cours de la dernière guerre ont été réparés et le site a maintenant retrouvé son exceptionnel attrait. L'association de sauvegarde du Kirchberg propose des tartes flambées le premier dimanche des mois d'été et une permanence est assurée sur le site du 1er mai à fin octobre à partir de 15h30.

OFFICE DE TOURISME DE L'ALSACE BOSSUE

90, rue Principale - **LORENTZEN**
✆ 03 88 00 40 39
www.tourisme.alsace-bossue.net
Horaires d'ouverture détaillés : consulter le site web. Wi-Fi gratuit.

L'office de tourisme de Lorentzen propose des outils interactifs tels que le géocaching et l'application pour smartphone *Alsace Bossue Tour*. On peut aussi se renseigner sur les animations saisonnières, les locations de vélos, les promenades en barque à fond plat, les sites archéologiques et autres merveilles de l'Alsace Bossue. Enfin, un espace de vente labellisé « Boutique des Vosges du Nord » dévoile divers produits du terroir, créations artisanales, livres et guides de randonnée.

LA GRANGE AUX PAYSAGES

90, rue Principale - **LORENTZEN**
✆ 03 88 00 55 55
www.grangeauxpaysages.fr
Le dimanche, le lundi et les jours fériés de 14h à 18h ; du mardi au vendredi de 10h à 12h et de 14h à 18h.

Dans les dépendances du château de Lorentzen (l'ancien moulin à grain, la grange dimière et la maison de maître qui y était accolée) a été installée la Grange aux Paysages. Son but est de vous faire découvrir les richesses du patrimoine naturel et culturel alsacien, mais aussi de sensibiliser aux enjeux environnementaux. L'exposition permanente « Secrets de paysages » invite à découvrir au fil des saisons les paysages de l'Alsace Bossue : photos, maquettes de bois, écrans interactifs et bornes sonores ou installations présentant la géologie de la région.

MOULIN ET AUBERGE DU MOULIN

5, rue du Meunier
HARSKIRCHEN
✆ 03 88 00 00 45
Ouvert le week-end de 19h à 0h. En semaine pour groupes, sur réservation uniquement.

Le Moulin de Willer est l'un des rares moulins à eau encore en fonctionnement. Édifié en 1713 sur la rive gauche de la Sarre il est mis en mouvement par trois roues à aubes au XIXe siècle. L'intérieur est ravissant. Roger Roesel, le meunier, vous propose chaque samedi et dimanche soir des tartes flambées, des pizzas ou encore des planchettes de truite fumée locale. Bien sûr, la farine des pâtes vient d'ici et vous ne trouverez donc pas matière première plus proche du consommateur !

CAMPING LES SAPINS*** €

14, rue de la Paix
KESKASTEL
✆ 03 88 00 19 25
www.keskastel.fr
Ouvert toute l'année.

Ce camping dispose d'emplacements pour y planter sa tente, mais aussi de charmants petits chalets plus confortables : couchages confortables (linge de lit fourni) et cuisine équipée ! Ici, les activités en plein air ne manquent pas quelle que soit la saison : sentiers de randonnée, circuits cyclotouristiques et VTT, et en période estivale jeux gonflables sur le plan d'eau pour les enfants. Ces derniers sont d'ailleurs ici rois car tout est fait pour les occuper avec un encadrement professionnel et des activités organisées, quel que soit leur âge.

L'ARCHE DE NOÉ - CABANE DANS LES ARBRES €€€

9, rue Goussaud - **KESKASTEL**
✆ 06 12 33 34 07
www.archedenoe.eu
A partir de 170 € pour une nuit pour deux en basse saison, 195 € en haute saison.

Il a fallu trois ans pour bâtir ce cocon niché à 6 mètres du sol, entre les trois arbres qui étalaient leurs frondaisons au fond du jardin. C'est une véritable petite maison avec 4 couchages dont 2 en mezzanine, qui va vous permettre de réaliser votre rêve ou celui de vos enfants ! L'aménagement y est charmant et cosy. Un petit chauffage permet de séjourner en hiver. Une tyrolienne est disponible pour les enfants et vous pourrez même faire un barbecue et un feu de camp.

AU TILLEUL €

18, rue de Phalsbourg
DRULINGEN
✆ 03 88 00 63 41
Ouvert du jeudi au lundi le soir ; du jeudi au mardi le midi. Menus de 25 € à 38 €. Plat du jour : 10 €.

Au Tilleul, il fait bon s'arrêter pour l'accueil, le cadre et la cuisine. On s'y restaure à petits prix de plats du jour et de spécialités. Le chef Samuel Mexique n'a de cesse de trouver de nouvelles idées ! L'été, on s'attable sur la terrasse, dans le jardin au calme à l'arrière du restaurant. Les plats et menus du jour, sur place ou à emporter, sont une véritable aubaine ! Les soirées à thème qui sont organisées tout au long de l'année sont elles aussi des immanquables et font vite le plein. Pour en profiter, pensez à réserver.

LA CHARRUE €€

13, rue Principale
REXINGEN
✆ 03 88 01 77 36
Ouvert du mercredi au dimanche le midi et le soir. Menus de 26 € à 46 €. Carte : 40 € environ. Formule du midi : 11 €.

Ici la cuisine se veut délicate, savoureuse et très abordable. Si les plats régionaux sont bien représentés, ils sont souvent concurrencés par d'autres dont l'inspiration est plus maritime. Parfois même terre et mer se mêlent en de surprenants mélanges. Le tout est de se laisser surprendre, de goûter sans a priori, et on sera très souvent surpris par des associations inattendues mais qui fonctionnent à merveille auprès des papilles même les plus exigeantes. Le service est souriant et attentionné, Élisabeth fait vraiment tout pour vous satisfaire !

RESTAURANT DE LA HEIDENKIRCH - CHAMBRES D'HÔTES €€

Chemin des Mineurs - **RATZWILLER**
✆ 03 88 02 09 87
www.restoh.fr
Ouvert du mercredi au samedi de 18h30 à 22h ; le dimanche et les jours fériés de 12h à 15h et de 18h30 à 22h.

Ce restaurant accueillant vous propose une cuisine traditionnelle basée sur les produits frais, locaux et de saison. Les pizzas sont également l'une des spécialités de la maison, et sont délicieuses. Vous vous installerez dans une grande salle aux tonalités rouge et noires, dans un décor avec poutres et grande cheminée qui mêle la rusticité du bois et un esprit plus contemporain. À la belle saison on profite tout aussi bien du charmant extérieur en prenant le temps de déguster.

RESTAURANT LE WINDHOF €€

3, Windhof - **BURBACH** ✆ 03 88 01 72 35
www.windhof.fr
Ouvert du mardi au dimanche le midi de 12h à 14h et de 19h à 21h ; du mercredi au samedi le soir. Menus de 46 € à 67 €.

Le Windhof propose une cuisine inventive à base de produits frais, de grande qualité et de saison, pour la plupart en provenance des producteurs du coin. Le cadre est agréable et le service impeccable. Sur la carte, ces bons ingrédients sont sublimés par de belles associations et idées novatrices, tout en étant respectés et en conservant leur goût naturel. Cette vision de la cuisine si singulière est l'œuvre d'un chef expérimenté. Le Windhof propose également d'excellents menus en accords mets et vins pour une expérience sensorielle et gustative incroyable.

BAS-RHIN

CIRCUIT CYCLOTOURISTIQUE

90, rue Principale - **LORENTZEN**
✆ 03 88 00 40 39
www.tourisme.alsace-bossue.net
Horaires variables selon les saisons et formules : consulter le site Internet.

Ce circuit cyclotouristique est audio-vidéo-guidé par GPS. Une quarantaine de VTC enfants et adultes sont en location tout comme les PDA. Clipsé sur le guidon, le PDA est constitué d'un écran sur lequel on se localise et d'un haut-parleur qui vous fournit des indications de direction, des informations touristiques, naturalistes, historiques. Le guidage est accessible sur l'application « Alsace Bossue Tour » gratuitement, un module « itinéraires » référence l'ensemble des circuits et d'autres catégories existent comme « Où manger », « Où dormir », « Que faire ? ».

PARC D'ANIMATIONS NATURE DE CHEVAL

7, Neuweyerhof
✆ 03 88 01 45 21
www.parc-naturedecheval.fr
Fermé du 1er septembre au 30 avril.
Entrée : 8 € (tarif jours de spectacles).

Profitez de ce parc d'animations que fait vivre une équipe passionnée de cascadeurs et fantaisistes équestres. Pour les plus jeunes, camp indien, tipis, initiation à la voltige, jeux de découverte autour de la mini-ferme (un atelier de découverte et soin des animaux permet aux enfants d'approcher et brosser les animaux) et pour les grands, randonnées équestres (sur réservation), parties de pêche, balades à vélo ou à pied, nuits insolites dans des kotas finlandais ou nuitées en tipis.

ALTWILLER

Ce charmant village est plein d'histoire ! Des fragments de vases et d'autres pièces gallo-romaines ont été trouvés à Bonnefontaine. Le site est situé sur le passage de la route du sel. Outre les deux annexes de Neuweyershof et le domaine de Bonnefontaine, le village comptait en ses proches environs un hameau disparu, Honkesen-Huntzen. Altwiller a été déserté au XVe siècle et reconstruit un peu plus loin en 1559 par des huguenots principalement lorrains. Détruit à nouveau partiellement par les Croates en 1635, il sera reconstruit et vivra enfin sans encombres. Ne manquez pas son moulin à blé, sa source d'eau minérale et son château du XIXe siècle.

L'ÉCLUSE 16 €€

16, lieu-dit Bonne-Fontaine
✆ 03 88 00 90 42
www.ecluse16.com
Ouvert du jeudi au lundi le midi et le soir.
Réservation recommandée. Menus de 25 € à 62 €.
Carte : 40 € environ.

Agréablement placé dans un cadre bucolique, L'Écluse est installée, comme son nom l'indique, dans un très beau bâtiment de briques le long du canal et de la forêt. Dans un cadre simple est servie une cuisine de saison et du marché : crème de topinambours et son effiloché de canard, joues de bœuf braisées, espuma de pomme de terre et son parfait glacé aux marrons... le tout à prix doux. Ayant l'habitude de recevoir des évènements familiaux, le restaurant mettra tout en œuvre pour faire de votre repas de fête un pur instant gourmand.

DEHLINGEN

De nombreuses trouvailles prouvent que Dehlingen était déjà habitée pendant la préhistoire. Dehlingen fut occupée ensuite par les Romains comme en atteste la découverte de nombreux restes de murs, tuiles, briques, pièces de monnaie, etc. Même une bague et une statuette divine en bronze furent trouvées ! Aujourd'hui, on y profite de de nombreux attraits : de superbes maisons datant du XVIe siècle dont certaines avec des Schop (*Schopfhuss*), le cimetière juif créé vers 1830 et laissé à l'abandon, le site archéologique de la villa gallo-romaine du Gurtelbach au nord et le centre d'interprétation du patrimoine archéologique de Dehlingen.

LA VILLA

5, rue de l'Église
✆ 03 88 01 84 60
Juillet-août du dimanche au vendredi de 14h à 18h. Du 1er septembre au 31 octobre, du mercredi au vendredi de 14h à 18h.

Venez découvrir l'histoire d'une ferme du Nord-Est à l'époque de la Gaule ! Dans ce bâtiment du XVIIe siècle restauré tout en conservant sa volumétrie originelle on peut recueillir une multitude d'informations sur la vie dans une villa gallo-romaine. La visite peut se faire à sa guise, soit en se promenant à son rythme dans les quatre niveaux du CIP, soit en réalisant, à l'aide d'un support remis à l'entrée une petite enquête archéologique, ou encore en visite guidée. La visite du centre est complétée par celle du site de la villa gallo-romaine du Gurtelbach.

DIEDENDORF

L'église de Diedendorf a connu bien des pérépéties. Rebâtie en 1700, elle contient trois pierres tombales, une d'un parent de la famille Streiff, une autre d'un des fils du pasteur Perroudet et celle du pasteur Samuel Perroudet. La présence de ce personnage, venu de Suisse, provoqua la migration d'un grand nombre de familles helvétiques dans la région. Les bornes de la Grenztranchée (tranchée frontalière longue d'environ trois kilomètres) s'étendant entre Harskirchen et Sarrebourg, encore visibles aujourd'hui, furent autrefois la frontière d'État entre la France et l'Allemagne de 1766 à 1793. Ne manquez pas non plus le château du XVIe siècle.

CHÂTEAU DE DIEDENDORF

51, rue Principale
✆ 03 88 01 01 96
Extérieur visible toute l'année. Intérieur du château : visites guidées pour les groupes sur réservation.

Le château de Diedendorf est l'un des rares exemples de demeures seigneuriales de la Renaissance encore conservées en Alsace. La construction a débuté en 1577 pour le compte du bailli de Sarrewerden. À l'origine, le bâti était entouré d'un mur d'enceinte, pourvu de quatre tours rondes dont il ne subsiste que la tour Nord-Ouest. Le portail d'entrée extérieur en segment d'arc, où était logé le pont-levis, a retrouvé son emplacement d'origine. Le verger à l'arrière de la demeure est un exceptionnel témoin des vergers de haute tige qui couvraient la région.

DOMFESSEL

Avant 1793, Domfessel appartenait au comté de Sarrewerden, devenant par la suite alsacienne. Vers la fin du XVIIIe siècle, des fouilles eurent lieu, menées par le pasteur Ringel. Ces dernières permirent de mettre au jour les vestiges d'une grande villa romaine, qui s'étend sur 300 mètres et qui date du Ier siècle. Un autre point d'intérêt majeur du village est son église, fortifiée pour la protection des habitants, Saint-Gall, de la première moitié du XIVe siècle. Son homogénéité et ses proportions en font l'un des joyaux de l'art gothique en Alsace. Henri de Sarrewerden, alors curé de Domfessel aurait été à l'initiative de sa construction.

COLLÉGIALE DE DOMFESSEL

Rue de l'École
✆ 03 88 00 40 33
Ouvert toute l'année.
Visites guidées organisées en été.

La collégiale de Domfessel est un magnifique édifice fortifié de style gothique construit dans la première moitié du XIVe siècle. Au troisième niveau de la tour se trouve la chambre du guetteur. L'intérieur, majestueux et solennel, invite au recueillement. Le mur d'enceinte, interrompu par un porche surmonté d'un étage, encercle l'église même s'il n'a plus sa hauteur originelle. Un orgue, indispensable dans un lieu de culte protestant, a été ajouté au XIXe siècle et sur une chaire en bois du XVIIIe siècle sont sculptés les animaux symboles des quatre évangélistes.

LA PETITE-PIERRE ★★

La commune présente deux visages : la charmante ville historique et son étonnant château, et la localité « moderne » qui se développa peu à peu après l'incendie ayant frappé la vieille ville en 1745. De nombreux citadins viennent ici régulièrement pour s'offrir une cure d'air pur, mais aussi de gourmandise, chez les hôteliers-restaurateurs de la région. La Petite-Pierre est un lieu de départ rêvé pour la randonnée pédestre ou à VTT, ou plus simplement la promenade. C'est ici que se tient un immense et incontournable festival de jazz, à ne pas manquer chaque année au mois d'août, rendez-vous de grandes figures du style et des musiques du monde.

CHÂTEAU DE LA PETITE PIERRE-MAISON DU PARC ★

Rue du Château
✆ 03 88 01 49 59
www.parc-vosges-nord.fr

La Maison du Parc est installée dans un ancien « Bergschloss » réaménagé. Le Parc est classé Réserve de la Biosphère par l'Unesco, puis reconnu en 1998 comme première Réserve de biosphère transfrontalière en Europe occidentale ! Les Vosges du Nord, importante zone boisée parsemée de nombreux cours d'eau, bénéficient d'une faune et d'une flore très diversifiées. Une documentation très étoffée est à votre disposition dans la Maison du Parc, qui abrite aussi des expositions.

MAISON ET JARDIN DES PAÏENS

Derrière la mairie
✆ 03 88 70 49 70
Haute saison : du mardi au dimanche et les jours fériés de 10h à 12h et de 14h à 18h.

De style Renaissance, cette maison a été édifiée en 1534 à l'emplacement d'une ancienne tour de guet de l'époque romaine, d'où son nom de Maison des Païens. Les traces des fondations romaines subsistent toujours dans la cave. Il semblerait que ce lieu ait toujours eu une fonction d'observation et probablement qu'une route du sel empruntait ce col. Lieu magique et sacré d'Alsace, il a quelque chose d'enchanteur à voir et à ressentir ici pour les passionnés d'ésotérisme.

LE RELAIS DES ARTS

37, rue Principale
✆ 03 88 70 44 65
giterelaisdesarts.com
Galerie ouverte de Pâques à la Toussaint le week-end et les jours fériés 14h-18h.

Denis Lavoyer, entomologiste passionné, a reconstitué dans son Relais des Arts un cabinet de curiosité en hommage à Henry Fabre, le célèbre naturaliste provençal. Vous y observerez de très belles collections d'insectes mais pas seulement car Denis a décliné sa passion dans des créations originales : peintures, sculptures, maquettes et décors... Des œuvres que l'on peut acheter ! Une salle de classe d'antan a même été reconstituée dans la cour de son atelier (son épouse Anny était institutrice à la Petite Pierre). En été, l'exposition se prolonge vers le jardin !

MUSÉE DES ARTS ET TRADITIONS POPULAIRES-SPRINGERLE

11, rue des Remparts
✆ 03 88 70 48 65
www.musee-sceau.com
Juillet-août : tous les jours sauf le lundi.
Adulte : 2,50 €.

En plein cœur du bourg fortifié (le Staedel), le Musée présente les moules à gâteaux qui ont voyagé à travers les âges. Ces moules en bois confectionnés du XVIe au XXe siècle servaient à imprimer avant cuisson la pâte de petits gâteaux de Noël, appelés en alsacien « Springerle » : « petits sauteurs ». Les thèmes de décoration évoquent le cœur et l'amour, les métiers, les animaux réalistes ou mythiques, les scènes de la Bible, les tenues élégantes ou encore les uniformes...

LES ROCHERS DE LA BANDE NOIRE

A la limite Moselle/Bas-Rhin après la traversée du ruisseau du Nesselbach.

Un surplomb rocheux au-dessus du chemin et de nombreuses petites grottes forment cet ensemble qui aurait été utilisé par les contrebandiers du XIXe siècle fournissant tabac et alcool aux soldats de Phalsbourg. Gravés dans la roche, vous pourrez admirer inscriptions et dessins, dont de nombreuses discussions en italien et des portraits de Napoléon. Tout près de là, passez aussi voir la grotte des amoureux dans laquelle les soldats emmenaient leurs nouvelles conquêtes...

MUSÉE DU SCEAU ALSACIEN

17, rue du Château
✆ 03 88 70 48 65
www.musee-sceau.com
Du 1er juillet au 30 septembre ouvert tous les jours sauf le lundi : 10h-12h et 14h-18h.

Ce musée original et hors du commun créé par Charles Haudot, sigillographe passionné de la ville de Strasbourg, est installé dans une chapelle construite par Vauban à la fin du XVIIème siècle, cadre qui sied parfaitement à ces images où sont représentées les armes ou les marques symboliques d'états, de souverains, de nobles, de corporations ou même de particuliers... Le musée rassemble une collection de près de 2 000 sceaux, des documents originaux, des centaines de fac-similés ainsi que des reproductions d'écus et de gonfanons armoriés.

AUBERGE D'IMSTHAL*** €€

3, route Forestière-d'Imsthal
✆ 03 88 01 49 00
www.petite-pierre.com
Chambre simple à partir de 66 € ; chambre double à partir de 79 €. Pension complète (+ 18 €).
Demi-pension : 162 €.

Un hôtel-restaurant situé dans un décor idyllique, au cœur de la forêt, face à un étang de pêche, où vous serez reçus avec professionnalisme par la famille Michaely. L'espace bien-être avec bain bouillonnant, hammam et sauna est une invitation à ne s'occuper que de soi. Une salle de jeux vous propose de passer des soirées conviviales. Tout est fait pour que l'on ne veuille plus partir et le restaurant offre une carte variée et de grande qualité, avec des produits locaux et de saison. Vous pourrez opter pour la demi-pension les yeux fermés !

CHEZ NADINE HAMM €€

45, rue Principale - **WEITERSWILLER**
✆ 03 88 89 23 20
www.giteamsteingawel.free.fr
Ouvert toute l'année. 2 chambres (chambre familiale (2 lits doubles)). Chambre double à partir de 55 €.

Une magnifique maison de maître à colombages du XVIIIe siècle, typiquement alsacienne, vous accueille au cœur du Parc naturel des Vosges du Nord. Deux suites, Ève et Mélanie, l'une au premier étage et l'autre au second, mêlent bois et vieille pierre et procurent aux hôtes tout le confort nécessaire à un séjour reposant. Votre hôte vous fera partir du bon pied chaque matin avec de délicieuses confitures et du pain frais et vous conseillera pour la construction de votre itinéraire du jour en vous indiquant les sites touristiques immanquables de la région.

HÔTEL-RESTAURANT AUX TROIS ROSES*** €€

19, rue Principale ✆ 03 88 89 89 00
www.aux-trois-roses.com
Chambre simple à partir de 70 €, double à partir de 70 €, triple à partir de 121 €, suite à partir de 99 €.

Dans la cité médiévale de la Petite Pierre, cet hôtel-restaurant vous fera passer un séjour plus qu'agréable. Sa façade du XVIIIe siècle et ses chambres au style atypique avec balcon donnant sur la vallée vous raviront. En plus du décor magnifique, vous pourrez profiter de l'espace bien-être grâce à la piscine, au sauna et aux soins. Le restaurant propose des plats savoureux à base de produits locaux, de nombreuses spécialités alsaciennes, accompagnées d'une riche carte de vins.

HÔTEL-RESTAURANT DES VOSGES** €€

30, rue Principale
✆ 03 88 70 45 05
www.hotel-des-vosges.com
Chambre double à partir de 95 €. Demi-pension. Petit déjeuner buffet : 12 €. Lit supplémentaire : 16 €.

Le soin accordé à la décoration et à l'équipement des chambres dont la vue sur la forêt vous ravira. Dans le jardin, une balançoire et un toboggan occuperont les enfants alors que les adultes se prélasseront sur les chaises longues. Un espace fitness avec bain bouillonnant, cabine de vapeur et sauna vous offriront des moments de détente. Difficile de faire l'impasse sur le restaurant, les plats sont inspirés et la carte des vins est éblouissante.

SPA HÔTEL-RESTAURANT AU LION D'OR - CENTRE DE SOINS D'ARBROTHÉRAPIE*** €€

15, rue Principale ✆ 03 88 01 47 57
www.liondor.com
Chambre double à partir de 80 € ; suite à partir de 205 €. Animaux acceptés (10 € par nuit). Bain bouillonnant, sauna.

La famille Velten officie dans cet établissement depuis sept générations et prend soin de vous, entre une séance d'arbrothéraphie (méthode de remise en forme fondée sur les bienfaits de la forêt), la piscine, le sauna ou le bain bouillonnant ! Les chambres sont spacieuses et confortables. Tout ici est orienté vers la nature y compris la carte des deux restaurants, que vous préfériez plutôt l'ambiance si stub ou que vous décidiez d'opter pour un repas gastronomique.

SPA HÔTEL LA CLAIRIÈRE**** €€€

63, route d'Ingwiller
✆ 03 88 71 75 00
Parking fermé. American Express, Chèque Vacances. Animaux acceptés. Séminaires. Réceptions et mariages. Spa.

En lisière de forêt, le Spa-Hôtel La Clairière est conçu pour le bien-être et le repos parfait. Les chambres sont équipées de literie en latex naturel avec couette en laine bio. Le prix de la chambre comprend le wifi et l'accès au Spa ouvert sur la forêt avec bains vapeur, saunas, piscine extérieure d'hydrothérapie chauffée et piscine intérieure. Vous profiterez ici de nombreuses formules pour des séjours complets avec activités incluses : des expériences complètes.

LA COURONNE €€

13, rue de Wimmenau
REIPERTSWILLER
✆ 03 88 89 96 21
www.hotel-la-couronne-67.com
Ouvert le jeudi midi ; du vendredi au dimanche le midi et le soir. Menu à 48 €.

Une cuisine inventive, légère et goûteuse, tout ici est fait maison depuis les amuse-bouches jusqu'aux fantaisies d'après dessert, et le saumon est fumé « maison ». Dans une salle à manger à l'ambiance *cosy* et détendue, avec vue sur la forêt, vous pourrez déguster des mets triés sur le volet. Un soin particulier est apporté aux matières premières mais aussi aux recettes qui pour certaines sont traditionnelles, ancestrales et jalousement gardées. Le service est aux petits soins et à la belle saison, lorsqu'on s'installe sur la terrasse, on a un goût d'éternité.

AU GRÈS DU MARCHÉ €€

19, rue du Château
✆ 03 88 70 78 95
www.augresdumarche.fr
Le jeudi et le vendredi de 12h à 13h30 ; le week-end de 12h à 13h30 et de 19h à 21h.

Au Grès du Marché propose une ardoise de suggestions qui changent suivant… le marché, bien entendu ! Le Chef s'approvisionne de préférence auprès de producteurs locaux. Optez en entrée pour une salade gourmande de produits maison ou un mille-feuille d'escargots aux shitakés et lèches de magret fumé, succombez au « bœuf du moment » en plat principal ou à la truite saumonée de Sparsbach, et terminez avec une crème brûlée maison accompagnée de sa boule de glace spéculoos. Des tartes flambées sont servies le soir, du jeudi au dimanche.

HÔTEL-RESTAURANT À L'AIGLE €€

55, rue Principale - **WIMMENAU**
✆ 03 88 89 70 41
www.hotelrestaurantalaigle.fr
Fermé le lundi toute la journée, mardi, mercredi et dimanche soir. Menus de 30 € à 38 €. Carte : 25 € environ.

Cet établissement est géré depuis cinq générations par la famille Schmitt ! La carte, revisitée souvent, propose de belles choses, avec des recettes mêlant sans complexe différentes influences sans pour autant tomber dans les clichés de la cuisine fusion et en respectant le produit. Au dessert, on craque totalement pour la fondue de fruits frais au chocolat chaud, gourmande et conviviale ! On n'oublie pas bien sûr les tartes flambées servies le soir, en terrasse en été.

LES JARDINS D'UTOPIE

14, rue Principale
✆ 03 88 89 54 86
Du mercredi au dimanche et les jours fériés de 10h à 18h30. Salon de thé, petite restauration.

Dans un décor d'angelots dodus, de lapins de Pâques et de lustres de grand-mère, ressemblant à une caverne de bric-à-brac, bercés par de la musique d'ambiance, vous pourrez déguster des thés excellents, des soupes, des quiches ou de petits plats alsaciens et d'excellents desserts. Mais le plus surprenant ici est peut-être le fait qu'en plus de passer une agréable pause, on peut aussi acheter de nombreux petits objets, tous plus surprenants les uns que les autres, hétéroclites et plus ou moins utiles mais toujours décalés et amusants.

L'ÉTAGÈRE DE NOS GRANDS-MÈRES

8, rue Ritti
WIMMENAU
✆ 03 88 89 80 79
l-etagere-de-nos-grands-meres.fr
Ouvert tous les jours de 10h à 19h.

Depuis 2004, Denise se consacre à sa grande passion : la confection de confitures et de produits artisanaux. L'idée est de créer des produits goûteux et sains, à la manière de nos grand-mères, dans une bassine en cuivre traditionnelle. Elle propose des confitures et gelées, travaillées pour la plupart avec les fruits de son verger. Ses confitures vont des grands classiques à des saveurs un peu plus originales telles que la confiture aux bourgeons de sapin par exemple.

LA MAISON DES PAÏENS - L'ATELIER DE LA FORÊT

24, rue Principale ✆ 03 88 70 49 70
www.atelier-de-la-foret.fr
Le week-end et les jours fériés de 10h à 12h et de 14h à 18h. Du 1er juillet au 15 septembre, du mardi au dimanche.

Dominique et Christian ont leur atelier dans la Maison des Païens, maison de la Renaissance perchée sur un promontoire rocheux. Y sont fabriqués, sous la marque Atelier de la Forêt dans des matériaux uniques (cuirs de pleine fleur, bois de wengé, d'alisier…) de très beaux sacs, des serviettes, des pochettes d'ordinateur et d'autres objets de petite maroquinerie (accessoires de bureau) tous très élégants, aux formes originales ou plus classiques, distribués dans le monde entier !

GRAUFTHAL

Graufthal est surtout connu pour ses grottes naturelles creusées dans la falaise, d'abord utilisées comme entrepôts, puis aménagées en habitations semi-troglodytiques au XVIIIe siècle. Habitées jusqu'en 1958, ces « Maisons des Rochers » peuvent aujourd'hui être visitées pendant la saison touristique. Mais Graufthal est aussi connu pour ses deux églises. L'ancienne église mixte est devenue église protestante en 1904. Il n'y avait pas d'orgue à l'époque, et le premier instrument de Graufthal a été construit dans la nouvelle église catholique. Ce positif de trois jeux a été posé ici en 1981 par Gaston Kern. Il s'agit d'un Positif-armoire remarquable.

MAISON DES ROCHERS

Rue des Fontaines
✆ 03 88 70 19 16
www.maisonsdesrochers-graufthal.fr
Horaires variables selon les saisons, consulter le site Internet.

Ce lieu servait d'entrepôts au Moyen Âge, puis de logements après les affres de la guerre de Trente Ans. Au XVIIe siècle, des travaux de maçonnerie ont transformé ces refuges en maisons d'habitation, occupées encore au début du XXe siècle et pour l'une d'entre elles jusqu'en 1958 ! La visite permet d'imaginer les conditions de vie rudes des occupants de l'époque. Ces trois maisons semi-troglodytiques accrochées à la paroi en grès rose, ont été restaurées et ravivées de couleurs. Deux d'entre elles ont été remeublées et l'autre abrite une exposition.

RUINE DU TIERKIRCHLEIN

Accès libre.

Cette chapelle du XVIIe siècle était en son temps immense ! Ses ruines actuelles ne lui rendent pas hommage mais elles sont tout de même intéressantes d'un point de vue historique et architectural. La Tierkirchlein était à l'origine un lieu de pèlerinage pour les animaux, où les paysans conduisaient leurs bêtes pour leur éviter les maladies contagieuses et mortelles, et que les animaux sauvages de la forêt auraient selon la légende construite eux-mêmes. Des offrandes étaient déposées puis brûlées une fois par an pour évacuer les mauvais esprits.

LICHTENBERG

L'histoire du village se confond avec l'histoire du château, édifié dès le XIIIe siècle, et de ses seigneurs, les sires de Lichtenberg puis comtes de Hanau-Lichtenberg, qui ont régné sur une partie de l'Alsace pendant plusieurs siècles. Plusieurs évêques de Strasbourg sont issus de la famille. Puisque des seigneurs puis des garnisons y défendaient les alentours, le village a été victime des guerres plusieurs fois ; la guerre de 1870 a laissé beaucoup de traces dans les esprits après un bombardement meurtrier des troupes allemandes. La troupe de théâtre de Lichtenberg, très active, propose des spectacles en alsacien depuis 100 ans.

STRUTH

Dans ce petit village né de la volonté du comte de La Petite-Pierre d'installer une verrerie dans la forêt proche, a régné une rare tolérance religieuse : luthériens, catholiques, juifs et anabaptistes s'y sont en effet côtoyés. On peut voir à Struth la synagogue du XIXe siècle, les cimetières juif et protestant, la maison dite du berger et des maisons traditionnelles du XVIIIe siècle. Au mois de mai, la fête des épouvantails rassemble depuis une dizaine d'années tous les amateurs du genre, et quelques-uns des 245 habitants de Struth réalisent pour l'occasion leur épouvantail qu'ils exposent devant leur porte. Une visite insolite à faire en famille.

CHÂTEAU DE LICHTENBERG ★

✆ 03 88 89 98 72
www.chateaudelichtenberg.com
De mars et octobre et le 1er novembre de 10h à 17h sauf le mercredi, jour de fermeture du site.

La naissance de ce château à la longévité remarquable remonte à l'an 1206. Au XVIe siècle, l'architecte Daniel Specklin l'embellit et un siècle plus tard, la bâtisse devient forteresse du Royaume de France avant d'être remaniée une nouvelle fois par Vauban au XIXe siècle. Lors de la guerre de 1870 le site est réduit à l'état de ruines qui servirent de refuge aux habitants de la région durant les bombardements de la Seconde Guerre mondiale. En 1990, le château est restauré avec des apports architecturaux contemporains clairement identifiables aujourd'hui.

FERME DES SOURCES €€

1, hansmannshof
✆ 03 88 02 83 72

Sur une colline entourée de forêts et d'un paysage charmant, cette ferme en grès des Vosges dispose de deux chambres doubles. Il y a aussi un gîte composé d'une chambre avec salle de bains ouverte (bain, wc séparé) et d'une seconde chambre à l'étage dont la salle de douche est située au rez-de-chaussée (douche, wc), cuisine équipée, salle à manger spacieuse, salon avec canapé-lit confortable... Profitez de votre séjour pour découvrir les différentes espèces animales d'une ferme traditionnelle et pour vous initier à ses différentes pratiques et productions.

BAS-RHIN

RUCHERS DES VOSGES DU NORD

12, rue des Bergers
✆ 03 88 01 52 42
www.ruchers-vosgesdunord.fr
Le vendredi de 13h30 à 17h ; le samedi de 8h30 à 12h. Visite de l'exploitation pour groupes sur demande.

Le bien-être de leurs colonies d'abeilles (un millier de ruches), et la qualité de leur production, sont essentiels pour les Lehr. C'est pourquoi ils pratiquent la transhumance pour permettre aux abeilles de produire une grande variété de miels de qualité : de fleurs, d'acacia, de tilleul, de châtaignier, de forêt, de lavande, noisette et miel pour ne citer que ceux-là. Les Lehr produisent aussi du miel de sapin, réputé pour ses vertus antianémiques et son arôme résiné.

WINGEN-SUR-MODER

La tradition verrière dans les Vosges du Nord est ancienne : elle remonte à la fin du XVe siècle. En effet, le grès riche en silice et l'importante couverture forestière de la région fournissaient aux verriers la matière première et le bois de chauffage nécessaires à l'exercice de leur métier. En 1921, René Lalique crée la Cristallerie d'Alsace. Il y apporte son génie et le prestige de son nom. Rééditions d'œuvres anciennes et créations contemporaines sont toujours produites à Wingen-sur-Moder par des maîtres verriers, dont plusieurs meilleurs ouvriers de France, perpétuant ainsi le culte de l'excellence. Le musée est d'ailleurs très instructif.

MENHIR SPITZSTEIN

D935 en direction de Volksberg.

Spitzstein, « pierre pointue », est un menhir authentique de trois mètres de haut pour une épaisseur d'environ un mètre. Des croix ont été gravées sur trois de ses faces afin de le christianiser au Moyen Âge. Une cavité gravée dans la pierre devait servir de support pour une statue qui n'existe plus mais il est de tradition d'y déposer offrandes diverses et petite monnaie. Plusieurs sentiers s'offrent à vous, pédestres ou à VTT, pour découvrir cette curiosité. Des boucles vous offrent aussi la possibilité de voir plusieurs points d'intérêt sur le même circuit.

MUSÉE LALIQUE

40, rue du Hochberg
✆ 03 88 89 08 14
www.musee-lalique.com
Ouvert tous les jours de 10h à 18h. Fermé en janvier. Gratuit jusqu'à 6 ans.

Ce musée est consacré au maitre verrier et bijoutier René Lalique et à ses successeurs. Vous y découvrirez de magnifiques créations qui ont été réalisées au fil de la saga Lalique. Pour mieux comprendre la technique mise en œuvre pour la fabrication des pièces, prenez le temps de voir les deux films sur le travail du verre, en fin de visite. Ils sont particulièrement instructifs. Cette visite (2 h) est une belle occasion de découvrir ces petits trésors en verre. La visite du musée Lalique est tout à fait adaptée à vos différents projets avec des enfants.

VILLA RENÉ LALIQUE RESTAURANT ET HÔTEL ***** €€€

18, rue Bellevue
✆ 03 88 71 98 98
www.villarenelalique.com
6 chambres. Suite de 350 € à 800 €. Petit déjeuner : 25 €. Parking ouvert. American Express.

L'ancienne villa privée de René Lalique a été transformée, avec succès, en hôtel de grand style : cristal opalescent à tous les étages, des salles de bains au bar. Les suites sont très vastes, équipées de mobilier et accessoires haut de gamme et chacune sa propre identité et son décor unique. Le cadre est incroyable, propice à la détente avec de superbes vues. Il faut s'offrir une parenthèse complète en ajoutant à sa nuitée la visite du musée et le repas au restaurant gastronomique.

CAFÉ CRISTA'LION €

40, rue du Hochberg
✆ 03 88 02 54 04
www.musee-lalique.com
Basse saison : ouvert du mardi au dimanche de 10h à 18h. Haute saison : tous les jours et les jours fériés de 10h à 19h.

Toute l'équipe du Crista'lion vous accueille aux heures d'ouverture du musée Lalique. Tenu par Agnès Velte, diplômée du lycée hôtelier d'Illkirch, l'établissement propose une cuisine maison et des pâtisseries que vous pourrez manger à toute heure ! La carte est saisonnière et faite de petits plats simples mais bien exécutés. Ce café est également un lieu de vie qui propose de nombreuses animations, y compris pour les groupes sur réservation, dont le calendrier est à consulter en ligne. C'est idéal pour bien terminer sa visite du superbe musée.

SAVERNE ★★

Saverne est une importante ville d'étape depuis l'époque romaine qui a su préserver son histoire. Au gré des rues, de belles façades Art déco, les maisons à colombages et les monuments en grès de Vosges s'offrent à vous. Parmi eux, le château des Rohan et le château du Haut-Barr, surnommé « l'œil de l'Alsace », sont les témoignages les plus illustres de l'implantation locale des évêques de Strasbourg. On découvre également en déambulant dans la ville un patrimoine religieux d'exception : le cloître des Récollets (1303) et l'église Notre-Dame-de-la-Nativité. Saverne se distingue enfin par ses six jardins dont une roseraie et un jardin botanique.

CHÂTEAU DES ROHAN ET MUSÉE DE SAVERNE

Place du Général-de-Gaulle
✆ 03 88 71 63 95
www.tourisme-saverne.fr
Ouvert le mercredi après-midi, le samedi et le dimanche en journée.

Monument majeur de la ville, le château des Rohan prend son assise sur un fort édifié au XIIe siècle et s'étendra jusqu'au XVIIIe siècle. Le musée, créé en 1858, est, après ceux de Strasbourg et de Colmar, le plus ancien musée municipal d'Alsace. Il comporte trois sections : la première consacrée à l'archéologie, la deuxième dénommée « art et histoire », la troisième consacrée à Louise Weiss, une journaliste qui a voué sa vie à l'idée européenne et aux droits des femmes.

CHÂTEAU DE GREIFENSTEIN

Après le col de Saverne, prendre en direction de la maison forestière du Schweitzerhof et suivre le fléchage à pied.

Petit et Grand Greifenstein cohabitent. Le premier apparaît en 1156, le second en 1240. À partir de 1541, les châteaux tombent progressivement en ruines et leurs pierres sont utilisées pour construire le Palais épiscopal à Saverne. Oserez-vous visiter ces ruines hantées par une dame blanche ainsi punie pour son avarice de son vivant ? Au XIXe siècle, elle émut un vitrier qui venait là chaque dimanche jouer de la flûte. Pour la libérer, il fallait l'embrasser quand elle avait l'apparence d'un crapaud. Le jour venu, le vitrier perdit courage et renonça...

CHÂTEAU DU HAUT-BARR ★

Rue du Haut-Barr
✆ 03 88 91 80 47
www.tourisme-saverne.fr
Ouvert toute l'année. Visite libre. Gratuit.

Le château du Haut-Barr culmine à 470 mètres d'altitude. Juché sur trois rochers séparés d'une fosse, il offre un beau panorama dominant la plaine. Cité pour la première fois en 1123, il est remanié à plusieurs reprises. Le tremblement de terre de 1356 lui cause de premiers préjudices. La guerre de Trente Ans lui donnera le coup de grâce. Il reste de l'édifice d'origine un logis seigneurial et une chapelle romane. On y accède de nos jours par une porte d'entrée Renaissance construite en 1583 qui débouche sur une petite place, juste devant la chapelle.

BAS-RHIN

Saverne.

ÉGLISE NOTRE-DAME-DE-LA-NATIVITÉ

Place de l'Église
✆ 03 88 01 73 46
Visite libre.

En pénétrant dans l'église par la tour-porche romane, on observera à droite du portail des étalons de mesures anciennes. Notre-Dame-de-la-Nativité regorge de trésors : chaire de 1495, Vierge en bois polychrome de la fin du XVe siècle attribuée à Nicolas de Haguenau, monument funéraire de Robert de Bavière de la fin du XVe siècle, statuette du XVIIe siècle de Saint Vit émergeant du chaudron de son martyre. Certains vitraux de la chapelle de la Vierge sont datés des XIVe et XVe siècles.

MONT SAINT-MICHEL

Route forestière
SAINT-JEAN-SAVERNE

A 437 mètres d'altitude, le rocher du mont Saint-Michel est moins connu que son homonyme marin mais tout aussi attrayant. Il offre un panorama superbe sur les villages environnants. Au IVe siècle avant Jésus-Christ déjà, le lieu aurait été occupé et ne cessera de l'être jusqu'à aujourd'hui. On peut y visiter une jolie chapelle construite en 1593 sur un ancien site païen dédié au culte de Mercure qui porte de nombreuses gravures faisant allusion aux sources telluriques puissantes du lieu. Un circuit permet de découvrir les autres lieux alentour dignes d'intérêt.

GROTTE SAINT-VIT ET JARDIN ALPESTRE

Après le col de Saverne, prendre en direction de la maison forestière du Schweitzerhof et son parking puis suivre le fléchage à pieds.
A la maison forestière du Schweitzerhof et son parking, suivre le fléchage à pied.

En 1518, les Strasbourgeois sont pris d'une frénésie qui les pousse à danser sans s'arrêter jusqu'à l'épuisement... Malgré les prières et la médecine, certains commencent à décéder. Ils sont conduits, de force, à la grotte dédiée à saint Guy, Vitus en latin. Là, ils guérissent miraculeusement ! Depuis, ce lieu accueille les pèlerins. Sur les terrasses alentour, vous découvrirez un superbe jardin alpestre et les vestiges d'une ancienne chapelle avec une vue imprenable.

ROCHER DU SAUT DU PRINCE CHARLES

15, chemin du Koepfel

Le site tient son nom de la légende du prince Charles, qui, lancé au galop pour échapper à des poursuivants ou lors d'une chasse, n'aurait pas pu s'arrêter et serait tombé sur la roche. Là, son cheval aurait laissé l'empreinte de ses quatre fers, se sauvant avec son propriétaire qui en serait sorti indemne. Ces marques auraient plus probablement été gravées dans le rocher à l'époque celtique. En bas, vous verrez une niche oratoire et une grotte à laquelle on accède par des escaliers.

JARDIN BOTANIQUE DU COL DE SAVERNE

RD1004
✆ 03 88 91 80 47
www.jardin-botanique-saverne.eu
Ouvert d'avril à octobre, de 14h à 18h. De mai à août tous les jours de 10h à 18h. Adulte 3 €.

Émile Walter, pharmacien botaniste, créa en 1931 ce jardin qui rassemble plus de 2 000 variétés de plantes. C'est un vrai labyrinthe de tourbières, bassins, de plantes sèches, carnivores, insectivores ou encore aquatiques. On y trouve la plus importante collection d'orchidées de France ainsi que 80 espèces de fougères. Trois circuits sont proposés pour découvrir le jardin. Parmi les animations, des expositions et des ateliers sur les insectes, les plantes à bulbes ou les épices.

LA ROSERAIE DE SAVERNE

Route de Paris
✆ 03 88 71 83 33
www.roseraie-saverne.fr
Ouvert de fin mai à fin août, du lundi au samedi 14h à 19h, dimanche 10h à 19h. Septembre, tous les jours de 14h à 19h.

Cette roseraie dessinée par l'architecte Peter Lambert, fut créée en 1898 par la Société Alsacienne et Lorraine des Amis des Roses de Saverne. Ce jardin extraordinaire offre à la vue et au nez de ses visiteurs plus de 8 500 rosiers qui fleurissent au printemps dans une explosion de couleurs et de parfums. De nombreuses activités sont proposées pendant la période d'ouverture de la roseraie : cours de taille, de greffe, coupe des roses fanées, fête des roses (mi juin), visite guidée... Dégustation de thé et cake à la rose pour les groupes de 8 personnes.

BAS-RHIN

TOUR DU TÉLÉGRAPHE CHAPPE ★

Route du Haut-Barr
✆ 03 88 66 15 84
www.tourchappe.fr
Ouvert du 2 avril au 2 octobre de 13h à 18h, du mercredi au lundi.

La France fut, grâce aux travaux de Claude Chappe, le premier pays à bénéficier d'un réseau de télécommunications ! Des bénévoles formés par la Société d'Histoire de la Poste et des Télécoms en Alsace vous feront visiter le musée, aménagé dans une maisonnette à côté de la tour du télégraphe, et effectuent une démonstration de l'appareil. Le musée vous apprendra tout sur la tour, de manière interactive et ludique. La visite peut aisément être combinée à celle du château du Haut Barr.

NICOLS YACHT

11, rue de l'Orangerie
✆ 03 88 02 29 71
Ouvert du lundi au vendredi de 9h à 18h30 et le samedi de 9h à 17h.

Louez un bateau électrique sans permis, offrez-vous une croisière d'un week-end ou d'une semaine, ou profitez du calme d'une tranquille péniche. Vous pourrez naviguer en direction de Strasbourg et de sa célèbre Petite France, ou en direction de Lützelbourg et de son célèbre ascenseur à bateaux ou encore vers les insolites tunnels de Niderviller. Après une petite formation, une multitude d'escapades et de formules s'offrent à vous et vous pourrez ainsi redécouvrir la région avec un œil neuf et ce, même si vous pensiez la connaître déjà par cœur !

HÔTEL EUROPE*** €€

7, rue de la Gare
✆ 03 88 71 12 07
www.hotel-europe-fr.com
28 chambres (dont 1 suite).
Chambre simple à partir de 80 € et à partir de 90 € la chambre double.

Ce charmant hôtel à la façade faite de briques ambrées offre un accueil remarquable, chaleureux et souriant, dans un cadre propice à la détente, à proximité du centre-ville et des principaux points touristiques du coin. Les chambres sont confortables, décorées dans des tons clairs et délicats, équipées de tout le confort nécessaire à un bon séjour. La suite Le Pavillon comporte une chambre adaptée aux personnes à mobilité réduite et un salon, dans un décor romantique. Les petits déjeuners sont copieux et servis dans une très belle salle.

HÔTEL-RESTAURANT CHEZ JEAN €€

3, rue de la Gare
✆ 03 88 91 10 19
www.chez-jean.com
Chambre double à partir de 74 € ; suite à partir de 110 €. Petit déjeuner buffet. Espace bien-être.

Dans cet hôtel très bien situé, on fait la part belle au traditionnel, sans oublier tout le confort et l'équipement moderne, ce qui fait des chambres un lieu propice à la détente et au repos dans un cadre chaleureux. L'établissement propose également un espace détente avec bain bouillonnant, sauna, hammam et masseur. Avec sa grande salle « Jean » et sa winstub « S'Rosestiebel », le restaurant offre la possibilité de goûter à la tradition alsacienne ou au gastronomique.

LE CAVEAU DE L'ESCALE €

10, quai du Canal
✆ 03 88 91 12 23
www.escale-saverne.fr
Ouvert jeudi, vendredi, dimanche et lundi midi et soir et samedi soir.

Quelle que soit la saison, ce restaurant attire les gastronomes et il est facile de comprendre pourquoi. Le décor est idéal pour un repas en famille, en amoureux ou entre amis. En été, la terrasse donne sur le joli port de plaisance de Saverne et en hiver, on s'attable dans la magnifique salle voûtée du sous-sol. On observe les quatre grands aquariums, petit clin d'œil à la spécialité de l'établissement, les produits de la mer. Les plats du terroir sont tout de même présents sur la carte, et on recommande la spécialité maison : les poêlées de büewespäzles.

CAVEAU S'ZAWERMER STUEBEL €

4, rue des Frères
✆ 03 88 71 29 95
www.szawermer.fr
Ouvert du mercredi au dimanche midi et soir.
Carte : 13 € environ.

Ce caveau porte bien son nom, la carte des vins est impressionnante et à prix intéressant. On s'installe sous des voûtes de pierre, une belle cheminée réchauffe en hiver. Élodie est en salle, Hervé est en cuisine, c'est bon, c'est copieux, joliment présenté et c'est pas cher ! En terrasse c'est agréable l'été, on a l'impression d'être en vacances ! Et durant l'année, toutes les occasions sont bonnes pour aller faire un tour au caveau, que ce soit en tête-à-tête ou entre copains.

PÂTISSERIE HAUSHALTER €

43, rue Saint-Nicolas
✆ 03 88 89 64 62
www.patisserie-haushalter.com
Ouvert du lundi au samedi de 7h à 18h. Plat du jour : 8,50 €.

Si Haushalter est surtout connue pour ses pâtisseries et autres chocolats, ainsi que pour ses glaces en saison estivale, on peut également s'y attabler pour y déjeuner le midi. Les plats sont simples, traditionnels alsaciens ou plus exotiques, mais bien cuisinés, copieux et peu onéreux. Ils changent avec les saisons et les jours. Là, on trouvera toujours son bonheur pour se restaurer vite mais bien. Bien sûr il faudra garder de la place pour un dessert... La Maison Haushalter est depuis 2018, certifiée Maison artisanale, grâce au Label « Fabrication Maison ».

LE BISTRONOME €€

58, Grand Rue
✆ 06 86 84 41 33
www.bistronome-saverne.fr
Ouvert du mercredi au dimanche midi et soir. Menu unique à 39 €. Formule du midi à 13,50 €.

L'art d'allier l'ambiance et la simplicité du bistro à la recherche de l'excellence gastronomique : voilà la devise du chef Daniel Funfrock et de sa femme Sylvie ! Les produits frais changent en fonction des saisons, les menus aussi, car ici tout est frais, local et fait maison. Les plats sont créatifs, innovants, pleins de saveur, d'odeurs et de couleurs. Et si vous aimez, sachez que vous pouvez trouver les plats qui vous sont ici proposés sous forme de bocaux à emporter. Là encore, dedans il n'y a que de la vraie cuisine, sans aucun additif.

LA GARENNE €€

88, rue du Haut Barr
✆ 03 88 70 84 38
www.lagarenne.fr
Ouvert du mardi au samedi midi et soir et dimanche midi. Menus de 15 € à 55 €.

Sébastien Schmitt, le chef, propose à La Garenne une cuisine moderne et inventive, qui varie au fil des saisons, composée par les produits frais et du terroir. Parmi les incontournables on trouve un côte de bœuf de Langatte ou du taureau et des burgers maison. Le foie gras est réalisé par le chef, qui fume aussi son saumon. Mais le lieu est aussi un bar à vins qui offre plus de 250 vignerons référencés, pour tous les goûts et tous les budgets. Pour en profiter pleinement, dormez sur place dans l'hôtel, moderne, accueillant et tout confort.

HOTEL-RESTAURANT KLEIBER €€

37, Grand-Rue - **SAINT-JEAN-SAVERNE**
✆ 03 88 91 11 82 - www.kleiber-fr.com
Du mardi au vendredi et dimanche midi et soir, lundi et samedi soir. Menus de 26 € à 43,50 €. Formule du midi : 12,50 €.

La famille Lorentz vous accueille depuis quatre générations dans la tradition des Logis de France, dans leur jolie maison fleurie. La cuisine est à la hauteur des 2 cocottes : on s'attable dans un cadre rustique où la cuisine régionale et les produits locaux, frais et de saison sont à l'honneur. Vous trouverez les incontournables de la cuisine alsacienne. Les pièces de bœuf et de gibier d'exception sont également en bonne position, à accompagner de l'une des très belles références de vins proposées à la carte, au verre, ou à la bouteille si on reste à l'hôtel.

LÀ-HAUT €€

Château du Haut-Barr
✆ 03 88 91 17 61
restaurant-lahaut.fr
Ouvert tous les jours de 11h à 15h et de 19h à 21h30. Menus de 25 € à 39 €. Menu enfant : 7 €.

Là-Haut n'a que des atouts ! On trouve à la carte tous les incontournables régionaux, pourquoi pas sur la magnifique terrasse en été. En hiver, c'est un village composé de chalets qui vous accueille pour déguster raclettes, fondues ou pierrades en famille ou entre amis. Convivialité garantie ! Autres atouts du lieu : la salle panoramique privatisable et les chambres d'hôtes haut de gamme, au cas où vous voudriez goûter sans risque à la très soignée carte des vins et prolonger la soirée de façon inattendue. Bref, le lieu idéal pour une belle expérience !

PHIL GOOD €€

66/68, Grand Rue
✆ 03 88 91 71 69
phil-good.eu
Ouvert du mardi au jeudi de 7h à 19h ; du vendredi au dimanche de 7h à 23h. Suggestion du jour : 13 €. Vin au verre.

Dans la salle aux tons chaleureux, entouré de boiseries, on prend le temps de s'installer. L'équipe très souriante est aux petits soins et vous conseille en vous apportant la carte. Le midi, les plats ou salades du jour sont d'un excellent rapport qualité-prix mais on pourra aussi opter pour les autres plats proposés, tout aussi bien réalisés : carpaccio, onglet, tarte flambée... Mention spéciale pour le merveilleux PhilGood Burger : pain à la truffe, double steak haché Black Angus, escalopine de foie gras, tomate, roquette, sauce à la Licorne Black, frites !

BAS-RHIN

RESTAURANT LA MARNE €€

5, rue du Griffon
© 03 88 91 19 18
www.lamarne-saverne.fr
Ouvert tous les jours, fermé jeudi soir et dimanche soir. Menus de 35 € à 40 €. Carte : 20 € environ.

Située au bord du canal, La Marne et sa terrasse vous proposent des repas conviviaux au bord de l'eau durant l'été, un service chaleureux et une cuisine résolument régionale : escargots, salade alsacienne (cervelas, gruyère, œufs, tomates), assiette de foie gras, cordon bleu, jarret braisé, rosbif de cheval à l'alsacienne… Certains plats sont servis sur ardoise comme les *spätzles* aux girolles ou au saumon fumé. On vient aussi à La Marne pour ses pizzas et ses tartes flambées. L'approvisionnement en légumes, fruits et fromages se fait auprès de producteurs locaux.

RESTAURANT LE STAEFFELE €€€

1, rue Poincaré © 03 88 91 63 94
www.staeffele.com
Ouvert du mercredi au samedi midi et soir et le dimanche midi. Menu de 55 € à 65 €. Formule du midi : 37 €.

Tout à côté du cloître des Récollets et à deux pas du château Rohan, le Staeffele régale ses clients avec sa cuisine actuelle, fine et originale dans un décor contemporain de bois clair, de murs crème et de chaises en moleskine noire. Michel Jaeckel, chef de cette belle table, toujours en quête de nouvelles saveurs, séduit avec une carte raffinée et de haute volée. Entre la rascasse braisée aux Saint-Jacques et le croustillant de ris de veau et volaille à la reine, le cœur balance. On gardera une place pour les fabuleux desserts.

LA VIGNE VAGABONDE

38, rue Principale
SAASENHEIM
© 07 83 42 68 22
www.lavignevagabonde.fr
Ouvert lundi et mardi de 8h à 19h, mercredi de 7h à 19h et du jeudi au samedi de 7h à 20h.

La Vigne Vagabonde, c'est la toute première cave itinérante d'Alsace ! À chaque saison, on vous fait découvrir de nouveaux producteurs locaux, attachés à leurs terres et amoureux de leurs vins. Sur les marchés, à domicile pour des ateliers de dégustation ou sur certains événements de la région, vous ne serez jamais déçus avec La Vigne Vagabonde, qui propose aussi un bar à vins privatisable ! Sarah de Boistel, sommelière-caviste à la tête de cet établissement, n'est pas avare de bons conseils et vous orientera au mieux pour vos accords mets et vins.

CENTRE NAUTIQUE L'OCÉANIDE

10, rue du Centre-Nautique © 03 88 02 52 80
www.loceanide.fr
Ouvert tous les jours, de 10h jusqu'à 18h, 19h ou 21h selon saison. Entrée adulte 6 €, enfant 4,50 €.

Dans un joli cadre de verdure on profite de 3 bassins. L'hiver, les nageurs sont au chaud dans une ambiance tropicale. Les enfants peuvent jouer dans un bassin ludique avec toboggan, jeux d'eau et bain bouillonnant. Pour les nageurs confirmés, un bassin sportif de 25 mètres permet de s'entraîner. Des aquabikes sont à disposition du lundi au vendredi. À l'extérieur, un bassin chauffé est accessible toute l'année. Il est possible de s'inscrire à des cours de natation ou d'aquagym.

OHL VÉLO ET OXYGÈNE VTT ET CYCLOTOURISME

10, rue Saint-Nicolas
© 03 88 91 17 13
www.cycles-ohl-jouets.fr/
Ouvert lundi après-midi et du mardi au samedi toute la journée.

Depuis 1923, ce magasin historique vous propose, à Saverne, la vente, location et réparation de vos vélos, qu'ils soient de course, vtt, vtc, ville, enfants, ebike, tandems, etc. ou de karting et autres scooter (50-125 cc). Pour être complet, vous y trouverez également tous les accessoires nécessaires pour vous protéger, vous éclairer, gonfler, etc. Enfin, le magasin vend aussi des jouets, de quoi divertir toute la famille à domicile ou en plein air !

HAEGEN

Entouré par les communes de Saverne, Ottersthal et Thal-Marmoutier, Haegen se situe au nord-ouest de Saverne, la plus grande ville à proximité. La rivière Zorn, le canal de la Marne au Rhin et le ruisseau Rosselbach traversent le village. Il est un point de départ idéal pour les amoureux de nature en quête d'activités en extérieur. Quelques sentiers de randonnée rayonnent alentour, partant soit vers la plaine d'un côté, soit vers la forêt, de l'autre. De là, on rejoint facilement les châteaux ruinés des petit et grand Geroldseck, la table des sorcières ou la tour et le rocher du Brotsch. Quelques belles heures de randonnées en perspective !

CHÂTEAU DU GRAND GEROLDSECK

✆ 07 82 56 95 19
http://progeroldseck.free.fr
Ouvert toute l'année. Visites guidées d'avril à octobre. Renseignements auprès de l'association Pro Geroldseck.

Les vestiges du château se dressent à 481 mètres d'altitude. Le donjon édifié au XIIe siècle est l'un des plus importants d'Alsace de par ses dimensions hors normes. Lorsque l'on redescend, on aboutit à un col d'où l'on peut accéder au château du Petit-Geroldseck. L'association organise des concerts de soutien et des animations annoncés sur son site. Pensez à tester la « cuvée des seigneurs de Geroldseck », l'occasion d'appuyer leurs efforts tout en se faisant plaisir...

RESTAURANT AU BAIN €

7, rue du Maréchal-Leclerc
✆ 03 88 71 02 29
www.restaurant-au-bain.fr
Ouvert du mardi au dimanche de 12h à 13h30 ; du jeudi au dimanche de 12h à 13h30 et de 19h à 21h30.

Voici au détour d'une petite route un restaurant familial bien sympathique où simplicité rime avec gentillesse. Les salles sont décorées avec goût et la climatisation nous rafraîchit en été. L'ambiance ici est conviviale et bon enfant : pas de chichi, de la cuisine simple et authentique alliée à un service souriant. L'on peut se régaler de roestis, de spécialités régionales, mais également d'une cuisine de tradition plus française; à noter que le chef apprête très bien le poisson. N'oublions pas les tartes flambées et les pizzas le samedi et le dimanche soir.

LA CUVE DE PIERRE

Schaeferplatz
Lieu insolite, objectif de promenade en forêt.

La cuve de pierre est un immense bloc de grès taillé de 4,5 mètres de diamètres pour 2,10 mètres de haut. En son centre, on trouve un bassin circulaire accessible par de petites marches. Selon la légende, elle avait été commandée par l'abbaye de Marmoutier mais les ouvriers ne parvinrent pas à la déplacer une fois achevée. Une autre explication serait celle d'une réserve d'eau pour l'oppidum celte mais les archéologues ne sont pas tous en accord et certains pensent que la cuve a été taillée au Moyen Âge. Allez l'observer et, pourquoi pas, percez son secret !

HOCHFELDEN

Des bifaces de la Préhistoire, exposés au musée de la Zorn, à la grille contemporaine du sculpteur Mathieu Mercier sur la place du Marché, en passant par l'admirable chapelle Saint-Wendelin dont la forme actuelle date du XVe siècle, toutes les périodes ont laissé leur empreinte. Le mobilier funéraire de la Dame de Hochfelden, princesse des steppes venue dans le sillage d'Attila, est bien connu des historiens. Hochfelden a toujours été un important carrefour routier pour la circulation des hommes et des marchandises. L'ancien relais de poste, aujourd'hui restaurant, et la brasserie Meteor, indépendante et fondée en 1640, en sont des témoins privilégiés.

SITE ARCHÉOLOGIQUE DU WASSERWALD

Site gallo-romain

Sur ce site, la culture celte est restée prédominante et les échanges avec les autres peuples ont été réduits. On peut observer les restes de maisons à une ou deux pièces encerclées par un mur de protection et reliées par des chemins. Les fermes sont regroupées autour d'un plan en T. On pourra également observer un sanctuaire gaulois appelé *fanum*. Les fouilles ont permis de retrouver de très belles statues et bon nombre d'éléments dignes d'intérêt pour les archéologues et passionnés.

CHAPELLE SAINT-WENDELIN

1, rue du 23 Novembre
✆ 03 88 89 07 89
www.hochfelden.fr

Le début de la construction de cette chapelle remonte à 1435. Elle est dédiée à saint Wendelin, dont la légende dit qu'il abandonna les privilèges que lui auraient valu sa qualité de fils de roi d'Écosse pour devenir berger. Un cimetière, désaffecté depuis 1859, l'entoure et les quelques stèles qui s'y trouvent encore confèrent une auto toute particulière au lieu. On remarquera en particulier la stèle de l'abbé Weisrock, prêtre réfractaire mort en 1812, et celle où un angelot tenant un ciboire a pris la place habituellement occupée par saint Jean.

BAS-RHIN

MUSÉE DE LA ZORN

12, place du Général-Koenig
✆ 03 88 89 04 52
Ouvert sur demande auprès de l'association Arche de Hochfelden.

Installé dans l'ancienne synagogue, le musée renseigne sur les richesses archéologiques, historiques et culturelles de la région. De nombreux objets et documents racontent la vie quotidienne au pays de la Zorn, habité depuis plus de 7 500 ans. Vous y découvrirez l'histoire locale des tuileries et des potiers, très présents, ainsi que celle des brasseries. Arrêtez-vous devant les vitrines d'objets fabriqués par nos ancêtres il y a plus de 100 000 ans, pour admirer le bracelet à tampons de l'âge du bronze ou les pièces de monnaie de l'empereur Antonin le Pieux...

BRASSERIE METEOR

6, rue du Général-Lebocq
✆ 03 88 02 22 22
www.brasserie-meteor.fr
Ouvert du lundi au jeudi de 8h à 12h et de 13h à 17h ; le vendredi de 8h à 12h.

En activité depuis le IXe siècle, la brasserie est aujourd'hui gérée par la huitième génération de la famille Metzger. La visite permet de découvrir les différentes étapes de la fabrication de la bière et d'admirer les magnifiques cuves en cuivre. La production annuelle de 500 000 hl environ se répartit en une large gamme de bières et de goûts. Au terme de la visite, vous pourrez déguster les différentes bières produites dans la brasserie, telles que la blonde Meteor Pils, la Blanche de Meteor au goût floral ou la Wendelinus. N'hésitez pas à demander conseil !

VILLA METEOR

1b, rue du Général Gouraud
✆ 03 88 02 22 44
www.brasserie-meteor.fr
Haute saison : du mardi au dimanche. Basse saison : du mercredi au vendredi et le dimanche. Adulte 8 €, étudiant 5 €.

Grâce à de nombreux témoignages et objets historiques, cette villa vous raconte l'histoire de Meteor de 1640 à aujourd'hui. La visite dure 1h30 et consiste en sept étapes : le jardin et ses matières premières, la maison familiale datant du XVIIe siècle et ses souvenirs intimes, la serre qui abrite les laboratoires des XIXe et XXIe siècles, la cour d'honneur et sa salle de brassage, la salle de fermentation et de maturation, la salle des machines, et, enfin, le bar où des spécialistes vous initieront à la découverte des différentes bières !

MONSWILLER

Les premières traces de population sur le territoire de la commune ont été découvertes en 1970, sous la forme de pièces de monnaie datées de l'époque gauloise (270-274), et des fondations d'un édifice datant lui aussi du IIIe siècle. Monswiller fut, dès le début du XIXe siècle, le siège d'industries métallurgiques utilisant le force motrice de l'eau. L'église Notre-Dame-de-l'Assomption abrite une importante collection de 86 ex-votos, datés de 1795 à 1825, à voir absolument ! Au XIXe siècle, Monswiller était, en effet, l'un des plus importants pèlerinages à la Vierge de la région et les peintres ont ici réalisé de véritables chefs-d'œuvre !

STAMMTISCH MÉTÉOR €€

13, rue du Général-Lebocq
✆ 03 88 01 04 48
www.stammtischmeteor.com
Ouvert du lundi au jeudi 10h-14h30 et du vendredi au dimanche 10h-14h 30 et 18h-22h. Plat du jour : 9 €.

Les photos accrochées au mur de ce lieu convivial rendent hommage au personnel de la dernière brasserie alsacienne indépendante. La carte s'élabore autour de plats régionaux typiques faits maison : spätzle, fleischschnaka et tartes flambées. Salades, foies et gésiers de volaille, pot-au-feu au raifort et bien sûr l'incontournable salade mixte alsacienne sont également proposées. Vous pourrez tirer votre propre bière au petit comptoir après avoir coché l'ardoise qui comptabilisera vos consommations. Sur la terrasse en été, c'est parfait !

RESTAURANT KASBÜR €€€

8, rue de Dettwiller ✆ 03 88 02 14 20
www.restaurant-kasbur.fr
Ouvert du mardi au samedi midi et soir et dimanche midi. Menus de 65 € à 115 €. Formule du midi : 39 €.

Vous dégusterez ici une délicate et gastronomique cuisine signée Yves Kieffer, dont les arrières grands-parents ont ouvert le restaurant en 1932. Kasbür signifie « paysan fromager » en alsacien et se réfère à l'activité des ancêtres du chef. Voici un exemple de ce que l'on peut trouver : noix de Saint-Jacques de Normandie en deux apprêts (en viennoise aux fruits de la passion et en tartare sur une pâtissière salée), suprême de pigeonneau Mont Royal laqué au miel de thym et pignons de pin, chair de tourteaux au pomelos et à l'avocat grillé sous un voile yaourt...

VOELLERDINGEN

Vœllerdingen a été mentionnée pour la première fois en 1128. Elle appartenait au comté de Sarrewerden, puis au Nassau-Weilburg (1745-1793). Il y avait autrefois, au nord du ban de la commune, un village nommé Heimeldingen, détruit et disparu entre 1345 et 1513. Aujourd'hui, on y découvre un banc-reposoir sur la route D 237 à la limite du ban communal de Sarre-Union, une église protestante (de l'église du XIVe ou du XVe siècle, il ne reste que l'ancienne tour porche ; en 1841, la nef a été reconstruite entre la tour et le chœur d'origine puis bombardée en 1944), et le monument Pilâtre de Rozier sur la colline du Bœtzel, lieu de son accident de ballon.

WANGENBOURG-ENGENTHAL ★

L'Office de tourisme vous conseillera pour vos itinéraires de randonnée : 120 kilomètres de pistes VTT balisées vous conduisent dans le massif du Schneeberg, de 200 à 900 mètres d'altitude, d'où les panoramas sont exceptionnels sur la plaine d'Alsace. Des sorties nature guidées sont proposées tout au long de l'année sur demande, l'occasion de découvrir la faune et la flore avec des spécialistes. En hiver, on chausse les skis de fond pour parcourir les 75 kilomètres de pistes aménagées dans la forêt. Des refuges jalonnent le parcours. Les forêts de pins sylvestres dits de Wangenbourg ont largement contribué au développement économique de la région.

BAS-RHIN

MOULIN KLEIN

31, rue du Moulin
✆ 03 88 00 42 48

Ouvert du mardi au jeudi de 14h30 à 19h ; vendredi de 9h30 à 19h ; dimanche de 7h à 12h30 et de 13h à 19h.

Ce moulin du XVIe siècle est toujours en activité pour le plus grand plaisir des amateurs de bon pain. Friedbert Klein est la troisième génération d'une famille de meuniers qui a restauré et modernisé ce moulin au début du XIXe siècle. Dans la nuit, il se met au pétrin pour faire du pain traditionnel cuit au feu de bois, de belles miches d'un kilo et demi, dont on peut n'acheter qu'une moitié et qui se conservent quelques jours. Vous pourrez aussi trouver ici de très nombreuses farines. On peut y casse-croûter d'avril à octobre et pêcher dans l'étang attenant.

© LEONID ANDRONOV - SHUTTERSTOCK.COM

Wangenbourg-Engenthal.

LES VERGERS D'ARLETTE

9, rue Principale
✆ 03 88 00 07 91
www.lesvergersdarlette.com

100 % bio. Ouvert le mercredi, le vendredi et le samedi de 15h à 17h. Et boutique en ligne.

Tout un éventail de certifications : Ecocert, Naturland, Nature et Progrès, Demeter... sont obtenus par ces amateurs de l'arboriculture bio, puis la biodynamie, pour ensuite investir dans un atelier à jus de pommes et l'achat d'un alambic. Vous trouverez chez les Carrier, jus de fruits, apéritifs, liqueurs et eaux de vie bio, dont la liqueur de fleurs de sureau, leur grand succès. Ils produisent aussi des vinaigres et des bières, dont la Gégé, à l'épeautre et au houblon bio ou l'Arlette. Certaines bières sont parfumées à la pomme, à la quetsche, à l'aspérule.

CHÂTEAU DE WANGENBOURG

Ouvert toute l'année. Gratuit.

Les ruines du château sont emblématiques de la commune. On remarque de loin le donjon aux créneaux bien réguliers au sommet duquel flotte un drapeau. Sa construction, ordonnée par les sires de Wangen, eut lieu au troisième quart du XIIIe siècle. En très mauvais état au début du XVIe siècle, des restaurations très importantes sont effectuées, cofinancées par l'évêque de Strasbourg et les Wangen. Comme bien d'autres châteaux de la région, il fut occupé par les garnisons de Louis XIV, qui le firent sauter en partie pour le mettre « hors de défense ».

SOMMET DU SCHNEEBERG

Le sommet du Schneeberg culmine à 961 mètres d'altitude. Cet ensemble rocheux en grès est réputé pour être un haut lieu de magnétisme. Le Lottelfels ou « pierre branlante » était selon la légende une pierre d'ordalie mérovingienne. Le coupable devait faire acquiescer la grande pierre qui pouvait vaciller si l'accusé(e) s'allongeait de tout son long. Le jugement était imposé en particulier aux femmes soupçonnées d'adultère. Plus tard, c'est devenu le rendez-vous des amoureux : de beaux jours étaient promis à ceux qui arrivaient à le faire bouger. Y arriverez-vous ?

L'HIPPOCAMPE €€

14, Rue du Schneeberg

Il faut s'éloigner des bourgs et monter une rude pente pour trouver l'Hippocampe, mais le jeu en vaut la chandelle. Dans une superbe maison entourée d'un magnifique jardin, vous serez très bien reçus par un couple charmant. La chambre a été décorée avec soin, reprenant de nombreux objets anciens quelque peu détournés. Elle est idéale pour un couple, avec un enfant maximum. Un copieux petit déjeuner vous sera servi chaque matin, ainsi qu'une table d'hôtes sur demande, profitant de ces instants pour bénéficier des nombreux conseils de vos hôtes pour vos sorties.

OFFICE DE TOURISME DE WANGENBOURG-ENGENTHAL

32 a, rue du Général-de-Gaulle ✆ 03 88 87 33 50

www.mossig-vignoble-tourisme.fr

Ouvert lundi de 14h30 à 17h ; mardi, mercredi et vendredi de 9h à 12h et de 15h à 17h ; samedi de 9h à 12h.

Mossig et Vignoble est un groupement de dix-sept communes de trois vallées distinctes. Découvrez sur le site le territoire en direct *via* les webcams placées sur les sites incontournables. Trois circuits touristiques pour découvrir de Gaulle à Wangenbourg durant la drôle de guerre sont proposés : le Circuit de la drôle de guerre au cœur du village, le Parcours de la 5e armée qui prend une journée à pied, une demi-journée à vélo ou 2h30 en voiture et le Sentier des passeurs.

LE PARC HÔTEL*** €€

39, rue du Général-de-Gaulle

✆ 03 88 87 31 72

www.parchotel-alsace.com

Chambre double de 107 € à 127 €.

Dans un environnement naturel de rêve, l'hospitalité se transmet depuis sept générations. Un spa à l'équipement complet (sauna, hammam, bain bouillonnant, massage), permettent de passer ici un moment inoubliable dédié au soin de soi et au plaisir. Les chambres sont très confortables, souvent remaniées : certaines ont un balcon qui donne sur le jardin. Pour se divertir, le salon de billard et la salle de jeux avec ping-pong, baby-foot, flipper sont appréciables. En toutes saisons, on profite des nombreuses activités détente ici, à l'intérieur comme à l'extérieur.

CAMPING LES HUTTES €

Route du Nideck

✆ 03 88 87 34 14

www.camping-wangenbourg-engenthal.com

Ouvert de début avril à fin octobre.

Tarif journalier 4,80 € par adulte ; 2,80 € par enfant.

Idéalement situé en pleine nature, ce petit camping agréable et très bien entretenu permet de passer de beaux jours à la découverte de l'Alsace et de ses richesses. L'ambiance y est familiale et c'est un point de départ idéal pour les amateurs de randonnées. Détendez-vous sur le terrain de pétanque, ou sur les aires de pique-nique aménagées sous les frondaisons. Les plus jeunes profiteront d'une aire de jeux avec balançoires et modules ludiques. Le village où vous pourrez faire vos emplettes chez de petits commerçants est à deux pas.

GRENDELBRUCH

Des peuples divers ont foulé le sol de Grendelbruch depuis l'âge de bronze. La fouille des tumuli découverts entre Mollkirch et Rosenwiller ont mis à jour une lame d'épée et une autre de poignard ainsi que deux fibules trouvées au milieu de poteries d'argile. Culminant à 540 m d'altitude, le bourg est le point de départ idéal pour faire de belles randonnées grâce aux nombreux sentiers aménagés par le Club vosgien. On peut rejoindre le signal de Grendelbruch – 752 mètres – qui offre un large panorama sur la plaine d'Alsace et la Forêt noire, jusqu'à la vallée de la Bruche et la chaîne des Vosges avec, au loin, le Donon couronné d'un petit temple.

VERLORENE ECK

Plein de mystère, ce lieu offre une trentaine de menhirs disposés en cercle, des tables de pierre et des dolmens : idéal pour faire rêver les enfants qui penseront à Astérix et Obélix. Cependant, le site ne sera pas du goût des puristes car les pierres ont en effet été trouvées couchées et relevées puis disposées ainsi dans les années 1980 à l'aide de plans faits par des sourciers et des radiesthésistes... Néanmoins, c'est une belle promenade et un lieu très intéressant du point de vue culturel et ésotérique, pour ceux qui y croient...

CASCADE DU NIDECK

98, rue du Nideck

Parking gratuit. Promenade accessible aux familles dont les enfants sont entraînés à marcher.

On rejoint le site au départ du parking situé en face du Café de la Cascade du Nideck, route du Nideck ou en face de la Maison forestière du Nideck sur la D218. Un sentier relie le château à la cascade. Haute de 25 mètres, elle se jette sur un mur de roches porphyriques. La promenade est accessible aux familles. En été, suivant la météo, la cascade est moins abondante mais on apprécie tout de même la fraîcheur et la verdure de l'endroit. En hiver, le site devient féerique. Prévoyez de bonnes chaussures de marche, le terrain est parfois glissant.

RESTAURANT LA GRENOUILLE €€

26, rue de l'Eglise ✆ 03 88 95 52 27

Ouvert du lundi au mercredi midi et du jeudi au dimanche midi et soir. Carte : 50 €.

N'hésitez pas à entrer, même si la maison ne paye vraiment pas de mine, car vous allez découvrir un trésor ! Dans une salle claire, décorée de déclinaisons sur la grenouille mais sans exagération, vous allez passer un moment de pur bonheur, intimiste. Ludovic, aux fourneaux, vous mitonnera des plats comme lui seul en a le secret, osant mélanger des saveurs inhabituelles entre elles : les cuisses de grenouille bien sûr, mais aussi un pigeon rôti aux griottes et des spécialités régionales. De succulents desserts viendront compléter votre dégustation gourmande.

CHÂTEAUX DE RINGELSTEIN ET DE HOHENSTEIN

Site du Grand Ringelstein

Ouvert toute l'année. Visite libre.

Culminant à 640 mètres d'altitude, ils ont été bâtis au XIIIe siècle. Ringelstein, propriété des Eguisheim, passa à l'évêque de Strasbourg après l'extinction de la famille. Repaire de chevaliers brigands, il fut détruit en 1470. Le second château fut bâti par la famille de Hohenstein. L'évêque de Strasbourg en fut l'un des propriétaires au XIIIe siècle. On verra aussi au cours de la balade l'étonnante enceinte du Petit Ringelsberg, un mur de pierres sèches datant de l'époque romaine.

OBERHASLACH

La commune dévoile ses trésors historiques comme la chapelle Saint-Florent et ses ex votos, le château du Nideck ou les ruines du Hohenstein et du Ringelstein. Les légendes contées par les Frères Grimm autour du Nideck (le massif forestier avoisinant), le premier symposium de sculptures réalisé par des artistes, et les nombreux circuits de marche font d'Oberhaslach un lieu idyllique pour les randonneurs et les vététistes. Labellisée Station verte de vacances, récompensée de 3 fleurs au concours national des villes et villages fleuris et située sur la route des châteaux d'Alsace, Oberhaslach est un haut lieu touristique du Piémont vosgien.

CHÂTEAUX DU NIDECK

✆ 03 88 38 11 61

www.ot-molsheim-mutzig.com

Ouvert toute l'année. Gratuit. Visite libre.

L'ensemble de ruines est composé de deux châteaux distincts culminant à 534 mètres. Celui du haut présente un fossé et un mur-bouclier à l'attaque. Celui du bas montre un donjon carré qui protège un logis exigu. Le premier date du milieu du XIIIe siècle, alors que le second semble plus tardif (début du XIVe). En 1636 un incendie détruit les bâtiments qui semblent dès lors avoir été délaissés. Une plaque commémorative célèbre le poète romantique Von Chamisso qui magnifie la légende des géants du Nideck dans *Das Riesenspielzeug*, traduit par *La Fille du géant*.

BAS-RHIN

LE SENTIER DES GÉANTS DU NIDECK

Ouvert toute l'année. Gratuit. Visite libre.

D'énormes blocs de grès des Vosges de plusieurs mètres de haut ont été installés en pleine forêt sur le Sentier des sculptures. Retenues parmi les projets de 80 artistes internationaux, chacune illustre la légende des Géants du Nideck. Ce parcours est le premier sentier international de sculptures contemporaines en Alsace. L'occasion de profiter d'une balade forestière tout en admirant ces créations. Comptez environ deux heures pour un circuit de 4,2 km, en partant du Sandweg.

GITES DE CHARME, MEUBLES DE TOURISME LE 59 €€

59, rue du Général de Gaulle
✆ 06 60 44 99 50
www.le59.eu

Le 59 est une ancienne droguerie-herboristerie fondée au début du siècle dernier transmise de père en fils jusqu'à notre génération. C'est l'envie de faire perdurer en ce lieu les bons conseils et la qualité de l'accueil qui a motivé Sabine, votre hôte, à rénover la bâtisse. Trois gîtes vous y attendent, mêlant délicieusement les meubles anciens et les équipements modernes. Chacun a son extérieur et une superbe vue sur les toits. Vous ne serez jamais déçus ici !

LES JARDINS DU NIDECK €€

59, rue du Nideck
✆ 03 67 98 70 84
lesjardinsdunideck.fr

Chambre double à partir de 78 € ; studio / appartement à partir de 160 € ; suite à partir de 88 €.

Aux Jardins du Nideck, vous trouverez des gîtes familiaux, des chambres d'hôtel et une salle de réception pour vos mariages, séminaires ou autres évènements, un espace détente ainsi que des stages autour du bien-être et du développement personnel. Élodie et Annika sont aux petits soins et vous réservent plein de surprises durant votre séjour, y compris pour déjeuner ou boire un verre. Elles ne sont pas avares de conseils ! Cette année, elles ont installé un superbe kota grill dans le jardin, dans lequel on profite de merveilleuses soirées conviviales.

HOSTELLERIE DE L'ÉTOILE €€

1, place du Général Leclerc
✆ 03 88 87 03 02
www.hostellerie-etoile.com

Chambre simple à partir de 57 € ; chambre double à partir de 63 € ; chambre triple à partir de 73 €.

Ce charmant établissement familial, à l'arrière dans une cour intérieure, vous propose 33 chambres confortables, bien équipées et spacieuses. Lits jumeaux ou grands lits, dans tous les cas la literie est douillette ! Un parking privé dans la cour est à votre disposition. Labellisé Accueil Vélo, l'établissement fait aussi la part belle aux mobilités douces. Pour vos repas, vous pourrez vous rendre dans la belle salle de restaurant ou vous installer dans la véranda, pourquoi pas pour déguster une choucroute car l'établissement est membre de sa confrérie.

WASSELONNE ★

Wasselonne, déjà connue de l'homme du néolithique, se développa à l'époque celtique puis gallo-romaine. Aujourd'hui, on y admire les vestiges de son château, de sa tour de guet carrée. On admire encore dans la cité les nombreuses enseignes ou clés de linteaux, sculptés dans la pierre : ces emblèmes symbolisent la diversité des corps de métiers qui ont fait jadis la prospérité des lieux. Le temple protestant de 1757 possède un intéressant buffet d'orgue Silbermann. L'office de tourisme organise des visites guidées à thèmes. À l'image de sa place principale où se déroule un marché hebdomadaire, Wasselonne est une ville agréable, animée et fleurie.

AU GITE LA GLYCINE €€

14, rue Principale
COSSWILLER
✆ 03 88 87 13 02
laglycine.com

De 350 à 420 € la semaine.

Entouré de calme et de verdure, le gîte La Glycine vous ouvre ses portes. Cet immense espace avec deux chambres, une grande cuisine, un grand salon et une vaste salle de bains offre tout le confort nécessaire avec une décoration délicieusement rustique rappelant les fermes d'autrefois. Aux petits soins, vos hôtes se mettent en quatre pour vous satisfaire et vous proposer des idées de promenades ou de visites. De là, vous aurez accès aux plus belles randonnées et aux plus beaux châteaux de la région facilement. Ressourcement garanti !

BAS-RHIN

RESTAURANT LA PETITE SUISSE €

69, route de Cosswiller

✆ 03 88 87 05 38

Ouvert du lundi au jeudi midi et du vendredi au dimanche midi et soir. Menu à 25 €. Carte : 20 € environ.

À la carte, beaucoup de suggestions mais ce sont les plats régionaux qui assurent la renommée de l'établissement (choucroute, jambonneau braisé, poissons...). On s'emballe vite pour cette cuisine généreuse et savoureuse, servie avec le sourire. Pizzas et tartes flambées diverses vous seront aussi proposées, cuites comme le veut la tradition, au feu de bois. Tous les goûts s'y retrouvent. Profitez en été de la terrasse, certes en bord de route mais pourtant paisible.

LIBRES BALLONS DU BASTBERG

17, rue de l'Etang - **LOCHWILLER**

✆ 06 78 03 67 26

www.lbb-67.fr

Planning des vols à définir en fonction de la saison et des conditions météorologiques. Tarifs sur demande.

Découvrez les paysages d'Alsace avec une vue imprenable grâce aux montgolfières de cette association dynamique ! Du débutant au confirmé, et même pour les baptêmes, elle accueille tout le monde. La plus grande spécificité de l'association est qu'elle dispose de nacelles accessibles aux personnes en situation de handicap afin que chacun puisse être emmené dans les airs sereinement. Le vol en ballon est une expérience à tenter au moins une fois dans sa vie !

MARMOUTIER ★★

L'histoire de la ville est, en fait, intimement liée à celle de son abbaye. Au XIIe siècle, une église est bâtie avec l'imposant massif ouest que nous connaissons aujourd'hui. Les XIVe et XVe siècles marquent le déclin de l'abbaye, ruinée par les propriétaires de la ville, la famille de Geroldseck. La guerre des paysans en 1525 et la guerre de Trente Ans causent la destruction et le pillage de certains bâtiments de l'abbaye mais elle renaîtra de ses centres et prospérera jusqu'à la Révolution française.

MUSÉE DU PATRIMOINE ET DU JUDAÏSME ALSACIEN

6, rue du Général-Leclerc

✆ 03 88 02 36 30

www.museedemarmoutier.fr

Horaires variables selon les saisons, consulter le site Internet.

La maison à colombages du XVIe siècle, richement décorée et longtemps habitée par des juifs, conserve un *ancien mikvé* ou bain rituel. Sur les trois étages, vous découvrirez la vie quotidienne au XIXe siècle dans les différentes pièces à vivre où des ensembles sont reconstituées. Le musée conserve des objets d'art et traditions populaires dont des chaises curules, des moulures et peintures polychromes, des moules et céramiques, et bien sûr des objets de croyance et de culte juifs.

ÉGLISE ABBATIALE SAINT-ÉTIENNE

Place du Général-de-Gaulle

Visite guidée sur réservation à l'office de tourisme.

Marmoutier rayonne spirituellement jusqu'au XIIIe siècle. La façade Ouest érigée vers 1150 est ornée d'un porche ouvert à trois arcades flanqué de deux tours carrées. La façade Sud illustre la période romane. Nef et transept sont gothiques et le chœur date du XVIIIe siècle. À l'intérieur de l'église on trouve un superbe orgue d'André Silbermann, une Vierge de pitié en bois, une chaire du XVe siècle, un cénotaphe du XVIIe siècle et de belles stalles dans le chœur.

LA SOURCE INTÉRIEURE €€

31, rue Principale

REINHARDSMUNSTER

✆ 06 30 02 33 92

www.lasourceinterieure.org

A partir de 79 € la nuit et 450 € la semaine. Jusqu'à 14 personnes.

La Source Intérieure est un lieu chaleureux, vivant et serein. Dans une ancienne ferme alsacienne refaite à neuf, vous profiterez d'une literie de qualité, grande et confortable, ainsi que d'une salle de bainS privative dans chaque chambre. L'espace cuisine-salle à manger fournit la place nécessaire et l'ambiance parfaite pour des retrouvailles en famille ou entre amis. Tous les équipements de convivialité sont présents ! Le gîte entier vous est exclusivement réservé quel que soit votre nombre et son entrée indépendante vous assure autonomie et liberté.

MUTZIG ★

Mutzig fut une cité importante jusqu'à la Révolution française. Elle se développe dès le Moyen Âge et s'entoure de murailles, comme en atteste sa belle porte, dernier témoin de l'ancien système de fortifications. Au cours du XIXe siècle, quelques industries florissantes s'y installent, dont la manufacture d'armes des frères Coulaux. Mutzig devient rapidement un enjeu lors des différents conflits entre la France et l'Allemagne : la construction d'un fort prussien réputé imprenable démarre en 1893. Lors de la seconde moitié du XXe siècle, la renommée de la petite ville grandit grâce au renom de sa bière éponyme, production qui cessa dans les années 1990.

LES RALLYES D'AGLAE

3, rue de la Forêt -
URMATT
✆ 03 88 47 36 71

Vous faire découvrir l'Alsace de façon ludique : tel est l'objectif de l'équipe ! A pied, en voiture, en bus, à vélo, avec ou sans GPS, vous arpenterez les rues, les routes, les chemins de traverse et les vergers de la région afin de résoudre diverses énigmes et charades… Adaptées à tous les âges, ces chasses au trésor seront agrémentées d'une pause gourmande et d'une remise de prix ! Basés à Urmatt, Les Rallyes d'Aglaé organisent leurs jeux de pistes à Strasbourg, Dambach-la-Ville et Obernai, ainsi que dans le Haut-Rhin à Colmar, Ribeauvillé et Turckheim !

MUSÉE MUNICIPAL ★

39, rue du Château ✆ 03 88 38 31 98
www.villedemutzig.fr
Ouvert tous les week-ends en août, ouvertures variables à consulter sur Internet le reste de l'année.

Le château de Mutzig fut érigé au XIVe siècle. La grande collection d'armes à feu, d'armures, d'armes blanches (fabriquées à Klingenthal sous le Premier Empire, la Restauration et le Second Empire), de cuirasses, de fusils de l'ancienne manufacture de Mutzig et de coiffures militaires y est présentée au second étage. Une salle sur l'époque romaine expose des poteries en terre sigillée et l'époque mérovingienne n'est pas oubliée avec un squelette et un couvercle de sarcophage pour sépulture multiple. C'est donc une visite très riche qui vous est ici proposée !

HÔTEL-RESTAURANT L'OURS DE MUTZIG €€

24, place de la Fontaine
✆ 03 88 47 85 55
www.lours-de-mutzig.fr
Chambre double de 79 € à 99 €.
Pension complète : 52 €. Demi-pension : 32 €.
Petit déjeuner buffet : 12 €.

En plein cœur de Mutzig, retrouvez à l'Ours la plus pure tradition hôtelière d'Alsace. L'établissement offre 48 chambres bien agencées, lumineuses et confortables, communicantes pour certaines. Le petit déjeuner, salé ou sucré, se prend en buffet. L'été, on peut se baigner dans la piscine ou lézarder en terrasse sous les parasols. Que l'on soit seul, en couple, parents ou amoureux d'animaux, on bénéficiera toujours d'un accueil personnalisé aux petits soins.

ROCHER DE MUTZIG

LUTZELHOUSE

Avec ses 1 010 mètres d'altitude, le Rocher de Mutzig est le point culminant du Massif des Vosges dans le Bas-Rhin. Il s'agit en fait d'un gigantesque rocher composé de différents blocs de grès, eux-mêmes incrustés de galets : une particularité géologique appelée « poudingue ». Le Rocher offre un panorama unique sur la vallée et demeure l'une des étapes indispensables des randonnées dans la région. Les alentours sont couverts de forêts et de sommets hauts de plus de 900 mètres. Avec un peu de chance, vous y verrez quelques-uns des habitants sauvages du coin.

L'ERMITAGE DU REBBERG €€€

49, rue de la Hoube - **URMATT** ✆ 03 88 47 33 31
www.ermitagedurebberg.com
Chambre double de 125 € à 175 € ; chambre triple de 135 € à 190 €. Petit déjeuner inclus.
Lit supplémentaire : 39 €.

Voici un manoir avec de superbes chambres d'hôte dans un écrin de verdure et de calme, idéal pour se ressourcer. Il est labellisé Station Verte. Chacune des chambres est unique et propose une ambiance particulière mais toutes sont grandes, lumineuses, confortables et bien équipées avec vue sur les montagnes ou sur le parc arboré. Vous pouvez aussi opter pour le gîte indépendant tout aussi bien agencé. Le lieu est particulièrement adapté pour y organiser des mariages et des fêtes de famille grâce à une belle salle et à des formules complètes.

LE CAVEAU DE MUTZIG €

64a, rue du Maréchal-Foch
03 88 38 57 66
www.caveau-de-mutzig.fr
Ouvert le lundi de 12h à 14h30 ; du mercredi au dimanche de 12h à 14h30 et de 19h à 22h. Menus de 17 € à 25 €.

La famille Campiglio, qui gère cet établissement, vous propose à la carte de nombreuses pizzas, tartes flambées, charcuteries italiennes, salades ou encore belles pièces de viande. La pâte est réalisée avec une une farine *light*, mélange de trois farines, allégée en gluten, et qui provient du moulin Aguriaro, près de Parme en Italie. En salle ou sur la belle terrasse, on profite donc de très bons produits qui sont parfaitement sublimés dans des recettes traditionnelles et tout cela pour un excellent rapport qualité-prix puisque les menus sont très abordables.

HÔTEL-RESTAURANT L'OURS DE MUTZIG €

24, place de la Fontaine
03 88 47 85 55
www.lours-de-mutzig.fr

Ce restaurant propose des plats classiques et à tendance régionale mais aussi des menus dégustation selon le marché du moment, un menu du jour et un autre dédié aux végétariens. L'hiver, on les déguste devant l'agréable cheminée, profitant du charme discret de la salle de restaurant, le cadre idéal de vos repas d'affaires et de vos soirées entre amis. Pour profiter au mieux de la carte des vins, on pourra réserver une nuit à l'hôtel qui propose de très bons services.

AU NID DE CIGOGNES €€

25, rue du 18-Novembre
03 88 38 11 97
www.auniddecigognes.fr
Ouvert le dimanche, le lundi, le jeudi et le vendredi midi et soir ; le mardi midi ; le samedi soir.

Voici une sympathique adresse au décor typique de la région, avec ses colombages, ses nappes à carreaux rouges et blancs, ses chaises en bois sculptées et surtout son fameux poêle à bois central si agréable en hiver. Cette ancienne poste transformée en auberge est une véritable aubaine pour goûter à la cuisine locale : cordons bleus, bouchées à la reine, quenelles de foie, terrines, escargots, munster et autres vous attendent sans oublier les célèbres tartes flambées. Le tout est servi très efficacement et avec le sourire pour un très bon moment.

LA STUB DES 2 ÉTANGS €€

210, rue de la Gare - **HEILIGENBERG**
03 88 50 00 51
www.la-stub.fr
Lundi, mardi et jeudi de 11h30 à 14h, vendredi de 11h30 à 14h et de 19h à 21h30, week-end de 19h à 21h30.

À La Stub des Deux Étangs on reçoit dans un décor idyllique entouré de deux étangs bordés par la Bruche selon la règle des quatre A : accueil, ambiance, assiette, addition. La carte brasserie propose de nombreuses spécialités régionales ainsi que des inspirations d'autres régions françaises. Les suggestions varient avec les produits frais. L'accueil et l'ambiance sont tout simplement parfaits, et l'on se sent instantanément comme chez de vieux amis en se restaurant ici. Pour finir, sachez que vous passerez une bonne soirée sans vous ruiner.

LES PÂTISSIERS CHRISTOPHE FELDER ET CAMILLE LESECQ

29, rue du Maréchal Foch 03 88 38 13 21
www.lespatissiers.fr
Ouvert du mardi au vendredi de 7h30 à 12h15 et de 13h30 à 19h ; le week-end de 7h30 à 18h. Terrasse.

Camille Lesecq, ex prodige du Meurice, et son ancien maître du Crillon le célèbre Christophe Felder sont installés à Mutzig depuis 2012, pour le plus grand bonheur des gourmands de la région. Cette pâtisserie est un écrin contemporain au style très épuré qui dévoile leurs sublimes créations signées « Les Pâtissiers ». Prenez votre temps et profitez de l'instant dans ce temple de la gourmandise aux recettes traditionnelles comme très novatrices et contemporaines.

SIMCARS GP

29, boulevard Clemenceau
03 69 78 21 70
www.simcars-gp.com
55 € pour 30 minutes, 100 € pour 1 heure. Pensez à les contacter pour les promos en cours.

Vous pourrez choisir entre le simulateur de pilotage Rallye ou celui de Formule 1, à pratiquer sur plusieurs centaines de véhicules toutes catégories (Lamborghini, Audi R8 ou Mac Laren, mais aussi R8 Gordini, Alpine Renault et bien d'autres). Sur place ou en location, vous passerez un moment unique, sur un outil exceptionnel destiné à un large public tel que particuliers, professionnels, événements d'entreprise, journées portes ouvertes, animations originales dans les salons etc... Simacrs GP est aussi une idée cadeau et propose même une carte de fidélité.

DINSHEIM-SUR-BRUCHE

La première mention de la commune remonte à 1007 sous le nom de Dunginisheim mais son histoire est bien plus ancienne car des recherches archéologiques ont mis à jour des pièces romaines du IIIe siècle, témoins d'une présence sur les lieux, ainsi que des céramiques sigillées qui ont marqué l'histoire. Situé entre rivière et collines, Dinsheim-sur-Bruche est un village agréable, bien desservi par les réseaux routiers. La vitalité et le dynamisme de la commune se traduisent également par ses très nombreuses associations sportives et culturelles qui offrent un panel d'activités et son vaste réseau de commerçants, artisans et d'entreprises diverses.

FORT DE MUTZIG ★★

Rue du Camp
✆ 06 08 84 17 42
www.fort-mutzig.eu
Jours et horaires variables. Consulter le site Internet.

© FORT DU MUTZIG

Cet ouvrage militaire a été construit sous Guillaume II, en 1893, et abritait des troupes allemandes. Il se visite en 2h30 au fil d'un parcours de 2 kilomètres comprenant de nombreux escaliers et un vaste dédale de souterrains. Le fort compte plusieurs ouvrages spécialisés (batteries, casernes, postes de commandes, observatoires) reliés entre eux par des galeries. C'est la plus vaste fortification construite avant la Première Guerre mondiale : 40 000 m² de superficie souterraines, 22 tourelles d'artillerie... Le site permet de bien comprendre l'histoire du fort.

L'ANATABLE €€

69, rue du Général-de-Gaulle
✆ 03 88 04 02 40
www.restaurant-molsheim.fr
Le lundi et le mardi le midi ; du mercredi au dimanche le midi et le soir. Formule du midi : 8,90 €.

Le chef Joan Schmitt prépare des plats familiaux avec des produits locaux. La décoration est simple mais chaleureuse et l'on se sent immédiatement bien. Les menus et suggestions sur ardoise varient très souvent, en fonction des saisons et des produits frais disponibles au marché car ici tout est fait maison à base de matières premières de qualité ! À l'Anatable, il n'y a pas que les recettes qui font la réputation du lieu mais aussi l'ambiance qui y règne, notamment lors des soirées à thème qui sont organisées tout au long de l'année.

SCHIRMECK

Fondée au Moyen Âge, Schirmeck apparaît en 1315 dans un acte de fondation de la collégiale de Haslach. La cité a longtemps vécu grâce aux ressources naturelles tirées de ses forêts avoisinantes. Son nom signifie « endroit protégé » et elle a occupé dès l'origine une position stratégique sur la Bruche, à un carrefour de routes très fréquentées reliant l'Alsace à la Lorraine. Désormais, c'est une petite agglomération commerçante et vivante, qui a su tisser un réseau d'activités économiques, notamment avec ses communes voisines. La présence traumatisante sur son ban d'un ancien camp d'extermination nazi lui vaut aujourd'hui le statut de Ville du souvenir.

CASCADE DE LA SERVA

Chemin forestier de la Serva
NEUVILLER-LA-ROCHE

Sur une belle promenade (bien qu'un peu difficile), la cascade de la Serva vaut le détour ! La grande boucle vous fera également passer par le Champ du Feu. Avec ses 730 mètres et son dénivelé important, le lieu vaut bien la cascade plus connue et plus touristique du Nideck. Prévoyez cependant au moins deux bonnes heures de marche et préférez les périodes du printemps ou de l'automne pour ne pas être déçus par un manque d'eau une fois sur place. Vous serez tout le long dans un site naturel protégé, pensez donc à ne pas le détruire ni le salir.

BAS-RHIN

MÉMORIAL ALSACE-MOSELLE

Lieu-dit du Chauffour

✆ 03 88 47 45 50

www.memorial-alsace-moselle.com

Tous les jours de 9h30 à 18h. Gratuit jusqu'à 7 ans. Adulte : 11 €. Enfant (jusqu'à 18 ans) : 9 €. Tarif réduit : 9 €.

La frontière entre la France et l'Allemagne a été déplacée 4 fois entre 1870 et 1945, ballottant les Alsaciens-Mosellans entre culture française et allemande. Ils ont changé de langue, de lois, de régime politique et même d'uniforme ! Pour découvrir l'âme de la région et ses particularités, laissez-vous transporter au cœur d'un parcours historique et interactif. Plongez dans les méandres du destin d'une région frontière avec un éclairage particulier sur la Seconde Guerre mondiale, le système totalitaire et un espace consacré à la construction européenne.

HÔTEL-RESTAURANT NEUHAUSER €€€

Les Quelles

✆ 03 88 97 06 81

www.hotel-neuhauser.com

Chambre double de 88 € à 107 €, suite de 148 € à 198 €. Demi-pension 98 €. Petit déjeuner 14 €. Lit supplémentaire 25 €.

Loin des routes et au milieu de la verdure et du grand air, cet hôtel est labellisé Relais du Silence. Les chambres sont spacieuses et cosy, quant aux suites, elles disposent chacune d'un balcon. Et puis, il y a aussi de jolis chalets en bois qui se prêtent bien aux séjours en famille. Pour vous détendre, les équipements dédiés au bien-être sont nombreux. Profitez aussi du restaurant et de sa carte régionale bien maîtrisée. Découvrez enfin la distillerie homonyme.

LES PETITS PLATS DE MAMAMA €

6, place du Général de Gaulle - **ROTHAU**

✆ 03 88 47 15 28

www.lespetitsplatsdemamama.wpweb.fr

Ouvert tous les midis sauf le mercredi. Fermé le soir. Carte : 25 € environ. Menu enfant : 9 €.

Mamama c'est la grand-mère en dialecte alsacien. On comprend la philosophie de la maison qui propose des plats copieux, généreux, préparés avec passion et composés de produits frais et de la région. Pour découvrir l'Alsace, tous les ingrédients sont donc ici présents car la décoration est elle aussi traditionnelle, le tout pour une note très raisonnable. C'est aussi une brocante et une épicerie solidaire : des associations profitent des ventes et les producteurs n'ont pas de frais.

MOLLKIRCH

Les premières traces de vie humaine dans les environs sont les tumuli celtes qui se trouvent dans la forêt du Bannholz. Le site gallo-romain le plus intéressant accessible à pied depuis Mollkirch est le Purpurkopf. Mollkirch a une histoire assez riche, car le village est étroitement lié à son château, le Guirbaden, qui est perché à un point stratégique donnant sur la vallée de la Magel. C'est à Mollkirch qu'ont eu lieu les premières manifestations de la révolte des paysans appelée la Guerre des Paysans. La chapelle Kloesterlé, située à la sortie de Laubenheim, est le bâtiment le plus ancien de la commune. Elle date de 1135.

CHÂTEAU DE GUIRBADEN

Accès libre.

Plusieurs sentiers montent vers le château, en haut de la colline du Burckberg, à 565 mètres d'altitude. C'est l'occasion d'une agréable promenade avant de parvenir au plus vaste château d'Alsace, construit au XIe siècle par les comtes d'Eguisheim sur un ancien site romain afin de protéger l'abbaye d'Altorf. Aujourd'hui envahies par la végétation, les ruines réservent toutefois de belles surprises aux visiteurs et les vestiges subsistent tant bien que mal. La chapelle Saint-Valentin, d'origine romane mais remaniée au XIXe siècle, se trouve sur le site.

LE CHEMIN DES DEMOISELLES DE PIERRE

✆ 03 88 50 00 53

Départ près de la chapelle au parking situé en bordure de la route départementale n° 704, à la sortie de Mollkirch.

Le sentier des demoiselles de pierre donne l'occasion de faire de belles découvertes, seul ou en visites guidées. Il est balisé par de superbes pierres sur lesquelles est gravé un elfe. Un peu après le début du sentier, on emprunte un chemin à la pente raide avant de franchir un petit pont de bois. Plus loin, on peut s'écarter du sentier pour accéder aux ruines du château fort de Guirbaden du XIe siècle. Des panneaux d'information illustrés sont proposés régulièrement aux promeneurs.

BELMONT

Coquet petit village montagnard, Belmont, accroché au flanc du champ du feu, domine de ses 788 m la vallée de la Schirrgoutte et la haute vallée de la Bruche ; c´est le plus haut village du Bas-Rhin. De charmants petits sentiers invitent le promeneur a découvrir la faune et la flore particulières d´altitude, la forêt et son sous-bois. La station du Champ du Feu (1 000 à 1 099 m d'altitude) offre une grande diversité d´activités sportives et de détente. Le climat de Belmont est typique, avec beaucoup de pluies et d'orages en été, des vents parfois forts, et des neiges plus ou moins intenses en hiver mais ce village mérite que l'on s'y attarde.

LE CHAMP DU FEU ★

www.lechampdufeu-ski.com

La Station du Champ du Feu est le rendez-vous alsacien incontournable des familles et des amoureux de poudreuse ! Trois domaines, neuf remontées mécaniques et quatorze pistes des vertes aux rouges forment ce complexe. Pour les plus jeunes la piste de luge avec tapis roulant est parfaite. De nombreux chemins balisés permettent aussi de pratiquer la marche et le ski de fond. Randonnées à raquettes ou chiens de traîneaux pour des promenades naturelles et romantiques complètent le tableau. À la fonte des neiges, les VTT de descente prennent le relais.

HÔTEL RESTAURANT MONT CHAMP DU FEU €€

154, route de la Serva

✆ 03 88 97 30 52

montchampdufeu.com

Chambre double à partir de 95 € ; chambre triple à partir de 155 €. Petit déjeuner buffet inclus.

L'hôtel Mont Champ du Feu est idéalement situé pour des bouffées d'air frais, juste au bord des pistes. La décoration des chambres inspire le cocon et la sérénité, avec des touches de bois et des couleurs claires. Elles sont équipées de lits doubles ou simples, de salles de bains privatives avec douche et WC séparés, pour certaines d'un balcon avec une vue magnifique. Pensez aux forfaits et offres de séjours qui vous permettront de profiter de nombreuses activités à moindres frais.

LA BROQUE

L'étymologie de La Broque viendrait du mot gaulois « Brocco » dont le sens topographique évoquerait un éperon défriché, un lieu à la fois à l'abri des inondations de la rivière et à côté de points d'eau. La Seconde Guerre mondiale vit l'installation à La Broque d'un camp de redressement (pour Alsaciens récalcitrants) dit de « Schirmeck ». Il ne reste plus sur ce lieu de douleur qu'une seule construction mais on trouve de nombreux témoignages historiques. La commune est depuis deux siècles la plus peuplée de la Haute-Vallée de la Bruche. Elle contribue et participe pleinement au dynamisme économique et culturel du canton dont elle fait partie.

RESTAURANT LA SCHLITTE €

26, route de Fréconrupt

✆ 03 88 97 06 07

www.restaurant-schlitte.com

Maître Restaurateur. Lundi, mardi et jeudi de 12h à 13h30, du vendredi au dimanche de 19h à 20h30. Menus de 38 € à 48 €.

La Schlitte, « traîneau en bois » en alsacien, porte bien son nom : il est tout en rondins. L'intérieur mélange le bois et la pierre de taille, tout en offrant par les baies vitrées une vue imprenable sur la forêt. Ce que l'on sert, ce sont avant tout des plats à base de produits frais en provenance des producteurs avoisinants. Les menus leur font la part belle avec des recettes traditionnelles, mais on trouve aussi quelques touches exotiques comme le shabu shabu (spécialité japonaise à base de viande de bœuf « façon tartare » agrémentée d'un bouillon de bœuf).

MUHLBACH-SUR-BRUCHE

L'un des principaux attraits de Muhlbach-sur-Bruche est caché dans son église. Il s'agit d'un orgue Stiehr et Mockers à deux claviers et un pédalier de 27 notes. Le buffet est en chêne et n'a jamais eu de paroi arrière. Économie, oubli ? Le mystère reste entier. Cet orgue demeure dans un état d'authenticité remarquable, mis à part les 27 tuyaux de façade en zinc, les tuyaux d'étain ayant été réquisitionnés en 1917. Au XVIIIe et XIXe siècles, la vie agricole, rythmée par les saisons et les fêtes religieuses a laissé des traces au détour d'un chemin, au milieu des champs, au coin d'un jardin… Muhlbach compte ainsi de très nombreuses croix.

BAS-RHIN

LA BRUCHOISE €€

6, rue de la Gare
✆ 03 88 47 37 56
www.restaurant-la-bruchoise.fr
Fermé le mercredi toute la journée, et les lundi soir, mardi soir et jeudi soir.
Réservation recommandée.

La Bruchoise est un établissement familial où l'on aime les bons produits et il y en a pour tous les goûts ! Le menu du jour, que l'on peut prendre sur la terrasse couverte dès les beaux jours, est une aubaine à petit prix. Si le cadre et la cuisine sont déjà très agréables, le service suit et ici on sait recevoir avec le sourire et avec tout le soin d'un grand restaurant. Les plus gros appétits trouveront de quoi se rassasier car les proportions sont généreuses, particulièrement lorsque l'on parle des cordons bleus de la maison, l'un des immanquables de la carte.

FOUDAY

Fouday est un petit village paisible aux pieds de la montagne, où il fait bon vivre, idéal pour se ressourcer dans la nature. La première mention de Fouday remonte au XIVe siècle. Le village apparaît alors dans les textes sous le nom d'Urbach. Il existait pourtant déjà à la fin du XIe siècle, comme l'atteste le clocher de l'église, typique de l'art roman de cette époque. Après son attrait pour les catholiques, Fouday est devenu au XVIIIe siècle un haut lieu du protestantisme, grâce à une personnalité bien connue pour son œuvre philanthropique, le pasteur Jean Frédéric Oberlin (1740-1826), qui repose dans le cimetière attenant à l'église.

HÔTEL-RESTAURANT JULIEN €€€

Route de Strasbourg ✆ 03 88 97 30 09
www.hoteljulien.com
A partir de 157 € en demi-pension par jour et par personne.

Labellisé Logis d'Exception, l'hôtel-restaurant Julien est une valeur sûre de la région ! L'établissement cumule tous les atouts : charme, calme et confort. Dans une imposante bâtisse aux balcons débordants de fleurs, quatre catégories de chambres s'offrent à vous, toutes avec vue sur les forêts vosgiennes, certaines dans un esprit traditionnel alsacien et d'autres dans un esprit plus contemporain. En séjournant ici vous profiterez de l'espace bien-être et de ses très nombreux équipements et services, ainsi que des repas au très bon restaurant de l'hôtel.

GRANDFONTAINE

Pendant des siècles, Grandfontaine et Framont désignaient le même lieu. Il faut cependant distinguer de Grandfontaine l'origine d'une source : une « fontaine » abondante. Par contre, Framont vient du nom de la montagne dominant le village : *Ferratus mons*, la montagne ferrifère, en 1261. Aujourd'hui, ce nom s'est déplacé, il ne désigne plus que le site au fond de la vallée où s'étaient développées les infrastructures métallurgiques principales : les forges de Framont. Vous trouverez ici de nombreux monuments à visiter, depuis les pierres du sabbat préhistoriques jusqu'aux ruines des forges, impressionnantes encore aujourd'hui de par leur taille.

LE DONON

Depuis Schirmeck D 392 en direction de Grandfontaine. Départ : en face du parking sur D 993, suivre le balisage rectangle rouge et le pictogramme Donon. Distance : 4,2 km aller/retour.Dénivelé : 270 m.
Accès libre.

Ce sommet est l'un des plus hauts des Basses-Vosges et culmine à 1 009 mètres. Il était un haut lieu de culte à l'époque celtique puis gallo-romaine. Aujourd'hui encore, il revêt un caractère sacré et alimente de nombreuses légendes. Sur le sommet du Grand Donon s'élève un sanctuaire gallo-romain datant du IIe siècle. Un bâtiment imitant un temple gréco-romain a été construit par l'architecte Boltz en 1869 pour abriter diverses trouvailles archéologiques. Finalement ce sont les graffitis sculptés sur ses murs par les visiteurs qui en ont pris possession.

BRASSERIE DE FRAMONT

1, rue du Haut Fourneau
✆ 06 63 07 64 94
www.brasseriedeframont.com
Ouvert du lundi au vendredi de 16h à 19h ; le week-end de 10h à 18h.

Dans l'ancienne demeure du maître des forges à Grandfontaine a pris place la brasserie artisanale de Framont. Les malts français et le houblon alsacien y rencontrent l'eau de la source des minières en ébullition pour faire jaillir ce nectar, qui une fois refroidi et fermenté se nomme bière. Vous trouverez ici de délicieuses productions pleines de saveurs, qui changent de celles des brasseries plus célèbres mais qui sauront tout autant vous combler : blondes, ambrées, blanches et brunes, IPA alsacienne, Stout ou encore aux bleuets ou au basilic !

BAS-RHIN

NATZWILLER

De nombreuses et agréables promenades ou randonnées vous attendent ici, dont une belle sur le sentier botanique. Natzwiller compte également de très bonnes adresses, autant pour l'hébergement ou la restauration que pour faire ses emplettes de produits locaux, frais et typiques. Tout proche, le Champ du Feu vous offre l'hiver la possibilité de profiter de nombreuses activités sportives dans la neige mais on aimera tout autant venir visiter le site l'été. Un riche patrimoine historique militaire vous attend aussi : le mémorial Alsace-Moselle retrace l'histoire de l'Alsace et de la Moselle de 1870 jusqu'à la réconciliation franco-allemande.

AUBERGE METZGER*** €€

55, rue Principale
✆ 03 88 97 02 42
www.hotel-aubergemetzger.com
Chambre double de 135 € à 160 €.
Demi-pension : 150 €.

La famille Metzger reçoit ses hôtes dans un décor raffiné et chaleureux. Terrasses et jardin d'agrément sont une invitation à la détente. Les chambres ont toutes un cachet différent, très cosy. Poutres apparentes, mansardes, mobilier en bois et équipements modernes se combinent harmonieusement au sein de chacune d'elles. Ici le mieux est de tenter l'expérience complète en choisissant l'une des formules combinant la randonnée et les plaisirs de la table qui sont à la hauteur des 3 cocottes affichées. Mention spéciale pour le menu cochonnailles !

WALDERSBACH

L'immanquable ici : dans l'ancien presbytère, le musée Oberlin recèle des trésors de connaissances dans des domaines aussi variés que l'astronomie, la botanique, la pédagogie, l'agronomie, les sciences, l'économie... Une visite incontournable ! D'autant que le musée vient d'être rénové et agrandi. Les collections du musée Oberlin racontent une vision du monde, mais surtout évoquent la vie remarquable d'un homme du siècle des lumières, aussi préoccupé du développement spirituel que du développement matériel de sa communauté. Un personnage passionnant et attachant pour tous ceux qui prennent la peine de pousser la porte de l'ancien presbytère.

STRUTHOF ★★★

RD130 ✆ 03 88 47 44 67
www.struthof.fr
Du 16 avril au 15 octobre : tous les jours de 9h à 18h30. Gratuit jusqu'à 10 ans. Adulte : 8 €. Réduit : 4 €.

Haut lieu de la mémoire nationale. Au cœur des Vosges, à 800 m d'altitude sur le Mont-Louise, sont conservés les vestiges du seul camp de concentration situé sur le territoire français. Au lieu dit « Le Struthof », en Alsace annexée par l'Allemagne du IIIe Reich, les nazis ouvrent dès le printemps 1941 le *Konzentrationslager* (KL) Natzweiler pour l'exploitation d'un filon de granite rose repéré en 1940. Jusqu'en septembre 1944, les déportés connaîtront l'enfer de ce camp entouré d'un paysage magnifique. 52 000 personnes, originaires de toute l'Europe, sont déportées au KL-Natzweiler ou dans son réseau de camps annexes. Ce sont essentiellement des déportés politiques et résistants mais aussi des Juifs, des Tsiganes, Témoins de Jéhovah, homosexuels... Le site du Struthof s'étend sur 4,5 hectares de pentes et de terrasses. Il témoigne de la terrible réalité concentrationnaire : les baraques, les miradors, le four crématoire, la chambre à gaz destinée aux expériences médicales... Un musée retrace l'histoire du camp et transmet le souvenir des déportés de Natzweiler dont un tiers d'entre eux y a disparu à jamais. Le Centre européen du résistant déporté est élevé au-dessus de la Kartoffelkeller, une cave en béton armé construite par les déportés. Il apporte un éclairage sur la montée du nazisme et sur les résistants qui se sont engagés contre la barbarie. Un film d'une dizaine de minutes introduit la visite historique. Son exposition permanente « S'engager, Résister, Combattre » fait réfléchir le visiteur non seulement sur le passé mais aussi sur la construction de l'Europe après la Seconde Guerre mondiale, son avenir et les éventuelles menaces auxquelles faire face pour maintenir la paix. Le Mémorial aux Héros et Martyrs de la Déportation a été inauguré en 1960 par le général de Gaulle, président de la République française. Le monument, haut de 40 m, gravé d'un déporté squelettique représente une flamme. Un déporté inconnu a été inhumé au pied du Mémorial et des urnes contenant les cendres de plusieurs déportés d'autres camps de concentration reposent dans la crypte. Autour se trouve la nécropole du Struthof. Tout cet ensemble participe au nécessaire devoir de mémoire. Une visite riche en émotions.

Pour une visite complète du site, prévoyez 2h30 à 3h. Rendez-vous sur le site Internet pour préparer votre visite, idéal si vous venez avec des jeunes. Plusieurs ressources sont mises à disposition du public, comme des témoignages d'anciennes déportés. L'Agenda permet de connaître les expositions temporaires qui sont régulièrement présentées.

BAS-RHIN

MUSÉE OBERLIN

25, montée Oberlin
✆ 03 88 97 30 27
www.musee-oberlin.com
Été : tous les jours de 10h à 19h, sauf le mardi. Hiver : tous les jours de 14h à 18h.

Ce musée rend hommage au pasteur Oberlin, pédagogue et ardent protecteur des Droits de l'Homme, l'une des personnalités les plus importantes de la région au XVIIIe siècle. Il est à l'origine des toutes premières écoles maternelles en 1769. Visitez aussi les jardins du presbytère, organisés en trois thèmes : ethnobotanique, enseignement aux enfants et observation. Ils permettent d'accroître ses connaissances sur ce que l'on aura pu découvrir et apprendre au musée, où la place des relations entre l'homme et la nature dans la vie quotidienne est grandement soulignée.

TURLUPAIN

8, chemin de la Pierrechelle - **SAALES**
✆ 03 88 47 76 39
www.turlupain.com
Ouvert lundi, vendredi : 14h-19h30. Samedi : 7h30-12h30. Vente sur les marchés de la région. Boutique en ligne.

Cette boulangerie artisanale tire son nom du Turlutin, un lutin malicieux héros d'une chanson entonnée par les enfants à la fête de la Saint-Martin. Les pains sont cuits dans un four au feu de bois : à l'ancienne, fourrés de graines, de raisins, de noix ou d'olives. Il y a aussi les manalas en décembre et les galettes des rois en janvier. Le samedi, on peut petit-déjeuner sur place au fournil. Les produits Turlupain sont également vendus sur les marchés de la région et dans divers points de vente bio en Alsace. La commande en ligne est possible.

BOURG-BRUCHE

Situé non loin de la source de la Bruche, le village est marqué dès 1650 par une forte présence de la communauté mennonite (mouvement religieux issu de la réforme protestante à Zurich en Suisse vers 1520). Aujourd'hui encore, en plus d'un ancien cimetière et de fermes dans la clairière du Hang, les membres de cette dernière disposent de leur propre chapelle. Une autre chapelle, sur les hauteurs, est dédiée à la Vierge depuis son apparition dans le bourg. De nombreuses manifestations locales sont organisées sur le territoire de la ville tout au long de l'année. N'hésitez pas à profiter ici du calme et de la sérénité qui règnent en permanence.

COLROY-LA-ROCHE

En 1360, le village est appelé pour la première fois Colroy et au XVIIe siècle, son nom alsacien Koenigsberg signifie « la colline du roi ». Après avoir été détruit et en partie décimé pendant la guerre de Trente Ans, le village se repeuple avec les nombreux survivants ayant fui dans les bois avant d'accueillir des Vosgiens des contrées voisines, mais aussi des Suisses et autres réfugiés du pays de Montbéliard après 1660. Deux points d'importance ici : l'habitat typique avec la maison de type Haute-Vallée de la Bruche, ancienne ferme de type monobloc, et les autels de l'église Saint-Nicolas, baroques et qui proviendraient du mont Sainte-Odile.

FERME-AUBERGE DU NOUVEAU CHEMIN €€

Nouveau Chemin ✆ 03 88 97 72 08
www.fermedunouveauchemin.fr
Repas samedi et dimanche midi, autres jours pour les groupes sur réservation. Plusieurs formules de menus

Nadine et Wilfred Kreis ont investi cette ferme montagnarde en 1979. Sur une trentaine d'hectares, ils élèvent un troupeau de vaches allaitantes, des lapins, ainsi que des abeilles dans leurs ruches. Nadine, discrète mais attentionnée, propose la semaine un menu très local : pâté en croûte, tarte au munster, baeckeofe, fleischschnaka, ragoût de veau à la sauge et späzele, tarte aux fruits de saison, tarte aux myrtilles, charlotte aux fruits, crème vanille au kirch, glace fermière...

LE CLIMONT

Accès libre.

Le Climont récompense, lorsque l'on gravit ses 970 mètres, par un magnifique et imprenable point de vue sur les vallées alentours. Un tableau plus incroyable encore est à découvrir en montant à la pointe de la Tour Panoramique Julius Euting bâtie à la fin XIXe siècle par le Club Vosgien. Le mot Climont, en langue latine *clivus mons*, et en dialecte *Winkberg*, font tous deux référence à sa forme clivée. Nombre de légendes se rapportent à cette montagne magique, qui a au cours des décennies servi de cachette à beaucoup de moines et de sectes en tous genres.

HOSTELLERIE LA CHENEAUDIÈRE & SPA***** €€€

3, rue du Vieux-Moulin
✆ 03 88 97 61 64
www.cheneaudiere.com
Ouvert toute l'année. Petit déjeuner buffet. Parking. American Express, Diners Club, Chèque Vacances. Restauration.

Le jardin est un véritable écrin et son ascenseur panoramique offre un point de vue incroyable sur cet ensemble paysager très travaillé. Perfection, confort et raffinement sont ici les maîtres mots. Les matériaux naturels et nobles sont privilégiés. Certaines chambres bénéficient d'une terrasse et pour votre confort l'établissement possède trois Top-Suites qui disposent d'un bain à bulles chauffé sur leur terrasse. Ne manquez pas l'espace bien-être et les merveilleux repas.

RANRUPT

Ici, le dépaysement est garanti : les fermes ne ressemblent en rien à celles qui existent dans la plaine d'Alsace. Elles sont typiques de l'architecture rurale du coin : les maisons et fermes monobloc sont en général implantées parallèlement aux rues selon la tradition vosgienne, mais nous pouvons rencontrer également des bâtiments implantés pignon sur rue selon la tradition alsacienne. À Ranrupt, au départ d'une scierie encore en activité, un agréable sentier sans difficultés mène à la chapelle Notre-Dame-des-Malades. Une multitude d'éléments viennent enrichir les noyaux anciens : pavage de bords de route, usoirs, chapelle, calvaires…

AU BON PÊCHEUR €€

1, rue des Pêcheurs
✆ 03 88 97 60 38
Ouvert du vendredi au mardi de 12h à 13h30 et de 19h à 21h ; le mercredi de 12h à 13h30. Menus de 15 € à 25 €.

La terrasse est sublime avec toutes ses fleurs et la chaleur est aussi dans le cœur de vos hôtes qui vous reçoivent comme de vieilles connaissances. Si les températures sont froides ou qu'il pleut, on appréciera tout autant profiter de la salle chaleureuse et de la bonne humeur qui y règne. Sandre sur choucroute sauce au riesling, filet de bœuf vieux Strasbourg, totsche, baeckeoffe, choucroute ou tartes flambées comptent parmi les incontournables du lieu mais ceux qui préfèrent trouveront des pizzas et autres suggestions de saison.

ANNE EHRET VERRE CRÉATION

6, rue Principale
✆ 03 88 47 23 15
www.anne-ehret-verre-creation.fr
Ouvert du lundi au vendredi de 8h à 12h et de 14h à 16h. Sur rendez-vous le week-end. Boutique en ligne.

Anne Ehret est spécialisée dans les arts de la table et fournit professionnels et particuliers. Ehret Verre Création est installé depuis 1970 dans une ancienne usine de tissage du début de l'ère industrielle construite en 1900. Préservée et rénovée, elle est aujourd'hui l'écrin des ateliers que l'on peut visiter pour toucher du doigt les techniques artisanales utilisées. Ici, vous trouverez un peu de tout et pourrez personnaliser chaque modèle pour qu'il soit unique, comme vous !

HOSTELLERIE LA CHENEAUDIÈRE & SPA €€€

3, rue du Vieux-Moulin
✆ 03 88 97 61 64
www.cheneaudiere.com
Tous les soirs et le dimanche midi. Menus de 85 € à 115 €.

Argenterie, cristal, fauteuils en tissu et lueur des chandelles, le décor déjà fait rêver. Gastronomique, fine, inventive et généreuse, la cuisine est le domaine du maître restaurateur Roger Bouhassoun et de Daniel Stein qui subliment les produits locaux. De l'entrée au dessert on n'a de cesse de se faire surprendre par les plats tous plus créatifs et savoureux les uns que les autres. Ceux qui préfèrent trouveront au cosy-barr des planchettes tout aussi gastronomiques.

FERME ÉQUESTRE DU CHAUFFOUR

2, chemin du Chauffour ✆ 03 88 97 73 06
www.ferme-chauffour.fr
Promenade à cheval à partir de 12 €. Location gîte (2/7 personnes) à partir de 50 €/nuit selon le nombre de personnes.

La ferme équestre du Chauffour organise des randonnées à cheval pour découvrir la faune et la flore uniques de la région, les nombreuses ruines, les rochers, les petits canyons et bien d'autres merveilles. Des chevaux espagnols sont élevés sur place. Ils ont été croisés avec des andalous et des petits chevaux des Pyrénées pour améliorer leurs qualités. Ils sont calmes, robustes, endurants, attentifs et gentils : ce sont des compagnons rêvés pour les cavaliers débutants.

MARLENHEIM ★

C'est un bourg avenant, et nombre de détails se révèlent au promeneur lorsqu'il s'y attarde : maisons à tourelle Renaissance, tympan roman et bas-relief de l'église, joli ensemble architectural du XVIIIe siècle abritant la mairie, chapelle de Marlenberg remarquable pour son toit à bulbe en ardoise. Il y a aussi le chemin de croix du Marlenberg, bel exemple d'art populaire alsacien du XVIIIe siècle. Marlenheim est aussi la porte Nord de la Route des Vins d'Alsace. Elle est liée à la culture de la vigne depuis le VIe siècle, quand la commune abritait un palais mérovingien. La commune fait partie de la Couronne d'Or, le vignoble historique de Strasbourg.

UNTER DER LINDE €€

11, rue de la Mairie - **NORDHEIM**
✆ 09 54 05 48 66
www.unterderlinde.fr
Chambre double à partir de 110 € ; suite à partir de 190 €. Petit déjeuner inclus.

Aménagées dans une ferme viticole du XVIIe siècle enregistrée aux Monuments Historiques d'Alsace, ces 5 chambres d'hôtes, dont 2 suites splendides, vous attendent. Toutes ont gardé le charme d'antan, avec des matériaux rustiques mais qualitatifs et des meubles typiques de la région. Le confort moderne n'en est cependant pas délaissé avec des équipements haut de gamme pour un confort optimal. Vous profiterez également des extérieurs et pourrez pousser plus loin grâce aux vélos que vos hôtes vous loueront pour une escapade ressourçante, en amoureux pourquoi pas.

GÎTE ENTRE-DEUX-VIGNES €€

7A, rue de l'Église
SCHARRACHBERGHEIM-IRMSTETT
✆ 06 24 39 63 38
www.gite-entre-deux-vignes.fr
A partir de 300 € les deux nuits pour deux personnes. Forfait ménage obligatoire de 80 €.

Idéalement situé pour visiter la route des vins d'Alsace, le gîte Entre-deux-vignes est un établissement très bien tenu par des hôtes charmants et aux petits soins. Au rez-de-chaussée on trouve un bel espace salon, une cuisine ultra équipée et un superbe espace de détente qui donne envie de ne plus jamais sortir tant il séduit avec son bain bouillonnant, son sauna et sa pierre de sel. À l'étage, deux chambres sont proposées, séparées par un couloir en mezzanine : chacun trouve son intimité, parfait lorsque l'on vient à plusieurs couples !

LE CERF €€€

30, rue du Général de Gaulle
✆ 03 88 87 73 73
www.lecerf.com
Chambre double de 75 € à 300 € ; studio/appartement de 225 € à 450 € ; suite de 200 € à 400 €.

Les chambres Tradition sont décorées avec des objets traditionnels de la région, en bois ou en kelsch. La suite, plus moderne, propose un salon privé et un accès réservé au jardin et à la terrasse. Le garden lodge et spa à l'écart dans le jardin est un duplex super équipé et très douillet, indépendant. Il offre sauna privé, vaste baignoire balnéo, deux TV grand écran. Quelle que soit la formule on profite d'équipement de bien-être et de services haut de gamme. Le restaurant gastronomique vous permettra de profiter encore un peu plus de votre parenthèse enchantée.

GÎTES DES DIX VINS €€

5, rue du Village
DAHLENHEIM
✆ 07 87 56 58 00
www.gitesdesdixvins.com
De 60 € à 90 € la nuit. De 350 € à 550 € la semaine.

Les gîtes des Dix Vins vous accueillent pour passer un moment agréable dans la campagne alsacienne, tout près de la Route des Vins. Les prestations sont de qualité : véranda, espace buanderie avec tout le nécessaire, sauna, piscine extérieure chauffée... Tout ici est fait pour que votre séjour soit réussi et les propriétaires se mettent en quatre pour satisfaire vos envies, qu'elles soient de barbecues, de raclette ou de dégustations de vins. Voilà donc des gîtes qui portent très bien leur nom et tout cela pour un budget fort raisonnable.

AUBERGE MUSCULUS €

1, rue Principale
SCHARRACHBERGHEIM-IRMSTETT
✆ 03 88 50 66 24
www.restaurant-musculus.fr
Ouvert du mercredi au dimanche le midi.
Le soir sur réservation pour les groupes.

Nichée dans le vignoble de la Couronne d'Or, cette sympathique adresse est gérée par la famille Musculus depuis 1880. Ici, les traditions culinaires se transmettent authentiquement de père en fils... ou fille ! Aujourd'hui c'est Martine et ses parents André et Suzanne qui sont à l'œuvre. La carte se décline autour de la cuisine traditionnelle et familiale alsacienne. Pour faire le tour des spécialités de la maison, commencez par un presskopf puis dégustez de belles quenelles de brochet ou un bœuf gros sel. Terminez par le vacherin glacé.

LE RELAIS DES SAVEURS €€

1, place du Kaufhaus
✆ 03 88 87 50 05
www.relais.fr

Ouvert du mardi au dimanche midi. Fermé le samedi midi. Menus de 25 € à 45 €. Carte : 27 € environ.

Stéphane et Sandra, disciples d'Escoffier, vous reçoivent avec chaleur et vous proposent une cuisine du marché axée sur les produits locaux et saisonniers. Ils se sont lancé un défi : élaborer au quotidien des plats sachant vous étonner, tout en respectant votre budget. De la salade strasbourgeoise en passant par les joues de porc confites, le chef compose une cuisine du marché traditionnelle mais aussi revisitée, une cuisine locale ou encore plus colorée. En hiver, on peut passer un moment convivial entre amis autour d'une raclette dans le chalet finlandais.

LE CERF €€€

30, rue du Général de Gaulle ✆ 03 88 87 73 73
www.lecerf.com

Ouvert du jeudi au lundi midi et soir. Maître Restaurateur. 1 étoile au Guide Michelin 2020. Menu à partir de 51 €.

Voici l'une des grandes tables étoilées d'Alsace et une étape gastronomique obligatoire. Peut-être que les gènes y sont pour quelque chose : la lignée des Husser, depuis le rachat en 1930 de cet ancien relais postal par l'arrière-grand-père, jusqu'à Michel, fait le bonheur des gourmets. Il revisite avec brio les traditions de son terroir. Pour déguster des menus gastronomiques, l'adresse est donc parfaite. Et pourquoi pas profiter sans se soucier des délicieux accords mets et vins proposés tout au long du repas en prenant l'une des magnifiques chambres sur place ?

HOSTELLERIE REEB €€€

2, rue du Docteur Albert Schweitzer
✆ 03 88 87 52 70
www.hostellerie-reeb.fr

Ouvert du mardi au dimanche et les jours fériés. La Winstub La Crémaillère ouverte du mardi au samedi.

L'Hostellerie Reeb dispose de deux restaurants à l'atmosphère et à la carte distincte. La winstub la Crémaillère est connue pour sa cuisine de terroir où des grillades faites sur l'impressionnant feu de bois sont proposées. Si on préfère tenter une autre expérience, on choisira la seconde ambiance où cette fois on dégustera des plats un peu plus travaillés, aux accents épicés et exotiques. Quel que soit votre choix, vous pourrez profiter de belles cartes de vins sereinement en vous installant dans l'une des belles chambres que compte l'établissement.

ARTHUR METZ

102, rue du Général de Gaulle
✆ 03 88 59 28 69
www.arthurmetz.com

Ouvert du lundi au vendredi de 10h à 12h30 et de 14h à 18h30 ; samedi de 10h à 12h30 et de 14h à 18h.

Chez Arthur Metz, les crémant sont rois : la maison y consacre plus de 50 % de son activité. Car, oui, il existe plusieurs variétés de ce vin pétillant qui s'accorde si bien avec les desserts… Issus des cépages chardonnay, riesling, de pinot noir vinifié en rosé ou en blanc, leur qualité est reconnue. Cela dit, Arthur Metz voit aussi ses vins dits tranquilles gagner régulièrement récompenses et médailles lors de prestigieux concours. La dégustation, dans l'espace de vente, permet de choisir les crus qui vous conviennent le mieux.

DOMAINE HUBERT REYSER

26, rue de la Chapelle - **NORDHEIM**
✆ 03 88 87 76 38
www.domainereyser.com

Vigneron indépendant. Visites et dégustations sur rendez-vous.

Le vignoble de Lionel Reyser, fils d'Hubert, s'étend sur plus de onze hectares et est conduit selon les règles de l'agriculture biologique. Il dispose de beaux terroirs, qui présentent une grande diversité de sols, ce qui permet lui d'exploiter au mieux les particularités de chaque cépage alsacien avec quelques spécificités propres au domaine, comme ce Crémant Brut Rosé issu à 100 % de pinot noir. Ce cépage est également décliné en Rouge du Stéphansberg (élevé en barrique de chêne) 2007, mais aussi en Rosé d'Alsace 2012. Une visite est possible sur simple demande.

DOMAINE MAURICE HECKMANN

72, rue Principale - **DAHLENHEIM**
✆ 03 88 50 67 25
www.vinsheckmann.com

Ouvert du lundi au samedi de 9h à 12h et de 14h à 18h. Ouvert le dimanche (sur rendez-vous de préférence).

À la tête du domaine depuis 1988, Maurice Heckmann privilégie la qualité et le travail bien fait. Le vignoble compte 10 hectares couvrant Dahlenheim et Avolsheim et regroupant les sept cépages alsaciens. Rigoureux, les membres de la famille cultivent et vinifient dans le respect des traditions et de l'environnement pour des vins acides et forts en goût : épicés, gras, charpentés, équilibrés… ils ont toutes les qualités ! AOC Alsace, AOC Alsace grands crus, AOC Crémant d'Alsace, Sélection grains nobles, Vendanges tardives et autres vous sont proposés.

DOMAINE MOSBACH

10, place du Kaufhaus
✆ 03 88 87 50 13
www.vinsmosbach.com
Ouvert du lundi au samedi de 8h30 à 12h et de 13h30 à 18h ; le dimanche et les jours fériés de 9h à 12h.

Chez les Mosbach, on est viticulteur depuis 1577. À la tête de ce domaine de 23 ha, Jean-Marie et Paul perpétuent aujourd'hui la tradition familiale. Leur vignoble étant exposé plein sud, il bénéficie de toutes les conditions favorables à une floraison précoce de la vigne et à une lente maturation des raisins. La réputation de ce domaine s'est faite sur les pinots noirs vinifiés en rouge et en rosé. La visite de leur cave, d'une capacité de 3 500 hectolitres, vaut le coup d'œil, on y remarque quelques beaux fûts en chêne du XIXe.

DOMAINE XAVIER MULLER

1, rue du Moulin
✆ 03 88 59 57 90
www.vin-alsace-muller.fr
Vigneron Indépendant. Ouvert tous les jours de 10h à 12h et de 13h30 à 18h.

Le domaine est installé dans un ancien moulin, nommé Thomanns Muehle. Il exploite aujourd'hui 35 hectares de vignes, dont une partie sur le terroir du Grand Cru Steinklotz, argilo-calcaire et exposé plein Sud, qui se réchauffe très vite au printemps. On pratique ici la viticulture raisonnée, la vinification se fait en cuves en inox, mais certaines cuvées sont élevées dans les célèbres foudres en bois de la Cave des Hospices Civils de Strasbourg. Tous les cépages alsaciens sont vinifiés ici, ainsi que des crémants dont la réputation n'est plus à faire.

LE CERF

30, rue du Général de Gaulle
✆ 03 88 87 73 73
www.lecerf.com
Du jeudi au lundi midi et soir. Menus à 51 € ou à 124 € hors vins.

Le Cerf est un hôtel, restaurant et... un espace de loisirs ! Et oui, ici on vous propose de prendre des cours de cuisine. Il vous suffit de sélectionner un thème de votre choix : macarons, cuisson en croûte de sel, autour de la tomate, par exemple, et vos disponibilités... et vous apprendrez à concocter les meilleurs plats. Régulièrement des stages de préparation de foie gras sont organisés pour les gourmands, avec Michel Husser aux fourneaux ! Vous pouvez aussi offrir ces cours grâce à des bons cadeaux qui feront toujours leur effet !

BALBRONN

Bénéficiant d'un terroir propice à la viticulture, le village est connu pour ses nectars depuis le Moyen Âge. Pour preuve, ses anciens noms sont Winburne – fontaine à vin – ou Wingarde – jardin à vin. Élevée sur un ancien sanctuaire celtique, son église fut fortifiée. Elle conserve une relique, la main de fer articulée du chevalier Hans von Mittelhausen, bailli de Balbronn au XVe siècle. On suppose que lors de la guerre des paysans, il perdit son bras gauche tranché par un coup hache ou de faux. Il n'existe en Europe que deux exemplaires d'une telle prothèse mécanique, celle-ci est une réplique, l'original se trouve au Musée historique de Strasbourg.

ATELIER DE POTERIE PLUSS

39, rue des Femmes
✆ 06 83 95 61 93
Horaires de la boutique variables : téléphoner avant de se déplacer. Cours pour adultes et enfants : se renseigner.

Françoise et Jean-François Plüss travaillent l'argile depuis une quarantaine d'années. Que ce soit en céramique, porcelaine, grès ou raku, leur travail est très original. Il s'agit d'œuvres uniques, à l'esprit très contemporain, avec une touche inspirée par la nature. Ils utilisent plusieurs sortes d'argile, terre à grès, chamottées ou non, blanches ou plus foncées, porcelaine. Le tournage permet d'obtenir des objets utilitaires : bols, théières, vases, boîtes... Le modelage, lui, fait naitre des bols, des sculptures, visages, animaux et tout autre objet créatif.

DISTILLERIE ARTISANALE HAGMEYER

119, rue Principale
✆ 03 88 50 38 99
www.distillerie-hagmeyer.com
Ouvert du lundi au samedi de 9h à 12h et de 14h à 18h. Visites guidées de la distillerie sur rendez-vous.

Héritière d'un savoir-faire séculaire, la famille d'arboriculteurs et de distillateurs Hagmeyer vous accueille avec fierté dans sa distillerie artisanale. Willy y distille essentiellement les fruits de ses propres récoltes. Christophe s'occupe de l'entretien des vergers et des vignes jusqu'à la récolte, avec l'aide d'André. Michèle et Elsa vous reçoivent à la boutique. La visite de la distillerie vaut vraiment le coup ! On apprécie d'autant plus la dégustation qui la suit.

KIRCHHEIM

Kirchheim a existé dès l'époque romaine (découvertes de vestiges). Au VIIe siècle, elle fut la résidence des rois mérovingiens. Dagobert II, Charles le Gros, l'impératrice Richarde s'y établirent. La légende dit que la célèbre chanson populaire de Dagobert mettant sa culotte à l'envers y est née à cette époque. Au temps de Gutenberg, une ou plusieurs petites imprimeries se situaient à Kirchheim. Les armoiries de la commune s'y réfèrent : un livre ouvert avec une initiale d'or, le K de Kirchheim, accompagné en pointe d'un tampon encreur imprimerie d'or. De très nombreuses associations sont à l'œuvre pour proposer des animations tout au long de l'année.

TRAENHEIM

Ancienne propriété du roi Dagobert II, le village est constitué de très belles et anciennes maisons alsaciennes. Son église luthérienne présente une tour du XIIe siècle et une nef érigée au XVe siècle. Insolite : dans le village, une ancienne synagogue a été découverte en 1986 sous les combles d'une maison particulière. Un petit oratoire décoré de peintures murales et d'inscriptions hébraïques orne le grenier. Son origine remonterait à 1723, un lieu de prière aménagé pour un aveugle. Synagogue clandestine ? Non, les archives montrent que le pasteur de l'époque voulait interdire cette « synagogue du diable » mais elle fut tolérée par les seigneurs.

RESTAURANT À L'ARBRE VERT €

51, rue du Général de Gaulle
✆ 03 88 87 51 00

Fermé le lundi et le samedi midi. Menu enfant : 7 €. Formule du midi : 9,90 €. Carte et suggestions.

Appréciée par les amateurs de bonne cuisine traditionnelle, cette charmante adresse doit son nom aux magnifiques et immenses catalpas plantés voici plus de quarante ans ! Ils procurent un ombrage agréable à la terrasse en été mais ne sont pas le seul atout charme du lieu. Le second point remarquable est l'attention et l'amabilité du personnel. Enfin, les plats sont eux aussi à la hauteur, gourmands et généreux, au bon goût de notre enfance pour certains.

AUBERGE DE TRAENHEIM - ZUM LOEJELEGUCKER €€

17, rue Principale
✆ 03 88 50 38 19
www.aubergedetraenheim.com

Maître Restaurateur. Ouvert le lundi et le mardi de 12h à 14h ; du mercredi au dimanche de 12h à 14h et de 19h à 21h30.

Lydie et Claude Fuchs, maîtres restaurateurs, vous reçoivent dans leur ravissante ferme à colombages construite en 1777. Boiseries, chaises sculptées et fresques murales peintes par Jean Cramer en 1946 retraçant la vie des vignerons créent un cadre chaleureux. La carte propose de découvrir à bon prix quelques recettes traditionnelles locales mais aussi d'autres issues de diverses régions de France ou même du monde. Voilà donc un bon moment en perspective !

JEAN-MARIE BECHTOLD

5, rue Jean Grüninger
✆ 03 88 50 66 57
http://bechtold.alsace

Visite et dégustation du lundi au samedi de 9h à 12h et de 14 h à 17h (appeler avant votre venue).

Jean-Marie Bechtold est à la tête de cette exploitation de 17 hectares certifiée biologique depuis 2010. Une partie de ses parcelles est cultivée en Grand Cru Engelberg, rare terroir de calcaire oolitique. Une carrière désaffectée qui coupe la colline permet d'ailleurs d'avoir un aperçu : sur une profondeur de 30 mètres, les strates géologiques constituent un terroir exceptionnel. Si les rieslings provenant du Grand Cru Engelberg sont réputés, un autre terroir s'avère intéressant : le lieu-dit Obere Hund, très favorable aux pinots gris et noir d'excellence.

CAVE DU ROI DAGOBERT

1, route de Scharrachbergheim
✆ 03 88 50 69 03
www.cave-dagobert.com

Horaires d'ouverture variables en fonction des saisons : cf site web. Activités œnotouristiques. Boutique en ligne.

La Cave du Roi Dagobert tire son nom de son emplacement sur le territoire d'un ancien palais mérovingien. Toute l'année, elle propose diverses animations œnotouristiques (projections de films, visites de cave et dégustations commentées, balades dans le vignoble en remorque aménagée tirée par un tracteur, week-ends « food-truck »...). La Cave du Roi Dagobert regroupe 250 vignerons sur quasiment 1 000 ha du vignoble strasbourgeois. Les terroirs et cépages sont très variés, la boutique en témoigne en véritable caverne d'Ali Baba de tout amateur de bons vins.

BAS-RHIN

DOMAINE FRÉDÉRIC MOCHEL

56, rue Principale
✆ 03 88 50 38 67
www.mochel.alsace

Vigneron indépendant. HVE. Visite, dégustation du lundi au samedi, 8h-12h, 13h30-17h sur RV. Boutique en ligne.

Dans ce bourg où l'activité viticole est attestée déjà au temps du pape Léon IX, la famille Mochel exerce ses talents depuis 1669. Son domaine sera certifié Ecocert en 2021. Ici, on vous reçoit avec l'assurance tranquille que confère le métier parfaitement maîtrisé, dans le caveau rénové d'une belle demeure alsacienne. La signature Mochel, c'est la droiture, le respect du fruit. Le travail minutieux de chaque vinification conduit à tirer le meilleur de la récolte et du millésime. Sur les 10 ha du domaine, 5 sont en Grand Cru Altenberg de Bergbieten.

FERME FRUITIÈRE ROTHGERBER

1 A, route du Scharrach
✆ 03 88 50 38 07
www.rothgerber.alsace

100 % bio. Ouvert le lundi de 14h à 19h ; du mardi au vendredi de 8h à 19h ; le samedi de 8h à 18h.

Depuis 1542, la famille Rothgerber s'est toujours consacrée à la culture des vignes et à l'arboriculture. Une quinzaine de variétés de pommes sont produites ici en agriculture biologique et les jus de fruits, mis en bouteille sur place, se déclinent tous autour, parfois agrémentées d'ingrédients originaux (coing, fleur de sureau, mangue) 100% naturels. Ils sont régulièrement primés au Concours général agricole. Un magasin de producteurs et une boulangerie-restaurant complètent l'offre.

WANGEN

Wangen présente de nombreux vestiges de son passé médiéval : mur d'enceinte et tourelle du XIe siècle, tour du Sommertor, fermes cossues qui témoignent de la richesse générée par la viticulture pratiquée ici depuis bien longtemps... On verra également l'église Saint-Étienne, reconstruite en 1830 à l'aide d'éléments provenant des constructions antérieures, comme le tympan roman et le vitrail représentant le Christ trônant. De la jolie fontaine place de l'Église coule chaque année, le 3 juillet ou le dimanche qui suit cette date, du vin en commémoration de la résistance des habitants du village à un impôt prélevé directement dans les fûts des vignerons.

CENTRE ÉQUESTRE FERME KLEINERLEN GÉNÉRATION CHEVAL

Route de Westhoffen ✆ 03 88 87 73 96
www.generation-cheval.com

Tous les jours de 9h à 12h et de 14h à 20h30. En belle saison, balades nocturnes.

Dialoguer, respecter, écouter et comprendre sont les maîtres mots de l'enseignement ici. Sur près de neuf hectares on trouve manèges couverts, carrière extérieure éclairée, rond de longe, terrain de cross et de TREC... La passion du cheval se ressent chez le propriétaire ! La palette des activités proposées est grande et conviendra aux experts comme aux débutants, aux plus petits avec le baby-poney comme aux plus âgés avec des randonnées calmes à la découverte du patrimoine naturel.

WESTHOFFEN

On vient de toute la région pour célébrer la fête de la cerise à la mi-juin même si, entourée de vignes, de vergers et de bois, Westhoffen est une bien jolie commune en toute saison. On remarquera les vitraux de l'église Saint-Martin que l'on date du XIIIe siècle, le château Rosenbourg, commencé au XIe siècle pour protéger l'église, les beaux pans de bois, les oriels et les portes des maisons du XVIIe siècle, les remparts et la tour carrée du Staedelglöckelturm. Westhoffen abritait au XVIIIe siècle une des plus importantes communautés juives d'Alsace, ce dont témoignent la synagogue en grès rose, de style orientalisant, et le cimetière juif.

HOUSE LES HIRONDELLES €€

36, rue Birris
✆ 06 77 54 06 18
au-temps-des-hirondelles.fr

Dans ce superbe gîte, vous serez très bien reçus et très à l'aise pour une famille ou un groupe d'amis de quatre personnes. La décoration est des plus chaleureuses et l'ensemble des pièces et équipements très fonctionnel, de grande qualité. Soigné, propre et au calme, le lieu est idéal pour rayonner dans la région de par sa position avantageuse et parfait pour se ressourcer le soir après une grande promenade. Votre hôte charmante se fera d'ailleurs une joie de vous conseiller sur les immanquables de la région, tant pour les visites que pour vos gourmandises.

RESTAURANT WINSTUB SILVERGLOECKEL €€

23, rue Birris
✆ 03 88 50 54 52
www.silvergloeckel.com

Ouvert le mercredi midi ; du jeudi au dimanche le midi et le soir. Menu unique à 28 € (menu du week-end).

Le *Silvergloeckel*, cloche d'argent, occupe une maison du XVIe siècle et propose des plats typiques, simples, mais qualitatifs. Issu d'une famille de boulangers, bouchers et restaurateurs, Philippe Recher a baigné dans le respect du produit et du goût. Parmi les incontournables de la maison on retrouve des recettes d'antan un peu perdues et de nombreux abats. Si l'on pourrait être réticent, il faut pourtant y goûter car ce chef a le don de vous les faire adorer !

AU CERISIER €€

8, rue Birris
✆ 09 50 62 96 37
www.aucerisier.fr

Dimanche, lundi, jeudi et vendredi midi et soir. Samedi soir.

© AU CERISIER

Le Cerisier est maintenant tenu par une charmante famille, passionnée de cuisine et aux petits soins. Avec ce changement de propriétaire, l'établissement n'a rien perdu au change, au contraire ! Son cadre est devenu contemporain avec des touches industrielles et des couleurs contrastées. Côté carte, elle a été simplifiée pour rendre hommage aux produits frais, mais aussi pour vous faire voyager à travers des saveurs découvertes par le chef au fil de ses pérégrinations. Ne manquez pas les événements, menus du jour et chaque semaine le « lundi au soleil » !

MOLSHEIM ★★

Molsheim appartenait à l'évêché de Strasbourg mais lorsque cette dernière passa à la Réforme, la ville devint le bastion de l'église catholique dans le Bas-Rhin. Les Jésuites y fondèrent un collège réputé. Molsheim perdit de son importance après la restitution du culte catholique à la cathédrale de Strasbourg par Louis XIV. On remarquera les restes de fortifications, la porte des Forgerons, la Metzig et son horloge à Jacquemarts, les maisons à pans de bois des XVIe et XVIIe siècles, le prieuré des Chartreux, l'église des Jésuites, le château d'Oberkirch... La gloire de Molsheim revint lorsqu'elle devint, à partir de 1910, le berceau de Bugatti.

ÉGLISE ABBATIALE SAINT-CYRIAQUE ✞

Place Saint-Cyriaque
ALTORF

Haute saison : tous les jours et les jours fériés de 10h à 18h ; 13h30 à 17h en hiver.

Témoin privilégié de l'architecture romane bien qu'elle fût changée dès l'apparition du style baroque, l'abbaye fut bâtie en 974. Les traces architecturales les plus anciennes observables aujourd'hui sont le portail et la nef romans, qui datent de la toute fin du XIIe siècle. L'intérieur de cet édifice renferme nombre d'œuvres d'art, dont un magnifique buste reliquaire de saint Cyriaque, une cuve baptismale du XVe siècle, la chaire et le maître autel baroque.

MUSÉE DE LA CHARTREUSE ET DE LA FONDATION BUGATTI ★

4, cour des Chartreux
✆ 03 88 49 59 38
www.molsheim.fr

Pour les groupes et scolaires ouvert toute l'année sur rendez-vous.

Les collections évoquent l'histoire de la Vallée de la Bruche. Les mêmes locaux abritent la Fondation Bugatti qui perpétue à travers la présentation de voitures, d'objets insolites et de nombreux documents, le souvenir du constructeur Ettore Bugatti (1881-1947), créateur de l'usine en périphérie de la ville depuis 1909. L'itinéraire se poursuit à l'extérieur par la visite des bâtiments conventuels dont trois cellules de chartreux qui ont retrouvé leur mobilier d'origine !

BAS-RHIN

HÔTEL BUGATTI*** €€

Route Ecospace
✆ 03 88 49 89 00
www.hotel-le-bugatti.com
59 chambres (4 appart'hôtels). Chambre double à partir de 80 € la nuit, accès sauna et fitness inclus.

L'hôtel Bugatti s'est donné pour défi de vous offrir les meilleures conditions au prix le plus bas. Confort et design, les chambres sont modernes et agréables, bien entretenues. Les Appart-Hôtel, dotés d'une kitchenette, sont idéals pour accueillir à plus long terme et en toute indépendance. Quoi que l'on choisisse, la qualité de service est optimale avec des employés très professionnels véritablement aux petits soins pour vous. Vous profiterez de l'espace détente et bien-être et pourrez goûter à de bons petits plats en room service, ou descendre au bar.

HOTEL DIANA RESTAURANT & SPA**** €€

14, rue Sainte Odile
✆ 03 88 38 51 59
www.hotel-diana.com
Chambre double de 98 € à 150 € ; suite de 170 € à 240 €. Pension complète. Demi-pension : 30 €.

Situé au bord de l'eau, cet élégant hôtel très design propose 65 chambres dont 2 suites, 6 salles de conférence, 2 salons, un bar/lounge, une piscine couverte chauffée avec jets, sauna et hammam, 2 salles de massages, un espace de relaxation en bordure de la rivière la Bruche et une salle de fitness. En séjournant ici on déconnecte et on prend le temps de passer un excellent moment. C'est une belle idée de week-end ou d'escapade pour se retrouver à deux, en amoureux.

UN SOIR D'ÉTÉ €€

19, rue Haute
ERNOLSHEIM-BRUCHE
✆ 06 11 98 57 38
www.unsoir-d-ete.com
Chambre double de 80 € à 100 €.

Deux chambres d'hôtes de charme dans une belle maison alsacienne à colombages du XVIIIe siècle, dont la terrasse est particulièrement agréable en été : voilà ce qui vous attend ici ! Venez découvrir cette maison-musée qui s'amuse des arts populaires, consuméristes et décoratifs du XXe siècle. Elle est décorée avec goût et agrémentée de trouvailles des années 1970 qui ont été chinées par Nathalie pour le plaisir de ses hôtes. Durable aussi, car elle recycle quantité d'objets négligés et qui bénéficient ici d'une seconde vie pour le bonheur de tous.

À LA VILLE DE PARIS €€

16, place de l'Hôtel de Ville
✆ 03 88 04 97 32
www.alavilledeparis-molsheim.fr
Ouvert du mardi au jeudi de 12h à 14h et de 19h à 21h30 ; le vendredi et le samedi de 12h à 14h et de 19h à 22h.

À la Ville de Paris, n'en a que le nom car ici on fait dans la tradition et on mange alsacien ! Dans la salle chaleureuse ou en terrasse, on s'installe bien volontiers pour une pause gourmande. Les recettes font la part belle aux belles pièces de viande ou de poissons, accommodées de différentes manières, mais le petit plus est sans conteste la grande variété de sauces faites maison. C'est un bonheur de ne pas en laisser une goutte avec son pain en fin de repas. La carte des vins pour accompagner ces mets est vaste et élaborée pour tous les budgets.

LE BÉNEDICTIN €€

27, rue Principale - **ALTORF** ✆ 03 88 38 83 02
www.le-benedictin.fr
Ouvert du jeudi au lundi de 12h à 14h et de 19h à 21h. Menus de 20 € à 40 €. Suggestion du jour 14 €.

La cour et l'arrière d'une ferme d'autrefois ont été transformés en cette charmante auberge, où le chef Philippe prépare une cuisine régionale fort bien maîtrisée. La carte des vins est bien fournie, avec une sélection proposée au verre et des coups de cœur qui sont régulièrement suggérés sur l'ardoise, qui compte aussi des plats du jour variant fortement. Les saisons inspirent aussi les mets proposés avec un incontournable choisi à chaque fois et décliné de plusieurs façons, si bien que l'on ne se lasse jamais de revenir découvrir toujours de nouvelles choses.

LE CHEVAL BLANC €€

5, place de l'Hôtel de Ville ✆ 03 88 50 00 22
www.lechevalblanc-molsheim.fr
Ouvert le lundi de 8h à 22h ; du mardi au dimanche et les jours fériés de 10h à 22h. Menus de 29 € à 37 €.

Le Cheval Blanc vous invite à profiter des plaisirs de la table dans un environnement qui marie avec bonheur murs en pierres de taille, boiseries et mobilier design au rez-de-chaussée. Vous trouverez ici des plats traditionnels qui mettent à l'honneur les producteurs locaux et les recettes très travaillées. Lucas, le chef, n'a pas peur de cuisiner de A à Z et propose des mets aux cuissons longues ou des mijotés comme son veau cuit en basse température, potimarron, châtaignes confites et purée d'épinards. Le petit plus, ce sont les horaires de service très amples.

CHATOUILLEZ-MOI

15, rue de Strasbourg
✆ 06 29 90 31 89
www.chatouillez-moi.com
Ouvert du mardi au vendredi de 10h à 12h30 et de 14h à 17h45 ; le samedi de 10h à 18h.

Chatouillez-moi est une boutique kawaï proposant artisanat, imports japonais, bijoux, tissus, papiers et autres accessoires ou fournitures pour loisirs créatifs. Pièces uniques ou en petites séries vous seront proposées, dont beaucoup avec des chats, l'emblème de la boutique. Pour mettre un peu de fantaisie dans vos tenues, c'est le lieu idéal ! Vous pourrez également retrouver tous les objets à Strasbourg ou en vente en ligne sur le site. Il y en a pour tous les goûts et tous les budgets, de la petite pièce cadeau au gros élément de déco.

MAISON ZOELLER

14-16, rue de l'Église
WOLXHEIM
✆ 03 88 48 88 59
www.vins-zoeller.fr
Du lundi au samedi de 8h à 12h et de 13h30 à 18h30. Dimanche, jours fériés sur rendez-vous.

Christelle et Mathieu Zoeller incarnent la 11e génération de viticulteurs veillant sur ce domaine depuis 4 siècles. Ils conduisent en agriculture biologique leurs 11,5 hectares de vignes, dont 4 hectares situés sur le Grand Cru Altenberg de Wolxheim. Leurs vins sont fruités et riches, leurs vendanges tardives et leurs sélections de grains nobles font de superbes vins de garde. La famille Zoeller vous reçoivent pour une dégustation, une visite de leur domaine ou pour le Pique-nique du vigneron. Et puis, il y a le superbe caveau coiffé d'une voûte impressionnante !

AVOLSHEIM

Deux monuments chrétiens majeurs se trouvent dans cette petite commune. La chapelle Saint-Ulrich, au centre du village, est sans doute le plus ancien sanctuaire d'Alsace encore existant. Son étonnant plan centré couvert d'une coupole et les fresques, dégagées en 1968, font belle impression. À l'extérieur du village, l'église du Dompeter, noyau d'un hameau disparu au XVIIIe siècle, est édifiée sur des fondations de l'ère mérovingienne. Un curieux chapiteau (XIIe siècle) termine le montant droit du portail de la nef. Le maître autel du chœur (XIXe siècle) est le mémorial des 185 scouts d'Alsace morts pendant la Seconde Guerre mondiale.

LE BASILIC €€

4, rue Saint Materne
✆ 03 88 47 48 28
www.lebasilic67.com
Dimanche, lundi, jeudi et vendredi de 12h à 14h30 et de 18h30 à 22h, mardi de 12h à 14h30, samedi de 18h30 à 22h.

Voici un petit coin d'Italie au cœur de la campagne alsacienne ! Aude et Sébastien Wander vous accueillent avec chaleur dans leur restaurant élégant et sobre, où l'on se sent bien en famille ou entre amis. La spécialité de la maison, ce sont les raviolis et ils sont excellents, qu'ils soient classiques, aux épinards ou, étonnants, aux escargots ! Vous trouverez beaucoup d'autres propositions, à accompagner de bons vins italiens ou alsaciens. Pizzas, pièces de viande ou plats du jour, chacun y trouve son compte et le tout à petits prix même à la carte !

DACHSTEIN

Occupé dès le néolithique, le ban de Dachstein est particulièrement riche en vestiges archéologiques. Au Moyen Âge, les évêques de Strasbourg sont attirés par le site, qui forme une grande île enserrée par les bras de la Bruche. Dachstein, à l'époque médiévale, était protégée par d'importantes fortifications. De celles-ci, il ne subsiste plus aujourd'hui que quelques remparts et fossés, ainsi que la magnifique porte de la Bruche ou Breuschtor, qui possède des angles renforcés par des pierres à bossage. De plan carré, elle est abaissée de moitié à la fin du XVIe siècle, comme l'atteste l'inscription de 1574 ornant la façade extérieure de l'édifice.

RESTAURANT DE LA GARE €

221, rue d'Altorf
✆ 03 88 38 15 19
www.restaurant-gare.com
Le lundi et le mardi de 11h45 à 14h ; du mercredi au dimanche et les jours fériés de 11h45 à 14h et de 19h à 22h.

Aurélie, Alexis et toute leur équipe sont ravis de vous accueillir dans leur cadre sur le thème du chemin de fer. Dans une ambiance cosy, Alexis, le chef de gare, vous propose de voyager vers plusieurs destinations où se mêlent différentes saveurs mais on trouve de nombreuses belles pièces de viande, de qualité et aux cuissons parfaitement maîtrisées. Le service est chaleureux et accueillant et pour parfaire le tout on s'en sort avec une addition très raisonnable, notamment grâce aux menus du jour et aux suggestions très avantageuses.

AUBERGE DE LA BRUCHE €€€

1, rue Principale
✆ 03 88 38 14 90
www.auberge-bruche.com
Lundi, mardi, jeudi et vendredi de 12h à 14h et de 19h à 21h ; samedi de 19h à 21h ; dimanche de 12h à 14h.

Installée sur les rives de la Bruche, près de la Tour de Garde médiévale et du château de Turckheim, cette auberge gastronomique vit au gré des inspirations culinaires d'Hubert Raugel. Le chef mélange cuisine moderne et gastronomie classique, en valorisant les produits frais et de saison. On trouve ainsi des recettes créatives assez peu développées dans la région, avec des saveurs différentes et des produits que l'on n'a pas l'habitude de déguster en Alsace. Même son menu de la semaine est de grande qualité. En somme il faut venir ici et goûter, puis déguster.

LA FERME MAURER €

Lieu-dit Lange Gewann
✆ 03 88 38 42 86
www.lafermemaurer.com
Ouvert du lundi au vendredi le midi ; le samedi soir ; le dimanche midi et soir.

Ici on se sent bien, entouré d'un écrin de nature et de sculptures végétales étonnantes qui raviront petits et grands. Il fait bon s'y attabler pour savourer de multiples produits du terroir ainsi que les spécialités de la famille. Chaque saison est l'occasion d'en mettre une nouvelle en avant, notamment grâce à des soirées très conviviales comme le très attendu sanglier à la broche ou encore la cochonnaille. La semaine le menu est simple, rapide, avec une belle part de légumes de la ferme. Le dimanche, il est un peu plus élaboré (à chaque dimanche son menu).

DORLISHEIM

À l'entrée Est du village, sur le rond-point se dresse une colonne indicatrice avec cadrans solaires datant de Napoléon Ier. Autre point d'intérêt : l'église romane. Cet édifice du XIIe siècle est constitué d'une triple nef romane et d'un clocher-porche gothique. Entrez, vous pourrez admirer de superbes fresques entre les ogives. Il s'agit de motifs à la grisaille datant vraisemblablement du XVIe siècle, époque à laquelle les artisans reprenaient les traditions de l'Antiquité. Le portail et les bas-reliefs sur les murs extérieurs du chœur méritent votre attention. Enfin, Dorlisheim est un haut lieu de la viticulture, depuis 1 000 ans !

S'DORF STUEBEL €€

25, Grand-Rue ✆ 03 88 38 73 08
www.hotelledormeur.com
Ouvert 7j/7. Menu unique à 32,50 €.
Carte : 35 € environ. Menu enfant : 9,50 €.
Plat du jour : 10,90 €.

Le S'Dorf Stuebel vous propose une cuisine régionale ou plus ouverte sur le monde en fonction des inspirations du chef et les nombreux habitués qui affluent ne s'y trompent pas. Parmi les classiques : tête de veau vinaigrette, filet mignon au munster ou cordon bleu de volaille au chèvre et magret fumé. La décoration est élégante, emplie d'œuvres de Pascklin. Toute l'équipe est passionnée et cela se ressent dans les assiettes comme dans l'ambiance du lieu qui est très agréable. Chaque plat pourra être accompagné d'un bon verre de vin soigneusement sélectionné.

LE DORMEUR « LE SCHLOFFER »*** €€

25, Grand-Rue
✆ 03 90 22 22 10
https://hotelledormeur.com/
Tarifs selon saison ou événements régionaux.

Avec sa situation idéale et ses chambres tout confort, très bien équipées et surtout bien décorées, dans une optique résolument moderne, Le Dormeur est un bon plan. Une chambre spécialement équipée est disponible pour les personnes à mobilité réduite. Tout est pensé pour que vous puissiez passer un excellent moment, de vos envies de détente et de bien-être jusqu'à vos envies de visites ou même de sport. Avec une équipe si attentionnée, on est immédiatement conquis !

GRESSWILLER

Les habitants sont parfois nommés « Schwedekorps »: corps de Suédois, à cause de l'occupation du village pendant la guerre de Trente Ans, et en référence à un comte suédois qui aurait possédé des biens. Vous pourrez visiter l'église Saint-Martin. Le clocher de style gothique tardif (1523) est agrémenté d'un tympan, représentant saint Martin partageant son manteau avec un pauvre. La nef et le chœur datent de 1766. Ne manquez pas non plus de monter le Wurmberg, butte calcaire dont le sommet est inculte. Les pentes abritent des pelouses d'orchidées et des fleurs particulièrement rares. De nombreuses fêtes folkloriques sont organisées toute l'année.

ROSHEIM ★★

Faites un détour par ce petit bourg de vignerons... De ses anciennes fortifications, Rosheim conserve quelques remparts intérieurs (XIIIe siècle) et extérieurs (XIVe siècle), ainsi que 4 portes : celle de la Vierge, de l'École et du Lion, et la tour de l'Horloge dans le prolongement de la mairie. Témoins de l'histoire du village, elles cohabitent avec de très belles maisons à colombages de style Renaissance, dont les façades débordent de géraniums à la saison. Des topo-guides bien faits présentent une dizaine de sentiers pour découvrir le canton de Rosheim à pied, et des circuits pour randonner à vélo. Ainsi équipés, vous n'irez pas à l'aveuglette !

ÉGLISE SAINT-PIERRE-ET-SAINT-PAUL ★

© ALEXANDER SOROKOPUD - SHUTTERSTOCK.COM

La construction de l'église Saints-Pierre-et-Paul de Rosheim débuta en 1150. Romane, elle est typique de la construction traditionnelle rhénane. La nef est encerclée par deux bas-côtés et traversée par un transept créant ainsi une grande croix latine qui supporte le clocher octogonal qui aurait été ajouté après la construction du reste de cet édifice religieux. Les décorations extérieures et intérieures sont travaillées, grâce entre autres à des sculptures en ronde-bosse surprenantes.

MAISON ROMANE

23a, rue du Général-de-Gaulle

✆ 03 88 62 32 97

De 15h à 18h, de mai à septembre, du mercredi au dimanche. D'octobre à décembre et mars-avril, le week-end uniquement

Cette atypique maison romane bâtie en 1154 est l'une des plus anciennes traces de l'architecture civile médiévale alsacienne. Elle est carrée, montée avec des pierres en grès à bossages et de petites ouvertures qui la font ressembler à une tour fortifiée rappelant les châteaux forts. On sera séduit par la jolie baie géminée et l'étonnant visage sculpté sous la toiture. Après avoir visité la Maison Romane il ne faut pas oublier de jeter un œil au jardin, médiéval lui aussi, juste à côté. Cette maison d'importance apparaît dans de nombreuses publications.

GÎTE « AUX OISEAUX DE PASSAGE « €

73, rue des Prunelles

✆ 06 24 58 21 25

auxoiseauxdepassage.fr

De 340 € à 400 € la semaine.
190 € le week-end pour deux personnes,
210 € pour quatre personnes.

Aux Oiseaux de Passage, on a envie de se poser ! Ici tout est fait pour que vous vous sentiez bien. En premier lieu, c'est l'accueil exceptionnel qui vous est réservé qui vous séduira, avec plein de petites attentions. Dans le gîte, tout est fonctionnel, bien équipé, de bon goût, y compris dans la décoration avec ses touches régionales discrètes et sa récupération. Que l'on vienne en couple, en famille ou entre amis, chacun sera conquis et trouvera son espace propre.

L'UNIK PIZZA €

82, Rue du Général de Gaulle

✆ 09 52 26 33 16

Le lundi et du mercredi au samedi de 11h à 13h30 et de 18h à 21h30. Le dimanche de 18h à 21h30.

L'Unik porte bien son nom ! Vous entrez dans une jolie salle, moderne et décorée avec soin et avec quelques touches d'humour. Le midi, c'est le repère des travailleurs et on comprend vite pourquoi : le service est souriant et ultra efficace, les assiettes sont aussi copieuses que délicieuses et la note est toute douce. Que des atouts donc pour cet établissement qui propose en majorité des pizzas et des burgers... mais quelles pizzas ! Et quels burgers ! On en trouve rarement d'aussi bien exécutés, avec des ingrédients si goûteux et si bien choisis !

BAS-RHIN

AUBERGE DU CERF €€

120, rue du Général de Gaulle
✆ 03 88 50 40 14
Fermé le dimanche soir, le mardi soir, le mercredi et le samedi midi. Carte : 25 € environ. Menu enfant : 12 €.

Dans les deux salles claires et confortables à la décoration contemporaine, ou dans le ravissant jardin-terrasse situé à l'arrière du restaurant, découvrez une cuisine de saison d'une élégante simplicité. Les suggestions sont alléchantes, de la cassolette de girolles au filet de bœuf Rossini en passant par le tronçon de lotte en kadaïf sur fondue de poireau. En dessert, le malakoff (charlotte aux amandes) et sa crème anglaise ont leurs inconditionnels, de même que l'île flottante et le vacherin du Chef. Le tout est accompagné de belles suggestions de vins.

HOSTELLERIE DU ROSENMEER €€

45, avenue de la Gare ✆ 03 88 50 43 29
www.le-rosenmeer.com
Maîtres Cuisiniers de France. Ouvert du mardi au samedi de 12h à 14h et de 19h30 à 21h30 ; le dimanche de 12h à 14h.

Hubert Maetz, renommé et reconnu par ses pairs, vous propose au restaurant gastronomique des plats très travaillés et créatifs. En menu ou à la carte, c'est un véritable voyage des papilles qui s'offre à vous. Les vins, au verre ou en bouteille, sont spécialement sélectionnés en accord avec les mets proposés. La winstub propose quant à elle des plats plus traditionnels et à prix plus réduits mais pas moins dénués d'intérêt. L'épicerie fine de l'établissement propose des produits du terroir faits maison et des livres de recettes du maître.

LA CIGOGNE EN VRAC

97a, rue du Général de Gaulle
✆ 06 58 70 92 83
http://lacigogne-envrac.fr
Ouvert du lundi au samedi de 9h à 19h. Vente en vrac de produits bio.

Marie-Ange vous accueille en compagnie de sa belle-sœur Camille, toutes deux joliment vêtues de tenues inspirées du costume traditionnel du Kochersberg subtilement revisité par la marque Geht's in ! La Cigogne en Vrac regorge de fruits et légumes, œufs et céréales, thés et tisanes, jus de fruits, bières et vins fournis par des producteurs majoritairement locaux et biologiques. Ajoutez à cela des cosmétiques ainsi que des produits d'hygiène ou encore d'entretien pour la maison, surfant sur la vague de la vente en vrac par conviction plus que par effet de mode.

DOMAINE KUMPF ET MEYER

34, route de Rosenwiller
✆ 03 88 50 20 07
http://kumpfetmeyer.com
Vigneron indépendant. Certifié Bio. Vins nature. Visite, dégustation du lundi au samedi sur RV. Groupes sur réservation.

À la tête d'un domaine de 15 ha répartis sur 5 communes et 70 parcelles, la charmante Sophie Kumpf vous accueille avec le sourire pour partager avec vous sa passion pour les vins vivants qui sont élaborés en agriculture biologique et au naturel par son associé Julien Albertus. Ce jeune vigneron vinifie des cuvées mémorables garanties sans intrants. On parle ici de vins très fins, d'un bel équilibre et d'une densité remarquable. Découvrez absolument lors de votre visite l'*Infrarouge*, un Pinot Noir issu d'une macération de 10 jours, délicieusement fruité !

DOMAINE PHILIPPE KIRMANN

2, rue du Général de Gaulle ✆ 03 88 50 43 01
www.baronkirmann.com
Ouvert le vendredi et le samedi de 9h à 19h ; le dimanche de 9h à 12h. Ouvert sur rendez-vous du lundi au jeudi.

Corinne et Philippe Kirmann exploitent 11 hectares de vignobles sur lesquels sont plantés tous les cépages alsaciens. Ils pratiquent les vendanges de façon manuelle et leurs cuvées sont maintenant toutes bio. Le secret d'un bon vin selon eux ? Une connaissance sans faille du terroir qui leur permet d'offrir une plus grande complexité à leurs vins. Leurs cuvées d'exception portent le nom de Baron Kirmann : cet aïeul de la famille (né en 1768 dans une famille de vignerons de Bischoffsheim) a accompli divers exploits qui lui ont valu le titre de baron d'Empire.

SOULTZ-LES-BAINS

Entouré de coteaux calcaires propices à la culture de la vigne, ce village est à mi-chemin entre tradition et modernité. Le passé thermal glorieux de cette bourgade est encore présent dans tous les esprits et chacun se réjouit que cette merveilleuse aventure ait pu renaître. Un circuit de 5 kilomètres vous permettra de découvrir les fortifications édifiées par les troupes du Kaiser entre 1914 et 1916, la beauté des panoramas, les vues sur le Kronthal et les villages environnants. Un autre fait découvrir croix et édicules. Soultz-les-Bains est un village chaleureux et celui qui le quitte après un bon séjour a forcément un pincement au cœur.

BAS-RHIN

L'OLIVAR €€

3, rue de Saverne
✆ 03 67 07 06 10
www.lolivar.fr

Ouvert le soir de 18h30 à 23h ; le midi de 12h à 15h. Fermé le lundi, mardi et samedi midi.

Ici les suggestions changent très régulièrement car on ne travaille que des produits frais. Au menu, des plats végétariens, végans et sans gluten sont également proposés : on a pensé à tout le monde. Fils de viticulteurs, Joël, le chef, a étudié dans des restaurants renommés et est ensuite parti à la découverte du monde pour s'en inspirer. Il fut même cuisinier privé sur des catamarans de luxe dans les Caraïbes, avant de partir pour Londres durant 4 ans dans l'un des établissements les plus réputés du pays. Une expérience qu'il met désormais à votre service !

MAISON DE FOIE GRAS LUCIEN DORIATH ET RESTAURANT LA TABLE DU DOMAINE

30 A, rue de Molsheim
✆ 03 88 47 98 98
www.lucien-doriath.fr

La boutique est ouverte du lundi au samedi de 9h à 19h et le dimanche de 10h à 17h.

Cette maison de foie gras existe depuis plus de 20 ans. Lucien Doriath vous donne rendez-vous à quelques kilomètres au nord de Strasbourg, sur la Route des Vins d'Alsace. Là, entre tradition et modernité, la boutique et le restaurant font découvrir l'un des fleurons incontournables de la gastronomie alsacienne : le foie gras. Les canards de Barbarie subissent un gavage traditionnel, exclusivement au maïs entier. Le restaurant est le seul de la région à être spécialisé en foie gras !

LES THERMES DE SULZBAD

45, Le Canal
✆ 03 88 33 23 27
www.sulzbad.com

Ouvert le lundi de 14h à 19h ; du mardi au vendredi de 9h à 19h ; le samedi de 9h à 18h.

Profitez des vertus de la source Saint-Amand, renommée depuis des siècles ! Chlorurée, sulfatée, bicarbonatée, sodique et potassique, cette eau régénérante est unique. Les curistes profitent d'un vaste panel de soins et de séances de remise en forme. Tous les besoins peuvent être comblés : se détendre, soulager ses douleurs, se tonifier, se détoxifier, recevoir des soins d'amincissement, anti-âge, pour les futures mamans ; et tous les profils sont bienvenus : sportif, stressé, déprimé, actif, ou tout simplement ceux qui veulent préserver leur capital santé !

OBERNAI ★★★

La charmante cité viticole d'Obernai a connu son âge d'or au XVIe siècle. La ville connaît depuis les années 1960 un nouvel essor économique et touristique impressionnant. Elle conserve de magnifiques édifices, des portails et des monuments remarquables, mais on apprécie également l'atmosphère de ses ruelles et de ses arrière-cours. Encerclant la partie ancienne de la ville, les vénérables remparts invitent à la balade en toute saison. La majeure partie de leurs trente-huit tours est encore présente, même si certaines ont été intégrées dans des maisons d'habitation. La place du Marché conserve indéniablement son âme de cœur médiéval de la ville.

© PACKSHOT / ADOBE STOCK

Façades typiques à Obernai.

HÔTEL DE VILLE ★

Place du Marché

Pour les visites, contacter l'office de tourisme ✆ 03 88 95 64 13.

Ce que l'on observe actuellement est le résultat de remaniements successifs mais on peut toujours voir dans la salle du rez-de-chaussée un support d'arcades qui constituaient la Laube que l'on date de 1370. Des peintures ornent la façade depuis une époque plus récente et elles s'inspirent de son allure et de son apparence primitive. Au premier étage, l'ancienne salle de Justice est décorée depuis 1610 par d'incroyables boiseries et des fresques retraçant les Dix Commandements. L'intérieur de l'hôtel de ville abrite aussi d'autres peintures et objets incroyables.

KAPELLTURM ★

Place du Beffroi

En 1597 on construisit au Kapellturm un cinquième étage formé d'une galerie surmontée d'une flèche culminant à soixante mètres de hauteur. Du haut de cette galerie, des gardiens surveillaient la ville en permanence et avaient pour mission de signaler toute menace commençant à pointer. Ces veilleurs sonnaient avec la cloche les heures de l'horloge, mais la fiabilité de celles-ci était alors plus qu'aléatoire et des cadrans solaires, grattés sur les murs, permettaient de vérifier le bon fonctionnement et la justesse de ladite horloge pour la régler si besoin.

PUITS À SIX SEAUX

À l'angle de la rue du Général-Gouraud et de la rue Chanoine-Gyss.

Ce puits est sans doute le plus pris en photo par les touristes et pour les cartes postales ! Construit en 1579 dans un style Renaissance, il était autrefois peint de décors somptueux. Même s'ils ont aujourd'hui disparu, il n'en demeure pas moins remarquable avec ses trois colonnes à chapiteaux corinthiens qui supportent un baldaquin octogonal muni de sculptures inspirées du Nouveau Testament. Les inscriptions qui y figurent sont en réalité la trame du discours sur le Pain de Vie et de l'entretien que le Christ eut avec la Samaritaine devant le Puits de Jacob.

OFFICE DE TOURISME OBERNAI

Place du Beffroi

✆ 03 88 95 64 13

www.tourisme-obernai.fr

Horaires variables selon les saisons, consulter le site Internet.

L'office de tourisme d'Obernai vous accueille pour vous conseiller au mieux lors de vos sorties culturelles ou naturelles à la découverte du riche patrimoine régional et pour vous renseigner sur les événements, fêtes, marchés et manifestations en tous genres du moment, pour vous indiquer les bons plans, pour vous restaurer ou vous loger. Ne manquez pas le circuit découverte de la vieille ville qui vous permettra de parcourir les principaux monuments du centre-ville d'Obernai.

LA MAISON DE LA CHOUCROUTE - LE PIC

1, rue Lehen - **MEISTRATZHEIM** ✆ 03 88 69 42 97

www.lamaisondelachoucroute.fr

L'entreprise organise des visites guidées (uniquement sur réservation au numéro de téléphone indiqué) de ses ateliers.

La visite de la choucrouterie vous permettra de tout connaître de la fabrication de ce mets. Vous partirez pour la visite guidée qui vous apprendra tout ce qu'il y a à savoir depuis la graine de chou jusqu'à la dégustation en passant par la pousse, la récolte, la transformation, le conditionnement... Vous pourrez regarder en complément un film de dix minutes, puis, et c'est le moment généralement le plus attendu, vous pourrez déguster une choucroute crue, une cuisinée et une confite !

LA DILIGENCE** €€

23, place du Marché ✆ 03 88 95 55 69

www.hotel-diligence.com

Logis. Petit déjeuner : 9,50 €. Garage : 9,50 €. Tarifs évolutifs selon la saison : consulter le site web.

Pignon sur la magnifique place du Marché, l'Hôtel La Diligence est dirigé depuis 1956 par la famille Fritz-Garstecki. L'hospitalité de cette superbe demeure à colombages et aux nombreuses boiseries polychromes va de pair avec le confort absolu de ses chambres aux fenêtres débordantes de géraniums, son salon de thé avec ses gourmandises maison... Ce dernier est d'ailleurs accessible aux non-résidents de l'hôtel et propose une sélection de grignotages à partir de produits locaux à savourer en terrasse ou dans l'espace bibliothèque à tout moment de la journée.

HÔTEL À LA COUR D'ALSACE**** €€€

3, rue de Gail

✆ 03 88 95 07 00

www.cour-alsace.com

Chambre double à partir de 159 € ; suite à partir de 335 €. Petit déjeuner buffet : 20 €. Hammam, piscine, sauna.

Les Barons de Gail occupaient autrefois cet imposant bâtiment parfaitement rénové qui héberge aujourd'hui la Cour d'Alsace et ses somptueuses chambres décorées dans un esprit luxueux de bon goût. Le bois est mis en avant dans l'ancienne aile tandis que dans la partie refaite, les chambres ont un accès direct à l'espace détente. Tout ici est sublime et chacun des espaces communs, du bien-être au repos dans le jardin, invite à la rêverie et à la détente.

LE PARC HÔTEL OBERNAI**** €€€

169, route d'Ottrott
© 03 88 95 50 08
www.leparchotel.fr

62 chambres (dont 7 suites). Chambre double dès 192 €. Suite dès 258 €. Petit déjeuner 24 €. Restaurant. Winstub. Spa.

Voici un hôtel parfait pour qui a envie d'une parenthèse enchantée. Si on apprécie bien sûr les chambres et suites, qui sont tout bonnement sublimes et où le confort est tel qu'on souhaiterait ne plus jamais en sortir, on aimera tout autant le superbe jardin ou l'espace spa. Ce dernier est tout neuf et a été pensé pour vous offrir une expérience sensorielle et de bien-être incomparable. Enfin, pour vous restaurer, vous profiterez du restaurant ou de la winstub selon votre goût.

O'4 SUSHI BAR €

4, rue des Pelerins
© 03 88 20 27 18
o4-sushi-bar.fr

Du mardi au samedi de 11h45 à 14h et de 18h30 à 22h. Le dimanche de 18h30 à 22h.

Dans ce charmant lieu à la décoration épurée et contemporaine, on prend le temps de découvrir les saveurs du Japon autrement. Réalisés minute à partir de produits sélectionnés et ultra frais, les sushi, maki, sashimi et autres yakitori rivalisent de goût et de fraîcheur. Le chef met un point d'honneur à travailler les meilleurs produits et laisse souvent son imagination créer de nouvelles choses, si bien qu'il y a toujours à découvrir. Entre classiques et nouveautés, on se laisse aisément tenter par les formules avantageuses pour petits et grands.

A L'AGNEAU D'OR €€

99, rue du Général Gouraud
© 03 88 95 28 22
http://alagneaudor.e-monsite.com

Ouvert du mardi au vendredi le midi et le soir ; le samedi soir ; le dimanche midi. Menus de 32 € à 43,50 €.

Attention, pour déjeuner ici il ne faut pas venir à l'improviste car il n'y a que 25 couverts vite pris d'assaut par les habitués. La déco vaut le détour : poutres vénérables, boiseries murales et plafond peints, fenêtre vitrail et tableaux représentant des scènes de repas alsacien traditionnel, tables nappées de carreaux rouges et blancs. Ici on mange alsacien mais selon les recettes traditionnelles, de celles qui prennent du temps et qui demandent de bons produits frais et un savoir-faire que l'on n'apprend pas dans les livres. De très bons vins sont proposés.

L'OSMOSE €€

18, rue du Général Gouraud
© 03 88 99 38 89
www.restaurantlosmose.fr

2 Toques Gault & Millau (14/20). Ouvert du mardi au samedi de 12h à 14h et de 19h à 21h.

L'Osmose vous accueille dans un cadre original qui conjugue l'authenticité des matériaux bruts avec la contemporanéité de l'agencement et de la décoration. Cette alliance est à l'image de la cuisine. En effet, le Chef Antoine Botter sublime son art pour vous assurer une explosion des sens à travers la magie de ses plats minutieux. Chacun est composé comme une œuvre d'art et rien qu'à sa vue on a déjà l'eau à la bouche mais quand on goûte, alors les saveurs se révèlent et c'est l'orgasme culinaire. Les accords mets et vins sont particulièrement travaillés.

QUI DIT VIN €€

22, rue du Marché
© 03 88 81 97 36
www.quiditvin.fr

Ouvert du mardi au samedi de 18h à 1h. Planchette de charcuteries, assiette de fromages, formule à partager.

C'est un mix subtil entre boudoir féminin, galerie d'art et cabinet de curiosité. Une impressionnante armoire à vin recèle près de 400 références de vins nature, bio et biodynamiques, parmi lesquels on découvre une cinquantaine de vins d'Alsace. Pour révéler leurs arômes, vous pouvez profiter de planchettes de charcuteries et de fromages ainsi que de petite restauration. Aurore et son équipe vous conseilleront selon vos goûts et vos envies du moment mais aussi selon votre budget car ici pas de surprise sur la note, on peut ainsi organiser une belle soirée.

LA STUB DES GOURMETS €€

24, rue Sainte-Odile
© 03 88 48 25 78
www.lastubdesgourmets.fr

Ouvert le mardi et du jeudi au samedi de 12h à 14h et de 19h à 22h ; le mercredi de 12h à 14h.

Passionnés de bonnes choses, Sandrine et Christophe se sont associés pour créer cet établissement où ils privilégient des produits authentiques, frais et de saison. La carte change très régulièrement, avec des propositions de saison le midi et des suggestions le soir. La tourte des gourmets reste cependant l'incontournable, comme la choucroute ou le cordon bleu. En plus de ces belles choses dans l'assiette, on sera surpris par le lieu qui est tout bonnement sublime et dans lequel on se sent bien et inspiré pour passer un délicieux moment de plaisir.

THIERRY SCHWARTZ - LE RESTAURANT €€€

35, rue de Sélestat
03 88 49 90 41
www.bistro-saveurs.fr

Ouvert du mardi au samedi de 12h15 à 14h et de 19h15 à 21h30. Menus de 128 € à 165 €.

Thierry Schwartz, chef et Chevalier du Mérite Agricole, a fait ses classes chez les frères Ibarboure, Émile Jung, ou Robuchon. Chaque nouvelle saison, chaque nouvel événement est l'occasion pour ce chef talentueux de laisser son imagination le porter et on ne se lasse ainsi jamais en redécouvrant sans cesse son talent. Il propose plusieurs menus, selon le nombre de plats souhaités, que vous ne connaîtrez pas à l'avance. Laissez-vous donc guider et n'ayez pas peur de la découverte.

LE SCHTAMPFEL €€

1, rue du Rempart
09 82 20 06 26
leschtampfel.fr

Du mercredi au vendredi midi et soir. Mardi midi et samedi soir. Fermé dimanche et lundi.

Quel plaisir de s'attabler dans ce petit restaurant cosy, ancien bureau de poste, d'où « *Schtampfel* », (le tampon). Avec la cuisine d'Hervé, aux saveurs mêlant audace et tradition, on déguste chaque bouchée en se délectant. Le pavé de thon en mi-cuisson ou l'épaule d'agneau confite au sésame noir/céleri/butternut suffisent à donner l'eau à la bouche. Le tout accompagné de vins nature d'ici et d'ailleurs, brillamment conseillés par Cindy la patronne ou Amélie, l'apprentie sommelière, qui attachent une importance particulière à faire découvrir des pépites !

DISTILLERIE LEHMANN

Chemin des Peupliers
03 88 50 41 29
www.distillerielehmann.com

Ouvert du lundi au vendredi de 9h à 12h et de 14h à 18h ; le samedi de 9h à 12h et de 14h à 16h.

La Maison Lehmann perpétue la tradition de l'art de la distillation depuis cinq générations. Célèbre pour ses eaux-de-vie (schnaps) qui subliment le goût du fruit, elle l'est aussi pour son whisky « Made in Alsace », le Elass Whisky. Les fruits sont sélectionnés avec soin avant de fermenter (pour les fruits à noyau) ou de macérer (pour les baies) dans des fûts ou des cuves. La distillation se fait ensuite traditionnellement en « double passe », c'est-à-dire avec deux chauffes successives, dans des alambics en cuivre à feu nu ou en bain-marie.

KLINGENTHAL

Le nom de Klingenthal signifie « vallée des larmes ». C'est pourtant un charmant hameau situé à côté d'Ottrott. On a plaisir à y séjourner ou simplement flâner. Klingenthal est réputé auprès des collectionneurs pour son ancienne Manufacture royale d'armes blanches. Créée au XVIIIe siècle, elle a cessé son activité mais une équipe de passionnés la fait visiter. Non loin de là, en cheminant vers Ottrott, un petit tour par les carrières de Saint-Nabor offre de belles balades. D'autres promenades conduisent aux émouvantes ruines de Niedermunster, l'abbaye fondée par sainte Odile pour accueillir les pèlerins trop affaiblis pour monter jusqu'au Hohenburg.

BOERSCH

En 1340, des remparts sont construits suite à l'obtention du statut de ville. La guerre de Trente Ans ravage le village, qui connaissait une période de prospérité. Au XIXe siècle, Boersch rayonna grâce à la manufacture d'armes de Klingenthal, avant de devenir, au début du XXe siècle, un centre culturel de premier ordre avec la collégiale de Saint-Léonard, au pied du Mont Sainte-Odile. Aujourd'hui encore, il abrite la Marqueterie d'art Spindler. Ce charmant village conserve de ce passé des demeures du XVIe siècle, un superbe puits Renaissance, ainsi que trois belles portes dont l'une mène au chemin de ronde, point de départ d'une balade.

MAISON DE LA MANUFACTURE D'ARMES BLANCHES ★

2, rue de l'École 03 88 95 95 28
www.klingenthal.fr

De mars à décembre du mercredi au dimanche de 14h à 18h ; les jours fériés de 14h à 18h sauf 25 et 26 décembre.

Klingenthal doit son existence à la création d'une manufacture royale d'armes blanches en 1730 par Louis XV. Le village, qui regroupe essentiellement d'anciennes dépendances de la manufacture, dispose d'un musée sympathique et familial, instructif et bien présenté. Les collections permettent d'observer des reconstitutions d'ateliers ainsi qu'un nombre important d'armes anciennes. Savoirs-faire d'antan et techniques de production sont exposées depuis la création jusqu'à la fermeture.

L'ÉTAPE 9 €€€

7, Place de l'étoile
✆ 03 88 82 95 90
Chambre double de 120 € à 160 €.
Petit déjeuner inclus.

De charmantes chambres d'hôtes, confortables et à la décoration soignée, permettent de séjourner ici, tout en profitant du restaurant de l'Étoile. Chaque chambre a son propre caractère, elles sont toutes très bien équipées avec le meilleur du confort. Leur cachet romantique invite au calme, à la sérénité et à l'éveil des sens. Une salle commune, avec accès sur la terrasse, est à votre disposition pour prendre le petit déjeuner le matin. Profitez du spa : essences naturelles diffusées, lumières tamisées, matières, couleurs et matériaux apaisants, massage des jets…

RESTAURANT À L'ÉTOILE €€

7, place de l'Étoile ✆ 03 88 95 82 90
www.restaurantaletoile.fr
Du mardi au dimanche midi, le vendredi et le samedi soir. Formule du midi en semaine : 22 €. Dimanche midi menu à 48 €.

Le cadre est charmant, une petite rivière passe sous la maison. En entrant dans le restaurant, sous une dalle de verre, on voit le vivier dans lequel s'ébattent les truites que Frédéric Lehn vous servira au bleu ou aux amandes. Ce jeune chef ne manque pas de talent, ni sa cuisine de maturité, il élabore en fonction des arrivages quotidiens et c'est inventif, gourmand, même si l'on trouve sur sa carte des classiques (il en faut !). Avant de repartir, voyez les petits paniers garnis de petis gâteaux maison, les fameux weihnachtsbredele. On vous les vend au poids.

LE CHOU'HEIM €€

2, rue Clemenceau
✆ 03 88 99 08 20
www.lechouheim.fr
Ouvert tous les jours et les jours fériés de 12h à 14h et de 18h30 à 22h.

Pascale Vogler est aux fourneaux de ce superbe établissement niché au cœur d'une ancienne ferme dîmière bien retapée. Chaque jour, on peut y déguster les plats alsaciens. Les tartes flambées sont évidemment de la partie et sont réalisées de manière traditionnelle, avec une cuisson au feu de bois. Pour les fêtes et les événements, les menus se font plus élaborés tout en gardant leur ancrage régional pour notre plus grand plaisir. Si vous êtes à la recherche d'un lieu accueillant pour une réunion de famille ou un événement, voici un établissement qui vous comblera.

OTTROTT ★

On dit que les habitants d'Ottrott sont des « Geisse » (chèvres), des « Muttle » (chèvres sans cornes) et des « Rebmesserhengscht ». Ce dernier sobriquet témoigne de l'importance des vignes dans la commune et de l'art des habitants d'Ottrott de manier la serpette, peut être pas seulement pour le travail de la vigne, mais aussi pour le règlement de certains conflits inter-villages. Le cépage roi à Ottrott est le pinot noir. Son origine remonte en l'an 1109, quand les moines bénédictins de Saint- Léonard venus de Bourgogne, apportèrent de jeunes plants de vigne. Aujourd'hui le Rouge d'Ottrott est connu et apprécié bien au-delà de nos frontières.

BAS-RHIN

KRAUTERGERSHEIM

Pendant des siècles, la vie économique du village reposait les exploitations agricoles. Bien connu des gastronomes pour son légume fétiche, Krautergersheim, souvent surnommé « Kraut » (signifiant « chou » en alémanique), s'illustre comme étant la capitale incontestable de la choucroute. Son dynamisme en fait un village attractif grâce à ses nombreuses entreprises, associations et manifestations. À la fois imprégné du traditionalisme rural et résolument tourné vers la modernité, il fait bon vivre à Krautergersheim ! Cinq choucrouteries et une fête annuelle qui attire des milliers de visiteurs confortent encore aujourd'hui la renommée du village.

LES CHÂTEAUX DE BIRKENFELS ET DU LANDSBERG

Le château du Birkenfels culmine à 675 mètres d'altitude. Il fut érigé en 1260. Le château compte un immense corps de logis sur trois niveaux encerclé par un donjon en forme de pentagone fait de pierres à bossage. Le château du Landsberg, bâti lui vers 1190, regarde Heiligenstein du haut de ses 590 mètres d'altitude. On y observe toujours les incroyables fenêtres romanes du logis seigneurial, la porte d'entrée en arc brisé et l'immense donjon carré du château premier.

MUR PAÏEN

www.mur-paien.fr

Ce mur, au mode de construction étrange où les spécialistes n'ont su reconnaître ni les techniques gauloises ni celles des Romains, est fait d'énormes blocs mal équarris joints par des tenons terminés en queue d'aronde et sans trace de mortier. C'est l'un des plus importants monuments mégalithiques d'Europe ! Aujourd'hui encore, aucun scientifique n'a su dater exactement son origine, ni définir sa fonction originelle. Pour certains, sa fondation remonterait au IIe siècle avant notre ère, pour d'autres, elle serait beaucoup plus précoce ou bien plus récente.

ROUGE D'OTTROTT €

2, route de Barr

✆ 03 88 95 91 77

www.restaurant-ottrott.fr

Ouvert du mercredi au samedi de 12h à 14h et de 19h à 22h ; le dimanche de 12h à 14h et de 18h à 21h.

Bénéficiant d'une belle terrasse couverte et chauffée ainsi que d'une salle à manger très agréable, ce restaurant propose de nombreuses salades et de belles viandes. Les classiques sont appréciés à la fois des touristes et des locaux : la choucroute, la tête de veau vinaigrette, le jarret garni et braisé ou la douzaine d'escargots. Les tartes flambées se déclinent en plusieurs garnitures, normales, gratinées, aux fines herbes, au munster... Si vous avez envie de changer des spécialités alsaciennes, pas de problème, les suggestions sont faites pour ça !

LES CHAMBRES CHEZ CHRISTINE €€

1, rue du Schliffweg

✆ 06 18 48 82 32

www.giteottrottchezchristine.com

Gîte de 290 € à 320 € la semaine. Chambre de 75 € à 125 € la nuit. Table d'hôtes 25 €.

Chez Christine, tout est fait pour que vous ne vouliez plus repartir. Que l'on choisisse les chambres d'hôtes ou le gîte, on trouve toujours des lieux très bien équipés et décorés avec goût, comme des petits cocons pour se retrouver et se ressourcer. L'été au bord de la piscine ou l'hiver bien au chaud on prend le temps de vivre une véritable expérience en étant ici, que l'on prolongera volontiers en goûtant à la table d'hôtes régionale qui est proposée sur réservation.

HOSTELLERIE DES CHÂTEAUX - RÉSIDENCE DES CHÂTEAUX €€€

11, rue des Châteaux ✆ 03 88 48 14 14

www.hostellerie-chateaux.fr

Ouvert du mercredi au dimanche le midi et le soir. Menus de 49 € à 95 €. Carte : 80 € environ.

Au restaurant gastronomique, le chef Ernest Schaetzel transmet avec passion le « bonheur dans les assiettes » en déclinant de savoureuses compositions qui rendent hommage à la gastronomie alsacienne, à son village natal Ottrott et aux produits du terroir. Si les assiettes sont alléchantes, c'est l'ensemble qui fait de ce lieu un incontournable : la décoration est chaleureuse et très soignée, le service impeccable et la carte des vins très fournie et diversifiée, fabuleuse.

A L'AMI FRITZ*** €€€

8, rue des Châteaux ✆ 03 88 95 80 81

www.amifritz.com

Chambre double de 101 € à 140 € ; studio/appartement 199 € ; suite de 151 € à 167 €. Petit déjeuner buffet : 16 €.

L'Ami Fritz, dans une belle demeure construite en 1895, est un hôtel où l'on se sent bien ! Un caveau en pierre avec une grande cheminée ouverte ainsi qu'une stub alsacienne ont été aménagés dans la maison vigneronne accolée. 22 chambres classées 3-étoiles, une piscine chauffée, ainsi qu'un jardin et deux chambres Deluxe, une chambre familiale, un appartement, un sauna, un hammam, un bain à bulles et une salle de fitness complètent le tout. On peut également prendre ses repas au restaurant, offrant une cuisine régionale et de saison, gourmande et copieuse.

DOMAINE FRITZ-SCHMITT

1, rue des Châteaux

✆ 03 88 95 98 06

www.fritzschmitt.com

Vigneron Indépendant. Certification AB. Accueil tous les jours de 9h à 18h. Boutique en ligne.

Le Domaine Fritz-Schmitt, vigneron-récoltant depuis trois générations maintenant, est renommé pour son rouge d'Ottrott élaboré à partir de pinot noir. Ce producteur travaille d'autres cépages qui donnent d'excellents vins alsaciens : sylvaner, pinot blanc, riesling, gewurztraminer, pinot gris, muscat ainsi que le fameux crémant d'Alsace. Lors de la visite de la cave, ne manquez pas de jeter un coup d'œil à ce fût en bois sculpté de personnages et d'une scène du repas de noces de *l'Ami Fritz*, une pièce remarquable datant de 1950.

LEONID ANDRONOV/ADOBE STOCK

LE MONT SAINTE-ODILE ★★

À 10 km au sud d'Ottrott.
✆ 03 88 95 80 53
www.mont-sainte-odile.com
Ouvert tous les jours. Gratuit.
Visite guidée sur réservation.
Restauration self-service salle des Pèlerins.

Surplombant la vallée, le monastère du mont Sainte-Odile est l'un des sites les plus sacrés de la région. Au VIIe siècle, le duc mérovingien Etichon, qui règne sur l'Alsace, rejette sa fille atteinte de cécité. Elle est placée sous la protection de sœurs avant de se voir concéder le château du Hohenbourg, bâti vers 680 sur l'actuel emplacement du mont Sainte-Odile. Avant de mourir, elle décide d'y ériger un monastère. Maintes fois détruit puis reconstruit, il est racheté par l'évêché en 1853. Restauré dans les années 1930, il est depuis un lieu de pèlerinage.

BARR ★

Chef-lieu de seigneurie au Moyen Âge puis chef-lieu de canton à la Révolution, Barr a connu un bel essor au XIXe siècle grâce à l'industrie du cuir et du textile. La tannerie Degermann fournit toujours des cuirs pour de grandes marques internationales. Depuis 1906, Barr accueille la plus ancienne foire aux vins d'Alsace à la mi-juillet. En été, les Jeudis musicaux à l'église protestante sont très fréquentés. Un charmant marché en zone piétonne réunit des producteurs et des artisans locaux. Un sentier géologique débute sur la place de l'Hôtel-de-Ville et conduit sur les pentes du Mont Sainte-Odile en passant par le mur païen et le château du Landsberg.

MUSÉE DE LA FOLIE MARCO

30, rue du Docteur Sultzer
✆ 03 88 08 94 72
www.musee-foliemarco.com
Ouvert tous les jours sauf le mardi de mai à septembre : 10h12h, 14h-18h. 5 €/adulte, 2 €/étudiant. Gratuit - 16 ans.

Sertie dans un superbe parc, la Folie Marco fut construite au XVIIIe siècle pour Louis-Félix Marco, alors bailli de la seigneurie de Barr. Cette demeure patricienne sert aujourd'hui d'écrin à un musée d'Arts décoratifs où l'on peut admirer du mobilier bourgeois en vogue entre le XVIIe et le XIXe siècle, ainsi que des collections d'étains, porcelaines et faïences. Des animations et des expositions y sont régulièrement organisées. À l'extérieur, on peut se promener sur les terrasses engazonnées du jardin en contemplant le clos du vignoble de la Folie Marco.

5 TERRES HÔTEL & SPA M GALLERY BY SOFITEL**** €€€

11, place de l'Hôtel de Ville
✆ 03 88 08 28 44 – www.5terres-hotel.fr
26 chambres + 1 suite. Chambre double dès 180 €. Petit déjeuner buffet : 24 €. Restaurant. Bar. Spa. Piscine intérieure.

Cet hôtel allie sa structure historique du XVIe à une verrière qui apporte une belle luminosité à son lobby. Les 26 chambres et suite que proposent l'hôtel brillent par leur décoration épurée et contemporaine. Les matériaux nobles comme le chêne massif, mêlés aux ouvrages bruts et anciens mettent en valeur chaque chambre, l'atmosphère y est alors 100 % cosy ! Le spa, aménagé dans une cave voûtée en grès des Vosges, est tout aussi luxueux avec ses murs recouverts de 4 800 feuilles d'or.

AU POTIN €€

11, rue Général Vandenberg
✆ 03 88 08 88 84
www.aupotin.com
Restaurant bistrot. Formule du jour : 12 €, menu enfant : 8 €. Fermé lundi et mardi. Chèque restaurant. Terrasse.

Si vous aimez l'ambiance bistrot (banquettes en cuir, objets chinés, petites tables carrées les unes à côté des autres, luminaires vintage, etc.) et la cuisine classique et inventive, cette adresse est pour vous. On vient ici pour un plat du jour ou un dîner accompagné d'un verre de vin du coin ou d'ailleurs, conseillé par Christian, qui a toujours un mot gentil pour ses clients. Le service est efficace, les serveurs virevoltent autour des tables. Ravioles de foie gras, filet de bar aux moules, os à moelle gratiné à la truffe, tout est présenté avec raffinement !

ENFIN €€

2, chemin du Château d'Andlau ✆ 03 69 61 37 30
www.enfin-barr.com
1 étoile Michelin, 3 Toques Gault&Millau. Ouvert midi, soir jeudi, vendredi, dimanche. Samedi midi. Menus 46 € à 132 €.

Bienvenue chez Enfin (1* Michelin), adresse unique en son genre car dédiée à une cuisine naturelle, locale, de saison. Le tout relevé d'épices du terroirs. Ici, l'ambiance, la déco et surtout la carte varient harmonieusement en suivant le rythme des saisons. Les mets changent au gré des produits fournis par les maraîchers du coin. À midi (jeudi & vendredi), vive la formule gourmande en 3 ou 4 étapes, avec, au dessert, un chariot de propositions toutes plus alléchantes les unes que les autres. En bonus : ambiance conviviale et service aussi efficace qu'attentionné.

L'ESPRIT GOURMAND €€

4, rue de la Kirneck
✆ 03 88 74 93 18
Ouvert du lundi au samedi midi et le samedi de 11h45 à 14h et de 19h à 21h30. Fermé le mardi et jeudi soir et dimanche.

L'Esprit gourmand porte bien son nom puisque Guillaume, le chef de ce restaurant, propose des plats de saison généreux qui émoustillent les papilles de tous les clients. Civet, cordon bleu, carpaccio de bœuf, moules-frites, steak au four ou encore de délicieuses tartes aux fruits de saison faites maison, ici on se régale de plats polyvalents servis dans un décor charmant par un personnel très agréable. On revient avec bonheur dans ce restaurant sans jamais se lasser. On peut également craquer pour toute une liste de burgers à emporter !

RESTAURANT BELLE VUE €€

1, route de Barr - ZELLWILLER
✆ 03 88 08 94 12
http://restaurant-baur.fr
Ouvert lundi et mardi à midi, du jeudi au dimanche à midi et le soir. Plat du jour : 8 €. À emporter. Traiteur.

Dans ce petit restaurant de village à colombages et aux plats simples et sans chichis, Jérôme Baur propose chaque année sa spécialité : les moules de bouchot et frites à volonté ! Proposées en 3 services (marinières, mouclades et provençales), ce plat typique du restaurant Belle Vue est proposé de septembre à janvier et mieux vaut réserver pour avoir l'honneur d'y goûter ! Au printemps, place à une autre de ses spécialités : les asperges d'Alsace ! Elles se dégustent avec des sauces faites maison et un bel assortiment de charcuterie !

LA TABLE DU 5 €€

11, place de l'Hôtel de Ville
✆ 03 90 57 10 10
www.5terres-hotel.fr
2 Toques Gault & Millau. Du mardi au vendredi midi et soir, samedi soir. Menu 70 €, enfant 14 €. Midi 28/38 €. Terrasse.

Les jeunes chefs Paul Boizet et Quentin Dassé sont au commande de la Table du 5. Après avoir fait leurs armes auprès de grands noms alsaciens, le duo de chefs excelle dans l'art de revisiter des plats typiques comme le coq au riesling en cuisson lente et douce accompagné de spaetzle faits maison. À l'instar de ce plat signature, les mets proposés à la carte composent, au fil des saisons, une symphonie de saveurs mêlant des inspirations asiatiques, à des plats français phares avec une carte des vins riche en beaux millésimes et en cuvées surprenantes !

DOMAINE STOEFFLER VINCENT

1, rue des Lièvres
✆ 03 88 08 52 50
www.vins-stoeffler.com
Vigneron Indépendant. Certification Ecocert. Ouvert du lundi au samedi : 10h à 12h et 13h30 à 18h. Boutique en ligne

Ce domaine est une histoire de famille puisque Vincent Stoeffler gère avec son fils Adrien 16 ha de vignes. Vincent conduit son domaine en bio depuis 20 ans et propose une gamme de vins nature (sans sulfite ajouté, sans filtration ni sucre résiduel) depuis 10 ans. Son Crémant Chardonnay a obtenu 17,5/20 au classement 2021 des crémants d'Alsace du magazine germanique *VINUM*. Autre pépite à découvrir : Le Beurot Nature, un vin issu d'une macération de pinot gris rosé, fruité et gourmand.

ANDLAU ★★

Étape immanquable sur la route des Vins d'Alsace et sur la Véloroute (EuroVelo5), Andlau doit son nom à une petite rivière qui prend sa source dans les Vosges près du Champ du Feu. La cité a pour emblème un ours que l'on retrouve sur de nombreux puits et fontaines ainsi que dans l'abbaye d'Andlau. Consacrée en 1049 par le pape Léon IX, l'abbatiale Sainte-Richarde est un monument phare de l'art roman en Alsace. Andlau se distingue par ses ruelles étroites bordées de maisons typiques soigneusement conservées. Outre la découverte de vignerons aussi passionnés que réputés, une visite à s'impose à La Seigneurie, lieu dédié à l'histoire du Pays de Barr.

© S. NICOLAS - ICONOTEC

Vue générale d'Andlau.

CHÂTEAU DU SPESBOURG

✆ 03 88 08 66 65
www.chateau-spesbourg.fr
Gratuit. En accès libre.

Érigé à 451 m d'altitude sur un promontoire en granit au Rothmannsberg, ce château fort du XIIIe siècle domine le Val d'Andlau. Il offre ainsi une belle vue sur le château d'Andlau. On accède à son donjon d'environ 24 m par une porte haut placée. On découvre deux logis encerclés par une courtine à l'ouest, des murs boucliers et quelques restes de fresques dans le logis seigneurial du côté est. Durant la fête médiévale, des animations sont organisées sur le site : reconstitution de banquets, démonstrations de combats de chevaliers, artisans en costumes moyenâgeux.

BAS-RHIN

ÉGLISE ABBATIALE SAINT-PIERRE-ET-PAUL ★

Cour de l'Abbaye
✆ 03 88 08 66 65
Ouvert tous les jours et les jours fériés de 9h à 19h. Groupes : visites guidées sur RDV toute l'année.

Consacrée par le pape Léon IX en 1049, cette église possède un portail sculpté réputé être le plus riche d'Alsace. Ses sculptures présentent des épisodes de la Bible et des Évangiles. Les 48 dalles d'une frise historiée du XIIe siècle dévoilent des scènes plus triviales de la vie romaine. À voir aussi : une châsse reliquaire des ossements de sainte Richarde, des stalles du XVe siècle, une crypte voûtée du XIe siècle et une Vierge à l'Enfant du XVe siècle vénérée par les pèlerins.

LA SEIGNEURIE ★

Place de la Mairie ✆ 03 88 08 65 24
www.lesateliersdelaseigneurie.eu
Ouvert du mardi au dimanche. Horaires et tarifs détaillés : consulter le site web. Animations, expositions, boutique.

Ce musée vraiment pas comme les autres est consacré à l'architecture, l'art, la sorcellerie et la culture alsacienne au fil de l'histoire, et plus particulièrement encore dans le Pays de Barr. Il prend place dans l'ancien hôtel de style Renaissance des Sires d'Andlau. On y admire de superbes pignons à volutes ainsi qu'une jolie porte sculptée et une tourelle polygonale qui abrite un escalier à vis. Un vaste plan relief du territoire présente les grands paysages qui composent le Pays de Barr : la plaine, le piémont et le massif des Vosges, la montagne.

Le parcours d'exposition permanent présente divers points d'intérêt interactifs. Des jeux de construction, d'observation, de reconnaissance ou d'association invitent le public à découvrir le patrimoine régional de façon ludique et pédagogique via le chantier de construction d'une maison à pans de bois, l'édification d'un château fort et l'art de vivre d'un seigneur de la Renaissance.

Quant aux expositions temporaires, elles mettent traditionnellement en lumière des facettes méconnues des us et coutumes de la région. En 2023, l'équipe de La Seigneurie vous propose de partir à la découverte du Pays de Barr grâce à différents jeux de piste, sur les pas des Ours d'Andlau et à la découverte des châteaux.

À cela s'ajoutent divers événements ponctuels : ateliers animés par des artisans, conférences, concerts, after-works/dégustations… Tout au long de l'année (sauf pendant la fermeture annuelle en janvier), La Seigneurie vous réserve d'heureuses surprises !

AU BŒUF ROUGE €€

6, rue Docteur Stoltz
✆ 03 88 08 96 26
www.andlau-restaurant.com
Fermé dimanche et lundi. Menus : 29 € à 39,80 €. Tartes flambées (uniquement le soir) : 7,60 € à 11,90 €. Terrasse.

En terrasse ou en salle, on adore s'attabler dans cet ancien relais de poste de 1546. Ici, l'accueil comme la cuisine sont chaleureux et sans fausses notes ! Le Maître Restaurateur et excellent saucier Pierre Kieffer varie les plaisirs avec des mets aux sauces divines, servis avec le sourire par sa femme Christiane. Son foie gras, ses quenelles de brochet, jadis spécialité de sa grand-mère et ses Lawerknepfle servies avec de la choucroute et des spaëtzles valent le détour ! Quant au Bettelmann aux pommes et aux cerises, il fait le bonheur des becs sucrés !

HOTEL-RESTAURANT LE KASTELBERG €€

10, rue du Général Koenig
✆ 03 88 08 97 83
www.kastelberg.com
Ouvert du lundi au samedi le soir, dimanche midi et soir. Menu et suggestions. Prix moyen : 18 €. Vente à emporter.

Au cœur du vignoble, l'hôtel*** le Kastelberg (29 chambres) dispose d'un restaurant où l'on s'attable midi et soir pour déguster des mets savoureux, régionaux et de saison. Salade alsacienne, fleischnaka, choucroute garnie ou encore tartes flambées, on s'y régale en salle ou en terrasse, 100 % bois et à flanc de vignes. Au terme de vos agapes, vous pouvez, si le cœur vous en dit, passer au bar de l'hôtel qui propose une belle sélection de digestifs d'Alsace.

VAL D'ELÉON €€

19, rue du Docteur Stoltz ✆ 03 88 08 93 23
www.valdeleon.fr
1 Toque Gault & Millau. Fermé dimanche soir, lundi. Menu 28 €. Midi 15 € (3 plats). Enfant 10 €. Terrasse.

La famille Urban vous ouvre les portes de son sympathique restaurant typique qui fait honneur aux charmantes traditions alsaciennes ! Maître Restaurateur, Bernard Urban fait merveille avec son jambonneau rôti à la bière et au cumin. Mais, en tant que grand baroudeur accompagné de sa femme, Claudia, il peut tout aussi bien proposer des plats aux saveurs exotiques comme un colombo de la mer et riz des boucaniers. Côté dessert, on craque pour le Strudel tiède aux pommes. Service attentif, soirées musicales et bons petits plats (sur réservation) à emporter.

DOMAINE WACH

6, Grand'Rue
✆ 03 89 22 20 20
www.wolfberger.com
Ouvert du lundi au vendredi de 8h à 12h et de 14h à 18h. Samedi de 9h à 12h et 14h à 17h. Vigneron indépendant.

Le domaine Wach connaît un nouvel élan depuis quelques années avec la 7e génération : Pierre Wach et sa conjointe Jessica, sommelière québécoise. Soucieux de la santé de ses vignes et de la qualité de ses vins, Pierre a converti le domaine en bio en 2022. Il est également sensible aux avancées technologiques et n'hésite pas à utiliser la cryo-extraction pour limiter les intrants dans ses vins, un gage de finesse et de précision ! Ici, on met à l'honneur les vins secs comme le Riesling Andlau, un vin aux arômes de citron pressé et à la bouche fraîche et minérale.

EPFIG ★

Comptant 580 hectares de vignes, Epfig est la plus grande commune viticole d'Alsace. Au pied de la colline du Ungersberg, ce village se serait formé autour d'un fortin romain construit par Jules César. Il fut la propriété des évêques de Strasbourg du XIe siècle à la Révolution. Sa chapelle Sainte-Marguerite est un édifice majeur de l'art roman local. Quant à la Maison Kirmann, elle déploie de magnifiques colombages et abrite un restaurant réputé qui propose des animations folkloriques en été. Parmi les bâtiments remarquables à Epfig, citons le pavillon de chasse des Rohan (1725), l'église Saint-Georges (XVIIIe siècle) et l'hôtel de ville (1857).

CHAPELLE SAINTE-MARGUERITE ★

Rue Sainte Marguerite
✆ 03 88 85 54 42
www.ste-marguerite-epfig.fr
Visite libre de 8h à 20h pendant la belle saison, de 8h à 17h en hiver.

© MARIE CATHERINE ACH

Cette belle chapelle romane fut bâtie au XIe siècle puis dotée d'un portique en équerre du XIIe siècle avec des galeries uniques en leur genre dans la région. Au XVIe siècle, les fenêtres du chœur et du transept ont été remplacées par des vitraux à l'effigie de sainte Marguerite et de sainte Barbe. Devant la chapelle, un jardin médiéval respecte la symbolique d'usage dans les jardins monacaux et invite à la contemplation. Des concerts y sont organisés durant la période estivale.

BAS-RHIN

AUX TROIS ROSES €€

18, rue des Alliés
✆ 03 88 85 59 01
Ouvert du mercredi au lundi, midi et soir. Menus et suggestions à l'ardoise. Tartes flambées. Pizzas. Prix moyen 17 €.

Cadre rustique et convivialité de bon aloi caractérisent ce restaurant alsacien tenu par le Maître Restaurateur Gilles Roeckel, sa femme Michèle et ses enfants Mégane et Antoine. Gilles, chef jovial et débonnaire, mitonne aux petits oignons une vraie cuisine de terroir : escargots au beurre d'ail, bibeleskas aux pommes de terre sautées, cuisses de grenouille au riesling ou encore tartes flambées. Il remet aussi au goût du jour les amourettes (rognons blancs) et la tête de veau ! Les gros mangeurs apprécieront le cordon bleu en sauce version XXL (450 g) !

FRANCIS BECK ET FILS EARL

79, rue Sainte Marguerite
✆ 06 77 01 58 53
https://francisbeck.com
Ouvert du lundi au samedi de 10h à 12h et 14h à 19h. Visite de groupe : à partir de 5 €/personne. Vente en ligne. Gîte.

Gérée par Julien Beck (qui succède à son père) et son épouse, cette entreprise familiale cultive 10 ha de vignes. Toujours dans une perspective de respect de la biodiversité et avec des rendements contrôlés pour accentuer l'expression des terroirs, le domaine propose son premier millésime en appellation bio en 2022. Le domaine a été plusieurs fois récompensé comme pour son Riesling Tentation 2019 qui a été médaillé d'or et Trophée Sec 2021 au Mondial des vins blancs à Strasbourg.

MAORN

25, rue de la Montagne ✆ 06 11 87 60 31
http://randonnee-alsace.com
Ouvert du lundi au vendredi : 9h à 12h30 et 14h à 17h30. Randonnées en Alsace et dans les Vosges. Tarifs cf. site web.

Depuis une bonne décennie, l'agence Maorn propose des escapades toniques en Alsace et dans le massif des Vosges, avec un encadrement assuré par des accompagnateurs en montagne diplômés d'état. À pied, en VTT ou en raquettes à neige, marche nordique, rando photo ou course d'orientation : la nature s'offre à vous lors d'une parenthèse enchantée d'une demi-journée et plus si vous le désirez. En hiver comme en été, une yourte vous attend au Champ du Feu pour prendre un repas (tartiflette, raclette, barbecue) et passer une nuit inoubliable sous les étoiles !

DOMAINE ZEYSSOLFF - AU PÉCHÉ VIGNERON

156, route de Strasbourg ✆ 03 88 08 90 08
https://zeyssolff.com
*Ouvert 7 j/7. Visite de cave et dégustation sur RDV. Épicerie fine. Salon de thé. Boutique en ligne. 5 Gîtes****.*

Ce domaine familial, qui s'étend sur 10 ha, est conduit en bio par Yvan Zeyssolff qui élabore des vins séduisants comme le Klevener de Heiligenstein vinifié et élevé en amphore. Yvan et son épouse Céline ont également créé une épicerie fine, *Au Péché vigneron*, un salon de thé, un bar à manger et 5 gîtes (4-7 personnes) de haut standing. On peut également profiter d'une visite immersive avec projection sur les foudres, cette offre a été récompensée par le Trophée de l'œnotourisme 2022.

GERTWILLER

Bienvenue dans la capitale du pain d'épices ! Dans cet ancien village d'Empire, cette douceur est connue depuis 1453, grâce notamment aux moines cisterciens de Marienthal qui en dégustaient lors des fêtes de Noël. La renommée du pain d'épices de Gertviller prit ensuite une telle importance que, aux XIXe et XXe siècles, on le retrouva alors sur tous les marchés et dans les fêtes de village de la région. Dans les années 1900, on comptait 8 ou 9 fabricants dans le village. Aujourd'hui, ils ne sont plus que deux : Fortwenger, qui a ouvert en 2009 son Palais du Pain d'Épice, et Lips qui a créé en 1998 le Musée du Pain d'Épice et de l'Art populaire alsacien.

HEILIGENSTEIN

Posé au pied du Mont Sainte-Odile entre vignoble et forêt, ce village est le point de départ de superbes circuits de randonnées balisés par le Club Vosgien. Disponibles à la mairie, des dépliants précisent les itinéraires pour rejoindre le château du Landsberg, le Mur Païen et le Mont Sainte-Odile. Si sa renommée viticole remonte au IIIe siècle, Heiligenstein est surtout réputé pour son savoureux klevener issu du cépage savagnin rose, dont la culture n'est autorisée que dans la commune et quelques villages avoisinants. Initié en 1742 par le bourgmestre Ehrardt Wantz, ce vin très particulier est mis à l'honneur durant tout un week-end au mois d'août.

FORTWENGER & LE PALAIS DU PAIN D'ÉPICES

144, route de Strasbourg
✆ 03 88 08 96 06
www.fortwenger.fr
Ouvert tous les jours de 9h à 12h et de 14h à 18h. Boutique en ligne.

Miel, cannelle, clou de girofle, au Palais du Pain d'épices, les 5 sens sont émoustillés lors d'un parcours interactif et ludique pour petits et grands. On y apprend aussi l'histoire du pain d'épices, sa fabrication et l'imaginaire autour de cette gourmandise. Et comme en Alsace, on ne rigole pas avec Noël, le palais se pare de guirlandes lumineuses, de boules colorées et même du Père Noël et de son traîneau. La boutique attenante regorge de biscuits et autres spécialités alsaciennes !

RELAIS DU KLEVENER €€

51, rue Principale ✆ 03 88 08 05 98
www.relaisduklevener.com
31 chambres. Chambre double dès 60 €. Suite familiale : dès 95 €. Petit déjeuner : 8,50 €. Demi-pension. Restauration.

Au pied du Mont Sainte-Odile, cet hôtel vous accueille dans un lieu spacieux et typique. Chambres avec vue sur la plaine d'Alsace ou suites familiales, il y a tout l'équipement nécessaire pour passer un bon séjour ! Le petit déjeuner est gourmand (confitures maisons, charcuteries, fromages…) et les enfants peuvent profiter d'une aire de jeux rien que pour eux. Et puis il y a le restaurant et son excellente cuisine alsacienne : quenelles de foie sauce au rouge d'Alsace, dos de sandre rôti au Klevener de Heiligenstein mais aussi choucroute garnie et tartes flambées.

LE HOHWALD ★★★

Le Howald recèle de nombreux attraits. Et pour cause : cette petite station climatique de moyenne montagne (comprise entre 450 et 1 100 mètres) accueille avec bonheur les touristes en toute saison. En hiver, on s'y rend en famille pour goûter aux plaisirs enneigés des promenades en raquettes ou des descentes en luge. Le reste de l'année, plus de 120 kilomètres de sentiers balisés offrent de fabuleuses randonnées à travers prairies et forêts. Facilement accessible depuis la Route des Vins, le Mont Sainte-Odile ou le Champ du Feu, Le Howald est apprécié pour son patrimoine naturel exceptionnel, son superbe ensoleillement, son calme et son air pur !

MITTELBERGHEIM ★★

Niché à flanc de coteau, Mittelbergheim est considéré comme l'un des 100 Plus Beaux Villages de France. Ses rues sinueuses témoignent d'un passé millénaire. Fleurant bon la vigne et le terroir, elles regorgent d'enseignes et de vieilles demeures de vignerons. Comme l'indique un panneau situé à son entrée, le vin est roi à Mittelbergheim depuis le Ve siècle. Notamment le sylvaner, le seul à être classé Grand Cru en Alsace. À découvrir aussi : l'hôtel de ville et le moulin à huile construits au XVIIIe siècle, ainsi que le pressoir de la cour dîmière (1739). Mittelbergheim est également un point de départ idéal pour d'agréables balades dans le vignoble.

CASCADE DU HOHWALD ★★

Route du Kreuzweg
www.tourisme-obernai.fr
Libre accès toute l'année, équipement en fonction de la météo mais chaussures de marche recommandées.

Nichée dans la verdure et haute d'une vingtaine de mètres, la cascade du Hohwald est l'une des plus belles du massif des Vosges. Un dépliant informatif est proposé l'office de tourisme du Pays de Barr. À pied, on accède à la cascade par un sentier de randonnée (1h30 aller-retour). En voiture, on se gare sur le parking en contrebas, après quoi petite marche d'environ 10 minutes. Superbe en toute saison, ce lieu devient magique en hiver quand la neige étend son blanc manteau... Avis aux gourmets, la ferme-auberge du Lindenhof se trouve à proximité de la cascade !

LA YOURTE UN AUTRE MONDE €€

Chaume des Veaux ✆ 06 82 00 24 31
www.layourte-unautremonde.fr
Location 90 €/semaine (4 pers), 190 €/week-end (7 pers). Restauration 17,5 €/adulte, 9 €/enfant. Randonnées.

Dormir dans une yourte mongole... en Alsace ? En voilà une excellente idée ! Raphaël et Christophe vous invitent à vous installer (jusqu'à 15 pers.) dans un chouette cocon de 40 m² chauffé en hiver par un gros poêle à bois. En guise de lits et de couettes : des tatamis en latex naturel et des couvertures en mouton. Côté repas (sur réservation) selon la saison : tartiflette, raclette, fondue, civet de sanglier ou barbecue au menu. Pour se dégourdir les jambes, des circuits en raquettes, randonnées pédestres et jeu de piste familial. À découvrir !

HÔTEL-RESTAURANT LE SARMENT €€

1, rue Rotland
✆ 03 88 08 91 37
www.le-sarment.fr
Ouvert du mercredi midi au dimanche midi. Menu 39 €. Midi 19 € (3 plats). Brunch. À emporter. Terrasse. 10 chambres.

Laurent et Nicolas, maîtres restaurateurs, vous accueillent dans un discret havre de paix dédié à la bistronomie : Le Sarment. C'est un restaurant authentique et chaleureux où l'on s'attable en famille ou entre amis pour se régaler d'un filet mignon de porc en croûte et de cuisses de grenouilles en persillade déglacées au vin blanc ou d'un risotto Carnaroli crémeux au parmesan. En point d'orgue, le fondant extra-bitter saura ravir les fans de chocolat !

AU RAISIN D'OR €€

1, rue Principale ✆ 03 88 08 93 54
www.raisindor-mittelbergheim.com
Fermé lundi et mardi. Menus : 25,50 € à 42 €. Enfant : 9,80 €. 4 chambres d'hôtes : 80 €. 1 gîte : 360 €/semaine.

C'est dans une maison vigneronne riche en boiseries (poutres apparentes et chaises alsaciennes traditionnelles) que se niche le Raisin d'or et sa terrasse. Ce restaurant traditionnel maîtrise ses incontournables ! La carte propose notamment, du jambonneau rôti à la bière et au munster servi avec des pommes sautées, des tartes flambées sans oublier une plantureuse choucroute à l'ancienne. Côté dessert, on plébiscite le kougelhopf glacé au kirsch sur coulis de fruits. Cette chouette adresse propose aussi 4 charmantes chambres d'hôtes et 1 gîte, la Griffe à foin.

DOMAINE ARMAND GILG

2, rue Rotland
✆ 03 88 08 92 76
www.domaine-gilg.com

Ouvert du lundi au samedi : 8h-12h, 13h30-18h (17h sam). Dimanche : 9h-11h30. Boutique en ligne. Certification AB.

Le Domaine Armand Gilg est géré en famille depuis 1937. Certifiée en agriculture biologique, cette belle exploitation de 30 ha chouchoute naturellement ses vignes pour élaborer des vins bien ancrés dans leurs terroirs. Au domaine, dans les caves du XVIe siècle, on fait tourner son verre pour déguster, entre autre, un superbe Sylvaner Grand Cru Zotzenberg (unique appellation en grand cru en Alsace) ou un joli Muscat issu de la gamme Les Spontanés (vins sans intrants ni sulfites ajoutés). À cela s'ajoute une gamme complète de crémants d'Alsace très festifs !

DAMBACH-LA-VILLE ★

Dambach-la-Ville s'appuie sur la renommée de ses vins d'Alsace produits par une bonne trentaine de viticulteurs. Le sentier pédestre du Grand Cru Frankstein contribue à la reconnaissance des traditions viticoles du cru. Remarquable cité médiévale, Dambach conserve une grande partie de ses remparts édifiés au XIVe siècle, ainsi que trois portes en granit, celle d'Ebersheim étant la plus imposante. Un circuit dévoile des bâtisses du Moyen Âge porteuses d'emblèmes des métiers d'autrefois. Quant à l'usine Labonal, elle est réputée depuis 1924 pour la qualité de ses chaussettes. Le magasin de vente offre une belle vitrine à cette enseigne quasi centenaire !

CHAPELLE SAINT-SÉBASTIEN

✆ 03 88 92 61 00
www.paysdebarr.fr

Visite libre ou visite guidée pour groupes sur réservation.

Nichée à flanc de coteaux sur le Grand Cru Frankstein, cette chapelle est aussi appelée « Oberkirch ». Outre une tour-clocher romane et une nef gothique, elle recèle trois statues des XVe et XVIe siècles ainsi qu'un autel en bois de style baroque réalisé par Philippe et Clément Winterhalder. Un ossuaire conserve les restes de victimes de la guerre des Paysans de 1525. Facilement accessible depuis le sentier viticole, la chapelle peut être le point de départ d'une charmante balade jusqu'aux ruines du Bernstein. Visites guidées : contactez l'office de tourisme.

L'UNGERSBERG

Visite libre.

Du haut de ses 901 mètres d'altitude, l'Ungersberg (Montagne des Hongrois) est un contrefort du massif du Hohwald qui sépare les cantons de Villé et de Barr. Sa richesse naturelle est exceptionnelle car l'Ungersberg ravitaille les villages alentour en eau potable, la chasse y est prisée et sa forêt de conifères et de feuillus permet l'exploitation sylvicole. L'Ungersberg compte de nombreux sentiers de randonnée balisés par le Club vosgien. Depuis la tour Héring (érigée en 1864), la vue sur la plaine d'Alsace et sur les monts des Vosges est magnifique !

TOURNERIE ET RÊVERIES

28, Rue du Général de Gaulle
✆ 06 85 42 85 61
www.gite-francis-clog.fr

Ouverture de la boutique sur demande uniquement. Livraison possible. Paiement en CB et espèces.

Outre la gestion de ses gîtes, Francis est un passionné du bois et c'est tout naturellement qu'il a installé son atelier de tournage dans une cave à vin ancestrale. Sa boutique regorge de trésors uniques : éléments décoratifs, bols, toupies et vases mais aussi boules de Noël, Francis manie les outils et transforme chaque essence de bois en objets modernes et originaux. Pour les plus curieux, Francis propose également des démonstrations de tournage sur bois, une façon de comprendre la complexité de cette pratique et d'en apprécier encore plus le résultat !

DOMAINE RUHLMANN-DIRRINGER

3, Impasse Muhlenheim
✆ 03 88 92 40 28
www.vins-ruhlmann-dirringer.fr

Vins d'Alsace biologiques traditionnels et nature. Dégustations du lundi au samedi sur rendez-vous.

Ce domaine de 14 ha est bordé par des murs d'enceinte datant du XIIIe siècle. Il est certifié bio depuis 2020 et sans chimie dans les vignes depuis 2017 : ici, c'est sûr, on respecte la vigne et le terroir ! Rémy et Annie vous proposent des cuvées traditionnelles, tandis que leur fils Léo élabore des vins nature (sans sulfites ajoutés). Coup de cœur pour les Bulles 2022, un pétillant naturel, assemblage de sylvaner, muscat et riesling aux bulles fines, juteuses et digestes. On adore !

FLORIAN ET MATHILDE BECK-HARTWEG

5, rue Clémenceau ✆ 03 88 92 40 20
https://beckhartweg.fr
Vigneron indépendant. Certification bio. Dégustation sur RDV. Ouvert du lundi au vendredi de 9h à 12h et de 13h à 18h.

Ce qui compte pour ce couple, c'est d'être au contact de leurs 8 ha de vignes. Ici, pas de produits chimiques ! On produit un vin bio issu des vignes que Florian chouchoute en se préoccupant de la santé des sols. Mathilde s'occupe des travaux manuels mais elle travaille aussi en cave et au caveau. Ici, le vin est plein de personnalité. Optez pour le *Tout naturellement pétillant*, un vin gourmand et rose ou le *Tout naturellement macéré*, un vin orange au nez expressif et sec en bouche.

LE VERGER DES CHÂTEAUX*** €

2, route Romaine - **DIEFFENTHAL**
✆ 03 88 92 49 13
www.verger-des-chateaux.fr
Chambre double à partir de 68 €. S uite à partir de 120 €. Petit déjeuner 12 €. Restaurant La Table du Verger. Terrasse.

Au pied du vignoble avec vue sur le château du Haut-Koenigsbourg, cet établissement propose 32 chambres avec ou sans balcon. Décoration épurée et douillette, anciennes portes en bois en guise de tête de lit, ciels de lit charmants et élégant : l'ambiance y est cosy et réconfortante ! Le restaurant La Table des Châteaux propose une cuisine traditionnelle de bonne tenue. Dans la winstub réchauffée d'un poêle en faïence, on déguste des tartes flambées dans un cadre typiquement alsacien.

GÎTE AU REPOS DE L'OURS FRANCIS CLOG €€

28, rue du Général de Gaulle
✆ 06 85 42 85 61
www.gite-francis-clog.fr
Trois gîtes pour 2 à 6 personnes. À partir de 300 €/semaine et de 180 €/week-end. Terrasse. Barbecue. Parking privé.

Le sympathique Francis vous reçoit comme des amis dans l'un de ses trois gîtes tout confort pour deux à huit personnes. Tout ici est vraiment charmant et bien pensé, fonctionnel et très bien décoré. Avec Francis on ne s'ennuie jamais, c'est un hôte très attentionné plein de bons conseils pour visiter la région. Il sait respecter votre indépendance tout en gardant ce côté très convivial qui lui est cher. Ce passionné de moto accueillera les motards comme personne !

DOMAINE RUHLMANN-SCHUTZ

34, rue du Maréchal Foch
✆ 03 88 92 41 86
www.ruhlmann-schutz.fr
Horaires d'ouverture du caveau : du lundi au samedi de 9h à 12h et de 14h à 18h. Boutique en ligne. 4 chambres d'hôtes

Les vins de ce domaine familial expriment la richesse d'une mosaïque de terroirs, notamment sur les Grands Crus Frankstein et Muenchberg. La visite au superbe caveau est source assurée de découvertes enrichissantes. Des cuvées traditionnelles aux vins de création, la dégustation tient toutes ses promesses. Cette délicieuse collection se complète avec une gamme de vins qui vous fera voyager vers le Languedoc avec raffinement. Œnotourisme au domaine : 4 chambres d'hôtes, balade en gyropode, balade gastro-vinique, Petit Train du Vigneron, boutique vins et cadeaux.

© LES VIGNOBLES RUHLMANN-SCHUTZ

© LES VIGNOBLES RUHLMANN-SCHUTZ

BAS-RHIN

LE REFUGE DU REMPART €€

11, rue des Remparts
✆ 06 61 79 75 29
lerefugedurempart.fr
3 gîtes (2 à 6 pers), 2 chambres d'hôtes (2 à 4 pers). Tarifs détaillés : voir site web. Espace détente avec sauna.

Avec ses trois gîtes et ses deux chambres d'hôtes, le Refuge du Rempart porte bien son nom. Dans cette bâtisse traditionnelle remise au goût du jour, profitez de ces chambres hautes sous plafond, cosy et originales. Entre les petits déjeuners de Frédérique, les bonnes bouteilles de Gilbert et calme environnant, vous ne pourrez pas être déçus ! Le couple propose également un logement insolite, le Tonneau vigneron ! On peut même profiter d'un espace détente, l'Oasis du vigneron, avec son sauna et sa terrasse pour se relaxer lors de son séjour.

À L'ARBRE VERT €€

2, rue du Général de Gaulle
✆ 03 88 92 41 01
Ouvert lundi, mardi, jeudi à midi. Du vendredi au dimanche à midi et le soir. Plat du jour : 8,50 €. Vente à emporter.

Ce restaurant est entre le bistrot de village et la winstub alsacienne. Situé non loin d'une des portes fortifiées du village, et tenu par Alain et Claire et leur bonne humeur communicative, on s'attable ici dans un décor de boiseries et de fresques peintes sur les murs. Claire, en salle, propose des suggestions et Alain, chef en cuisine, mitonne de bons petits plats comme son civet de biche et spätzles, son coq au riesling ou encore sa tarte à l'oignon. Les Tartes flambées et les pizzas sont à emporter tous les dimanches soir.

PÂTISSERIE KAMM

80, rue du Maréchal Foch
✆ 03 88 92 40 65
https://patisserie-kamm.fr/
Du mercredi au vendredi de 9h à 18h. Samedi de 8h à 18h. Dimanche de 8h à 17h. Terrasse. À emporter. Boutique en ligne.

Outre son *flagship store* originel à Sélestat, Mathieu Kamm et son épouse Mina ont pignon sur rue à Dambach-la-Ville. Mathieu a le souci du détail et considère chacun de ses gâteaux comme de réelles œuvres d'art. Son expérience à Tokyo, à la tête de la boutique Pierre Hermé, permet d'apporter à ses créations une touche asiatique fine et subtile comme dans le Kyoto au sésame noir et riz soufflé. Membre des Relais Desserts depuis 2018, Mathieu Kamm signe des délices de haut vol : gâteaux, petits fours, macarons, chocolats, glaces et autres gourmandises !

BOUTIQUE LABONAL

13, route de Blienschwiller ✆ 03 88 92 65 29
www.labonal.fr
Du lundi au vendredi : 14h-18h. Samedi : 10h-17h. Visite gratuite des ateliers, groupes sur RDV. Boutique en ligne.

La bonneterie alsacienne Labonal, c'est des chaussettes produites à 100 % en Alsace depuis 1924 ! Cette entreprise emblématique propose des paires de socquettes et de chaussettes grâce à un savoir-faire méticuleux qui se transmet de génération en génération. Collections éphémères, chaussettes pour les sportifs, chaussettes colorées pour enfants ou chaussettes en laine à l'esprit de Noël, il y en a pour tous les goûts. À shoper en ligne, dans leurs nombreuses boutiques dans l'Est de la France ou au cœur de l'usine, à Dambach-La-Ville, dans leur boutique de 300 m².

CAVE WOLFBERGER

39, rue de la Gare
✆ 03 88 92 40 03
www.wolfberger.com
Du lundi au vendredi : 8h-12h, 14h-18h. Week-end : 10h-12h, 14h-18h. Dégustation groupe (10-55 pers.) : 6 €/pers.

Depuis sa naissance en 1902, la maison Wolfberger n'a cessé de jouer un rôle fondamental dans l'évolution du vignoble, poursuivant passionnément sa quête d'excellence et d'authenticité. À Dambach-La-Ville, Denise et Grégoire gèrent la boutique et l'ensemble de la gamme de vins, crémants, eaux-de-vie et liqueurs. Dans une cave de foudres centenaires, on retrouve des Grands Crus d'Alsace comme le Frankstein ou le Kirchberg de Barr, issus de terroirs proches. Des visites guidées et des dégustations sont possibles sur réservations.

ITTERSWILLER ★

Implanté sur une colline piémontaise, le village d'Itterswiller (du latin *Itineris villa*) est situé à la croisée d'une ancienne route romaine. Il est mentionné pour la 1re fois au XIIe siècle sous l'égide des seigneurs d'Andlau. Très pittoresques, des pergolas de vignes sont tissées à travers sa rue principale bordée de maisons à colombages. Richement fleuri dès les beaux jours, il se niche au sein d'un vignoble prestigieux. Il se distingue aussi par le clocher carré de son église (dont les parties inférieures sont romanes) et sa flèche rhomboïdale. Itterswiller s'impose comme une étape viticole et gastronomique incontournable sur la Route des Vins.

© HÔTEL ARNOLD & SPA ITTERSWILLER

© HÔTEL ARNOLD & SPA ITTERSWILLER

© HÔTEL ARNOLD & SPA ITTERSWILLER

HÔTEL & SPA ARNOLD*** €€

98, route des Vins ✆ 03 88 85 50 58

www.hotel-arnold.com

Chambre double dès 99 €. Petit déjeuner 14 €. Spa, piscine intérieure. Borne de recharge voiture électrique. Restaurant.

Cette superbe adresse offre le must en matière d'hébergement en Alsace ! Décoré avec goût, cet hôtel à l'esprit cosy et *vintage* (anciennes photos de famille numérisées dans plusieurs chambres) détient 37 chambres (de nombreuses avec balcon). La plupart d'entre elles offrent une vue imprenable sur la plaine d'Alsace et son vignoble. Côté spa, on trouve une piscine intérieure, un hammam, un sauna, un vélo connecté et un rameur à eau. Une borne de recharge est accessible aux voitures électriques sur le parking de l'hôtel. Le plus : nos amis sur pattes sont bienvenus.

© HÔTEL ARNOLD & SPA ITTERSWILLER

© HÔTEL ARNOLD & SPA ITTERSWILLER

EMMEBUCKEL FALLER €

26, route des Vins
✆ 03 88 85 50 24
www.emmebuckel-faller.com
Maître Restaurateur. Ouvert 7 j/7 midi et soir (fermé jeudi et samedi midi). Carte 18 € env. Terrasse. 13 chambres.

On s'attable ici dans une salle cosy et joliment décorée avec une vue imprenable sur la plaine d'Alsace et les Vosges. L'été, une large terrasse permet d'en profiter encore plus. Bruno, le chef, propose des plats frais et de saison et en suggestions pour varier les plaisirs. Il y a également des spécialités alsaciennes à la carte et réalisées avec brio, mais le must, ce sont les beignets de munster à la bière et au cumin et le coquelet au thym en crapaudine (un plat délicieux). Ici, en cuisine comme au service, tout le monde est très aimable et attentionné.

LA WINSTUB ARNOLD €€

98, route des Vins
✆ 03 88 85 50 58
www.hotel-arnold.com
Logis Gourmand et Michelin Bib Gourmand. Ouvert du mardi au dimanche midi. Formule midi : 25 € (3 plats). Terrasse.

Ici, on s'attable dans une authentique cave à vins dotée d'un ancien pressoir ou dans la nouvelle salle qui mêle modernité et authenticité. Deux ambiances qui confèrent au lieu un charme indéniable. On s'y régale de délicieux mets. L' incontournable choucroute royale fil d'or et ses 9 garnitures est une merveille. On peut aussi se laisser tenter par une tête de veau sauce gribiche, un Elsass Burger ou des tartes flambées. Superbe carte des vins, accueil et service sans faille. L'été, la terrasse propose une vue imprenable sur le vignoble alsacien !

ARMAND LANDMANN

74, route du Vin - **NOTHALTEN**
✆ 03 89 92 41 12
www.vins-armand-landmann.fr
Vigneron Indépendant. Certification HVE3. Ouvert 7 jours/7 : 8h-19h. Vendanges d'un jour. Initiation à la dégustation.

Armand Landmann est un viticulteur doté d'un vignoble de 12 ha, doublé d'un pianiste émérite qui régale ses visiteurs à l'occasion de concerts apéritifs. Il organise également des visites du vignoble ainsi que des initiations à la dégustation. À découvrir notamment dans sa sublime cave du XVIe siècle où sont installés des foudres ovoïdes et inox ainsi que son caveau de 100 m² : le frais et gouleyant Sylvaner La Quintessence Vieilles Vignes et le Muscat Vieilles Vignes Prestige. Son Pinot noir Praemium Vieilles Vignes 2020 a obtenu 1 étoile au *Guide Hachette* 2023.

DOMAINE LÉON FALLER

17, route Romaine ✆ 03 88 85 50 49
www.vins-et-vacances.com
Du lundi au samedi : 9h-12h, 13h-19h. Dimanche en haute saison. Vente en ligne. 3 gîtes (2 à 7 pers) dès 355 €/semaine.

Ce domaine compte 14 ha de vignes situées sur Itterswiller, Epfig et Nothalten. Cathia et Jacky vous accueillent dans leur caveau à la charmante porte voûtée en pierre et aux petits vitraux colorés. On y déguste alors 4 gammes de vins : Traditions, Vins d'exception, les Terroirs et les Vendanges Tardives. Ces excellents crus comme le Pinot Noir 2020, médaille d'argent au grand concours de Colmar en 2021, peuvent être achetés sur place avec des produits du terroir soigneusement sélectionnés. Le domaine propose aussi 3 gîtes tout confort au sein du village.

BAS-RHIN

Blienschwiller, village tourné vers la viticulture.

BLIENSCHWILLER

Fondé en 750 si l'on en croit le témoignage écrit d'un parent de sainte Odile, ce délicieux bourg viticole doit sa renommée au Grand Cru Winzenberg qui se déploie sur un terroir granitique réputé pour son ensoleillement sud-est exceptionnel. Ses vignes produisent d'excellents rieslings, gewurztraminers et autres pinots gris. À Blienschwiller, on peut admirer notamment une chapelle (probablement élevée au XIIe siècle) dédiée à saint Érasme censé guérir les maux de ventre. Il y a aussi des vestiges de conduites d'eau de l'époque gallo-romaine, une fontaine (1850) et quelques très jolies maisons sur les bords de la Route du Vin et de la Route du Hohwarth.

DOMAINE HUBERT METZ

3, rue du Winzenberg
✆ 03 88 92 64 94
http://hubertmetz.com
Visite, dégustation du lundi au samedi de 9h à 18h30. Certification AB. Terra Vitis. Vignes vivantes. Boutique en ligne.

Céline Metz et son compagnon Jean-Michel gèrent avec passion leur domaine de 10 ha avec comme mot d'ordre : le partage ! Parmi ces vins d'exception, certaines cuvées sont élevées dans des foudres traditionnels, alignés dans la vénérable Cave de la Dîme datée de 1728. C'est un lieu hors du temps où l'on peut déguster notamment un Riesling Réserve de la Dîme 2019 (noté 91/100 par James Suckling), un Crémant Brut (15/20 - Vinum) ou encore le Muscat Concerto pour Valentin 2015, une « Fabuleuse Gourmandise » ! Depuis 2021, le domaine est certifié bio.

GÎTE LA MAISON DE CAROLINE - CLAUDE MORITZ €€

55, route des Vins ✆ 06 76 22 52 77
www.domaine-moritz.fr
Maison d'hôtes de 80 m2 avec 2 chambres. Entrée autonome. Terrasse en bois avec jardin. 2 salles de bains.

Petite pause à Blienschwiller, entre Colmar et Strasbourg, pour recharger les batteries dans la maison de Caroline. Située dans la cour discrète du Domaine Moritz (les parents de Caroline), cette maison d'hôtes en bardage bois de 80 m² a tout le confort moderne : cuisine équipée et ouverte sur le séjour, 2 chambres, 2 salles de bains, une terrasse avec jardin et même un barbecue pour les beaux jours. En famille avec des enfants ou entre amis, ce petit nid douillet est parfait !

LE PRESSOIR DE BACCHUS €€

50, route des Vins
✆ 03 88 92 43 01
Bib Gourmand Michelin. Fermé lundi soir, mardi, mercredi midi. Carte et suggestions. Traiteur.

Au cœur du village, il fait bon manger au Pressoir de Bacchus. On entre alors dans un restaurant petit mais cosy, à la décoration contemporaine très sympa et accueilli par Gilles, en salle. Sa femme Sylvie et son fils Kevin, LE duo en cuisine, propose une cuisine inventive et régionale. Leur point d'honneur : utiliser des produits frais et locaux pour une cuisine savoureuse et gourmande. Escargots selon papy, ravioles de carpe, côte de porc, carpaccio de Saint-Jacques aux noisettes, tout est fait avec passion et rigueur pour un résultat délicieux.

SCHERWILLER

Commune viticole réputée, Scherwiller regorge d'attraits : deux châteaux forts, les chapelles Saint-Wolfgang et Sainte-Odile, de superbes maisons à colombages, dont celles qui abritent aujourd'hui le restaurant La Couronne et l'antenne de l'Office de tourisme (sublime oriel décoré de feuilles d'acanthe et de volutes), de nombreux lavoirs le long de la rivière Aubach... En juillet et en août, des manifestations sont organisées en l'honneur des lavandières. Au nord de Scherwiller, on découvre les anciennes habitations ouvrières de Kientzville créées en 1947 par l'industriel du textile Robert Kientz. C'est désormais un charmant quartier résidentiel.

CHÂTEAU DE L'ORTENBOURG

Parking Hühnelmühle ✆ 03 88 58 87 20
www.selestat-haut-koenigsbourg.com
Accès libre toute l'année. Visite guidée pour les groupes sur RV. Renseignements à l'OT Sélestat Haut-Koenigsbourg.

Les ruines de l'Ortenbourg se dressent sur un piton rocheux à 437 mètres d'altitude. Ce château tire son nom de la famille Ortenberg, présente à Scherwiller depuis le Xe siècle. Construit en granit blanc au XIIIe siècle, c'est un exemple admiré par les férus d'architecture militaire de l'Alsace médiévale. Il présente un donjon pentagonal de 32 mètres, un rempart de 17 mètres avec trois rangées d'archères et un logis seigneurial à fenêtres gothiques. En partant de la Hühnelmühle où l'on peut garer sa voiture, la montée au château prend environ trois quarts d'heure.

HÔTEL & AUBERGE RAMSTEIN*** €€

1, rue du Riesling ✆ 03 88 82 17 00
www.hotelramstein.fr

Logis Hôtel Cosy. Chambre double dès 87 €. PDJ : 11,80 €. Restaurant 2 Toques Gault & Millau, Logis Table Distinguée.

Cet hôtel de charme 3 étoiles au cœur du vignoble séduit par son ambiance bucolique. Il propose une halte dans l'une de ses 20 chambres au décor fleuri, alsacien et boisé. Dans l'espace détente de 135 m², on peut profiter d'une grande piscine ou d'un bain bouillonnant presque nez à nez avec le vignoble du Rittersberg ! Le restaurant du même nom propose chaque soir des mets fins, gourmands et bien exécutés comme le saumon d'Écosse Label Rouge et carpaccio de betterave et pickles.

RESTAURANT À LA COURONNE €€

2, rue de la Mairie ✆ 03 88 92 06 24
www.couronne.com

7 j/7 midi et soir. Menu enfant 9,40 €/10,50 €. Tartes flambées : 10,40 € à 14,50 €. Terrasse. Bar. Vente à emporter.

C'est par une cour que l'on accède à ce bâtiment à oriel du XVIIIe siècle. Ici, l'accueil est agréable, l'ambiance chaleureuse et on a l'embarras du choix pour s'attabler dans l'une des 3 salles de part et d'autre d'un escalier en colimaçon. Le chef Didier Roeckel propose des mets de terroir de haut vol comme la fameuse Ries'Soupe (potage au riesling d'Alsace), des raviolis au munster ou de bonnes tartes flambées. Au bar, on savoure son breuvage dans un agréable fauteuil club et on n'oublie pas de passer par les « chiotilus » (WC), insolites et uniques !

BRASSERIE ARTISANALE L'ALTRUISTE

13, allée de Fautenbach ✆ 03 68 05 63 56
brasserie-laltruiste.fr

Ouvert jeudi, vendredi : 16h-20h. Samedi : 10h-12h. BierGarten en été, jeudi à dimanche : 16h-22h. Boutique en ligne.

Fruit d'une rencontre entre 2 brasseurs amateurs, Julien et Benjamin, cette jeune brasserie aux étiquettes colorées propose des bières avec du caractère et 100% bio. Malte d'orge clair ou torréfié et houblon alsacien, ici tout est sélectionné avec passion pour un résultat qui colle aux valeurs du duo. L'été dans leur Biergarten avec vue sur le château de l'Ortenbourg ou à leur bar, on déguste des bières à la châtaigne, des bières blanches ou encore des bières IPA bien houblonnées.

DOMAINE ACHILLÉE

50, rue de Dambach
✆ 09 54 49 19 16
https://achillee.com

Vignobles et Découvertes, Ecocert et Demeter. Visite de cave, dégustation, achat de vins : tous les jours de 10h à 19h.

Jean, Pierre et leur papa, avec le viticulteur Jean-Paul Schmitt, ont construit ce chai bioclimatique, le plus grand bâtiment en paille d'Europe (100 tonnes de paille). Épaulé par leur fidèle équipe, ce duo de frangin, l'un en cave et dans les vignes et l'autre au commerce, se complète à merveille ! Achillée se distingue par son originalité et ses vins uniques dont les bouteilles se parent d'étiquettes reconnaissables entre mille. Zoom sur le Crémant Solera zéro dosage (produit pur jus), issu des 1ers raisins d'Achillée, prêt à être dégusté après 5 ans sur latte.

DOMAINE FREY-SOHLER

72, rue de l'Ortenbourg
✆ 03 88 92 10 13
www.frey-sohler.fr

Du lundi au samedi : 8h-12h, 13h-19h (10h samedi). Dimanche de mai à décembre : 10h-12h, 14h-18h. Boutique en ligne.

Cette boutique est une belle vitrine pour le domaine homonyme, dirigé par Damien et Nicolas Sohler, avec pas moins de 29 hectares de vignes produisant l'ensemble des sept cépages alsaciens. Sur place, la dégustation vous permettra de choisir votre ou vos bouteilles préférées. Notamment un Crémant Riesling estampillé de 2 étoiles au Guide Hachette des Vins 2023. La boutique propose également un bel assortiment de produits du terroir : moules à baeckaoffe ou à kougelhopf, verrerie, coffrets sommelier, jeux de société autour du vin et de la gastronomie.

KINTZHEIM

Renommé pour la qualité de ses vins d'Alsace, Kintzheim possède quelques monuments dignes d'intérêt : la mairie de style baroque, la chapelle de l'Aigle, les trois fontaines, le banc reposoir (dit de Joséphine). Au centre du village, l'église Saint-Martin rappelle que Kintzheim fut jadis pourvu de fortifications. Dominant le vignoble, son château du XIIe siècle est classé aux Monuments historiques. Il accueille l'un des plus grands spectacles de rapaces en liberté de France. En été, des visites guidées du vignoble sont organisées au départ de l'Office de Tourisme. Enfin, Kintzheim offre un accès direct au château du Haut-Kœnigsbourg via la RD35.

CIGOLAND ★

Route de Sélestat ✆ 03 88 92 36 36
www.cigoland.fr
Ouvert du 25 mars au 5 novembre 2023 de 10h-18h, selon calendrier cf. web. Adulte : 19 €. Enfant (3-11 ans) : 17 €.

Ce charmant parc de loisirs réunit tous les ingrédients pour satisfaire petits et grands désireux de découvrir l'univers des cigognes blanches d'Alsace tout en s'amusant ! Monorail aérien, Cigopanoramique, Sentier pieds nus, Train de la mine, Tracteurs, King Kong, mais aussi un espace aquatique : Mar'O'Jeux, bateaux tamponneurs, canoës, canards géants… Vous rencontrerez aussi : poneys, chèvres, lamas, ânes, oies, daims, grues et bien d'autres animaux. À noter des animations spéciales à Pâques et Halloween. Chaque visite à Cigoland est source de bonheur en famille.

LA MONTAGNE DES SINGES ★

La Wick
✆ 03 88 92 11 09
www.montagnedessinges.com
Haute saison ouvert tous les jours de 9h30 à 18h. Adulte : 11 €. Enfant de 5 à 14 ans : 8 €.

Ce parc de 24 ha de forêt propose de vivre une immersion totale au milieu des singes. Plus de 200 macaques de Barbarie y vivent paisiblement, au sol ou dans les arbres, sans se soucier des visiteurs qui se baladent en les observant. On s'amuse des grimaces qu'ils font, on s'interroge sur leur cris et autres bruits farfelus. Entre deux papouilles, la tétée d'un petit ou une course poursuite entre copains, les singes sont nourris exclusivement par les guides devant les visiteurs. L'occasion pour eux de poser toutes les questions qui leur trottent dans la tête.

VOLERIE DES AIGLES ★

Château de Kintzheim ✆ 03 88 92 84 33
www.voleriedesaigles.com
Haute saison ouvert tous les jours et jours fériés de 9h30 à 18h. Adulte : 11 €. Enfant de 5 à 14 ans : 7 €.

Dans les ruines du château de Kintzheim avec vue sur la plaine d'Alsace, ce parc (première volerie de France) dédié aux rapaces mérite vraiment le détour. De manière ludique et pédagogique, lors de spectacles de vol, en présentation commentée ou en simple visite, découvrez les chouettes, aigles et autres buses. Optez aussi pour une « Journées d'exception » comprennent une visite privée en compagnie de soigneur, une initiation à la fauconnerie avec mise en vol des vautours, une promenade et repérage par télémétrie d'un oiseau égaré. Émotions fortes garanties !

HÔTEL-RESTAURANT JENNY** €€

39, rue de la Liberté ✆ 03 88 82 17 06
www.hotelrest-jenny.fr
Chambre double à partir de 70 € ; chambre triple à partir de 90 €. Petit déjeuner : 8 €. Restauration. Vente à emporter.

L'hospitalité alsacienne n'est pas un mythe ! Ici, au cœur du village de Kintzheim, l'accueil est agréable et on se sent comme chez soi dans l'une de ces 7 chambres spacieuses et douillettes qu'offre cette maison d'hôte. Le petit déjeuner est varié et le restaurant accolé propose de bons plats régionaux midi et soir comme une choucroute garnie, des tartes flambées ou un munster pané et son magret fumé. Une chouette adresse située entre la Route des vins et le château du Haut-Koenigsbourg qui fera une belle étape lors de votre virée en Alsace.

AUBERGE SAINT-MARTIN €€

80, rue de la Liberté
✆ 03 88 82 04 78
Ouvert du jeudi au lundi à midi et le soir. Tartes flambées, plat du jour, menus. Prix moyen à la carte : 15 €.

Dans la grande salle ou en terrasse et après une matinée ou une journée en vadrouille, il fait bon s'attabler à l'Auberge Saint-Martin qui ne manque pas de place pour vous accueillir. En grandes tablées, en famille ou entre amis, on profite ici d'un repas typiquement alsacien, gourmand et bien servi, dans une ambiance conviviale ! Choucroute garnie, jambonneau à la bière et pommes de terres sautées, rognons à la moutarde ou les fameuses tartes flambées (natures, gratinées, au munster), il y en a pour tous les estomacs ! Réservations recommandées.

VINS JOSEPH ET JEAN-MARIE KOEHLY

64, rue du Général de Gaulle ✆ 03 88 82 09 77
www.vins-koehly.com
Lundi au vendredi 8h-12h et 13h-18h, samedi et dimanche 10h-12h, 13h-18h. De janvier à mars sur RV. Boutique en ligne

Personne ne peut louper la belle maison bleue alsacienne Koehly ! Des colombages, des géraniums et une immense cour qui mène à la cave. Ici, on produit du vin avec passion de père en fils ! Joseph et ses parents gèrent le domaine de 24 ha dans le respect du raisin et de la vigne (certification HVE niveau 3). Dans leur cave mêlant foudres en bois et fûts modernes, on peut déguster, par exemple, un somptueux Gewurztraminer Grand Cru Gloeckelberg, aux arômes exotiques et légèrement corsé.

CHÂTENOIS

Châtenois se déploie dans un écrin de vignes serti par les bois du Hahnenberg. On peut faire une promenade sur les remparts où un important travail de restauration a été entrepris depuis plusieurs années. La double enceinte entourait autrefois un cimetière fortifié. Cette balade permet d'admirer le clocher roman de l'église Saint-Georges qui abrite des reliefs en bois sculpté du XVIe siècle et un très bel orgue Silbermann. Authentique icône de l'illustration alsacienne traditionnelle, la tour des sorcières est coiffée d'un nid de cigognes. Le jardin médiéval dédié aux plantes tinctoriales rappelle l'importance de l'industrie textile dans la région.

Dans les rues de Châtenois.

LA MAISON DU DISTILLATEUR

Route de Villé
✆ 03 88 57 84 87
www.maisondudistillateur.fr
Ouvert du lundi au dimanche de 10h à 19h. Tarif musée : 4 €/personne, gratuit - 12 ans. Parking. Boutique en ligne.

Au gré d'alambics et de bornes tactiles, La Maison du Distillateur retrace l'histoire des bouilleurs de crus. Diversité des fruits en Alsace, techniques de distillation… au fil des salles de ce musée, on découvre un métier passionnant ainsi que son expansion dans la région via un parcours didactique avec le lutin Wurzel. Hommage au Val de Villé, berceau historique des eaux-de-vie en Alsace, mais aussi à la Distillerie Meyer qui demeure la plus primée au Concours Agricole de Paris !

DOMAINE BERNHARD & REIBEL

20, rue de Lorraine
✆ 03 88 82 04 21
www.domaine-bernhard-reibel.fr
Vigneron indépendant. Certif AB. Du lundi au vendredi : 8h30-11h30, 13h30-17h, de préférence sur RV. Boutique en ligne.

Créé en 1981 par Cécile et Robert, ce domaine familial est aujourd'hui géré par leur fils Pierre. Vous y retrouverez principalement des vins blancs secs sur une belle variété de terroirs. Lors de votre visite, vous serez accueillis sur le site de production et vous pourrez admirer de superbes foudres traditionnels. Le Domaine organise diverses activités œnotouristiques tout au long de l'année : pique-nique chez le vigneron, apéro gourmand, jeu de piste… Renseignements sur demande.

AUBERGE LE MEISENBERG €€

1, rue Clemenceau
✆ 03 88 82 55 78
www.aubergelemeisenberg.com
Du vendredi au mardi, midi et soir. Menus : 27 € à 42 €. Midi : 19 €. Vente à emporter. Terrasse. 5 chambres d'hôtes.

Au Meisenberg, on s'attable dans la salle chaleureuse ou en terrasse, aux beaux jours, sous une glycine impressionnante et somptueuse. Thomas, le sommelier en salle avec Stéphanie, conseille à merveille des vins bio ou nature. Ismaël, lui, est en cuisine. Ismaël et Stéphanie travaillent avec passion et générosité depuis plus de 7 ans et proposent des plats fins élaborés avec des produits frais et de saison. Suprême de pintade aux girolles, tatin de saumon fumé à la crème de chèvre frais ou encore joues de porc braisées au Pinot poir, tout est un régal.

LA VIGNETTE €€

60, rue du Maréchal Foch
✆ 03 88 82 39 17
www.lavignettechatenois.com
Fermé dimanche et lundi midi et soir et mardi soir. Carte, menu, suggestions du jour. Vente à emporter. Terrasse.

À La Vignette, tout est charmant : la terrasse ombragée, la salle à la décoration moderne et sympathique et les bons petits plats dans les assiettes ! Au menu, à la carte ou en suggestions, le chef réalise des mets variés d'inspiration régionale ou d'ailleurs comme l'œuf parfait, les carpes frites, la bouchée à la reine et spaetzles ou le cordon bleu de volaille. On se laisse tenter en dessert par l'omelette norvégienne cognac et orange ou par un baba kouglof au rhum. Le tout assorti d'une sélection de vins du coin ou de plus loin, selon les envies de chacun.

AU COMPTOIR GOURMAND BY GAUTIER ZEHRFUSS

16, rue du Maréchal Foch
✆ 03 90 58 29 47
https://fulgraff-zehrfuss-traiteur.fr
Epicerie fine, traiteur, petite restauration. Du lundi au vendredi : 7h30-18h30. Samedi : 7h30- 17h. Dimanche 8h-12h30.

Excellente adresse pour les gens du coin comme pour les touristes, ce charmant « comptoir » combine épicerie fine, restaurant, salon de thé, traiteur en un seul et même lieu. On y trouve un bon choix de produits régionaux, notamment des confitures faites maison par Clémence Zehrfuss, des jus de fruits du Pressoir de la Vallée et les excellents vins d'Alsace de la Maison Bott. Mais Au Comptoir Gourmand, on s'installe aussi pour une pause déjeuner ou pour goûter !

MICHEL GOETTELMANN

27A, rue des Goumiers
✆ 03 88 82 12 40
Visite et dégustation sauf dimanche. Accueil des groupes sur RDV. Pique-nique chez le vigneron le lundi de Pentecôte.

Michel Goettelmann dirige depuis plus de 30 ans maintenant ce domaine familial de 9 ha situés entre Châtenois et Scherwiller. C'est avec le sourire et avec passion qu'il n'hésite pas à raconter aux visiteurs l'histoire du domaine et à détailler la production et l'histoire de ses vins dans le caveau familial. Côté dégustation, ses vins sont harmonieux et équilibrés comme le Riesling sec et fruité, le Pinot gris cuvée Hélène aux notes florales ou encore le Gewurztraminer lieu dit Hahnenberg aromatique et bien rond. De belles découvertes !

ORSCHWILLER

Limitrophe du département du Haut-Rhin, la petite cité viticole d'Orschwiller est dominée par le majestueux château du Haut-Koenigsbourg. Son patrimoine témoigne d'un riche passé : maisons du XVe siècle, ancienne cour dîmière, église Saint-Maurice (1781). Cet édifice baroque de grès rose a été restauré il y a quelques années, suite à un incendie qui le ravagea en 1985. Il abrite un bel orgue Stiehr-Mockers. À voir également le château de l'Oedenbourg (XIIe et XIIIe siècles), surnommé Petit-Koenigsbourg : situé sur les hauteurs du bourg à 300 mètres du Haut-Koenigsbourg, il en subsiste une enceinte polygonale, un mur bouclier et des fenêtres ogivales.

AUBERGE DU KIRCHBERG €€

8, Grand Rue ✆ 03 69 30 18 51
http://aubergedukirchberg.fr
Ouvert du mercredi au vendredi le soir ; le week-end à midi et le soir. Plats 7 € à 23 €. Terrasse. Vente à emporter.

L'Auberge du Kirchberg porte bien son nom puisqu'elle a vraiment tout d'une auberge : ambiance charmante dans une salle rustique et cosy : poutres et colombages apparents, tables joliment nappées à l'alsacienne et poêle à bois en hiver. Ici, on déguste de bonnes tartes flambées faites avec passion et d'autres spécialités alsaciennes comme la fameuse choucroute garnie. Tous les week-ends, l'auberge propose des suggestions différentes, de la paella au civet de biche en passant par des coquilles Saint-Jacques. Tous les plats, sur réservation, sont à emporter.

CAVE LES FAITIERES D'ORSCHWILLER-KINTZHEIM

3 et 4a, route du Vin ✆ 03 88 92 09 87
www.cave-orschwiller.fr
Lundi-samedi : 9h-19h. Dimanche et jours fériés : 10h-12h et 14h-18h. Visite/dégustation : sur RDV. Boutique en ligne.

Fondée en 1957, cette cave vinicole située au cœur de la Route des vins est le fruit d'un collectif de vignerons récoltants qui aiment leur métier et qui proposent des vins issus de 140 ha répartis sur 3 villages voisins. Dans leur caveau, on déguste d'excellents vins de cette union de talents : Gewurztraminer Grand Cru Praelatenberg, Crémant le Puits du Moine (médaille d'or Gilbert & Gaillard) ou Riesling 2019 HVE Coteaux du Haut-Koenigsbourg, le meilleur du terroir alsacien !

LES FRÈRES ENGEL

1, rue des Vignes
✆ 03 88 92 01 83
www.vins-engel.com
Vigneron Indépendant. Certif AB Ecocert. Ouvert du lundi au samedi : 9h-12, 14h-18h. Groupes s/LRDV. Boutique en ligne.

Les Frères Engel sont producteurs indépendants depuis 1958 et fiers de l'être ! Certifié bio en 2014, le domaine se déploie sur une vingtaine d'hectares au pied du Haut-Koenigsbourg, en partie sur le Grand Cru Praelatenberg. Depuis 2020, la nouvelle génération Engel élabore des vins magnifiques dans le respect des traditions alsaciennes avec un zeste d'originalité à l'instar du « Terre de Gneiss 2019 », audacieux assemblage de riesling, gewurztraminer et pinot gris issus du Grand Cru Praelatenberg. Impec à l'apéro, une merveille de fraîcheur et de légèreté !

© ALEXIS BORG - FOTOLIA

CHÂTEAU DU HAUT-KŒNIGSBOURG ★★★★

Route du Château

✆ 03 69 33 25 00

www.haut-koenigsbourg.fr

Ouvert toute l'année sauf jours fériés. Horaires, tarifs détaillés disponibles sur le site web. Restauration. Boutique.

Édifié au le XIIe siècle, le château du Haut-Kœnigsbourg exerce une fascination qui ne se dément pas. Dominant hiératiquement la plaine d'Alsace du haut de ses 757 mètres, cette fière place forte stratégique est passée de main en main au cours de sa longue histoire. Construite par les Hohenstaufen en 1147, elle est détruite en 1462 et confiée aux Tierstein qui la reconstruisent et lui donnent le nom définitif de Hohkœnigsbourg. Au cours de la guerre de Trente Ans, le château est pillé et incendié par les Suédois puis abandonné pendant deux siècles. Au XIXe siècle, alors que l'Alsace est sous domination allemande, sa restauration est initiée par Guillaume II. En 1901, un spécialiste de la fortification médiévale prend les choses en main. Il s'appelle Bodo Ebhardt. Pour mener à bien sa tâche, il répertorie les vestiges archéologiques recueillis sur les lieux, étudie les documents d'archives et se réfère à d'autres châteaux forts de la même époque. Actuellement, diverses visites sont proposées : thématique, insolite, théâtralisée. Le jardin médiéval se visite de mai à septembre. Tout au long de l'année, des manifestations sont organisées et donnent vie à ce lieu magique. Outre la Nuit de la chauve-souris et celle des musées, la programmation événementielle est sans cesse renouvelée. On peut rejoindre le château au départ de la gare de Sélestat par une navette qui fonctionne les week-ends et les jours fériés de mars à décembre, et tous les jours en pleine saison.

VILLÉ

La commune de Villé est située sur l'ancienne Route du Sel qui reliait l'Allemagne à la Lorraine. Presque entièrement ravagée lors de la guerre de Trente Ans, elle possède de belles maisons urbaines des XVIIe et XVIIIe siècles. L'église Notre-Dame-de-l'Assomption a été reconstruite en 1754. Le canton de Villé compte 18 communes à découvrir pour leurs vins, leur patrimoine et leurs producteurs du terroir qui aiment faire découvrir leurs métiers ancestraux. Leurs coordonnées sont disponibles à l'office de tourisme, où l'on peut retirer également des guides pour les randonnées, que l'on soit marcheur, cycliste ou même bébé en poussette.

PÂTISSERIE RESTAURANT PFISTER

9, rue du Général-de-Gaulle
✆ 03 88 57 17 56
www.patisserie-restaurant-pfister.fr
Ouvert du mardi au vendredi de 7h30 à 18h45 ; le week-end de 7h30 à 18h.

Depuis trois générations, la Pâtisserie Pfister vous propose de découvrir les saveurs alsaciennes grâce à des recettes ancestrales et artisanales jalousement gardées : une gamme très variée de pains d'épices, de chocolats, de bredele, de gâteaux, de pâtisseries et d'entremets pour vos réceptions et événements vous attend. Salon de thé ou déjeuner en terrasse, pour la restauration, plusieurs types de repas y sont proposés, le tout au juste prix, pour poursuivre le plaisir.

L'ALTENBERG €€

4, rue de l'Altenberg - **NEUBOIS**
✆ 03 88 85 60 56
www.chambres-de-l-altenberg.net
5 chambres (tarif dégressif à partir de 3 nuitées). Chambre simple 58 € ; chambre double 68 € ; chambre triple 83 €.

Dans une demeure de style contemporain vous profiterez de cinq chambres d'hôtes, bénéficiant de tout le confort et de l'espace nécessaires à un bon moment, et auxquelles le mobilier en bois donne une touche de rustique. Chacune, classée 3 épis aux Gîtes de France, est dotée d'une salle de bains avec WC privatifs, d'une télévision et d'une connexion Wifi gratuite. Dehors, meubles de jardin et barbecue vous permettront de profiter de l'air pur en admirant la vallée, et le coin lecture ou les jeux prêtés par les hôtes dans la véranda raviront petits et grands.

LA BERGERIE DE BERLICOMBEL

14, rue Principale
FOUCHY
✆ 07 85 57 72 07
Vente de fromages et de yaourts bio à base de lait de brebis : sur place le mardi de 16 à 18h et le samedi de 14 à 16h.

Dans une autre vie, Morgane Guth fut éducatrice spécialisée. Il y a 3 ans, cette jeune femme amoureuse de la nature a opéré un virage à 180° pour se reconvertir dans l'élevage de brebis laitières. Installée dans la ferme de sa belle-famille, Morgane produit de délicieux fromages de brebis frais, ainsi que des yaourts (conditionnés dans des pots en verre) tout aussi succulents, nature ou sur lit de fraise, d'abricot ou de châtaigne. Et depuis mai 2022, ses produits sont labellisés bio !

RESTAURANT-TRAITEUR WENDLING €€

5, place Charles-de-Gaulle
✆ 03 88 57 26 36
www.restaurant-wendling.fr
Mardi, mercredi, jeudi, dimanche : 12h-13h30. Vendredi et samedi : 12h-13h30 et 19h-20h3.

Cette poissonnerie qui officie à Villé depuis plus de 30 ans, possède désormais un restaurant, placé sous la houlette de Rémy. Au menu, une cuisine à base de poissons bien sûr, où on les découvre sous toutes leurs formes. De mer ou de rivière, communs ou plus méconnus, on prend plaisir à les déguster dans des recettes maîtrisées. En été, on y trouve aussi, pour notre plus grand plaisir – et en terrasse si le temps est clément – moules-frites à volonté.

VAL DE NATURE

19, place du Marché
✆ 09 50 27 27 17
www.val-de-nature.com
Ouvert du mardi au vendredi de 9h (8h mercredi) à 12h30 et de 14h30 à 18h30. Samedi de 9h à 17h. Dimanche de 9h à 12h.

Après un parcours professionnel dans les énergies renouvelables, Robin Margogne a ouvert une chouette épicerie de proximité riche en produits bio et majoritairement locaux. On y trouve vraiment de tout : fruits et légumes de saison, viennoiseries et pains frais, produits laitiers, épices, et condiments, légumineuses et féculents en vrac (riz, pâtes…), douceurs (biscuits, confitures, miels, chocolats…), et boissons (jus de fruits, thés et cafés, bières et vins). Sans oublier un rayon bien fourni en produits de soins corporels et d'entretien pour la maison.

CENTRE NAUTIQUE AQUAVALLÉES

Route de Villé - **BASSEMBERG** ✆ 03 88 58 93 93
www.aquavallees.fr
Tous les jours. Horaires variables selon saison et périodes scolaires : consulter le site.
Entrée : 4,50 € (adulte).

Dans un parc arboré encerclé des superbes paysages de la vallée, le Centre Nautique Aquavallées invite à la détente : loisirs, forme ou bien-être, chacun profite des espaces et des équipements comme il l'entend. Toboggan, bassin extérieur, rivière à contre-courant, geysers, pataugeoire, les jeux aquatiques ne manquent pas. Cours d'aquabike et aquagym s'y pratiquent encore. Le centre compte aussi sa salle de fitness, un sauna, un hammam et une salle de relaxation !

ALBÉ

Vous pouvez découvrir ses vignes, idéalement situées sur des versants pentus et bien ensoleillés, grâce à un chemin du patrimoine balisé. Albé conserve de nombreuses maisons vigneronnes aux linteaux datés et décorés du XVIIIe siècle. On s'attarde devant la maison Schloessel, construite en 1722, ainsi que devant les différents emblèmes des corporations professionnelles encore visibles sur certains porches et frontons des fermes. À ne pas manquer en période estivale la manifestation Albé en Habit de lumière. Son but : faire découvrir le village en compagnie d'un guide, une visite nocturne jalonnée de saynètes de rue et de maisons remarquables.

MUSÉE - MAISON DU VAL DE VILLÉ

4, place du Tilleul
✆ 03 88 57 08 42
Ouvert du jeudi au dimanche et les jours fériés de 14h à 18h d'avril à octobre. Gratuit jusqu'à 12 ans.

La Maison du Val de Villé et son musée permettent au visiteur d'appréhender la richesse de l'histoire, du patrimoine et des traditions de la vallée à travers son archéologie, sa géologie, son agriculture, sa viticulture et son artisanat. On y présente la reconstitution d'un intérieur d'antan, d'une salle de classe et des ateliers traditionnels, avec démonstration de métiers anciens. Une salle consacrée à l'archéologie conserve des vestiges de fouilles des sites de la Vallée de Villé.

CHEZ HANS

64, rue de l'Erlenbach
✆ 07 81 71 01 18
www.chezhans.fr
Ouvert mardi et jeudi : 16h-19h ; vendredi : 16h-20h ; samedi : 7h30-11h30. Commande et réservation possible par tél.

Alain Hertrich se définit comme un artisan-boulanger engagé, soucieux de préserver l'art de la boulangerie dans ce qu'il a de plus authentique. Moyennant quoi, il élabore des pains au levain naturel qu'il pétrit entièrement à la main dans un pétrin en hêtre ! Il utilise des farines bio issues de semences anciennes fournies par des moulins et fermes de la région. Alain cuit ses pains dans un four à bois doté d'une sole en poterie de Soufflenheim. Il en va de même pour les viennoiseries, brioches et autres kougelhopfs… et les tartes flambées.

DOMAINE CHRISTIAN BARTHEL

2, rue de la Chapelle
✆ 03 88 57 22 79
www.domaine-christianbarthel.com
Ouvert du mardi au vendredi : 10h-12h, 16h-18h. Samedi : 10h-12h, 13h30 -17h. Gîte (4 pers) : dès 250 €/semaine.

Le Domaine Barthel est l'un des plus hauts d'Alsace avec une altitude d'environ 500 mètres, d'où son classement en « Vignoble de montagne » ! Implantées sur 11 hectares de coteaux schisteux (uniques en Alsace), les vignes bénéficient d'un ensoleillement exceptionnel. La spécialité de la maison, c'est le pinot noir, décliné en délicieuses cuvées : Pinot Noir Rosé, Clos du Sonnenbach, Vieilles Vignes, Cuvée René. Le domaine produit également d'excellents vins blancs et crémants d'Alsace.

EQUIVALLÉE

Lieu-dit Sonnenbach
✆ 03 88 58 97 72
www.equivallee67.com

Le Centre Équestre Equivallée vous permettra de découvrir, quels que soient votre âge et votre niveau, les sublimes paysages du Val de Villé. Les chevaux seront bien évidemment adaptés à votre niveau. Des moniteurs diplômés et des animateurs compétents encadreront les différentes activités : leçons, promenades, balades à la demande (à partir de trois cavaliers), stages courts portant sur une demi-journée ou une journée et nombreuses activités ludiques adaptées au jeune public figurent parmi la vaste gamme d'activités proposées par ce centre.

BAS-RHIN

BREITENAU

Le nom Breitenau est probablement dérivé d'un toponyme faisant référence à la géographie des lieux : l'endroit était couvert par des prairies. On pourrait le traduire par « large pré », *die Au* signifiant « pré (ou prairie) humide ». C'est une appellation courante de part et d'autre du Rhin, notamment en plaine. Découvrez l'église Saint-Dié, la chapelle dite « du bonhomme », les nombreuses croix mais aussi des curiosités naturelles comme le rocher du Pas d'âne qui témoignerait du passage de l'âne de saint Déodat qui a imprimé ses pas dans la pierre, son maître ayant laissé les traces de ses genoux et de sa crosse, ou la Roche des Fées.

BREITENBACH

Les origines du village sont incertaines, mais on pense qu'elles sont liées avec celles de l'abbaye de Honcourt, située à deux kilomètres à peine en aval et fondée vers l'an 1000. Il est fort probable que l'abbaye fut dès son origine propriétaire du village de Breitenbach. Il existe à cette époque de nombreux coteaux viticoles qui assurèrent l'aisance du village. Il existait déjà aussi à cette époque une petite chapelle pour les habitants du village. Breitenbach a durant plus de trois siècles été le théâtre d'affrontements juridiques pour la possession de sa forêt et l'exploitation de son bois, alors unique source de subsistance pour ses habitants.

À L'OMBRE DU VERGER €€

61, rue Principale
✆ 06 79 93 82 78
www.alombreduverger.fr
4 chambres. Chambre double de 70 € à 80 €. Petit déjeuner inclus. Lit supplémentaire : 30 €. Semaine de 460 € à 530 €.

Niché en contrebas du massif de l'Altenberg, « À l'Ombre du verger » vit au rythme du clocher de son village. Vous trouverez ici de quoi vous ressourcer dans un écrin de verdure, au grand air. L'intérieur est charmant, baigné de lumière naturelle ou en provenance de superbes lustres. On rejoint les chambres par des passerelles de bois. Toutes sont équipées d'un lit queen size, douche à l'italienne, Wifi, et décorées de poutres apparentes, fenêtres au ras du plancher, kelsch, mobilier ancien... Profitez de votre séjour ici pour vous reposer, c'est le cadre idéal !

AUBERGE AU COL DE FOUCHY €€

30, route du Col-de-Fouchy ✆ 03 88 57 98 25
www.aubergeaucoldefouchy.com
Ouvert du mercredi au dimanche, midi et soir. Réservation impérative. Menu enfant : 9,50 €. Plat du jour : 10 €.

Cette bâtisse blanche rénovée se trouve dans un superbe écrin de verdure. Elle dispose d'une belle terrasse ombragée et d'une salle de restaurant cosy avec cheminée. Écolo dans l'âme, Joanna élève des poules pour avoir des œufs frais et gère les déchets. Elle a également aménagé un grand potager où elle cultive, de manière raisonnée, divers légumes. Ici on accorde donc une attention particulière aux matières premières et cela se ressent parfaitement dans les plats qui, bien loin de les dénaturer, subliment plutôt leurs saveurs originelles.

PARC ALSACE AVENTURE

Col du Kreuzweg
✆ 03 88 08 32 08
www.parc-alsace-aventure.com
Horaires variables selon les saisons, consulter le site internet.

Entre parc de loisirs et mises à l'épreuve sportives, le Parc Aventure de Breitenbach joue la carte du plein air récréatif ! Accrobranche, baptêmes en biplace de parapente, randonnée VTT, combat de sumo, jeux d'oppositions, rallye GPS et/ou photo, paintball, tyroliennes, espace gladiateur, baby-foot humain, sentier des fourmis, aventure gourmande ou même tir à l'arc... Ici, les amateurs de sensations fortes en auront pour leur argent. Les plus téméraires testeront la Tour de l'Extrême, joyau architectural de 35 mètres de haut, d'où on effectue un saut pendulaire.

48° NORD LANDSCAPE HØTEL €€

1048, route du Mont Sainte-Odile
✆ 03 67 50 00 05 - https://hotel48nord.com
14 hyttes (chalets nordiques) pour 2 à 4 personnes. Nuitée à partir de 120 €/2 personnes (sans PDJ). Restaurant. Spa.

Emil Leroy Jönsson vous accueille dans un lieu enchanteur niché sur les hauteurs de Breitenbach. Cet espace insolite et écologique se compose de 14 hyttes, cabanes chic scandinaves. Elles sont réparties autour de la Felle Hytte, maison commune où sont servis des petits déjeuners et des dîners 100 % bio. Quelle que soit la cabane choisie, on trouve toujours de quoi être totalement dépaysé et certaines permettront de se relaxer comme en Scandinavie. Voilà une très belle idée pour s'accorder une parenthèse hors du temps et juste profiter de la déconnexion.

DIEFFENBACH-AU-VAL

Le Village est remarquable par son intégration dans l'environnement, un habitat disséminé sur de larges étendues ; des groupements de maisons que séparent des zones de vergers, font la fierté des Dieffenbachois. De nombreux gîtes et chambres d'hôtes permettent aux touristes attirés par la qualité du cadre de vie, la quiétude, la richesse de l'environnement, de faire escale dans ce village. En résidant ici, vous profiterez du parcours sportif, des ruines du château du Franckenbourg, du massif de l'Altenberg et du sentier de découvertes aménagé par l'association Rund Um Dieffenbach en 1994. Pour se remettre, restaurants et distilleries sont là !

LE HÜHNERSTALL €

8, rue de l'Église ✆ 03 88 85 62 70
www.chambres-le-huhnerstall.fr
Fermé le lundi. Réservation recommandée. Menus de 27 € à 35 €. Carte : 25 € environ. Menu enfant : 5 €.

Étienne Kuhn a transformé cette ferme bleue en restaurant il y a déjà longtemps. Découvrez un superbe bar rustique chic qui donne accès à 3 salles cosy (2 au rez-de-chaussée et 1 à l'étage). Aux commandes du Hühnerstall depuis 2017, Stéphanie Kuhn vous réserve un accueil chaleureux en diable et se fait un plaisir de vous dévoiler les spécialités de la maison à base de volaille. Ces dernières sont des plus surprenantes et les plats vous permettront de découvrir les multiples possibilités qu'offrent les volailles, bien loin du simple et traditionnel poulet rôti.

DISTILLERIE MASSENEZ

1, Z.I. du Haechy
✆ 03 88 85 62 86
www.massenez.com
Ouvert du lundi au samedi de 9h à 12h et de 14h à 18h. Visites gratuites avec dégustation pour groupes sur rendez-vous.

La distillerie G.E. Massenez était au départ spécialisée dans les eaux-de-vie de fruits puis a étendu sa gamme de produits aux crèmes et liqueurs. Célèbre dans le monde entier pour la qualité de ses produits, la marque est présente dans plus de 110 pays et est pionnière dans la promotion d'une autre façon de découvrir les alcools. Découvrez les cocktails Miss Massenez et laissez-vous séduire… La boutique homonyme propose une large gamme d'eaux-de-vie, crèmes et liqueurs de fruits ainsi que de très nombreux ateliers toute l'année.

SAINT-PIERRE-BOIS

Ce village, remarquable par son église perchée sur une colline élevée, est visible depuis une grande partie du Val de Villé. Il doit son origine à un couvent construit dès la fin du VIIe siècle par saint Hydulphe, abbé fondateur de l'abbaye de Moyenmoutier. Lors du passage des Suédois en 1632, de nombreuses maisons furent détruites et une bonne partie de la population est décimée ou trouve refuge dans les bourgs fortifiés de la plaine. La Maison des Suédois, construite en 1571, est épargnée et compte actuellement parmi les plus anciennes habitations de la vallée, arrêtez-vous pour l'admirer. Ne manquez pas non plus l'autel du Altkolster de 1721.

DISTILLERIE MEYER - LE WHISKY ALSACIEN

18, rue Saint Gilles
✆ 03 88 85 61 44
www.distilleriemeyer.fr
Boutique ouverte du lundi au jeudi au vendredi de 8h à 12h et de 13h à 17h30, fermeture à 16h30 le vendredi.

Fondée en 1958 par Fridolin Meyer et transmise à son fils Jean-Claude en 1979, cette distillerie alsacienne est à ce jour la plus primée de France avec un palmarès de quelque 200 médailles et deux prix d'excellence ! Fleuron de la vallée de Villé, Meyer's est aujourd'hui géré par les fils de Jean-Claude, Lionel et Arnaud. Ces derniers rendent hommage à leur père décédé avec un whisky Single Malt 12 ans d'âge édité à 53 exemplaires, en référence à ses 53 degrés !

TRIEMBACH-AU-VAL

Le village primitif se trouvait probablement à l'intersection de la route du Sel (via Salinatorium) entre Barr qui relie la plaine d'Alsace et Ehl près de Benfeld. Cette route du Sel reliait la Lorraine en passant par Steige, la Salcée, Saales, Raon-l'Étape et Lunéville. Une ancienne chapelle édifiée au XVIe siècle est dédiée à saint Christophe. Le claveau daté de 1619 et armorié (rameau de feuillage, onde stylisée et croix grecque) provient certainement de cette chapelle, reconstruite ou agrandie avant le déclenchement dans la vallée des hostilités de la guerre de Trente Ans. L'église actuelle, qui le renferme, remonte à 1777.

RESTAURANT LE SAULOCH €€

117, route de Hohwarth
✆ 03 88 57 11 20
www.sauloch.fr

Du mercredi au dimanche. Carte de saison et suggestions à l'ardoise. Dimanche : formule entrée/plat/dessert. Terrasse.

Envie d'un grand bol d'air frais, de vous éloigner un peu des sentiers battus et passer un bon moment au vert ? À quelques minutes d'Itterswiller, au cœur de la forêt, Le Sauloch vous accueille sur sa jolie terrasse en été, au coin du feu en hiver. Dans ce restaurant rustique à l'ambiance chaleureuse, la décoration fait honneur au cochon (*Sauloch* signifie le trou au cochon). Dans les assiettes aussi, le suidé dodu est à l'honneur sous toutes ses formes, et en portions fort généreuses ! Côté vins, la carte fait la part belle à moult vignerons du coin.

AUBERGE CHEZ GUTH €€

5a, rue du Bas-des-Monts
✆ 03 88 58 12 05
www.auberge-chez-guth.fr

Ouvert du mercredi au dimanche de 12h à 15h et de 19h à 21h. Menus de 45 € à 79 €.

Plébiscités par les amateurs d'authenticité naturelle dans un paysage de rêve, les mets de Yannick Guth sont délicieux, inventifs et raffinés, issus de produits locaux et saisonniers : légumes des fournisseurs amis, gibiers en provenance des forêts avoisinantes. Les assiettes superbement dressées reflètent le plaisir que Yannick a éprouvé en mettant au point les recettes dont il fait profiter ses clients. La carte des vins est somptueuse, l'ambiance très agréable, le service attentionné et souriant. Plaisir ineffable et enchantement des sens garantis !

STEIGE

Steige doit sa notoriété mondiale à Pasteur. C'est ici qu'il pratiqua le premier vaccin contre la rage sur un être humain, Joseph Meister, un jeune habitant du village mordu par un chien contaminé. Cette jolie petite commune vosgienne est également connue pour son savoir-faire en matière de distillerie. Son ancienne église paroissiale abrite de beaux fonts baptismaux ainsi qu'un autel du XVIIIe siècle. L'actuelle chapelle du cimetière constitue les restes d'un ancien vestige de l'église primitive du village. Celle-ci construite, à la fin du XVIIe siècle, est transformée durant la Révolution française en « temple de l'Être suprême », puis en étable.

CAFÉ AU RAISIN €€

54, Grand Rue
MAISONSGOUTTE
✆ 03 88 57 14 97

Ouvert lundi et mardi à midi, du jeudi au dimanche midi et soir. Service brasserie l'après-midi.

Un restaurant qui mérite qu'on s'y attarde dans la vallée de Villé. Les suggestions plutôt alsaciennes (notamment les tartes flambées de plusieurs sortes) sont contrebalancées par des options de viandes et poissons qui changent régulièrement. Le chef a un petit faible pour la cuisine asiatique : il truffe ses plats de clins d'œil à cette gastronomie, voire la réinvente à la française (on pense au bo-bun très réussi). Bref, vous trouverez ici une cuisine familiale et généreuse arrosée par de beaux crus viticoles de la région. Une bonne adresse, sans prétention.

LES DÉLICES DU CHÊNESIRE

73, Grand Rue
✆ 03 88 57 92 45
https://delicesduchenesire.fr/

Ouvert du mardi au samedi : 9h-12h30 et 13h30 10h. Fermeture à 17h le samedi. Ouvert aussi le lundi en décembre.

Bienvenue à la ferme ! À Steige, le magasin de produits transformés sur place est une caverne d'Ali Baba vosgienne. Vous y trouverez des fromages bio (munster, bargkass, tomme) et de la charcuterie élaborée à partir de la viande des vaches vosgiennes de la ferme (quasi disparues vers 1970 et que la famille préserve). Depuis 2008, les crèmes glacées et sorbets Richard ravissent nos papilles. Large sélection : les classiques (caramel, café) et en saison des goûts alsaciens : cerise, rhubarbe, sureau, myrtille, quetsche, kiwi, pain d'épices... Un délice !

DISTILLERIE JOS NUSBAUMER

22-23, Grand'Rue ✆ 03 88 57 16 53
www.jos-nusbaumer.com

Lundi, samedi : 9h-12h, 14h-18h. Du mardi au vendredi : 9h-12h30, 14h-18h30. Visite sur réservation, 6 €, 2 €/enfant.

« Distiller, c'est extraire l'âme des fruits. » Cette citation de Joseph Nusbaumer résume la passion qui anime l'équipe de cette distillerie artisanale indépendante fondée en 1947. Ici, les traditions ancestrales sont préservées. Une visite s'impose pour découvrir les différentes étapes qui permettent de métamorphoser les fruits en divins nectars ! Envie d'une liqueur ou d'une eau-de-vie ? Ici il y a largement le choix... En prime, vous découvrirez des créations originales et insolites !

URBEIS

Urbeis c'est aussi le Climont dont la partie urbanisée située à 660m d'altitude est au pied d'un massif qui sert de point de départ à de nombreuses randonnées menant au sommet à 966 m où, après être monté sur la plateforme de la tour Jules, vous découvrirez un panorama exceptionnel sur le val de Villé, la vallée de la Bruche, les Vosges et la plaine d'Alsace. Stèle Napoléon III, chemin du Patrimoine, église Saint-Nicolas, chemin de la Résistance et de la Liberté, château du Bilstein, Maison du mineur et mine Théophile sont autant de lieux de découvertes et d'explorations à ne pas manquer. Découvrez aussi le surprenant et peu connu tunnel d'Urbeis...

ANCIENNE MINE THÉOPHILE

Direction Urbeis à partir du bourg de Lalaye, un sentier balisé de blanc mène à l'entrée. Si ce voyage vous conduira à vaincre votre claustrophobie, votre peur du noir et des chauves-souris, il ne vous conduira pas à la fortune. Les mines ont été exploitées jusqu'à l'os ! Pendant des siècles, le val de Villé tira sa richesse de l'extraction de l'argent, du plomb, du cuivre et de l'antimoine. Creusées à la pointerole et au burin, ces galeries mesurent près de quatre mètres de hauteur, un prodige de technique pour l'époque. Soyez néanmoins prudents et prévoyants.

CHÂTEAU DE BILSTEIN

Accès libre.

Du haut de son promontoire, il surveille le village. Le château du Bilstein était autrefois un défenseur de poids pour la vallée. La montagne est séparée de ses murs par une profonde fosse et l'édifice n'est accessible que par une passerelle en bois. Édifié en grès rose, le fort est pourvu d'un donjon carré du XIIe siècle qu'une double enceinte protège. Celle-ci fut modifiée sous le règne des Wurtemberg au XIVe siècle. On rentre dans le donjon par une magistrale porte en forme d'ogive. Ce bastion fortifié permet de profiter de l'imprenable vue sur la vallée.

FERME HUMBERT

83, rue Principale
✆ 03 88 57 06 00
www.biofermehumbert.com

100 % bio. Ouvert du lundi au samedi de 16h30 à 18h.

En bio depuis 1990, cette petite ferme de montagne propose en vente directe yaourts, crème, beurre, desserts lactés, fromage frais, lait cru, glaces, viandes de bœuf et de veau, charcuteries à base de bœuf, œufs, légumes de saison et pain. Signe de qualité, elle a été de nombreuses fois récompensée par les labels bio européen, biocohérence, le trophée de l'agriculture durable 2012 et la marque race bovine vosgienne. Faites vos courses et profitez-en pour faire un petit tour à l'étable dire merci aux vaches, et prendre le temps de discuter avec Dédé.

ÉCURIE DU CLIMONT

1 bis, route des Crêtes
✆ 06 88 56 59 22
www.ecurieclimont.com

Ouvert toute l'année. Tarif sur demande en contactant l'écurie.

Elle jouit d'un écrin incroyable : le sommet du Climont est original car il comporte un abri ainsi qu'une tour d'une dizaine de mètres de haut. De son sommet, le panorama sur les Vosges est superbe. Encerclée par les forêts à perte de vue, l'Écurie est idéale pour les randonneurs et amateurs de nature et de grand air. Vous profiterez de ses nombreuses formules pour apprendre l'équitation ou vous perfectionner en vous amusant. De l'équitation pieds nus est même proposée pour plus de sensations ! C'est aussi un gîte étape pour les cavaliers et leurs chevaux.

FOCUS

DISTILLERIE NUSBAUMER

UNE ENTREPRISE VIVANTE DU SAVOIR-FAIRE ALSACIEN

Bienvenue dans cette distillerie artisanale indépendante installée dans les Vosges alsaciennes depuis 75 ans. Nos équipes sont spécialisées dans la distillation d'eaux-de-vie et l'élaboration de liqueurs de fruits et de plantes, mais aussi de nouveaux spiritueux végétaux (gins & aquavit français).

Un savoir-faire d'excellence

Depuis sa fondation par Joseph Nusbaumer, la transformation des végétaux est le cœur de métier de la distillerie. Son environnement écologique de moyenne montagne ainsi que la biodiversité vosgienne lui donnent accès à une grande variétés de plantes, baies sauvages et épices.

La distillerie Nusbaumer est labellisée EPV, Entreprise du Patrimoine Vivant. Elle jouit d'une grande réputation due à la qualité de ses produits distribués exclusivement via un réseau très sélectif.

Des spiritueux de qualité

Lors de votre visite, vous pourrez découvrir plus d'une cinquantaine de références à déguster. De l'eau-de-vie classique (le schnaps - comprenez l'incontournable eau-de-vie de fruits) qui a fait la réputation de la vallée de Villé, jusqu'au gin Jos Berri qui est distillé après une macération de 25 plantes, baies sauvages et épices... Chaque palais y trouve son bonheur ! Vous pourrez également découvrir une très belle gamme de liqueurs naturelles, ainsi qu'une gamme complète de crèmes – idéale pour les amateurs !

Découverte des ateliers

Tout récemment, la distillerie a entièrement remodelé son parcours de visite et vous propose une visite guidée d'une heure dans les ateliers de fabrication. Un membre de la distillerie vous détaillera l'intégralité du processus de fabrication : préparation des fruits et des plantes, distillation, stockage, jusqu'à la mise en bouteille. Partez à la découverte des nouveaux alambics, la pièce magistrale de l'établissement.

Très agréable : la visite est réalisée en petit groupe d'une quinzaine de personnes maximum, mais attention, la réservation est obligatoire.

DISTILLERIE JOS NUSBAUMER

22-23, Grand'Rue
✆ 03 88 57 16 53
www.jos-nusbaumer.com

© LUO STUDIO

© LUO STUDIO

© LUO STUDIO

ERSTEIN

La révolution des transports au XIXe siècle favorisera son développement. Témoins de cette période prospère : les anciennes tanneries, la filature et les maisons ouvrières. D'autres bâtiments du XIXe siècle relèvent de la campagne de reconstruction par les autorités allemandes en 1871. L'eau, bien que domptée, est toujours présente et la réserve naturelle d'Erstein est parcourue par un réseau dense d'anciens bras du Rhin, où l'on croisera iris pseudacores, grenouilles véloces, sittelles, et maintes espèces de libellules. De jolies maisons de pêcheurs à colombages rappellent d'ailleurs combien cette activité était importante dans la région.

ETAPPPENSTALL - MUSÉE EXPOS

16, rue du Général-de-Gaulle
✆ 03 90 29 93 55
www.ville-erstein.fr
Ouvert le dimanche, le lundi et du mercredi au vendredi de 14h à 18h.

L'architecture de l'Etapppenstall oscille entre passé et présent. Cela en fait un équipement insolite dont le nom rappelle sa fonction d'origine de relais militaire. Espace d'exposition et de découvertes, ses programmations proposent des expositions temporaires sur des thèmes variés : patrimoine, sciences, arts plastiques… On y profitera également d'ateliers pédagogiques visant à sensibiliser le jeune public aux éléments de patrimoine et aux pratiques culturelles régionales.

MUSÉE WÜRTH

Rue Georges Besse
✆ 03 88 64 74 84
www.musee-wurth.fr
Du mardi au samedi de 10h à 17h ; le dimanche de 10h à 18h. Gratuit. Audioguide : 6 €. Visite guidée le dimanche : 6 €.

Le musée Würth présente la collection homonyme, l'une des plus importantes d'art moderne et contemporain en Europe. Le bâtiment abrite 3 salles : une grande nef au rez-de-chaussée et deux grandes salles à l'étage. Sur près de 800 m², 18 000 œuvres reflètent l'évolution de l'art de la fin du XVIIIe siècle à nos jours, inspiré essentiellement par le monde du travail. Des expositions temporaires sont également accueillies. Régulièrement, des animations sont proposées. La boutique du musée propose une sélection d'objets intéressants.

RÉSERVE NATURELLE DE LA FORÊT D'ERSTEIN - LA SOMMERLEY

Rue du Muguet
✆ 03 89 83 34 10
www.conservatoire-sites-alsaciens.eu
Visite libre ou visite guidée sur demande.

La réserve naturelle de la forêt d'Erstein est protégée depuis 1989. 180 hectares composent cette forêt alluviale rhénane parcourue par des bras fluviaux nommés Giessen. La richesse de la faune et de la flore y est exceptionnelle ! Plus de de trois cent espèces végétales y poussent, dont cinquante-sept espèces d'arbres et arbustes. Les ornithologues amateurs ou confirmés pourront y admirer soixante-dix-huit oiseaux différents ou d'innombrables espèces d'insectes rares.

SUCRERIE CRISTAL-UNION

Route du Rhin
✆ 03 88 59 61 61
www.sucre-erstein.com
Visite guidée (pour les individuels sur réservation auprès de l'office de tourisme, pour les groupes, à la sucrerie).

Erstein, c'est aussi l'histoire de la marque homonyme ! L'aventure a commencé il y a plus de 100 ans. Créée en 1893, elle est l'un des fleurons de l'industrie agro-alimentaire locale. Le site accueille la production des quelque 520 planteurs de betteraves sucrières répartis sur l'Alsace. La récolte s'échelonne entre la mi-septembre et la mi-novembre, avant la période de grands froids. La production avoisine les 100 000 tonnes. Lors de la visite, vous êtes pris en charge par les retraités de l'entreprise qui vous guident le long de la chaîne de fabrication.

OFFICE DE TOURISME ERSTEIN

16, rue du Général de Gaulle
✆ 03 88 98 14 33
www.grandried.alsace
Ouverture variable selon la saison (voir site Internet). Wifi gratuit.

Réputée pour sa sucrerie, la cité d'Erstein est située à 20 km au sud de Strasbourg. Son territoire offre toute une gamme d'activités très variées : visite de la ville, promenades dans la forêt alluviale rhénane, découverte de la réserve naturelle. Avis aux amateurs de culture : il vous faut absolument visiter le Musée Würth France Erstein, superbe musée d'art moderne et contemporain. À l'Etappenstall, vous découvrirez aussi des expos temporaires et des ateliers pédagogiques.

BAS-RHIN

LE DOMAINE D'AUTREFOIS**** €€€

40, rue de l'Eglise - **BOLSENHEIM**
✆ 03 88 21 90 26
www.lesauthentics.com
6-10 personnes. Semaine dès 1 090 €.
Nuitée dès 340 € (hors week-end).
Bain bouillonnant, sauna. Terrasse privative.

Aménagés dans une ferme alsacienne de 1620, ces hébergements se nichent dans un environnement campagnard à 13 km d'Obernai. Grandes chambres, cuisine et salle de douche contemporaine, beaux espaces de séjour, terrasse avec mobilier outdoor très chic et espace de détente (sauna, bain bouillonnant, massages...) comptent parmi les atouts du lieu. Vous serez parfaitement accueillis et profiterez des bons conseils de vos hôtes pour la programmation de vos visites de la région.

AUBERGE DE LA TUILERIE €€

9, rue des Muguets
✆ 03 88 98 08 02
Mardi et mercredi de 12h à 14h, jeudi, vendredi et dimanche de 12h à 14h et de 18h30 à 21h45, samedi de 18h30 à 21h45.

Dans cette sympathique auberge qui privilégie les produits frais, de saison et le fait maison, vous pourrez venir déguster les plats alsaciens typiques et de nombreuses suggestions qui varient très souvent. Les enfants sont ici rois et tout est pensé pour passer un agréable moment en famille. Ils trouveront cadeaux, sucreries, de quoi les occuper, et les parents trouveront tous les accessoires pour les faire manger dès le plus jeune âge. C'est une excellente adresse pour une sortie familiale même s'il l'on a un petit budget car ici l'addition est très raisonnable.

JEAN-VICTOR KALT €€€

41, avenue de la Gare ✆ 03 88 98 09 54
www.jv-kalt.com
Ouvert du mercredi au samedi le midi et le soir ; le dimanche midi. Réservation recommandée.
Carte : 70 € environ

Une cuisine authentique et raffinée alliant le goût du terroir et un sens très sûr des accords pour le plaisir des gourmets. La décoration du restaurant avec ses larges baies vitrées et son mobilier de bois clair est pensée pour que l'on s'y sente à l'aise. Des miroirs sont placés au plafond, une grande table centrale présente des bouteilles des meilleurs crus. Les menus sont très judicieusement composés mais la carte vaut tout autant le détour, tout comme les suggestions orales chaque jour du merveilleux chef Jean-Victor Kalt en fonction de son retour de marché.

LUDESSIMO

3, rue de la Pente
✆ 07 83 73 91 50
Boutique en ligne, retrait sur rendez-vous ou en livraison.

Pour éviter le gaspillage, Brigitte récupère des milliers de jeux et jouets qu'elle complète, remet en état et bichonne pour vous les proposer comme neufs à prix de l'occasion. Plus de 3 000 sont disponibles et 7 000 sont en attente... Autant dire qu'il y en a pour tous les goûts ! Solidaire et écologique, cette boutique de jeux et jouets offre une véritable alternative à la surconsommation et propose aux plus petits budgets de gâter leurs enfants sans se ruiner car tout est à au moins moins cinquante pour cent par rapport aux prix en magasins.

LIMERSHEIM

Limersheim viendrait de *leammer,* comprenez « brebis » ; schaeffersheim de *schaeffer,* « berger », et on disait à l'époque mérovingienne que les brebis mangeaient déjà sur les terres déboisées de Limersheim et que les huttes des bergers étaient à Schaeffersheim. Le vrai nom de Limersheim provient d'un soldat romain nommé Lithomar dans les légions romaines. Lithomar était un nom très répandu et sur ce territoire ont été trouvés de nombreux restes de cette époque. Limersheim est un charmant petit village alsacien situé à 18 km au sud de Strasbourg. Sa fameuse rue Circulaire avec ses magnifiques maisons à colombage ne vous laissera pas indifférent.

FERME KIEFFER

Lieu dit Auf Rotzen
✆ 06 06 66 96 87
www.ferme-kieffer.fr
Possibilité de visite simple aux animaux ou de les nourrir le mercredi et le samedi à 17h, labyrinthe de maïs en saison.

Ouverte à tous, la Ferme Kieffer offre un moment unique et émouvant de contact privilégié avec les animaux qu'elle abrite. Des ânes, des chevaux, des moutons, en passant par Saucisson le cochon, Charly le bouc et Marquise la vache, les animaux ont l'habitude du contact et le recherchent ! La ferme organise également de nombreux évènements : anniversaires à la ferme, chasse aux œufs, labyrinthe de maïs de début juillet à fin octobre, soirées nocturnes comme pour Halloween, nourrissage des animaux en famille, contes de Noël...

CHANTAL ET JEAN-PIERRE €€

54, rue Circulaire ✆ 03 88 64 24 52

Chambre simple 45 € ; chambre double 55 €. Petit déjeuner inclus.

La maison au crépis rosé propose une suite familiale de quarante mètres carrés située à l'étage et divisée en 2 pièces : 1 chambre à coucher de 16 m^2 avec 1 lit pour 2 personnes, 1 salon de 14 m^2 équipé d'un convertible pour 2 personnes, une salle de bains avec baignoire et douche et des WC séparé. Lit et chaise bébé sont fournis au besoin. Le petit déjeuner est servi dans la salle à manger familiale. Vous bénéficierez d'une situation géographique très avantageuse pour découvrir les principaux atouts touristiques de toute la région, et ce en toutes saisons.

LES PHILOSOPHES €€

91A, rue Verte ✆ 03 88 98 08 80

www.lesphilosophes.fr

Ouvert du mardi au vendredi midi et soir, samedi soir. Menu du jour : 9,90 € (2 plats). Enfant : 9,90 €. Terrasse.

Les Philosophes, c'est une pizzeria sympathique qui offre d'excellents plats du jour très abordables en semaine. De nombreuses références à des lieux, des personnages illustres ainsi que d'étranges termes et appellations se sont glissés sur la carte. Le but ? Bousculer les codes et rendre cette carte plus ludique. N'hésitez pas à « googliser » ce qui vous interpelle et bonne chance pour certaines prononciations ! Cela dit, quel que soit le plat sur lequel vous porterez votre choix, il vous sera servi avec le sourire, pourquoi pas accompagné d'un bon verre de vin !

NORDHOUSE

Le village de Nordhouse trouve ses racines dans la préhistoire. Des fouilles archéologiques, menées il y a quelques années, l'attestent. À 500 mètres au sud du village, dans un méandre de l'Ill, au lieu dit Burckelmatt, se trouve un petit groupe de tertres où des tombes datant de la Tène ancienne (400 ans av. J.-C.), du Hallstatt (600 à 700 ans av. J.-C.) et de la fin du bronze final (1200 ans av. J.-C.) ont été mises à jour. D'autres fouilles au Ochsenfeld ont permis de mettre en évidence la présence d'un site gallo-romain datant du IIe siècle. Un habitat du haut Moyen Âge (VIIIe et IXe siècles) a été découvert et étudié au lieu dit Oberfuert.

LA CLÉ DES CHAMPS €€

171, rue de l'École

✆ 03 88 98 86 24

Lundi, mardi et mercredi midi. Jeudi, vendredi et dimanche midi et soir. Samedi soir. Menu à 25 €.

Aurélie et Franck vous reçoivent dans leur restaurant à la décoration rustique-chic, légèrement bohème. La terrasse est aménagée dans une grange. Franck, connaisseur en vins, vous sortira avec plaisir l'un des bons crus de sa cave, avec une préférence pour les vins naturels qui s'accordent à merveille avec ses plats inspirés par les marchés et les terroirs. Sur place ou à emporter, on trouve quelques incontournables à la carte qui font la joie des habitués mais aussi de nombreuses nouveautés à chaque saison, à chaque période festive de l'année.

OSTHOUSE

Niché entre les forêts de feuillus bigarrés et les champs de maïs, parcouru par l'Ill et ses berges ombragées bucoliques, ce petit village est ravissant et regorge de trésors. On s'y arrête pour ses belles maisons alsaciennes et son magnifique château du XVe siècle entouré de douves. Propriété privée, il ne se visite malheureusement pas. S'ajoute à cela un sentier de Noël organisé une année sur deux, remarquable et remarqué, non seulement pour son marché, mais surtout pour les nombreuses activités qu'il propose de fin novembre à début décembre. Voici donc un détour à faire, si vous êtes dans le coin en période de fêtes de fin d'année.

CHÂTEAU D'OSTHOUSE

✆ 03 88 98 14 33

Visite guidée pour groupes de 5 à 30 personnes sur rendez-vous. Durée 1h30.

Le château d'Osthouse est le dernier château de plaine d'Alsace dont les douves sont encore en activité, alimentées par l'Ill. La construction de la première aile date du XVe siècle. L'aile Ouest est construite vers 1436 par Claus Zorn de Bulach. Elle est rénovée en 1558 d'après l'inscription visible sur la porte de la cave. Un ruisseau et un mur délimitent le domaine qui comporte un large fossé d'eau périphérique avec un pont, une enceinte primitivement fortifiée avec 4 grosses tours d'angle polygonales, un ouvrage d'entrée dans l'axe du pont...

BAS-RHIN

HÔTEL À LA FERME*** €€€

10, rue du Château
✆ 03 90 29 92 50
www.hotelalaferme.com

Chambre double à partir de 105 € ; suite à partir de 220 €. Demi-pension. Petit déjeuner buffet : 16,50 €.

La demeure typique de la région et ses dépendances composent cette ancienne ferme du XVIIIe siècle qui a été aménagée en un hôtel charmant et atypique, qui allie traditions et touches de modernité, grâce à l'inventivité et la passion de Brigitte et de Jean-Philippe Hellmann. Toutes les chambres donnent sur le jardin aménagé de telle sorte qu'il vous apportera toute la sérénité et le calme recherchés. En hiver, vous apprécierez tout particulièrement de pouvoir vous installer au coin du feu pour bouquiner ou pour échanger avec vos charmants hôtes.

LE JARDIN DES IRIS

15, rue de l'Abbé Wendling
DIEBOLSHEIM
✆ 03 88 74 80 75

Ouvert sur rendez-vous et au moment de la floraison de 14h à 19h.

Ce jardin est intégralement dédié à la culture des iris avec également aussi clématites, roses et hémérocalles. À la belle saison, l'air se remplit de ces sublimes senteurs ; c'est dépaysant et reposant à la fois ! Plus de cent vingt iris différents offrent aux visiteur la joie de profiter de leur floraison entre avril et juin. Certaines variétés supplémentaires viennent prendre le relais au mois d'août et jusqu'aux premières gelées, ou poussent encore dans le bassin en parfaite harmonie avec les nénuphars, les cyperus, les poissons et les batraciens coassants.

BENFELD ★

Habité vraisemblablement dès 2000 avant notre ère, mentionné dès 1307 en tant que « ville libre », le bourg de Benfeld hérite d'un riche passé historique, mais a malheureusement fait l'objet de destructions nombreuses et répétées lors des différents conflits qui ont marqué profondément, chacun à leur manière, l'histoire de la région. Benfeld est le point de départ de randonnées pédestres sur des chemins balisés par le club vosgien et des pistes cyclables vous mènent aux alentours sur quelques boucles faciles. Un beau plan d'eau se situe en direction Herbsheim avec une plage aménagée et surveillée en été et une buvette snack est ouverte en saison.

OFFICE DE TOURISME BENFELD

Place de la République
✆ 03 88 74 04 02
www.grandried.alsace

Ouverture variable selon la saison (voir site Internet). Wifi gratuit.

À Benfeld, l'antenne locale de l'Office de Tourisme du Grand Ried est implantée au cœur de la vieille ville. Avant d'en passer le seuil, arrêtez-vous un instant afin d'admirer l'horloge à Jacquemart datant de 1620, qui pare la tourelle de l'hôtel de ville et comporte trois automates sculptés en bois de chêne. De nombreuses brochures, cartes et plans pour découvrir le Grand Ried à pied ou à vélo sont à votre disposition, ainsi qu'une boutique bien fournie en artisanat local.

HÔTEL DE VILLE ★

1, place de la République
✆ 03 88 74 04 02
www.grandried.fr

Visite guidée (réservation à l'Office de Tourisme du Grand Ried ✆ 03 88 74 04 02 participation 2 €).

L'hôtel de ville fut construit en 1531 : le bailli rendait alors justice sous les arcades ouvertes. La tour fut ajoutée en 1619 par Ascagne Albertini, architecte et bailli de Benfeld. Les trois personnages en bois de l'horloge à Jacquemart représentent la Sagesse et la Mort. Le troisième personnage, que les habitants appellent le Stubbenhansel, tient le bâton prévôtal qu'il lève et abaisse, en ouvrant et fermant la bouche. Entre les personnages, trois horloges : un cadran lunaire, un cadran indiquant l'heure de Paris et le troisième l'heure locale de Strasbourg.

OFFICE DE TOURISME DU GRAND RIED

✆ 03 88 74 04 02
www.grandried.alsace

4 bureaux : Benfeld, Erstein, Marckholsheim, Rhinau. Horaires selon saison, voir sur le site web.

Lové au cœur de l'Alsace, le Grand Ried dévoile une richesse naturelle tout à fait exceptionnelle ! Cet espace préservé se découvre à pied ou à vélo, mais aussi à cheval ou en barque à fond plat. L'OT du Grand Ried propose un grand nombre d'activités autour de son patrimoine : nature, culture, artisanat local, se dévoilent au gré d'un agenda riche en manifestations mémorables. En bonus : accueil personnalisé, bons plans hébergement et gastronomie, cartes et brochures détaillées.

L'ALSACE AUTREMENT

✆ 06 41 10 64 51

www.lalsaceautrement.com

Balade en side-car toute l'année. Itinéraires pré-établis ou sur mesure. À partir de 39 €/pers. Tarifs détaillés cf web.

Éric est un inconditionnel et indécrottable amateur de deux-roues (hautement) motorisés depuis sa plus tendre enfance ! Cet adorable personnage vous convie à vous installer dans le side-car hyper confortable de sa moto bichonnée avec amour. Il peut aussi embarquer une autre personne sur le siège passager de son gros cube. Pour votre sécurité, il vous équipe de casques, gants et protections de pluie. Après quoi, roulez petits bolides ! Cap sur la Route des Vins d'Alsace, le Ried alsacien et autre itinéraire sur mesure. Devis sur demande poliment formulée !

AMBIANCE-JARDIN €€

12, rue de l'Abbé-Wendling - **DIEBOLSHEIM**

✆ 03 88 74 84 85

www.ambiance-jardin.com

Chambre double de 88 € à 98 €. Petit déjeuner inclus. Lit supplémentaire : 20 €. Parking fermé. Taxe de séjour incluse.

Nichées dans la vieille grange d'un grand corps de ferme typique de la région, vous profiterez ici de l'une des 4 charmantes chambres d'hôtes champêtres. Le mobilier ancien et les éléments de décoration ont été chinés au gré des coups de cœur. Les volets bleus de ces anciennes dépendances s'ouvrent sur un grand jardin plein de poésie et de fantaisie. Le petit déjeuner proposé pourra d'ailleurs y être pris à la belle saison, il est composé de nombreuses choses et très varié, très frais. N'hésitez pas à échanger avec vos hôtes, ils sont charmants et attentionnés.

AUBERGE DES SAUTERELLES €€

9, rue du 1er-Décembre

SERMERSHEIM

✆ 07 68 46 88 82

www.auberge-sauterelles.fr

5 chambres. Chambre simple à partir de 40 € ; chambre double à partir de 80 €.

Frédéric Bertrand et sa femme vous recevront dans une belle demeure alsacienne réagencée. On accède à cette auberge par la rue de la Paix. À l'étage de cet ancien corps de ferme, on trouve quatre chambres accueillantes ayant chacune leur propre identité. L'auberge propose également sa délicieuse table d'hôtes et peut recevoir jusqu'à une cinquantaine de personnes. C'est Frédéric qui cuisine et cela vaut le détour car ses plats sont de véritables hommages aux bons produits de notre région et à la cuisine traditionnelle. Émotion des papilles garantie à coup sûr !

HÔTEL-RESTAURANT LA CHARRUE*** €€

4, rue du 1er Décembre - **SAND** ✆ 03 88 74 42 66

www.lacharrue.com

Qualité Tourisme, Tables & Auberges de France. Chambre double à partir de 75 €. Restaurant. Terrasse.

La Charrue est idéalement située, au cœur de l'Alsace. On trouve dans cet hôtel des chambres modernes, confortables et chaleureuses, bien équipées. Si on préfère l'indépendance, la Maison Mann est composé de 4 logements de différentes capacités, 1 grande cuisine-salle à manger pour recevoir les repas en commun. Elle est située au centre du village, en face de l'hôtel-restaurant. Le restaurant justement, parlons-en ! On pourrait résumer sa carte en deux mots : tradition et perfection.

AU P'TIT BONHEUR ALSACIEN €€

6, rue de la Chapelle - **FRIESENHEIM**

✆ 03 69 33 52 13

www.au-ptit-bonheur-alsacien.com

Chambre double de 90 € à 105 €. Petit déjeuner inclus. Lit supplémentaire : 38 € (lit enfant 20 €). Vélos à disposition.

Marie-Laure Fritsch a aménagé 3 adorables chambres d'hôtes dans une ancienne grange en grès rose des Vosges. Celle-ci est nichée dans un luxuriant jardin verdoyant joliment fleuri à la belle saison, avec une agréable piscine et une terrasse où l'on a plaisir à savourer un copieux petit déjeuner. Les chambres quant à elles sont très agréables et douillettes, avec des équipements modernes et de qualité et une décoration charmante. Les enfants sont bien reçus ici.

CHATEAU DE WERDE €€€

11, hameau de Werde - **MATZENHEIM**

✆ 03 88 74 20 16

www.chateaudewerde.com

Chambre double à partir de 89 € ; suite à partir de 99 €. Petit déjeuner : 10 €. Gratuit pour les enfants.

En 1185, le château était encerclé par de larges fossés et on y accédait par un pont-levis. Aujourd'hui les chambres et suites aux décors personnalisés et raffinés sont adaptées au confort moderne tout en conservant leur charme d'antan. Au premier étage, la chambre chaleureuse et intime offre une vue reposante sur l'Ill et le lavoir tandis que la suite familiale offre une ambiance château de campagne et une vue sur tout le domaine. C'est l'endroit idéal pour les couples qui rêvent de s'offrir la vie de château lors d'une escapade qui vous fera le plus grand bien.

RESTAURANT DE L'ILL €€

14, rue du Général Leclerc
EBERSMUNSTER
✆ 03 88 85 75 40

Ouvert du jeudi au mardi de 12h à 13h30 ; du jeudi au dimanche de 19h à 21h. Carte : 25 € environ.

Voici un sympathique restaurant, en plein cœur d'Ebersmunster. Sur la terrasse à la belle saison ou à l'intérieur lorsqu'il fait plus frais, le cadre est charmant, bien décoré et chaleureux. Marielle vous reçoit avec le sourire et veille à votre bien-être. L'incontournable ici c'est la carpe frite et on la trouve tout au long de l'année, ce qui est rare pour ce plat, généralement plutôt réservé à l'extrême Sud alsacien et à une période bien précise. Si cela ne vous tente pas, sachez que quel que soit le plat choisi, la générosité est dans les assiettes !

BOOFZHEIM

Ce village a préservé de belles maisons à colombages des XVIIe et XVIIIe siècles, son moulin à eau du XVIIe siècle et son église du XVIe siècle. Elle mérite la visite pour la porte de sacristie Renaissance et son autel surmonté d'une toile du XVIIIe siècle représentant saint Étienne lors de sa lapidation. Les amateurs de nautisme connaissent surtout Boofzheim pour son port de plaisance, qui permet de découvrir la région différemment, sur les 320 kilomètres de canal jalonnés par près de 160 écluses. Des embarcations peuvent être louées. À quelques kilomètres, Daubensand se démarque surtout par la richesse de son environnement spécifique au Ried.

AU ZOLL €€

1, route du Rhin
✆ 03 88 08 48 74
www.auzoll.e-monsite.com

Ouvert le lundi et le mardi de 12h à 14h ; du vendredi au dimanche de 12h à 14h et de 19h à 21h.

Jean-Christophe propose des plats aux ingrédients de qualité issus des marchés tandis que Cynthia, son épouse, met tout en œuvre en salle pour vous faire passer un agréable moment. On trouvera sur la carte qui change souvent de très bons plats, inspirés par les produits de saison et les envies du chef qui ne se contente pas que de la gastronomie alsacienne mais sait au contraire s'ouvrir sur des saveurs parfois internationales et inattendues. Si vous êtes œnologue amateur, vous serez conquis car ici on sait choisir les cépages et les accorder à merveille !

LA PERLE DU RIED €€

3, route de Strasbourg
✆ 03 88 58 10 10
www.alsace-gite.fr

9 gîtes de 2 à 6 personnes. De 300 € à 470 € la semaine selon saison. Animaux acceptés.

Belle ferme entièrement rénovée, La Perle du Ried se compose de neuf appartements de deux, trois et quatre pièces. Meublés avec goût dans un style typiquement alsacien – le bois est à l'honneur –, ils disposent de linge ainsi que d'une cuisine équipée en électroménager et en vaisselle. Ils se louent à la nuit, à la semaine ou au mois. Les espaces disponibles sont grands, c'est une des qualités de ce gîte ainsi que sa décoration authentique – le propriétaire est un passionné du patrimoine alsacien – et pour terminer l'accueil de Yolande est des plus charmants.

ANTIQUITÉS ET MATÉRIAUX ANCIENS HAMM

5, Rue de Hollande
✆ 06 71 21 96 89
antiquites-materiaux-hamm.fr

Lundi 14h15 à 18h30. Du mardi au vendredi : 10h-12h et 14h15-18h30. Samedi 9h30-12h et 14h-17h. Dimanche 14h à 17h30.

Pierre est spécialisé dans l'achat et la vente d'antiquités et de matériaux anciens (pierre, grès des Vosges ancien, fer forgé, fonte...) et dans la vente et la restauration de meubles d'époque. Pour embellir et valoriser vos jardins et espaces extérieurs, il vous propose un large choix de matériaux anciens en grès des Vosges (auges, puits, abreuvoirs, pavés, tuiles, tomettes, vasques, éviers...) ou d'autres pierres et en fonte ou en fer forgé. Indispensable !

AUBERGE DE LA TREILLE €€

14, route de Rhinau
✆ 03 88 74 60 44

Ouvert du vendredi au mardi de 9h à 14h et de 17h à 21h30. Fermé le mercredi et le jeudi. Menu unique à 26 €.

À l'Auberge de la Treille, on se sent comme en famille ! Ici, l'ambiance est familiale et chaleureuse, que l'on profite de la terrasse en été ou de la belle et grande salle avec bar en hiver. Si la carte change régulièrement, on retrouve toujours la qualité et la générosité dans les plats. Tout est alléchant et fait maison : les gourmets et gourmands ne s'y tromperont pas ! En famille ou entre amis, on profite régulièrement de soirées thématiques autour d'un plat convivial. Emmenez vos enfants, ils sont particulièrement bien reçus eux aussi.

HUTTENHEIM

Huttenheim s'est formé autour de la pêche. À l'origine, le village n'était qu'un petit regroupement de huttes de pêcheurs. Il conserve une jolie chapelle baptisée Notre-Dame-du-Grasweg et âgée d'environ 600 ans. Elle recèle une statue de la Vierge à l'Enfant du XVe siècle et des peintures qui auraient été réalisées à la même époque. L'autre église du village, placée sous le patronage d'Adelphe et reconstruite entre 1843 et 1845, est dotée d'une tour porche romane. Pour découvrir plus en détails Huttenheim, Sernersheim et Kogenheim, un guide est en vente à l'office de tourisme de Benfeld. Il détaille un circuit découverte de 12 kilomètres.

LE PASTORAL €

24, rue du Général-de-Gaulle
✆ 03 88 74 84 61
Du mardi au jeudi de 11h30 à 21h30 ; le vendredi de 11h30 à 23h ; le samedi de 18h30 à 23h ; le dimanche de 18h30 à 22h.

La décoration est chaleureuse : poutres, chaises en bois et plantes vertes. Le chef, totalement passionné, laisse libre cours à sa créativité en proposant des menus gastronomiques dès qu'il le peut, mais on trouve en permanences les classiques alsaciens tout comme italiens dans un subtil mélange des genres. Ces derniers sont simples mais particulièrement bien réalisés avec un soin poussé apporté au choix des produits qui les composent. L'adresse conviendra très bien aux gros mangeurs puisque les portions sont très généreuses, avec souvent des restes à emporter.

ALSACE-VINTAGE.COM

✆ 06 73 93 04 43
www.alsace-vintage.com
Belle sélection de vins d'Alsace, large fourchette de prix.

Spécialiste de la vente en ligne, Alsace Vintage propose, comme son nom l'indique, uniquement des vins alsaciens. Créé par des passionnés issus pour la plupart du monde du vignoble, ce site fonctionne depuis novembre 2012 et propose plusieurs centaines de références provenant de plus d'une trentaine de producteurs : André Ostertag, Zind-Humbrecht, Rolly-Gassmann, Weinbach, Trimbach, Allimant-Laugner, Bott Frères et bien d'autres tout aussi recommandables. Vins d'Alsace traditionnels, biologiques ou biodynamiques, il y en a pour tous les goûts et tous les budgets !

RHINAU

La petite cité de Rhinau se situe en bordure du Rhin et son bac automoteur gratuit permet de passer facilement en Allemagne voisine. En période d'affluence, il assure une rotation continue et en période normale, c'est une fois tous les quarts d'heure. Le bac est utilisé par les habitants pour se déplacer quotidiennement et par les nombreux visiteurs du parc d'attractions Europa Park. En ville, passez voir le chœur gothique de l'église Saint-Michel, datant de 1519. C'est l'un des rares vestiges de la vieille ville. Côté activités, il ne faut pas manquer les promenades en barques à fond plat à l'île de Rhinau, sur le Brunnwasser et dans le Taubergiessen.

ÎLE DE RHINAU

Accès par la centrale hydroélectrique située à hauteur de Diebolsheim à 6 km au sud de Rhinau. Parking au niveau des écluses.
Ouvert toute l'année.

Longue de dix kilomètres, large de presque quatre cent mètres, elle compte trois cente soixante-quinze hectares dont beaucoup classés en réserve naturelle. Cette île subit l'inondation de manière saisonnière, notamment au printemps lorsque les crues du Rhin lui offrent la possibilité de régénérer son environnement naturel exceptionnellement riche en flore comme en faune. Cinq cent espèces végétales, une dizaine d'espèces de champignons, cent quarante espèces d'oiseaux, trente-neuf de libellules et autant d'abeilles et de guêpes sauvages sont ici recensées !

OFFICE DE TOURISME RHINAU

35, rue du Rhin
✆ 03 88 74 68 96
www.grandried.alsace
Ouverture variable selon la saison (voir site Internet). Wifi gratuit. Location de vélos.

En bordure du Rhin, l'équipe du bureau d'information touristique vous conseille sur les lieux et les activités incontournables : les promenades en barques à fond plat et la visite de l'île de Rhinau (« la petite jungle rhénane »), où la faune et la flore sont préservées dans une réserve naturelle à découvrir à pied, en canoë, en barque ou à vélo. Vous pourrez louer des vélos électriques en saison. Poursuivez votre visite en découvrant l'Allemagne grâce au bac automoteur !

HOSTELLERIE BORDS DU RHIN €€

10, route du Rhin
✆ 03 88 74 60 36
www.aux-bords-du-rhin-rhinau.fr
Ouvert du mercredi au dimanche de 12h à 13h45 et de 18h à 20h45. Menu unique à 38 €.

Le restaurant Aux Bords du Rhin à Rhinau est une véritable institution familiale depuis 1883 ! Patrice officie en cuisine avec son neveu Mathieu qui constituent les 5e et 6e générations de Berna aux fourneaux ! Yves assure de main de maître le service et la découpe à table de la spécialité de la maison : le sandre aux pommes de terre. C'est un incontournable qui ravira les puristes, tout comme le reste de la carte, très orientée vers les poissons d'eau douce.

SÉLESTAT ★★

Depuis 2016, Sélestat est labellisé Ville d'art et d'histoire. Cette superbe cité mérite vraiment qu'on prenne le temps de la découvrir car elle regorge de trésors, tant patrimoniaux que culturels ! Outre sa fameuse Bibliothèque Humaniste, il y a notamment les églises Sainte-Foy et Saint-Georges, la Tour Neuve, la Maison du pain, la Tour des Sorcières, le FRAC… Quand la nuit tombe, l'imposant château d'eau érigé en 1906 bénéficie d'un subtil jeu de lumière. À la mi-août, le Corso fleuri enchante petits et grands avec ses chars décorés de milliers de dahlias. Le 1er sapin de Noël serait apparu voici 500 ans à Sélestat. En décembre, la vieille ville est féerique !

BIBLIOTHÈQUE HUMANISTE ★

1, place du Docteur Maurice Kubler
✆ 03 88 58 07 20
www.bibliotheque-humaniste.fr
Fermé en janvier. Horaires d'ouverture selon la saison et tarifs détaillés : voir site Web. Visites guidées. Boutique.

Fondée en 1452 et installée dans la halle aux blés depuis 1889, la Bibliothèque Humaniste est inscrite depuis 2011 au Registre Mémoire du monde de l'Unesco pour la partie de ses collections léguées par l'humaniste Beatus Rhenanus (1485-1547). Placé sous l'égide de ce savant, le parcours muséographique dévoile des collections uniques dans six espaces d'exposition permanente, notamment une centaine de manuscrits médiévaux et plus de 1 600 imprimés datés des XVe et XVIe siècles. Le Trésor dévoile les ouvrages les plus précieux grâce à un dispositif numérique inédit !

ÉGLISE SAINT-GEORGES ✝ ★

Place Saint-Georges
✆ 03 88 58 00 38
Ouvert toute l'année. Gratuit.

L'édifice gothique, construit en plusieurs phases entre 1220 et 1500, se dresse sur des fondations bien antérieures. On y observe des épitaphes d'humanistes, dont celle de Beatus Rhenanus dans le narthex ainsi qu'un bénitier avec l'emblème des Habsbourg : un aigle. La chaire dite de Jérôme Kruch qui est soutenue par les épaules de Samson fut achevée en 1619. Regardez en l'air et contemplez longuement les clés de voûte ornées de sculptures, mais surtout les très beaux vitraux du chœur, dont trois verrières remontant au XVe siècle.

ÉGLISE SAINTE-FOY ✝ ★

Place du Marché-Aux-Poissons
✆ 03 88 58 00 38

Église prieurale bâtie durant la deuxième moitié du XIIe siècle, son plan basilical à transept est un classique de l'art rhénan. Elle fut modifiée au XVIIIe siècle par les Jésuites pour correspondre à leur style baroque, notamment au niveau du mobilier. Contemplez la superbe chaire de 1733 créée par Ignace de Saint-Lô, qui retrace l'existence de saint François Xavier. Les chapiteaux de la nef, dont une partie remonte au XIIe siècle, sont remarquables. Les vitraux originels ne sont plus visibles car ils furent remplacés à la fin du XIXe siècle.

MAISON DU PAIN D'ALSACE ★

Rue du Sel
✆ 03 88 58 45 90
www.maisondupain.org
De septembre à novembre, du mardi au samedi 9h-18h ; dimanche 9h-12h30 et de 14h à 18h. Décembre, tous les jours 9h-18h.

Pénétrez dans ce musée incroyable qui rend hommage à l'un des plus anciens métiers du monde : celui de boulanger ! En visitant ce lieu magique et animé, on vous livrera tous les secrets de fabrication, depuis le blé jusqu'à la farine et au pain, et on vous familiarisera avec les machines utilisées au fil du temps. Des ateliers avec des créations, des cuissons au four et tout ce qu'il faut savoir pour déguster un pain de qualité sont proposés. Un ancien fournil a été recréé et parfois un boulanger commente pour les visiteurs les étapes de la naissance d'un pain.

DANS LES PAS DU LION ET DU GÉANT SLETTO

10, boulevard Leclerc
✆ 03 88 58 87 20
www.selestat-haut-koenigsbourg.com
Ouvert toute l'année.

Sur ce parcours gratuit et accessible à tous pour découvrir les principaux sites remarquables de la ville en 24 étapes, laissez-vous guider par les empreintes de lion et du géant au sol. Les pas de géant sont ceux de Sletto dont la légende raconte qu'il aurait fondé la ville de Sélestat. Il suffit de flasher le QR code pour découvrir les sites incontournables de Sélestat puis de flasher ceux proches des différents bâtiments pour découvrir les informations historiques relatives.

LE JARDIN DE TRAPELUNE

11, Sadey (lieu-dit)
LA CROIX-AUX-MINES ✆ 06 86 26 99 42
Jardin remarquable. Du premier week-end de juin au 15 octobre, sur rendez-vous. Gratuit jusqu'à 16 ans. Adulte : 7 €.

© LE JARDIN DE TRAPELUNE

C'est un jardin au milieu de nulle part, immergé dans un environnement préservé de forêts et de prairies, en situation dominante à 600 m d'altitude. Inspiré des jardins anglais, avec des collections de vivaces, roses anciennes, hydrangéas, arbres et arbustes rares, il a toujours un intérêt nouveau. Le jardin de Trapelune a été créé en 2004 autour d'une ancienne ferme vosgienne de mineurs-paysans travaillant dans les mines d'argent. Années après années, le jardin a été imaginé, épousant la nature environnante jusqu'à devenir ce jardin remarquable opulent.

RÉSERVE NATURELLE DE L'ILLWALD

✆ 03 88 58 85 12
Ouvert toute l'année. Gratuit.

Cette réserve naturelle de 2 000 hectares est composée de parcelles boisées, de prairies et de rivières. Cette zone humide est célèbre chez les naturalistes de toute l'Europe : proche du centre de la ville, le calme et la sérénité de ce lieu permettent de se ressourcer. Véritable musée naturel vivant, elle attire de nombreux promeneurs et curieux ou amateurs. Pensez à vous munir de chaussures de marche ou de bottes car la réserve est potentiellement inondable.

VESTIGES DES FORTIFICATIONS ★

Gratuit.

Les remparts de la ville, bâtis entre 1675 et 1691 sur ordre du roi Louis XIV suivant les contours de l'enceinte médiévale, n'ont pas survécu à leur démantèlement à partir de 1874 (constitution de l'Empire) à l'exception de la Porte de Strasbourg, d'une courtine et de deux bastions. La tour des Sorcières, construite en 1216, servait de prison pour femmes dès 1550. La tour Neuve, ou de l'Horloge, avec ses deux arcs brisés, témoignent de la seconde vague de fortifications de la ville.

BAS-RHIN

SÉLESTAT HAUT-KOENIGSBOURG TOURISME

2, place du Docteur Maurice Kubler
✆ 03 88 58 87 20
www.selestat-haut-koenigsbourg.com
Les horaires diffèrent selon la période de l'année : consulter le site web de l'Office de tourisme. Brochures. Boutique.

À proximité de la Maison du Pain d'Alsace, l'Office de tourisme intercommunal Sélestat Haut-Koenigsbourg Tourisme rassemble en un même lieu toutes les informations sur les activités culturelles, sportives et touristiques de Sélestat et alentour. On y trouve également un bel éventail de documentation gratuite sur les sites mémorables à voir absolument, les balades et autres découvertes à faire dans la région. Fêtes, expositions, monuments à visiter, marchés, rien ne vous échappera !

ALSACE CANOËS - LES CANOËS DU RIED

Route de Marckolsheim ✆ 03 88 08 13 01
www.alsace-canoes.com
Ouvert toute l'année. Tous les jours. Sur réservation. Adulte : 45 €. De 5 à 9 ans : 18 €. 38 € pour les 10-17 ans.

Alsace Canoës organise de multiples sorties sur les canaux et rivières d'Alsace : balades en toute autonomie ou promenades avec un accompagnateur diplômé qui aura à cœur de vous faire découvrir la flore, la faune et le patrimoine environnants ! Différents circuits sont proposés pour répondre à toutes les envies : en Centre Alsace et dans les secteurs de Rhinau, Ostwald, Plobsheim, Strasbourg. Alsace Canoës organise également des sorties d'une semaine. La réservation est obligatoire.

LE PETIT TRAIN DE SÉLESTAT

3, place d'Armes
✆ 06 51 02 52 55
www.lesvitrinesdeselestat.fr
D'avril à septembre. Vendredi, samedi, dimanche (mercredi pendant vacances scolaires). 10h-18h. 5 €/adulte. 3 €/groupe.

Découvrez le centre historique de Sélestat avec le petit train qui prend son départ place Kubler, juste à côté de la Bibliothèque Humaniste et de la Maison du Pain. Commentée par audioguide, cette balade d'environ 30 minutes vous permettra d'admirer notamment l'église Saint-Georges bâtie entre le XIIIe et le XVIe siècle. Le parcours passe aussi par la médiathèque pour longer l'Ill et les vénérables remparts de Sélestat. Tout le monde en voiture !

SÉLESTAT : UN LABEL VILLE D'ART ET D'HISTOIRE

2, place du Docteur Maurice Kubler
✆ 03 88 58 87 20
www.selestat-haut-koenigsbourg.com
Horaires variables selon la saison : consulter le site web. Boutique, service de billetterie, connexion wifi gratuite.

Sélestat est labellisée Ville d'Art et d'Histoire depuis 2016. Pour découvrir cette charmante cité dans ses moindres détails, des visites guidées thématiques sont proposées, notamment en suivant les empreintes du géant Sletto qui sont matérialisées au sol au fil d'un parcours de deux heures. Quant à sa Bibliothèque humaniste, son fonds a été constitué aux XVe et XVIe siècles. L'Unesco a reconnu « l'intérêt exceptionnel et le caractère unique et irremplaçable de cette collection »

GÎTE DU FIGUIER €€

5, Quai des Tanneurs
✆ 06 89 10 91 36
A partir de 70 € la nuit. Jusqu'à 6 personnes. Animaux acceptés.

Ce bel appartement en plein cœur de Sélestat peut accueillir jusqu'à six personnes dans deux chambres. Il dispose au premier étage d'une grande pièce à vivre avec cuisine équipée, d'un coin repas avec une grande table et d'un salon avec télévision et canapé deux places convertible. La salle de bains comprend un WC, une machine à laver et une grande douche de 120 cm équipée d'une barre de douche à jets ainsi qu'un sèche-cheveux. Un coin lecture complète l'ensemble pour d'agréables moments de détente après une journée à la découverte des environs.

HÔTEL-AUBERGE DE L'ILLWALD*** €€€

Route de Marckolsheim ✆ 03 90 56 11 40
www.illwald.fr
Chambre double à partir de 110 €. Pension complète. Demi-pension. Petit déjeuner : 18 €. Animaux acceptés (18 €).

L'hôtel-auberge de l'Illwald vous propose de belles chambres tout confort (certaines avec balcon) qui allient rusticité chic et détails contemporains avec tout le confort moderne. À cela s'ajoute un charmant parc bucolique avec une piscine extérieure sertie dans une plage de pierre. En bonus : salle de fitness ultra moderne, sauna et espace de repos. L'établissement conviendra particulièrement aux événements et autres séminaires puisqu'il est particulièrement bien équipé pour.

HÔTEL LES HUMANISTES**** €€€

4, rue du Golf ✆ 03 67 20 13 67
https://hotel-les-humanistes.fr

Ouvert toute l'année. Accueil 24h/24. 60 chambres. Chambre double à partir de 103 €. Petit déjeuner : 16 €.

Ce magnifique hôtel (Best Western Plus) mérite amplement ses 4 étoiles ! Inauguré à la mi-novembre 2018, il offre une vue imprenable sur le château du Haut-Kœnigsbourg. Conçu dans un esprit contemporain très zen, il rend hommage à de grandes figures de l'humanisme moderne dont les portraits sublimes ornent les 60 chambres de l'hôtel. La détente est très présente au sein de cet établissement avec de très nombreux équipements dédiés et la possibilité de profiter de soins ou d'activités diverses et variées. Le restaurant complète agréablement l'offre.

HÔTEL-RESTAURANT VAILLANT*** €€€

7, rue Ignace Spies
✆ 03 88 92 09 46
www.hotel-vaillant.com

Ouvert toute l'année. 47 chambres. Chambre double à partir de 60 € ; chambre triple à partir de 77 €.

Depuis 53 ans, ce bel établissement ne cesse de se réinventer pour vous mieux vous satisfaire ! Il jouit d'une implantation idéale. Construit en 1967 par M. Vaillant dans un dessin moderne avant-gardiste, il a su évoluer aujourd'hui encore. Vous y découvrirez de nombreuses œuvres d'art dont les *Musiciens* de Maurice Frantzen. Dans les chambres tout confort comme au charmant restaurant, tous les ingrédients sont réunis pour faire de votre séjour ici une réussite.

LES PRÉS D'ONDINE €€€

5, rue de Baldenheim ✆ 03 88 58 04 60
www.presdondine.com

Chambre double à partir de 91 €. Petit déjeuner : 14 € (buffet), 7 € (continental). Brunch le dimanche.

Posé dans un jardin bordé par une rivière au cœur du Ried, cet adorable hôtel associe bonheur bucolique et ambiance poétique. 12 chambres douillettes sont à votre disposition, leur atmosphère et leur décoration rendent hommage à d'ineffables poètes (Baudelaire, Ronsard, Pierre Reverdy, Gérard de Nerval…). En bonus : espace détente avec bain bouillonnant et sauna. Mais aussi table d'hôtes le soir dans une belle salle à manger et salon-bibliothèque fort cosy avec ses canapés et ses fauteuils moelleux où il fait bon se prélasser en compagnie du chat de la maison !

ELSASS FALLER BAR CLOTHILDE & EDOUARD €

47, rue des Chevaliers ✆ 06 62 41 50 23
www.edouard-faller.fr

Ouvert tous les jours de 10h à 21h. Café, salon de thé, winstub, petite restauration. Vente de vins du domaine familial.

Édouard Faller incarne la 6e génération d'une famille de viticulteurs enracinée dans les terres sélestadiennes. Avec sa femme Clothilde, il a créé un lieu chaleureux à deux pas de la Bibliothèque Humaniste : un mix original de café, salon de thé, brasserie et bar à vins. En cas de fringale, on s'y régale d'une soupe de saison, de tartes flambées, planches de fromages/charcuteries variées et autres gratins de munster. Et l'on repart avec quelques bonnes bouteilles du domaine familial !

RESTO BIO L'ACOUSTIC €

5, place du Marché Vert
✆ 03 88 92 29 40
www.restobiolacoustic.com

Du lundi au jeudi le midi ; le vendredi et le samedi le midi et le soir. Service petit déjeuner le matin.

André, le chef de cuisine et propriétaire des lieux, propose une cuisine innovante dans cet établissement charmant. Tous les ingrédients qui entrent dans la composition de ses plats atypiques sont 100 % bio (quinoa, algues, gomasio…). La démarche est poussée jusqu'à utiliser des produits d'entretien eux aussi certifiés bio, et du papier toilette recyclé. La maison se vante aussi de proposer tout au long de l'année des menus à l'empreinte carbone maîtrisée. Les desserts maison sont simples et légers, et les glaces bio et sans gluten.

AU BON PICHET €€

10, place du Marché-aux-Choux
✆ 03 88 82 96 65
https://aubonpichet.fr

Ouvert du mardi au samedi de 12h à 13h30 et de 19h à 21h30. Menu unique à 35 €.

La façade du Bon Pichet est décorée de fresques et à l'intérieur le chaleureux décor de bois crée une atmosphère intime agréable. Franck Barthel, le chef, est issu d'une famille de bouchers et il sélectionne la plupart du temps ses viandes sur pied auprès des meilleurs éleveurs. Tout est préparé en cuisine par le chef selon l'arrivage du marché et les produits de saison. Les amateurs de viande seront donc conquis mais la carte permettra à ceux qui préfèrent les poissons ou les légumes d'y trouver eux aussi leur compte. La carte des vins complète bien les plats.

CHEZ YOUPEL €

24, rue du Président Poincaré
✆ 03 88 92 29 82
www.chezyoupel.fr

Fermé début janvier. Fermé lundi soir, mercredi soir, jeudi. Réservation recommandée. Formule midi : 13,50 €. Terrasse.

© DIDIER MÉRIUS

L'ambiance qui règne au sein de ce restaurant familial est à la hauteur de la qualité des plats servis : délicieuse ! Déjeuner ou dîner en amoureux, avec des amis ou en famille, c'est un sans-faute… En terrasse comme en salle, l'accueil et le service réactif incitent à prolonger sans complexe le plaisir des agapes. Au fil des saisons, les assiettes s'emplissent avec générosité de spécialités de la région : terrine de gibier maison, salades diverses, tartines campagnardes ou vosgiennes, belles pièces de bœuf, rognons de veau, tartes flambées et choucroute.

LE CALABRAIS €€

12, route de Colmar ✆ 03 88 57 91 67
www.lecalabrais.ipizzaphone.fr

Du mardi au samedi : 11h30 à 14h, 17h30 à 21h30 (22h vendredi, samedi). Dimanche de 18h à 22h. Sur place et à emporter.

Consacré champion du monde de la meilleure pizza à Rome en octobre 2021, Cosmino Laurito défend avec ardeur l'authentique pizza italienne, dont l'illustration parfaite serait sa fameuse Teglia grâce à sa composition exclusive : poivrons, ricotta, tomates séchées, bresaola et quelques ingrédients dont il garde le secret ! Mais pas question pour Cosmino de choper la grosse tête car son ambition demeure avant tout de satisfaire sa clientèle habituelle qui se régale sans façon de Marinara et autre Napoletana. Sur place ou à emporter à la maison : on en redemande !

CASA PIETRA €€

2, allée Georges Charpak
✆ 03 88 82 68 09
www.casapietra.fr

Ouvert à midi du lundi au vendredi, midi et soir jeudi et vendredi. Terrasse. Vente à emporter.

Cette adresse propose une expérience bistronomique riche en produits fournis par des producteurs triés sur le volet dans un rayon de 20 km autour de Sélestat. Passé par l'Auberge de l'Ill (Illhaeusern), le chef Alexandre Bouchain propose une cuisine authentique, au feu de bois, comme les rôtisseries d'antan. Outre de belles pièces de viande grillées, on peut opter pour un ceviche de poisson archi frais, un tartare de bœuf au couteau ou un buddha bowl. Soirées à thème (sur réservation) : poulet fermier rôti, barbecue estival, cochon de lait à la broche.

RESTAURANT LE DROMADAIRE €€

33, boulevard Amey ✆ 03 88 92 00 54
www.ledromadaire.fr

Ouvert le lundi de 12h à 14h30 ; du mardi au dimanche de 12h à 14h30 et de 19h à 23h.

Le Dromadaire est une véritable invitation au voyage culinaire en Tunisie ! La charmante patronne Leila vous réserve un accueil rayonnant dans une belle salle lumineuse où l'on s'attable en tout confort, sans être gêné par ses voisins. En cuisine, le chef Mohamed Jemel prépare tous les plats à l'ancienne. Ils gardent donc toutes leurs saveurs, leur parfum et surtout leur authenticité grâce aussi à la vaisselle traditionnelle. Le duo n'hésite d'ailleurs pas à importer directement certains ingrédients de Tunisie, gage de saveurs pures et dépaysantes pour nous.

LA VIEILLE TOUR €€

8, rue de la Jauge
✆ 03 88 92 15 02
www.vieille-tour.com

Maître Restaurateur. Ouvert lundi et du jeudi au samedi à midi et le soir, dimanche midi. Terrasse. Service traiteur.

Dans ce restaurant ultra cosy sis en plein centre historique de Sélestat, la cuisine raffinée des frangins Samy et Nicolas Ruhlmann (Maîtres Restaurateurs) enchantera à coup sûr vos papilles. Leur indéniable osmose culinaro-pâtissière fait merveille au fil des saisons. La carte regorge de délicieux mets alsaciens (tripes au riesling d'anthologie). Il y a aussi des plateaux de fruits de mer, de succulents plats de viande ou de poisson et d'irrésistibles desserts. Un incroyable festival de saveurs vous est ici promis ! En hiver, soirées fondue sur réservation.

L'AMUSE BOUCHE

5, place du Marché Vert
✆ 06 19 29 58 20
Du mardi au jeudi 11h45-13h30, 18h-21h30 (22h30 vendredi et samedi). Petite restauration. Terrasse. Vente à emporter.

Dans une ambiance cosy et décontractée, l'Amuse Bouche vous propose de déguster des vins biologiques, biodynamiques et nature ainsi que des bières artisanales et des softs locaux. Si vous n'avez pas l'habitude, vous serez guidés et conseillés par une équipe souriante et aux petits soins, qui connaît ses produits sur le bout des doigts et vous oriente selon vos goûts. Pour accompagner cela, on vous proposera des planches dînatoires, des assortiments apéritifs et quelques suggestions suivant les saisons qui seront en accord parfait avec vos boissons.

BAR LE TIGRE

5, rue d'Iéna
✆ 03 88 92 07 06
www.barletigre.fr
Ouvert du lundi au jeudi de 10h à 1h30 ; le vendredi et le samedi de 10h à 3h ; le dimanche de 13h à 1h30.

Les Sélestadiens le savent bien : au Bar Le Tigre, tous les prétextes sont bons pour faire la fête ! Les soirées thématiques s'enchaînent : à la Saint-Patrick, le kilt est préconisé pour la gent masculine et Le Tigre prend alors des allures de pub irlandais un peu déjanté. D'autres soirées sont consacrées aux impros, au karaoké, au burlesque, à la chanson, à la magie… c'est bien cette ambiance particulière qui fait du Tigre un incontournable de la ville. Et même si l'on y vient seul ou par hasard, on est instantanément intégré et présenté aux fêtards !

RESTAURANT LE CG €€

9, place du Marché aux Choux
✆ 03 88 92 18 59
www.le-cg.com
Du mardi au dimanche midi et soir. Rés. recommandée. Plat du jour : 9,80 €. Terrasse. 1 chambre d'hôtes (1-2 pers).

© THOMAS GAZA-JACQUEMIN

Niché à deux pas de la bibliothèque humaniste au cœur de la cité médiévale de Sélestat, et décoré avec un goût très sûr, le CG accueille des expositions d'artistes contemporains. L'équipe en cuisine concocte des mets savoureux inspirés de la gastronomie régionale et de contrées plus lointaines. Quant au plat du jour, il séduit par son prix et par la fraîcheur de ses ingrédients. Quand le soleil brille, on apprécie la terrasse ombragée ! En bonus, il y a une charmante chambres d'hôtes (2 personnes), lumineuse et cosy, avec vue sur la vieille ville de Sélestat.

LARMES DE VIN

2, place d'Armes ✆ 03 88 82 22 94
www.bar-larmesdevin.fr
Ouvert du mardi au samedi de 12h à 14h30 ; le vendredi et le samedi de 18h à 1h. Réservation conseillée en soirée.

Les épicuriens sélestadiens en rêvaient… Caroline Bauer l'a fait ! La propriétaire de La Petite Ferme Riedwasen est la fondatrice de ce sympathique bar à vin implanté sur la place d'Armes dans le centre historique de Sélestat. On s'y pose à midi pour se régaler de tartines tout aussi succulentes que généreuses et en soirée, place aux tapas, bruschettas et autres planchettes de fromages et charcuteries. On peut aussi bien sûr y venir pour déguster un bon verre de vin, soigneusement sélectionné parmi les productions de domaines de toute la France et d'ailleurs.

MAISON HIROSE

2, place du Marché Vert ✆ 03 90 56 13 56
www.hirose.fr
Boulangerie-pâtisserie bio. Boutique en ligne ; Ouvert du lundi au samedi : 7h30-12h30 et 14h-18h. Dimanche : 7h30-12h30

Des produits certifiés Ecocert, frais et originaux : voici ce qu'élaborent Naoto Hirose et Paul Petersen. Le premier vient du Japon, le second est alsacien. Au sein de la vieille ville, leur charmante boulangerie-pâtisserie Maison Hirose enchante les papilles des gourmets et des gourmands avec de multiples pains et viennoiseries qui dévoilent des saveurs incomparables. Et, côté pâtisseries, c'est Byzance ! Éclairs sublimes, tartelettes au citron acidulées, paris-brest revisité en version… Paris-Tokyo fourré à la compote d'azukis et crème au thé vert matcha.

PÂTISSERIE SALON DE THÉ BENOIT WACH

7, rue des Chevaliers
✆ 03 88 92 12 80
Ouvert du lundi au samedi de 7h30 à 19h ; le dimanche de 7h30 à 13h. Terrasse. Livraison possible.

C'est la pâtisserie branchée de Sélestat ! Les décors en trompe-l'œil à l'intérieur comme à l'extérieur valent déjà le détour. L'accueil y est chaleureux, et Nadia vous guidera dans vos choix. En saison, les glaces y sont fines, légères et toujours succulentes. Les verres et leurs mousses aux fruits sont divins, variés et surtout leurs parfums changent régulièrement. Le gâteau des chevaliers est original et les épices qui le composent vous rappelleront certains desserts orientaux.

PÂTISSERIE SALON DE THÉ KAMM

15, rue des Clefs
✆ 03 88 92 11 04
www.patisserie-kamm.fr
Ouvert du mardi au vendredi de 8h à 18h30 ; le samedi de 8h à 18h ; le dimanche de 8h à 12h.

Mathieu Kamm est ce que l'on pourrait appeler un « styliste pâtissier » ! Après avoir dirigé la boutique Pierre Hermé à Tokyo, il est revenu en Alsace pour reprendre les rênes de la pâtisserie familiale avec son épouse Mina. Membre des fameux Relais Desserts depuis 2018 (année où il a aussi décroché le trophée *Pâtisserie Gault & Millau Grand Est*), Mathieu Kamm signe des délices de haut vol : gâteaux, petits fours, cakes, macarons, chocolats, glaces et autres gourmandises !

D'ÂME NATURE

41, rue des Chevaliers
✆ 09 87 55 28 22
Ouvert du mardi au samedi de 9h à 12h et de 14h à 18h45. Fermeture à 18h le samedi.

Sandrine Buchholtz a l'âme verte chevillée au corps ! Implantée au cœur de la vieille ville de Sélestat, elle met en pratique ses connaissances en matière de cosmétologie et de bien-être en vous proposant une large gamme de produits élaborés à partir de composants 100% naturels. Vous trouverez ici de quoi vous occuper de vous et de toute votre maison, des produits d'utilisation courante aux petits plus qui font toute la différence. N'hésitez pas à passer la porte, il y en a pour tous, pour tous les goûts et pour tous les budgets.

CAMPING CARS DETHLEFFS

www.dethleffs.fr
Ouvert du lundi au jeudi de 8h à 12h et de 13h30 à 17h ; le vendredi de 8h à 12h et de 13h30 à 16h.

L'entreprise Dethleffs développe ses véhicules en concertation avec ses clients. Cette société réputée pour son rapport qualité/prix propose un large choix de véhicules particulièrement bien étudiés avec des packs intéressants pour compléter l'équipement de base ainsi qu'un réseau de plus de 350 concessionnaires attentionnés à travers toute l'Europe. Des véhicules d'entrée de gamme aux véhicules de grand luxe, des équipements pour deux aux véhicules familiaux (jusqu'à 6 personnes), Dethleffs propose des camping-cars adaptés aux désirs et aux besoins de chacun.

L'ÉPICERIE ÉPICURIENNE

4, rue de la Poste ✆ 03 88 92 98 14
https://lepicerie-epicurienne.fr
Ouvert du mardi au samedi de 10h à 19h. Dimanche de 10h à 12h30. Paniers cadeaux. Commande par tél. Boutique en ligne.

Cette adresse sélestadienne ne manque pas d'atouts pour séduire les amateurs de bonnes choses. Aménagée dans un bel espace tout de bois et de pierre paré, l'Épicerie Épicurienne porte bien son nom. On y trouve plus de 1 000 références sélectionnées avec passion par Sandra, qui ne demandent qu'à s'inviter dans votre quotidien pour y glisser de délicieuses touches de plaisir gustatif. Épices et cafés en vrac, précieux condiments, vins fins et conserves chic, chocolats et préparations pour gâteaux festifs, mais aussi fromages et charcuteries... On dit miam !

GALERIE CAFÉ LA LIGNE BLEUE

1a, rue Sainte Foy ✆ 06 42 69 85 02
www.galerie-art-ligne-bleue.com
Galerie d'art, brocante. Café, salon de thé. Du mercredi au vendredi et dimanche : 14h-18h. Samedi : 10h-12h, 14h-18h.

Dans un étonnant mélange d'ancien et de contemporain, le lieu historique du XVIIe siècle du Mönchhof (ancien grenier à grains de l'église Sainte-Foy) offre 250 mètres carrés d'exposition et un café surprenant aux allures de cabinet de curiosités. Philippe Zamolo y scénarise des expositions aussi étonnantes que variées et y organise d'intéressantes conférences. C'est un endroit où l'on se sent bien et où l'on peut appréhender diverses facettes d'un art très lié au consumérisme ludique.

LA PETITE FERME RIEDWASEN

44, rue des Chevaliers
✆ 03 88 58 48 22
www.lapetitefermeriedwasen.fr
Ouvert du mardi au samedi de 8h à 19h (fermé à 18h samedi) et le dimanche de 10h à 13h. Petite restauration. Terrasse.

Nichée à deux pas de l'église Sainte-Foy, cette enseigne propose une belle sélection de ce qui s'avère être le meilleur en matière de produits artisanaux d'Alsace et d'ailleurs ! Cette adorable boutique est spécialisée dans les laitages et les fromages, la viande fermière, les vins et moult produits du terroir. La Petite Ferme Riedwasen confectionne également de superbes paniers garnis, au gré de vos envies, avec d'excellents produits d'épicerie fine. Petite restauration à toute heure.

LA RAISON DU RAISIN

34, rue du Président Poincaré
✆ 09 80 88 37 00
www.la-raison-du-raisin.fr
Ouvert du mardi au jeudi de 9h à 13h et de 14h à 19h ; le vendredi de 9h à 19h ; le samedi de 9h à 18h.

Estampillé « caviste de proximité » par son créateur Philip Catt, ce lieu épicurien ouvert en juin 2017 tient plus que largement ses promesses ! Car ici, l'amateur de bonnes bouteilles trouve toujours son bonheur : il y en a pour tous les goûts et tous les budgets en matière de vins biologiques, biodynamiques et naturels. Pépites alsaciennes (issues notamment des domaines Kumpf et Meyer, Le Vignoble du Rêveur, La Grange de l'Oncle Charles, Geschickt, Jean-Louis et Eric Kamm, Charles Frey...) mais aussi d'ailleurs en France sont à découvrir absolument.

LA CAVE DE GAMBRINUS

10A, rue de l'hôpital ✆ 03 90 56 85 28
https://lacavedegambrinus.com
Ouvert du mardi au vendredi de 9h à 13h et de 14h30 à 19h. Samedi de 9h à 18h. Ateliers de dégustation. Click & Collect.

© CAVE DE GAMBRINUS

Serge Wiedenhoff affiche 25 ans d'expérience dans le monde de la bière. La Cave de Gambrinus exprime sa passion pour les boissons maltées et son amour pour les bonnes choses. Ici, des bières, il y en a vraiment pour tous les goûts et toutes les couleurs : blonde, blanche, brune, ambrée ou même noire, à l'instar de cette bien-nommée Bon Poison délicieusement rafraîchissante, dénichée sur les rayons de la cave. Suivez les conseils de Serge, sommelier zythologue (spécialiste en bière, brassage et brasseries), pour trouver les bons accords entre mets et bières !

L'ETINCELLE

Allée Georges Charpak
✆ 03 88 82 68 05
www.letincelle-sport.fr
Du lundi au vendredi : 6h-22h.
Samedi, dimanche : 6h-19h (18h dimanche).
Fitness, multisport, escalade. Tarifs cf web.

Fitness, escalade, foot5, squash, paddle tennis, badminton, natation et plus si affinité : il y en a vraiment pour tous les goûts, tous les niveaux et tous les âges à L'Étincelle ! Ce superbe complexe sportif prend ses aises sur 6 800 m^2 et propose une incroyable variété d'activités sportives pour les adultes comme pour les enfants. Son plateau de cardio et de musculation est équipé avec ce qui se fait de mieux en la matière. À cela s'ajoutent des terrains multisports, une piscine intérieure et un espace sauna-hammam. En prime, il y a aussi un bon restaurant !

SÉLEST'KART-IN

Route de Bergheim
✆ 03 88 82 77 21
www.selestkart-in.com
Karting indoor du lundi au jeudi de 14h à 23h ; vendredi de 14h à 00h ; samedi de 10h à 00h ; dimanche de 14h à 22h.

Cette superbe piste de karting indoor de 305 mètres de long est unique en son genre dans la région de Sélestat. Son créateur Thierry Kammerer met à votre disposition des karts thermiques 200 cm^3 qui vous permettront de vivre des sensations fortes tout à fait inoubliables, dûment équipés d'une combinaison et d'un casque à votre taille ! Les plus jeunes pourront eux aussi s'essayer au pilotage, c'est donc une bonne idée sortie en famille d'autant plus qu'il existe de nombreuses formules avantageuses lorsque l'on vient à plusieurs pour faire la course !

MACKENHEIM

Mackenheim bénéficiait des activités commerciales de l'importante communauté juive de la ville. L'émouvant cimetière juif du XVIIe siècle dont les stèles dépassent à peine les importunes graminées et la synagogue aujourd'hui centre culturel sont les témoins de cette présence passée. La prospérité de la commune, bien que frappée régulièrement par les terribles crues du Rhin, est attestée par les belles fermes à colombage aux poteaux corniers sculptés. Sont également à voir les moulins – à huile et à grain –, la mairie, l'école et l'impressionnante église surnommée la « cathédrale du Ried », joyau de l'architecture néo-gothique bâtie en 1864.

JUDENGARDEN

Dans la forêt, là où coule le Mühlbach, l'ancien cimetière israélite prend place. Sa partie la plus récente, avec maison mortuaire (tahora hiesel), est encore utilisée mais c'est sans doute la partie la plus ancienne qui est la plus intéressante et surprenante avec ses tombes cachées. Certaines sépultures datent du XVIIe siècle, époque à laquelle il était très difficile pour le peuple juif de se faire enterrer dans les grandes villes alsaciennes. C'est le seule cimetière israélite d'Alsace à être communal. Depuis 2009, un mémorial de la déportation y est installé.

AUBERGE DU GRAND RIED €€

4, rue de Wyhl
✆ 03 88 74 92 60
www.vins-remy-biwand.fr
Ouvert le vendredi, le samedi et les jours fériés de 18h30 à 22h ; le dimanche de 12h à 14h et de 18h30 à 22h.

Cette auberge de campagne est ouverte le week-end en complément de l'activité viticole de Rémy Biwand. Tous les plats sont faits maison et élaborés à partir de produits locaux pris chez les producteurs amis du coin. Vous y découvrirez également les vins produits ici à partir de raisin bio ainsi que des spécialités alsaciennes plutôt classiques mais très bien exécutées, dans la plus pure tradition régionale. Sur commande, vous profiterez de baeckehoffe, matelote ou choucroutes garnies. Pour tous vos évènements, le lieu peut être privatisé.

MARCKOLSHEIM

Construite sur un ancien carrefour romain, la petite ville de Marckolsheim se démarque par son fleurissement : la population s'implique particulièrement ce qui lui vaut 4 fleurs aux derniers concours. On peut visiter le centre ancien avec un dépliant disponible à l'office de tourisme. Des visites guidées sont organisées en été. À voir l'ancienne chapelle de Mauchenheim, village aujourd'hui disparu. Celle-ci présente de belles fresques restaurées du XIIIe siècle. Poussez jusqu'aux deux écluses sur le Grand Canal d'Alsace à hauteur de la centrale hydroélectrique, une passerelle aménagée permet d'observer le passage des bateaux ou conteneurs.

MUSÉE DE LA LIGNE MAGINOT DU RHIN ★★

Route du Rhin ✆ 03 88 92 56 98
www.visit.alsace
Horaires variables selon les saisons, consulter le site Internet. Entrée adulte : 4 €.

Casemate (aussi appelé bunker en anglais) standard, celle de Marckolsheim fut changée en Mémorial pour rappeler les effroyables combats qui eurent lieu du 15 au 17 juin 1940. Ouvert depuis 1972, ce mémorial permet au visiteur de pénétrer la casemate de la 3e ligne n° 35 durant les trois jours de bataille, à la suite desquels la ville de Marckolsheim fut détruite à plus de 80 %.

Installé dans une casemate, il reconstitue les locaux tels qu'ils étaient à l'époque des faits, avec leurs chambres de tirs, leurs dortoirs, leur poste de commandement, etc. Des annexes extérieures rappellent d'autres événements historiques : comme cet obusier lourd russe, symbolisant les « Malgré-nous », ou encore un half-track de la 1re DFL, le char Hartmannswillerkopf de la 2e DB, une automitrailleuse de la division Leclerc, un canon anti-aérien Bofors et un élément de pont Bailey.

À l'intérieur du bunker, on trouve diverses salles, comme le poste de commandement, le dortoir, la soute à munitions. Sont également exposés de multiples objets ainsi qu'une exposition de photos sur la vie dans la région pendant la Seconde Guerre mondiale.

Possibilité de visites guidées pour les groupes sur rendez-vous. Boutique sur place, avec livres, cartes postales, affiches...

Côté pratique, attention, avec les mesures et le protocole sanitaire, l'entrée est limitée à 10 personnes en même temps. N'hésitez pas à vous renseigner sur les conditions via le site Internet avant votre visite.

OFFICE DE TOURISME MARCKOLSHEIM

13, rue du Maréchal Foch
✆ 03 88 92 56 98
www.grandried.alsace
Ouverture variable selon la saison (voir site Internet). Wifi gratuit. Location de vélos.

Bienvenue à Marckolsheim, charmante cité où la modernité se mêle à la richesse de son patrimoine historique et naturel. Afin de préparer votre séjour, l'équipe du bureau d'information touristique vous informe sur le tourisme de mémoire, les festivités, les hébergements et les bonnes adresses pour se restaurer. Nombreuses activités de pleine nature : randonnées, cyclisme, musée mémorial de la Ligne Maginot et visite de la centrale hydroélectrique située sur le Rhin.

LE BATELIER DU RIED - CALF'ATELIER

21, Ehnwihr
✆ 03 88 85 13 11
www.batelier-ried.com
Ouvert tous les jours de 9h à 12h et de 14h à 17h. Sur réservation. Tarifs : de 15 € à 25 € par adulte.

Patrick Unterstock est le dernier batelier en activité dans le secteur du Ried. Il vous promène au gré de l'onde dans une barque en bois à fond plat fabriquée dans son propre atelier. Patrick organise des circuits d'une demi-journée ou d'une journée, avec dégustation d'une matelote. Il met aussi à votre disposition sa Hutte des Castors, un gîte (4 personnes) très écolo : énergie solaire pour l'eau et bois pour le chauffage. Très chouette également, son Tipi de la Presqu'Ill.

LES LOGES DU RIED €€

21, avenue de l'Europe
✆ 03 88 58 25 00
www.logesduried.com
Ouvert toute l'année. Jardin. Label Tourisme & Handicap. Studio PMR dès 81 € par personne et par nuit.

La résidence hôtelière Les Loges du Ried vous accueille toute l'année dans un cadre bucolique. La région est réputée pour ses richesses naturelles exceptionnelles ! Idéalement situé entre Strasbourg et Colmar, cet appart-hôtel est un parfait point de chute pour sillonner l'Alsace, les Vosges et l'Allemagne voisine. Vous pourrez suivre la route des vins, visiter les musées de la région, vous promener à pied ou en VTT. L'hôtel possède un studio fonctionnel de 37 m² entièrement adapté pour les personnes à mobilité réduite pouvant accueillir jusqu'à 4 personnes.

L'ESCALE DU RIED €€

3, route de Sélestat
✆ 03 88 85 12 90
http://restaurant.escaleduried.fr
Ouvert du mercredi au dimanche le midi et le soir. Menus de 26,50 € à 29,30 €. Menu enfant : 8,50 € et 9,70 €.

Dans un cadre typiquement alsacien fait de boiseries et poutres apparentes, mobilier rustique et tables nappées de carreaux, on s'attable en toute convivialité en salle ou dans une véranda lumineuse pour se régaler de spécialités proposées à la carte ou au menu. L'Alsace est ici à l'honneur avec tous les classiques régionaux réalisés dans la plus pure tradition et accompagnés de vins du coin. Les proportions sont très généreuses, et entre ces bons points et l'accueil de Veronique, on a vite l'impression d'être en plein repas de famille !

MUTTERSHOLTZ

Muttersholtz conserve quelques belles maisons à colombages et une église luthérienne. Théâtre de nombreuses initiatives environnementales, elle abrite la Maison de la Nature du Ried et de l'Alsace centrale. Ses animateurs sensibilisent au respect de l'écosystème via des ateliers pédagogiques et des stages. Deux circuits de découverte vous sont proposés au départ de la Maison de la Nature avec panneaux explicatifs. Le village est en outre connu pour avoir été un actif centre de production textile à domicile. Il a été un des derniers bastions ruraux du kelch, tissu à l'origine en lin à carreaux multicolores, communément bleus ou rouges...

WITTISHEIM

À Wittisheim, l'événement immanquable est la fête de la tarte aux quetsches. Cette fête, instaurée en 1983, fait honneur au fruit emblématique de l'Alsace et à la plus célèbre des tartes aux fruits alsacienne. Plus de 800 tartes sont confectionnées dans la nuit de samedi à dimanche (le 2e dimanche de septembre), pour le plus grand plaisir des nombreux visiteurs. Ne manquez pas non plus l'église Saint-Blaise du XIIe siècle. Au milieu du XVIIIe siècle, l'édifice est agrandi. Une nouvelle nef est alors construite. De plus, le clocher est rehaussé et l'ancienne chapelle transformée en chœur avant d'être reconstruite entre 1832 et 1835.

BOULANGERIE HELFTER

1, rue de l'Église,
✆ 03 88 85 21 78
Lundi, mardi, jeudi, vendredi : 4h-13h, 15h-19h. Mercredi, samedi : 4h-13h.

Dans la famille Helfter, on est boulanger de père en fils depuis 1896 ! C'est dire si cette adresse est recommandable, et, en prime, elle est certifiée bio depuis 2020. Stéphane Helfter entretient la tradition avec une jolie touche personnelle. On lui doit notamment de délicieux croissants bicolores framboise-chocolat ou à la crème de marrons. Il vient aussi de décrocher une médaille d'or au concours de la meilleure galette des rois feuilletée du Bas-Rhin 2022. Pains traditionnels ou spéciaux, viennoiseries, chocolats, desserts et glaces : tout est succulent !

CHÂTEAU DU FRANKENBOURG

Les ruines du château du Frankenbourg sont situées au sommet de la montagne du Schlossberg. S'il est construit au Ve siècle par Clovis, les traces humaines sur ce site sont bien plus anciennes : on y trouve un « mur païen » datant de l'époque gallo-romaine. L'étymologie du Frankenbourg signifie « château des Francs » et les premières mentions à son sujet datent du XIIe siècle. La château a été plusieurs fois reconstruit en partie et modifié jusqu'au XVe siècle. De beaux vestiges ont été conservés, comme la base de son donjon et certains de ses bâtiments.

LES JARDINS DE GAÏA

6, rue de l'Écluse
✆ 03 88 85 88 30
www.jardinsdegaia.com
Ouvert du mardi au samedi de 10h à 12h et de 13h à 18h. Terrasse. Achat en ligne possible.

Dans ce lieu insolite, 500 variétés de thés, de tisanes et de rooibos sont proposées. Goûtez à des mélanges traditionnels en provenance d'Inde, du Sri Lanka, de Chine ou encore d'Afrique du Sud, tous issus de l'agriculture bio et une majorité certifiés commerce équitable. La balade dans les jardins japonais incite volontiers à la méditation. Pour parfaire cette cérémonie, les Jardins de Gaïa proposent tous les accessoires indispensables : théières en porcelaine, boîtes à thé... La maison organise des manifestations culturelles et artistiques.

HÔTEL-RESTAURANT ÉLISABETH €€

5, rue du Général-de-Gaulle
✆ 03 88 57 16 56
www.restaurant-elisabeth.fr
Ouvert tous les jours midi et soir.

Dans la salle habillée de boiseries ou sur la terrasse insérée dans un jardin d'été, on s'attable sans chichis pour déguster des plats savoureux concoctés par le chef Jérôme Mourlan dont les bouchées à la reine médaille d'argent au concours de la Foire européenne de Strasbourg 2017. Vous pourrez agilement opter pour le bistrot qui vous transportera instantanément dans l'univers si particulier des fifties. Une adresse à retenir pour un repas convivial et surtout délicieux.

LA VANCELLE

La Vancelle est en plein cœur des bois. En arrivant, le panorama qui s'étend à gauche fait découvrir le Hahnenberg, le Haut-Koenigsbourg et le massif du Taennchel. Si l'espace est très ouvert vers le sud, il n'en est pas de même vers le nord et l'ouest. En effet, on peut apercevoir sur la droite le Schlossberg avec le château du Frankenbourg, le rocher du Coucou dominé par le pylône hertzien de télédiffusion de France, la longue muraille de la crête et enfin à l'ouest le Chalmont. Ce village est donc un lieu privilégié pour tous les amoureux de calme et de patrimoine d'autant qu'il compte de magnifiques hôtels et de très bons restaurants.

AUBERGE FRANKENBOURG €€€

13, rue du Général de Gaulle
✆ 03 88 57 93 90
www.frankenbourg.com
Guide Michelin : 1 étoile + 1 étoile verte.
Ouvert du vendredi au mardi midi et soir.
Menus de 87 € à 122 €. Terrasse.

Au milieu du paysage traditionnel, voici un lieu au cadre dépouillé où règne bois clair, pierre et murs à la chaux. Grandes baies vitrées et mobilier épuré font de ce lieu une adresse qu'affectionneront les personnes en recherche d'un lieu pour organiser leur mariage ! La qualité des plats n'est pas en reste. Ici la synesthésie des sens est sollicitée : l'odorat, la vue, le goût et même l'ouïe, tout sera fait pour ravir vos convives ! Au programme, une nouvelle cuisine française mêlant les influences d'Asie, d'Amérique et d'Arabie, concoctée par Sébastien Buecher.

HAUT-RHIN

Depuis le 1er janvier 2021, le Haut-Rhin fait partie, au même titre que le Bas-Rhin, de la Collectivité Européenne d'Alsace (CeA). Créé historiquement le 4 mars 1790, le Haut-Rhin s'étend sur 3 525 km² au sud de l'Alsace et fait partie de la région Grand Est. Limitrophe des départements du Bas-Rhin au nord, des Vosges à l'ouest et du Territoire de Belfort au sud, il partage une frontière avec l'Allemagne à l'est le long du Rhin, et une frontière avec la Suisse au sud. Il est bordé à l'ouest par les Hautes-Vosges, son point culminant est le Grand Ballon (1 424 m d'altitude). Ses deux villes principales sont Colmar et Mulhouse. Votre périple haut-rhinois peut débuter au nord par le Val d'Argent, territoire atypique doté d'une grande richesse historique et artistique. Libre à vous de descendre ensuite vers le sud jusqu'au Sundgau (terre d'élection du cyclotourisme) en sillonnant, sur 170 km, la mythique Route des Vins d'Alsace !

SAINTE-CROIX-AUX-MIN
SAINTE-MARIE-AUX-MINES
HUNAWIHR
AUBUR
RIQUEWIHR
LE BONHOMME
FRÉL
LAPOUTROIE
VOSGES
ORBEY
LABAROCHE
WIHR-AU-VAL
TURCKH
WETTOLSHE
LES TROIS EPIS
SOULTZEREN
STOSSWIHR
GUNSBACH
MUNSTER
MUHLBACH-SUR-MUNSTER
VOEGTLIN
METZERAL
MITTLACH
SONDERNACH
WASSERBOU
SOULTZMA
BU
KRUTH
MURBACH
GUEBWILLER
HUSSEREN-WESSERLING
JUNGHOLTZ
SOULTZ-HAUT-R
Saint-Amarin
BERRWILLE
WATTWI
THANN
BOURBACH-LE-HAUT
MASEVAUX-NIEDERBRUC
Masevaux
Sentheim
Fontaine
GUMMERSDORF
DANNEMARIE
HIRTZBA
Seppois-le-Bas
MOERNA
15 KM

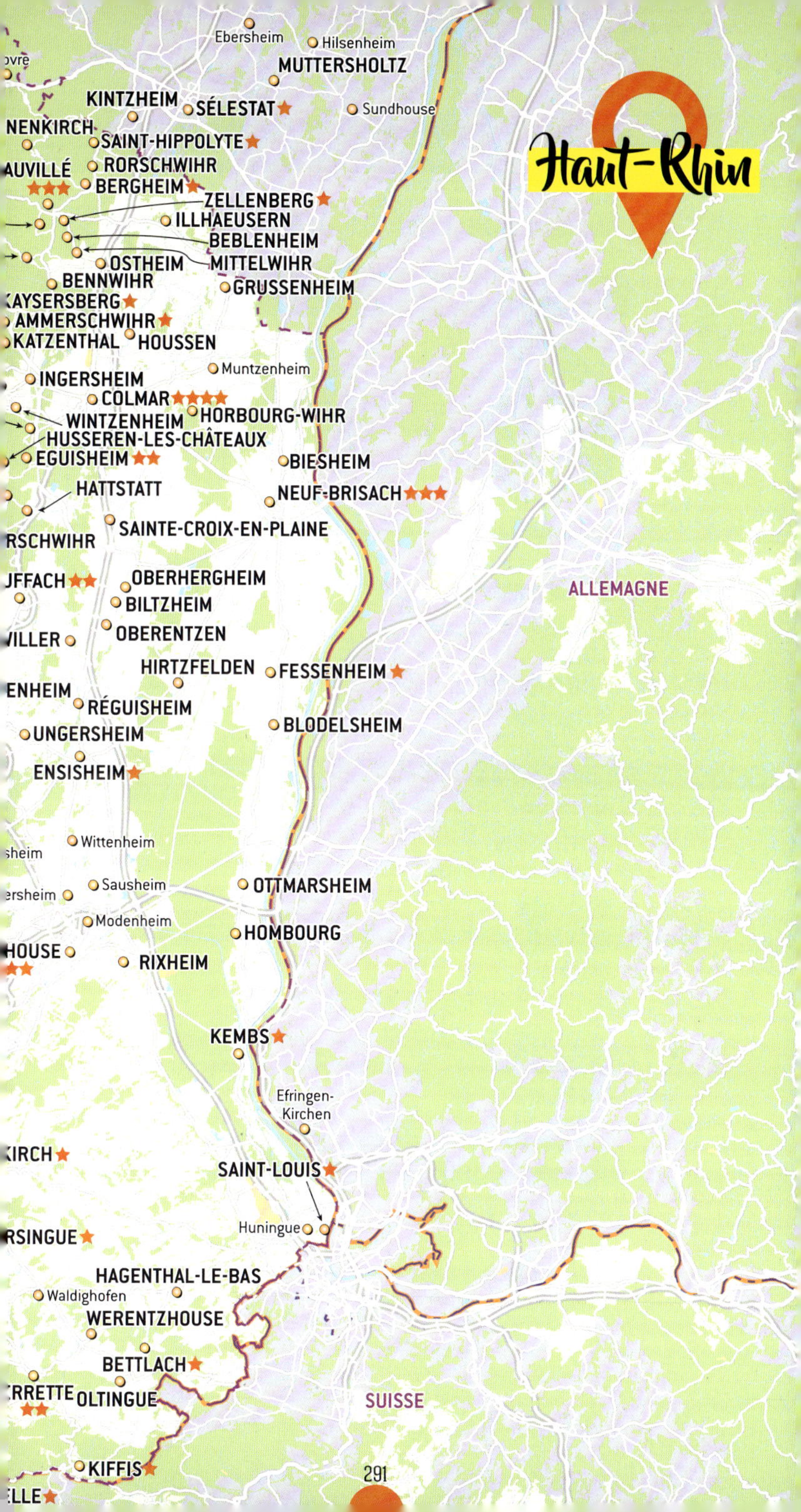
Haut-Rhin
Ebersheim
Hilsenheim
MUTTERSHOLTZ
KINTZHEIM
SÉLESTAT
Sundhouse
SAINT-HIPPOLYTE
RORSCHWIHR
BERGHEIM
ZELLENBERG
ILLHAEUSERN
BEBLENHEIM
OSTHEIM
MITTELWIHR
BENNWIHR
GRUSSENHEIM
AMMERSCHWIHR
KATZENTHAL
HOUSSEN
Muntzenheim
INGERSHEIM
COLMAR
WINTZENHEIM
HORBOURG-WIHR
HUSSEREN-LES-CHÂTEAUX
EGUISHEIM
BIESHEIM
HATTSTATT
NEUF-BRISACH
SAINTE-CROIX-EN-PLAINE
OBERHERGHEIM
BILTZHEIM
OBERENTZEN
ALLEMAGNE
HIRTZFELDEN
FESSENHEIM
RÉGUISHEIM
BLODELSHEIM
UNGERSHEIM
ENSISHEIM
Wittenheim
Sausheim
OTTMARSHEIM
Modenheim
HOMBOURG
RIXHEIM
KEMBS
Efringen-Kirchen
SAINT-LOUIS
Huningue
HAGENTHAL-LE-BAS
Waldighofen
WERENTZHOUSE
BETTLACH
OLTINGUE
SUISSE
KIFFIS

PAGES

295 ●● LE VAL D'ARGENT
295 SAINTE-MARIE-AUX-MINES ★
298 SAINTE-CROIX-AUX-MINES

300 ●● LA ROUTE DES VINS
300 RIBEAUVILLÉ ★★★
305 AUBURE
306 BERGHEIM ★
308 THANNENKIRCH
309 RORSCHWIHR
310 SAINT-HIPPOLYTE ★
312 RIQUEWIHR ★★★★
316 HUNAWIHR ★
318 ZELLENBERG ★
319 BEBLENHEIM
321 OSTHEIM
322 ILLHAEUSERN
322 MITTELWIHR
324 BENNWIHR
325 TURCKHEIM ★★
328 INGERSHEIM
331 WINTZENHEIM
332 NIEDERMORSCHWIHR
333 EGUISHEIM ★★
337 GUEBERSCHWIHR
338 HATTSTATT
338 HERRLISHEIM-PRÈS-COLMAR
339 HUSSEREN-LES-CHÂTEAUX
339 WETTOLSHEIM
340 VOEGTLINSHOFFEN

341 ●● LA VALLÉE DE KAYSERSBERG
341 KAYSERSBERG ★
346 KATZENTHAL
347 AMMERSCHWIHR ★
349 LABAROCHE
351 LES TROIS EPIS

PAGES

352 LE PAYS WELCHE

352 ORBEY ★
357 LE BONHOMME
358 FRÉLAND
360 LAPOUTROIE ★

362 VALLÉE DE MUNSTER

362 MUNSTER ★
365 WIHR-AU-VAL
366 SOULTZBACH-LES-BAINS
366 WASSERBOURG
367 GUNSBACH
368 ESCHBACH-AU-VAL
368 STOSSWIHR
370 SOULTZEREN
370 MUHLBACH-SUR-MUNSTER
372 METZERAL
373 SONDERNACH
374 MITTLACH

375 COLMAR

406 GRAND PAYS DE COLMAR

406 GRUSSENHEIM
406 HOUSSEN
406 HORBOURG-WIHR
407 SAINTE-CROIX-EN-PLAINE

408 PAYS RHIN-VIGNOBLE-GRAND BALLON

408 ENSISHEIM ★
411 BILTZHEIM
412 MEYENHEIM
412 MUNWILLER
413 OBERENTZEN
413 OBERHERGHEIM
414 RÉGUISHEIM
414 GUEBWILLER ★★
421 BUHL
421 ISSENHEIM
422 JUNGHOLTZ
422 MURBACH
423 SOULTZ-HAUT-RHIN ★
424 SOULTZMATT ★
425 ROUFFACH ★★

PAGES

PAYS RHIN-BRISACH — 430

- 430 NEUF-BRISACH ★★★
- 433 BLODELSHEIM
- 433 FESSENHEIM ★
- 434 HIRTZFELDEN
- 434 BIESHEIM

PAYS THUR & DOLLER — 436

- 436 THANN ★★
- 440 HUSSEREN-WESSERLING ★
- 441 KRUTH
- 443 WATTWILLER
- 444 MASEVAUX-NIEDERBRUCK
- 449 BOURBACH-LE-HAUT ★

MULHOUSE — 451

PAYS DE LA RÉGION MULHOUSIENNE — 482

- 482 BERRWILLER
- 482 HOMBOURG
- 482 OTTMARSHEIM
- 484 RIXHEIM
- 484 UNGERSHEIM

PAYS DU SUNDGAU — 486

- 486 ALTKIRCH ★
- 492 DANNEMARIE
- 493 HIRTZBACH ★
- 493 GOMMERSDORF
- 494 HIRSINGUE
- 495 MOERNACH
- 495 FERRETTE ★★
- 500 BOUXWILLER
- 500 HAGENTHAL-LE-BAS
- 500 BETTLACH ★
- 501 KIFFIS ★
- 502 LUCELLE ★
- 502 OLTINGUE
- 502 WERENTZHOUSE
- 502 SAINT-LOUIS ★
- 506 HUNINGUE ★

SAINTE-MARIE-AUX-MINES ★

Sainte-Marie-aux-Mines doit son nom aux anciennes mines d'argent de la région, mais celles-ci ne constituèrent pas sa seule source de richesse. À partir du XVIIIe siècle, la filature du coton apporta une nouvelle prospérité à la ville et à sa vallée. Confrontées à une sévère crise économique, les usines textiles fermèrent leurs portes dans les années 1960 et 1970. Aujourd'hui, les principaux revenus de Sainte-Marie-aux-Mines sont issus de l'exploitation forestière et des activités liées au tourisme. La ville recèle quelques maisons de style Renaissance reconnaissables à leur tourelle, à découvrir sur le parcours historique de Sainte-Marie-aux-Mines.

MINE D'ARGENT SAINT LOUIS-EISENTHÜR ★

5, rue Kroeber Imlin
✆ 03 89 58 62 11
www.asepam.org
Horaires détaillés sur le site web. 13 €/adulte. 7 €/enfant (5-15 ans). Groupes sur RV. Visite guidée. Animations.

C'est l'un des plus beaux sites de la Renaissance en Europe. Mise en activité en 1549 par les moines d'Échery, la mine fut l'une des plus riches de la région du Val d'Argent. Elle est inscrite aux monuments historiques. Depuis 30 ans, des passionnés d'archéologie et de spéléologie minière ont exploré plus de 70 km de galeries et de puits ! L'Asepam vous invite à visiter une galerie de près de 1 km. Au fil de cette visite, vous découvrirez de nombreuses techniques minières, de la Renaissance à aujourd'hui. Ce qui vous attend : 5 km en voiture personnelle pour atteindre le lieu de la visite puis comptez 3 heures pour la visite, y compris la marche d'approche en forêt pendant 30 minutes puis après s'être équipé, l'aventure souterraine dure environ 1 heure. Des bottes, cirés et casques avec éclairage vous sont fournis par l'ASEPAM. Dans le cadre de l'animation *Ombres et Lumières* en décembre, la visite du site Saint-Louis-Eisenthür s'effectue à la lueur de bougies. Elle comprend une dégustation de vin chaud et de savoureux bredele (petits biscuits de Noël) au fond de la mine ! Cette expérience est réservée aux personne en bonne condition physique car le parcours s'avère parfois accidenté. Avis aux jeunes de 18 ans et plus, un chantier de mise en valeur du patrimoine minier est organisé l'été, sur inscription, de quoi en apprendre davantage et d'occuper son été intelligemment. Bref, ici, les activités sont nombreuses et les sensations sont nouvelles et uniques, à tester !

MINE GABE-GOTTES

5, rue Kroeber Imlin
✆ 03 89 58 62 11
www.gabe-gottes.fr
Horaires détaillés sur le site web. Gratuit jusqu'à 5 ans. Adulte : 10 €. Enfant (de 5 à 15 ans) : 7 €. Visite guidée.

Connue au XVIe siècle sous le nom de *Heilig Kreuz*, cette mine d'argent est appelée Gabe-Gottes depuis le XVIIIe siècle. Ce lieu chargé d'histoire propose une visite de 2h, emmitouflé dans des vêtements chauds (comptez 10 °C dans la mine). Cette promenade souterraine sera l'occasion de découvrir la géologie et la minéralogie dans la pénombre, heureusement une lampe frontale est fournie ainsi que des bottes et un ciré car dans une mine, l'humidité est partout ! Claustrophobes, fuyez ! Aventuriers, bienvenue ! Une expérience unique et originale !

MINERAL & GEM

✆ 03 89 73 53 52
www.sainte-marie-mineral.com
58e édition du 21 au 25 juin 2023. Gratuit enfants - 10 ans accompagnés d'un adulte. Adulte : 10 €/jour, 15 €/2 jours.

Comme chaque année durant la dernière semaine de juin, Sainte-Marie-aux-Mines dévoile mille et une merveilles issues des entrailles de la terre, des trésors aussi mystérieux que fascinants. On découvre des minéraux du bout du monde et des pierres précieuses dont la pureté et la rareté peuvent atteindre des sommets. Mineral & Gem hisse Sainte-Marie-aux-Mines à la 2e place mondiale, avec un millier d'exposants issus d'une cinquantaine de pays. Professionnels et amateurs peuvent admirer et acquérir minéraux, fossiles ou encore pierres fines.

OFFICE DE TOURISME DU VAL D'ARGENT

Place du Prensureux
✆ 03 89 58 80 50
www.valdargent-tourisme.fr
Horaires variables selon la saison : voir site Web. WiFi gratuit. Boutique (minéraux et bijoux). Billetterie en ligne.

Capitale de la minéralogie, patrimoine minier, terre de l'industrie textile, le Val d'argent regorge d'histoire et de tourisme ! Au creux d'une vallée au calme, il y a pourtant une multitude de chose à découvrir. L'OT du Val d'Argent vous informe : visite d'anciennes mines, gastronomie, hébergement, randonnées, piscine, tennis, équitation et autres activités ludiques. En bonus, une belle boutique avec un choix monstre de pierres brutes, fossiles, bijoux et autres merveilles !

TELLURE MINE D'ARGENT

Lieu-dit Tellure ✆ 03 89 49 98 30
www.tellure.fr

Horaires détaillés, voir site web. 12,50 €/adulte. 9,50 €/5-12 ans. Billetterie en ligne. Boutique. Petite restauration.

Découvrez le patrimoine minier du Val d'argent de manière ludique et / ou sportive ! Le Parc Tellure vous plonge au cœur de la mine de Saint-Jean-Engelsbourg et de sa grande colonne : c'est la cavité souterraine la plus vaste des Vosges ! Les aménagements sont conçus pour tous les publics, petits et grands.

Les plus courageux s'éclatent sur l'un des parcours sportifs, au cœur des entrailles de la terre : Via Ferrata souterraine, descente en rappel, tyrolienne au-dessus du vide, spéléologie au sein de galeries datant du XVIe siècle… Les débutants comme les plus expérimentés trouveront leur bonheur ! Nouveauté 2023, la Via Ferrata « spéciale kids » : ponctué d'escalade, de descente en rappel et d'une tyrolienne, ce parcours permet aux enfants dès 8 ans de découvrir cette activité.

Mais ce n'est pas tout. Le Parc Minier Tellure présente aussi le tout premier escape game souterrain jamais conçu à ce jour : Escape the Mine - « Le dernier Nanti », qui se déroule par équipe de 3 à 8 personnes (dès 12 ans). Un décor incroyable pour une aventure insolite... Claustrophobes s'abstenir ! Une version Escape Room spéciale kids, L'Expédition des Mini Trolls, est désormais ouverte aux enfants de 5 à 10 ans.

Très courues aussi, les animations pour Halloween sont décoiffantes ! Sinon, pour les moins audacieux, il y a le parcours muséographique, le cinéma panoramique et ses écrans géants ainsi que le théâtre optique avec ses jeux d'ombre et de lumière. Enfilez un casque, profitez du silence et... en route pour un voyage au centre de la Terre !

CAMPING LES REFLETS DU VAL D'ARGENT*** €€

20, rue d'Untergrombach
✆ 06 07 44 75 69
www.les-reflets.com

Ouvert toute l'année. Horaires et tarifs détaillés : cf site web. Restauration. Piscine extérieure. Sauna. Pétanque.

En bungalows, en été comme en hiver, de 4 à 6 personnes ou sur emplacement pour caravanes, tentes et camping-cars, profitez d'un camping niché en pleine nature, au milieu des sapins, où règne le calme et la sérénité. Côté loisirs, le camping propose une grande piscine de 100 m² et sa pataugeoire, un restaurant et plusieurs sorties randonnée, vélo, pêche, ski, spéléologie ou encore des balades en montagne. Profitez également d'un terrain de pétanque et de tennis !

HOSTELLERIE LES BAGENELLES*** €€

15, lieu-dit la Petite Lièpvre ✆ 03 89 58 70 77
www.bagenelles.com

Label Hôtels au Naturel. 12 chambres (1-4 pers), 1 suite PMR (6 pers). Tarifs sur demande. Restaurant. Aire de jeux.

Cet adorable hôtel situé au cœur de la nature, en lisière de la Route des crêtes est une belle étape pour votre séjour ! Chaleureuses et cosy, ses 13 chambres et suite sont décorées dans un esprit montagnard et sont baignées de lumière. Côté auberge, Birgit et son équipe mitonnent des spécialités alsaciennes assorties d'une carte de bons crus de la région. Le tout à déguster dans l'une des salles accueillantes et charmantes, dans la véranda ou sur la terrasse aux beaux jours.

AUBERGE LE PETIT HAUT €€

56, lieu-dit Petit Haut
✆ 09 72 88 43 48

Ouvert du mercredi au samedi midi et soir. Formule du midi : 14 € (3 plats). Terrasse. Jardin. Hôtel : 10 chambres.

Amis marcheurs, motards ou simplement en famille, venez vous attabler dans l'auberge de Corinne et Bernard, lové dans un cadre verdoyant et bucolique. Ici, les chiens des propriétaires cherchent des caresses, les enfants s'amusent dehors à l'aire de jeux et les parents profitent d'un repas gourmand et généreux. Civet de biche aux airelles pendant les fêtes, couscous royal ou encore soirée tartes flambées, il y en a pour tous les goûts ! Ajoutez à cela 10 chambres (dont une familiale) confortables. Une auberge comme on les aime : authentique et sans chichis !

L'ENIVRÉE €€

1, place de la Fleur
✆ 09 50 31 95 99
www.lenivree-lacave.fr

Ouvert lundi, mardi, jeudi : 11h-22h30. Vendredi, samedi : 11h-00h. Menu : 13 €. Bar à vin. Caviste. Épicerie fine.

Aménagé dans un esprit contemporain et chaleureux, ce bar à vin est le bébé de Manon, fille du pays et passionnée de vin et son compagnon Alexandre, en cuisine. Ramen aux légumes, œuf meurette, filet d'aiglefin et purée de patate douce, à midi, on se régale de plats mitonnés par Alexandre, le tout servi dans d'adorables assiettes vintage. Chaque premier dimanche du mois, on peut profiter également du brunch dominical ! En bonus : une cave à vin riche de 200 références et un corner épicerie fine. Le + : le jeudi soir, les vins sont à prix caviste !

1549
La Mine d'Argent d'Alsace
TELLURE
MINE D'ARGENT
CITÉ DE LA MINE
NEW
THE BOUTIQUE BIJOUX & MINÉRAUX
ESCAPE ROOM SOUTERRAINE
PARCOURS SPÉLÉOS | VIA FERRATA
VOYAGEZ
AU CŒUR DE LA TERRE
INFOS & BILLETERIE
WWW.TELLURE.FR
PARC MINIER TELLURE | SAINTE-MARIE-AUX-MINES | ALSACE

SWEET ART - CRÉATEUR DE CONFISERIES

54, rue Wilson
✆ 06 26 07 02 28
https://sweetart-confiseur.com
Mercredi : 9h30-12h. Du jeudi au samedi : 9h30-12h, 14h30-18h. Boutique en ligne. Ateliers juniors, adultes, familles.

© SWEET ART CRÉATEUR DE CONFISERIES

La délicieuse Nadia serait-elle l'incarnation féminine du Willy Wonka de Roahd Dahl ? Une chose est sûre : c'est la fée des confiseries aux fruits 100 % naturelles ! D'alléchantes fragrances fruitées embaument son atelier, vous mettant illico l'eau à la bouche. « Tendres », marshmallows, caramels tutti frutti, tiennent la vedette à côté de nougats aux amandes et pistaches. Et puis il y a d'irrésistibles bouchées au chocolat recelant un cœur cassis-caramel et noisette. Tout est trop bon !

L'ATELIER DE GUILLAUME €€

1, Lieu-Dit Sur les Prés
✆ 03 89 22 37 08
www.atelierdeguillaume.fr
Collège Culinaire de France. Label Green Food. Du lundi au vendredi midi. Vendredi soir 1x/mois. Traiteur.

Guillaume et sa brigade ont fait de ce restaurant un petit bijou local, qui rend hommage au passé industriel et textile du Val d'Argent et propose une cuisine de saison, vive et travaillée. Dans un décor moderne et chaleureux, on déguste des plats aux produits issus d'un circuit aussi court que possible. Mijoté de canard, lieu noir en viennoise de bretzel et maïs soufflé, arancini de lentille corail au chèvre et épinard, les plats sortent de l'ordinaire et les papilles en redemandent. Le + : 1er restaurant du Grand Est au Label éco-responsable *Green Food*.

CORNE ET CAROTTE

1, lieu-dit Sur Les Prés
✆ 03 89 71 91 30
www.corneetcarotte.fr
Magasin de producteurs locaux. Ouvert vendredi de 15h à 18h45 et samedi de 8h30 à 12h. Grand parking gratuit.

En circuit direct, ici on consomme des produits locaux vendus par six producteurs eux-mêmes qui se relaient dans ce magasin ainsi que leurs 24 partenaires alsaciens. Produits laitiers qui proviennent tout droit de la ferme, viande, fruits et légumes, boulangerie, bières artisanales, confitures, tisanes et autres denrées locales sont en vente dans cette belle boutique moderne et chaleureuse. Des animations sont souvent organisées (dégustations de café, bougies, couronne de l'avent, etc.). Pensez à vous y arrêter, ça regorge de délices et de trésors locaux.

SAVONNERIE DU VAL D'ARGENT ARGASOL

41, rue d'Untergrombach
✆ 03 89 58 83 43
www.argasol.fr
Label Cosmos Organic. Ouvert du lundi au vendredi 8h à 17h. Groupes (+ 20 pers) : visite sur RV. Boutique en ligne.

Cette savonnerie artisanale voit le jour grâce à Cathy et Lahcène (qui souffrait de problèmes de peau), un couple d'inventeurs brillants ! Depuis 17 ans, avec une équipe de 20 personnes, ils proposent des savons (huile d'argan, olive, verveine, etc.), shampoings secs, dentifrice en poudre et autres soins bio, sains et artisanaux. La visite de la savonnerie et les démonstrations se font dans une petite chapelle où ils sont installés ainsi que dans l'ancienne école d'Echery.

SAINTE-CROIX-AUX-MINES

Les origines de Sainte-Croix-aux-Mines remontent officiellement au XIe siècle. Son nom fait référence à une croix rurale installée à l'entrée du Grand-Rombach et aux mines d'argent exploitées à la Herrschaft et à la Stimbach. Cette charmante petite cité a longtemps tiré sa richesse de la papeterie, de la filature et de la teinture d'étoffes. Aujourd'hui, ses principaux atouts sont sa forêt communale, ses exploitations bovines et le tourisme. Son patrimoine architectural comprend notamment les chapelles Saint-Blaise et du Grand Rombach ainsi que la Villa Burrus et son superbe parc qui accueille des manifestations culturelles tout au long de l'année.

HAUT-RHIN

LA FERME D'ARGENTIN

3, chemin du Frarupt - **LIÈPVRE**
© 03 89 22 19 19
www.ferme-argentin.com
Tous les jours de 10h-18h30 en HS.
Animations sur réservation. Visites possibles sur rdv hors période d'ouverture.

La Ferme d'Argentin est le paradis des animaux au cœur du Val d'argent ! Ici, sur 10 ha au pied de la montagne vosgienne, on suit le parcours entre les enclos des animaux et les jardins. Chèvres de Lorraine, cochons mangalitza, moutons de Soay, et autres amis sur pattes profitent de cette nature verdoyante. En cas de petit creux, le snack propose de quoi grignoter. Le plus : les nombreux ateliers tout au long de l'année comme des créations de couronne de l'avent, création de lanternes grâce aux courges, fabrication de savon, il y en a pour tous les goûts !

SCIERIE MUSÉE VINCENT

2B, rue Maurice Burrus © 03 89 58 78 18
http://scieriemuseevincent.com
Visite guidée 7 j/7 de mai à septembre 10h-19h.
Sur rendez-vous d'octobre à avril.
Durée de la visite environ 1h30.

On ne peut pas louper la cheminée en briques de 25 mètres de haut, impressionnante et majestueuse ! Inscrite au Patrimoine industriel, cette scierie transformée en musée mérite une visite car c'est l'une des rares en Alsace à avoir conservé son parc de machines intact. La scierie a été inscrite à l'Inventaire supplémentaire des monuments historiques en 1997. On y trouve une machine à vapeur Farcot-Corliss de 1893 et également une chaudière Cornwal de 40 m^3. Une visite à faire pour réaliser le génie de nos ancêtres et leur quotidien d'antan. Chapeau !

DOMAINE D'ESTARY €€

1, vallée de Frarupt - **LIÈPVRE** © 03 89 58 42 15
https://domaineestary.fr
3 gîtes pour 12 à 17 pers. À partir de 1 000 €/semaine, 750 €/week-end. Table d'hôtes (sur réservation) : 22 €/pers.

Fanny, Laurent et Marius vous proposent un séjour dans leur ferme entourée de pâtures et de prés (40 ha) où chèvres, brebis, vaches et autres bêtes seront ravis de vous accueillir. Balade à dos d'âne, séance nourrissage des animaux, promenade au vert, cet écrin de verdure signe une pause dans nos quotidiens à toute allure ! Profitez de 3 gîtes spacieux en famille ou entre amis avec un bon dîner préparé par le couple et à base de produits de la ferme. Repartez avec quelques souvenirs comme leur savon au lait de leurs ânesses ou des terrines de gibier.

AUBERGE DU SOBACH €€

40, lieu-dit Sobache
© 03 89 58 83 01
www.auberge-sobache.com
Ouvert du jeudi au lundi le midi et le soir. Terrasse. Jardin. 6 chambres : 62 €/nuitée, petit déjeuner 8 €.

En salle, dans la véranda ou en terrasse en admirant la chaîne des Vosges et sa nature, on vient ici pour se régaler et pour déconnecter. Les chanceux pourront même apercevoir des cerfs ! Catherine et Marc accueillent leurs clients avec le sourire et proposent des spécialités régionales (choucroute, jambonneau braisé, tartes flambées) et des plats traditionnels (T-bone de veau aux girolles, magret de canard, faux-filet black angus) et très bien exécutés. Ici, tout est fait maison et tout est authentique. À savoir : la spécialité de la maison, ce sont les viandes !

MARCHÉ DU TERROIR ESTIVAL

11a, rue Maurice Burrus
© 06 22 95 39 32
Du 11 juillet au 23 août 2023, chaque mardi de 18h à 21h30. Marché rural, animations, restauration, jeux pour enfants.

Organisée au cœur du magnifique parc de la Villa Burrus, ce marché réunit plusieurs producteurs et proposent des animations multiples. Démonstration de bûcheronnage, découverte des animaux, fabrication de munster, il y en a pour tous les goûts ! Sur place (pensez à vos sacs et à vos couverts), on craque pour des fromages, charcuteries, pâtisseries, glaces et autres mets en vente et on profite de faire ses propres grillades sur les barbecues mis à disposition. Quel été au Val d'Argent !

MONTAGNE PASSION ITINÉRANCE

10, rue de la Creuse des Vignes
ROMBACH-LE-FRANC © 03 89 58 56 40
www.speleologie-mines-alsas.fr
Activités toute l'année. Visites de mines anciennes. Spéléologie. Randonnées touristiques. Devis sur demande.

Guide montagne chevronné alliant professionnalisme et sécurité maximale, Pascal Hestin vous emmène sur les sentiers terrestres et souterrains du Val d'Argent et des Vosges. Découverte d'anciennes mines d'argent, initiation à la spéléologie, randonnées pédestres ou en raquettes à neige : sous terre comme au sommet des massifs, Pascal Hestin vous propose des parcours organisés sur mesure. Voici de quoi combler à coup sûr vos rêves, même les plus aventureux !

RIBEAUVILLÉ ★★★

Ribeauvillé fait partie des plus beaux villages d'Alsace ! Sa mention apparaît aux alentours du VIIIe siècle sous le nom de « Radbaldovillare ». Au XIe siècle fut érigé le château de Ribeaupierre, suivi 2 siècles plus tard par les châteaux de Girsberg et de Saint-Ulrich. Au Moyen Âge, la cité fut le siège des Ribeaupierre, puissante seigneurie à l'origine de l'édification de ces trois châteaux forts. Après le XVIIe siècle, la ville devint un important centre textile qui se modernisa régulièrement. Construite de façon longitudinale, Ribeauvillé possède de magnifiques maisons à colombages qui illustrent la richesse des notables de l'époque.

NOTRE-DAME DE DUSENBACH

✆ 03 89 73 64 12

Le dimanche de 9h30 à 17h30 (autres horaires en ligne). Restauration. Hébergement (12 chambres, 19 lits).

Fréquenté par de nombreux pèlerins, touristes et randonneurs, le sanctuaire de Notre-Dame de Dusenbach se niche au fond d'un vallon entouré de forêt. On y accède par la route qui mène de Ribeauvillé à Sainte-Marie-aux-Mines. Ce lieu de pèlerinage est dédié la Madone à l'Enfant rapportée d'Orient par Eguenolphe, seigneur de Ribeaupierre. Détruit à maintes reprises, le bâtiment fut reconstruit au XIXe siècle dans un style néogothique. Il se compose d'une grande église, d'une chapelle de la Vierge, d'un chemin de Croix long de 800 m et d'un abri pour les pèlerins.

LES CHÂTEAUX

✆ 03 89 73 23 23

www.ribeauville-riquewihr.com

Accessible toute l'année. Gratuit. Parcours balisé « Circuit des trois châteaux » : durée : 2h30 environ.

Le village médiéval de Ribeauvillé est entouré de trois châteaux. Leurs ruines témoignent d'une vie moyenâgeuse et une randonnée balisée permet leur découverte. Le château de Saint-Ulrich est le mieux conservé. Bâti au milieu du XIIIe siècle, il fut la résidence des Ribeaupierre jusqu'au XVe siècle. Face à lui, le château de Girsberg s'élève sur un impressionnant piton rocheux. Il possède un donjon du XIIIe siècle et ses vestiges datent de plusieurs époques. Le château du Haut-Ribeaupierre est le plus ancien des trois et surplombe Ribeauvillé, à 645 m d'altitude.

LA TOUR DES BOUCHERS ★

Vous ne pourrez pas la louper en vous promenant à Ribeauvillé ! Majestueuse, la Tour des Bouchers surplombe à 29 mètres de haut les toits de la ville et témoigne du passé de la cité des ménétriers. Elle date du XIIIe siècle et elle tire son nom de la corporation des bouchers, chargée à l'époque de défendre la ville depuis cette tour, qu'on ne peut malheureusement plus visiter aujourd'hui. Elle est précieuse car c'est la dernière des 4 tours-portes de la ville jadis fortifiée. À vos photos, ce monument historique imposant est à immortaliser.

L'HÔTEL DE VILLE ★

2, place de l'Hôtel de Ville

✆ 03 89 73 20 00

www.ribeauville.fr

Visite uniquement lors des Journées du Patrimoine en septembre.

Inscrit aux monuments historiques depuis 1932, l'hôtel de ville de Ribeauvillé est un bijou d'architecture à visiter durant votre séjour. Avec ses 17 fenêtres, il trône sur sa place tel un majestueux monument à contempler avec admiration. Sa facade est surmontée d'un fronton, le tout comporte des remplages en grès sculpté et un balcon présente un garde-corps en ferronnerie de style Louis XVI. À l'intérieur, admirez la salle du Trésor et sa collection de hanaps en argent offerts par les seigneurs de Ribeaupierre à la ville de Ribeauvillé. À voir !

L'HÔTEL & SPA RIBEAUVILLÉ★★★★ €€

2, Grand Rue ✆ 03 67 82 01 65

www.hotelsparibeauville.com

Chambre double à partir de 77 €.
Petit déjeuner buffet : 17 €/adulte, 10 €/6-12 ans.
Sauna, hammam, piscine intérieure.

Dans cet hôtel rénové avec goût en 2021 et mettant les paysages alsaciens au cœur de sa décoration, tout le monde est accueilli avec soin. Les enfants sont chouchoutés, les animaux acceptés et les parents comblés ! Chambre triple, communicantes ou non, suite, il n'y a qu'à choisir ce qui est le plus pratique. La piscine intérieure chauffée, sauna et hammam finissent de convaincre tout le monde ! Un hôtel idéalement situé à l'entrée de la cité des ménétriers, foncez en profiter !

HÔTEL RESTAURANT DU MOUTON*** €€

5, place de la Sinne ✆ 03 89 73 60 11
www.hoteldumouton.fr

Chambre double dès 107 €. Suite (3 pers.) dès 132 €. Petit déjeuner : 15 €. Restauration. Terrasse. Vente à emporter.

Dans cet hôtel 3 étoiles, tout est adorable ! Les chambres ont chacune un cachet fou et une décoration mêlant modernité et touche d'ancien, le tout pour un confort douillet et une élégance folle. Catherine et Tanguy Lehmann vous accueillent ici, comme chez vous et vous proposent également de bons petits plats du marché dans leur restaurant avec une spécialité que Christophe, le chef, adore travailler : le poisson (comme le Fischschnacke de homard et de Saint-Jacques).

PÊCHE DE VIGNE €€

31, rue du Pinot Noir - **RODERN** ✆ 03 89 71 67 91
www.pechedevigne-rodern.com

Chambre d'hôtes (2-4 pers) dès 125 €/nuitée. Suite (2-4 personnes) dès 165 €. Piscine extérieure. Spa. Table d'hôtes.

Dans cette ancienne ferme vigneronne, on vient passer un moment hors du temps au pied du château du Haut-Koenigsbourg. Les chambres d'hôtes sont décorées dans le respect des matériaux d'origine, les poutres intactes y sont apparentes et le tout est charmant. Les hôtes sont très engagés en matière d'écologie : chaufferie au bois, installation solaire thermique et station de recharge pour voiture. On profite du spa, avec sa piscine extérieure, son sauna et son hammam et sa salle de repos dans un espace chaleureux et moderne. Le + : table d'hôte sur réservation.

RESORT BARRIÈRE RIBEAUVILLÉ**** €€€

Route départementale 106
✆ 03 89 73 43 44
www.resort-ribeauville.com

Chambre double dès 169 €. Suite dès 269 €. 2 restaurants. 2 bars. Centre balnéo/spa (hammam, sauna, bain à bulles).

Élu meilleur resort spa de France en 2021 et 2022, ici les prestations sont incroyables : spa beauté, hôtel, casino, 2 restaurants, 2 bars mais aussi centre balnéo. En effet, entre les 3 bassins sensoriels intérieurs et extérieurs, le sauna finlandais, le hammam étoilé, le solarium ou la douche à neige, on trouvera de quoi être comblé. Les 56 chambres dont 1 suite avec vue sur le vignoble, sont accueillantes et spacieuses avec tout le confort qu'on attend.

AU CHEVAL NOIR €€

2, avenue du Général de Gaulle
✆ 03 89 73 37 83
https://cheval-noir-ribeauville.fr

Fermé le lundi et le mardi. Réservation recommandée. Menus à 23 € et 24 €. Carte, suggestions.

Bienvenue au Cheval Noir, une winstub alsacienne aux allures de bistrot moderne et chaleureux (rénovation de la salle en 2017) où il fait bon s'attabler. Le cadre est agréable : murs en boiseries modernes, grandes baies vitrées, anciennes fresques gardées intactes et rétro-éclairées, terrasse aux beaux jours. Les plats y sont généreux et gourmands : tartes flambées, rognons de veau, cordon bleu, truite au riesling, jambonneau, etc. On passe un bon moment au Cheval Noir et on y revient ! Le + : les groupes sont les bienvenus et de nombreux menus leurs sont proposés.

AUBERGE AU ZAHNACKER €€

8, avenue du Général de Gaulle
✆ 03 89 73 60 77
www.restaurant-zahnacker.fr

1 Toque Gault & Millau. Du vendredi au mardi midi et soir, mercredi midi. Label Tourisme & Handicap.

Le chef Joseph Leiser vous propose d'excellentes spécialités alsaciennes. Escalope de foie d'oie poêlée aux pommes, choucroute de la mer, carré d'agneau d'Alsace rôti ainsi que des mets très fins qui font voyager tels que le wok de légumes façon thaï ou la lotte cuite en vapeur douce, au lait de coco et sésame noir. Ici, on s'attable dans une salle boisée avec vitraux, à l'ancienne mais très cosy. On y boit du bon vin issu d'une carte variée et généreuse et l'été on profite d'une terrasse sous une sublime et maintenant célèbre glycine, identité du lieu.

LE CAMMISSAR €€

81, Grand'Rue ✆ 03 89 86 60 87
www.cammissar.fr

Fermé mardi et mercredi. 2 Toques Gault & Millau. Menu à midi en semaine : 35 € (3 services). Réservation recommandée.

Des assiettes comme une nature morte. Et pour cause : le restaurant s'inspire du peintre Auguste Cammissar, artiste strasbourgeois réfugié dans la région durant la Seconde Guerre mondiale. À la manière du peintre, Thomas Eblin et ses équipes vous proposent des œuvres d'art culinaires. Au cœur d'une maison à colombages datant de 1470 et construite par Maximin II de Ribeaupierre, ce restaurant gastronomique mélange à Ribeauvillé modernité et tradition. Il sublime des produits bruts, locaux et de saison pour le plus grand plaisir de vos papilles, avec créativité.

À LA VILLE DE NANCY €€

7, Grand'Rue ✆ 03 89 73 60 57
https://restaurant-villedenancy.com
Du mardi au jeudi à midi. Lundi, vendredi, samedi midi et soir. Menu du Marché à midi. Menu et carte le soir. Terrasse.

© @LUKAMFOOD

C'est Gérald, en cuisine, et Florence, en salle, qui gèrent de main de maître ce petit restaurant aux allures de bistrot chic et moderne. Avec le très mérité label Restaurant de qualité attribué par le Collège culinaire de France, ici on se régale de petits plats de saison à la carte ou on se laisse aller à la découverte du menu à 3 plats le soir au gré des envies de Gérald. Florence vous conseillera parmi les 100 références de vins disponibles hors Alsace, de quoi accompagner délicatement vos plats et satisfaire les papilles œnophiles les plus exigeantes !

LA FLAMMERIE €€

9, Grand'Rue
✆ 03 89 73 61 08
www.winstub-ribeauville.com
Fermé le lundi. Fermé le dimanche soir hors saison. Menus de 27 € à 35 €. Terrasse

Le girl power est de mise dans cette winstub typique tenue par des sœurs : Florence, en cuisine, et Sophie, en salle. Ici, on déguste des mets régionaux délicieux issus de produits frais et locaux. Florence met un point d'honneur à trouver des producteurs de qualité et du coin. Dans une ambiance tamisée, rouge et boisée, on déguste une choucroute royale, des pommes de terres coiffées aux 2 fromages d'Alsace ou encore 5 sortes de jambonneaux mijotés. L'accueil, par Sophie, est très agréable et cette dernière, passionnée de vins, conseille à merveille ses clients.

HÔTEL-RESTAURANT AUX 3 CHÂTEAUX €€

2, route de Sainte-Marie-aux-Mines
✆ 03 89 73 82 22
www.hotelrestaurant3chateaux.fr
Du vendredi au mercredi midi et soir.
Menu : 21,50 € à 40 €. Terrasse.
Hôtel : dès 80 €/nuitée/2 pers.

Murs en pierre et ambiance médiévale, voilà l'ambiance qui vous attend Aux 3 Châteaux. La famille Muller vous accueille pour vous faire découvrir l'Alsace dans votre assiette. Choucroute royale, munster fondu sur pommes de terre ou plats traditionnels comme un cordon bleu XXL, ici l'assiette est généreuse et bien garnie ! L'été, on peut profiter d'un repas en terrasse et y tester un plat cuit sur l'impressionnant brasero ! L'établissement possède son propre hôtel 3 étoiles.

AU RELAIS DES MÉNÉTRIERS €€

10, Av. du Général de Gaulle ✆ 03 89 73 64 52
restaurant-menetriers.com
Cuisine bistronomique mêlant traditions alsaciennes et saveurs d'ailleurs.
Présentation soignée, associations créatives.

Pépite bistronomique que ce Relais des Ménétriers, qui n'a d'antique que son nom. Dans un cadre moderne et épuré, le chef Serreau propose, l'air de rien, une cuisine graphique et raffinée. Tout y est soigné : la soupe thaï aux textures contrastées, le sandre aux morilles baignant dans sa sauce au crémant ou encore le dos de cabillaud sur lit de risotto citronné. La cuisson du poisson est réussie. Pour finir sur une note sucrée, la pavlova fond simplement dans l'âme. Une bonne adresse où l'on mange du beau, bon et de saison. Accords mets-vins opportuns.

BOULANGERIE PÂTISSERIE CONFISERIE VOGEL

15, Grand'Rue
✆ 03 89 73 66 63
Ouvert du lundi au samedi : 7h-18h30 (17h le samedi). Salon de thé.
Formule du midi 14 € (2 plats). Vente à emporter.

Sur place ou à emporter, dans cette boulangerie à la devanture vintage, on déguste des mets salés et sucrés. Pour un plat du jour ou un goûter, on s'attable ici comme dans un chalet : boiseries, banquettes en bois. Ici, on travaille des produits de qualité pour proposer des pains délicieux comme le pain au potiron, des pâtisseries uniques comme les œufs mimosa, vanille mangue sur brownie chocolat ou des plats comme un chili con carne, un risotto ou des poireaux vinaigrette.

LE GOUPIL

2, place de l'Ancien Hôpital
✆ 03 89 78 81 23
http://goupilbaravin.wordpress.com
Ouvert de début mai à mi-décembre, du mercredi au dimanche de 17h30 à 00h. Restauration. Animations. Concerts. Terrasse.

Les vignerons du coin (et autres amateurs de bons crus) se réunissent dans ce bar à vin unique tenu par Roland Frey. Quand il n'est pas sur les pistes de ski en saison en tant que moniteur, il partage sa passion dans un décor tout neuf après 7 mois de travaux en 2021/2022. Les vins qu'il sélectionne illustrent la richesse des terroirs d'ici et d'ailleurs (plus de 50 Grands Crus) et sont majoritairement issus d'une viniculture raisonnée ou bio. On les accompagne de planchettes de charcuterie et fromages, tartines et autres antipasti délicieux !

ATELIER CHRIST - JOUETS EN BOIS

8, Grand'Rue
✆ 03 89 73 72 09
Du mardi au samedi : 9h30 à 12h et 14h30 à 18h30 (18h le samedi).

C'est une véritable caverne d'Ali Baba que vous trouverez en franchissant les portes de cet atelier. Des jouets en bois, des jeux de société, des doudous, des cartables, des figurines, des peluches, c'est une mine d'or pour tous les enfants. Tenue par deux mamans, cette boutique est remplie de trésors, de bonnes idées cadeaux et de jeux qui sortent de l'ordinaire et où l'on saura vous conseiller ! Une adresse à tester avec vos têtes blondes, sourires garantis.

GOURMANDRINKS

81, rue des Juifs
✆ 03 89 73 86 44
Ouvert du mardi soir au dimanche midi. Petite restauration. Vins, cocktails. Terrasse.

Ce bar, à la décoration qui mixe bois et éléments industriels, est un bel endroit pour passer un moment agréable entre amis. L'accueil y est sympathique, la terrasse cosy et un espace lounge permet de siroter son cocktail confortablement. On y est très bien conseillé en termes de vins, du coin ou d'ailleurs (et souvent bio). Pour les fans de cocktails, une belle carte est à disposition (planteur, mojito, Moscow mule, etc.). Et pour les petits creux, on se régale de grandes tartines de saison, de tapas et de belles planchettes à partager. Une adresse au top !

CAVE DE RIBEAUVILLÉ

2, route de Colmar
✆ 03 89 73 20 35
www.vins-ribeauville.com
Ouvert du lundi au vendredi : 8h-12h, 14h-18h. Boutique en ligne.

1re cave vinicole de France, fondée en 1895, cette cave fait partie des meilleures caves coopératives d'Alsace. Elle regroupe 40 viticulteurs : 8 lieux-dits, 8 Grands Crus et 235 ha certifiés HVE3. La Cave de Ribeauvillé propose 80 références, parmi lesquelles on craque pour le Riesling Grand Cru Kirchberg de Ribeauvillé 2018 (93/100 Wine Enthusiast). Cave de dégustation, salle d'expo, salle des foudres (centenaires !), musée de la vigne, œnothèque, ici tout est pensé pour une visite complète et enrichissante. Le + : un espace de jeux intérieur pour les enfants.

PÂTISSERIE GILG

1, rue des Tanches
✆ 03 89 49 74 53
www.patisserie-gilg.com
De 8h30 à 18h45 du mardi au samedi (18h). Dimanche de 8h30 à 12h30. Jours fériés : voir site Web. Boutique en ligne.

Cette pâtisserie familiale créée en 1936 est dirigée par Thierry et Sandra, les petits-enfants Gilg. Dans la boutique de Ribeauvillé, l'univers y est moderne, coloré et chic où moules à gâteau et anciens et lustre *Zeppelin* de Marcel Wanders cohabitent harmonieusement. Les ingrédients sont sélectionnés avec soin (laiterie déchiré, chocolats du Mexique, Tanzanie, etc.) et producteurs locaux pour les fruits et légumes. Entremets individuels au visuel impeccable, glaces, galettes des rois ou mauricettes, wrap, kougelhopf salé, il y en a pour tous les goûts !

CHOCOLATERIE DANIEL STOFFEL

Route de Guémar ✆ 03 89 71 20 20
www.daniel-stoffel.fr
Du lundi au samedi : 9h30-12h30, 13h30-19h. Visite de groupe sur RDV. Boutique en ligne. Ateliers

Cette chocolaterie, entièrement relookée en 2021, a vu le jour en 1963 grâce à Daniel Stoffel et sa femme. Depuis, c'est un immense concept store qu'on peut maintenant visiter à Ribeauvillé et vivre une expérience immersive dans la boutique colorée et ludique, façon Willy Wonka, aux couleurs de la marque (orange et marron). Des ateliers et démonstrations sont organisés toute l'année dans l'espace dédié Choco'Wahou autour des bonbons de chocolat fabriqués artisanalement. Un régal !

LE CLOS LIEBAU

30, route de Bergheim
✆ 06 19 23 73 03
Certification Bio. Vins méthode nature. Visite et dégustation de préférence sur RV.

Sébastien a attendu ses 33 ans pour créer son domaine de 3,2 ha : Le Clos Liebau. Pensé comme un jardin sauvage, il est certifié AB, les vignes sont cultivées en permaculture, sans usage de soufre ni cuivre. Vous y trouverez des arbres sauvages et des poules installées au milieu des vignes afin d'assainir les parcelles. D'autres animaux sont dans les vignes et sur demande, vos enfants pourront les saluer ! Sébastien produit des cuvées qui ne manquent pas de caractère comme le Soley Kouché, un assemblage de macération au nez fruité et pétillant en bouche.

DOMAINE XAVIER WYMANN

41, rue de la Fraternité
✆ 03 89 73 66 83
https://vins-wymann.com
Certifié AB. Du lundi au samedi 10h-12h, 15h-18h. Dimanche/jours fériés 10h-12h. Visite de cave, dégustation sur RV.

Depuis 2004, en certification bio, Jean-Luc conduit avec passion du métier, son vignoble de 6,5 ares. Dans la « stub », le caveau à côté de sa cave, il vous reçoit avec le sourire lors d'une dégustation et vous explique la typicité de chaque cuvée, les traditionnelles ou la gamme de vins nature, plus récente. Il y a le pétillant naturel, la Bulle de Michèle, aux bulles fines et fraîches ou encore le Muscat, le Jardin de Paul, au nez fruité et concentré et à la bouche riche et imposante. Vous l'aurez compris, il y en a pour tous les goûts !

DISTILLERIE ARTISANALE MARCEL WINDHOLTZ

31, avenue du Général de Gaulle
✆ 03 89 73 66 64
www.distillerie-windholtz.com
Ouvert du lundi au samedi de 8h à 12h et de 14h à 18h. Dimanche sur RDV. Dégustation gratuite pour les particuliers.

Élue Meilleure Distillerie d'eaux-de-vie de fruits au monde par la *Revue du vin de France* en 2018, cette distillerie familiale perpétue depuis 3 générations, la passion du travail bien fait, et l'art subtil de mettre en lumière (et en bouteilles) les arômes et la typicité des fruits alsaciens. Abricot, sureau, framboise, mirabelle, coing, griotte, alisier vous attendent en flacon d'eaux-de-vie et de liqueurs, à déguster directement à la distillerie, en compagnie de Michel Windholtz.

L'ÉCHOPPE PAYSANNE

42, route de Guémar
✆ 03 89 58 79 05
Magasin de producteurs. Ouvert du mercredi au vendredi de 9h30-12h30, 15h-18h30. Samedi : 8h30-13h. Parking gratuit.

L'Échoppe paysanne, c'est de la bonne humeur et des produits frais et locaux. Une vingtaine de producteurs du coin vous y accueillent (et vous conseillent très gentiment) et assurent une permanence. Fruits et légumes, bières artisanales, miel, jus et sirops, pain, produits laitiers, viande et charcuterie, poisson, farine, vous trouverez tout ce qu'il faut pour concocter un bon repas ou tout simplement pour faire les courses de la semaine en soutenant les producteurs locaux. L'échoppe fait le bonheur des gens du coin et des touristes !

DOMAINE JEAN SIPP

60, rue de la Fraternité
✆ 03 89 73 60 02
www.jean-sipp.com
Du lundi au samedi : 9h30-12h et 13h30-18h. 2 chambres d'hôtes dès 85 €/nuit/2 pers.

Depuis 2014, Jean-Guillaume conduit ce domaine familial de 25 ha en compagnie de sa femme œnologue, Céline. Le travail des sols est primordial pour lui qui a à cœur de faire évoluer ses vins certifiés bio depuis 2021. Les terroirs du domaine, grands crus Kirchberg, Altenbgerg ou Grossberg, sont mis en valeur par des vins d'une qualité indéniable. Le Pinot Noir Osmose, élevé en barrique de chêne durant 12 mois, au nez légèrement boisé et à la bouche soyeuse. Ou le Pinot gris Clos Ribeaupierre au nez fin et minéral et à la bouche tout à la fois riche et fraîche.

MAGASIN BEAUVILLÉ

19-21, route de Sainte-Marie-aux-Mines
✆ 03 89 73 74 74
www.beauville.com
Du lundi au vendredi : 9h30-12h15, 14h-17h45. Samedi : 9h30-17h45. Dimanche en décembre : 14h-18h. Boutique en ligne.

Depuis plus de 2 siècles, cette manufacture d'impression sur étoffes ne cesse de proposer des nappes, serviettes, torchons et linges raffinés, colorés et aux détails bluffants. Labellisée Entreprise du Patrimoine Vivant depuis 2009, Beauvillé plaît pour son savoir-faire français et son prestige. Du style classique au plus moderne et contemporain, il y en a pour tous les goûts, à découvrir dans le magasin d'usine pour des prix plus intéressants qu'ailleurs. Le + : un service nappe sur mesure vous permet de choisir la longueur de votre nappe.

MAISON TRIMBACH

15, route de Bergheim
✆ 03 89 73 60 30
www.trimbach.fr

Ouvert du lundi au vendredi de 8h à 11h45 et de 14h à 17h15. Samedi sur RV. Dégustation sur RV. Boutique en ligne.

Ici, c'est avant tout une histoire de famille, entre père et fils puis entre cousins et cousines. Depuis 1626, 13 générations pérennisent ce domaine avec passion. Pierre Trimbach, président des Grandes Maisons d'Alsace, est classé parmi les 10 meilleurs vinificateurs de vin blanc au monde. Une réputation qui s'appuie sur l'incontestable qualité des vins de garde aromatiques et secs. La maison propose 5 gammes : incontournables Classiques, vins de Réserve, Réserve Personnelle, Rieslings & Grands Crus, Vendanges Tardives. Une dégustation s'impose !

LA PLACE

Place de l'Hôtel de Ville
✆ 09 53 13 69 10

Ouvert du mardi au samedi. Fromager et bar à fromage. Dégustations commentées et soirées thématiques. Vente à emporter.

Thomas vous accueille dans sa fromagerie/bar à fromage avec le sourire ! Fan de fromage, cet endroit est pour vous, c'est une mine d'or pour se régaler de fromages estampillés AOC, AOP, bio locaux ou d'ailleurs. On y découvre des pépites sur place ou à emporter puisqu'un bar à fromage vous permet de boire un verre de vin en accord avec votre assiette. Thomas organise très régulièrement des soirées fondue, raclette, accord fromage/vin, etc. C'est La Place, une adresse à noter quand on cherche des fromages qu'on ne trouve pas partout.

PISCINE DE PLEIN AIR CAROLA

48, route de Bergheim
✆ 03 89 73 64 40
www.ribeauville.fr

Ouvert 7 jours/7 du juin à août, de 10h à 19h. Entrée : 3 €/adulte. 2 €/5-16 ans. Snack-bar.

Premier bassin de plein air du Haut-Rhin, la Piscine Carola a ouvert ses portes en 1954 et c'est une institution pour les locaux ! Elle fait le bonheur des petits et grands et s'est même refait une beauté en 2021 (peinture, entretien technique, ambiance 60's). Bar tenu par Michèle et Pépita, tables de ping-pong, terrain de volley et de foot, plongeoirs historiques et vertigineux et 5 000 m² d'espaces verts ombragés... ou non. Voici de quoi profiter des beaux jours à ciel ouvert !

PISCINE INTERCOMMUNALE DES TROIS CHÂTEAUX

1, rue Pierre de Coubertin ✆ 03 89 73 27 27
www.piscine-3-chateaux.fr

Horaires d'ouverture sur le site web. Tarifs : 5,80 €/adulte, 2,70 €/enfant. Sauna, hammam, fitness.

Sous sa grande verrière, cette piscine est un paradis pour les enfants ! Elle comprend deux pataugeoires ludiques et colorées (intérieure et extérieure), un toboggan central, un parcours balnéo, un grand bassin, un bassin d'apprentissage. La salle de fitness, le sauna et le hammam sont accessibles toute l'année. À l'extérieur en été : des coins d'herbe ombragés pour la sieste, des aires de jeux, des tables de ping-pong, un boulodrome, un terrain de volley et des tables de pique-nique.

AUBURE

Aubure a la réputation d'être le village alsacien le plus élevé : il domine ainsi la plaine d'Alsace à 800 mètres d'altitude. Protégé des vents par le massif du Brézouard, il jouit d'un microclimat qui en fait, depuis la fin du XIXe siècle, un lieu de villégiature et de cure fort réputé pour la qualité de son air, en été comme en hiver. De plus, c'est également un excellent point de départ pour partir en balade sur les multiples sentiers de randonnée environnants. À ne surtout pas manquer : le Belvédère, un magnifique monument situé sur le col de Fréland en direction de Salem. Il offre un point de vue incroyable sur les crêtes vosgiennes !

GÎTES ADELSPACH**** €€

Lieu-dit Adelspach
✆ 03 89 73 91 61
www.adelspach.com

5 gîtes (50 m² à 150 m²) pour 2 à 14 pers. Tarifs sur demande. Piscine intérieure, sauna, hammam, bain bouillonnant.

À 860 mètres d'altitude, les gîtes de Martine et Jean-Marc aux allures de chalets ont une vue panoramique à couper le souffle sur la plaine d'Alsace et la Forêt-Noire. Haut de gamme, les prestations proposées sont nombreuses et de qualité : espace wellness de 150 m² avec vue (piscine à contre-courant, bain à remous, hammam, sauna, bain finlandais, salle de fitness), chambres cosy et confortables. Après une balade en raquettes en forêt, profitez d'un moment de détente au sauna pendant que les enfants jouent dans la piscine, le rêve non ?

LE CHEMIN DU BIEN-ÊTRE

Chemin du Combattant
© 03 89 73 23 23
www.ribeauville-riquewihr.com
Parcours pédestre gratuit, accessible toute l'année. Niveau facile, pour toute la famille.

Parfois, rien ne vaut du silence et une bouffée d'air frais. Le Chemin du bien-être propose une randonnée tranquille et apaisante de 17 km. Un parcours bien-être aux différentes pauses proposant un point de shiatsu afin de pratiquer l'auto-massage expliqué par des pancartes en bois. Gô Koku, Hya Kue, Ashi San Ri, Ten Sû, Yû Sen et autres différentes techniques vous aideront à vous détendre, dénouer les nœuds et tensions accumulés par nos quotidiens intenses. Comptez une demi-journée pour prendre le temps d'apprécier l'expérience.

LA MAISON DES SORCIÈRES

5, rue de l'Église
© 03 89 73 18 64
http://haxahus.org
Ouvert de juillet à octobre du mercredi au dimanche de 14h à 18h (sept-oct uniquement les dimanches). Adulte 3 €.

Ce musée retrace les procès pour sorcellerie jugés à Bergheim de 1582 à 1683 par le biais de gravures, d'archives et de films documentaires. Il éclaire une part sombre de l'histoire de l'Alsace quand croyances, esprits malins, religion et justice agitaient les populations. La Maison des Sorcières s'appuie exclusivement sur des faits historiquement avérés. Outre l'histoire de la sorcellerie en Alsace, ce musée offre des perspectives intéressantes sur de nombreux thèmes annexes, tels la représentation de la femme, la tolérance et la crainte de l'inconnu.

BERGHEIM ★

La cité de Bergheim a tout d'une miraculée, car, contrairement à la plupart des villages voisins, elle a connu le bonheur d'être épargnée par les deux dernières guerres mondiales ! Moyennant quoi, elle conserve aujourd'hui de nombreux vestiges amoureusement préservés. Sa double enceinte fortifiée datant du XIVe siècle présente une porte haute et 9 tours. L'hôtel de ville date de 1776 et, à côté de l'église on trouve un ossuaire Renaissance de 1550. L'église Notre-Dame-de-l'Assomption dévoile un chœur du XIVe siècle et un clocher-porche gothique. Outre la Tour des Sorcières dite Peltzkappe, il y a aussi un tilleul qui aurait été planté en l'an 1300 !

LA COUR DU BAILLI*** €€

57, Grand Rue © 03 89 73 73 46
www.cour-bailli.com
Chambre/studio 2 pers dès 79 €. Suite dès 176 €. PDJ : 12 €. Restaurant. Terrasse. VitiSpa. Piscine intérieure.

On ne s'attend pas à l'univers qui se déploie derrière la façade de cette splendide demeure vigneronne du XVIe siècle dotée d'une belle cour fleurie. Spa, bar, restaurant et plusieurs chambres, suites et studios définissent la Cour du Bailli. Aménagé dans une ancienne cave vigneronne, le Vitis Spa invite à se ressourcer en toute sérénité : piscine intérieure, sauna, bain bouillonnant. Le restaurant est aménagé dans la cave à vin de cet ancien corps de ferme. On s'y régale de plats faits maison et de saison. Un endroit charmant, parfait pour un séjour en amoureux !

LE CADRAN SOLAIRE ASTRONOMIQUE

www.ville-bergheim.fr

Il indique les heures, les demi-heures, les quarts d'heures, les changements de saison, la position du soleil et son lever et coucher. Ce cadran solaire, l'un des plus beaux de France, date du XVIIIe siècle et a été rénové en 1959 et 1977. Il faudra un peu le chercher pour pouvoir l'admirer mais il vaut le détour. La devise latine « *Sicut umbra fugit vita* » (traduisez : « comme l'ombre, la vie s'enfuit ») y est inscrite et poussera à la réflexion. À voir !

L'ECLOS DES VIGNES €€

8, Faubourg Saint-Pierre © 06 08 21 08 35
www.leclosdesvignes.alsace
5 appartements pour 4-6 personnes. Tarifs : consulter le site web. Spa. Terrasse. Borne de recharge véhicule électrique.

Dans un cadre verdoyant, ces 5 gîtes offrent un niveau de confort total : boiseries et décoration moderne, cuisine équipée, salon cosy, chambres douillettes. Rénové en 2022, le spa avec sauna, bain bouillonnant, hammam et son espace fitness est moderne et accueillant. Equipé de barbecues et de mobilier outdoor, le jardin invite à la détente. La table d'hôte (sur réservation) gérée par Amandine, soucieuse de transmettre les saveurs des plats de sa grand-mère qui raviront à coup sûr vos estomacs. En bonus : soirées tartes flambées à volonté, sur réservation.

LE GÎTE DU ROTENBERG €€

Ferme du Rotenberg
✆ 03 89 73 34 14
www.rotenberg.fr
2 gîtes (4-5 pers) à partir de 290 €/semaine. Accueil cavaliers + chevaux en gîte d'étape. Parking privé. Garage à vélo.

En pleine campagne, Sylvie et Pascal, des amoureux du sport et des animaux (et du partage), vous accueillent dans 2 gîtes, situés dans une ancienne grange en bois. Les gîtes sont bien équipés, douillets et rustiques. Implanté sur les circuits équestres des Lignes Bleues et des Cigognes, c'est également une belle étape pour les cavaliers passant par là, des écuries sont installées dans le gîte et des prés ou boxes sont à la disposition des chevaux. Les hôtes proposent également aux Combi, 2 places dans l'immense jardin attenant au gîte.

ANIMUS €€

14, place du Dr Pierre Walter
✆ 03 89 73 73 97
https://restaurant-animus.fr
2 Toques Gault & Millau. Fermé mercredi, jeudi, samedi midi. Menu unique à midi 21 €. Terrasse. Réservation recommandée.

Jeune Talent Gault & Millau en 2020, Andrea Martin, accompagné de sa femme Julie, propose une cuisine haut de gamme, de qualité, franco-italienne, dans un restaurant charmant. La création est au cœur de chaque assiette : couleurs, saveurs, association d'ingrédients, tout est réfléchi pour un résultat brillant et savoureux. Œuf parfait, tombée d'épinards, crème et chips de parmesan ou veau, foin, ail noir, l'équilibre est juste et la technique fait la différence. Le tout accompagné de très bons crus italiens ou locaux, majoritairement bio, régalez-vous !

BASILIQUE PIZZE & VINI €€

2, rue Porte Neuve
✆ 03 69 79 20 43
Du mercredi au dimanche soir. Vins bio, biodynamique, nature alsaciens et italiens. Terrasse. Pizzas et planchette.

Niché dans une charmante cour, cette pizzeria est un bijou. Mur en pierres brutes, guirlandes lumineuses, carrelage effet carreau ciment, on est ici accueilli comme des rois dans ce décor charmant (ou en terrasse l'été). Depuis sa table, on peut admirer le magnifique four napolitain géré par le chef Tiago. Les pizzas y sont incroyables grâce au travail de la pâte, préfermentée pendant 3 jours, la laissant ultra-aérée. Coup de cœur pour la Lucia : pousse d'épinards, chèvre, burratine. Le tout accompagné d'un vin bio alsacien ou italien conseillé par Jean-François.

CAFÉS T'HEIM

33, rue du Pressoir
✆ 07 83 43 24 73
https://cafestheim.fr/
Torréfacteur artisanal bio. Ouvert vendredi matin et samedi après-midi sur rendez-vous.

Avis aux connaisseurs un brin baroudeurs ! Les cafés T'Heim vous feront voyager, vous et votre palais. Cette enseigne familiale alsacienne redonne ses lettres de noblesse à l'antique métier de torréfacteur. Du Rwanda à l'Éthiopie, du Honduras au Mexique, du Laos à l'Inde, les provenances et les blends sont suffisamment éclectiques pour satisfaire tous les goûts. Passez en boutique pour découvrir plusieurs cafés bio sur les conseils de ces passionnés. Cerise sur le gâteau, la torréfaction est réalisée sur place de manière artisanale.

LES DEMOISELLES DE REICHENBERG

28, place du Dr Pierre Walter
✆ 03 67 35 07 63
www.reichenberg.fr
Ouvert du vendredi au dimanche de 10h à 12h30 et de 16h à 18h30. Sur RV les autres jours. Boutique en ligne.

Certifié HVE 3, ce domaine est géré par Patrick Cognacq et sa femme Évelyne. Situé sur les pentes du château dans lequel Patrick a grandi, ce domaine est choyé depuis des années par son propriétaire. On peut craquer pour des produits alsaciens d'épiceries fines (miel, terrines, foie gras) ou opter pour une dégustation, en compagnie de Patrick, du gewurztraminer cuvée exceptionnelle 2020 aux arômes intenses et élégants et à la bouche corsée et puissante.

GUSTAVE LORENTZ

91, rue des Vignerons ✆ 03 89 73 88 07
www.gustavelorentz.com
Ouvert du lundi au samedi de 10h à 12h et de 14h à 18h. Groupes sur RDV : à partir de 12 €/pers. Boutique en ligne.

Ce domaine de 33 ha certifié bio depuis 11 ans est conduit par la famille Lorentz depuis plus d'un siècle. La maison Gustave Lorentz élabore des vins réputés et appréciés dans le monde entier mais qu'on peut également déguster dans le spacieux caveau de dégustation. Comme le Riesling Addict 1.23 Grand Cru Altenberg de Bergheim 2010 (noté 17,5/20 par Bettane & Desseauve), superbe vin de garde qui révèle de suaves arômes d'abricot sec. La maison propose également la collection « Évidence », une gamme 100 % vegan qui détient le label-V. De belles découvertes !

PUMODORO BOTTEGA

16, Grand'Rue
✆ 03 89 72 91 09
https://www.pumodoro.fr/
Du mardi au vendredi : 9h30-13h et 15h30-19h. Samedi : 9h30-17h30. Dimanche : 9h30-13h. Petite restauration. Terrasse.

Une caverne d'Ali Baba made in Italia au cœur du vignoble ? C'est le pari de Pumodoro, qui propose une large sélection d'épicerie, vins, charcuteries et fromages triés sur le volet. Ils sont de préférence biologiques, Déméter ou biodynamiques. Emportez des plats italiens comme chez la nonna ; mention spéciale pour le tiramisu aux fraises d'Alsace en été. En terrasse, croquez des cicchetti colorés accompagnés de vin des Pouilles. Pour vos événements, le magasin se mue en traiteur gourmand : burrata et prosciutto di parma en été, plantureuse raclette en hiver.

LE MASSIF DU TAENNCHEL

✆ 03 89 73 23 23
Circuits de randonnées guidées. Informations : Office de tourisme de Ribeauvillé-Riquewihr. Topo-guide : 7 €.

Amis de la magie et des ondes positives, le massif du Taennchel et ses rochers magiques vous plairont à coup sûr ! Baskets enfilées, partez pour un circuit de 15 km environ en pleine forêt où règnent silence et tranquillité. Entre rochers témoins de l'histoire de la région ou rochers magiques et mystérieux, laissez-vous aller à la découverte de légendes mystérieuses. Le rocher pointu, le rocher des Titans, le rocher des Géants, le rocher des Reptiles, ils ont tous leur petit nom et leur histoire qui vous transportera, le temps d'une randonnée, dans un autre monde.

THANNENKIRCH

Vous sillonnez la Route des Vins ? N'hésitez pas à faire une halte dans cet adorable village niché dans un écrin de verdure en contrebas du massif du Taennchel. Vous découvrirez alors le monde merveilleux de Thannenkirch, à quelques battements d'ailes de cigogne du château du Haut-Kœnigsbourg. Ce village de moyenne montagne (468 m) a connu son heure de gloire après la reconstruction du château quand le tourisme s'est développé dans la région. Sa réputation de village paisible s'est alors répandue comme une traînée de poudre. Dédiée à sainte Anne, une source locale (à laquelle on prêta longtemps des vertus miraculeuses) a renforcé l'attrait du village. Entre les deux guerres, les frères Bernheim fondèrent la Vosges Fox Farm, exploitation dédiée à l'élevage de renards argentés car, dans les années 1920, la bourgeoisie était friande de belles fourrures ! Mais, en 1929, la crise provoqua l'effondrement des cours des peaux et La Renardière, dont il subsiste encore les bâtiments sur les hauteurs du village, fut liquidée. Labellisée Station Verte depuis 1997, Thannenkirch est un havre de paix pour les amateurs de nature préservée. L'hôtellerie y est de qualité et plusieurs bonnes tables valent le détour. Impulsée par la municipalité avec l'appui des habitants, une politique environnementale ambitieuse positionne aujourd'hui Thannenkirch parmi l'un des villages les plus écologiques d'Alsace. Il constitue le point de départ de nombreuses randonnées, en particulier vers le Taennchel, fabuleux massif gréseux qui nourrit de nombreuses légendes et abrite des rochers aux formes fantasmagoriques.

LES CABANES ESSENTIELLES €€

8 Melkerhof ✆ 03 89 58 61 08
www.les-cabanes-essentielles.fr
À partir de 60 €/nuitée/gîte/2 pers. et de 160 €/nuitée/cabane/2 pers. Restauration bio. Sauna. Modelages bien-être.

Perchées sur les hauteurs de Thannenkirch au pied du Taennchel, ces cabanes dans les arbres sont chauffées et hébergent 2 à 6 personnes. Original à souhait, ce domaine propose aussi 2 gîtes confortables (2-6 personnes) dans une maison familiale à Thannenkirch. Petit déjeuner classique ou gourmand, repas ou panier pique-nique bio et végétarien, stages de botanique et d'herboristerie, séminaires et retraites bien-être : voici autant de propositions pour agrémenter un séjour bucolique et écologiquement responsable dans un cadre boisé 100 % nature !

HÔTEL-AUBERGE DU MELKERHOF** €€

10, Lieu-dit du Melkerhof
✆ 03 89 73 13 09
www.auberge-melkerhof.fr
7 chambres et 1 suite (2-4 pers). Nuitée dès 95 €/2 pers. Petit déjeuner : 13 €. Gîte équestre. Restaurant. Terrasse.

Cet hôtel dont la bâtisse date de 1832 propose 8 chambres (dont une PMR) aux noms de champignons et tapissés de boiserie du sol au plafond, à la manière d'un chalet. L'hôte, Corinne, est passionnée d'équitation et propose aux cavaliers un gîte équestre pour leur séjour. Quant au restaurant, il met l'accent sur la cuisine du terroir et offre un excellent choix de vins d'Alsace ! On peut également profiter de la nature environnante, à partir de l'hôtel, en partant se balader.

HÔTEL DU HAUT-KOENIGSBOURG*** €€

9, rue de Rodern ✆ 03 89 22 46 60
www.hotel-haut-koenigsbourg.com
Boutique hôtel. Nuitée dès 85 €/2 pers. Petit déjeuner : 13 € (gratuit -15 ans). Salon de thé. Parking, local à vélo.

Au sein d'une adorable demeure du XVIIIe siècle à la façade cachée par de sublimes feuilles de vigne vierge, ce charmant petit hôtel est ce qu'on appelle un hôtel boutique où l'on peut craquer pour un des objets de déco à emporter chez soi. 9 chambres sont disponibles, toutes douillettes, à la décoration classique et charmante. Le petit déjeuner y est gourmand et varié (salade de fruits, fromages, viennoiseries, fromage blanc, œuf, etc.). Le + : nos amis les bêtes sont les bienvenues.

HÔTEL SPA LE CLOS DES SOURCES*** €€€

2, rue de Rodern ✆ 03 89 73 10 01
www.leclosdessources.com
33 chambres et suites pour 2 à 6 personnes. Restaurant (Maître Restaurateur). Terrasse. Bar. Spa. Piscine intérieure.

Le Clos des Sources est un véritable lieu de bien-être doté de nombreux labels écologiques. Il doit son nom aux sources du massif du Taennchel qui alimentent son spa de 1 000 m² ouvert sur la nature. Piscine chauffée, sauna, hammam, sanarium, salle de fitness et de repos, tout est pensé pour une détente totale. Un esprit chalet chic vous attend dans les 33 chambres douillettes à souhait. Au restaurant, le Chef propose des mets fins agrémentés d'herbes aromatiques de son jardin bio.

AUBERGE LA MEUNIÈRE €€

30, rue Sainte Anne
✆ 03 89 73 10 47
www.aubergelameuniere.com
Ouvert tous les soirs et samedi et dimanche midi. Menus : 27 € à 47 €. Menu du jour : 27 € (2 plats). Enfant : 10,50 €.

En terrasse avec vue panoramique sur le château du Haut-Koenigsbourg et les Vosges ou dans la salle tout en bois, on profite ici d'un moment gourmand dans un cadre agréable. La famille Dumoulin et particulièrement Thomas Dumoulin, en cuisine, proposent des plats de saison, joliment présentés et savoureux. Cuisine de terroir ou cuisine contemporaine, la formule change toutes les 3 semaines afin de varier les plaisirs ! Côté hébergement, 25 chambres très confortables vous attendent ainsi qu'un espace bien-être. Une belle adresse !

RORSCHWIHR

Le site de Rorschwihr fut occupé dès l'époque romaine. Son nom provient de l'appellation « Chrodoldeswillare » (traduisez la ferme de Chrodold). À la fin du XIIIe siècle, Rorschwihr devint une propriété des seigneurs de Ribeaupierre, avant d'être cédé aux Habsbourg. Parmi ses monuments remarquables, citons l'église Saint-Michel (1837) dotée d'un clocher-chœur voûté du XIIIe siècle, et le Meyerhof, ancienne propriété abbatiale du XIIe siècle. Mais Rorschwihr est avant tout réputé pour son vignoble exploité par des viticulteurs émérites qui tirent parti d'un mésoclimat exceptionnel caractérisé par une pluviométrie basse et des températures très clémentes.

DOMAINE ROLLY GASSMANN

15, Grand Rue ✆ 03 89 73 63 28
www.rollygassmann.fr
Du lundi au samedi, 10h-12h, 13h30-18h. 2e et 4e dimanche 10h-12h, 14h-18h. Dégustation commentée. Boutique en ligne.

Bienvenue dans la « cathédrale du vignoble », caveau panoramique offrant des vues à 360° sur les vignes, la Plaine d'Alsace et la Forêt noire. Ce lieu époustouflant dévoile des poutres monumentales en forme d'arbre et une superbe exposition géologique présentant les 21 types de sols alsaciens. Dans cet écrin sans pareille, on découvre d'excellents crus, dont certains sont âgés de plus de 20 ans. Gros coup de cœur pour le Pinot Gris Rotleibel Rorschwihr Vendanges Tardives 1996.

LES BÉCANES DE PAPI

✆ 07 68 36 55 63
https://les-becanes-de-papi.fr/
Balades en Solex dans le vignoble alsacien pour 8 personnes maximum, durée 2 à 3 heures. Tarifs : de 50 € à 65 €/pers.

Envie de (re) découvrir la Route du Vin de manière insolite en mode *slow motion* ? Arthur et Vincent vous invitent à faire une balade vintage en Solex ou mobylette au cœur du vignoble alsacien ! Du printemps à l'automne, ils vous proposent des circuits d'une durée de 2 à 3 heures environ (2 pers min) sur leurs fières montures, dûment casqués et gantés par leurs soins. Diverses formules au choix : petit déjeuner, planchette, flammekueche… En pratique, vous réservez et payez en ligne (ou tél) par CB ou vous réglez sur place le jour de la balade par CB ou en espèces.

APPARTEMENTS SOJOLIDAYS €€

12, route du Vin ✆ 06 98 51 18 08
www.sojolidays.fr
2 studios et 3 appartement pour 2 à 4 personnes. Tarifs détaillés sur demande ou cf web. WiFi gratuit. Jardin. Barbecue.

Pär, Léna et leurs 3 enfants ont rénové cette bâtisse, jadis maison vigneronne de 1827, en 2017 pour la scinder en 2 suites et 3 appartements à la décoration vintage où chaque détail est bien pensé. Parquets en bois massif, rotin, papier peint moderne, petit détails chinés, télé HD (avec accès à Netflix) au salon et WiFi gratuit partout. Les logements sont des petits bijoux où l'on se sent bien. À l'extérieur, un petit jardin permet de prendre le soleil et de préparer de sympathiques barbecues. Le + : le terrain de pétanque intérieur !

WISTUB « CHEZ HELMUT » €€

2, place de l'Eglise
✆ 03 89 22 12 69
www.restaurant-rorschwihr.fr
Ouvert mardi de 18h à 23h. Du mercredi au samedi de 11h à 15h30 et de 18h à 23h. Gîte (6 pers) : tarifs sur demande.

Envie de passer un bon moment entre amis dans un lieu convivial et sans chichis ? Passez donc faire un tour chez Helmut ! Ce sympathique gaillard vous régale de bons petits plats alsaciens (et de bons vins du cru) ainsi que des mets plus exotiques selon la saison et l'inspiration du moment. Et puis, chez Helmut, on se prélasse en terrasse sans se soucier de la météo vu que ladite terrasse est abritée dans la grange attenante à la winstub. En dehors des horaires de repas, Helmut assure jovialement un service brasserie assorti d'une courte carte de restauration.

SAINT-HIPPOLYTE ★

Édifiée à flanc de coteaux au pied du Haut-Koenigsbourg, cette cité viticole est réputée pour ses vins d'appellation Rouge de Saint-Hippolyte. Le village a conservé une bonne partie de ses fortifications ainsi que la Tour des Cigognes (seule rescapée des quatre tours originelles), reconnaissable à son toit pointu. Construite en 1316, l'enceinte fortifiée enserre aujourd'hui encore tout le village. On peut en faire le tour en empruntant une promenade balisée. À l'intérieur de la ville, vous découvrirez de belles maisons du XVIe siècle ou de style baroque du XVIIIe, ainsi qu'une fontaine datée de 1555 qui fait face à l'hôtel de ville construit en 1782.

DOMAINE ALINE ET RÉMY SIMON

12, rue Saint Fulrade
✆ 03 89 73 04 92
www.domaine-simon.fr
Certif. Haute Valeur Environnementale (HVE3). Chambre d'hôtes dès 45 €/nuit/2 pers/PDJ. Gîte (2-4 pers) dès 260 €/sem.

© ALINE SIMON

Au pied du Haut-Koenigsbourg, dans cette maison familiale du XVIIIe siècle, Aline et Rémy, aujourd'hui épaulés de la nouvelle génération, Xavier et Grégory, vous accueillent dans leur caveau de dégustation afin de découvrir leurs vins. Issus de 8 ha de vignes, les vins Simon, en conversion bio, sont des vins souvent primés comme le Pinot Gris Vieilles Vignes 2017, 3 étoiles au Guide Hachette 2020 ou le Gewurztraminer Silbergrub 2019, discret et fruité.

HAUT-RHIN

DOMAINE SYLVIE FAHRER ET FILS €€

24, route du Vin
✆ 03 89 73 00 40
www.fahrer-sylvie.com
Chambre double à partir de 65 €, petit déjeuner inclus. Ouverture du caveau pour les dégustations de vins.

Les vins d'Alsace du domaine Sylvie Fahrer et Fils sont issus d'un savoir faire de 4 générations de vignerons, mettant en avant le travail de la vigne dans le plus grand respect des terroirs et des traditions. Afin de profiter au mieux votre séjour en Alsace, vous êtes invité à séjourner dans des chambres d'hôtes entièrement rénovées et parfaitement équipées, où vous bénéficiez de tout le confort moderne et serez plongé en plein cœur de la vie viticole alsacienne.

HÔTEL VAL-VIGNES**** €€€

23, chemin du Wall
✆ 03 89 22 34 00
www.valvignes.com
Nuitée à partir de 89 €/2 personnes, 116 €/3 personnes. Petit déjeuner : 15 €. Restaurant, hammam et sauna.

On croirait presque apercevoir la mer tellement la vue est à couper le souffle sur la terrasse panoramique de 800 m² de cet hôtel, ancien prieuré et ancien collège des Frères Marianistes (qui logent dans une aile de l'hôtel). Profitez de cet hôtel majestueux pour un séjour détente. L'hôtel est doté d'un restaurant bistronomique et d'un espace détente avec hammam et sauna. Il n'en faut pas plus pour être séduit ! Les chambres sont spacieuses, décorées avec goût et simplicité. Insolite : l'hôtel détient sa propre chapelle au 2e étage.

LE PARC - HÔTEL & SPA - RESTAURANT

6, rue du Parc
✆ 03 89 73 00 06 - www.le-parc.com
Restaurant gastronomique : menu à 78 €. Midi : 36 €. Winstub : menus à 36 € et 45 €. Enfant : 16 €. Terrasse.

On trouve forcément son bonheur dans l'un des deux restaurants du Parc. À la Winstub Rabseppi Stebel, on se régale d'une cuisine alsacienne ou revisitée (quenelles de brochet gratinées aux épinards, jambonnettes de grenouilles poêlées) dans un décor traditionnel avec boiserie et tomettes au sol. Au Restaurant Joséphine, on déguste des plats inventifs (bar, risotto au curcuma écume d'agrumes, mignon de veau, espuma de pommes de terre à la truffe) dans un cadre classique et tamisé.

LE PARC - HÔTEL & SPA - RESTAURANT €€

6, rue du Parc
✆ 03 89 73 00 06
www.le-parc.com
Logis Hôtel Élégance. Chambre double dès 160 €. PDJ 20 €. Piscine couverte. Sauna. Hammam. Logis Table Distinguée.

Cet hôtel 4 étoiles, fondé en 1924, propose 36 chambres et suites à la décoration contemporaine et sophistiquée. Quant à son spa, c'est un réel espace zen et apaisant pour se détendre en toute tranquillité. Piscine couverte, jets massants, sauna, hammam, espace fitness, espace tisanerie ou même massages et soins aux pierres chaudes, tout est pensé pour 100 % de détente. Côté bar, on peut déguster d'excellents crus de la région. Un hôtel qui vous chouchoute !

HUPSA PFANNALA €€

59, route du Vin
✆ 03 89 73 03 65
www.hupsapfannala.com
Ouvert du mercredi au dimanche. Tartes flambées : 9 € à 13,50 €. Chambre d'hôtes (2 pers), appartement (4 pers).

Ce restaurant est aménagé dans un lieu chargé d'histoire qui fut un caveau, une ferblanterie et une boucherie ! Dans sa salle type chalet, tout en bois, dans la partie plus traditionnelle ou côté bar, on s'attable pour déguster des mets régionaux bien exécutés. Tartes flambées, jambonneau au munster, escargots, profitez d'un repas gourmand accompagné de vins des environs. Après votre repas, l'établissement vous propose des chambres d'hôte et 3 appartements modernes et bien équipés pour passer une nuit sur place et profiter des environs le lendemain.

DOMAINE MARC KOEBERLE BLEGER

1, route du Vin

© 03 89 73 00 08 – www.vins-koeberle-bleger.fr

Ouvert tous les jours d'octobre à mars, sur RV de janvier à mars. Groupes : visite, dégustation sur RV, 6 €/pers.

Marc, Christiane, leurs parents et leurs fils gèrent ce domaine de 25 ha (unification des 2 domaines familiaux en 2003) en famille. Depuis 1982, Marc, accompagné de son père travaillent la vigne ensemble. Médaille d'argent pour le Crémant brut au concours « Meilleur effervescent du monde », certifié HVE et bientôt certifié bio pour 8 ha, le domaine n'a pas fini de faire parler de lui grâce à la nouvelle génération qui souhaite le faire évoluer dans les années à venir.

RIQUEWIHR ★★★★

Surnommée fort logiquement la « perle du vignoble », cette cité fortifiée plonge ses origines dans le Haut Moyen Âge. Elle séduit le promeneur avec ses demeures des XVIe et XVIe siècles, ses oriels, ses maisons Renaissance en pierres de taille, ses bâtisses bourgeoises à pans de bois, ses cours intérieures, ses vieux puits, fontaines et pavés séculaires... Propriété du comte de Horbourg, Riquewihr s'est entourée de murailles dès 1291. Lors de la dernière guerre, alors que plusieurs localités des environs furent entièrement détruites au cours de l'hiver 1944-1945, Riquewihr fut relativement épargnée malgré la proximité du front et des tirs d'artillerie.

GÉOVINO

© 03 89 73 23 23

www.geovino.alsace

Parcours pédestre (2,5 km) dans les vignes ouvert toute l'année. Infos : Office de Tourisme de Ribeauvillé-Riquewihr

Ce parcours pédestre (sur 11) permet de découvrir les particularités d'un vignoble d'exception. Son point de départ est situé en face de la mairie de Riquewihr. Il est signalé par un totem composé de 6 blocs superposés qui représentent les roches et sols composant les terroirs locaux. Cette agréable balade de 2,5 km est jalonnée de bornes d'informations en relation avec la viticulture et les vins alsaciens ! Une carte du parcours est disponible à l'office de tourisme de Riquewihr. En parallèle, des vignerons proposent des visites guidées et diverses animations.

MUSÉE DU DOLDER ★

57, rue du Général de Gaulle

© 03 89 58 44 08

www.musee-riquewihr.fr

Horaires détaillés sur le site web. 3 €/adulte. Billet groupé (Tour des Voleurs + Maison de Vigneron) : 7 €.

Avec ses 25 mètres de haut, le Dolder porte très bien son nom puisque en alsacien, *dolder* signifie « le point le plus haut ». Construite en 1291, cette tour emblématique de Riquewihr était à la fois une porte défensive, une tour de guet et de beffroi. Aujourd'hui, elle abrite un musée pour découvrir la citée fortifiée du XIIIe au XVIIe siècle (moyens de défense passive et active, occupants de la tour et leur fonction). Au 4e étage de la tour, on en prend plein les yeux en admirant la plaine d'Alsace et les toits de la ville.

TOUR DES VOLEURS ★

14, rue des Juifs

© 03 89 58 44 08

www.musee-riquewihr.fr

Dates et horaires d'ouverture 2023 : voir site web. Tarif : 7 € (groupé avec musée du Dolder et Maison de vigneron).

Construite en 1335 et haute de 18 mètres, la tour des Voleurs porte bien son nom puisqu'il s'agissait, au XIVe siècle, d'une prison et siège de la justice jusqu'au XVIIIe siècle. Chambre de torture, estrapade, oubliettes, salle d'interrogatoire avec instruments de torture, ici, il ne faisait pas bon vivre et les voleurs n'en ressortaient pas indemnes. La tour des Voleurs jouxte une maison de vigneron datant du XVIe siècle. On y voit du mobilier, des ustensiles de cuisine et des outils de viticulture. Comptez environ 45 minutes pour la visite.

VISITE GOURMANDE

2, rue de la 1ère Armée

© 03 89 73 23 23

www.ribeauville-riquewihr.com

Chaque lundi du 10/07 au 28/08. Départ à 16h30 devant l'Office de tourisme. Durée de la visite 2 heures. Gratuit.

C'est souvent plus intéressant de découvrir un lieu accompagné de connaisseurs et de manière insolite ! De juillet à août, tous les lundis, un guide souriant vous emmène débusquer toutes les légendes et détails historiques de Riquewihr, qui n'aura plus aucun secret pour vous. Au fil des ruelles, des façades à l'histoire cocasse et autres anecdotes sur la ville, profitez d'une dégustation de produits du coin. Voici une bien jolie manière de découvrir les secrets de la cité, les savoir-faire artisanaux et les saveurs du terroir alsacien !

HAUT-RHIN

GÎTE LES BAINS*** €€

6, rue de la 1ère Armée
✆ 03 89 47 98 30
www.gitesleshainsriquewihr.com

3 gîtes pour 2 à 4 personnes. Nuitée : 66 €/2 personnes ; 117 €/3-4 personnes. Parking privé.

Ces logements de vacances sont aménagés dans les anciens bains municipaux (1442 à 1721) de Riquewihr. On admire une porte datée de 1618 et un puits qui servit à alimenter ces bains. La déco du studio (2 pers) et des 2 appartements (2-4 pers) est soulignée de jolies touches alsaciennes : colombages, parquets en chêne massif, superbe mobilier chiné dans la région. Les cuisines et les salles de bains bénéficient d'équipements modernes (douche hydro-massante, baignoire balnéo...). Confort, calme, luminosité et connectivité pour un excellent rapport qualité-prix !

© ISO-68

Riquewihr, au coeur du vignoble alsacien.

HÔTEL À L'ORIEL*** €€

3, rue des Écuries Seigneuriales
✆ 03 89 49 03 13
www.hotel-oriel.com

Chambre double dès 90 €. Suite (2-5 pers) dès 169 €. Petit déjeuner : 13,50 € (5-12 ans 10 €). Parking fermé : 10 €.

En plein milieu de Riquewihr, cet hôtel à la façade jaune dont le bâtiment date de 1577, propose 22 chambres, duplex ou suite, chaleureux et confortables. On y est très bien accueilli et quel plaisir de pouvoir sortir se balader directement dans Riquewihr et ses ruelles pavées. À l'hôtel, profitez d'un petit déjeuner généreux et gourmand dans la cour intérieure aux beaux jours. Profitez également d'un bar aménagé très sympa, tapissé de vieilles pierres et coloré grâce à ses fauteuils patchwork dans lesquels on déguste de bons crus alsaciens.

HÔTEL LE SCHŒNENBOURG*** €€€

2A, rue de la Piscine ✆ 03 89 49 01 11
www.hotel-schoenenbourg.fr

Chambre double à partir de 93,50 €. Spa + piscines intérieure et extérieure, sauna, hammam. Garage fermé.

Labellisé « Clé verte » pour ses aménagements respectueux de l'environnement, cet hôtel de 69 chambres est un charmant établissement dans lequel poser ses valises le temps d'un séjour. On prend ici du bon temps au spa : piscine intérieure, espace sauna finlandais à 90°, samarium à 48°, hammam, salle de repos au mur rétro-éclairé qui favorise la détente, on en sort apaisé et ressourcé ! Le Schoenenbourg offre un excellent rapport qualité-prix au vu des prestations fournies et de sa situation privilégiée au pied des vignes et à l'entrée de la ville.

HÔTEL DE LA COURONNE*** €€

5, rue de la Couronne
✆ 03 89 49 03 03
www.hoteldelacouronne.com

Chambre double à partir de 66 €. PDJ buffet : 14,50 €/adulte, 7 €/enfant. PDJ express au bar 7 €. Parking privé : 5 €.

Aménagé dans une bâtisse de 1550, cet hôtel, jadis relais de poste, a gardé, à travers le temps, tout le charme de son histoire. Impossible de ne pas s'extasier en entrant dans la cour intérieure de l'hôtel, son charme est fou grâce à la façade historique et ses portes voûtées. On y trouve également des arbres rares et majestueux comme un séquoia, témoin de la passion des plantes exotiques du propriétaire 150 ans en arrière. Ses chambres de caractère présentent un haut niveau de confort. Le + : l'hôtel a son propre parking, gros avantage en saison à Riquewihr.

BISTROT MODERNE €€

3, rue du Général de Gaulle
✆ 03 89 78 81 68
https://le-bistrot-moderne.eatbu.com

Ouvert 7 j/7. Carte : 19 € environ. Plats enfant. Choucroute garnie. Planchettes variées. Terrasse. WiFi gratuit.

Dans ce restaurant à la belle façade blanche et aux jolis volets rouges, on s'attable dans une salle à la décoration moderne et contemporaine. Ici, on déguste des plats régionaux ou une cuisine plus classique, joliment présentée dans des assiettes bien dressées. Civet de biche, œuf mollet cuit en basse température, écrasé de potiron et crème de lard, escargots, terrine ou d'autres suggestions selon les saisons, le tout s'accompagne volontiers de quelques bons vins du Domaine Dopff Au Moulin ! Le + : nos amies les bêtes sont acceptées.

LE CAVEAU DES ROIS €€

1, rue Hederich
✆ 03 89 49 04 77

Ouvert du mercredi au dimanche : 11h30 à 14h, 18h30 à 21h. Brasserie/petite restauration en été (15h à 17h). Terrasse.

Alexandra et Joséphine vous accueillent dans leur sympathique restaurant situé au calme à l'écart du flot des touristes de la ville. Ici, on s'attable dans un caveau typiquement alsacien au décor rustique et authentique. L'accueil y est très agréable et on se régale de bons petits plats comme le gratin de pommes de terre coiffées au fromage, filet de sandre au riesling, choucroute royale ou les fameuses tartes flambées et en dessert, de belles tartes maison. Le + : pendant le marché de Noël, il y a deux services le week-end et des suggestions différentes.

D'BRENDELSTUB €€

48, rue du Général de Gaulle
✆ 03 89 86 54 54
www.jlbrendel.com

Ouvert du jeudi au dimanche midi et soir. Lundi midi et mardi soir. Menu : 28,50 €. Enfant 13 €.

Jean-Luc Brendel a créé un paradis terrestre : le jardin du Kobelsberg. Ce jardin, c'est pas moins de 7 000 m2 en permaculture de fruits, légumes, graines et plantes aromatiques. Haricots du dragon, cornouillers et autres pépites sont sa source d'inspiration pour créer en cuisine. Avec D'Brendelstub, il a réinterprété le concept de Winstub pour créer un lieu poétique et apaisant. Mc Brendel « Angus Burger, gravlax de filet de bœuf au feu de bois ou encore tartes flambées traditionnelles au feu de bois, on se régale de plats réalisés avec passion et poésie.

LA FRINGALE €€

12, place des 3 Églises
✆ 03 89 49 05 94

Ouvert du mardi au samedi et le dimanche midi. Terrasse. Tartes flambées, burger alsacien, choucroute, baeckeofe.

Voici un sympathique établissement qui propose, sans se pousser du col, de bonnes spécialités alsaciennes : flammenkuches variées, tourte de la vallée, choucroute garnie, jambonneau braisé, baeckaoffa, burger au Ribeaupierre, bouchée à la reine et spätzlés… Ici, on s'attable sans chichis dans une atmosphère bon enfant entretenue par Philippe, qui comble au passage les appétits des viandards avec de belles pièces de bœuf ou de veau. C'est aussi à la bonne franquette que l'on partage quelques excellents flacons issus du Domaine Joël Siegler à Mittelwihr.

LA GRAPPE D'OR €€

1, rue des Écuries Seigneuriales
✆ 03 89 47 89 52
www.restaurant-grappedor.com

Ouvert midi et soir lundi, mardi, samedi et dimanche et en soirée jeudi et vendredi. Menu alsacien 29 €. Enfant 12 €.

Quand on arrive ici, c'est un véritable saut dans le passé qui nous attend. Dans les 3 salles, chaque ambiance est différente, entre objets anciens, dentelles sur les suspensions, poteries en grès, grand Kacheloffe (poêle en faïence) et plafond ultra bas à l'étage. Le voyage dans le temps est appréciable ! Côté assiette, Francis concocte des plats fins comme la variation autour du munster, la choucroute à la graisse d'oie ou les paupiettes de truite farcies en finissant sur une touche sucrée avec une île flottante au caramel d'orange. Une valeur sûre !

L'ARBALÉTRIER €€

12, rue du Général de Gaulle
✆ 03 89 49 01 21
www.restaurant-larbaletrier.fr

Ouvert du jeudi au lundi midi et soir. Menu : 19,50 € à 24 €. Enfant : 9,50 €. Réservation recommandée.

Cette adresse est cultissime ! Sise dans une demeure datée de 1610 (classée aux Monuments Historiques), elle séduit par son cadre hors norme : une cave voûtée de superbes pierres de taille. Au menu ou à la carte, la gastronomie alsacienne est magistralement mise à l'honneur : entrecôte au marc de gewurztraminer, choucroute La Riquewihrienne (choucroute verte), tourte de gibier, tarte flambée de L'Arbalétrier… Sans parler de LA spécialité de L'Arbalétrier : le fameux cordon-bleu au munster (de 300 g ou 500 g) qui est un vrai régal !

RESTAURANT AU DOLDER €€

52, rue du Général de Gaulle ✆ 03 89 47 92 56
www.dolder.fr

Ouvert du vendredi au mardi le midi et le soir. Menus, carte, menu enfant, menus groupes. Vin au verre. Terrasse.

On vient ici pour la fameuse choucroute riquewihrienne, une choucroute verte à base de chou mariné dans une décoction d'herbes vertes (aneth, cerfeuil, persil), le tout pour des saveurs étonnantes en bouche et vraiment délicieuses, accompagnée bien sûr des fameuses saucisses et du lard habituel. C'est Jacky en cuisine qui concocte de bons petits plats typiquement alsaciens et très bien exécutés, à déguster à l'arrière du restaurant, en terrasse aux beaux jours ou dans une salle à la décoration authentique et colorée. Réservation fortement recommandée.

HAUT-RHIN

BRASSERIE DU VIGNOBLE

8, avenue Jacques Preiss ✆ 03 89 49 06 72
www.brasserie-vignoble.fr
Lundi et mardi après-midi et du jeudi au dimanche journée. Visite guidée, dégustation sur RV. Boutique en ligne.

C'est en plein cœur du vignoble de Riquewihr que se niche, depuis 1998, la microbrasserie la Bra'V (brasserie du vignoble). Ici, les bières classiques comme la Pale Ale, l'ambrée ou la Weizen se mélangent à des propositions plus audacieuses et atypiques comme des bières vieillies en barrique de whisky ou de vin, des bières fumées, bières au crémant ou encore la Black Page aux arômes de café et chocolat noir. De quoi réveiller vos papilles et votre odorat ! L'été, on profite du Biergarten, un endroit convivial où des soirées barbecue à volonté y sont organisées !

DOMAINE AGAPÉ

10, rue des Tuileries ✆ 03 89 47 94 23
www.alsace-agape.fr
Du lundi au vendredi : 9h-18h. Samedi 10h-15h. Groupes/RDV. 3 gîtes : 88 €/nuitée, 550 €/semaine. Boutique en ligne.

En grec, *agapè* désigne « l'amour divin et inconditionnel ». Vincent Sipp a choisi de nommer ainsi son domaine car, dit-il, « le vin est un lien avec le passé et nous, nous sommes des passeurs d'émotions ». L'excellent travail de ce sympathique viticulteur n'a pas échappé à l'œil des critiques : ses vins sont souvent cités dans les revues œnologiques de référence. Son Riesling Expression est une petite merveille de minéralité. Quant à son Crémant d'Alsace Rosé Brut, ses délicieux arômes de groseille framboisée s'apprécient aussi bien à l'apéritif qu'au dessert !

L'ÉCURIE €€

16, rue du Général de Gaulle
✆ 03 89 47 92 48
Ouvert du mercredi au dimanche midi et soir. Cuisine alsacienne raffinée. Carte et suggestions. Terrasse.

© SARAH LINDER

Dans une salle au décor alsacien typique et rustique (boiseries, murs en vieilles pierres) et aux objets insolites chinés, on vient ici pour se régaler de plats régionaux gourmands et bien servis. Tartes flambées, choucroute aux 7 viandes, jarret de porc braisé, bouchée à la reine, pièce de viande généreuse, il y a l'embarras du choix et tout le monde sera satisfait. Mention spéciale à la choucroute verte dont les saveurs insolites titillent insolemment les papilles. Pensez à réserver car l'Écurie est une adresse très courue, surtout durant les fêtes.

DOPFF AU MOULIN

3, avenue Jacques Preiss
✆ 03 89 49 09 69
www.dopff-au-moulin.fr
Ouvert 7 j/7 de 10h à 19h. Groupes et dégustations sur rendez-vous : à partir de 8 €/personne. Boutique en ligne.

Issue d'une longue lignée de maîtres-tonneliers, courtiers en vins puis de vignerons, soit donc 13 générations de savoir-faire, la famille Dopff n'est plus à présenter. Aujourd'hui, c'est Étienne-Arnaud et sa femme qui gèrent le domaine, épaulés par leur équipe de 50 passionnés. La visite (sur RV) du musée, de l'œnothèque et des chais Dopff vous plongera au cœur de ce qui nourrit la légende des vins d'Alsace. Coup de cœur pour le Riesling Grand Cru Schoenenbourg 2017 au nez floral et fruité, 2 étoiles et coup de cœur au Guide Hachette des Vins. Santé !

HUGEL ET FILS

3, rue de la 1ère Armée
✆ 03 89 47 92 15
https://m.hugel.com/
Ouvert 7 j/7 de Pâques à Noël : 9h-12h, 13h-18h. Boutique en ligne.

Grand nom de la viticulture alsacienne, la famille Hugel se consacre, depuis des générations, à la promotion des vins d'Alsace. Ce domaine de 30 ha à la réputation mondiale, exporté dans plus de 100 pays, est aujourd'hui géré par Jean-Frédéric et Marc-André, incarnant la 13e génération. Des dégustations sont possibles dans leur caveau typique et charmant. Coup de cœur pour le Gentil Hugel 2021, qui allie les épices du gewurztraminer, le corps du pinot gris et la subtilité du riesling en y ajoutant le fruité du muscat et le côté « désaltérant » du sylvaner.

FÉERIE DE NOËL

1, rue du Cerf
✆ 03 89 47 94 02
www.feeriedenoel.fr
Ouvert 7 j/7 jours fériés compris. Horaires détaillés : voir site web. Fermé de janvier à février. Boutique en ligne.

Au cœur de Riquewihr, cette boutique de 3 étages se révèle être une véritable caverne au trésor. Ici, on retombe en enfance parmi les villages aux maisons à colombages et leurs illuminations, le tout reproduit en miniature. Partout, des décorations se déploient par milliers : crèches, boules de Noël artisanales, ornements en bois, casse-noisettes, bougeoirs... Tout est sublime, coloré et on en prend plein les yeux ! L'accueil est toujours très agréable : il n'est donc pas étonnant que la boutique ait remporté le trophée de l'accueil label Qualité Or 2022 !

© FÉERIE DE NOËL

© FÉERIE DE NOËL

HUNAWIHR ★

Monument majeur de la région, l'église fortifiée de Hunawihr figure en bonne place sur les dépliants touristiques car elle résume la perfection du charme alsacien ! Elle date du XIVe siècle pour sa tour-donjon. Son clocher massif porte un cadran d'horloge à une seule aiguille. Classée aux Monuments historiques depuis 1929, l'église présente des fresques retraçant la légende de saint Nicolas. Hunawihr recèle aussi une attraction touristique fort originale : le NaturOparC, un espace naturel dédié aux loutres, cigognes et autres animaux de la région. Il côtoie le Jardin des Papillons exotiques, un enchantement pour les amoureux des lépidoptères !

JARDINS DES PAPILLONS EXOTIQUES VIVANTS ★

Route de Ribeauvillé
✆ 03 89 73 33 33
www.jardinsdespapillons.fr
Haute saison : ouvert tous les jours et les jours fériés de 10h à 18h. Adulte : 9 €. Enfant de 5 à 14 ans : 6,50 €.

Ce jardin extraordinaire héberge quelque 200 espèces de papillons originaires de diverses régions situées entre le 25e parallèle sud et le 25e parallèle nord. Mais ce ne sont pas les seules stars des lieux : caméléons, phasmes, abeilles, fourmis et grenouilles tropicales se dévoilent sous les feuilles de multiples végétaux. Le Jardin des Papillons vous invite par ailleurs à devenir une abeille le temps d'un vol par le biais de l'expérience Bzz360 : à vivre via son site Web !

GÎTES EN ALSACE €€

1bis, route de Ribeauvillé
✆ 03 89 47 89 74
www.gite-alsace.eu
2 appartements pour 2 pers (410 €/semaine) et 1 pour 5 pers. (780 €/semaine, 4 nuits min). Terrasse. Parking privé.

La famille Meyer vous ouvre les portes de ses trois appartements de vacances, Mirabelles, Loutres et Cigognes, aménagés avec soin pour accueillir 2 à 5 personnes en tout confort. Régulièrement rénovés et relookés, ces gîtes de plain-pied sont accueillants et cosy, ils offrent tout le confort moderne dans un univers chaleureux et lumineux. En couple ou en famille dans le spacieux appartement Cigogne de 120 m^2, on s'y repose avant d'attaquer la visite d'un marché de Noël ou de partir en balade à vélo sur la Route des vins, aux beaux jours. Une belle adresse !

GÎTE AU TONNELIER**** €€€

6, rue du Luehrert
✆ 03 89 73 81 85
www.alsace-gite-tonnelier.com
Gîte (180 m²) pour 4/10 personnes. Semaine dès 1 120 €. Gratuit pour enfant -3 ans. Terrasse. Barbecue. Location de vélo

Frank est l'heureux propriétaire de ce gîte à colombages (XVIIe siècle), meublé de tourisme 4 étoiles, à la décoration mi-vintage mi-régionale (meubles anciens, touches contemporaines, clins d'œil alsaciens), de très bon goût. Jadis atelier de tonnelier, sur 2 niveaux, on y passe un agréable moment en famille ou entre amis. Tout est charmant, cosy et lumineux ! À l'extérieur, il y a un petit jardin et un patio ombragé où il fait bon prendre ses repas en été (barbecue à disposition). Bref, de quoi bien se reposer et passer du bon temps après une visite d'Hunawihr.

WISTUB CHEZ SUZEL €€

2, rue de l'Église
✆ 03 89 73 30 85
https://suzel-hunawihr.com
Ouvert du lundi au samedi midi et vendredi et samedi soir. Gîte 2 pers/58 €/nuit.

On se régale chez Suzel de mets régionaux totalement faits maison, du pain jusqu'au dessert - le chef est pâtissier de métier. Dans un décor très chouette mêlant authenticité (murs en pierre, boiseries) et tradition, on s'attable pour déguster de délicieuses tartes à l'oignon, tourtes, fleischnackas ou encore tartes flambées le vendredi soir. Le tout accompagné d'un bon vin d'un viticulteur du coin (pinot noir, muscat ou un autre des sept cépages alsaciens). Suzel propose aussi des gîtes dans sa demeure vigneronne avec vue sur les Trois Châteaux de Ribeauvillé.

NATUROPARC ★

Route de Ribeauvillé ✆ 03 89 73 72 62
https://naturoparc.fr
Ouvert fin mars-début novembre. Horaires cf web. Adulte 12 €. Enfant/3-12 ans 8,50 €. Restauration. Billetterie en ligne

© NATUROPARC

Créé en 1976 avec comme objectif de contribuer à la préservation et à la sensibilisation de la biodiversité régionale, ce parc de 5 ha est un véritable havre de paix pour les animaux et un grand bol d'air et de découvertes pour petits et grands, grâce à de nombreux aménagements ludiques et pédagogiques ! Lors d'une balade de 2 à 3h, dans un cadre naturel atypique au milieu des cigognes, des rendez-vous animaliers sont proposés tous les jours pour découvrir différentes espèces, comme la loutre d'Europe, le grand hamster ou encore le raton laveur et bien d'autres !

HAUT-RHIN

CAVE VINICOLE DE HUNAWIHR

48, route de Ribeauvillé
✆ 03 89 73 61 67
www.cave-hunawihr.com
Ouvert du lundi au vendredi : 9h-12h et 14h-18h. Le week-end : 9h30-12h et 14h-18h. Groupes sur RDV. Boutique en ligne.

Le caveau de dégustation de la Cave de Hunawihr présente de belles cuvées issues d'une vaste mosaïque de terroirs et parées depuis peu de nouvelles étiquettes. Elles sont régulièrement plébiscitées par les professionnels. C'est le cas du Gewurztraminer Grand Cru Rosacker estampillé d'une étoile au guide *Hachette des Vins*. Si vous ne pouvez pas vous déplacer, n'hésitez pas à visiter la boutique en ligne qui est fort bien conçue : elle propose même un service de conseil sommelier !

DOMAINE MITTNACHT FRÈRES

27, route de Ribeauvillé ✆ 03 89 73 62 01
www.mittnachtfreres.fr
Certification Bio et Demeter. Visite et dégustation tous les jours, sauf le dimanche. Sur rendez-vous pour les groupes.

Certifié Ecocert (bio) et Demeter (biodynamie), ce domaine est conduit dans le respect du cycle naturel de la vigne par Marc Mittnacht, son épouse Paule et leur fils Pierre. L'accueil au caveau est particulièrement chaleureux : ici on vous présente des vins de caractère assortis de conseils accords mets et vins. Vous pourrez notamment déguster le Gentil Cuvée Copains-Copines (délicieux assemblage de pinot blanc, auxerrois, riesling, pinot gris, muscat et gewurztraminer) et le Riesling Esprit Libre (vin nature élaboré sans intrant) agréablement sec et frais !

ZELLENBERG ★

Infiniment pittoresque, ce village attire irrésistiblement les regards depuis la Route du Vin : implanté sur une colline haute de 285 mètres, il domine tout le vignoble environnant ! Pour apprécier ses différentes facettes, une balade pédestre s'impose sur le sentier de découverte. Des petits panneaux vous fournissent des informations historiques, notamment sur l'époque où Zellenberg était le chef-lieu d'un baillage des seigneurs de Ribeaupierre. La cité est également connue pour ses bons restaurants, mais avant tout et surtout pour ses viticulteurs ô combien talentueux qui exploitent, entre autres merveilles, les Grands Crus Froehn et Schoenenbourg.

CLOS FROEHN €€

46, rue du Schlossberg
✆ 03 89 47 95 68
www.clos-froehn.com

Chambre double dès 90 €. Suite dès 115 €. Appartements dès (3 nuits min.) : 60 €/2 pers/nuit. Enfant : 10 €/20 €.

Le mot « charmant » a été inventé pour ce lieu ! Martine et Alphonse vous accueillent dans leur demeure aux rosiers grimpants et à la tourelle du XVIIIe siècle qui nous plonge en plein conte de fées. Dans les 2 chambres, la suite et les 2 appartements proposés, on profite d'une décoration authentique, cosy et douillette avec une vue splendide sur le vignoble. Un salon se niche au cœur de la tourelle pour bouquiner. Ici, on petit-déjeune dans le jardin du gîte, au calme et hors du temps, au pied de la tourelle. Un véritable paradis pour un séjour inoubliable !

HÔTEL-RESTAURANT LE SCHLOSSBERG*** €€

59 A, rue Fontaine ✆ 03 89 47 93 85
www.leschlossberg.com

Chambre double à partir de 95 €. Suite à partir de 125 €. Petit déjeuner : 11 €. Restauration (Maître Restaurateur).

Charles Maïerbock vous accueille dans son charmant hôtel-restaurant niché au sein du village de Zellenberg. Ici, dans les 9 chambres dont certaines avec terrasse privative et vue sur le vignoble, le décor est typiquement alsacien. On y trouve de vénérables colombages intérieurs et des représentations de villages alsaciens. Un charme fou ! Côté restaurant, on se régale avec les suggestions du moment ou on opte pour des plats traditionnels comme la fameuse choucroute aux cinq viandes.

DOMAINE EDMOND RENTZ

7, route des Vins ✆ 03 89 47 90 17
www.edmondrentz.com

HVE3. Ouvert toute l'année sauf du 24/12 au 02/01. Groupes (+10 pers) : visite, dégustation sur RV. Boutique en ligne.

© DOMAINE EDMOND RENTZ

Faire une halte dans cette superbe exploitation est un vrai plaisir ! Il faut dire que la famille Rentz a du métier car elle travaille la vigne depuis 1785... Les excellents vins produits au Domaine Edmond Rentz sont issus de terroirs très variés. Il y a par exemple le Pinot Noir Pièce de Chêne corsé et légèrement tannique, le Riesling Grand Cru Sonnenglanz aromatique, délicatement citronné avec une belle longueur en bouche, le Crémant d'Alsace Brut Prestige délicieusement festif. Œnotourisme : découverte du Sentier des Grands Crus et visite du vignoble en Segway.

AUBERGE DU FROEHN €€

5, route d'Ostheim ✆ 03 89 47 81 57
www.auberge-du-froehn-zellenberg.com

Ouvert du lundi, mardi, vendredi, samedi midi et soir. Dimanche midi. Menus 35 € à 57 €. Enfant 10,50 €.

Quelle belle table que celle de l'auberge du Froehn gérée avec brio par Romain et Laure ! Dans un décor charmant et tamisé mêlant poutres apparentes et murs bruts, on s'attable ici pour déguster des plats très bien exécutés et gourmands. Le filet de bar poêlé, risotto de crozets à la truffe ou l'œuf cuit à 64 degrés, crémeux de pomme de terre à l'huile de truffe, saucisson corse et sauce bordelaise sont des exemples parfaits pour illustrer la gourmandise des plats de Romain. On se régale juste en admirant le dressage de l'assiette, qui ne fera pas long feu.

BEBLENHEIM

Ce village viticole est posé au pied du coteau du Sonnenglanz (l'éclat du soleil). Connu sous le nom de Beblenheim dès le Xe siècle, il a appartenu aux comtes d'Eguisheim, de Ferrette, de Horbourg et aux comtes de Wurtemberg. Instigateur de l'école publique laïque, Jean Macé (1815-1894) y a vécu de 1852 à 1872. C'est à Beblenheim qu'il fonda (en 1863) le mouvement pour les bibliothèques populaires. Un monument est érigé en sa mémoire dans le village. À découvrir aussi : une fontaine gothique du XVe siècle, des maisons à colombages (XVIe siècle au XIXe siècle) et 8 dalles funéraires dédiées à la mémoire des notables qui font la fierté de Beblenheim.

HÔTEL-RESTAURANT AU RIESLING €€

5, route du Vin ✆ 03 89 47 85 85
www.au-riesling.com

*Fermé à midi lundi, mardi, samedi. Menus : 30 € - 36,50 €. Midi 17,50 €. Enfant 10 €. À emporter. Hôtel*** Logis Cosy.*

Ce restaurant Logis Table Gourmande fait la part belle aux produits frais de saison. Le Chef Pascal Brand interprète les recettes traditionnelles avec un zeste d'originalité. Consommé de bœuf avec ses ravioles aux cèpes, steak de veau farci aux herbes et polenta à l'ail des ours, buchette des crêtes aux pommes, noix et caramel salé... Côté hébergement : ambiance sereine dans les 36 chambres douillettes (dont 2 PMR) de cet hôtel 3 étoiles Logis Cosy niché au calme dans les vignes.

RESTAURANT LE MAXIMILIEN €€

19 A, route d'Ostheim ✆ 03 89 47 99 69
www.le-maximilien.com

Fermé dimanche soir, lundi et mardi. Menus 67 € à 115 €. Midi 42 €. Enfant 35 €. Terrasse. Réservation conseillée.

Une étoile au Michelin et 3 Toques au Gault & Millau pour ce sublime restaurant tenu par Jean-Michel Eblin qui a fait ses armes chez Taillevent à Paris. Ce chef émérite est réputé pour la délicatesse de ses mets aux textures et saveurs fort originales. Foie gras de canard poêlé accompagné de noix de Saint-Jacques et d'anguilles fumées, tronçon de turbot à la mousseline de céleri et truffes, fricassée de cœur de ris de veau aux écrevisses : tout est aussi beau que délicieux ! Superbe carte des vins, cadre contemporain reposant et agréable terrasse végétalisée.

JEAN BECKER SAS

4, route d'Ostheim ✆ 03 89 47 90 16
www.vinsbecker.com

Caveau ouvert toute l'année. Activités œnotouristiques sur réservation. Dates disponibles sur site web. Vente en ligne.

La famille Becker est implantée à Zellenberg depuis quatre siècles. Elle bichonne son superbe vignoble en version bio depuis 25 ans. En cave, les petites vinifications donnent naissance à des crus finement fruités qui illustrent somptueusement les terroirs dont ils sont issus. Notamment le Pinot Gris Rimerlsberg 2021 (médaille d'or Concours de Colmar) et le Riesling Grand Cru Mandelberg 2019 médaillé d'or au Concours Feminalise 2022. Par ailleurs, de passionnantes activités œnotouristiques (dates sur le site web) vous sont proposées, sur réservation préalable.

« CÔTÉ COUR » DOMAINE MAULER €€

3, rue Jean Macé ✆ 03 89 49 07 43
www.chambres-cote-cour.com

Clévacances 3 Clés. 5 chambres d'hôtes. Nuitée à partir de 60 €/2 pers. Petit déjeuner inclus. Caveau de dégustation.

Côté cour, comme son nom l'indique, propose 5 chambres donnant sur une belle cour verdoyante dans une bâtisse du XVIIIe siècle. Claudine vous accueille chaleureusement en vous proposant tout le confort moderne. Les chambres sont lumineuses et douillettes, le petit déjeuner inclus est gourmand et complet. À votre disposition dans les communs : micro-ondes, réfrigérateur, bouilloire et vaisselle. Profitez du Domaine Mauler sur place, géré par la famille de Claudine depuis 4 générations !

LE CLOS DES RAISINS €€

5, rue des Raisins
✆ 03 89 79 45 11
www.clos-des-raisins.com

4 chambres. Chambre double à partir de 140 €, PDJ inclus. Wifi gratuit. Table d'hôte sur réservation. Salle de fitness.

Cette ancienne demeure viticole du XVIIIe siècle est située à 2 km de Riquewihr sur la Route des Vins. Elle compte quatre chambres spacieuses aménagées dans un cadre typique alliant charme, confort et authenticité. Les atouts de cette maison répertoriée au Patrimoine de France parmi les plus belles du village : confort et calme, un salon bibliothèque, une salle fitness, un coin jardin au calme avec son espace détente, mais aussi un parking privé au sein de la cour. Les propriétaires sont à l'image des chambres qu'ils vous proposent : charmants !

HAUT-RHIN

CAVEAU LE GAMBRINUS €

4, rue des Raisins
✆ 03 89 49 02 82
www.legambrinus.fr
Ouvert du mardi au dimanche : 17h à minuit. Réservation impérative. Tartes flambées, grillades au feu de bois. Terrasse.

Au Gambrinus, on se régale de délicieuse tartes flambées dans un caveau orné de poutres et décoré de mobilier polychrome. Fines et goûteuses, les flammekueche salées ou sucrées sont cuites dans un four à bois et présentées sur des planchettes comme le veut la tradition : on les mange avec les doigts avec un bon verre de vin d'Alsace ou un bock de bière bien fraîche. L'autre spécialité du Gambrinus, c'est le munster coiffé servi avec un délicieux Pinot Noir. Il y a aussi deux gîtes (2-4 pers.) et des chambres d'hôtes (2 pers.) à disposition toute l'année.

AUBERGE LE BOUC BLEU €€

2, rue du 5 Décembre ✆ 03 89 47 88 21
www.aubergeleboucbleu.com
1 Toque au Gault & Millau. Fermé mercredi, jeudi. Menu : 52 € à 64 €. Suggestions le midi. Enfant 15 €. Terrasse.

Ces deux Romain, l'un chef cuisinier, l'autre sommelier, tiennent cette auberge aux volets bleus, charmante et paisible. Ici on s'attable dans une salle sobre et moderne ou en terrasse au cachet fou entre mur de pierre et verdure. Dans l'assiette, les papilles sont en ébullition : champignons poêlés au lard paysan, graines caramélisées et jus miso ou butternut, haddock, moules et crème au curry. Romain Hertrich est un cordon bleu ! Côté vin, Romain Lambert propose des accords mets-vins de qualité, riches en découvertes ! Une adresse à noter précieusement !

BOULANGERIE ALAIN REBERT

1, route du Vin
✆ 03 89 72 00 23
www.boulangerie-rebert.fr
Ouvert du lundi au samedi : 6h-19h (17h samedi). Dimanche 6h30-12h. Petite restauration. Salon de thé. Service traiteur.

Avec six établissements à son actif, Alain Rebert est réputé dans la région de Colmar. Et pour cause ! La boulangerie de Beblenheim en est l'exemple : viennoiseries, pâtisseries, pains ou snacking, tout est fait maison avec des ingrédients de qualité comme la farine au blé 100 % français. Brioches moelleuses, croissants croustillants, fraisiers, paris-brest vous sont proposé ainsi que d'autres classiques parfois revisités. Le plus : la boulangerie propose une terrasse en plus de son coin salon de thé spacieux et moderne à l'image de la boutique.

CAVE DE BEBLENHEIM

14, rue de Hoen ✆ 03 89 47 90 02
www.cave-beblenheim.com
Du lundi au vendredi de 14h à 18h. Caveau, boutique. Groupes : visite/dégustation sur rendez-vous. Boutique en ligne.

La cave de Beblenheim, gérée par 170 familles de coopérateurs et 46 salariés, est d'emblée accueillante avec ses maisons jaunes à colombages et sa cour intérieure authentique pleine de verdure. À l'intérieur, on est transporté par l'histoire entre l'ancien pressoir en bois exposé et les impressionnants foudres de bois. On profite (sur rendez-vous) alors d'une dégustation de plusieurs vins du domaine comme le pinot noir cuvée Passion ou le crémant d'Alsace brut cuvée Prestige, qui a obtenu une médaille d'or au concours des meilleurs effervescents du monde en 2022.

DOMAINE BOTT-GEYL

1, rue du Petit Château
✆ 03 89 47 90 04
www.bott-geyl.com
Tous les jours de 9h à 11h30 et de 14h à 17h30. Fermé le dimanche. Groupes sur RV.

C'est depuis 1775 que ce domaine de 15 ha produit avec passion des vins expressifs et gouleyants. Le domaine est dirigé depuis trente ans par Jean-Christophe (et sa femme Valérie) dont l'envie de respecter les terroirs l'a conduit à sa conversion en bio et biodynamie il y a plus de vingt ans. On profite du caveau ancestral pour déguster ses vins. Coup de cœur pour le riesling Kronenbourg, 93/100 par *Wine Enthusiast*, un vin minéral aux notes d'agrumes et de miel, ou pour le crémant d'Alsace Extra-Brut grande cuvée au nez élégant et à la bulle fine.

DOMAINE DE LA VIEILLE FORGE

5, rue de Hoen ✆ 03 89 86 01 58
www.domainedelavieilleforge.com
*Sur RV. Dégustation, visite avec le vigneron du Chemin des Grands Crus. Gîte*** 5 personnes à partir de 450 €/semaine.*

Diplômé d'œnologie, Denis Wurtz gère son beau domaine de 10 ha. Il produit des vins fort appréciés pour leur droiture. Quelques bonnes cuvées à déguster lors de votre visite : Pinot Noir (excellent vin de garde élevé en fût de chêne), Héphaïstos (100 % pinot blanc, gris et noir), Gewurztraminer Vendanges Tardives (racé, puissant et concentré). Notez que le Domaine de la Vieille Forge dispose d'un gîte fort pittoresque pouvant héberger 5 hôtes en tout confort.

HAUT-RHIN

LES FROMAGES DU GRAND-PÈRE FISCHER

2, route du Vin ✆ 09 86 32 42 82
https://www.grandperefischer.fr
Ouvert toute l'année : les horaires détaillés sont consultables sur le site web. Parking gratuit. Boutique en ligne.

Cette fromagerie est tenue par des affineurs de fromages de Munster : Anne et Cyril Lang connaissent leur domaine sur le bout des doigts ! Fromages affinés ou frais, au lait cru ou lait pasteurisé, ici, il y en a pour tous les goûts et si vous vous sentez perdu, pas de panique, l'équipe de la fromagerie vous conseillera à merveille. Vous trouverez forcément votre bonheur comme avec le « chauffe-moi », un fromage à fondre de type munster qui sublimera vos soirées hivernales.

OSTHEIM

Établie en contrebas de la route des Vins à environ 9 km au nord de Colmar, la commune d'Ostheim a été quasiment rayée de la carte durant l'épisode sanglant de la Poche de Colmar à la fin de la Seconde Guerre mondiale. Par voie de conséquence, son patrimoine est très restreint. Reconnue officiellement cité martyre avec attribution de la Croix de guerre en 1948, Ostheim conserve un mur couronné d'un nid de cigognes, seul témoin des combats de la Libération. Un détour s'impose néanmoins pour une halte gourmande et viticole car le village comprend quelques caves et restaurants de haut vol. Bon point de départ aussi pour explorer la région colmarienne.

MAISON PIERRE SPARR SUCCESSEURS

14, rue de Hoen ✆ 03 89 78 24 22
www.vins-sparr.com
Ouvert du mercredi au samedi : voir horaires sur le site web. Visite et dégustation sur RV. Parking. Boutique en ligne.

Fondée en 1680 par Pierre Sparr, cette vénérable Maison produit une belle palette de vins : Terroirs et lieux-dits, Grands Crus, Vendanges Tardives, Sélections de Grains Nobles, Crémants d'Alsace. On découvre ces excellents crus au caveau, 14 rue de Hoen, ou à la boutique sur la Route du Vin. Coup de cœur pour le Pinot Gris Grand Cru Mambourg et pour le Crémant Brut Clos Sainte Odile (100 % chardonnay, vinifié comme un extra-brut) : deux petites merveilles aux saveurs incomparables !

HÔTEL-RESTAURANT AU NID DE CIGOGNE*** €€

2, rue de Colmar ✆ 03 89 47 91 44
www.nid-de-cigognes.fr
72 chambres (4 PMR). Nuitée/2 pers. à partir de 95 €. PDJ 12 €. Piscine intérieure, sauna, hammam. Bar. Restaurant.

Les 72 chambres du Nid de Cigogne sont réparties entre l'hôtel proprement dit et son annexe La Résidence des Cigogneaux. Les résidents ont accès à un bel espace de bien-être : piscine intérieure, sauna, hammam, salle de fitness, terrasse de repos en bois. Au restaurant, la gastronomie alsacienne est à l'honneur : cassolette de ris et rognons de veau à la moutarde ancienne, matelote aux 3 poissons, poulet au riesling… Voici une bien belle adresse, toute dédiée à l'art du bien-vivre !

VINS D'ALSACE HARTWEG

39, rue Jean Macé
✆ 03 89 47 94 79
www.vins-hartweg.com
Ouvert du lundi au vendredi de 9h à 12h et de 14h à 18h, samedi de 9h à 12h. 5 gîtes : 450 € à 600 € la semaine.

Ce domaine familial de 9 ha est géré par Franck Hartweg qui élabore des vins de qualité, souvent salués par la critique, dont plusieurs issus de grands crus, comme le Mandelberg et le Sonnenglantz. Frank vous accueillera avec son sourire légendaire pour vous proposer de déguster ses vins. Le Muscat « Gourmandise de Lisa » 2020 a obtenu 2 étoiles au *Guide Hachette 2023*, le Pinot Noir « Prestige du Chat Noir 2020 » et le Gewurztraminer « Grand Cru Sonnenglantz » 2020 ont obtenu 1 étoile chacun, un beau trio gagnant à goûter de toute urgence !

AU COMPTOIR GOURMAND €€

1, rue Albert Schweitzer
✆ 03 89 58 75 35
Restauration, salon de thé, épicerie fine, traiteur. Du mardi au vendredi 7h-18h30 (17h30 lundi, 16h30 samedi).

Gautier (qui a fait ses armes dans de très beaux restaurants) et Clémence (pâtissière de formation) proposent dans leur Comptoir Gourmand une cuisine délicieuse à emporter ou à déguster sur leur jolie terrasse quand le soleil brille. Tous les jours, on profite d'un plat succulent, dont les légumes viennent en grande majorité du potager de la grand-mère de Gautier. En plus des mets élaborés par Gautier, on trouve ici une tonne de produits d'épicerie fine de la région : biscuits, bonbons, cafés, confitures de Clémence, vins, il y a de tout et pour tout le monde !

HAUT-RHIN

ILLHAEUSERN

Illhaeusern est un ancien village de pêcheurs fondé au XIVe siècle par la corporation des Fischerzunft. Son nom est issu de l'Ill, la rivière qui traverse la bourgade nichée dans un cadre bucolique. Ses deux églises sont réputées pour leurs vitraux d'art. L'église Saints-Pierre-et-Paul (1958) est surmontée d'un poisson en fer forgé. Elle recèle un superbe retable de style contemporain réalisé par l'artiste strasbourgeois Christoff Baron sur des planches de palettes usagées et laissées à l'état brut. Outre deux excellents restaurants, Illhaeusern est un bon point de départ pour découvrir la réserve naturelle de l'Illwald et le Ried à bord d'un canoë !

L'AUBERGE DE L'ILL €€€

2, rue de Collonges au Mont d'Or ✆ 03 89 71 89 00
www.auberge-de-l-ill.com
Du mercredi au dimanche midi et soir.
Menus : 170 € à 225 €. Véranda. Terrasse.
Service traiteur. Boutique en ligne.

Dans ce lieu convivial, épuré et hors du temps, bercé et bordé par la rivière, on vient vivre une expérience qui est plus qu'un simple repas. Héritier de 5 générations de restaurateurs, Marc Haeberlin brille en cuisine et propose des mets succulents et d'une beauté divine. Langoustines, panais et noisettes du Piémont, la mousseline de grenouilles Paul Haeberlin, le homard aux champignons sauvages ou le bœuf Wagyu sont les exemples même de l'excellence et de l'audace. Ajoutez à cela la décoration raffinée qui diffère d'une salle à une autre... Quel moment exquis !

L'HÔTEL DES BERGES***** €€€

4, rue de Collonges au Mont d'Or
✆ 03 89 71 87 87
www.hoteldesberges.com
Chambre double à partir de 380 €. Petit déjeuner : 35 €. Spa des Saules. Restaurant L'Auberge de L'Ill (2 Michelin).*

Quel bel établissement que cet hôtel 5-étoiles ! Un hôtel au charme fou, les chambres et les suites sont décorées avec beaucoup de finesse et de goût. Le spa de 800 m², dont l'enveloppe est inspirée des séchoirs à tabac, promet un profond relâchement grâce à sa piscine extérieure, aux soins proposés et au hammam et au sauna dont l'odeur d'eucalyptus est divine. L'hôtel est doté de 2 logements insolites : l'Airstream de 1970, une caravane à la carrosserie argentée dans laquelle se reflètent le jardin de l'Hôtel et la Maison du pêcheur, une cabane qui borde l'Ill.

L'ATELIER DU BOIS AU MOBILIER

6, rue de Colmar
✆ 06 73 90 78 62
Ouvert du lundi au samedi sur RV. Fabrication de mobilier en bois massif sur mesure.

Alain Diaz a fondé sa marque artisanale de mobilier de décoration éco-responsable dans une démarche *slow made*. Ses créations se distinguent par la pureté de leurs lignes et la mise en valeur des veines, nœuds et autres caractéristiques du bois utilisé, essentiellement local. Curieux de passage ou en quête d'un artisan de qualité pour donner vie à votre projet, Alain vous accueille dans son atelier, sur rendez-vous de préférence... pour être sûr de trouver la porte ouverte !

À LA TRUITE €€

17, rue du 25 Janvier ✆ 03 89 71 83 51
www.restaurant-alatruite.com
Fermé mardi et mercredi. Menus : 23,90 € à 52,00 €. Midi 3 plats : 16,90 €. Enfant : 9,80 €. Terrasse. Vente à emporter.

La Truite est LE lieu pour se régaler de poissons cuisinés à la perfection, depuis 1908 ! Christophe, maître restaurateur, concocte des plats dont certains ont été récompensés comme la matelote de poissons, médaille d'or 2011 au Concours de la meilleure matelote d'Alsace. Les truites du vivier pêchées minute ou les filets de carpes-frites à la semoule sont tout aussi savoureux. On aurait tort de se priver d'une bonne tarte faite maison en dessert comme celle au fromage blanc ou à la quetsche. Le plus : la belle terrasse qui donne sur l'Ill, dépaysement garanti !

MITTELWIHR

Cette commune fut détruite en quasi-totalité durant les combats de la Poche de Colmar entre décembre 1944 et janvier 1945. Huit siècles après son édification, le vieux château dit « Reflinger Schlössel » a totalement disparu lors de cet épisode sanglant. Mais Mittelwihr a fait l'objet d'une soigneuse reconstruction et figure aujourd'hui en bonne place parmi les *Perles du Vignoble* sur la Route des Vins. Son microclimat très particulier permet chaque année à de magnifiques amandiers de fleurir entre deux rangées de vignes sur la colline du Mandelberg. À voir : l'ancienne abbaye cistercienne qui offre un magnifique point de vue sur la plaine d'Alsace.

GÎTE DES MERLES €€

8, rue du vignoble
gite-des-merles.inn.fan
Gîte de charme au cœur de Mittelwihr.
2 chambres, vue sur la montagne, séances gratuites de dégustation de vins.

L'accueil dans ce gîte spacieux et lumineux de 100 m^2 est juste à-do-rable ! De petites attentions sont laissées aux invités et des dégustations de vins sont organisées par Thomas, vigneron, pour découvrir les 7 cépages alsaciens. Ici, on dort dans des chambres décorées avec goût et modernité le tout allié à des poutres apparentes et du parquet ancien. Une terrasse et un jardin charmant avec barbecue et jeux pour enfants permettent de profiter pleinement aux beaux jours. Le + : un petit centre de remise en forme avec vélos, rameur et TV est à votre disposition.

HÔTEL LE MANDELBERG*** €€

1, chemin du Mandelberg
✆ 03 89 49 09 49
www.hotelmandelberg.fr
Chambre double à partir de 75 €. PDJ 14 € (6 €/enfant). Piscine intérieure, sauna, hammam.

Cet hôtel à l'architecture très originale ferait presque penser à un château de conte de fées. Fleurs ici et là, boiseries, touches de couleurs, l'intérieur est tout aussi charmant avec sa décoration authentique et douillette avec pour certaines chambres une vue sublime sur le vignoble et les arbres en fleurs au printemps. Durant le séjour, on profite d'un espace doté d'une piscine intérieure, d'un sauna, d'un hammam. On peut également se détendre grâce aux mains expertes de professionnels (sur rdv) pour s'offrir un massage évasion ou une réflexologie plantaire.

BIER & CO

22, route du Vin
✆ 03 89 22 50 54
https://jeromewalther.wixsite.com
Ouvert du mardi au samedi de 9h30 à 12h et de 14h à 18h30. Samedi 18h. Bières du monde entier.

Olivier et Jérôme tiennent cette boutique dédiée aux biérophiles locaux ou de passage. Plus de 650 références venues du monde entier, rien que ça ! Ici, on ne sait plus où regarder tellement il y a de canettes et de bouteilles en rayons, certaines aux étiquettes très colorées et pep's ! Suisse, France, États-Unis, Allemagne et une grande offre de bières belges. On peut trouver des bières brassées (parfois millésimées) très différentes, dont certaines sont très originales comme ces bières polonaises IPA Mangue & Kiwi ou Citron & Pamplemousse, Double Gose.

VINS D'ALSACE JEAN-PAUL MAULER

3, place des Cigognes
✆ 06 85 10 64 01
www.vins-mauler.fr
Certification HVE. Visite et dégustation 7j/7 sur RV. Gîte des Cigognes (60 m2), 2-6 personnes : tarifs sur demande.

© JULIEN MAULER

Certifié HVE, ce domaine familial est dirigé par Julien et Aurélie, très engagés dans la préservation de traditions viticoles de premier ordre. À découvrir lors de votre visite : le Pinot Gris Grand Cru Mandelberg 2019 (2* Hachette des Vins), le Gewurztraminer Grand Cru Mandelberg 2018 (3* Hachette des Vins), le Crémant d'Alsace Rosé (1* Hachette des Vins). Prolongez le plaisir de la dégustation en séjournant au Gîte des Cigognes, appartement (60 m2) tout confort pour 2 à 6 personnes.

DOMAINE SCHEIDECKER & FILS

13, rue des Merles ✆ 03 89 49 01 29
www.scheidecker-fils.com
Ouvert du lundi au samedi de 9h à 19h.
Sur RDV dimanche et jours fériés. Gîte 4 personnes : semaine de 490 € à 590 €.

En visitant ce domaine, dans une rue calme de Mittelwihr, vous pourrez rencontrer le vigneron de l'année 2023 nommé par le *Guide Hachette*, Laurent Scheidecker. Il conduit le domaine familial en conversion bio de 12 ha depuis bientôt 10 ans avec passion et brio. Lors d'une dégustation dans le caveau dédié jadis aux vinifications du père de Laurent, optez pour le Riesling Grand Cru Sporen 2020, trois étoiles au *Guide Hachette*, au nez de fruits mûrs et à la bouche droite et minérale.

HAUT-RHIN

BENNWIHR

Le secteur de Bennwihr a toujours été un lieu de passage : les Celtes l'empruntaient déjà lorsqu'ils longeaient les Vosges ! La première mention de Bennwhir apparaît en 777 sous le nom de Bebonovillare. Terre des seigneurs de Horbourg au XVᵉ siècle, le village fut détruit entre décembre 1944 et janvier 1945 durant la bataille de la Poche de Colmar. Seul le monument aux morts de la guerre 1914-1918 (aujourd'hui appelé Monument de la Fidélité) a été épargné. Le village fut reconstruit entre 1946 et 1959 dans le style de l'école d'architecture néo-alsacienne. Bennwihr est situé sur le parcours du sentier viticole des Grands Crus *Les Perles du Vignoble*.

PARC DE SCHOPPENWIHR

Rue du Château
✆ 06 45 63 02 60
www.schoppenwihr.com
Ouvert 7 j/7 du 1ᵉʳ avril au 1ᵉʳ novembre de 10h à 17h. Adultes : 7 €. Groupes : 6 €/personne. Visite guidée sur RV.

Ginkgo de Chine, sophora du Japon, cèdres du Liban, taxodiums, liquidambars, chênes rouges d'Amérique, hêtres pourpres, ifs, buxus, jardin de rocaille, étangs, pièces d'eau : voilà ce qui compose ce parc enchanteur où tout semble magique et féerique. Le Grand Etang et ses îles romantiques, dont la fameuse île des Demoiselles où subsistent les vestiges d'un petit temple de l'amour, n'y est pas pour rien... Les arbres remarquables, étranges, méconnus et plusieurs fois centenaires de ce parc sauront vous faire voyager dans un autre monde !

O'CONNEL LODGE €€€

10A, rue du Commandeur O'Connel
✆ 06 88 85 31 66
www.oconnel-lodge.com
Gîte écologique (12 pers, 206 m²). Tarifs détaillés sur demande. Sauna. Borne de rechargement pour voiture électrique.

Construit en bois avec un toit plat végétalisé, ce gîte (12 pers.) bénéficie du label Maison Passive. Il dispose d'un système de ventilation écologique et de volets brise-soleil commandés par une centrale domotique. Il comprend 5 chambres (dont une pour PMR) équipées chacune d'une douche avec lavabo. Cuisine avec îlot central, salle à manger, salon et espace télé/hifi, mezzanine avec baby-foot, espace bibliothèque, sauna, terrasse, barbecue et jardin clos. Dernier détail totalement éco… logique : il y a une borne de recharge pour voiture électrique !

LES PARAGES €€

5, passage des Glycines
✆ 09 54 13 82 45
Du dimanche au mardi à midi. Jeudi et vendredi : midi et soir. Samedi soir. Menu midi : 20 €. Réservation recommandée.

Mathieu et Delphine ont transformé un ancien café de gare en un très agréable restaurant dédié à un esprit culinaire joliment créatif, axé sur du 100 % locavore. Delphine élabore des mets aux saveurs originales à base d'ingrédients toujours archi frais (bio ou issus d'une agriculture raisonnée) fournis par des petits producteurs du coin. À midi, on se régale d'un menu unique qui change chaque jour. Le soir, on pioche dans les suggestions (3 entrées, 3 plats, 3 desserts) avec quelques options végétariennes. Excellente carte de vins bio, biodynamiques ou naturels.

BESTHEIM

3, rue du Général de Gaulle ✆ 03 89 49 09 29
www.bestheim.com
Horaires variables selon la saison, cf. site web. Activités œnotouristiques. Boutique en ligne. Port offert dès 200 €.

Cette cave coopérative ne manque pas d'audace ! La gamme ICE, des vins mousseux à base de muscat à boire l'été sur glace, la gamme Hopla qui laisse de côté les cépages pour se concentrer sur une expérience et une dégustation originale ou encore la gamme des Chasseurs de lune, mise en lumière des cépages alsaciens dont le nom s'inspire des hommes ayant construit la cave dans les années 1940. Bestheim ce sont aussi des expériences oenotouristiques folles comme la chasse au trésor des chasseurs de lune ou une immersion à 360° (réalité virtuelle) en famille.

DOMAINE MICHEL FONNÉ

24, rue du Général de Gaulle ✆ 03 89 47 92 69
www.michelfonne.com
Certif Bio. Accueil du lundi au samedi : 9h30-12h et 14h-18h. Dimanche sur RV. Groupes (20 pers. max) sur réservation.

Ce joli domaine (18 ha) se déploie pour une bonne partie sur 4 Grands Crus : Marckrain, Mambourg, Mandelberg, Schlossberg. Œnologue chevronné et rigoureux, Michel Fonné élabore des vins d'une finesse exceptionnelle, certains vieillis en foudres puis mis en bouteilles au sein de la Cave Historique des Hospices de Strasbourg. Michel Fonné vous accueille (de préférence sur RV) dans son nouveau caveau de dégustation zen et lumineux, pour déguster, par exemple, un Muscat Grand Cru Mackrain (délicieusement croquant) estampillé de 2 étoiles au *Guide Hachette des Vins* !

TURCKHEIM ★★

Turckheim s'impose comme un passage obligé pour accéder au massif vosgien par la vallée de Munster. Riche de 3 500 habitants, cette cité médiévale n'a rien à envier à Kaysersberg ou à Éguisheim, 2 autres étapes incontournables de la Route des Vins d'Alsace. Ses trois portes (du Brand, de Munster et de France) ainsi que ses remparts témoignent de son ancien statut de ville libre octroyé en 1312 : Turckheim fit partie de la Décapole, alliance de dix villes alsaciennes formant une ligue fondée en 1354 et dissoute en 1679. À l'intérieur des remparts, les maisons superbement restaurées illustrent ce que l'Alsace possède de plus typique en matière architecturale. Turckheim est aussi connue depuis des siècles pour ses vins, notamment grâce au vignoble du Brand, l'un des 51 Grands Crus d'Alsace. La légende raconte qu'un dragon sorti de la mer (qui occupait alors la plaine d'Alsace) se serait endormi au sommet de la colline du Brand. La chaleur fut telle que ses écailles se mirent à fondre et le dragon se vida de son sang. Celui-ci se répandit alors sur le flanc du Brand et pénétra dans la terre. Les anciens prétendent que le sang du Dragon a durablement fertilisé la terre pour donner naissance à des vins d'une exceptionnelle pureté. Une balade sur le sentier viticole qui traverse le Brand permet d'apprécier la singularité architecturale de la commune ainsi que le panorama magnifique qui embrasse l'entrée de la vallée de Munster, le château du Hohlandsbourg et le vignoble de l'embouchure de la vallée. À visiter aussi : la cave vinicole de Turckheim qui est l'une des meilleures d'Alsace !

PORTE DE FRANCE ★

✆ 03 89 27 38 44

www.turckheim.com

Accès libre toute l'année.

Datant du XIVe siècle, cette porte massive et imposante est l'une des trois portes emblématiques de cette ville du Moyen Âge. La porte de France servait jadis aux échanges économiques et était dotée d'un pont-levis et d'une herse, de tourelles mais aussi de portes qu'on fermait à la nuit tombée. Elle a successivement porté les armoiries du Saint-Empire romain germanique et de Louis XIV. Son toit pointu héberge un nid de cigognes et on peut les apercevoir si on ouvre bien les yeux. Un monument incontournable de la ville, à ne pas louper lors de votre séjour.

PORTE DE MUNSTER ★

✆ 03 89 27 38 44

www.turckheim.com

Accès libre toute l'année.

La Porte de Munster est l'une des 3 portes de la ville de Turckheim, empreinte du passé médiéval de la ville. Elle est également étroitement liée à l'histoire de la sorcellerie, car c'est de là que les femmes soupçonnées d'être des sorcières rejoignaient le lieu-dit de la Wann où elles étaient exécutées mais aussi d'autres condamnés comme François Charnier, le dernier en date en 1737 qui passa dans les mains du Conseil souverain d'Alsace ! Elle présente des fenêtres décorées de coquilles Saint-Jacques et avait aussi pour fonction de prévenir de l'orage.

ÉGLISE SAINTE-ANNE

Rue Sainte Anne

✆ 03 89 27 38 44

www.turckheim.com

Ouvert 7 jours/7 et les jours fériés de 10h à 18h. Entrée libre, sauf pendant les messes et cérémonies religieuses.

L'église Sainte-Anne est un édifice datant du XIe siècle. De cette époque ne subsiste aujourd'hui que le clocher aux belles tuiles vernies en noir, vert et jaune et formant des losanges. On y aperçoit également la girouette qui trône tout en haut. Hormis ses colonnes de grès intérieures et ses dorures, l'église abrite un autre trésor de l'Histoire : un orgue Silbermann majestueux de 1755 et qui sera transformé en 1840 et reconstruit en 1983 suite à un incendie. Des visites guidées sont organisées en été et des bénévoles tiennent une permanence.

PORTE DU BRAND

✆ 03 89 27 38 44

www.turckheim.fr

Accès libre toute l'année.

La Porte de Brand ou Oeltor est l'une des trois portes de la ville de Turckheim, jadis la plus défensive des trois. Elle était originellement dotée d'une herse et d'un pont-levis. Son architecture massive est ornée d'une sculpture nommée *Gorgone* qui avait pour objectif de se moquer de l'ennemi ! Mais au fait, d'où la Tour du Brand tire-t-elle son nom ? Celui-ci provient du vignoble classé en Grand Cru. La Tour du Brand permet d'accéder à la route dite de Niedermorschwihr qui passe par le col du Brand en serpentant entre les plants de vignes.

HAUT-RHIN

LES CIGOGNEAUX €€

3, rue Étroite
✆ 06 09 88 30 40
www.gites-cigogneaux.fr
2 gîtes (5-6 personnes). Semaine à partir de 320 €. Nuitée à partir de 80 €. Linge de maison et de toilette fournis.

Ces 2 logements de vacances sont nichés dans une petite rue piétonne au sein d'une bâtisse alsacienne du XVIIIe siècle. Impeccablement équipés, ils offrent un confort optimal et marient détails rustiques traditionnels (parquets et plafonds boisés, poutres apparentes) avec éléments contemporains vitaminés. On a plaisir à y séjourner dans cette ambiance cosy qui incite à savourer l'art de vivre en Alsace ! En pratique : nombreux commerces (boulangerie-pâtisserie, boucher-charcutier, traiteur, supérette…), bons restaurants et parking public gratuit à proximité.

HÔTEL DES DEUX CLEFS*** €€

3, rue du Conseil
✆ 03 89 27 06 01
www.2clefs.com
40 chambres. Ouvert toute l'année. Chambre double dès 89 €. Petit déjeuner buffet : 16 €. Terrasse. Location de vélos.

Aménagé dans une demeure érigée en 1540 qui est classée aux Monuments historiques, ce bel établissement au cœur de la vieille ville de Turckheim propose des chambres colorées et intimistes qui donnent envie de se prélasser toute la journée ! L'hôtel séduit aussi par son cadre authentique : oriel orné d'un dragon bicéphale et linteaux sculptés. Le petit déjeuner est copieux et savoureux, il propose divers produits locaux et un choix mirobolant pour remplir vos estomacs : fruits, fromages, tartes, viennoiseries, charcuterie, œuf, pancakes, bref, on se régale !

RÉSIDENCE LES MERISIERS €€€

3, rue des Merisiers ✆ 06 11 19 19 68
https://lesmerisiers.com
2 appartements de vacances pour 4-16 pers. À partir de 2 000 €/semaine. Bain bouillonnant. Terrasse. Jardin. Barbecue.

Ici, foin d'architecture alsacienne à colombages ni de décoration typique du terroir pour ces gîtes contemporains nichés dans un jardin clos sur les hauteurs de Turckheim entre plaine et vignes. Ils disposent de tout le confort souhaitable pour accueillir de 4 à 12 personnes, et même 16 personnes en combinant la location simultanée des deux gîtes. Matériaux haut de gamme, mobilier design, chambres hyper cosy, équipements de cuisine et sanitaires flambant neufs, bain bouillonnant extérieur : la Résidence Les Merisiers tutoie l'exception sans aucune faute de goût !

À LA VALLÉE DE MUNSTER €€

4, route de Zimmerbach - **WALBACH**
✆ 03 89 71 13 53
www.aubergevalleemunster.sitew.fr
Dimanche/lundi/mercredi : midi. Mardi/jeudi/vendredi : midi, soir. Samedi soir. Terrasse. Piste de quilles. Animations.

Le chef Jean-Michel Braesch vous régale de spécialités fromagères et de plats de viande bien garnis : tartes flambées bien sûr, mais aussi grillades de saison, baeckeofe, knepfle aux légumes, jambon au munster, entrecôte maître d'hôtel… Quant aux desserts, ils enchantent les papilles des petits et grands gourmands ! Ajoutez à cela des soirées à thème (moules frites, cochon de lait, accords mets et vins…) et musicales (concerts…) toujours très courues (réservation impérative). En bonus : deux authentiques pistes de quilles sont accessibles sur réservation.

L'ABREUVOIR €€

8, place Turenne
✆ 03 89 80 90 73
www.labreuvoirturckheim.fr
Ouvert midi et soir du vendredi au mardi. Choucroute : 18,50 €. Burger : 15 €. Enfant (-8 ans) 8 € Terrasse. À emporter.

La décoration pimpante et vintage de ce sympathique bistrot sympathique attire l'œil à tous les coups. Ici, les petits plats traditionnels sont tous fort alléchants. Foie gras de canard maison, choucroute aux 5 viandes, rognons de veau au cognac, entrecôte de bœuf et son os à moelle, burger de l'Abreuvoir maousse costaud. Côté dessert, on craque pour le tiramisu poire-chocolat-speculoos ! La plupart des fournisseurs de l'établissement sont du coin, voire habitent le village. On apprécie la très jolie terrasse aménagée au calme sur la vénérable place Turenne.

AU RAISIN D'OR €€

1, rue de l'Église - **ZIMMERBACH**
✆ 03 89 71 05 69
www.raisindor.fr
Ouvert du mercredi au lundi le midi et le soir. Menus de 33 € à 46 €. Enfant : 10 € / 15 €. Terrasse. Plats à emporter.

Cet excellent restaurant est sis dans une maison vigneronne et ses dépendances joliment restaurées. Le tout est décoré d'objets anciens et de tableaux signés David Grandmaire. Entrée en matière incontournable, l'Assiette Gourmande est composée de foie gras, magret de canard, saumon fumé, jambon cru, presskopf, salade. Quant à l'os à moelle au four gratiné à la fleur de sel, c'est un must en la matière. Le Chef Joël Stamm excelle aussi dans l'art d'accommoder la matelote de poissons au riesling et le gibier de saison. Soirées gastronomiques à thème sur réservation.

HAUT-RHIN

L'AUBERGE DU BRAND €€

8, Grand'Rue ✆ 03 89 27 06 10
aubergedubrand.fr
Du mercredi au samedi midi, soir. Menus : 39 €. Entrée-plat ou plat-dessert : 30 €. Terrasse. Réservation recommandée.

Au sein d'une maison à colombages du XVIIIe, la salle de cette charmante auberge dépoussière les codes classiques de la décoration alsacienne. Le chef Lucas Vogt mise sur des produits frais du terroir pour alimenter sa carte renouvelée tous les 2-3 mois. Dans l'assiette, selon la saison : pâté en croûte selon la recette du papa de Lucas, tataki de thon et salade de wakamé, ravioles d'agneau confit aux notes d'Orient, tarte flambée destructurée, délicieux desserts et pain frais fait maison. En bonus : 3 adorables chambres d'hôtes (2-4 pers) chic et cosy en diable !

AUBERGE DU VEILLEUR €€

12, place Turenne ✆ 03 89 27 32 22
https://auberge-du-veilleur.eatbu.com
Ouvert du mercredi au vendredi midi et soir. Samedi soir et mardi et dimanche midi. Soirée tarte flambée à volonté.

Cette auberge typiquement alsacienne est l'endroit idéal pour déguster des tartes flambées (qu'on peut d'ailleurs manger en illimité lors de soirées spéciales) et des spécialités alsaciennes, bien servies et gourmandes. Coup de cœur pour le Burger du Veilleur composé, entre autres bonnes choses, de fromage de chèvre frais et de foie gras poêlé ! La décoration de la salle est faite de boiseries traditionnelles et l'ambiance y est chaleureuse. À noter que la presque totalité de la carte est faite de produits bio. Une belle adresse pour se régaler de bons mets.

RESTAURANT DE LA TOUR €€

1, place de la République
✆ 03 89 27 06 29
Fermé mardi et mercredi toute la journée. Dernier service à 22h. Accueil des groupes. Terrasse. Vente à emporter.

Ce restaurant attenant à la célèbre porte de France est une adresse typiquement alsacienne où les assiettes copieusement dressées mettent l'eau à la bouche. Terrine de canard et foie gras, assiette d'os à la moelle, bavette de bœuf au beurre de cèpes ou succulent civet de biche, il y en a pour tous les goûts. À la carte aussi : gratins de spätzlés, flammekueche, baeckaoffe, cordon-bleu au munster, choucroute plantureuse. À la Tour de Turckheim, foin de mauvaises surprises pour la qualité des plats servis en salle ou sur la grande terrasse ombragée aux beaux jours.

LA TABLE DU 12 €€

12, Grand'Rue
✆ 03 89 73 81 71
http://latabledu12.com
Ouvert à midi lundi, mardi, jeudi vendredi, dimanche – midi et soir le samedi. Menu Plaisir (3 plats) : 21 €. Terrasse.

Nicolas Frech s'est distingué au sein de belles adresses (Nouvelle Auberge à Wihr-au-Val, Relais Bernard Loiseau à Saulieu, Pont de Brent à Montreux en Suisse...) avant d'ouvrir son propre restaurant mi-septembre 2022 au cœur de Turckheim. À l'accueil et au service, sa charmante épouse Marine allie gentillesse, efficacité et célérité. En cuisine, Nicolas élabore des mets finement goûteux à partir de produits frais de saison, avec quelques clins d'œil décalés à la tradition alsacienne. Délicieux desserts, belle carte des vins, excellent rapport qualité-prix.

PÂTISSERIE CARL

13, Grand'Rue ✆ 03 89 22 41 42
www.patisserie-carl.fr
Ouvert du vendredi (7h) au mardi de 8h30 à 12h30 et de 14h30 à 18h. Terrasse. Petite restauration. Service traiteur.

Cette pâtisserie, c'est 16 ans de savoir-faire avec Jérémy et son équipe. Son dada ? Proposer des recettes originales et aussi traditionnelles avec un œil moderne. Ici, le coin salon de thé est accueillant, vous pourrez y déguster une gourmandise comme les viennoiseries (croissant banane chocolat, framboise, pistache, etc.), chocolats, tartes et créations maison, mais aussi un service snacking le midi. Le plus : pour les intolérants au lactose et au gluten, une sélection de pâtisseries est proposée 100 % végétale comme la fameuse galette des rois ou les éclairs !

CAVE DE TURCKHEIM

16, rue des Tuileries
✆ 03 89 30 23 60
www.cave-turckheim.com
Horaires variables : voir site web. Balades œnotouristiques commentées gratuites en juillet et août. Boutique en ligne.

Depuis sa création en 1955, la cave coopérative de Turckheim s'est hissée au rang des meilleures références en produisant des vins fidèles à leurs origines et dotés de leur propre identité. Elle réunit quelque 216 viticulteurs qui exploitent 400 hectares de vignes. N'hésitez pas à consulter le site web de la cave, il est très bien conçu. Il répertorie les vins en diverses catégories : Tradition, Réserve, Terroirs, Spécialités, Grands Crus, Vendanges Tardives, Crémants d'Alsace, Bio... Par ailleurs, l'accueil à l'espace de dégustation et de vente est impeccable !

DOMAINE ARMAND HURST

8, rue de la Chapelle ✆ 03 89 27 40 22
www.hurst-shop.fr
Ecocert et Demeter. Du lundi au samedi 9h-12h, 13h30-18h. Visite/dégustation groupe sur RV. Boutique en ligne.

Ce domaine se déploie sur 12 hectares dont plus de 7 hectares sur le terroir du célèbre du Grand Cru Brand. Son vignoble est composé pour une bonne part de vieilles vignes âgées de plus 40 ans, et même de 70 ans pour certaines ! Conduit à 100 % en biodynamie depuis 2016, le Domaine Armand Hurst produit des vins sains et sans artifices, mais puissants et racés. Notamment le Pinot Noir Cœur de Dragon qui séduit par son expression charnelle et sa bouche soyeuse. Plus atypique, le SY'RO (vin issu d'une macération de sylvaner) accompagne volontiers un bon baeckeoffe !

DOMAINE ZIND-HUMBRECHT

4, route de Colmar ✆ 03 89 27 02 05
www.zindhumbrecht.fr
Ecocert, Vinabio, Biodyvin. Ouvert du lundi au vendredi : 8h à 12h, 13h à 17h. Visite/dégustation uniquement sur RDV.

Ce très fameux domaine familial est conduit selon les préceptes vertueux de la viticulture biologique et biodynamique. Il produit des vins appréciés dans le monde entier, jusqu'en Thaïlande, c'est tout dire. Les tarifs appliqués sont certes nettement plus élevés que la moyenne pratiquée dans la région, mais quel émerveillement lors de la dégustation… uniquement sur rendez-vous ! On se laisse séduire sans bouder son plaisir par le Muscat Roche Moulée au fruité joliment voluptueux, le Zind vif et salin ou le Pinot Noir Heimbourg, vin de garde profond et velouté.

STAUB

2, rue de l'Huilerie ✆ 03 89 27 11 55
www.staub.fr
Ouvert du lundi au samedi de 10h à 12h30 et de 14h à 18h30. 3 jours de Grande Braderie en novembre. Boutique en ligne.

Spécialiste d'ustensiles de cuisine en fonte et en céramique, la marque française Staub est reconnue pour les bienfaits de sa cuisson saine et savoureuse, et symbole d´excellence culinaire. Sur la route des Vins d'Alsace, le magasin historique de la marque à Turckheim est une adresse de référence grâce à son très large choix de cocottes à prix réduit, mais aussi la destination alsacienne pour s'équiper en couteaux de qualité et autres : faitouts, poêles, verres et autres ustensiles… Une grande braderie a lieu traditionnellement le 3e week-end de novembre.

INGERSHEIM

Très endommagé lors des bombardements de 1944, Ingersheim conserve une église du XVIIIe siècle avec un clocher à bulbe unique en son genre en Europe. Il y a aussi la Tour des Sorcières et quelques belles maisons Renaissance. Depuis Ingersheim, on rejoint Niedermorschwihr en montant vers le vallon du Weidbach, Turckheim en passant par le petit col du Brand, mais aussi Katzenthal à hauteur du Florimont. On plonge au cœur d'un vignoble réputé pour la grande qualité de ses vins issus de terroirs que se partagent les vignerons d'Ingersheim, Katzenthal, Turckheim et Niedermorschwihr. Au sommet du Letzenberg, la vue sur la plaine colmarienne est sublime !

AUX BERGES DE LA FECHT €€

18, quai de la Fecht
✆ 03 89 30 48 08
www.lesrivesdelafecht.net
Fermé mardi et mercredi et à midi en basse saison. Menu 3 plats : 13,80 €. Tartes flambées à volonté le soir. Terrasse.

En bordure de rivière, on s'attable en terrasse ou dans la salle dotée de larges baies vitrées. On se régale de foie gras en terrine et de tartes flambées, mais aussi de succulents de gros burgers accompagnés de frites et de ketchup maison. Equilibrée et variée, la carte a de quoi satisfaire toute la famille. Outre cette auberge bistronomique, la Résidence Les Rives de la Fecht propose des appartements de vacances clairs et bien équipés, du studio (2 pers.) au 3 pièces (6 pers.), disséminés dans un écrin de verdure. Espace détente avec piscine, pataugeoire, sauna.

LE SOT L'Y LAISSE €€

1 Bis, route de Colmar
✆ 03 89 27 14 43
www.lesotlylaisse.com
Ouvert midi et soir du mercredi au dimanche. Menu de la semaine : 28 €. Terrasse.

Ce chouette restaurant est sis dans une maison à colombages à l'entrée d'Ingersheim en venant de Colmar. Jolie salle avec cheminée, terrasse fleurie en été ou chalet cosy en hiver : on a le choix ! La carte varie selon l'inspiration des chefs Fabien et Pascal. Et puis il y les valeurs sûres de la maison : sot-l'y-laisse de poulet, tartiflette, raclette et le fameux tartare préparé à table par Pascal. Ces plats s'accompagnent des bons crus du Domaine du Manoir, voisin et de la cave Jean Geiler. Bon moment garanti et estomacs et papilles comblés.

LA TAVERNE ALSACIENNE €€

99, rue de la République
✆ 03 89 27 08 41
www.taverne-alsacienne-guggenbuhl.fr
Mardi/mercredi/vendredi/samedi : midi & soir. Dimanche midi. Menu 22 €/43 €. Midi : 19 €. Enfant 10 €. Vente à emporter.

La famille Guggenbuhl gère cet excellent restaurant depuis 58 ans, avec un succès qui ne se dément pas ! Ici, la choucroute est cuisinée traditionnellement à la graisse d'oie, les noix de Saint-Jacques flirtent avec l'ail noir, la pluma de porc ibérique est cuite à la plancha et les figues rôties s'accompagnent d'une divine crème glacée au miel ! En prime, la carte des vins propose des crus d'exception issus de domaines réputés de la région. En sortant de la Taverne, il n'y a que quelques pas à faire pour partir en balade digestive le long de la Fecht !

BOUCHERIE SIGMANN

44, rue de la République ✆ 03 89 27 01 75
www.boucherie-charcuterie-sigmann.com
Lundi, mercredi : 8-12h15. Mardi, jeudi, vendredi, samedi (17h) : 8h-12h15, 14h30-18h45. Plat du jour. Traiteur.

Savoir-faire d'exception pour cette boucherie légendaire qui propose des spécialités alsaciennes de haut vol ! Charcuteries artisanales, viandes fumées (collet, kassler, palette…), et succulents foies gras d'oie. Avis aux gourmets carnivores, la qualité est au rendez-vous avec une sélection de bœuf charolais, porc d'Alsace, veau et agneau du Limousin, volailles fermières… Choucroute garnie, baeckeoffe traditionnel et plats du jour variés complètent l'offre de cette boucherie-charcuterie qui fait partie du très réputé Club Prosper Montagné. Livraison possible.

BOULANGERIE PÂTISSERIE HAEBERLE

58, rue de la République
✆ 03 89 27 05 65
Ouvert du lundi au vendredi de 6h à 18h30. Samedi de 6h à 15h. Plat du jour à emporter : 8,50 € à 9,80 €.

Bruno et Iris Haeberle font le bonheur des panophiles avertis. Tous savent qu'ici, le pain est divin ! Cuits dans un four à bois, les pains quotidiens et pains spéciaux accompagneront parfaitement vos petits déjeuners, un repas entre amis et un bon plateau de fromages. Ici, tout est garanti fait maison : viennoiseries, spécialités de saison, éclairs et autres desserts individuels ou festifs. Pour déjeuner, on craque pour les sandwichs variés et les délicieux plats du jour !

CAVE JEAN GEILER

45, rue de la République ✆ 03 89 27 90 27
www.geiler.fr
Ouvert du lundi au samedi : 9h-12h, 14h-18h (18h30 haute saison).Dimanche : 10h-12h, 14h-18h. Boutique en ligne.

Regroupant 175 vignerons, la Cave Jean Geiler s'enorgueillit d'un vignoble de 390 ha répartis sur une mosaïque de terroirs variés (dont 10 Grands Crus). Son caveau est fort convivial, sa winstub accueille des dégustations pour les groupes et des événements culinaires. Un musée du Vigneron a été aménagé avec l'aide de la société d'histoire locale. La Cave Geiler est réputée pour la qualité de ses gewurztraminers : Cuvée Inspiration Terroirs, Collection Douceurs, Grand Cru Florimont sans oublier de bien belles Vendanges Tardives, véritable quintessence du goût !

DOMAINE DE L'ENVOL

Chemin Mattensteinweg ✆ 03 89 72 84 82
http://domainedelenvol.fr
Vigneron Indépendant. Certif. Ecocert et Demeter. Membre de l'association Vignes Vivantes. Visite, dégustation sur RV.

Fondé en 2016, ce jeune domaine est le fruit de l'union de la famille Hirsinger et de la Maison Jean Freudenreich. Daniel Hirsinger, sa sœur Catherine et Raphaël Marchal conduisent leur domaine en biodynamie pour produire des vins bio ancrés dans leur terroir avec un minimum d'intrants à la vigne comme à la cave. Il faut absolument visiter le caveau tapissé de boiseries claires inséré dans une construction neuve en bordure de vignes, elle aussi bardée de bois. On s'y installe au bar ou dans un fauteuil pour déguster de très bons crus dans une ambiance 100 % cosy !

DOMAINE DU MANOIR

56, rue de la Promenade ✆ 03 89 27 23 69
www.domainedumanoir.fr
Ouvert du lundi au vendredi. Samedi matin. Dimanche et durant les vendanges sur RV. Gîte : 530 €/semaine, 95 €/nuit.

Dans une bâtisse aussi somptueuse qu'incroyable, vraiment digne d'un décor de film rétro, la famille Thomann gère avec passion cette exploitation de 9 ha dont 80 % de ses vignes sont déployées sur les coteaux du Letzenberg. Filez-y pour déguster de divins nectars comme le Pinot Gris Victoria 2019 qui a obtenu 91/100 dans la *Revue du Vin de France* en 2021 ou le Riesling Clos du Letzenberg 2018 avec 92/100. La famille Thomann offre une bouteille de vin aux hôtes qui ont le bonheur de louer son superbe gîte (2-3 pers.) adjacent au Domaine du Manoir !

DOMAINE VINCENT FLEITH

8, Lieu-Dit Lange Matten ✆ 03 89 27 24 19
www.vincent-fleith.fr

Vigneron Indépendant. Certification Ecocert et Demeter. Visite et dégustation du lundi au samedi uniquement sur RV.

Vincent est un membre actif de l'Association Vignes Vivantes. Son engagement et ses convictions sont les meilleurs garants de l'authenticité de ses vins. L'ensemble des vignes du domaine est travaillé en biodynamie depuis 1999 sans aucun intrant durant la vinification. Vincent Fleith produit des vins secs et des bons crus moelleux : Pinot Noir Letzenberg (beaux arômes d'épices), Pinot Gris Grand Cru Furstentum (arômes miellés), Gewurztraminer La Cigale (fruité et concentré), Crémant d'Alsace Brut Nature (frais et croquant)… Pour votre visite, prenez rendez-vous !

WINTZENHEIM

On trouve des citations à propos de ce village de vigneron dès 786. Auparavant, à l'époque romaine, Wintzenheim fut un gîte d'étape comme en témoignent les vestiges d'une villa située sur le coteau Hengst ainsi que des pièces de monnaie retrouvées à proximité. Les chevaliers de Malte y possédaient une chapelle ainsi que le château Thurnburg qui est aujourd'hui l'hôtel de ville de Wintzenheim. On peut admirer ses beaux décors sculptés en façade. À voir également : les ruines du château de Pflixbourg datant du début du XIIIe siècle, de belles maisons de vignerons construites du XVIe au XVIIIe siècle, ainsi que la fontaine de la Vierge datée de 1756.

CHÂTEAU DU HOHLANDSBOURG

Route des Cinq Châteaux
✆ 03 89 30 10 20
www.chateau-hohlandsbourg.com

Du 2/04 au 12/11 2023. Plein tarif : 7 €. Gratuit -6 ans. Réduit : 4,50 €. Groupe 4,50 €. Chèque Vacances.

La vue sur la plaine d'Alsace et la Forêt-Noire est absolument exceptionnelle depuis ce château qui est fièrement perché à 620 m d'altitude ! Construit en 1279 par les Habsbourg, il fut démantelé au XVIIe siècle après la guerre de Trente Ans. Restauré à partir des années 1980, il accueille des expositions temporaires ou permanentes qui éclairent l'histoire du lieu, de l'âge du bronze à nos jours. Ses manifestations, ateliers, expositions, concerts en plein air et autre banquet médiéval en font un lieu incontournable à fréquenter idéalement en famille !

GRIMMER

61, route de Colmar
✆ 03 89 80 60 40
www.grimmer-artisan-chocolatier.fr

Ouvert du lundi au vendredi de 9h à 12h30 et de 13h30 à 18h30. Samedi : 9h à 18h30. Fermé en juillet. Boutique en ligne.

Fondée en 1964, cette entreprise familiale entretient avec ferveur son indéniable *cacaophilie* ! Elle dispose d'un agréable salon de thé décoré dans des teintes gourmandes et prolongé par une vaste terrasse. On peut déguster plus de 20 grands crus de chocolats chauds ou froids ainsi que de délicieux desserts faits maison. Grimmer fabrique tous les jours plus de 100 variétés de bonbons de chocolat, c'est la spécialité de la maison ! Une adresse incontournable pour les amateurs de chocolat élaboré à partir de cacao d'origine rare : Madagascar, Costa Rica, Bolivie…

© GRIMMER

© GRIMMER

HAUT-RHIN

DOMAINE JOSMEYER

76, rue Clémenceau ✆ 03 89 27 91 90
www.domaine-josmeyer.com

Certif Bio AB, Biodyvin. Du lundi au vendredi 9h-12h et 14h-18h. Samedi 9h-12h. Dégustation sur RV. Boutique en ligne.

C'est un duo de sœurs qu'on rencontre au domaine Josmeyer : Céline et Isabelle, la 5e génération du domaine qui gèrent 90 parcelles en plaine et sur les coteaux des Grands Crus Hengst et Brand. Ici, on a à cœur de donner l'âme du terroir à chaque vin et d'y ajouter de la passion et même de la poésie (qu'on retrouve sur les murs de leur cave et sur leurs étiquettes, uniques et originales) pour rendre chaque cuvée unique, élevées dans des foudres en chêne centenaires. Coup de cœur pour le Riesling le Dragon 2020, 16/20 au *Guide des meilleurs vins de France*.

NIEDERMORSCHWIHR

Niché au creux du vallon du Weidach à l'ombre du Galz, le village de Niedermorschwihr est situé à la croisée de l'une des trois routes qui mènent à la station climatique des Trois-Epis. Ses habitants répondent au doux nom de Morvilois (ou Morvilais). En accédant à Niedermorschwihr, on remarque d'emblée le clocher vrillé de l'église datant du XIIe siècle, une curiosité en Alsace ! Petite anecdote : en 2013, on a retrouvé, dans la boule de sa girouette, une bouteille renfermant un message avec les signatures de toutes les personnalités ayant contribué à la rénovation de l'église après la Seconde Guerre mondiale. Et puis, bien sûr, il y a aussi son vignoble très pentu, avec en particulier le Sommerberg classé en Grand Cru. On y produit notamment des rieslings et des pinots gris racés issus d'un sol granitique de même nature que celui du Brand, autre Grand Cru réputé du lieu. Une promenade au cœur du Sommerberg permet d'apprécier pleinement la beauté typique de ce village à l'architecture bien préservée car il est entouré de vignes et les nouvelles constructions y sont quasiment impossibles. Il offre aussi un vaste panorama sur le Letzenberg, le col du Brand et la plaine d'Alsace. Pour la petite histoire, nos amis japonais sont tombés amoureux du village. En 1985, une trentaine de techniciens s'installèrent pour quelques mois à Niedermosrchwihr dans le but d'y réaliser les treize épisodes d'une série télévisée baptisée « Ciel bleu d'Alsace ». Diffusée à une heure de grande écoute par Fuji TV, la série a ainsi contribué à faire connaître ce petit coin d'Alsace au Pays du Soleil Levant !

HÔTEL DE L'ANGE** €€

125, rue des Trois Epis ✆ 03 89 27 05 73
www.hotelange.fr

19 chambres. À partir de 62 €/nuitée/2 pers. Petit déjeuner buffet 12 €. Restaurant À l'Ange. Terrasse. Visite de cave.

Jadis corps de ferme, cet hôtel est plein de charme, vous y trouverez le repos et le confort auquel vous aspirez. Cour intérieure, petit balcon en bois, vigne vierge, l'extérieur fait rêver ! Les 19 chambres sont aussi très accueillantes pour 2 à 4 personnes : salles de bains modernes, décoration sobre, petites touches *vintage* avec des meubles anciens en bois, on se sent comme à la maison. Le petit déjeuner est gourmand et 100 % local avec plusieurs producteurs alsaciens mis à l'honneur chaque matin (miel, munster, pomme, etc.). Bref, une adresse charmante !

CAVEAU DES CHEVALIERS DE MALTE €€

127, rue des Trois Épis
✆ 03 89 27 09 78

Ouvert le lundi et du jeudi au samedi le soir. Dimanche midi et soir. Réservation recommandée. Carte : 15 € environ.

Ce sympathique caveau se dévoile un cadre historique dans son jus associant pierre et boiseries vénérables avec une touche de modernité. En l'occurence, une cuisine ouverte sur la salle avec un îlot central où l'on assiste en direct live à la mise en place des assiettes. Ici, on se sent comme à la maison ! À la carte : presskopf maison, boudin au pommes, tarte à l'oignon, bibeleskaas, kougelhopf glacé, rien que des bons produits locaux. La réservation par téléphone est indispensable !

CAVEAU MORAKOPF €€

7, rue des Trois Epis
✆ 03 89 27 05 10
www.caveaumorakopf.fr

1 Toque au Gault & Millau. Ouvert midi et soir du mardi au dimanche. Carte environ 20 €. Enfant 12,50 €. Vente en ligne.

Le Morakopf est LA star de Niedermorschwihr ! Le chef Lukas Edl fait merveille en matière de spécialités incontournables : foie gras de canard, presskopf, choucroute, baeckaoffe, wadle, fleischnacka, bibeleskas, tartes flambées… On plébiscite aussi les raviolis de volaille au foie gras et le dos de sanglier en croûte de noisettes. Excellente sélection de crus alsaciens, notamment la Cuvée Morakopf (délicieux assemblage de pinot blanc, pinot gris et gewurztraminer). Charmante décoration rustique, accueil bon enfant et plats succulents : on adore le Morakopf !

MAISON FERBER

18, rue des Trois Épis ✆ 03 89 27 05 69
www.christineferber.com
Ouvert du mardi au vendredi, 7h-12h30, 14h-18h30. Samedi 7h-18h. Dimanche 8h-12h30. Pâtissier, chocolatier, traiteur.

Bienvenue chez la fée des confitures ! Depuis plus de trois décennies, Christine Ferber transforme les fruits de saison en délices aux saveurs infiniment originales. La framboise-violette est inoubliable. Même Brad Pitt adore ! La maison propose quelques spécialités charcutières, mais surtout des pâtisseries fraîches et subtiles (parfaites pour un repas de fête), des bredalas, des chocolats et des glaces maison. Christine Ferber est réputée internationalement pour son savoir-faire et ses recettes. Elle collabore avec de grands noms de la gastronomie française.

DOMAINE JUSTIN BOXLER

15-16, rue des Trois Épis
✆ 03 89 27 11 07
www.justinboxler.fr
Certification HVE. Visite et dégustation du lundi au samedi de 8h à 12h et de 14h à 18h. Groupes : sur réservation.

Ce domaine familial se distingue par son respect des traditions vinicoles sans pour autant s'interdire de nouvelles pratiques culturales. Il est certifié en agriculture biologique en 2022 après 3 années de conversion. Déclinées en 4 gammes (Empreintes, Origines, Grand Cru, Surmaturité), certaines cuvées offrent un beau potentiel de garde. À découvrir dans le superbe caveau lors de votre visite : le Riesling Lieu-Dit Pfoeller médaillé d'argent chez Terre de Vin et le Pinot Gris Grand Cru Sommerberg médaillé d'or au concours des Pinots Gris du monde.

EGUISHEIM ★★

Fondée au VIIIe siècle, la charmante cité viticole d'Éguisheim se révèle infiniment riche en histoire : elle a notamment vu naître le futur pape Léon IX à l'aube du XIe siècle. Cependant, divers vestiges archéologiques témoignent d'une occupation du site actuel d'Éguisheim dès le Paléolithique ! Bâti autour de son château, le village dévoile des fontaines, des cours colongères, des ruelles bordées d'adorables maisons alsaciennes ornées de vénérables inscriptions sur leurs linteaux de portes. Bâtie au XIIe siècle, l'église Saints-Pierre-et-Paul présente une architecture romane avec trois nefs et une tour. Classée aux Monuments historiques depuis 1933, elle abrite une rarissime *Vierge ouvrante* datée de l'an 1300. C'est l'un des deux seuls exemplaires restant en Alsace avec celle de Kaysersberg. En 1954, de nouveaux vitraux furent installés pour commémorer le 900e anniversaire de la mort du pape Léon iX. Avec ses quelque 1 768 habitants, Éguisheim a aussi la réputation d'être le « berceau du vignoble alsacien », notamment en raison de la réputation de ses Grands Crus Eichberg et Pfersigberg. Magnifiquement fleurie dès les premiers jours du printemps (Grand Prix national du fleurissement depuis 1989), cette cité fortifiée demeure un des fleurons de l'Alsace authentique. Tout au long de l'année, elle est hautement fréquentée, tant par les touristes que par les autochtones. Elle se pare de mille couleurs au gré de ses multiples animations : fête du vin, fête du champignon, foire à la truffe, marché de Noël… Eh oui, n'est pas élu « Village préféré des Français » (en 2013) qui veut !

© S. NICOLAS - ICONOTEC

Ruelle du village d'Eguisheim.

SEGWAY ALSACE

34, Grand'Rue
✆ 06 76 43 11 05
www.segway-alsace.fr
Balade en Segway à partir de 40 €/pers et jusqu'à 65 €.

En toute saison, cette société spécialisée dans l'œnotourisme vous concocte un programme aux petits oignons 100 % personnalisé. Ses services vont de la simple visite chez un viticulteur à la visite guidée de villages viticoles en passant par une randonnée à vélo au cœur des vignes ou encore un dîner dans un lieu insolite. Cerise sur le gâteau : l'équipe basée à Eguisheim vous propose aussi des balades « slow cruising » en Segway (gyropode électrique) dans les vignes. Un mode de transport qui ravira à coup sûr les adeptes d'un tourisme vraiment écologique !

HAUT-RHIN

WOLFBERGER

6, Grand'Rue © 03 89 22 20 24
www.wolfberger.com
Ouvert 7 jours/7 de 8h (10h samedi, dimanche) à 12h et de 14h à 18h. Boutique en ligne.

La boutique Wolfberger d'Eguisheim dévoile l'histoire de la viticulture alsacienne au fil d'un somptueux espace de découverte ponctué de films, fresques et expositions photo. Formation du relief alsacien, anecdotes historiques, explications autour des cépages, particularités du terroir, sélection des raisins, méthodes de vinification et de vendanges, déchiffrage des étiquettes, travail des œnologues… La vue sur les foudres en chêne de Hongrie acquis en 1902, d'une capacité de 5 000 hectolitres (et toujours utilisés pour la vinification) ponctue la visite.

LA COUR DE L'EMPEREUR €€

9, rue Monseigneur Stumpf
© 06 95 55 66 65
Gîte pour 4 personnes (65 m², 2 chambres). Sur demande : tarifs détaillés selon saison et disponibilité.

Cet appartement de vacances se niche au sein de l'une des plus anciennes cours colongères d'Eguisheim. Sa toute première citation historique remonte à l'an de grâce 810, en tant que donation de l'empereur Charlemagne. Alliant avec bonheur tradition et modernité en matière de décoration et d'équipements (cuisine, salle de bains, chambres, salon), il est situé au premier étage d'une vénérable bâtisse délicieusement fleurie dès le printemps. Voici un excellent point de départ pour partir à l'aventure sur la fameuse Route des Vins !

BRIT HOTEL - LA FERME DU PAPE HOSTELLERIE*** €€

10, Grand'Rue © 03 89 41 41 21
www.hostellerie-pape.com
Chambres pour 2 à 4 personnes. Tarifs détaillés sur le site web. Restaurant ouvert 7 jours/7, midi et soir. Terrasse.

Ce bel hôtel offre un concentré de la légendaire hospitalité alsacienne ! À l'entrée, l'espace de réception vous plonge dans une ambiance très rustique chic. Les chambres sont calmes et confortables, trois d'entre elles sont agencées PMR. Détail appréciable dans ce village largement piétonnier : l'hôtel dispose d'un parking privé ! Son restaurant propose une alléchante carte bistronomico-alsacienne : foie gras, burgers, röstis, flammekueche et quelques plats pour les végétariens.

AUBERGE DES 3 CHÂTEAUX €€

26, Grand Rue
© 03 89 23 11 22
www.auberge-3-chateaux.fr
Fermé le mardi soir et le mercredi. Menus : 26,50 € à 29,50 €. Enfant : 12 €. Service traiteur. Chambre double dès 70 €.

Ce restaurant illustre à merveille la convivialité alsacienne avec ses chaudes boiseries et ses tables joliment nappées de rouge et de blanc. En cuisine, le patron Olivier Wolff élabore de bons petits plats du terroir : croustillant au munster, foie gras de canard maison, fricassée de pieds et joues de porc à l'ancienne, civet de sanglier aux girolles, baeckeoffe, choucroute garnie… Le tout s'accompagne des meilleurs vins issus des caves locales. Notez que l'Auberge des 3 Châteaux dispose de dix très jolies chambres récemment rénovées.

LE CLOS D'EGUISHEIM**** €€

Route de Wettolsheim © 03 89 30 41 20
www.pierreetvacances.com
Tarifs détaillés : consulter le site Web. Parking fermé. Service pain, viennoiseries. Piscine intérieure.

Cette résidence Pierre & Vacances séduit par ses bâtiments aux façades colorées agrémentées de colombages. Elle se compose de studios et appartements pouvant accueillir jusqu'à 7 personnes. Les logements en rez-de-chaussée sont adaptés aux personnes à mobilité réduite. Une piscine intérieure couverte d'un dôme vitré ainsi qu'une pataugeoire extérieure favorisent la détente en famille en toute saison. Bien vu : un service boulangerie est assuré chaque matin, on adore ! Pour un séjour durant la période des marchés de Noël, pensez à réserver bien à l'avance !

CAVEAU D'EGUISHEIM €€

1 et 3, place du Château Saint-Léon
© 03 89 41 85 72
www.caveau-eguisheim.fr
Du vendredi au mardi à midi et le soir. Menus : 25 € à 40 €. Midi : 10,90 €. Enfant 9,90 €. Caveau climatisé. Terrasse.

Ce caveau du XVIIe siècle a été rénové avec bonheur en conservant ses pierres brutes. On s'attable en terrasse ou dans la brasserie de style winstub où l'on sert des tartes flambées au feu de bois. En cuisine, le chef Alexandre Niggel (membre de la Confrérie de la Choucroute) concocte des mets emblématiques du terroir alsacien : coq au riesling, baeckeoffe, choucroute garnie... Sans oublier l'inoubliable cassolette de poissons aux fruits de mers. Côté vins, de bons crus des viticulteurs d'Eguisheim, servis par une équipe prévenante et efficace.

HÔTEL-RESTAURANT L'AUBERGE ALSACIENNE €€

12, Grand'Rue
✆ 03 89 41 50 20
www.auberge-alsacienne.net

*Logis Restaurant Savoureux. De mercredi midi à dimanche midi. Menus 27 €. Terrasse. Hôtel*** Logis Élégance.*

L'Auberge Alsacienne dévoile une table de haut vol ! Les petits plats sont gourmands et la carte des vins est extra : Charles Baur, Émile Beyer, Paul Zinck, Wolfberger... C'est l'élite éguisienne ! Le chef mitonne de succulentes spécialités d'Alsace : foie gras de canard, poulet au riesling et ses spätzlés, Baeckeoffe du Chef, choucroute garnie, bavette d'aloyau de bœuf charolais maturé, forêt noire au kirsch. Service irréprochable, superbe rapport qualité-prix !

KAS'FRATZ €€

1, rue du Château
✆ 03 89 41 87 66
www.kasfratz.fr

Ouvert du mardi au dimanche midi et soir. Planchettes, tartes, flambées, burgers, raclettes. Terrasse. Vente à emporter.

Ce restaurant est réputé pour ses spécialités fromagères : tartes flambées, fondue alsacienne au munster et à l'emmental, raclette, munster ou mont-d'or cuits au four dans leur boîte. Quant à la Fonclette, c'est une raclette bio affinée au vin blanc agrémentée d'un confit d'oignons et de lardons grillés, le tout servi avec des petites pommes de terre vapeur et des petits croûtons ! Côté viande, on peut opter pour un burger alsacien (bun en bretzel) ou un bon tartare de veau ou de bœuf au couteau. Portions généreuses et service tout à l'avenant.

LE PAVILLON GOURMAND €€

101, rue du Rempart Sud
✆ 03 89 24 36 88
www.pavillon-gourmand.fr

Ouvert du jeudi au lundi midi et soir. Terrasse. Boutique. Label Table gastronomique.

Ce restaurant semi-gastronomique propose des plats très bien exécutés dont les produits sont de saison. On s'attable ici dans cette maison alsacienne typique, datée de 1683, mais dont la décoration est très actuelle et contemporaine. On y déguste des spécialités régionales revisitées subtilement et avec finesse.On peut ainsi se régaler d'un œuf poché juste cuit à la fondue d'oignons rouges confits, d'un sandre soufflé au riesling, d'un filet de canard et son jus court au pinot noir et, pour faire bonne mesure, d'un mini kougelhopf au rhum !

AU VIEUX PORCHE €€

16, rue des Trois Châteaux
✆ 03 89 24 01 90
www.auvieuxporche.fr

Ouvert du mercredi au samedi et dimanche midi. Menus 35 € à 61 €. Enfant : 15 €. Terrasse. Traiteur. Vente à emporter.

Dans ce restaurant à la décoration élégante et intimiste, Betty et son mari Eddy vous accueillent pour passer un moment gourmand. Eddy, chef cuisinier, s'occupe de ravir vos papilles grâce à des mets concoctés avec passion. Magret de canard, foie gras poêlé, manchon confit, noix de Saint-Jacques snackées, légumes du soleil ou l'option végétarienne tout aussi appétissante, ici on se régale de produits frais et de saison. Le tout accompagné d'excellents crus du Domaine Paul Zinck. L'été, on profite d'une jolie terrasse entourée de géraniums.

PÂTISSERIE MARX

39, Grand-Rue
✆ 03 89 41 32 56

Ouvert du mardi au dimanche : horaires variables selon la saison. Petite restauration. Salon de thé. Terrasse. Traiteur.

Cette enseigne gourmande mérite que l'on s'y arrête car ses spécialités pâtissières et chocolatières enchantent les papilles au gré des saisons. Tartelettes fruitées, éclairs et mille-feuilles, bredalas de Noël et Lebkuchen (pain d'épices), baba au rhum et forêt-noire, fraisier et saint-honoré, beignets de carnaval et jolis moulages de Pâques, chocolats fins à offrir en toutes occasion : on en salive d'envie ! La pâtisserie Marx vous accueille aussi pour déjeuner ou goûter en salle ou sur sa vaste terrasse qui prend ses aises dans l'ombre du Château Saint-Léon.

LA BOUTIQUE DU CHAMPIGNON

2b, rue du Rempart Nord
✆ 03 89 23 26 07
www.laboutiqueduchampignon.com

Ouvert 7 jours/7 : horaires variables selon la saison, voir page Facebook. Boutique en ligne.

Amis dévoreurs de chanterelles ; fanatiques des trompettes de la mort, bienvenue ! Cette boutique dédiée à l'univers des champignons vous ravira. On les trouve sous toutes les formes : secs ou en poudre, dans des bocaux, sous forme de truffes d'été, d'huiles et des sels aromatisés, de risotto aux champignons sauvages, de miel parfumé à la truffe blanche… Il y a aussi des objets décoratifs en bois ou en céramique et des beaux livres... dédiés bien évidemment à nos amis les champis !

BRUNO HERTZ

9, place de l'Église
✆ 03 89 41 81 61
www.lesvinshertz.com

Certification HVE. Mardi de 18h à 19h. Mercredi à dimanche de 16h à 19h. Groupes sur RDV. Œnotourisme. Gîte (2-6 pers).

Certifié Haute Valeur Environnementale, ce superbe domaine est conduit de père en fils depuis plus de 250 ans. Les vins Hertz sont issus de raisins produits exclusivement sur l'exploitation. Certains bons crus sont vieillis dans les caves historiques des Hospices de Strasbourg. Bruno Hertz vous dévoile sa belle cave du XVIe siècle avant de déguster de fins nectars dans le caveau aménagé juste au-dessus de la cave. Il vous propose aussi une visite guidée du vignoble en 2CV ou en Méhari (3 personnes max) avec pique-nique ou déjeuner dans un bon restaurant du coin !

© BRUNO HERTZ

© BRUNO HERTZ

DOMAINE ANTOINE STOFFEL

21, rue de Colmar ✆ 03 89 41 32 03
www.antoinestoffel.com

Vigneron indépendant. Certification AB. Accueil de préférence sur RDV. Boutique en ligne. Accueil camping-cars.

Matthieu Kuehn conduit avec passion cette exploitation familiale de 8 ha qui collectionne les récompenses : 3 médailles d'or au Concours national des Crémants, 17 au Concours des Meilleurs Vins de Paris, 4 au Concours de Mâcon… Une réussite qui se laisse apprécier dans un caveau où l'accueil est à la hauteur des vins dégustés. Certaines cuvées s'avèrent exceptionnelles, notamment le Riesling Grand Cru Eichberg aux intenses notes agrumes. Quant au Crémant d'Alsace Brut 100 % Riesling, la *Revue du Vin de France* lui a décerné la superbe note de 17/20 !

DOMAINE LÉON BEYER - CAVEAU DE DÉGUSTATION

8, place du Château Saint Léon ✆ 03 89 21 62 30
www.leonbeyer.fr

Ouvert du mardi au samedi : 10h-12h et 14-17h30. Le dimanche 10h-12h et 13h30-16h30. Groupes (max 10 pers.) sur RV.

Voici un très grand nom de la viticulture alsacienne. Le Domaine Léon Beyer fournit de nombreux restaurants triplement étoilés. Cette notoriété récompense le travail de la famille Beyer qui perpétue la tradition des vins d'Alsace secs de gastronomie. Au caveau de dégustation-vente, vous découvrirez assurément des crus de très haut vol dans une ambiance sympathique et conviviale. Coup de cœur pour le Riesling « R de Beyer » 2015, un superbe millésime noté 95/100 par Robert Parker !

FAMILLE HEBINGER

14, Grand-Rue ✆ 03 89 41 19 90
https://vins-hebinger.fr

Certification Bio et Demeter. Du lundi au samedi : 9h-12h, 13h-18h. Pique-nique chez le vigneron. Boutique en ligne

Certifié en bio et en biodynamie, ce domaine familial de 11,2 ha est conduit par Christian et Véronique Hebinger avec leur fils Denis. Issus de vendanges manuelles, leurs vins sont commercialisé exclusivement à maturité. Quelques cuvées de belle facture à découvrir lors de votre visite : Pinot Noir *Eguisheim S-60 9.10 2019* (vieille vigne GC Eichberg), Pinot Gris Saint-Jacques (gras et ample), Gewurztraminer Grand Cru Pfersigberg (discret et raffiné). I y a aussi une gamme de vins naturels, notamment *Persephone*, un surprenant vin de macération issu du GC Hengst.

HAUT-RHIN

MAISON A. EDEL

2, place du Château Saint-Léon
✆ 03 89 41 22 40
www.a-edel-traiteur-eguisheim.fr
Ouvert tous les jours de 8h à 19h (17h le dimanche). Traiteur. Restaurant-café, menu 19,90 €, enfant 8 €. Terrasse.

Fondée en 1897, cette boucherie-charcuterie fournit une variété de produits qui laisse bouche bée : foie gras, galantines, pâtés en croûte, saucisses, salaisons, superbes viandes et volailles d'origine exclusivement française... La Maison A. Edel propose aussi des tartes flambées, des quiches et des pizzas ainsi que des produits du terroir (moutardes, confitures, munster fermier...), des vins d'Alsace et des bières. Ajoutez à cela d'excellents plats du jour à emporter et un service de restauration sur place. Un vrai bonheur pour les gastronomes avertis !

PAUL GINGLINGER

8, place Charles de Gaulle ✆ 03 89 41 44 25
www.paul-ginglinger.fr
Vigneron Indépendant. Certification AB. Du lundi au samedi 9h-12h/14h-18h. Visite/dégustation sur RV. Boutique en ligne.

Certifié bio depuis 2018, ce domaine de 13 ha est incontestablement un domaine historique à Eguisheim puisqu'il existe depuis le XVIIe siècle ! Depuis 20 ans, c'est Michel Ginglinger et son épouse qui le conduisent de main de maître pour proposer des vins toujours plus authentiques et divins, issus de parcelles parfaitement gérées pour un raisin mûr et sain ! Dans le caveau, lumineux, mêlant subtilement le charme de l'ancienne bâtisse mixé au bar et au mobilier contemporain, dégustez sans hésiter le Gewurztraminer Grand Cru Pfersigberg 2020, fruité et élégant !

WOLFBERGER

6, Grand'Rue ✆ 03 89 22 20 24
www.wolfberger.com
Ouvert du lundi au vendredi de 8h à 12h et 14h à 18h. Samedi et dimanche de 10h à 12h et 14h à 18h.

Cette cave coopérative qui a vu le jour en 1902 regroupe aujourd'hui plus de 450 vignerons. Grands crus, vendanges tardives, gamme bio, vins d'appellation Alsace, grains nobles mais aussi eaux-de-vie et liqueurs vous attendent dans la cave d'Eguisheim. Une variété de vins, dont la viticulture est en phase avec la nature, à déguster seul ou en dégustation commentée sur place, dans la cave historique dont les foudres encore présents datent de 1902. Coup de cœur pour le Muscat Signature 2021 qui a raflé 2 médailles d'or au concours Vinalies France 2022.

GUEBERSCHWIHR

Gueberschwihr tire notamment sa fierté de son Grand Cru Goldert. Au fil de ses ruelles pavées, on découvre de belles bâtisses médiévales protégées par d'imposants porches. Calme et authentique, Gueberschwihr cache un bijou d'architecture : une église dotée d'un clocher roman du XIIe siècle qui s'élève à 36 m. Totalement excentrée, elle est adossée à la montagne. Pour la petite histoire, l'édifice fut érigé à l'emplacement d'une source sacrée, lieu de culte païen. En empruntant la départementale à travers le village vers l'ouest, vous découvrirez une autre facette de l'Alsace : celle des forêts à champignons, des falaises et des rochers en grès.

DOMAINE ERNEST BURN

8, rue Basse
✆ 03 89 49 20 68
www.domaine-burn.fr
Ouvert du lundi au samedi : 8h30 à 12h et 13h30 à 18h30. Dimanche : 15h à 18h. Dégustation sur RDV. Boutique en ligne.

Le Clos Saint Imer doit son nom au protecteur de Gueberschwihr. En 1934, Ernest Burn a entrepris la restauration de ce vignoble historique surplombant l'aire du Grand Cru Goldert qui produit un muscat très aromatique. Aujourd'hui, Francis Burn élabore des cuvées qui offrent certainement le meilleur rapport prix/plaisir en Alsace. On apprécie le Pinot Gris Le Dauphin Vieilles Vignes 2019, médaille d'Or Gilbert & Gaillard. Mais aussi le Muscat Clos Saint-Imer Grande Sélection 2018, Médaille d'or au 16e Concours mondial des vins Féminalise à Paris.

DOMAINE HUMBRECHT 1619

33, rue de Pfaffenheim ✆ 03 89 49 31 51
www.vins-humbrecht.com
Certif AB, Demeter. Caveau ouvert du lundi au samedi de 9h30 à 12h et de 14h à 18h. Groupes sur RV. Cours d'œnologie.

Ce domaine de 8 ha est certifié AB bio depuis 2013 et Demeter (biodynamie) depuis le millésime 2020. Il possède des vignes sur le terroir du célèbre Grand Cru Goldert qui produit de fameux gewurztraminers et muscats. On apprécie particulièrement l'accueil de la famille Humbrech. Sylvie, Claude et Maxime décrivent avec passion leurs vins au cours d'une dégustation au caveau. On plébiscite notamment le Gewurztraminer Côté Terre 2018 (1 étoile au *Guide Hachette des Vins* 2022). Des cours d'œnologie payants d'une durée de 3h30 heures vous sont proposés sur réservation.

HATTSTATT

Hattstatt s'est développé sur un site gallo-romain appelé Altevic. Mais son nom est lié au patronyme du 1er propriétaire des lieux, un certain Hatton. Au XIIe siècle, la famille noble des Hattstatt a pris le contrôle du village jusque vers 1587. Hattstatt présente quelques beaux sites, notamment l'église Sainte-Colombe. Sa partie supérieure d'esprit baroque est datée de 1772. Il y a aussi la mairie, un superbe bâtiment à double escalier de style gothique (1554) et un ancien puits Renaissance (1550) portant les emblèmes de la famille des Hattsatt. La promenade du Grand Cru Hatschbourg offre un beau panorama sur le vignoble et Notre-Dame-du-Schauenberg.

L'ALTÉVIC €€

4, rue de Wiggensbach
© 03 89 78 83 56
www.restaurant-laltevic.fr
Ouvert du mercredi au samedi midi et soir, dimanche midi. Formule du midi : 24 € (3 plats). Terrasse. Vente à emporter.

Dans ce restaurant (2 Toques Gault & Millau) tout de verre et de bois paré, le chef Jean-Christophe Perrin crée des mets originaux sublimés par les herbes qu'il cultive dans son jardin près de la terrasse de l'Altévic. Foie gras de canard rôti, thon rouge roulé aux épices d'Orient, quasi de veau et fricassée de salsifis, surprenante torche aux marrons comme une pavlova (une brise alsacienne sur les pays de l'Est). À tester aussi, la Knepfle Box dans le food truck de Florian et Aurélia. Des plats réconfortants à glaner dans cette caravane hippie chic des 70's.

LE COIN DU MEUNIER €€

1, place de l'École
© 03 89 49 27 45
www.lecoindumeunier.com
Fermé dimanche soir et lundi.
Formule du midi : 13,40 € à 29 €. Terrasse.
Vente à emporter. Service traiteur.

Ce Coin du Meunier attire les amateurs de bonne chère en quête d'un rapport qualité/prix imbattable ! Quelques bons mets pour vous mettre l'eau à la bouche ? Il y a par exemple le tataki de canard et son taboulé, le dos de merlu et son risotto de crozets au chorizo et jus crustacés-citronelle ou encore l'onglet de bœuf sauce marchand de vin aux légumes et chips de pomme de terre. Côté desserts, on craque volontiers pour un cœur fourré framboise passion ! En été, on apprécie la terrasse, et, toute l'année, on plébiscite le service traiteur et les soirées à thème.

CONFISERIE ADAM

42, rue de la Gare
© 03 89 49 26 12
www.confiserie-adam.fr
Lundi : 14h-19h. Mardi à samedi : 9h30-12h, 14h-18h30 (18h samedi). Pâques et Noël, cf site web. Boutique en ligne.

C'est certain : le Willy Wonka de Roald Dahl adorerait cette version alsacienne de *Charlie et la chocolaterie* ! Chez Adam, du chocolat en veux-tu en voilà, surtout du bio, noir, blanc, au lait, praliné... Quant aux moulages créés lors des fêtes (Pâques, Noël, Saint-Valentin...), lapins, cocottes, cœurs enrubannés et autres lutins mutins sont aussi jolis à voir que délicieux à croquer ! Chez Adam, on fait aussi le plein de dragées au chocolat pétillant, de bonbecs d'antan et de moult sucreries irrésistibles. En toute saison, qualité et fantaisie font bon ménage !

HERRLISHEIM-PRÈS-COLMAR

Situé sur un ancien chemin celte menant de la plaine d'Alsace aux Vosges, Herrlisheim fut mentionné dès le VIIIe siècle sous le nom de Herleichesheim, puis Herrlichesheim, terme germanique qui peut se traduire par « endroit charmant ». Le village fut pendant plus de deux siècles la propriété des seigneurs de Hattstatt avant de passer sous la férule des barons de Schauenbourg. Parmi les ouvrages historiques du village, citons l'église Saint-Michel du XVe siècle, la Tour des Voleurs (1370) et le Waschbach, ancien lavoir joliment restauré. Détail insolite : l'emblème d'Herrlisheim est une grenouille, batracien qui est aussi le surnom de ses habitants !

DOMAINE HERTZOG

36, route du Vin
© 03 89 49 31 93
www.vins-alsace-hertzog.fr
Vigneron indépendant. Accueil du lundi au samedi de 9h à 12h et de 13h30 à 18h. Groupes : sur RDV. Boutique en ligne.

Depuis 1977, la famille Hertzog conduit son domaine de 7,5 ha en lutte raisonnée, notamment sur le lieu dit Bildstoecklé (futur 1er Cru). L'éventail des vins Hertzog couvre toutes les spécificités alsaciennes, en diverses gammes. Certaines cuvées sont élevées au sein de la Cave des Hospices de Strasbourg. Le domaine propose également des crémants d'Alsace (brut, blanc, rosé) ainsi que des Vendanges Tardives et des Sélection de Grains Nobles. N'hésitez pas à faire halte dans le charmant caveau de dégustation de la famille Hertzog, vous serez bien accueillis !

HUSSEREN-LES-CHÂTEAUX

Établi au pied du massif du Stauffen et des Trois Châteaux, en surplomb à 380 m d'altitude au-dessus d'Eguisheim, Husseren-les-Châteaux s'impose comme le village le plus élevé du vignoble alsacien. Il offre une vue à couper le souffle sur la plaine du Rhin jusqu'à l'horizon de la Forêt-Noire et les Alpes par beau temps. Intimement lié à l'histoire des Trois Châteaux (dont subsistent aujourd'hui de beaux vestiges), Husseren fut en effet construit par les ouvriers chargés de l'édification de ces géants de pierre à partir du XIe siècle. À visiter notamment dans le village : l'église Saint-Pancrace (1885) de style néo-gothique, dotée d'un chœur voûté.

HÔTEL SPA HUSSEREN COLLECTIONS**** €€

Rue du Schlossberg ✆ 03 89 49 22 93
www.hotel-spa-collections.com

74 chambres + suites, restaurant, bar, terrasse. Ouvert 7 j/7. Tarifs cf site web. Piscine. Spa, sauna, hammam, fitness.

Serti dans un écrin boisé en surplomb des fameuses cités viticoles d'Husseren-les Châteaux et d'Eguisheim, cet hôtel infiniment cosy marie avec bonheur modernité et tradition. Ses 74 chambres et suites (2-5 pers.) disposent d'un confort peu commun et offrent des vues splendides sur la plaine d'Alsace, les Vosges et la Forêt-Noire. Accès à volonté à l'espace spa & fitness : piscine intérieure, sauna hammam... Cerise le gâteau : le délicieux restaurant Bain de Forêt et sa terrasse !

EDMOND SCHUELLER ET FILS

26, route du Vin
www.alsace-schueller.com

Certif Bio. Visite de cave et dégustation sur RV. 1 gîte (5 pers.), 2 chambres d'hôtes (2 pers.) : tarifs sur demande.

Certifié Bio en 2012, ce petit domaine familial a le vent en poupe ! Damien Schueller élabore des vins de belle qualité, notamment un Pinot Gris Grand Cru Eichberg et un Gewurztraminer Grand Cru Pfersigberg en Vendanges Tardives. Il signe aussi des cuvées très originales, tel ce Pinot Noir Rosé Les Cocottes (sans soufre) léger et gouleyant à souhait, ou le délicieux Kritz, un spritz festif à base de Crémant d'Alsace ! Notez que la famille Schueller peut vous héberger dans un charmant gîte (5 personnes) et dans deux adorables chambres d'hôtes (2 personnes).

WETTOLSHEIM

Délicieusement alanguie dans le vignoble entre Éguisheim et Colmar, la cité de Wettolsheim vous réserve une surprise de taille : on y trouve une réplique exacte de la grotte de Lourdes ! Celle-ci fut édifiée en 1912 à la demande Monseigneur Schoepfer sur les ruines de sa maison natale. Outre cette curiosité touristique, Wettolsheim comporte également un site archéologique sur la Koenigsbreite. De très nombreuses découvertes y ont été faites : outils en silex datant du Néolithique, maisons sur pilotis, tombes... Et puis, Wettolsheim compte d'excellents viticulteurs qui exploitent avec brio les Grands Crus du Steingrubler, Hengst et Pfersigberg.

HÔTEL-RESTAURANT AU SOLEIL €€

20, rue Sainte Gertrude
✆ 03 89 80 62 66
www.hotel-restaurant-au-soleil.fr

Logis Hôtel Cosy. Nuitée à partir de 85 €/2 pers. Piscine. Bain bouillonnant, sauna. Restaurant Logis Table Gourmande.

Cette délicieuse adresse propose 20 chambres douillettes où il fait bon cocooner, avec, en bonus, un bel espace de détente : piscine chauffée, sauna, bain bouillonnant, salle de fitness. Voilà qui s'avère parfait pour lâcher prise dans une ambiance 100 % délassante. Côté restaurant, on s'attable avec bonheur en salle comme en terrasse pour se délecter des bons petits plats concoctés par Guillaume Schilling : foie gras de canard maison, choucroute garnie et autres délices régionaux !

HÔTEL-RESTAURANT AU SOLEIL*** €€

20, rue Sainte Gertrude ✆ 03 89 80 62 66
www.hotel-restaurant-au-soleil.fr

Maître Restaurateur, Logis Table Gourmande. Ouvert du jeudi au mardi midi et soir. Menus 30 € et 52 €. Enfant 11,50 €.

Une ambiance tout à la fois chaleureuse et bon enfant règne dans ce bel hôtel familial créé en 1960 et récemment rénové avec beaucoup de goût. Côté restaurant (Logis Table gourmande), Guillaume Schilling vous régale de bons petits plats d'inspiration régionale. Tarte fine de magret de canard fumé, filet de bœuf sauce au pinot noir, plantureuse choucroute garnie : il y en a pour tous les goûts. Ajoutez à cela une carte des vins de haut vol et un service aux petits oignons !

VOEGTLINSHOFFEN

Sublime balcon naturel surplombant la plaine d'Alsace à 340 m d'altitude, ce village est classé 2 Fleurs sur le plan national. Voegtlinshoffen (prononcez « feutlinnssofeun ») offre une vue magnifique sur le vignoble, le massif de la Forêt-Noire et, par beau temps, sur la chaîne des Alpes ! C'est le fief de valeureux viticulteurs qui entretiennent avec brio des traditions vinicoles (notamment sur le Grand Cru du Hatschbourg) dont les origines remontent au XIIIe siècle. Sur la place de la mairie, la statuette du Rabseppela (un petit bonhomme qui tient dans sa main une grappe de raisin) est érigée sur une superbe fontaine octogonale du XVIIIe siècle.

DOMAINE ALBERT MANN

13, rue du Château ✆ 03 89 80 62 00
www.albertmann.com

Certifié Ecocert et Biodyvin. Dégustation-vente du lundi au samedi de 9h à 12h et de 14h à 18h, uniquement sur RDV.

Bienvenue dans une famille de vignerons passionnés qui conduit son vignoble en bio et en biodynamie, avec la double certification Ecocert et Biodyvin. La famille Barthelmé gère avec amour et harmonie son domaine qui figure parmi les plus belles réussites du vignoble alsacien. Ces bonnes pratiques permettent au Domaine Albert Mann de produire des vins étonnants d'équilibre. Il y a par exemple le Gewurztraminer 2019 (Trophée du Meilleur Vin Moelleux/Doux *Elle à Table* 2021) et le Pinot Noir Les Saintes Claires 2018 noté 96/100 par la *Revue des Vins de France*.

CATTIN GRANDS VINS ET CREMANTS D'ALSACE

35, rue Roger Frémeaux
✆ 03 89 49 30 21
www.cattin.fr

Ouvert 7 j/7 de 10h à 18h. Groupes : visite, dégustation sur RV. Bar à vin panoramique. Animations œnotouristiques.

Le Belvédère de la Maison Joseph Cattin est sublime ! On y découvre des foudres et des tonneaux de la cave à travers d'impressionnantes parois vitrées. Le bar à vin en attique s'ouvre sur une terrasse avec vue à 360° sur le vignoble, la plaine d'Alsace et la Forêt noire. Au menu ici : visite de cave, dégustation de bons crus accompagnés de produits du terroir, ateliers Accords Mets et Vins, visite du vignoble à pied, à vélo ou en gyropode électrique tout-terrain !

VIGNOBLE DES 2 LUNES

21, rue Sainte Gertrude ✆ 03 89 30 12 80
www.2lunes.fr

Certification AB et Demeter. Ouvert du lundi au vendredi de 9h à 12h et de 14h à 18h. Le samedi : de 9h à 12h sur RV.

Amateurs de divins nectars, une visite de ce domaine s'impose ! Son nom est un clin d'œil au calendrier lunaire qui fait référence en matière de viticulture biodynamique. Les vins sont affinés en fûts durant 12 mois avant d'être proposés à la dégustation. Effervescents, vins du terroir, grands crus et spiritueux vous séduiront par leur authenticité autant que par leur élégance racée et leurs appellations poétiques : Crémant Eclipse (brut nature zéro dosage), Gewurztraminer Mer du Nectar (Vendanges Tardives), Pinot Gris Lune de Miel (Sélection de Grains Nobles).

GINGLINGER FIX

38, rue Roger Frémeaux
✆ 03 89 49 30 75
www.ginglinger-fix.fr

Ouvert du lundi au samedi de 9h à 19h (18h30 le lundi). Dimanche sur RDV. Groupes : visite, dégustation sur réservation.

On retrouve la trace du premier vigneron de la lignée Ginglinger en 1610 ! Aujourd'hui, André et Marie-Paule perpétuent la tradition avec leur fille Eliane qui a une formation d'œnologue. Certains de leurs vins sont élevés en fûts de chêne, d'autres ont obtenu un sigillé de la Confrérie Saint-Etienne. Lors de votre passage, vous pourrez visiter la cave (capacité d'accueil : 50 personnes) mais également le vignoble. Bon à savoir : vos enfants pourront s'ébattre sur une aire de jeux pendant que vous dégusterez quelques-uns des excellents crus Ginglinger-Fix !

KAYSERSBERG ★

Le nom de Kaysersberg signifie la montagne de l'Empereur. Ville natale du Docteur Schweitzer, Kaysersberg séduit par son église en grès rouge, son pont fortifié datant de 1514, son lavoir romantique, sa rue principale vénérablement pavée et ses pittoresques maisons à colombages soigneusement préservées. Le donjon du château impérial de Kaysersberg surplombe la ville, on peut y accéder à pied. Protégée par ses remparts, cette adorable petite cité a conservé de beaux vestiges du passé, notamment l'hôtel de ville Renaissance et l'église Sainte-Croix qui se distingue par son beau portail roman et, à l'intérieur, un superbe retable sculpté du XVIe siècle.

LES LACS ★★

Deux lacs bucoliques pour les amateurs de randonnées pédestres.

Sertis dans un écrin naturel au fond de la vallée de Kaysersberg, le Lac Blanc et le Lac Noir charment les amateurs de randonnées vivifiantes ! Aménagés lors de l'annexion de l'Alsace à l'empire allemand après la guerre de 1870, ces deux lacs ont été reliés en 1933 dans le cadre de la réalisation de la toute première station de transfert d'énergie par pompage-turbinage installée en France. Séparés par 100 m de dénivelé, ils sont reliés par une conduite forcée. Le principe consiste à échanger l'eau entre les deux réservoirs au moment des heures creuses. Aux heures de forte consommation, l'électricité est produite par le turbinage de l'eau du bassin supérieur. En heures creuses, l'eau du bassin inférieur est envoyée par pompage vers le Lac Blanc pour y être stockée. En hiver, une atmosphère particulière règne sur le site. Voilà sans doute pourquoi Jean-Pierre Mocky a choisi d'y tourner, en 1987, la séquence d'ouverture de son film policier *Agent trouble* avec Catherine Deneuve. Quand la neige est au rendez-vous, le ski (alpin ou de fond) s'avère une activité fort prisée. Le sentier Cornelius permet d'aller du Lac Blanc au Lac Noir et inversement. À découvrir en outre sur les hauteurs du Bonhomme et de Lapoutroie, l'étang du Devin est dominé par la Tête-des-Faux et il présente toutes les caractéristiques d'une tourbière. C'est aussi un site protégé car il abrite une biodiversité exceptionnelle. Superbe panorama aussi autour du Lac du Forlet et du Lac Vert qui sont tous deux accessibles depuis le hameau des Hautes-Huttes à Orbey.

OFFICE DE TOURISME DE LA VALLÉE DE KAYSERSBERG

39, rue du Général de Gaulle ✆ 03 89 78 22 78
www.kaysersberg.com
Horaires d'ouverture disponibles sur le site web. Permanence tél. du lundi au samedi de 9h30 à 12h et de 14h à 17h.

Une équipe de professionnels polyglottes et passionnés vous accueille toute l'année. L'OT de Kaysersberg dispose d'une documentation touristique très fournie. Elle vous fournit également, de manière personnalisée, diverses suggestions de balades et de visites culturelles, des bons plans en matière d'hébergement, des adresses gastronomiques triées sur le volet. N'hésitez pas à consulter le site Web car il est actualisé quotidiennement. Sur place, la connexion WiFi est gratuite.

GÎTE DES 4 SAISONS €€

5, rue Jean Scriptoris
✆ 06 64 35 60 49
www.homelsass.jimdo.com
Gîte pour 6 personnes (120 m², 3 chambres). À partir de 750 €/semaine. Sauna. Terrasse. Barbecue. Garage clos.

Cet adorable gîte est aménagé sur trois niveaux au sein d'une vénérable maison alsacienne. Ses prestations sont haut de gamme : climatisation, garage de 37 m² (destiné à entreposer voiture, vélos, équipements de ski, poussette pour enfant), terrasse, barbecue, sauna, petite piscine extérieure, 3 chambres doubles, 2 salles de bains, cuisine équipée, salon avec cheminée, décoration alliant tradition et esprit contemporain. C'est un lieu de villégiature idéal en famille avec des enfants. La location inclut en prime la mise à disposition de 6 VTT électriques !

HÔTEL KLÉ**** €€

10, rue du Père Kohlmann ✆ 03 67 30 05 22
www.hotelkle.com
Ouvert toute l'année. 22 chambres. Tarifs détaillés cf web. Bar à vin et bière. Sauna, hammam, fitness. Parking gratuit.

Des paysages alsaciens dans chaque chambre, sublimés par un éclairage contemporain, des matériaux nobles (siège en cuir, tête de lit en bois, parquet etc.) : cet hôtel contemporain est très accueillant ! Le personnel discret est très agréable, le petit déjeuner gourmand est composé de produits du coin comme des fromages de la vallée ou des œufs frais de la ferme voisine. Il est servi dans le sublime caveau en pierre, également bar à vin la journée. On peut se délasser dans l'espace bien-être où sauna, hammam, douche écossaise et fitness sont à disposition.

MUSÉE DU VIGNOBLE ET DES VINS D'ALSACE ★

1 bis, Grand'Rue - **KIENTZHEIM**
✆ 03 89 78 21 36
www.musee-du-vignoble-alsace.fr
Ouvert de début mai à mi-octobre. Adulte : 5 €. Hors saison : visite de groupe sur RV. Boutique.

Ce musée de 300 m^2 est le lieu idéal pour en apprendre davantage sur l'Alsace, son vignoble, sa route des Vins et tout ce que ça englobe. Ancien pressoir en bois, sécateur de 1850 et son évolution, histoire de la tonnellerie et de la verrerie, explications sur les étapes du travail de la vigne, au XVIIe siècle et de nos jours, tout est très bien expliqué, notamment grâce aux guides, à votre disposition sur réservation. Le métier de vigneron n'aura plus de secrets pour vous !

HÔTEL LES REMPARTS*** €€

4, rue de la Flieh
✆ 03 89 47 12 12
www.lesremparts.com
Logis Hôtel Élégance. Chambre double à partir de 77 €, triple à partir de 99 €. Bar. Sauna. Jardin. Garage.

Cet hôtel familial dispose de 44 chambres tout confort (avec balcon pour certaines) aménagées au sein de deux pavillons noyés dans un océan de verdure. Il propose également des appartements meublés (location à la semaine et à la nuitée). À cela s'ajoutent un sauna, un bar et une salle de jeu avec billard, babyfoot, table de ping-pong... Pas de service de restauration sur place, mais il y a l'embarras du choix dans les environs directs de l'hôtel en matière de bonnes adresses gastronomiques. Qui plus est, elles sont toutes facilement accessibles à pied !

LE CHAMBARD***** €€€

9-13, rue du Général de Gaulle ✆ 03 89 47 10 17
www.lechambard.fr
Chambre double dès 300 €, suite dès 465 €. PDJ 41 € (buffet) à 45 € (en chambre). Piscine intérieure. Spa. Restaurant.

Sis dans une demeure du XVIIIe siècle, cet élégant hôtel associe éléments architecturaux conservés dans leur jus et mobilier contemporain riche en pièces iconiques : chaise lounge LC4 (Le Corbusier/Charlotte/Cassina Perriand), chauffeuses Barcelona (Van der Rohe/Knoll))... Coup de cœur pour la suite Madame composée de deux chambres, d'un salon et d'une kitchenette très chic. On se détend dans le sublime spa (piscine, bain bouillonnant, sauna, hammam, tisanerie, cabines de soins) ou au salon Marius, bar climatisé niché dans un ancien caveau en pierres de grès rose.

L'ALCHÉMILLE €€

53, route de Lapoutroie ✆ 03 89 27 66 41
www.alchemille.alsace
Une étoile Michelin. Ouvert le soir du mardi au samedi et à midi le mardi, vendredi et le samedi. Menus 80 € à 180 €.

Trois Toques au Gault & Millau et une étoile suivie d'une labellisation Gastronomie Durable au Guide Michelin : Jérôme Jaeglé et son Alchémille ont le vent en poupe ! Le jeune chef cultive un amour sans faille pour les légumes, les fruits, les herbes fines et autres végétaux qui poussent dans son propre jardin maraîcher ou qui proviennent de producteurs locaux triés sur le volet. Il compose des mets riches en saveurs et en couleurs, très poétiquement dressés dans l'assiette. Voici une adresse où l'extase gustative atteint des sommets ! Réservation indispensable.

CÔTÉ VIGNE €€

30, Grand Rue - **KIENTZHEIM**
✆ 03 89 22 14 13
www.cote-vigne.fr
Mardi-vendredi : 12h–13h30, 19h–21h30, samedi : 19h–21h30, dimanche 12h–13h30. Menus, carte. Terrasse. Gîte (6 pers).

Chez Côté Vignes, on cultive l'authenticité sans esbroufe, à l'image de la décoration des lieux qui associe poutres vénérables et sobriété contemporaine. La carte régulièrement renouvelée peut ainsi dévoiler un tataki de thon épicé relevé à la cacahuète et au raifort, un filet de daurade à l'orange et l'estragon, un suprême de pintade aux morilles... Notez que Côté Vigne dispose d'un adorable gîte (6 personnes) aménagé dans une maison de 120 m², il comprend 3 chambres. Ce Nid de Victor porte bien son nom : il est douillet à souhait !

AU LION D'OR €€

66, rue du Général De Gaulle ✆ 03 89 47 11 16
www.auliondor.fr
Ouvert du jeudi au lundi midi, soir. Service brasserie en journée. Menu, carte, suggestions. Terrasse. Vente à emporter.

Ce bon restaurant alsacien vous accueille dans un cadre authentique : cheminée monumentale, vaisselier rustique, tables joliment dressées. Chez les Ancel, la restauration est une histoire de famille depuis 1724 ! Le chef privilégie les produits locaux pour composer de délicieux mets du terroir : bouchée à la reine, jarret de porc rôti aux 5 épices, choucroute aux 4 poissons, civet de marcassin Saint-Hubert, tartes flambées... Les hôtes végétariens se régalent d'un burger du potager ou d'un excellent couscous de légumes. Une petite carte est dédiée aux enfants.

LA TABLE DU PÂTISSIER €€

50, rue du Général de Gaulle
✆ 03 89 78 22 73
www.restaurant-latabledupatissier.fr
Ouvert du mardi au jeudi : 9h-18h30. De vendredi à dimanche : 9h-21h. Menu du jour : 15 €. Terrasse. Vente à emporter.

Cette excellente adresse présente 3 qualités indéniables : accueil souriant, ambiance conviviale, cuisine au top. Circuits courts, savoir-faire, imagination et créativité : le chef David Vilmain apporte sa touche personnelle à de bonnes spécialités régionales. Par exemple un filet de truite saumonée accompagné d'une gelée de liqueur de sapin. David est aussi réputé pour ses burgers, tous maousse délicieux, notamment celui du Chef au foie gras de canard. Enfin, il y a de divines pâtisseries aussi belles que délicieuses : on les savoure au dessert comme au goûter !

LA VIEILLE FORGE €€

1, rue des Écoles
✆ 03 89 47 17 51
www.vieilleforge-kb.com
Bib Gourmand Michelin. 1 Toque Gault & Millau. Du mardi au samedi midi, soir. Menus 33 € à 79 €. Menu enfant 17 €.

Dans une vénérable demeure du XVe siècle, Laurine Gutleben fait merveille en cuisine. La jeune femme s'est formée chez Olivier Nasti (2 étoiles Michelin) à Kaysersberg et à la Maison Troisgros (3 étoiles Michelin) à Roanne. Elle compose des partitions culinaires pleines d'allant : cœur de ris de veau à la Saltimbocca, filet de bœuf Rossini relevé au foie gras et à la truffe noire… Pour les vins, tous excellents, on fait confiance à Wilfried, le charmant sommelier. Réservation hautement conseillée car ce restaurant de taille restreinte affiche souvent complet !

L'ENFARINÉ

29, rue du Général de Gaulle
✆ 03 89 47 63 58
www.lenfarine.fr
Ouvert du mardi au samedi de 6h30 à 18h, dimanche de 6h30 à 13h. Boulangerie. Café, salon de thé. Petite restauration.

On adore passer un moment dans cette boulangerie artisanale où l'on s'offre sans barguigner un p'tit déj' assorti de brioches pur beurre AOP. Au goûter, on succombe au charme du mille-feuille vanille ! Mais il y a surtout ces incroyables pains à base de levain naturel et de farine biologique : aux céréales, aux graines de courges, au petit épeautre, aux olives ou même au cacao ! Ils sortent tout chauds du four tout au long de la journée. Un pur délice ! Et pour les petits et grands événements, le service traiteur fait un malheur.

CONFISERIE DES HAUTES VOSGES - CDHV

44, Habeaurupt - **PLAINFAING**
✆ 03 29 50 44 56 - www.cdhv.fr
Ouvert du lundi au samedi de 9h à 18h30 ; le dimanche de 10h à 18h. Visites guidées et gratuites.

Fondée en 1986, cette confiserie est l'héritière de la Confiserie des Images d'Épinal dont elle perpétue la tradition. Chaque confiseur est formé sur place pour donner le meilleur de son savoir-faire. On découvre plus de 35 variétés de bonbons aux parfums subtils et 100 % naturels de coquelicot, bergamote, violette, mirabelle, sapin des Vosges. Ces douceurs sont confectionnées rituellement d'après une recette secrète transmise dans la famille Claudepierre depuis des générations !

RESTAURANT HASSENFORDER

129, rue du Général de Gaulle
68240 Kaysersberg
✆ 03 89 47 13 54
Haute saison 7 j/7 midi et soir. Menu enfant 10 €. Burgers, tartes flambées, choucroute. Accueil des groupes. Terrasse.

Bien dans son jus, ce restaurant se niche au rez-de-chaussée d'une maison à colombages du XVIIe siècle. Gaëlle et Jerry vous accueillent dans un espace joliment paré de boiseries vintage et de trophées de chasse. Dans l'assiette : œuf cocotte au munster, tourte vigneronne, flammekueche, bouchée à la reine, choucroute garnie, baeckeoffe, rognons et tête de veau gribiche, gibier local de saison en civet… De délicieuses spécialités 100 % faites maison qui s'accompagnent de très bons crus de la région. Agréable terrasse ouverte dès l'arrivée des beaux jours.

VINCENT STRACKAR

27, rue du Général de Gaulle ✆ 03 89 47 76 51
www.chocolaterie-strackar.fr
Ouvert du mardi au dimanche de 10h à 12h et de 13h à 18h. Ouvert lundi en décembre. Boutique en ligne.

Classé parmi les meilleurs chocolatiers de France, Vincent Strackar est aux fèves de cacao ce que le regretté Karl Lagerfeld fut à la haute couture... un vrai génie ! Il met vos papilles en fête par le biais de saveurs inédites et de multiples façons. Bonbons de chocolat noir, au lait ou blanc, tablettes, moulages originaux, orangettes, florentins, pâtes de fruits… Il y en a pour tous les goûts, même pour les personnes diabétiques ! On apprécie les précieux conseils du chocolatier et ses merveilleuses créations réalisées sur mesure pour des occasions spéciales.

BOUTIQUE BESTHEIM

20, rue du Général de Gaulle ✆ 03 89 47 18 43
www.bestheim.com
Jours d'ouverture, horaires cf. site Web. Dégustation gratuite pour les particuliers. Groupes sur RV. Boutique en ligne.

La boutique de la Maison Bentheim présente des vins issus des meilleurs terroirs de la région. Lors de votre visite, vous pourrez découvrir notamment le Riesling Grand Cru Schlossberg 2019 (médaille d'or au Berliner Wine Trophy) et le Crémant Grand Prestige 2015 (2 étoiles au *Guide Hachette des Vins*). Parmi les nouvelles cuvées placées sous l'égide des *Mondfangers*, le Crémant « Qui chasse la lune récolte le Soleil » est une merveille délicatement fruitée et aromatique. Pour bénéficier d'une dégustation en groupe, pensez au préalable à prendre rendez-vous.

BRASSERIE BISAIGUË

56, rue du Général de Gaulle
✆ 06 17 31 03 48
Ouvert le vendredi de 16h à 22h et le samedi de 16h à 20h. Petite restauration. Soirées à thèmes.

Cette microbrasserie fondée en 2018 par Thibaut Ansel a fait son petit bonhomme de chemin et fait parler d'elle pour la qualité de ses bières et de leurs étiquettes hyper originales. On peut d'ailleurs les déguster dans leur caveau brut à la décoration tendance ou en terrasse au soleil. Parmi ces bières non filtrées, on craque pour la Mamb, bière ambrée au sirop d'érable et de châtaigne, la Schloss Beer (blonde) ou la Marius Beer aux arômes de myrtille et de citron vert. Elle a d'ailleurs reçu le trophée de la Meilleure bière française au Bruxelles Beer Challenge.

LE BRUIT QUI COURT

112, rue du Général de Gaulle
✆ 09 63 63 23 52
https://bistrolebruitquicourt.com
Bistro-salon de thé, boutique, galerie, concerts. Du mercredi au dimanche : 9h-18h. Horaires élargis en été et décembre.

Bistro ? Salon de thé ? Espace de création ? Expos ? Concerts ? Eh bien, qu'on se le dise : Le Bruit qui Court au cœur de Kaysersberg (à 2 pas de la maison natale d'Albert Schweitzer), c'est tout ça et bien plus encore, grâce à l'énergie de la conceptrice des lieux, Marie-Pierre Moyses-Strack. Ici, on s'en met plein les yeux et les oreilles et il y a toujours plein de bonnes choses à grignoter en version salée ou sucrée (crudités à croquer, bibeleskas, quiches, planchettes mixtes, tiramisu, gâteaux…) et à siroter (thés, tisanes, jus de fruit, bières artisanales…).

DOMAINE WEINBACH

25, route du Vin ✆ 03 89 47 13 21
www.domaineweinbach.com
AB Ecocert et Demeter. Ouvert lundi-vendredi : 9h-12h, 13h30-17h30. Samedi : 9h-12h, 13h30-17h. Sur RV de préférence.

Certifié Ecocert et Demeter, ce domaine est classé 5 étoiles dans les guides *Parker* et *Bettane & Desseauve* ! Il tire son nom du Weinbach (*ruisseau du vin*), le petit cours d'eau qui le traverse. Catherine Faller dirige le Domaine Weinbach avec ses fils Eddy et Théo. Les vins sont déclinés en Cuvées (Sainte-Catherine, Laurence, Colette, Théo), Terroirs (Clos des Capucins, Altenbourg), Grands Crus (Schlossberg, Furstenstum, Mambourg, Marckrain), Vendanges Tardives et Sélections de Grains Nobles. Ils allient authenticité et perfection, avec des tarifs à la hauteur !

LA FERME CLARISSE

28, route des Vins - **SIGOLSHEIM**
✆ 03 89 47 12 17
www.lafermeclarisse.alsace
Ouvert du mardi au samedi. En décembre, ouvert le dimanche. Horaires cf site web. Gite (9 pers) : tarifs sur demande.

Cette boutique de produits du terroir vous invite à faire des emplettes pleines de saveurs : asperges printanières, fraises de saison, fruits et légumes toute l'année. Il y a aussi un rayon de boucherie-charcuterie alimenté par des producteurs et des fermiers du coin. Idem pour les fromages et les laitages, les vins, les bières, les jus de fruits, les condiments et autres conserves, tisanes, miels et confitures qui garnissent les rayons. La Ferme Clarisse est une belle aubaine pour les gourmets du coin et les touristes en quête de produits alsaciens hors norme !

VERRERIE D'ART

30, rue du Général de Gaulle
✆ 03 89 47 14 97
www.verrerie-kaysersberg.fr
Jours et horaires détaillés selon la saison : voir le site Web. Visites guidées. Groupes acceptés. Boutique en ligne.

Ces maîtres verriers installés dans un atelier au sein d'une cave voûtée nichée dans une petite cour intérieure vous feront découvrir leur ancestral métier. Pour le plaisir des petits et grands, l'atelier effectue des démonstrations de soufflage de verre. Ouvrez grand les yeux : le spectacle est ma-gi-que ! Les maîtres verriers manipulent le verre en fusion avec une canne. Ils incorporent des oxydes au verre pour le colorer avant de le souffler à la bouche. Puis ils le façonnent délicatement pour créer de merveilleux objets vendus dans la boutique attenante.

ESPACE NAUTIQUE ARC-EN-CIEL

31, rue du Geisbourg
✆ 03 89 78 26 27

Horaires détaillés de la piscine et de l'espace forme sur le site web. Entrée : 3,50 €. Label Tourisme & Handicap.

Sport, loisir, forme et détente : ce centre nautique vous accueille en toute saison. Bassin de natation, bassin ludique de faible profondeur avec couloir de nage à contre-courant et jets massants, cascades d'eau et geyser, toboggan tube de plus de 60 mètres, pataugeoire avec petit toboggan et jeux d'eau, bain bouillonnant, espace détente et forme, aménagements extérieurs avec terrains de jeux, terrasse, solarium et snack : voici de quoi faire le bonheur des petits et des grands !

GÎTES DE LA MÈRE MICHÈLE €€

9, Grand Rue ✆ 03 89 27 05 08
les-gites-de-la-mere-michele.com

Gîtes pour 2 à 14 personnes. Nuitée de 100 € (2 personnes) à 145 € (14 personnes). Wifi gratuit. Ouvert toute l'année.

La famille Stoecklé vous accueille dans l'un de ses jolis gîtes aménagés avec de beaux matériaux dans un ensemble de bâtisses alsaciennes. En couple, entre amis ou en famille, ce sont des cocons douillets (pour 2 à 10 personnes) où il fait bon se poser lors de votre découverte de la Route des Vins. La déco et les équipements brillent par leur originalité et leur qualité. Parmi les prestations en option, sur réservation, citons la visite de la cave familiale avec dégustation de bons crus agrémentée de produits du terroir ou le petit déjeuner dans les vignes !

KATZENTHAL

Nichée au creux d'un vallon verdoyant, la cité de Katzenthal est dominée par le château du Wineck édifié au XIIe siècle. Ce dernier abrite aujourd'hui un petit musée archéologique. Au fil de son histoire, Katzenthal a appartenu à la Maison d'Autriche, elle a accueilli le fief des comtes de Ribeaupierre et a fait partie de la seigneurie de Hohlandsbourg. En matière de viticulture, Katzenthal est réputée pour son Grand Cru Wineck-Schlossberg. C'est aussi le point de départ de nombreuses randonnées qui vous feront découvrir le fameux vignoble. Le blason de la commune, plutôt original, représente une croix dorée sur fond bleu avec une demi-lune argentée.

HÔTEL-RESTAURANT À L'AGNEAU €€

16, Grand'Rue
✆ 03 89 80 90 25
www.agneau-katzenthal.com

Ouvert du jeudi midi au lundi midi. Menus de 39 € à 59 €. Midi : 25 € (3 plats). Terrasse. Vente à emporter.

Une Toque Gault & Millau et label *Assiette de Qualité* Michelin pour cet excellent restaurant tenu par le Maître Restaurateur Thierry Holy. Son épouse Sydonie vous réserve un accueil chaleureux avant de vous attabler dans une salle conçue dans un esprit winstub ou un espace plus cosy. Dans l'assiette, par exemple : une joue de bœuf au pinot noir, un baeckeofe aux 3 viandes, un filet de bar en croûte aromatique et, bien sûr, LA vraie bonne choucroute alsacienne !

ECO-LOGIS DU VIGNOBLE KLUR €€

105, rue des Trois Epis ✆ 03 89 80 94 29
www.klur.net

Appartements pour 2 à 14 personnes. Séjours de 3 nuits minimum. Nuitée en appartement 2 personnes : à partir de 115 €.

Un séjour sur le domaine de la famille Klur est source de détente assurée ! Ici, on fait la part belle à l'écologie sous toutes ses formes : bassin de baignade naturelle, jardin romantique, literie artisanale, sauna bio, studio de yoga, dégustation de vins bio produits sur la propriété familiale. Les appartements comprennent une à trois pièces avec cuisine et salle de bain, cheminée, poêle en faïence ou en fonte. Une adresse décalée pour se mettre au vert dans un cadre préservé !

DOMAINE JEAN-MARC BERNHARD

21, Grand'Rue ✆ 03 89 27 05 34
www.jeanmarcbernhard.fr

Vigneron Indépendant. Certification Ecocert. Visite, dégustation s/RDV. Pique-nique chez le vigneron à la Pentecôte.

Conduit en culture biologique dès 2009, ce joli domaine familial exploite 11 ha de vignes avec de belles parcelles sur les Grands Crus Wineck-Schlossberg, Schlossberg, Furstentum, Kaefferkopf, Mambourg et Florimont. Incarnant la 9ème génération, Frédéric Bernhard élabore des fins, racés et gastronomiques qui sont fort appréciés pour leur fraîcheur et leur belle longueur. Parmi les pépites à découvrir lors de votre visite : le Pinot Gris Grand Cru Kaefferkopf, 1* au *Guide Hachette 2022*.

AMMERSCHWIHR ★

Niché entre vignes et forêt, Ammerschwihr est un village fleuri qui compte une quarantaine de domaines viticoles ! Historiquement, le peuplement de la contrée d'Ammerschwihr remonte à l'âge du bronze. Au cours des siècles, la bourgade s'est transformée en ville en s'étendant d'une manière tout à fait remarquable. En 1367, trois seigneurs se partagèrent le ban communal et ses revenus : le Saint-Empire germanique, la seigneurerie des Ribeaupierre ainsi que celle des Hohlandsbourg. Plus près de nous, les violents bombardements de la Seconde Guerre mondiale ont malheureusement détruit la majeure partie du magnifique patrimoine d'Ammerschwihr. Miraculeusement épargné par les bombes, un imposant crucifix de 1606 est aujourd'hui conservé dans l'église Saint-Martin. Autres vestiges majeurs, la tour des Voleurs (ancienne prison) et celle des Bourgeois, toutes deux fortifiées, sont bien conservées. Elles accueillent aujourd'hui des salles de dégustation. Viticolement parlant, Ammerschwihr est mondialement réputée pour son fameux Kaefferkopf (traduisez *tête de scarabée*). Ce superbe terroir à nul autre pareil est classé Grand Cru depuis 2007. Il est exploité avec passion par des viticulteurs soucieux d'en préserver l'originalité et les qualités intrinsèques. Aujourd'hui, Ammerschwihr se démarque aussi de ses voisines par la présence sur ses terres d'un golf public 18 trous, implanté sur 60 hectares et sur 6 kilomètres de longueur. Deux circuits pédestres et des pistes cyclables permettent de découvrir les collines boisées environnantes.

Les vignobles autour du village Ammerschwihr.

LA COUR DE L'OURS**** €€

8, rue de l'Ours
✆ 03 89 58 92 70
www.gites-de-france.com
Gîtes de France (3 épis), 5 personnes.
À partir de 108 €/nuitée/2 personnes. Terrasse. Barbecue. Jardin. Parking privé.

C'est une jolie maison bleue qui se niche sur les hauteurs du village. Claire et François Sellal y ont aménagé un charmant gîte auquel on accède par un escalier extérieur. Il dispose d'une terrasse et d'un adorable jardin qui s'avèrent bien agréables aux beaux jours. Ce gîte présente tout le confort souhaitable pour assurer votre bien-être en toute saison : chauffage au sol et poêle à bois, mobilier contemporain, beaux espaces à vivre, 2 chambres, 2 salles de bains, une mezzanine. En poussant la porte de La Cour de l'Ours, vous vous sentirez comme chez vous !

L'ALMARIC €€

Allée du Golf
✆ 03 89 71 93 26
Ouvert tous les jours de 9h à 19h.
Menu du jour : 19 € (3 plats). Carte et suggestions. Service brasserie. Terrasse.

Ce restaurant est un bel endroit où s'attabler, qu'on soit golfeur ou non. La vue sur le golf, les vignes et la forêt est très appréciable et on en profite encore plus grâce à la charmante terrasse de l'établissement. Côté cuisine, on déguste des plats régionaux comme le baeckeoffa aux trois viandes mais aussi une cuisine française plus actuelle comme le fishburger à la truite de mer à l'avocat et aux oignons rouges. On peut également opter pour l'une des suggestions du moment, selon la saison. En dehors des repas, un service de brasserie avec snacks est assuré.

RESTAURANT WISTEWALA €€

4, rue du Wetzelhof
✆ 03 89 78 27 97
www.wistewala.com
Fermé le mercredi. Carte environ 20 €.
Menu enfant 12 €. Suggestions du jour. Terrasse. Vente à emporter.

Ce restaurant typiquement alsacien mérite vraiment qu'on s'y attable : belle terrasse végétalisée, salle décorée dans un esprit rustique avec boiseries chaleureuses et poêle en faïence. Dans l'assiette, rien que du bon, élaboré avec des produits locaux et de saison. Foie gras d'oie en entrée, choucroute garnie ou joue de cochon au pinot noir en plat de résistance, assiette de fromage et/ou crème glacée à la mirabelle. Le soir, on se régale sans façon de flammekueche nature, gratinées ou au munster. Belle carte des vins, accueil charmant, réservation conseillée.

HAUT-RHIN

DOMAINE THIERRY SCHERRER

1, rue de la Gare ✆ 03 89 47 15 86
www.thierry-scherrer.fr
Certif HVE. Œnologue-viticulteur. Visite/dégustation : RDV en semaine après 17h et dimanche. Vente par correspondance.

© THIERRY SCHERRER

Œnologue émérite, Thierry Scherrer gère avec maestria son domaine familial certifié Haute Valeur Environnementale (HVE). Son talent est régulièrement salué : son Pinot Noir 2020 fait ainsi partie de la sélection du *Guide Hachette des Vins*. On apprécie aussi son Muscat Cuvée Bernard 2021 et son Gewurztraminer Grand Cru Kaefferkopf 2018 aux délicieux arômes d'abricots zestés d'agrumes.Thierry Scherrer peut recevoir des petits groupes d'une dizaine de personnes pour présenter son domaine. Une dégustation dans la cave entre les tonneaux parachève la visite !

RESTAURANT JULIEN BINZ €€€

7, rue des Cigognes ✆ 03 89 22 98 23
www.restaurantjulienbinz.fr
1 Michelin, 3 Toques Gault & Millau. Fermé lundi et mardi. Menus. Carte 45 € env. Terrasse. Réservation recommandée.*

Chez Julien Binz, on s'attable dans une ambiance cosy placée sous le signe de Fragonard (fresque murale) rehaussée de boiseries gris souris. L'ensemble procure une impression de grande classe bourgeoise. Côté table : 35 couverts, pas plus, réservation impérative ! Selon la saison et l'inspiration du chef, on peut savourer, par exemple, un mi-cuit de veau comme un tartare, un médaillon de homard aux ravioles aux épinards et bouillon de gruyère ou une poitrine de pigeonneau au foie gras et à la fève tonka. Le tout procure un sentiment d'extase visuelle et gustative.

DOMAINE CHRISTIAN BINNER

2, rue des Romains
✆ 03 89 78 23 20
www.alsace-binner.com
Ouvert du lundi au vendredi sur RV. Certifié Ecocert et biodynamie. Vigneron indépendant.

Ce domaine est mondialement connu du fait de la personnalité de son propriétaire, Christian Binner, passionné de viticulture et président de l'Association des Vins Libres. Depuis plus de 20 ans, il gère son domaine en biodynamie, optant pour une vinification sans ajout d'intrants. Le chai climatique en grès et pin Douglas est en totale adéquation avec ses préoccupations environnementales. Coup de cœur pour le pétillant naturel Scarabée qui bulle issu du Grand Cru Kaefferkopf. À découvrir dans le caveau où méthodes de culture et vinification vous seront expliquées.

DOMAINE GESCHICKT

1, place de la Sinne ✆ 03 89 47 12 54
www.geschickt.fr
Certification AB, Ecocert, Demeter. Vins bio et nature. Visite et dégustation uniquement sur rendez-vous.

Conduit en biodynamie par Arnaud Geschickt, ce domaine familial produit des cuvées pures et équilibrées, notamment de superbes assemblages. Par exemple, le Phénix, vin nature (pinot gris, gewurztraminer) fin et frais, le Kaefferkopf Grand Cru (gewurztraminer, riesling, pinot gris) riche et gastronomique, le très naturel « Schlouk » (gewurztraminer et sylvaner) tout à la fois frais et puissant en bouche. Coup de cœur pour le Crémant « Double Zéro » (pinot blanc, chardonnay) délicieusement effervescent. À déguster au sein du vénérable caveau de la famille Geschikt.

DOMAINE JEAN-BAPTISTE ADAM

5, rue de l'Aigle ✆ 03 89 78 23 21
www.jb-adam.com
Ouvert 7 j/7 : horaires sur site web. Visite/dégustation groupes (+ 12 pers) sur RDV, 6 €/pers. Boutique en ligne.

Adresse incontournable sur la Route des Vins ! Certifié Ecocert et Demeter, ce domaine (une des plus vieilles maisons encore familiale) est réputé pour la singularité de ses vins. La gamme est vaste. Réserves, Cuvées JB Adam, Grands Vins, Vendanges Tardives, Sélections de Grains Nobles, Crémants d'Alsace, eaux-de-vie. Parmi celles-ci, une nouveauté attire l'attention : le gin Original dont les notes fraîches d'agrumes épicées de coriandre raviront à coup sûr les amateurs du genre !

HAUT-RHIN

DOMAINE KUENTZ-BAS

5, rue de l'Aigle
✆ 03 89 49 30 24
www.kuentz-bas.fr

Ouvert du lundi au samedi : 9h-12h, 14h30-18h, sur rendez-vous uniquement. Boutique en ligne.

Si son origine remonte à 1795, le Domaine Kuentz-Bas existe sous ce nom depuis le XIXe siècle. Certifiés Ecocert et Demeter, ses vins sont déclinés en 3 gammes : La 4e Tour, Vendanges Tardives et Collection Trois Châteaux dédiée aux vins biodynamiques (Muscat Ottonel, Pinot Gris Grand Cru Eichberg, Gewurztraminer Grand Cru Pfersigberg...). On adore le gourmand Muscat Trois Châteaux Ottonel 2018 et la cuvée Signature 2019 (pinot blanc, auxerrois, pinot gris, muscat) délicieusement minérale et fruitée. Il y a aussi d'excellentes eaux-de-vie alsaciennes artisanales !

GOLF D'AMMERSCHWIHR TROIS ÉPIS

Allée du Golf ✆ 03 89 47 17 30
www.golf-ammerschwihr.com

Ouvert 7 jours/7 et jours fériés de 8h à 19h (9h-17h basse saison). Tarifs cf web. Restaurant. Boutique. Ecole de golf.

Ce golf de 18 trous construit en 1990 est unique par son environnement et son point de vue formidable, entre vignoble et montagne. Ici, tout est verdoyant, valloné et les voiturettes sont appréciées entre deux trous. Professionnel, amateur ou débutant, vous êtes au bon endroit. Cours, stages, simulateur intérieur, tout est prévu pour vous accompagner correctement dans votre progression. Après votre parcours, le restaurant du golf vous proposera une cuisine régionale savoureuse.

LABAROCHE

Très étendu, le village de Labaroche se déploie entre 420 m et 980 m d'altitude, avec de superbes points de vue sur les Vosges et la Plaine d'Alsace ! Il regroupe 4 hameaux : La Place, Les Evaux, La Chapelle, Basse-Baroche. On accède à Labaroche par la route des Trois Épis ou celle du Linge, mais aussi par Orbey et Ammerschwihr. Ses habitants sont appelés les Barochais ou les Barotchaîs. Labaroche est un un bon point de départ pour randonner sur les sentiers balisés du Club Vosgien. En hiver, place au ski sur les pistes de la station du lac Blanc et aux balades en raquettes sur les crêtes des Vosges. À visiter sur place : le musée des Métiers du bois.

HÔTEL-RESTAURANT & SPA AU TILLEUL €€

385, Lieu-dit La Place
✆ 03 89 49 84 46
https://hotel-tilleul.fr

*Ouvert du mardi au dimanche midi et soir. Menu 28,50 € à 48,50 €. Enfant 10 € €. Terrasse. Hôtel***. 4 gîtes (1-7 pers).*

Outre ses 30 chambres charmantes et cosy, ce bel hôtel 3 étoiles propose 4 gîtes et un espace spa (bain bouillonnant, hammam et sauna). Côté restaurant, très chic et climatisé avec 2 salles et une terrasse, le chef Justin Munier et son équipe mitonnent de délicieuses spécialités. Œuf parfait au munster, marbré de foie gras au gewurztraminer, bouchée à la reine aux ris de veau délectable, choucroute garnie aux 5 viandes, tartes flambées... Plats à emporter et service traiteur sur demande.

© LUCAS MULLER/LUKAM

© AU TILLEUL_LABAROCHE

HAUT-RHIN

ESPACE DES MÉTIERS DU BOIS ET DU PATRIMOINE

395, La Place ✆ 03 89 78 94 18
www.musee-bois-labaroche.com
Ouvert 7 j/7 de 9h à 12h et de 14h à 18h de fin mars à fin octobre. 8 €/adulte, 4 €/enfant (4-17 ans). Boutique.

Ce musée atypique présente les divers métiers du bois : bûcherons, scieurs, menuisiers, sabotiers, fromagers… Au fil de la visite (env. 2 heures), on découvre des machines d'époque, un espace de menuiserie animé avec des marionnettes, des instruments de musique ainsi que plus de 900 jouets en bois. Les enfants sont munis d'un petit carnet pédagogique avec, comme fil conducteur, un sympathique petit personnage nommé le P'tit Welche. Ils peuvent aussi s'ébattre dans le parc du musée !

CAMPING LABAROCHE €

542, lieu-dit Giragoutte
✆ 03 89 78 37 82
https://camping-labaroche.alsace
La Clef Verte. Accueil camping-cars et caravanes. Snack et boissons. Ping-pong, badminton.

Niché dans une clairière à 800 m d'altitude en contre-bas de Labaroche, ce camping 100 % nature s'articule sur 3 espaces dédiés aux tentes, camping-cars et autres caravanes. À cela s'ajoute de charmantes huttes en bois et des bivouacs sur pilotis, des kotas finlandais eux aussi tout en bois. Espace d'accueil avec canapés et wi-fi, petite épicerie (snacks et boissons), sanitaires, table de ping-pong, matériel de badminton, balades pédestres ou à vélo : le camping de Labaroche vous invite à profiter pleinement des bienfaits de la nature entre forêt et montagne !

LES FERMES DE PINPIN €€

236, les Fontenelles
✆ 06 80 44 14 86
http://lesfermesdepinpin.fr
5 gîtes (2-7 pers). De 85 € à 260 €/jour/2 pers. (3 nuits minimum). Bain bouillonnant. Terrasse. Piscine extérieure.

En plein cœur du Pays Welche, les fermes de Pinpin sont le petit trésor rénové par Guy, hôte généreux et accueillant. Dans un endroit bucolique, en pleine nature, on retrouve ses gîtes au style brocante, mêlant le charme de l'ancien et du moderne avec brio. L'un deux a sa façade tapissée de vigne vierge et un autre est doté d'une vue spectaculaire, quel dépaysement. En bonus, il y a un bain bouillonnant et une piscine, histoire de profiter été comme hiver, entre balades en forêt et lecture au soleil. Un cadre idéal pour une parenthèse avec Dame Nature !

GITE LA CHAUME EN ALSACE €€

31, Lieu-dit Basse Baroche ✆ 06 26 75 62 16
Gîtes de France (4 épis), 2 personnes (40 m², 1 chambre). À partir de 195 €/semaine. Cheminée. Terrasse. Parking privé.

Dans cette belle bâtisse en pierre du XVIIIe siècle nichée en pleine nature, ce gîte/studio, qui se trouve de plain-pied, avec sa charmante petite terrasse a tout d'un petit cocon idyllique et cosy. Faite de meubles anciens, la décoration y est chaleureuse et agréable. L'hiver, un poêle à bois permet de se réchauffer tout en prenant un apéritif au coin du feu, terriblement romantique ! Ici, Josiane et Michel vous accueillent avec plaisir et pourront même vous conseiller sur les chemins de randonnée à arpenter et les alentours à explorer. Un grand bol d'air frais !

DATCHAS LODGES €€€

328, Les Plains Champs ✆ 06 08 35 33 57
http://datchas-lodges.fr
2 appartements pour 4/6 pers. À partir de 1 200 €/5 nuits/4 personnes. Sauna + bain finlandais en supplément. Terrasse.

Le charme slave au pied des Vosges ! Noëlle et François Bohrer ont reconstruit une authentique *datcha* de 1934 pour y aménager 2 gîtes écologiques et luxueux. Ils offrent des prestations haut de gamme : grande baignoire, douche à l'italienne, télévision LCD grand écran, home cinéma, canapés douillets, chambres cosy, poêle à bois en acier… Une vaste terrasse équipée de chaises longues offre une vue plongeante sur la plaine d'Alsace. Un espace de détente avec sauna, sanarium et bain finlandais est accessible sur réservation. Location conjointe des 2 gîtes possible.

HÔTEL-RESTAURANT LA ROCHETTE €€

500, lieu-dit La Rochette ✆ 03 89 49 80 40
www.larochette-hotel.fr
Logis Table Distinguée. Bib gourmand et 1 toque Gault & Millau. Menu : 35 € à 49 €. Enfant : 11 €. Terrasse.

Le couple Lanoix et leurs fils et compagnes gèrent de mains de maître cet établissement de standing. On y est accueilli avec le sourire, dans une salle agréable avec sa véranda, le tout dans une ambiance chic et contemporaine. Pascal et son fils Benjamin se révèlent un duo brillant pour émoustiller nos papilles. Lotte et jus d'agrumes, foie gras de canard, confit de quetsche au poivre du Penja et fine gaufrette à la noisette et caramel beurre salé, le tout joliment dressé, un délice.

MARCHÉ BIO

Parc du Musée des Métiers du Bois
✆ 03 89 49 83 23
www.kaysersberg.com
Ouvert chaque vendredi à partir de 17h de mi-juin à mi-septembre. Produits issus de l'agriculture biologique.

Chaque été, ce marché 100 % bio se tient dans le parc du musée des Métiers du bois. Il séduit par la variété et la qualité des denrées fournies par des producteurs locaux : produits laitiers, pains goûteux, légumes frais, viande vosgienne, plantes aromatiques et condiments, vins d'Alsace et bières artisanales. Mais aussi jus de fruits, miels et confitures, savons et produits cosmétiques, vannerie, arrangements floraux, objets de décoration en bois... On apprécie l'accueil toujours très sympa des exposants et l'ambiance conviviale qui règne sur ce marché !

LES TROIS ÉPIS

Fièrement perchée à 658 mètres d'altitude, la station des Trois-Epis doit son nom à une légende selon laquelle, le 3 mai 1491, Thierry Schoeré, un jeune forgeron d'Orbey, a vu apparaître la Vierge Marie tenant dans une main trois épis de blé et dans l'autre un glaçon. Les épis représentaient le bien et l'opulence, le glaçon symbolisait le mal et la misère. Le forgeron réussit alors à convaincre ses concitoyens d'édifier un sanctuaire à l'emplacement du chêne où la Vierge Marie lui était apparue. Ladite chapelle date de la fin du XVe siècle, elle attire chaque année de nombreux pèlerins. D'autre part, la station des Trois-Epis a connu son heure de gloire au début du XXe siècle grâce à un tramway qui acheminait depuis la vallée les touristes avides de grand air. Une période faste pour les hôtels et autres établissements qui coulèrent des jours heureux jusque dans les années 1970-1980. Le site des Trois-Epis bénéficie du label Station Climatique depuis 1980. Il mérite qu'on y fasse une halte pour profiter de la vue sur les Vosges, arpenter ses sentiers de randonnée ou séjourner dans l'un de ses établissements hôteliers qui proposent tous des prestations de qualité. On peut également visiter l'église Notre-Dame-de-l'Annonciation. Cette dernière offre un bon exemple de l'architecture religieuse des années 1960. Elle a été réalisée en béton avec une fausse voûte en lamellé-collé et des murs construits en partie en dalles de verre. Datée de 1991, la flèche faite de trois piliers symbolise les trois épis de la Vierge, juste retour à la légende originelle !

LES IRIS €€

28, chemin du Galtz
✆ 06 87 77 89 28
www.iris68.fr
4 chambres d'hôtes (2 personnes). Nuitée de 70 € à 80 €. Petit déjeuner inclus. Bain bouillonnant. Jardin, terrasse.

Ici, le calme règne ! Alain et Jean-Marc habitent un havre de paix au jardin bucolique où fleurs et salon de jardin se côtoient. Entre les fleurs du jardin et les chambres aux tons clairs et papiers peints fleuris, on se croirait presque dans un conte de fées. Ici on se repose, on fait de grandes balades en pleine nature et on rentre se ressourcer dans des chambres spacieuses et charmantes. Le tout décoré avec des meubles vintage faisant très bon ménage avec le beau parquet au sol. Alain et Jean-Marc sont très accueillants : bon moment garanti aux Iris.

L'ALEXAIN*** €€€

3, rue Thierry Schoeré
✆ 03 89 49 81 61
www.alexain.net
Chambre double à partir de 77 €, PDJ inclus. Piscine intérieure. Hammam, bain bouillonnant, sauna. Restaurant. Terrasse.

La vue qu'offre cet établissement est juste é-pou-stou-flante ! Depuis le restaurant, le bar ou la piscine, on peut admirer les Vosges, la plaine d'Alsace et la Forêt-Noire, rien que ça. Les 42 chambres de l'hôtel sont charmantes avec leurs têtes de lit matelassées en velours rouge, on se croirait dans une chambre princière ! L'espace bien-être est tout aussi charmant et offre plusieurs possibilités : sauna (avec vue), piscine (avec vue), grotte de sel et hammam perse, vous ne voudrez plus en sortir. Quant au restaurant, lui aussi très chic, il est au diapason !

LA VILLA ROSA** €€

4, rue Thierry Schœré
✆ 07 83 68 32 30
5 chambres d'hôtes (2/5 pers) dès 107 €. Chalet (5 pers) dès 170 €. Piscine extérieure. Sauna. Jardin. Table d'hôtes.

Décorées dans un esprit vintage, ces 5 chambres d'hôtes portent les noms de personnalités illustres : Jack Kerouac, Aimé Césaire, Jack London, Nicolas Bouvier, Magellan. Dans le jardin fleuri de roses anciennes, il y a une piscine chauffée à l'énergie solaire ainsi qu'un gîte (5 pers.), Le Chalet. Table d'hôtes le soir : menu unique de saison élaboré à partir de produits majoritairement bio. Membre de l'association des Hôtels au Naturel, la Villa Rosa pratique le tri sélectif et le compostage des déchets verts afin de préserver durablement Dame Nature !

HAUT-RHIN

ORBEY ★

Orbey est le bourg le plus important de la vallée de la Weiss avec ses quelque 3 600 Orbelais et Orbelaises. Il rassemble de nombreux hameaux disséminés entre 400 m et plus de 900 m d'altitude. C'est aussi un haut lieu d'histoire au sein du Pays Welche. Mentionné dès 1049 sous le nom d'*Orbeiz*, Orbey fit successivement partie des possessions des comtes d'Eguisheim, de la seigneurie du Hohnack et des seigneurs de Ribeaupierre jusqu'à la révolution de 1789. Longtemps réputé pour son industrie textile et du bois, Orbey compte aujourd'hui des commerces nombreux et dynamiques. Son canton tient aussi le haut du pavé en matière d'hébergements touristiques.

CIMETIÈRE MILITAIRE DU WETTSTEIN ★

Col du Wettstein

Visite libre toute l'année, gratuit.

En plein cœur d'une forêt à plus de 800 mètres d'altitude, reposent 3 538 soldats français dans ce cimetière militaire, classé Nécropole nationale. Une digne sépulture pour ces hommes morts pour la France durant la Première Guerre mondiale, lors de la Bataille du Linge entre juillet et octobre 1915, menée par le maréchal Joffre côté français. Une croix en granit de 13 mètres de haut trône au fond du cimetière, comme hommage à ces hommes et à la souffrance endurée.

MUSÉE MÉMORIAL DU LINGE ★★★

86, rue du Général de Gaulle ✆ 03 89 77 29 97
www.linge1915.com

Ouvert du Vendredi saint au 11 novembre, 9h-12h30, 14h-17h30 ; 18h l'été. Adulte : 5 €. Gratuit jusqu'à 15 ans.

Dédié à un champ de bataille qui fut l'un des plus meurtriers de la Première Guerre Mondiale, le Musée Mémorial du Linge s'est agrandi en 2015 pour apporter un nouvel éclairage aux événements sanglants qui se déroulèrent sur le site du Linge (appelé à l'origine le Gazon de Leinge). Un lieu hautement stratégique de la défense allemande entre le 20 juillet et le 15 octobre 1915 car destiné à stopper l'avancée des troupes françaises vers Colmar. 17 000 victimes ont péri dans ces combats. L'association qui gère le musée a fidèlement recréé l'ambiance qui régna au cours de l'été 1915 au plus fort des combats. Ainsi, trois soldats du 74e régiment d'infanterie prussien, un officier allemand et un sapeur occupent une tranchée derrière laquelle se trouve un abri d'observateur d'infanterie. Chronologiquement, la visite dévoile des photos, des objets et des dioramas avec des mannequins grandeur nature vêtus d'uniformes d'époque. Des vitrines exposent le paquetage type du soldat (tabac, matériel de couture, martinet pour chasser les poux…), l'outillage militaire ainsi que des pièces de monnaie, armes, pipes, chaussures, médaillons et autres objets retrouvés sur le champ de bataille. Sur ce dernier, un cheminement a été conçu avec 16 panneaux trilingues placés en des endroits stratégiques pour matérialiser, ici et là, un abri équipé d'une grille anti-grenade, un poste d'observation d'artillerie. Le Mémorial du Linge rend hommage aux soldats tombés au champ de bataille tout en informant le public d'une manière attractive et didactique.

VAL D'ORBEY ★★

Le Val d'Orbey laisse apparaître un paysage presque féerique, entre forêts de sapins et lacs et à la faune et la flore incroyables et denses. Des bois, des pâturages, des lacs d'altitude… ici on randonne, on pratique le VTT, on pique-nique, on skie l'hiver (station du lac Blanc) ou on s'instruit au musée du Val d'Orbey dédié au Pays Welche et ses trésors. C'est donc l'endroit idéal où poser vos valises le temps d'un week-end pour un séjour mi-sportif, mi-repos et des souvenirs plein la tête. Vous en prendrez plein les yeux.

AUBERGE-REFUGE LE BLANCRUPT €

Station du Lac Blanc 1200 ✆ 03 89 71 27 11
www.blancrupt.com

2 studios et 2 appartements (2 à 6 personnes) : tarifs cf site web. Restaurant. Location de skis, raquettes, luges, VTT.

Cette charmante auberge est située à deux pas des pistes de ski de la station du Lac Blanc 1200. Les studios et appartements à votre disposition sont tout simplement sublimes et très accueillants avec tout le confort moderne demandé. La décoration nordique est faite avec goût et les grandes fenêtres offrent des points de vue de dingue sur la nature ! Côté restauration, la gastronomie alsacienne et vosgienne est de rigueur. Location de matériel de ski en hiver et de VTT, VAE en été.

TOUR DU FAUDÉ

Accessible toute l'année. Gratuit.

Construite en 1889 par le Club Vosgien de Kaysersberg-Lapoutroie, cette tour de guet coiffe le sommet du massif du Faudé qui culmine à 773 m. Sa petite histoire s'avère riche en péripéties et se confond avec la grande Histoire : en 1915, alors qu'elle sert de belvédère à l'armée allemande, la Tour du Faudé est détruite par des tirs d'obus français. Après la Première Guerre mondiale, elle est reconstruite sous une forme hexagonale en 1934 et s'élève alors à 16,50 m de haut. Dix ans plus tard, *bis et repetita* : la tour s'effondre sous les obus… allemands ! Il faut attendre 1990, date de la création de l'association des Amis de la Tour, pour que sa reconstruction prenne forme. Surnommés les « Fadas », les bénévoles de l'association s'improvisent alors tailleurs de pierre et maçons pour la reconstruire grâce à des financements variés (fête champêtre du 15 août, concours de belote, marché de Noël). Inaugurée en 2002, la Tour du Faudé est aujourd'hui accessible à pied depuis Orbey en suivant le fléchage Club Vosgien des disques bleus. Mais attention, la balade est pentue, donc plutôt réservée aux sportifs et aux marcheurs courageux équipés de bonnes chaussures. Une fois arrivé au pied de la tour, il faut encore gravir 92 marches… Mais le jeu en vaut franchement la chandelle ! Du haut de ses 16,50 m, une superbe vue à 360° sur la plaine d'Alsace et tout le massif des Vosges vous attend. Pour la petite anecdote : étymologiquement, Faudé signifie « Faux Dieu », en référence aux mauvais esprits qui hanteraient le massif !

DOMAINE DE BASIL HÔTEL-RESTAURANT* €

72, La Housserouse

✆ 03 89 71 28 15

www.domainedebasil.com

Chambre double dès 62 €/nuit. PDJ : 8,50 €. Suite familiale (5 pers) à partir de 156 €/nuit. Restaurant. Terrasse.

C'est dans un cadre bucolique que vous poserez vos valises au Domaine de Basil, ancienne étable à moutons. On retrouve toujours des troupeaux d'animaux dans le parc du domaine. Le domaine vous propose des chambres, studios et suites familiales (dont PMR) simples mais dotées de tout le confort et matériel nécessaire. Enneigé ou sous le soleil, le domaine promet de belles randonnées à pied ou en VTT avant de venir se lover au chaud dans sa chambre.

LES TERRASSES DU LAC BLANC** €

348, lieu-dit Lac Blanc

✆ 03 89 86 50 00

www.lesterrassesdulacblanc.com

Chambre double/studio dès 71 €. Appartement (4 pers) dès 87 €/nuit. PDJ 10 €. Restaurant. Terrasse. Camping-car.

Vue de dingue sur le lac Blanc depuis les chambres, appartements et restaurant panoramique de cet agréable complexe hôtelier doté de panneaux solaires et d'un chauffage aux copeaux de bois. Les lits douillets vous invitent à cocooner après vos prouesses à ski car Les Terrasses du Lac Blanc sont situées près des pistes de la station du Lac Blanc 1200. Côté restaurant, le chef propose une cuisine du terroir, simple et généreuse. Excellente adresse pour les familles, sportives ou non !

© PASCAL MARCHAND

© PASCAL MARCHAND

LE CHALET DE CAMILLE €€

215, Basses-Huttes ✆ 06 01 22 68 42
www.gites-auberge-alsace.com

2 gîtes pour 6 pers. chacun. Tarif sur site. Terrasse. Piscine intérieure et sauna (commun aux 2 gîtes). Fitness.

Les propriétaires de la ferme-auberge du Rain des Chênes ont aménagé deux gîtes dans un beau chalet tout de bois vêtu, à l'extérieur comme à l'intérieur. Décorés dans un esprit montagnard rehaussé de détails contemporains, ces appartements très chic peuvent accueillir accueillent jusqu'à six personnes chacun. La grande terrasse du chalet offre une superbe vue sur la vallée des Basses-Huttes. Bien-être tous azimuts dans l'incroyable piscine intérieure aménagée dans un espace voûté et dans le sauna adjacent. En bonus il y a une salle de fitness richement équipée !

GÎTE LES TERRASSES DU LAC BLANC €€

348, lieu-dit Lac Blanc ✆ 03 89 86 50 00
www.les-terrasses-du-lac-blanc.com

Gîte (4-6 pers) en duplex. Terrasse. Local pour skis et vélos. Semaine à partir de 575 €. Nuitée (2-4 pers) dès 82 €

Envie de prendre de la hauteur et de vous mettre en vert à la belle saison ou de villégiaturer au pied des pistes de ski de la station du lac Blanc ? Pour vous loger, n'hésitez pas à contacter la famille Marchand ! Outre les chambres et appartements de sa résidence hôtelière, Pascal met à votre disposition un charmant gîte aménagé dans une maisonnette entourée de verdure à l'entrée des Terrasses du Lac Blanc. Conçu en duplex, il peut accueillir jusqu'à 6 personnes en tout confort.

HÔTEL-RESTAURANT AUX BRUYÈRES*** €€

35, rue Charles de Gaulle
✆ 03 89 71 20 36
www.auxbruyeres.com

Logis Hôtel Essentiel. Chambre double à partir de 65 €. Bar. Sauna. Restaurant. Jardin. Label Tourisme & Handicap.

Ici, les familles sont particulièrement chouchoutées ! De plus, l'hôtel est accessible PMR en totalité. Chambres spacieuses et confortables (avec balcon ou terrasse pour certaines), ascenseur, jardin d'été, aire de jeu pour les enfants, sauna, bar-salon de thé. Au restaurant, on se régale de foie gras d'oie maison, d'une truite du Val d'Orbey ou d'escargots aillés juste comme il faut. Accueil, hébergement, restauration, tarifs : l'Hôtel aux Bruyères réalise un sans-faute !

LES Ô WELCHES CÔTÉ LAC €€

336, Blancrupt ✆ 07 89 63 32 85
www.lesowelches.com

5 chambres d'hôtes (2-6 personnes) et 1 gîte (8 personnes). Demi-pension. Tarifs sur demande. Jardin. Terrasse. Parking.

La famille Schuster vous accueille dans un petit paradis de verdure niché en contrebas du Blancrupt. Entre forêt et pâturages, le lieu est enchanteur et la vue sur les Vosges environnantes est incroyable. Les Schuster ont transformé une ancienne colonie en une adorable maison de vacances. L'hébergement comprend 5 chambres d'hôtes dont deux familiales (6 personnes) avec salle de bains privative et un grand gîte pouvant accueillir jusqu'à 8 personnes. Il y a aussi un sympathique restaurant. Parfait pour une escapade dans les Vosges en famille ou avec des amis.

LA PETITE FINLANDE €€

290, Schoultzbach ✆ 06 20 06 39 15
www.lapetitefinlande.com

1 gîte (5 pers) : 500 €/semaine. 2 chambres d'hôtes (2-4 pers) : à partir de 100 €/nuitée (pdj inclus). Table d'hôtes.

Amoureux du Grand Nord, Anne-Lise et Frédéric Dubray ont rénové une ferme typique du Pays Welche dans un esprit scandinave. Dépaysement total au cœur des Vosges ! Outre un gîte (5 pers) tapissé de jolies boiseries claires, les Dubray vous proposent aussi deux chambres d'hôtes (Carélie et Laponie) décorées en hommage au folklore finlandais. Anne-Lise vous ouvre également sa table d'hôtes le soir (uniquement sur réservation) avec apéritif dans le jardin en été, ou au coin du feu en hiver. En bonus : balades en traîneau en hiver et en calèche à la belle saison !

CHEZ MADEÏ €

229, lieu-dit Pairis
✆ 06 10 76 45 15

Salon de thé, café, bar. Ouvert du mercredi au dimanche de 10h à 18h. Terrasse. Vente à emporter. Jeux pour enfants.

Qu'il fait bon lézarder au soleil sur la jolie terrasse en bois chez Marie-Claire Gander alias Madeï ! Celle-ci vous régale de délicieuses pâtisseries maison qui varient au fil des saisons. Mais la grande spécialité de Madeï, ce sont les vacherins glacés ! Elle propose aussi des tartes flambées, de la quiche lorraine et des salades. En été, elle organise des concerts gratuits. Détail écologique : le salon de thé assure sa propre production d'électricité grâce à une turbine hydroélectrique et un barrage installés sur le cours d'eau voisin, le Noirupt.

AUBERGE DES 2 LACS €€

310, lieu-dit le Noirrupt
✆ 03 89 71 33 22
www.auberge-des-2-lacs.fr

Ouvert à midi et soir du mercredi au dimanche. Carte. Menus groupes. Terrasse. Vente à emporter.

Ce bon restaurant dispose d'une immense terrasse qui offre une vue plongeante sur la vallée d'Orbey. Son chef José Di Luca est membre de la Commanderie des Cordons Bleus de France. Il élabore des mets délicieux à base de truite (également proposées à emporter dans la boutique de l'auberge) issues de la pisciculture Benoît Guidat. Il propose également un excellent foie gras de canard maison ainsi que de succulents médaillons de veau aux morilles. Le tout peut s'accompagner, bien sûr, de bons crus alsaciens. Accueil charmant et gastronomie de belle tenue !

AUBERGE DU BEUBOIS €€

306, Domaine du Beubois
✆ 03 89 22 77 57
www.domaine-du-beubois.fr

Ouvert mercredi, jeudi midi, vendredi, samedi midi et soir, dimanche : 12h à 14h30. Menu : 25 €. Enfant : 9 €. 10 gîtes.

L'architecture de cette auberge est absolument remarquable ! Toit végétalisé, architecture en demi-lune, grandes baies vitrées offrant un panorama de dingue sur la crête du Linge et les Hautes-Huttes, le tout souligné de rondins écorcés : tout ici invite à une douce quiétude. Installés autour de tables en bois carrées ou trapézoïdales, vous êtes invités à vous régaler de bonnes spécialités du Massif vosgien : munster frit sur salade, soupière de truite saumonée, tourte du Beubois, bœuf gros sel et autres planchettes de charcuteries et de fromages locaux.

LA COCOTTE ROUGE €€

72, La Housserouse
✆ 03 89 71 28 15
www.cocotterouge.com

Tous les jours. Réservation impérative. Carte env. 18 €. Enfant : 10 €. Groupes acceptés. Terrasse.

On s'attable ici à 700 mètres d'altitude comme dans un chalet montagnard, au milieu de boiseries et dans une salle cosy ou sur la belle terrasse panoramique aux beaux jours. Comme son nom l'indique, on déguste ici des petits plats dans des cocottes, près de la cheminée l'hiver. Mais il y a aussi la belle carte de burgers : le paysan, le skieur, le Welche, le végétarien, le chasseur, tous délicieux et gourmands. Sur réservation, on peut même y déguster un mouton à la broche ou un barbecue l'été. Bref, la Cocotte Rouge est une belle adresse où passer un bon moment.

FERME-AUBERGE DU PRÉ BRACOT €€

331, lieu-dit Pré Bracot
✆ 03 89 71 25 29
www.fermeaubergeprebracot.com

Toute l'année à midi du mardi au dimanche, samedi soir, dimanche soir. Juillet/août, midi et soir du mardi au dimanche.

© CLAUDINE SIFFERT

Cette ferme-auberge est absolument somptueuse ! Accessible en voiture toute l'année, elle réserve un accueil attentif aux personnes à mobilité réduite. Murs tapissés de rondins de bois, grandes tables conviviales, clarines et objets vintage : la déco vaut le coup d'œil. Dans l'assiette : rien que du fait maison à partir des produits de la ferme. Menu marcaire forcément, mais aussi choucroute garnie et baeckaoffe. Terrasse joliment fleurie et très chouette aire de jeux pour les enfants.

FERME-AUBERGE DU CHÈVREMONT €€

323, Chèvremont ✆ 03 89 71 23 51
www.fermeaubergeduchevremont.fr

Menu marcaire : 22 €. Terrasse. Vente à emporter. Aire camping-car. 4 chambres d'hôtes. Horaires sur le web.

Cette accueillante ferme-auberge est nichée aux abords d'anciens sentiers de chèvres, d'où son nom ! Menu marcaire, planchette paysanne, tchic fermier, choucroute, baeckaoffe aux 3 viandes, tourte alsacienne, jambon au foin, fondue au munster : autant de plats généreux pour se rassasier après une belle randonnée ! La famille Guidat tient à disposition 4 chambres d'hôtes ainsi qu'un terrain équipé d'un bloc sanitaire pour les campeurs (tentes et caravanes) et les camping-caristes.

HAUT-RHIN

FERME-AUBERGE-GÎTE DU RAIN DES CHÊNES €€

215, Basses Huttes ✆ 03 89 71 30 42
www.ferme-auberge-alsace.com

Ouvert du jeudi au dimanche : 11h-22h. Carte, suggestions à l'ardoise. Accueil des groupes. Terrasse. Vente à emporter.

Une halte gourmande dans cette ferme-auberge pas comme les autres ! Outre un élevage traditionnel de vaches et de cochons, la famille Chaize dorlote également un troupeau de yaks ! Ici, on se régale de spécialités maison : terrine de yack, galettes vosgiennes, burger Mc Camille, côte de bœuf d'1 kg accompagnée de frites Mamie et tartes flambées à gogo. Quand le soleil brille, on adore s'installer sur la vaste terrasse qui offre une vision panoramique sur les hauteurs d'Orbey.

HÔTEL-RESTAURANT AU BOIS LE SIRE €€

20, rue Charles de Gaulle ✆ 03 89 71 25 25
www.bois-le-sire.fr

Logis Restaurant Savoureux. 7 j/7 midi et soir. Menus de 29 € à 79 €. Midi : 14 €. Enfant 10 €. Terrasse. Hôtel Cosy.

Sélectionné tout de go et sans ambages aucun, le restaurant de ce charmant hôtel séduit aussi bien les amateurs de bonne chère que les randonneurs de passage. En cuisine, David et Thomas font merveille avec les produits du terroir : escargots du Pré aux Colimaçons à l'ancienne, entrecôte de veau, choucroute généreusement garnie et vacherin glacé du Pays Welche. Les enfants savourent un menu spécialement concocté à leur attention avant de filer s'ébattre sur l'aire de jeux extérieure !

TURLUPAIN

97, route de Tannach
✆ 03 89 71 28 30
www.turlupain.com

Ouvert lundi, mercredi, vendredi de 16h à 19h30. Marchés de Rouffach, Turckheim, Munster, Colmar. Commande en ligne.

Le nom de cette boulangerie artisanale dédiée aux bons pains d'antan est un clin d'œil au *Turlutin*, malicieux lutin dont le nom est scandé à la fête de la Saint-Martin au gré d'une comptine enfantine. Les pains sont cuits dans un four au feu de bois : pains de froment, seigle, épeautre, garnis de graines, de raisins, de noix ou d'olives. On se fournit aussi en manalas en décembre et en galettes des rois en janvier. De plus, on trouve les produits Turlupain sur les marchés de la région et dans divers points de vente bio en Alsace. Commande en ligne possible.

LA FERME DU SCHOULTZBACH

284, Pairis
✆ 06 80 32 41 96
www.schoultzbach.fr

Horaires variables selon la saison : téléphoner ou voir site Web. 2 gîtes (2-4 pers) et 3 chambres d'hôtes (1-3 pers).

Sylvie et Christophe Conreau commercialisent les délicieux produits issus de leur fromagerie artisanale. Du munster bien sûr, mais aussi plein d'autres spécialités laitières : tomme vosgienne, barkass, fromages affinés ou frais, Tchic (fromage blanc fermier), faisselles, yaourts… Ajoutez à cela des produits locaux fournis par des artisans voisins : charcuteries, jus de fruits, confitures, miels et autres délices. Voilà de quoi vous mettre à coup sûr l'eau à la bouche ! Notez enfin que la ferme du Schoultzbach dispose aussi de 2 gîtes et 3 chambres d'hôtes.

MUNSTER SCHUSTER

1, rue Paul Munier
✆ 03 89 71 20 08
www.munsterschuster.com

Ouvert du lundi au vendredi : 8h-12h, 13h30-17h30 (fermé mercredi après-midi). Vente en libre-service et à la coupe.

Depuis près de 135 ans, la famille Schuster fait mûrir des munsters à la belle croûte orangée dans ses caves d'affinage. Ces fromages emblématiques du Val d'Orbey sont affinés sur des planches en bois de sapin afin d'obtenir des munsters plus fruités et plus moelleux. Notez que la Maison Schuster produit également du fromage de munster non affiné, le bien nommé P'tit Blanc qui séduit le palais par sa fraîcheur acidulée. Profitez donc d'une balade sur les hauteurs d'Orbey pour découvrir les merveilles fromagères de la famille Schuster !

CHEMINS DU NORD

« La Petite Finlande » ✆ 03 89 71 00 37
www.cheminsdunord.com

Découverte nordique, trottineige, balade en chiens de traîneau. Tarifs : voir site web. 1 gîte et 2 chambres d'hôtes.

Anne-Lise et Frédéric Dubray partagent avec vous leur passion pour le Grand Nord par le biais d'activités sportives ou familiales : sorties en trottineige (petit engin léger tiré par un chien), randonnées en traîneau à chien mené par un musher… Quand la neige tire sa révérence, la trottineige se transforme en cani-trottinette ! Vous pouvez aussi opter pour une balade en calèche à chevaux sur les Hautes-Huttes. Voici de quoi découvrir d'une manière originale le Val d'Orbey en toute saison avec Anne-Lise et Frédéric qui forment un couple absolument charmant !

HAUT-RHIN

LE CLOS DU MENHIR

132 A, Le Hambout
✆ 06 71 05 99 39
Toute l'année, uniquement sur rendez-vous. Soins holistiques. Stages, conférences, expos : voir programme sur Facebook.

En quête de spiritualité ressourçante ? Bienvenue au Clos des Menhirs, où Lisa et Mathieu organisent ateliers, stages, conférences (sur réservation), expos... Ce couple charmant propose aussi divers soins holistiques (sur RV) qui peuvent, pour certains, être appliqués aux animaux. Le Clos du Menhir dispose en outre d'un espace boutique où l'on trouve notamment des minéraux, de l'encens, des bols tibétains ainsi que des bracelets, colliers et autres créations artisanales en provenance du Japon, du Népal et du Tibet et du Pérou. Dépaysement zen assuré en Alsace !

LAC BLANC PARC D'AVENTURES - PAINT BALL

Station du Lac Blanc ✆ 03 89 71 28 72
www.lacblancparcdaventures.com
Dates d'ouverture et horaires, cf site web. 33 € pour 2 heures et 200 billes. Réservation conseillée par téléphone.

Si vous vous sentez une âme de Tarzan, le Lac Blanc Parc d'Aventures est fait pour vous ! Il comprend 9 parcours aux difficultés variables qui vous mènent tout en haut de la cime des sapins. Du parcours de l'Ourson pour les enfants (3 à 7 ans) à celui du Lynx en passant par La Belette et Le Chamois, il y en a pour tous les âges. La grande tyrolienne offre son pesant de frissons ! Il y a aussi un espace paintball, accessible exclusivement sur réservation pour 6 personnes au minimum.

LE SENTIER PIEDS NUS

Station Lac Blanc 1200
✆ 03 89 71 28 72
www.sentier-pieds-nus-lac-blanc.com
Ouvert de début mai à fin septembre. Horaires détaillés sur site web. 7 €/adulte, 5,50 €/enfant, 20 €/famille (4 pers).

Lauréat du Challenge de l'Initiative Touristique Alsace, ce parcours de 1,2 km est à faire absolument lors de votre séjour, en famille idéalement. Ici, on laisse ses baskets de côté et on fait prendre l'air à nos orteils. Sur le sol de la forêt on se laisse aller aux sensations sous nos pieds : sable, gravier, gravillons, dalles, bois, écorces, eau vive, cônes de sapin, ça chatouille, ça gargouille ! Ludique et originale, cette activité éveillera les sens de vos têtes blondes notamment grâce aux jeux d'adresse et pédagogiques qui jalonnent le parcours.

LE BONHOMME

Le Bonhomme doit son nom à Saint Déodat surnommé l'« homme bon » dans les années 600. Passage obligé vers le col éponyme qui mène à Saint-Dié-des-Vosges, c'est par là que l'on accède à la station de sport d'hiver du Lac Blanc ainsi qu'à celle des Bagenelles. Des randonnées permettent d'apprécier cette région fort séduisante au printemps lorsque les éleveurs n'ont pas encore fauché leurs prés. La commune est dominée au nord-est par le massif du Brézouard (1 229 m) et au sud par le sommet de la Tête des Faux (1 224 m) où reposent de nombreux vestiges de la Grande Guerre. Le Bonhomme recèle de bonnes adresses proposant des produits du terroir de qualité.

OFFICE DE TOURISME STATION DU LAC BLANC

Bâtiment d'accueil Lac Blanc 1200
✆ 03 89 78 22 78
www.lac-blanc.com
Horaires d'ouverture variables selon la saison : consulter le site web. WiFi gratuit. Billetterie. Boutique.

L'antenne locale de l'OT de la Vallée de Kaysersberg est situé dans le bâtiment d'accueil de la station du Lac Blanc. Son équipe vous accueille au fil des saisons pour vous apporter infos et conseils concernant les activités du moment. Randonnées à pied ou en VTT du printemps à l'automne et ski tous azimuts en hiver. Sur place : connexion wifi gratuite, boutique, billetterie. En bonus, on y trouve même un service de rechargement des batteries Bosch pour vélo à assistance électrique.

FERME CLAUDEPIERRE €€

159 a, lieu-dit Faurupt
✆ 03 89 47 55 04
www.fermeclaudepierre.fr
Gîtes de France (3 épis). Pour 6 personnes (120 m²). À partir de 550 €/semaine. Terrasse. Barbecue. Vente de fromages.

La ferme Claudepierre abrite un gîte qui peut accueillir jusqu'à six personnes. La décoration est rustique, mais le confort est maximal : salon avec cheminée, chauffage central et au bois, grande cuisine bien équipée, 3 chambres cosy, TV satellite, espace extérieur de jeux pour les enfants. Ajoutons à cela une terrasse avec vue imprenable sur la nature environnante. On peut aussi faire directement le plein de bons produits laitiers élaborés par Gérard Claudepierre : munster fermier, tomme de montagne, fromage blanc salé et autre Brézouard (fromage à raclette).

HÔTEL DE LA POSTE**

€€

76, rue du 3ème Spahis Algériens

✆ 03 89 47 51 10

www.hotel-la-poste.com

Logis Hôtel Cosy. Chambre double à partir de 72 €. PDJ : 10 €. Piscine intérieure. Sauna. Jardin. Restaurant. Terrasse.

Ce bel établissement est géré depuis 4 générations par la famille Petitdemange. Il dispose d'un espace de détente avec une piscine bio climatique (sans chlore), un sauna en rondins et un bain bouillonnant en red cedar. On adore lézarder au soleil sur des transats dans le jardin ou sur la grande terrasse bordée par un petit cours d'eau. Quant aux 35 chambres, elles sont toutes extrêmement confortables : côté village, jardin ou piscine : à vous de choisir ! À cela s'ajoutent un bar alsacien et un très bon restaurant tenu par le Chef Michael, Maître Restaurateur.

HÔTEL LA TÊTE DES FAUX**

€€

102, rue du 3e Spahis Algérien ✆ 03 89 47 51 11

www.hotel-restaurant-latetedesfaux.fr

Logis Hôtel Essentiel. Chambre double à partir de 82 €. Fitness. Logis Restaurant Savoureux : Vecchia Romana. Terrasse.

Construit en 1875, ce petit hôtel de charme allie confort et sérénité dans ses 7 chambres décorées dans un esprit baroque délicatement suranné. Pour un peu, on pourrait se croire transporté dans un palazzo de la vieille Rome ! Ce sentiment se prolonge quand on accède à la table de l'hôtel, le Vecchia Roma qui est estampillé « Restaurant Savoureux » par Logis. Au menu ou à la carte, le chef Giorgio Atzori vous régale avec une cuisine italianissime et gorgée de saveurs ensoleillées. À savourer dans une salle très cosy ou sur une terrasse agréablement ombragée.

LE RENARD PERCHÉ

€€

143, Renaud Rautsch ✆ 06 71 71 47 06

www.gitelerenardperche.com

Gîtes (6/9 pers) dès 490 €/semaine et 210 €/week-end (2 nuits). Chambre d'hôtes : 70 €/nuit/2 pers. Terrasse. BBQ.

Libera et Eric ont transformé une ancienne ferme en un éco-lieu niché dans un cadre zen à 900 mètres d'altitude, au cœur du parc naturel régional des Ballons des Vosges. Ils vous hébergent dans leurs gîtes joliment rénovés avec principalement des meubles de seconde main, dans un ancien corps de ferme. Terrasse, jardin, barbecue, balades en poney, randonnées sur le GR5 voisin, ski et luge en hiver : voici de quoi vous occuper lors de votre séjour. Notez que le couple propose des pique-niques à emporter. Ils tiennent également une table d'hôtes, sur réservation.

STATION DE SKI DU LAC BLANC 1200

Accès par la route du Bonhomme Lac Blanc 900, pour les remontées mécaniques et par la route d'Orbey Lac Blanc 1200 (toutes les activités de la station) pour le haut de la station.

✆ 03 89 78 22 78 - www.lac-blanc.com

Ouvert de décembre à mars, selon l'enneigement. Tarifs détaillés des forfaits, location de matériel : voir site web.

Plus de 14 km de pistes de ski alpin et 67 km de pistes de ski de fond, 153 enneigeurs, 7 téléskis et un télésiège débrayable de 6 places, mais aussi un espace freestyle (avec un boardercross), un snowpark, un Nordic Park (qui est labellisé *So Nordic*), une piste pour chiens de traîneaux et ski joering, deux pistes de luge sécurisées et une luge sur rail (4 saisons) *Trick Track* d'1 km... Cette station n'a rien à envier à ses alter ego alpins.

FRÉLAND

Nichée au fond d'un vallon à l'ombre du Brézouard qui culmine à 1 229 mètres d'altitude, cette petite commune séduit par la beauté de son cadre et sa Maison du Pays Welche, écomusée dédié à la culture de cette région où l'on parle encore un patois roman très ancien. Depuis Fréland, il y a de jolies promenades et randonnées, notamment vers le fameux Brézouard. Initié par le Parc naturel régional des Ballons des Vosges, un sentier de découverte des paysages de Fréland a été aménagé. Débutant en face de la mairie, il est constitué d'une dizaine de haltes. Il traverse les pâturages et offre des vues magnifiques sur le village et ses nombreux vallons.

LA MAISON DU PAYS WELCHE

2, rue de la Rochette ✆ 06 45 06 59 54

www.musee-pays-welche.alsace

De mi-juin à mi-octobre, du vendredi au dimanche et jours fériés à partir de 15h. 7,50 €/adulte, 3,50 €/enfant 6-14 ans.

Aménagé dans un presbytère où résidaient les curés de Fréland du XVIe au XVIIIe siècle, ce charmant musée témoigne des us et coutumes dans un canton qui, contrairement au reste de l'Alsace, parle le welche (langue romane) et observe des traditions voisines de celles qui ont cours dans les montagnes vosgiennes. À découvrir notamment : une médiathèque, un atelier de bois, une cave à fromage, une distillerie, un four à bois et un *escape game* original. À l'extérieur, le musée se repère d'emblée de jeu grâce à sa grande roue à eau issue d'un ancien moulin frélandais.

HÔTEL-RESTAURANT LE KALBLIN €

48, Grand-Rue ✆ 03 89 71 91 44
www.lekalblin.fr

7 chambres. Chambre double à partir de 59 €. Petit déjeuner buffet : 9 €. Jardin. Restaurant. Vente à emporter.

À ce jour, Le Kalblin est sans doute à le plus petit hôtel de la Vallée de Kaysersberg ! Aménagées dans un corps de ferme de 1750, ses 7 chambres sont accessibles par un escalier rustique. Au restaurant, Jean-Luc Kedinger propose des mets du terroir arrosés par des crus les plus réputés de la région. Son épouse Anne veille à ce que vous ne manquiez de rien tout au long de votre séjour. Avis aux amoureux de la nature : le Kalblin est un lieu de villégiature idéal pour partir en balade !

GÎTE DE L'ABEILLE BLEUE €€

La Taupré ✆ 03 89 47 20 28
https://gitedelabeillebleue.fr

Gîtes de France (3 épis). Label WWF Panda. Gîte 5/7 pers. À partir de 300 €/semaine et de 150 €/week-end. Vente de miel.

Cet agréable gîte a tout bon : superbe cadre verdoyant et franche convivialité. Aménagé dans les combles d'une vénérable ferme vosgienne, c'est un endroit parfait pour découvrir la faune vosgienne. Marie et Dominique vous fournissent des jumelles pour observer diverses espèces d'oiseaux, chevreuils, biches, renards, blaireaux… Vos enfants vont adorer partir sur la piste du faux-bourdon Zébulon en suivant un parcours balisé depuis le gîte. Apiculteur chevronné, Dominique vous régale de pain d'épice, gelée royale, hydromel et autres délicieuses préparations !

LA PIERRE D'EAU €€€

11, lieu-dit de la Chaude Côte
✆ 03 89 49 80 77
www.lapierredeau.com

4 chambres d'hôtes (2 pers). Dès 155 €/nuit. Table d'hôtes. Atelier de cuisine. Prise de recharge voiture électrique.

La Pierre d'Eau est une ancienne ferme de 1835 posée sur un coteau à 560 m d'altitude. Elle dispose de 4 chambres d'hôtes qui peuvent être réservées conjointement pour héberger au total 8 personnes. Les prestations sont superbes : décoration toute en boiseries, chambres confortables, salles de bain aux dimensions généreuses, salle à manger avec cheminée, salon de plain-pied avec le jardin arboré… Table d'hôtes et cours de cuisine sur réservation. Petit détail écolo : La Pierre d'Eau tient à disposition une prise de recharge pour véhicule électrique.

L'API DE LA BROQUE

18, rue des Frênes
✆ 06 15 72 11 89

Ouvert le lundi et le mardi de 16h à 19h. Vente directe de miel artisanal. Dégustation gratuite.

Les abeilles disparaissent inexorablement en France : la faute aux pesticides, à certains parasites et au frelon asiatique. Au cœur du Pays Welsche, Benoît Parmentier travaille à préserver l'univers apicole. Il élève ainsi des abeilles dans un cadre préservé, au sein de ruches 5 étoiles joliment parées de couleurs vives qui égayent la nature environnante. Benoît élabore diverses variétés de miel qui séduisent les papilles par leurs saveurs raffinées et leurs textures pleines de douceur. À découvrir sur place ou à la boutique de l'hôtel Les Alisiers à Lapoutroie.

FERME LAURENT

La Taupré
✆ 03 89 47 55 37

100 % bio. Ouvert toute l'année de 8h à 19h (18h en hiver). Vente sur place de produits de la ferme.

La famille Laurent pratique l'élevage laitier en agriculture biologique. Ici, vous découvrirez le métier d'éleveur, les animaux de la ferme (vaches, chevaux, cochons). À travers les vitres de la fromagerie, vous assisterez aux différentes phases de la fabrication de fromage. Vous pourrez aussi participer à la traite des laitières. Avant de repartir, faites le plein de bons produits bio ! Tchic (fromage blanc frais du jour), munster, barkass, raclette, faisselle, yaourts… Vous trouverez également les produits de la Ferme Laurent à L'Echoppe Paysanne à Ribeauvillé.

NEMROD

63, Grand Rue
✆ 03 89 22 37 65
https://nemrod.co

Ouvert du lundi au vendredi de 9h à 17h et samedi de 9h à 13h. Boucherie spécialisée en gibier. Boutique en ligne.

Cette boucherie pas comme les autres a pour but de valoriser le gibier local tiré à Fréland et dans ses environs. Ses propriétaires s'approvisionnent directement auprès de chasseurs du coin pour conditionner de belles pièces de viande fraîche et élaborer dans leur atelier de délicieuses spécialités. Côtelettes de sanglier, entrecôte de cerf, rôti de biche, pierrade aux 3 gibiers, lard, saucissons et autre filet mignon fumé, terrines variées (on adore celle de chevreuil aux figues et aux pain d'épices !) : il y en a pour tous les goûts et toutes les occasions !

LAPOUTROIE ★

Placé sous l'égide des Hohenstauffen au XIe siècle, le village prit le nom de La Poutroye vers 1348. Au cœur du champ de bataille qui s'y est déroulé durant la guerre 1914-1918, Lapoutroie n'a gardé que très peu de séquelles de ces affrontements et la nature a su y reprendre ses droits. Niché au cœur de grandes forêts de sapins, protégé par les premiers reliefs des Vosges, ce village emblématique du Pays Welche réserve quelques belles surprises aux courageux qui grimperont jusqu'à lui. Randonnées au panorama unique, fromageries et fermes artisanales, eaux-de-vie, foire paysanne le 14 juillet : vous auriez tort de ne pas y faire une petite halte !

HÔTEL-RESTAURANT DU FAUDÉ** €€

28, rue du Général Dufieux ✆ 03 89 47 50 35
www.faude.com

Logis Hôtel Cosy. Chambre double dès 95 €. PDJ 13 €. Logis Restaurant Savoureux. Piscine Intérieure. Hammam. Fitness.

Excellent rapport qualité-prix pour cet établissement tenu par la famille Baldinger depuis plus de 60 ans. Il dispose de 28 chambres tout confort (dont 3 suites) et d'un espace wellness avec piscine couverte et chauffée toute l'année, hammam et fitness. Son restaurant gastronomique (service assuré en costume alsacien !) propose une bonne cuisine régionale. En bonus, il y a une terrasse d'été et un adorable jardin bucolique qui est traversé par une petite rivière appelée La Béhine.

MUSÉE DES EAUX DE VIE RENÉ DE MISCAULT

85, rue du Général Dufieux ✆ 03 89 47 50 26
www.musee-eaux-de-vie.com

Ouvert 7 jours/7 de 9h à 12h et de 14h à 18h (fermé 25/12). Visite, dégustation : gratuit. Boutique de vente sur place.

Dans un ancien relais de poste daté du XVIIIe siècle, ce musée dévoile les secrets de la fabrication des eaux de vie et des spiritueux ! Il abrite une collection unique au monde de 300 bouteilles fabriquées en France dans les années 1950. Il expose aussi tout un matériel d'époque : alambics, sirogènes, alcoomètres, bouchonneuses, fûts à porte, pressoirs et autres moules à bouteilles. Au terme de votre visite, place à la dégustation (gratuite) dans la boutique adjacente au musée !

LE BOUTON D'OR €€

31, Le Bermont ✆ 03 89 47 50 95
www.leboutondor.com

Logis Restaurant Gourmand. Fermé lundi midi et mercredi. Menu 25 € (2 plats) 28 € (3 plats). Terrasse. Hôtel.

Pile poil face à la Tour du Faudé, voici une adorable adresse nichée à 750 mètres d'altitude qui prend ses aises dans une vénérable ferme vosgienne. Le restaurant avec terrasse propose de délicieux plats régionaux et de succulents burgers composés à 100 % selon vos envies. Mais aussi et surtout, il y a la *potence*. C'est le plat signature du Bouton d'Or, avec crustacés et viandes saisis illico presto sous vos yeux. Des séjours hôteliers sont aussi proposés. Notamment le très réputé Finland'Or *avec sauna et grill-party* dans un kota finlandais tout à fait sublime !

LES ALISIERS*** €€

5, Lieu-dit Faudé ✆ 03 89 47 52 82
www.alisiers.com

Chambre double à partir de 120 €. Restaurant (Maître Restaurateur - Chefs d'Alsace). Terrasse. Jardin. Parking privé.

Vue à 360° sur les sommets vosgiens et la plaine d'Alsace, écrin naturel époustouflant : Les Alisiers vous hébergent dans un cadre enchanteur ! Sis dans une ancienne ferme de 1819, cet hôtel au charme fou dispose de onze chambres et d'une suite douillettes à souhait, qui portent des noms de fleurs ! Les Alisiers disposent en outre d'un excellent restaurant. En cuisine, Matthias Degouy et son frère Benoît élaborent des mets originaux et savoureux qui peuvent s'accompagner d'excellents vins biologiques ou biodynamiques choisis par la sommelière Caroline Furstoss !

HÔTEL-RESTAURANT LE VALTRIVIN €€

5, rue de l'Europe ✆ 06 33 32 67 16
www.levaltrivin.fr

Mardi, jeudi, vendredi midi et soir. Mercredi, samedi soir. Dimanche midi. Terrasse. Hôtel 9 chambres (1 à 4 pers).

Au cœur d'Hachimette, ce restaurant est une heureuse découverte ! Inauguré en 2020, il séduit autant par ses charmants propriétaires que par sa carte de mets délicieux élaborés à partir de produits bio et de saison. Notamment des ravioles d'escargots et des feuilles de blette farcies au foie gras. Quant à la carte des vins composée par Tristan Ringenbach, sommelier-caviste, elle est somptueuse ! Agréable terrasse en bonus et côté hôtel, 9 belles chambres tout confort (1-4 pers).

AU BONHEUR DES OURS

16, rue Principale
HOHROD
✆ 06 29 92 16 91

Atelier de tournage sur bois ; démonstrations le matin. Boutique ouverte du lundi au vendredi de 9h à 18h.

Bienvenue dans l'atelier de tournage sur bois de Doris ! Inspirée par la nature et ses merveilles, cette artiste discrète transforme n'importe quel bout de bois en une pièce unique, exceptionnelle et pleine de poésie. On adore notamment ses décorations destinées aux sapins de Noël. Si vous passez en matinée, vous assisterez gratuitement à une fascinante démonstration de son savoir-faire. Vous pouvez aussi participer (sur réservation) le mercredi matin, à une initiation au tournage sur bois. C'est passionnant et vous repartirez avec votre propre création !

DISTILLERIE G. MICLO

311, La Gayire
✆ 03 89 47 50 16
www.distillerie-miclo.com

Ouvert du lundi au samedi de 8h à 12h et de 13h30 à 18h. Fermé dimanche en janvier. Visite guidée + dégustation. E-shop

Fondée en 1962 par Gilbert Miclo, cette distillerie familiale est aujourd'hui dirigée par la 3e génération. L'équipe de distillateurs propose aussi une gamme de whisky IGN, une gamme de gins ainsi que des vodkas et apéritifs festifs aux packagings ludiques et colorés. C'est un lieu incontournable de la culture, plus particulièrement du Pays Welche. La distillerie propose des visites guidées des installations, (alambics, chais, cuverie de vieillissement) et du jardin didactique. Des ateliers sont également organisés comme l'initiation au whisky.

BRASSERIE DU PAYS WELCHE

84, rue du Général Dufieux
✆ 03 89 47 50 26
www.brasseriedupayswelche.fr

Magasin ouvert 7 jours/7. Visite (gratuite) du mardi au samedi : 9h-12h, 14h-18h. Location de tireuse.

La Brasserie du Pays Welche jouit d'une réputation bien méritée, la preuve par sa Bière au Pain, coup de cœur estampillé de 3 étoiles au *Guide Hachette des Bières* 2022 ! La brasserie élabore ses bières avec du malt bio et les résidus de fabrication sont récupérés par un agriculteur du village qui les recycle pour nourrir ses vaches ! Lors de votre visite, vous pourrez déguster et acquérir des bières blondes, brunes ou ambrées, mais aussi de délicieuses confitures à la bière. Et... pique-niquer dans l'espace couvert aménagé dans la cour de la brasserie !

LE CELLIER DES MONTAGNES

4, route de l'Europe
✆ 03 89 47 23 60
www.lecellierdesmontagnes.fr

Ouvert en semaine : 9h-12h30, 14h30 18h30. Samedi : 9h-18h. Dimanche : 10h-12h30, 14h30-18h30.

Ce sympathique point de vente directe de produits fermiers locaux commercialise des fromages, produits laitiers, de la charcuterie, du bœuf, du porc et de l'agneau, de la truite, des légumes et du pain bio. Côté épicerie, des confitures, miels, tisanes, sirops et les plantes médicinales de la ferme de Kablin. À boire, on y trouve des vins d'Alsace, des bières artisanales, des eaux-de-vie et de délicieux jus de fruits (notamment à la myrtille : rare et goûteux). Les savons précieux et crèmes soyeuses aux ingrédients sains sont de qualité, notamment « La Fleurie ».

MAISON DODIN

1A, rue du Docteur Macker
✆ 03 89 47 50 05
https://maison-dodin.fr

Ouvert du lundi au vendredi de 8h30 à 12h et de 13h à 18h. Spécialiste du munster affiné à l'ancienne depuis 1908.

Si la Maison Dodin brille par sa discrétion, son savoir-faire est unanimement salué, notamment lors du Frankfurt International Trophy 2022 avec une médaille d'or pour son munster bio AOP, affiné à l'ancienne. Une tradition d'affinage qui a débuté en 1908 avec Adrien Bertrand. Munster traditionnel, au cumin, blanc nature affiné ou non, munster à munstiflette, de 125 g à 1,2 kg, il y en a pour toutes les humeurs et tous les goûts et il vous accompagnera en hiver, en le faisant fondre par exemple ou en été, en accompagnement de vos salades.

MUNSTER ★

Niché dans la vallée de la Fecht, Munster est réputé pour son fromage qui porte le même nom. Celui-ci aurait été fabriqué par des moines irlandais qui ont fondé, à cet endroit vers 660, une abbaye dédiée à Saint Grégoire. La vallée de Munster ou « Val Saint-Grégoire » est composée de 16 communes, Munster est le chef-lieu de canton. En 1308, la ville était entourée de remparts pour assurer une protection à ses habitants. AU XIXe siècle, Munster s'engagea alors dans une vaste modernisation : industrialisation, extension du réseau ferroviaire et multiplication des transports. Durant la Première Guerre mondiale, Munster fut détruite quasi complètement avant d'être reconstruite en 1918. Depuis, Munster est devenu un centre touristique incontournable renforcé par la présence d'un centre de cure thermale. La ville doit beaucoup à André Hartmann qui, au XVIIIe siècle, fonda, une des premières usines textiles de la région. Lors votre promenade, vous passerez forcément par la place du Marché car c'est le cœur historique de la ville. On y trouve l'hôtel de ville dont la façade date de 1550. Sa porte affiche le blason de Munster : un aigle bicéphale, symbole qui rappelle l'appartenance de Munster au Saint-Empire romain germanique. En face de l'hôtel de ville, il reste encore une partie de l'ancien palais abbatial datant de 1789, quelques arcades de l'abbaye, des ruines qui ont laissé l'empreinte du riche passé de la ville. L'Office de Tourisme de Munster se trouve juste à côté. À voir aussi, l'enclos à cigognes de l'autre côté de la rive de la Fecht. Élevés en volière pendant trois ans, les cigogneaux perdent leur instinct de migration : voilà pourquoi, été comme hiver, on peut apercevoir ces majestueux échassiers survoler le centre-ville pour nicher sur les toits de l'ancienne abbaye. La fontaine du Lion témoigne aussi de l'histoire de la ville : elle fut érigée en 1576 pour fêter le Traité de Kientzheim qui autorisait le libre choix du culte. La tradition raconte qu'à chaque fois que la ville était en conflit avec l'abbé, on tournait le lion de telle manière qu'il montrait son postérieur à l'abbaye, ce qui avait pour effet de plonger l'abbé dans une grosse colère ! L'imposante église protestante de Munster est également à visiter. Construite (de 1867 à 1873) en grès rose des Vosges dans un style néo-roman, elle recèle un baptistère du sculpteur suisse Henri Vallette et un orgue à traction mécanique de la manufacture Muhleisen de Strasbourg. Pour les plus gourmands, la commune propose de nombreux jolis et délicieux restaurants.

Église de Munster.

HÔTEL DEYBACH*** €€

4, rue du Badischof
✆ 03 89 77 32 71
hotel-deybach.com
Chambre double à partir de 65 €, triple à partir de 89 €. Petit déjeuner : 12 € (6 € : 6-12 ans). Terrasse.

Sabine et son équipe vous accueillent avec le sourire dans cet hôtel charmant au cœur de la vallée de Munster. 16 chambres classiques parfaitement équipées sont à votre disposition. Ici, le plus c'est le petit-déjeuner, 2 tasses par le label *Tables et auberges*. On y trouve des produits frais du coin et l'embarras du choix pour satisfaire vos estomacs : viennoiseries, plusieurs sortes de pains, œufs brouillés, au plat, à la coque, yaourts, fromages, charcuterie, un délice ! Ajoutons à cela un écrin de verdure extérieur et une terrasse aux beaux jours, le top.

HÔTEL RESTAURANT LA CIGOGNE*** €€

4, place du Marché ✆ 03 89 77 32 27
www.cigogne-munster.fr
Chambre double dès 75 €. Petit déjeuner buffet : 11 €. Demi-pension. Garage moto : 3 €. Restaurant. Brasserie. Terrasse.

Au cœur de Munster, dans cette sublime demeure du XVIIIe siècle, 16 chambres vous attendent pour vous reposer pendant votre séjour. Classiques, elles disposent de tout le confort qu'on attend d'un petit hôtel cosy. L'établissement est doté de plusieurs salles de restaurant dont une brasserie. On y déguste des salades gourmandes, des viandes ou les fameuses tartes flambées régionales accompagnées d'un verre de vin ou d'un cocktail. Le plus : L'établissement dispose d'un garage à motos !

HÔTEL RESTAURANT SPA VERTE VALLÉE*** €€

10 rue Alfred Hartmann ✆ 03 89 77 15 15
www.vertevallee.com
Hôtel Logis Élégance. Dès 112 €/nuit/pers. SPA. Restaurant Logis Table Distinguée. Borne de recharge voiture électrique.

On opte pour l'Hôtel Verte Vallée quand on cherche du repos, du confort et du cocooning. Ce dernier, qui se trouve dans un magnifique parc arboré, propose des chambres et suites très spacieuses et donc pratiques en famille après une journée de ski. On peut également profiter d'un spa et ses soins, de l'espace piscine très lumineux proposant sauna et hammam, du bar moderne ou encore du restaurant gastronomique. Une parenthèse 100 % confort et gourmandise, dépaysement garanti !

S'STEWLA €

3, rue Alfred Hartmann ✆ 03 89 77 46 22
www.winstub-stewla.fr
Ouvert du jeudi au lundi midi et soir. Munstiflette : 16 €. Bibalaskas : 16 €. Tartes flambées : 8 € à 10 €. Terrasse.

C'est dans un décor de chalet montagnard, à l'alsacienne, qu'on profite d'un bon moment gourmand au Stewla. Le mot d'ordre : ambiance familiale ! Christel et Manu vous accueillent avec bonne humeur et vous proposent des plats typiquement alsaciens, bien exécutés et gourmands comme les lawerknepfla de Mamama, kasknepfla au munster ou encore bibalaka au munster. On termine sur une note sucrée avec un dessert de l'ardoise. Mention spéciale pour tous les plats adaptés aux enfants à tarifs réduits. Bref, une chouette adresse à noter dans son répertoire !

AU P'TIT MUNSTER €€

30, rue de la République
✆ 03 89 77 51 93
Ouvert du mardi au samedi midi et soir, dimanche midi. Carte et suggestions. Menu enfant : 10 €. Réservation conseillée.

Envie de déguster des plats alsaciens modernes et savoureux dans un décor traditionnel sans être kitsch ? Au P'tit Munster, les mets de nos grands-parents sont soigneusement présentés, généreusement servis, joliment modernisés. Vous aurez du mal à choisir entre le cordon bleu du Massif des Vosges au jambon blanc et munster coulant, le civet de gibier du moment aux spätzle arrosé de gelée de groseille, les käseknepflas poêlés à la crème de munster et au lard paysan ou la truite issue de la pisciculture Hans au beurre blanc. Pas de doute, c'est une bonne adresse.

AUBERGE AUX 4 SAISONS €€

44, Grand'rue ✆ 03 89 30 37 16
www.auberge4saisonsmunster.fr
Ouvert du vendredi au mardi (mercredi midi, vendredi soir). Menu 3 plats : 24 €. Menu enfant : 12 €. Menu soir : 45 €

Charlotte et Nicolas vous accueillent très chaleureusement dans leur sublime petite auberge où décoration moderne vient se mêler au charme de l'ancien avec vitraux et boiseries sublimes. Ici, le menu change très souvent au fil des saisons (comme le nom de l'Auberge l'indique) et on nous dévoile de belles assiettes, parfaitement dressées, aux saveurs régionales revisitées avec brio. Fischschnackas de lac et bouillon de poisson, chou farci aux légumes d'hiver et jus d'oignon rôti et pour finir, panna cotta à la sauge et coulis de mangue. Ici, on se ré-ga-le !

FERME-AUBERGE DU CHRISTLESGUT €€

162, lieu-dit Christlesgut
BREITENBACH-HAUT-RHIN ✆ 03 89 77 51 11
www.christlesgut.com
Ouvert du 14.04 au 29 octobre 2023. Repas Marcaire 22 €. Terrasse. 3 gîtes (2/8 pers.) : à partir de 371 €/semaine.

Cette ferme-auberge est nichée dans un cadre verdoyant avec vue imprenable sur le Hohneck. En bonus : terrasse champêtre, jolie salle de restaurant, gîtes et chambres d'hôtes. À table, vive les spécialités alsaciennes élaborées à partir des produits de la ferme voisine : munster coiffé, steackaas (beignets de fromage de montagne), siaskass (fromage blanc au kirsch) et menu marcaire traditionnel, ou encore choucroute du montagnard, baeckaoffa et fleischnacka sur commande préalable.

RESTAURANT L'OLIVIER €€

2, rue Saint Grégoire
✆ 03 89 77 34 08
https://lolivier-munster.com
Une Toque Gault & Millau. Bib Gourmand Michelin. Du jeudi midi au lundi midi. Menu de 34 à 44 €.

Depuis 2018, l'Olivier c'est surtout Peggy, en salle, et Olivier, en cuisine : un duo de choc ! Riche de plusieurs années d'expérience dans de grandes cuisines, Olivier Lamard propose ici une cuisine semi-gastronomique française et contemporaine, aux saveurs délicates et explosives, récompensée d'un Bib gourmand en 2023. On peut y déguster un Menu du marché aux produits saisonniers dans un décor contemporain très joli. Pas de chichis ici mais un doux moment à se régaler de plats finement dressés et délicieux, servis avec le sourire par Peggy.

L'ENFARINÉ

16, rue St Grégoire ✆ 03 89 21 32 23
www.lenfarine.fr

Du mardi au samedi : 6h30-18h.
Boulangerie et pâtisserie bio. Pains spéciaux. Café, salon de thé. Petite restauration.

On adore passer un moment dans cette boulangerie artisanale où l'on peut prendre un petit déjeuner accompagné de brioches pur beurre AOP. À midi, L'Enfariné propose des sandwichs, des quiches et de bons bagels. Au goûter, on craque pour un crémeux au citron ou une Linzertorte. Et puis il y a une foultitude de savoureux pains élaborés avec du levain naturel et des farines biologiques : pain aux céréales, aux graines de courge, à la carotte et cumin, au müesli, aux champignons et sésame... Ils sortent tout chauds du four tout au long de la journée, un vrai délice !

KLEI'BELCHA

21, Grand'Rue
✆ 03 89 21 41 71

Ouvert du lundi au samedi : 9h30-12h30, 14h-18h30 (18h lundi, mardi, samedi).
En été : 9h-12h30, 14h-19. Paniers garnis.

La charmante Jennifer se fournit auprès de producteurs de la vallée : munster fermier, barikass, tommette de montagne aux herbes aromatiques... Il y a aussi de bons saucissons (nature, fumé, au sanglier, au chevreuil, aux noix/noisettes/châtaignes, aux myrtilles, aux cèpes). Bon choix de vins d'Alsace, bières artisanales, liqueurs et eaux-de-vie, sirops, confitures et miel, tisanes bio, bredalas, chocolats... En bonus, la maison emballe sous vide les produits frais destinés à voyager ! Décidément, ce Klei'Belcha, traduisez « petit ballon », a tout du Pays de Cocagne !

BOUTIQUE F'UTILE

3, Grand'Rue
✆ 03 89 77 05 10

Du mardi au vendredi 9h-12h et 14h-18h30. Samedi jusqu'à 18h, lundi 14h-18h.
Ouvert non-stop les week-ends en décembre.

Cette boutique est une véritable caverne au trésor en termes de décoration ! Du coussin coloré aux tableaux intenses et captivants, aux vases et lampes à abat-jour poilu en passant par des miroirs sublimes ou des chandeliers en fer forgé, vous trouverez forcément le petit truc en plus pour votre intérieur ou pour une idée cadeau. Il y a également des peluches pour vos têtes blondes, personne n'est laissé de côté, il y en a pour tous les goûts ! Le plus, de nombreux articles changent au gré des saisons : Pâques, Noël, etc. Une belle adresse pour votre intérieur !

MAISON SCHREIBER

27, Grand Rue ✆ 03 89 77 34 26
www.maison-schreiber.fr

Ouvert du mardi au vendredi de 8h30 à 12h et de 14h à 18h30. Samedi : de 8h à 12h et de 14h à 18h. Boutique en ligne.

Depuis plus de 90 ans, cette belle institution munstérienne fait le bonheur des amateurs de petit noir bien serré ou de grand crème mousseux. Ici, un vrai savoir-faire de torréfacteur artisanal permet d'extraire le meilleur de 16 variétés de café. Stéphanie et Sébastien proposent aussi des accessoires dédiés à la dégustation d'un bon café, notamment un joli choix de cafetières (italienne, à piston...). Belle sélection aussi de thés et d'infusions assortie de théières, bouilloires, tasses, etc. Sélection gourmande d'épicerie fine et conseils personnalisés en bonus.

HOPLA VINS

20, Grand Rue ✆ 03 89 30 00 45
https://hoplavins.fr

Ouvert du mardi au vendredi : 10h-12h30 et 14h-18h45. Samedi : 10h-18h30. Les dimanches en décembre. Boutique en ligne.

Finaliste au Concours des Meilleurs Cavistes de France 2022, Maxime maîtrise donc bien son sujet quand il conseille ses clients vers un vin, une bière ou un whisky. Chez Hopla Vins, il propose plus de 300 références en spiritueux et 400 en vins dont de nombreux crus issus de l'agriculture biologique et de la biodynamie. Maxime organise aussi des soirées de dégustation (accessibles sur réservation) autour de thèmes variés, le tout toujours accompagné de charcuteries et de fromages... On peut même privatiser le lieu pour des soirées de dégustations privées. On adore !

PÂTISSERIE THIERRY GILG

11, Grand-Rue ✆ 03 89 77 37 56
www.patisserie-gilg.com

Ouvert du mardi au vendredi : 7h30 à 10h30 ; samedi : 7h à 18h ; dimanche : 7h30 à 12h30. Boutique en ligne. Traiteur.

Formé auprès de Pierre Hermé chez Fauchon, Thierry Gilg fait partie de l'Olympe de la pâtisserie française. Fort de son label EPV (Entreprise du Patrimoine Vivant) et de son appartenance à Relais Desserts International, ce pâtissier émérite nous régale. Ses surprenantes créations salées ou sucrées varient au gré des saisons. Verrines colorées, glaces maison, délicates viennoiseries, ganaches inventives, gâteaux féeriques, kougelhopfs... À tester d'urgence, sa « Noisette » qui fond dans l'âme, le Cube — graphique & chocolaté — et la croix à la crème pâtissière.

LA PISCINE

Parc de la Fecht
✆ 03 89 77 85 60
www.lapiscine-munster.fr
Horaires selon saison : cf site web.
Tarifs min : 5 €/adulte, 4,20 €/4-17 ans.
Remise en forme, balnéothérapie.

Niché en plein parc, on se croirait au milieu d'un jardin arboré quand on vient se baigner à la Piscine. Construite en 1998, elle a récemment été rénovée et dotée de nouveaux espaces comme l'espace bien-être de 400 m² avec sauna, hammam, douches à sensation ou encore appareils fitness. Elle offre aux enfants de belles installations comme la rivière sauvage, le toboggan géant, la piscine à vagues ou encore le toboggan 4 couloirs, ici on ne s'ennuie pas ! Les parents peuvent prendre le soleil sur la terrasse sablée ou à l'intérieur selon la météo et la saison.

SEPPARLA

✆ 06 29 82 23 14
www.sepparla.com
Activités toute l'année : randonnées pédestres ou en raquette, VTT électrique. Dès 18 €/adulte, 12 €/enfant (8-12 ans).

Sepparla, drôle de nom que voilà, issu d'un jeu de mots associant *Seppala* (petit Joseph en alsacien) et « c'est par là » pour vous donner envie de suivre ledit Joseph sur les hauteurs vosgiennes. Originaire de la vallée de Munster, Joseph est un accompagnateur en montagne dûment diplômé et chevronné (il a longtemps bourlingué dans les Alpes). Toute l'année, il vous propose des randonnées à pied et en raquettes. Mais Joseph anime aussi des balades « Initiation à l'astronomie ». En bonus, il peut jouer quelques airs d'accordéon lors de votre repas en ferme-auberge !

WIHR-AU-VAL

Wihr-au-Val est la seule localité du canton de Munster à posséder une aire d'appellation contrôlée pour la production des vins d'Alsace. Sa 1re mention remonte à 896 sous le nom de Bonifacii Villare. Sa porte-tour, vestige de l'enceinte médiévale, fut reconstruite après les bombardements de juin 1940. On peut découvrir l'église Saint-Martin (1873), la chapelle ossuaire Saint-Michel (XVe siècle) et la chapelle Sainte-Croix du début XVIIIe siècle. Depuis cette chapelle, on accède par un sentier au Kinderbrénnla, la « fontaine aux enfants » où, selon la légende, les cigognes venaient chercher les nouveau-nés pour les apporter aux heureux parents !

LA NOUVELLE AUBERGE €€

9, route Nationale ✆ 03 89 71 07 70
www.nauberge.com
1 étoile Michelin. Du jeudi au dimanche midi et soir. Mercredi midi. Menus : 55 € à 105 €. Enfant : 25 €.

Voici une belle expérience gastronomique qui vous attend ici. Bistrot en rez-de-chaussée avec une cuisine régionale délicieuse et restaurant gastronomique à l'étage, dans cet ancien relais de poste, on se régale ! Le chef Bernard, sa femme Martine, en salle, et sa fille Charlotte, sommelière distinguée par Gault & Millau Tour Grand Est en 2022, vous concoctent un accueil aux petits oignons. Quatre menus sont proposés, dont un menu dégustation et un menu gourmand, le tout dans un décor contemporain et chaleureux dans une salle totalement relookée en 2022.

BRASSERIE TAAL

4, rue de Soultzbach ✆ 03 89 73 17 68
www.biere-taal.alsace
Visite sur RV (8 pers. min), 8 €/pers. 6,50 €/10 pers. BrewPub jeudi-vendredi 16h-23h, samedi 14h-23h. Vente en ligne.

Indépendante et artisanale, cette brasserie est l'œuvre de quatre mousquetaires biérophiles soucieux de produire des bières élaborées dans les règles de l'art en alliant traditions alsaciennes et américaines. Conditionnées en bouteilles et en fûts, elles sont à découvrir sur place dans le BrewPub qui est aménagé dans un style tout à la fois roots et cosy. Ces bières non filtrées et non pasteurisées se déclinent en Pale Ale, IPA, NEIPA ou Weizen et dévoilent toutes des saveurs inédites fort séduisantes. On peut visiter la brasserie sur RDV (8 personnes minimum).

VINS D'ALSACE SCHOENHEITZ

1, rue de Walbach
✆ 03 89 71 03 96
www.vins-schoenheitz.fr
Ouvert du lundi au samedi : de 9h à 12h et de 14h à 18h. Visite du vignoble en été. Boutique en ligne.

Jérôme Mendelin gère ce très beau vignoble en appliquant les principes d'une agriculture respectueuse de l'environnement (certification HVE). Assisté par Adrien Schoenheitz, il élabore de belles cuvées que vous aurez plaisir à découvrir lors de votre visite. Notamment un puissant Pinot Gris Val Saint Grégoire (noté 94/100 par James Suckling) sec et floral. Œnotourisme sur rendez-vous : visite du vignoble, initiation à la dégustation, accords vins et fromages.

HAUT-RHIN

SOULTZBACH-LES-BAINS

Située à l'écart des grands circuits touristiques, Soultzbach-les-Bains mérite cependant que l'on s'y arrête car ce village dévoile un charme discret et insolite avec ses maisons construites selon la technique dite à pans de bois. Dès le Moyen Âge, cette jolie commune fut réputée pour la qualité de son eau de source et, à partir de 1600, les seigneurs de Hattstatt transformèrent le château en un lieu de cure. Il se dit par ailleurs quele sulfureux Casanova y aurait séjourné vers 1782 ! Bien plus tard, durant la Grande Guerre, Soultzbach fut transformée en base arrière pour les troupes allemandes. Celles-ci en firent le point de départ d'un téléphérique acheminant du matériel lourd vers le massif du Petit Ballon, haut lieu de combats acharnés. La commune fut un moment réputée pour ses eaux bicarbonatées issues de la source Gonzenbach qui est à présent inexploitée. Au cœur du village, une fontaine permet tout de même de se faire une idée de la qualité de cette eau légèrement gazeuse. L'église Saint-Jean-Baptiste et la chapelle Sainte-Catherine présentent un beau mobilier de style baroque et des tabernacles muraux datés du XVIe siècle. Par ailleurs, Soultzbach-les-Bains constitue un passage obligé pour se rendre à Wasserbourg, mignonne commune de montagne ouvrant la porte vers le Petit Ballon. Ce massif typique des Vosges haut-rhinoises offre une kyrielle d'itinéraires de randonnées pédestres. Depuis Soultzbach-les-Bains, il est également possible de rejoindre les vallées de Soultzmatt (vallée Noble) et de Guebwiller via les cols du Firstplan et du Bœnlesgrab.

WASSERBOURG

Blotti au fond d'un vallon joliment verdoyant, le village de Wasserbourg fut mentionné pour la 1re fois au IXe siècle. André de Guirsberg y fit construire le château du Strohbourg en 1222. Cet édifice dont il reste aujourd'hui quelques ruines figure sur le blason de Wasserbourg. Ce charmant village est le point de départ privilégié pour de nombreuses promenades vers le massif du Petit Ballon. Depuis son sommet, vous bénéficierez d'une vue splendide sur les crêtes vosgiennes, la plaine d'Alsace, la Forêt-Noire allemande et, par temps clair, la chaîne des Alpes ! En voiture, vous pourrez rejoindre la vallée de Munster par Sondernach ou Mulhbach.

PETIT BALLON ★

www.vallee-munster.eu

Circuit de randonnée Le Tour du Petit Ballon. Brochure téléchargeable sur le site web de l'OT de la Vallée de Munster.

Culminant à 1 250 m d'altitude, le Petit Ballon est un sommet secondaire des Vosges qui offre de beaux points de vue panoramiques. Divers circuits débutent à Wasserbourg vers des sentiers pédestres et de VTT bien balisés. Les épicuriens s'attableront avec bonheur dans l'une des 7 fermes-auberges présentes dans ce secteur. Une montée au Petit Ballon permet ainsi d'accéder à la ferme-auberge du Petit Ballon ou à la ferme-auberge Buchwald. Belle occasion de se détendre au contact de la nature. Pour info, sa pente moyenne est à 7,5 % et sa pente maximale est à 16 %.

FERME-AUBERGE DU BUCHWALD €

131, Buchwald ✆ 03 89 77 37 08

www.fermeaubergealsace.fr

Ouvert début avril à mi-novembre, uniquement le week-end en début de saison. Fermé le lundi. Terrasse. Vente à emporter.

À 1 050 mètres d'altitude, vue imprenable sur les sommets de la vallée et bons petits plats régionaux : bienvenue à la ferme-auberge de la famille Wehrey ! Il y a des vaches, des chèvres, des cochons, des chats et des chiens. On s'attable dans une jolie salle cosy ou sur une terrasse rustique. Dans l'assiette : croûtes au munster, jambon au four et Roïgabrageldi, tarte aux myrtilles panachée de crème chantilly. Au terme de ces riches agapes, une promenade digestive s'impose !

FERME-AUBERGE STROHBERG €

Lieu-dit Strohberg ✆ 03 89 77 56 00

www.ferme-auberge-strohberg.com

Fermé du 1er novembre au 1er mai. Réservation recommandée. Menu Marcaire : 22 €. Terrasse. Vente à emporter.

Accrochée à une pente impressionnante à 1 100 m d'altitude, cette ferme-auberge à la décoration centrée sur l'univers des vaches s'ouvre sur deux terrasses d'où la vue coupe le souffle. La famille Barb nourrit les marcheurs avec son fameux menu marcaire. Chaque soir, le munster coiffé et les *gröstel* du Strohberg (pommes de terre, lardons, oignons, le tout recouvert de deux œufs au plat) sont au menu ! Et les soirées du week-end, c'est pierrade à gogo sur réservation. Les habitués du coin en profitent aussi pour faire le plein de fromages et de charcuterie maison !

GUNSBACH

Niché au pied des ruines du Schwarzenbourg, ce joli village fut le lieu de résidence d'Albert Schweitzer. Le célèbre docteur (mais aussi pasteur, théologien, musicologue, organiste et prix Nobel de la Paix) a grandi ici après avoir vu le jour à Kaysersberg. En 1913, Albert Schweitzer a quitté la vallée avec sa femme pour fonder l'hôpital de brousse de Lambaréné au Gabon. En 1928, il fit construire une maison à Gunsbach grâce à l'argent du prix Goethe récompensant son œuvre. L'orgue de l'« église simultanée » a été réalisé d'après des plans d'Albert Schweitzer. À partir de Gunsbach, une promenade mène à une sculpture à l'effigie du bon docteur Schweitzer.

MAISON ALBERT SCHWEITZER

8, rue de Munster
✆ 03 89 77 31 42
www.schweitzer.org
Du 25/01 au 23/12 du mardi au samedi, le dimanche de juin à septembre : 10h-12h, 14h-17h. Adulte : 7 €, gratuit - 5 ans.

Après 3 ans de travaux intensifs, la Maison Albert Schweitzer a rouvert ses portes en septembre 2020, pour le grand bonheur des admirateurs du bon docteur de Lambaréné, prix Nobel de la Paix en 1952. Albert Schweitzer a fait construire cette belle demeure en 1929 grâce à l'argent du prix Goethe qui lui fut décerné par la ville de Francfort. La rénovation de l'édifice historique a été menée dans le respect de son cachet originel afin de plonger les visiteurs dans la vie et l'œuvre du Docteur Schweitzer au fil de nombreux objets et documents d'archives inédits. Le rez-de-chaussée est consacré à son enfance à Gunsbach, à son amour de la musique, ainsi qu'à ses études de théologie et de philosophie. La rénovation des lieux s'appuie sur une extension partiellement enterrée qui se fond harmonieusement dans le paysage. Elle est reliée au bâtiment originel par une galerie de photos d'art. Au sous-sol, un espace est entièrement dédié à Lambaréné au Gabon, où Albert Schweitzer a ouvert son hôpital en 1913. La scénographie mise en place propose notamment de multiples vidéoprojections. En outre, un espace est dédié à des ateliers pédagogiques pour petits et grands : origami, calligraphie, musique, ateliers philo, bricolages... Les enfants sont également invités à partir à la découverte du musée munis d'un livret jeu astucieusement élaboré. Par ailleurs, la nouvelle extension du musée accueille des expositions temporaires en rapport avec le respect de la vie, si cher au cœur d'Albert Schweitzer, médecin, musicien et penseur humaniste.

LA MAISON DU FROMAGE ★

23, rue de Munster
✆ 03 89 77 90 00
www.maisondufromage-munster.com
Horaires variables selon la saison : cf site web. Musée, restaurant, boutique. Animations : programme cf. web, Facebook.

Tout, tout, tout, vous saurez tout sur le fromage de Munster ! Au menu de votre visite : démonstrations en direct, expositions, visionnage de films, jeux et activités didactiques pour petits et grands. En boutique, vive les produits de la région : fromages, laitages, charcuterie, confitures, vins, eaux-de-vie, sirops... Des animations sont organisées au gré des saisons : patinage en hiver, chasse aux œufs à Pâques... En salle comme en terrasse, le restaurant propose une carte fort alléchante. Voici donc un lieu ancré dans le terroir, à visiter idéalement en famille.

© MAISON DU FROMAGE

© MAISON DU FROMAGE

HAUT-RHIN

COTÉ PAYSAN

20, rue de Muhlele ✆ 03 89 77 35 65
www.cote-paysan.fr
Magasin de producteurs locaux bio.
Ouvert du mardi au samedi de 9h à 19h.
Dimanche de 9h à 12h30 et de 14h30 à 18h.

Une quarantaine de producteurs de la région de Munster fournit avec succès Côté Paysan en produits de saison et, pour la plupart, labellisés bio. On peut ainsi faire le plein de fruits, légumes, œufs, viande et charcuterie, laitages et fromages variés. Bon choix aussi en matière d'épicerie : pâtes, épices, confitures, miels, tisanes, bières, vins et autres délices locaux. Mention spéciale aux offres d'exception pour Noël. L'enseigne propose aussi sur réservation des paniers fraîcheur composés de fruits et légumes pour deux personnes ou pour toute la famille.

STOSSWIHR

Stosswihr est l'un des plus anciens villages de la vallée de Munster. Son origine remonte à l'an 634, date de la construction d'une église abbatiale et d'un monastère par des moines écossais au lieu dit Schweinsbache. De 1287 à la Révolution française, Stosswihr fit partie de la Communauté du Val et de la Ville de Munster. Fortement endommagé durant la Première Guerre mondiale, le village fut en grande partie reconstruit. À voir notamment lors de votre visite : un insolite moulin à huile daté de 1727 et la chapelle de Schweinsbach (1891). Stosswihr est un bon point de départ pour des randonnées via le Sentier des Roches et la grotte du Roi Dagobert.

ESCHBACH-AU-VAL

Selon toute vraisemblance, le nom d'Eschbach-au-Val provient d'une expression alémanique signifiant « ruisseau bordé de frênes ». L'origine du village serait liée à une donation du roi Louis le Pieux à l'abbaye de Munster en 824. Sa situation à l'écart de la vallée de la Fecht lui a permis d'échapper aux destructions de la Première Guerre mondiale. Face à la mairie coiffée d'un élégant clocheton, on peut découvrir un ancien lavoir du XIXe siècle. Depuis le village, un chemin mène aux ruines du château du Schwarzenbourg qui fut construit au XIIIe siècle, puis transformé en ruine romantique par l'industriel André Hartmann au XIXe siècle.

LA FERME AUX RENNES

Schantzwasen
✆ 03 89 77 99 10
www.lafermeauxrennes.com
Ouvert du jeudi au lundi de 12h à 17h. Adulte : 6 €.
Enfant de 3 à 10 ans : 4,50 €.

Installée sur 6 hectares à 1 096 mètres d'altitude, au cœur du Massif du Tanet. Les bois plein de velours ou le poil plus garni, chaque saison apporte une nouvelle observation des animaux et le printemps marque l'arrivée des bébés trop mignons. La visite débute par une vidéo de présentation de l'élevage, après quoi on se lance sur les sentiers nature parsemés de panneaux informatifs, au cœur du groupe de rennes en totale liberté. Le tout se termine par un passage au musée sâmi pour admirer la collection ethnographique d'Alan Borvo et la maison du Père Noël.

HÔTEL-RESTAURANT OBERSOLBERG** €€

117, Ober Solberg ✆ 03 89 77 36 49
www.obersolberg.fr
13 chambres. Nuitée à partir de 63 €/2 pers.
Petit déjeuner buffet 10,50 €. Sauna.
Restaurant alsacien. Location de VTT.

Vue panoramique sur la Vallée de Munster et charme typiquement alsacien pour cette chouette auberge sise au calme absolu en bordure d'une jolie clairière. Les chambres sont spacieuses et confortables, décorées avec sobriété et élégance. Côté restaurant, la cuisine de Jean-Luc Bubendorf est authentiquement savoureuse, notamment la fameuse Marmite Bouchère : pommes de terre gratinées au munster et filet de bœuf à l'ail des ours, on dit miam ! Excellente adresse pour un séjour nature !

ALSACE BEER TRIP

3A, rue d'Ampfersbach
✆ 06 86 72 67 83
www.alsace-beer-trip.fr
Toute l'année, tous les jours (fermé mardi, dimanche) de 14h à 17h30. 39 €/personne (2 personnes minimum). Bons cadeaux.

Maître-nageur dans une vie antérieure et grand bièrophile devant l'Éternel, Olivier propose des visites clé en main de diverses micro-brasseries du Grand Pays Colmarien. Une fois votre réservation faite, il vous embarque en tout confort dans son minibus (8 places) avec marche-pieds, climatisation, prises usb et grand coffre… histoire de faire le plein de bières hein, forcément ! De la brasserie Taal (Wihr-au-Val) à la Bisaiguë (Kaysersberg) en passant par la Bra'V (Riquewihr) ou celle du Grillen (Colmar), Olivier fait mousser le plaisir brassicole tous azimuts !

HAUT-RHIN

AUBERGE DU SCHANTZWASEN €

Lieu-dit Schantzwasen ✆ 03 89 77 30 11
www.auberge-schantzwasen.com
13 chambres (2-6 personnes).
Nuitée : 57 €/adulte, 39 €/enfant (3-12 ans).
Restaurant (Maître Restaurateur). Terrasse.

Lovée dans un écrin de sapins et de hautes chaumes, cette adorable auberge bénéficie d'un panorama de dingue sur la vallée de Munster et la Forêt Noire. Elle dispose de 13 chambres de style montagnard fort chaleureuses. Un restaurant réchauffé par une grande cheminée sert, midi et soir, une savoureuse cuisine 100 % faite maison : marbré d'élan et foie gras de canard, assiette marcaire, bœuf gros sel, civet de biche… Petit conseil pour accéder à l'Auberge du Schantzwasen : laissez tomber votre GPS et fiez-vous plutôt l'itinéraire fourni sur le site web !

CHALET-REFUGE LES TROIS FOURS €

Route des Crêtes
✆ 03 89 77 32 59
Refuge FFCAM. 40 couchages. 1 chambre PMR, 7 dortoirs (2-8 lits). Tarifs cf site web.
Restauration. Aire de pique-nique.

Au cœur du massif vosgien, entre le col de la Schlucht et le Hohneck se trouve ce charmant refuge, gardé par Céline en été et Romain en hiver. Après une randonnée enneigée ou une sortie VTT, c'est l'endroit idéal pour se reposer et se régaler de petits plats faits maison. On en profite également l'été car le refuge se situe sur le site classé réserve naturelle de Frankenthal, les fleurs y sont ravissantes et colorées et on y croise des chamois et des faucons. Dépaysement garanti !

MARCAIRIE DU FRANKENTHAL €

Lieu-dit Frankenthal
✆ 06 78 52 15 11
Accessible uniquement à pied, de début mai à fin octobre. Planchette du randonneur, casse-croûte fermier. Terrasse.

Dans les Vosges alsaciennes, les *Melkerei* (marcairies en VF) font partie intégrante du paysage depuis des siècles. Ces fermes d'estive hébergent aujourd'hui encore quelques troupeaux de vaches et leur gardien (*Melker*). À la Marcairie du Frankenthal, on vous régale de mets à base de bons produits locaux : soupes aux légumes du jardin, planchettes du randonneur (charcuteries, fromages), tartes aux fruits de saison, yaourts de la ferme, fromage blanc au kirsch… Le tout s'accompagne de jus de pomme fait maison, de bières artisanales et d'un bon petit vin d'Alsace !

TAVERNE DU VILLAGE €

61, Grand'Rue
✆ 07 56 88 88 86
www.taverneduvillage.fr
Ouvert mercredi au dimanche soir 18h-20h30.
Burger : 16 €. Gratin de spätzlé : 16 €.
Soirées à thèmes, brunch dominical.

Brian et Marie ont ouvert cette taverne, 100% viking au cœur de Stosswihr. Dépaysement garanti autant dans la salle que dans l'assiette avec un accueil souriant très agréable. On y dîne après une randonnée dans le coin ou une journée sur les pistes voisines. Burger, camembert rôti, gratins, garlic bread avec un dessert original pour terminer sur une note sucrée comme avec la Pappas Skjegg (crème de barbe à papa). Le + : une carte de cocktail à base de whisky, bière, vodka ou gin. Bon moment garanti ! La taverne a également son annexe, le Tilbygg, juste à côté.

AUBERGE DES TROIS FOURS €€

Route des Crêtes ✆ 03 89 77 31 14
www.auberge-des-trois-fours.com
De mai à début novembre et en février (vacances scolaires). Menu marcaire. Terrasse. Vente à emporter. Chambres d'hôtes.

Face au Hohneck et au Schaeferthal, cette sympathique ferme auberge offre une vue plongeante sur la Vallée de Munster depuis sa vaste terrasse ensoleillée. La famille Schott perpétue la cuisine traditionnelle du cru, notamment le repas marcaire composé de tourte de la vallée, de roïgabrageldi, de collet fumé, d'un assortiment de fromages et d'une tarte aux myrtilles, d'un skiaskass ou d'une meringue glacée. Sur place, on peut acheter du munster, du bargkass, du beurre et des fromages de chèvre frais. À disposition : 8 chambres d'hôtes (2-4 pers.) en demi-pension.

AU TAPIS ROUGE €€

24, rue d'Ampfersbach ✆ 03 89 77 46 13
ww.restaurantautapisrouge.sitew.com
Lundi, mercredi à midi. Du jeudi au dimanche midi et soir. Formule 3 plats 13,50 €. Vente à emporter. Service traiteur.

Si Marina et Jean-Daniel ne déroulent le tapis rouge sous vos pieds, ils vous réservent cependant un accueil plein de gentillesse ! Amateur de viandes tendres et savoureuses, Jean-Daniel mijote du civet de gibier de saison, une souris d'agneau au jus réduit de thym ou un bon jambonneau accompagné d'une sauce au munster. Il vous régale aussi d'une délicieuse cassolette de noix de Saint-Jacques. En bonus : vente à emporter de spécialités maison (foie gras, saumon fumé…) pour les fêtes de fin d'année et service traiteur avec livraison à domicile de plats du jour !

HAUT-RHIN

SOULTZEREN

Mentionné pour la première fois vers l'an 900 sous le nom de Saltzeren, le petit village de Soultzeren doit sans doute son nom à la présence de sources d'eau salée sur son emplacement. La commune fut très durement touchée pendant la guerre de Trente Ans et, bien plus tard, durant la Première et la Seconde Guerre mondiale. Une borne mémorielle surmontée d'un casque militaire français est d'ailleurs implantée à l'entrée de Soultzeren. Depuis le Kaltenborn (à côté du stand des pompiers), on peut partir en balade vers le lac du Forlet via la route du Wettstein. D'autres circuits de randonnées conduisent au Hohrodberg, au lac Vert et au rocher du Bichstein.

AUBERGE DU TANET « SEESTAEDTLE » €€

Lieu-dit « Seestaedtlé » ✆ 03 89 77 41 42
www.aubergedutanet.com
Membre des Chefs d'Alsace. Fermé lundi et mardi. Menus : 24,50 €/40 €. PDJ sur réservation. Terrasse. Vente à emporter.

Aménagée dans l'ancienne marcairie du Seestaedlé au bas des pistes de ski du Tanet, cette auberge décorée dans un esprit chalet séduit par ses mets bistronomiques. Le Chef Patrick Kempf met en lumière les produits locaux d'une manière originale et savoureuse. Pour vous mettre en appétit : ballottine de poulet fermier et foie gras de canard au gewurztraminer ou cannelloni de brochet et truite rose en sauce crémeuse au vin blanc. En résumé : c'est 100 % roots et chic, d'où super crush !

FERME-AUBERGE GLASBORN-LINGE €

Col du Wettstein-Linge ✆ 03 89 77 37 78
www.ferme-auberge-glasborn.fr
Du 6/04 au 11/11, du mardi au dimanche : 9h-20h. Menu marcaire 24 €. Terrasse. Réservation impérative. Vente à emporter.

Posée à 950 m d'altitude à proximité du Col du Linge, cette ferme-auberge est gérée depuis plus de 40 ans par la famille Didierjean qui régale autant ses fidèles habitués que les touristes et les randonneurs ! Outre le traditionnel repas Marcaire, on peut opter (réservation préalable) pour un menu baeckaoffa, choucroute, jambon braisé ou « pic pic » (soupe et ailes de poulet grillé à l'ail et au persil). Le Glasborn propose en des produits fermiers (fromages, charcuteries) à emporter.

MUSMISS €

Col du Wettstein
✆ 03 89 71 32 33
Ouvert toute l'année (sauf en décembre). Repas marcaire. Terrasse. Vente de plats à emporter (sur commande préalable).

La ferme-auberge de la famille Baumgart vaut le déplacement car sa vue sur le Tannet, le Hohneck et le Falimont est grandiose ! Le cadre est rustique mais sans excès et, surtout, la table est généreuse ! Ici, le menu marcaire remporte toujours un franc succès : potage, tourte de la vallée, roïgabrageldi et munster. Au dessert, place au siaskass : ce fromage blanc au kirsch est tout simplement irrésistible. Les portions sont gargantuesques, mais rien ne vous empêche de partager à plusieurs une assiette de charcuteries et de fromages en guise de mise en bouche !

MUHLBACH-SUR-MUNSTER

Le nom de ce village provient d'un ruisseau qui prend sa source sur le versant sud du Tankoepflé. Sa fondation remonte à l'an 896. Muhlbach fit partie de la Communauté de la Ville et du Val de Munster fondée en 1235. C'est aussi à Muhlbach que naquit, en 1575, Johann Carolus qui fonda le tout premier journal imprimé au monde ! Téléchargeable sur le site de la mairie, un circuit balisé permet de découvrir plus en détail l'histoire et le patrimoine de Muhlbach-sur-Munster. Depuis le village, on peut s'élancer à pied ou en VTT sur divers sentiers de randonnée menant, par exemple, au Braunkopf, au Gaschney, au Hohneck et au lac du Schiessrothried.

MUSÉE DE LA SCHLITTE ET DES MÉTIERS DU BOIS

11, rue de la Gare ✆ 03 89 77 61 08
www.vallee-munster.eu
7 jours/7 du 1/07 au 31/08, le dimanche en septembre : 14h30-18h. Sur RDV hors saison. 3,50 €/adulte. Enfant : 1,50 €.

Grande luge montée sur de longs patins, la schlitte était jadis utilisée pour transporter les grumes et le bois de feu à travers la forêt. Ce petit musée est dédié à la pratique du schlittage et aux métiers du bois : bûcheron, cuvelier, sabotier, tourneur, menuisier, charretier... À découvrir sur place, des schlittes certes, mais aussi divers outils et instruments menacés de tomber dans l'oubli. Ils sont sauvegardés ici grâce à la passion d'une équipe de bénévoles fort dynamiques !

CHALET ANDASKA***** €€€

Lieu-dit Altmatt ✆ 06 81 21 59 84
www.lamarcairie.fr

Gîtes de France (4 épis). 12 personnes (235 m², 5 chambres). Nuit à partir de 420 €. Terrasse. Sauna, bain bouillonnant.

Le Chalet Andaska incarne à merveille la tendance rustique chic en matière d'hébergement haut de gamme. Niché sur les hauteurs de Muhlbach (panorama de dingue à 360 degrés), ce gîte 5 étoiles conçu pour héberger jusqu'à 12 personnes s'avère à tout point incomparable. Larges baies vitrées, décoration sobre et chaleureuse, superbe foyer à bois scandinave, grands canapés design, équipement home cinéma, chambres et salles de bains incommensurablement douillettes, espace wellness avec sauna, bain bouillonnant et massages, service traiteur et même... chef à domicile !

LES CHALETS PERCHÉS***** €€€

Lieu-dit Altmatt ✆ 06 18 71 37 67
www.leschaletsperches.fr

3 gîtes pour 8/14 personnes (adultes et enfants). À partir de 2 500 €/semaine. Terrasse. BBQ. Sauna, bain bouillonnant.

Le grand luxe au sommet des Vosges ! Ces trois chalets sont certes rustiques dans leur conception mais leur décoration et leurs aménagements sont, quant à eux, résolument contemporains. Constructions neuves, superbes matériaux écocompatibles, mobilier et sanitaires ultra design, équipements électroménager et high-tech dernier cri, prestations annexes *ad hoc* : cheminée, sauna Klafs, bain bouillonnant extérieur, produits de toilette estampillés L'Occitane, « dortoir montagnard » et espace extérieur dédié aux enfants… Exceptionnel à tous points de vue !

LA MARCAIRIE***** €€€

Lieu-dit Altmatt ✆ 06 81 21 59 84
www.lamarcairie.fr

Gîtes de France 4 épis. Pour 12 personnes (235 m², 5 chambres). Tarifs sur demande. Terrasse. Bain bouillonnant, sauna.

Ce chalet est le lieu idéal pour organiser des retrouvailles familiales ou amicales inoubliables car il peut héberger jusqu'à 12 personnes. Sa conception tout en bois lui confère une ambiance hautement chaleureuse, renforcée par la présence d'une belle cheminée. Sa décoration tout comme ses équipements en font une villégiature d'exception. Ajoutez à cela, sur réservation : petit déjeuner, dîner privé concocté sur place par un chef, service traiteur avec livraison directe au chalet, massages et soins, programme de fitness et coaching sportif. En résumé : sublime !

AUBERGE DU BRAUNKOPF €

203, route du Gaschney ✆ 03 89 77 60 53
www.aubergedubraunkopf.fr

Ouvert du 1er février au 19 décembre. Fermé lundi soir, jeudi. Menu Marcaire, choucroute, tarte flambée. Terrasse.

Aux commandes du Braunkopf depuis cinq générations, la famille Wodey vous accueille avec le sourire et vous régale de plats généreux préparés à partir de produits 100% frais ! Il est d'ailleurs fortement conseillé de commander à l'avance votre menu : choucroute aux cinq viandes, baeckaoffe, poulet fermier au riesling et autre pot au feu sont mitonnés avec amour ! Parmi les autres spécialités de la maison, il y a bien évidemment le traditionnel repas marcaire (servi avec ses roïgabrageldis et son collet fumé), mais aussi le fameux « munster coiffé » !

PERLE DES VOSGES €€

22, route du Gaschney ✆ 03 89 77 61 34
www.perledesvosges.net

Logis Restaurant Savoureux. Menus de 31 € à 70 €. Vente à emporter. Terrasse. Logis Hôtel Essentiel. Sauna, hammam.

Lové dans un écrin boisé, cet établissement mérite bien son nom car c'est une authentique perle hôtelière ! Son restaurant La Châtaigneraie (Bib Gourmand Michelin) est le fief du Maître Restaurateur Ernest Benz, ex-disciple d'Alain Ducasse. Ce super chef fait merveille en cuisine avec des produits frais et locaux. Épicurienne en diable, la carte du restaurant est branchée *nature,* tout comme l'ensemble de l'hôtel (40 chambres, 5 suites et spa avec sauna, hammam) qui est équipé de panneaux solaires pour répondre à la majeure partie de ses besoins en électricité.

BRASSERIE DU MARCAIRE

8, rue de la Gare
✆ 06 74 67 23 04

Lundi, mardi, jeudi et vendredi : 14h-17h. Samedi : 9h-12h. Visite guidée sur RDV. Paniers garnis, coffrets cadeaux.

Biérophile avertie et entrepreneuse dynamique, Bérangère Thomen est la créatrice de cette jeune brasserie, laquelle propose des bières artisanales qui sont, à son image, pleines de caractère : Blonde des Chaumes, Ambrée du Chamois, Blanche des Pâturages et autres brassins éphémères. À déguster sur place et/ou à acheter au terme d'une visite commentée des lieux. Vous trouverez également les bières de la Brasserie du Marcaire à l'épicerie Au Brin de Paille à Colmar. Nul doute que cette petite brasserie unique en son genre n'a pas fini de faire parler d'elle !

HAUT-RHIN

AU PETIT SCHLITTEUR

59a, rue Principale
✆ 03 89 30 81 86

Boulangerie, salon de thé. Ouvert du lundi au samedi : 4h30-21h. Dimanche 6h-12h, 17h-21h. Plat du jour 13 €. Terrasse.

Dans les forêts vosgiennes, le schlitteur est celui qui conduit la schlitte, grosse luge qui servait autrefois à transporter le bois. Dans la Vallée de Munster, le Petit Schlitteur est LA bonne adresse pour se sustenter sur la route des pistes de ski et des sentiers de randonnée. Créée par Nicolas Kaestle, cette enseigne propose de délicieux produits de boulangerie artisanale (pains, viennoiseries, tartes de saison...), mais aussi de copieux plats du jour, des pizzas et d'excellents sandwiches variés. Et puis, Au Petit Schlitteur, c'est aussi un salon de thé !

AUBERGE DU KASTELBERG €

Route des Crêtes ✆ 03 89 77 62 25
www.kastelberg.fr

Ouvert de mi-avril à mi-octobre. Fermé le lundi sauf les jours fériés. Menu marcaire. Terrasse. Vente à emporter.

Bonjour veaux, vaches, cochons et… chamois ! Gérée par la famille Wehrey depuis 7 générations, cette auberge implantée sur la route des Crêtes dispose d'une vaste terrasse et d'une superbe salle rustique. Ici, le traditionnel menu marcaire est plantureux : tourte avec salade, roïgabrageldi (lamelles de pommes de terre cuites exclusivement sur les braises), collet fumé, munster et, pour finir, tarte maison ou fromage blanc au kirsch. On peut aussi acheter des produits de la ferme (munster, bargkass, collet fumé...). Voici une adresse vraiment très chouette !

METZERAL

Fondée en 817, Metzeral est la plus ancienne cité de la vallée de Munster. Son nom proviendrait du terme latin *macerolia* qui signifie « petit mur de clôture en pierres sèches ». Ce muret est reproduit sous la forme de pierres d'argent maçonnées de sable sur le blason de Metzeral. La localité s'enorgueillit de quelques beaux édifices, parmi lesquels on peut citer l'église de l'Emm (érigée sur la colline du même nom) qui est un lieu de pèlerinage séculaire dédié à la Vierge Marie. Connue aussi pour son eau de source de montagne Valon, Metzeral est par ailleurs un grand centre d'excursion vers la Vallée de la Wormsa et le massif du Hohneck.

LES COCOTTES À MIMI €

Kolbenwasen
✆ 06 38 82 09 44

Horaires sur Facebook. Réservation recommandée. Spécialités, raclette, tartes flambées. Terrasse. Vente à emporter.

On s'attable ici dans une ferme-auberge au décor très sympa, moderne et accueillant, pour déguster de bons plats gourmands et des spécialités de volaille issues de l'élevage de Michelle, comme les Störzelas, des ailes de poulet marinées et grillées accompagnées de churros salés, un délice ! Pensez à réserver pour les soirées à thème comme les soirées fondue (volaille ou fromage). Bref, ici, on se sent bien, au coin du poêle à bois en hiver et on se régale des plats faits maison de Michelle qui aime faire plaisir à ses clients.

LE HOHNECK ★★

www.vallee-munster.eu

Randonnées libres ou accompagnées. Infos, itinéraires téléchargeables sur site web de l'OT de la Vallée de Munster

À 1 363 mètres d'altitude, le Hohneck domine largement la plaine d'Alsace ! Troisième massif des Vosges, il se partage entre un versant ouest lorrain (dont il est le point culminant) et un versant est alsacien. On peut y accéder par la Route des Crêtes qui traverse le Grand Ballon. Si quelques troupeaux de chamois y ont trouvé refuge, les skieurs prennent possession des lieux quand la neige s'étend sur la station de ski de La Bresse Hohneck. Divers itinéraires de randonnée sont aussi accessibles aux marcheurs de tous niveaux, en version libre ou accompagnée.

FERME-AUBERGE UFF RAIN €

Lieu-dit Uff Rain
✆ 03 89 77 67 68

Ouvert de fin avril au 1er novembre. Fermé mardi soir et mercredi. Réservation recommandée. Terrasse. Vente à emporter.

Nichée à 1 180 mètres d'altitude à proximité du col du Platzerwasel, cette ferme-auberge bénéficie d'un superbe panorama sur les crêtes vosgiennes et la Vallée de Munster, qu'on peut admirer depuis sa grande terrasse. Ici, le repas marcaire est de règle, mais, le soir, place aux fleischnaka, gratin de munster et autre raclette fermière. Attention, la réservation est plus que recommandée ! Bien vu : les enfants profitent en toute sécurité d'une belle aire de jeux extérieure. Vente directe de produits fermiers : fromages, charcuteries et autres spécialités maison.

SONDERNACH

Étymologiquement parlant, le nom de Sondernach est issu de l'expression alémanique *zur sundern Ach* qui signifie « auprès du ruisseau sud de la vallée ». À l'entrée du village, on découvre l'église votive Notre-Dame-des-Neiges en grès rose des Vosges qui fut construite en 1928. Elle est dédiée à la mémoire des soldats français tombés pendant la guerre de 1914-1918. Et pour cause : la route qui monte vers les crêtes et le Markstein en passant par le col du Platzerwasel (1 183 m) est un ancien axe stratégique construit en 1915 par les Français. Il y a aussi le square nommé Anne-Aymone après la venue à Sondernach de mme Valéry Giscard d'Estaing en 1976.

LOCATIONS DES 3 SOMMETS €€

15, rue Principale ✆ 06 80 27 28 38
http://locationsdes3sommets.fr
4 gîtes pour 4 à 14 personnes.
Tarifs détaillés : voir site web. Sauna. Barbecue. Pétanque. Trampoline. Balançoire.

Ces quatre appartements de vacances sont aménagés au sein d'une vaste demeure de caractère entièrement rénovée et décorée avec un goût très sûr. Vous avez le choix entre Le Hohneck (14 personnes), Le Petit Hohneck (10 personnes), Le Schnepf (4 personnes) et Le Petit-Ballon (8 personnes). Les équipements intérieurs sont de belle qualité avec notamment un espace wellness avec un sauna aménagé dans une cave voûtée. À l'extérieur, il y a un terrain de pétanque, un trampoline, une balançoire, un espace BBQ, un parking pour les voitures et un garage pour les motos.

MAISON D'HÔTES DU LANDERSBACH €€

5, rue du Landersbach ✆ 06 62 18 32 35
www.chambresdhotesvalleedemunster.com
5 chambres d'hôtes. Gîtes de France (3 épis).
Tarifs sur demande. Terrasse. Table d'hôtes.
Parking gratuit.

Retraité de la marine nationale, Jean-Marie Ferreira a jeté l'ancre à Sondernach pour réaménager un vieil hôtel érigé en 1921. La décoration fait la part belle à de multiples éléments chinés et restaurés avec passion par Jean-Marie. Outre 5 chambres décorées de manière fort bucolique, les lieux intègrent un salon prolongé par un espace à manger (table d'hôte sur réservation) assorti d'un poêle à bois. Dans le jardin, une agréable terrasse invite à lézarder langoureusement au soleil !

LE PANORAMIC €€

Lieu dit Schnepfenried
✆ 03 89 77 75 30
https://fr.restaurant-le-panoramic.fr
Horaires d'ouverture cf site Web.
Carte et suggestions. Terrasse. Vente à emporter.
Borne de recharge vélos électriques.

Toute l'année (sauf en avril), Le Panoramic vous accueille dans un cadre idyllique avec son étang, sa grande terrasse et sa belle salle tout de bois et de verre vêtue. Le chef vous régale de salades composées et d'excellents plats de bœuf : faux-filet vintage beef, Panoramic Burger, tartare au couteau… Il y a aussi les suggestions du jour et le fameux *Chaporamix*, mix de grillades de bœuf, veau, blanc de poulet et magret de canard servi avec un bouillon de légumes. Petite faim ? Vive les tartes flambées, tartes aux fruits et autres crêpes salées ou sucrées !

FORM'AVENTURES

Station du Schnepfenried
✆ 07 81 90 03 57
www.formaventures.com
9 parcours accrobranche. Ouvert à partir de début mai. Horaires et tarifs cf site Web. Petite buvette. Yourte chauffée.

Envie de prendre du bon temps en plein air avec vos enfants ? Implanté au pied des pistes de ski du Schnepfenried, le Parc Form'Aventure propose 11 parcours d'accrobranche pour petits et grands, 100 % sécurisés avec le système suisse Saferoller. Il y a aussi L'Arbre ce Héros, un parcours sur le thème des arbres au cours duquel on s'oriente avec un Road Book, un GPS et une carte. Autres activités proposées : tir à l'arc, mini olympiades (tir à la carabine laser, course en sac...), sortie en raquettes à neige, marche nordique, randonnée à pied, en VTT ou VTT eBike.

YOUK VALLEY

Col du Platzerwasel ✆ 06 36 90 07 01
http://youk-valley.fr
Balades en traîneau et en kart + musher.
Toute l'année sur réservation. À partir de 40 €/adulte, 30 €/enfant - 10 ans.

Découvrez les forêts enneigées des Vosges sous la houlette du musher professionnel Morgan Bachmann. Diverses formules vous sont proposées. Visite d'initiation, baptême d'une 1/2 heure, excursion d'une heure ou d'une 1/2 journée. Vous apprendrez comment le musher prépare son attelage et partagerez des moments inoubliables en compagnie de superbes chiens dans le cadre féerique d'une nature hivernale majestueusement drapée dans son grand manteau blanc. Le reste de l'année, Morgan troque son traîneau pour un kart spécialement adapté à son attelage de chiens nordiques.

HAUT-RHIN

MITTLACH

Fondée en 1741, Mittlach est la plus jeune localité de la vallée de Munster. Elle s'est développée grâce à l'immigration de bûcherons en provenance du Tyrol, de la Forêt-Noire et de Suisse. Le blason de Mittlach rend hommage à ces fiers pionniers avec une hache plantée de chaque côté d'un tronc. Plus près de nous, l'église du village, dédiée à l'Immaculée Conception, fut bénie le dimanche de Pentecôte 1929. Mittlach présente aussi 2 curiosités : la grotte de Lourdes (1922) destinée à remercier la Vierge d'avoir épargné le village durant la Première Guerre mondiale et le chalet *Mayerling* où fut tourné (en 1948) *le Secret de Mayerling* avec Jean Marais !

LES BALADES SONORES DE JIM PETIT

Rue Erbersch
✆ 06 95 41 52 29
www.jimpetit.com
De février à novembre, mercredi et samedi sur réservation, groupes de 4 à 9 pers. Adulte : 10 €.

Avec Jim Petit, vous découvrirez la Grotte de la Vierge et la falaise du Kiwi en écoutant, casque audio sur les oreilles, une œuvre originale composée par l'artiste au fil de ses pérégrinations. Téléchargez l'application pour entendre le bruit du vent, le chant d'un enfant, des gazouillis d'oiseaux et des arrangements... *Simplicis herbæ*, les siestes sonores de Jim, sont une création autour des plantes médicinales à l'issue desquelles vous goûterez même ses propres hydrolats.

MUSÉE DE L'AMBULANCE ALPINE

9, rue Raymond Poincaré
✆ 03 89 77 61 53
www.mittlach.fr
D'avril à novembre, ouvert les week-ends de 14h à 18h. Entrée : 2 € (gratuit - 16 ans). Visite de groupe sur demande.

Inauguré le 11 juillet 2015, ce musée est unique en son genre. Il est l'œuvre d'une association de bénévoles désireux d'apporter un éclairage inédit sur la vie dans la vallée de Munster pendant le premier conflit mondial. Pour mémoire, Mittlach fut le seul village de la vallée à être resté français pendant la Première Guerre mondiale. Lorsque le front s'est fixé entre Metzeral et Muhlbach, la mairie-école de Mittlach fut transformée en *ambulance*, à savoir un hôpital de campagne. Le terme « ambulance » pour définir le véhicule d'évacuation est plus tardif. C'est donc en ces lieux que furent soignés les soldats et civils blessés de juillet 1915 à 1918, car l'Ambulance Alpine 301 de Mittlach a fonctionné jusqu'à la fin du conflit. Intelligemment restaurée, la mairie de Mittlach accueille aujourd'hui une installation muséale complétée par un sentier de mémoire installé par la CCVM et le Club Vosgien de la vallée de Munster. Ce circuit est balisé par 10 bornes renvoyant à un livret-guide trilingue et 9 panneaux explicatifs placés tout au long des 10 km de la balade. Il relie les communes de Mittlach et Metzeral et raconte la vie des combattants comme des civils durant cette funeste période. Le livret-guide est disponible à l'Office de tourisme de la Vallée de Munster, à la CCVM ainsi que dans les mairies de Metzeral et Mittlach. Les randonneurs peuvent également télécharger l'application gratuite Front des Vosges 14-18 pour suivre la balade depuis leur smartphone ou leur tablette.

FERME AUBERGE DEYBACH €€

Lieu-dit Schnepfenried ✆ 03 89 77 61 61
www.ferme-auberge-deybach.fr
Ouvert du jeudi au mardi de 9h à 21h.
3 menus du jour. Terrasse. Vente à emporter.
Chalet (9 pers) dès 560 €/semaine.

Cadre montagnard tout de bois revêtu : on s'attable ici dans une ambiance chaleureuse pour savourer en toute décontraction les plats plantureux de la famille Deybach. Repas marcaire, choucroute garnie, munster coiffé, côtelettes Grand-Mère et autres bouchées à la reine. La famille Deybach propose également des produits faits maison à emporter : lard, jambon cru, presskopf, metwurst, fromage de munster, bargkass, crème, beurre… Bon à savoir : la famille Deybach loue (semaine ou week-end) un chalet parfaitement équipé pour accueillir jusqu'à 9 personnes.

HÔTEL-RESTAURANT LE VALNEIGE €€

21, rue Principale ✆ 03 89 30 59 44
http://hotelrestaurantvalneige.fr
Ouvert du jeudi au lundi midi et soir.
Menu du midi 13 €. Terrasse. Soirées thématiques.
Chambre double dès 68 €.

Cet établissement associe boiseries et mobilier contemporain côté restaurant avec une ambiance plus roots côté brasserie. D'un espace à l'autre, les mets proposés ont de quoi satisfaire les gourmets comme les gourmands. Presskopf vinaigrette, filet de bœuf au pinot noir, tête de veau pané, fondue aux 3 viandes ou à la tomme des Vosges, planches de charcuteries et de fromages, flammekueche, il y en a pour toutes les faims ! À noter : le Valneige dispose de 9 chambres chic et cosy.

HAUT-RHIN

COLMAR

Ancienne ville libre du Saint Empire romain germanique, Colmar tire son nom du latin *Colombarium* (colombier). Elle fut intégrée à la prestigieuse Décapole d'Alsace au XIVe siècle. Elle compte aujourd'hui environ 70 500 habitants, une population marquée par un fort rajeunissement avec un indice de vieillissement de 1 personne de 65 ans ou plus pour 76,6 habitants de moins de 20 ans. Colmar est une ville réputée pour la qualité de son cadre de vie : labellisée « Ville Fleurie », elle a, outre ses 4 fleurs déjà acquises, obtenu le prix d'excellence « Fleur d'Or 2021 ». Elle bénéficie aussi de la distinction « Commune nature » (2 libellules). Son centre historique, typiquement alsacien, est de toute beauté avec ses maisons à colombages, ses bâtiments Renaissance et son fameux Musée Unterlinden. Ville natale du sculpteur Auguste Bartholdi, créateur de la statue de la Liberté de New York, Colmar est aussi la capitale des vins d'Alsace !

SE REPÉRER SE DÉPLACER

Colmar est une ville comme on les aime, à taille humaine, sans embouteillages, où la courtoisie est de mise. Voici une bonne dizaine d'années déjà que cette commune dynamique met en œuvre différents moyens efficaces pour favoriser la mobilité douce. Il en va ainsi du réseau TRACE (TRAnsports de Colmar et Environs), qui propose 12 lignes régulières urbaines, 7 lignes interurbaines, une navette électrique gratuite (dans le centre-ville de Colmar), un service de transport à la demande (FlexiTrace) et un service 100 % adapté au transport des personnes à mobilité réduite (TraceMobile). Les amoureux de la petite reine ont à leur disposition plus de 40 km (6 circuits cyclables touristiques) pour se déplacer en toute sécurité, avec leur propre vélo ou bien un deux-roues loué pour quelques heures et plus si affinités. Enfin, si besoin est, plusieurs agences de location de voiture proposent des services fiables et sans mauvaises surprises !

COLMAR

AÉROPORT DE COLMAR-HOUSSEN

43, route de Strasbourg
✆ 03 89 20 22 90
www.colmar.aeroport.fr

Aéroport d'affaires. Plate-forme pour les sports aériens : vol moteur, vol à voile, ULM, parachutisme, aéromodélisme.

Pas question d'effectuer un Colmar-New York depuis ce petit aéroport régional ! Mais il accueille les voyageurs d'affaires, le transport de marchandises et l'école d'aviation de loisir. Diverses associations sont aussi présentes sur son site : aéromodélisme, vol à voile, vol moteur, parachutisme, ULM. L'Aéroclub de Colmar assure ainsi la formation au brevet de pilote privé et la société AUL Formation propose une formation de pilotage d'ULM de classe 3 multi-axes.

BLACKSHEEP-VAN ALSACE

2, rue des Artisans - **SUNDHOFFEN**
✆ 09 51 38 88 15

Du lundi au vendredi 9h-18h30, sur RV le week-end. Location : à partir de 79 €/jour/2 pers., 119 €/jour/4 pers.

BlackSheep-Van vous invite à sillonner les routes d'Alsace au volant d'un camper-van ou un mini-bus. Ces véhicules offrent jusqu'à 6 couchages et sont dotés d'un bon équipement avec kitchenette, réchaud, mini frigo, douches, WC. Avouez que c'est une idée originale pour s'évader le temps d'un week-end ou plus pour découvrir l'Alsace en toute indépendance. L'agence propose aussi des bureaux mobiles parfaitement équipés (imprimante, wifi, rétroprojecteur...) pour vos déplacements professionnels. Un concept inédit adapté aux nouveaux modes de travail à distance !

GARE SNCF

9, place de la Gare
✆ 36 35
www.garesetconnexions.sncf

Ouvert lun-ven : 4h-00h. Guichet côté Est (centre-ville) ouvert lun-ven : 7h-19h, sam 8h-10h30 et dim 10h-18h.

Construit au début du XXe siècle, le bâtiment de la gare de Colmar est classé Monument historique. Son beffroi d'une hauteur de 36 m donne une allure unique à l'édifice. La grande ligne du TER Grand Est, Bâle-Strasbourg, opère toutes les demi-heures, vous pourrez également vous rendre dans la vallée de Munster, ou dans de multiples villages de la région. La gare de Colmar est une gare TGV, avec des liaisons directes pour Paris et les grandes villes. Vous y trouverez un corner de petite restauration et un Relay pour acheter de quoi lire dans le train !

COLMAR VÉLO - VÉLO DOCTEURS

9, place de la Gare
✆ 03 89 41 37 90
www.velodocteurs.com

Du mardi au samedi : 9h-12h, 14h-17h30. Location 1/2 journée : de 6 €/enfant à 22 €/E-Bike.

Toute l'année, Colmar Vélo loue des vélos de ville, des VTC, des VAE et des vélos pour enfant, à la demi-journée et plus si affinités. Votre fier deux-roues vous est fourni avec antivol, panier et casque sur demande, mais aussi, pourquoi pas, une remorque enfant. Vous pouvez également louer des vélos au mois, une formule idéale en été. Bien vu : un atelier associatif d'auto-réparation est à votre disposition (sur rendez-vous) si vous possédez votre propre vélo !

À VOIR / À FAIRE

Visiter Colmar est un pur plaisir en toute saison : il se passe toujours quelque chose dans la belle cité natale d'Auguste Bartholdi. Celle-ci regorge de possibilités pour partir à la découverte de sa vieille ville, de ses quartiers animés, de ses environs enchanteurs et de la Route des Vins émaillée de villages ô combien pittoresques. Il y en a vraiment pour tous les goûts et tous les budgets. Colmar peut se visiter à pied en version libre ou sous la houlette de guides mandatés par l'Office de tourisme, avec un gros coup de cœur pour les circuits nocturnes qui révèlent la ville de manière inédite grâce à des jeux de lumière somptueux. On peut aussi monter à bord d'un bus cabriolet à toit ouvrant, voguer au fil de l'onde sur une barque, embarquer dans un petit train touristique, louer un vélo électrique, opter pour un circuit gourmet dans un van confortable ou, pourquoi pas, enfourcher un Solex !

OFFICE DE TOURISME DE COLMAR ET SA RÉGION

Place Unterlinden ✆ 03 89 20 68 92
www.tourisme-colmar.com
Ouvert du lundi au samedi de 9h à 18h. Dimanche : de 10h à 13h. Boutique. Label Tourisme & Handicap.

L'Office de tourisme colmarien est situé à côté de l'extension du Musée Unterlinden. Il propose un grand choix de brochures (aussi téléchargeables sur le web) : hébergement, gastronomie, animations culturelles, loisirs, à Colmar et dans sa région. Côté boutique, on trouve des beaux livres, des cartes postales, des guides touristiques et autres cartes de randonnée. N'hésitez pas à consulter le site web de l'OT : il est régulièrement mis à jour. Sur place, WiFi gratuit.

KUT'ZIG

Place de la Gare
✆ 03 89 24 76 65
www.kutzig.fr
Bus cabriolet à ciel ouvert pour sillonner la Route des Vins. Horaires : cf site web. Tarif : 17 €/adulte, 10 €/enfant.

Envie de sillonner la Route des Vins cheveux au vent ? Ce bus à ciel ouvert (son toit vitré est rétractable) effectue une boucle qui passe par Ribeauvillé, Hunawihr, Riquewihr, Kaysersberg Vignoble, Turckheim, Eguisheim et Vœgtlinshoffen. Valable toute la journée, le ticket permet de découvrir les mille et une facettes du vignoble alsacien (bonnes caves, restaurants…). Élaboré par les offices de tourisme de l'Alsace Essentielle et du Pays de Colmar, un carnet de voyage vous est offert, le tout assorti d'une application mobile interactive et gratuite.

L'ALSACIETTE

✆ 07 71 74 45 80
www.alsaciette.com
Balades toute l'année. Infos, réservations 7j/7 de 8h à 20h. Demi-journée dès 89 €/adulte. Route des vins 129 €/adulte.

Convivialité, gourmandise, partage et 100 % local : L'Alsaciette vous invite à sillonner la région à bord de ses vans (16 passagers maximum) durant une demi-journée ou une journée. Envie de musarder sur la Route des Vins et de savourer au passage de délicieuses spécialités alsaciennes ? Optez donc pour le *Wine Tour « Les incontournables »* ! L'Alsaciette organise aussi des escapades dans la Vallée de Munster où d'autres bonnes dégustations vous attendent. En décembre, L'Alsaciette vous entraîne au cœur des marchés de Noël, avec, en tête de liste, celui de Colmar !

VADROUILLE SOLEX

44, rue de la Semm
✆ 06 59 01 26 45
Ouvert d'avril à fin octobre : samedi et dimanche de 9h à 18h. Tarifs et devis sur demande. Bons cadeaux.

Benoît Graff loue des des Solex amoureusement retapés par ses soins ! Il vous présente ses deux roues vintage dans une grange joliment restaurée qui lui sert de bureau de location. Solex 1010, 2200, 3300 et 3800, tous sont équipés de rétroviseurs et klaxons. Certains sont munis de sacoches et de sièges enfants. Benoît propose un service de location libre (pour 2, 4 ou 8 heures) et endosse avec bonne humeur le rôle de guide pour les groupes à partir de 6 personnes. Le tarif comprend l'assurance, l'essence, un casque, des gants et un antivol. Devis sur demande.

LE VÉLO LIBRE

37, rue Turenne
www.levelolibre.fr

Location de vélos à assistance électrique en libre-service, 7 jours/7, de 6h à minuit. Réservation uniquement en ligne.

Envie de découvrir Colmar et ses environs en VAE ? Commencez par surfer sur le site web levelolibre.fr. Ensuite, vous choisissez la date de location, le nombre de vélos souhaités et, le cas échéant, les options voulues. Une fois la location validée, il ne vous reste plus qu'à vous rendre au local où sont entreposés les VAE : vous y accédez grâce à un code reçu par email et les vélos se déverrouillent ensuite automatiquement ! C'est simple, pratique et sécurisant : chaque deux-roue est loué avec un casque, un gilet jaune, un panier et un support pour smartphone.

VISITE NOCTURNE DE COLMAR

Place Unterlinden
✆ 03 89 20 68 92
www.tourisme-colmar.com

Dates/horaires variables selon le mois. 10 €/adulte, 6 €/enfant (10-18 ans). Infos et réservations à l'OT de Colmar.

Découvrir Colmar la nuit c'est magique ! L'office de tourisme organise des visites guidées pédestres (1h15 environ). La plus ensorcelante est sans nul doute « La magie de Noël » dévoilant une partition de rêve rythmée par les contes et légendes d'Alsace au détour de ruelles typiques. Il y a aussi « La féerie des lumières » révélant l'extraordinaire richesse du patrimoine colmarien par le biais de subtils éclairages. Parfait pour (re) découvrir Colmar de manière totalement... lumineuse.

VISITES GUIDÉES ★

Place Unterlinden ✆ 03 89 20 68 92
www.tourisme-colmar.com

Informations et tarifs à l'Office de tourisme de Colmar. Calendrier des visites guidées téléchargeable sur le site web.

L'office de tourisme de Colmar propose de multiples programmes de visites passionnantes tout au long de l'année. Sous la houlette d'un guide professionnel, vous découvrirez les arcanes de la vieille ville, ses lieux insolites et ses coins secrets, les significations de ses enseignes, le quartier allemand (1870-1918), les légendes alsaciennes, le marché de printemps et la magie de Noël, ou encore la féerie des lumières au cours d'une balade nocturne ! Informations, réservations et programme détaillé des visites guidées : consultez le site web de l'OT de Colmar.

CARROUSEL 1900

9, avenue de la République

✆ 03 89 29 64 39

Ouvert du mercredi au lundi de 14h à 19h. 5 €/5 places. Café, petite restauration Aux Délices du Carrousel. Terrasse.

Au cœur du champ de Mars, découvrez ce carrousel de 1900, le plus grand manège du genre en France. Il fait hommage à Colmar puisqu'il est doté de peintures à l'effigie de la ville comme la Petite Venise, la place Rapp ou encore la maison Pfister. Il est doté d'une galerie permettant aux enfants d'être protégés par tous les temps. Avions, voitures, chevaux, à chacun son moyen de locomotion et c'est parti pour un moment de rigolade. Les Délices du carrousel, le kiosque près du manège, propose des boissons et des gourmandises sucrées pour petits et grands.

LE CHAMP DE MARS

Boulevard du Champ de Mars

www.tourisme-colmar.com

Gratuit, accessible toute l'année.

Lors de votre passage à Colmar, il faut absolument prendre le temps d'arpenter le Champ de Mars, précieux poumon vert implanté au cœur de la cité natale d'Auguste Bartholdi ! Aménagé entre le boulevard du même nom et l'avenue de la République, c'est un authentique havre de paix où l'on adore flâner. À l'origine, ce lieu incontournable fut tout d'abord une promenade publique avant d'être transformé, en 1793 (aspirations révolutionnaires oblige), en un terrain d'exercices militaires et une place de fête rebaptisée « Champ de Mars ». Au cours du XIXe siècle, ce parc d'agrément a pris progressivement sa forme actuelle, avec ses vastes allées dont la disposition rappelle... une croix de la Légion d'honneur ! La partie nord est devenue la place Rapp lors de l'installation officielle de la statue du général Rapp en 1856. De nos jours, c'est un enchantement d'arpenter le Champ-de-Mars au fil des saisons. Pendant la saison estivale, on aime venir s'y retrouver entre amis ou en famille. Les parents bouquinent sur la pelouse pendant que les enfants s'ébattent en maillot de bain sous les jets d'eau de la fontaine de l'Amiral Bruat. Des adeptes du roller viennent parfois s'adonner à quelques démonstrations publiques. Un carrousel 1900 ainsi qu'un petit square avec toboggan et balançoires font le bonheur des bambins. En hiver, sa périphérie accueille une patinoire éphémère, diverses animations de Noël et un marché aux sapins très apprécié des Colmariens car ils peuvent y accéder en voiture pour charger le roi des forêts dans leur coffre !

CHOCO-STORY

12, place de la Cathédrale

✆ 09 88 99 44 30

www.choco-story-colmar.fr

Mercredi à dimanche, 10h-18h (7 j/7 vacances scolaires). Adulte 12,50 €. Enfant (6-11 ans) 7,50 €. Billetterie en ligne.

Après Bruges, Bruxelles, Paris, Prague, Uxmal, Valladolid et Beyrouth, la famille Van Belle rend hommage à la tradition chocolatière alsacienne au sein d'un superbe musée aménagé au cœur de la vieille ville colmarienne. C'est un lieu fantastiquement dépaysant qui se déploie sur sur 1 200 m² répartis sur 2 étages. La visite (1h30) se déroule au gré de 18 salles qui dévoilent les arcanes du chocolat de ses origines à nos jours. Dûment équipés d'un audioguide en 4 langues (français, allemand, anglais, chinois), les visiteurs découvrent ainsi les grandes époques de l'histoire du chocolat depuis 5000 ans, au fil d'un parcours émaillé de films, de projections 3D et de multiples bornes interactives. Faune et flore, temple du Dieu Quetzalcoatl, caravelle espagnole, jeu du Moussoir, spectacle son et lumière avec une statue de la Liberté réalisée entièrement en chocolat (2 mètres de haut, 300 kg !) au Cabaret-Show, démonstration virtuelle sur écran géant de 10 m avec 3 chocolatiers, ateliers où petits et grands peuvent fabriquer leur propres créations en chocolat… Il y a aussi une magnifique collection de 500 objets liés à l'univers du chocolat au fil des siècles. En fin de parcours, on découvre le savoir-faire de 80 chocolatiers alsaciens par le biais d'une ingénieuse cartographie et de passionnantes vidéos. Choco-Story offre ainsi une expérience immersive tout à fait inédite qui peut se conclure par l'achat de délicieuses spécialités cacaotées et autres ouvrages ou plaques émaillées dans la boutique aménagée au rez-de-chaussée.

ÉGLISE DES DOMINICAINS ★★

Place des Dominicains

✆ 03 89 20 68 92

www.tourisme-colmar.com

Ouvert du 25 mars au 26 décembre. Entrée adulte : 2 €. Enfant : 1 €.

Cette église de style gothique fut construite entre 1283 et 1346. Initialement associée au couvent des Dominicains, elle hébergea longtemps la bibliothèque municipale colmarienne. Cet édifice avait pour ambition de faire ressentir un sentiment de grandeur. L'église des Dominicains est une sorte de grand vaisseau à plafond de bois illuminé de vitraux du XIVe siècle. Il s'agit de l'une des plus belles réalisations de l'ordre mendiant. La pièce maîtresse de la visite est, sans conteste, le fameux tableau de Martin Schongauer : *La Vierge au buisson de roses* (1473).

COLMAR

LES DOMINICAINS - BIBLIOTHEQUE PATRIMONIALE

1, place des Martyrs de la Résistance
✆ 03 89 41 07 02
https://dominicains.colmar.fr
Jours et horaires d'ouverture variables selon la saison : consulter le site Web.

Construits vers 1300, les bâtiments conventuels des Dominicains ont connu des fortunes diverses au fil des siècles. Ils furent utilisés pour abriter une caserne de gendarmerie en 1795 avant d'être convertis en bibliothèque nationale en 1803 puis en bibliothèque municipale en 1951. Élément majeur des Dominicains, le cloître est constitué d'arcades sans réseau qui s'articulent autour d'un rectangle régulier. On peut admirer des peintures murales datées de la fin du XVe siècle qui illustrent le cycle biblique de la Passion. Dédié à la promenade contemplative dans un cadre richement végétalisé, ce cloître accueille régulièrement des concerts de musique de chambre. Aujourd'hui, l'ensemble des Dominicains - Bibliothèque Patrimoniale Jacques Chirac se veut tout à la fois musée, salle d'exposition, bibliothèque, lieu de conservation et de restauration au sein d'un atelier de reliure à nul autre pareil. Cette structure majestueuse a pour ambition de retracer « une histoire du livre et de l'image » en s'appuyant sur ses incroyables collections. Riche de plus de 200 000 livres remarquables par leur beauté, la Bibliothèque Patrimoniale réunit notamment 1 217 manuscrits (dont la plupart remontent au Moyen Âge), 2 300 incunables, ainsi qu'une collection d'alsatiques qui constitue un témoignage exceptionnel de l'histoire de la région. À cela s'ajoute d'importants fonds graphiques (gravures, lithographies, estampes, affiches, photographies...) et de superbes collections numismatiques.

EGLISE SAINT-MATTHIEU ★★

9, Grand'Rue ✆ 03 89 41 44 96
www.paroisse-protestante-colmar.org
Visite 7 j/7 de 10h à 12h et 15h à 17h jusqu'en octobre. Sauf dimanche matin et en cas de célébration ou de concert.

Construite à partir de 1292 par les Franciscains et achevé au XIVe siècle, cette église est splendide. Restaurée de 1982 à 1997, elle présente les caractéristiques du style gothique. Sa nef harmonieuse est remarquable de simplicité et son vitrail est le plus ancien de la ville. À découvrir aussi : le plafond de bois orné de motifs et le mausolée du général Rapp. Construit en 1732, l'orgue Silbermann accompagne nombre de concerts. Il faut surtout y faire un tour pendant l'Avent, une multitude de crèches y sont installées et émerveillent les petits comme les grands.

ESPACE D'ART CONTEMPORAIN ANDRÉ MALRAUX

4, rue Rapp ✆ 03 89 20 67 59
www.colmar.fr
Ouvert du mardi au dimanche de 14h à 18h (jeudi de 12h à 17h). Entrée libre. Groupes : visite guidée sur RDV.

Sis dans une ancienne choucrouterie, l'Espace d'Art contemporain André Malraux (EACAM) propose chaque année cinq expositions gratuites de qualité mettant en valeur au moins un artiste issu du tissu culturel local ou régional. De juillet à octobre, l'EACAM accueille une exposition de plus grande envergure qui concerne généralement un artiste de renommée internationale. N'hésitez pas à consulter la page Facebook de l'EACAM pour suivre ses actualités au fil des mois !

LA MAISON DES TÊTES ★★

19, rue des Têtes
✆ 03 89 20 68 92
www.tourisme-colmar.com
Gratuit.

Construite en 1609 par l'architecte Albert Schmidt pour le compte du marchand Anton Burger, la Maison des Têtes est de style Renaissance allemande. Elle doit son nom aux 111 têtes et masques biscornus qui ornent sa façade. La Maison des Têtes évoque l'âge d'or des commerçants et l'aisance de la bourgeoisie marchande colmarienne. En 1902, le pignon de l'édifice décoré de volutes et d'ailerons fut surmonté de la statue du Tonnelier, œuvre d'Auguste Bartholdi. Au début du siècle dernier, cet immeuble de trois étages abritait la Bourse aux vins de Colmar.

MUSÉE BARTHOLDI ★★

30, rue des Marchands ✆ 03 89 41 90 60
www.musee-bartholdi.fr
Ouvert du mardi au lundi de 10h à 12h et de 14h à 18h, du 1er mars au 31 décembre sauf jours fériés. Adulte : 5 €.

Aménagé dans la superbe demeure où Auguste Bartholdi naquit le 2 août 1834, ce musée met en lumière la vie et l'œuvre de ce sculpteur français majeur du XIXe siècle. La scénographie présente des maquettes originales des chefs-d'œuvre de Bartholdi (le Lion de Belfort, la statue de la Liberté...) et d'autres sculptures, dessins, peintures, photographies. Au fil de la visite, on déambule dans une superbe reconstitution de l'appartement du sculpteur. Pour une visite guidée, on peut réserver un créneau au musée Bartholdi ou se référer à l'office de tourisme de Colmar.

© BORISB17 - SHUTTERSTOCK.COM

Eglise Saint-Matthieu.

MUSÉE DU JOUET DE COLMAR ★★

40, rue Vauban ✆ 03 89 41 93 10
www.museejouet.com

Horaires variables selon la saison. Adulte 6,10 €. 8-15 ans 4,70 €. Gratuit moins de 8 ans. Museum-Pass-Musées.

Bienvenue au royaume fantasmagorique des jouets ! Ouvert officiellement le 3 décembre 1993, ce musée absolument génial est géré par l'association du Musée animé du Jouet et des Petits Trains (MAJEPT) avec le soutien de la ville de Colmar. Il est aménagé au cœur de la zone piétonne colmarienne dans un ancien cinéma de quartier, transformé sur 3 niveaux en un véritable terrain de jeu. Au fil d'un parcours thématique, il présente l'histoire et l'évolution des jouets qui ont marqué les générations du XIXe siècle à nos jours. Plus encore qu'une vitrine ludique, c'est un musée ethnologique à part entière car les jouets présentés reflètent l'image du monde dans lequel ils ont été créés. Un étage entier est ainsi consacré à l'histoire du modélisme ferroviaire et du train en tant qu'objet de jeu. Il dévoile deux réseaux animés et soigneusement décorés par une équipe de bénévoles passionnés issus des associations Musée animé du Jouet et des Petits Trains (MAJEPT) et Modélisme ferroviaire alsacien (AMFA 68). Le musée fait aussi la part belle aux jeux de construction, poupées, robots et jouets mécaniques, modèles réduits et autres jouets optiques, scientifiques et de transport.

Jusqu'au 1er octobre 2023, l'exposition temporaire est consacrée à « Jouer est un art ». L'occasion de découvrir 200 jouets supplémentaires d'époques et d'origines différentes.

Au fil des mois, diverses manifestations et conférences sont régulièrement organisées au sein du musée du Jouet de Colmar : voir site Web et page Facebook.

LE PARC DU CHÂTEAU D'EAU

Avenue Raymond Poincaré ✆ 03 89 20 68 92
www.tourisme-alsace.com

En bordure de la Cour d'Appel de Colmar, à une centaine de mètres de la gare. Gratuit, accessible toute l'année.

Aménagé au XIXe siècle, ce parc entoure le plus ancien château d'eau de la région, construit entre 1884 et 1886 dans un style néogothique allemand. Le parc servit jadis aux vignobles et jardins expérimentaux de la Société d'horticulture et de viticulture. De nombreux arbres témoignent de ce passé botanique, notamment un impressionnant séquoia et un cyprès des marécages. En 1907, un monument à la mémoire du sculpteur Auguste Bartholdi fut érigé à l'entrée sud-est du parc. Une roseraie présentant 38 variétés embellit ce parc propice aux promenades et au repos.

LE VILLAGE HANSI & SON MUSÉE ★★

28, rue des Têtes
✆ 03 89 41 44 20
www.hansi.fr

Ouvert du lundi au vendredi : 10h-12h30, 13h30-18h. Week-end : 10h-18h. 5 € (+ 14 ans), 3 € (5-13 ans). Boutique.

Ce musée est dédié au célèbre caricaturiste et aquarelliste alsacien Jean-Jacques Waltz, dit Hansi ou encore Oncle Hansi. À l'étage, la partie muséale de 700 m² présente diverses œuvres originales : dessins d'enfance, aquarelles, Art nouveau, affiches publicitaires, vaisselle alsacienne et produits dérivés d'époque. Au terme de la visite, retour au rez-de-chaussée pour faire quelques emplettes au sein de la boutique du musée qui regorge de produits régionaux.

MUSÉE UNTERLINDEN ★★★

Place Unterlinden ✆ 03 89 20 15 50
www.musee-unterlinden.com
Ouvert toute l'année (sauf jours fériés) du mercredi au lundi de 9h à 18h. Label Tourisme & Handicap.

Le Musée Unterlinden vous invite à un voyage dans le temps au fil de quelque 7 000 ans d'histoire, de la Préhistoire à l'art du XXIe siècle, au cœur de collections encyclopédiques. Le parcours de visite permet de découvrir les multiples facettes de l'architecture du musée, unifiées et magnifiées par les architectes bâlois Herzog & de Meuron, à travers quatre espaces distincts.

Dans l'ancien bâtiment monastique, le parcours tourne autour du beau cloître médiéval du XIIIe siècle avec, en apothéose, le fameux *Retable d'Issenheim* (1512-1516) de Grünewald et Nicolas de Haguenau (entièrement rénové en 2019) présenté dans la chapelle. Cet espace est consacré à l'art du Moyen Âge, mérovingien, roman et gothique (statues, fonts baptismaux, pierres tombales) et de la Renaissance, plus particulièrement l'Art rhénan durant son âge d'or aux XVe et XVIe siècles. On peut ainsi découvrir des œuvres de Martin Schongauer, Hans Holbein et Lucas Cranach.

Dans le sous-sol du couvent, un espace est dédié à l'archéologie du Néolithique à l'âge du fer dévoile des objets rares (jarres néolithiques, bijoux en or de la sépulture princière d'Ensisheim...) et décrypte l'évolution de l'occupation humaine en Alsace : agriculture, artisanat, habitat, vie domestique, pratiques funéraires. Cet espace fournit de magnifiques témoignages des arts et des traditions populaires à travers l'histoire régionale, notamment par le biais de la *Mosaïque de Bergheim* (IIIe siècle).

La Galerie est consacrée à l'histoire du musée, ainsi qu'aux arts du XIXe et du XXe siècle. On découvre des collections issues des patrimoines de mécènes et de grandes familles industrielles d'Alsace. Gustave Doré, Jean-Jacques Henner ou Auguste Renoir font partie des artistes majeurs présentés dans cette section, de même que Théophile Schuler, Georges Rouault et Claude Monet.

On prend aussi la mesure de l'importance de la peinture de paysage en Alsace grâce à des toiles peintes par Jean-Jacques Karpff (1770-1829) et son talentueux élève Henri Lebert (1794-1862).

Côté XXe siècle, le Musée Unterlinden met en lumière des peintures, aquarelles, estampes, sculptures et verreries signées de grands noms des années 1930 : Robert Delaunay et Hans Reichel, Daum et Gallé, Alberto Magnelli, Jeanne Coppel...

Inaugurés en 1906, les anciens bains offrent un espace propice aux manifestations temporaires (concerts, conférences, expositions...) et autres réceptions privées. L'aile contemporaine adjacente constitue le nouvel écrin des artistes majeurs du XXe siècle. L'Ackerhof se distingue par son architecture épurée qui lui permet de se fondre aux autres bâtiments qui constituent le musée dans sa forme actuelle. Son habillage de briques et sa couverture de cuivre ainsi que les ouvertures qui dessinent des ogives gothiques, tout cela concourt à son intégration harmonieuse dans l'ensemble architectural originel. Jusqu'aux cimaises conçues par les architectes Herzog & de Meuron, qui ressemblent aux structures créées pour exposer les volets du *Retable d'Issenheim* dans l'ancien couvent.

Construit sur deux niveaux, l'Ackerhof accueille la collection d'art moderne du Musée Unterlinden. Des œuvres d'artistes majeurs sont magistralement mises en valeur : Dubuffet, Baumeistern Hartung Léger et Picasso voisine avec les tenants de l'abstraction lyrique tels que Hartung, Hantaï, Atlan, Poliakoff, Soulages ou encore Maria Elena Vieira Da Silva.

- *Guernica.* Le Musée Unterlinden expose la célèbre tapisserie réalisée d'après l'œuvre de Picasso par Jacqueline de la Baume-Dürrbach. C'est l'un des trois exemplaires existants à ce jour, le tout premier étant exposé dans la salle du Conseil de Sécurité de l'ONU à New York.

- Jean Dubuffet (1901-1985). Le Musée Unterlinden présente plusieurs œuvres de l'artiste havrais, la plus célèbre étant sans nul doute *Don Coucoubazar* (1974) pour la réalisation de laquelle l'artiste condense peinture et sculpture dans un jeu de formes qui s'emboîtent pour mieux s'enchevêtrer dans une constante exposition de couleurs acryliques scandées par le blanc, le bleu, le rouge et le noir. Cette œuvre est une figure majeure de la collection de la collection colmarienne.

- Le fonds Otto Dix (1891-1969). Le Musée Unterlinden compte désormais seize œuvres de cette figure majeure de l'expressionnisme allemand. Début 2022, deux de ses dessins à la craie noire sur papier, *Les Pouls* et *Billy Montigny*, sont venus enrichir la collection d'œuvres d'Otto Dix gérée par le musée. C'est la plus grande en France à ce jour. Otto Dix, le saviez-vous, entretenait des liens forts avec la ville de Colmar. Retenu prisonnier au camp de Loglebach durant la Seconde Guerre mondiale, l'artiste a eu l'occasion de découvrir le *Retable d'Issenheim*, œuvre pour laquelle il a développé une inextinguible fascination.

Au terme de votre visite qui, gageons-le, ne devrait pas manquer de vous imprégner d'images inoubliables, prenez donc le temps de savourer une collation au Café Schongauer, l'agréable espace de détente et de restauration du musée. Il dispose d'une terrasse aménagée dans la cour de l'Ackerhof qui invite à la quiétude et au repos à l'ombre de jeunes pommiers. Un service en continu y est assuré de 11h à 16h30, la carte propose des mets simples mais raffinés ainsi que de délicieuses pâtisseries. Pour finir en beauté, un passage à la boutique du musée s'impose : catalogues d'expositions et beaux ouvrages sur l'art, articles de papeterie et accessoires très chics, jeux et livres pour les enfants, il y en a pour tous les goûts et tous les âges !

COLLÉGIALE SAINT-MARTIN ★★

18, place de la Cathédrale
www.tourisme-colmar.com
Visite tous les jours de 8h à 18h30, sauf le dimanche matin et pendant les offices. Accessible PMR.

© S. NICOLAS - ICONOTEC

L'imposante collégiale Saint-Martin de Colmar est une œuvre gothique. Édifiée sur les vestiges d'une basilique du IXe siècle, elle devait comporter deux tours, mais une seule fut construite. Victime d'un incendie qui détruisit sa charpente et son couronnement en 1572, la tour fut remplacée en 1575 par le lanternon à bulbe qui donne à l'édifice sa silhouette remarquable. Les tons ocre du grès de Rouffach lui confèrent une intensité lumineuse infiniment remarquable. La lumière qui vient jouer sur les sculptures du portail Saint-Nicolas est franchement somptueuse !

FONTAINE SCHWENDI

Place de l'Ancienne Douane

Posée sur la place de l'Ancienne-Douane juste derrière le Koïfhus, cette magnifique fontaine est surmontée d'une statue en bronze conçue par le sculpteur colmarien Auguste Bartholdi en 1898. Ladite statue représente Lazare de Schwendi (1522-1583), célèbre diplomate et général d'empire de Charles Quint puis de Maximilien II. En récompense de ses services, il obtint la seigneurie de Hohlandsberg assortie du château de Kientzheim. Lazare de Schwendi est représenté brandissant un plant de Tokay, cépage qu'il rapporta de ses campagnes militaires en Hongrie.

LE KOIFHUS ★★

Place de l'Ancienne Douane

Le Koifhus est le plus ancien bâtiment de Colmar (1480). Entouré à l'origine d'un grenier à sel et d'une grande boucherie, il faisait partie de la vie économique colmarienne. À l'étage, il accueillait les services administratifs de la ville et le tribunal, tandis que le rez-de-chaussée hébergeait des entrepôts et les services de douane. Admirez, au premier étage, de magnifiques vitraux décorés des armes des villes de la Décapole : cette puissante ligue a en effet réuni, de 1354 à 1679, dix villes libres alsaciennes au sein du Saint-Empire romain germanique.

MAISON DES CHEVALIERS DE SAINT-JEAN ★

Rue Saint-Jean
✆ 03 89 20 68 92
tourisme-colmar.com
Gratuit.

La petite Venise ne s'appelle pas comme cela pour rien. Cet étonnant (et détonnant ici !) édifice de style Renaissance vénitienne mérite qu'on s'y arrête ; il se distingue de l'architecture typiquement alsacienne des autres monuments colmariens. Construit en 1608 par l'architecte Albert Schmidt, il fut détruit au XIXe siècle et reconstruit à l'identique. Sa façade et sa toiture sont classées aux monuments historiques. Sa galerie d'arcades est tout bonnement sublime.

MAISON PFISTER ★★

11, rue des Marchands
✆ 03 89 20 68 92
www.tourisme-colmar.com
Maison historique classée aux monuments historiques.

Cette maison emblématique pour son architecture et ses fresques date du XVIe siècle. Elle doit son nom à la famille qui l'occupa de 1841 à 1892. Dotée d'une tourelle, d'une galerie en bois et de peintures bibliques, elle laisse sans voix les personnes venues l'admirer. On ne peut d'ailleurs le faire que de l'extérieur, le rez-de-chaussée abrite un magasin et les étages ne reçoivent pas de public. Mais qu'importe, Christian Vacksterffer, le peintre, nous offre une beauté visuelle de plusieurs siècles, juste sous nos yeux. On se croirait dans un décor de film !

COLMAR

MARCHÉ COUVERT ★★

13, rue des Écoles ✆ 03 69 99 56 28
www.marche-couvert-colmar.fr
Ouvert mardi mercredi de 8h à 18h, jeudi de 7h à 18h, vendredi de 8h à 19h, samedi de 8h à 17h, dimanche de 10h à 14h.

© LEONID ANDRONOV - SHUTTERSTOCK.COM

Inaugurée en 1865, cette halle faite de briques, de fer et de fonte est l'œuvre de l'architecte Louis-Michel Boltz. Un marché s'y tenait, d'où sa position au bord de la Lauch facilitant le déchargement des denrées par les maraîchers depuis leurs barques. Dans l'angle sud-ouest du bâtiment, une fontaine sculptée par Auguste Bartholdi en 1869, représente un jeune vigneron en train de boire à un tonnelet. Depuis 2010, le Marché Couvert héberge une vingtaine de commerçants : boucherie, boulangerie, fromagerie, poissonnerie, primeurs, pâtissier, traiteurs, fleuriste...

MUSÉE D'HISTOIRE NATURELLE ET D'ETHNOGRAPHIE

11, rue Turenne
✆ 03 89 23 84 15
www.museumcolmar.org
Du mardi au dimanche. Horaires cf web.
Plein tarif : 6 €. Tarif réduit : 4,50 €. Animations. Conférences. Escape Game.

Créé en 1859 par la Société savante d'histoire naturelle (SHN), le musée d'Histoire naturelle et d'Ethnographie de Colmar se visite idéalement en famille avec des enfants. Il est aménagé sur deux étages (11 salles) dans un magnifique bâtiment historique qui hébergea tour à tour le siège de la Corporation des Tailleurs de pierre en 1467, la mairie de Colmar de 1810 à 1886 et divers établissements scolaires. Dans ces lieux vénérables, petits et grands esprits curieux auront plaisir à y découvrir la faune alsacienne (renard, sanglier, blaireau...), mais aussi des animaux venus d'autres continents (mouette rieuse, singe hurleur du Guatemala, koala cendré...). L'espace dédié à l'herpétologie fait la part belle aux sauriens, ophidiens, crocodiliens et autres chéloniens : tortues terrestres, d'eau douce et marines, iguanes, varans et caméléons, serpents, crocodiles. Coquillages, invertébrés marins et terrestres ainsi que de nombreux insectes piqueront sans doute également votre curiosité. Autre intérêt du musée : la partie géologie qui abrite une collection impressionnante de minéraux, pierres et fossiles. L'espace dédié à l'ethnographie présente notamment les cultures de l'Égypte ancienne et de l'Afrique noire. Par ailleurs, le musée organise chaque année une exposition thématique majeure. N'hésitez pas à consulter le site Web pour découvrir en détail les animations et expositions de cette année 2023, qui est en partie dédiée à la vigne en Alsace, terre de vignoble par excellence !

PROMENADES EN BARQUE ★★

10, rue de la Herse
✆ 03 89 41 01 94
www.barques-colmar.fr
7 jours/7 du 4 février au 31 décembre (sauf 24 et 25/12) : 10h-18h30. Départ toutes les 30 min. 7 €, gratuit - 3 ans.

Découvrir le vieux Colmar au fil de la Lauch ? En voilà une bonne idée ! Le point d'embarquement est situé au bas du pont Saint-Pierre au bout de la rue de la Herse. Cette balade aquatique dure environ une demi-heure. Au fil de l'onde, en compagnie de cygnes, canards et autres poules d'eau, on aperçoit de belles villas des années 1900 abritées sous des frondaisons vert tendre. Après quoi, retour vers la Petite Venise et ses pittoresques maisons à colombages. Instructive et reposante, cette escapade romantique est une véritable parenthèse enchantée !

LE QUAI DE LA POISSONNERIE ★★

Jonction entre le quartier des Tanneurs et la pittoresque Petite Venise.
www.tourisme-colmar.com

Site colmarien incontournable, le quai de la Poissonnerie fut le lieu de résidence privilégié des pêcheurs au XVIe siècle : ils y entreposaient et y vendaient leurs poissons. En 1706, un incendie ravagea plus d'une quarantaine d'habitations. D'importants travaux de rénovation ont permis de mettre à jour des colombages typiques de la région. De nos jours, chaque année, la fête du Marché Couvert (ancienne fête des Bateliers) fait le bonheur des Colmariens et des touristes.

LA PETITE VENISE ★★

La Petite Venise désigne le quartier des Maraîchers autour de la rue Turenne, un secteur baigné par la Lauch qui est un affluent de l'Ill. C'est l'un des endroits les plus romantiques du vieux Colmar, remarquable pour l'alignement pittoresque des maisons alsaciennes de part et d'autre de la rivière. Des balades en barque sont proposées dans le quartier. Au fil de l'eau, vous pourrez apprécier le calme et la sérénité infinie des lieux. N'oubliez pas votre appareil photo afin d'immortaliser la magie du cadre : clichés hautement instagrammables !

SE LOGER

L'Alsace est traditionnellement réputée pour son sens inné de l'hospitalité et, de ce point de vue là, Colmar tient vraiment le haut du pavé. Quelle que soit la durée de votre séjour, vous êtes assurés de trouver votre bonheur parmi la pléthore d'offres hôtelières. En couple, en famille, avec des amis ou en solo, un bon lit vous attend, le tout assorti de prestations de haut vol. Hôtel bourgeois ou traditionnel, bobo chic ou plutôt roots, résidence hôtelière avec services de conciergerie : à vous de choisir ! Il convient d'ajouter à tout cela un vaste éventail de gîtes et de chambres d'hôtes aménagés en majorité dans de vénérables demeures alsaciennes avec colombages et vue sur la Petite Venise ou sur certains édifices colmariens majeurs. Là encore, l'esprit des lieux affiche résolument une réjouissante variété : rustique, chic, cosy, arty, bohème, style loft new-yorkais ou Art déco : le dépaysement est assuré en tout confort !

GREET HOTEL COLMAR*** €€

83, route de Bâle
✆ 03 89 24 14 79
https://all.accor.com
Ouvert toute l'année. 62 chambres. Nuitée dès 75 €/2 pers. PDJ buffet. Restaurant, terrasse. Parking, garage à vélo.

Le Greet Hotel a ouvert ses portes au printemps 2022 en lieu et place de l'hôtel des Maraîchers. Entièrement transformé, il repose sur un nouveau concept développé par le groupe ACCOR : donner une seconde chance aux lieux et aux objets pour créer un mouvement d'hospitalité positive. À Colmar, le Greet Hotel séduit par son mobilier chiné, recyclé, voire détourné qui lui confère une atmosphère cosy et friendly. Les chambres, le bar et le restaurant sont sur la même longueur d'onde : élégants et zen, soulignés de teintes colorées.

HÔTEL PAUL & PIA*** €€

1, rue de la Gare
✆ 03 89 41 34 80
https://paul-pia-hotel.com
41 chambres. Tarifs détaillés : consulter le site web. Climatisation. Wi-Fi gratuit. Cuisine commune. Animaux acceptés.

À deux pas de la gare et du centre-ville, cet hôtel franchement unique attire par son intérieur : des couleurs vives partout, une grande cuisine commune, un salon avec livres à disposition et baby-foot et une démarche éco-responsable (et produits éco-certifiés dans les salles de bains) qu'on salue. On dirait presque une maison d'hôtes mais non, vous êtes bien dans l'hôtel imaginé par Pia et Paul. Pia s'est inspirée de son enfance au Chili pour imaginer cette décoration follement atypique et enfantine, de l'accueil jusqu'aux chambres !

HÔTEL IBIS COLMAR EST*** €€

13, route de Neuf-Brisach - **HORBOURG-WIHR**
✆ 03 89 23 46 46
www.ibishotels.com
86 chambres (3 PMR). Chambre double dès 55 €, petit déjeuner inclus. Restaurant 7 j/7. Terrasse. Parking gratuit.

Bon rapport qualité-prix pour cet établissement situé à 10 min en voiture du centre de Colmar. Ses 86 chambres (dont 3 PMR) sont sobres, contemporaines et vraiment douillettes. Côté petit déjeuner, pas de mauvaises surprises avec la formule buffet à volonté ! La brasserie alsacienne *D'Stub* propose des spécialités régionales de bonne tenue et dispose d'une petite terrasse ombragée. Ajoutez à cela un bar convivial, un personnel attentionné ainsi que trois salles de séminaire. Entièrement rénové en 2016, cet hôtel dispose d'un espace lounge dédié à la détente.

JAMES BOUTIQUE HÔTEL**** €€

15, rue Saint-Eloi
✆ 03 89 21 93 70
www.jameshotel-colmar.com
Ouvert toute l'année. Chambre double à partir de 110 €/nuit. Petit déjeuner buffet : 21 €. Bar lounge. Service pressing.

Cet établissement est idéalement situé en bordure de la vieille ville, à quelques minutes à pied de la Petite Venise, du Musée Unterlinden et des marchés de Noël. Élégant et sobre, il se démarque des grandes chaînes hôtelières par son concept original de boutique hôtel. Ici, les chambres sont sobres avec une petit touche de couleur pour rehausser le tout. Elles sont climatisées et design, la literie est de haute qualité et les salles de bains sont simples et épurées. Chic et raffinée, la décoration marie laiton, bois en touches dorées et papier peint néo-vintage.

NOVOTEL SUITES COLMAR CENTRE•••• €€

27, rue Bartholdi ✆ 03 89 21 59 59

www.accorhotels.com

Ouvert toute l'année. 72 chambres et suites. Tarifs détaillés : voir site web. Sauna, hammam, fitness. Bar. Garage.

À proximité du quartier de la Petite Venise, cet hôtel séduit par sa décoration chic qui se décline dans des tons crème et gris anthracite. Mobilier et luminaires ultra design, chambres climatisées, spacieuses et aménagées en suites bien équipées. Le petit déjeuner est riche en produits locaux et ultra complet. Il y a aussi un bar, un espace dédié aux enfants, une salle de coworking, un centre de bien-être avec tout le matériel de sport d'une salle de finesse et un parking souterrain.

REFLETS SUR LA LAUCH €€

2, rue Turenne

✆ 06 20 66 51 68

refletssurlalauch.fr

Ouvert toute l'année. 5 appartements de vacances avec balcon pour 4 à 8 personnes. Climatisation. Tarifs sur demande.

En bordure de la Lauch au cœur de la Petite Venise, les appartements de Marie sont aménagés dans une maison à colombages du XVIIIe siècle. La décoration y est simplement sublime et plein de cachet, de l'ancien et du contemporain, juste bien dosé. Parquet en bois brut, carrelage ancien, quelques poutres apparentes et le tout baigné de lumière. Leurs balcons offrent une vue plongeante sur la rivière. Par ailleurs, leur situation au cœur du quartier historique de Colmar est vraiment exceptionnelle. Tout est accessible en quelques minutes à pied !

VILLA ELYANE €€

26 A, rue Camille Schlumberger

✆ 06 99 04 55 23

www.villa-elyane.com

City Break Luxury/Gîtes de France

5 chambres d'hôtes dont 2 suites. Terrasse, jardin, sauna. Tarifs sur demande.

Cet ancien hôtel particulier des années 1920 recèle des trésors de l'École de Nancy superbement préservés. 3 chambres et 2 suites (avec terrasse privée) se déploient dans un cadre mêlant Art nouveau et univers contemporain. Un voyage dans le temps ! Il y a aussi un espace sauna, un salon-bibliothèque avec home cinéma, et une salle réservée au billard. Un copieux petit déjeuner composé essentiellement de produits locaux (kougelhopf, tartes) et de jus de fruits fraîchement pressés est servi dans une belle salle à manger ou dans le charmant et grand jardin.

LE COLOMBIER•••• €€€

7, rue Turenne

✆ 03 89 23 96 00

www.hotel-le-colombier.fr

Chambre double à partir de 110 €. Bar lounge. Sauna, fitness. Parking privé. Borne de recharge véhicule électrique.

Ce superbe hôtel design 4 étoiles se situe au sein d'une demeure construite au XVIe siècle. Il recèle un surprenant escalier hélicoïdal en pierre et une cour intérieure ornée d'une fontaine monumentale. À cela s'ajoute une belle extension aménagée dans une bâtisse superbement rénovée. Les 45 chambres et suites sont décorées avec goûts, elles sont modernes et contemporaines avec des clients d'œil à l'Alsace. Le + : il y a une petite salle de sport et un sauna. Voici de quoi allier quiétude et modernité pour un séjour inoubliable à Colmar !

L'ESQUISSE HÔTEL & SPA••••• €€€

2, avenue de la Marne

✆ 03 67 68 20 00

www.lesquisse-colmar.com

Ouvert toute l'année. 62 chambres et suites. Spa By Clarins. Tarifs détaillés : consultez le site web.

En lisière du parc du Champ-de-Mars, L'Esquisse vous accueille dans un décor ultra chic et contemporain. Que vous optiez pour les ateliers d'artistes, les chambres signature, les chambres création ou suites et appartements penthouse, ici on dort dans des espaces sobres, spacieux et intimistes. Le K-bar propose des cocktails exquis et au sous-sol de l'hôtel, le Spa by Clarins se déploie sur 500 m² : couloir de nage, sauna, hammam, espace fitness et solarium. Luxe, calme et volupté !

LE MARÉCHAL•••• €€€

4-5, place des Six Montagnes Noires

✆ 03 89 41 60 32

www.le-marechal.com

Ouvert toute l'année. Chambre double à partir de 110 €. Petit déjeuner buffet 18 €. Restaurant À l'Échevin. Terrasse.

Au bord de la Lauch, ce superbe hôtel se déploie au sein d'une vénérable demeure du XVIe siècle. Il séduit par son ancrage au sein de la Petite Venise et par ses équipements hors normes : lits king size ou à baldaquin, baignoires à bulles, magnifique mobilier ancien, climatisation. Il y a aussi une terrasse nichée dans un patio ombragé. Côté restaurant, le chef Paul Fabuel associe créativité et recettes du terroir qui se dégustent romantiquement aux chandelles. Petit conseil eu égard à la réputation de ce bel établissement : pensez à réserver bien à l'avance !

SE RÉGALER

Gourmets ? Gourmands ? Bienvenue à Colmar ! Une bonne centaine d'établissements dédiés aux plaisirs de la table, en terrasse ou en salle vous y attend. La plupart ont le bonheur d'être distingués par les guides Michelin et Gault & Millau, certains sont étoilés et d'autres non, mais tous ont à cœur de mettre les petits plats dans les grands pour mieux vous régaler ! Les enseignes spécialisées dans la cuisine alsacienne sont bien évidemment légion. Elles proposent, à la carte ou au menu, les incontournables mets régionaux : choucroute, baeckeoffe, flammekueche, foie gras, fleischnaka et autre matelote de poisson. En un mot comme en cent on dit « miam » ! Mais Colmar compte aussi d'excellentes pizzerias et autres restaurants plus exotiques : cuisine thaï, japonaise, marocaine, turque, végétarienne et même vegan… Il y en a vraiment pour tous les appétits. À Colmar, qu'on se le dise, impossible de rester sur sa faim !

Enseigne d'une charcuterie à Colmar.

COLMAR

L'INCONTOURNABLE €€

23, rue d'Aspach
✆ 03 89 23 45 57
Ouvert du mardi au samedi midi et soir. Menu du midi (3 plats) : 35 €. Terrasse. 1 toque Gault & Millau.

© L'INCONTOURNABLE

Le jeune et talentueux chef Xavier Koenig vous accueille avec son équipe dans son mignon petit restaurant bien à l'abri du tumulte des places bruyantes de la ville. On fait confiance à Xavier pour nous régaler avec un menu unique le midi et des menus en quatre ou six services le soir, dont un totalement végétarien. Tout est frais, fait maison et réalisé avec rigueur et passion. Fenouil, fromage blanc, ail des vignes, truite confite et betterave rôtie et rutabaga confit à la vanille témoignent d'une originalité sans limite mais qui fonctionne... C'est délicieux !

ANADOLU €€

31, rue Vauban
✆ 03 89 23 71 71
www.anadolu.fr
Ouvert du mardi au samedi, midi et soir. Plat chaud dès 15 €. Menu de 15 plats : 43 €. Vente à emporter. Livraison.

L'Anadolu est sans conteste la meilleure adresse de la région colmarienne en matière de gastronomie ottomane. Sa déco reflète l'ambiance d'un intérieur anatolien traditionnel. Les plats servis dans une vaisselle colorée sont au diapason avec l'accueil et le service : chaleureux et généreux. On s'ouvre l'appétit avec un assortiment de mezze après quoi on peut se laisser tenter par le Güvec, estouffade d'agneau et de légumes en croûte. Les desserts sont tous délicieux : du coup, on s'offre la totale avec l'Assiette de la Favorite ou la glace au miel et à l'orange !

LA COCOTTE DE GRAND-MÈRE €€

14, place de l'École
✆ 03 89 23 32 49
www.lacocottedegrandmere.com
Ouvert du lundi au vendredi midi et soir. Formule du midi 3 plats : 19,90 €. Ardoise de suggestions le soir. Terrasse.

Paul Édouard est le chef de ce bistro le midi et restaurant le soir. On y mange dans une salle petite mais cosy (réservation impérative) un menu unique, sans chichis, simple mais savoureux dans une ambiance conviviale ! Le service est rapide et agréable. Le soir, l'ambiance est davantage intimiste et une ardoise vous laisse plusieurs plats au choix. Le tout est accompagné d'une belle sélection de vins. Bref, on ressent la nostalgie des plats de nos grands-mères, d'où le nom tout trouvé pour cet établissement charmant. Bon moment garanti !

JY'S - JEAN-YVES SCHILLINGER €€€

3, allée du Champ de Mars
✆ 03 89 21 53 60
www.jean-yves-schillinger.com
*Michelin 2**. Ouvert du mardi au samedi midi et soir. Menus 78 € à 214 €. Terrasse. Réservation impérative.*

Jean-Yves Schillinger a installé son restaurant gastronomique (2 étoiles) dans le décor de l'hôtel L'Esquisse (5 étoiles), en plein Champ de Mars. Le JY'S offre donc une sublime vue sur le parc. Une dizaine de tables à peine sont disposées dans un bel espace de 200 m^2. Réservation indispensable donc pour savourer la soupe miso au foie gras, les couteaux sur un flan au dashi ou encore le suprême de volaille farci aux cèpes. Service et cadre d'exception !

LA KILBE €€

37, route de Neuf-Brisach
✆ 03 89 24 00 23
www.la-kilbe.com
Le soir du samedi au mardi, vendredi midi et soir. Carte env 15 €. Terrasse. Réservation recommandée. Vente à emporter.

Esprit rustique chic pour ce sympathique établissement alsacien tenu par Bénédicte et Franck, qui proposent des mets faits maison à partir de savoureux produits de saison, majoritairement locaux et bio. On peut ainsi se régaler de gravlax de saumon mariné à la sauce raifort, de savoureuses viandes maturées, de burgers généreux, de tartes flambées croustillantes. Côté desserts, on plébiscite le kougelhopf interprété en version pain perdu. L'agréable terrasse ombragée fait revivre avec brio l'esprit des kilbes alsaciennes d'antan.

L'ARPÈGE €€

24, rue des Marchands
✆ 03 89 24 29 64
www.larpegebio.com

Ouvert du mardi au samedi midi et du jeudi au samedi soir. Menu du jour végétarien, viande, poisson. Terrasse.

Niché au fond d'une cour végétalisée, ce restaurant est un petit bijou à la terrasse verdoyante et intimiste où l'on aime passer un moment gourmand. Son credo : bio, frais et de saison. Céleri en croûte de sel, moutarde de betterave, crémeux corail-cacahuètes ou velouté de courge butternut au safran, émulsion potimarron sont autant de plats végétariens qui font la part belle à la saison hivernale. Ici, on peut choisir son menu selon ses convictions et ses envies : menu végétarien, menu poisson ou menu viande. De quoi satisfaire tout le monde !

LE PETIT TANNEUR €€

2, rue des Tanneurs ✆ 09 73 17 79 19

Ouvert tous les jours le midi et le soir. Cuisine alsacienne. Carte et suggestions. Terrasse.

Le Petit Tanneur fait partie des adresses bon enfant de Colmar ! Le lieu séduit instantanément avec ses murs vêtus de bois clair et sa déco composée d'ustensiles de cuisine. Installé sur des banquettes, on pioche dans la carte ou dans les suggestions : choucroute aux 5 viandes, baeckeoffe, jambonneau au munster, salades composées, tourte au riesling et bien d'autres plats ! La maison propose également une belle sélection de vins de la région pour agrémenter vos mets. On vous laisse choisir... La terrasse ombragée est fort appréciée durant les soirées estivales.

LE PETIT BIDON €€

14, rue Etroite
✆ 03 89 24 97 93
www.petitbidon.com

Ouvert du mardi au vendredi midi et soir et lundi soir. Menu 3 plats : 46 €. Caviste. Vente à emporter.

Dans ce petit restaurant cosy à la déco sobre et contemporaine, on s'attable pour manger de bons petits plats en dégustant des vins d'Alsace ou d'ailleurs, dont une belle sélection en bio. Quentin, grand passionné d'œnologie, s'occupe de la partie sommellerie et vous conseillera à merveille. Côté assiette, les plats sont faits maison et la carte réduite n'en est pas moins gourmande : gambas grillées, poireaux vinaigrette, flan aux paillettes d'algues, secréto de cochon ibérique grillé, tout est alléchant et, si l'on est végétarien, la carte est adaptable !

RESTAURANT MUANG THAÏ €€

21, rue de la 5ème Division Blindée
✆ 09 88 08 16 73
www.muangthaicolmar.com

Ouvert 7 jours/7 : 12h à 14h et 19h à 22h. Menu du jour : 13,50 €. Sur place, à emporter, service traiteur. Terrasse.

Cuisine thaï authentique et généreuse chez Agassi et sa family dans un ancien bistrot de quartier où trône le bar en bois d'origine : esprit Stammtisch en version thaï avec éléphants sacrés et photos de Bangkok ! Au Muang Thaï, les mets sont servis dans de jolis plats en faïence décorés de motifs géométriques typiques du Pays du Sourire. On se régale de soupe aux fruits de mer, de poisson-chat au curry kaeng pa ou de khao phad au porc croustillant. La carte est énorme et côté vins, on apprécie les excellents crus du Domaine Albert Mann. À tester absolument !

LE PETIT SCHLOSSBERG €€

2, rue de l'Ange ✆ 03 89 41 07 43
www.le-petit-schlossberg.com

Ouvert du vendredi au mardi 10h-24h. Service chaud 12h-22h. Menus : 24,50 € à 27,50 €. Enfant : 9,50 €.

Au Petit Schlossberg, le bonheur est assurément dans l'assiette de l'entrée au dessert. Envie d'authentiques mets alsaciens ? Ou de pizzas et de pastas italiennes ? Et pourquoi pas une pierrade variée et conviviale ? Outre de belles pièces de veau, de bœuf ou de gibier issu de la chasse locale, vous laisserez-vous tenter par un steak de crocodile ? En prime, pour accompagner ces mets délectables, la carte des vins regorge d'excellents crus d'Alsace et d'ailleurs. Gros coup de cœur pour le cadre chaleureux émaillé d'objets vintage et de décorations en trompe-l'œil.

RESTAURANT PFEFFEL €

1, rue du Rempart ✆ 03 89 41 45 71
www.restaurant-pfeffel.fr

Ouvert 7 jours/7 11h-23h, service en continu. Menus groupes (+ 20 pers) : 21,50 € à 48 €. Enfant : 10,50 €. Terrasse.

Face au Musée Unterlinden, ce restaurant est dédié à la cuisine alsacienne dans un décor 100 % typique et traditionnel. Dans l'une des quatre salles, on s'attable pour déguster de bons plats alsaciens comme la choucroute, les tartes flambées, les escargots ou d'autres plats simples comme des salades et des viandes. Des suggestions sont également proposées selon la saison. Pour finir le repas, il faudra réussir à faire un choix sur l'immense carte de desserts, des coupes glacées aux parts de tarte en passant par des incontournables comme le dartois pommes-cannelle.

L'ATELIER DU PEINTRE €€€

1, rue Schongauer
✆ 03 89 29 51 57
www.atelier-peintre.fr
Ouvert le mardi soir, du mercredi au samedi midi et soir. Réservation impérative. Menus dès 65 €. Menu déjeuner : 45 €.

Une étoile au Michelin et 3 toques au Gault & Millau pour ce fabuleux restaurant qui est installé au sein d'une vénérable demeure du XVe siècle, dans un décor sobre ponctué d'œuvres picturales. Chef émérite, Loïc Lefebvre brosse un portrait convaincant de la gastronomie française actuelle. En bouche, c'est une explosion de saveurs inédites et ineffables. Avis aux amateurs de vin, un sommelier propose de superbes suggestions œnologiques. En résumé : L'Atelier du Peintre érige la cuisine au rang d'œuvre d'art : ici, tout est gastronomiquement esthétique !

BRASSERIE SCHWENDI €

23, Grand'Rue
✆ 03 89 23 66 26
www.brasserieschwendi.com
Ouvert tous les jours. Service continu de 11h à 22h. Spécialités : röstis, tartes flambées. Terrasse.

Cette brasserie typiquement alsacienne est ouverte à partir de 11h jusqu'à tard le soir : collations légères ou plats plus bourratifs sont servis en continu. La carte est énorme, de quoi ravir les amateurs de cuisine régionale. Elle propose un vaste éventail de mets alsaciens, les prix sont très raisonnables. Ici, on s'attable dans des box en bois et on peut se laisser tenter par des roestis (spécialité de la maison) servis dans des caquelons en fonte. Sur la terrasse fleurie et ombragée, on prend le temps de savourer d'excellentes bières tirées à la pression.

BRASSERIE CHEZ HANSI €€

23, rue des Marchands
✆ 03 89 41 02 90
www.brasseriechezhansi.fr
Ouvert du lundi au dimanche, midi et soir. Menu enfant 9,50 €. Tartes flambées, planchettes variées. Terrasse.

Une adresse mythique qui reprend du poil de la bête. Chez Hansi, dans un décor de fresque alsacienne, au coin du kachelofen (poêle à bois), on déguste des spécialités bien d'ici. Salade vigneronne, tartes flambées, escargots, choucroute, bäckaoffa, bibalakas... Côté dessert, testez la tarte flambée à la pomme ou aux myrtilles des Vosges, le kougelhopf glacé ou encore la forêt-noire. Là encore, tout est couleur locale et bien exécuté. Arrosez le tout de crus de la région ou du spritz alsacien à la liqueur framboise pour un bon aperçu de cette gastronomie.

AU CHAUDRON €€

5, rue du Conseil Souverain
✆ 03 89 24 42 21
www.auchaudron.fr
Table de terroir. Ouvert du mardi au samedi. Menu du jour et suggestions. Terrasse.

En plein cœur du centre historique de la ville, ce restaurant charmant vous accueille pour vous proposer des spécialités régionales servies avec le sourire ! Des plats 100 % faits maison par le Chef Gaël qui s'attache à proposer des mets qui titillent les papilles des gourmets avertis. Volaille sauce au miel sur choucroute, filet de sandre, omelette aux truffes, on se régale dans un cadre charmant et cosy aux 2 salles classiques et joliment décorées ou en terrasse dès le printemps. Le personnel est très sympathique, une chouette adresse !

BRASSERIE DES TANNEURS €

12, rue des Tanneurs
✆ 03 89 41 88 05 – https://tanneurs.fr
Ouvert 7j/7 midi et soir. Carte et suggestions. Spécialités alsaciennes. Prix moyen à la carte : 15 €. Terrasse.

Joliment paré de boiseries, cet agréable restaurant alsacien invite à la détente gourmande et conviviale. Le service est aux petits oignons et la carte recèle de bonnes spécialités : choucroute de Grand-Mère, baeckeoffe longuement mitonné, farandole de flammekueche (nature, gratinée, végétarienne, sucrée...), munster au four et jambon cru, salade vigneronne au cervelas... Quant à la carte des vins, elle met en vedette quelques-uns des meilleurs domaines viticoles de la région, notamment Jean-Baptiste Adam (Ammerschwihr). Excellent rapport qualité-prix en bonus !

LA COUR DES ANGES €

4, place de l'Ancienne Douane
✆ 03 89 24 98 02
www.la-cour-des-anges.com
Ouvert du mardi au samedi midi et soir (hiver : horaires variables). Réservation recommandée. Terrasse. Vegan friendly.

Restaurant et salon de thé, cet établissement coquet en diable croule sous la glycine en été et les décorations de Noël en décembre. Tapissé de boiseries, il vibre au son de doux rythmes jazzy. Ici, on se régale de petits plats préparés avec des produits de saison issus principalement de l'agriculture biologique et de proximité. Les veganes trouvent leur bonheur avec, par exemple, une poêlée de légumes de saison ou une tarte flambée Jardinette (aux légumes de saison et à la crème de betterave). En bonus : belle terrasse où il est fait bon lézarder au soleil !

L'ESCALE €€

42, Grand'Rue
✆ 03 89 24 39 73
www.restaurant-lescale.fr

Ouvert du mardi au samedi midi et soir. Fermé à midi hors saison. Restaurant et bar à tapas. Carte env. 18 €. Terrasse.

Tout à la fois resto sympa et bar hyper ambiancé, L'Escale arbore des fresques hippiques bigarrées tandis que son plafond est constellé de suspensions de type Pet Lamps. Selon l'heure et l'envie du moment, on s'y régale de planchettes ou de plateaux de *finger food* qui font voyager (La Havane, Marrakech, Barcelone...). Sinon, on peut opter pour quelques tartes flambées ou pour un excellent plat du jour : filet de sandre sur choucroute au riesling, faux-filet au four à l'ail, huile d'olive et parmesan... Bonne cuisine, super ambiance musicale et petite terrasse.

LA SOÏ €

17, rue des Marchands
✆ 03 89 29 63 50

Ouvert tous les jours midi et soir. Tartes flambées. Réservation indispensable.

La devanture de ce restaurant est petit mignonne, à l'image de sa salle. Dans un décor alsacien de bon goût, on vient ici pour une seule chose : les tartes flambées ! Elles sont juste incroyables à la Soï et valent le détour ! Tarte flambée au Ribeaupierre (tomme d'Alsace), tarte flambée ail-ciboulette ou encore la tarte flambée nappée de myrtilles, un régal et l'établissement propose une ribambelle de déclinaisons ! Emblème de la Soï, le cochon est également le thème principal d'une fresque qui décore les lieux. Vous repartirez comblés !

LA MAISON ROUGE €€

9, rue des Écoles
✆ 03 89 23 53 22
https://restaurant-maisonrouge.com

Ouvert du mercredi au samedi : 12h-14h et 19h-22h. Terrasse.

Jean Kuentz est l'ancien sous-chef de Jean-François Piège au Grand Restaurant (2* Michelin). Ce trentenaire plein d'allant compose des mets très fins et joliment colorés, proposés à l'ardoise et à la carte. On succombe volontiers à son cabillaud nacré à la bisque de homard ou à sa côte de cochon fermière acidulée. Les desserts sont très gourmands aussi, notamment le baba au rhum au limoncello et son assiette de fromages affinés sur place. Quant aux vins, Jean Kuentz propose des crus d'exception, certains servis au verre, ce qui est plutôt rare !

WINSTUB AU KOÏFHUS €

2, place de l'Ancienne Douane
✆ 03 89 23 04 90
www.restaurant-koifhus-colmar.fr

Ouvert toute l'année 7 j/7 midi et soir. Menus de 22,10 € à 31,10 €. Menu enfant (jusqu'à 12 ans) : 11,10 €. Terrasse.

Face à la fameuse fontaine Schwendi, cet agréable restaurant dispose d'une terrasse ombragée où l'on prend le temps de siroter une bonne bière ou un verre de vin blanc. Cette belle winstub propose un bon choix de tartes flambées. La carte dévoile aussi une choucroute aux cinq viandes, une tête de veau sauce ravigote et une entrecôte à la crème de munster. Vous êtes amateurs de gibier ? Le chef fait des merveilles en la matière ! Avis aux groupes : l'établissement dispose (sur réservation) d'une seconde salle à l'étage qui peut accueillir jusqu'à 35 personnes.

COLMAR

LA ROMANTICA €

40, Grand'Rue
✆ 03 68 61 10 80

Ouvert toute l'année lundi et du jeudi au dimanche, midi et soir (22h). Pizza à partir de 9 €. Vin au verre. Terrasse.

Installé au rez-de-chaussée de la maison dite « Au Lièvre » construite en 1530, ce charmant restaurant spécialisé dans la cuisine italienne est très apprécié des Colmariens qui plébiscitent ses pizzas généreuses et ses risottos ainsi que ses planchettes de charcuterie et de fromages. Il propose aussi quelques bonnes spécialités alsaciennes : tartes flambées, choucroute, baeckeoffe... Outre son cadre cosy chic et son service impeccable, La Romantica dispose d'une agréable terrasse qui offre une vue plongeante sur le Koïfhus et la place de l'Ancienne Douane.

LE ZINC €€

45, Grand'Rue ✆ 03 89 29 85 79
www.lezinccolmar.fr

Ouvert du lundi au jeudi : 12h-14h, 19h-22h ; vendredi, samedi : 12h-14h, 19h-22h30. Plat du jour : 12,90 €. Terrasse.

Très apprécié par les amateurs de bonnes viandes et d'abats, ce restaurant cultive un esprit brasserie à l'étage (tables hautes conviviales) tandis que son sous-sol recèle un caveau intimiste tapissé de pierres. Ici, il y en a pour tous les goûts et on mange généreusement bien, à la carte ou comme au gré des suggestions du jour. Gage de qualité, les viandes sont fournies par les boucheries alsaciennes Michel Herrscher et Jauss. Les portions sont plus que copieuses, le choix des vins d'Alsace et d'ailleurs a de quoi satisfaire les néophytes comme les connaisseurs.

À L'ÉCHEVIN €€€

4/6, place des Six Montagnes Noires
✆ 03 89 41 60 32
www.le-marechal.com
Ouvert 7 jours/7 midi et soir. Formule déjeuner : 38 € (3 plats). Menu enfant : 18 €. Terrasse. Bons cadeaux.

Au sein de l'Hostellerie Le Maréchal, ce restaurant hautement gastronomique dispose d'une terrasse qui surplombe la Lauch au cœur de la Petite Venise. Envie de vous y attabler en soirée ? Vous apprécierez le dîner aux chandelles avec douce musique en fond sonore. En cuisine, le chef Paul Fabuel compose des petites merveilles gustatives. Nougat de foie gras et sa gelée d'hibiscus, ceviche de daurade aux pickles de rhubarbe d'Alsace, soufflé chaud aux fruits de la passion... C'est une véritable symphonie de saveurs qui égrène ses notes dans votre assiette.

L'ATELIER DES SAVEURS €€

51, Grand'Rue
✆ 03 89 29 02 82
www.atelier-saveurs-colmar.fr
Ouvert du mardi au vendredi de 10h à 18h45. Samedi de 9h à 17h30. Traiteur, épicerie et restaurant méditerranéen BIO.

Restaurant d'inspiration méditerranéenne, mais aussi traiteur et épicerie fine, l'Atelier des Saveurs invite à la *dolce vita* au cœur de la Petite Venise alsacienne. On s'y attable pour savourer des bruschettas et des parts de pizzas variées, un filet d'aiglefin et sa sauce citronnée, du vitello tonnato crémeux, un carpaccio de bœuf en dentelle ou un mille-feuille de veau/tomate/aubergine/mozzarella... Côté épicerie fine : super choix d'antipasti charcuteries, fromages, pâtes fraîches, plats cuisinés, condiments et très bons vins. Sans oublier le tiramisu, délicieux.

BORD'EAU €€

17, rue de la Poissonnerie ✆ 03 89 21 53 65
www.jean-yves-schillinger.com
Du mardi au samedi midi et soir. Menus : 57 € (3 plats). Vin au verre. Terrasse. Réservation conseillée.

Le Bord d'eau prend ses aises dans l'ancien cadre du JY'S (installé au Champ de Mars). Le duo Benoît David et Géraldine Laufenburger proposent une bistronomie pleine d'élégance et de saveurs inédites. Vous y choisissez votre menu (2 ou 3 plats) grâce au menu-carte élaboré à quatre mains avec Jean-Yves Schillinger. Parmi les belles pépites du Bord d'eau, on craque pour le salpicon de mangue au gingembre et saumon confit, crème d'anchois et wasabi ou encore le pavé de flétan rôti et pulpe de brocoli, écume de betterave aux noisettes. Service aux petits oignons !

CAVEAU SAINT JEAN €€

47, Grand'Rue
✆ 03 68 61 23 30
Ouvert midi et soir sauf mercredi et jeudi. Tartes flambées, pizzas. Vin au verre. Terrasse. Réservation recommandée.

Tenu par un jeune couple dynamique, ce petit restaurant se distingue par sa déco haute en couleur et son mobilier douillet. En cuisine, Julien élabore des mets goûteux à partir de produits frais et locaux : pizzas et tartes flambées généreuses, belles salades composées, bonnes pièces de viandes et desserts tout aussi fins que délicieux. Le tout s'accompagne d'excellents crus alsaciens et de la bonne humeur contagieuse de la charmante Claire au service ! Pensez à réserver car cette bonne adresse colmarienne est fort logiquement très recherchée !

LE CAVEAU SAINT PIERRE €€

24, rue de la Herse ✆ 03 89 41 99 33
http://caveausaintpierre-colmar.fr
Ouvert du jeudi au lundi midi et soir. Réservation recommandée. Menus 24,50 € à 36,50 €. Midi 15,50 €. Enfant 11,50 €.

Aménagé dans une demeure bâtie en 1568 en bordure de la Lauch, ce restaurant typiquement alsacien offre un cadre romantique pour des agapes en couple, en famille ou entre amis. En cuisine, Alexandra Gross compose une partition parfaite en matière de gastronomie régionale : choucroute aux 5 viandes ou aux 3 poissons, jambonneau braisé à l'écrasé de pommes de terre, baeckaoffa joliment mijoté, sans oublier des tartes flambées et quelques propositions végétariennes. Service au top, réservation hautement recommandée, surtout à Pâques et en période de marché de Noël.

LE COMPTOIR DE GEORGES €€

1, place des Six Montagnes Noires
✆ 03 89 20 60 72
www.le-comptoir-de-georges.fr
Ouvert du mardi au dimanche midi, soir. Plat du jour 11,50 €. Tartare 20,80 €. Choucroute 5 viandes 18,70 €. Terrasse.

Salle cosy et terrasse sur pilotis aménagée sur la Lauch : le Comptoir de Georges offre un cadre original et convivial pour déjeuner ou dîner en bonne compagnie. Ici, on se régale d'excellentes viandes fournies par la boucherie voisine : steak tartare royal, burgers plantureux, côte de bœuf mousse, le tout accompagné de grosses frites maison. La choucroute aux 5 viandes vaut aussi le déplacement. Pour les petites faims, ce restaurant propose des planchettes de charcuterie et de fromages assorties d'une salade de choucroute. Excellente adresse à tout point de vue.

L'ÉPICURIEN €€

11, rue Wickram ✆ 03 89 41 14 50
www.epicurien-colmar.com
Ouvert du mardi au samedi. Bar à vins le soir. Réservation recommandée. Carte et suggestions. Terrasse.

Une toque Gault & Millau pour cet établissement géré depuis une décennie par Nicolas Groell [membre des Chefs d'Alsace] et Noémie Mann. Pensez à réserver pour vous attabler ici car le nombre de couverts est restreint. À midi, on a le choix entre le menu du jour, celui du Marché ou du Chef. Le soir, formule bar à vin. On choisit parmi les plats tous fort tentants proposés à la carte pour composer son dîner. Quant aux enfants, ils peuvent se régaler d'une petite pièce de bœuf Black Angus et d'un dessert maison. De quoi leur transmettre l'amour des bonnes choses !

LE PALMYRE €

1, rue du Canard ✆ 03 89 41 57 13
www.lepalmyre.com
Ouvert du lundi au samedi midi et soir Menu végétarien : 15 €. Menus de 15 € à 27,50 €. Vente à emporter. Terrasse.

On plébiscite ce restaurant libano-syrien pour son ambiance dépaysante, l'accueil jovial de son patron et sa grande terrasse ombragée. Mais c'est dans l'assiette que la magie opère plus encore ! Au menu ou à la carte, c'est un festival de saveurs ineffables : hors-d'œuvre froids ou chauds, kafta mechoui, brochettes chich taouk, chawarmas... Un menu végétarien est proposé avec 7 assortiments de hors-d'œuvre froids et chauds. N'hésitez pas à tester la version libanaise de la traditionnelle tarte flambée alsacienne, composée de viande hachée et de fromage de chèvre.

LE QUAI 21 €€

21, quai de la Poissonnerie ✆ 03 89 58 58 58
www.restaurant-quai21.fr
Ouvert midi et soir du mardi au samedi. Menu du jour [3 plats] : 25 €. Enfant : 12 €. Terrasse. Vente à emporter.

Ce charmant restaurant mêle harmonieusement pierres apparentes, boiseries blanchies et mobilier contemporain. Ancien second du restaurant du Chambard**** à Kaysersberg, Frédéric Tagliani élabore des mets délicats rehaussés de belles touches d'inventivité. Poulpe laqué au soja aux zestes d'agrumes et endives à la plancha, croustillant de caille au foie gras, cheesecake crémeux aux spéculoos et à l'ananas : c'est un festival de saveurs inédites qui se décline au gré des saisons et au fil d'une carte resserrée ou de menus du jour proposés à des prix plutôt mesurés !

AUX TROIS POISSONS €€

15, quai de la Poissonnerie
✆ 03 89 41 25 21
Ouvert du mardi au samedi le midi et le soir. Réservation recommandée. Menu du Pêcheur [midi, 3 plats] : 31 €. Terrasse.

Cette belle institution colmarienne est dédiée aux poissons d'eau douce ou d'eau salée. On s'y attable dans une belle salle cosy et intimiste décorée d'un beau plafond de bois. Bar rôti, purée de butternut et coulis de persil, bouillabaisse en 3 services ou encore le tartare de thon, gel de yuzu et chantilly wasabi, on s'y attable et on en prend plein les papilles. Le service y est très agréable et le restaurant est doté d'une situation privilégiée avec sa terrasse estivale en bordure directe des canaux de la Petite Venise. Idyllique !

VERSION ORIGINALE 68 €€

22, quai de la Poissonnerie
✆ 06 72 77 23 57
Fermé le jeudi. Service de restauration en continu à partir de 12h. Carte et suggestions. Terrasse et cuisine d'été.

Aménagé dans une vénérable maison de famille, cet adorable resto est un lieu ineffable où il fait bon s'attabler. Dans une ambiance intimiste et conviviale, des mets délicieux [salades, tartes flambées, foie gras d'Alsace…] vous sont proposés en version originale. Chantal est aussi à l'origine d'un concept inédit, « Alsacorse », associant produits du cru et délices de l'Île de Beauté : bières, vins, charcuteries, fromages corses. Il y a aussi une agréable terrasse végétalisée avec cuisine d'été aménagée au calme dans une cour intérieure. Zénitude assurée à 100 % !

WISTUB DE LA PETITE VENISE €

4, rue de la Poissonnerie
✆ 03 89 41 72 59
Ouvert lundi, mardi, vendredi et samedi à midi et le soir. Jeudi et dimanche uniquement le soir. Réservation impérative.

Niché dans une ruelle pavée en retrait du pont Turenne, ce petit restaurant séduit par son authenticité : vieille maison alsacienne avec parquet de bois et déco vintage riche en objets du temps passé. Et puis, il y a l'accueil souriant et le service aux petits oignons ! La carte allie plats alsaciens et mets originaux déclinés en copieuses portions. En résumé : voici une excellente adresse pour laquelle il convient de réserver impérativement afin de s'y attabler tout à son aise !

L'ESPRIT LIBRE €€

43, Grand Rue
HORBOURG-WIHR
✆ 03 68 61 06 07
Ouvert du mardi au vendredi midi soir. Samedi soir et dimanche midi. Terrasse. Caviste.

Niché à côté d'une petite église, ce restaurant est une petite pépite. L'accueil par Catherine est agréable et Marc est de très bon conseil pour les vins nature et bio principalement. Marc a d'ailleurs pris soin de rencontrer beaucoup de vignerons. Côté assiette, la carte est restreinte, car il y a une réelle volonté pour le chef Mickaël de travailler des produits frais, le tout fait maison. Coup de cœur sur le civet de biche à la paysanne, chou rouge confit et spätzle au fromage blanc avec comme note sucrée une mousse de chocolat pralin, divine !

D'MELICHKANN €€

2, place Saint Martin - **JEBSHEIM**
✆ 03 89 71 61 25
www.restaurant-melichkann.fr
Ouvert à midi mardi et mercredi, du jeudi au dimanche midi et soir. Carte : environ 20 €. Terrasse. Vente à emporter.

Épicuriens revendiqués, Ludovic et Olivia puisent dans le vivier des producteurs locaux pour élaborer des mets fort alléchants : tarte Tatin de boudin noir aux pommes, magret de canard et son feuilleté de champignons, tiramisu maison aux crêpes dentelle… Le tout s'accompagne de superbes vins de la région, les assiettes sont artistiquement dressées et tout est fait maison. Dans la salle décorée de tableaux colorés ou sur la terrasse ensoleillée, le D'Melichkann offre un excellent rapport qualité-prix, sans conteste l'un des meilleurs dans la région colmarienne !

FLAMME & CO €€

4, rue du Général de Gaulle - **KAYSERSBERG**
✆ 03 89 47 16 16
www.flammeandco.fr
Ouvert du vendredi au mardi midi/soir Menu dégustation 25,90 €. Tartes flambées 9,90 € à 18,90 €. Pierrade dès 19 €.

Atypique en diable, Flamme & Co associe design branché et tartes flambées ! Foin de folklore alsacien, la déco est 100 % contemporaine. Les flammekueche se déclinent en diverses versions, de la plus nature à la jambon cru en passant par la plus végétarienne. Les becs sucrés se régalent de petites flammées (citron, crème brûlée…). Flamme & Co propose en outre des pierrades (gambas et lotte sauce thaï, filets de poulet mariné au curry, entrecôte sauce béarnaise) très conviviales. Petit conseil : pensez à réserver pour vous attabler dans cette *flammerie* décalée !

AU P'TIT MUNTZ €€

9, rue de Colmar
MUNTZENHEIM
✆ 03 89 49 12 86
Mardi, mercredi, vendredi et samedi à midi et le soir. Dimanche midi. Carte env. 16 €. Terrasse. Vente à emporter.

On s'attable avec plaisir dans ce sympathique établissement qui séduit par son accueil enthousiaste ! Au P'tit Munz, tout est fait maison à partir de produits frais de saison. Salades composées, tartes flambées, pizzas, cordon bleu, tête de veau sauce gribiche, belles pièces de bœuf, steak au four à l'ail et au parmesan, bonnes spécialités à base de poisson : il y en a vraiment pour tous les appétits. Quant aux délicieux desserts, ils sont eux aussi faits maison. Excellent rapport qualité-prix pour déjeuner ou dîner à la bonne franquette entre amis !

HÔTEL-RESTAURANT AU SOLEIL €€

20, rue Sainte Gertrude - **WETTOLSHEIM**
✆ 03 89 80 62 66
www.hotel-restaurant-au-soleil.fr
Maître Restaurateur, Logis Table Gourmande. Ouvert du jeudi au mardi midi et soir. Menus 30 € € et 52 €. Enfant 11,50 €.

Une ambiance tout à la fois chaleureuse et bon enfant règne dans ce bel hôtel familial créé en 1960 et récemment rénové avec beaucoup de goût. Côté restaurant (Logis Table gourmande), Guillaume Schilling vous régale de bons petits plats d'inspiration régionale. Tarte fine de magret de canard fumé, filet de bœuf sauce au pinot noir, plantureuse choucroute garnie : il y en a pour tous les goûts. Ajoutez à cela une carte des vins de haut vol et un service aux petits oignons !

AUBERGE DU MOULIN €

1, rue du 1er RCA - **WIDENSOLEN**
✆ 03 89 71 59 43
www.restaurant-auberge-du-moulin.com
Ouvert midi et soir lundi, mardi, vendredi et samedi. Mercredi midi. Dimanche de 12h à 18h. Vente à emporter. Terrasse.

Posée dans un cadre bucolique au bord d'un petit étang, cette charmante auberge est dirigée par Mélinda et Dominique qui mitonnent des plats 100 % faits maison. Si la formule du midi (3 plats) s'avère fort intéressante, les mets à la carte sont tous plus alléchants les uns que les autres : foie gras de canard avec chutney pomme/poire, rognons de veau sauce moutarde, carpes frites, choucroute ou baeckeofe (sur commande)… Soirées à thème en bonus : fondue chinoise, paella, raclette… Ici, on s'attable de manière conviviale en famille ou avec des amis !

FAIRE UNE PAUSE

Une balade dans Colmar procure des joies ineffables, tant sur le plan historique que culturel et artistique. Seulement voilà, marcher c'est bien beau, mais ça donne soif et ça suscite quelques petites fringales… Et quand on se promène en compagnie de bambins, une pause est la bienvenue ! Pas de panique à bord : le centre-ville colmarien regorge de boulangeries et de pâtisseries assorties pour la plupart d'un salon de thé ou d'un espace de restauration. Parfait pour manger sur le pouce, goûter en famille ou encore, pourquoi pas, s'offrir un brunch d'anthologie. Et puis que serait l'Alsace sans ses winstubs et ses cafés hauts en couleur ? Demi de bière sans faux col, petit ballon de vin d'Alsace, apéro endiablé, café serré ou tout simplement une bonne tasse de thé... Colmar recèle là encore quelques bonnes adresses que vous pourrez découvrir tout à loisir dans cette rubrique dédiée à l'art de prendre son temps en bonne compagnie !

L'ALIANE

13, rue de la Cigogne
✆ 09 83 99 86 99
www.laliane.com
Café-bar et boutique de jeux de société. Ouvert mardi, mercredi, vendredi et samedi de 11h à 18h30. Jeudi de 14h à 23h.

Cette adresse sans équivalent dans la région colmarienne propose quelque 600 références de jeux de société. L'Aliane vous ouvre ainsi de vastes horizons ludiques en vous permettant de découvrir des créations originales et des jeux qui sortent complètement des sentiers battus. Le petit plus : on peut tester certains jeux avant de les acquérir. Côté bar, on sirote d'incroyables cocktails aux intitulés magiques et de bonnes bières artisanales de Colmar. Diverses sessions de jeux en groupes sont organisées au fil de l'année ainsi que des événements thématiques.

L'ATELIER DE YANN

10, place de la Cathédrale
✆ 03 89 20 01 00
www.atelier-de-yann.com
Du mardi au samedi : 9h-18h. Ouvert le dimanche en décembre. Menu du jour. Terrasse. Traiteur. Boutique en ligne.

La décoration de ce salon de thé-pâtisserie en jette un max avec ses 650 ***stalactites*** sculptées dans du bois de sapin suspendues au plafond. On s'attable pour le petit-déjeuner et le goûter ou pour savourer des petits plats à midi. Les viennoiseries, chocolats, entremets et autres sublimes pâtisseries sont franchement à tomber ! La boutique en ligne réserve aussi de belles surprises toute l'année. Notez encore que Yann Navarro organise des ateliers de pâtisserie pour les adultes et les enfants, au cours desquels il dévoile des recettes tout à fait incroyables !

L'ARTÉMISE

10, rue des Ecoles
✆ 03 89 29 57 35
Ouvert du mercredi au dimanche : 10h30-18h30. Brunch le dimanche : 10h-14h sur réservation. Terrasse. Vente à emporter.

Méga coup de cœur pour ce salon de thé romantiquement désuet qu'on dirait tout droit sorti de la campagne anglaise ! Dans une ambiance vintage (papier peint fleuri, porcelaine victorienne, théières de Sheffield), on se régale avec les délicieuses créations de Johann : véritable mont-blanc à la crème de marrons, forêt-noire revisitée, scones accompagnés de confiture maison et de crème surette, tarte Ernestine à la crème d'amande et à la noix de coco... Côté boissons, le choix est vaste : thés, cafés ou encore jus de fruits bio… Brunch le dimanche sur réservation.

BIZKOT

2, boulevard du Champ de Mars
✆ 03 89 41 84 74
www.bizkot.fr
Du lundi au samedi (sauf mercredi) : 7h30-18h30 h (18h samedi). PDJ 3,50 € à 9,50 €. Plat du jour 11,50 €. Enfant : 6 €.

Cette boulangerie dispose d'un sympathique bistrot/salon de thé qui est aménagé en grande partie sous une superbe verrière. On s'y attable pour prendre un petit déjeuner sucré-salé, déjeuner ou goûter, mais aussi bruncher le vendredi ou le samedi. Tous les produits sont élaborés sur place avec des ingrédients locaux : pains frais, viennoiseries, pâtisseries, petits plats. Consécration : BizKot a participé au concours 2019 de la « meilleure boulangerie » sur M6, accédant en demi-finale de la région Grand-Est après avoir décroché la 1re place en Alsace !

DEER & BEER

1A, place de l'Ancienne Douane
✆ 06 81 45 90 90
Ouvert du mardi au samedi de 11h à minuit et le dimanche de 11h à 18h. Terrasse. Apéro-concert. Vente à emporter.

La décoration intérieure de ce bar a vraiment de quoi vous laisser baba ! Plafond tapissé de rondins rustiques, murs lambrissés de boiseries artistiquement chenues, lampes agrémentées de cors de cerf et trophées de chasse : le Deer & Beer célèbre l'art de la vènerie en version tyrolienne. Dans les verres : bons petits vins d'Alsace, bières à la pression, cocktails de folie servis avec des pailles en pâte alimentaire et shooters glacés au Jägermeister. Tout ceci se consomme bien évidemment... avec modération. Belle terrasse implantée pile poil en face au Koïfhus.

MOKKA COLMAR €

35, Grand'Rue
✆ 03 69 34 16 29
Café, déjeuner, goûter. Lundi : 12h-18h. Du mercredi au samedi : 9h-18h. Dimanche : 11h-17h. Vente à emporter.

Ce chouette café sert des petits déjeuners dès 8h, des petits plats à midi et des douceurs pour le goûter. Il y a des viennoiseries et des petites tartines du matin, puis de copieuses tartines pour le déjeuner ou en cas de fringale subite : truite fumée, fromage frais, chiffonnade de jambon, comté, noisettes, magret de canard, bibeleskaes... L'après-midi, place à des douceurs qui ont un fabuleux goût d'enfance (cookies, mousse au chocolat, glaces italiennes artisanales...). L'ambiance chez Mokka est chaleureuse, à l'image de ses propriétaires Ambre et Pierre.

PÂTISSERIE THIERRY MULHAUPT

6, place de l'École
✆ 03 89 41 24 63
www.mulhaupt.fr
Ouvert du mardi au samedi de 9h30 à 18h30. Espace salon de thé. Chocolatier. Boutique en ligne.

Impossible de résister à la tentation suscitée par les créations de Thierry Mulhaupt. Celui-ci revisite les trésors pâtissiers alsaciens ou français : Linzertorte, Stollen, mini kouglof en chocolat, financier aux framboises, ganaches variées... De quoi retomber en enfance ! Quand Noël arrive, on adore ses délicieux pains d'épices et ses bredalas épicés ainsi que ses bûches pâtissières ou glacées. Les becs salés plébiscitent les canapés et amuse-bouches qui font merveille à l'apéritif !

LES SIX MONTAGNES €€

1, rue Landeck
✆ 03 68 61 13 70
www.les-six-montagnes.com
Lundi, mardi, vendredi, samedi 9h-22h. Mercredi 9h-14h. Dimanche 18h-22h. PDJ 7,50 € à 17 €, plat 14,50 €, apéro, dîner.

Esprit bohème chic dans la petite salle comme sur la terrasse de ces Six Montagnes. Petit déjeuner pour débuter : tartines, viennoiseries, jus d'orange, boisson au choix et plus encore selon la formule choisie (classique, business, gourmet). À midi : plat de jour ou suggestions de saison (foie gras d'oie et de canard, tournedos de bœuf aux girolles...). À l'apéro comme au dîner, on se régale d'huîtres en provenance directe de l'île de Ré, de moules de bouchot du Mont Saint-Michel, d'un mijoté d'encornets aux poivrons ou de linguine aux palourdes. Miam !

LA TERRASSE DU MARCHÉ

13, rue des Écoles
✆ 06 62 16 92 04
Ouvert mardi/mercredi : 8h à 18h. Jeudi : 7h à 18h. Vendredi : 8h à 19h. Samedi : 8h à 17h. Terrasse au bord de l'eau.

On assume un vrai gros coup de cœur pour cette bien-nommée Terrasse du Marché qui se niche au cœur du Marché Couvert colmarien, car sa très chouette terrasse sur pilotis surplombe idylliquement les eaux calmes de la Lauch au cœur de la Petite Venise. On s'attable dans ce lieu romantique à souhait pour savourer un petit déjeuner en paix (sans Stéphan Eicher malheureusement) et déguster des petits plats typiquement alsaciens, notamment d'excellentes flammekueche. Le tout peut s'accompagner d'une bonne bière ou d'excellents crus de la région.

VIREVOL'THES & GOURMANDISES

2A, rue Rapp
✆ 09 82 38 88 88
Ouvert du mardi au samedi de 8h à 18h30. Service petit déjeuner. Plat du jour 9,50 €. Brunch (samedi). Vente à emporter.

Cadre vintage en salle comme en terrasse le temps d'une boisson chaude servie tôt le matin avec des viennoiseries pur beurre. À midi, la suggestion du jour est toujours savoureuse. Il y a aussi de succulentes pâtisseries faites maison qui se dégustent tout au long de la journée. Virevol'Thés vous accueille en rez-de-chaussée ou à l'étage dans un espace meublé avec goût dans des teintes pastel reposantes. Il y a même un coin dînette avec des jeux pour les enfants !

(SE) FAIRE PLAISIR

Pas question de rejoindre vos pénates sans rapporter un petit souvenir pour glisser une petite touche alsacienne dans votre *home sweet home* ou faire plaisir à vos proches… Après avoir fait le tour des musées colmariens, profitez de vos pérégrinations au gré des rues pittoresques de la ville pour vous adonner aux joies du shopping ! Vous découvrirez des boutiques sympathiques, insolites et riches en heureuses trouvailles. Plaisirs de bouche au gré de chocolatiers, fabricants de bredalas, de pain d'épices et autres douceurs typiquement régionales. Tentations salées au fil de charcutiers, fromagers ou artisans spécialisés dans les cochonnailles et le foie gras. Galeries d'art, librairies, carteries ou boutiques de gadgets rigolos. Coups de cœur pour votre home sweet home dans des échoppes fondues de déco, de vaisselle, verrerie, bougies et autres senteurs. Amateurs de bons vins ? À vous les cavistes et autres domaines viticoles !

L'AMIE D'ANTOINE

13, quai de la Poissonnerie
✆ 03 89 23 99 86
www.l-amie-d-antoine.fr
Ouvert 7 jours/7, horaires variables selon la saison. Produits régionaux, objets de décoration, souvenirs.

Cette très jolie petite échoppe regorge de produits régionaux de belle qualité : poteries alsaciennes, linge de maison, savons naturels, sans parler d'une vaste gamme d'objets de décoration qui varient au fil des saisons. Vos enfants vont craquer sans coup férir pour les adorables peluches toutes mignonnes qui se dévoilent dans tous les coins de la boutique. L'Amie d'Antoine s'approvisionne auprès d'artisans alsaciens, notamment chez Véronique Mellinger qui crée de charmantes figurines pour petits et grands, à accrocher partout dans la maison !

LE HAMEAU

23, rue des Serruriers
✆ 03 89 23 06 07
Lundi de 14h à 18h30. Du mardi au vendredi de 10h à 18h30. Le samedi de 10h à 18h. Juillet-août et décembre ouvert 7j/7.

Nichée dans une cour discrète, cette petite boutique regorge de trésors pour petits et grands. Peluches, jeux de société, tasses, jeu pour tout petits, produits ludiques du quotidien, ici on pourrait se perdre pendant des heures au milieu de tous les articles proposés. L'accueil est chaleureux si vous ne vous en sortez pas, on saura vous conseiller avec soin. On peut donc venir ici pour faire un cadeau rigolo à un proche ou un joli cadeau de naissance ou d'anniversaire pour nos têtes blondes. Une belle adresse pour dénicher des choses originales !

BRETZEL AIRLINES

39, rue des Clefs
✆ 03 89 23 49 35
www.bretzelairlines.com
Ouvert du mardi au samedi de 10h à 12h30 et de 13h30 à 18h00 (fermé le lundi sauf en décembre). Boutique en ligne.

Bretzel Airlines c'est 17 ans de passion pour l'Alsace caractérisée par le symbolique bretzel qu'on retrouve sur tous les produits de l'enseigne alsacienne et également dans cette boutique, en guise de décoration ! Vêtements (dont body pour bébé), tasses, bijoux, goodies, il y a vraiment beaucoup de choix, tout est coloré et on retrouve un humour décalé et des jeux de mots ludiques sur la plupart des articles ! Vous l'aurez compris, c'est la boutique idéale pour ramener un souvenir original d'Alsace qui change des traditionnelles cigognes en peluches !

BRASSERIE DU GRILLEN

31, rue des Jardins ✆ 03 68 61 03 80
https://brasseriedugrillen.com
Mardi/mercredi 17h-22h. Jeudi 17h-23h. Vendredi/samedi 10h-23h. Terrasse. Bar. Boutique. Animations. Privation possible.

Née sous l'impulsion de trois amis d'enfance tout à la fois bourlingueurs et biérophiles avertis, cette micro brasserie propose des boissons houblonnées aux saveurs franchement incomparables, fruit des expériences vécues par Luc, Thibaut et Jean-Cyril. Ces trois mousquetaires de la mousse proposent des bières dites classiques : Cirrus (White India Pale Ale), Mosaïc (Pale Ale), Hindi (India Pale Ale). À cela s'ajoutent des Beerstorming, brassins éphémères élaborés en fonction des saisons. Le tout peut se déguster sur place dans le Brewup qui allie bar et boutique !

BRASSERIE SAINTE CRU

14, rue Denis Papin ✆ 06 74 10 67 81
www.sainte-cru.com
Du mercredi au vendredi : 17h-22h. Samedi : 10h-13h 15h-22h. Dégustation et vente au Taproom Bar. Boutique en ligne.

Les bières de cette microbrasserie cultivent un humour décoiffant ! Les illustrations de leurs étiquettes déchirent et leurs petits noms pratiquent l'art du jeu de mots percutant : Ni Dieu Ni Maître, Salut À Toi, No Risk No Fun... Sans parler des désormais grands classiques estampillés Sainte Cru : Orange Mécanique [au miel d'acacia], Read is Dead [rousse houblonnée], White Rabbit [blanche délicieusement givrée], stout Antisociale et double pale India Sex, Ale & Rock'n'Roll. À déguster [avec modération] dans le Taproom Bar où règne une ambiance très déjantée !

AU BRIN DE PAILLE

61, Grand'Rue ✆ 03 89 23 35 36
www.au-brin-de-paille-epicerie.fr
Epicerie fine et caviste. Ouvert lundi : 12h-18h. Du mardi au samedi : 9h-18h. Dimanche : 10h-16h. Boutique en ligne.

© BRINDEPAILLE_GBRAYE

Cette épicerie centenaire met à l'honneur de très bons produits du terroir : charcuterie, fromages, terrines et conserves, foie gras d'Alsace, vins d'Alsace bio, nature, spiritueux... Avis aux amateurs de bières artisanales, une bonne trentaine de microbrasseries régionales sont représentées ! On apprécie aussi le superbe assortiment de gâteaux, pain d'épices, confitures et miels, vinaigres, moutarde... Au Brin de Paille propose en outre des fruits et légumes de saison, du pain et des viennoiseries. De plus, on peut composer des paniers garnis sur mesure, à volonté.

CAVE LE BACCHUS

24, rue Turenne
✆ 03 89 23 61 02
Ouvert du mardi au vendredi de 9h30 à 12h30 et de 14h à 18h30. Samedi de 9h à 13h et de 14h à 18h30. Livraison possible.

Patricia Alter vous propose de grands vins d'Alsace signés Schlumberger, Zind-Humbrecht, Trimbach, Hugel et d'autres nectars issus de la région. Mais également une belle sélection de whiskies, vodkas, vieux rhums, armagnacs, portos et champagnes millésimés. Ces superbes flacons se déploient majestueusement dans la boutique. Patricia sélectionne aussi d'excellents vins de Bordeaux, de Bourgogne, de la Vallée du Rhône et d'autres terroirs prestigieux. Impossible de ne pas trouver votre bonheur dans cette authentique institution colmarienne depuis bientôt 30 ans !

CHOCOLATERIE CAPRICES

19, Grand'Rue
✆ 03 89 29 88 85
www.chocolats-caprices.fr
Du mardi au samedi : 9h30-12h, 14h-18h. Dimanche et lundi en décembre [marchés de Noël]. Vente en ligne.

Dynastie chocolatière fondée voici plus de 50 ans, la famille Brunstein dévoile ses délicieuses gourmandises dans une boutique lumineuse et très chic où les chocolats, ganaches et autres fruits confits glacés sont présentés tels des joyaux précieux ! Au gré des saisons, on s'extasie devant des moulages en chocolat très originaux : des créations pour les événements festifs de l'année. Il y a aussi une belle collection de tablettes de chocolat noir ou au lait Pure Origine et d'énormes morceaux de chocolat [noisettes, orange, Smarties...] vendus à la casse !

LE COMPTOIR DE MATHILDE

6, rue des Serruriers
✆ 03 89 41 44 24
www.lecomptoirdemathilde.com
Ouvert du mardi au samedi de 10h à 10h30 ; horaires susceptibles de changer selon la saison. Boutique en ligne.

Conçue comme une épicerie à l'ancienne, cette boutique vous accueille dans un cadre revêtu de jolies boiseries. Elle regorge de produits artisanaux élaborés dans la Drôme provençale, notamment du chocolat [noir, lait, blanc] décliné en tablettes ou à casser avec un marteau en bois ! Il y a aussi des pâtes à tartiner : noisettes, caramel au beurre salé et autres saveurs insolites et goûteuses. Ajoutez à cela un grand choix de tapenades, confitures, huiles d'olive, moutardes et vinaigres aromatisés. Voici donc autant de bonnes idées cadeaux vraiment futées !

DOMAINE KARCHER ROBERT ET FILS

11, rue de l'Ours ✆ 03 89 41 14 42
www.vins-karcher.com
*Du lundi au samedi : 8h-12h, 13h30-18h. 7j/7jusqu'à 19h en juillet, août, décembre. Boutique en ligne. 3 gîtes****

Pierre et Gilles Karcher gèrent ce domaine de 10 ha au cœur de Colmar, dans une ancienne ferme du XVIIe siècle. Certifié bio depuis 2021, les vins Karcher sont produits avec passion et chaque millésime est un renouveau pour le domaine colmarien. Grâce à leurs vignes AOC en plein terroir de la Harth, leurs vins sont uniques et originaux. Dans le sympathique caveau, craquez pour le Riesling Harth 2018, au nez aux arômes d'agrumes et au palais acidulé, 1 étoile au Guide Hachette 2021.

LA FROMAGERIE SAINT-NICOLAS

18, rue Saint Nicolas ✆ 03 89 24 90 45
www.fromagerie-st-nicolas.fr
Fromager-affineur. Ouvert lundi 14h-19h. Du mardi au jeudi, 10h-12h30, 14h-19h. Vendredi, samedi 9h-19h (18h30 samedi).

Cette fromagerie fait partie du Club Gastronomique Prosper Montagné. Ici, on ne transige vraiment pas sur la qualité quand il s'agit de munster et de produits bio. Fromages, beurres, yaourts et crèmes fraîches fleurent bon le terroir. Jacky Quesnot sélectionne quelque 400 références fromagères auprès de producteurs régionaux, nationaux et internationaux. Il assure l'affinage de ses fromages dans ses caves aménagées à Buhl à grand renfort de planches d'épicéa, de sapin et de mélèze.

MAISON HIROSE

35, rue Kléber
✆ 03 89 29 04 49
www.hirose.fr
Boulangerie pâtisserie franco-japonaise. Bio. Ouvert du mardi au samedi : 7h30-12h30 et 14h-18h. Dimanche : 7h30-12h30.

Des produits certifiés Ecocert, frais et originaux : voici ce qu'élaborent Naoto Hirose et Paul Petersen. Le premier vient du Japon, le second est alsacien. Maison Hirose, leur boulangerie-pâtisserie colmarienne, enchante les papilles des gourmets et des gourmands avec de multiples pains et viennoiseries qui dévoilent des saveurs incomparables. Et, côté pâtisseries, c'est Byzance ! Éclairs sublimes, tartelettes au citron acidulées, Paris-Brest revisité en version… Paris-Tokyo fourré à la compote d'azukis et crème au thé vert matcha. On craaaque !

CŒUR PAYSAN

82-84, route de Neuf-Brisach
✆ 09 67 83 57 31
www.coeur-paysan.com
Ouvert du mardi au vendredi de 9h à 19h, le samedi de 9h à 17h. Parking gratuit. Marché de producteurs locaux.

Qui a dit qu'on ne pouvait pas associer gourmandise et local ? C'est pourtant ce qu'on peut retrouver au magasin Cœur Paysan à Colmar. Fier de ses 6 années d'expérience, le magasin propose une offre alimentaire variée, allant des fruits et légumes à la viande tout en passant par le poisson et le fromage et les produits laitiers, sans oublier les produits d'épicerie sucrés et salés et une large gamme de bières et vins d'Alsace. Ces bonnes choses proviennent de plus de 60 fermes et producteurs venant de la région alsacienne. Alors faites un tour chez Cœur Paysan !

© COEUR PAYSAN

© COEUR PAYSAN

COLMAR

CATTIN GRANDS VINS ET CRÉMANTS D'ALSACE

35, rue Roger Frémeaux ✆ 03 89 49 30 21
www.Cattin.fr
7j/7 de 10h à 19h. Groupes : visite, dégustation sur RDV. Bar à vins panoramique. Activités œnotouristiques.

Primé à deux reprises aux Trophées de l'Œnotourisme, le Belvédère de la Maison Cattin est un lieu sublime : espace de dégustation sans rendez-vous où l'on découvre des foudres et des tonneaux de la cave à travers des parois vitrées. Et bar à vin en attique avec une terrasse et vue à 360° sur le vignoble, la plaine d'Alsace et la Forêt-noire. Sur réservation : visite de cave, dégustation de vins avec des produits du terroir, ateliers Accords Mets et Vins, visite du vignoble...

WOLFBERGER - BOUTIQUE DE COLMAR

11, rue Kléber ✆ 03 89 23 85 29
www.wolfberger.com
Ouvert du lundi au samedi : 10h-18h.
Fermé le 1/01, 2/04, 1/11, 25-26/12.
Boutique en ligne. Label Tourisme & Handicap.

La Boutique Wolfberger organise diverses animations et ateliers, notamment la dégustation commentée *Prestige* ou la visite guidée du vignoble. Lors de votre visite, n'hésitez pas à vous attarder au bar de dégustation, vous y ferez de belles découvertes ! Après quoi, libre à vous de faire votre choix parmi les crémants d'Alsace, riesling Vendanges Tardives, et autre pinot gris Sélection de Grains Nobles. Vous trouverez également une belle sélection d'eaux-de-vie et de liqueurs.

LA SOMMELIÈRE

19, place de la Cathédrale ✆ 03 89 41 20 38
www.lasommeliere.fr
Ouvert du mardi au samedi : 10h-12h, 14h-18h 30 (18h samedi), dimanches en décembre.
Événements oeno-gastronomiques.

Incontournables dans la région colmarienne, ces cavistes proposent de bons crus d'Alsace, notamment leur propre production (Domaine Marc Tempé à Zellenberg), ainsi que quelques-unes des meilleures références alsaciennes. Marie et Stéphane Jungblut présentent également une sélection de bouteilles en provenance d'autres régions de France, ainsi que des spiritueux et des accessoires œnologiques. Le tout se découvre dans un cadre original fait de matériaux bruts. Bon à savoir : La Sommelière organise régulièrement des ateliers de dégustation en présence d'un vigneron.

DATCHA STORE

1, rue des Tanneurs
✆ 06 08 35 33 57
Ouvert mardi et mercredi de 10h à 12h et de 14h à 19h, jeudi de 14h à 19h, vendredi, samedi et dimanche de 10h à 19h.

Jolie boutique bohème néo-rustico-chic mêlant inspirations slaves et scandinaves ! Elle propose des collections qui s'égrennent au gré des saisons et des fabuleuses trouvailles de Nicole, l'âme des lieux. Son fil conducteur décoratif c'est l'éloge de la nature : le bois et la laine sont toujours à l'honneur, ils instillent aux lieux un max de chaleur et de douceur. Flâner, se laisser surprendre et craquer sans vergogne pour de belles créations qu'on peut être sûr de ne jamais trouver ailleurs : l'adresse est idéale pour dénicher des objets originaux en diable.

LA VINOTHÈQUE [ABEDIS]

19, rue Curie ✆ 03 89 24 42 11
www.vinotheque.fr
Lundi : 14h30-19h. Du mardi au vendredi : 9h30-12h, 14h30-19h. Samedi : 9h-12h20, 14h-18h.
Location de tireuse à bière.

La Vinothèque propose plus de 1 200 références sélectionnées avec soin dans son espace de vente de 300 m² située dans la ZAC Nord de Colmar. Ses vendeurs vous conseillent avec une réelle passion dans vos achats en fonction de vos goûts et de votre budget. Vins régionaux de France et du monde entier, bag-in-box, bières, cafés et autres spiritueux : ici, vous avez vraiment le choix ! Des dégustations sont organisées pour découvrir les offres du moment. Bon à savoir pour vos fêtes et événements privés : location de tireuses pression, de tables et autres garnitures.

BOULANGERIE KRAETZ

6, place Jeanne d'Arc
✆ 03 89 41 06 25
www.boulangerie-kraetz.fr
Ouvert de 6h30h 19h15 du lundi au samedi.
Petite restauration. Accès PMR (rampe).

Gérée par Claude Kraetz (membre de l'Union des Boulangers Artisans Créateurs) cette boulangerie-pâtisserie est connue pour sa médaille d'or d'Alsace du bretzel brioché et surtout pour sa spécialité, le kougelhopf, reconnu à deux reprises pour être le meilleur de la région ! Une médaille d'argent récompensant les meilleurs croissant et baguette du Haut-Rhin complète ce beau palmarès. Ici, on fait le plein de bons pains, de délicieux bredalas et viennoiseries, de sandwichs et pâtés lorrains bien garnis, de pâtisseries et plein d'autres spécialités très gourmandes !

BOUGER & BULLER

Célébrée pour sa philosophie d'accueil basée sur un tourisme à taille humaine, Colmar est aussi une ville dédiée au sport et au bien-être. Elle compte deux piscines (une couverte et une en plein air avec un bassin olympique), ainsi qu'une base nautique qui s'avère une véritable oasis de détente durant la saison estivale avec sa plage de sable fin. Dédiées au fitness et à la remise en forme tout azimut, des enseignes réputées pour leur expertise proposent toutes les disciplines en vogue : musculation, cardio-training, biking, cross-training, escalade... il y en a pour tous les goûts. Colmar compte en outre de bons clubs d'équitation et une patinoire où l'on peut s'adonner aux joies de la glisse dès le plus jeune âge. Avis aux amateurs de sensations aériennes, vous avez la possibilité de vous initier, par exemple, au vol en montgolfière ou en ULM. Et puis, côté bien-être, vive la balnéothérapie au Resort Barrière situé à 17 km de Colmar !

AÉROVISION

34, chemin de la Speck ✆ 03 89 77 22 81
www.aerovision-montgolfiere.com

Vols en montgolfière. Accueil tél. du lundi au vendredi 10h-12h, 14h-16h. Vol Découverte : 280 €/pers. Achat en ligne.

Toute l'année, sous réserve de bonnes conditions météorologiques, découvrez l'Alsace en montgolfière avec Aérovision. Vous prendrez ainsi de la hauteur au-dessus du massif vosgien, du vignoble, de la plaine d'Alsace et du Ried entre Munster et Colmar ou dans la Grande Région de Saverne. L'escapade dure 4-5 heures, dont 1 à 2 heures de vol effectif. Le décollage a lieu en général au lever du jour : les conditions de lumière et de vent sont les meilleures à ce moment-là. En point d'orgue de votre balade aérienne, une coupette de crémant d'Alsace vous sera offerte !

AQUALIA

7, rue du Pigeon ✆ 03 89 24 66 00
www.colmar.fr/piscine-aqualia

Horaires et tarifs détaillés sur le site Web. Solarium, sauna, hammam, bain bouillonnant, aquagym. Cafétéria.

Cette piscine couverte comprend un bassin sportif avec un fond mobile, un bassin familial, un bassin de loisirs avec banc massant, cascade et jets massants, une pataugeoire et deux toboggans de 35 et 55 m. Dès l'arrivée des beaux jours, on peut prendre le soleil sur la plage extérieure, minérale et végétale. Toute l'année, sauna, hammam, solarium et bain bouillonnant invitent à la détente ! Des séances d'aquagym, d'aquabike et autre aquatraining sont proposées. Pour finir en beauté, on peut se poser à la cafétéria : boissons, sandwiches, glaces et friandises.

BICYCLETTE GO !

2, impasse du Tokay - **VOEGTLINSHOFFEN**
✆ 06 87 47 44 31
www.bicyclettego.com

Activités toute l'année. Circuits guidés à vélo et à pied. Tarifs selon l'itinéraire choisi et nombre de participants.

Glenn Ford est un vrai sportif qui pratique la marche, le running et le vélo. Fort de sa passion pour la petite reine, il organise des randonnées à bicyclette dans le vignoble et sur la Route du Vin. L'équipement fourni est nickel : vélos hybrides 21 vitesses ou e-bikes, casques, sacoches, eau minérale, barres énergétiques, véhicule de soutien… En bonus lors de votre périple cycliste, vous ferez d'agréables haltes pour pique-niquer en pleine nature, déjeuner dans un bon restaurant alsacien, mais aussi visiter des caves de viticulteurs réputés. Let's go !

COLMAR BIKE TOURS

5, rue du Chasseur
✆ 03 69 45 96 48
http://colmarbiketours.com

Du 1/04 au 31/10. Location de vélos enfants, VTC et vélos électriques : 30 € à 40 €. Tours guidés : de 49 € à 125 €.

Découvrir Colmar et ses environs en roue libre, en voilà une bonne idée ! Colmar Bike Tours propose des circuits (entre 25 km et 62 km) à des tarifs très intéressants. Ceux-ci comprennent la location d'un vélo à assistance électrique ou d'un deux-roues traditionnel, et, sur demande, un siège bébé, une remorque pour enfant ou encore un vélo suiveur. À cela s'ajoute un GPS avec itinéraire préenregistré et un casque de sécurité. Mais attention : pensez à réserver suffisamment à l'avance pour profiter des services de Colmar Bike Tours !

COLMAR PLAGE

37, rue Denis Papin ✆ 03 89 21 97 60
www.agglo-colmar.fr/base-nautique
De mi-mai à fin septembre. Horaires cf site web. Entrée : 4 € (gratuit - 6 ans). Billetterie en ligne. Restauration.

La plage version colmarienne : une vaste étendue de sable et un superbe plan d'eau sécurisé enchâssés dans un écrin végétal. Couloir de nage (150 m de long sur 5 m de large), paddle, bateaux à pédales : on se croit sur la Riviera ! Il y a aussi le super aquaparc qui fait fureur avec ses toboggans, trampolines, plongeoirs, murs d'escalade et autres éléments gonflables aquatiques et rigolos. Pour la pause déjeuner et les envies de farniente, le restaurant Côté Plage propose une carte de petite restauration et des transats en location. Plaisirs balnéaires en Alsace !

PATINOIRE DE NOËL

Place Rapp
✆ 03 89 80 09 05
www.patinoirecolmar.fr
Patinoire éphémère ouverte de fin novembre à fin décembre. Tarifs : 2 € ; location patins 2 €. Horaires : cf web.

Sertie dans un décor féerique de paysage de montagne enneigé, cette patinoire éphémère en plein air invite à partager les joies de la glisse en famille ou entre amis. La tradition de cette installation remonte à loin dans le temps quand les employés de la ville profitaient d'une installation rudimentaire pour patiner en famille. De nos jours, un circuit spécialement conçu pour les enfants de 3 à 10 ans est ouvert le mercredi et le samedi de 14h à 17h. En outre, divers temps forts sont prévus de fin novembre à fin décembre, tels qu'une visite du Père Noël !

L'ETINCELLE

Allée Georges Charpak - **SÉLESTAT**
✆ 03 88 82 68 05
www.letincelle-sport.fr
Du lundi au vendredi : 6h-22h. Samedi, dimanche : 6h-19h (18h dimanche). Fitness, multisport, escalade. Tarifs cf web.

Fitness, escalade, foot5, squash, paddle tennis, badminton, natation et plus si affinité : il y en a vraiment pour tous les goûts, tous les niveaux et tous les âges à L'Étincelle ! Ce superbe complexe sportif prend ses aises sur 6 800 m² et propose une incroyable variété d'activités sportives pour les adultes comme pour les enfants. Son plateau de cardio et de musculation est équipé avec ce qui se fait de mieux en la matière. À cela s'ajoutent des terrains multisports, une piscine intérieure et un espace sauna-hammam. En prime, il y a aussi un bon restaurant !

LES FRÈRES MAWEM

3, rue Jacques Daguerre
✆ 03 89 23 98 74
https://lesfreresmawem.fr
Ouvert du lundi au vendredi : 7h30-23h. Samedi/ Dimanche : 9h-22h. 20 €/adulte, 15 €/enfant. Tarifs détaillés cf web.

Vous êtes accro à l'escalade sous quelque forme que ce soit, indoor ou outdoor ? Les frères Mawem vous accueillent dans leur salle colmarienne. Déjà présents aux JO de Tokyo, Mickael et Bassa espèrent bien briller à Paris en 2024. En attendant, ils vous invitent à vous livrer aux plaisirs de l'escalade tous azimuts dans leur salle équipée d'un bloc d'initiation ainsi que de voies destinées à vous permettre de grimper le mieux possible. Il y a aussi un espace enfant, totalement sécurisé, pour permettre aux gamins de s'initier aux plaisirs de la grimpe.

BALNÉO BARRIÈRE RIBEAUVILLÉ

Route départementale 106
RIBEAUVILLÉ
18 €/2 heures. Forfait journée 27 € (32 € week-end et jours fériés). Forfait nocturne 19 € (23 € le week-end).

Vous êtes en quête de de lâcher-prise et de délassement ? Bienvenue dans le Meilleur Resort Spa de France 2021 ! Car, outre son casino, son hôtel, ses deux restaurants et ses deux bars, le superbe Resort Barrière de Ribeauvillé dispose d'un fabuleux *espace* balnéo : 2 bassins intérieurs, 1 bassin extérieur, parcours aquatique jalonné de bains bouillonnants, jets massants, rivière à contre-courant. Cerise sur le gâteau : hammam, sauna, douche de neige, chaises longues indoor et outdoor.

SORTIR

En matière de sorties diurnes ou nocturnes, Colmar fait preuve d'un éclectisme et d'un dynamisme qui ne présente aucun signe d'essoufflement. De jeunes entrepreneurs pleins d'allant sont à l'origine de nombreuses manifestations culturelles, ludiques et fort conviviales. Il en va ainsi des escape games et autres laser games qui font le bonheur des esprits curieux et des familles en quête de sensations originales. Les cinéphiles ne manqueront pas de fréquenter les salles high-tech du complexe CGR : celui-ci propose le meilleur en matière de films pour tous les publics. La musique a elle aussi droit de cité à Colmar avec divers festivals pop, rock ou classique tout au long de l'année. Envie de vous faire une partie de bowling ou de billard ? Rendez-vous au Funpark ! Quant aux amateurs de clubbing, les discothèques colmariennes leur permettront de s'éclater jusqu'à très tard dans la nuit sur les rythmes les plus pointus du moment !

ROTA CLUB

8, rue Timken
✆ 06 71 57 08 38
Vendredi, samedi, veilles de fêtes dès 23h. Entrée 5 €. Club généraliste, salon VIP, rhumerie latino, salon chill out.

Réputé et donc très couru, le Rota Club met l'accent sur une ambiance latino *muy caliente* forcément très animée ! Son bar à rhum est conçu comme une place de village cubain : il s'envisage comme un coin de soleil à Colmar arrosé d'une bonne vingtaine de références issues d'excellentes rhumeries. Outre sa grande salle de clubbing plus généraliste et dotée de jeux de lumière totalement dingues, le Rota Club a aussi une salle *Chill Out*, sans musique mais avec flipper et billard. Un espace VIP est réservé à une clientèle triée sur le volet avec un bar 100 % exclusif !

ESPACE LÉZARD

12, route d'Ingersheim
✆ 03 89 41 70 77
www.lezard.org
Concerts, débats, spectacles, expositions. Tous publics. Programme détaillé : voir site web.

Concerts, cinéma, expositions, festivals, marionnettes : l'association Lézard organise des expos d'art contemporain qui témoignent de la richesse de la création plastique locale. L'association développe aussi une riche programmation musicale dans et hors les murs, avec le Grillen. Elle programme en outre des soirées ciné-débats avec le CGR autour de questions sociétales. Initiateur de festivals très courus, notamment celui des Musiques métisses programmé chaque année au printemps dans divers lieux, le Lézard n'est jamais à court d'idées ludiques et éclectiques.

COMÉDIE DE COLMAR

6, route d'Ingersheim
✆ 03 89 24 31 78
https://comedie-colmar.com
Horaires d'ouverture de la billetterie : du mardi au vendredi de 13h30 à 18h et 1h30 avant le début des représentations.

La Comédie de l'Est a changé de nom sous l'impulsion de ses nouveaux directeurs, Émilie Capliez et Matthieu Cruciani, soucieux de rendre son ancrage local plus visible. Elle s'appelle désormais la Comédie de Colmar. Pour le reste, la nouvelle Comédie de Colmar poursuit sa mission de créations originales et de présentation d'œuvres en provenance de toute l'Europe : théâtre, opéra, danse et spectacles destinés aux enfants. Dans une volonté de rendre la culture accessible à tous, elle organise régulièrement des ateliers ouverts à des publics spécifiques.

FUN PARK COLMAR

11, rue Curie
✆ 03 89 21 18 38
www.funparkcolmar.fr
Bowling, laser game, Kids Park, billards, jeux d'arcade, restaurant, bar. Horaires et tarifs détaillés : voir site Web.

Bienvenue dans un fabuleux complexe de loisirs spécifiquement aménagé pour satisfaire toutes les tranches d'âge : bowling (16 pistes), deux labyrinthes de 1 200 m² au total pour débusquer vos adversaires dans des parties de laser game, un Kids Park (de 1 à 12 ans), une salle de billards ainsi qu'une salle de jeux d'arcade comportant une vingtaine de jeux vidéo. Bien vu : diverses formules sont proposées pour l'organisation d'un anniversaire : une ou deux activités (bowling et/ou laser game) au choix, une boisson et un bon gros gâteau d'anniversaire !

GRUSSENHEIM

Situé à une quinzaine de km de Colmar, à la frontière nord du département du Haut-Rhin, Grussenheim s'est développé au fil des siècles le long d'une ancienne voie romaine, la *Heidenstraessel*. La localité est connue dès l'an 736 sous le nom de Grosinhaim, traduisez « village de Grozo ». Construite en 1750, son église de l'Exaltation de la Sainte-Croix de style baroque possède un remarquable maître-autel. Dédié aux amoureux de la nature, son sentier du Sanglier est accessible aux familles avec enfants. Il dévoile de précieuses informations sur la vie de ces sympathiques mammifères omnivores au sein d'un cadre de prairies soigneusement préservées.

ALSACORSE €€

1, rue de Ribeaupierre
✆ 09 83 80 90 79

Ouvert du dimanche au mardi midi. Du jeudi au samedi midi et soir. Menu du midi : 16 €/3 plats. Enfant : 10 €. Terrasse.

Ce restaurant ne fait décidément rien comme les autres ! Et pour cause : plutôt que de s'installer dans un secteur touristique, l'Alsacorse voisine avec un centre commercial aux portes de Colmar. Côté cuisine, le cœur du chef balance entre l'Alsace et la Corse. Dans l'assiette, ce mariage inédit se traduit par d'excellents plats : le fiadone (tarte au brocciu frais) se pare d'un délicieux streusel et le quasi de veau tigre corse s'accompagne d'une sauce au foie gras alsacien. Le temps d'un apéro, on se régale de charcuteries et de fromages de l'Ile de Beauté !

ALSACE EN DEUCHE

9, impasse du Moulin
✆ 06 47 81 89 70
www.alsace-en-deuche.fr

Tarifs location : 130 €/journée, 250 €/week-end ou 2 jours, 350 €/3 jours. Vente de pièces détachées.

Bienvenue au royaume de la voiture ancienne ! Un week-end entre amis en Alsace, une visite de la fameuse route des Vins, un enterrement de vie de jeune fille ou encore un anniversaire sont toutes les raisons de louer une belle « dedeuche », voiture française mythique. Ici, Matthieu, passionné de belles voitures et de mécanique, propose des 2CV (et anciennes Fiat) à la location pour réaliser un rêve ou juste vivre un moment hors du temps. Il s'occupe également de réparer et entretenir votre dedeuche adorée (mécanique et carrosserie) et la bichonnera comme personne.

HORBOURG-WIHR

Horbourg-Wihr est établi sur un ancien site gallo-romain. Dans sa partie ancienne, on peut aussi admirer des fermes seigneuriales du XVIIe siècle dotées de porches fort imposants. Quant à l'église Saint-Michel, de style roman, elle présente un donjon carré daté du XIVe siècle. À l'intérieur, de très belles peintures murales du XVIe siècle (classées au Monuments historiques) dévoilent des détails de la vie de sainte Marguerite. En outre, Horbourg-Wihr est intégré à l'Itinéraire culturel européen Heinrich Schickhardt (ingénieur, cartographe et urbaniste du XVIIe siècle) ainsi qu'à la fameuse Route Verte qui relie les Vosges à la Forêt-Noire via l'Alsace.

HOUSSEN

Mentionné dès 1176 sous le nom de Mansus Houzen (groupe de maisons) dans un inventaire des biens de l'abbaye de Pairis, Houssen fut à l'origine un fief impérial du château de Pflixbourg. La commune revint ensuite aux seigneurs de Ribeaupierre jusqu'à la Révolution française. Par ailleurs, une sépulture de l'âge de bronze, des objets de l'époque romaine et un trésor de monnaies gauloises témoignent d'une occupation humaine des lieux bien plus ancienne. Construite à partir de 1862, l'église Saint-Maurice accueille régulièrement des concerts car elle dispose d'un bel orgue réalisé par Martin Rinckenbach et doté d'un buffet néo-roman de Théophile Klem.

HÔTEL IBIS COLMAR EST*** €€

13, route de Neuf-Brisach ✆ 03 89 23 46 46
www.ibishotels.com

86 chambres (3 PMR). Chambre double dès 55 €, petit déjeuner inclus. Restaurant 7 j/7. Terrasse. Parking gratuit.

Bon rapport qualité-prix pour cet établissement situé à 10 min en voiture du centre de Colmar. Ses 86 chambres (dont 3 PMR) sont sobres, contemporaines et vraiment douillettes. Côté petit déjeuner, pas de mauvaises surprises avec la formule buffet à volonté ! La brasserie alsacienne *D'Stub* propose des spécialités régionales de bonne tenue et dispose d'une petite terrasse ombragée. Ajoutez à cela un bar convivial, un personnel attentionné ainsi que trois salles de séminaire. Entièrement rénové en 2016, cet hôtel dispose d'un espace lounge dédié à la détente.

KINII €€

4, rue de Mulhouse ✆ 03 89 41 72 85
www.kinii68.fr
7 j/7. À volonté. Midi : 15,90 €/adulte, 11,90 €/ enfant. Soir : 23,90 €/adulte, 15,90 €/enfant. Vente à emporter.

On plébiscite ce restaurant dédié aux délices du Pays du Soleil Levant ! Lumineux et aéré, son cadre convient aux couples comme aux familles et aux groupes. Sa déco s'inspire des fameux restaurants du quartier tokyoïte de Shibuya, avec de jolies alcôves serties de cloisons à la japonaise. Chez Kinii, on savoure à volonté sushis, sashimi et autres leppanyalei selon un processus bien rodé. On peut commander jusqu'à 5 plats toutes les 10 minutes via une tablette tactile. Le service à table est rapide et sans reproche. Notez que le Kinii est fermé le dimanche midi.

RESTAURANT LE ST CRU €€

8, rue Amédée Bollée
✆ 03 89 29 58 30
https://restaurant-le-st-cru.fr
Du lundi au mercredi midi et vendredi et dimanche midi. Du vendredi au dimanche soir. Menu du jour à 14,50 €. Terrasse.

Comment ne pas être surpris en arrivant à l'entrée de ce restaurant, à l'étage d'un garage où trônent de belles voitures jusque devant la porte ? Dans un décor industriel (grandes baies vitrées, plafond bardé de bois, suspensions ovales acier), on mange des viandes, des salades et des pizzas dont l'odeur chatouille les narines dès notre arrivée. On peut également se laisser tenter par les quatre burgers comme le saint-cru au ribeaupierre, à l'ail des ours et au bacon. Le plus : il y a une grande terrasse en bois l'été et des soirées à thème toute l'année.

SAINTE-CROIX-EN-PLAINE

Cette belle bourgade doit son origine à une abbaye de moniales bénédictines fondée en 1006 par les parents du pape Léon IX. Au début du XIIIe siècle, le couvent et le village furent entourés de murs, anticipant la construction du *Burg*, un fier château entouré de douves. Sainte-Croix-en-Plaine est ainsi devenue une cité fortifiée, dont il reste quelques vestiges harmonieusement intégrés dans la configuration actuelle de la localité. Fort remarquable, l'église Saint-Barthélemy repose sur des fondations romanes, tandis que la partie supérieure de son clocher date de 1700. Elle recèle un magnifique orgue Callinet de 1840 amoureusement restauré en 2018.

BOULANGERIE-PÂTISSERIE S'LANDBROT

11, route de Bâle
✆ 03 89 22 63 89
Ouvert le lundi et du mercredi au vendredi de 5h à 12h et de 16h à 19h. Samedi de 5h à 13h. Dimanche de 7h à 12h.

Amis touristes, sachez que moult Colmariens avertis fréquentent régulièrement S'Landbrot (« bon pain de campagne » en alsacien) car ils sont particulièrement friands des pains spéciaux élaborés avec passion par Guy Berret et son équipe. Et puis, dès potron-minet, les présentoirs de cette charmante boulangerie débordent de viennoiseries, brioches, kougelhopfs et autres spécialités 100 % pur beurre. Le choix est impressionnant, il en va de même à midi pour les sandwiches variés. On adore !

BIM HUDSALA €€

12, rue de la Liberté - **SUNDHOFFEN**
✆ 03 89 71 40 42
www.bimhudsala-boucherielang.fr
Ouvert du lundi au jeudi à midi, vendredi et samedi midi et soir. Menu du midi 17,50 €. Boucherie-charcuterie, traiteur.

Ici, on s'attable dans un cadre rustique chic pour se régaler d'une salade vigneronne et son œuf poché, d'un tartare de bœuf charolais ou de médaillons de veau marinés aux fines herbes. Quant au menu du jour, il offre un rapport qualité-prix fort satisfaisant. Le week-end, c'est libre choix à la carte, avec un coup de cœur pour les bouchées à la reine. Agréable terrasse ouverte dès l'arrivée des beaux jours, service attentif. Un dernier mot à propos du nom du restaurant et de sa boucherie-charcuterie : Bim Hudsala signifie, en alsacien, « petit cochon » !

LA GRANGE

2, 4e Impasse
✆ 06 28 21 49 83
https://distillerielagrange.com
Distillerie artisanale bio. Vendredi et samedi : 10h-12h, 14h-19h. Ateliers de dégustation sur RV. Boutique en ligne.

Le fondateur de cette distillerie artisanale s'inspire avec créativité de belles pratiques ancestrales. Installée dans une grange joliment rénovée, la distillerie possède un sublime alambic conçu tout spécialement pour elle. Florian Gil distille du gin 100 % alsacien décliné en 3 versions : *Pin Up Wings* (médaille d'or au Concours International de Lyon 2020), *Rose des Vents* (genévrier alsacien et safran) et *Super Broussard* (coriandre, agrumes, thym et romarin). Bon à savoir : Florian organise sur rendez-vous des ateliers pour créer votre propre gin !

ENSISHEIM ★

Ville au riche passé, Ensisheim présente, sous une apparente sobriété, des trésors insolites le long d'une promenade historique et ludique. Le musée de la Régence, qui accueille toute l'année de nombreuses manifestations, évoque par son nom la présence des Habsbourg et l'héritage dont peut s'enorgueillir la ville. Des tumuli fouillés au XIXe siècle ont révélé un trésor celte actuellement conservé au musée Unterlinden à Colmar : torque et bracelets, boucles d'oreilles en or… Les fouilles de la nécropole néolithique, une des plus importantes de France, à permis de mieux connaitre les rites funéraires de cette surprenante civilisation. Cependant, c'est la fin du Moyen Âge et la Renaissance rhénane qui sont le mieux représentés par les témoins du passé : une météorite de 127 kg tombée dans un champ de blé en 1492 dont un morceau est exposé au musée de la Régence, le majestueux palais de la Régence, ancien hôtel de ville, les écrits de Jacob Baldé ou encore les différents éléments d'architecture qui ponctuent la ville ici et là, rappelant sa place de capitale de l'Autriche antérieure dans l'empire des Habsbourg. Les temps modernes sont eux aussi représentés par des édifices surprenants comme l'hôtel de la Couronne, l'ancienne église du collège jésuite, les vitraux de l'église Saint-Martin… Le musée de la Régence, au parcours scénographique entièrement repensé, permet de découvrir l'histoire séculaire et riche de la commune grâce à des collections qui reflètent les différents visages d'Ensisheim, dont le passé minier qui a marqué le XXe siècle par la difficile exploitation de la potasse.

LE MUSÉE DE LA RÉGENCE ★

Place de l'Église ✆ 03 89 26 49 54

Ouvert toute l'année, horaires modulables. Adulte : 2 €.

Ancienne capitale des Habsbourg, Ensisheim possède une des plus belles réalisations architecturales rhénane du XVIe siècle : Le Palais de la Régence, abritant un musée. Rénové en 2019, son parcours muséal permet de découvrir l'histoire de la ville et de son territoire, de l'époque néolithique à l'industrie minière du XXe siècle en passant par l'époque des Habsbourg. Sa rénovation ajoute son lot d'innovations technologiques qui rafraîchissent la visite : mapping, vitrine interactive, immersion à 360°... Une modernisation vraiment réussie !

PARC DE L'EIBLEN

Chemin de l'Eiblen

✆ 03 89 83 32 10

Ouvert toute l'année. Gratuit.

Le Parc de l'Eiblen est une zone de loisirs et véritable poumon d'oxygène de la ville. Aire de jeux, espace pique-nique, parcours vital et parc animalier : 16 hectares dédiés aux familles, sportifs et amoureux de la nature. Enfin, l'Eiblen accueille ponctuellement des manifestations où rencontre et convivialité se conjuguent avec culture et plaisir partagés. On y trouve un enclos à cigogne, fier échassier, emblème de nos contrées car L'Eiblen participe aussi à sa réintroduction et à sa protection. L'oiseau symbole de l'Alsace n'a pas fini de claqueter !

ÉGLISE SAINTE-LUCIE

NIEDERHERGHEIM

L'église dédiée à sainte Lucie, patronne des aveugles, des électriciens et des oculistes est constituée d'une tour rectangulaire surmontée d'une flèche à 6 pans qui culmine à 42 m. Elle est dotée de 6 cloches, une rareté dans le Haut-Rhin. Sa tour comprend 3 étages de fenêtres en plein cintre à encadrement de pierre et à deux arcatures. L'intérieur de l'église renferme un mobilier néo-roman et des peintures murales (classées aux Monuments historiques) datées de 1896 et signées Philipp Carl Schilling. Inaugurée en 1870, l'église a été restaurée en 1984 et 1986.

POINT INFO TOURISME

6, place de l'Église

✆ 03 89 26 49 54

http://ensisheim.net

Se situe au Palais de la Régence, place de l'Église.

Ensisheim est une ville audacieuse qui a bien compris l'importance du tourisme en Sud-Alsace ! Elle a d'ailleurs de nombreuses cordes à son arc dont son Point Info Tourisme où le conseil est efficace, dynamique et souriant. De nombreuses brochures touristiques vous seront proposées, ainsi que le plan de la balade historique dédiée au patrimoine urbain et la possibilité de programmer des balades découvertes à pied ou à vélos avec des greeters. Ces bénévoles passionnés par leur ville ont l'envie de vous faire découvrir leur ville de façon détendue et passionnante.

HAUT-RHIN

Le Palais de la Régence

Contenus multimédias !

Ancien palais des Habsbourg, la Régence abrite un musée archéologique, historique et de la mine... et la fameuse météorite d'Ensisheim. Accessible à tous et réimaginé, il vous propose de nouvelles expériences avec ses contenus multimédias et virtuels inédits !

Plus d'infos et horaires : www.musee.ensisheim.net

Découvrez aussi notre ville avec notre balade historique (en accès libre) et nos cyclo-tours sur les thèmes du patrimoine et du fleurissement !

Le parc de l'Eiblen

Pour flâner, jouer, observer les animaux dans la nature ou dans le cadre de notre parc à cigognes, ou encore nager dans notre piscine découvrable aux beaux jours...

Bienvenue au parc de l'Eiblen !

Villes et Villages Fleuris
LE LABEL NATIONAL DE LA QUALITÉ DE VIE

Village Cigogne d'Alsace
ELSÄSSICHES STORCKA-DORF

Les marchés paysans

Chaque 1er vendredi du mois d'avril à octobre, rendez-vous pour un marché dédié aux produits du terroir et productions locales !

Sur la place de l'Eglise (centre-ville) à partir de 17h

Le petit plus : chaque mois une nouvelle animation gratuite vous est proposée !

Plus d'infos : www.marche.ensisheim.net

COMITÉ NATIONAL
COMMERCES DE PROXIMITÉ
DANS LA VILLE
DU COMMERCE DE PROXIMITÉ ET DU CENTRE-VILLE

Plus d'info sur :

www.ensisheim.fr

Ensisheim
Ville d'histoire, ville d'avenir

CENTRE NATURISTE CAMPING ILLFELD €

Chemin de l'Eiblen ✆ 03 89 81 77 35
www.clubdusoleilmulhouse.fr
Ouvert de mi-juin à mi-septembre. Accès limité aux membres du CSM et aux campeurs sur réservation. 60 emplacements.

C'est un camping associatif très agréable situé dans un bel espace de nature. Réservé aux adeptes du naturisme, il faudra tomber le maillot pour profiter pleinement du calme et de l'ambiance conviviale. De nombreuses activités sont proposées ainsi que des soirées animées. Ici la nudité est un art de vivre en communion avec la nature et dans le respect d'autrui. D'ailleurs tout le monde est accepté à condition de réserver et de posséder la licence FFN (Fédération Française de Naturisme).

LA COURONNE**** €€€

47, rue de la Ire-Armée-Française
✆ 03 89 28 20 20
couronne-ensisheim.com
Ouvert toute l'année. Chambre double 115 €. Petit déjeuner buffet. Soirée étape 122 €. Wifi. Demi-pension 55 €. Sauna.

L'auberge de la Couronne existerait depuis le XVIe siècle. Cet établissement séculaire, classé monument historique depuis 1935, est une belle rencontre entre luxe et prestige. Les chambres, très confortables et spacieuses, ont un cachet incomparable. Des soins sont proposés sur rendez-vous et dans la chambre pour des moments bien-être relaxants. Le restaurant, d'inspiration « brasserie chic » comblera les envies des plus folles. Parfait pour la famille, rêvé pour les amoureux mais aussi les entreprises car l'hôtel est parfaitement adapté aux séminaires.

DOMAINE DU MOULIN**** €€

44, rue de la 1re-Armée
✆ 03 89 83 42 39
www.hotel-domainedumoulin-alsace.com
Ouvert toute l'année. Hôtel-restaurant ; spa.

À l'entrée du village d'Ensisheim, le Domaine du Moulin vous accueille dans son ensemble architectural splendide pour passer une nuit mémorable. L'intérieur de l'hôtel est très chaleureux grâce à sa décoration moderne, tout en bois et donne le ton de la sensation de bien-être qui vous accompagnera partout. Les chambres sont très joliment décorées et très confortables, tout comme l'espace spa et bien-être. Le domaine propose enfin tout une série d'activités pour rythmer vos journées et partir à la découverte d'Ensisheim et de sa région.

AU BŒUF ROUGE €€

7, place de l'Église
✆ 03 89 81 01 21
www.boeufrouge-ensisheim.com
Fermé mercredi et jeudi. Le reste de la semaine, 10h-15h et 18h-1h.

À deux pas du centre d'Ensisheim et de l'église, le Bœuf rouge est un restaurant de village qui saura vous séduire par son ambiance décontractée. Situé à l'étage d'un bâtiment du centre, son architecture détonne et vous donnera l'impression d'être à la maison. Dans l'enfilade de salles mansardées du restaurant, vous dégusterez une cuisine traditionnelle où le bœuf est bien sûr mis à l'honneur. Les plats servis sont copieux et le service est rapide : bref, le Bœuf rouge est une adresse simple, efficace d'où l'on ne repart pas déçu.

HAUT-RHIN

Ensisheim.

LA FLAMME €€

✆ 03 67 26 01 94
www.restaurant-la-flamme.fr
Fermé les dimanches et lundis. Menu à 24 €. Formule du midi : 12,50 € (entrée + plat + dessert).

Situé au cœur du parc d'activité de la Passerelle, la Flamme détonne par son ambiance ! Le restaurant a fait le choix de recréer une ambiance de restaurant traditionnel de village et ça marche ! Dans une ambiance chaleureuse, venez déguster des plats de la gastronomie alsacienne comme d'excellentes tartes flambées ainsi que des grands classiques : fleischnakas, lawerkneplfes..., le choix promet d'être difficile ! La Flamme, c'est également une microbrasserie qui produit des bières 100 % locales que vous trouverez à la carte pour accompagner votre plat.

LA VILLA DU MEUNIER €€

44, rue de la Première-Armée
✆ 03 89 83 42 39
www.hotel-domainedumoulin-alsace.com
Ouvert tous les jours sauf le samedi midi. 12h-13h30 ; 19-21h. Menus de 54,50 € à 76 €. Menu du jour à 27 €.

À la Villa du Meunier l'accueil est à la hauteur de sa renommée, chaleureux et sobre. Le service est efficace et très agréable. Vous savourerez un repas parfait à l'accent gastronomique alsacien. La carte des vins est variée et en adéquation avec la qualité des mets. Mention spéciale aux desserts qui sont délicieux ! Pour profiter de cet oasis, laissez-vous tenter le temps d'un week-end par une formule hébergement. Le « Domaine du Moulin » vous propose enfin une multitude d'activités : visites de caves, cours de cuisine.... Allez-y sans plus attendre !

BRASSERIE LA PASSERELLE

D 201
✆ 03 67 26 01 94
Ouvert du lundi au samedi de 8h à 12h et de 14h à 17h. Visites sur RV. Grande Terrasse.

La bière : toute une histoire en Alsace ! La Ansa est brassée à Ensisheim (d'où elle tire son nom) et fait un tabac ! Née de la passion de ses créateurs, elle se décline en quatre couleurs : blanche, blonde, noire et rousse. Mais quand une micro-brasserie a soif d'innovation elle ne s'arrête pas à ses produits stars ! D'où une belle gamme de bières personnalisées et de saison. Des produits locaux et riches en goût élaborés dans le respect des traditions. Au sein de la brasserie, un restaurant alsacien et la possibilité de s'initier aux secrets de fabrication.

ESPRIT D'ALSACE

Z.A, de la Passerelle
✆ 03 89 74 08 54
www.jardinsdalsace.com
Ouvert du lundi au vendredi de 9h à 19h ; le samedi de 9h à 17h.

Un bel endroit où se rassemblent de nombreux producteurs locaux alsaciens mais pas que... Esprit d'Alsace est aussi une marque gourmande dont le centre de production est accolé au magasin. L'idée : proposer des produits locaux de qualité avec pour mot d'ordre la promotion des traditions culinaires et artisanales alsaciennes. Côté boutique, on retrouve les meilleures spécialités du patrimoine, côté production, c'est la part belle aux pâtes fraîches sans glutamate ni conservateur ajoutés. Impossible de ne pas trouver son bonheur !

LES MARCHÉS PAYSANS

Place de l'Église
✆ 03 89 26 97 40
Tous les 1ers vendredis d'avril à novembre à partir de 17h, jusqu'à 21h en juillet-août. Animations sur inscription.

Parfaits pour éviter les intermédiaires, les marchés paysans sont des moments privilégiés d'échanges avec une vingtaine de producteurs locaux proposant des produits frais de qualité. Lancés en 2013, ils rencontrent depuis un franc succès. La ville Ensisheim a prévu un gros plus : des animations gratuites rythmées par le club des accordéonistes. Transmission de savoir-faire, ateliers de sensibilisation à l'environnement, dégustations ou encore jeux : autant de moments instructifs et conviviaux à partager en faisant son marché !

BILTZHEIM

Village à vocation agricole, il apparaît la 1er fois dans des textes du XIIIe siècle. Plusieurs seigneurs y possédaient des terres : les abbés de Murbach, les Habsbourg, les chevaliers teutoniques de Rouffach, les seigneurs de Hattstatt... Jusqu'en 1648, Biltzheim est inféodé aux vassaux des Autrichiens. Des vestiges du passé gallo-romain ont été exhumés du site nommé « Unterfeld », un moulin, le Biltzermühle, aurait été remanié au XIXe siècle. Un joli colombier, le presbytère du XVIIIe siècle ainsi que deux oratoires du XIXe siècle sont à l'entrée de cours de fermes. Enfin, les passionnés d'automobile seront comblés puisqu'y réside : l'Anneau du Rhin !

ÉGLISE SAINT-GEORGES

Rue de l'Église
✆ 03 89 22 03 43
www.alsace.catholique.fr/cpsci

Biltzheim, ancienne possession des Habsbourg, est citée dès 1275, mais il faudra attendre le XVIIIe siècle pour y voir naître l'église Saint-Georges. Elle possède de nombreux éléments remarquables dont une nef plafonnée à vaisseaux latéraux de 1777 surplombée par une tour-porche du XIXe siècle. Un autel, de style baroque est dédié à l'éducation de la Vierge et à Marie-Madeleine. Le tabernacle du XVIIIe siècle abrite le ciboire et les hosties et le groupe sculpté en bois taillé et doré représente saint Georges luttant contre le dragon.

LE COLOMBIER

Le colombier fait partie des vestiges du premier moulin à eau du village, en alsacien « Obermühle ». Construit vers 1750, il a été détruit en 1912. Lorsqu'il était en activité, il alimentait alors en énergie Meyenheim. La création postérieure d'un autre moulin le long de la vieille Thur vaudra au canal les accueillant le surnom de « canal des Douze Moulins ». Une fresque sous le colombier représente le Christ, assis sur un arc-en-ciel et tenant sa croix. À côte de lui, une Vierge, agenouillée sur des nuages, est censée intercéder en faveur des pêcheurs.

CIRCUIT DE L'ANNEAU DU RHIN

✆ 03 89 49 99 00
www.anneau-du-rhin.com

Plusieurs formules proposées, en moyenne de 150 à 400 euros par stage/baptême.

Le circuit de l'Anneau du Rhin propose des stages de pilotage sur divers véhicules : Porsche, Ferrari, Lamborghini, Alpine, monoplaces. Une des particularités de ce circuit est la possibilité de faire un baptême de piste à bord d'une légendaire Bugatti Type 35. Il faudra anticiper la réservation (environ un mois à l'avance), mais l'expérience sera unique ! Il est également possible de tourner sur la piste avec sa propre auto, en formule coaching ou trackday (réservation au préalable).

ÉGLISE DU XVIIIE SIÈCLE

11, rue de l'Église
✆ 03 89 81 01 40
Visite libre.

L'église est placée sous le patronage jumelé de saint Pierre et saint Paul. Édifiée au XIIe siècle, il n'en subsiste que sa tour clocher. Inscrit aux monuments historiques depuis 1984, cet édifice fait partie de la route romane d'Alsace et vaut le détour pour ses peintures murales restaurées et ses vitraux remarquablement conservés ainsi que pour son orgue Kern reconstruit en 1981. À l'intérieur, le retable, peint au XVIIIe siècle par Joseph Esperlin, présentant l'Apparition de la Trinité, proviendrait de l'ancienne église du collège jésuite d'Ensisheim.

MEYENHEIM

Situé sur l'ancienne voie romaine le long de l'Ill, Meyenheim est mentionné par écrit pour la première en 789 lorsque le village est légué à l'abbaye de Murbach. Ses origines sont cependant bien antérieures puisque des vestiges archéologiques témoignent d'une présence humaine depuis l'âge du bronze. Des vases campaniformes du bronze final – 1200 et 725 av. J.-C. – sont exposés au musée Unterlinden à Colmar, ou des tombes à incinération au musée de la Régence d'Ensisheim. Différentes vestiges telles qu'une canalisation romaine, un puits découvert au niveau de la gravière Boog et des pièces, attestent également de la présence d'un habitat gallo-romain.

MUNWILLER

Cité pour la première fois au XIIIe siècle, Munwiller devait exister bien avant, étant donné qu'un sarcophage mérovingien y a été découvert. Le village est d'abord propriété des évêques de Strasbourg, puis des Habsbourg – de 1269 à 1648. En 1763, il devient propriété des Klinglin. À la fin du XVIIIe siècle, il est intégré au baillage de Ollwiller. En 1819, on construit un bâtiment aux fonctions multiples – école, mairie, presbytère – au centre du village. Pendant l'occupation, le village sert de quartier aux troupes allemandes. Durant la 1er Guerre mondiale, le village accueille les habitants des villages voisins qui cherchent à échapper aux combats.

TOUR-CLOCHER DE L'ÉGLISE SAINT-ARBOGAST

Entrée gratuite.

Datée du XIe siècle et composée de 3 niveaux, la tour est surmontée d'un étage ajouré de baies géminées triples, reliées par des colonnettes. Les arcs sont en pleins cintres. La nef et le chœur datent de 1841 et abritent un très beau mobilier des XVIIIe et XIXe siècles : maître-autel de saint Arbogast ressuscitant Siegbert de 1844, autels latéraux en bois polychrome, chaire à prêcher. Un arc triomphal brisé à l'entrée du chœur témoigne d'aménagements pendant la période gothique.

CANAL VAUBAN

En 1697, Louis XIV prit la décision de protéger le village de Neuf-Brisach. Sur demande du roi, l'ingénieur Sébastien Le Prestre, marquis de Vauban, s'attela alors à la réalisation d'une véritable place forte. Pour charrier les pierres issues des carrières de Gueberschwihr et de Pfaffenheim, on creusa donc le canal Vauban en puisant l'eau dans le Quattelbach à Ensisheim et l'emmenant jusqu'à Oberhergheim. Le canal fut en partie comblé pour des raisons militaires dès 1703. Certains tronçons existent toujours, ils servent notamment à irriguer les terres agricoles.

OBERENTZEN

Situé sur la rive gauche de l'Ill, le village d'Oberentzen comprenait à l'origine les 2 communes d'Entzen. De nombreuses découvertes au lieu dit Giessen traduisent l'occupation des sols dès la préhistoire. A la fin du XVIIe siècle, le village est rattaché au baillage d'Ensisheim et donné à l'intendant de La Grange. Au XVIIe siècle, il passe aux mains des Kinglin, qui sont déjà seigneurs d'Oberhergheim. Cette même famille possédait, entre autre, un hôtel particulier à Strasbourg qui est l'actuel Palais de la Préfecture. Un orgue Rabiny, construit par Louis Dubois et rénové par Callinet constitue un des trésors de la paroisse dédiée à Saint-Nicolas.

ÉGLISE SAINT-LÉGER

Visite libre.

Fondée par les abbés de Murbach, l'église est reconstruite en 1744 sur les plans de l'architecte Laubser dans un style néoclassique. Elle abrite une horloge de Schwilgué et un orgue d'Ignace Callinet de Rouffach, classé Monument historique en 1977. Ses vitraux, datant de 1886, rendent hommage aux 14 saints intercesseurs. Le maître-autel a été réalisé par le sculpteur Joseph Saur. Patron des obèses, saint Léger était évêque d'Autun. Décapité, il eut les yeux crevés et la langue arrachée. Représenté en évêque, il tient dans ses mains les instruments de son martyre.

OBERHERGHEIM

Les objets trouvés permettent d'attester une présence gauloise et romaine. Au XIIIe siècle, le village d'Hergheim est scindé en deux. À cette époque le village fait partie de l'abbaye de Murbach et par la suite à la seigneurie des Habsbourg. Il a ensuite été concédé aux nobles de Hattstatt qui l'ont cédé à M. Klinglin. En 1478, Guillaume de Ribeaupierre fait emprisonner 30 villageois et exige une rançon pour les libérer. En 1585, le domaine passe aux Schauenbourg, qui construisent un château considéré comme l'un des plus beaux d'Alsace. Un atelier de pièces détachées d'avion est installé par les allemands. Le village est libéré le 5 février 1945.

STÈLE GÉODÉSIQUE

Cette stèle pyramidale, haute de 5 mètres, est un impressionnant vestige de l'époque napoléonienne. Construite en 1804, elle est composée de six blocs de grès des Vosges superposés et est entourée de 12 petites bornes en cercle. Elle a été élevée à Oberhergheim à la demande de Napoléon par l'équipe de l'astronome Maurice Henry pour établir une carte de l'Helvétie. La distance entre cette stèle et celle de Sausheim était à l'époque la plus longue base mesurée à la surface de la Terre et servait de triangulation. Une troisième aurait dû être érigée à Jungholtz.

RÉGUISHEIM

Réguisheim est situé sur une ancienne voie romaine importante qui reliait la Suisse actuelle à Strasbourg. Envahi par les francs, le village est alternativement la propriété de différents seigneurs avant de s'administrer librement à partir de 1789.Selon la légende, le lieu-dit du Kastelgraben sur lequel s'érigeait le château des nobles du village est entouré de mystères... Dans la forêt qui le borde, on entendrait par moments le bruit des fers d'une horde de chevaux menés par Pierre de Réguisheim se rendant à Francfort. Des messes auraient été organisées jusqu'au XIXe siècle pour expier les fautes de cet homme réputé pour sa cruauté et ses méfaits...

CHÂTEAU HUGSTEIN

Accès à pied par Guebwiller, rue de Liebenberg ou par Buhl, rue de Murbach.
www.pro-hugstein.com

Petit parking dit « du Hugstein » pour se garer. Courte ascension jusqu'au château. Visite libre.

Ce château a été fondé vers le XIIIe siècle sur les bans de Buhl et de Guebwiller par l'abbé de Murbach Hugo, un fidèle de Frédéric II de Hohenstaufen. Bâti au débouché d'un vallon, le Hugstein était un emplacement stratégique pour défendre Guebwiller ainsi que l'abbaye de Murbach, bien que son rôle fut essentiellement résidentiel. Classé aux Monuments historiques en 1930, l'association locale Pro Hugstein s'efforce de le faire devenir un des attraits culturels du Florival, dans le cadre du développement touristique induit par le label de Pays d'Art et d'Histoire.

LA TOUR ROMANE DE L'ÉGLISE SAINT-ÉTIENNE

42, Grande rue

Tour érigée au XIIe siècle, son aménagement permet de penser qu'elle a servi de guet et de refuge. Haute de 50 mètres, elle est caractérisée par des baies géminées en arc en plein cintre, liées par des colonnettes centrales. La nef et le chœur ont été bâtis en 1778 et le clocher baroque a reçu ses cloches en 1888. Saint Étienne, patron des palefreniers et des chevaux, est présenté en dalmatique de diacre, imberbe, avec l'étole et à la main les pierres de sa lapidation !

CIMETIÈRE JUIF DE JUNGHOLTZ ★

rue des Tuiles
JUNGHOLTZ

Ouvert toute l'année. Visite guidée. Visites guidées par l'office de tourisme de Guebwiller-Soultz.

Dans les fossés de l'ancien château des Schauenbourg se trouve le cimetière juif de Jungholtz. Créé vers les années 1650, on y trouve des tombes datant d'entre 1715 et 1923, faisant de ce lieu le plus ancien cimetière israélite du Haut-Rhin et un des plus anciens d'Alsace. Témoignage de la présence séculaire de communautés juives en Alsace et dans la région, le cimetière présente ainsi de beaux exemples de l'art funéraire si particulier du judaïsme alsacien.

GUEBWILLER ★★

A cheval sur le Parc Naturel Régional des Ballons des Vosges et la Route Romane, le regard tourné vers la Route des Vins, la région de Guebwiller offre un cadre idéal pour des vacances actives. Riche d'un passé historique lié à celui de l'Abbaye de Murbach, mais aussi industriel, la capitale des pays du Florival est aussi connue pour ses coteaux que pour les concerts prestigieux des Dominicains. Côté environnement, c'est un paradis pour randonneurs et cyclistes en été et les skieurs en hiver. La route des crêtes ravit les motards tandis que les amateurs de repas marcaire se régaleront dans les nombreuses fermes-auberges qui parsèment le territoire.

ÉGLISE SAINT-LÉGER ✞ ★

2, place Saint-Léger

Visite guidée (s'adresser à l'OT). Audioguide disponible + application mobile gratuite : Les voies du patrimoine

Cette église paroissiale de style roman a été construite de 1182 à 1235 sous l'impulsion de l'abbé de Murbach, en remplacement d'une chapelle située au même endroit. L'architecture harmonieuse de l'édifice le distingue des autres églises romanes d'Alsace dont la construction est souvent restée inachevée. Plusieurs adjonctions et modifications sont intervenues au cours des siècles, par exemple l'abside à 5 pans, ou encore les parties hautes du chœur. À l'intérieur de l'église, de magnifiques vitraux contemporains ont été créés par François Chapuis en 1986.

GRAND BALLON ★★★

Êtes-vous prêts à gravir le plus haut sommet du massif vosgien ? L'ascension vaut le détour, une vue imprenable attend les randonneurs chevronnés à son sommet ! Culminant à 1 424 mètres, le Grand Ballon est le plus haut sommet du massif vosgien. Il est bien connu des randonneurs et des amateurs de ski, et cela depuis le XIXe siècle : avec l'apparition des chemins de fer dans les vallées avoisinantes, les premiers touristes viennent de toute l'Europe pour admirer et se confronter au Grand Ballon. À son sommet, se dresse le monument des Diables bleus, érigé à l'initiative du Club alpin français et du Club vosgien en hommage aux victimes des bataillons de chasseurs alpins, engagés sur le front des Vosges pendant la Première Guerre mondiale. Les visiteurs seront également surpris de tomber sur un étrange bâtiment sphérique, il s'agit d'un radar de l'aviation civile conçu par Claude Vasconi en 1997. Le Grand Ballon est encore parfois aussi appelé Ballon de Guebwiller, en référence à la ville éponyme, située à proximité. La capitale du Florival reste le point de départ idéal pour partir à l'assaut de l'impressionnant sommet. Randonnées pédestres, circuits VTT, raquettes à neige et ski en hiver… pour les plus sportifs, repas marcaires, dégustations et visites de caves pour les gastronomes, il y en a pour tous les goûts ! En été, nombreux sont les motards qui aiment emprunter la route des Crêtes pour se rendre au Grand Ballon. Vous apprécierez sa faune et sa flore préservées, le calme et ses couleurs verdoyantes…

© LEONID ANDRONOV / ADOBE STOCK

LES DOMINICAINS DE HAUTE-ALSACE ★★

34, rue des Dominicains
✆ 03 89 62 21 82
www.les-dominicains.com

Dance-Floor Cabaret, les 2 et 4 week-end de Juillet. Saison estivale du 3 juin au 24 août

Un centre culturel labellisé par le ministère de la Culture ! Directeur depuis 2005, Philippe Dolfus et son équipe sont engagés dans un projet culturel atypique axé autour de la musique et des arts numériques.

Le couvent abrite un centre audiovisuel. Le lieu accueille des artistes en résidence. Les productions (mappings immersifs, spectacles numériques) s'exportent avec succès.

Le projet développe des actions vers les publics dit éloignés de la culture via le Labo des jeunes.

© DR

© DR

HAUT-RHIN

HÔTEL DE VILLE ★

73, rue de la République

Audioguide disponible à l'Office de tourisme de Guebwiller + application mobile gratuite : Les voies du patrimoine.

L'hôtel de ville est un bâtiment classé monument historique depuis 1975. Une inscription sur son oriel précise que cette superbe demeure bourgeoise fut bâtie en 1514 pour un riche drapier du nom de Markart Hesser. A sa mort, ses héritiers le vendirent à l'abbaye de Murbach, ce n'est que par la suite qu'elle deviendra le siège de l'administration municipale. Vous y remarquerez de belles fenêtres à meneaux, différentes moulures curvilignes, un oriel à cinq pans, ainsi que dans une niche d'angle, une Vierge à l'Enfant du XVIe siècle.

MUSÉE THÉODORE DECK ★

1, rue du 4-Février

✆ 03 89 74 22 89

www.ville-guebwiller.fr

Ouvert toute l'année. Du mercredi au dimanche de 14h à 18h.

Artiste innovant, Théodore Deck a transformé l'art de la céramique du XIXe siècle en consacrant sa vie à parfaire l'art de la faïence. Obsédé par la couleur il est le découvreur de l'inimitable bleu Deck, un bleu turquoise éclatant et très particulier. Le musée abrite plus de 500 pièces de cet enfant de Guebwiller et pour compléter, le musée abrite une des plus belles collections de minéraux de la région. Pièces d'art issues de principauté de Murbach, développement de l'artisanat et de l'industrie locale, le musée retrace sur 5 étages, l'histoire de Guebwiller.

SENTIER VITICOLE

WUENHEIM

Créé voici une vingtaine d'années et entièrement réhabilité au printemps 2017, le sentier viticole de Wuenheim arpente les coteaux de la commune sur 3 km. Le départ se fait depuis le parking de la Cave du Vieil Armand. Il est jalonné par 17 panneaux explicatifs grâce auxquels on peut découvrir les différents travaux de la vigne au fil des mois, les cépages du terroir, le domaine d'Ollwiller et son château ainsi que la faune, la flore et la biodiversité locales. Un excellent moyen pour joindre l'agréable à l'utile au cours d'une balade dans les vignes !

ROUTE DES CRÊTES ★★★

Grand Ballon

La route est fermée en hiver.

Située en plein cœur du massif vosgien, la célèbre route des Crêtes est un magnifique itinéraire touristique, qui relie Cernay à Sainte-Marie-aux-Mines. Elle fut créée pendant la Première Guerre mondiale par le Haut-Commandement français, qui souhaitait bénéficier d'un axe de ravitaillement pour ses troupes qui combattait sur le du front des Vosges. Parallèle à la Route des vins, la route des Crêtes côtoie les plus hauts sommets vosgiens en passant du nord au sud par le col du Bonhomme, le col de la Schlucht, le massif du Hohneck, le Markstein, le Grand Ballon et le Vieil Armand. Son point le plus élevé est à 1 343 m au passage du Grand Ballon. Serpentant tantôt sur le versant alsacien des Vosges, tantôt sur le versant lorrain, elle devient exclusivement alsacienne à partir du sommet du Rainkopf. Si les forêts sont nombreuses sur cet itinéraire, la route des Crêtes traverse surtout des pâturages qui culminent au sommet des ballons, leur donnant cet aspect dégarni caractéristique. L'été, ces prairies accueillent des vaches de races vosgiennes, dont le tintement des cloches rythme agréablement les randonnées, tandis que quand la neige recouvrent les prés, les bovinés cèdent leur place aux amateurs de sport d'hiver. Adaptée à l'automobile dans les années 1920, on la parcourt désormais à pied, à vélo, en camping-car ou en voiture afin de profiter de la vue à couper le souffle. Ses panorama permettent d'admirer les paysages les plus caractéristiques de la chaîne des Vosges : ses ballons, ses lacs, ses cols. Par temps dégagé, on peut apercevoir depuis ses sommets, la plaine d'Alsace et la Forêt-Noire mais aussi le Liechtenstein et le mont Blanc. Randonnées, VTT, ski et même vol libre au-dessus des cirques glaciaires, l'endroit est idéal pour les sports de plein air. Un seul bémol pour les amateurs de silence : c'est le paradis des motards en été autant que des skieurs en hiver ! Des navettes permettent de rejoindre les sommets en toute saison. Les amoureux de la nature seront à l'affût des chamois, réintroduits dans les années 1950, qui parcourent désormais les massifs du Hohneck, du Markstein et du Grand Ballon. Au printemps, alors que les jonquilles fleurissent dans les pâturages, les botanistes amateurs pourront se mettre en quête du magnifique et rare lys martagon. En hiver, la route des Crêtes est fermée au nord entre le col de la Schlucht et le col du Calvaire afin de laisser le champ libre aux skieurs et entre le col du Bonhomme et le col des Bagenelles et au sud entre le Grand Ballon et les pistes de ski de La Bresse-Kastelberg.

VIVARIUM DU MOULIN ★

6, rue du Moulin
LAUTENBACHZELL
✆ 03 89 74 02 48

Haute saison ouvert tous les jours et jours fériés de 10h à 18h. Adulte : 8 €. Enfant de 5 à 16 ans : 4 €.

Passionnés d'entomologie ou curieux amoureux de la nature, le vivarium du Moulin est fait pour vous ! Au cœur d'un magnifique ancien moulin à farine, une impressionnante exposition de plus de 240 m² fait honneur au monde des insectes. Vous trouverez des insectes atypiques comme des mantes religieuses, ainsi qu'une impressionnante mygale protégée, mais aussi un passionnant espace muséographique dédié aux insectes plus familiers comme l'abeille ou encore la fourmi. L'endroit parfait pour en apprendre plus sur le monde si important des insectes !

L'AIGLE D'OR*** €€

5, rue Principale - **RIMBACH-PRÈS-GUEBWILLER**
✆ 03 89 76 89 90
https://hotelaigledor.com/#hotel

Chambre double à 60/75 €. Petit-déjeuner à 10 €. Très joli parc. Garage à vélos/motos. 7 bornes de recharge électrique.

Depuis 4 générations, les Marck sont aux commandes de cet hôtel-restaurant situé en plein cœur du joli village de Rimbach où il y a toujours une cabine téléphonique ! C'est Murielle qui est aux commandes de ce ravissant et élégant hôtel de campagne. La reprise de l'établissement était une évidence et une chance. La rénovation a été complète. Le résultat est au rendez-vous ! Un décorum de bois et de lumières ouvrant sur de grandes chambres, très confortables. On sert le petit déjeuner sur une belle terrasse en plein cœur, à l'ombre du marronnier.

DOMAINE DU LAC*** €€

244, rue de la République
✆ 03 89 76 15 00
www.domainedulac-alsace.com

2 hôtels tarifs à consulter sur site Internet. Restauration ; animaux acceptés à l'hôtel du Lac ; garages privés.

Le Domaine du Lac porte bien son nom puisqu'il comporte deux hôtels 3 étoiles aux univers contemporains et modernes et un restaurant qui forment une trinité du bien-être. Les bâtiments ont été récemment rénovés, pour une ambiance design des plus chics avec vue imprenable sur le lac. Tout est mis en œuvre afin de rendre votre séjour ici aussi agréable que possible. Situé en lisière de forêt, le domaine possède également des salles de séminaires. C'est un véritable havre de paix, au départ de nombreuses balades, idéal pour déconnecter.

HÔTEL-RESTAURANT KLEIN** €€

44, rue de la Vallée
SOULTZMATT
✆ 03 89 47 00 10
www.klein.fr

Fermé en janvier. 10 chambres. Petit déjeuner : 8 €. Chambre à partir de 80 €.

Une magnifique adresse au cœur de la vallée noble. L'hôtel restaurant Klein vous propose toute l'année des chambres confortables qui ont du style ! Certaines possèdent des lits à baldaquins mais chacune a sa personnalité. De la carte au menu, des spécialités alsaciennes cuisinées avec goût et pour les accompagner, une carte de vins exceptionnelle, avec plus de mille références. Une salle pour banquets ou séminaires peut accueillir jusqu'à 150 convives. Une adresse incontournable pour découvrir la bonne cuisine française dans toutes ses lettres de noblesse !

© EMMA SUAREZ

© EMMA SUAREZ

FERME-AUBERGE DU HAHNENBRUNNEN €

Route des Crêtes - **LAUTENBACH**
✆ 03 89 77 68 99
www.fermeauberge-hahnenbrunnen.fr
Fermé le lundi sauf lundi de Pentecôte. Ouvert de mi-mai à mi-octobre, selon la neige. Réservation recommandée.

Cette ferme auberge fait partie de la tradition ! Profitez bien de cette halte où l'on déguste du munster avec du beurre de la ferme, de la tomme, du bargkas et du fromage blanc maison. Le repas marcaire qu'on vous sert est riche en goût : tourte en entrée, puis pommes de terre fermières, viande fumée et salade, fromages et dessert. Les tartes aux fruits de saison sont excellentes. Reste le plus difficile : trouver ce lieu, caché en contrebas de la route des Crêtes !

PÂTISSERIE-CHOCOLATERIE HELFTER €

8, place de l'Hôtel-de-Ville
✆ 03 89 74 27 44
www.helfter.fr
Le lundi de 13h à 19h ; du mardi au samedi de 7h30 à 19h ; le dimanche et les jours fériés de 7h30 à 18h30.

Claude Helfter, chocolatier-pâtissier et chef d'orchestre de nos papilles distille son talent à Mulhouse et à Guebwiller ! ! Ces deux bonnes maisons nous régalent avec de simples pâtisseries mais aussi avec les spécialités de la maison qui en font sa réputation : son chocolat, ses pâtes d'amande ou son célèbre panettone ! On peut y faire péché de gourmandise même le midi avec les suggestions du jour. D'ailleurs personne ne s'y trompe, c'est toujours plein !

PIZZAMORE €

36, rue principale
RIMBACH-PRÈS-GUEBWILLER
✆ 03 89 74 23 90
Fermé mardi et mercredi, jeudi midi et dimanche soir.

Amoureux des pizzas et de la cuisine italienne, PizzAmore est fait pour vous ! Nichés au fond du vallon de Guebwiller, Rita et Marco, les patrons, vous accueillent pour vous servir de délicieuses pizzas préparées avec passion et savoir-faire. Préparées dans un impressionnant four à bois que vous pouvez admirer dans leur cuisine ouverte, les pizzas sont extrêmement savoureuses. Ici, les produits de saisons sont valorisés ainsi que labellisés Bio aussi souvent que possible, que ce soit sur les pizzas ou dans les plats de pâtes qui sont tout aussi délicieux.

AU SOLEIL D'OR €

6, rue du Colonel-Bouvet - **BUHL**
✆ 03 89 76 08 98
www.caveaubuhl.fr
Fermé le mercredi. Ouvert le midi le reste de la semaine. Ouvert vendredi et samedi soir jusqu'à 22h.

Installé dans la vallée de Guebwiller, au début de la route vers les pistes du Markstein, le Soleil d'or est une adresse sympathique au rapport qualité prix imbattable. Au menu, la spécialité du chef, les carpes-frites Gabylou, cuisinées avec une panure de graines et une sauce à l'ail, un délice ! Le restaurant propose également quelques plats classiques de la cuisine française ainsi que plusieurs tartines pour les plus petites faims. En été, vous pourrez vous installer sur la terrasse du restaurant pour passer un moment simple et relaxant.

L'ANTICA STAZIONE €€

2, avenue du Maréchal Foch
✆ 03 67 61 08 22
www.antica-stazione.fr
Fermé le dimanche et le lundi. Ouvert à partir de 8h30. Menu à 16 €.

L'ancienne gare de Guebwiller vous propose désormais un voyage culinaire de haute volée... en Italie. Dès 8h30, vous pourrez petit-déjeuner dans la verrière. À midi, vous goûterez des spécialités de la botte, toutes plus succulentes les unes que les autres. Les excellentes glaces à l'italienne faites maison, notamment la pistache et la noisette, crémeuses à souhait, vous requinqueront au goûter. Faites aussi vos emplettes à l'épicerie ou dans la cave aux vins. Étonnant choix de balsamiques, spiritueux, charcuteries fines et pâtes fraîches : le choix sera rude !

L'AUBERGE DU VALLON €€

10, chemin du Vallon ✆ 03 89 74 89 86
www.restaurant-guebwiller.fr
Fermé lundi et mardi. Terrasse en pleine nature. Possibilité d'organiser toutes sortes d'événements.

Sur les hauteurs de Guebwiller, l'Auberge du Vallon saura régaler vos papilles ainsi que vos pupilles ! Venez vous installer sur les deux belles terrasses de l'auberge qui dominent un magnifique parc aménagé. Au menu, une cuisine du terroir authentique et savoureuse, à base de produits de saison et locaux, comme le pâté en croûte d'Orschwihr, une des spécialités de l'auberge ! Dans une salle à l'ambiance familiale et conviviale, l'auberge propose toute une variété de tartes flambées ainsi que de savoureux plats traditionnels du terroir alsacien préparés avec soin.

HÔTEL-RESTAURANT KLEIN €€

44, rue de la Vallée - **SOULTZMATT**
✆ 03 89 47 00 10
www.klein.fr
Ouvert du mardi au samedi midi et soir et le dimanche midi. Formule du midi : 12,50 €.

À l'entrée du restaurant de cet hôtel, une belle coursive pourvue d'un plafond de verre accompagnée d'une décoration digne d'un film de Harry Potter ! Ambiance feutrée et chaleureuse parfaite pour les longues soirées d'hiver. Les assiettes sont remplies de douceurs et de gourmandises ! Et puis il y a le doux chant des canaris, imperturbables et joyeux, une des deux passions de Michel Klein, grand amateur de vins ! La carte des vins est impressionnante. Une fois le repas terminé, prenez le temps de visiter une des caves de ce terroir viticole.

L'AO €€€

5, rue principale - **RIMBACH-PRÈS-GUEBWILLER**
✆ 03 89 76 89 90
https://hotelaigledor.com/
Fermé le lundi. Menu complet à 16 €, 15 € la truite et 28 € le tournedos aux morilles. Hébergement.

4e génération pour la famille Marck, toujours aux fourneaux de cette belle maison ! Thiébault en cuisine jongle avec élégance, les grands classiques. Il y apporte une belle modernité, de la création et donne une véritable identité aux plats de sa carte. C'est un véritable passionné qui de la truite, des grenouilles ou du gibier fera se pâmer les épicuriens de tout bois. On s'envole vers les étoiles ! Les produits du terroir sont l'ADN de sa cuisine.

Un grand restaurant dans un ravissant village des Vosges alsaciennes.... presque une image d'Épinal

BOULANGERIE KITZINGER

1, rue d'Or - **SOULTZMATT**
✆ 03 89 47 01 31
Fermé dimanche, lundi et mercredi après-midi. Horaires d'ouverture : 5h30-12h30 et 15h-18h30.

© SANDRA KITZINGER

Maison Kitzinger - Artisan boulanger-pâtissier. On se croirait dans un film de Pagnol tant l'authenticité, la gentillesse et l'amour du travail bien fait se ressentent dans cette boulangerie-pâtisserie ! Petite par la taille, grande par le talent ! Ici la fabrication reste traditionnelle avec une créativité sans cesse renouvelée. Vous découvrirez une gamme de pains spéciaux bio addictifs ! N'oublions pas enfin de citer les récompenses 2019 amplement méritées : la Baguette d'or et le Croissant d'argent ! La passion est le moteur de cette bonne maison !

CAVAVIN

19, rue de la République
✆ 03 89 37 88 53
www.cavistguebwiller.fr
Fermé le dimanche et lundi matin.

Une jolie petite boutique gourmande avec plus de 400 références de vins, 400 références d'alcools mais aussi des gourmandises régionales et locales. Le chef d'orchestre, ancien restaurateur, sait parfaitement harmoniser les associations mets/vins. Plutôt subtil, libre et fin, il saura vous prodiguer les conseils avisés, d'un connaisseur et amoureux de la vie. M. Kilzer est un amateur éclairé de rhum (une centaine de références), plutôt rare dans la région. À noter enfin, de belles gammes de vins bio et de vins d'Alsace exclusivement au prix du vigneron !

CAVE MATERNE HAEGELIN ET FILLES

45, Grand-Rue - **ORSCHWIHR**
✆ 03 89 76 95 17
www.materne-haegelin.fr
Vigneron indépendant. Ouvert du lundi au samedi de 8h30 à 18h30. Boutique en ligne. Œnotourisme : cf web.

Le vin n'est pas qu'une histoire d'hommes, la preuve avec la cave Materne Haegelin dont l'héritage et le savoir-faire sont portés par des femmes. 20 hectares au cœur du vignoble, une belle diversité des terroirs et des parcelles de prestige tels Le Bollenberg ou Le Lippelsberg. Des vins fins et élégants qui respectent la typicité et le caractère de chaque cépage. C'est une passion que les femmes du domaine ont plaisir à partager et à faire découvrir.

DOMAINE CAMILLE BRAUN ET FILS

16, Grand'Rue - **ORSCHWIHR** ✆ 03 89 76 95 20
www.camille-braun.com
Vigneron Indépendant. Certif AB et Demeter. Ouvert du lundi au samedi : 9h-12h, 13h30-18h30. Boutique en ligne. 2 gîtes.

Les racines de la famille Braun remontent à 1583. En 1978, Camille Braun a transmis le flambeau à son fils Christophe qui cultive le domaine familial de manière écologique, biologique et biodynamique (certifié Bio et Demeter depuis 2005). Les vignes se déploient sur divers terroirs : le Grand Cru Pfingstberg et le Grand Cru Kaefferkopf ainsi que sur la colline du Bollenberg, le Lippelsberg, le Buchrod et autour d'Uffholtz. La famille a aménagé 2 gîtes ruraux au pied du Bollenberg.

DOMAINES SCHLUMBERGER

100, rue Théodore Deck
✆ 03 89 74 27 00
www.domaines-schlumberger.com
Vigneron Indépendant. Certification HVE3. Dégustation gratuite du mardi au samedi. Visite guidée et dégustation sur RV.

Sept générations ont cultivé avec amour les 130 ha des Domaines en façonnant les coteaux de Guebwiller. L'utilisation de chevaux francs-comtois pour le labour des parcelles les plus abruptes, les 50 km de mur des terrasses, la vinification en foudres centenaires témoignent de l'envie d'associer traditions et dernières technologies. Soucieux de partager leur vision d'une viticulture respectueuse et responsable, les responsables ont développé une offre œnotouristique qui vaut le détour : visite des vignes, des caves et dégustation des vins de l'exploitation.

MAISON HIROSE

4, place Saint Nicolas - **ORSCHWIHR**
✆ 09 72 90 73 35
www.hirose.fr
Boulangerie-pâtisserie bio. Ouvert du mardi au samedi : 6h30-12h30 et 14h-18h. Dimanche : 7h-12h30. Boutique en ligne.

Des produits certifiés Ecocert, frais et originaux : voici ce qu'élaborent Naoto Hirose et Paul Petersen. Le premier vient du Japon, le second est alsacien. À Orschwihr, leur charmante boulangerie-pâtisserie Maison Hirose enchante les papilles des gourmets et des gourmands avec de multiples pains et viennoiseries qui dévoilent des saveurs incomparables. Et, côté pâtisseries, c'est Byzance ! Éclairs sublimes, tartelettes au citron acidulées, Paris-Brest revisité en version… Paris-Tokyo fourré à la compote d'azukis et crème au thé vert matcha. On craaaque !

PÂTISSERIE DANY HUSSER

135, Rue de la République ✆ 03 89 76 94 69
https://dany-husser.fr/
Un temple du gâteau au centre de Guebwiller. Pâtisseries colorées, boulangerie, traiteur. Tous les jours (sauf lundi).

Un temple du gâteau au centre de Guebwiller. Que les petits et grands gourmands se réfrènent devant ce choix gargantuesque de pâtisseries colorées… Sinon, ils voudront tout goûter, en commençant par les classiques. Framboisier, forêt-noire, torche aux marrons ou tartelette citron, tout est fort bien exécuté. Au fil des saisons, des douceurs éphémères et créatives telles que la verrine rose-litchi ou l'intrigante meringue au mojito complètent la sélection. Côté boulangerie, large choix de farines et graines, travaillées artisanalement. Plats du jour et traiteur.

CLUB VOSGIEN DE GUEBWILLER

12, rue du Canal
✆ 03 89 74 21 80
www.clubvosgien.livehost.fr
Adhésion possible depuis leur site Internet.

Le Club vosgien de Guebwiller est une équipe de bénévoles ayant en charge le balisage et le contrôle de 360 kilomètres de sentiers régulièrement inspectés. Des guides formés titulaires d'un brevet fédéral organisent un panel de balades guidées et thématiques : randonnées à thèmes, séjours, sorties raquettes, marche nordique… La nature en montagne recèle de riches collections botaniques à découvrir pour la beauté des couleurs et la variété des essences. Laissez-vous guider !

STATION DU MARKSTEIN

LAUTENBACHZELL
✆ 03 89 82 14 46
www.lemarkstein.net
Bulletin d'enneigement et ouverture des pistes sur le site Internet.

Située à 1 247 m d'altitude, la station renouvelle les activités été comme hiver, ce qui en fait un lieu apprécié des sportifs. Les pistes de ski alpin sont ouvertes en nocturne et le stade de slalom des épreuves de Coupes du monde a été totalement réaménagé et équipé d'enneigeurs. L'été, la station reste très attractive, puisqu'elle est équipée de luges sur rails, d'un salto-trampoline et d'un mini-golf. Ne manquez pas non plus de faire un tour en parapente ou en aile delta, le site étant un lieu de décollage parfait. Pour s'y rendre, il y la navette des crêtes.

BUHL

Pour découvrir la partie la plus ancienne de cette petite cité, il faut aller jusqu'à son promontoire où trône l'église et un magnifique Retable, bijoux de la peinture Renaissance. C'est d'ici, que vous pourrez lire l'évolution du village. Entouré de magnifiques forêts, la commune a bien l'intention de redonner vie aux très belles vignes du vignoble d'antan. Bien installée dans son écrin de verdure, elle profite de sa situation privilégiée dans la vallée du Florival, dont elle a occupé peu à peu, toute la largeur. Quelques demeures à l'architecture traditionnelle rappellent un passé rural, mais le bourg conserve, aujourd'hui, un caractère industriel.

ÉGLISE NÉOROMANE

Visite libre.

À l'est du village de Bulh, l'église renferme, au chœur de sa nef, un trésor inestimable : un retable consacré à la Passion du Christ. Méconnu mais néanmoins exceptionnel, il est classé monument historique depuis 1863. Œuvre picturale majeure du bassin rhénan, c'est le seul triptyque peint d'Alsace qui ne soit pas conservé dans un musée. Réalisé au XVe siècle par l'école de Martin Schongauer, il représente, sur plusieurs mètres de largeur, une remarquable crucifixion et reste, depuis tout temps, le point d'attraction du monde artistique.

HOSTELLERIE SAINT-BARNABÉ*** €€€

53, rue Murbach

✆ 03 89 62 14 14

www.le-stbarnabe.com

Ouvert toute l'année. 26 chambres tout confort. Restaurant sur place. Spa, hammam et minigolf.

C'est dans un magnifique coin de nature que se trouve le Saint-Barnabé, un endroit idéal pour se faire chouchouter. Les chambres sont tout confort, de nombreuses activités sont proposées : piscine extérieure chauffée mais surtout un espace spa de 400 m^2 avec saunas, hammam, hydrothérapie, soins... Le restaurant offre une cuisine créative et saine, basée sur les produits locaux et de saison, et propose des plats végétariens et sans gluten. Pour se ressourcer en toute sérénité !

AU SOLEIL D'OR €

6, rue du Colonel-Bouvet

✆ 03 89 76 08 98

www.caveaubuhl.fr

Fermé le mercredi. Ouvert le midi le reste de la semaine. Ouvert vendredi et samedi soir jusqu'à 22h.

Installé dans la vallée de Guebwiller, au début de la route vers les pistes du Markstein, le Soleil d'or est une adresse sympathique au rapport qualité prix imbattable. Au menu, la spécialité du chef, les carpes-frites Gabylou, cuisinées avec une panure de graines et une sauce à l'ail, un délice ! Le restaurant propose également quelques plats classiques de la cuisine française ainsi que plusieurs tartines pour les plus petites faims. En été, vous pourrez vous installer sur la terrasse du restaurant pour passer un moment simple et relaxant.

LE JARDIN DES SAVEURS €€

53, rue de Murbach

✆ 03 89 62 14 14

www.hostellerie-st-barnabe.com

Fermé mercredi, jeudi midi et dimanche soir. Réservation recommandée. Plat du jour : 14 €. Plats pour végétariens.

Idéalement situé au milieu d'un véritable écrin de verdure, le Jardin des Saveurs vous propose une cuisine délicate et raffinée. La carte est élaborée à partir de produits frais et originaires d'Alsace dès que possible. La carte varie au fil des saisons afin de garantir des produits frais et une cuisine attentive à l'environnement. Cette démarche se retrouve dans la volonté de servir un maximum de produits bio pour prouver que l'on peut manger bien et bon. La qualité de leur cuisine est récompensée depuis 2016 par L'Assiette Michelin !

ISSENHEIM

Citée pour la première fois en 1135, les vestiges retrouvés le long de la route antique situent sa conception à l'époque gallo-romaine. Autrefois seigneurie autrichienne, Issenheim fut brûlée au cours de la guerre de Trente Ans. La ville est connue grâce à son retable peint par Mathias Grünewald. Dans cette célèbre peinture figurent les plantes qui servaient à soigner le « Feu de Saint-Antoine ». Une partie du couvent est aujourd'hui reconvertie en espace muséographique consacré à l'histoire de l'ordre des Antonins. Egalement été marquée par l'ère industrielle et textile, l'histoire d'Issenheim se retrouve à travers l'architecture de la filature Gast.

LA FILATURE GAST ★

9, rue de Cernay
✆ 03 89 76 10 63 - www.tourisme-guebwiller.fr.
Renseignements : Office de tourisme de Guebwiller et des Pays du Florival

Formé chez Zimmermann Frères, Édouard Gast choisit en 1851 de créer sa filature à Issenheim. Installée en rez-de-chaussée, elle crée la surprise par sa conception innovante et son architecture insolite ! Sa façade, inspirée de l'architecture industrielle anglaise, la fait ressembler à un château fort ! La filature est une des premières à équiper son usine d'une machine à vapeur, ce qui lui permet de se placer à côté des grands axes de circulation. Fermé en 2004, le site est en pleine restructuration et accueille désormais restaurants et chambres d'hôtes.

CIMETIÈRE JUIF DE JUNGHOLTZ ★

rue des Tuiles
Ouvert toute l'année. Visite guidée. Visites guidées par l'office de tourisme de Guebwiller-Soultz.

Dans les fossés de l'ancien château des Schauenbourg se trouve le cimetière juif de Jungholtz. Créé vers les années 1650, on y trouve des tombes datant d'entre 1715 et 1923, faisant de ce lieu le plus ancien cimetière israélite du Haut-Rhin et un des plus anciens d'Alsace. Témoignage de la présence séculaire de communautés juives en Alsace et dans la région, le cimetière présente ainsi de beaux exemples de l'art funéraire si particulier du judaïsme alsacien.

LA TABLE DE FRED €€

9, rue de Cernay
✆ 03 89 26 91 29
www.restaurant-latabledefred.com
Ouvert du mardi au samedi. Réservation recommandée. Formule midi : 16 €, Menu Surprise du chef : 36 €.

Installée dans le « Château d'Issenheim », La Table de Fred n'a pas fini de vous étonner ! Outre son cadre moderne, avec un beau rappel au passé industriel, on y vient pour la cuisine finement traditionnelle qui emballe les papilles les plus exigeantes. Tous les vins sont proposés au verre et même la carte des desserts se veut branchée ! Une petite terrasse au pied de la tour, une ambiance sympa, conviviale et des plats aussi colorés que délicieux. La Table de Fred, c'est aussi une philosophie de vie : « Tant qu'on s'amuse, on continue ! »

JUNGHOLTZ

Le charmant village de Jungholtz doit son nom à l'allemand et traduit littéralement se rapprocherait de jeune bois. Le village doit son nom au château attesté qui servait à protéger le prieuré de Thierenbach. En 1220, le domaine est occupé par les chevaliers Jungholtz qui fondent le village vers 1259. Pendant longtemps Jungholtz fait partie de la commune de Soultz pour la partie, e château est détruit au cours de la Révolution. Au XVIIIe siècle, le village est occupé par des Juifs qui obtiennent l'autorisation d'inhumer leurs morts, le cimetière israélite est un de plus beaux de la région. Le village est détruit pendant la première guerre mondiale.

MURBACH

En mai 728, l'évêque missionnaire saint Pirmin fonda une abbaye dans le vallon de Murbach, à la demande du comte Eberhard, frère du duc d'Alsace. Ce lieu isolé séduisit immédiatement les religieux. Ainsi, durant plus d'un millénaire, dans l'abbaye la plus riche et la plus prestigieuse d'Alsace, vécurent les moines bénédictins. Si Murbach est encore resté aujourd'hui un « bout du monde », l'ancienne abbaye n'en a pas pour autant vécu repliée sur elle-même. D'importantes donations lui assurèrent un énorme patrimoine foncier dans le Rhin supérieur, du pied des Alpes à la région de Mayence. Au XIIe siècle fut édifiée l'abbatiale actuelle. Construction étonnante, l'église surprend le visiteur par son élévation et l'originalité du décor sculpté des parties hautes inspirée de modèles orientaux. Protégée par les Habsbourg, Murbach devient au XVIe siècle l'un des bastions de la Contre-Réforme catholique. Après les ravages causés par la guerre de Trente Ans et l'annexion par la France en 1680, l'abbaye se reconstruit. En 1693 est bâtie une chapelle Notre-Dame-de-Lorette. Les religieux, séduits par les nouveaux canons architecturaux en vigueur, envisagent de rebâtir l'abbatiale en style baroque. Les travaux, débutés en 1738, entraînent la disparition de la nef. Un petit village s'étend à la place de l'ancienne abbaye dont il porte le nom. Conscientes de la valeur de ce patrimoine historique et architectural, la commune et la paroisse ont eu à cœur depuis plus de cent cinquante ans d'entretenir l'ancienne abbatiale, la chapelle de Lorette, et de préserver l'environnement montagnard.

SOULTZ-HAUT-RHIN ★

Vous tomberez sous le charme de cette petite bourgade, jadis fortifiée avec trois châteaux et dix-huit tourelles, héritage de la prospérité qu'a connu le village à la Renaissance grâce à la viticulture. Soultz sait attirer l'œil avec ses anciennes demeures, ses ruelles pittoresques, ses porches millésimés, ses lavoirs, sa double enceinte de remparts protégeant encore le centre. Les gens du cru vous diront que dans chaque Soultzien sommeille un artiste. Ville natale de Katia Krafft, volcanologue disparue en 1991 mais aussi du baron d'Anthès qui, en 1837, tua le dramaturge Pouchkine. Son histoire est véritablement liée à celle de l'Evêché de Strasbourg.

BASILIQUE NOTRE-DAME-DE-THIERENBACH ✝

Thierenbach

Visite possible de 9h à 17h

Notre-Dame-de-Thierenbach est le symbole du pèlerinage marial le plus important du Haut-Rhin. c'est sur les lieux d'un miracle supposé que l'abbé de Cluny fonda un prieuré bénédictin en 1130. De style baroque autrichien, l'église actuelle fut construite début XVIIIe et érigée en basilique mineure en 1936. Sur les murs, des ex-voto en remerciement ou en demande à la Vierge Marie. Lors des Musicales de Thierenbach, de nombreux concerts sont joués dans ce lieu historique.

© PACK-SHOT - ISTOCKPHOTO

Abbaye de Murbach.

MUSÉE DU BUCHENECK 🏛 ★

Rue du Kageneck

✆ 03 89 76 02 22

www.ville-soultz.fr/p_bucheneck.aspx

Ouvert du 2 mai au 31 octobre. Fermé le mardi. Ouvert de 14h à 18h le reste de la semaine. Gratuit - 6 ans. Adulte 5 €.

Les 10 grandes salles du château du Bucheneck évoquent le riche passé de Soultz ainsi que l'histoire des familles illustres qui y ont vécu. Les portraits des Waldner de Freundstein ornent la salle du 1er étage. Au 2e étage, vous verrez les souvenirs de la famille de Heeckeren d'Anthès, dont le plus célèbre est Georges-Charles qui causa la mort du poète russe Pouchkine. Les salles voisines exposent les œuvres de Soultziens tels Robert Beltz et le général Werlé. Deux étages de combles aménagés sont réservés aux métiers anciens et à la vie d'antan.

LA NEF DES JOUETS 🏛

12, rue Jean-Jaurès

✆ 03 89 74 30 92

Fermé le mardi. Ouvert le reste de la semaine de 14h à 17h. Ouvert du 2e week-end de mars au 30 décembre.

La Nef des Jouets vous invite à pénétrer dans le monde merveilleux de l'enfance. Joëlle et Richard Haeusser font revivre ces objets qui suscitent émotions et bonheurs simples et présentent, depuis 1994, une collection unique de jouets anciens, des automates aux ours traditionnels en passant par les poupées, les avions... Une véritable invitation au rêve qui enchantera toute la famille et ce d'autant plus que de nombreuses animations redonnent vie à ce musée : spectacles de marionnettes, pièces de théâtre, contes, mais aussi expositions temporaires et variées.

SÜR UND SIESS €€

92, route de Guebwiller

✆ 03 89 28 60 49

www.winstub-surundsiess.com

Fermé le dimanche soir, lundi journée et le mardi soir. Livraison à domicile 7j/7. Terrasse.

Sür und Siess, un « sucré-salé » bien de terroir ! Dans ce restaurant de nombreuses spécialités régionales telles que les bouchées à la reine, les fleischnakas, la salade vigneronne, les carpes frites ou le jarret braisé sur lit de choucroute feront le bonheur des amateurs. Ici, pas de chichis, la table est réputée pour son très bon rapport qualité-prix et sa cuisine généreuse. Pour preuve un très correct menu du jour avec quiche lorraine, rôti de porc au four et purée maison suivie d'une forêt-noire. « La plus belle terrasse de la région » dixit le patron !

HAUT-RHIN

SOULTZMATT ★

L'origine du nom du village provient de l'allemand Sultz (sel) et de Matt (prairie), le sel qui compose les fameuses eaux. Connu comme le village des eaux minérales Lisbeth, tirées des sources de Soultzmatt. Les nombreuses bâtisses des XVIe et XVIIIe siècles, aux cours fermées par de magnifiques portes cochères, témoignent d'un passé viticole. Un sentier viticole débutant derrière la mairie vous promène, pendant plus de 2h, dans le massif du Zinkoepflé, classé grand cru, il s'agit ici des vignes les plus élevées d'Alsace, situées à 400 m d'altitude. À voir : l'église dédiée à saint Sébastien depuis 1309, un édifice du style basilical à trois nefs.

MENHIR DU LANGENSTEIN

Sentier forestier du terrain de football

Parking à 5 minutes à pied du menhir.

Langenstein, qui signifie « pierre longue », porte bien son nom ! Avec une base carrée d'un mètre et une hauteur de 4 mètres, cette pierre fut remise debout par un industriel de la région au début des années 1900. N'allez pas le voir une nuit de pleine lune ! Vous risqueriez d'y rencontrer des dames blanches, des fées, des esprits et de voir la pierre tourner sur elle-même ! Mais c'est toujours sympa de se faire peur ! On adore cela et on en redemande ! En poursuivant sur le chemin forestier, vous trouverez le rocher Grossfels, idéal pour une pause pique-nique.

SOURCES DE SOULTZMATT

5, rue Nessel

✆ 03 89 47 00 06

www.sourcesdesoultzmatt.fr

Visite guidée de début juillet à fin août : mardi et jeudi à partir de 14h30. Réservation obligatoire.

Les Sources de Soultzmatt ouvrent les portes de leur unité d'embouteillage pour découvrir les méthodes de fabrication et goûter aux fameuses eaux Lisbeth. Quelles soient vertes, rouges ou bleues, ce sont les reines de la table alsacienne ! Et ce ne sont pas les seules, puisque le célèbre Elsass Cola et les limonades de l'Oncle Hansi sont fabriquées ici. Pour connaître l'histoire des sources, le musée L'Espace des Sources emmène les visiteurs à la découverte du savoir-faire séculaire de l'entreprise et retrace l'aventure de l'eau de 1272 à nos jours.

HÔTEL-RESTAURANT KLEIN** €€

44, rue de la Vallée ✆ 03 89 47 00 10

www.klein.fr

Fermé en janvier. 10 chambres.
Petit déjeuner : 8 €. Chambre à partir de 80 €.

Une magnifique adresse au cœur de la vallée noble. L'hôtel restaurant Klein vous propose toute l'année des chambres confortables qui ont du style ! Certaines possèdent des lits à baldaquins mais chacune a sa personnalité. De la carte au menu, des spécialités alsaciennes cuisinées avec goût et pour les accompagner, une carte de vins exceptionnelle, avec plus de mille références. Une salle pour banquets ou séminaires peut accueillir jusqu'à 150 convives. Une adresse incontournable pour découvrir la bonne cuisine française dans toutes ses lettres de noblesse !

L'ECRIN €€

Rue du Lussweg

✆ 03 89 22 12 42

Ouvert du lundi au vendredi midi et soir.
Formule complète à 12 €. Superbe Terrasse.

Incontournable de la région de Soultzmatt depuis une décennie pour ses pizzas, L'Ecrin change de propriétaire ! Installé dans un cadre magnifique, au cœur de la vallée noble, le restaurant offre un joli panorama sur les collines de vignes adjacentes. Côté cuisine, vous pourrez toujours déguster de délicieuses pizzas préparées à partir de produits de grande qualité. Le restaurant propose également une cuisine très travaillée d'inspiration française ainsi qu'un menu du jour au rapport qualité-prix imbattable. On recommande chaudement !

HÔTEL-RESTAURANT KLEIN €€

44, rue de la Vallée ✆ 03 89 47 00 10

www.klein.fr

Ouvert du mardi au samedi midi et soir et le dimanche midi. Formule du midi : 12,50 €.

À l'entrée du restaurant de cet hôtel, une belle coursive pourvue d'un plafond de verre accompagnée d'une décoration digne d'un film de Harry Potter ! Ambiance feutrée et chaleureuse parfaite pour les longues soirées d'hiver. Les assiettes sont remplies de douceurs et de gourmandises ! Et puis il y a le doux chant des canaris, imperturbables et joyeux, une des deux passions de Michel Klein, grand amateur de vins ! La carte des vins est impressionnante. Une fois le repas terminé, prenez le temps de visiter une des caves de ce terroir viticole.

BOULANGERIE KITZINGER

1, rue d'Or
✆ 03 89 47 01 31
Fermé dimanche, lundi et mercredi après-midi. Horaires d'ouverture : 5h30-12h30 et 15h-18h30.

Maison Kitzinger - Artisan boulanger-pâtissier. On se croirait dans un film de Pagnol tant l'authenticité, la gentillesse et l'amour du travail bien fait se ressentent dans cette boulangerie-pâtisserie ! Petite par la taille, grande par le talent ! Ici la fabrication reste traditionnelle avec une créativité sans cesse renouvelée. Vous découvrirez une gamme de pains spéciaux bio addictifs ! N'oublions pas enfin de citer les récompenses 2019 amplement méritées : la Baguette d'or et le Croissant d'argent ! La passion est le moteur de cette bonne maison !

DOMAINE PAUL KUBLER

103, rue de la Vallée
✆ 03 89 47 00 75
www.paulkubler.com
Visite possible sur rendez-vous.

Chez les Kubler, la viticulture est une tradition familiale depuis 1620. Auteur de prestigieux millésimes, Paul Kubler a développé le domaine jusqu'à atteindre une dizaine d'hectares déployés au cœur de la Vallée Noble. C'est un véritable jardin de vignes entretenu avec des méthodes culturales respectueuses de l'environnement. Au tournant des années 2000, Paul Kubler a passé le relais à son fils Philippe, diplômé d'œnologie. Ce dernier élabore des cuvées précises, en progression constante, qui séduisent toujours plus d'amateurs et de spécialistes.

VINS PHILIPPE BRUN

18, rue d'Or
✆ 03 89 47 00 51
www.vinsphilippebrun.fr
Ouvert du mardi au samedi de 9h à 12h et 14h-19h. Ferme à 18h le samedi.

Les premières traces de cette famille de viticulteurs remontent en 1680. Depuis, les générations se sont succédé, Philippe Brun et Antoine, son fils, sont bien décidés à perpétuer la tradition. Philippe a repris les rênes en 2000 avec sa femme Alexandra. Ensemble, ils continuent à exploiter le domaine de 10 hectares et produisent des cuvées traditionnelles et une cuvée spéciale, produite chaque année selon les millésimes et l'inspiration. Des dégustations se font sur le site, avec en prime la visite de l'exploitation. Des apéritifs de mariage sont organisés.

CAVE VINICOLE DU VIEIL ARMAND

1, route de Cernay
✆ 03 89 76 73 75
www.cavevieilarmand.com
Certification HVE3. Ouvert du lundi au samedi 9h-12h et 14h-18h30. Dimanche de 10h-12h et 14h-18h. Boutique en ligne.

© NOÉMIE BOLL

Fondée en 1959, cette coopérative rassemble près de 80 viticulteurs et 150 ha de vignes. Certaines parcelles se trouvent sur les terroirs des Grands Crus Ollwiller, Spiegel et Zinnkoepflé. La cave abrite un musée et une boutique achalandée en produits de la région. Le sentier viticole de Soultz-Wuenheim, les vignes du château d'Ollwiller sont des témoins forts de l'œnotourisme développé ici. Le domaine est cours de conversion biologique, avec les premiers millésimes 2020 !

ROUFFACH ★★

Située dans la plaine d'Alsace, face à la Vallée Noble, Rouffach s'ouvre à vous. Fortifiée à partir du XIIe siècle, cette cité possède une Tour des Sorcières, séquelle de l'Inquisition. Sous le règne d'Henri V, les habitants se révoltèrent et les bourgeois de la ville mirent le roi hors de la ville qui la fit raser. Rouffach est aussi la ville natale du maréchal Joseph Lefebvre, mari de la célèbre Madame Sans-Gêne. Le Château d'Isenbourg domine la commune. Avis aux amateurs, chaque mercredi après-midi a lieu un marché bio. Tous les ans se déroule la traditionnelle Fête de la Sorcière en juillet : les procès en sorcellerie ont ici une longue histoire !

HAUT-RHIN

GÉOCACHING : PFAFFENHEIM AU COEUR DU VIGNOBLE

PFAFFENHEIM ✆ 03 89 78 53 15

www.tourisme-eguisheim-rouffach.com

Départ depuis le parking de la mairie de Pfaffenheim. Durée : 45 minutes. Code géocaching : GC50GDT

À mi-chemin entre la chasse au trésor ultra moderne et la course d'orientation, voici un moyen original pour découvrir Pfaffenheim de manière ludique ! Seul, en famille ou entre amis, vous passerez un agréable moment en découvrant un patrimoine riche et varié, un vignoble époustouflant et une vue panoramique. Téléchargez l'application de géolocalisation sur votre smartphone et vous voici prêts à partir à l'aventure... Ouvrez les yeux et soyez attentif au moindre détail !

LE DOMAINE DU VERGER €€

4, rue Albert Schweitzer - **OSENBACH**

✆ 06 09 42 80 78

www.ledomaineduverger.net

Chambres d'hôtes et gîtes. Espace détente (piscine intérieure, sauna, hammam, bain bouillonnant). Tarifs sur demande.

Tel un paradis préservé accessible moyennant réservation préalable, le Domaine du Verger vous accueille dans un cadre idyllique niché dans un écrin de verdure soigneusement mis en valeur entre Colmar et Guebwiller. Il associe chambres d'hôtes et gîtes douillets en diable, le tout assorti d'espaces privatifs de bien-être avec bain bouillonnant, sauna et hammam, sans parler d'une piscine intérieure chauffée. De quoi se concocter un scénario hollywoodien en version alsacienne, à deux pas de la ville natale d'Auguste Bartholdi et du plus beau marché de Noël du coin !

CAMPING D'OSENBACH*** €

31, rue du Stade - **OSENBACH**

✆ 03 89 47 05 22

www.camping-osenbach.com

Réservation recommandée. Terrain de 3 ha. 128 emplacements. Emplacement + véhicule + 2 personnes à partir de 18 €.

Attention, camping alternatif ! Dans le charmant village d'Osenbach, c'est 100 % nature, vous pourrez camper au choix sous la tente, dans un bungalow, une lodge, une hutte ou dans une cabane trappeur. Le souci premier de ce lieu est le respect de l'environnement. Idéal aussi pour tous ceux qui aiment les vacances actives et authentiques. Escalade, géocaching, course à pied nature, randonnées... Les activités sportives ne manquent pas et le personnel du camping se fera un plaisir de vous aiguiller. Parce que l'accueil y est aussi essentiel.

AU RELAIS D'ALSACE HÔTEL*** €€

Lieu dit Mittler Befand

✆ 03 89 49 66 32

www.aurelaisdalsace.com

Ouvert toute l'année, restaurant uniquement le soir. Chambre double de 80 € à 95 €.

Situé en pleine nature avec terrasses et jardins, le Relais propose une trentaine de chambres, spacieuses et confortables. L'ambiance est familiale avec une mention spéciale pour cet accueil « comme à la maison ». Tant et si bien que ce qu'on pourrait prendre pour un hôtel de passage, au bord de la départementale, réussit à fidéliser de nombreux clients. Surnommée l'ancienne route, elle permet d'admirer la plaine d'Alsace qui en a fait sa renommée et le massif vosgien !

HAUT-RHIN

Église Notre-Dame-de-l'Assomption à Rouffach.

ROMAIN KUENTZ ET FILS €€

22-24, rue du Fossé
PFAFFENHEIM
✆ 03 89 49 61 90
www.vinskuentz.fr
2 gîtes disponibles (60 m2 et 90 m2). De 250 € à 300 € la semaine selon saison. 90 € le week-end.

L'Alsace est une région touristique très prisée autant pour sa gastronomie que pour ses paysages préservés et ses vins. En effet, les viticulteurs sont nombreux le long de la Route des Vins. Depuis quelques temps, on observe un phénomène relativement nouveau, les gîtes ruraux chez le vigneron, une façon originale de découvrir les caves de la région. Situés dans le domaine viticole des Vins Romain Kuentz, 2 gîtes meublés et dotés de tout le confort nécessaire. Les animaux sont acceptés et un garage peut être mis à disposition.

CHÂTEAU D'ISENBOURG***** €€€

9-11, Route de Pfaffenheim
✆ 03 89 78 58 50
www.isenbourg.com
Ouvert toute l'année. 41 chambres. C hambre double de 115 € à 359 € ; suite de 269 € à 639 €. Petit déjeuner : 25 €.

Un accueil de contes de fées vous attend dans cet ancien château. Dormez dans des chambres ornées de papier peint à motifs fleuris et meublées de vieilles commodes, relaxez-vous au spa avec vue sur le vignoble et régalez-vous au restaurant Les Tommeries où vous pourrez vous sustenter avec des plats raffinés et surprenants. Le personnel est très attentionné que ce soit au restaurant, à l'hôtel ou au spa. Tête-à-tête romantique, escapade détente ou mariage d'exception, le Château d'Isenbourg est la promesse d'un moment unique chargé d'émotions !

DOMAINE BANNWARTH C & FILS

19, rue du 4e Spahis Marocains
✆ 03 89 49 62 37
www.vins-bannwarth.com
Vigneron indépendant. Certification HVE. Accueil 7j/7, de préférence sur RV. Boutique en ligne. 2 gîtes (4-6 pers).

© VINS BANNWARTH

La famille Bannwarth recueille depuis 4 générations le fruit de16 ha de vignes dorées sur les collines. Si tous les cépages régionaux sont vinifiés, le domaine a une prédilection pour le gewurztraminer grand cru et le crémant. Les vendanges sont manuelles, le pressurage pneumatique, la vinification se fait en cuves en inox et est suivie d'un élevage sur lies fines. Une dégustation vous permettra de recueillir des informations sur les sols et leur influence sur le vin et ses arômes.

AUBERGE AU VIEUX PRESSOIR €€

Domaine du Bollenberg - **WESTHALTEN**
✆ 03 89 49 60 04
https://bollenberg.com
Maître Restaurateur. Ouvert du jeudi au lundi et les jours fériés le midi et le soir.

Depuis que Michel Runner a repris la toque de Pierre Meyer en cuisine, l'adresse reste une valeur sûre. Une très belle carte aux mille saveurs : foie gras de canard maison, brochette de carreau d'agneau parfumé au thym et autres délices, moelleux pistache ou abricots poêlés à la vanille... On accompagne le tout de vins bio du domaine du Bollenberg, vinifiés dans les caves du vieux pressoir. À l'Auberge, on cultive toujours l'esprit des traditions au fil du calendrier. Immanquable !

AU RELAIS D'ALSACE HÔTEL €€

Lieu dit Mittler Befand ✆ 03 89 49 66 32
www.aurelaisdalsace.com
Du lundi au samedi de 19h à 21h. Le dimanche, réservation possible uniquement pour les groupes.

En saison les célèbres asperges d'Alsace, le baeckeoffe aux trois viandes et bien d'autres gourmandises. Cette bonne table fait partie des confréries reconnues : asperges et choucroute ! De nombreuses suggestions à l'ardoise rendront la prise de décision... cornélienne. Et puis la cerise sur le gâteau, reste l'accueil avec la célèbre Catherine Billard, une vraie professionnelle comme on n'en fait plus ! Décidément au Relais d'Alsace, on mange bien, on dort bien, on est bien conseillé ! Amateurs de cuisine traditionnelle, vous êtes ici chez vous !

HAUT-RHIN

AUX TROIS COLONNES €€

3, rue du Marché
✆ 03 89 27 04 85
Ouvert midi et soir du mardi au jeudi midi et soir. Vendredi soir et samedi soir. Formule du midi : 25 € (3 plats).

Au centre de Rouffach, voici un lieu douillet où il fait bon se poser, en salle comme dans le ravissant jardin intérieur aménagé en terrasse romantique. Jean-Baptiste et Sandra Bisch, deux anciens du Château d'Isenbourg, se distinguent par une cuisine délicate de saison faite maison. La carte recèle de délicieuses surprises, à l'instar de la blanquette d'escargots de Chenôve. Un coup de chapeau à ce jeune couple de restaurateurs discret et sympathique, ainsi qu'à Rex, le responsable canin du restaurant. Car oui, ici, enfin, nos amis les chiens sont les bienvenus !

LES TOMMERIES €€€

9-11, rue de Pfaffenheim ✆ 03 89 78 58 50
www.restaurantlestommeries.fr
Ouvert tous les jours le midi et le soir. Menu du Marché à midi : 33 €/55 €. Menu le soir : 70€/85 €. Carte. Terrasse.

Avec sa cuisine raffinée et gastronomique, le restaurant Les Tommeries est un lieu magique. Situé au pied du château d'Isenbourg, il surplombe le vignoble alsacien avec vue de rêve depuis sa terrasse panoramique. Gourmandises régionales, produits frais et délicats, le restaurant offre une très belle osmose entre authenticité et plaisir de la table. Deux salles aux ambiances différentes : une ancienne orangerie pour les repas en amoureux ; la salle Dagobert décorée d'armures et d'armoiries qui vous plongera dans l'atmosphère chevaleresque du XVIe siècle.

BESTHEIM

52, route de Soultzmatt - **WESTHALTEN**
✆ 03 89 78 09 09
www.bestheim.com
Ouvert du mardi au samedi de 9h30-12h et 14h-18h. Fermé le dimanche.

Au tournant de l'an 2000, la cave de Westhalten et la Maison Heim sont devenues partie intégrante de la cave de Bennwihr. C'est de cette heureuse fusion qu'est né le nom de Bestheim, synonyme de terroirs riches en crus fameux et association de savoir-faire complémentaires ! Aujourd'hui, le site est dédié à l'élaboration et à la fabrication des crémants. Juste retour des choses puisque la cave de Westhalten fut l'une des instigatrices de l'appellation Crémant d'Alsace ! N'hésitez pas à faire un tour sur le site Web pour passer vos commandes en toute sécurité.

CHOCOLATERIE RITTER

PFAFFENHEIM
✆ 03 89 49 62 93
www.chocolaterie-ritter.com
Visite sur réservation. Tarifs : 2 € adulte, 1 € enfant (comprend une dégustation).

Ici, c'est le paradis des amoureux du chocolat ! Derrière la boutique de vente, la chocolaterie. On fond et on coule plusieurs sacs de pastilles par jour ; des petites mains s'affairent sur les chaînes de production de manière très artisanale. Chacun a sa tâche, certains exercent le même métier depuis plusieurs décennies... L'entreprise est une affaire familiale. Vous découvrirez ici tout des coulisses de la fabrication des petites douceurs chocolatées et pourrez faire provision de délicieux moulages qui varient selon les saisons.

DOMAINE BERNARD WALTER ET FILS

10, rue de la Tuilerie - **PFAFFENHEIM**
✆ 03 89 49 62 85
www.vins-walter.com
Ouvert du lundi au samedi de 8h à 12h et de 14h à 19h. Le dimanche, sur rendez-vous. Aire d'accueil pour camping-cars.

Dans la famille Walter, la passion du vin se transmet de père en fils sur plus de 4 générations ! Ce domaine produit tous les cépages alsaciens sur 13 ha, notamment sur le Grand Cru Steinert et le 1er Cru Côte de Rouffach. Dans certaines parcelles, la plantation de fleurs agrémente la complexité des différents cépages. La vinification s'effectue dans des foudres en chêne centenaires ! C'est le lieu idéal pour faire une halte en camping-car tant le cadre est bucolique...

DOMAINE DU BOLLENBERG

WESTHALTEN
✆ 03 89 49 60 04
www.bollenberg.com
Vigneron indépendant. Certification AB. Accueil 7j/7 : 9h-18h. Restaurant. Œnotourisme : cf web. Boutique en ligne.

Le Domaine du Bollenberg, est un endroit formidable : 25 hectares de vignoble composés de tous les cépages alsaciens. Le lieu-dit étant un site protégé, la famille Meyer applique les règles de l'agriculture biologique sur le domaine. Ici la passion est familiale, les générations ont préservé l'authenticité et la qualité de leurs produits de terroir. Le domaine propose la visite de la Cave mais aussi des repas à l'Auberge du Vieux Pressoir. Un vin de glace ainsi que de nombreuses confitures et produits originaux maisons sont proposés aux œnotouristes.

DOMAINE LE FREUD

26, rue du Fossé - **PFAFFENHEIM**
✆ 03 89 49 31 40
www.robert-freudenreich-et-fils.com
Vigneron Indépendant. Certification HVE3. Dégustation et visite de cave possible toute l'année sur rendez-vous.

Dans la famille Freudenreich, on est vigneron depuis 1730 ! Tout comme son père Robert avant lui, Christophe conduit fort intelligemment son domaine Le Freud (8,5 ha), disposant de parcelles sur les lieux dits Bergweingarten et Côte de Rouffach. Côté cave, Christophe élabore avec une inépuisable passion des vins fins, élégants et bien équilibrés, toujours de grande fraîcheur. Il vous accueille avec son épouse Anne pour vous offrir de beaux moments de dégustation assortis de commentaires éclairants sur les qualités de ses bons crus et les accords mets et vins.

DOMAINE PAUL HUMBRECHT

6-7, place Notre-Dame - **PFAFFENHEIM**
✆ 03 89 49 62 97
www.vins-humbrecht.fr
Certification Ecocert et Demeter.
Accueil sur RV le lundi. Du mardi au samedi de 10h à 12h et de 14h à 18h.

L'histoire vigneronne et familiale des Humbrecht débute vers 1620. Implantés à Pfaffenheim depuis 1900, ils travaillent la vigne selon les règles de l'agriculture biologique et biodynamique. Ainsi, ils labourent au cheval de trait et utilisent des moutons. Ils favorisent également le déploiement de fleurs et plantes pour les pollinisateurs et installent des nichoirs pour les oiseaux. Le domaine Paul Humbrecht donne naissance à des vins qui s'avèrent exceptionnels selon les millésimes. À tester grâce à diverses formules de séjour alliant œnologie, santé et forme !

DOMAINE PIERRE FRICK

5, rue Baer - **PFAFFENHEIM** ✆ 03 89 49 62 99
www.pierrefrick.com
Certification Ecocert et Demeter.
Ouvert la semaine (sauf mercredi) l'après-midi sur RV. Toute la journée le samedi.

Converti de longue date en agriculture biologique (1970) et en biodynamie (Demeter,1981), ce domaine est estampillé d'une étoile par le *Guide des meilleurs vins de France* 2021 ! Une précieuse reconnaissance du travail fourni par Jean-Pierre Frick, pionnier des vins sans sulfites ajoutés. Salués pour leur caractère hors académisme, ces excellents crus sont déclinés dans la gamme « Purs Vins - Zéro Sulfite Ajouté ». À déguster lors de votre visite, le Pinot Gris 2018 Macération à la surprenante robe couleur griotte et aux subtils arômes de groseille et de grenade !

PFAFF LA CAVE DES VIGNERONS DE PFAFFENHEIM

5, rue du Chai - **PFAFFENHEIM** ✆ 03 89 78 08 03
www.pfaffenheim.com
Ouvert 7j/7 de 9h à 12h et de 14h à 18h ; ouverture à 10h le dimanche. Boutique en ligne. Label Tourisme & Handicap.

Si la Cave des Vignerons de Pfaffenheim est considérée comme l'une des plus qualitatives d'Alsace, c'est grâce à une ligne de conduite qu'elle suit depuis 1955 : favoriser l'empreinte du terroir et encourager les bonnes pratiques du vignoble (lutte raisonnée, enherbement, vendanges en ver...). Ici sont vinifiés les raisins provenant de divers grands crus qui constituent les fleurons de la production. Chaque semaine, des visites de cave suivies de dégustations sont programmées.

ALSACE GOLF LINKS

Route du Rhin
✆ 03 89 78 52 12
www.alsacegolflinks.com
18 trous semaine : 70 €. 18 trous week-end : 75 €. 9 trous semaine : 40 €. 9 trous week-end : 45 €.

Au cœur de la plaine d'Alsace, le golf de Biltzheim vous propose un moment de détente sportive. L'accueil s'effectue dans un ancien Moulin qui a su garder le charme de son histoire tout en offrant le confort actuel et un service de qualité. Situé dans un paysage pittoresque avec un style *links* design, le parcours de 18 trous offre un challenge pour les joueurs. Le panorama sur les Vosges et sur les villages reflète les contours doux du parcours. Vous pourrez également bénéficier d'un terrain d'exercices avec Driving Range et 3 trous : par 3 + par 4 + par 3.

LE SPA D'ISENBOURG

Rue de Pfaffenheim
✆ 03 89 78 58 50
www.isenbourg.com
Ouvert tous les jours de 8h à 21h. Soins sur réservations de 10h à 13h et de 15h à 20h.
Accès illimité pour l'hôtel.

Entièrement rénové en 2019, le Spa d'Isenbourg est un havre de bien-être. Équipé d'une piscine intérieure avec vue, d'un sauna, hammam et d'un bain à bulles avec une baie surplombant les vignes, l'espace offre une vue panoramique. Ouvert à tous, les amateurs de relaxation peuvent s'offrir plusieurs escales : accès à l'espace bien-être avec soin de 50 minutes, à choisir dans une carte fournie. Laissez votre sac de piscine à la maison, peignoirs, draps de bain et chaussons sont fournis. Seul, en amoureux ou avec des amis, c'est le moment de prendre le temps !

NEUF-BRISACH ★★★

Enregistrée en 2008 au Patrimoine Mondial de l'Unesco, cette petite ville recèle d'incroyables richesses historiques. C'est Sébastien Le Prestre de Vauban, grand spécialiste en poliorcétique (technique de siège des villes) qui supervisa la construction de Neuf-Brisach entre 1698 et 1703. L'objectif était de fortifier la rive française après la restitution par la France à l'Autriche de la cité de Breysach. En 1870, puis en 1945, la ville fut presque entièrement détruite, sauf... l'œuvre de Vauban qui résista vaillamment aux bombes ! Les remparts se visitent à pied : cette balade de 2,4 km vous mènera de la Porte de Colmar à celle de Belfort.

PLACE FORTE DE NEUF-BRISACH ★★

6, place d'Armes (office de tourisme)
✆ 03 89 72 56 66 (office de tourisme)
www.tourisme-paysdebrisach.com
Le tour des remparts peut se faire à pied environ 45 minutes. Visite guidée possible.

© PLACE FORTE DE NEUF-BRISACH

« De tous les diamants de la Couronne de France, le plus beau est la forteresse du Rhin ». Ainsi parlait Louis XIV de la Place Forte de Neuf-Brisach, chef-d'œuvre d'architecture militaire inscrit au Patrimoine mondial de l'Unesco depuis 2008. Au XVIIIe siècle, Vauban entreprit de protéger le passage du Rhin en créant un octogone parfait, doté de huit bastions, à l'intérieur duquel les rues se croisent à angle droit et s'organisent dans un plan en damier. C'est un site unique !

MAUSA VAUBAN / MUSÉE D'ART URBAIN ET STREET ART

13, rue d'angoulême
mausa.fr
Ouvert du mardi au dimanche de 11h à 19h. Gratuit jusqu'à 10 ans. Adulte : 10 € (réduit : 8 €).

Ce musée d'art urbain et de street art, au cœur des remparts de la forteresse de Neuf-Brisach, a ouvert ses portes en juillet 2018. Dans cet endroit atypique sur 1 200 m², vous pourrez découvrir des œuvres des artistes de renommée internationale tels que C215, Jérôme Mesnager, entre autres. On ne compte pas moins de 17 « pièces » qui hébergent des œuvres en perpétuel mouvement. Un lieu unique dirigé par deux passionnés, Clémentine Lemaitre et Stanislas Belhomme ; à découvrir.

MUSÉE VAUBAN ★

7, place de la Porte de Belfort
✆ 03 89 72 51 68
www.neuf-brisach.fr
Du lundi au vendredi : 8-12h et 13-16h.

Le musée Vauban est le lieu idéal pour découvrir l'histoire et l'architecture de la place forte de Neuf-Brisach dont le plan octogonal fut choisi par Louis XIV. Dans 2 salles aménagées vous consulterez plans et dessins ayant trait à la technique de construction. La pièce maîtresse est l'admirable reproduction de la maquette de la place de Neuf-Brisach animée de commentaires sonores. En outre, une installation ludique sur les fortifications permet de mieux comprendre l'originalité de la citadelle et d'appréhender ses moindres cachettes et tunnels !

CHEMIN DE FER TOURISTIQUE DU RHIN

2, rue de la Gare - **VOLGELSHEIM**
✆ 03 89 45 20 04
www.ried-express-cftr.fr
Circulation des trains entre mi-mai et début octobre.

À l'heure des TGV, quel plaisir de voir le paysage défiler à 25 km/h ! Le temps d'une balade sur les bords du Rhin, prenez place dans un train à vapeur pour apprécier en *slow motion* les paysages du Ried alsacien avec ses canaux, sa faune et sa flore ! Gérant depuis 35 ans ce circuit d'environ 26 km en s'appuyant sur des bénévoles, l'association possède un joli parc : locomotives à vapeur, locotracteurs et diesels, wagons autrichiens et suisses, fourgons plus que centenaires..

LE PETIT TRAIN TOURISTIQUE

6, place d'Armes
✆ 03 89 72 56 66
www.tourisme-paysrhinbrisach.com
Circule d'avril à septembre : jours, horaires sur site web. Gratuit jusqu'à 4 ans. Adulte : 7 €. 4-12 ans : 3 €.

Le petit train touristique de Neuf-Brisach vous conduit à travers la fière cité et ses remparts édifiés par Vauban, un authentique joyau architectural inscrit au patrimoine mondial de l'UNESCO. Au départ de la Place d'Armes, vous embarquerez pour une balade de 35 minutes qui vous fera découvrir l'histoire de ces incroyables fortifications construites sous le règne de Louis XIV. Soit pas moins de 2,5 km de parcours, le tout commenté par audioguide. Billetterie à l'Office de Tourisme.

VISITES GUIDÉES DE NEUF-BRISACH

✆ 03 89 72 56 66
Visites guidées avec guide en en costume d'époque – tous les mardis et vendredis à 14h30 en haute saison. Tarif : 6 €.

Ultime œuvre fortifiée de Vauban, la cité de Neuf-Brisach fut construite en 1699 sur ordre de Louis XIV pour sécuriser l'Alsace. Cette place forte, classée au patrimoine mondial de l'humanité depuis 2008 est remarquable pour sa conception en étoile. Opter pour une visite guidée, c'est l'assurance de découvrir les secrets de cet ingénieux système de défense, agrémentée d'anecdotes instructives. La découverte se conclut avec la visite du musée Vauban et de l'église royale Saint-Louis.

GUESTHOUSE LE VAUBAN €

17, rue de Bâle
✆ 03 89 72 56 06
vauban.alsace/
Appartements indépendants avec connexion Wi-Fi gratuite.

Cette gesthouse est située à quelques mètres de la place d'Armes avec 5 suites aménagées avec une dominance de matériaux naturels, de meubles chinés et rénovés. Chaque suite comprend une chambre équipée d'une literie haut de gamme, une salle de bains cosy et une cuisinette tout équipée ouverte sur le séjour. Gros coup de cœur pour la suite Saint-Martin-de-Ré avec sa terrasse en bois privative ! Le linge de lit et de toilette ainsi que le ménage sont compris dans le prix de la location. Les 5 suites étant convoitées, mieux vaut réserver à l'avance.

LA BOÎTE À SEL €€

11, rue du Rhin - **VOLGELSHEIM**
✆ 03 89 72 56 30
www.laboiteasel.net
*Fermé lundi, dimanche soir, jeudi soir. Plat du jour, carte, groupes. Terrasse. À emporter. Service traiteur. Hôtel**.*

© KATIA HENNY

Ce charmant restaurant doit son nom à une stèle dédiée aux héros de la Grande Guerre dont la forme évoquait vraiment une boîte à sel ! Le cadre extérieur est tout à fait ravissant avec sa terrasse ouverte sur un jardin bucolique. À l'intérieur : brasserie, salle de restaurant et grande salle dédiée aux fêtes de famille ou aux repas d'affaire. Bien vu, la Boîte à Sel organise des soirées grillades au jardin en été (réservation indispensable). De plus, la Boîte à Sel dispose de 13 belles chambres et suites. Service traiteur, demi-pension et pension en bonus.

HÔTEL-RESTAURANT AUX DEUX ROSES*** €

11, rue de Strasbourg ✆ 03 89 72 56 03
www.alsace2roses.com
41 chambres. Chambre simple à partir de 45 € ; chambre double à partir de 58 €. Petit déjeuner buffet : 9 €.

Sise au cœur de la cité de Vauban, cette belle bâtisse héberge un hôtel plein de charme où il fait bon se ressourcer ou dîner aux chandelles en amoureux. Les chambres confortables jouent la carte familiale avec des formules jusqu'à 7 personnes. Vous pourrez vous attabler dans sa winstub pour déguster de bonnes spécialités alsaciennes. Bon à savoir : l'établissement est membre de l'association « Rhin Vivant » et s'engage, par diverses actions, à préserver notre précieux environnement !

LA CITADELLE €€

12, rue du Général-Herr
✆ 06 46 11 74 22
www.gite-citadelle.fr

Clévacances. Gîte 3 étoiles pour 2 à 4 personnes.

Une charmante adresse à proximité du Musée Vauban ! Un gîte confortable avec une déco de bon goût ! Rien ne manque : cuisine moderne équipée, salle de bain avec fenêtre, deux chambres douillettes, salon cosy avec un vaste canapé, TV écran plat et lecteur de DVD, salle de billard, buanderie avec lave-linge, sèche-linge, table et fer à repasser, petite piscine extérieure avec salon de jardin... Ajoutez à cela l'accueil vraiment sympathique des propriétaires qui vous fourniront avec plaisir plein de bons tuyaux pour découvrir l'Alsace et l'Allemagne voisine !

LE RENDEZ-VOUS DES COPAINS €€

5, Grand'Rue - **LOGELHEIM** ✆ 03 89 24 96 14
www.rdv-des-copains.fr

Ouvert du mardi au vendredi le midi et le soir ; le samedi soir ; le dimanche midi. Réservation conseillée.

Très bien situé, cet hôtel-restaurant porte bien son nom ! Un accueil hyper convivial et souriant, des chambres simples mais chaleureuses et confortables nous donnent l'impression d'être à la maison avec des amis ! La cuisine est délicieusement traditionnelle et copieuse, la carte réduite mais avec de belles propositions à base de produits frais et le café gourmand est une tuerie, comme tous les desserts proposés ! Une très jolie découverte au rapport qualité/prix imbattable !

RESTAURANT KASTENWALD €€

37, rue Principale - **WOLFGANTZEN**
✆ 03 89 27 39 99
www.restaurant-kastenwald.com

Fermé lundi et mardi. Du mercredi au dimanche de 11h45 à 14h et de 19h à 21h30. Menu du jour : 13 €.

Sobre et chic, cet établissement propose une cuisine raffinée et transparente : vous savez ce que vous mangez et d'où viennent les produits ! Le couple Scheer vous accueille avec le sourire et vous conseille au gré de la carte de saison. Que l'on soit végétarien ou carnivore, il y en a pour tous les goûts : gravlax de saumon sauce scandinave, rösti de chèvre chaud et lard fumé, dos de sandre au jus vert et vitelotte à l'ail, steak tartare Kastenwald, risotto croustillant aux petits légumes... Ajoutez de délicieux desserts et d'excellents vins d'Alsace !

LE SOLEIL DU RHIN €€

6, rue du Pourquoi Pas
VOLGELSHEIM
✆ 03 89 27 33 67

Cuisine asiatique. Fermé le lundi. Le reste de la semaine de 12h à 14h30 et de 19h à 22h30.

Ne vous fiez pas à l'environnement de ce restaurant asiatique implanté en zone commerciale, l'intérieur vaut largement le détour ! On s'installe dans un vaste espace très lumineux, agréablement meublé et décoré. Ici, c'est buffet à volonté mais le personnel est aux petits soins tout au long de votre repas... Sushis et makis, coquillages et crustacés, nems et beignets, grillades au wok, desserts à tomber : on fait bombance à prix doux. Les groupes sont les bienvenus, les enfants aussi. Et si c'est votre anniversaire, Le Soleil du Rhin vous offre votre repas !

BRASSERIE ARTISANALE SAINT ALPHONSE

2, rue du Rothgern - **VOGELGRUN**
✆ 03 89 72 70 07
www.brasseriesaintalphonse.com

Ouvert le jeudi de 17h à 18h ; le vendredi de 15h à 18h ; le samedi de 9h à 12h. Visite de la brasserie le samedi à 10h.

Né en Belgique non loin de la célèbre abbaye d'Orval, Joël Halbardier pourrait dire qu'il est tombé tout petit dans la marmite... à bière ! Passionné de breuvages mousseux, Joël a installé, sur les bords alsaciens du Rhin, une micro-brasserie qui porte le nom du saint patron de Vogelgrun. Elle produit 6 gammes de bières blondes, brunes ou ambrées. On adore la bien-nommée Meid'la, bière blonde de fermentation haute, non filtrée, brassée avec des houblons alsaciens !

BOWLING RHINOR PALACE

route de Volgelsheim - **ALGOLSHEIM**
✆ 03 89 22 98 71
www.rhinorpalace.fr

Fermé lundi et mardi. Ouvert le soir du mercredi au dimanche. Location de matériel. Restauration.

Décoré de fresques murales illustrant l'univers du Rhin, ce complexe moderne comprend un bowling composé de 8 pistes assorties d'équipements spéciaux pour les enfants, les personnes à mobilité réduite ou mal voyantes. Ajoutez à cela des tables de billard, un bar lounge avec service snacking, ainsi qu'un Funpark. Il intègre une zone dédiée aux bambins jusqu'à 8 ans ainsi que des trampolines, des baby-foot, tables de ping-pong et skatepark... Quels que soient votre âge ou votre condition physique, vous êtes assurés de vous éclater sans vous soucier de la météo !

BLODELSHEIM

Calé entre le Rhin et la forêt de la Hardt, Blodelsheim est également situé sur la Route de l'Evacuation qui a vu sa population transplantée, en 1939, dans le village de Gimont dans le Gers, créant ainsi des liens particuliers avec cette région. Le village est aussi connu pour son patrimoine religieux, qu'il soit matériel comme par exemple son orgue Silbermann classé aux Monuments historiques, ou immatériel avec notamment le culte des reliques de saint Anicet. Les actions engagées du célèbre curé Philippi (XIXe siècle) pour stimuler la foi sont, elles aussi, des témoignages précieux des croyances et de leur possibilité de mobiliser les foules.

PONEY PARC

✆ 06 15 49 81 70

Ouvert le mercredi, le samedi et le dimanche à partir de 14h. Entrée du parc gratuite. Parking.

Situé sur une ancienne cité minière, le terrain a été transformé en parc dans les années 1950. Depuis, ce lieu a fait le bonheur de plusieurs générations. Un tour sur le dos d'un poney n'est qu'une des nombreuses activités qui enchantent les enfants. Sur place, des animaux de la ferme, poules, moutons, oies... À la pause de midi, pique-nique pour tous dans l'aire près d'une petite buvette. Avec un restaurant en cours de création et un espace extérieur couvert pour réception, le parc se modernise et offrira un cadre magnifique et naturel pour cérémonies.

FESSENHEIM ★

La plaine du Rhin n'est pas en reste de merveilles à découvrir, qu'il s'agisse de nature ou de son histoire industrielle. La forêt de la Hardt, le Rhin et les Iles du Rhin ou encore l'ancien canal du Rhône au Rhin sont de riches réservoirs de biodiversité et des espaces propices à la promenade. La Maison de la nature du vieux canal basée à Hirtzfelden accompagne l'immersion des citoyens dans ces milieux et favorise par ses actions l'éducation à l'environnement. Un patrimoine industriel et hydraulique est organisé autour de la Centrale nucléaire de production d'électricité et de la Centrale hydroélectrique, ou encore de l'écluse sur le Canal d'Alsace.

CHEZ PIERRE** €€

28, rue du Canal-d'Alsace
BLODELSHEIM
✆ 09 74 56 55 71
www.restaurantchezpierre.com

8 chambres rénovées. Chambre double 66 €. Petit déjeuner : 8 €. Soirée étape : 70 €. Restauration. Menu du jour 13 €.

Cet établissement plus que centenaire est tenu par Jacques Thuet et ses fils. Chaleureux et décoré de manière sobre et classique, une belle table vous attend avec une carte inspirée par l'Alsace et ses producteurs locaux avec des spécialités de saison : de belles propositions de gibier en automne et asperges au printemps sans oublier la choucroute. Une belle carte des vins qui vous fera sans doute hésiter parmi un choix très varié. Pour le repos du guerrier bien mérité, huit chambres rénovées sont disponibles avec option soirée-étape, demi-pension et pension complète.

© PIERRE THUET

© CHEZ PIERRE

HAUT-RHIN

HIRTZFELDEN

Ancien village de bergers, Hirtzfelden garde des traces de son histoire. Aujourd'hui, le village est connu pour sa fête de la Fraxinelle, cette plante aux mille vertus que convoitent les spécialistes de l'herboristerie. Au « Nouma inna » (appelé aussi « À l'Arbre Vert »), le passant peut trouver une auberge au nom alsacien bien familier et avenant qui traduit la convivialité autour de la table mais aussi l'accueil chaleureux et le sens de l'hospitalité. Et puis, « La Maison du Boulanger » (boulangerie, pâtisserie, sandwicherie et mange debout...), destinée à tisser les mêmes liens autour d'un café, donne un bon exemple de la convivialité du village.

MAISON DE LA NATURE DU VIEUX CANAL - ÉCLUSE

Rue de Bâle
✆ 09 64 25 55 54
www.vieuxcanal.eu
Ouvert du lundi au vendredi de 8h30 à 12h30 et de 13h30 à 16h30 (hors jours fériés).

La mission principale de la Maison de la Nature est de sensibiliser le public à la protection des espaces naturels. Observation des oiseaux, exploration des milieux humides, autant de richesses à découvrir le long du sentier du vieux canal. L'ancienne maison éclusière porte de belles valeurs qu'elle distille lors d'ateliers parfois insolites. Nombreuses animations, conférences et débats à suivre. À noter: pour les enfants des activités à partager entre copains, à retrouver sur le site.

BIESHEIM

Cette cité fleurie est bordée par le Rhin à l'est et par la forêt à l'ouest. Historiquement, le territoire de Biesheim est habité depuis l'époque gallo-romaine. Un site archéologique très important apporte de multiples preuves d'une occupation romaine jusqu'au IVe siècle. Biesheim offre aujourd'hui de belles opportunités de promenades en barque au fil du Giessen, dont les rives ont été intelligemment aménagées. Vous pourrez également profiter d'un parcours de santé ainsi que de 2 pistes cyclables reliant Biesheim à Kunheim et à Vogelsheim. Biesheim entretient aussi une importante vie culturelle grâce au Musée Gallo-Romain et au Musée de l'Optique.

MUSÉE GALLO-ROMAIN ★

Place de la Mairie
✆ 03 89 72 01 58
www.ville-biesheim.fr
Mercredi et vendredi 14h-17h ; le jeudi 9h-12h et 14h-17h ; le week-end 14h-18h. Gratuit -12 ans. Adulte : 2,50 €.

Ce musée, installé dans le bâtiment du Capitole, est consacré aux découvertes archéologiques provenant du vaste site d'Odenburg. Ce site a révélé l'existence d'importants vestiges datant de l'Antiquité romaine, notamment des camps de légionnaires, ainsi qu'une agglomération civile et une nécropole. Des urnes à incinération, mais aussi un remarquable sarcophage en grès et des petites statuettes à l'effigie de divinités romaines témoignent des croyances de l'époque et des rites funéraires. Le musée abrite aussi une importante collection d'objets domestiques.

PORT DE PLAISANCE DE L'ÎLE DU RHIN

Zone touristique de l'île du Rhin
✆ 03 89 72 67 77
www.biesheim.fr
Ouvert de début mai à fin octobre de 9h à 18h. Location de places de port. Réservation obligatoire. Toilettes, douches.

Ce port de plaisance est sans nul doute l'un des plus beaux de toute la région rhénane et le plus attractif en prestations. Installé à la pointe de l'Île du Rhin dans un site privilégié à l'abri des courants. À la boutique Rhin Marine, vous trouverez en vente tout l'accastillage dont vous pourriez avoir besoin et un atelier de réparation. À noter que l'Île du Rhin accueille un camping 4 étoiles. À 200 m du camping, la piscine Sirénia s'avère idéale pour rafraîchir petits et grands.

PROMENADE ROMANTIQUE SUR LE GIESSEN

Rue du Stade
✆ 03 89 72 01 69
www.biesheim.fr
Ouvert tout l'été, du mercredi au dimanche de 13h30 à 18h. Adulte : 3 €. Enfant : 2 €.

Une balade au fil de l'eau qui se déroule sur un bras mort du Rhin hébergeant diverses variétés de poissons. Cette faune aquatique fait la fierté de Biesheim dont la population vivait naguère de la pêche. Cette escapade de 45 minutes s'effectue en barque à fond plat équipé d'un moteur électrique sous la houlette de guides-bateliers qui vous dévoilent l'histoire de Biesheim ainsi que les caractéristiques de la faune et de la flore qui peuplent le Giessen. C'est un enchantement !

HAUT-RHIN

HÔTEL DE LA CLEF DES CHAMPS*** €

19 a, Grand'Rue
✆ 03 89 72 08 18
www.la-cle-deschamps.com
Citotel. 28 chambres : double de 52 € à 115 €. Petit déjeuner buffet : 9 €. Parking privé. 7j/7.

Situé à 18 km de Colmar et 35 min d'Europa Park, cet établissement est le pendant moderne de l'Hostellerie des Deux Clefs gérée elle aussi par la famille Groff. Vous serez séduits par ses chambres tout confort, sa terrasse bien exposée et fleurie, son jardin, son coin salon et son bar. Après une bonne nuit de sommeil, un buffet sucré/salé vous sera servi. Pour vos repas, prenez « la clef des champs » jusqu'à l'Hostellerie des Deux Clefs où l'on vous servira de délicieux mets du terroir.

ÎLE DU RHIN €€

Zone touristique Île-du-Rhin
✆ 04 30 05 15 28
www.campingiledurhin.com
De début avril à mi-septembre. Mobil-home pour 6 à partir de 300 € la semaine. Emplacement environ 25 € la nuit.

Implantation originale et séduisante pour ce camping de la zone touristique de Biesheim [réserve naturelle classée], entre le Rhin et le Grand Canal d'Alsace. Les sapins et un environnement aquatique composent une ambiance toute particulière. Vous disposez sur place d'un panel impressionnant d'équipements de confort et de loisirs. Pour autant, ne vous privez pas de quitter ce cocoon pour découvrir les richesses alentour et particulièrement de manière insolite. Laissez-vous tenter par une balade fluviale ou une virée en chemin de fer touristique !

AUX DEUX CLEFS HOSTELLERIE GROFF €€

50, Grand-Rue
✆ 03 89 30 30 60
www.deux-clefs.com
Chambre standard 75 €. Wifi gratuit. Restaurant [Logis 3 cocottes]. Terrasse et piscine.

Posée au cœur du Ried, cette maison familiale est un petit paradis ! L'hôtel vous propose des soins de beauté et massages ainsi que des forfaits intéressants pour une escapade gourmande ou bien-être à deux. Côté restauration, le chef et sa brigade concoctent de bons petits plats du terroir et autres mets au rythme des saisons. L'établissement vous propose également des prestations de traiteur et peut accueillir jusqu'à 12 personnes dans sa salle de séminaire équipée.

CÔTÉ CUISINE €€€

1, chemin du Schmolgasse
✆ 03 89 74 81 96
www.cote-cuisine-restaurant.com
Ouvert du mercredi au dimanche. Carte : 20 € environ. Le menu Wie Daheim [Comme à la Maison] : 14,50 € [entrée + plat].

Un régal, comment nommer ce moment autrement ? Plaisir des sens : commençons par le goût avec une cuisine surprenante mêlant produits locaux et herbes aromatiques du jardin, de très belles associations gourmandes et audacieuses. Très simple mais travaillée avec amour. Plaisir des yeux ensuite avec une présentation soignée et le ballet des serveurs réglé comme une mélodie sous la direction du brillant chef d'orchestre Emmanuel Waltisperger ! L'espace restauration sobre et lumineux, ouvert sur la terrasse et la cuisine. La carte est réduite et change régulièrement.

© E.WALTISPERGER

© E.WALTISPERGER

HAUT-RHIN

THANN ★★

De passage à Thann, une balade au cœur du vignoble classé Grand Cru, s'impose. Orienté plein sud, le terroir volcanique du Rangen se dresse face à la ville surveillé par « l'œil de la sorcière », une ruine provenant de l'ancien château. Les autochtones friands d'histoire raconteront qu'un grand nombre de sorcières furent brûlées à Thann ! En vous promenant dans ce vignoble légendaire, vous découvrirez la façon dont les viticulteurs travaillent la vigne, encordés pour des raisons de sécurité, la pente étant raide à 68 % par endroit ! Parcourez la belle cité de Saint-Thiébaut et découvrez l'histoire de chacun des monuments, les mythes et les légendes.

COLLÉGIALE SAINT-THIÉBAUT ★★

Place Joffre

ville-thann.fr/collegiale

Ouverte toute l'année de 8h30 à 17h. Visites guidées organisées par l'OT : 03 89 37 96 20 (pour groupes sur rdv).

La légende raconte que le comte Ferrette, ayant aperçu trois lumières au sommet du sapin où reposait la relique de saint Ubaldo, promit de bâtir une chapelle. Après deux siècles de travaux, l'édifice est l'un des plus représentatifs de l'art gothique en Alsace. Son grand portail avec 150 scènes et 500 personnages est unique ! La Collégiale est un patrimoine inestimable sauvegardé, restauré en grande partie grâce à l'action d'une fondation créée pour la restauration de ce monument.

LE MARCHÉ DE NOËL

www.marche-de-noel-alsace.com

Gratuit. Animations. Spectacle tous les soirs à 19h devant la collégiale.

Les marchés de Noël sont incontournables en Alsace, celui de Thann ne fait pas exception. Intégrées au pays des chants et des étoffes, une trentaine de petites cabanes se retrouvent au milieu de sapins décorés par les écoles de la vallée de la Thur. Odeurs de vin chaud et de bredelés, ce petit marché authentique remet les traditions au goût du jour : c'est d'ailleurs du haut de la collégiale que le père Noël descend du ciel lançant ainsi les festivités. Et quoi de plus féerique qu'un conte de Noël revisité par la fabuleuse troupe des Bâtisseurs sous la neige ?

MOULIN DE STORCKENSOHN

20, rue de la Mairie

STORCKENSOHN

✆ 03 89 38 77 28

www.moulinstorckensohn.com

Fermé de novembre à mars. Pour les horaires se référer au site Internet. Adulte : 4 € ; enfant : 2 €.

Témoin d'un vieux métier, le moulin a été construit en 1732 et a poursuivi son activité jusqu'à l'arrêt de sa roue, en 1962. Jusqu'à cette date, les pommes et les poires servaient à la fabrication de cidre tandis qu'à partir des noix, du colza et du tournesol on tirait une huile fine et délicieuse. 30 ans plus tard, une équipe de bénévoles a reconstitué à l'identique la roue à augets. Désormais, l'ançestrale machinerie s'active comme autrefois. À deux pas du moulin, la maison de l'ouvrier paysan à l'ambiance d'antan vous ouvre ses portes.

MUSÉE SERRET ★

7, rue Clemenceau - **SAINT-AMARIN**

✆ 03 89 38 24 66

www.museeserret.fr

Réouverture le 15 mars 2023.
Ouvert du mercredi au dimanche de 14h à 18h.
Entrée : 4 € ; enfant : 1 €.

Le musée porte le nom du général Marcel Serret, commandant de troupes qui trouva la mort lors des combats du Hartmannswillerkopf. Le bâtiment servait d'hôpital militaire durant la Grande Guerre. Le rez-de-chaussée est consacré au souvenir du front des Vosges de 1914-1918, de la guerre de 1939-1945 et à la résistance alsacienne ainsi qu'à la libération de la vallée. Ne manquez pas les éléments de la salle capitulaire de la collégiale de Saint-Amarin, des mises en scène liées à des métiers du passé, des sceaux et monnaies ainsi que des objets d'art religieux.

LES RUINES DU CHÂTEAU DE L'ENGELBOURG ★

Gratuit. Accessible à pied.

Surnommé « l'œil de la sorcière », cet immense anneau de pierre est le vestige d'un château datant du XIIIe siècle. Au XVIIe siècle, le château est détruit à l'explosif par l'intendant Poncet. Lors de la chute du bâtiment, une partie de la tour du donjon se fixa tel un œil surveillant la ville depuis sa colline... Le site, faisant parfois l'objet de spectacles son et lumières, offre un magnifique point de vue sur le centre de Thann et sur sa cathédrale.

TRAIN THUR DOLLER

Route d'Aspach
ASPACH-LE-BAS
✆ 03 89 82 88 48
www.train-doller.org
Train spéciaux hors saison. Fermé en hiver et au début du printemps.

C'est un véritable bond dans le passé que propose le TTDA. A bord d'une authentique locomotive à vapeur, les passagers profitent d'un voyage grâce au travail des bénévoles. Le train se meut avec tant de lenteur qu'il permet de profiter pleinement du paysage avant de rejoindre le site des réjouissances, dont le thème change en fonction des saisons (attaque d'Indiens en été, jeux avec des sorcières pour Halloween en automne, spectacles). Les animateurs mettent le paquet sur la décoration et les costumes pour valoriser ce train qui traverse les âges !

LA CANOPEE

GOLDBACH-ALTENBACH
✆ 06 07 55 62 27
www.gite-de-montagne-la-canopee.fr
Bains de forêt et sylvothérapie. Découverte des plantes médicinales. Gîte pour 4 personnes (80 € la nuit pour 2 pers.).

Au cœur du parc régional des Vosges, laissez-vous porter et guider par Dominique, qui vous fera découvrir la forêt autrement lors d'une séance de bain de forêt, un moment d'initiation hors du temps, un voyage au cœur du vivant pour se reconnecter à soi et à la nature. Seul, en groupe ou en famille, vous profiterez des bienfaits de la forêt et des arbres et repartirez avec des pratiques que vous pourrez refaire en toute autonomie. Si vous voulez rester, le gîte de montagne La Canopée vous accueille dans son écrin de nature au pied du Grand Ballon. On adore !

LES BOULEAUX**** €

8, rue des Bouleaux - **RANSPACH**
✆ 03 89 82 64 70
www.alsace-camping.com
Ouvert toute l'année sauf les trois dernières semaines de Novembre. Restaurant du camping fermé le lundi.

Membre de la chaîne Flower Camping, le camping des Bouleaux vous accueille dans un cadre fleuri. Agréable et tranquille, le camping est entouré de lacs, de vallées et de forêts. Situé à côté du parc de Wesserling et du lac de Kruth, des nombreuses activités de découverte s'offrent aux vacanciers qui ne souhaitent pas profiter des nombreuses animations proposées. Les chalets sont entièrement équipés, les emplacements spacieux et plusieurs espaces de loisirs sont proposés dont un espace dédié au bien-être et une piscine intérieure. Un excellent séjour vous attend !

HOTEL DU RANGEN €€

35/37, rue du Général-de-Gaulle
✆ 03 89 37 47 33
www.hoteldurangen.com
27 chambres. Chambre simple à partir de 60 €. Chambre double à partir de 70 €.

À quelques pas de la collégiale de Thann se trouve l'hôtel du Rangen, situé juste en face des ceps du célèbre grand cru éponyme. L'établissement est calme et bien situé. Plébiscitées pour le confort de la literie, les chambres sont simples et chaleureuses. Ici, les petits déjeuners sont copieux et les fromages proposés proviennent du terroir local ! Pour la partie restauration, il suffit de traverser la route pour se rendre dans le caveau du Rangen bien connu pour ses dégustations de pépites issues des vignobles alsaciens. Idéal pour le repos et la découverte !

HÔTEL-RESTAURANT AU FLORIDOR*** €€

54, rue du Floridor
✆ 03 89 37 09 52
Chambre double à partir de 58 €. Chambres accessibles PMR. Animaux acceptés. Wifi. Menu du jour à partir de 12,50 €.

Niché sur les hauteurs de Thann, cet ancien café a été agrandi en 1925 sous l'impulsion de Joseph Christen. Transmis au fil des générations, Le Floridor est devenu une étape incontournable. Les chambres offrent un séjour réparateur. Côté restauration, la 5e génération apporte un souffle novateur avec des formules « Burger ». Le chef, membre de la route de la Truite, garde la main sur les plats traditionnels ! L'adresse est épicurienne et d'un très bon rapport qualité/prix.

HÔTEL RESTAURANT AUX SAPINS €€

3, rue Jeanne-d'Arc
✆ 03 89 37 10 96
www.hotelrestaurantauxsapins.com
17 chambres. Chambre double de 70 € à 75 €. Demi-pension : 72 €/pers. Menu du jour 14 €.

Une belle surprise. Une magnifique terrasse à l'ombre d'un imposant magnolia nous convie aux soirées guinguette organisées l'été. Si la table est reconnue pour ses spécialités alsaciennes qui font l'unanimité et la qualité des produits utilisés, elle surprend par une touche exotique. Un beau mélange entre traditions et modernité qui se retrouve dans la présentation des assiettes très colorées avec des tarifs raisonnables ! Les chambres sont climatisées et la literie a été changée.

FERME-AUBERGE DU HAAG €€

Au pied du Grand-Ballon
GEISHOUSE
✆ 03 89 48 95 85
www.fermeaubergealsace.fr
Fermé mardi et mercredi.

© FA DU HAAG

Les journées commencent tôt à la ferme-auberge, la famille Munsch le sait bien. Pauline vous accueillera avec bonne humeur. Nicolas est au début de la chaîne. C'est lui qui trait puis fait le fromage dont le cœur du Massif, une tomme à base de lait de vosgiennes ! Ici on pratique une agriculture biologique, comme les maraîchers et les vins d'Alsace sont en biodynamie. On vous servira tout au long de la journée, d'excellentes assiettes froide de fromages, de lard de la ferme... ou encore un bon verre de lait chaud de la ferme ou un *glühwein* en hiver !

HÔTEL DU PARC*** €€€

23, rue Kleber
✆ 03 89 37 37 47
www.alsacehotel.com
21 chambres. Chambre double de 69 € à 169 €. Petit déjeuner : 14 € (en buffet). Lit supplémentaire : 20 €.

Dans cette bâtisse imposante du XIXe siècle entourée d'un petit parc et d'une belle piscine extérieure, l'Hôtel du Parc vous accueille dans une de ses 21 chambres avec TV et wifi, au mobilier d'époque et la décoration raffinée. Les chambres sont très spacieuses ; *queen size* à partir de la catégorie supérieure. Celles de la catégorie prestige ont toutes une magnifique vue sur le parc et certaines d'entre elles ont une terrasse privée. Un spa, équipé d'un centre de remise en forme, d'un hammam et d'un bain bouillonnant, vous permettra de vous ressourcer.

CHALET HÔTEL DU GRAND BALLON €

Grand Ballon
WILLER-SUR-THUR
www.chalethotel-grandballon.com
Ouvert toute l'année. Menu unique à 15 €. C arte : 10 € environ. Vin au verre.

Perché tout en haut du plus haut sommet des Vosges, le chalet du Grand Ballon est le lieu parfait pour se requinquer après une journée passée à arpenter les sommets vosgiens. Le chalet est idéalement situé au départ de nombreuses randonnées en été ou de la piste de ski de fond adjacente en hiver. Au menu, planchettes de produits fermiers pour les petites faims ou, pour les plus grosses, plats traditionnels des fermes alsaciennes et tartes flambées.

LES VOLETS BLEUS ALSACE VOSGES €€

20, rue du Brisgau - **URBÈS**
✆ 03 89 37 80 73
www.lesvoletsbleusalsacevosges.fr
3 chambres. De 60 € à 80 € la nuit pour 2 personnes, petit-déjeuner inclus.

Chambres d'hôtes gay friendly au sud-ouest de Colmar, à 40 km de Mulhouse et de Gérardmer et à seulement 3 km de la gare SNCF de Fellering, aux volets bleus, et qui possèdent le labe Gîtes de France. Vous serez également très près des stations de ski du massif des Vosges. Au cœur du Parc naturel régional des Ballons, dans le petit village alsacien d'Urbès, vous trouverez cette charmante maison composée de 3 chambres décorées assez simplement, dans un style « comme à la maison ».

AUBERGE DU MEHRBACHEL €€

72 chemin Merbaechle - **SAINT-AMARIN**
✆ 03 89 82 60 68
www.auberge-mehrbachel.com
Hôtel ouvert 7j/7. Restaurant ouvert du mardi soir au dimanche midi, 12h-13h30 et 19h-20h30.

En contrebas de la route des crêtes, l'auberge du Mehrbachel et le parfait endroit pour se requinquer après une journée à arpenter les Vosges. Magnifiquement rénovée, l'auberge propose de passer la nuit dans de jolies chambres qui offrent de magnifiques points de vue sur les forêts vosgiennes. Vous pourrez vous détendre dans la partie spa et sauna, toute neuve. L'immersion en pleine nature est totale. L'auberge possède également une partie restaurant, où la générosité semble être la devise, et les classiques alsaciens sont cuisinés avec authenticité.

HAUT-RHIN

AU BRAM'S €€

2, route du Bramont - **WILDENSTEIN**
✆ 03 89 74 12 02
www.au-bram-s.fr

Ouvert uniquement le week-end en période hivernale. En période estivale, fermé les mardi et mercredi.

La vue depuis cet établissement est imprenable. Le Bram's surplombe la vallée de Kruth-Wildenstein, au bord de la route du col du Bramont, avec vue sur le lac de Kruth-Wildenstein. Son slogan « Une cuisine traditionnelle de qualité » laisse imaginer ce que l'on trouve dans nos assiettes. Au menu : les grands classiques à l'instar des bouchées-à-la-reine ou alors revisités comme les Fleischnakas façon Rossini. La maison complète son offre de restauration par des chambres à louer avec petit déjeuner inclus. Une adresse dans laquelle on s'arrête sans hésiter.

LE F €€

54, rue du Floridor ✆ 03 89 37 09 52
www.hotel-floridor-thann.com

Hotel ouvert toute l'année. Restaurant du lundi au samedi Réservation recommandée. Menus de 12 € à 60 €.

Niché sur les hauteurs de Thann, cet ancien café, agrandi en 1925 sous l'impulsion de Joseph Christen, est transmis au fil des générations. Renommé « Le F », il est devenu une étape incontournable. Côté restauration, la 5e génération apporte un souffle novateur avec des formules « Burger » étonnantes ainsi qu'un menu végétarien. Le chef, membre de la route de la Truite, garde la main sur les plats traditionnels avec ses gargantuesques bouchées à la reine ! Avec sa décoration cosy et chaleureuse, l'adresse est épicurienne et d'un très bon rapport qualité/prix.

HÔTEL RESTAURANT AUX SAPINS €€

3, rue Jeanne-d'Arc ✆ 03 89 37 10 96
www.hotelrestaurantauxsapins.com

Hôtel ouvert 7j/7. Restaurant fermé le dimanche et le lundi. Formule du midi à 15 € et carte à environ 19 €

Une magnifique terrasse à l'ombre d'un magnolia nous convie aux soirées guinguette. Ce restaurant familial est une adresse pour gourmets. Si la table est reconnue pour ses spécialités alsaciennes et la qualité des produits utilisés, elle surprend agréablement par de petites touches exotiques et fruitées dues au chef Gilbert Wolfhart. Un beau mélange entre traditions et modernité qui se retrouve dans la présentation des assiettes très colorées. Et avec des tarifs raisonnables !

RESTAURANT LE CASEUS €€

100, rue de la Première Armée
✆ 03 89 37 10 68
www.lecaseus.fr

Ouvert du lundi au samedi le midi et le soir. Réservation recommandée. Formule du midi : 13 €. Terrasse.

1993-2023, 30 ans de bonheur... et de gourmandises ! Ce restaurant d'esprit néo winstub est le lieu idéal en hiver pour déguster de bonnes raclettes et des plats montagnards à base de fromages dans un décor tout de bois et de convivialité empreint ! Au printemps, tout change et refleurit à l'image de la charmante courette pleine de couleurs, où l'on s'attable pour déguster de succulentes salades. Le Caseus est décidément un « *casus cenae* », traduisez : une bonne occasion de manger ! Pensez à réserver car ce restaurant est très couru, succès oblige.

CHEZ EMMA

38, rue de la 1ère Armée
✆ 03 89 82 91 64
https://chez-emma.fr/

Fermé lundi et mardi, ouvert du mercredi au samedi de 11h à 20h, dimanche de 13h à 20h. Terrasse.

Un coup de cœur, un petit matin d'été ensoleillé, sur une ravissante terrasse avec la gouaille de Cyril et les gourmandises de Julie, un petit air de Joe Dassin ! Un projet devenu réalité qui a maturé pendant 15 ans ! Finalement le temps de la formation pour Julie.

Un lieu vintage décoré avec passion, la bonne humeur communicative de Cyril au service et les petits plats savoureux de Julie, bien évidemment une sélection de produits hautement qualitatifs et sains. Les journées commencent tôt et se finissent tard mais c'est plus que réussi.

ATELIER ELEMENT TERRE

12, rue des Écoles
FELLERING
✆ 06 84 68 17 43

Boutique ouverte de 9h à 19h uniquement sur rendez-vous au 06 84 68 17 43.

L'atelier de la céramiste Pascale Kayser vous ouvre ses portes. Passionnée par le modelage et façonnage de la terre, elle est spécialisée dans la cuisson au raku, une méthode japonaise qui utilise la cuisson au feu en extérieur et donne aux pièces cuites un brin de poésie. Auprès de Pascale, vous pourrez vous initier toute la semaine lors d'ateliers ainsi que les week-ends lors de stages pour ceux qui souhaitent apprendre l'émaillage et le raku. Inscriptions auprès de Pascale ou de l'office de tourisme de Thann, l'occasion de donner vie à ses créations.

HAUT-RHIN

FERME HAENNI

7, rue de Merxheim
RAEDERSHEIM
03 89 48 11 94
www.asperge-haenni.fr
Du mardi au vendredi, 9h-12h et 14h-18h30. Le samedi, 9h-12h et 13h30-17h.

C'est la référence dans la production d'asperges, en Alsace. La ferme Haenni a planté ses premières griffes d'asperge en 1983. Cette culture peu répandue leur a permis de s'ouvrir à la vente directe. Les asperges ont connu un tel succès que la surface d'exploitation atteint aujourd'hui 28 hectares et le magasin a dû s'agrandir. Il faut dire que la qualité des asperges est très importante pour cette exploitation familiale et les clients en sont conscients ! Et pour les gourmands les asperges sont vendues dans 2 cabanons à Vieux-Thann et Sausheim.

LES MARCHÉS PAYSANS

Place Joffre
Premier et troisième mercredi du mois de 15h à 18h.

Le Marché des producteurs de Thann se tient deux fois par mois au pied de la collégiale, une bonne façon d'allier consommation locale, circuits courts et convivialité. Ces marchés paysans sont l'occasion de s'approvisionner en denrées naturelles avec la garantie de produits frais et de qualité. Muni de votre panier, parcourez les étals des producteurs et remplissez-le de volailles, fruits et légumes, produits laitiers, miel, pain d'épice, kougelhof, porc et charcuteries paysannes, viandes fumées et fraîches, de pains, plantes médicinales..., la liste est longue !

CENTRE ÉCOLE DU MARKSTEIN

Chemin du Wegacker - Z.I.
ODEREN
03 89 82 17 16
www.centreecolemarkstein.com
Vol baptême en binôme de 110 € à 290 €. Réservation obligatoire.

Créée en 1977, c'est la plus ancienne école de vol libre de France et l'une des plus importantes labellisée par la FFVL. L'équipe de 8 moniteurs brevet d'État choisit les meilleurs créneaux météo pour la théorie ou la pratique, en formule adaptée à chacun. Le principal axe est l'enseignement du vol libre. Des baptêmes de l'air sont proposés en saison. À noter, grâce à un fauteuil spécial, les personnes à mobilité réduite peuvent découvrir cette sensation grisante !

HUSSEREN-WESSERLING ★

Wesserling a été pendant plus de 200 ans le fleuron de l'industrie textile ! En 1762 débute la fabrication des premières Indiennes et des tissus imprimés, dans le château de Wesserling. Au début du XIXe siècle, la première entreprise textile d'Alsace se trouve à Wesserling. Les activités consistent en la filature, au tissage et à l'impression. Les tissus sont distribués sous la marque « Gros-Roman et Cie ». Durant l'entre-deux-guerres, le secteur est racheté par Marcel Boussac. Transformé en parc, les anciennes industries accueillent aujourd'hui un musée textile retraçant l'histoire industrielle, des jardins remarquables ainsi que la grande chaufferie.

BLEU DES VOSGES

3, rue des Fabriques
03 89 82 19 61
www.bleudesvosges.fr
Fermé le dimanche. Ouvert du lundi au samedi de 9h à 12h et de 13h30 à 18h30.

À Wesserling le textile c'est une tradition et le lieu idéal pour Bleu des Vosges, magasin dédié aux couturières ainsi qu'aux fans de loisirs créatifs. 500 m² de tissus, fils et matières sous toutes les coutures. Un univers coloré au choix très vaste : tissus d'habillement, d'ameublement, laine, mercerie et même bagages, décoration d'intérieur et machines à coudre. Avec une mention spéciale pour le linge de maison d'excellente qualité ! Ici, les conseils sont pointus et adaptés aux demandes, il y a même un blog pour partager astuces et idées.

LE PAVILLON DES CRÉATEURS

5, rue des Fabriques
www.parc-wesserling.fr
Ouvert toute l'année. Tous les jours de 10h à 18h. Restauration. Boutique.

Le Parc de Wesserling est un site témoignant de l'âge d'or des industries textiles. C'est dans ce haut lieu que se trouve le Pavillon des Créateurs. Installés dans un ancien hangar datant de 1880, une petite dizaine d'artisans ont leurs ateliers. Dans cet espace d'expression et de création, vous trouverez une concentration de libres talents ! La médiathèque de Wesserling s'est aussi installée sur le site. Appréciez le travail de toutes ces formes d'art portées par la passion.

FERME DU RUNTZENBACH

Rutzenbach
✆ 03 89 38 73 67
agneaux-runtzenbach.fr/about/
Fermé le lundi en haute saison et les jeudi après-midi, les vendredis et les dimanches matin en basse saison.

Installée sur les hauteurs du village de Mollau, la ferme du Runtzenbach a été bâtie par Monique et Francis Schirck. Vaches, chèvres et porcs ont cédé leur place aux brebis. Une reconversion en adéquation avec les convictions de ces agriculteurs de montagne. Deux races d'agneaux rustiques sont élevées : l'Engadine et la Solognote. Ici les animaux sont protégés par des chiens de bergers et soignés naturellement. Particularité : la ferme détient le label Agriculture biologique depuis 1986 et fait partie de Saveurs & Couleurs, groupement de producteurs locaux.

SAVEURS ET COULEURS DE LA MONTAGNE

7, rue des Fabriques ✆ 03 89 39 14 43
www.saveursetcouleurs68.com
Basse saison : jeudi 14h-18h30, vendredi et samedi 9h30-17h. Haute saison : mardi-dimanche 10h-18h.

Depuis 2005, les agriculteurs de la montagne vosgienne et les associations locales se sont regroupés afin de satisfaire les consommateurs en rassemblant leurs meilleurs produits du terroir au sein d'une même enseigne. Le succès a été immédiat ! La décoration est naturelle, les produits sont présentés sur des étagères en bois et nommés sur des ardoises. Il suffit de prendre un panier et se servir ! Au détour d'une allée, vous trouverez même de l'encre de brou de noix et sa plume.

KRUTH

Kruth est situé sur la route qui va de Saint-Amarin à Wildenstein. C'est un village récent dont origine remonterait au Moyen Age . Cette arrière-vallée appartenait alors à l'abbaye de Murbach, qui a inféodé ses droits à des vassaux, en dernier ressort le comte de Wurtemberg jusqu'en 1467, puis aux Bollwiller à travers la Maison d'Autriche. Le village restera aux abbés de Murbach jusqu'à la Révolution. Kruth est également connu pour son lac artificiel, paradis des pêcheurs et des amoureux de baignade. on peut même le survol en tyrolienne. La commune possède également le château de Wildenstein perché au sommet du Schlossberg, à découvrir.

PARC DE WESSERLING

Rue du Parc
✆ 03 89 38 28 08
www.parc-wesserling.fr
Fermé de janvier jusqu'au 18 avril. Horaires différents selon la saison. Adulte 11 €. Enfant 6,50 €. Tarif groupe

Le Parc de Wesserling est le témoin de l'extraordinaire aventure de l'ancienne Manufacture Royale d'impression textile du XIXe siècle. Une collection unique mêlant patrimoine industriel, un musée consacré à l'histoire du site où sont présentés les métiers du textile, et de splendides jardins labellisés Jardin Remarquable. Cette année, en juin 2023, partez pour une nouvelle aventure incroyable ! L'an dernier, ce sont les voyages de Marco Polo qui ont habillé le parc. Quant au « Noël au Jardin », c'est tout simplement féerique ! Expérience unique propice aux rêves !

© STEEVE JOSH

© GKPROD

HAUT-RHIN

AU PONT ROUGE €

36, route Nationale
✆ 03 89 82 76 80
Fermé le mardi soir et le mercredi.
Services de 12h à 13h30 et de 19h à 20h30.
Formule du midi : 12,50 €.

L'ADN du lieu, c'est l'ambiance simple et joyeuse de ce restaurant-bar. Complètement relooké ce petit établissement de la Route 66 de la vallée de la Thur ! Et le moins que l'on puisse dire, c'est que c'est réussi ! Une décorum boisé où le moindre objet de déco a été longuement chiné. On sent que cette adresse est une adresse de passionnés avec Adrien, toujours le sourire au service. On y rigole et surtout on y mange bien ! Une cuisine certes traditionnelle alsacienne mais orchestrée avec amour du goût. Une vraie bonne petite adresse où il fait bon vivre !

© R.FELLMANN

© R.FELLMANN

LE LAC DE KRUTH - WILDENSTEIN

Lac de Wildenstein

Bien qu'envisagée au XIXe siècle, la construction d'un bassin de retenue ne fut effective qu'en 1954. Entièrement construit sur le domaine de Kruth, le lac artificiel est mis en eau à partir de 1964 et ses chiffres sont impressionnants : 12 millions de m³ d'eau pour une profondeur maximale de 35 m. D'une superficie de 81 ha, le plan d'eau offre de multiples activités de loisirs – pêche, bateau à pédales, canoë-kayak, baignade, Parc aventure, restauration...

AUBERGE HUSS €

Route des Crêtes
✆ 03 89 82 27 20
Fermé du 15 octobre au 15 mai.
Ouvert tous les jours. Réservation recommandée.
Repas marcaire : 21 €.

Une des meilleures adresses de la route des Crêtes ! André Schickel et sa famille travaillent dans la tradition marcaire et accueillent, depuis plus de 60 ans, leurs clients dans 2 salles typiques des Hautes-Vosges. Un repas marcaire, c'est calorique et toujours copieux mais il y a aussi de quoi rassasier les petites faims. L'exploitation compte une quarantaine de bêtes qui produisent le lait pour le munster, élaboré dans une marmite en cuivre chauffée au feu de bois. La terrasse offre un splendide panorama sur la vallée de la Thur et le massif du Rossberg.

AUBERGE DU GRIEB €€

Lieu-dit Grieb
✆ 03 89 82 27 72
www.aubergegrieb.com
Ouvert toute l'année. Fermé le mardi soir et le mercredi. 9h30-22h le reste de la semaine.
Réservation nécessaire.

Dans cette ferme ancestrale de transhumance, la famille Durighello a décidé d'ouvrir une auberge en 1975. Ici, la cuisine est familiale, savoureuse et concoctée avec amour. Les cochonnailles, les fleischnakas et le gibier sont autant de spécialités culinaires à découvrir. Fréquentée par les randonneurs ou skieurs, l'auberge sert de copieuses assiettes. Jean-Luc vous parlera avec passion de ses saucissons fabriqués à la main. Vous serez accueillis comme des amis, on vous fera découvrir des petits trésors du terroir connus des Alsaciens les plus gourmets !

HAUT-RHIN

LES QUATRE SAISONS €€

Le Frenz

✆ 03 89 82 28 61

www.hotel4saisons.com

Logis. Ouvert du jeudi au lundi de 12h à 13h30 et de 19h à 20h30. Menu 33 €.

L'hôtel-restaurant des Quatre Saisons est l'endroit parfait pour passer un moment de détente en pleine nature, que ce soit pour tout un week-end ou le temps d'un repas. Ici, on joue pleinement la carte du naturel et de l'authentique pour recréer une ambiance chaleureuse ou « heimlich » comme le revendique l'établissement ! Pour encore plus de relaxation, l'hôtel propose un espace détente, « le kalerla », comprenant un sauna finlandais. Dans les cuisines, les Quatre Saisons propose une cuisine raffinée, élaborée à partir de produits frais et... de saisons !

WATTWILLER

Le village de Wattwiller est niché au pied du Molkenrain. Mentionnée pour la première fois en 735 et reconnue pour la qualité de son eau minérale pure et sans nitrate depuis l'époque romaine, la commune de Wattwiller en a fait son principale atout. Aujourd'hui, présente sur toutes bonnes tables alsaciennes, l'eau de Wattwiller s'exporte dans le monde entier. Le thème de l'eau est récurent ici, tout les ans les habitants l'honore lors de la fête de l'eau et des fontaines sont installées. Autre atout : La fondation François Schneider, un centre d'art sur le thème de l'eau a choisi de s'installer sur le ban de la commune à l'aube du XXIe siècle.

FONDATION FRANÇOIS SCHNEIDER ★

27, rue de la 1ère-Armée ✆ 03 89 82 10 10

www.fondationfrancoisschneider.org

Ouvert du mercredi au dimanche de 11h à 17h, été et jours fériés de 11h à 18h. Adulte : 5 €. Label Tourisme & Handicap.

À part à Wattwiller, où aurait pu s'implanter un centre d'art contemporain dédié à l'eau ? Installé sur un ancien site d'embouteillage, le choix coulait de source pour François Schneider le fondateur. Le lieu, où l'eau s'inscrit en filigrane a été conçu pour accueillir les artistes émergents, œuvre à l'éclosion des talents. Entre vastes salles aérées et jardin de sculptures, 4 expositions par an se succèdent pour le plaisir des visiteurs. Un lieu à part pour une immersion aquatique !

LES GRANDES SOURCES DE WATTWILLER

2, rue de Guebwiller

✆ 03 89 75 76 77

www.wattwiller.com

Gratuit. La fontaine de la source Artésia coule du lundi au vendredi de 7h à 19h.

L'eau minérale, d'une pureté absolue jaillit dans le parc naturel régional des Ballons des Vosges à Wattwiller. Sans nitrate et à faible taux en sodium, ses vertus thérapeutiques sont connues depuis l'Antiquité. Son petit goût s'est invité en 1993 à toutes les tables de la région ! Bien que l'eau soit embouteillée, les habitants de la commune peuvent s'approvisionner à la fontaine restaurée en bas du village. N'hésitez pas à vous désaltérer si vous êtes de passage, ça vaut un détour !

HARTMANNSWILLERKOPF OU VIEIL-ARMAND ★★

✆ 09 71 0 88 77

www.memorial-hwk.eu

Historial fermé le lundi. 10h-17h le reste de la semaine, 18h le dimanche. Fermé début avril à mi-novembre. 5 €.

Le HWK est un éperon rocheux surplombant la plaine d'Alsace. Cette position stratégique, enjeu de batailles de la Première Guerre mondiale, connut près de 30 000 morts. Aujourd'hui, lieu de mémoire le champ de bataille est un musée à ciel ouvert. Le monument national a été érigé en mémoire des combats : l'autel de la patrie domine la nécropole et la crypte est un lieu de recueillement. L'historial franco-allemand est une page d'histoire permanente pour comprendre cette guerre.

L'AUBERGE DU HIRZ €€

Lieu dit du Hirzentstein

✆ 03 89 81 00 00

www.domaineduhirtz.com

Ouvert tous les jours le midi et le soir jusqu'à 22h ; 23h le week-end. Formule du midi : 16,50 €.

Niché au cœur du Parc raturel Régional des Ballons des Vosges, le Domaine du Hirtz est une résidence d'éco-tourisme qui vous accueille toute l'année pour vous faire découvrir la région. Ici, les plats sont faits maison et la carte change selon les saisons. L'incontournable reste la tarte flambée cuite au feu de bois ! Si d'aventure vous souhaitiez poursuivre votre expérience culinaire par une bonne nuit, les studios et lodges sont confortables avec une décoration sobre et épurée. Vous pourrez vous ainsi profiter du spa nordique qui couvre plus de 3 000 m².

CAVEAU FLAMMA STUWA €€

11, rue de la Cantine
✆ 03 89 39 76 83
Ouvert uniquement le soir les vendredi, samedi et dimanche. Réservation impérative.

Amoureux de la gastronomie alsacienne, bienvenue au paradis de la tarte flambée ! Exclusivement dédié aux fameuses flammeküeches, le caveau est le lieu idéal pour venir passer un moment agréable et gourmand. Au menu, des tartes flambées salées ou sucrées aux recettes classiques ou surprenantes comme la tarte flambée périgourdine au foie gras ou encore l'excellente tarte flambée au dessert. En plus de cela, vous aurez droit à un accueil en tenue traditionnelle alsacienne de la part de la très sympathique équipe de serveurs. Un début folklorique !

MASEVAUX-NIEDERBRUCK

Bienvenue chez les Masopolitains. C'est ainsi que l'on doit appeler les 3300 habitants de cette ville de la Vallée de la Doller, chef-lieu du canton. Évoquée depuis le XIIIe siècle, la construction par le Comte Mason, d'un château sur les hauteurs du Schlossberg lui donne ses lettres de noblesse. Masevaux a connu dès lors une histoire mouvementée entre les guerres, les occupations successives autrichiennes, anglaises ou allemandes pour enfin redevenir définitivement française en 1944. Retenons en particulier le nom de Conrad Alexandre Gerard, Masopolitain né en 1729 et qui deviendra le premier ambassadeur de France auprès des États-Unis.

BARRAGE DE MICHELBACH

3, rue des Vieilles Vignes (parking)
ASPACH-MICHELBACH
Visite libre. Visite guidée possible (lors de la saison estivale, organisée par l'office de tourisme de Thann-Cernay).

Construit entre 1979 et 1982 à l'origine pour réguler la nappe phréatique, le barrage de Michelbach est aujourd'hui une réserve naturelle protégée. Le lieu est propice à de jolies et agréables promenades grâce à un réseau de chemins. Un tour de 4 kilomètres est possible à pied et vous permet de découvrir toute la richesse ornithologique hébergée sur ce site. Des panneaux et des observatoires jalonnent d'ailleurs le parcours et vous permettront d'en apprendre plus sur la faune et la flore locales. Parfait pour une sortie en famille ! Possible aussi à vélo.

CHAPELLE NOTRE-DAME-DES-BOULEAUX

GUÉWENHEIM
Visite libre.

Dans la forêt de l'Oberwald, au sud du village de Guewenheim, se trouve une très jolie chapelle. Citée dans l'inventaire de l'abbaye de Masevaux en 1569, détruite en 1792, elle fut reconstruite entre 1866 et 1868 à l'initiative des villageois. À l'intérieur, une statue miraculeuse de la Vierge découverte par un paysan, après la guerre de Trente Ans. La légende raconte qu'après avoir trouvé la statue dans son champ et l'avoir remise à l'église, il l'a retrouva lendemain au même endroit.

ÉGLISE SAINT-GEORGES

SENTHEIM
Visite libre.

L'architecte Gaspard Mertz, rattaché à l'abbaye de Masevaux, a élaboré les plans de cette église construite en 1779 à l'emplacement d'un premier édifice. Si la paroisse célèbre saint Wendelin, l'église est consacrée à saint Georges. À l'intérieur, autels, confessionnaux, chaire, sont en bois. L'orgue a été construit par les frères Rinckenbach en 1909. À noter : le chemin de croix de Jean-François Mattauer. 14 stations représentant l'histoire du Christ. Une vision personnelle et contemporaine, de cet artiste caricaturiste bien connu dans la vallée de la Doller.

ÉGLISE SAINT-MAURICE

GUÉWENHEIM
Visite libre.

L'église Saint-Maurice de Guewenheim datant du XVIIIe siècle fut reconstruite en 1828-1829, puis entièrement restaurée de 1958 à 1965, suite aux dommages causés par les deux guerres mondiales. Vous remarquerez deux autels, celui de la Vierge au Rosaire et celui de saint Antoine de Padoue, en bois peint par Antoine Feuerstein en 1833. Ils sont encadrés par deux colonnes surmontées de chapiteaux corinthiens. Les fonts baptismaux proviennent de l'ancienne église. L'orgue a été construit par Joseph Stiehr en 1833 et a subi plusieurs épisodes de restauration.

LA FAÏENCERIE DE LA DOLLER

24, rue de la chapelle
GUÉWENHEIM
✆ 03 89 82 86 85
www.faiencerie-doller.com
Fermé samedi, dimanche et lundi.
Ouvert de 9h à 12h et de 14h à 17h30.
Grand marché de potiers dans les champs fin août.

Élodie et Thomas sont les jeunes potiers enthousiastes de cette petite faïencerie existant depuis 1986 ! À l'époque, on y fabriquait des poêles à faïence. Exit, c'est aujourd'hui un atelier où on fabrique et où on fait des démonstrations de tournage, une boutique où on vend des céramiques décoratives, de la vaisselle mais aussi des minéraux et des harmonisateurs pour le bien-être de votre habitation ! Il y a tant à découvrir et à apprendre grâce à l'enthousiasme de nos potiers !

LA GRANGE BURCKLE

24, rue du Chêne
www.grange-burckle-masevaux.fr
Ouvert d'avril à octobre. Adulte : 12 €. Tarif réduit 5 €. Programmation disponible sur le site.

Loin de l'amateurisme bon enfant de certaines troupes théâtrales, la Grange Burckle propose des spectacles de haute volée aux spectateurs. Pour vous donner une idée, *La Tempête* de Shakespeare ou *La Banqueroute* de Goldoni ont été données dans cette salle atypique. Mais la Grange Burckle c'est avant tout l'histoire de passionnés qui animent la vie de cet établissement inclassable. L'ambiance est unique, chaleureuse et chaque spectacle se clôture par un pot de l'amitié. Attention en début et en fin de saison, prévoyez une petite laine !

LE LAC D'ALFELD ★

SEWEN
Accessible en voiture. Baignade autorisée mais non surveillée.

© S. NICOLAS - ICONOTEC

Ce lac est le spot de baignade des habitants de la Doller, l'interdit n'empêchant pas les jeunes de plonger du barrage ou les familles de profiter de la fraîcheur de l'eau. L'endroit conserve un côté sauvage et naturel agréable pour la balade. La vue sur la vallée depuis le chalet et la cascade du Wasserfall valent le détour ! Construit sous administration allemande, le barrage du lac d'Alfeld est un ouvrage colossal qui permettait d'alimenter les usines textiles de la vallée. Aujourd'hui il régule le débit de la Doller et alimente la nappe phréatique de Mulhouse.

LE LAC DE SEWEN

SEWEN
Accès libre. Baignade interdite.

Niché en fond de vallée glaciaire, Sewen a plus d'une particularité dans son lac ! Cette tourbière est le seul lac naturel non modifié d'Alsace. Espace Natura 2000 à l'environnement exceptionnel, il regorge d'espèces protégées endémiques : castors, sphaignes et droseras. Attention ! Fragile, la tourbe s'étend et le lac se referme. Évitez donc de sortir des sentiers balisés ; par chance une balade vous permettra de longer ce magnifique plan d'eau et de profiter de son calme avant d'arriver au pied de l'impressionnant barrage du lac d'Alfeld.

MAISON DE LA TERRE DE HAUTE-ALSACE ★

35, Grand Rue - **SENTHEIM**
✆ 06 47 29 16 20
www.geologie-terre-alsace.fr
Pour les horaires d'ouverture du musée contactez le musée au 06 47 29 16 20.
Gratuit jusqu'à 7 ans.

La Maison de la Terre de Haute-Alsace accueille les visiteurs depuis 40 ans. Renommé pour sa variété représentative des ères géologiques sur 350 millions d'années, son sentier géologique unique abrite une des plus belles grottes d'Alsace. En plus des expositions temporaires en rapport avec l'homme, la nature et l'environnement sont organisées, l'exposition permanente de douze vitrines didactiques présentent une vaste collection de roches, fossiles et minéraux.

HAUT-RHIN

LE SCHIMMEL

Schimmel

Dominant Masevaux, sur les pentes du Südel, le Schimmel semble sorti d'un conte. Ancien pavillon de chasse de Nicolas Koechlin, il a été transformé en hôtel de luxe en 1820. Un air vivifiant, une vue époustouflante ont fait sa renommée auprès des fortunés de l'époque qui fréquentaient l'établissement. Détruit en 1914, il ne fut pas reconstruit. Le Schimmel que l'on aperçoit a été reconstruit sur les ruines du Schimmeleck, et a été transformé en maison de cure devenue aujourd'hui un établissement de soins de suite et de réadaptation polyvalent.

OFFICE DE TOURISME DE LA VALLÉE DE LA DOLLER ET DU SOULTZBACH

2, rue du Maréchal de Lattre de Tassigny

✆ 03 89 82 41 99 – www.cc-vallee-doller.fr

Fermé dimanche et samedi après-midi et entre 12h et 14h.

Cette vallée, riche de 15 communes avec Masevaux comme centre-bourg, attire chaque année les familles pratiquant la randonnée de moyenne montagne, les balades, la pêche et la découverte du patrimoine. Le Ballon d'Alsace, culminant à 1 247m d'altitude, offre une multitude d'activités en toute saison et les lacs de montagnes accessibles à pied font la renommée de la destination. Grâce aux nombreuses fermes-auberges, vous pourrez déguster des plats typiques locaux et découvrir la vie à la ferme.

CHALET DU LANGENBERG €

Grand Langenberg - **SEWEN**

✆ 03 84 29 03 11

https://chaletlangenberg.ffcam.fr

Ouvert toute l'année. Gratuit pour les enfants de moins de 6 ans. 28 couchages. Réservation impérative.

Ce refuge jouit d'une implantation idyllique au Ballon d'Alsace. Il offre une vue imprenable sur la plaine d'Alsace, la Forêt-Noire et les Alpes suisses. Disponible toute l'année, il est équipé pour accueillir jusqu'à 26 personnes. Parfait pour les grandes réunions de famille ou les retrouvailles entre amis, c'est un bon point de départ pour randonner, pratiquer l'escalade, s'adonner au ski alpin ou nordique. En pratique, couettes et couvertures sont mises à disposition. En revanche, il convient de vous munir de votre propre linge de lit et de toilette !

HOSTELLERIE ALSACIENNE*** €€

15, rue de Houppach

✆ 06 03 20 64 76

www.lesgitesdebeatrice.com

3 studios de 60 à 80 €, un 3 pièces 120 €, un 4 pièces 180 €.3 Étoiles. Esprit Campagne chic.

Ce bâtiment séculaire reprend vie grâce à Béatrice et Thiébaut Zeller, originaires et amoureux de la Vallée de la Doller ! Une nouvelle page de l'histoire de cet ancien hôtel de campagne est en train de s'écrire sous la forme de gîtes haut de gamme. Le village est magnifique et pittoresque, ses habitants charmants, Béatrice aux petits soins et passionnées de décoration textile. Elle s'est donc chargée de la très belle décoration de chacun des 5 gîtes proposés aux belles prestations.

VILLA ISIDORE €€€

2, rue de la Halle aux Blés

✆ 06 82 53 51 08

www.villa-isidore.fr

4 appartements pour 2 à 8 personnes. A partir de 90 € la nuit. Parking aisé. Spa.

Quelle magnifique découverte que cette villa dont la construction remonte au XIXe siècle par un industriel spécialisé dans le textile, Isidore André ! Depuis, cette très belle propriété a été complètement et splendidement rénovée par M. et mme Bürgermeister. Ils ont décidé d'en faire une demeure d'hôtes. 4 appartements se visitent avec admiration : hauts plafonds, moulures, parquets, volume, luminosité, décoration sobre et épurée, et se vivent dans une grande sérénité ! Toutes les chambres ont une salle de bains et tous les appartements une très belle cuisine.

AUBERGE SONNEMATT €

Chemin des Weihermatten

✆ 06 60 59 37 65

Ouvert du jeudi au lundi le midi et le soir. Réservation recommandée. Petite restauration entre 12 et 18 €.

Amoureux de montagne, de calme et de nature, cette adresse est faite pour vous. L'auberge Sonnematt est installée à Houppach et offre un panorama sur la vallée de Masevaux. Aux manettes, Josiane et Michel Bleu, des anciens du Gsang qui se plaisent à cuisiner frais et local avec les produits issus des vallées environnantes. Pot-au-feu, fleischnacka, baeckeofe ou encore palette au four se succèdent pour un prix très doux. Pas de cartes à rallonge mais un menu du jour à base de produits du terroir excellents ! Idéal pour un soir d'été au bord de la terrasse.

CHEZ ROSE €

Ballon d'Alsace
SEWEN
✆ 03 84 23 97 02
Ouvert tous les jours en été. Fermé du lundi au mercredi pendant la saison d'hiver. Carte : 12 € environ. Terrasse.

Si l'extérieur paraît sorti d'un conte de fées, l'impression cesse dès la porte poussée. Rose et Serge, après avoir passé une grande partie de leur vie de restaurateurs à Saint-Tropez ont décidé de retaper cet établissement pour continuer à régaler leurs clients au Ballon. La décoration et l'accueil ne vous laisseront pas indifférent. Quand à la cuisine, elle est méditerranéenne avec une pâte à pizza et une persillade confectionnées par Rose. Des plats simples et savoureux, comme nos hôtes. Une adresse véritablement à tenter....

TRATTORIA FANCELLO €

13, rue Meyenberg
✆ 03 89 38 83 38
www.trattoria-fancello.com
Fermé dimanche midi et lundi. Terrasse.
Menu du jour à 14 € (entrée + plat/plat + dessert)

« La petite Italie masopolitaine » avec à sa tête depuis presque 20 ans, Sébastien Fancello qui aime tout simplement son métier de restaurateur italien ! On est bien installé dans ce joli caveau à regarder les pizzas cuire au feu de bois ou à déguster d'excellents raviolis faits maison sur la magnifique terrasse des beaux jours. Le service est parfait. On s'attache à ne pas taper sur les prix tout en proposant une cuisine méditerranéenne avec des produits simples mais frais et qualitatifs. En résumé, tout ce qui fait le succès de la gastronomie italienne.

AUBERGE FLUHR €€

Route du Ballon-d'Alsace - **SEWEN**
✆ 03 89 48 96 37
www.auberge-fluhr.fr
Horaires variables en fonction de la saison. Réservation recommandée. Location de ski en saison.

L'auberge du Fluhr, c'est avant tout une affaire de famille ! Depuis que Damien a pris la relève de ses parents, l'auberge est entrée dans une ère de renouveau. Entièrement rénové, le Fluhr fait peau neuve ! Dans la grande salle parée de bois, prenez place sur une des grandes tablées pour déguster une cuisine alsacienne traditionnelle servie très généreusement. De quoi vous requinquer après une randonnée autour du ballon d'Alsace voisin ou une journée au ski ! L'auberge propose également 8 chambres pour passer une nuit en pleine nature au sommet des Vosges.

FERME-AUBERGE LES BUISSONNETS €

24, rue des Buissonnets
BOURBACH-LE-HAUT
✆ 03 89 38 85 87
www.ferme-auberge-buissonnets.fr
Horaires, voir le site. Menus de 18,50 € à 21 €. 60 € la 1/2 pension. Linge de maison et de toilette fourni.

© JENN

Ici on a toujours profité du meilleur de la nature. La cuisine est familiale, montagnarde et goûteuse. Y passer un week-end en été, c'est juste formidable. Le système de demi-pension est d'un excellent rapport qualité/prix ! Les chambres sont coquettes et confortables. On est loin du concept « dortoir ». On y ajoute une belle randonnée, les possibilités sont multiples, la contemplation des chèvres et du paysage ! Un petit moment de paix et de bonheur dans des vies bousculées !

FERME-AUBERGE DU BRUCKENWALD €€

✆ 03 89 38 87 50
Fermé le lundi et en hiver

Y déjeuner (ou dîner) en été est un must pour les vacanciers et habitants de la vallée de Masevaux. Un joyeux mélange d'Alsaciens (qui parfois n'hésitent pas à jouer de l'accordéon), de Parisiens et d'étrangers dégustent entre autres : d'excellentes tourtes, de roboratives omelettes au lard ou l'irrésistible Siaskass. Chaleureux accueil de la famille Iltis. Accessible à pied par Masevaux (1h30) ou par le lac de Lachtelweiher (30 minutes). Ouvert d'avril à novembre.

FERME-AUBERGE DU HINTERALFELD €€

SEWEN

✆ 03 89 82 98 44

www.ferme-auberge-du-hinteralfeld.com

Fermeture annuelle de décembre à avril en fonction de la météo. Réservation recommandée.

À 2 km après le lac d'Alfeld, cette ferme-auberge est accessible en voiture, mais bien cachée dans un écrin de verdure. On vous y servira ce que la nature produit de meilleur. Après une longue balade par exemple, quoi de mieux qu'une bonne omelette au lard, des fromages maison ou une terrine campagnarde ? On trouve un réel choix de produits en provenance directe de la ferme ou de fermes alentour. Vente à emporter de lard fumé, de jambon, de fromage et produits laitiers.

FERME-AUBERGE ENTZENBACH €€

✆ 03 89 82 45 49

www.ferme-aubergeentzenbach.fr

Ouvert de février à décembre. Fermé le mercredi. Réservation impérative. 20 min à pied, camping à la ferme.

Isolée et nichée en pleine nature, le cadre est rustique mais authentique. Bernard Leiser a reconverti sa ferme à la biodynamie et l'exploite avec son fils. Ici, on produit bio, d'ailleurs la fondue au bargkass est à tester. Des journées découvertes sont proposées autour des activités traditionnelles : la forge, le travail du bois, le rôle des animaux, l'intérêt des jardins de plantes aromatiques et médicinales. Tout un programme pour redécouvrir le plaisir dans la simplicité ! Conseil futé : venez avec votre tente et profitez de ce que la nature vous offre.

RESTAURANT DE LA GARE €€

2, rue de Soppe - **GUÉWENHEIM**

✆ 03 89 82 51 29

www.restaurantdelagare-guewenheim.fr

Fermé le mardi et le mercredi.
Le reste de la semaine, 12h-14 et 19h-21h.
Réservation recommandée.

En route pour un voyage gastronomique. Vous choisirez de vous installer dans la jolie véranda donnant sur le jardin, dans la salle brasserie ou dans la salle des banquets. L'accueil est à la fois efficace, sympathique et le service rapide. Alors oui, la cuisine est excellente et c'est même la destination gastronomique de la vallée de la Doller, mais c'est surtout pour sa cave que les amateurs se déplacent. Michel Seidel, aux fourneaux depuis 1985 est un épicurien passionné de bonnes bouteilles. Le restaurant est facile à trouver, il suffit de suivre les rails...

L'INVITATION €€€

7 porte Saint Martin

✆ 03 89 82 42 30

www.restaurant-linvitation.fr

Fermé lundi, samedi midi et dimanche soir. En été, fermé lundi et mardi. Menu Retour du marché à 21 €. Terrasse

Un restaurant de passionnés ! Avec de l'amour, jusque dans les assiettes. Les recettes traditionnelles, sont retravaillées par Thierry avec des produits locaux et frais. Résultat : une carte quotidienne, généreuse et raffinée. Son plat star, c'est son marbré de foie gras de canard qui vient du Gers ! L'Invitation, c'est un plaisir pour les papilles, pour les yeux aussi. Le dada de Sylvie, son leitmotiv : l'invitation à la détente avec du Kelsh alsacien, des œuvres artistiques. Elle a su créer un style joyeux et élégant provoquant la symbiose du palais et des yeux.

LES TRÉSORS DU TERROIR

32, rue du Général de Gaulle

✆ 03 89 37 42 90

Fermé le lundi, dimanche après-midi. Ouvert 9h30-12h30 et 14h30-19h. Paniers garnis à partir de 30 €. Salon de thé

Une rencontre pleine de sens et de terroir avec Nathalie Le Blanc qui s'est lancée dans l'aventure de l'entreprenariat avec enthousiasme et passion ! Elle veut créer des ponts entre l'agriculture et nos paniers, éduquer au goût, au consommer moins mais consommer mieux, donner envie de vivre dans cette jolie bourgade. Dans son épicerie rurale, on trouve de très beaux paniers garnis, des confitures, des sirops, des pâtes, de la farine... Sous peu, on y trouvera aussi des produits du quotidien (vinaigre, œufs, lait...) et de bien-être. Le tout en bio !

STATION DE SKI DU BALLON D'ALSACE

✆ 03 29 25 20 38

www.ballondalsace.fr

Pistes ouvertes de 9h30 à 16h30.
Forfait jour : adulte 19 € ; enfant 16 €.
Ski nocturne les vendredis à la Gentiane.

Le ski au Ballon d'Alsace c'est pour tous les niveaux : 11 pistes de la verte pour les débutants à LA noire du Langenberg et 9 téléskis pour profiter au maximum du domaine. À cela s'ajoutent le snowpark, plus de 40 km de pistes de fond ainsi que les circuits à raquettes et la piste de luge ! On peut même apercevoir un musher avec son traîneau ! Au printemps, c'est le retour des randonneurs, des cyclistes et des motards ! Le Ballon d'Alsace aussi agréable en hiver qu'en été !

STATION DE SKI LE SCHLUMPF

Rue du 11ème-Bataillon-de-Marche - **DOLLEREN**
✆ 03 89 82 01 41
www.dolleren-ski.fr
Ouverture en fonction de la neige se renseigner sur le site Internet ou par téléphone.

Petite mais connue comme la plus longue piste de ski des Vosges, la station du Schlumpf est plébiscitée pour sa convivialité, son vin chaud et sa simplicité. Très prisée des amateurs de sensations, la station (régie municipale) est gérée par des bénévoles ! Passionnés, ils passent leurs week-ends à entretenir la piste et les remonte-pentes, toujours aux petits soins pour les skieurs. Autre bonheur : l'arrivée au sommet (1 012 m) est une belle récompense : la vue est inoubliable.

BOURBACH-LE-HAUT ★

Dissocié de la commune de Bourbach-le-Bas, le village, situé à 600 m d'altitude est le plus élevé du pays de Thann. La commune bénéficie d'un environnement privilégié au pied du massif du Rossberg, donnant ainsi tout son sens à la dénomination tourisme vert, c'est d'ailleurs une des dernières zones blanches d'Alsace. Au fil des saisons, on peut profiter des pistes de ski de fond, terrains de tennis et nombreux sentiers pédestres, les flancs de montagnes permettant tantôt l'équitation, tantôt le vtt ou les raquettes voire une délicieuse dégustation en ferme auberge. Bourbach-le-Bas est plus connu pour ses anciennes galeries et puits souterrains.

LA ROUTE JOFFRE ★

Le col du Hundsruck ferme en hiver.

Voie de ravitaillement construite pendant la Première Guerre mondiale, cette route permettait d'approvisionner le front du Hartsmannwillerkopf en hommes et en matériel depuis la vallée de la Doller. Au col du Hundsrück, un monument rend d'ailleurs hommage au 1er bataillon de choc qui a libéré la commune de Bourbach-le-Haut en 1944. De stratégique, la route rénovée est devenue touristique ! Elle offre de superbes balades pour les randonneurs, un beau dénivelé pour les cyclistes, des lacets sympas pour les motards et des fermes auberges pour les gourmets.

© PHB.CZ - FOTOLIA

Chapelle Saint-Urban.

FERME-AUBERGE LES BUISSONNETS €

24, rue des Buissonnets ✆ 03 89 38 85 87
www.ferme-auberge-buissonnets.fr
Pour les jours d'ouverture se reporter au site. Menus de 18,50 € à 21 €. 60 €/personne la demi-pension.

Nichée entre les vallées de la Doller et de la Thur, cette ferme-auberge bénéficie d'une vue superbe. Très facile d'accès, elle accueille randonneurs et gourmands dans un cadre préservé ! Les spécialités maison sont renommées et servies avec le sourire. Baptiste, Caroline, la petite Capucine et Augustin y assurent un service de qualité ! Vous y dégusterez une cuisine familiale avec des viandes issues de la ferme ! Les grillades de Baptiste sont goûteuses et tendres à souhait !

LA FRAMBOISERAIE €€€

9, route Joffre
✆ 03 89 74 51 24
Ouvert du jeudi midi au lundi midi à partir de 10h avec petit-déjeuner, brioches et petits pains faits maison.

Une nouvelle saison pour ce restaurant de village qui nous l'espérons durera le plus longtemps possible tant la table est belle ! Le décorum donne le ton, une véritable ambiance vosgienne sans artifices. La carte est juste formidable, on ne sait où donner de la tête entre pâté en croûte, tripes au Riesling, foie gras de canard d'Alsace, Tête de veau... Peut-être encore la souricette de cochon gratinée au munster avec un bon vin sélectionné avec passion. Toute l'année, on peut aussi y déguster des glaces excellentes faites maison, comme toute la cuisine.

HAUT-RHIN

PASSPORT

MULHOUSE

© VILLE DE MULHOUSE

Située dans le sud de l'Alsace, Mulhouse est la première commune du Haut-Rhin en population avec 109 531 habitants en 2022. Son nom, dérivé de Mulhausen vient d'une légende qui voudrait que la cité ait été construite sur un moulin (*Muhl*), d'ailleurs son blason représente un roue à eau rouge. En 1374, elle devient la république de Mulhouse et son nom sera francisé en 1848 pour aboutir à Mulhouse. Passée sous le joug allemand après la guerre de Sedan en 1870, elle réintégrera la France en 1918. Idéalement située au bord du Rhin et au carrefour entre l'Allemagne et la Suisse avec qui elle entretient de forts liens, c'est une ville cosmopolite au patrimoine industriel très ancré. Marquée par la crise industrielle, la ville a muté en se développant autour de plusieurs axes : la culture, la connaissance et la technologie de pointe. Aujourd'hui très agréable à vivre, Mulhouse est un petit joyau au cœur historique contemporain !

SE REPÉRER SE DÉPLACER

À Mulhouse, le transport urbain et péri-urbain est très développé, d'ailleurs la première ligne de tramway a été inaugurée en 1882 ! Depuis le Tram a pris le relais, avec un forme hybride qui le mène jusque dans la vallée de Thann. Ici la mobilité est prise au sérieux, la ville, engagée dans une politique de développement des axes cyclistes, cherche à diminuer son empreinte carbone pour le plus grand bonheur des habitants. Mulhouse a été une des premières villes à se doter de vélos en libre-service. Les pistes cyclables sont mises à l'honneur, les déplacements doux plébiscités avec des itinéraires pédestres de balades. De nombreux parkings-relais sont installés en périphérie pour limiter la circulation des véhicules, et on peut très facilement depuis la gare rejoindre les villes importantes Fribourg, Strasbourg, Paris et très bientôt une desserte devrait pouvoir vous amener directement à l'aéroport de Bâle !

COMPTE MOBILITÉ

✆ 03 89 66 77 88
www.compte-mobilite.fr
Application téléchargeable sur smartphone.

Vélocité est devenu le compte mobilité ! Ce qui apparaissait encore il y a quelques années comme un mode de transport compliqué est devenu une évidence que personne ne remettrait en cause. Le compte mobilité n'échappe pas à cette règle, pour preuve les services toujours plus nombreux proposés avec les nouvelles technologies. Le compte mobilité c'est également un service à combiner selon les envies : transports en commun, parkings et voitures en libre-service, tout cela à portée de smartphone. Un véritable couteau suisse des transports mulhousiens !

MÉDIACYCLES

161, avenue du Général-Leclerc
✆ 03 89 45 25 98
https://mediacycles.fr/
Du lundi au vendredi de 5h45 à 20h. Haute saison : le samedi de 9h à 18h. Location à partir de 3 € la demi-journée.

Vous arrivez par le train et souhaitez Mulhouse à vélo ? Déposez vos sacs à la consigne et entrez chez Médiacycles ! Vous choisirez entre vélos classiques, VTT, VTC, tandems et vélos pour enfants. Les parents auront des vélos équipés d'un siège bébé ou même d'une remorque et on vous prêtera même le casque. Pas de système de bornes, on ramène simplement le vélo à la fin. Médiacycles gère aussi les objets trouvés dans l'enceinte de la gare. Une partie de l'équipe a aussi mission de médiation ou accompagnement d'enfants handicapés dans les transports en commun.

ELEQTRON

37B, rue des Trois Rois
✆ 03 69 61 61 41
www.eleqtron.fr
Ouvert du mardi au samedi de 10h à 18h. Vente, location et réparation de trottinettes électriques.

Pourquoi ne pas faire le choix d'une trottinette électrique pour vous déplacer ? Chez Eleqtron, il y a du choix ! Que ce soit simplement pour aller à la boulangerie le matin ou pour vous rendre tous les jours sur votre lieu de travail, dans tous les cas, ils ont ce qu'il vous faut ! Et puis si c'est votre première n'ayez crainte, ils vous la feront volontiers essayer. D'ailleurs en cas de panne ou d'accident, aucun stress vu qu'il assurent le SAV ! Alors effet de mode peut être mais n'empêche que ces 2-roues sont bien pratiques !

SOLÉA TRANSPORTS DE L'AGGLOMÉRATION MULHOUSIENNE

97, rue de la Mertzau
www.solea.info
Agence Porte Jeune Ticket 1 voyage : 1,50 €, sur l'appli compte mobilité : 1,30 €. Ticket dans le bus : 2 €.

Les transports en commun de l'agglomération desservent 39 communes avec 3 lignes de tramway, 1 ligne de tram-train, 14 lignes de bus, 10 lignes de cars interurbains et des services de transport à la demande appelés Filéa et Chronopro. 2 parkings + tram au nord et au sud de la ville facilitent l'accès aux transports en commun et garantissent une connexion en 10 minutes au centre-ville. Tickets valables 1h après validation, correspondance et retour autorisés Ticket 24h à 4,50 euros.

À VOIR / À FAIRE

Le charme de Mulhouse saura combler les plus exigeants des voyageurs. Labellisée Ville d'Art et d'Histoire pour son patrimoine d'exception, Mulhouse regorge de pépites : bâtiments historiques, musées de renom international aux collections uniques tels que la Cité de l'automobile et la Cité du train, un centre-ville animé et très bien achalandé, un parc zoologique et botanique. En été, les promeneurs profiteront de festivals de rue enflammés, d'une jolie balade au bord de l'eau, d'une terrasse animée, de concerts dans les parcs de la ville, ou pourquoi pas partiront à la recherche de mystères la nuit. En hiver, ils déambuleront dans les allées du marché de Noël, un verre de vin chaud à la main, découvriront les collections époustouflantes des musées avec l'application SAM. Le plus sportif grimperont en haut de DMC, ou profiteront d'aller applaudir l'ASPTT Mulhouse Volley ou encourager l'équipe du FC Mulhouse Basket ! Vous allez adorer !

OFFICE DE TOURISME DE MULHOUSE ET SA RÉGION

1, avenue Robert-Schuman
✆ 03 89 35 48 48
www.tourisme-mulhouse.com
Ouvert 7j/7 en haute saison.
Label Tourisme & Handicap.

Mulhouse ne demande qu'à dévoiler ses charmes. Au pied de la Tour de l'Europe, l'équipe de l'office de tourisme est à la disposition des familles, des couche-tard, des gastronomes ou encore les férus de musées ou d'art... Les visiteurs profiteront du confort du lieu pour feuilleter les brochures, surfer en ligne, du Wi-Fi gratuit, des iPad prêtés, de l'espace enfants et faire quelques achats dans la boutique aux 1 000 références ! L'office de tourisme est la porte d'entrée de la ville.

VILLE DE MULHOUSE

2, rue Pierre et Marie Curie
✆ 03 89 32 58 58
www.mulhouse.fr

Mulhouse, capitale du Sud Alsace ! La belle endormie sous-estimée qui se réveille et qui a tant à montrer ! Elle a des atouts uniques : sa position au cœur de l'espace rhénan, cousine de Bâle et de Freiburg-im-Breisgau, son effervescence culturelle, son pôle muséographique, sa grande convivialité ! Mulhouse est à la confluence du Sundgau, des vallées vosgiennes, mais aussi du Pays de Guebwiller ! Les bords du Rhin ne sont pas loin et promettent bien des découvertes. Mulhouse est une vraie destination qui gagne en attractivité autant touristique qu'économique.

LE CHEMIN DE FER TOURISTIQUE DU RHIN

26, rue Jean Jaurès
RIXHEIM
✆ 03 89 45 29 84
www.ried-express-cftr.fr
Ouvert de mai à septembre. Train seul : 11,50 €. Départ à 15h. Train et bateau : 23 €.

Activité unique en Alsace, le train à vapeur d'époque vous propose de faire un beau circuit au sein du Ried, présentant une flore et faune exceptionnelles. Grâce aux bénévoles de cette association, membre de la Fédération des amis des chemins de fer secondaires (FACS), vous pourrez faire une balade à partir du mois de mai à travers le Ried alsacien, en prenant place dans une rame à plates-formes ouvertes, tirée par une locomotive à vapeur du début du XXe siècle.

FUN2SPORT

22, rue des Grillons
HABSHEIM
✆ 06 34 10 83 02
www.fun2sport.fr
Ouvert du lundi au vendredi de 8h30 à 12h et de 14h à 18h. Le mercredi de 8h30 à 12h.

Fun2Sport propose une grande variété de vacances actives et de séjours cyclistes, que ce soit à vélo de route, à VTT ou même à vélo à assistance électrique. Chacun trouvera la formule idéale et le rythme qui convient le mieux. Des destinations magnifiques, des circuits et des parcours à couper le souffle, du stage d'entraînement réservé aux cyclistes les plus aguerris aux randonnées loisir purement touristiques, il y en a pour tous les âges et tous les goûts. Accompagnés ou libres, vous profiterez d'une visite de l'Alsace autrement !

LA CITÉ MANIFESTE - QUARTIER DE LA CITÉ

La Cité Manifeste voit le jour en 2005 dans le quartier de la Cité. Pierre Zemp réalise ce projet sur le lieu même. À l'époque, un industriel avait fait construire 1 240 maisonnettes du même modèle. Pierre Zemp a convaincu l'architecte Jean Nouvel de rassembler autour de lui une équipe de jeunes architectes français et étrangers reconnus. Ce succès ne pouvait se réaliser qu'à Mulhouse, ville cosmopolite. Un lieu unique en son genre qui rend hommage à l'histoire ouvrière de Mulhouse.

JARDIN DES SENTEURS ★

11, rue des Franciscains
✆ 03 89 32 68 70
Accès libre et gratuit.

Datant de 1987, ce petit jardin, construit en partie sur les anciennes douves de la ville est situé derrière l'Université Populaire. Au départ, une idée, celle du docteur Rolf Benner, ophtalmologue, qui voulait offrir un espace aux aveugles et malvoyants en leur permettant de se guider à l'aide du toucher et de l'odorat. Le cheminement a été facilité par un dallage spécifique, l'information sur les 130 espèces de végétaux peut s'obtenir grâce aux panonceaux en braille. Venez profiter de ce cadre bucolique traversé par un joli ruisseau en plein cœur de ville !

ÉGLISE CATHOLIQUE SAINT-ÉTIENNE

9, rue du Chanoine Brun
Visite libre

Cette église de quartier fut construite entre 1855 et 1860 par Jean-Baptiste Schacre. De style néogothique, l'édifice cruciforme offre des vitraux illustrant douze versets du Nouveau Testament. A savoir : l'église fut construite pour accueillir les nouveaux ouvriers arrivés des environs pour travailler en ville. Aucun autre lieu de cette taille n'existait alors, le culte catholique ayant été à nouveau autorisé à Mulhouse uniquement à partir de 1804.

MUSÉE DES BEAUX-ARTS

4, place Guillaume-Tell
✆ 03 89 33 78 11
www.musees-mulhouse.fr
Entrée gratuite. Fermé le mardi. Le reste de la semaine de 13h à 18h30. Gratuit.

Ce musée municipal propose de belles collections léguées jadis par le patronat mulhousien. On y trouve un bel aperçu de l'histoire de l'art, de la peinture française ainsi que de nombreuses œuvres d'artistes régionaux. Le XIXe siècle constitue le point fort des collections. N'oublions pas l'artiste alsacien Jean-Jacques Henner à qui une salle est consacrée. Enfin, la création contemporaine se découvre au deuxième étage, avec des artistes de renommée internationale et des plasticiens de la région mulhousienne. Ce musée connaît une fréquentation en augmentation.

LA FILATURE ★

20, allée Nathan-Katz
✆ 03 89 36 28 28
www.lafilature.org
Scène labellisée « Scène nationale ».
Programme disponible en ligne.

La Filature fut conçue en 1993 par Claude Vasconi avec le souci de concilier fonctionnalité et esthétisme, elle compte 3 salles et offre une programmation riche et ouverte sur le monde, grandes références du répertoire et créations contemporaines. Cette scène propose chaque saison 50 spectacles – théâtre, danse, musique, cirque, jeune public – en mettant en avant à la fois des artistes reconnus et des propositions de jeunes talents. Les lieux abritent également un bar, une bibliothèque, l'Orchestre symphonique de Mulhouse et accueille l'Opéra national du Rhin.

MUSÉE HISTORIQUE ★★

Place de la Réunion
✆ 03 89 33 78 17
www.musees-mulhouse.fr
Fermé le mardi. Ouvert tous les jours de 13h à 18h30. Gratuit.

Situé sur la place de la Réunion, dans l'hôtel de ville, le Musée historique retrace la vie de Mulhouse à travers les siècles. Le Musée historique expose essentiellement la période faste de la République de Mulhouse du XVIe au XVIIIe siècle. Il abrite une salle dédiée aux grandes figures de l'épopée industrielle : Dollfus, Mieg et Koechlin. Quant au Grenier d'Abondance, il accueille la salle archéologique dédiée à la préhistoire en Haute-Alsace. Ce musée permet à la fois de connaître l'histoire de la ville et de comprendre ce qu'elle est devenue aujourd'hui.

HÔTEL DE VILLE ★★

Place de la Réunion

Visite libre

Lorsque Mulhouse était encore libre, le Rathaus, symbolisait la puissance de la première bourgeoisie mulhousienne. L'édifice actuel date de 1553 et les allégories des façades furent peintes en 1698 par Jean Gabriel. Le 2e étage, construit en 1778-1779, subit de nombreuses restaurations extérieures. Aujourd'hui, le lieu héberge le Musée historique et la salle des mariages de l'étage, aux armoiries des différents bourgmestres depuis le XIVe siècle. Ce n'est pas pour déplaire aux Mulhousiens qui apprécient de vivre ce moment unique dans ce lieu empreint d'histoire.

MUSÉE NATIONAL DE L'AUTOMOBILE ★★★★

17, rue de la Mertzau ✆ 03 89 33 21 23
www.musee-automobile.fr
Ouvert tous les jours sauf le 25/12. 18 €, 14 € réduit, 48 € famille. Visite groupe. Restaurant. Bar. Boutique.

Le plus grand musée automobile du monde présente plus de 500 véhicules sur 25 000 m². Cette vaste collection de véhicules classiques a été constituée grâce aux frères Schlumpf. En 1957, ils achètent une ancienne filature de laine (classée Monument historique depuis 1979) pour y installer leur collection.

En 1982, ce musée ouvre ses portes au grand public, pour devenir au fil des années le fleuron de l'agglomération mulhousienne. Depuis son inauguration, il a pour vocation de faire découvrir l'évolution de l'industrie automobile qui a tant changé notre mode de vie. Les véhicules exposés proviennent de différents constructeurs automobiles et illustrent les avancés techniques qui ont bouleversé ce secteur. Une section du musée retrace également l'histoire des frères Schlumpf, tandis qu'une série de véhicules « incontournables » regroupe les fleurons de cette industrie. Des animations sont proposées tout au long du parcours afin de compléter votre visite de manière ludique : il est possible de se projeter quelques décennies en arrière en essayant de démarrer un moteur à manivelle ou d'embarquer dans une voiture tonneau !

Il est aussi possible de conduire la voiture de vos rêves parmi la collection d'automobiles anciennes mythiques et de voitures de sport modernes qui ont marqué l'histoire de l'automobile. Différentes formules sont proposées sur l'autodrome du Musée national de l'Automobile ou sur les routes d'Alsace !

Enfin, les visiteurs pourront avoir un premier aperçu de la collection depuis le petit train électrique qui circule dans les allées du musée.

En 2022, le musée a été complété par un nouveau restaurant L'Atalante, une boutique proposant des produits exclusifs et Le Gatsby, bar atypique où vous pourrez déguster de savoureux cocktails dans une ambiance Années folles !

Chaque année, découvrez une exposition temporaire inédite d'avril à novembre et profitez des événements au sein du musée. En 2023, partez « En vadrouille avec Louis de Funès » !

Le Musée national de l'Automobile propose également des *journées sécurité routière* à destination des entreprises. Ces formations aux risques routiers sont animées par des formateurs expérimentés et diplômés d'État, et permettent de prévenir des risques du quotidien et d'appuyer la culture sécurité de l'entreprise.

Une gamme de prestations riches est disponible pour les événements professionnels ou privés.

CHAPELLE SAINT-JEAN

Grand-Rue
68100 Mulhouse (France)
✆ 03 69 77 77 50
Gratuit.

Son histoire remonte en 1187, année noire pour le royaume latin de Jérusalem. Le sultan Saladin Ier s'empara de Jérusalem et en chassa ces occupants chrétiens, dont les moines soldats. Parmi les ordres venant de Mulhouse, les commanderies de l'ordre des Chevaliers teutoniques et des Johannites, appelés chevaliers de Saint-Jean de Jérusalem qui occupèrent le secteur entre la Grand-Rue et la rue Sainte-Claire en 1249. C'est à cet emplacement que fut consacrée cette chapelle le 23 mars 1269. Monument historique depuis 1893, la chapelle est aujourd'hui un cadre d'exception pour les manifestations culturelles et les concerts y résonnent de façon particulière grâce aux vibrations du lieu.

PARC SALVATOR

Rue de Stalingrad
www.tourisme-alsace.com
Parc ouvert toute l'année. Accès libre.

Premier jardin public, il a été aménagé en 1890 sur l'emplacement des anciens cimetières de la ville. Situé derrière l'église Sainte-Geneviève, il offre une promenade reposante et romantique au milieu d'une grande variété d'essences. Trois magnifiques séquoias entourent un petit bassin aux poissons rouges et un petit pont chinois. En été, le parc s'anime et accueille les Jeudis du Parc : concert à l'auditorium suivi d'une projection ciné en plein air. En juillet, le festival des rues investit le lieu qui sert d'écrin aux spectacles à l'atmosphère magique.

PLACE DE LA RÉUNION ★★

Ici bat le cœur de Mulhouse depuis le Moyen Âge. Ce palais est un véritable petit joyau de la Renaissance rhénane. Sur le fronton, le Klapperstein, masque de pierre grimaçant de quelques kilos que les femmes médisantes devaient porter le jour de grand marché. À côté, le temple Saint-Étienne, dont la construction a duré dix ans, à partir de 1858. À l'arrière du temple se dresse une colonne, édifiée pour honorer la mémoire du savant Jean-Henri Lambert. C'est sur cette « place du village » pour les Mulhousiens, qu'a lieu chaque année le marché de Noël.

QUARTIER DE LA BOURSE ★

Place de la République et place de la Bourse

Ce quartier fut construit en 1826 sur l'initiative de 3 jeunes industriels. Avec l'essor du textile, les remparts de la ville sont détruits de 1807 à 1812, et Mulhouse déborde en dehors de la porte de Bâle. Les architectes, Félix Friess et Jean-Godefroi Stotz, imaginent des constructions en arcades, inspirées de la rue de Rivoli à Paris. La place de la Bourse est traversée par l'allée de la Parfaite Harmonie débouchant sur la SIM, fondée par 22 industriels. Ainsi, le quartier de la Bourse est l'un des sites les plus dépaysants de Mulhouse.

SQUARE DE LA BOURSE

Rue de la Bourse

Accès libre.

Pendant les belles années de l'industrie textile, l'industriel Nicolas Koechlin s'est largement investi pour créer un nouveau quartier tout proche du centre de la ville. Trois importants immeubles donnent une forme triangulaire à ce square central. Sa forme fait référence à l'appartenance de Nicolas Koechlin à la loge maçonnique de la Parfaite Harmonie. Cette forme triangulaire est un cas unique en Europe. En 1925, ce jardin privé est ouvert au grand public dans le cadre d'un bail de 99 ans. Des animations artistiques s'y déroulent régulièrement.

LES REMPARTS

C'est toute la cité médiévale qui était enserrée dans un mur d'enceinte. La destruction des remparts a créé un centre tertiaire inspiré du style Empire, autour d'un jardin triangulaire. Suivez le tracé des remparts de porte en porte. Seuls vestiges des fortifications, les tours Nessel, du Diable, restaurées et surélevées en 1906, et la tour du Bollwerk, ornée d'une fresque, œuvre du peintre Ferdinand Wagner. Subsistent encore une partie des murs d'enceinte, entrée rue de l'Arsenal ou rue des Franciscains ainsi que le chemin de ronde côté cour des Chaînes.

SQUARE STEINBACH

Accès par la rue de la Sinne, place Guillaume Tell, rue Alfred Engel, rue des Fleurs.

Ouvert toute l'année. Accès libre.

Entouré par l'Hôtel du Parc et le théâtre de la Sinne, le musée des Beaux-Arts, le square Steinbach est un coin de nature d'1 ha en plein cœur de la ville. Lieu de rencontre intergénérationnel : pique-nique, jogging, aire de jeux pour les enfants, il est particulièrement apprécié depuis son réaménagement en 2017. Le parc tient son nom de la famille Steinbach, famille mulhousienne qui habitait dans la Villa Steinbach, devenue le musée des Beaux-Arts. On y trouve des espèces d'arbres exceptionnels, tel que le ginkgo, dit « arbre au quarante écus ».

LE SÉCHOIR

25, rue Josué-Hofer

✆ 03 89 46 06 37

www.lesechoir.fr

Ouvert tous les samedis et dimanches de 14h à 18h. De mi janvier à mi-juillet et de mi-septembre à mi-décembre.

Le Séchoir se situe dans l'ancienne Maison de la céramique. Une quinzaine d'artistes, dont une céramiste, ont investi leurs ateliers sur une surface de 1 800 m² auxquels s'ajoute un espace d'exposition de 300 m². Le Séchoir ne veut pas fonctionner en vase clos mais ambitionne de devenir un lieu d'échanges et de confrontation, de mutualisation des expériences et des pratiques, grâce à une activité intense : 3 cycles d'exposition par an, des résidences d'artistes. On ne peut que se réjouir de ce lieu qui donne une bouffée d'oxygène au milieu artistique local.

SYNAGOGUE

Rue de la Synagogue

Accès libre.

Voilà encore un bâtiment important, construit par le célèbre architecte, Jean-Baptiste Schacre au milieu du XIXᵉ. Pendant la Seconde Guerre mondiale, les nazis le réquisitionnent et s'en servent comme entrepôt de peinture pour les décors du théâtre de Mulhouse. On raconte qu'un employé de la ville aurait caché un exemplaire de la Torah dans l'armoire de l'oratoire auquel il aurait suspendu un portrait de Hitler pour en cacher la porte. En 1959, les dons de la communauté juive permettent de restaurer l'édifice, classé au titre des Monuments historiques en 1984.

TEMPLE SAINT-ÉTIENNE ★★

Place de la Réunion
✆ 03 89 46 58 25
Fermé pour travaux intérieurs de réfection.

© DENIS MATHIS - FOTOLIA

Le temple Saint-Étienne est le principal édifice de l'Église réformée de la ville de Mulhouse. Ne vous fiez pas à son style architectural, ce temple a été construit en 1866 en lieu et place d'une église du XIIe siècle. Jean-Baptiste Schacre, l'architecte, eut la bonne idée de faire réinstaller les vitraux de l'ancien édifice du XIVe siècle. Édifice protestant le plus haut de France (97 m), son architecture lui vaut d'être considéré comme la « cathédrale » de Mulhouse. Au niveau culturel, il ne s'y passe malheureusement plus rien, les portes sont closes...

TOUR DU BOLLWERK ★★

Rue de Metz

© MILOSK50 - SHUTTERSTOCK.COM

C'est un des derniers vestiges du mur d'enceinte qui protégeait cette partie du bourg. D'ailleurs Mulhouse est parfois nommée Cité du Bollwerk. Elle fut classée monument historique en 1898 sous le nom de tour des Cochons, en raison de la proximité des abattoirs. Elle est ornée d'une fresque, peinte en 1893 par le peintre Ferdinand Wagner, qui représente l'attaque de Mulhouse par le chevalier Malterer en 1385 et restaurée dans les années 1970 par Bernard Latuner, peintre mulhousien. Depuis 2006, le tramway passe juste aux abords de la tour.

TOUR DE L'EUROPE ★★

Place de l'Europe
Fête ses 50 ans en cette année 2023.

La Tour de l'Europe, c'est un peu le symbole de Mulhouse. Construite en 1972 et haute de 106 mètres, elle était exclusivement destinée à l'habitat. Dans une sorte de folie douce du modernisme bétonné en vogue dans les années 1970, il était question d'en construire au moins une deuxième. Finalement, la Tour de l'Europe est restée fille unique.... Sa sœur jumelle se trouve à Bucarest. Pendant longtemps, elle abritait un restaurant panoramique et tournant qui effectuait une rotation complète en une heure, mais les rouages se sont grippés...

TOUR DU DIABLE ET TOUR DE NESSEL

Rue de la Tour-du-Diable

Ces deux tours sont des vestiges de l'ancien château épiscopal. La tour du Diable, intégrée dans le mur d'enceinte après la destruction du château est le symbole d'une chasse aux sorcières implacable. Elle servait de prison pour les femmes accusées de pratiquer la sorcellerie. La tour de Nessel était une tour qui donnait accès à la ville. Construite probablement au cours du XVIe siècle, elle fut transformée en prison puis vendue à un bourgeois de Mulhouse en 1803.

LA FORÊT DU TANNENWALD

Mulhouse a de multiples atouts, dont celui, entre autres, d'être aux portes de la nature. Quel plaisir pour le promeneur de découvrir une nature préservée et accessible. La forêt du Tannenwald, située à proximité du Jardin zoologique et botanique, c'est 300 hectares de tranquillité, 25 kilomètres de sentiers et 8 kilomètres de parcours réservés VTT. On peut y courir pour s'entretenir ou se balader le long du sentier botanique. En cas de pluies, plusieurs sites sont équipés d'abris et c'est idéal pour un pique-nique en famille.

MUSÉE DE L'IMPRESSION SUR ÉTOFFES ★★

14, rue Jean-Jacques-Henner
✆ 03 89 46 83 00
www.musees-mulhouse.fr
Fermé lundi et mardi, ouvert l'après-midi jusqu'à 18h.

Un peu le flou artistique dans ce très grand musée technique après les nombreux rebondissements qui troublent sa trajectoire depuis 2018 ! Cependant, il reste au cœur de l'incroyable univers muséographique de ce terroir du textile en Sud-Alsace. C'est un peu le cœur du réacteur d'un patrimoine textile unique en Europe. Il s'est constitué par strates, avec des dons importants et de grandes acquisitions. Le parcours muséographique privilégie une technique par étage.

PARC ALFRED-WALLACH

4, rue des Sapins
✆ 03 89 54 44 76
www.mulhouse.fr
Du 1er avril au 30 septembre de 8h30 à 20h.
Du 1er octobre au 31 mars de 8h30 à 19h.
Gratuit. Visite guidée possible.

© VILLE DE MULHOUSE

Seul véritable jardin à la française de Mulhouse, le parc fut conçu en 1935 par le célèbre paysagiste Achille Duchesne. Propriété de l'industriel mulhousien Alfred Wallach, le parc fut offert à la Ville de Mulhouse en 1950. Il possède tous les charmes d'un jardin à la française et promet une promenade romantique dans les différentes scènes offertes par le lieu. La roseraie colore ce ravissant tableau de dégradés de roses et de rouges grâce aux 136 variétés de roses que compte le parc. Une aire de jeux a été aménagée pour les plus jeunes visiteurs.

TOUR DU BELVÉDÈRE

Rue du Belvédère
Accès libre.

Juste à côté du zoo, quartier du Rebberg, se dresse la Tour du Belvedère, une structure métallique haute d'une vingtaine de mètres à laquelle on accède par un escalier. La tour offre un superbe panorama sur Mulhouse et ses environs, la plaine d'Alsace et les collines du Sundgau. La vue dégagée à 360° permet d'apercevoir les Vosges, la Forêt-Noire et selon la météo, les Alpes suisses. Au pied de la Tour se dresse un mémorial des anciens de Tambov, souvenir douloureux de la mort de 17 000 incorporés de force durant la Seconde Guerre mondiale.

ZOO DE MULHOUSE

51, rue du Jardin-Zoologique
✆ 03 69 77 65 65
www.zoo-mulhouse.com
Haute saison ouvert tous les jours de 9h à 19h. Attention travaux en 2023 pour la partie Horizon Afrique.

Véritable institution locale, rhénane, alsacienne, c'est le premier site touristique du Haut-Rhin. On y vient aussi bien pour ses 170 espèces animales que pour sa flore, ses grands arbres et son jardin botanique. Un emplacement « Grand Nord » de 10 000 m² est dédié aux animaux qui vivent dans le froid. On trouvera tigres, lions, kangourous et bien d'autres animaux venant du monde entier. Il est possible d'assister au repas de nombreuses espèces tout au long de la journée. Complétez la visite grâce à l'application smartphone qui se veut ludique et intuitive !

CITÉ DU TRAIN - PATRIMOINE SNCF ★★★

2, rue Alfred de Glehn ✆ 03 89 42 83 33
www.citedutrain.com
Du 1er novembre au 31 mars de 10h à 17h, du 1er avril au 31 octobre de 10h à 18h.

Le plus grand musée ferroviaire d'Europe avec plus de 30 000 m² d'espace d'exposition. La première halle présente 27 pièces de légende, notamment la locomotive à vapeur la plus ancienne conservée en Europe : la 111 Buddicom n° 33.

Sur les 8 quais de gare de la seconde halle, avec ses 64 matériels ferroviaires de collection, de la plus ancienne locomotive à vapeur au TGV Euroduplex de 2013, on parcourt l'histoire du chemin de fer français de 1844 à nos jours. On y découvre le fonctionnement de la locomotive à vapeur inventée en 1804 par Richard Trevithick au Royaume-Uni avant de s'intéresser aux machines diesel et électriques qui l'ont progressivement supplantée. Toutes les 30 min, ne manquez pas la mise en marche de la célèbre locomotive à vapeur 232 U1 qui date de 1949 et pouvait atteindre jusqu'à 200 km/h. Après la visite de la seconde halle, organes de roulement, tender, bissel, échappement, système de distribution n'auront plus de secrets pour vous. Ni la Pacific Nord 231 E 22 conçue par l'ingénieur André Chapelon, puissante, rapide et construite pour les réseaux français, ni la 232 U 1 Hudson, de l'ingénieur Marc de Caso, témoin des ultimes perfectionnements appliqués à la traction vapeur.

En plus de ses deux halles couvertes, la Cité du Train vous accueille dans un espace extérieur de 16 000 m² avec expositions permanentes et temporaires ainsi que de nombreuses animations ferroviaires ludiques à faire en famille, tel le mini-express d'Alsace, le dernier manège ferroviaire forain de France et même un baptême du rail en draisine.

La partie extérieure du musée se divise en trois secteurs : le quai de Cluny, l'espace technique et les voies d'expositions temporaires. Vous pourrez également profiter du passage des trains modernes tels que les TGV, les Intercités internationaux, les Corail TER Alsace 200, les différents matériels TER, les trains de Fret, les trams-trains SNCF et les tramways Soléa du réseau de Mulhouse. Deux voies encadrant la « marquise » de la gare de Cluny accueillent des matériels ferroviaires pour des expositions temporaires. Le signal mécanique Lartigue, l'imposante grue de gare, les divers objets ferroviaires et le poste d'aiguillage de Paris Invalides viennent donner vie à la reconstitution d'une petite gare du début du XXe siècle.

L'espace technique sécurisé offre diverses animations ferroviaires, tandis qu'un plan de voie, en bordure du Panorama Ferroviaire, permet d'organiser des expositions temporaires d'avril à octobre.

DMC MOTOCO

13, rue de Pfastatt
✆ 06 33 09 96 60
www.motoco.fr

C'est L'ADN de l'histoire industrielle mulhousienne. Installé dans le bâtiment 75 de DMC, lieu de création, Motoco accueille 140 artistes et 7 espaces ouverts. Menuisier, plasticien, photographe, entrepreneur tels sont les habitants de cet espace. Ex-friche industrielle qui renaît de sa jachère, elle est régulièrement mise à l'honneur dans la presse. On y trouve aussi les locaux de la radio MNE. Des soirées institutionnelles ou professionnelles y sont organisées : quoi de plus tendance qu'un événement dans un lieu aussi insolite.

LA KUNSTHALLE MULHOUSE CENTRE D'ART CONTEMPORAIN

16, rue de la Fonderie ✆ 03 69 77 66 47
www.kunsthallemulhouse.com
Du samedi au mardi de 14h à 18h ; du mercredi au vendredi de 12h à 18h. Fermé durant les périodes de montage.

La Kunsthalle, située dans le bâtiment de la Fonderie qu'elle partage avec l'université de Haute-Alsace, est un espace pour tous que l'on soit amateur d'art contemporain ou pas. Les expositions sont variées et nombreuses au long de l'année. La Kunsthalle ne se contente pas d'exposer mais aussi propose des lectures, concerts et même des apéros qui permettront à tous d'appréhender l'art au travers de voies nouvelles. Un vrai rendez-vous convivial et accessible à tous les férus d'art !

MUSÉE ÉLECTROPOLIS ★★

55, rue du Pâturage
✆ 03 89 32 48 50
www.musee-electropolis.fr
Ouvert mardi au dimanche 13h30-18h. Fermé en janvier et les jours fériés. Label Tourisme & Handicap.

Inauguré en 1992, le musée Électropolis a été créé pour sauver de la destruction un groupe électrogène à vapeur Sulzer-BBC, qui alimentait les usines DMC, fleuron de l'industrie textile mulhousienne. On y découvre l'histoire de l'énergie électrique à travers les âges en retraçant le parcours de l'électricité. Un nouvel espace dédié complète le parcours. On redécouvre avec nostalgie des appareils électroménagers au look désuet. Les enfants s'amusent dans l'espace d'expérimentation avec l'électricité statique qui laisse une coiffure un peu décalée !

ABBATIALE D'OTTMARSHEIM ★★

6, rue de l'Église - **OTTMARSHEIM**
✆ 03 89 26 27 57
www.ottmarsheim.fr
Visites guidées historiques et costumées sur réservation, en français et en allemand. Durée : 60 min.

Située sur la Route Romane d'Alsace, l'abbatiale Saints-Pierre-et-Paul est un joyau de l'architecture romane du XIe siècle. Édifiée entre 1030 et 1050 sous la direction de Rodolphe d'Altenbourg, un des fondateurs de la maison de Habsbourg, et dédiée aux apôtres du Christ saint Pierre et saint Paul. Elle sera consacrée en 1049 par le pape alsacien Léon IX et destinée à des bénédictines.

Son plan centré octogonal, inspiré par la chapelle palatine d'Aix-la-Chapelle, en fait un édifice unique de l'architecture religieuse du Haut-Rhin puisqu'il incorpore des éléments de style paléochrétienne, byzantine, pré-romane, carolingienne, et ottonienne.

En presque 1 000 ans, l'abbaye a été plusieurs fois dévastée, détruite par guerres et incendies, et reconstruite. Elle est définitivement dissoute à la suite de la Révolution française, et ses trésors dispersés. Les siècles suivants voient les campagnes de restauration se succéder pour rendre toute sa gloire à l'édifice. La dernière s'est terminée en 2018, mettant en valeur les deux chapelles gothiques des XVe et XVIe siècles. Depuis 1991, la vie monastique a également repris son cours : un prieuré des Serviteurs de Jésus et de Marie, congrégation fondée en 1930, est créé à Ottmarsheim pour desservir l'église et les paroisses environnantes. Le couvent abrite une dizaine de religieux.

Des visites guidées théâtralisées en costume d'époque, vous permettent de découvrir l'histoire tumultueuse de l'édifice aux côtés de Rodolphe et Cunégonde, comte et comtesse d'Altenbourg.

ABBAYE D'OELENBERG

REININGUE
www.abbaye-oelenberg.com
Accès libre. Magasin ouvert tout les jours sauf le dimanche.

Fondé en 1046, il s'agissait à l'origine d'un monastère de chanoines réguliers de Saint-Augustin. Situé sur l'une des dernières collines du Sundgau, l'édifice a connu une histoire mouvementée et a été en partie détruit à plusieurs reprises. À la Révolution, l'abbaye est vendue et c'est en 1825 que des moines trappistes s'y installèrent. Ils vivent encore aujourd'hui selon la règle de pauvreté cistercienne. Le magasin monastique propose de la farine et des pâtes produites au moulin d'Oelenberg. Ils accueillent aussi les fidèles pour des retraites spirituelles.

MUSÉE DU PAPIER PEINT [LA COMMANDERIE] ★

28, rue Zuber - **RIXHEIM**
✆ 03 89 64 24 56
www.museepapierpeint.org
Toute l'année de 10h à 12h et de 14h à 18h. Fermé le lundi et le mardi. Gratuit pour les - 4 ans.

Depuis près de 40 ans, ce musée fait revivre l'histoire et la technique du papier peint à la Commanderie de Rixheim qui abrite la manufacture Zuber depuis 1797. Ce musée, unique au monde, s'efforce de montrer à travers ses expositions combien ce matériau a joué et joue encore un rôle dans notre quotidien. La collection compte plus de 160 000 documents de la fin du XVIIe siècle à nos jours, constituant l'une des rares collections de référence existantes dans le monde.

ÉCOMUSÉE D'ALSACE ★★★

Chemin Grosswald - **UNGERSHEIM** ✆ 03 89 74 44 74
www.ecomusee.alsace
Ouvert du 1er avril au 5 novembre 2023 et du 3 décembre au 7 janvier 2024 - tarifs sur le site Internet.

Dès 1971, face à la détérioration du patrimoine architectural alsacien, un groupe de jeunes passionnés décide de mettre en œuvre un projet de sauvegarde. En 1980, une première maison est sauvée de la démolition et reconstruite sur un terrain en friche de la commune d'Ungersheim ; c'est le début de la grande aventure de l'Écomusée d'Alsace. Le musée accueille ses premiers visiteurs durant l'été 1984 ; aujourd'hui, c'est le plus grand musée à ciel ouvert de France !

L'Écomusée d'Alsace s'organise comme un véritable village alsacien du début du XXe siècle en plein cœur de la nature ! Découvrez le patrimoine rural alsacien en évoluant parmi plus de 80 bâtiments traditionnels : maisons, fermes, école, chapelle, gare, scierie… Il présente ainsi les principaux types d'architecture alsacienne, sélectionnés en fonction de leur représentativité par rapport à un terroir, à une époque ou à un groupe social. Ces bâtiments sont tous aménagés grâce aux dons des Alsaciens. L'immersion est complétée par une collection de près de 100 000 objets du quotidien, vêtements, ou outils pour un véritable saut dans le passé ! Mais c'est aussi un espace de biodiversité préservée avec 4 sentiers nature : par les champs, la forêt et le long de la rivière. Grâce aux animations et aux bénévoles, le village vit au rythme des saisons et des traditions alsaciennes : nourrissage des cochons, traite de la vache, école d'antan et recettes de cuisine de saison. À ne pas manquer : les balades en barque, en charrette ou en tracteur.

SE LOGER

Envie de profiter de votre séjour ? On vous comprend, Mulhouse regorge de tant d'activités qu'il faut pouvoir y passer quelques jours, voire y revenir, pour prendre le temps de tout faire ! Heureusement, l'offre hôtelière est riche en lieux où passer une ou plusieurs nuits. En famille, entre amis, seul ou juste en amoureux, le confort des chambres mulhousiennes est pour vous et vous pourrez dire que le sens de l'hospitalité proverbiale des Alsaciens n'est pas un vain mot. Des hôtels quatre étoiles aux établissements plus modestes et gîtes chaleureux en passant par les chambres d'hôtes, au centre-ville ou en périphérie, impossible de ne pas trouver votre bonheur ! Certains proposent un service restauration, un parking, des chambres insolites ou la possibilité d'emmener votre compagnon à quatre pattes mais tous ont un point commun, vous y serez accueillis comme des rois ! On y vient pour découvrir et on y revient pour profiter !

HÔTEL DE BÂLE** €

19-21, passage Central
✆ 03 89 46 19 87
www.hoteldebale.fr

28 chambres à partir de 45 €. Petit déjeuner buffet : 9 €. Animaux acceptés (gratuit). Wifi gratuit.

Repris en mai 2016 par un jeune couple passionné par cette adresse historique mulhousienne, l'Hôtel de Bâle est situé en plein centre-ville. Toujours très bien tenu par ses propriétaires successifs, l'hôtel a retrouvé un coup de jeune grâce aux travaux de rénovation entrepris (sols, douches, décoration des chambres, etc.) qui n'ont pas touché à l'ADN du lieu : l'horloge mulhousienne et les toiles historiques resteront en place. Chantal est toujours là et continuera à servir de succulents petits déjeuners à base de produits frais !

CAMPING DE L'ILL*** €€

1, rue Pierre-de-Coubertin
✆ 07 84 59 98 53
www.camping-de-lill.net

Label Tourisme & Handicap.

Ce parc de 5,5 hectares, bordé d'un côté par la rivière l'Ill et de l'autre côté par le canal du Rhône au Rhin, propose de nombreux emplacements. Vivre au plus près de la nature à moins de 2 kilomètres du centre-ville, c'est possible ! Séjourner dans un mobil-home, un chalet en bois ou bungalow sans oublier les nouveaux hébergements insolites comme l'igloo ou le pod ! Ceci avec tous les avantages d'un citadin. Le camping offre un espace de verdure avec plus de 200 arbres. Nature, culture, convivialité et proximité, le bonheur à Mulhouse !

BRISTOL**** €€

18, avenue de Colmar
✆ 03 89 42 12 31
www.hotelbristol.com

Accueil 24h/24. Chambre double de 60 € à 120 €. Petit déjeuner buffet : 11 €. Parking fermé inclus.

© MARIE BRISTOL

L'hôtel Bristol dresse sa belle façade 1900 et propose calme et confort au cœur de la cité. Un tarif de base raisonnable pour une qualité qui se mesure dans les plus petits détails. Les chambres sont spacieuses avec salles de bains aux baignoires-bain bouillonnant. Pas de lits d'appoint pour les enfants mais de véritables lits bien confortables. Le petit déjeuner est un buffet digne de ce nom. 2 beaux appartements avec kitchenette équipée et prestations complètes sont à louer au mois. Le Bristol propose des formules avec visite des principaux musées de la ville.

IBIS STYLE MULHOUSE CENTRE GARE €€

44, avenue du Général Leclerc
✆ 03 89 50 00 08

A 200 m de la gare, sur le canal du Rhône au Rhin, à proximité de l'Eurovéloroute

Idéalement situé dans le quartier des Affaires et avec de bons arguments touristiques ! Puisque situé à la gare, vous n'êtes plus qu'à 30 min de Bâle en Suisse et 1 heure de Freiburg en Allemagne ! A 2 min de l'hypercentre et sur l'Eurovéloroute. Son architecture symbolise une locomotive de couleur bleue, le ciel bleu de la météo bien souvent favorable à Mulhouse ! Pour le reste, l'hôtel est très bien tenu, les chambres sont contemporaines avec une excellente literie.

© IBIS

© IBIS

LES GÎTES DE BÉATRICE €€

✆ 06 03 20 64 76
www.lesgitesdebeatrice.com

Les Etoffes de Mulhouse, le Studio Sixties, le Vintage, le Loft des Musiciens, le Little Garden.

Style bourgeois, studios sixties ou appartement-jardin ? Les Gîtes de Béatrice déclinent des ambiances très différentes, loin de standards impersonnels. « L'idée est de meubler et de décorer les gîtes avec des objets chinés. » En soi, c'est aussi voyager que de se retrouver dans une ambiance vintage ou typique des intérieurs bourgeois mulhousiens 1900 », explique Béatrice, qui n'oublie pas pour autant le confort en proposant une literie de qualité, du linge de lit haut de gamme et une propreté irréprochable. Vous allez aimer votre séjour mulhousien !

HÔTEL DU PARC•••• €€€

26, rue de la Sinne
✆ 03 89 66 12 22
www.hotelduparc-mulhouse.com

Chambre double à partir de 90 €. Petit déjeuner buffet : 14 €. Réceptions et mariage. Restauration.

Héritage de l'ambition visionnaire des frères Schlumpf, cet hôtel prestigieux doit attendre 1988 et l'arrivée de Robert Tarazi, propriétaire tombé sous son charme, pour devenir ce lieu symbole d'une idée du luxe à la mulhousienne, empreint de nostalgie des Années folles. Bien sûr, il y a cette superbe décoration de style Art déco ! Vous apprécierez également la cuisine du restaurant et le cachet intimiste et musical du Charlie's Bar. L'Hôtel du Parc ne connaît pas de concurrence, depuis trois décennies, il fait de l'excellence une réalité quotidienne.

PEONIA AT HOME €€€

48, boulevard Léon-Gambetta
✆ 03 89 40 26 24
www.gitemoreth.com

5 chambres. Réservation en ligne.

Bienvenue à Peonia, chambres d'hôtes de charme, située dans le quartier du Rebberg à Mulhouse. Magnifique maison de maître revisitée aux goûts d'Andrea et Antonio D'Onghia, Peonia dispose de suites aux noms d'indiennes (tissu star lors de la grande épopée du textile mulhousien). Design haut de gamme, étoffes luxueuses et accueil généreux à l'italienne, tel est le cocktail de cette adresse so chic. De multiples services sont également à votre disposition. Sa réputation va crescendo et il est prudent de réserver à l'avance. Tout n'est que luxe et volupté

SE RÉGALER

Le plaisir de la table est une institution en Alsace que l'on aime partager. Déguster de bons petits plats régionaux fait partie de la tradition : une choucroute accompagnée d'un verre de pinot gris ou un munster flanqué d'une vendange tardive, un régal ! Mais ne pensez pas que les Mulhousiens ne mangent que terroir, bien au contraire, ils sont férus de nouveautés et d'exotisme. En fins gourmets et grands gourmands, ils apprécient le plaisir d'une table gastronomique, d'un winstub, les saveurs italiennes, les douceurs asiatiques ou même végan. Certains restaurants affichent complet plusieurs mois à l'avance ! Un point commun ? L'amour de la cuisine et des produits frais, la qualité du service et l'envie de chouchouter leurs hôtes. Une touche particulière, un cadre, chaque restaurant a sa propre signature et nous vous les conseillons tous. Le seul problème, c'est que pour trouver votre préféré, il va falloir tous les essayer !

Baeckeoffe, potée alsacienne.

LE 17 €€

17, rue Paille
✆ 03 89 44 37 26
www.dixsept.fr
Fermé dimanche et lundi. Menu du jour complet à 19 €. Plat du jour à 11 €. Terrasse.

Le 17 est une adresse reconnue par bon nombre de Mulhousiens qui lui donneraient volontiers la note de 17/20 ! Bravo à Maria, la nouvelle patronne, une passionnée de cuisine, qui a pris tous les risques pour faire de sa passion, son métier ! La carte n'a pas changé fondamentalement, les fidèles y retrouveront le fameux onglet Seventeen ou le « fondant qui tue ». Cependant Maria fait sa révolution par petites touches, avec nouvelles saveurs, comme cette délicieuse poêlée de sot-l'y-laisse aux girolles ! Un véritable délice ! Les palais en sont ravis !

LE 4 €€€

5, rue Bonbonnière
✆ 03 89 44 94 11
www.restaurantle4.com
Fermé le lundi et le dimanche. Réservation recommandée. Carte : 25 € environ. Terrasse.

Tous les gourmets de la ville sont déjà passés par le 4. Lionel et Tatiana proposent une cuisine contemporaine et raffinée dans un cadre moderne et intimiste. La carte, succincte, propose des entrées de saison, deux plats de viande ainsi que deux plats de poissons et quelques desserts. Une formule « à faire » le midi est également proposée, rapport qualité-prix imbattable et l'offre change régulièrement. Les dressages et assaisonnements sont précis, les produits sont de qualité, en bref c'est bon. On y retourne avec plaisir pour découvrir les propositions du moment.

L'ASTRONOME €€€

26, rue des Maréchaux
✆ 03 89 61 00 12
Ouvert du mardi au samedi de 11h à 1h ; le dimanche de 10h à minuit. Carte : 20 € environ. Rooftop.

Installé fièrement au-dessus du bâtiment M, l'Astronome, premier rooftop d'Alsace, offre une vue imprenable sur le Temple Saint-Étienne et sur Mulhouse. L'Astronome se décline comme un bar à manger, avec une ouverture de 11h à 1h du matin. Inauguré l'année dernière, l'Astronome coche presque toutes les cases ! L'établissement est au plus près de tous les évènements majeurs qui ponctuent nos vies, comme le mondial de foot, avec des retransmissions régulières ! Mais aussi pendant les fêtes de fin d'année, avec cette incroyable patinoire en extérieur !

AUBERGE DES FRANCISCAINS €€

46, rue des Franciscains
✆ 03 89 45 32 77
www.auberge-des-franciscains.com
Formule du jour à partir de 15,90 €. Fermé dimanche soir et mardi.

Une cuisine soignée et inventive bien que traditionnelle avec d'excellentes spécialités alsaciennes. On oublie pas les entrecôtes, tartares ou filets de sole ou saumon ni le petit clin d'œil au Sundgau tout proche, avec les carpes frites. En cuisine, mme Belkacem, la patronne, n'hésite pas à retravailler régulièrement sa carte. Ses derniers petits trésors : bouchées à la reine aux morilles ou bien les amourettes. On aime cette adresse pour le sourire de la patronne, la saveur des plats, la déco, tout y contribue ! Une belle adresse pour une cuisine savoureuse.

CHEZ AUGUSTE €€€

11, rue Poincaré ✆ 03 89 46 62 71
www.chez-auguste.fr
Ouvert du mardi au samedi. Réservation impérative. Carte : 20 € environ. Formule : 25 € (midi et soir).

Chez Auguste, tout reste parfait depuis plus de 20 ans. Luc Chervy, chef d'orchestre et sa belle équipe vous reçoivent dans ce petit espace à la décoration sobre, avec un zeste de décontraction et beaucoup d'enthousiasme ! On n'y sert pas plus de 21 couverts par service et le midi, vous composez vous-même votre menu, sur la carte, parmi une entrée, un plat ou/et un dessert. La carte est classiquement gourmande. Quelques suggestions : la poêlée de pleurotes à l'ail, le ris de veau et bien sûr le célèbre Auguste au chocolat qui a fait la renommée du restaurant !

CRÊPERIE CRAMPOUS MAD €€

14, rue des Tondeurs
✆ 03 89 45 79 43
www.creperie-crampous-mad.fr
Fermé dimanche et lundi, très jolie terrasse.

Présente à Mulhouse depuis 1980, la crêperie a fait peau neuve depuis quelques années. Le décorum est plus qu'abouti tout en gardant son identité bretonne dans une maison typiquement alsacienne. Voici une façon de faire un tour dans la région la plus éloignée de notre Alsace, en dégustant des crêpes au froment ou au sarrasin. La carte change en fonction des saisons et les produits locaux sont privilégiés. Située dans l'hyper-centre, elle permet la pause shopping qui s'impose. En été, la terrasse est agréable, il manque l'océan et on se croirait en Bretagne.

AUX HALLES €€

26, quai de la Cloche

✆ 03 89 60 49 28

marchedemulhouse.com

Ouvert en continu et uniquement les jours de marché : le mardi, le jeudi et le samedi de 7h à 17h.

Ouvert uniquement les jours de marché, ce bistrot au cœur même des halles constitue l'une des institutions de Mulhouse : il est dans la même famille depuis 1946 ! Une ambiance animée, toute alsacienne, vous attend au rez-de-chaussée en prise directe avec le marché ou, à l'étage, sur la terrasse, offrant une vue panoramique. Les habitués du marché ne s'y trompent pas et viennent nombreux, dès le petit matin, y faire une pause entre deux achats pour un café, un potage, un picon-bretzel ou une saucisse chaude. Un lieu unique en son genre !

IL CORTILE €€€

11, rue des Franciscains

✆ 03 89 66 39 79

www.ilcortile-mulhouse.fr

Ouvert du mardi au samedi. Formule du midi : 45 €. Menu Riviera à 75 €, menu Dolce Vita à 95 €. Magnifique terrasse.

Dans cette très belle maison toujours auréolée d'une belle étoile, Jean-Michel Feger est aux commandes depuis 3 ans et a su garder le cap avec brio. Il Cortile, c'est avant tout une équipe soudée et passionnée qui vogue en eaux paisibles. Les retours, d'ailleurs, sont excellents. À la carte, les fondamentaux d'une cuisine méditerranéenne, versée italienne, de haute volée, raffinée, avec une constante recherche de fournisseurs haut de gamme. La carte est courte, toujours de saison. Cette très belle adresse contribue à l'attractivité de la ville.

L'ESCALOPE €

18, rue du Couvent

✆ 03 89 66 18 18

www.restaurant-escalope.fr

Fermé mercredi, dimanche soir et mardi soir. Plat du jour à 9,60 € et Menu Complet à 13 €.

Quel plaisir de venir goûter cette cuisine savoureuse dans un cadre tout à fait convivial ! D'ailleurs, elle fera le bonheur des gourmandes et des gourmands ! Avec l'escalope comme spécialité, impossible de résister à la Wiener Schnitzel, la traditionnelle escalope à la viennoise au format XXL ! Avec une carte qui évolue chaque jour, des plats faits maison et des produits dénichés sur les étals du marché, il n'est pas étonnant de constater tout le succès que rencontre cet établissement. L'Escalope, une cuisine où se mêlent saveurs, tradition et authenticité !

LE PETIT PARIS €€€

12, rue de la Moselle

✆ 03 89 61 17 85

www.lepetitparis.pro

Fermé dimanche et lundi - Menu 2 plats à 21 € et 3 plats à 25 €.

Le Petit Paris a changé de boss mais pas de chef en place depuis 6 ans ! C'est une adresse qui est plutôt bien appréciée des Mulhousiens. On y sert une cuisine bistronomique, simple, avec des prix raisonnables. On s'attache surtout à la qualité et à la provenance des produits. Vous l'aurez compris, ici, le cahier des charges, c'est « circuits courts » autant que faire se peut ! La carte des vins reste belle et passionnée malgré le changement de propriétaire. Il a aussi l'avantage d'être situé dans la rue la plus bobo de tout Mulhouse, gratifiée de Street-Art.

UN PETIT TRUC EN + €€

3, place de la Paix

✆ 09 83 07 05 80

unpetittrucenplus.fr

Fermé lundi, mardi et mercredi. Ouvert jeudi, vendredi et samedi de 11h à 13h.

Une formidable aventure humaine et solidaire au cœur de Mulhouse. Avec une équipe composée de personnes porteuses de Trisomie 21 et de bénévoles, c'est un lieu unique et porteur de sens ! Aurélie Bernard, chef du restaurant, a su motiver les troupes pour aboutir à ce concept exceptionnel, plein de joie de vivre ! Les personnes trisomiques qui y travaillent ont le statut de salarié. La cuisine est faite maison avec eux. Vous passerez vraiment un moment de bonheur tout en vous régalant car la carte est aboutie ! Une fierté à Mulhouse !

LE PIADINA €

10, passage de l'Hôtel-de-Ville

✆ 03 89 66 01 21

Ouvert du lundi au dimanche. Uniquement le midi le lundi, jeudi et dimanche. Formule du midi : 12 €.

Si vous cherchez un coin d'Italie au cœur de Mulhouse, il y a une très bonne adresse, la Piadina. Ouvert dès potron-minet, on peut y déguster un café fort en goût tout en devisant sur les résultats de la Ligue 1. Ensuite, la cuisine italienne prend le relais. Dans ce lieu complètement réaménagé dans un style prohibition, vous pourrez manger le meilleur plat de pâtes de la place. L'ambiance est au rendez-vous grâce à Sebastian, le patron du lieu qui a toujours le bon mot avec ses clients. Pour vous sentir au sud de l'Italie, ne vous manque que le verre de chianti !

PUM €

7, rue de Mittelbach
✆ 03 89 46 05 56
www.pumthaifoodchain.fr
Ouvert tous les jours - Boutique en ligne - Pum à Cernay et à Wittelsheim

Do *simple, use natural and create beauty* ! En 2004, Pum exportait son concept de restauration thaïlandaise en Europe, d'abord à Mulhouse pour le meilleur ! Depuis la carte est restée fidèle à ses débuts, que du bon, sans colorants artificiels ou exhausteurs de goût, aux saveurs de la Thaïlande. Même les prix sont restés les mêmes. Grâce à l'open kitchen, on est spectateur de la cuisine préparée à la minute. Si vous êtes pressé, commandez vos plats préférés en ligne. PUM fait des petits en mode XXIe siècle à Cernay, à Wittelsheim et d'ici peu au cœur de la ville !

LE RUSTIQUE €€

116, rue de Bâle
✆ 03 89 64 40 99
restaurant-lerustique.fr
Fermé le dimanche soir, les mardi et mercredi midi. Menu du jour 19 €. Plat à 14 €. Terrasse.

Dans le quartier de la rue de Bâle, on référence quelques pépites et parmi elles : le Rustique ! Une déco chic, une cuisine choc ! Une carte variant au fil des saisons, des suggestions du marché, une cuisine raffinée autour de recettes classiques et alsaciennes. Citons quelques plats *star* de cette carte : le cordon bleu du chef ou encore l'excellent surlawerla ! 95 % de fait maison ! Le menu Plaisir permet de déguster tout ce qu'on veut sur la carte ! Depuis quelque temps, une jolie terrasse, ombragée et pleine de verdure vient compléter ce lieu gastronomique !

LE STROGANOFF €€

9, rue de l'Arsenal
✆ 03 89 45 11 98
stroganoff-restaurant.eatbu.com
Fermé dimanche et lundi. Formule du midi : 2 plats à 15,90 €. Plat du jour 9,90 €.

Bienvenue dans le cœur de la gastronomie russe ! Autant vous dire que votre passage au Stroganoff vous réservera un véritable voyage aussi bien gustatif que visuel. Côté cuisine, on a goûté leurs blinis aux saumon et crème fraîche servis en entrée, juste un délice ! Nous vous invitons aussi à découvrir le traditionnel bœuf Stroganof accompagné de purée de pomme de terre maison, et pour finir, pourquoi ne pas tester un Medovik (gâteau à la confiture de lait, miel et noix). Et pour finir, un petit verre de vodka servi avec un cornichon ? Avec modération bien sûr.

LA TABLE DE MICHÈLE €€€

16, rue de Metz
✆ 03 89 45 37 82
www.tabledemichele.fr
Fermé dimanche et lundi. Du mardi au vendredi 12h-13h30 et 19h-21h30 ; le samedi soir. Formule midi : 27 €.

La Table de Michèle est un restaurant qu'on aimerait garder secret pour ne l'avoir qu'à soi. Mission impossible car cet établissement est un incontournable de la gastronomie mulhousienne. Les amateurs de fruits de mer se jetteront sur la poêlée de noix de Saint-Jacques, côté abats, les rognons de veau à la moutarde de Meaux. À ne surtout pas rater : l'assiette gourmande, florilège de tous les desserts présentés à la carte, à savourer seul, si vous êtes vraiment gourmand, ou à deux pour en partager de douces saveurs sucrées ! !

LE VIEUX COUVENT €€

23, rue du Couvent
✆ 03 89 54 43 45
www.le-vieux-couvent.fr
Fermé dimanche et lundi. Menu du jour complet 18 €. Menu enfant offert. Tartes flambées. Salle de réunion. Terrasse.

Aux manettes Guillaume Kriegel et toute son équipe ! C'est un lieu de caractère magnifié par une complète rénovation décorative qui met en lumière les murs peints. Ce qui n'a pas changé, c'est la cuisine alsacienne, toujours aussi goûteuse, avec sa choucroutes, ses bouchées à la reine, ses fleischnackas (excellents), ses rognons, etc. Une carte cependant resserrée avec beaucoup de suggestions. Les vins sont en provenance des Brasseries de l'Ill et mention spéciale aux bières. C'est un lieu amené à vivre intensément et avec gourmandise !

WINSTUB HENRIETTE €€

9, rue Henriette
✆ 03 89 46 27 83
www.winstub-henriette.com
Ouvert du mardi au samedi. Carte : 20 € environ. Vin au verre. Terrasse.

À deux pas de la place de la Réunion, la Stuwa, au décor typiquement alsacien, tenue de main de maître par Marie-Christine Musslin fait honneur à la gastronomie régionale. Une carte simple, abondante en spécialités locales comme le surlawerla, le jarret de cochon ou le fleischschnacka. C'est aussi l'endroit idéal pour glaner les derniers potins sur le centre-ville : on remercie les habitués et la taille du restaurant ! On aime par-dessus tout cette belle et bonne adresse qui saupoudre une pointe de chic sur les incontournables de l'assiette alsacienne.

AUBERGE DU ZOO €€

31, avenue de la 9e-Division-d'Infanterie-Coloniale ✆ 03 89 44 26 91
www.auberge-zoo.com

Du mercredi au dimanche. Formule du midi 17 €. Brunch le dimanche et les apéros le vendredi soir en juin.

À l'orée du Parc zoologique et botanique, l'Auberge du zoo est bien connue depuis le début du XXe siècle ! On y cultive le goût de l'histoire et l'art de recevoir. On vous encourage à vous rendre dans ce lieu à la superbe décoration où vous dégusterez des petits plats de l'Alsace gourmande ou des grands classiques revisités. Et puis, il s'y passe toujours quelque chose : la fête de la gastronomie, le tango, le carnaval, etc. La connexion avec le zoo est fluide, on peut y faire une halte à la terrasse du self ou dans les chalets pour s'abriter en cas d'intempéries.

LE BISTROT À HUÎTRES €€€

2, rue du Moenschberg
✆ 03 89 64 01 60
www.bistrot-a-huitres.fr

Ouvert du mardi au samedi 12h-13h30 et le soir 19h-21h30. Réservation recommandée. Carte : 30 € environ.

Le Bistrot à huîtres est le restaurant incontournable des amateurs de la mer. La carte propose divers plateaux de fruits de mer et crustacés selon les arrivages saisonniers ainsi que du poisson. Les produits sont d'une qualité et d'une fraîcheur parfaite. Tout y est succulent, les assaisonnements et cuissons sont maîtrisés tout en valorisant parfaitement les produits. Mention spéciale pour le Méli-Mélo de homard, Saint-Jacques et gambas et les petits à-côtés comme les crevettes en amuse-bouche et les petites douceurs en fin de dîner. Prenez le large !

LE PANTOGRAPHE €

30, rue Francois Spoerry
www.le-pantographe.fr

Ouvert du lundi au vendredi de 8h30 à 18h. Sur place ou à emporter. Formule traiteur.

Le Pantographe, c'est bien plus qu'un restaurant, c'est un concept ! Situé à km0, il affiche un cadre historique et unique. Ouvert la semaine en continu de 8h30 à 18h on s'y rend aussi bien pour une petite pause autour d'un café que pour partager un repas plein de saveurs avec ses collègues, sur place ou à emporter. Avec une véritable démarche éco-responsable, Muriel et Étienne, les gérants, prennent soin de sélectionner des produits locaux et se sont entourés d'une équipe ayant les mêmes valeurs. Leur crédo : manger bien, bon et sainement !

RESTAURANT L'ESTEREL €€€

83, avenue de la Première-Division-Blindée
✆ 03 89 44 23 24
www.esterel-weber.fr

Fermé dimanche soir, lundi et mardi. Le reste de la semaine, 12h-13h15 et 19h-23h.

L'Estérel fait partie de ces restaurants qui font rayonner la culture gastronomique française. Depuis quelques années, installés dans l'avenue de la première division blindée du goût et des saveurs, Anne et Régis Weber font bien plus que de la résistance à la malbouffe ambiante. Entre la belle terrasse ombragée les beaux jours, la véranda l'hiver et l'agréable salle, nous sommes dans un temple de la cuisine dite de saison. Notez que la cave à vins est fournie en petits et grands crus. Gourmets de tous bords, grimpez à l'assaut de L'Estérel sans tarder.

WITTMANN BRAND LE RESTO €

4, rue de la Locomotive
✆ 03 89 45 11 30
www.achat-sud-alsace.com

Ouvert du lundi au vendredi de 9h à 15h. Menu du jour à 11 €. Plat du jour à 9 €. Prix à la carte : 14 €.

Un des meilleurs restaurants pour les carnivores et amateurs de cuisine alsacienne ! Emmanuel et Sandra tiennent cette excellente adresse avec un bonheur communicatif ! Une superbe décoration « Boucherie » avec affichés fièrement au mur les diplômes et décorations de la famille. Une sympathique terrasse donne sur une jolie placette. Enfin les ripailles sont bien évidemment au niveau, entre côte de bœuf et steak tartare, sortez fourchettes et couteaux et régalez-vous ! Une bonne omelette à la ciboulette est aussi possible pour ceux qui ne seraient pas carnivores.

AUBERGE DES DAHLIAS €€

Chemin Linngasse - **BERRWILLER**
✆ 03 89 28 23 67
www.aubergedesdahlias.fr
Du jeudi au lundi midi et soir et mardi midi. Fermé mercredi. Formule du midi à 15 €. Chambres disponibles.

Au pied des vignes et des prés, la Ferme des Dahlias est ouverte toute l'année. Joël à l'exploitation et Didier à l'auberge, ne ménagent pas leurs efforts depuis 2008. Au milieu de la salle trône un Kachelhoffa qui diffuse une douce chaleur dès les premiers frimas. Le restaurant propose une cuisine campagnarde et saisonnière aux saveurs authentiques. Le menu du jour est très attractif grâce au lien direct du producteur au consommateur. Terroir, convivialité et détente sont les maîtres mots ici. On peut aussi acheter les produits de la ferme.

BRASSERIE DE LUTTERBACH €€

6, rue du Houblon
LUTTERBACH
✆ 09 62 50 08 69
www.brasserielutterbach.fr
Fermé dimanche et lundi. Carte : 15 € environ. Plat du jour : 10 €. Menu enfant 10 €

Mythique brasserie de Lutterbach vibre à présent, sous la houlette de Julien Wagner, Lutterbachois de souche. La bière constitue l'emblème phare de cette brasserie avec 5 sortes de bières brassées sur place. Le service très sympathique vous dressera une cuisine alsacienne simple avec fleischnakas, surlawerlas... et tartes flambées ! Le prix est toutefois un peu élevé au vu de la taille de la tarte flambée, comparativement aux plats qui sont à des prix plus corrects. Partagez volontiers en dessert une tarte flambée aux pommes et à la cannelle !

RESTAURANT KOENIG À L'ARBRE VERT €€€

96, rue Principale - **BERRWILLER**
✆ 03 89 76 73 19
www.restaurant-koenig.com
Fermé le lundi, le mardi et le dimanche soir. Menus de 30 € à 64 €.

L'adresse réussit à concilier l'esprit village et l'excellence du service et des plats dignes des grands établissements gastronomiques. On retrouve à l'Arbre vert une carte plutôt bavarde qui n'hésite pas à prendre des risques réussis dans les combinaisons gustatives, tout en restant dans l'esprit du terroir alsacien. Une mention spéciale à la très belle carte des vins. Mathieu, le chef, est le digne représentant de cette famille de cuisiniers et restaurateurs que sont les Koenig !

MAISON KIENY €€€

7, rue du Général-de-Gaulle - **RIEDISHEIM**
✆ 03 89 44 07 71
www.restaurant-kieny.com
Fermé lundi et mardi. Midi et soir du mercredi au samedi. Ouvert le dimanche uniquement le midi. Menus de 65 € à 125 €.

Cette belle maison existe depuis 1850 ! Ce fut un bureau de poste, un relais pour diligence, un café, une auberge de campagne et enfin un restaurant gastronomique reconnu ! C'est le papa de Jean-Marc qui fut le premier à opérer ce virage de haut vol ! Jean-Marc Kieny lui donna ses étoiles. Cette maison continue d'enchanter nos papilles sous la direction bienveillante de Marielle Kieny. Les plats traditionnels avec une touche de culture locale ou de l'autre bout du monde, nous on adore ! Laissez-vous guider avec le menu dégustation, vous vous en souviendrez !

PINOCCHIETTO €€

258, avenue d'Altkirch - **BRUNSTATT-DIDENHEIM**
✆ 03 89 06 06 99
www.pinocchietto.com
Ouvert 7j/7 12h-14h et 19h-22h. Formule du midi : 15,90 €. Vente à emporter. Réservation impérative.

Toujours à la barre, toujours au top ! Claudio et son équipe tiennent toujours la barre haute. C'est un vrai bonheur en ces temps tourmentés, de passer un moment gastronomique, sympathique, de décontraction. Une déco assumée de style baroque et une carte lumineuse toute méditerranéenne. Une véritable cuisine italienne fine, travaillée avec des produits nobles ! La carte des vins est en symbiose. La pâte des pizzas est à tomber, la meilleure du coin ! Les proportions sont justes, comme les assaisonnements. L'addition est d'un excellent rapport qualité-prix !

LE 7E CONTINENT €€€

35, avenue du Général-de-Gaulle
RIXHEIM
✆ 03 89 64 24 85
www.le7emecontinent.com
Ouvert du mardi midi au samedi soir. Menu du jour à 38 €. Menu Découverte à 85 €.

Laissez-vous surprendre par la cuisine raffinée et pleine d'audace de Laurent Haller. Ce dernier a été formé auprès de grands chefs cuisiniers et pâtissiers : Bernard Loiseau, Paulus et Stéphane Klein. Avec sa 1re étoile en 2015, la simple lecture de la carte vous mettra les papilles en éveil. La créativité, le mélange de saveurs, de couleurs et de textures font de chaque met une véritable expérience visuelle et gustative. Rajoutez à cela un cadre et un service d'exception, soyez-en sûr, vous passerez un moment unique et hors du commun.

FAIRE UNE PAUSE

Se balader le nez au vent, gambader dans les parcs et arpenter les musées, c'est très sympa mais parfois s'installer pour souffler et prendre le temps de profiter, c'est pas mal aussi. Un petit creux à combler, une petite soif à étancher ou juste un petit café pour le plaisir, voilà qui nous redonne un petit peu d'énergie pour repartir à l'assaut de la ville. Les enfants apprécieront une glace maison, et peut-être même une gourmandise s'ils ont été sages, les parents profiteront d'un moment de repos pour déguster de bonnes pâtisseries, deux amoureux se partageront une salade ou picoreront un brunch le dimanche matin. Ce sont des endroits calmes, où l'on peut partager un instant à papoter, se détendre ou à bouquiner des magazines et parfois même acheter des produits locaux. Voici quelques bonnes adresses pour prendre son temps en toute quiétude au cœur d'une ville qui mérite toute votre attention !

CHEZ ANDRÉ

4, rue de la justice
✆ 03 67 94 59 82
Fermé lundi et mardi, ouvert de midi à minuit sauf le dimanche ouvert de 10h à 15h

Difficile de cataloguer cet établissement qui est en quelque sorte un concept-store épicurien ! On peut y déjeuner, y boire un café l'après-midi, déguster une bonne bouteille et une bonne planchette en soirée tout en appréciant les animations musicales régulières du lieu et même y bruncher le dimanche. André Adjiba aime la vie et souhaite faire battre un peu plus le cœur de notre ville avec ce nouvel établissement. Une ambiance guinguette, détendue, avec des mets et des vins savoureux avec une déco réussie, notamment la belle terrasse arborée.

L'ASTRONOME

26, rue des Maréchaux
✆ 03 89 61 00 12
Fermé le lundi ; ouvert du mardi au samedi de 11h à 1h ; le dimanche de 11h à 23h. Brunchs le dimanche

L'Astronome, le 1er roof top de la ville, c'est top ! Le lieu est juste beau, tout en verre et bois, les lignes sont sobres, l'aménagement tendance, l'ameublement chic et sobre. On se croirait l'espace d'une soirée, dans un lieu hyper branché d'une capitale européenne ! La carte des vins est courte, épurée, pensée et qualitative. On peut aisément y faire une dînette avant un spectacle, avec quelques planchettes savoureuses. L'ambiance augmente crescendo avec un son étudié. L'extérieur permet d'admirer la Tour de l'Europe et le Temple Saint-Étienne.

LES ARCADES D'OMNIMO

17, avenue du Maréchal Foch ✆ 03 92 05 19 37
https://cafe.omnino.fr/
Mardi et mercredi 8-18h, du jeudi au samedi 8h-22h. Une Belle Étape : du mardi au samedi 10h-12h et 13h30-18h.

Nés à Strasbourg, les cafés Omnimo ont d'abord ouvert le café-troquet Les Arcades d'Omnimo qui, comme son nom l'indique, est placé sous les arcades où le lieu est lumineux et chaleureux. Le comptoir à pâtisseries vous fera revenir à l'heure du goûter. En début de soirée, goûtez aux spécialités des microbrasseurs, vins vivants, planchettes et autres grignotages salés ! Puis au 7 rue de l'Arsenal, Une Belle Étape est un café-boutique où toute l'essence même de cette microbrûlerie se ressent à travers des cafés d'exception que vous n'aviez certainement jamais bus auparavant.

LE BOUDOIR DE LÉA

15, rue des Tanneurs
✆ 03 67 92 14 68
Fermé le dimanche. Ouvert le lundi de 13h à 19h et tous les autres jours de 8h30 à 19h.

Ceci n'est pas un café-BD, mais un salon de thé dans un magasin de BD. Pas question donc de bouquiner les ouvrages du magasin en buvant votre café. Dans ce petit lieu douillet aux allures scandinaves, on retrouve quelques viennoiseries et pâtisseries maison qui varient d'une semaine sur l'autre, mais la star ce sont les petits sablés de Léa préparés chaque matin et déclinés en de multiples parfums. Pour accompagner tout ça, des cafés et thés, des jus de fruits et confitures issus de producteurs locaux. Une chouette adresse !

CAFÉ MOZART

25, place de la Réunion
✆ 03 89 66 48 48
Ouvert du mardi au vendredi de 8h30 à 18h30, le lundi de 11h30 à 18h30 et le samedi de 8h à 18h30.

Installé au 1er étage de la galerie marchande, Le Café Mozart offre une vue imprenable sur la magnifique place de la Réunion et le Temple Saint-Étienne ! Véritable institution mulhousienne, c'est un salon de thé élégant et paisible. On y propose les merveilleux gâteaux de la pâtisserie Jacques. Chocolats chauds maison, jus de fruits pressés, café... La carte des thés est diverse. Le Mozart fait aussi restauration à midi, et dès les beaux jours, la terrasse s'invite directement sur la place de la Réunion ! Tradition et modernité se conjuguent joliment.

ENGEL'S COFFEE

15, rue de la Moselle
✆ 03 89 36 80 03
www.engelscoffee.com
Ouvert le lundi de 11h à 19h ; du mardi au samedi de 9h à 19h30. Wifi. Terrasse. Brunch.

Ambiance italienne pour ce lieu incontournable en plein cœur de la galerie Engelmann : espresso, bar, gelateria, l'Engel'coffee, c'est un peu tout ça à la fois. On se retrouve sur les banquettes de velours, dans la petite salle intimiste de l'étage ou sur la terrasse. On peut y papoter toute la journée ! Le matin grand choix de petits déjeuners ou de brunchs. À midi, menu du jour, pâtes ou salades comblent toutes les faims. L'après-midi, place aux gaufres et glaces maison. On peut aussi y prendre un verre en soirée ; plaisir et détente seront au rendez vous !

LE CHARLIE'S BAR

26, rue de la Sinne
✆ 03 89 66 12 22
Tous les jours à partir de 19h. Terrasse. Concerts.

Dans un décor très classe, le Charlie's fait partie de l'Hôtel du Parc – venez prendre un verre ou un club-sandwich tout en écoutant les artistes qui s'y produisent régulièrement et qui nous envoûte grâce à la soul et au blues, et bien d'autres. Le Charlie's prend toute son amplitude, le soir, quand confortablement installé au son d'un bon petit jazz, avec une bonne petite coupe de champagne, vous plongez dans le charme et la classe des années 1930 ! Un lieu d'élégance propice à la rêverie et au romantisme. Un moment unique dans un cadre hors du commun.

PÂTISSERIE HELFTER

27, passage Central ✆ 03 89 56 00 88
www.patisserie-helfter.fr
Ouvert du mardi au samedi de 7h30 à 18h30 ; le dimanche de 7h30 à 17h. Fermé le lundi et les jours fériés.

Plus de 25 ans de passion pâtissière et pas une ride pour cet artisan cité par les plus grands guides culinaires et qui est connu pour ses chocolats faits d'alliances subtiles de ganache, de praliné, de caramel ou de pâte d'amande dont il réalise lui-même les modelages. Il faut dire qu'il a été formé par le grand Andréas Sindern... la célèbre pâte d'amande de Lübeck, vous connaissez ? Ne manquez pas la bière au chocolat ou une autre spécialité maison : le panettone italien. On peut aussi déguster sur place dans le salon de thé de la boutique.

LES COURSIVES

31, avenue de la 9e Division d'Infanterie Coloniale
✆ 03 89 44 26 91
https://www.auberge-zoo.com
Du mercredi au dimanche soir de 18h à 00h.

Un bar intimiste à l'ambiance tamisée avec un petit quelque chose en plus, ce n'est pas légion dans l'agglomération. Bienvenue donc dans l'univers très feutré des coursives de l'Auberge du Zoo. Elles reviennent à la vie depuis que Philippe Lebran et son équipe ont repris les rênes de cet établissement séculaire. Bien installé dans de très confortables Chesterfield avec vue sur la grande salle de l'Auberge du Zoo, vous pourrez déguster de délicieux cocktails, 80 sortes de rhum ou pour les plus sages des thés et tisanes Mariage Frères.

GAMBRINUS

5, rue des Franciscains
✆ 03 89 36 96 75
www.legambrinus.com
Ouvert du lundi au samedi de 17h à 1h. Du lundi au jeudi, restauration jusqu'à 22h30 et vendredi-samedi juqu'à 0h.

C'est le quartier général des fêtards de Mulhouse. C'est éclectique, branché, métissé et psycho-rock'n'roll. Les habitués prennent leurs aises du côté de la salle de jeux ou bien attablés devant une petite tarte flambée. Au bar, les bières coulent à flots, la carte des vins est alléchante et les mojitos défilent sans cesse. C'est toujours plein et les soirées organisées sont au top. Quelques rares concerts mais de nombreuses soirées à thème, comme l'un des meilleurs blind tests de France ou les soirées transistor. Pour notre plus grand bonheur !

INTERVIEW

4

CLAUDE HELFTER

PÂTISSERIE ET CHOCOLATERIE

Claude Helfter, installé depuis 30 ans.
À la tête de deux boutiques bien connues des gourmands, à Mulhouse et à Guebwiller. Un artisan passionné et heureux.

Vous venez de souffler votre trentenaire. Quelle est votre recette ?

Cela fait 30 ans que j'ai la chance de faire ce que j'aime, je suis un passionné ! Je fais de la pâtisserie depuis que j'ai 14 ans. J'ai toujours voulu exercer ce métier, je viens d'une famille de boulanger pâtissier, je suis la 6e génération. Être pâtissier, c'est difficile et exigeant, beaucoup de pâtisseries ont fermé ces dernières années, il faut innover en permanence.

Quelles sont vos dernières réalisations ?

La plus emblématique est la rénovation de notre boutique de Guebwiller en 2020, le lieu est cosy et très joliment réaménagé, à la belle saison, la terrasse, sous les arcades, permet de prendre un thé et de déguster une de nos pâtisseries à l'ombre. C'est un lieu très prisé de la clientèle locale et des touristes. À Mulhouse, nous fabriquons nos pâtisseries dans notre laboratoire et nous livrons le magasin de Guebwiller. Pas moins de 500 gâteaux sortent du labo tous les jours. J'utilise plus de 4 000 kilos de chocolat par an pour réaliser les entremets, les bonbons au chocolat et autres gourmandises.

D'où vient votre passion pour le panettone si célèbre et apprécié par vos clients ?

J'ai travaillé dans plusieurs établissements labellisés « Relais Desserts » avant d'ouvrir ma première boutique, j'y ai découvert des pâtissiers extraordinaires et représentant l'élite mondiale de la Haute Pâtisserie. En 1998, j'ai rencontré Iginio Massari le « roi du panettone » et j'ai voulu en proposer à ma clientèle. Depuis, je perpétue son savoir-faire exceptionnel; pour fabriquer un panettone il me faut 12 jours de préparation. J'ai créé une recette typiquement alsacienne aux fruits confits et à la cannelle savoureuse.

PÂTISSERIE HELFTER

27, passage Central
68100 Mulhouse
✆ 03 89 56 00 88
www.patisserie-helfter.fr

© CATHERINE KOHLER

© EMMA

© CATHERINE KOHLER

LA GOURMANDISE

7, rue des Boulangers ✆ 03 89 46 56 47
patisserie-lagourmandise.fr

Ouvert toute l'année. Du mardi au vendredi de 8h à 19h ; le samedi de 7h45 à 19h. Plat du jour à 9,60 €. Terrasse.

La Gourmandise est l'histoire de la famille Brodbeck depuis 50 ans et des Mulhousiens qui viennent y siroter un café en terrasse ou une tourte-salade à l'heure du déjeuner. Thomas Brodbeck, le fils, prend la main de l'institution, passionné et forcément gourmand comme son papa. Il garde bien évidemment l'esprit, mais il le revisite ! Les travaux sont à la hauteur du changement. Côté gourmandises, on retrouve les classiques et on y apporte une petite pincée de renouveau dans un cadre soigné. Les gourmands d'hier et d'aujourd'hui y retournent sans aucune hésitation.

LE MONDRIAN - BAR À VINS

5, rue Paille
✆ 03 89 31 87 78

Du mardi au samedi de 18h à 00h en semaine et 1h le week-end. Planchettes. Verre de vin à partir de 5 €.

Yan, ancien de La Quille, a flashé sur la maison Mondrian : « le troquet mulhousien du Marais mulhousien ». D'ailleurs, il mutualise intelligemment sa terrasse avec le salon de thé L'Opéra, l'un prenant le relais de l'autre ! Au Mondrian, on déguste d'excellents vins (quasiment tout en biodynamie) choisis avec amour par Yan. Des vins qu'il aime et qu'il veut faire partager. Un deuxième luron, Julien, au service et un troisième à la préparation de planchettes et tartines très artistiques et goûteuses, Axel.On y passe de très bons moments en toute simplicité.

LE GUILLAUME TELL

1, rue Guillaume Tell
✆ 03 89 46 68 84

Ouvert tous les jours de 9h à 1h. Terrasse.

Une statue du héros national suisse sur le pignon de la façade et une terrasse de 300 m^2 sur la plus belle place de Mulhouse, impossible de passer à côté du Guillaume Tell. Avec de nouveaux horaires prolongés jusqu'à 1h30 du matin, une nouvelle carte qui propose des planchas et des tapas pour accompagner l'apéritif et un beau choix de cocktails de toutes les couleurs, cette institution de la vie mulhousienne diurne s'est métamorphosée en profondeur. Plus intime et chaleureux, la décoration redonne au lieu ses lettres de noblesse.

L'OPÉRA

2, rue Paille
✆ 03 89 36 08 51

Ouvert du mardi au samedi de 8h à 19h. Plat du jour à 11 €. Petit déjeuner à 7 €.

Le célèbre salon de thé mulhousien est à présent orchestré par la charmante et prévenante Dominique. Cette dernière rayonne et est aux petits soins pour sa clientèle. Une ambiance feutrée, un décorum revisité avec beaucoup de goût tout en conservant les célèbres chaises de « l'aristocratie mulhousienne » qui s'y retrouve pour prendre le thé, déguster une pâtisserie. Un chef passionné propose des mets sucrés savoureux dont sa spécialité : le mendiant ! La terrasse est toujours aussi agréable avec là aussi une belle façade décorée au gré des saison.

K BAR

38, Rue de l'Arsenal

Ouvert du mercredi au samedi de 18h à 1h. Apéros dînatoires de qualité.

Installés dans ce lieu intimiste décoré avec originalité, dégustez la sangria hors du commun du patron d'origine spartienne. Ainsi, on retrouve l'effigie du taureau dessiné par ce dernier jusque sur les fenêtres de l'établissement. À la carte, de nombreux vins, des rhums arrangés, des shooters aux gros mots ! L'ambiance musicale invite à partager en famille, entre amis, un moment agréable tout en grignotant une des sélections de planchettes servies avec des produits frais exposés au comptoir pour vous donner encore plus envie.

TILVIST

23, rue de la Moselle
✆ 03 69 54 48 12
www.tilvist-coffteashop.fr

Ouvert le lundi et du mercredi au samedi de 7h30 à 20h ; le dimanche de 10h30 à 18h. Mardi pour privatisation.

Au Tilvist c'est comme être à la maison : Séverine a trouvé l'essence de ce que l'on recherche, du fait-maison, du partage, de l'humain, et ça fait du bien ! Tout est délicieux et il y a un choix incroyable du petit déjeuner au repas ! Les brunchs se font sur réservation, sont généreux et donnent le sourire pour la journée. On y trouve aussi des produits artisanaux et de quoi faire de beaux cadeaux ! On en ressort le ventre et le cœur pleins. Et on a un scoop : Séverine a ouvert sa boutique de Home déco dans Mulhouse, le Tilvist, merveilleux sur tous les fronts !

(SE) FAIRE PLAISIR

Quand on on visite, on a toujours plaisir à offrir aux gens qu'on aime un souvenir du lieu qui nous a tellement plu. Côté commerces, le centre-ville de Mulhouse est très dynamique, pour preuve, le soin apporté par la ville pour garder ses boutiques et attirer des enseignes tendance, et une association, Cœur de Mulhouse, qui fait vibrer les vitrines des commerçants. Alors, ne boudez pas votre plaisir, shoppez et flânez au gré de vos envies et laissez-vous happer ! C'est vrai que l'on commence toujours par la gastronomie : un petit bout de terroir avec des gourmandises sucrées ou salées, bretzels, pain d'épices et autres spécialités traditionnelles alsaciennes ou quelques bouteilles exceptionnelles de vin de la région. Mais Mulhouse regorge de petites boutiques d'artisans, de galeries d'art, de librairies éclairées, de bijouterie de qualité... Le choix est vaste, le plus compliqué sera de n'oublier personne !

LA COUR DES MARÉCHAUX

www.courdesmarechaux.com

Ouvert du lundi au samedi. 35 boutiques, restaurants et magasins en un même lieu.

À Mulhouse, le commerce au centre-ville n'est pas un long fleuve tranquille. Mais ce centre commercial a su néanmoins sortir sa galerie de l'eau ! Ouvert et en plein espace piéton, il tient bon grâce à des animations originales, la rénovation et le fleurissement du centre, les enseignes qualitatives et uniques à Mulhouse quoique pour la plupart franchisées, et une communication efficace sont les bons ingrédients de la recette. Le parking des Maréchaux y permet d'ailleurs un accès facile et avantageux. Aucune excuse pour ne pas aller y faire du lèche-vitrines !

LE BACCHUS NOUVEAU

23, rue des Tondeurs

✆ 03 89 42 16 78

Ouvert du mardi au vendredi de 10h à 12h15 et de 13h30 à 19h ; le samedi de 9h à 18h30.

Cela fait plus de 25 ans qu'Antonio, le patron du lieu a fait de l'épicerie fine sa spécialité dans la région mulhousienne. Aujourd'hui, dans sa boutique de la rue des Tondeurs, les épicuriens ont de quoi se régaler ! Ses origines italiennes se retrouvent bien évidemment dans le choix de ses produits mais pas seulement. Il met également en avant des produits du terroir français notamment du Sud-Ouest. Antonio n'a cependant pas oublié la gastronomie alsacienne et travaille aujourd'hui avec des producteurs locaux, notamment avec un apiculteur de Riedisheim.

MAISON ENGELMANN

8 bis, rue du Moulin

✆ 06 29 63 92 42

Ouvert lundi de 14h à 19h30 ; du mardi au vendredi de 9h à 19h30 ; le samedi de 9h à 19h.

Avec une déco inspirée des passages couverts, sous une immense verrière, les boutiques y privilégient la qualité, les productions artisanales et la convivialité, au travers de rencontres culturelles et gastronomiques. On déguste un excellent café italien à l'Engel's Coffee tout en lisant le bouquin du moment de la librairie 47 Degrés Nord. Le caviste Clos 3/4 vous propose d'excellents vins et l'artisan pâtissier de succulentes pâtisseries. Avec Mamma Mozza, on grignote italien à toute heure. Vous y trouverez même une Biocoop !

BEYER

19, rue de l'Écluse - **PFASTATT**

✆ 03 89 52 22 33

www.beyer.alsace

Retrouvez les produits gourmands Beyer dans les moyennes et grandes surface qualitatives en Alsace.

C'est la plus ancienne entreprise familiale de production de fruits préservés en France. Depuis 1921, 4 générations de la famille Beyer se sont succédé à la tête de l'entreprise alsacienne. Fort de la qualité de ses produits et de son savoir-faire traditionnel, elle propose différents produits comme des confitures et des conserves de fruits. Sa dernière innovation ? Les fruits à tartiner Avec 96 % de fruits, cette gamme a été récompensée par le prix de l'Innovation sociale et Sociétale. C'est la 1re gamme de produits Nutriscore A dans le rayon confiture !

BOUCHERIE WITTMANN BRAND

64, rue du Manège
✆ 03 89 45 22 70
www.boucherie-wittmann-brand.com

Fermé le dimanche, les lundis après-midi et jeudis après-midi. Ouvert 6h-12h30/14h30-19h, le samedi jusqu'à 17h.

Bientôt centenaire, la boucherie Wittmann Brand tient le haut du pavé pour notre plus grand plaisir.. Chez Wittmann et Brand, on a l'impression de faire un saut dans le temps à une époque où le métier de boucher équivalait à une sorte de noblesse. Ici, le métier est un savoir-faire, on sait préparer et transformer la viande, et ce depuis 1923. Le veau fin et goûteux est élevé sous la mère, le bœuf vient du Territoire de Belfort. Les amateurs de charcuterie viennent acheter ici saucisses de porc, Fleischnackas et autres cochonnailles.

CAVES BAUMANN

3, rue du Siphon
✆ 03 89 42 35 84
www.caves-baumann.fr

Du lundi au samedi de 8h à 12h et de 13h30 à 19h. Marché couvert mardi, jeudi et samedi. Boutique en ligne.

À Mulhouse depuis plus d'un siècle, les Caves Baumann représentent le point d'ancrage de nombreux Mulhousiens, passionnés de bons vins. Il y a aussi le stand sur le marché où des dégustations de haut niveau culinaires, sont organisées régulièrement. Vous serez servi avec beaucoup de prévenance et de conseil. On trouve tout ou presque tout, du petit vin de table aux bouteilles précieuses avec un très bon rapport qualité/prix. Et puis, il y a aussi le site de vente en ligne avec un nombre important de références. Une véritable adresse 4.0 ! Bravo !

AU BOUTON D'OR

5, place de la Réunion ✆ 03 89 45 50 17
www.auboutondor.fr

Ouvert le lundi 14h-18h ; du mardi au jeudi de 8h30-12h15 et de 14h-19h ; le vendredi de 8h-19h ; le samedi de 8h-18h.

Si vous faites partie de ceux qui en font tout un fromage pour trouver LE fromage parfait pour votre dîner presque parfait, nous vous recommandons vivement de faire un tour à l'excellent établissement Au Bouton d'or. C'est Au Bouton d'or que vous trouverez la crème de la crème en matière... de crème ! Comment ne pas fondre devant ces 270 sortes de fromages fermiers au lait cru qui sont mûris dans deux caves distinctes : une pour les pâtes cuites et une pour les chèvres ! Au Bouton d'or, on essaie de chercher des « mais », mais on y trouve que des mets !

DISTILLERIE MEYER'S

18, Place de la Réunion
https://distilleriemeyer.fr

Lundi à jeudi 10h30-13h et 13h30-18h30. Vendredi et samedi 10h-13h et 13h30-19h

Avec plus de 206 médailles, la distillerie Meyer's vous présente tous ses nectars à déguster dans sa neuvième boutique à Mulhouse : du whisky à l'eau-de-vie, en passant par le gin, le pastis et même le spritz ! Vous trouverez forcément votre bonheur dans cette boutique, pour offrir un cadeau pour votre partenaire, un ami, de la famille, ou pour vous gâter vous-même. Située place de la Réunion, la boutique vous accueille et vous invite à la dégustation mais vous livre aussi de précieuses explications sur le processus de fabrication.

CABOSSE

5, rue du Raisin
✆ 03 89 54 91 40
www.patisserie-cabosse.fr

Ouvert le lundi de 13h à 18h ; du mardi au vendredi de 10h à 19h ; le samedi de 9h30 à 18h30. Fermé le dimanche.

Bastien Dangelser a créé cette pâtisserie-chocolaterie. Le CV impressionne : Major de sa promo à 24 ans seulement, il fait ses armes aux côtés de Franck Fresson, à Metz, avant de revenir en Alsace, pour intégrer les équipes de Thierry Mulhaupt. Aujourd'hui, il expose sa créativité par le biais de petites pâtisseries remarquables : macarons, entremets, chocolats... Impossible de résister, ne serait qu'à l'odeur en entrant ! Il y a toujours une bonne raison de s'arrêter chez Cabosse....et une bonne excuse de céder à la gourmandise !

L'ETIQUETTE

53, Avenue d'Altkirch ✆ 03 69 54 41 06
www.letiquette.net

Fermé dimanche et lundi. Bar à vins : jeudi, vendredi, samedi de 17h à 1h. 500 références de vins et 300 de spiritueux.

Thomas est un passionné de vins, de l'humain, « un épicier épicurien » comme il se définit lui-même. Depuis 8 ans, en bas du Rebberg, il a développé son concept. Vous pourrez bien évidemment continuer à trouver votre bonheur en vins en appréciant la sélection rigoureuse de références changeant régulièrement et sélectionnées avec rigueur, en circuit court, avec beaucoup d'indépendants, en biodynamie. Mais en plus, vous pourrez compléter avec l'excellente épicerie intégrée. Rachelle vous proposera d'appétissants fromages avec l'exclusivité de la grande Maison Lohro.

MARCHÉ DU CANAL COUVERT

Avenue Aristide-Briand
www.marchedemulhouse.com
Ouvert le mardi, jeudi et samedi (hors hiver) de 6h à 17h.

300 commerçants animés par la passion de leur métier, en contact direct avec leur clientèle. On parle, on rit, on gueule de temps en temps, mais on finit toujours par s'entendre ! Et lorsqu'on a envie de prendre un peu de hauteur par rapport à ce chaudron bouillonnant de vie, on se rend au restaurant Aux Halles ou et c'est la grande nouveauté, au Quai 26, nouvel espace de restauration, tendance, où l'on peut déguster en toute convivialité les différentes gourmandises achetées sur place. Le marché de Mulhouse, c'est le monde entier réuni au cœur du quartier Briand.

LE BEAU DÉTOUR

4, rue de la Somme
✆ 03 89 32 10 78
www.lebeaudetour.fr
Fermé dimanche et lundi. Ouvert de 10h à 12h et de 14h à 18h

On ne présente plus Carine de Marin, artiste, designer émérite dans le métier de la décoration. Elle vient d'ouvrir ce magnifique showroom d'artisanat d'art qui regroupe 8 corps de métier dans l'univers de l'habitat et du bâtiment. Ce sont tous de véritables références qui allient tradition et nouvelles technologies. Emilie Klein accueille les particuliers comme les professionnels, transmet et vulgarise avec cœur les codes et savoirs de ces métiers artisanaux.C'est un ravissement pour les yeux de faire un détour dans ce lieu dédié au... Beau.

LA P'TITE ALSACIENNE

24, Rue Henriette
✆ 03 89 45 24 36
Ouvert du mercredi au vendredi de 10h30 à 14h et de 14h30 à 19h ; le samedi de 10h à 14h et de 14h30 à 19h.

Au milieu de la rue Henriette, cette épicerie locale invite à retrouver toute l'Alsace en une boutique. En alcool, on y retrouve des vins soigneusement sélectionnés, des bières, mais aussi des spiritueux comme du gin *made in Alsace*. Vous pourrez découvrir de la charcuterie de Niffer. Les rayons sont bien remplis avec la vaisselle et les moules à kouglof fabriqués en Alsace bien sûr. Plus de 500 produits différents pour tous les budgets vous permettront de composer vos cadeaux ou de vous faire plaisir. Avis aux gourmands avec les délicieux Biscuits de ta Mère !

COURANT D'ART

10, rue des Tanneurs ✆ 03 89 66 33 77
www.courantdart.fr
Mardi et mercredi 9h30-12h et 14h30-19h ; jeudi et vendredi 9h30-12h et 14h-19h ; samedi 9h30-12h30 et 14h-18h.

Installée dans les beaux quartiers de l'hypercentre de Mulhouse, Courant d'Art expose des artistes locaux, nationaux et internationaux. Belle galerie d'art, elle propose des œuvres à l'image de ses gérants qui sélectionnent avec passion les tableaux et sculptures qui habillent la galerie. On y admire des œuvres de Nicole Thierbach, Alain Godon, Hanskens... C'est l'incontournable *place to be* des amateurs d'art dans la région avec des vernissages qui se prolongent au bout de la nuit. Le galeriste connaît bien son métier et vous donnera des conseils passionnés !

MULHOUSE

ANTIQUITÉS GHAZARIAN

3, rue de Raisin
✆ 03 89 66 16 30
Ouvert tous les après-midi.

Ne vendez rien, n'achetez rien ne donnez rien sans avoir consulté un expert, un antiquaire ou brocanteur de métier. C'est au cœur de la ville, situé près de la zone piétonne que vous découvrirez un espace convivial rempli de beaux objets : mobilier (commodes, tables, armoires, vitrines, secrétaires, buffets, et autres...). Bois précieux, sculptures, gravures, tableaux, se mêlent à l'envie. Faites-vous une idée de la qualité des objets proposés en vous arrêtant devant la vitrine d'exposition.

GALERIE CONCORDE KEIFLIN

1, place de la Concorde
✆ 03 89 45 64 54
www.galerieconcorde.fr
Ouvert du mardi au vendredi de 9h30 à 12h et de 14h30 à 18h45 ; le samedi de 9h30 à 12h et de 14h30 à 18h30.

Depuis presque 30 ans, David Keiflin propose dans cette petite galerie de la place de la Concorde, des œuvres contemporaines à côté de celles de son père Roger, œuvres toujours colorées et vivantes. Les amateurs de jolis paysages ne seront pas déçus par le choix des toiles exposées, à la fois pétillantes et intimistes. Le galeriste organise deux ou trois vernissages par an et met en avant un artiste sélectionné pour sa créativité. Le galeriste propose également un travail d'encadrement à l'attention des particuliers, pour mettre en valeur vos collections.

LABEL HISTOIRE

9, rue Henriette
✆ 03 89 59 13 34
Ouvert en semaine et le samedi.

Marie-Jo Gebel est une des nombreuses ambassadrices de notre ville bien-aimée ! C'est elle qui réalise la fameuse étoffe de Noël disposée sur les façades. Elle travaille en collaboration étroite avec le musée de l'Impression sur étoffes pour le choix annuel des motifs. Elle s'est aussi illustrée par le passé, à Altkirch où elle sublimait la « Forêt enchantée ». Et puis voilà, elle s'est lancée, elle a osé : ouvrir boutique en pleine période de pandémie ! Mais on y croit, notre Marie-Jo est douée, aime le risque et généralement, ça lui réussit plutôt bien !

ORLINDA LAVERGNE GALLERY

33, rue des Trois-Rois
✆ 09 50 89 59 93
www.orlinda.gallery
Ouvert le jeudi et le vendredi de 10h à 12h et de 14h30 à 19h ; le samedi de 10h à 12h30 et de 14h30 à 19h.

Située au cœur de Mulhouse, la galerie Orlinda Lavergne a su s'intégrer parfaitement dans le riche paysage culturel urbain mulhousien. La galerie présente des artistes émergents, souvent d'envergure internationale comme C215, Shaka ou Rubbish. Orlinda Lavergne soutient aussi la scène artistique contemporaine et urbaine locale via l'exposition d'artistes sélectionnés. Une galerie davantage « street » qui parle aux Mulhousiens et offre un nouveau relief à la vie artistique de notre ville, véritable laboratoire artistique et lieu de rencontres.

TILVIST HOME & DESIGN

11, rue du Raison
✆ 03 69 07 55 47
Ouvert mardi, jeudi 10h à 12h et 14h à 19h ; mercredi, vendredi 10h à 12h et 13h à 19h ; le samedi de 10h à 19h.

Bienvenue au pays du sans soucis ! La pétillante Séverine Libold a su faire de son coffee shop un lieu original et convivial en regroupant un salon de thé et un espace de vente d'objets de déco. Jamais à court d'idées, elle récidive en ouvrant une nouvelle boutique, dédiée cette fois-ci aux arts de la table et à l'ameublement. Désireuse de nous faire découvrir les cultures japonaises et scandinaves, elle utilise l'art culinaire et la décoration d'intérieur pour arriver à ses fins. Ici, une chose est certaine : votre achat sera éthique et chic.

BISEY

35, place de la Réunion
✆ 03 89 46 58 14
www.bisey.eu
Ouvert le lundi de 10h à 19h ; du mardi au samedi de 9h à 19h.

Depuis plus de cent ans cette institution est toujours la référence mulhousienne. Les temps changent, les Mulhousiens, habitués à trouver Michel Bisey, entre deux étages, devront se consoler ! Ce dernier a pris une retraite bien méritée et à laisser les rênes de son établissement séculaire à son bras droit : Luc Widmaier ! On s'en réjouit car la librairie pourra continuer encore longtemps à brandir l'étendard de la librairie indépendante, chère à nos cœurs ! On y retrouve toujours les publications alsatiques, toutes les cartes routières du monde.

LIBRAIRIE GANGLOFF

13, avenue Auguste-Wicky
✆ 03 89 46 52 25
Fermé dimanche et lundi.

Si vous aimez sentir l'odeur du vieux papier imprimé, si vous aimez admirer les reliures de cuir patiné, si vous aimez toucher de vos propres doigts un livre publié il y a un siècle, alors cette adresse vous est pour vous. De 0,50 € à plusieurs milliers d'euros, il y en a pour toutes les bourses dans cette librairie plus que centenaire puisque créée dans les années 1870-1880. Les ouvrages y sont principalement consacrés à l'Alsace et à son histoire, mais pas uniquement. Bienvenue au milieu des rayons de cette pierre fondatrice de la mémoire mulhousienne.

LE LISERON

5, rue du Couvent
✆ 03 89 43 47 37
librairie-leliseron.fr
Le mardi et le jeudi 10h-12h et 14h-18h30 ; le mercredi et le vendredi 10h-18h30 ; le samedi 10h-18h.

La librairie Le Liseron est un espace de bonheur littéraire pour les petits et même pour les plus grands ! Son fer de lance : des publications en langue étrangère, notamment en allemand. Le Liseron, c'est toute une ambiance où quelques fées aideront à dénicher le roman, le conte, le jeu, la musique, la poésie, le documentaire... Cette librairie jeunesse a pour objectif de partager le bonheur de la lecture et la découverte d'auteurs et d'illustrateurs dans un esprit bienveillant et convivial. Le Liseron organise des animations et des ateliers pédagogiques.

BOUGER & BULLER

À Mulhouse, le sport fait partie de la vie quotidienne des habitants. Dans les parcs, le long de la coulée verte ou sur les promenades aménagées le long de la Filature, les Mulhousiens chaussent leurs baskets ou enfourchent leurs vélos par passion ou par obligation, mais toujours avec plaisir. Les habitants vibrent avec leurs clubs sportifs préférés, les nombreuses associations les initient au yoga, aux arts martiaux, au hockey sur glace... D'ailleurs, l'agglomération mulhousienne a été labellisée « Terre de jeux 2024 », une reconnaissance des atouts de la ville en matière d'équipements sportifs. C'est également un terroir de champions : Arnaud Merklé, jeune prodige du badminton ou encore Oualid Ben Salem qui fait partie des 10 meilleurs apnéistes mondiaux. Mais que les adeptes de siestes ou de calme se rassure, à Mulhouse, on sait aussi buller en toute tranquillité : complexes nautiques et spas ressourçant vous attendent.

AQUARHIN

1, rue de la Piscine
OTTMARSHEIM
✆ 03 89 26 08 60
Horaires d'ouverture à consulter sur le site internet.
Entrée : 4,50 € (tarif réduit 3,50 €).

En référence au Rhin et aux nombreuses propositions thermales existantes de l'autre côté de la frontière, ce complexe aquatique dispose d'une eau soigneusement filtrée par un dispositif écologique. La véritable nouveauté est l'espace bien-être et sa zone de repos wellness avec son toit végétalisé et des couleurs rappelant la nature. L'espace extérieur, il a été étoffé avec trois bassins (bassin familial, bassin olympique et bassin de plongeon) une structure ludique, un toboggan et une zone de jeux. Un paradis pour petits et grands proche de Mulhouse.

CLUB VOSGIEN MULHOUSE & CRÊTES

33, Grand-Rue ✆ 03 89 45 51 83
club-vosgien-mulhouse.fr
Cotisation à partir de 23 € (40 € par couple).
Calendrier des activités en ligne sur le site Internet

Né de l'union du Club vosgien de Mulhouse (fondé en 1872) et du Club vosgien Mulhouse-Crêtes (créé en 1933), cette célèbre association, qui compte une cinquantaine de guides et animateurs, organise nombre de randonnées, courses et apprentissage de l'orientation, sorties en raquettes, en ski ou à VTT dans la région. L'association compte actuellement près de 700 membres. Parmi eux, vingt-quatre se chargent de la création, l'entretien et la démarcation des sentiers bien balisés.

CLIMBING MULHOUSE CENTER

21, rue des Brodeuses ✆ 03 67 23 02 69
www.cmc68.fr
Boissons, et petite restauration.
Du lundi au vendredi de 10h à 23h ; le samedi de 10h à 21h ; le dimanche de 10h à 19h.

Mulhouse accueille le plus haut mur d'escalade de France ! Pour tous les niveaux, du débutant au compétiteur ! Situé sur l'emblématique DMC, ancien site industriel en pleine métamorphose, il s'élève sur plus de 2 000 m² de surface de grimpe dont près de 400 m² de blocs ! Ses couleurs sont pleines d'énergie ! Une école d'escalade permet de découvrir ce sport en famille, avec des amis. Si vous êtes autonome, une simple signature sur la feuille de décharge vous donnera l'accès au nirvana ! Lieu d'événementiel par excellence, on peut y organiser des anniversaires.

COMPLEXE NAUTIQUE DE L'ÎLE-NAPOLÉON

5, rue de l'Industrie
HABSHEIM
✆ 03 89 63 44 90
Fermé le lundi matin et le dimanche après-midi.
Horaires différents pour les bassins et le centre de remise en forme.

Agréable en été, le complexe permet de s'installer sur le gazon et se rafraîchir dans un bassin de 195 m² avec jets d'eau massants, grilles à bouillonnement, rivière à contre-courant et un toboggan pour les plus jeunes. L'extérieur comprend également un terrain de volley. L'intérieur n'est pas en reste avec son centre de remise en forme qui comprend sauna, hammam, bains bouillonnants et salle de repos en plus du bassin de natation de 25 m sur 15 m.

SORTIR

Envie de profiter de la nuit ? Que les noctambules se rassurent, à Mulhouse, la soirée est prévue pour s'amuser : bars sympas et conviviales, discothèques tendances, escape game angoissant, cinéma d'auteur ou familial vous permettent d'accéder à toutes sortes de divertissements. Des moments à partager en famille, seul ou en couple ou encore entre amis. Côté culture, la ville regorge de théâtres, parfois même en dialecte qui vous immergeront dans un autre temps, de scènes nationales éblouissantes, de médiathèques fournies et de salles de spectacles éclectiques. Pour sortir et s'amuser, pour se changer les idées ou découvrir de nouveaux lieux, pendant les vacances, en week-end ou en semaines, Les manifestations sont nombreuses et les événements récurrents, Mulhouse bouge, Mulhouse vit et Mulhouse respire, impossible de s'ennuyer, il y a toujours quelque chose à faire dans la cité du Bollwerk !

CINÉMA BEL-AIR

31, rue Fénelon
✆ 03 89 60 48 99
www.cinebelair.org
Ouvert toute l'année.

Unique cinéma d'art et d'essai du Haut-Rhin, le Bel-Air est composé d'une équipe de passionnés. Avec une petite salle intimiste, la programmation est riche, variée et s'adresse à tous. Le Bel-Air n'est pas un cinéma où l'on va juste « consommer » un film. Lieu d'échange et de partage, l'année au Bel-Air est truffée d'événements et propose régulièrement des rencontres autour de cycles de programmes, notamment le Festival Augenblick, festival régional de cinéma en langue allemande. Bref, au Bel-Air le cinéma c'est la vie qu'on aime !

CINÉMA PALACE

10, avenue de Colmar
✆ 03 69 61 84 54
www.lepalacemulhouse.com
Ouvert toute l'année.

Le Palace diffuse des films en version originale. La sélection est rigoureuse et alterne entre certains *blockbusters* et films d'art et d'essai. La combinaison est pertinente et efficace. L'actuel directeur a su reprendre les rênes de cet unique cinéma de centre-ville pour remonter la pente en terme d'entrées. L'année 2022 a été plutôt bonne malgré une conjoncture nationale très délicate. Il organise régulièrement des séances uniques autour de films de légende ainsi que des expositions d'artistes locaux. Les Mulhousiens semblent vraiment apprécier !

DMC MOTOCO

13, rue de Pfastatt
✆ 06 33 09 96 60
www.motoco.fr
Se renseigner régulièrement sur les réseau sociaux ou sur leur site Internet.

Ce lieu est LE lieu emblématique de l'histoire industrielle mulhousienne. Installé dans le bâtiment 75 de DMC, Motoco accueille 140 artistes et 7 espaces ouverts. Menuisier, plasticien, photographe, entrepreneur, tels sont les habitants de ce lieu hors du commun. Ex-friche industrielle qui renaît de sa jachère, elle est régulièrement mise à l'honneur dans la presse. Des soirées institutionnelles ou professionnelles dignes des grandes métropoles y sont organisées : quoi de plus tendance qu'un événement dans un lieu aussi insolite.

ESPACE DOLLFUS NOACK

20 a, rue de La Fontaine - **SAUSHEIM**
✆ 03 89 46 83 90
www.eden-sausheim.com
Ouvert du mardi au vendredi de 10h à 12h et de 13h à 17h. Fermé le lundi. De 25 € à 65 € la place selon le spectacle.

L'Espace Dollfus et Noack, connu aussi sous le nom Eden est une salle indispensable. Connue pour sa programmation qui fait la place à tous les artistes francophones, c'est la chance aux chansons, avec des concerts, des spectacles d'humour, du théâtre pour toute la famille et toutes les générations de 7 à 77 ans. Les grands artistes français et internationaux s'y produisent régulièrement. Ajoutez-y une équipe de passionnées, une programmation au taquet et c'est la salle qui compte désormais. Y aller, c'est l'adopter et être sûr d'y passer un bon moment.

LA FILATURE

20, allée Nathan-Katz ✆ 03 89 36 28 28
www.lafilature.org
Ouvert du mardi au samedi de 11h à 18h30 ; le dimanche de 14h à 18h. En continu les soirs de représentation.

Scène nationale, à la programmation pointue et léchée dans le domaines du spectacle vivants, elle met à l'honneur l'art en conjuguant des spectacles d'artistes reconnus avec des propositions de jeunes talents avec des résidences d'artistes remarquées, des travaux artistiques qui font écho à la ville. La Filature abrite également La Galerie, pour des expositions photo, l'orchestre symphonique de Mulhouse et l'Opéra national du Rhin. On y trouve également une médiathèque gérée par la Ville de Mulhouse, spécialisée dans la musique, le théâtre, la danse et la vidéo.

NOUMATROUFF

57, rue de la Mertzau
✆ 03 89 32 94 10
www.noumatrouff.fr
Du mardi au samedi 14h-18h. Répétitions mardi et vendredi 17h-23h, mercredi et jeudi 14h-23h et samedi 14h-20h.

C'est en août 1992 qu'a eu lieu la première soirée dans cette friche industrielle reconvertie en scène de musiques actuelles. Ces labels attribués par le ministère de la Culture ainsi que l'histoire associative qui a porté ce projet ont contribué à faire du « Nouma » un haut lieu de la musique en Alsace et en France. L'accueil, l'organisation technique sans faille et les *after* avec les artistes ont fait de cette salle de concert une escale incontournable pour des milliers de groupes. Le Noumatrouff, c'est l'occasion d'être au cœur de l'actualité musicale !

KINÉPOLIS

175, avenue Robert-Schuman ✆ 03 89 36 78 00
www.kinepolis.com
Ouvert toute l'année. Du lundi au samedi et les jours fériés de 13h à 1h ; le dimanche de 10h à 1h. Entrée : 10,55 €.

Le Kinépolis est un complexe disposant à Mulhouse de 14 salles qui proposent une programmation généraliste et familiale à laquelle viennent s'ajouter des retransmissions en live et simultanés de concerts, de ballets, des opéras, des avant premières, des documentaires. Concept belge primé, Eddy Duquenne, Président de Kinepolis Group, a reçu le prix du meilleur exploitant de salle de cinéma lors de CinemaCon, le plus grand événement pour l'industrie du cinéma du monde en 2014. Depuis le concept fonctionne bien et les amateurs de cinéma s'y rendent nombreux.

THÉÂTRE ALSACIEN DE MULHOUSE (ETM)

41, rue de la Sinne
✆ 03 89 45 53 63

Le Théâtre alsacien mulhousien s'emploie à la conservation et au développement du théâtre dialectal et de la culture populaire mulhousienne, par la production régulière de pièces de théâtre en dialecte, souvent écrites par des auteurs régionaux. Le TAM propose chaque année ses célèbres « Herre'n Owe » et « Dame'n Owe ». Son QGI se trouve à côté du théâtre de la Sinne. Le Cercle dispose d'un bar et de deux salles et abrite les répétions de l'école de théâtre dialectal des jeunes.

L'ENTREPÔT

50, rue du Nordfeld
✆ 03 89 54 46 31
www.lentrepot.org
Ouvert du jeudi au samedi de 18h à 1h30.

Cette salle de 300 places dédiée à l'humour sous toutes ses formes est née sous l'impulsion de deux passionnés d'art vivant et de poil à gratter, le couple Marguier. Parce qu'il manquait un endroit où exprimer de façon amusante les coups de gueule et les coups de cœur tant au niveau local qu'au plan national, l'Entrepôt se devait de combler ce vide. La programmation y est de grande qualité, de nombreux artistes nationaux viennent y tester leurs nouveaux spectacles. Le plus ? La possibilité de dîner ou de boire un verre avant ou après le spectacle.

THÉÂTRE DE LA SINNE

39, rue de la Sinne
✆ 03 89 33 78 00
www.theatre-sinne.fr
Caisse de 16h à 18h du mardi au vendredi, et 45 min avant les spectacles.
Réservation téléphonique de 13h à 16h

Majestueux, somptueux, le temps passe sans ternir le théâtre de la Sinne. C'est un lieu d'une autre époque. Les artistes et le public sont invités à se poser dans un écrin aux sièges de velours, aux balcons rouges et dorés, dans un décor de théâtre italien. La salle offre une acoustique irréprochable où passent toutes sortes de spectacles : théâtre de boulevard, spectacles de l'Opéra du Rhin, concerts du Conservatoire de musique, danse et art dramatique. Y aller, c'est passer un instant magique et profiter d'une programmation variée et tous publics.

BERRWILLER

Cette commune d'un peu plus de 1000 habitants est mentionnée pour la 1re fois en 796. Une anecdote intéressante : l'actuel presbytère a été construit en 1730 avec les pierres de l'ancien château du Weckenthal qui dominait la ville jusqu'en 1652. À partir de la Révolution française, une belle ferme avec dépendances occupe ce site. Elle sera détruite au cours de la 1re Guerre mondiale. Les combats du Hartmanswillerkopf obligeront les Berrwillerois à quitter leur village en janvier 1915. Il y aura tant de dégâts à réparer après 1918 que Berrwiller devra attendre l'an 2000 pour retrouver un niveau de population équivalent à celui du début du XXe siècle.

AUBERGE DES DAHLIAS €€

Chemin Linngasse
✆ 03 89 28 23 67
www.aubergedesdahlias.fr
Du jeudi au lundi midi et soir et mardi midi. Fermé mercredi. Formule du midi à 15 €. Chambres disponibles.

Au pied des vignes et des prés, la Ferme des Dahlias est ouverte toute l'année. Joël à l'exploitation et Didier à l'auberge, ne ménagent pas leurs efforts depuis 2008. Au milieu de la salle trône un Kachelhoffa qui diffuse une douce chaleur dès les premiers frimas. Le restaurant propose une cuisine campagnarde et saisonnière aux saveurs authentiques. Le menu du jour est très attractif grâce au lien direct du producteur au consommateur. Terroir, convivialité et détente sont les maîtres mots ici. On peut aussi acheter les produits de la ferme.

RESTAURANT KOENIG À L'ARBRE VERT €€€

96, rue Principale
✆ 03 89 76 73 19
www.restaurant-koenig.com
Fermé le lundi, le mardi et le dimanche soir. Menus de 30 € à 64 €.

L'adresse réussit à concilier l'esprit village et l'excellence du service et des plats dignes des grands établissements gastronomiques. On retrouve à l'Arbre vert une carte plutôt bavarde qui n'hésite pas à prendre des risques réussis dans les combinaisons gustatives, tout en restant dans l'esprit du terroir alsacien. Une mention spéciale à la très belle carte des vins. Mathieu, le chef, est le digne représentant de cette famille de cuisiniers et restaurateurs que sont les Koenig !

HOMBOURG

Situé à proximité de la forêt de la Hardt, Hombourg signifie château élevé alors qu'il se situe en plaine. De nombreux vestiges attestent de l'occupation du site par les romains. C'est un joli village renommé également pour ses châteaux : le domaine de Hombourg est un lieu original ayant appartenu aux grandes familles industrielles, les Koechlins et les Burrus, où le médiéval flirte allégrement avec le XIXe siècle. Le Château médiéval en béton armé construit au XXe siècle abrite une ferme avec une étable.
A l'arrière se trouve un autre château autour duquel s'est installé un golf. Aujourd'hui, Hombourg est un village de plus de 1300 habitants.

GOLF DU CHATEAU DE HOMBOURG

1, rue Principale
✆ 0049 0 170 44 62 500
www.drei-thermen-golfresort.de
Basse saison : tous les jours de 9h à 17h. Haute saison : tous les jours de 8h à 19h. Restaurant.

Grâce à son château du XIXe siècle, jouez au golf comme un châtelain. Larges plaines à la vue imprenable sur les vallées environnantes, orée d'une forêt luxuriante, le green vous surprendra par sa diversité. Après avoir tapé quelques balles, relaxez-vous avec une petite collation au château. L'emplacement proche de la frontière allemande vous permet des moments d'échanges d'une grande richesse ! Peut-être le moyen d'acquérir de nouvelles techniques venant d'Allemagne ou de Suisse ?

OTTMARSHEIM

Formé autour du VIIIe siècle, le village né le long de l'ancienne voie romaine qui reliait Bâle à Strasbourg, doit son nom à Saint Othmar, abbé de Saint-Gall, qui possédait des terres à proximité du Rhin. Il est entouré de la forêt domaniale de la Hardt. Ottmarsheim est non seulement connu pour son abbatiale, mais aussi pour son dynamisme. Le « Point Information » accueille les nombreux visiteurs toute l'année et organise les animations phares de la commune : marché de Noël des musées et des créateurs le 2e week-end de décembre et Nuit du folklore en juin. Les nombreux équipements sportifs et culturels contribuent au « bien vivre » dans ce village.

ABBATIALE D'OTTMARSHEIM ✝ ★★

6, rue de l'Église ✆ 03 89 26 27 57
www.ottmarsheim.fr

Visites guidées historiques et costumées sur réservation, en français et en allemand. Durée : 60 min.

Située sur la Route Romane d'Alsace, l'abbatiale Saints-Pierre-et-Paul est un joyau de l'architecture romane du XIe siècle. Edifiée entre 1030 et 1050 sous la direction de Rodolphe d'Altenbourg, un des fondateurs de la maison de Habsbourg, et dédiée aux apôtres du Christ saint Pierre et saint Paul. Elle sera consacrée en 1049 par le pape alsacien Léon IX et destinée à des bénédictines.

Son plan centré octogonal, inspiré par la chapelle palatine d'Aix-la-Chapelle, en fait un édifice unique de l'architecture religieuse du Haut-Rhin puisqu'il incorpore des éléments de style paléochrétienne, byzantine, pré-romane, carolingienne, et ottonienne.

En presque 1 000 ans, l'abbaye a été plusieurs fois dévastée, détruite par guerres et incendies, et reconstruite. Elle est définitivement dissoute à la suite de la Révolution française, et ses trésors dispersés. Les siècles suivants voient les campagnes de restauration se succéder pour rendre toute sa gloire à l'édifice. La dernière s'est terminée en 2018, mettant en valeur les deux chapelles gothiques des XVe et XVIe siècles. Depuis 1991, la vie monastique a également repris son cours : un prieuré des Serviteurs de Jésus et de Marie, congrégation fondée en 1930, est créé à Ottmarsheim pour desservir l'église et les paroisses environnantes. Le couvent abrite une dizaine de religieux.

Des visites guidées théâtralisées en costume d'époque, vous permettent de découvrir l'histoire tumultueuse de l'édifice aux côtés de Rodolphe et Cunégonde, comte et comtesse d'Altenbourg.

FORÊT DE LA HARDT ★

A l'ouest de Mulhouse, la forêt de la Hardt est un gigantesque domaine boisé, le second de la région après Haguenau. Propriété des Habsbourg, elle est revenue à Louis XIV à l'issue de la guerre de Trente Ans. Le chêne rouvre est l'essence dominante de cette forêt au milieu de quelques pins et arbres fruitiers : merisiers, cormiers. La faune qu'on y rencontre est constituée d'espèces communes comme des sangliers, des chevreuils, des lapins... Cette magnifique forêt fort bien préservée est sillonnée par de nombreux chemins pour le seul plaisir des promeneurs.

ALS HÔTEL*** €€

Carrefour de la Vierge
✆ 03 89 26 06 07
www.alshotel.com

Ouvert toute l'année. 40 chambres. Chambre double de 60 € à 80 €. Petit déjeuner : 12 €.

Situé à une encablure de l'Allemagne, le village d'Ottmarsheim bénéficie de nombreux avantages dont la proximité avec la nature et des accès aisés vers les grandes agglomérations environnantes. C'est dans ce coin tranquille que Als Hôtel a installé un bel établissement de 40 chambres. Petit plus, votre animal de compagnie est accepté. L'accueil y est convivial et chaleureux pour un séjour tout confort. Les chambres ont été rénovées et offrent une décoration contemporaine et le choix de couleurs chaudes font que vous vous sentirez presque comme chez vous !

L'ÉTAPE ROMANE €

4a, rue de l'Eglise
✆ 07 68 41 13 00
www.etaperomane.fr

Fermé lundi et samedi. Ouvert du mardi au vendredi 9h-17h, le dimanche 9h-18h. Plat du jour : 8,50 € (avec café).

Une adresse pleine de charme, installée à côté de la célèbre abbatiale d'Ottmarsheim et qu'on pourrait qualifier de salon de thé de campagne ! Idéale pour se poser tranquillement, la terrasse fera des heureux à la belle saison, l'occasion de boire l'un de leurs délicieux thés ou café mais pas que puisque de délicieux petits plats et autres tartines sont proposés le midi ! Tout est fait maison. On les retrouve aussi sur le très beau marché de Noël d'Ottmarsheim ! L'Étape romane est une adresse dans laquelle on n'hésite pas à s'installer et à philosopher !

AQUARHIN

1, rue de la Piscine
✆ 03 89 26 08 60

Horaires d'ouverture à consulter sur le site internet. Entrée : 4,50 € (tarif réduit 3,50 €).

En référence au Rhin et aux nombreuses propositions thermales existantes de l'autre côté de la frontière, ce complexe aquatique dispose d'une eau soigneusement filtrée par un dispositif écologique. La véritable nouveauté est l'espace bien-être et sa zone de repos wellness avec son toit végétalisé et des couleurs rappelant la nature. L'espace extérieur, il a été étoffé avec trois bassins (bassin familial, bassin olympique et bassin de plongeon) une structure ludique, un toboggan et une zone de jeux. Un paradis pour petits et grands proche de Mulhouse.

RIXHEIM

Pour la petite histoire, si le site semble avoir été occupé depuis le néolithique, il est attesté que les chevaliers de l'ordre teutonique s'y installèrent au XIIIè siècle. Ancienne bourgade viticole et agricole, Rixheim sait faire valoir ses atouts industriels et commerciaux, grâce à son emplacement stratégique. Avec ses 13 000 habitants, la ville se place au 6e rang départemental et héberge sur son ban une partie de l'usine Peugeot. C'est ici, aussi que le canal du Rhône au Rhin finit sa course. La forêt y tient également une grande place, avec ses 985 hectares en deux massifs, Hardt et Tannenwald, appréciée par le promeneur amateur de verdure.

PARC DE LA COMMANDERIE DES CHEVALIERS TEUTONIQUES

Accès libre.

Réservé à la famille de Jean Zuber, industriel qui a participé à l'essor du papier peint, ce parc est un jardin privatif dans l'usine. Aujourd'hui devenu public, on y pénètre par la rue Zuber. Les platanes dans la cour d'entrée sont impressionnants par leur élévation et la régularité des troncs. À ne pas manquer : le système hydraulique original où un petit étang dessert des rigoles qui sillonnent le parc. Et une grande serre de 1820, de grande importance pour l'histoire du site !

CIMETIÈRE ISRAÉLITE ★

Accès libre.

Une sensation de nostalgie et de tristesse nous étreint lorsque l'on découvre ces vieilles tombes couvertes de mousse. Nous sommes au cimetière juif de Rixheim, âgé d'un peu plus de 200 ans. On peut encore lire une date sur l'une des pierres silencieuses : 1797... Tandis que dans sa partie nouvelle, les tombes les plus récentes remontent à quelques années. Vestige d'un autre temps, ce cimetière raconte l'histoire des anciens habitants juifs de Rixheim : une communauté alors très importante qui représentait près de quinze pour cent de la population du village.

LE 7E CONTINENT €€€

35, avenue du Général-de-Gaulle

✆ 03 89 64 24 85

www.le7emecontinent.com

Ouvert du mardi midi au samedi soir.

Menu du jour à 38 €. Menu Découverte à 85 €.

Laissez-vous surprendre par la cuisine raffinée et pleine d'audace de Laurent Haller. Ce dernier a été formé auprès de grands chefs cuisiniers et pâtissiers : Bernard Loiseau, Paulus et Stéphane Klein. Avec sa 1re étoile en 2015, la simple lecture de la carte vous mettra les papilles en éveil. La créativité, le mélange de saveurs, de couleurs et de textures font de chaque met une véritable expérience visuelle et gustative. Rajoutez à cela un cadre et un service d'exception, soyez-en sûr, vous passerez un moment unique et hors du commun.

MUSÉE DU PAPIER PEINT [LA COMMANDERIE] ★

28, rue Zuber

✆ 03 89 64 24 56

www.museepapierpeint.org

Toute l'année de 10h à 12h et de 14h à 18h.

Fermé le lundi et le mardi. Gratuit pour les - 4 ans.

Depuis près de 40 ans, ce musée fait revivre l'histoire et la technique du papier peint à la Commanderie de Rixheim qui abrite la manufacture Zuber depuis 1797. Ce musée, unique au monde, s'efforce de montrer à travers ses expositions combien ce matériau a joué et joue encore un rôle dans notre quotidien. La collection compte plus de 160 000 documents de la fin du XVIIe siècle à nos jours, constituant l'une des rares collections de référence existantes dans le monde.

UNGERSHEIM

Les origines de ce village semblent remonter à la fin du néolithique. Toutefois, la première mention écrite date de 735 : elle apparaît dans un acte par lequel le comte Ebehard fait don à l'abbaye de Murbach de biens fonciers situés à Annegisvilla, nom alors donné au village. Il semblerait que plusieurs maisons religieuses possédaient des terres à Ungersheim, du VIIIe siècle à la Révolution. Une chose est sûre : lorsque les Habsbourgs furent nommés Landgraves et s'installèrent à Ensisheim, vers 1130, Ungersheim devint leur propriété. Avant d'être donnée en fief à la famille noble d'Ongersheim, qui servait l'abbé du Murbach et les Habsbourg. Suite à l'extinction de la famille d'Ongersheim, la localité passa aux Rheinach, avant de scinder le village en 1534 : les deux tiers furent soumis aux nobles de Bollwiller tandis que le reste resta à la ville d'Ensisheim. Ce n'est qu'à la Révolution que le village fut à nouveau réunit et devint indépendant. Au XIXe siècle, si nombre d'habitants émigrèrent aux Etats-Unis, les autres travaillaient surtout dans le secteur agricole, forestier et textile avant que ne démarre, l'épopée des mines de potasse. Les armoiries du village, formées de trois trèfles dorés, représenteraient la richesse en terres du village. Aujourd'hui, Ungersheim est surtout connu pour l'implantation sur sa commune de l'immense Ecomusée. Depuis quelques années, le calendrier des fêtes est marqué par l'organisation, en novembre, du salon régional du commerce équitable et de la consommation responsable, intitulé Consom'acteurs.

PARC DU PETIT PRINCE

68190 Ungersheim
✆ 03 89 62 43 00
www.parcdupetitprince.com

Tarif adulte : 24 € - famille : 78 €. Horaires sur le site Internet car variables en fonction des saisons.

Venez vivre en famille, une expérience inoubliable dans le premier parc aérien au monde ! L'univers poétique du Petit Prince de Saint Exupéry a été reconstitué, en 2014, sur un ancien site touristique. Deux activités sortent véritablement du lot : un aérobar qui vous emmène à 35 m de haut et deux ballons captifs qui vous emportent plus haut encore, à 150 m. Sur le plancher des moutons au choix : rencontrer les animaux, voler, voyager et les jardins sur un site de 150 ha. En une journée, retrouvez votre âme d'enfant grâce aux 34 attractions et animations inédites !

LA CAVE DU TRÈFLE 🍷

24, rue d'Ensisheim
✆ 03 89 74 66 42
www.la-cave-du-trefle.fr

Ouvert le lundi 14h-18h30, du mardi au vendredi 9h30-12h30 et 14h-18h30, le samedi 9h-12h et 14h-18h. Fermé dimanche.

Accessible aux particuliers, ce magasin de détail de boissons a été créé par Les Brasseries de l'Ill. Agréable et bien achalandé, l'espace propose une grande diversité de vins, de bières mais aussi de rhums et de whiskys. En vrais passionnés, les vendeurs connaissent leurs produits et sauront vous guider dans vos choix. Des petits producteurs locaux aux grandes maisons et domaines, la palette est très vaste. Un beau plus pour le rayon spiritueux avec une belle mise en avant de produits régionaux de qualité tels que les whiskys alsaciens encore trop confidentiels.

ÉCOMUSÉE D'ALSACE ★★★

Chemin Grosswald ✆ 03 89 74 44 74
www.ecomusee.alsace

Ouvert du 1er avril au 5 novembre 2023 et du 3 décembre au 7 janvier 2024 - tarifs sur le site Internet.

Dès 1971, face à la détérioration du patrimoine architectural alsacien, un groupe de jeunes passionnés décide de mettre en œuvre un projet de sauvegarde. En 1980, une première maison est sauvée de la démolition et reconstruite sur un terrain en friche de la commune d'Ungersheim ; c'est le début de la grande aventure de l'Écomusée d'Alsace. Le musée accueille ses premiers visiteurs durant l'été 1984 ; aujourd'hui, c'est le plus grand musée à ciel ouvert de France !

L'Écomusée d'Alsace s'organise comme un véritable village alsacien du début du XXe siècle en plein cœur de la nature ! Découvrez le patrimoine rural alsacien en évoluant parmi plus de 80 bâtiments traditionnels : maisons, fermes, école, chapelle, gare, scierie… Il présente ainsi les principaux types d'architecture alsacienne, sélectionnés en fonction de leur représentativité par rapport à un terroir, à une époque ou à un groupe social. Ces bâtiments sont tous aménagés grâce aux dons des Alsaciens. L'immersion est complétée par une collection de près de 100 000 objets du quotidien, vêtements, ou outils pour un véritable saut dans le passé ! Mais c'est aussi un espace de biodiversité préservée avec 4 sentiers nature : par les champs, la forêt et le long de la rivière. Grâce aux animations et aux bénévoles, le village vit au rythme des saisons et des traditions alsaciennes : nourrissage des cochons, traite de la vache, école d'antan et recettes de cuisine de saison. À ne pas manquer : les balades en barque, en charrette ou en tracteur.

© ÉCOMUSÉE D'ALSACE

MULHOUSE

ALTKIRCH ★

Cette petite cité médiévale se laisse volontiers découvrir par les visiteurs : il est agréable de flâner aux abords des sites culturels : le Musée sundgauvien, le Prieuré Saint-Morand, la tour du Schlaghaus, la fontaine de la vierge, les anciens remparts de la Ville et autres vestiges médiévaux ou encore la Maison du peintre Arthur Schachenmann. De nombreuses visites guidées sont aussi organisées mais aussi plus de 120 événements culturels et sportifs déclinés tout au long de l'année : la Forêt Enchantée en décembre, le Festival du Court Métrage au printemps, la Fête de la Musique et le Sound'Go Festival en été, des concerts et bien d'autres spectacles portés par les énergiques associations locales.

Le dynamisme de cette ville se retrouve, certes, au travers d'infrastructures institutionnelles d'importance, tel le Centre Rhénan d'Art Contemporain – CRAC – ou encore l'École de musique du Sundgau, mais également un tissu associatif très développé ! Du côté des commerces, il faut noter la forte mobilisation de groupe depuis 1956, puisque, réunis au sein d'Altkirch Tradition, une centaine d'adhérents (commerçants, restaurateurs, artisans, professions libérales et prestataires de services) ont été primée de deux « panonceau d'Or » par la CCI Alsace pour les récompenser de leurs actions. La traditionnelle Foire Sainte Catherine est la plus ancienne foire agricole d'Alsace, avec la vente de produits du terroir, des expositions (machines agricoles, animaux de la ferme) et des animations musicales. Elle se tient tous les ans, dans les rue d'Altkirch, le dernier jeudi du mois de novembre !

LE CENTRE RHÉNAN D'ART CONTEMPORAIN ★

18, rue du Château ✆ 03 89 08 82 59
www.cracalsace.com

Ouvert du mardi au dimanche de 14h à 18h. Fermeture pendant les périodes de montage d'exposition et les jours fériés.

Véritable outil de sensibilisation, le CRAC soutient la recherche et la création en favorisant la rencontre. Discussions entre artistes et public lors d'expositions, actions de médiation qui engagent le dialogue, résidences d'artistes, c'est un lieu d'expérimentation qui accompagne la production artistique. La transmission se fait au travers de projets pédagogiques dédiés aux expositions, d'ateliers d'initiation et de visites commentées. Un bon moyen d'apprendre à décoder les œuvres !

MUSÉE SUNDGAUVIEN ★

1, rue de l'Hôtel-de-Ville
✆ 03 89 40 01 94

Ouvert mardi, mercredi, jeudi et dimanche de 14h30 à 17h30. Gratuit jusqu'à 18 ans. Adulte 3 €.

Le musée est situé dans un bâtiment Renaissance. Un lieu riche en histoire dédié aux multiples facettes du sud de l'Alsace. Le Sundgau et Altkirch sont présentés ici à travers les âges et les guerres, les arts et traditions populaires et, les Beaux-Arts avec des œuvres du célèbre Jean-Jacques Henner, seul artiste alsacien ayant un musée parisien. Mais ce musée propose également des expositions thématiques temporaires tout au long de l'année avec des artistes-peintres, des périodes riches de l'histoire ou des mises en scène originales durant les fêtes de Noël.

OFFICE DE TOURISME DU SUNDGAU SUD ALSACE

13, rue du Château
✆ 03 89 40 02 90
www.sundgau-sudalsace.fr

Ouvert du mardi au vendredi de 10h à 12h30 et de 14h à 17h30. Le week-end selon saison.

Avec le sourire et le sens du service, on vous reçoit pour vous indiquer tous les bons plans à ne pas manquer. Vous pourrez d'ailleurs y trouver un topoguide avec les 17 plus belles randonnées pédestres et un agenda des évènements. D'énigmes en intrigues, les trésors de cette région vous seront dévoilés grâce à l'application « Sur la piste des trésors d'Alsace » qui regroupe 18 chasses aux trésors ludiques pour découvrir le territoire (parcours de deux heures environ).

LES ACACIAS*** €€

Rue de Hirtzbach ✆ 03 89 40 69 40
www.les-acacias-camping.fr

Ouvert de début avril à mi-octobre. Réservation impérative. Emplacement environ 15 € la nuit. Wifi gratuit.

Tout est facilement accessible à pied ; la piscine municipale et les commerces sont à 10 minutes. Pour ceux qui souhaitent découvrir les alentours, il existe maints circuits pédestres et cyclables. Le Sundgau est un trésor à visiter autant avoir un point de chute agréable ! Le camping des Acacias, c'est aussi un restaurant qui vous accueille toute l'année. Miguel et Deborah seront heureux de vous faire déguster leurs spécialités alsaciennes. Une étape à retenir si vous voyagez dans la région. C'est un camping simple, pratique qui vous assure des vacances nature.

LA GRANGE DES DEUX CLEFS €

218, rue Hénin Blenner - **MOERNACH**
✆ 03 89 40 80 56
https://www.aux2clefs.com
Ouvert vendredi, samedi et dimanche de 12h à 14h et de 19h à 21h.

En lien avec le célèbre restaurant Aux Deux Clefs, auquel il est attenant, la Grange des Deux Clefs en propose une version XXIe siècle ! Installé dans une grange rénovée dans le village de Moernach, le restaurant vous accueille dans une salle tout en bois à l'ambiance chaleureuse et moderne. La grange propose une cuisine de bistrot gourmande et savoureuse. Pendant les beaux jours, vous pourrez vous installer sur une mignonne petite terrasse égayée par une ambiance musicale festive. En bref, une adresse conviviale, festive et gourmande !

À L'ARBRE VERT €€

18, rue Principale - **EGLINGEN**
✆ 03 89 25 30 29
Restaurant fermé le mardi et le samedi midi. Ouvert le soir uniquement du vendredi au dimanche.

La carte fait honneur à une cuisine traditionnelle du Sundgau comme les carpes, les cuisses de grenouilles, les délicieux fleischnackas (recette paysanne). De nombreuses suggestions maison sont proposées tout au long de l'année et des plats ancestraux comme la mehl suppe, soupe de farine. Parmi les nombreux week-ends thématiques proposés, notez le week-end des cochonnailles. Il vous faudra sans doute jeûner avant et ne pas refuser le trou alsacien proposé dans le menu ! Le lieu est un repaire d'habitués, gage d'une qualité constante et de convives choyés.

L'AUBERGE €€

4A, rue Louis-Werner
BERNWILLER
✆ 03 89 70 14 63
Fermé lundi et mardi, ainsi que le dimanche soir. Carte : 20-25 €. Formule du midi : 13,50 €.

Si vous demandez à un Sundgauvien le restaurant de Bernwiller, il vous répondra « Yo ! C'est le Paradisvogel ». Fermé en 2009, il a rouvert avec Paul Schittly qui a repris la suite de sa mère, on ne change pas une recette qui gagne. On y dégustera donc une bonne cuisine alsacienne traditionnelle avec force choucroute, rognons et saucisses. Mais la reine incontestée de la carte reste la bouchée à la reine goûteuse comme l'ensemble de la cuisine de cette bonne maison. Précisons aussi que tous les fruits et légumes proviennent de la cueillette... du Paradisvogel.

LA MAISON DE LA NATURE

13, rue Sainte Barbe
68210 Altenach
03 89 08 07 50
Ouvert du lundi au vendredi de 9h à 17h30. En été, ouvert le dimanche de 14h à 18h. Animations. Exposition permanente.

Envie de nature ? Rendez-vous à Altenach à la Maison de la Nature du Sundgau ! Venez apprendre à gérer votre jardin au naturel, partez en randonnée, assistez à une conférence ou participez à un atelier de recyclage ! Terre d'aventure pour les familles en été, elle vous offre un sentier découverte, des énigmes à résoudre ou une balade pour découvrir la vie des castors... Enfin sa petite buvette en palettes vous propose de déguster un jus de pomme maison ou une pâtisserie faite et servie par les bénévoles. Ce lieu organise aussi des camps d'été pour les enfants.

LA MAISON DE LA NATURE

13, rue Sainte Barbe
68210 Altenach
✆ 03 89 08 07 50
Ouvert du lundi au vendredi de 9h à 17h30. En été, ouvert le dimanche de 14h à 18h. Animations. Exposition permanente.

Envie de nature ? Rendez-vous à Altenach à la Maison de la Nature du Sundgau ! Venez apprendre à gérer votre jardin au naturel, partez en randonnée, assistez à une conférence ou participez à un atelier de recyclage ! Terre d'aventure pour les familles en été, elle vous offre un sentier découverte, des énigmes à résoudre ou une balade pour découvrir la vie des castors... Enfin sa petite buvette en palettes vous propose de déguster un jus de pomme maison ou une pâtisserie faite et servie par les bénévoles. Ce lieu organise aussi des camps d'été pour les enfants.

MÉMORIAL DE HAUTE ALSACE

43, rue de Bâle - 68210 Dannemarie
✆ 03 67 34 32 83
Ouvert du mercredi au dimanche de 10h à 17h30. Adulte : 7 €. Enfant (de 8 à 16 ans) : 4 €. Tarifs de groupe.

Dédié à la Première Guerre mondiale, le Mémorial de Haute Alsace retrace à travers l'histoire du Sundgau, l'histoire de l'Alsace. La visite démarre par une rétrospective des enjeux géopolitiques de notre région, avant de poursuivre avec la vie du caporal Peugeot, premier soldat tué à la veille de la guerre et de son homologue allemand, tombé le même jour. Le mémorial apporte un éclairage nouveau à travers le portrait de ces hommes, la reconstitution (remarquable !) de tranchées et expose nombre de costumes, photos et objets d'époque. Loin d'être ennuyeux, il a réussi son pari et vaut vraiment le déplacement. Ne pas hésiter à compléter avec le parcours du kilomètre zéro à Pfetterhouse.

LE SUNDGAU, ROUTES DE LA CARPE FRITE €€

13, rue du Château ✆ 03 89 40 02 90
www.carpe-frite.fr
Les Carpailles auront lieu du 24 mars au 7 avril 2023 chez tous les adhérents des Routes de la Carpe Frite

Désireux de faire connaître les traditions locales, une trentaine de restaurateurs du Sundgau se sont regroupés dans l'Association Sundgau, routes de la carpe frite. Ils s'engagent à mettre la gastronomie régionale à l'honneur avec la carpe. Chaque restaurant sa recette. Marinée, en beignets, fleischnakas, sushis, elle a même été déclinée en dessert ! Évidemment, on ne peut que soulever le couvercle, il faut aller découvrir par vous-même les surprises réservées par les chefs !

LA COURONNE €€

9, rue de Steinsoultz
CARSPACH
✆ 03 89 40 93 09
www.la-couronne-hartmann-zimmermann.fr
Fermé mardi, mercredi et dimanche soir. 11h30-15h et 19h-22h30 le reste de la semaine.

Au restaurant La Couronne, la star, c'est la carpe ! Installé depuis plus d'un siècle au cœur du petit village de Carspach, cet établissement saura vous régaler avec ses carpes-frites ! Celles-ci sont cuisinées à partir de produits frais et locaux : les carpes proviennent de la pisciculture de Friesen, à quelques kilomètres de là. Difficile de faire un circuit plus court ! Membre de la route de la carpe frite, le restaurant en a fait sa spécialité mais propose également des plats classiques de la cuisine française si le poisson n'est pas à votre goût.

AU BON ACCUEIL [RESTAURANT-CAFÉ-TABAC] €€

2, rue d'Illfurth - **SPECHBACH**
✆ 03 89 25 40 21
Ouvert le midi lundi, mardi, jeudi, vendredi, dimanche, le soir vendredi & samedi. Carpes frites : 18,50 €.

Un café d'avant-guerre transformé en restaurant-café tenu par la famille Meyer, restaurateurs de père en fille ou de mère en fils ! « Cultivons la gentillesse » pourrait être le slogan de la maison ! Martine Stoffel accueille ses clients pour déguster les carpes frites concoctées par son fils Luc. Un typique café/restaurant de campagne avec tout le charme, la simplicité et la qualité des plats qu'on espère y trouver. C'est le rendez-vous des amateurs de carpe et de vacherin glacé !

LE MOULIN DE MERTZEN €€

9, rue de Strueth
MERTZEN
✆ 03 89 07 85 84
www.lemoulindemertzen.fr
Fermé lundi et mercredi, uniquement le midi le mardi. Carte : 20 € environ.

Une décoration revue et réussie, en rouge et blanc, une cuisine à base de produits frais, dans la plus pure tradition alsacienne, c'est la recette du succès de cette belle maison ! Carpes frites, bouchées à la reine et cordons bleus sont très appréciés des amateurs et le beau menu Route des Carpes vous sera proposé, avec terrine de canard, friture de carpes et sorbet arrosé. Si la carte des mets est réduite, la carte des vins est impressionnante ! C'est le Grand Livre du Vin, avec une carte des différents cépages ! Nous validons la 2e vie du Moulin de Mertzen !

MULHOUSE

AU CHEVAL BLANC €€

55, Grand-Rue - **HOCHSTATT** ✆ 03 89 06 27 77
www.au-cheval-blanc-hochstatt.com
Fermé le mercredi. Ouvert du dimanche au mardi le midi uniquement ; du jeudi au samedi midi et soir.

Connaissez-vous la cuisine de Davy Mathis ? Non, alors il est temps d'aller découvrir ce repère culinaire dans une maison au décor moderne et épuré. Ici, on délivre des émotions culinaires. Une cuisine inventive qui allie des saveurs authentiques et des produits de première qualité. En été, vous pourrez profiter de tous ces moments gourmands sur une terrasse ombragée. Le service y est attentif et agréable ; attention à réserver votre table pour profiter pleinement de votre dégustation où les plats savent jouer avec les saveurs, les textures et les couleurs !

RESTAURANT AUX TROIS FLEURS €€

23, rue Principale - **MONTREUX-JEUNE**
✆ 03 89 25 25 77
www.restaurant-aux3fleurs.com
Fermé lundi et mercredi, samedi midi et dimanche soir. Formule du midi : 12,50 €. Vente à emporter.

Le restaurant Aux Trois Fleurs est une référence gastronomique ! Que mange-t-on chez Christophe Berger, Maître Restaurateur de son état ? Des carpes frites en provenance directe du vivier mais aussi toute sorte de friture. La cuisine est raffinée et généreuse, les plats très colorés et la carte des vins alsacienne. Côté déco, une belle ambiance dans les tons violet-gris pour la salle intérieure et une terrasse très plaisante été comme hiver. Une adresse gourmande et chaleureuse !

INTERVIEW

JEAN-LUC REITZER

PRÉSIDENT DES ROUTES DE LA CARPE FRITE

© JEAN-PAUL GIRARD

M. Reitzer, M. le Député, vous avez porté haut les couleurs du Sundgau et de l'association des Routes de la Carpe frite, durant des années à Paris, vous en êtes le meilleur des ambassadeurs ?

Pour moi, on a de vrais atouts touristiques dans le Sundgau, la gastronomie rurale avec en fer de lance les carpes frites, quasiment tous les restaurants du Sundgau en ont sur leur carte, la ruralité et ses paysages magnifique, ses loisirs de nature. Le Sundgau, c'est un peu les Champs-Élysées de l'Alsace !

Quel avenir pour l'association et pour le développement d'un tourisme durable dans le Sundgau ?

Cette association est très bien structurée, animée par des restaurateurs passionnés, des consommateurs attachés au terroir. Mais rien n'est jamais acquis et il faut communiquer, élargir l'audience et faire croître les adhésions ainsi que les bénévoles, d'ailleurs.

© DUMOULIN

Comment définiriez-vous le Sundgau ?

C'est une terre originelle, d'attachements, de ruralité et de passions. On en tombe amoureux pour toujours. C'est aujourd'hui un bel exemple de tourisme durable avec des paysages préservés, des traditions séculaires, des amitiés profondes, des loisirs et une gastronomie respectueuse de la Nature.

Le mot de la fin ?

Les carpes frites, c'est le pouls de l'économie touristique du Sundgau, quand les restaurants vont bien, tout va ! Une pensée émue et respectueuse pour les pionniers de l'association créée en 1975 : Martin Hett, l'infatigable communicant, Joseph Rey, ancien maire de Colmar, son 1er président et surtout notre regrettée Geneviève Risterruci, secrétaire générale qui n'a pas ménagé sa peine et son enthousiasme pour que vive la Carpe frite et le Sundgau !

© LES ROUTES DE LA CARPE FRITE

LE SUNDGAU, ROUTES DE LA CARPE FRITE

13, rue du Château
✆ 03 89 40 02 90
www.carpe-frite.fr

RESTAURANT DE LA GARE MUNZENBERGER €€

16, rue Principale
HIRTZBACH
✆ 03 89 40 93 27
www.restaurantdelagaremunzenberger.fr
Fermé le lundi, mardi soir, mercredi soir, jeudi soir et dimanche soir. Belle terrasse

© RESTAURANT DE LA GARE

Si la carpe frite a fait son renom, le restaurant excelle dans les spécialités locales : rognons, lawerknepfla, fleischnacka... ou dans les plats plus sophistiqués. Peu importe votre choix, vous avez la garantie de retrouver une recette authentique élaborée à partir de produits locaux et de qualité ! Une grande salle typique et des desserts délicieux et vous avez la formule gagnante. Le restaurant ne désemplit pas mais pas de souci, l'attente sera courte.

RESTAURANT DE LA CARPE €€

60, rue Principale - **FRIESEN** ✆ 03 89 68 95 69
www.restaurant-de-la-carpe.com
Fermé le lundi et mardi. Vente à emporter vendredi, samedi et dimanche sur commande. Menu du jour : 16 €.

Si Gaëtan Gobelet a choisi Friesen pour son restaurant, c'est parce que c'est la capitale de la carpe ! Ici, la demoiselle vous émoustille sacrément les papilles ! Longuement mijotée et mixée avec de la semoule, du pavot ou du sésame, revisitée ou classique, avec ou sans gluten, le chef propose la carpe dans tous ses états ! On travaille local avec les piscicultures du village ! Que les allergiques à la carpe se rassurent : l'autre spécialité est le cordon bleu maison. Une revisite des classiques qui ancre cet établissement dans le paysage gastronomique.

LA TAVERNE DU SUNDGAU €€

21, rue de Bâle
RIESPACH
✆ 03 89 89 77 86
Ouvert le vendredi et le samedi de 19h à minuit. Dimanche de 12h à 15h.

La Taverne du Sundgau s'amuse avec les saisons. À chaque saison son légume, sa viande et sa gourmandise. Les chefs de l'établissement proposent tantôt des Surlawerla, tantôt du baeckeoffe, sans oublier les asperges ou les week-ends spécial gibier. Le cadre typiquement alsacien apporte sa touche de taverne alsacienne d'antan ! Les plats sont copieux et bien gourmands, il y en a pour tous les goûts et tous les appétits. Les produits travaillés sont frais, pleins de saveurs et le personnel très sympathique. Une petite perle dans l'écrin qu'est le Sundgau.

L'ORCHIDÉE €€€

33, rue Gilardoni
✆ 03 89 88 50 39
orchidee-altkirch.com
Fermé dimanche et lundi. Carte restreinte. Réservation indispensable. Menu déjeuner : 55 €.

Un véritable voyage à travers les goûts, les couleurs et les textures ! Ici, la cuisine traditionnelle thaïlandaise est sublimée pour séduire les palais occidentaux. Tous les sens sont mis en éveil, la présentation et la composition des plats régalent les yeux, les arômes s'exhalent lentement, et dès la première bouchée les parfums explosent comme des petites billes en bouche. Curry, coriandre, citronnelle, basilic, les épices sont très équilibrés. Fins et délicats, les plats sont peu nombreux à la carte et c'est aussi bien, le choix serait trop difficile.

LES CHAMPS DE L'ILL

36A, rue de Thann
SPECHBACH
✆ 03 89 25 57 94
www.produits-fermiers-sundgau.fr
Ouvert le jeudi et le vendredi de 9h à 12h et de 14h à 18h30 ; le samedi de 9h à 12h30.

À Spechbach, local rime avec équitable ! Les Champs de l'Ill est un point de vente directe qui regroupe de producteurs locaux. Ici tous les produits sont d'excellente qualité, c'est la norme ! Une palette de produits fermiers pour remplir son panier de bonnes choses pour toute la semaine. L'accueil est très sympa et pour cause, ce sont les producteurs eux-mêmes qui vous serviront et vous conseilleront ! Le plus futé ? Le drive fermier : commandez sur le site et récupérez vos produits le jeudi soir au magasin ou le vendredi soir à la ferme Krust à Aspach-le-Haut !

MULHOUSE

LES ROUTES DE LA CARPE-FRITE

Tél : 03 89 40 02 90 - www.carpe-frite.fr

RESTAURANT STUDERHOF - BETTLACH - 03 89 40 71 49
RESTAURANT AU LION DE BELFORT - BISEL - 03 89 25 66 12
RESTAURANT A LA COURONNE - CARSPACH - 03 89 40 93 09
AUBERGE SAINT LEONARD - DANNEMARIE - 03 89 08 00 55
RESTAURANT AU CHEVAL BLANC - DIEFMATTEN - 03 89 26 91 08
RESTAURANT A L'ARBRE VERT - EGLINGEN - 03 89 25 30 29
RESTAURANT AU CHEVAL BLANC - FELDBACH - 03 89 25 81 86
RESTAURANT COLLIN - FERRETTE - 03 89 40 40 72
RESTAURANT DE LA CARPE - FRIESEN - 03 89 68 95 69
AUBERGE DES TROIS VALLEES - HIRSINGUE - 03 89 40 50 60
RESTAURANT ITINERANT JUSTE LA - HIRSINGUE - 06 73 70 81 05
RESTAURANT DE LA GARE MUNZENBERGER
HIRTZBACH - 03 89 40 93 27
RESTAURANT AU COQ - ILLFURTH - 03 89 25 42 38
RESTAURANT SCHAEFERHOF - KEMBS - 03 89 48 36 24
RESTAURANT AU CHASSEUR SCHOLLER
KNOERINGUE - 03 89 68 61 52
RESTAURANT AU SOLEIL - LIEBSDORF - 03 89 40 80 24
RESTAURANT LE PETIT KOHLBERG - LUCELLE - 03 89 40 85 30
RESTAURANT AU MOULIN DE MERTZEN - 03 89 07 85 84
RESTAURANT AUX TROIS FLEURS
MONTREUX-JEUNE - 03 89 25 25 77
RESTAURATION AMBULANTE LA CARPE S'HABILLE
RUEDERBACH - 07 70 51 22 47
HOSTELLERIE AU CERF - SEPPOIS-LE-BAS - 03 89 25 62 94
RESTAURANT AU BON ACCUEIL - SPECHBACH - 03 89 25 40 21
RESTAURANT AU SOLEIL - WAHLBACH - 03 89 07 81 48
RESTAURANT LE BURAHUS - WERENTZHOUSE - 03 89 40 41 95

NOS PARTENAIRES

CAVE VINICOLE WOLFBERGER - EGUISHEIM - wolfberger.com
LISBETH - SOURCES DE SOULTZMATT - lisbeth.alsace
MINOTERIE MODERNE - HIRSINGUE - 03 89 40 50 04
BIHL EXPLOITATION PISCICOLE DU SUNDGAU
FRIESEN - 03 89 25 62 15
PISCICULTURE KOHLER - FRIESEN - 03 09 25 62 32

Office de Tourisme du Sundgau Sud Alsace

Les carpailles

24 mars au 7 avril 2023
"Goûtez la carpe autrement !"

Plus d'informations sur carpe-frite.fr
www.sundgau-sudalsace.fr

CHOUCROUTERIE CLAUDE

1, rue d'Alsace
CHAVANNES-SUR-L'ETANG
✆ 03 89 25 21 96
choucrouterie-claude.fr
Fermé le dimanche. Le reste de la semaine 9h-12h et 14h-18h30. Jusqu'à 19h en été.

Véritable institution, la Choucrouterie Claude a vu le jour dans le Sundgau en 1961, depuis, l'exploitation n'a cessé de grandir et fournit environ 80 % des besoins en choux. Au-delà de la choucroute traditionnelle crue ou cuisinée, l'entreprise familiale produit de nombreuses spécialités à base de chou. La Choucrouterie Claude a mis en place une petite boutique de produits locaux, Le Cabas du Terroir, 100 % made in Elsass. En été, il est possible de visiter la choucrouterie et la production maraîchère au naturel. Une maison historique qui ne cesse d'innover.

JOSEPH ET MARLYSE HELL

2, rue du Soufre - **SCHWOBEN**
✆ 03 89 07 85 28
www.fermehell.fr
Ouvert le vendredi de 9h à 18h30 et le samedi de 8h30 à 13h.

Joseph et Marlyse produisent des céréales, élèvent des porcs, des poules et des poulets qu'ils transforment en produits à destination des marchés hebdomadaires ou mensuels de la région. Ils sont également membres du réseau Bienvenue à la Ferme dont les chartes sont assez strictes pour l'élevage des animaux. Dans leur magasin, vous trouverez de nombreux produits frais issus des circuits courts régionaux : pains paysans, kougelhof, viande fraîche, charcuteries fermières... Autant de produits frais dans le respect des traditions, des animaux et de la qualité.

ALSACE PLAISANCE

25C, rue de Cernay - **HAGENBACH**
✆ 06 80 75 56 15
www.alsace-plaisance.com
Formule location bateau 5 places sans permis : 120 € les 4h. Ouvert de Pâques à octobre.

Située à l'écluse du Corbusier sur le canal du Rhône au Rhin, Alsace Plaisance propose tous les services de la plaisance. C'est aussi un centre de formation pour passer les permis bateau et un magasin d'accastillage. On peut y louer des bateaux avec ou sans permis pour une balade originale. Environ 4h aller-retour pour une petite balade de l'écluse à Mulhouse, idéal pour découvrir un biotope exceptionnel, des berges naturelles, deux pontons sur 30 kilomètres de voie d'eau. Une pause pique-nique est prévue pour faire de cette journée un moment inoubliable.

BURN'HOPARK

4A, route de Guewenheim - **BURNHAUPT-LE-BAS**
✆ 06 84 67 68 58
www.acropark.fr/burnhopark
Tarifs : de 12 € à 22 €. Groupes : tarifs réduits à partir de 10 personnes. Ouvert du vendredi au dimanche, 13h-17h.

Avis aux amateurs d'accrobranche, le Burn'Hopark a tout pour plaire avec ses 120 ateliers aménagés sur 120 ha dans un cadre bucolique. Parfaitement sécurisé, ce parc est équipé d'un système à aiguillage rotatif multidirectionnel qui vous permet de revenir au sol ou de changer de parcours sans être détaché de la ligne de vie brevetée. Lutin et Ouistiti pour les bambins, un parcours Panda pour les enfants et un parcours Acrobate pour les ados et les adultes, avec notamment une tyrolienne de 55 mètres ! Vous éprouverez à coup sûr des sensations dans ces arbres !

GOLF DE LA LARGUE

25, rue du Golf
MOOSLARGUE
✆ 03 89 07 67 67
https://lalargue-resort.com
Ouvert toute l'année. Horaires variables en fonction du mois. Restauration.

Le Golf de la Largue est situé sur l'ancienne ligne de front. Son magnifique paysage et son parcours très équilibré le classent parmi les plus beaux golfs de France. Le golf s'ouvre et se démocratise, même si le parcours de 18 trous reste réservé aux golfeurs justifiant d'un handicap de 54. Le parcours de 9 trous, à l'entrée du site, est ouvert à tous et dispose de son practice. Et pour ceux qui souhaitent s'initier à ce sport, une école de golf est ouverte pour les enfants et les adultes qui peuvent suivre des formations dispensées par d'anciens joueurs pro.

DANNEMARIE

Entre Mulhouse et Belfort, Dannemarie est le chef-lieu d'un canton rattaché en 1870 à celui d'Altkirch. La première mention de la cité remonte à 823, sous le nom de Domnamarie. Dannemarie a appartenu aux comtes de Ferrette, puis, jusqu'en 1648, aux Habsbourgs et enfin aux ducs de Mazarin. Confortablement installée à proximité du canal du Rhône au Rhin et de l'Eurovéloroute, Dannemarie, qui a toujours été une ville commerçante, conserve des maisons et des bâtiments remarquables. Aujourd'hui, c'est une jolie ville très dynamique qui accueille de nombreuses manifestations et possède toutes les infrastructures nécessaires à l'épanouissement des habitants.

L'ORGUE DE CALLINET

✆ 03 89 62 77 71

www.dannemarie.fr

Pour visiter l'orgue Callinet de l'église Saint-Léonard, appeler le 03 89 62 77 71.

Le plus connus des orgues de la Porte d'Alsace est le Callinet de Dannemarie. Construit en 1846 par Joseph Callinet, il avait trois claviers et une quarantaine de jeux. En 1969, Pierre Coulon créa l'Association pour la Restauration de l'Orgue Callinet. 15 d'années d'efforts ont permis de rassembler 80% des fonds nécessaires à sa restauration organisée en trois étapes : 1977, 1983 et 1985. En 2004, les dorures du buffet ont été refaites par le MOF de 2000. Cet instrument, classé Monument historique en 2012, représente un bel héritage de savoir-faire alsaciens !

LA RIVIÈRE LA LARGUE

La Largue traverse le banc communal du sud vers le nord, avant de passer sous le canal du Rhône au Rhin à Wolfersdorf, sous les voûtes du célèbre Pont-Canal. Cette rivière et ses berges forment un milieu naturel privilégié pour de multiples espèces d'oiseaux. Le martin-pêcheur en est sans aucun doute le plus populaire, ou le courlis au printemps. Deux pistes cyclables permettent de découvrir un environnement préservé : l'une suit le tracé de l'ancienne voie ferrée Dannemarie-Pfetterhouse, l'autre permet de rejoindre Mulhouse en suivant le canal du Rhône au Rhin.

AU BONHEUR DES OGRES €€€

15, rue de la gare

✆ 06 83 99 07 74

Fermé lundi et mardi. Cabaret. Jardin d'été.
Carpes frites, carte winstub, cuisine innovante et traditionnelle

Le show dans le Sundgau ! Un vrai coup de cœur ! Les Beyrat sont connus et reconnus dans le coin avec leur restaurant À l'Ange qui a divinement régalé une partie importante de la population. Ils ont décidé de transformer l'essai avec beaucoup plus d'ambition en créant en face de la gare, un petit cabaret où tous les sens sont en exaltation, gouaille et gourmandise associées ! Une scène incroyable avec une programmation artistique décalée, mais locale. N'oublions pas le magnifique jardin d'été et sa glycine exceptionnelle torturée par de vieux bouleaux et figuiers.

HIRTZBACH ★

Ce village est surtout connu pour son fleurissement, classé dans la meilleure catégorie au niveau national. Des fleurs et des maisons à colombages que l'on retrouve tout au long du ruisseau qui sépare le village en deux, mais qui a le triple intérêt d'avoir retrouvé son biotope naturel, d'être enjambé par 12 petits ponts et d'être encadré par une allée de tilleuls centenaires. À deux pas du ruisseau, se trouve le château de Reinach, classé Jardin remarquable. Le grand rendez-vous de ce village a lieu chaque premier week-end du mois d'août : la Fête nature rassemble une exposition florale, des stands artisanaux et un magnifique feu d'artifice.

© VIANNEY MULLER

Village d'Hirtzbach avec en fond les Vosges.

GOMMERSDORF

Comme dans toute la région, vous remarquerez à Gommersdorf de jolies maisons et fermes à colombages. Au XIXe siècle, l'exode rural n'a pas épargné la commune. Aujourd'hui, c'est un village à la fois agricole et résidentiel pour tous les actifs des pôles industriels et commerciaux. Ce qui a permis de maintenir une vie dans cette localité qui souhaite préserver son âme rurale. C'est aujourd'hui chose faite et bien faite car il y fait bon vivre. C'est dans cette localité qu'est née l'action de remise en valeur de l'architecture paysanne avec l'Association Maisons paysannes d'Alsace. Et on retrouve même à l'écomusée d'Alsace l'ancienne auberge.

MULHOUSE

AUBERGE DES TROIS VALLÉES €€

16, rue d'Altkirch
HIRSINGUE
✆ 03 89 40 50 60
www.aubergedestroisvallees.fr
Fermé le mercredi et lundi-mardi soir. Réservation recommandée. Routes de la Carpe Frite Formule du midi : 11 €.

Reconnue pour ses carpes frites, l'Auberge des Trois Vallées accueille ses clients dans une chaleureuse salle aux tons pastel. Aux fourneaux, Pieter Harens mitonne ses petits plats dans le pur héritage des restaurants sundgauviens. Le restaurant est d'ailleurs membre de l'association de la Route de la carpe frite. Autres spécialités les rognons de veau ou le kougelhopf glacé au kirsch. Le chef-œuvre aussi à l'avènement du Sundgau touristique, tout comme votre guide préféré !

© E.SUAREZ

© E.SUAREZ

HIRSINGUE

À la croisée de la haute vallée de l'Ill et des routes qui conduisent d'Altkirch à Ferrette, Hirsingue est la plus importante commune du canton, devant Hitzbach, Waldighoffen, puis Pfetterhouse. Le village, qui formait initialement une mairie de la seigneurie d'Altkirch, fut inféodé en 1336 au Montjoie. Au début du XVIIIe siècle, Louis XIV, créa le comté Montjoie avec, entre autres, Ruederbach, Heimersdorf et Hirsingue, chef-lieu de canton depuis 1795. Le sanctuaire de Hirsingue, placé sous le vocable de saint Jean-Baptiste de 1774, a été réalisé par l'architecte Gabriel Ignace Ritter. Il comporte un beau mobilier baroque, les tableaux d'autel sont de Kau et de Hauwiller. À côté de l'église, se trouve la chapelle qui servit de nécropole aux comtes de Montjoie. Sur la gauche, dans la rue du château, subsistent les dépendances de l'ancienne demeure des Montjoie. C'était un château grandiose, rebâti en 1742 par Bagnato, avec chapelle, salle où étaient exposées des collections d'armures et de médailles, bibliothèque de 30 000 volumes, cave immense richement fournie, jardin à labyrinthe, souterrain. Au début de la Révolution, ce château fut pillé, saccagé, vendu comme bien national et démoli. Le châtelain ne dut son salut qu'à une fuite précipitée par un souterrain. À la sortie du village, dans la large vallée de l'Ill, on aperçoit, à gauche, de l'autre côté de la rivière, un oratoire qui rappelle l'antique église Saint-Martin. Démolie avant le XIXe siècle, elle était entourée par les habitations de Bettendorf, avant le déplacement de ce village dans les hauteurs.

CYCLES DIEBOLT

21, rue de Bettendorf
✆ 09 74 56 53 78
www.cycles-diebolt.com
Mardi 9h-12h et 14h-18h ; du mercredi au vendredi 9h-12h et 14h-18h30 ; samedi 9h-12h et 13h-16h.

Incontournable et fournisseur de tout le Sundgau, Philippe Diebolt vous conseille et vous oriente vers un choix adapté à vos besoins qu'il s'agisse d'achat ou de location. Spécialiste du cycle depuis de nombreuses années, vous y trouverez aussi de quoi vous équiper de pied en cap sans oublier le SAV, assuré avec sérieux et professionnalisme. Le plus ? En hiver la boutique fait office de magasin de ski : entretien, vente ou location, ici vous trouverez tout le matériel nécessaire à la pratique de la glisse ou de la raquette dans les meilleures conditions.

JUSTE LA RESTAURANT MOBILE €

16, rue d'Altkirch
✆ 06 73 70 81 05

Restaurant mobile présent lors des marchés : Riedisheim, Wittenheim, Rixheim, Mulhouse, Sierentz, Altkirch, Dannemarie.

La carpe frite c'est l'ADN du Sud-Alsace ! Grâce à Kévin et Mélanie, et leur idée détonante de restaurant mobile, la carpe frite s'est offert une seconde jeunesse. Ils privilégient les circuits courts : les pommes de terre viennent de Spechbach, les carpes de Friesen, la semoule d'Hirsingue et les œufs de Michelbach-le-Bas ! Bref, vous l'aurez compris, la carpe frite connaît une ascension fulgurante, véhiculant avec elle et à bord des petits camions une très belle image du Sundgau.

MOERNACH

D'après des écrits du XIXe siècle, le village aurait été quasiment abandonné après la guerre de trente ans. D'ailleurs le village de Ertzach, situé entre Moernach et Koestlach mentionné en 1282 aurait lui aussi disparu et se situerait au nord de la chapelle Saint Catherine. Entre Moernach et Durlinsdorf, à l'amorce d'un virage sur la gauche, se trouve une petite chapelle qui abrite les statues de Notre-Dame de la Paix et de saint Nicolas. Un peu plus loin, sur la colline du Kleeberg, vous découvrirez une nécropole burgonde du VIIe siècle, avec squelettes et mobilier funéraire. Trois tumilis ont été découverts au pied du Kastelberg.

FERRETTE ★★

Porte du Jura et point stratégique au centre du Pays du Sundgau, le site de Ferrette, véritable petit joyau du Jura alsacien, est particulièrement séduisant avec ses rues étroites qui semblent dégringoler du haut du village. Les maisons paraissent prolonger les rochers sur lesquels elles sont accrochées, tout en contant l'histoire d'un passé prestigieux. Dominée par les imposantes ruines de ses deux châteaux, la cité médiévale, ancienne capitale du Sundgau, fut la propriété de la grande et, puissante maison des comtes de Ferrette, puis des Habsbourgs jusqu'à la fin de la guerre de Trente Ans. En 1648, le traité de Westphalie accorde tous les biens propres de ces derniers sur la rive gauche du Rhin, dont le comté de Ferrette, à Louis XIV. En 1659, celui-ci offre le domaine et le titre à son ministre, le cardinal Mazarin. Vers 1775, la duchesse de Mazarin, épouse le prince Honoré IV de Monaco. Depuis lors, les Grimaldi portent légitimement le titre de comte de Ferrette. Ferrette est le point de départ idéal de nombreuses balades découvertes dans les collines boisées des environs, sentiers balisés par le Club vosgien.
Vous pourrez partir à la découverte des ruines du château, et profiter d'un magnifique panorama à 360° sur le Jura, les Vosges et la Forêt noire, mais aussi vous immerger dans la légende de la grotte aux nains. Tous les ans, le passé médiéval resurgit à Ferrette. Le temps d'un week-end, ménestrels, troubadours, chevaliers et autres personnages mystérieux reprennent possession des lieux. Une belle occasion de profiter de l'atmosphère si particulière de ce joli village.

LA BASSE VILLE ET L'ÉGLISE

Parking à l'église.

Le château de Ferrette est connu pour être un des plus anciens d'Alsace. La basse ville est nichée juste à ses pieds. N'hésitez pas à vous promener le nez en l'air pour vous imprégner de son histoire ! L'église Saint-Bernard-de-Menthon, classée monument historique est d'ailleurs le point de départ d'une balade qui mène aux ruines du château et à la grotte aux Nains. Une fois tous les 2 ans, Ferrette retourne à l'époque médiévale, un événement où les chevaliers s'affrontent !

CHAPELLE SAINT-BRICE ✞

Rue de Liebenswiller
OLTINGUE
Fermé le lundi. Accessible par un chemin de terre.
Isolée, à quelques kilomètre d'Oltingue, cette ancienne chapelle a probablement été fondée par les moines de Murbach au XIVe siècle. Haut lieu de pèlerinage, il ne reste de cette époque que les baies en arc brisé sur le mur sud. Au début du XVIIIe siècle, des travaux sont entrepris et la chapelle est reconstruite. Un campanile est ajouté en 1705 et rebâti en 1985. 55 ex-votos en fer, découverts en 1910, sont aujourd'hui conservés au Musée archéologique de Strasbourg. En 1567, un ermitage s'élevait près de la chapelle, aujourd'hui remplacé par une ferme auberge.

CIRCUIT DES TROIS CHÂTEAUX DU JURA ALSACIEN ★

Renseignements auprès de l'office de tourisme du Sundgau.
C'est un magnifique patrimoine à découvrir à travers les plus beaux sentiers de la région sur un itinéraire pédestre de 80 km à la découverte des châteaux moyenâgeux du Jura alsacien. De Ferrette, le plus connu, au Morimont, château d'apparat, ou au Ladskron, sentinelle frontalière, il suffit de suivre les balises ornées du logo « Circuit des 3 châteaux » à chaque croisement. De nombreux hôtels et restaurants le long du circuit mais vous pouvez opter pour un séjour en itinérance clé en main.

CHÂTEAU DE FERRETTE ★★

Rue Saint-Bernard
✆ 03 89 08 23 88
www.sundgau-sudalsace.fr
Parking dans le village. Visite libre.
Le château de Ferrette est l'un des plus anciens château fort médiéval d'Alsace. Classé monument historique en 1930, les ruines sont restaurées puis vendues à une famille sundgauvienne. L'accès aux vestiges est facile et gratuit, mais attention à bien vous chausser (15 min à pied). L'entrée se fait par un chemin d'accès boisé et une magnifique porte voûtée qui permet d'accéder aux deux parties des ruines : le château inférieur du XVe siècle et le château supérieur doté d'un donjon d'habitation au sommet duquel une plate-forme permet de jouir d'un superbe panorama.

LA HAUTE VILLE ★

Possibilité de se garer à l'église si vous voulez monter au centre-ville à pied.
C'est en 1271 que la basse cour du château devient la haute ville. Les derniers vestiges de la porte du haut sont les deux piliers aux armes de Ferrette, dans la rue Saint-Bernard. La place des Comtes conduit à l'édifice abritant l'hôtel de ville. Le beffroi accueille l'ancienne cloche communale. Plus bas se trouvent d'anciennes boutiques et demeures, dont celle du peintre Léon Lehmann ou encore la maison natale du dramaturge Jean Henri Ferdinand Schwindenhammer. La Haute Ville prend fin à hauteur de l'ancienne maison dîmière et de la maison du gardien.

MULHOUSE

© VIANNEY MULLER

La ville de Ferrette au printemps.

LES LAMAS DE LA MONTAGNE BLEUE

Ferme du Hornihof

KIFFIS

✆ 03 89 40 33 60

Visite guidée dimanche et jours fériés sur rendez-vous de 15h à 17h.

Au col du Blochmont, il n'est pas rare de croiser des lamas et des chiens de bergers d'Asie centrale. La ferme du Hornihof élève ces animaux de plus en plus populaires. Idéal pour les balades, le lama peut servir de porteur mais aussi à l'entretien et à la valorisation des espaces naturels. L'élevage se visite et la ferme propose des promenades, pour une journée instructive. Une visite des plus déroutantes sur un site préservé d'une beauté à couper le souffle.

MUSÉE DES AMOUREUX ET DU PATRIMOINE SUNDGAUVIEN

2, rue de Ferrette - **WERENTZHOUSE**

✆ 03 89 40 50 47

www.sundgau-sudalsace.fr

Ouvert tous les dimanches 14h30-18h en juillet et août et le 1er dimanche du mois 14h-17h d'avril à octobre.

Le plus petit musée de France ! Dans 19 m², les bénévoles ont rassemblé plus de 30 000 cartes et photos dont certaines ont plus de 100 ans. La collection se divise en 2 thématiques : une dédiée à l'amour et la deuxième répertorie une formidable rétrospective de l'histoire de la carte postale et locale en photos. Quelques photos personnelles complètent les mots d'amour écrits au verso des cartes. Tous les 15 premiers jours de février, Werentzhouse devient le village des amoureux !

MUSÉE DU SAPEUR-POMPIER D'ALSACE

12-14, rue de Luppach - **VIEUX-FERRETTE**

✆ 03 89 68 68 18

www.musee-sapeur-pompier.fr

Ouvert du mardi au dimanche de 10h à 18h. Ouvert d'avril à fin septembre.

Ouvert en 2014, ce musée est un des plus grands dédiés aux sapeurs-pompiers de France. Il reprend, complète, modernise et surtout présente la collection de Mulhouse, présentée dans le cadre du musée du Chemin de fer de 1978 à 2003. Deux halls, des vitrines, une salle audiovisuelle, une boutique, une bibliothèque... Des engins sur roues, une centaine d'équipements, un central téléphonique complet, des avertisseurs publics d'incendie... pour le plus grand bonheur de tous !

MUSÉE PAYSAN ★

10, rue Principale - **OLTINGUE**

✆ 03 89 40 79 24

www.museepaysan-oltingue.com

Du 15 novembre au 1er mars, ouvert dimanche 14h-17h. Du 15 juin au 30 septembre, mardi, jeudi, samedi dimanche 15h-18h.

Cette maison typique du Sundgau date du XVIe siècle et abrite le musée des Arts et Traditions populaires du Sundgau. La collection du XIXe et du début du XXe siècle qui le constitue a été rassemblée par l'abbé Étienne Bilger, curé à Oltingue de 1958 à 1976 et amoureux de son terroir. Il a sauvegardé des ustensiles du quotidien – vaisselle, four à pain, outils, linge de maison –, des objets de piété, des poêles et meubles typiquement alsaciens, des costumes, etc. Tout au long de l'année, des artistes locaux y exposent leurs œuvres.

PLAN D'EAU DE COURTAVON

Route de Liebsdorf

COURTAVON

✆ 03 89 40 41 06

www.plandeau-courtavon.fr

Camping ouvert d'avril à fin octobre. Réouverture du parc gonflable en juillet 2023.

Situé dans le Jura alsacien, le plan d'eau de Courtavon est un lieu agréable qui s'étend sur près de 29 hectares où l'on prend le temps de... vivre ! Nombreuses activités : pêche (carte de pêche journalière nécessaire), bateaux électriques, pédalos, baignades, restauration : telles sont les activités dont vous pourrez profiter lors de la saison estivale. À noter : un camping de 70 places est situé à proximité de ce fleuron touristique de la région où les vacanciers viennent de près ou de loin pour se rafraîchir et profiter des jolis paysages sud-alsaciens.

SENTIERS DES CASEMATES

BETTLACH

Possibilité de se garer à la mairie de Bettlach, point de départ de la randonnée.

Créé en 2000 par la municipalité de Bettlach, ce sentier relie trois des sept fortins de la ligne Maginot. Un circuit d'environ 2 km jalonné de panneaux explicatifs racontant l'histoire de ces fortifications de la Seconde Guerre mondiale. La commune a rénové et sécurisé les bâtiments qui possédaient des canons défensifs. Laissés libres à la visite, il est conseillé de se munir d'une lampe pour les explorer et de faire très attention. Cette balade est aussi l'occasion de découvrir les contreforts du Jura alsacien. Le point de vue de la casemate sud est à tomber !

SUNDGAU AUTRUCHE

49a, rue Général-de-Gaulle
SONDERSDORF
✆ 03 89 40 38 29
Bienvenue à la Ferme. Ouvert le dimanche de 14h30 à 17h30 sur réservation. Visite guidée. Adulte 4 €.

D'abord élevage puis le cheptel a grandi jusqu'à former un troupeau de 170 animaux avec l'autorisation d'abattage. On peut donc acheter de la viande d'autruche. La visite commence par un film sur la vie des autruches, puis un guide vous emmènera voir les animaux de près. Pour terminer la visite à la boutique, où tous les produits dérivés sont présentés, œufs d'autruches et d'émeus vidés nature, articles en cuir, produits cosmétiques et plumes. Ils organisent aussi des soirées avec repas sur le thème de l'autruche. Profitez des portes ouvertes pour les découvrir.

SENTIERS THÉMATIQUES

Renseignements à l'office de tourisme de Ferrette.

Le Sundgau est un territoire préservé tout simplement magique ! Trésors architecturaux, balades à travers les légendes et l'histoire de cette région, promenades familiales le long de circuits pédestres : ce sont de très belles découvertes que propose l'Office de tourisme de Ferrette. Entre la mystérieuse grotte des Nains à Ferrette, le sentier marocain à Winkel, le sentier Mélèzes à Durmenach, le sentier découverte et le parc à cigognes à Raedersdorf, le Gros Chêne à Sondersdorf..., le choix sera difficile. Et si vous les faisiez toutes ?

HÔTEL-RESTAURANT COLLIN** €

4, rue du Château
✆ 03 89 40 40 72
www.hotelcollin.fr
Logis. 9 chambres (2 belles chambres familiales). Restaurant.

Vous trouverez rue du Château une belle bâtisse rouge qui propose 8 chambres rénovées avec tout le confort moderne. L'ensemble est calme et lumineux, garantie d'un repos bien mérité. L'adresse gagne aussi à être connue pour sa cuisine de terroir utilisant les produits des producteurs locaux. On retrouve ici l'incontournable carpe-frites sans arêtes et son menu touristique. Sur la carte : tartes à l'oignon, choucroute, munster... Aux beaux jours, une belle terrasse vous accueille.

AU CHAUDRON €

15, place de l'Ancienne-Forge - **VIEUX-FERRETTE**
✆ 03 89 40 10 88
Ouvert du jeudi au dimanche : 10h-14h et 18h-22h, jusqu'à minuit le samedi. Menu du jour : 11,50 €.

On vient Au Chaudron pour sa convivialité et son ambiance décontractée. La cuisine, goûteuse et authentique, est réalisée à partir de produits locaux. Spécialité de la maison, le "chaudron bleu », poitrine de poulet jaune habillée de jambon cru, panée aux Bretzels, servi avec son Pipalakaas, frites et salade verte. Incontournables, l'entrecôte charolaise et les traditionnelles carpes frites. Le chef surprend aussi avec sa carte des desserts, ne manquez pas son « Numéro 17 », un biscuit aux amandes avec une compote de zwatschga à la cannelle et glace vanille.

RESTAURANT AU CHASSEUR €

6, rue de Bâle
KNOERINGUE
✆ 03 89 68 61 52
Fermé lundi et jeudi. Uniquement le midi le mercredi.

« C'est comme dans le temps » ! C'est un restaurant de village, tout ce qu'il y a de plus pittoresque ! À midi, le restaurant affiche souvent complet tant il est fréquenté par les gens du crû. Un menu du jour, goûteux et qui tient au corps. On vous dira que les spécialités sont les carpes frites mais aussi les cochonnailles qui démarrent en octobre jusqu'en février. Le pot-au-feu est lui aussi absolument délicieux. Bref vous l'aurez compris, si vous êtes dans le coin, ne passez pas votre chemin ! Précisons aussi que les petites faims sont les bienvenues.

STUDERHOF €

9, rue de Bâle - **BETTLACH**
✆ 03 89 40 71 49
www.studerhof.fr
Fermé le lundi soir, mardi et mercredi. Carte : 20-25 € environ. Formule du midi : 12,50 € (entrée/plat/dessert).

C'est une adresse incontournable pour les amateurs du terroir alsacien ! Le fils, Jean Fischer, a repris le flambeau et il emmène les épicuriens à la découverte de classiques revisités. La carpe frite est reine et accommodée à toutes les sauces ! La choucroute n'est pas en reste et se décline avec gourmandise aux poissons mais aussi en quiche ou en cordon-bleu. Autre spécialité de la maison, les asperges sont un régal. Une cuisine raffinée et familiale à déguster bien installé sur une magnifique terrasse au panorama exceptionnel sur le Jura alsacien.

AU CHEVAL BLANC €€

1 rue de Bisel - **FELDBACH**

✆ 03 89 25 81 86

cheval-blanc-feldbach.fr

Fermé lundi soir, mardi et mercredi.
Menu du jour : 13 €.

Adresse incontournable où le maître restaurateur Éric Ispa vous régale de plats respectueux des saveurs et des produits locaux. Le décor, aux tonalités chaudes et boisées, la convivialité, le service courtois et souriant sont appréciés des convives. Une carte avec de belles propositions : souris d'agneau braisée de 4 heures, désossé de caille farcie aux cèpes ou pavé de bar sauvage grillé, sauce nantaise ou une truite au bleu préparée à la minute, le restaurant ayant son propre vivier. Une belle carte des vins apporte un point supplémentaire à cette belle adresse.

BRASSERIE DISTILLERIE RADWULF

1, chemin du Galgenweg - **VIEUX-FERRETTE**

✆ 06 51 29 23 79

www.radwulf.fr

Ouvert le vendredi de 18h à minuit. Le samedi de 12h à 12h30 et de 18h à minuit.

Cette micro-brasserie s'est installée dans un hangar pour distiller ses bières maison brassées avec savoir-faire et passion. N'hésitez pas à demander les conseils avisés du patron pour faire votre choix, que ce soit à emporter ou à déguster sur place. La Brasserie vous accueille dans une vaste pièce sur deux étages pour savourer leurs bières, à accompagner d'un hot-dog si vous avez un petit creux ! Des soirées à thème sont régulièrement organisées dans ce lieu plein de vie.

CONFRÉRIE DE LA CHOUCROUTE

9, rue de Bâle

BETTLACH

Tradition culinaire alsacienne, la choucroute a sa confrérie depuis 1987. En effet, les restaurateurs membres s'engagent à servir un plat à base de choucroute toute l'année ! Une façon conviviale de réunir les épicuriens ! L'association organise des intronisations tous les ans et possède son propre hymne, un brin folklorique et drôle, mais en 2018, la choucroute d'Alsace a obtenu la très sérieuse reconnaissance IGP. Une belle récompense qui a dû réjouir les membres de la confrérie.

FERME DU GRUMBACH

13, rue de Dannemarie

DURLINSDORF

✆ 03 89 08 12 96

Magasin ouvert jeudi et vendredi de 9h à 19h et le samedi de 8h à 16h.

La Ferme du Grumbach est la première ferme d'élevage agrotouristique. Sandra et Nicolas Gerster ont repris cette exploitation familiale en 1996. Au fur et à mesure des transformations, ils l'ont développée en centre de vente directe. Ainsi, vous pourrez trouver ici tous les produits transformés provenant des animaux de la ferme ainsi qu'un panel de produits locaux... Un service traiteur est également proposé pour vos banquets et mariages. La Ferme du Grumbach offre une vision du futur métier d'éleveur fait de production, de commercialisation et de passion.

LA GRANGE DE MARIE

9, place de l'ancienne forge

VIEUX-FERRETTE

✆ 07 70 51 80 39

Fermé dimanche et lundi. Mardi 10h-18h. Mercredi-vendredi 10h-13 et 15h-20h. Samedi 10h-17h.

Niché au sein d'une vieille grange magnifiquement rénovée d'où elle tire son nom, La Grange de Marie vaut le détour. La boutique propose un large choix de grands crus issus du vignoble alsacien ou de terroirs français. N'hésitez pas à demander les conseils avisés de la patronne qui saura vous guider dans votre choix ! Si d'aventure vous hésitez trop, vous pourrez toujours déguster quelques vins directement sur place, par exemple en les accompagnant des délicieux fromages de chez Antony que la grange vous propose en accompagnement !

RHENAMAP

11, rue du 1er-Septembre

MUESPACH

✆ 03 89 49 58 57

www.rhenamap.org

Vente directe. Ouvert le vendredi de 16h30 à 18h.

Rhénamap est un circuit de vente directe entre un producteur local et des consommateurs. très apprécié par les comsom'acteurs, ce système connaît un succès grandissant, tant et si bien qu'en 2010, les Amap du Sud-Alsace se sont réunies sous une seule bannière, Rhenamap. En perpétuel mouvement, Rhenamap est présente sur tous les fronts, d'Internet aux différentes foires qui se tiennent dans tout le département et offre 10 lieux de distribution dans le Haut-Rhin. Une bonne façon de produire et de consommer autrement et d'éveiller les consciences !

MULHOUSE

DOMAINE NORDIQUE DE WINKEL

WINKEL

✆ 03 89 08 23 88

Renseignements sur le taux d'enneigement et circuits www.sundgau-sudalsace.fr.
Randonnée nordique, raquettes, luge.

La luge, le ski de fond, les raquettes, chouette, vive la neige ! L'altitude du Jura alsacien permet à tous de pratiquer ces sports d'hiver sur le domaine nordique de Winkel. Longtemps confidentielle l'adresse est maintenant bien connue des fondus du ski de fond. Une petite dizaine de pistes sont tracées chaque année par les bénévoles et permettent aux passionnés de profiter des joies de la glisse en pleine nature, loin des masses touristiques. Attention les pistes ne sont pas damées.

HÔTEL JENNY*** €€

84, rue de Héguenheim

✆ 03 89 68 50 09

www.jenny-hotel.com

Ouvert toute l'année. Chambre double à partir de 119 €, petit déjeuner inclus. Spa, sauna, restaurant, salle de sport.

Transmis de mère en fille depuis 1930, cet établissement est un petit bijou ! Situé à 7 kilomètres de Bâle, l'hôtel est loin du bruit mais proche du monde ! Ici ce sont le calme et la sérénité qui priment : chambres spacieuses, décoration épurée et open-space cosy. L'espace Spa et fitness offre de très belles prestations. Une décoration épurée et très apaisante complétée par de très belles salles de bains. Une adresse des plus originales et surtout 100 % écolo, une véritable révolution verte qui est en train de se jouer sur les terres d'Hagenthal !

BOUXWILLER

Attention, à ne pas confondre avec son homonyme bas-rhinois. Bouxwiller est une charmante commune du Jura alsacien. Proche de la frontière suisse, son histoire est fortement liée à celle des moines franciscains du couvent de Luppach. Saviez-vous que la coiffe traditionnelle, avec son grand noeud noir, et le bretzel sont originaires de Bouxwiller ? Jacques le Barbu, comte de Bouxwiller, aurait enfermé le boulanger qui se serait moqué de sa bien-aimée. Pour obtenir de sa liberté, il lui aurait dû réaliser un gâteau à travers lequel on pouvait voir trois fois le soleil... ! Au détour des ruelles, vous pourrez découvrir un magnifique patrimoine.

BETTLACH ★

Si les armoiries de la commune – un serpent noir avec une langue rouge sur un fond blanc – indiquent un village humide, la découverte récente de vestiges romains prouve que Bettlach fut très tôt prisée pour sa situation géographique. L'origine de la commune remonterait ainsi à l'époque gallo-romaine, lorsque Bettlach se trouvait sur une voie romaine reliant Porrentruy à Bâle. Les nombreuses maisons à colombages ajoutent aujourd'hui une agréable et surtout plus proche touche de passé alsacien. Situé le long d'une voie romaine qui cheminait par St.Blaise, le village faisait partie au moyen-âge de Bouxwiller, et de la seigneurie de Ferrette.

HAGENTHAL-LE-BAS

L'histoire de cette commune est étroitement liée à celle d'Hagenthal-le-Haut. Au XIe siècle, elle appartient aux comtes de Ferrette avant de devenir la propriété des Hasbourgs et des comtes de Thierstein. En 1456, les seigneurs de Neuwiller s'établirent dans le château du village. En parcourant la cité, vous y trouverez encore un vieux moulin, la maison des Têtes qui mérite le coup d'œil, un cimetière israélite. En 1726, le conseil souverain d'Alsace ordonna la destruction de la synagogue construite sans autorisation début du siècle, elle sera rebâtie, transformée et reconstruite. Finalement désaffectée, elle sera transformée en atelier de serrurerie.

© VIANNEY MULLER

Maison à colombages à Bettlach.

SENTIERS DES CASEMATES

Possibilité de se garer à la mairie de Bettlach, point de départ de la randonnée.

Créé en 2000 par la municipalité de Bettlach, ce sentier relie trois des sept fortins de la ligne Maginot. Un circuit d'environ 2 km jalonné de panneaux explicatifs racontant l'histoire de ces fortifications de la Seconde Guerre mondiale. La commune a rénové et sécurisé les bâtiments qui possédaient des canons défensifs. Laissés libres à la visite, il est conseillé de se munir d'une lampe pour les explorer et de faire très attention. Cette balade est aussi l'occasion de découvrir les contreforts du Jura alsacien. Le point de vue de la casemate sud est à tomber !

KIFFIS ★

Dès la seconde moitié du Ier siècle, les environs de Blochmont ont été occupés. Kiffis sera mentionné à partir de 1194 et relève de l'administration de Wolschwiller et du comté de Ferrette. Des biens sont possédés par les couvents de Beinwil et de Petit-Lucelle. Au XIXe siècle, ses sables ferrugineux sont exploités. Du charbon de bois est produit pour les fonderies de Lucelle. Kiffis reste tourné vers la Suisse tant sur le plan religieux que pour la scolarité jusqu'en 1871. L''histoire de ce petit bourg se parcourt à travers le château fort du Blochmont, l'église Saint-Pierre-et-Saint-Paul construite entre 1817 et 1820 ou encore sa chapelle de 1937.

STUDERHOF €

9, rue de Bâle
✆ 03 89 40 71 49
www.studerhof.fr

Fermé le lundi soir, mardi et mercredi.
Carte : 20-25 € environ. Formule du midi : 12,50 € (entrée/plat/dessert).

C'est une adresse incontournable pour les amateurs du terroir alsacien ! Le fils, Jean Fischer, a repris le flambeau et il emmène les épicuriens à la découverte de classiques revisités. La carpe frite est reine et accommodée à toutes les sauces ! La choucroute n'est pas en reste et se décline avec gourmandise aux poissons mais aussi en quiche ou en cordon-bleu. Autre spécialité de la maison, les asperges sont un régal. Une cuisine raffinée et familiale à déguster bien installé sur une magnifique terrasse au panorama exceptionnel sur le Jura alsacien.

LES LAMAS DE LA MONTAGNE BLEUE

Ferme du Hornihof
✆ 03 89 40 33 60

Visite guidée dimanche et jours fériés sur rendez-vous de 15h à 17h.

Au col du Blochmont, il n'est pas rare de croiser des lamas et des chiens de bergers d'Asie centrale. La ferme du Hornihof élève ces animaux de plus en plus populaires. Idéal pour les balades, le lama peut servir de porteur mais aussi à l'entretien et à la valorisation des espaces naturels. L'élevage se visite et la ferme propose des promenades, pour une journée instructive. Une visite des plus déroutantes sur un site préservé d'une beauté à couper le souffle.

CONFRÉRIE DE LA CHOUCROUTE

9, rue de Bâle

Tradition culinaire alsacienne, la choucroute a sa confrérie depuis 1987. En effet, les restaurateurs membres s'engagent à servir un plat à base de choucroute toute l'année ! Une façon conviviale de réunir les épicuriens ! L'association organise des intronisations tous les ans et possède son propre hymne, un brin folklorique et drôle, mais en 2018, la choucroute d'Alsace a obtenu la très sérieuse reconnaissance IGP. Une belle récompense qui a dû réjouir les membres de la confrérie.

FERME ÉQUESTRE ZUM BLAUE €

5, rue de Wolschwiller ✆ 03 89 40 35 25
cheval-kiffis.com

Gîte d'étape : 20 €/nuit + petit déjeuner (5 €).
Leçons d'équitation : 19 € en collectif.
Randonnée (2h) dès 40 €.

La ferme équestre est le lieu parfait pour se couper du monde ! Une belle maison jaune à colombages abrite deux gîtes, un rural et un d'étape. Une bonne literie, un coin kitchenette, des douches et de jolis rideaux aux fenêtres... Les petits déjeuners à base de confitures maison vous permettront d'être d'attaque pour entamer une randonnée équestre. Cette ferme est une valeur sûre en matière d'équitation, tous les chevaux sont dressés et bien dans leur tête, les moniteurs passionnés et les infrastructures idéales. Ici, Vous êtes entre de bonnes pattes !

LUCELLE ★

C'est la plus petite commune du Haut-Rhin, ce qui n'enlève rien à sa beauté et à ses charmes. Jadis, siège de la plus grande abbaye cistercienne d'Alsace, elle conserve quelques vestiges ainsi que de l'ancienne maison de campagne de l'abbé Delfis. C'est saint Bernard qui bénit la première pierre et la source de la nouvelle abbaye qui abritera douze moines de Belleval. Grâce à la volonté indéfectible des moines et à la confiance en Dieu de tous, Lucelle reste, aujourd'hui encore, Lucis Cella, cellule de lumière et n'a de cesse d'illuminer le souvenir de toute sa grandeur. Si l'Europe se construit à Strasbourg et à Bruxelles, son âme se forge à Lucelle.

LE BURAHUS €€

2, Grande-Rue
✆ 03 89 40 41 95
Fermé mardi soir, mercredi et jeudi.

Le Burahus, traduisez « la maison du paysan », est une adresse à ne pas manquer. Une décoration un peu vieillotte mais qui fait le caractère de la maison. Sur les murs, des fresques représentant des scènes de la vie paysanne, sur les tables, ces fameuses nappes à carreaux rouges et blancs. Dans une ambiance typique, on vient y déguster du gibier, des abats, de la choucroute, sans oublier la tête de veau. Côté cuisine, la star, forcément, c'est la carpe-frite. Au Burahus, on sait aussi faire la fête puisque des soirées à thèmes y sont régulièrement organisées.

OLTINGUE

Le village a su garder son cachet et ses artisans. Le musée du Sundgau, le sabotier ou la fameuse Oltinguette, où a été inventé le sorbet à la choucroute, participent au dynamisme local. L'église du village possède de très beaux orgues, classés aux Monuments historiques et mis en valeur le dernier dimanche de septembre par un magnifique concert. Saint-Martin-de-Champs, l'ancienne église, date du XIVe siècle et est classée par les Monuments historiques, des fouilles, effectuées en 1990, ont révélé des tombes anciennes dans la nef dont quelques-unes ont été mises en valeur. Le sentier du Thannewald vous mènera aux ruines du château du Landskron.

SAINT-LOUIS ★

Située à la frontière suisse, Saint-Louis est une ville résolument culturelle et pas forcément la cité-dortoir des frontaliers que l'on a l'habitude de décrire. En témoigne les nombreuses manifestations éclectiques de la ville : le Forum du livre, l'un des plus importants festivals littéraires du Grand Est, le festival Art de rue, le salon des 40 consacré à la création contemporaine amateur... Saint-Louis abrite également la plus grande la réserve naturelle d'Alsace : la petite Camargue alsacienne, un patrimoine environnemental de 904 hectares. Parfait pour le tourisme fluvial, c'est une région verdoyante et accueillante pour qui aime la nature.

WERENTZHOUSE

Dans ce petit village, il est intéressant d'aller faire un tour du côté de la rue de Ferrette où un ancien moulin à grains du XVIe siècle a conservé sa roue à aubes et son canal de dérivation. Il cessa pourtant son activité en 1936. Rue du moulin, l'un des deux anciens moulins à huile du XIXe siècle s'appuie encore sur une bâtisse du XVIe siècle. À l'arrière, on aperçoit encore les pressoirs à pommes, noix, groseilles et framboises. A noter que c'est Werentzhouse que le plus petit musée du monde s'est installé pour le plus grand plaisir des amoureux. Plus de 20 000 cartes postales retracent l'histoire du village sur plus de cent ans.

PETITE CAMARGUE ALSACIENNE ★★

1, rue de la Pisciculture ✆ 03 89 89 78 59
www.petitecamarguealsacienne.com
Animations et visites guidées. Expos muséographiques : Mémoire du Rhin entrée libre et Mémoire de saumons 3 €.

Créée en 1982 et agrandie en 2006, la Réserve naturelle de la Petite Camargue alsacienne est située dans le secteur des trois frontières. Après les travaux d'endiguement du Rhin et la construction du canal de Huningue, une zone humide a été maintenue rendant l'environnement propice au développement d'une faune et une flore spécifiques. La maison de la réserve accueille différentes expositions et de nombreuses animations pour découvrir cet espace protégé.

LES CHAMBRES DE CÉCILE €€

49, rue du Maréchal Foch
KEMBS
✆ 03 89 48 17 94
www.lepetitkembs.fr
3 belles chambres. 80 € la nuit pour 1 personne, 88 € la nuit pour 2 personnes. Petit déjeuner inclus

Cécile préside aux destinées de 3 coquettes et douillettes chambres d'hôtes pendant que Lionel prépare les agapes épicuriennes du restaurant. Si vos pérégrinations vous portent en Sud-Alsace, vous serez ravis de poser vos valises chez Cécile et Lionel. L'accueil y est « comme à la maison » ! Vous pourrez vivre une expérience culinaire gastronomique si vous décidez de pousser la porte du restaurant, le petit déjeuner est authentique avec pain frais bio, mini-kugelhopf, etc. Et surtout, vous pourrez découvrir ce petit coin de paradis qu'est l'Espace Rhénan.

HOTEL BERLIOZ*** €€

14, rue Henner
✆ 03 89 69 74 44
www.hotelberlioz.com
Chambre simple ou double de 80 € à 96 €. Animaux : 12 €. Petit déjeuner buffet : 11 €. Réception ouverte jusqu'à 23h30.

Idéalement situé au cœur des 3 frontières, l'hôtel Berlioz est un établissement confortable et de qualité. Il dispose de 20 chambres agréables et lumineuses. Le personnel est attentif au moindre désir de ses clients, et le petit déjeuner est un régal ! Pour vos réunions de travail, vous pouvez réserver deux salles de conférence (capacité de 15 à 20 personnes). Si vous prévoyez de rester 1 à 3 mois, l'hôtel dispose également de studios climatisés, équipés de kitchenette, avec garage ainsi que des appartements de 2 à 3 pièces situés au centre-ville de Saint-Louis.

HÔTEL RESTAURANT LE CHEVAL BLANC** €€

6 A, rue Rosenau - **VILLAGE-NEUF**
✆ 03 89 69 79 15
www.lechevalblanc.fr
Ouvert toute l'année. Wifi. Restaurant. Horaires sur site.

Idéalement installé au carrefour des Trois Frontières, Le Cheval Blanc est idéal pour les voyages d'affaires, aussi bien que pour les moments familiaux. La maison se découpe en trois parties : le restaurant qui propose des repas raffinés en toute intimité, une partie brasserie et l'hôtel. Côté fourneaux, c'est le chef Massimo Cataldo qui est aux commandes. Son truc à lui, c'est de varier ses plats en fonction des saisons. Et au moment des asperges, il est juste incontournable !

LA VILLA K €€

1, rue de Lectoure
✆ 03 89 70 93 40
www.lavillak.com
En semaine, chambre simple à partir de 99 €, chambre double de 109 € à 145 €. Petit déjeuner inclus. Restaurant. Spa.

Dans un cadre authentique et moderne, cinq types de chambres vous attendent : business, executive, chambre K, executive K et suite K. La décoration des chambres est à la fois sobre et classieuse. Selon le cas, vous trouverez un bain bouillonnant, une baignoire balnéo. Bien entendu, il est possible de déjeuner sur place. Le restaurant propose une cuisine semi-gastronomique en deux étapes : locale le midi et plus élaborée le soir. Autrement, la Villa K est synonyme de bien-être absolu avec un spa, un hammam et des soins dont la carte évolue tous les six mois.

AUBERGE NEUWILLER « CHEZ MARLYSE » €

7, rue d'Allschwill
NEUWILLER
✆ 03 89 68 17 70
www.auberge-de-neuwiller.com
Fermé lundi et mardi. Brasserie ouverte de 10h à 22h.

Cette charmante auberge est appréciée par sa clientèle pour sa grande terrasse estivale et son service brasserie assuré avec le sourire. Que l'on soit végétarien ou carnivore, on se régale sans faire de manière de petits plats maison : fromage de munster frit sur salade, risotto aux morilles, cordon bleu de porc et frites à volonté, filet de bœuf au beurre maître d'hôtel... La carte de l'Auberge Neuwiller vous épate au gré de ses délicieuses créations de saison.

AUBERGE SAINT-LAURENT €

1, rue de la Fontaine - **SIERENTZ**
✆ 03 89 81 52 81
www.auberge-saintlaurent.fr
Restauration fermée lundi et mardi. Mercredi-dimanche le midi de 12h à 13h30 et de 19h à 21h15. Menus de 47 € à 86 €.

Au fil des années, la famille Arbeit a imposé cet ancien relais de poste au rang des plus belles tables du Haut-Rhin. Depuis 2009, le chef Laurent Arbeit a pris les rênes de l'établissement familial et a réussi à conserver l'étoile Michelin, en poursuivant à sa manière la tradition d'excellence entamée par son père. Dans une ambiance feutrée, on y déguste des plats gourmands et raffinés, faisant la part belle aux produits saisonniers du terroir. On craque aussi pour les chambres de l'hôtel, des plus douillettes et décorées dans la plus pure tradition alsacienne.

À CÔTÉ WINSTUB €€

2, rue Rogg-Haas
SIERENTZ
✆ 09 83 37 16 80
www.auberge-saintlaurent.fr

Fermé mardi et mercredi. Menus de 30 € à 70 €. Carte : 22 € environ. Formule du midi : 20 €.

Une déco chaleureuse, intimiste, confortable et un accueil attentif, c'est là notre première impression. Le fils du chef de l' incontournable Auberge Saint-Laurent située à deux pas, a repris et complètement transformé l'ancien café du village. Dans cette ambiance décontractée, on passe un bon moment autour d'une une cuisine créative. Quelques habitués sont fidèles à l'entrecôte bordelaise, son échalote confite, son gratin et son os à moelle. La carte des desserts est aussi très inventive. On choisit un vin parmi quatorze bouteilles, tous disponibles au verre.

LA DILIGENCE €€

8, rue de Mulhouse
✆ 03 89 69 38 14
www.ladiligence.fr

Fermé dimanche et lundi. Du mardi au samedi le midi et le soir.

Installé dans un ancien relais de poste, le décor s'inscrit dans une veine rustique qui sent bon la convivialité des soirées entre amis. Une salle attenante, le caveau, est idéale pour les banquets, les repas de mariage ou les cocktails. La terrasse à l'arrière est à voir car fleurie avec goût. Dans l'assiette, on suit le fil des saisons au gré de l'inspiration du chef, avec par exemple les plats express, gourmands et abordables. Destination finale pour les gourmets, le winstub « le plus au sud de l'Alsace ». Le voyage se fait en diligence !

RESTAURANT LE GAULOIS €€

8, rue du Général-de-Gaulle
BARTENHEIM
✆ 03 89 70 71 84
www.legaulois-bartenheim.fr

Fermé le lundi et le samedi midi. Menus de 48 € à 88 €. Réservation recommandée.

La renommée du restaurant Le Gaulois n'est plus à faire dans la région ! Réputé pour sa cuisine gastronomique fine et savoureuse, qui a valu la qualification de maître restaurateur à son chef depuis plusieurs années, Le Gaulois est un incontournable de la gastronomie du Sud-Alsace. Au menu, une cuisine de saison extrêmement travaillée qui saura régaler vos papilles. Le midi, le restaurant propose un menu du jour en trois actes au rapport qualité/prix imbattable au vu de la qualité de la cuisine. Vous n'en ressortirez pas déçu !

AUBERGE AU CHEVAL BLANC €€€

4, rue du Général-de-Gaulle - **HÉSINGUE**
✆ 03 89 67 56 99 - www.cheval-blanc-hesingue.com

Fermé le lundi, le samedi midi et le dimanche soir. Menu du jour : 17,50 €. Plats à emporter

Patrick Forster est toujours là, avec sa verve et sa bonne humeur qui mettent en appétit ! Mais c'est son fils qui œuvre en cuisine pour le meilleur et pour perpétuer une tradition familiale qui a du bon. L'auberge s'est taillé une belle réputation de table gourmande aux accents généreux et à l'ambiance joyeuse. La cuisine prend à présent une tendance plus bistronomique, même si les incontournables restent en place comme leurs excellentes tartes flambées, escargots et cordons bleus. L'Auberge du Cheval Blanc reste une valeur sûre et une adresse à ne pas manquer.

LE CLOS DES SENS €€€

10, route Nationale 66 - **SCHLIERBACH**
✆ 03 89 83 40 11
leclosdessens68.com

Mardi-jeudi 12h-13h30. Vendredi-samedi 12h-13h30 et 19h-20h30. Dimanche 12h-13h30. Menus de 48 € à 58 €.

Le Clos des Sens est une des grandes table gastronomique du Pays de Sierentz. Un établissement ouvert par le chef Loïc Paugain son épouse Palmira, longtemps aux manettes de l'établissement Le Petit Paris. Leur cheval de bataille n'est autre qu'une cuisine traditionnelle et gastronomique avec des produits locaux de qualité. Le Maestro a décidé de faire profiter de son art aux Sundgauviens et à tous ceux qui feront le détour pour découvrir des plats savoureux sur une carte inventive et évolutive. C'est un restaurant à afficher dans sa to-do liste !

LE PETIT KEMBS €€€

49, rue du Maréchal Foch - **KEMBS**
✆ 03 89 48 17 94
www.lepetitkembs.fr

Fermé mardi et mercredi. Menu Carte blanche : 48 € (3 verres + 25 €) ou 63 € (4 verres + 35 €).

Un nouveau concept bluffant by Cécile & Lionel dans ce petit village au bord du canal. Le Beau et le Bon sont l'ADN de cet établissement, la passion et la convivialité sont au rendez-vous. Avant de réaliser son rêve d'ouvrir un restaurant en Alsace, Lionel a bourlingué d'étoiles en étoiles pour enfin oser cette nouvelle expérience. Un décorum épuré évoquant la forêt, une magnifique cuisine ouverte permettant à Lionel de cuisiner, de vous servir, une cuisine passionnée… Deux menus de haute volée qui vous feront vivre une très belle expérience gastronomique.

RESTAURANT AU BOEUF NOIR €€€

2, rue de Folgensbourg - **HÉSINGUE**
✆ 03 89 69 76 40
www.auboeufnoir.fr
Fermé le samedi midi et le lundi soir.
Formule du midi : 29 € le menu.

En véritable passionné, le chef Mickaël Schlienger nous sert ici une cuisine gastronomique inventive. Chaque détail est pensé, les assiettes sont originales et créatives, tout comme la cuisine aux multiples saveurs. Une carte resserrée, estampillée maison, pains, sauces glaces et mignardises inclus. La découverte se fait dans l'assiette, le chef ne dévoilant pas tout ses secrets sur la carte. Un restaurant qui réjouira les gourmands car pour un gastronomique, les assiettes sont copieuses ! Une belle sélection de vins sur une carte variée.

LE YAM €€€

4, rue d'Altkirch
✆ 03 89 91 27 28
https://restaurant-yam.com
Ouvert du mardi au samedi de 12h à 13h30 et de 19h à 21h30. Carte : 30 € environ. Menu du jour : 20 €.

Petit frère du restaurant gastronomique L'Orchidée, le Yam vous accueille dans un cadre chaleureux. L'ambiance est intimiste et on y retrouve tout ce qui fait le succès de son aîné : une sublimation de la cuisine française associée à ce qu'il y a de meilleur dans la cuisine thaï. Rien n'est négligé : des couleurs aux textures, tous vos sens sont en éveil. Même un simple velouté de potimarron vous fait voyager en Asie grâce à une savante association d'épices. Le menu du jour, servi du mardi au vendredi midi est un vrai bon plan. Réservation impérative.

BRASSERIE DE SAINT-LOUIS

123, rue de Mulhouse
✆ 03 89 91 04 58
www.saint-louis.biz
Du mardi au vendredi : 10h-18h30. Le samedi 9h-16h. Visites les 1ers samedis du mois 10h-12h.

Ouverte en 2010 par le passionné Eric Wissler, la Brasserie de Saint-Louis dispose d'»une boutique sur le site de production. 30 000 hectolitres sont brassés chaque année pour satisfaire une clientèle toujours plus exigeante. Défenseur du circuit court, Eric utilise au maximum des fournisseurs alsaciens pour ses bouchons, ses étiquettes et bien évidemment son houblon ! Son rêve ? Voir naître une route de la bière en Alsace à l'instar de la route des vins. Une idée pour le moins pertinente lorsqu'on sait que notre région brasse 60 % de la production française..

CAVES MEYER-THUET

86, rue de Saint-Louis - **HÉSINGUE**
✆ 03 89 69 76 30
www.caves-meyer-thuet.com
Ouvert du mardi au vendredi de 9h à 12h et de 14h à 18h30 ; le samedi de 9h à 12h et de 13h30 à 17h. Livraison possible.

Ce caveau, l'un des plus grands de France, n'en reste pas moins convivial. C'est une combinaison entre boutique à l'ancienne et commerce moderne. Pas de hasard si les bouteilles sont couchées sur leur tapis, les bouchons restent ainsi humides, dans une lumière tamisée et sous température constance. 1 200 vins de domaines accueillent le visiteur mais la maison n'oublie pas pour autant les propriétaires récoltants. Ici, la devise est de « Proposer le meilleur vin au meilleur prix ». À chaque vin sa fiche explicative et les conseils d'une équipe aux petits soins.

AU MONDE DU VIN

23, avenue de Bâle
✆ 03 89 69 22 22
www.aumondeduvin.fr
Fermé le dimanche et le lundi. Mardi-vendredi de 9h30 à 13h et 14h à 19h. Samedi de 9h15 à 19h.

Amateurs de vins et spiritueux, cette adresse est faite pour vous ! Au Monde du Vin propose 1850 vins et 850 spiritueux à découvrir dans une ambiance conviviale. Entre vins français et étrangers, 180 whiskies, 80 rhums, armagnacs et cognacs, sans oublier un espace épicerie fine et ses produits de terroir vous aurez l'embarras du choix. Le lieu organise des formations d'œnologie pour s'y retrouver parmi les régions, les appellations, les terroirs, les crus... Une adresse qui aime aussi organiser des soirées « Mets et vins » dans des restaurants partenaires.

AUX SAVEURS DES LYS

35, rue de Mulhouse
✆ 03 89 69 11 17
www.aux-saveurs-des-lys.com
Fermé le lundi et le dimanche.
Du mardi au vendredi de 8h30 à 13h et de 15h à 19h. Le samedi de 8h à 18h.

L'odeur de fromage frais accueille le visiteur, la porte à peine poussée. Impossible de ne pas craquer et de ne revenir qu'avec une seule sorte de fromage. Pour tous les amateurs, la crèmerie fromagerie Aux Saveurs des Lys est un véritable paradis tenu par Denis Bugeaud, fromager-affineur. L'adresse idéale aussi en cas d'envie de fondue, de raclette ou de munster. Aux Saveurs des Lys est également sur les marchés régionaux (Soultzmatt, Muespach, Sierentz, Hégenheim, Blotzheim et Saint-Louis) et ne travaille qu'en circuit court.

LE CASINO DE BLOTZHEIM

777, allée du Casino
BLOTZHEIM
✆ 03 89 705 777
Ouvert tout les jours. Restauration possible.

Le cube rouge du casino bâlois du groupe Tranchant fait désormais partie du paysage local depuis quelques années. Depuis le 1er novembre 2008, il n'est plus tout seul à faire monter l'adrénaline des joueurs en quête de fortune aussi rapide qu'inattendue. La ville de Blotzheim accueille en son sein un autre lieu destiné aux jeux de hasard, le casino Barrière Biotzheim, troisième en Alsace à porter le nom Barrière. Avec ses deux cents cinquante machines à sous, il souhaite accueillir un public en majorité français et allemand, plus familial.

LA COUPOLE

2, croisée des Lys ✆ 03 89 70 03 13
www.lacoupole.fr
Billetterie du théâtre : du mardi au vendredi 9h30-13h et 1h avant les spectacles. Billetterie en ligne disponible.

Le théâtre La Coupole propose tout au long de l'année des spectacles de théâtre, danse, musique, cirque... La programmation est à découvrir sur le site Internet : danse classique, hip hop, théâtre de marionnettes, opéra... Pour partager ces grands moments artistiques et culturels, La Coupole dispose d'une salle de spectacles de 504 places, d'une petite salle d'une capacité de 100 places et d'un ensemble cinématographique de trois salles situé juste à côté du théâtre. Un bar est ouvert avant et après les représentations ainsi que pendant les entractes.

LASER GAME MEGAZONE

3, rue de Séville
✆ 03 89 67 10 10
www.megazone-saint-louis.fr
9 €/1 partie, 16 €/2 parties, 22 €/3 parties. Ouvert toute l'année.

Une arène moderne de 600 m² pour vous transporter sans risque pour une séance de « dézingage ». Vous êtes sécurisés pour aller faussement tuer des amis (qui ne le seront plus), des enfants (qui n'ont pas été sages), des parents (qui vous ont confisqué votre console) ou même de simples inconnus ; cela dépend du nombre de participants et de l'organisation des parties. Musique, effets sonores, pièce assombrie avec de fumée et balises lumineuses, tout est fait pour vous plonger dans une ambiance de guérilla. La partie terminée, prenez un rafraîchissement au bar !

HUNINGUE ★

Le nom de Huningue est mentionné pour la première fois dans un document daté de 828. Durant le Moyen Âge, il s'agissait d'un village et d'une grande propriété sous la direction du chapitre cathédrale de Bâle. Toujours pendant le Moyen Âge, le village devient la propriété des Habsbourg mais il est toujours convoité par Bâle qui, durant un siècle, le possède comme gage d'emprunts accordés aux Habsbourg. Il faut attendre le traité de Westphalie en 1648, pour que Huningue – et presque toute l'Alsace – retourne dans le giron de la couronne de France.
En 1680, sous la direction de Vauban, Huningue est lourdement fortifiée. La forteresse souhaitée par Louis XIV aux portes de Bâle et considérée comme un chef-d'œuvre avec ses 5 bastions, accompagnés d'autant de demi-lunes et de grands ouvrages à cornes. Vous pourrez en retrouver les plans au Musée historique et militaire, ou en empruntant le circuit pédestre qui suit les anciens remparts, fortifications ou maisons d'époque (plan disponible à l'office de tourisme). Les industries de la bière, de la soie et du cigare se développent, puis aujourd'hui, celles du textile médical, du volet roulant, des équipements électroniques et de la recherche militaire. Région connue pour son passé industriel, c'est désormais aussi une région en plein essor touristique, que l'on peut découvrir en vélo sur la piste cyclable qui longe le canal du Rhin, où l'on peut pratiquer des sports à sensations fortes sur le parc des eaux vives, mais aussi de la pêche, des croisières, et des randonnées dans la réserve naturelle de la Petite Camargue alsacienne.

MUSÉE HISTORIQUE ET MILITAIRE D'HUNINGUE

6, rue des Boulangers
✆ 03 89 89 33 94
www.histoire-huningue.eu
Ouvert le premier et le troisième dimanche du mois de 14h30 à 17h30. Fermé au mois d'août. Visite guidée possible.

Construite à la fin du XVIIe siècle pour le service de l'intendance et la direction des fortifications, la bâtisse abrite de belles collections retraçant l'histoire stratégique et militaire de la ville construite à partir de 1679 sur les ordres de Louis XIV. En confiant à Vauban la conception de cette tête de pont stratégique, le roi propulsa le village en véritable verrou militaire pour l'Alsace. Le musée raconte également l'histoire des trois sièges entre 1796 et 1815.

BACIO HUNINGUE €€

7, place Abbatucci
✆ 03 89 69 41 75
www.restaurantbacio.fr

Fermé le lundi. 12h-14h30 et 19h-22h30 le reste de la semaine. Pizzas de 9 € à 14 €. Pastas de 13,90 € à 16,90 €.

Bacio, c'est une belle épopée 100 % italienne au cœur de l'Alsace ! Une histoire de cœur pour une cuisine simple mais ô combien savoureuse. On parle italien dans le restaurant, l'accent est prononcé, en fermant les yeux, on pourrait presque croire avoir fait un saut spatio-temporel ! L'Italie à portée de fourchettes. Les pizzas sont excellentes ainsi que le reste de la carte, une cuisine réalisée avec des produits italiens, une bonne dose de bonne humeur, une pointe de décoration aboutie et tendance et vous obtiendrez une superbe recette italienne !

AUTOUR DE LA TABLE €€€

17, rue du Village Neuf
✆ 09 81 11 40 17
www.restaurant-autourdelatable.fr

Fermé lundi et mardi. Ouvert le soir du mercredi au samedi ; le midi les vendredi et dimanche. Vente à emporter.

Idéalement situé au cœur de la zone transfrontalière, ce restaurant vous propose une cuisine gastronomique de haute volée. « La Grande Carte » vous propose une cuisine traditionnelle raffinée et gourmande. Elle accorde des produits frais de qualité en valorisant le plus souvent possible les circuits courts. En hiver, la grande terrasse se transforme en chalet à l'ambiance chaleureuse. La carte s'accorde elle aussi à l'hiver et propose une sélection de plats fromagers : fondues, tartiflettes, burgers..., toujours à base de fromages de grande qualité !

LA HUNINGUOISE

10, rue de France
✆ 03 89 89 86 00
www.la-huninguoise.com

Fermé le lundi. Mardi-Jeudi 16h-23h. Vendredi 16h-00h. Samedi 10h-00h. Dimanche 10h-19h.

Ouvert en 2014, cet établissement est bien situé : au bord du Rhin en face de la passerelle des Trois Pays. Un joli cadre avec terrasse et salle cosy et intimiste la nuit tombée. La Huninguoise propose une sélection de vins au verre, des cocktails avec ou sans alcool et de la petite restauration : assortiments de fromages, charcuteries, croque-monsieur sur assiette... Un endroit idéal pour les personnes désireuses de se restaurer au calme. Une excellente adresse pour décompresser, boire un verre avant d'aller dîner de l'autre côté de la frontière.

2 RIVES 3 PONTS

www.2rives3ponts.eu

Piste cyclable accessible à tous.

À partir du coude du Rhin à Bâle, de nombreuses pistes cyclables sont offertes aux amateurs de vélos, telles que la Piste du Rhin (Véloroute Rhin), celle de la Vallée du Rhin, celle des Trois Frontières, celle de la Route verte à laquelle est reliée la piste Freiburg-Mulhouse ou l'EuroVelo6 Atlantique-mer Noire. Une belle variété de trajets au fil du Rhin, passant d'un pays à l'autre grâce à 3 ponts. Qu'il s'agisse de sportifs à vélo ou de familles, tous trouveront des itinéraires à leur convenance. Il y a même une piste de 10 km dédiée aux rollers !

PARC DES EAUX VIVES

3, quai du Maroc ✆ 03 89 89 70 20
www.ville-huningue.fr

Ouvert tout les jours début mars à fin novembre. Calendrier précis sur leur site. Activités à partir de 15 €.

Créé en 1993, ce parc a été pensé pour permettre à tous de pratiquer en milieu urbain les sports d'eaux vives. Rafting, canoë-kayak, hydrospeed, stand-up paddle sont à portée de pagaie ! De nombreuses offres sont proposées et sont encadrées par une équipe d'animation aux petits oignons. En fonction de vos envies et sous certaines conditions, vous pourrez vous lancer dans l'aventure ! En autonomie ou en séances encadrées, seul ou en famille, débutant ou confirmé, pour un anniversaire ou pour une entreprise, il suffit de choisir la bonne formule pour s'évader !

PASSPORT

ORGANISER SON SÉJOUR

Pour bien organiser son séjour en Alsace lorsque l'on n'est pas d'ici, la première étape est de penser son séjour globalement : que souhaite-t-on faire, comment souhaite-t-on le faire, sur combien de temps allons-nous le faire? Il faut, avant de se laisser aller à la déambulation au gré de nos envies, être un peu pratico-pratique pour délaisser ensuite cet aspect moins réjouissant et aborder le séjour plus sereinement. Dans cette rubrique, vous trouverez donc des idées pour rejoindre cette région et réaliser votre trajet, pour trouver des séjours sur mesure et des circuits intéressants de découverte, pour vous loger grâce à des sites Internet et associations qui regroupent beaucoup de bons plans, pour se déplacer sur place à vélo, en voiture ou à pied, pour s'informer sur toutes les superbes choses à voir et, pourquoi pas, pour rester si l'Alsace vous a conquis et que vous ne voulez plus la quitter !

S'Y RENDRE

Pour se rendre en Alsace, on peut bien sûr prendre sa voiture. Dans la région, vous bénéficierez d'une spécificité qui a son importance sur votre budget : les autoroutes sont gratuites ! Une seule portion de route est payante et il n'y a que trois ponts de péage. Sur ces routes qui traversent les principales villes touristiques, vous profiterez des différents paysages et prendrez le temps de vous arrêter comme bon vous semble, sans contrainte. Si l'on n'a pas de voiture ou que l'on ne souhaite pas l'utiliser, on peut rejoindre la région par l'un des deux aéroports (Bâle-Mulhouse et Entzheim) et utiliser ensuite les différents trains proposés. L'Alsace est très bien dotée concernant ce moyen de transport, que ce soit en TER ou TGV. Strasbourg et Mulhouse proposent même des formules à tarifs avantageux pour combiner navettes d'aéroports, trains et trams dans la ville, n'hésitez pas à en profiter !

GARE CENTRALE DE STRASBOURG

20, place de la Gare
STRASBOURG
✆ 36 35
www.voyages-sncf.com
Ouvert du lundi au vendredi de 4h45 à 1h ; le week-end de 5h à 1h. Chèque Vacances.

La célèbre gare de Strasbourg permet aux voyageurs de se rendre facilement en train dans de grandes villes comme Paris, Aéroport CDG2 TGV ou Marseille. L'aéroport d'Entzheim y est aussi relié régulièrement directement. Elle permet aussi grâce à son réseau TER de rayonner facilement dans toute l'Alsace. Les services proposés y sont nombreux et ce lieu historique est en outre un formidable bâtiment que l'on peut visiter et découvrir grâce à des applications.

SNCF CONNECT

www.sncf-connect.com

SNCF Connect, le site et l'application qui vous permettent d'organiser vos voyages. Pensez à bien réserver vos billets de train le plus tôt possible afin de les obtenir au meilleur prix. Ainsi, en plus de l'achat de billets, vous pouvez acheter des cartes de réduction qui valent le détour : par exemple, la carte Avantage à 49 € (Carte Jeune, Adulte et Senior) permet de bénéficier de 30 % de réduction sur vos voyages, ainsi que d'une réduction supplémentaire pour les enfants accompagnants. Elle est rentabilisée dès le trajet suivant le premier aller-retour.

AÉROPORT INTERNATIONAL DE STRASBOURG-ENTZHEIM

Bâtiment Louis Blériot - **ENTZHEIM**
✆ 03 88 64 67 67
www.strasbourg.aeroport.fr
L'aéroport est desservi jusqu'à quatre fois par heure par une navette train et une navette bus CTS.

L'aéroport international de Strasbourg accueille plusieurs compagnies aériennes, et propose plus de 50 destinations régulières. Il est relié aux principaux hubs européens Paris CDG, Amsterdam, Bruxelles, Madrid et Prague permettant ainsi de voyager partout dans le monde. Dans la salle d'embarquement : de nombreuses boutiques, des restaurants et des cafés, des espaces détente avec wifi gratuit, un distributeur permettant le retrait d'argent et des agences de voyage.

EUROAIRPORT BÂLE-MULHOUSE-FREIBURG

BÂLE
L'aérogare est accessible 24h/24.

Troisième aéroport suisse, cinquième français et européen, l'EuroAirport est le seul à abriter une frontière en son centre : d'un côté la France, de l'autre la Suisse. Il bénéfice d'une excellente situation au centre de l'Europe de l'Ouest et de trois régions économiquement fortes : l'Alsace, le nord-ouest de la Suisse et le Bade-Wurtemberg. Un projet de raccordement par le tram et par le rail devrait aboutir, en 2030, à l'unique réseau express trinational Trireno.

SÉJOURS ET CIRCUITS

Vous trouverez en parcourant les pages de ce guide beaucoup d'idées pour vous préparer vous-même un séjour et un parcours à votre convenance, en piochant dans notre sélection des meilleurs hébergements, des meilleurs restaurants et des meilleurs sites touristiques à visiter. Néanmoins, si vous le souhaitez, vous trouverez en Alsace de nombreuses sociétés spécialisées dans l'organisation de séjours et circuits touristiques. Adaptables, sur mesure selon vos envies, parfois même insolites, ces formules permettent, en choisissant une thématique (par exemple gastronomie, œnologie, châteaux, richesses naturelles...), de suivre sans se poser de questions un parcours pensé pour vous où tout est pris en charge, du transport à l'hébergement en passant par la restauration et les visites. Ainsi, vous aurez l'esprit libre et profiterez des explications avisées de vos guides professionnels qui mettent un point d'honneur à vous faire aimer l'Alsace.

ALSASMARTOURS

27, rue des Noyers - **APPENWIHR**
✆ 06 12 57 78 21
alsasmartours.com

Circuits touristiques. Tarifs et devis personnalisés sur demande. Véhicule de Transport avec Chauffeur (VTC).

L'agence AlsaSmarTours vous propose de découvrir l'Alsace au gré de circuits originaux (établis sur mesure), confortablement installés dans un véhicule VTC (9 places) haut de gamme avec chauffeur. Le concept d'AlsaSmarTours s'inscrit dans une démarche œnotouristique qui tend à mettre en lumière la biodiversité alsacienne par le biais de visites du vignoble et de superbes caves. L'agence favorise aussi des rencontres avec les acteurs de la culture, de la viticulture et de la gastronomie régionale. Voici de quoi vous initier en douceur à l'art de vivre alsacien !

LES COUPS DE CŒUR DE LIESEL

1, rue Camille Schlumberger
COLMAR
✆ 03 89 20 10 68 – www.liesel.alsace

Portail d'infos alimenté par 19 OT d'Alsace. Permanence tél. du lundi au vendredi de 9h à 12h30 et de 13h30 à 16h45.

L'adorable Liesel est la muse de cette plateforme d'infos alimentée par 19 offices de tourisme alsaciens en partenariat avec Alsace Destination Tourisme (ADT). Coiffée de sa *Schlupkapp*, Liesel vous accompagne dans la découverte de sa belle région au gré de ses coups de cœur. Il suffit de vous inscrire en ligne, puis d'indiquer les dates et lieux de votre séjour afin de recevoir des idées d'activités pour les jours à venir. C'est simple, rapide, facile et gratuit !

FUN2SPORT

22, rue des Grillons
HABSHEIM
✆ 06 34 10 83 02
www.fun2sport.fr

Ouvert du lundi au vendredi de 8h30 à 12h et de 14h à 18h. Le mercredi de 8h30 à 12h.

Fun2Sport propose une grande variété de vacances actives et de séjours cyclistes, que ce soit à vélo de route, à VTT ou même à vélo à assistance électrique. Chacun trouvera la formule idéale et le rythme qui convient le mieux. Des destinations magnifiques, des circuits et des parcours à couper le souffle, du stage d'entraînement réservé aux cyclistes les plus aguerris aux randonnées loisir purement touristiques, il y en a pour tous les âges et tous les goûts. Accompagnés ou libres, vous profiterez d'une visite de l'Alsace autrement !

TOUR ALSACE

Gare routière bus parc de l'étoile
STRASBOURG
tour.alsace

Tour de 9h à 19h30 avec visite de 2 attractions alsaciennes majeures et pause repas.

Tour Alsace vous propose de redécouvrir notre région grâce à un circuit en bus cabriolet décapotable. Partez à la découverte de plus d'une dizaine de villages et de sites touristiques majeurs, avec une pause dans un restaurant typique. La vue panoramique que vous aurez avec ce mode de déplacement sera un véritable émerveillement pour vos yeux et vous apprendrez une multitude d'anecdotes et de faits intéressants grâce aux commentaires audio dans votre langue. Tour Alsace est une belle occasion de parcourir notre région avec un œil nouveau et sans se fatiguer.

SE LOGER

Nous avons déjà sélectionné les hébergements que nous avons préférés lorsque nous les avons testés dans ce guide, mais vous trouverez ici d'autres idées pour aller plus loin. Grâce à des sites Internet et groupements de professionnels du tourisme dédiés à un mode d'hébergement particulier, vous aurez encore plus de choix. Bien sûr, il y a les fameux Gîtes de France, Logis de France, Relais & Châteaux, Clef verte, Bienvenue à la ferme, Relais du silence et Tourisme et Handicap dont les labels sont gages de qualité, mais aussi des formes moins conventionnelles de logement : couchsurfing, échange de maisons, nuits à la ferme en woofing… N'hésitez pas si vous en ressentez l'envie à tenter ces expériences. Elles vous offriront souvent la possibilité de belles rencontres et de découvertes plus personnelles, centrées sur l'expérience du territoire des locaux, pour découvrir l'Alsace de l'intérieur.

COUCHSURFING €€

www.couchsurfing.com

Plateforme internet pour séjourner chez l'habitant. Tarif d'adhésion : 15€ environ.

Couchsurfing est le service d'hébergement gratuit en ligne regroupant le plus d'adhérents. Il suffit de s'inscrire pour accéder aux profils des locaux ou faire sa demande d'hébergement pour quelques jours, voire quelques semaines. En échange, vous pouvez par exemple inviter votre hôte à manger, lui offrir un cadeau ou bien l'accueillir chez vous. Le site Internet met en place des systèmes de contrôle : notation des membres, numéro de passeport exigé à l'inscription, etc. Les participants ont accès à des hébergements volontaires dans plus de 200 pays.

RELAIS DÉPARTEMENTAL DU TOURISME RURAL-GÎTES DE FRANCE €€

2, allée d'Oslo

SCHILTIGHEIM

✆ 03 88 75 56 51

www.gites-de-france.com

Gîtes de France®, est le leader français et européen de l'hébergement chez et par l'habitant avec 60 000 hébergements et 47 000 propriétaires, et troisième marque de tourisme la plus connue des Français. Ce label certifie la qualité des hébergements qui l'obtiennent (selon un classement en nombre d'épis) et permet à de nombreux propriétaires de développer judicieusement leurs projets d'ouverture de gîtes grâce à des conseils avisés et des soutiens nombreux.

FÉDÉRATION UNIE DES AUBERGES DE JEUNESSE €

✆ 01 44 89 87 27

www.fuaj.org

Consultation et réservation en ligne.

La formule est plébiscitée par les plus jeunes, et de manière plus générale par celles et ceux qui souhaitent voyager à moindre coût. Ainsi, les auberges de jeunesse sont gérées par la fédération du même nom. Rendez-vous sur le site internet pour trouver une auberge de jeunesse accessible aux personnes en situation de handicap. Le site internet propose des offres de séjour, n'hésitez pas à le consulter régulièrement si vous avez l'âme voyageuse !

SE DÉPLACER

Nous l'avons vu dans le chapitre sur « comment venir en Alsace », aéroports, trains et trams sont parfaits pour arriver à destination. Mais lorsque l'on est sur place, comment fait-on ? On peut bien sûr toujours utiliser ces modes de transports mais pour accéder à certains points d'intérêt touristique comme les châteaux et parcs naturels régionaux, cela ne suffit pas toujours. Pas de panique ! Vous trouverez dans la plupart des villes alsaciennes des services de location de voitures, classiques, électriques et même en autopartage ! Si vous vous sentez en forme, ou que vous souhaitez la garder, vous pourrez aussi profiter des nombreuses formules de location de vélos, certaines même avec des montures à assistance électrique et des remorques ! Les offices de tourisme de la région en proposent presque tous, et pourront même vous conseiller des itinéraires sur les innombrables pistes cyclables de la région.

CITIZ - AUTOPARTAGE

5, rue Saint Michel - **STRASBOURG**
✆ 03 88 23 73 47
www.alsace.citiz.coop
Ouvert du lundi au vendredi de 10h à 12h et de 14h à 18h ; le samedi de 10h à 12h et de 14h à 17h.

Profitez des avantages de la voiture sans ses inconvénients ! Les voitures blanches du réseau CITIZ sont disponibles dans les 58 stations de la métropole strasbourgeoise et dans le reste de l'Alsace. Pour bénéficier des services d'autopartage, il suffit d'effectuer votre réservation via le site ou l'application mobile, après inscription dans une agence ou via le site web. Les tarifs dépendent de la distance parcourue et de la durée de la location. L'assurance, l'assistance, l'entretien de la voiture et l'essence sont compris dans le prix de la location.

COLMAR VÉLO - VÉLO DOCTEURS

9, place de la Gare
COLMAR
✆ 03 89 41 37 90
www.velodocteurs.com
Du mardi au samedi : 9h-12h, 14h-17h30. Location 1/2 journée : de 6 €/enfant à 22 €/E-Bike

Toute l'année, Colmar Vélo loue des vélos de ville, des VTC, des VAE et des vélos pour enfant, à la demi-journée et plus si affinités. Votre fier deux-roues vous est fourni avec antivol, panier et casque sur demande, mais aussi, pourquoi pas, une remorque enfant. Vous pouvez également louer des vélos au mois, une formule idéale en été. Bien vu : un atelier associatif d'auto-réparation est à votre disposition (sur rendez-vous) si vous possédez votre propre vélo !

CYCLES DIEBOLT

21, rue de Bettendorf - **HIRSINGUE**
✆ 09 74 56 53 78
www.cycles-diebolt.com
Mardi 9h-12h et 14h-18h ; du mercredi au vendredi 9h-12h et 14h-18h30 ; samedi 9h-12h et 13h-16h.

Incontournable et fournisseur de tout le Sundgau, Philippe Diebolt vous conseille et vous oriente vers un choix adapté à vos besoins qu'il s'agisse d'achat ou de location. Spécialiste du cycle depuis de nombreuses années, vous y trouverez aussi de quoi vous équiper de pied en cap sans oublier le SAV, assuré avec sérieux et professionnalisme. Le plus ? En hiver la boutique fait office de magasin de ski : entretien, vente ou location, ici vous trouverez tout le matériel nécessaire à la pratique de la glisse ou de la raquette dans les meilleures conditions.

VELHOP

Gare de Strasbourg
STRASBOURG
✆ 03 67 70 70 74
velhop.strasbourg.eu
5 € la journée en boutique. 1 €/heure sans abonnement en station automatique.

Avec 600 km de pistes cyclables, il est très agréable de visiter Strasbourg à vélo. S'il est désormais nécessaire de s'inscrire sur une liste d'attente pour la location longue durée (entre 1 et 12 mois), succès oblige, il est toujours possible de louer un vélo pour quelques heures ou une journée en se rendant en boutique, ou bien directement aux bornes libre-service, disséminées un peu partout dans la ville. Velhop s'occupe de tout et pour l'entretien et les petits soucis du quotidien sur la route vous n'aurez rien à gérer. Plusieurs types de vélos sont proposés.

S'INFORMER

Pour s'informer, on pense bien sûr en premier aux offices de tourisme. Ils sont très nombreux, avec des horaires larges et des sites Internet très bien construits et pleins d'informations utiles. Sur place, les agents passionnés vous conseilleront sur tout ce qu'il y a à voir et à faire dans la région. Mais s'informer sur un territoire passe aussi par d'autres biais. « Il y a une fête demain, je l'ai entendu sur l'allemand », pourriez-vous entendre de la bouche d'un Alsacien... Comprenez alors que l'information de cette fête provient de la radio allemande. Car oui, en Alsace, les radios locales sont très utiles et on capte aussi celles d'outre-Rhin ! N'hésitez pas à les écouter pour vous tenir au courant de toutes les actualités. Pensez aussi à consulter la presse locale, dans laquelle vous trouverez des agendas et autres idées de visites ou de bonnes tables nouvelles où aller déguster un plat traditionnel.

ORGANISER SON SÉJOUR

CONSEIL INTERPROFESSIONNEL DES VINS D'ALSACE

12, avenue de la Foire aux Vins - **COLMAR**
✆ 03 89 20 16 20 - www.vinsalsace.com
Portail d'informations sur le vignoble alsacien et ses acteurs.

Le Conseil interprofessionnel des Vins d'Alsace (CIVA) a été créé le 22 avril 1963. Parmi ses multiples missions, on peut citer : mener des études sur la production et la commercialisation des vins d'Alsace, assister les producteurs et informer les consommateurs. Le site Web de ce regroupement de professionnels est très agréable à consulter car il présente les diverses facettes du vignoble alsacien au fil de la Route du Vin de manière tout à la fois dynamique et didactique.

ALSACE DESTINATION TOURISME

1, place du Qur Blanc
STRASBOURG
www.alsace-destination-tourisme.com

Alsace Destination Tourisme offre une multitude d'informations et de bons plans pour préparer son séjour le temps d'un weekend, voire plus, entre amis ou en famille. N'hésitez pas jeter un œil sur le site Internet dans la rubrique « Alsace à vélo », vous y trouverez de nombreux circuits à vélo et à VTT pour tous les niveaux, avec des fiches détaillées à télecharger en ligne. Le département offre plus de 650 km de pistes cyclables et de routes pour la randonnée cyclotouristique.

COMITÉ RÉGIONAL DU TOURISME D'ALSACE

20 A, rue Berthe-Molly - **COLMAR**
✆ 03 89 24 73 50
www.visit.alsace
Expériences en Alsace, bons plans et préparer son séjour.

L'Agence Régionale du Tourisme s'inscrit dans le schéma de développement touristique 2018-2023. Grâce à l'innovation touristique, la promotion et la communication sur l'attractivité de la région avec des campagnes de grande ampleur, l'Agence Régionale du Tourisme Grand-Est en union avec l'Alsace Destination Tourisme, a créé la marque visit.alsace et a ainsi mis en place des sites Internet thématiques pour vous proposer le meilleur des expériences touristiques pour votre séjour.

DESTINATION FRANCE

3, rue Chateaubriand
CHAMALIÈRES
La France fait rêver les voyageurs du monde entier. Découvrez Destination France, le magazine de voyage 100 % France…

Il y a Paris, bien sûr, la Provence et la Côte d'Azur, la côte basque, les châteaux de la Loire, les massifs montagneux en été comme en hiver, mais aussi des destinations moins connues, et pourtant tout aussi magiques... Notre patrimoine, nos paysages, notre gastronomie, nos vins, notre art de vivre, attirent toujours autant de visiteurs étrangers. Quant à nos régions, elles constituent la principale destination touristique de nos compatriotes. En ce sens, *Destination France* s'adresse aussi bien aux lecteurs français qu'aux touristes étrangers.

ALSA'SPORTS

STRASBOURG

www.alsasports.fr

Gratuit mensuel disponible aux arrêts de trams.

Alsa'sports est le magazine gratuit dédié au sport en Alsace. Vous trouverez dedans tout ce qu'il y a à savoir sur l'actualité de vos équipes favorites, qu'il s'agisse de handball, de football, basket, hockey et bien d'autres sports collectifs ou individuels. Grâce à des reportages d'actualité et des interviews, vous en apprendrez plus sur les univers sportifs alsaciens. En plus, sur le site, vous trouverez plein d'infos supplémentaires et des bons plans en tous genres. La version papier est disponible gratuitement chaque début de mois aux arrêts de trams.

BFM BUSINESS PARIS

2, Rue du Général Boissieu

PARIS (15e)

✆ 3216

https://rmc.bfmtv.com/

Cette chaîne d'informations économiques sur la région francilienne propose 3h de décrochage quotidien de la chaîne nationale BFM TV Business. Tous les après-midi du lundi au vendredi de 13h à 15h, BFM axe son information sur le business dans la capitale : du domaine du luxe (hôtellerie, joaillerie, prêt-à-porter) à la finance, en passant par les entreprises qui fleurissent et réussissent à Paris.

L'ALSACE

✆ 03 89 32 70 00

www.lalsace.fr

Ouvert du lundi au vendredi de 9h à 12h et de 14h à 17h.

Le journal *L'Alsace* est le premier quotidien vendu dans le Sud-Alsace. On y retrouve en deux volets imprimés l'information nationale et internationale. Le second volet, plus important, est consacré aux infos locales, nouveauté les infos portent sur tout le Sud-Alsace. Via son support digital, vous êtes tenu au courant de l'info nationale et locale de façon instantanée. L'édition du lundi se concentre sur l'actualité sportive et politique. Le *Journal des enfants* est hebdomadaire et le journal *Sortir le week-end* et le *Journal immobilier et emploi* paraît le dimanche.

DETOURS EN FRANCE

✆ 01 43 23 45 72

www.detoursenfrance.fr

Magazine dédié au tourisme en France qui propose de faire découvrir à chaque numéro, une région de France.

Depuis 1991, *Détours en France* est au nombre des rares magazines (bi-média) tourisme et évasion consacrés aux régions de France. Titre de référence en son secteur, *Détours en France* invite ses lecteurs, à chacun de ses numéros, de partir à la découverte ou redécouverte d'un petit bout de France à travers son patrimoine culturel avec des idées de balades, des itinéraires ainsi qu'une sélection de bonnes adresses (hôtels, restaurants, artisanat, produits locaux, etc.) sans oublier des pages shopping, livres, etc. à consommer sans modération.

ARTE

4, quai du Chanoine Winterer

STRASBOURG

✆ 03 88 14 22 22

www.arte.tv

Créée en 1991, la chaîne franco-allemande dont le siège est à Strasbourg (depuis 2003) est un véritable vecteur de culture et de réflexion qui porte un regard européen sur l'actualité mondiale. Soucieuse de garder son statut de chaîne transfrontalière et européenne, sa programmation reste dense et variée : cinéma d'art et d'essai, courts-métrages ou encore de danse et de séries. Diffusés en français et en allemand, un certain nombre de programmes peut aussi être sous-titré en anglais, en espagnol, en italien et même en polonais. Radio disponible sur Arteradio.com.

DKL DREYECKLAND 104.6 FM

52, rue du Sauvage - **MULHOUSE**

✆ 03 89 66 46 06

www.radiodkl.com

Altkirch 96.4, Sélestat & Colmar 101.9, Obernai 103.8, Strasbourg et Saverne 103.6, Haguenau 91.5, Wissembourg 91.3

DKL DREYECKLAND est une radio fortement ancrée dans le patrimoine local. Elle sait, au travers de ses programmes de proximité et d'une programmation musicale centrée sur les plus belles chansons des années 1970 à nos jours, apporter à ses auditeurs de plus de 35 ans un produit tout à fait atypique et attachant. Quelques moments forts de la semaine : la matinale de 6h à 10h pour un réveil pétillant, l'émission de voyance en direct et recherche d'objets perdus de 13h à 14h, et l'ensemble des informations de proximité avec l'info locale, l'agenda des sorties...

RADIO FG

51, rue de Rivoli - **PARIS** (1er)
© 01 40 13 88 00
www.radiofg.com
Bordeaux et Arcachon : DAB+

Radio FG est la radio musicale de référence électro. Elle propose un programme axé sur la deep et la house-music. Acteur unique du paysage radiophonique français, Radio FG est la radio « Feel Good ». FG diffuse son programme dans 28 villes françaises. Radio FG est à l'origine du mouvement French Touch. C'est le découvreur et l'incubateur des nouveaux talents, pionnier dans la diffusion et le rayonnement de l'électro en France et dans le monde depuis 1992. Ecoutez FG en FM, DAB+, sur radioFG.com, Applis, Boxes, Satellite et 4G.

DNA

7, rue de la Gare - **COLMAR** © 03 89 20 37 37
www.dna.fr
Formules d'abonnement papier et numérique : consultez le site www.dna.fr/e-services/abonnements.

Parmi les plus anciens titres de la presse quotidienne régionale, les *Dernières Nouvelles d'Alsace* créées le 1er décembre 1877 sont plus souvent désignées sous son abréviation les *DNA*. Ce journal quotidien d'une quarantaine de pages se subdivise en 4 cahiers traitant les informations générales, régionales, et locales ainsi que le sport. Une version numérique existe également. À l'actualité, s'ajoutent des suppléments thématiques au fil de la semaine : *TV Magazine*, *Version Femina*, *DNA Emploi*, *DNA Immo*, *DNA Auto-moto* et *DNA Reflets* pour les sorties du week-end.

ÉCHAPPÉES BELLES

Sur Internet : www.france.tv/france-5/echappees-belles

Deux animateurs/aventuriers se partagent la tâche de nous faire découvrir des cultures et des pays du monde pour le compte de *France 5*. Comme toujours avec cette chaîne, le résultat est intéressant, éducatif et bien monté. Vous pourrez visiter la Guadeloupe, Tahiti, l'Argentine, le Canada, les îles Canaries, le Portugal, la Mongolie ou la Thaïlande... Et ainsi découvrir leurs art culinaire, gastronomie, paysages, culture, littérature, et traditions. Un vrai puits de connaissance. Depuis peu des émissions sont aussi consacrées aux régions et départements français.

ECHAPPEES BELLES

8, rue Buffon - **CLERMONT-FERRAND**
© 04 73 14 03 00
www.turbulencespresse.fr
Trimestriel inspiré de l'émission éponyme diffusée sur France 5.

Le nouveau magazine *Échappées Belles*, inspiré de l'émission éponyme, met en lumière la rencontre et la découverte de l'autre par le voyage. Curiosité, tolérance, partage et respect des autres cultures sont les valeurs clés de ce trimestriel. Avec la participation des animateurs Sophie Jovillard, Ismaël Khelifa et Jérôme Pitorin, *Échappées Belles* fait découvrir de superbes destinations en France et dans le monde, via de nombreuses rubriques dédiées au patrimoine, à l'artisanat, à la gastronomie et à la nature. À retrouver en kiosque et sur www.turbulencespresse.fr

FÉDÉRATION FRANÇAISE DE CYCLOTOURISME

12, rue Louis-Bertrand
IVRY-SUR-SEINE
© 01 56 20 88 88
www.ffvelo.fr

Active depuis très longtemps, la fédération française de cyclotourisme est désormais fortement sollicitée, compte tenu de la recrudescence actuelle de l'engouement autour du vélo. Via son portail internet ou directement dans ses locaux, les informations ne manquent pas : des idées de promenades en passant par les diverses formations, toutes les actualités sont prodiguées avec efficacité et professionnalisme. Notez que la fédération est très active en Normandie !

FRANCE 3 GRAND EST

8, rue de la Justice
MULHOUSE
© 03 89 45 94 94

France 3 Grand Est est l'antenne régionale rattachée au groupe audiovisuel public France Télévisions. Sa vocation est essentiellement de diffuser les programmes télévisuels de proximité. Ainsi parmi les périodes dévolues aux décrochages régionaux, on retrouve les incontournables informations régionales : le 12/13, le 19/20 et Soir 3. On trouve parmi les autres programmes l'émission culinaire en dialecte et à vélo d'André Muller dans « A'Gueter », le journal « Rund Um », et « GsunTheim ! » où Christian Hahn met en lumière des invités étonnants...

le son FeelGood
house - electro.
FG.
DJ radio
écoutez 20 radios electro
sur le player FG.
fm/dab+
l'appli FG.
radioFG.com

PHARE FM

✆ 03 89 59 29 19

https://pharefm.com

C'est la radio musicale chrétienne leader en France avec ses 40 000 auditeurs réguliers dans la région. Elle diffuse aussi en Suisse et en Belgique. Des auditeurs fidèles en quête de sens et d'espérance. Phare FM est une radio associative. À ce titre, elle perçoit quelques subventions, et a la possibilité de diffuser un quota limité de publicités sur une période donnée. L'essentiel de ses besoins est donc financé par des dons. C'est pourquoi elle fait appel à la générosité de ses auditeurs. En Seine-Maritime, vous la retrouvez sur la fréquence 94.9

POLY

16, rue Edouard Teutsch

STRASBOURG

✆ 03 90 22 93 30

www.poly.fr

Magazine culturel de référence dans le Grand Est. Gratuit.

Poly est un magazine mensuel gratuit diffusé dans toute l'Alsace, le Grand Est et en Franche-Comté depuis 1996. Chaque numéro vous informe sur ce qui se fait dans la région en musique, danse, théâtre, expositions, etc. Avec toujours plus d'interviews de créateurs, écrivains, cinéastes... Le tout assorti de rubriques décalées. Edité par BKN, *Poly* met en avant la culture à travers des chroniques, critiques et dossiers en privilégiant notamment la photographie. Diffusé dans de nombreux lieux culturels (liste sur le site), on peut aussi le feuilleter en ligne !

FRANCE BLEU ALSACE - 102.6 FM

✆ 03 89 56 20 00

www.francebleu.fr/alsace

France Bleu propose une grille de programmes entre infos locales et décrochages dont certains en dialecte *via* France Bleu Elsass. Elle joue la carte de l'interactivité permanente en jouant Leboncoin des ondes FM. En effet, elle permet à ses auditeurs de passer une annonce à l'antenne pour vendre sa voiture, chercher un appartement ou une maison. Très complète, la station passe en revue l'actualité régionale et nationale. Les rubriques zooment sur les sorties, les événements régionaux.

RMC INFO (103.1)

PARIS (15e)

www.rmcinfo.fr

Talk-shows et interactivité permanente, *RMC Info* fait reposer une bonne partie de sa grille sur ces deux piliers. Outre l'actualité, la station propose une grille de programme variée allant de la vie pratique (maison, auto, internet...) au monde du poker en passant par les rendez-vous bien connus comme la matinale de Jean-Jacques Bourdin, qui passe chaque jour une personnalité politique sous le feu de questions. *RMC Info*, c'est aussi la radio n° 1 sur le sport avec des dizaines d'heures d'antenne chaque semaine, avec créneaux animés par d'anciens sportifs.

LE POINT COLMARIEN

1, place de la Mairie

COLMAR

✆ 03 89 20 67 53

www.colmar.fr/publications

Magazine d'information bimestriel gratuit.

Ce magazine bimestriel est distribué gratuitement dans les boîtes aux lettres. Il compte plus d'une trentaine de pages dédiées à l'actualité du territoire colmarien et de ses acteurs, qui entreprennent, innovent et participent ainsi activement au rayonnement de la ville et de son agglomération. Les rubriques rendent compte de l'actualité municipale, traitent de questions économiques, relatent les évènements sportifs et culturels, indiquent la programmation à venir. Un magazine riche d'informations à consulter aussi en version numérique sur le site de la mairie.

ZUT !

NANCY

www.zut-magazine.com

Le city-magazine propose trois éditions françaises : Strasbourg, Lorraine/Luxembourg, et Haguenau & Alsace du Nord.

Ce city magazine traite principalement de tendance, culture et lifestyle. Il s'intéresse aux boutiques de la région, à ceux qui font vivre et vibrer le secteur, aux artistes locaux et nationaux et à toutes les manifestations qui méritent un coup de projecteur. Idéal pour découvrir un nouvel aspect de sa ville ou de sa région. Les sujets sont pertinents, écrits par des plumes fines et pleines d'humour. Il est disponible dans près de 400 points de diffusion et sur son site Internet. Découvrez aussi son alter-ego, *Novo*, un bimestriel culturel du Grand Est.

Écoutez
PHARE FM
La radio autrement
ALSACE
MONS 89.3
VALENCIENNES
HAUTE-NORMANDIE 94.9
METZ
HAGUENAU 92.5
WISSEMBOURG
LE MANS
PARIS
TROYES
BÂLE
MULHOUSE 95.3
LYON 107.0
DAUPHINÉ
GENÈVE
GRENOBLE 96.6
MONTAUBAN 92.0
NICE
MARSEILLE
Disponible dans l'App Store
DISPONIBLE SUR Google Play
www.pharefm.com

Que vous restiez un week-end, quelques jours ou plusieurs semaines, il n'est pas impossible (et c'est même quasiment certain), que vous tombiez amoureux de ce territoire d'Alsace si particulier avec ses traditions, son histoire à part et ses sites touristiques exceptionnels. Alors pourquoi ne pas envisager d'y rester plus longtemps, voire d'engager un total changement de vie et de venir vous y installer ? La chose se réfléchit bien sûr et, grâce à des agences territoriales et à des conseillers en immobilier ou des sites Internet proposant des logements longue durée, on peut tout à fait trouver son bonheur ici. On pense particulièrement aux étudiants, qui sont très nombreux chaque année à rejoindre les universités et grandes écoles alsaciennes, parmi les meilleures au monde dans certains domaines. Pour la durée de leurs études ou pour la vie, colocations et logements s'ouvrent à ceux qui sont notre avenir.

AGENCE LA BOÎTE À BOUGIES

7, rue de la Boîte-à-Bougies
STRASBOURG
✆ 03 88 34 51 07
www.boiteabougies.com
3 résidences de locations d'appartements de 15 m² à 85 m² entre 460 € et 990 € charges comprises.

L'agence dispose de 3 résidences étudiantes avec services : parking privé, des studios rénovés en 2015 (2 à 4 pièces), équipés d'une cuisine et de salles de bains communes, ou, à la résidence Les Vanneaux, une maison de caractère comprenant 17 studios équipés de salle de bains privatives et d'une cuisine commune (un espace véranda est aussi disponible). Enfin, la Résidence Le Chalet Alsacien qui comprend 9 appartements, allant du studio au 3 pièces de 100 m².

LA CARTE DES COLOCS

www.lacartedescolocs.fr
Annonces immobilières en ligne avec géolocalisation. Service gratuit.

Strasbourg est une ville estudiantine où la colocation a le vent en poupe ! Et quoi de mieux pour trouver l'appartement idéal qu'un site Internet simple, intuitif et surtout gratuit du début à la fin ? Les fondateurs de ce site offrent un service où les annonces sont régulièrement vérifiées. Le concept ? Vous géolocalisez les appartements autour de vous qui répondent à vos critères et vos emplacements favoris, vous choisissez et vous n'avez plus qu'à prendre contact. Le site permet aussi au propriétaires de proposer leurs biens à la location en colocation.

ALSACE PROMOTION

24, rue Rapp - **COLMAR** ✆ 03 89 20 24 84
www.alsace-promotion.fr
Du lundi au vendredi : 9h-12h, 14h-18h. Samedi : 9h-12h. Membre de la Fédération des promoteurs immobiliers de France.

Alsace Promotion propose tout un panel de prestations immobilières : promotion-construction, maîtrise d'œuvre, gestion locative. Son équipe se compose d'experts dans les domaines financiers, fonciers, techniques, commerciaux et juridiques. Alsace Promotion a bâti plus de 1 000 appartements répartis dans 32 résidences, 3 lotissements et plus de 150 maisons individuelles. En tant qu'administrateur de biens, elle gère plus de 1 200 lots. Avec une telle expérience de terrain, elle est votre interlocuteur privilégié, notamment en termes de développement durable.

AGENCE D'ATTRACTIVITÉ DE L'ALSACE

24, rue de Verdun
COLMAR
✆ 03 89 29 81 25
www.alsace.com

L'Agence d'Attractivité de l'Alsace porte une réelle stratégie d'accélération et de rayonnement de la compétitivité de l'Alsace. Outil d'amplification, l'Agence d'Attractivité de l'Alsace, par ses actions, positionne l'Alsace comme une terre d'innovation. Elle aide les acteurs économiques, touristiques, culturels, institutionnels à reconnaître en l'Alsace une terre d'excellence, au potentiel étonnant, lui permettant d'attirer de nouvelles ressources et de nouvelles richesses.

Ribeauvillé.

INDEX

A

À LA VILLE DE NANCY ... 302
ALBÉ ... 265
ALTKIRCH ★ ... 486
ALTWILLER ... 200
AMMERSCHWIHR ★ ... 347
ANDLAU ★★ ... 247
AU BRIN DE PAILLE ... 400
AU CERISIER ... 233
AU PONT ROUGE ... 442
AUBERGE DES TROIS VALLÉES ... 494
AUBURE ... 305
AVOLSHEIM ... 235

B

BALBRONN ... 230
BARR ★ ... 246
BEBLENHEIM ... 319
BELMONT ... 223
BENFELD ★ ... 274
BENNWIHR ... 324
BERGHEIM ★ ... 306
BERRWILLER ... 482
BETSCHDORF ... 152
BETTLACH ★ ... 500
BFM BUSINESS PARIS ... 515
BIESHEIM ... 434
BILTZHEIM ... 411
BISCHWILLER ... 150
BLAESHEIM ... 121
BLIENSCHWILLER ... 257
BLODELSHEIM ... 433
BOERSCH ... 242
BOOFZHEIM ... 276
BOULANGERIE KITZINGER ... 419, 425
BOURBACH-LE-HAUT ★ ... 449
BOURG-BRUCHE ... 226
BOUXWILLER ★ ... 193, 500
BRASSERIE DES TANNEURS ... 392
BREITENAU ... 266
BREITENBACH ... 266
BREUSCHWICKERSHEIM ... 121
BRISTOL**** ... 18, 463
BRUMATH ... 155
BRUNO HERTZ ... 336
BUHL ... 421

C

CATTIN GRANDS VINS ET CRÉMANTS D'ALSACE ... 402
CAVE VINICOLE DU VIEIL ARMAND ... 425
CHÂTENOIS ... 260
CHEZ PIERRE** ... 433
CHEZ YOUPEL ... 282
CIGOLAND ... 20, 259
CLEEBOURG-BREMMELBACH ... 177
CŒUR PAYSAN ... 401
COLMAR ★★★★ ... 375
COLROY-LA-ROCHE ... 226
CONFISERIE DES HAUTES VOSGES – CDHV ... 344
CONSEIL INTERPROFESSIONNEL DES VINS D'ALSACE ... 514
CÔTÉ CUISINE ... 435

D

DACHSTEIN ... 235
DAMBACH-LA-VILLE ★ ... 252
DANNEMARIE ... 492
DEHLINGEN ... 200
DESTINATION FRANCE ... 514
DIEDENDORF ... 201
DIEFFENBACH-AU-VAL ... 267
DINSHEIM-SUR-BRUCHE ... 221
DISTILLERIE JOS NUSBAUMER ... 268, 268, 270
DOMAINE ALINE ET RÉMY SIMON ... 310
DOMAINE BANNWARTH C & FILS ... 427
DOMAINE BERNHARD & REIBEL ... 261
DOMAINE EDMOND RENTZ ... 318
DOMAINE ROLLY GASSMANN ... 309
DOMAINE RUHLMANN-SCHUTZ ... 253
DOMAINE THIERRY SCHERRER ... 348
DOMFESSEL ... 201
DORLISHEIM ... 236
DOSSENHEIM-SUR-ZINSEL ... 195
DRUSENHEIM ... 163

E

ÉCHAPPÉES BELLES ... 516, 516
ÉCOMUSÉE D'ALSACE ★★★ ... 462
EGUISHEIM ★★ ... 333
ENSISHEIM ★ ... 408
ENTZHEIM ... 122
EPFIG ★ ... 249
ERSTEIN ... 271
ESCHAU ... 123
ESCHBACH-AU-VAL ... 368

F

FÉERIE DE NOËL ... 316
FEGERSHEIM ... 124
FFRME-AUBERGE DU HAAG ... 438
FERME-AUBERGE DU PRÉ BRACOT ... 355

FERME-AUBERGE LES BUISSONNETS ..... 18, 447, 449, ... 449
FERRETTE ★★ 495
FESSENHEIM ★ 433
FORT-LOUIS 166
FORT DE MUTZIG ★★ 221
FOUDAY 224
FRÉLAND 358
FUN PARC 155, 159

G

GEISPOLSHEIM 125
GERTWILLER 250
GOMMERSDORF ... 493
GRANDFONTAINE .. 224
GRAUFTHAL 204
GRENDELBRUCH .. 215
GRESSWILLER 236
GRIMMER 331
GRUSSENHEIM 406
GUEBERSCHWIHR . 337
GUEBWILLER ★★ .. 414
GUNDERSHOFFEN . 186
GUNSBACH 367

H

HAEGEN 211
HAGENTHAL-LE-BAS 500
HAGUENAU ★★ 144
HATTEN 154
HATTSTATT 338
HEILIGENSTEIN 250
HERRLISHEIM-PRÈS-COLMAR 338
HERRLISHEIM 162
HIRSINGUE 494
HIRTZBACH ★ 493
HIRTZFELDEN 434
HOCHFELDEN 212
HOERDT 159
HOMBOURG 482
HORBOURG-WIHR 406
HÔTEL-RESTAURANT & SPA AU TILLEUL 18, 349
HÔTEL-RESTAURANT AU SOLEIL 339, 396
HÔTEL-RESTAURANT KLEIN** 417, 424
HÔTEL & SPA ARNOLD*** 18, 255
HOUSSEN 406
HUNAWIHR ★ 316
HUNINGUE ★ 506
HUNSPACH 178
HUSSEREN-LES-CHÂTEAUX 339
HUSSEREN-WESSERLING ★ 440
HUTTENHEIM 277

I

IBIS STYLE MULHOUSE CENTRE GARE 464
ILLHAEUSERN 322
ILLKIRCH-GRAFFENSTADEN .. 126
INGERSHEIM 328
ISSENHEIM 421
ITTERSWILLER ★ ... 254

J

JUNGHOLTZ 422

K

KATZENTHAL 346
KAYSERSBERG ★ .. 341
KIFFIS ★ 501
KILSTETT 172
KINTZHEIM 258
KIRCHHEIM 231
KIRRWILLER 196
KLINGENTHAL 242
KRAUTERGER-SHEIM 243
KRUTH 441

L

L'ÉCURIE 315
L'HÉMICYCLE DU PARL. EUROPÉEN ★★ 87
L'INCONTOURNABLE 390
LA BOÎTE À SEL 431
LA BROQUE 223
LA CASSEROLE 16, 101, 102
LA CAVE DE GAMBRINUS 285
LA MAISON DU FROMAGE 20, 367
LA PETITE-PIERRE ★★ 201
LA VANCELLE 288
LA WANTZENAU 138
LABAROCHE 349
LAPOUTROIE ★ 360
LE BONHOMME 357
LE HOHWALD ★★★ . 251
LE JARDIN DE TRAPELUNE ... 279
LE MUSÉE DE LA RÉGENCE ★. 408
LE PARC - HÔTEL & SPA - RESTAURANT 311
LE PETIT TANNEUR 391
LE SUNDGAU, ROUTES DE LA CARPE FRITE 488, 489
LEMBACH ★ 180
LES DOMINICAINS DE HAUTE-ALSACE ★★ 415
LES TERRASSES DU LAC BLANC** 353
LES TROIS EPIS 351
LICHTENBERG 205
LIMERSHEIM 272
LIPSHEIM 129
LUCELLE ★ 502

M

MACKENHEIM 286
MARCKOLSHEIM ... 286
MARIENTHAL 151

MARLENHEIM ★ ... 228
MARMOUTIER ★★ .. 218
MASEVAUX-NIEDERBRUCK 444
MERKWILLER-PÉCHELBRONN 192
METZERAL 372
MEYENHEIM 412
MINERAL & GEM 73, 75, 295
MITTEL-BERGHEIM ★★..... 251
MITTELWIHR 322
MITTLACH.......... 374
MOERNACH 495
MOLLKIRCH........ 222
MOLSHEIM ★★..... 233
MONSWILLER 213
MORSBRONN-LES-BAINS ★...... 182
MUHLBACH-SUR-BRUCHE 223
MUHLBACH-SUR-MUNSTER 370
MULHOUSE ★★★... 451
MUNSTER ★........ 362
MUNWILLER 412
MURBACH 422
MUSÉE DU VIGNOBLE ET DES VINS D'ALSACE ★..... 342
MUSÉE NATIONAL DE L'AUTOMOBILE......... 21, 456
MUTTER-SHOLTZ........... 287
MUTZIG ★......... 219

N

NATUROPARC 21, 317
NATZWILLER 225
NEUF-BRISACH ★★★..... 430
NEUWILLER-LÈS-SAVERNE 196
NIEDERBRONN-LES-BAINS ★....... 183
NIEDERMORS-CHWIHR 332
NIEDERSTEINBACH 191
NORDHOUSE 273

O

OBERENTZEN 413
OBERHASLACH 216
OBERHAUS-BERGEN 129
OBERHERGHEIM... 413
OBERMODERN-ZUTZENDORF 197
OBERNAI ★★★..... 239
OBERSTEINBACH .. 190
OFFENDORF 161
OFFICE DE TOURISME DU PAYS RHÉNAN 164
OFFWILLER 187
OLTINGUE......... 502
ORBEY ★ 352
ORSCHWILLER 262
OSTHEIM 321
OSTHOFFEN....... 130
OSTHOUSE........ 273
OSTWALD 130
OTTMARSHEIM 482
OTTROTT ★........ 243

P

PARC DE WESSERLING....... 441
PARLEMENT EUROPÉEN ★★........... 87, 88
PÂTISSERIE HELFTER... 472, 473
PHARE FM................. 518
PLOBSHEIM 132

R

RADIO FG.................. 516
RANRUPT 227
RÉGUISHEIM 414
REICHSHOFFEN ... 188
REICHSTETT....... 133
RESTAURANT DE LA GARE MUNZENBERGER............ 490
RESTAURANT HASSENFORDER 344
RESTAURANT LE CG......... 283
RHINAU 277
RIBEAUVILLÉ ★★★ . 300
RIQUEWIHR ★★★★ . 312
RIXHEIM.......... 484
RMC INFO (103.1) 518
ROESCHWOOG 169
ROPPENHEIM 170
RORSCHWIHR 309
ROSHEIM ★★...... 237
ROUFFACH ★★..... 425

S

SAINT-HIPPOLYTE ★...... 310
SAINT-LOUIS ★.... 502
SAINT-PIERRE-BOIS 267
SAINTE-CROIX-AUX-MINES 298
SAINTE-CROIX-EN-PLAINE........ 407
SAINTE-MARIE-AUX-MINES ★...... 295
SARRE-UNION 198
SAVERNE ★★...... 207
SCHERWILLER 257
SCHILTIGHEIM..... 134
SCHIRMECK....... 221
SÉLESTAT ★★...... 278
SESSENHEIM...... 165
SNCF CONNECT 510
SONDERNACH 373
SOUFFLENHEIM ... 167
SOULTZ-HAUT-RHIN ★........... 423

ÉDITION

Directeurs de collection et auteurs : Dominique AUZIAS et Jean-Paul LABOURDETTE

Avec la collaboration de Emmanuelle SUAREZ, Julia VESQUE, Martine PAVIA

Auteurs : Nora LEON, Caroline SIMON, Thierry DESAULES, Julia VESQUE, Louis GUYOT, Corinne LONGHI, Grégoire MEYER, , Martine PAVIA, Christine BECCARI, Emmanuelle VERGON-TRIPARD, Pierre SCHNITTER, Elise CAMUS, Pascale LETERTRE, Angélina MONTIGNY, Sarah MELIANI, Emilie JAFRATE, Anne ALBUGUES, Marie Catherine ACH, Kévin BERTRAND, Jean-Paul LABOURDETTE, ominique AUZIAS et alter

Directeur Editorial : Stéphan SZEREMETA

Rédaction France : Briséis CREAC'H-MENUT, Audrey VEDOVOTTO, Marie VIGNERON, Nicolas WODARCZAK, Mélanie PEILLET

Rédaction Monde : Laure CHATAIGNON, Morgane VESLIN, Pierre-Yves SOUCHET, Natalia COLLIER, Julie BEZ

FABRICATION

Maquette et Montage : Romain AUDREN, Julie BORDES, Delphine PAGANO

Iconographie et Cartographie : Anne DIOT, Julien DOUCET

WEB ET NUMÉRIQUE

Directeur Web : Louis GENEAU DE LAMARLIERE

Technical Project Manager : Hervé MARION

Développeurs : Guillaume BARBET, Adeline CAUX

Intégrateur Web : Mickael LATTES, Antoine DION

Webdesigner : Caroline LAFFAITEUR

Community Traffic Manager : Alice BARBIER, Noémie LE SAUX

Content Manager : Aliénor de PERIER

DIRECTION COMMERCIALE

Directeur commercial : Guillaume VORBURGER

Coordinatrice des Régies commerciales : Manon GUERIN

Account Manager Marketplace : Leila ROUGEOT

Responsable Régies locales : Michel GRANSEIGNE

Responsables Développement régie inter : Jean-Marc FARAGUET et Guillaume LABOUREUR et Camille ESMIEU

Assistante commerciale Régie internationale : Leila ANTRI-BOUZAR

Chefs de Publicité Régie nationale : Caroline AUBRY, François BRIANCON-MARJOLLET, Perrine DE CARNE MARCEIN et Jonathan TOUTOUX

DIFFUSION ET PROMOTION

Directrice des Ventes : Bénédicte MOULET assistée d'Aissatou DIOP

Responsable des ventes : Jean-Pierre GHEZ assisté de Nelly BRION

Relations Presse-Partenariats : Jean-Mary MARCHAL

ADMINISTRATION

Président : Jean-Paul LABOURDETTE

Directrice des Ressources Humaines : Dina BOURDEAU assistée de Sandra DOS REIS et Eva BAELEN

Directrice Administrative et Financière : Valérie DECOTTIGNIES

Comptabilité : Guillaume PETIT, Aminata BAGAYOKO, Jeannine DEMIRDJIAN, Adama DIABY

Recouvrement : Fabien BONNAN assisté de Sandra BRIJLALL

Responsable informatique : Elie NZUZI-LEBA

PETIT FUTÉ ALSACE

LES NOUVELLES EDITIONS DE L'UNIVERSITE
18, rue des Volontaires - 75015 Paris.
✆ 01 53 69 70 00 - Fax 01 42 73 15 24
Internet : www.petitfute.com
SAS au capital de 1 000 000 € - RC PARIS B 309 769 966

Couverture : Eglise Saint-Paul à Strasbourg
© eonid Andronov - stock.adobe.com

Impression : IMPRIMERIE CHIRAT
42540 Saint-Just-la-Pendue

Achevé d'imprimer : Mai 2023
Dépôt légal : 12/06/2023
ISBN : 9782305090832

Pour nous contacter par email, indiquez le nom de famille en minuscule suivi de @petitfute.com
Pour le courrier des lecteurs : info@petitfute.com

IMPRIMÉ EN FRANCE

SOULTZ-LES-BAINS 238
SOULTZBACH-LES-BAINS 366
SOULTZEREN 370
SOULTZMATT ★ 424
STAUB 328
STEIGE 268
STOSSWIHR 368
STRASBOURG ★★★★ .. 85
STRUTH 205
SWEET ART - CRÉATEUR DE CONFISERIES 298

T

TELLURE MINE D'ARGENT 296
THANNENKIRCH ... 308
THANN ★★ 436
TRAENHEIM 231
TRIEMBACH-AU-VAL 267
TRUCHTERSHEIM .. 140
TURCKHEIM ★★ 325

U

UNGERSHEIM 484
URBEIS 269

V

VILLÉ 264
VINS D'ALSACE JEAN-PAUL MAULER 323
VOEGTLINSHOFFEN 340
VOELLERDINGEN .. 214

W

WALDERSBACH 225
WANGENBOURG-ENGENTHAL ★..... 214
WANGEN 232
WASSELONNE ★ ... 217
WASSERBOURG 366
WATTWILLER 443
WERENTZHOUSE 502
WESTHOFFEN 232
WETTOLSHEIM 339
WIHR-AU-VAL 365
WILLGOTTHEIM 143
WINDSTEIN 189
WINGEN-SUR-MODER 206
WINTZENHEIM 331
WISSEMBOURG ★ .. 173
WITTISHEIM 287
WOERTH 183
WOLFBERGER 334, 337
WOLFISHEIM 139

Z

ZELLENBERG ★.... 318

COLLABOREZ
À LA PROCHAINE ÉDITION